READING MASTER

수능 유형

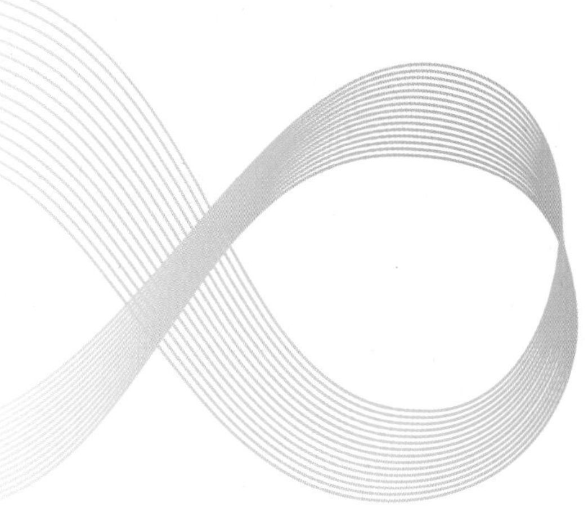

WRITERS

김태옥
박선하
이형
황진호

STAFF

발행인 정선욱
퍼블리싱 총괄 남형주
개발 김태원 김한길 박하영 송경미 양소현
기획 · 디자인 · 마케팅 조비호 김정인 강윤정
유통 · 제작 서준성 신성철

Reading Master 수능 유형 202405 제3판 1쇄

펴낸곳 이투스에듀(주) 서울시 서초구 남부순환로 2547
고객센터 1599-3225
등록번호 제2007-000035호
ISBN 979-11-389-2556-3 [53740]

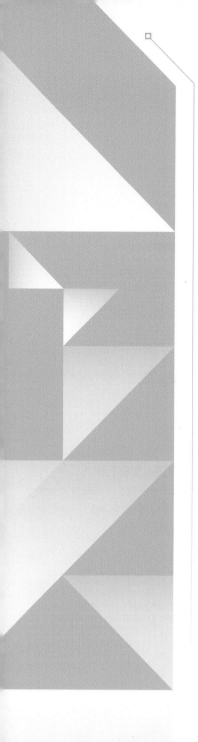

학습 목표별 수능 영어 독해의 체계적 완성

READING MASTER

Reading Master 수능 유형

수능과 내신 대비가 가능한 고등 입문 유형 학습서

수능 독해의 각 유형별 특징 및 해결 전략을 학습하고 이를 풍부한 연습 문제에 적용해보면서 전략적인 수능 대비가 가능하도록 하였습니다. 또한 앞에서 학습한 지문을 변형하여 주요 내신 출제 패턴을 학습하고 연습 문제에 적용해보면서 내신 대비까지 가능하도록 하였습니다.

Reading Master 수능 실전

2~3등급을 목표로 하는 학생들의 실전서

수능 실전 감각을 기를 수 있도록 모든 유형을 골고루 배치한 하프 모의고사 15회를 수록하여 회별로 균형 있게 다양한 유형의 독해 학습이 가능하도록 하였습니다. 또한 고난도 유형의 문제만 집중 연습할 수 있는 고난도 모의고사 5회를 수록하여 심층적인 독해 학습을 통해 고난도 문항 대비까지 가능하도록 하였습니다.

Reading Master 수능 고난도

상위권을 위한 검증된 고퀄리티의 고난도 실전서

실제 성적 데이터를 통해 검증된 고난도 우수 문항을 선별하여 회별 12문항씩 고난도 모의고사 15회를 수록하였습니다. 오답률이 높은 고난도 문항을 풀며 상위권 학생들의 집중적인 고난도 학습이 가능하도록 하였습니다. 또한 앞에서 학습한 지문을 유형을 바꾸어 출제한 REVIEW 모의고사 5회를 수록하여 복습과 테스트가 동시에 가능하도록 하였습니다.

FEATURES

PART Ⅰ 수능 독해 유형

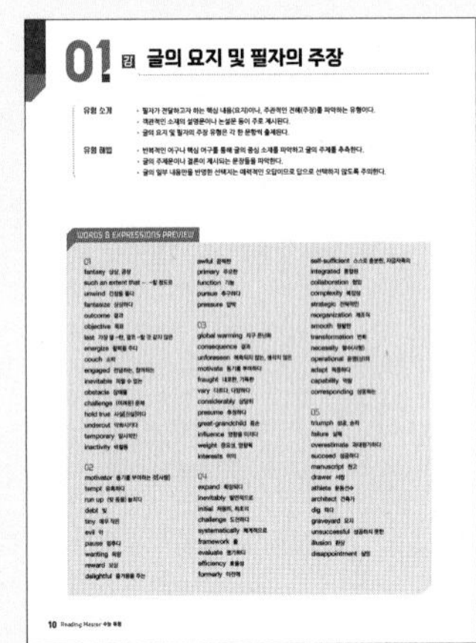

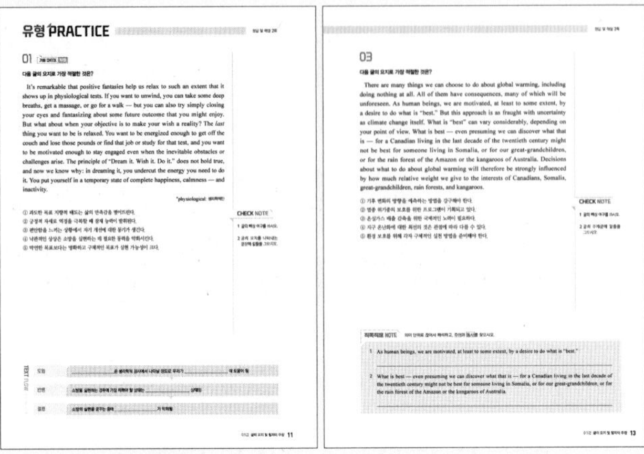

유형 소개 · 유형 해법

18개의 수능 독해 유형별 특징 및 해결 방법을 제시

WORDS & EXPRESSIONS PREVIEW

강별 모든 지문의 어휘 및 유형별 빈출 표현 예습

유형 PRACTICE

다양한 소재의 유형 연습 문제 구성, 강별 첫 문제는 기출문제로 제시

CHECK NOTE

글의 소재나 주제 등 지문의 핵심 내용을 문제로 확인

TEXT FLOW

기출 지문을 분석하며 글의 논리적 흐름 이해

직독직해 NOTE

독해의 기본인 직독직해를 연습할 수 있도록 구성

REVIEW 모의고사

유형 학습을 마친 후 대의파악, 세부 정보 등의 영역별로 복습이 가능한 미니 모의고사 구성

부록

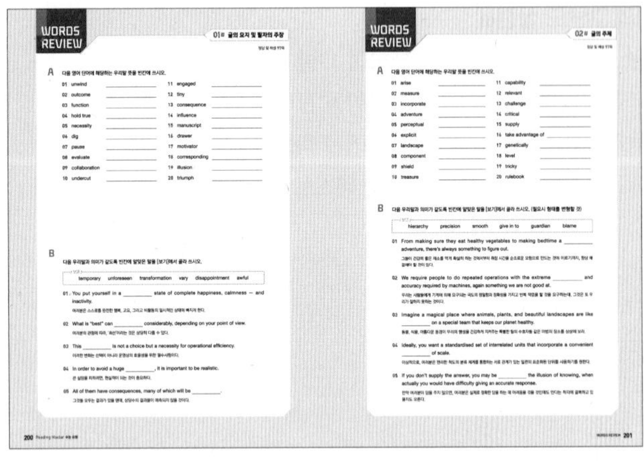

WORDS REVIEW

강별 어휘를 복습할 수 있도록 어휘 테스트 제공

PART Ⅱ 내신 변형문제 유형

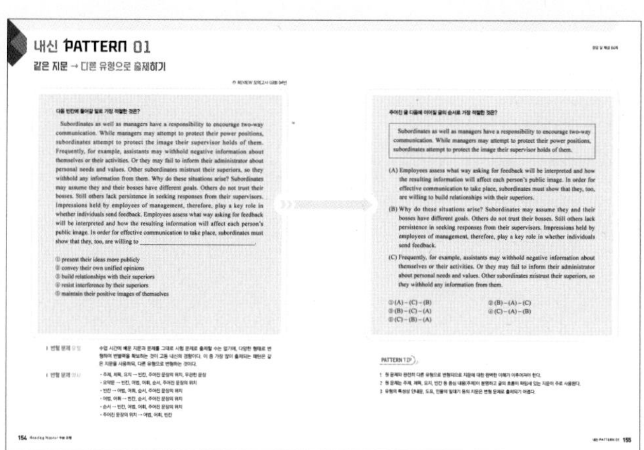

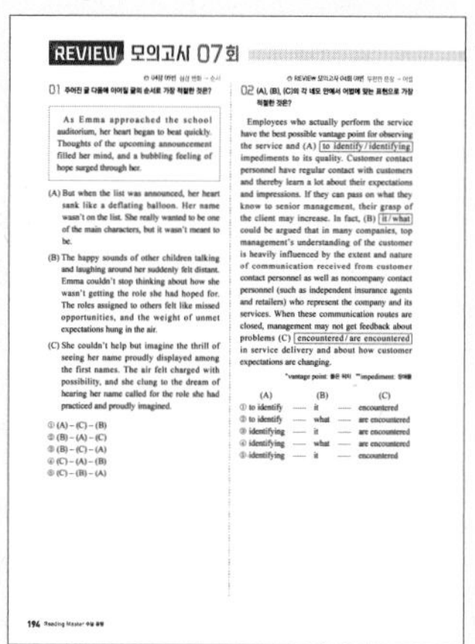

고등 내신 변형문제 PATTERN

내신 빈출 변형문제 유형을 패턴화하여 한눈에 파악 가능하도록 제시

변형문제 유형 · 변형문제 예시

내신 변형문제의 유형과 예시를 통해 고등 내신 대비 학습

내신 PRACTICE

PART I에서 학습한 지문을 변형한 고등 내신 대비 문제로 구성

REVIEW 모의고사

변형문제 학습을 마친 후 모든 변형문제 PATTERN의 복습이 가능한 미니 모의고사

정답 및 해설

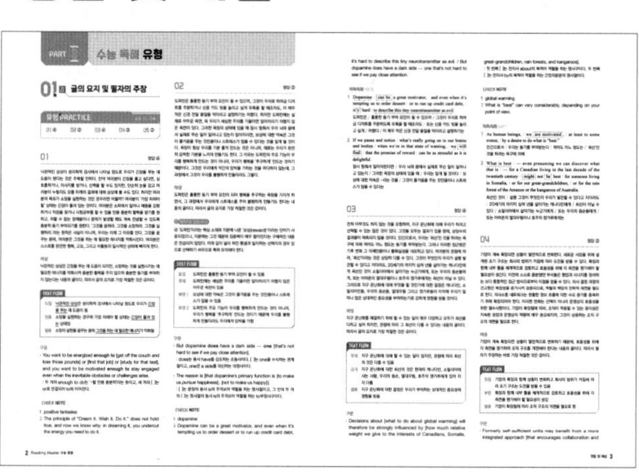

지문 해석, 해설, 매력적 오답, TEXT FLOW, 구문 등을 제시하여 학습자가 스스로 학습하기에 어려움이 없도록 상세한 풀이를 제공

매력적 오답

학생들이 함정에 빠지지 않고 정답을 찾을 수 있도록 매력적 오답 풀이 제공

TEXT FLOW

지문의 논리적 흐름을 이해할 수 있도록 지문 구조를 분석하여 요약 정리

CONTENTS

PART I 수능 독해 유형

PART Ⅱ 내신 변형문제 유형

부록

PART

I

수능 독해
유형

01 강 글의 요지 및 필자의 주장

유형 소개

- 필자가 전달하고자 하는 핵심 내용(요지)이나, 주관적인 견해(주장)를 파악하는 유형이다.
- 객관적인 소재의 설명문이나 논설문 등이 주로 제시된다.
- 글의 요지 및 필자의 주장 유형은 각 한 문항씩 출제된다.

유형 해법

- 반복적인 어구나 핵심 어구를 통해 글의 중심 소재를 파악하고 글의 주제를 추측한다.
- 글의 주제문이나 결론이 제시되는 문장들을 파악한다.
- 글의 일부 내용만을 반영한 선택지는 매력적인 오답이므로 답으로 선택하지 않도록 주의한다.

WORDS & EXPRESSIONS PREVIEW

01
fantasy 상상, 공상
such an extent that ~ ~할 정도로
unwind 긴장을 풀다
fantasize 상상하다
outcome 결과
objective 목표
last 가장 덜 ~한, 결코 ~할 것 같지 않은
energize 활력을 주다
couch 소파
engaged 전념하는, 참여하는
inevitable 피할 수 없는
obstacle 장애물
challenge (어려운) 문제
hold true 사실[진실]이다
undercut 약화시키다
temporary 일시적인
inactivity 비활동

02
motivator 동기를 부여하는 것[사람]
tempt 유혹하다
run up (빚 등을) 늘리다
debt 빚
tiny 매우 작은
evil 악
pause 멈추다
wanting 욕망
reward 보상
delightful 즐거움을 주는
awful 끔찍한
primary 주요한
function 기능
pursue 추구하다
pressure 압박

03
global warming 지구 온난화
consequence 결과
unforeseen 예측되지 않는, 생각지 않은
motivate 동기를 부여하다
fraught 내포한, 가득한
vary 다르다, 다양하다
considerably 상당히
presume 추정하다
great-grandchild 증손
influence 영향을 미치다
weight 중요성, 영향력
interests 이익

04
expand 확장되다
inevitably 필연적으로
initial 처음의, 최초의
challenge 도전하다
systematically 체계적으로
framework 틀
evaluate 평가하다
efficiency 효율성
formerly 이전에
self-sufficient 스스로 충분한, 자급자족의
integrated 통합된
collaboration 협업
complexity 복잡성
strategic 전략적인
reorganization 재조직
smooth 원활한
transformation 변화
necessity 필수(사항)
operational 운영(상)의
adapt 적응하다
capability 역량
corresponding 상응하는

05
triumph 성공, 승리
failure 실패
overestimate 과대평가하다
succeed 성공하다
manuscript 원고
drawer 서랍
athlete 운동선수
architect 건축가
dig 파다
graveyard 묘지
unsuccessful 성공하지 못한
illusion 환상
disappointment 실망

유형 PRACTICE

정답 및 해설 2쪽

01 기출 CHECK 학평

다음 글의 요지로 가장 적절한 것은?

It's remarkable that positive fantasies help us relax to such an extent that it shows up in physiological tests. If you want to unwind, you can take some deep breaths, get a massage, or go for a walk — but you can also try simply closing your eyes and fantasizing about some future outcome that you might enjoy. But what about when your objective is to make your wish a reality? The *last* thing you want to be is relaxed. You want to be energized enough to get off the couch and lose those pounds or find that job or study for that test, and you want to be motivated enough to stay engaged even when the inevitable obstacles or challenges arise. The principle of "Dream it. Wish it. Do it." does not hold true, and now we know why: in dreaming it, you undercut the energy you need to do it. You put yourself in a temporary state of complete happiness, calmness — and inactivity.

*physiological: 생리학적인

① 과도한 목표 지향적 태도는 삶의 만족감을 떨어뜨린다.
② 긍정적 자세로 역경을 극복할 때 잠재 능력이 발휘된다.
③ 편안함을 느끼는 상황에서 자기 개선에 대한 동기가 생긴다.
④ 낙관적인 상상은 소망을 실현하는 데 필요한 동력을 약화시킨다.
⑤ 막연한 목표보다는 명확하고 구체적인 목표가 실현 가능성이 크다.

CHECK NOTE

1 글의 핵심 어구를 쓰시오.

2 글의 요지를 나타내는 문장에 밑줄을 그으시오.

TEXT FLOW

도입	________________은 생리학적 검사에서 나타날 정도로 우리가 ________________ 데 도움이 됨
반론	소망을 실현하는 경우에 가장 피해야 할 상태는 ________________ 상태임
결론	소망의 실현을 꿈꾸는 중에 ________________가 약화됨

유형 PRACTICE

02

다음 글의 요지로 가장 적절한 것은?

Dopamine can be a great motivator, and even when it's tempting us to order dessert or to run up credit card debt, it's hard to describe this tiny neurotransmitter as evil. But dopamine does have a dark side — one that's not hard to see if we pay close attention. If we pause and notice what's really going on in our brains and bodies when we're in that state of wanting, we will find that the promise of reward can be as stressful as it is delightful. Desire doesn't always make us feel good; sometimes it makes us feel completely awful. The reason is that dopamine's primary function is to make us *pursue* happiness, not to make us happy. It doesn't mind putting a little pressure on us even if that means making us unhappy in the process.

*neurotransmitter: 신경 전달 물질

① 도파민을 향한 욕망은 인간이 가진 자연스러운 동기이다.
② 도파민은 행복의 추구와 동시에 불행을 야기하기도 한다.
③ 도파민에 중독된 뇌는 제대로 된 의사 결정을 하지 못한다.
④ 도파민을 통해 보상에 익숙해지면 집중력이 매우 짧아진다.
⑤ 도파민은 인간을 행복하게 만드는 데 직접적인 역할을 한다.

CHECK NOTE

1 글의 소재를 쓰시오.

2 글의 주제를 나타내는 두 문장에 밑줄을 그으시오.

직독직해 NOTE 의미 단위로 끊어서 해석하고, 주어와 동사를 찾으시오.

1 Dopamine / can be a great motivator, / and even when it's tempting us to order dessert / or to run up credit card debt, / it's hard / to describe this tiny neurotransmitter as evil.

2 If we pause and notice what's really going on in our brains and bodies when we're in that state of wanting, we will find that the promise of reward can be as stressful as it is delightful.

03

다음 글의 요지로 가장 적절한 것은?

There are many things we can choose to do about global warming, including doing nothing at all. All of them have consequences, many of which will be unforeseen. As human beings, we are motivated, at least to some extent, by a desire to do what is "best." But this approach is as fraught with uncertainty as climate change itself. What is "best" can vary considerably, depending on your point of view. What is best — even presuming we can discover what that is — for a Canadian living in the last decade of the twentieth century might not be best for someone living in Somalia, or for our great-grandchildren, or for the rain forest of the Amazon or the kangaroos of Australia. Decisions about what to do about global warming will therefore be strongly influenced by how much relative weight we give to the interests of Canadians, Somalis, great-grandchildren, rain forests, and kangaroos.

① 기후 변화의 방향을 예측하는 방법을 강구해야 한다.
② 멸종 위기종의 보호를 위한 프로그램이 기획되고 있다.
③ 온실가스 배출 감축을 위한 국제적인 노력이 필요하다.
④ 지구 온난화에 대한 최선의 것은 관점에 따라 다를 수 있다.
⑤ 환경 보호를 위해 각자 구체적인 실천 방법을 준비해야 한다.

CHECK NOTE

1 글의 핵심 어구를 쓰시오.

2 글의 주제문에 밑줄을 그으시오.

직독직해 NOTE 의미 단위로 끊어서 해석하고, 주어와 동사를 찾으시오.

1 As human beings, we are motivated, at least to some extent, by a desire to do what is "best."

2 What is best — even presuming we can discover what that is — for a Canadian living in the last decade of the twentieth century might not be best for someone living in Somalia, or for our great-grandchildren, or for the rain forest of the Amazon or the kangaroos of Australia.

유형 PRACTICE

04

다음 글에서 필자가 주장하는 바로 가장 적절한 것은?

As companies continue to expand, things inevitably change. The initial structure designed for the new business may be challenged as the company's reach grows. With expansion comes the need to systematically examine the internal framework and to evaluate each aspect for efficiency. Formerly self-sufficient units may benefit from a more integrated approach that encourages collaboration and synergy. The strength of decision-making processes is tested by increasing complexity, requiring a strategic reorganization of roles and responsibilities. Communication networks must be expanded to meet the increased demand for smooth information flow. This transformation is not a choice but a necessity for operational efficiency. As businesses expand, the ease with which the organization can adapt becomes critical to continued growth and operational capability, requiring a corresponding restructuring of the organizational structure.

① 기업은 빠른 의사 결정을 위해 직원에게 권한을 분산해야 한다.
② 기업이 성장하기 위해서는 다른 기업과의 연대를 추구해야 한다.
③ 기업이 확장됨에 따라 효율성을 위해 조직 구조를 개편해야 한다.
④ 기업에서는 역할과 책임을 다한 직원을 그에 맞게 대우해야 한다.
⑤ 기업은 과열된 국내 시장을 넘어 새로운 해외 시장을 개척해야 한다.

CHECK NOTE

1 글의 소재를 우리말로 간단히 쓰시오.

2 필자가 주장하는 바를 나타내는 문장에 밑줄을 그으시오.

직독직해 NOTE 의미 단위로 끊어서 해석하고, 주어와 동사를 찾으시오.

1 With expansion comes the need to systematically examine the internal framework and to evaluate each aspect for efficiency.

____

2 As businesses expand, the ease with which the organization can adapt becomes critical to continued growth and operational capability, requiring a corresponding restructuring of the organizational structure.

____

05

다음 글에서 필자가 주장하는 바로 가장 적절한 것은?

In daily life, because triumph is made more visible than failure, you are likely to overestimate your chances of succeeding. But remember behind every popular author there are 100 other writers whose books will never sell. Behind them are another 100 who haven't found publishers. Behind them are yet another 100 whose unfinished manuscripts gather dust in drawers. And behind each one of these are 100 people who dream of — one day — writing a book. The same goes for photographers, artists, athletes, architects, and Nobel Prize winners. The media is not interested in digging around in the graveyards of the unsuccessful, but you should take an interest. As an outsider, you are likely to get caught up in an illusion. In order to avoid a huge disappointment, it is important to be realistic.

① 성공보다는 실패에서 더 많은 것을 배워야 한다.
② 자신의 성공 가능성을 과대평가하지 말아야 한다.
③ 많은 실패를 통해 성공으로 향하는 인내심을 길러야 한다.
④ 남의 성공을 부러워만 하지 말고 스스로 열심히 노력해야 한다.
⑤ 끊임없는 글쓰기 훈련을 통해 작가로서의 실력을 키워야 한다.

CHECK NOTE

1 글의 소재를 쓰시오.

2 글의 주제문에 밑줄을 그으시오.

직독직해 NOTE 의미 단위로 끊어서 해석하고, 주어와 동사를 찾으시오.

1 In daily life, because triumph is made more visible than failure, you are likely to overestimate your chances of succeeding.

____

2 The media is not interested in digging around in the graveyards of the unsuccessful, but you should take an interest.

____

02 강 글의 주제

유형 소개

- 글에서 표현되고 있는 중심적인 생각을 파악하는 유형이다.
- 글의 주제 파악은 독해의 기본으로, 수능에서 해마다 한 문항씩 출제되는 기본적인 유형이다.
- 글의 종류에 따라 주제문이 드러나기도 하지만 드러나지 않는 경우도 있다.

유형 해법

- 도입부에서 글의 소재나 전개될 방향을 파악한다.
- 반복적으로 언급되는 내용을 통해 핵심 개념을 파악한다.
- 글의 일부나 지나치게 포괄적인 내용을 담은 선택지를 고르지 않도록 유의한다.

WORDS & EXPRESSIONS PREVIEW

01
arise 생기다, 발생하다
collaborative 협력적인, 공동의
assign 배정하다, 맡기다
end up -ing 결국 ~하게 되다
capability 능력
keep alert 경계를 게을리하지 않다
be bad at ~을 잘하지 못하다
operation 작업, 운용
precision 정밀(함), 정확(성)
accuracy 정확(성), 정확도
component 구성 요소
take advantage of ~을 이용하다
genetically 유전적으로
biologically 생물학적으로
unsuited 부적합한
blame 비난하다

02
devise 고안하다
measure 측정(하다)
unit 단위
relevant 관련된
division 분할, 분배
corresponding 해당[상응]하는
heartbeat 심장 박동
cubit 큐빗(손가락 끝에서 팔꿈치까지의 길이)
complicated 복잡한
conversion 변환, 전환
factor 계수
equivalent 같은, 동등한
standardise 표준화하다
interrelated 서로 관계있는
incorporate 통합하다
hierarchy (분류 등의) 체계

03
giant 거대한
challenge 도전 (과제)
smooth 순조로운
adventure 모험
figure out ~을 해결하다
color 색을 칠하다
rulebook 규칙서, 규정집
laughter 웃음
tricky 까다로운

04
perceptual 지각의
mislead 잘못 이끌다
critical 중대한
level 수평의; 수평으로
practice test 연습 평가
explicit 분명한
supply 주다, 제공하다
give in to ~에 굴복하다
illusion 착각
response 대답
treat 취급하다, 다루다

05
landscape 풍경
guardian 수호자
hideaway 은신처
shield 방패
crystal clear 수정같이 맑은
green 환경 친화적인; 녹색의
treasure 보물

선택지 빈출 EXPRESSIONS

- difficulties of ~의 어려움
- reasons why ~한 이유
- necessity of ~의 필요성
- importance of ~의 중요성
- benefits of ~의 이점
- influences of ~의 영향

유형 PRACTICE

정답 및 해설 4쪽

01 기출 CHECK 수능

다음 글의 주제로 가장 적절한 것은?

Difficulties arise when we do not think of people and machines as collaborative systems, but assign whatever tasks can be automated to the machines and leave the rest to people. This ends up requiring people to behave in machine-like fashion, in ways that differ from human capabilities. We expect people to monitor machines, which means keeping alert for long periods, something we are bad at. We require people to do repeated operations with the extreme precision and accuracy required by machines, again something we are not good at. When we divide up the machine and human components of a task in this way, we fail to take advantage of human strengths and capabilities but instead rely upon areas where we are genetically, biologically unsuited. Yet, when people fail, they are blamed.

① difficulties of overcoming human weaknesses to avoid failure
② benefits of allowing machines and humans to work together
③ issues of allocating unfit tasks to humans in automated systems
④ reasons why humans continue to pursue machine automation
⑤ influences of human actions on a machine's performance

CHECK NOTE

1 글의 소재를 쓰시오.

2 글의 주제문에 밑줄을 그으시오.

TEXT FLOW

발단	사람과 기계를 협력 체제로 생각하지 않고 기계에 자동화 작업을 맡기고 사람에게 그 나머지 일을 맡길 경우 ____________ 이 생김
전개	우리는 사람들에게 기계를 감시하는 것과 기계에 의해 요구되는 반복 작업을 하도록 요구하는데, 그것은 인간이 ____________ ____________ 것임
결론	우리는 인간이 할 일과 기계가 할 일을 나눌 때 인간의 ____________ 을 제대로 이용하지 못하며, 사람들이 실수하면 그들은 비난을 받음

02

다음 글의 주제로 가장 적절한 것은?

Most societies devise their own system of measures for distance, volume or weight. Most units adopted are on a human scale relevant to everyday life: a pound weight represents a handful of meat or grain, and the second is a division of time corresponding roughly to a heartbeat. Indeed, many traditional units have been based on the dimensions of the body, such as the foot, inch (thumb), cubit (forearm) and mile (1,000 Roman paces). However, the problem with these units is that they not only vary from person to person, but often involve incredibly complicated and inefficient conversion factors: the mile, for example, is equivalent to 1,760 yards, 5,280 feet, or 63,360 inches. Ideally, you want a standardised set of interrelated units that incorporate a convenient hierarchy of scale.

① reasons for countries having different measuring units
② effort to standardise different measuring units and their limits
③ influence of standardisation of measuring units on industries
④ origin of various traditional measuring units and their problem
⑤ relationships between measuring units and agricultural productivity

CHECK NOTE

1 글의 소재를 쓰시오.

2 글의 내용이 전환되며 필자의 견해가 시작되는 문장의 첫 세 단어를 쓰시오.

직독직해 NOTE 의미 단위로 끊어서 해석하고, 주어와 동사를 찾으시오.

1 Most units adopted [are] / on a human scale / relevant to everyday life: / a pound weight [represents] / a handful of meat or grain, / and the second [is] a division of time / corresponding roughly to a heartbeat.

____

2 However, the problem with these units is that they not only vary from person to person, but often involve incredibly complicated and inefficient conversion factors: the mile, for example, is equivalent to 1,760 yards, 5,280 feet, or 63,360 inches.

____

03

다음 글의 주제로 가장 적절한 것은?

Taking care of children can sometimes feel like trying to solve a giant puzzle where the pieces keep changing. Imagine having to help them learn new things like tying their shoes or sharing toys, but every day, there's a new challenge. From making sure they eat healthy vegetables to making bedtime a smooth adventure, there's always something to figure out. Kids grow up so fast, and as they do, they start to have their own ideas and feelings, which can be a bit like learning to ride a wobbly bike. It's not just about guiding them. It's also about finding the balance between letting them do things on their own and making sure they're safe. And just like trying to color inside the lines, parenting comes with a lot of advice from different people, making it feel like everyone has their own rulebook. Although it's full of love and laughter, parenting is like being a superhero with many tricky challenges every day.

*wobbly: (불안정하게) 흔들리는

① tips for becoming a good parent
② reasons why parenting is difficult
③ children's amazing ability to learn
④ importance of interacting with children
⑤ necessity of respecting children's freedom

CHECK NOTE

1 글의 소재를 쓰시오.

2 글의 주제문에 밑줄을 그으시오.

직독직해 NOTE 의미 단위로 끊어서 해석하고, 주어와 동사를 찾으시오.

1 From making sure they eat healthy vegetables to making bedtime a smooth adventure, there's always something to figure out.

____

2 And just like trying to color inside the lines, parenting comes with a lot of advice from different people, making it feel like everyone has their own rulebook.

____

04

다음 글의 주제로 가장 적절한 것은?

Airline pilots use flight instruments to know when their perceptual systems are misleading them about critical factors like whether their airplane is flying level. Students use practice tests to see whether they know as much as they think they do. It's worth being explicit here about the importance of answering the questions on the practice tests. Often we will look at a question on a practice test and think "Yup, I know that," and then move down the page without trying to write in an answer. If you don't supply the answer, you may be giving in to the illusion of knowing, when actually you would have difficulty giving an accurate response. Treat practice tests as actual tests, check your answers, and focus your studying effort on the areas you should improve.

*flight instrument: 항공 계기

① problems with multiple choice tests
② effects of tests on intelligence development
③ strong and weak points of using practice tests
④ things to consider when giving tests to students
⑤ necessity of checking knowledge using practice tests

CHECK NOTE

1 글의 소재를 쓰시오.

2 글의 주제문에 밑줄을 그으시오.

직독직해 NOTE 의미 단위로 끊어서 해석하고, 주어와 동사를 찾으시오.

1 If you don't supply the answer, you may be giving in to the illusion of knowing, when actually you would have difficulty giving an accurate response.

____

2 Treat practice tests as actual tests, check your answers, and focus your studying effort on the areas you should improve.

____

05

다음 글의 주제로 가장 적절한 것은?

Imagine a magical place where animals, plants, and beautiful landscapes are like guardians on a special team that keeps our planet healthy. That's what national parks do. These incredible places are like nature's secret hideaways, where animals have comfortable homes and plants can grow happily. National parks are like shields that protect these homes, making sure they stay safe from harm. They help to keep the air we breathe super clean and the water we drink crystal clear. It's like having a big green friend watching over the trees, rivers, and mountains. And guess what? National parks are also classrooms for nature, where scientists learn about animals and plants to make sure they stay strong and happy. Just as we care for our toys and pets, national parks care for our planet's treasures to make sure they stay safe and healthy for everyone to enjoy.

① scientists' efforts to learn from nature
② fierce struggles for survival in nature
③ harmful effects of national parks on wildlife
④ effective ways to conserve natural resources
⑤ critical role of national parks in protecting nature

CHECK NOTE

1 글의 소재를 쓰시오.

2 국립공원이 하는 일 세 가지를 우리말로 쓰시오.

직독직해 NOTE 의미 단위로 끊어서 해석하고, 주어와 동사를 찾으시오.

1 These incredible places are like nature's secret hideaways, where animals have comfortable homes and plants can grow happily.

____

2 Just as we care for our toys and pets, national parks care for our planet's treasures to make sure they stay safe and healthy for everyone to enjoy.

____

03강 글의 제목

유형 소개

- 글의 핵심 내용의 파악 여부를 판단하는 유형이다.
- 주제 추론 문제와는 다르게 제목이 비유적이거나 함축적, 또는 반어적으로 제시될 수 있다.
- 제시되는 글감의 소재가 광범위하므로 평소 다양한 소재의 글을 접해야 한다.

유형 해법

- 반복적인 어구나 핵심 어구를 통해 글의 중심 소재를 파악한다.
- 글의 전개 방식에 유의하면서 핵심 내용 또는 주제를 파악한다.
- 글의 주제에 근거하여 답을 선택한다.

WORDS & EXPRESSIONS PREVIEW

01
political 정치적인
corporation 기업
mindful 주의를 기울이는
purchase 구매
pollute 오염시키다
fair-trade 공정 거래의
practice 관행
end-of-life 수명 종료의
be committed to -ing ~하는 데 헌신하다
bring about ~을 일으키다
conscience 양심
contribute 기부하다
profit 수익
construction 건설
genuinely 진심으로
corporate 기업의
consumer 소비자
vote 투표하다
embrace 받아들이다
sustainable 지속 가능한

02
prehistoric 선사의
speak volumes 많은 것을 알려 주다
in the absence of ~이 없을 때에
entertainment 오락
fundamental 근본적인
synchronize 동시에 움직이게 하다
rhythmic 리듬감 넘치는
beat 박자
communal 공동의
convey 전달하다
awe 경외감
gratitude 감사함
ritual 의식
be woven into ~에 엮이다
fabric 구조
existence 삶, 존재
graceful 우아한
sacred 신성한
significance 의미
performance 공연
foster 조성하다
facilitate 촉진하다
surround 둘러싸다

03
optimist 낙천주의자
talented 재능 있는
pessimistic 비관적인
attitude 태도, 자세
noted 유명한
psychologist 심리학자
indicate 지적하다, 가리키다
primary 원래의
checkup (건강) 검진
maintain 유지하다
wellness 건강
monitor 추적 관찰하다, 감시하다
respond 반응하다

04
vision 비전, 전망(= view)
anticipate 예견하다
seed 씨, 씨앗
predestine 예정하다, 운명지우다
motivation 동기
potentially 어쩌면, 잠재적으로
arduous 고된, 힘든
boost 북돋우다, 불어넣다
energize 활기 있게 하다

05
inconvenience 불편; 불편을 느끼게 하다
pedestrian 보행자
terrorize 공포에 떨게 하다
roar 요란스럽게 달리다
rigid 경직된, 완고한
install 설치하다
quote 인용하다
slant (정보 등을) 편향되게 제시하다
back up ~을 뒷받침하다, 지지하다
forward-looking 전향적인, 진보적인
yield 양보; 양보하다
come off 떠나다
district 지역, 지구
bay 만(灣)
torrent 마구 쏟아짐, 빗발침
speed 과속하다

유형 PRACTICE

정답 및 해설 7쪽

01 기출 CHECK 학평

다음 글의 제목으로 가장 적절한 것은?

As you may already know, what and how you buy can be political. To whom do you want to give your money? Which companies and corporations do you value and respect? Be mindful about every purchase by carefully researching the corporations that are taking our money to decide if they deserve our support. Do they have a record of polluting the environment, or do they have fair-trade practices and an end-of-life plan for the products they make? Are they committed to bringing about good in the world? For instance, my family has found a company producing recycled, plastic-packaging-free toilet paper with a social conscience. They contribute 50 percent of their profits to the construction of toilets around the world, and we're genuinely happy to spend our money on this special toilet paper each month. Remember that the corporate world is built on consumers, so as a consumer you have the power to vote with your wallet and encourage companies to embrace healthier and more sustainable practices with every purchase you choose to make.

① Green Businesses: Are They Really Green?
② Fair Trade Does Not Always Appeal to Consumers
③ Buy Consciously, Make Companies Do the Right Things
④ Do Voters Have a Powerful Impact on Economic Policy?
⑤ The Secret to Saving Your Money: Record Your Spending

CHECK NOTE

1 글의 소재를 우리말로 간단히 쓰시오.

2 글의 주제문에 밑줄을 그으시오.

TEXT FLOW

도입	________________는 정치적일 수 있음
주제	________________을 면밀히 조사함으로써 ________________에 주의를 기울여야 함
부연	기업이 ________________ 기록이 있는지, ________________ 관행과 제품 수명 종료 계획이 있는지 확인해야 함
주제 재진술	소비자로서 구매를 통해 기업들이 ________________을 받아들이도록 장려할 수 있음

02

다음 글의 제목으로 가장 적절한 것은?

In prehistoric times, our ancestors communicated through dance, a language of movement that spoke volumes in the absence of words. It wasn't just a form of entertainment, but a fundamental aspect of daily life, where communities gathered to express stories, emotions, and their connection to nature through synchronized steps and rhythmic beats. Before the advent of written language, dance served as a communal language that conveyed joy, awe, and the human experience itself. From celebrating successful hunts to expressing gratitude for the harvest, these ancient rituals were deeply woven into the fabric of existence. The pulsating rhythms of the drums and the graceful movements of the dancers held sacred significance, offering a means of understanding and expressing the mysteries of their world. These dances were more than mere performances; in essence, they were powerful rituals that fostered unity within communities and facilitated a deep connection with the spiritual and natural forces that surrounded them.

*advent: 등장, 출현 **pulsating: 박동하는

① How Dancing Developed in Prehistoric Times
② Nature: The Reservoir of the Prehistorical World
③ An Overestimation of the History of Dance Rituals
④ Rituals with Dance: The Essence of Prehistoric Life
⑤ Why Dance Rituals Have Been Considered Insignificant

CHECK NOTE

1 글의 소재를 쓰시오.

2 문자가 등장하기 전에 춤이 했던 역할을 우리말로 쓰시오.

직독직해 NOTE 의미 단위로 끊어서 해석하고, 주어와 동사를 찾으시오.

1 The pulsating rhythms of the drums / and the graceful movements of the dancers / held sacred significance, / offering a means of understanding and expressing the mysteries of their world.

____

2 These dances were more than mere performances; in essence, they were powerful rituals that fostered unity within communities and facilitated a deep connection with the spiritual and natural forces that surrounded them.

____

정답 및 해설 8쪽

03

다음 글의 제목으로 가장 적절한 것은?

Optimists are more successful than similarly talented people with pessimistic or negative attitudes, according to Martin Seligman, a noted psychologist at the University of Pennsylvania. His research also indicates that negative attitudes can be changed to positive attitudes. Each of us can decide to change our primary attitude. Most people get health or dental checkups once or twice a year to maintain wellness. We also take our cars in for regular checkups to make sure that they keep running properly. Yet, sadly, we aren't nearly as careful about monitoring the attitudes that affect our mental health. When was the last time you had an attitude checkup? If you haven't been getting what you want out of life, if people are not responding well to you, could it be that you need one?

① Attitude Can Be Hard to Change
② How to Create a Positive Attitude
③ Regular Checkups, Your Lifesaver
④ Annual Checkups Are a Waste of Time
⑤ Sometimes You Need Attitude Checkups

CHECK NOTE

1 글의 소재를 쓰시오.

2 글의 주제를 우리말로 간단히 쓰시오.

직독직해 NOTE 의미 단위로 끊어서 해석하고, 주어와 동사를 찾으시오.

1 Optimists are more successful than similarly talented people with pessimistic or negative attitudes, according to Martin Seligman, a noted psychologist at the University of Pennsylvania.

______

2 If you haven't been getting what you want out of life, if people are not responding well to you, could it be that you need one?

______

04

다음 글의 제목으로 가장 적절한 것은?

Creating a vision is a way of anticipating the future. It is like planting a seed in your mind which, if you water correctly, over time will grow and flower in the way that it was predestined to. It is like describing the view you will have at the mountaintop before you start the climb. The motivation you have for the potentially arduous journey will be boosted more by being very clear about what you will see at the top than it would have been if it had been just a climb. It can be exactly the same with your business. If you have a clear vision in your mind, a vision that you can communicate to others, the journey will be much more energized and focused. Having a vision makes day-to-day activities more meaningful.

① Meditation, Your Healing Journey
② Building a Vision from a Journey
③ Learning to Live without a Vision
④ Fear, Limiting You and Your Vision
⑤ Vision: Today's Energy Booster for the Future

CHECK NOTE

1 글의 소재를 쓰시오.

2 글의 주제문에 밑줄을 그으시오.

직독직해 NOTE 의미 단위로 끊어서 해석하고, 주어와 동사를 찾으시오.

1 It is like planting a seed in your mind which, if you water correctly, over time will grow and flower in the way that it was predestined to.

2 If you have a clear vision in your mind, a vision that you can communicate to others, the journey will be much more energized and focused.

05

다음 글의 제목으로 가장 적절한 것은?

For 80 years, traffic engineers have been trained to see their job as moving cars through cities as rapidly as possible with a minimum of inconvenience. In terms of traffic design, little thought was given to how pedestrians, kids at play and entire neighborhoods were inconvenienced and even terrorized by roaring traffic. You may still encounter this rigid thinking when you suggest installing stop signs or traffic calming to traffic planners or elected officials. The facts and figures they quote back to you are often slanted to back up their belief that anything that slows cars is bad. Forward-looking traffic engineers in forward-looking towns now recognize the importance of stop and yield signs. Coming off the Golden Gate Bridge into San Francisco, you'll stop at almost every corner on Marine Avenue, which ensures that the Marina district is not cut off from the bay by torrents of speeding traffic.

*traffic calming: 교통 정온화(자동차의 운행 속도를 느리게 규제하는 일)

① Put Human Safety Before Vehicles
② Shaping the Smart Cities of the Future
③ Making Forward-Looking Cities Sustainable
④ Traffic Safety Measures and Easing Congestion
⑤ Measuring the Costs of Urban Traffic Congestion

CHECK NOTE

1 글의 소재를 쓰시오.

2 글의 주제를 우리말로 간단히 쓰시오.

직독직해 NOTE 의미 단위로 끊어서 해석하고, 주어와 동사를 찾으시오.

1 In terms of traffic design, little thought was given to how pedestrians, kids at play and entire neighborhoods were inconvenienced and even terrorized by roaring traffic.

2 The facts and figures they quote back to you are often slanted to back up their belief that anything that slows cars is bad.

04강 글의 목적 및 심경

유형 소개

- 글의 목적 문제는 주로 편지나 이메일 등의 실용문을 읽고 글을 쓴 의도를 파악하는 유형이다.
- 심경 문제는 특정한 사건 혹은 상황에서 주인공이나 등장인물이 느끼는 감정 및 감정의 변화를 추론하는 유형이다.

유형 해법

- 글의 목적 문제는 전반부에 글을 쓰게 된 배경이 나타나고 중반 이후에 글을 쓴 목적이 드러나는 경우가 많다.
- 심경 문제는 주인공이나 등장인물이 처한 상황을 이해하고 그들의 말과 행동을 통해 심경을 추론한다.
- 심경 문제는 감정이나 성격, 상황 등을 나타내는 형용사나 부사를 주의 깊게 살펴본다.

WORDS & EXPRESSIONS PREVIEW

01

post 게시(물)
launch 시작하다
a variety of 다양한
consist of ~로 구성되다
suit 맞다
advanced 고급의
talented 재능 있는
experienced 경험이 풍부한
instructor 강사

02

senior 졸업반 학생, 최상급생
costly 많은 비용이 드는
endeavor 시도, 노력
raise fund 모금하다
donation 기부(금)
purchase 구입하다
funding 모금, 자금
in advance 미리

03

collaborate 협업하다
access 접근하다
resource 자료, 재료
vibrant 활기찬
challenge 문제, 어려움
dynamic 역동적인
hub 중심지
overflow 넘치다
potential 잠재력
cramped 비좁은
outdated 노후한, 구식의
hinder 방해하다
expand 확장하다
haven 안식처
literacy 문해력
advocate 지지[옹호]하다

04

pound (심장 등이) 두근거리다
have butterflies in one's stomach 긴장해서 가슴이 벌렁거리다
tug 잡아당기다
costume 의상
amazing 놀라운
clap 박수치다

05

auditorium 강당
announcement 발표
bubbling 부푼
surge 밀려들다
cannot help but ~하지 않을 수 없다
thrill 짜릿함
cling to ~에 매달리다
deflate (타이어·풍선 등의) 공기를 빼다
main character 주인공
distant (거리가) 먼
assign 할당하다, 맡기다
unmet 충족되지 않은

선택지 빈출 EXPRESSIONS

- nervous 긴장한
- jealous 질투하는
- regretful 후회하는
- relieved 안심한
- frustrated 좌절한
- embarrassed 당황한

유형 PRACTICE

정답 및 해설 10쪽

01 기출 CHECK 수능

다음 글의 목적으로 가장 적절한 것은?

I'm Charlie Reeves, manager of Toon Skills Company. If you're interested in new webtoon-making skills and techniques, this post is for you. This year, we've launched special online courses, which contain a variety of contents about webtoon production. Each course consists of ten units that help improve your drawing and story-telling skills. Moreover, these courses are designed to suit any level, from beginner to advanced. It costs $45 for one course, and you can watch your course as many times as you want for six months. Our courses with talented and experienced instructors will open up a new world of creativity for you. It's time to start creating your webtoon world at https://webtoonskills.com.

① 웹툰 제작 온라인 강좌를 홍보하려고
② 웹툰 작가 채용 정보를 제공하려고
③ 신작 웹툰 공개 일정을 공지하려고
④ 웹툰 창작 대회에 출품을 권유하려고
⑤ 기초적인 웹툰 제작 방법을 설명하려고

CHECK NOTE

1 글의 소재를 쓰시오.

2 글의 주제를 우리말로 간단히 쓰시오.

TEXT FLOW

도입	__________에 관심이 있다면, 이 게시물은 여러분을 위한 것임
주제	__________를 시작했는데, __________가 담겨 있음
부연	비용은 __________이고, __________들이 창의력의 새로운 세계를 열어줄 것임

02

다음 글의 목적으로 가장 적절한 것은?

Hi, my name is Diana Robinson, a senior and a cellist with the Blue Sky High School Orchestra in St. Louis, Missouri. We are extremely excited and proud to have been invited to play at Carnegie Hall in New York City this November. This is a costly endeavor and therefore we are raising funds for this once in a lifetime concert. Please help us with your donations of $1, $5, $10, $20 or more, or purchase an ad in the school program, which will reach over 3,000 people. All of the funding will go to the orchestra, and you will get a tax deduction. To donate, go to http://www.bshso/donation, and for more information www.bshsorchestra.org. Thank you in advance for your kind help.

*tax deduction: 세금 공제

① 오케스트라의 신입 단원을 모집하려고
② 불우이웃 돕기 공연의 연기를 공지하려고
③ 공연 비용 마련을 위한 모금 참여를 요청하려고
④ 오케스트라 후원자에게 감사의 마음을 전하려고
⑤ 오케스트라의 새로운 연간 프로그램을 소개하려고

CHECK NOTE

1 글의 소재를 쓰시오.

2 글의 주제를 우리말로 간단히 쓰시오.

직독직해 NOTE 의미 단위로 끊어서 해석하고, 주어와 동사를 찾으시오.

1 We are extremely excited and proud / to have been invited to play / at Carnegie Hall in New York City / this November.

____

2 Please help us with your donations of $1, $5, $10, $20 or more, or purchase an ad in the school program, which will reach over 3,000 people.

____

03

다음 글의 목적으로 가장 적절한 것은?

Dear visitors,

Imagine a room filled with activity — children gathered for story time, teens collaborating on projects, and adults accessing online resources for job searches. This is not a scene from a utopian novel; it's the vibrant reality of our public library. But here's the challenge: This dynamic hub is overflowing with potential, yet it's cramped for space. Narrow shelves, limited seating, and outdated technology hinder our ability to serve our growing community. We need your support to expand not only in physical size, but also in the range of opportunities we offer. Imagine a future where our library becomes a true community center — a haven for lifelong learning, digital literacy, and social connections. With your support, we can make this vision a reality. Please join us in advocating for public library expansion. Your voice, along with others, can make a difference.

Yours Sincerely,
Paul Walker
Sunshine Public Library Director

① 공공 도서관의 수익 사업 확장을 비판하려고
② 공공 도서관 설립 기금 모금을 요청하려고
③ 평생 교육의 중요성과 그 이유를 설명하려고
④ 공공 도서관 확장에 대한 지지를 호소하려고
⑤ 도서관에서 제공하는 프로그램을 홍보하려고

CHECK NOTE

1 글의 소재를 쓰시오.

2 현재 공공 도서관의 문제를 우리말로 쓰시오.

직독직해 NOTE 의미 단위로 끊어서 해석하고, 주어와 동사를 찾으시오.

1 This dynamic hub is overflowing with potential, yet it's cramped for space.

2 We need your support to expand not only in physical size, but also in the range of opportunities we offer.

유형 PRACTICE

04

다음 글에 드러난 Tom의 심경 변화로 가장 적절한 것은?

As Tom waited behind the stage, getting ready to dance, his heart was pounding like a drum, and he had butterflies in his stomach. The noise from the audience and the people talking backstage made it hard for him to stand on his feet. He kept tugging at his costume, thinking of all the dance moves he had to remember. He was not sure if he would be able to perform his dance well on stage. But as Tom stepped onto the stage, something amazing happened. The music started, and his body began to move to the music. The cheering and clapping from the crowd made him feel like a superstar. He smiled a big smile. Every move he made made the crowd cheer even more. At the end of his dance, everyone was clapping and shouting to show how much they enjoyed it. He felt like he had just done something super cool on stage.

① nervous → excited
② jealous → regretful
③ grateful → annoyed
④ hopeful → frustrated
⑤ relieved → scared

CHECK NOTE

1 글의 소재를 쓰시오.

2 Tom의 심경이 변화되는 반전을 나타내는 첫 문장에 밑줄을 그으시오.

직독직해 NOTE 의미 단위로 끊어서 해석하고, 주어와 동사를 찾으시오.

1 As Tom waited behind the stage, getting ready to dance, his heart was pounding like a drum, and he had butterflies in his stomach.

____

2 The noise from the audience and the people talking backstage made it hard for him to stand on his feet.

____

05

다음 글에 드러난 Emma의 심경 변화로 가장 적절한 것은?

As Emma approached the school auditorium, her heart began to beat quickly. Thoughts of the upcoming announcement filled her mind, and a bubbling feeling of hope surged through her. She couldn't help but imagine the thrill of seeing her name proudly displayed among the first names. The air felt charged with possibility, and she clung to the dream of hearing her name called for the role she had practiced and proudly imagined. But when the list was announced, her heart sank like a deflating balloon. Her name wasn't on the list. She really wanted to be one of the main characters, but it wasn't meant to be. The happy sounds of other children talking and laughing around her suddenly felt distant. Emma couldn't stop thinking about how she wasn't getting the role she had hoped for. The roles assigned to others felt like missed opportunities, and the weight of unmet expectations hung in the air.

① nervous → relieved
② envious → embarrassed
③ frightened → grateful
④ proud → regretful
⑤ anticipating → disappointed

CHECK NOTE

1 글의 소재를 우리말로 간단히 쓰시오.

2 Emma의 변화된 심경을 비유적으로 나타낸 어구를 찾아 쓰시오.

직독직해 NOTE 의미 단위로 끊어서 해석하고, 주어와 동사를 찾으시오.

1 The air felt charged with possibility, and she clung to the dream of hearing her name called for the role she had practiced and proudly imagined.

2 The roles assigned to others felt like missed opportunities, and the weight of unmet expectations hung in the air.

REVIEW 모의고사 01회

01 다음 글의 요지로 가장 적절한 것은?

It is almost certain that chimpanzees and orcas, and no doubt other species, have some form of imagination and that they draw on a range of cognitive and social resources, histories, and experiences to perceive and navigate their worlds. One might even say that they "believe" in a manner fitting their own environments. But they do not share the biological and behavioral patterns of hominins and human evolutionary history. They do not reside in the niche that we humans do. Human belief, in essence, enables us to see what is not there and to act emphatically as though it was, so emphatically that what is absent is experienced. Human belief can result in the imposing of what does not exist on what does, in some cases so successfully that what did not exist comes to exist in the process. To date, we have no evidence that other species share this way of believing.

*orca: 범고래 **niche: 적합한 환경 ***emphatically: 단호하게

① 인간과 동물은 거주하는 환경에 적응한다는 점에서 매우 유사하다.
② 인간은 동물에게도 인간과 같은 지각이 있다는 믿음을 가지고 있다.
③ 진화의 역사를 통틀어 인간과 동물은 서로 협력적인 관계를 유지했다.
④ 인간과 달리 다른 종에게는 존재하지 않는 것을 경험하는 믿음이 없다.
⑤ 존재하지 않는 것에 대한 인간의 믿음은 문명 형성에 큰 도움이 되었다.

02 다음 글에서 필자가 주장하는 바로 가장 적절한 것은?

Companies must be aware that although it is the responsibility of the computer security department to produce and maintain the security policy, security is a process that should involve all staff members. If staff members see security as something that is an obstacle to their work, they will not take on their proper responsibility. Companies need staff members to understand why security is important, and that they themselves are being protected. Companies should remember that it is not possible for the security practitioner to be everywhere at once; an educated staff can go a long way toward acting on behalf of the practitioner. Educated users are more likely to pick a good password, challenge a stranger, or lock the PC when going for coffee, if they are aware of the consequences of not doing so.

① 회사 내에서 사적인 이메일 교환을 금지해야 한다.
② 컴퓨터 보안을 위해 비밀번호를 주기적으로 변경해야 한다.
③ 직원들은 다양한 소프트웨어 사용에 익숙해져야 한다.
④ 회사는 전 직원이 컴퓨터 보안에 적극적이도록 교육해야 한다.
⑤ 비상시를 대비해 컴퓨터 내의 중요한 파일들은 따로 복사해 두어야 한다.

03 다음 글의 주제로 가장 적절한 것은?

In the 1990s, cable, as opposed to airwave broadcasts, has facilitated the rapid development of new programming in sports, increasing access around the world and allowing media companies and advertisers to tailor their messages to narrower audiences. The emergence of digital and social media in the 2000s has added to the range of tools sports marketers can use to appeal to various audiences. Digital and social media have also fostered a much stronger and more demanding consumer audience, effectively changing the relationship between organizations and their customers from one controlled by the organization to one controlled by customers. This change has also coincided with a shift from one way (from organization to market) to two-way simultaneous communications (an ongoing dialog between the organization and the marketplace). The result is that organizations (sports companies, teams, leagues, etc.) are finding that they must listen far more actively to their customers than ever, otherwise the risk of a fan backlash increases noticeably.

*backlash: 반발

① how sports marketing changed the game
② things that sports marketers do and should do
③ changes in sports marketing caused by new media
④ sports marketing trends that you should know and use
⑤ how a sports marketing company impacts social change

04 다음 글의 목적으로 가장 적절한 것은?

Dear Friend,

Soon, the most modern hospital facility in the state will be operational — the new Hale Hospital. At this time, the Hale Hospital Foundation is completing a community-wide campaign to raise over $1 million for special medical equipment and furnishings. More than $500,000 has already been raised from the hospital staff and the business community. Now, we are turning to you for support. Your contribution will enable us to maintain excellence in patient care through the purchase of additional medical equipment. Consider the important role which a hospital plays in a community, and the positive impact which the new Hale Hospital will have on all of us. Please join your many neighbors and friends who have already made gifts of $25, $50, $100 and more to this community effort. Your contribution is a direct investment in your health and that of your loved ones. Thank you.

Sincerely,
Stellar Baker, Campaign Co-Chairman

① 공사 중인 병원의 조속한 개원을 촉구하려고
② 가난한 환자들의 치료비를 위한 기금을 마련하려고
③ 병원 내 편의 시설 확충을 위한 재원을 모금하려고
④ 새로 운영될 병원을 위한 기부금을 내도록 독려하려고
⑤ 희귀 난치병 치료를 위한 전문병원의 개원을 요구하려고

05 다음 글의 요지로 가장 적절한 것은?

It is important to let yourself be "dissatisfied" with the status quo to inspire action and change in your life. Hard times often force you to reflect on your larger goals. And it is from those reflections that ideas and insights for the future often come. Uncomfortable emotions such as fear and insecurity often warn you of real and approaching dangers. In fact, research shows that mildly depressed and pessimistic people tend to see reality more clearly than optimists. People who set higher goals and fall short are often more dissatisfied with the result they achieve, but actually achieve much higher results than people who set lower goals and feel happy when they achieve them. And many creative artists seem to do their best work when they surrender to the full array of life's emotions, not just the happy ones.

*status quo: 현재의 상황

① 작은 일의 성공에 만족하면 더 큰일을 해낼 수 없다.
② 부정적인 상황과 정서적 상태가 성공에 도움이 된다.
③ 낙관적인 성격을 지닌 사람은 고난을 쉽게 극복한다.
④ 구성원의 불만을 합리적으로 해결하는 조직이 발전한다.
⑤ 어릴 때의 큰 성공이 앞으로의 삶에서 문제가 될 수 있다.

06 다음 글의 주제로 가장 적절한 것은?

In early March 2020, many businesses in the United States shut down and went online to protect their workers from the COVID-19 virus. Workers were able to work online from home by using Zoom software. Research shows that more people are working in occupations and industries that are conducive to such telecommuting. Many for-profit firms are now switching over to remote working and conferencing via the Web. In many American cities, traffic congestion has meant that average commutes can take over an hour each day. Firms that allow workers to telecommute are implicitly giving workers the freedom to avoid such losses. As firms learn how to create teams from remote locations, this opens up several adaptation possibilities. By separating work and home, workers will have much more freedom to choose where they live based on criteria other than commuting. This will help them adapt to the risks and opportunities they prioritize.

*conducive to: ~에 좋은, 도움이 되는

① why it is difficult to adapt to city life
② effects of telecommuting on individuality
③ creating more opportunities for reeducation
④ reducing commuting time for a green society
⑤ benefits of remote working through telecommuting

07 다음 글의 제목으로 가장 적절한 것은?

Routine can be your servant or your master. Mindless routine may become a prison and may curb your creativity. But routine, when used well, can release time and energy. Donald decided to learn French. He chose to devote half an hour each day to work on his French. He found that it was easy to skip a daily session, and if he skipped one, it was even easier to skip a second session. Two weeks went by, and he had only done his half hour of work on two days. We discussed ways to help him get down to work. He chose to make it a routine. After breakfast each day, he would work for half an hour. He established a routine. Now he found that he had done his work before he had time to think about not doing it. He established the habit that, after breakfast, he would take his coffee into the sitting room and work for half an hour.

① Make Routine Your Servant
② Prepare Your Second Career
③ Learn French on Coffee Breaks
④ Why Skipping Meals Is Unhealthy
⑤ A Whole New Way to Divide Your Routine

08 다음 글에 드러난 'I'의 심경 변화로 가장 적절한 것은?

The driver spoke good English, and his wife gave advice useful for a stranger like me to stay here. He told me some funny jokes, from which I could feel how much he was trying to calm my anxiety. I thought I was really lucky. However, while driving, he kept turning around to rearrange things on the back seat to give me more space. I preferred he not do that, because more often than not he was driving with one hand at seventy miles an hour in heavy traffic. Every few seconds his wife and I would shriek as the back of a truck loomed up and filled the windshield, and he would attend the road for perhaps two and a half seconds before returning his attention to my comfort. I just wanted to get out of the car.

① satisfied → scared
② pleased → grateful
③ surprised → relieved
④ depressed → indifferent
⑤ disappointed → irritated

05강 내용 일치

유형 소개
- 글의 세부 사항과 선택지의 일치 여부를 판단하는 유형이다.
- 인물, 동·식물, 사물 등 다양한 소재의 글감을 다루는데, 최근에는 인물 관련 글이 주로 출제되었다.

유형 해법
- 선택지를 먼저 읽은 후에 그 내용을 염두에 두고 글을 읽는다.
- 글의 도입부에서 무엇에 관한 내용인지 파악한다.
- 글의 내용과 선택지의 정보를 꼼꼼히 비교하여 일치 여부를 판단한다.

WORDS & EXPRESSIONS PREVIEW

01
influential 영향력 있는
economist 경제학자
obtain 받다, 얻다
author 저자
introduction 입문서, 개론
entitle 제목을 붙이다
microeconomic theory 미시 경제학 이론
philosopher 철학자
develop 발전시키다
democracy 민주주의
ethics 윤리(학)
retire 은퇴하다

02
governor 총독, 주지사
donate 기증하다, 기부하다
association 협회, 연합
competition 대회, 시합
give way to ~로 대체되다[바뀌다]
possession 소유, 소유권
specify 조건으로 지정하다
inscribe 새기다
accommodate 수용하다, 담다
additional 추가의

03
exploration 탐구
struggle 투쟁
financial 경제적인, 재정적인
hardship 어려움, 고난
various 다양한
support 부양하다
submit 제출하다
literary 문학의
breakthrough 비약적인 발전
acclaim 찬사, 칭찬
characterized by ~의 특징이 되다
concise 간결한
prose 산문
precise 정확한
reputation 명성
cut ~ short (목숨 등을) 갑자기 마감하다
lung cancer 폐암

04
bachelor's degree 학사 학위
electrical 전자의
engineering 공학
master's (degree) 석사 학위
promise 전망
transistor 트랜지스터(반도체를 써서 진공관과 같은 기능을 가진 회로 소자)
fundamental 기초의, 기본적인
conventional 재래식의, 전통의
superconductivity 초전도
achievement 업적, 성취, 성과

05
inspire 영감을 주다
stop motion 스톱 모션(연기자의 움직임을 일시 정지하는 촬영 효과)
self-taught 독학의
encouragement 격려
feature 작품, 인기물
strike out 독립하다
independent 독자적인, 독립된
low-budget 저예산(의)
resources 재원, 자원
utilize 사용하다
entail 수반하다
confine 한계
devise 고안하다
revolutionize 대변혁[혁신]을 일으키다

유형 PRACTICE

정답 및 해설 18쪽

01 기출 CHECK 수능

Frank Hyneman Knight에 관한 다음 글의 내용과 일치하지 않는 것은?

Frank Hyneman Knight was one of the most influential economists of the twentieth century. After obtaining his Ph.D. in 1916 at Cornell University, Knight taught at Cornell, the University of Iowa, and the University of Chicago. Knight spent most of his career at the University of Chicago. Some of his students at Chicago later received the Nobel Prize. Knight is known as the author of the book *Risk, Uncertainty and Profit*, a study of the role of the entrepreneur in economic life. He also wrote a brief introduction to economics entitled *The Economic Organization*, which became a classic of microeconomic theory. But Knight was much more than an economist; he was also a social philosopher. Later in his career, Knight developed his theories of freedom, democracy, and ethics. After retiring in 1952, Knight remained active in teaching and writing.

*entrepreneur: 기업가

① 20세기의 가장 영향력 있는 경제학자들 중 한 명이었다.
② 경력의 대부분을 University of Chicago에서 보냈다.
③ 그의 학생들 중 몇 명은 나중에 노벨상을 받았다.
④ *Risk, Uncertainty and Profit*의 저자로 알려져 있다.
⑤ 은퇴 후에는 가르치는 일은 하지 않고 글 쓰는 일에 전념했다.

CHECK NOTE

1 글의 소재를 쓰시오.

2 Frank Hyneman Knight의 직업 세 가지에 밑줄을 그으시오.

TEXT FLOW

도입	경제학자 Frank Hyneman Knight는 경력의 대부분을 ________________에서 보냈음
전개 1	Knight는 경제 생활에서 기업가의 역할에 대한 연구서 및 짧은 경제학 입문서를 썼는데, 그것은 ________________ 이론의 고전이 됨
전개 2	Knight는 사회 철학자이기도 했는데, 자유, 민주주의, 그리고 윤리에 대한 이론을 발전시켰고, 은퇴 후에도 ________________와 ________________에 적극적이었음

02

Stanley Cup에 관한 다음 글의 내용과 일치하지 않는 것은?

In 1892, the governor of Canada, Lord Stanley, bought a silver bowl and donated it to the Amateur Hockey Association as the prize in a competition. The next year, the Montreal Amateur Athletic Association hockey club won the first Stanley Cup championship. Until 1910, amateur teams played for the fanciful prize; then the National Hockey Association (which later gave way to the NHL) took possession of the cup and professional hockey teams began competing for it each year since. Lord Stanley specified that the name of the winning team and the year be inscribed on the cup. It was also decided to inscribe the names of the players of the winning teams. The cup holds more than 2,200 names now, and every 13 years, a new ring is added to the bottom to accommodate the additional names.

① Stanley 경이 대회 상품으로 큰 은잔을 하키 협회에 기증했다.
② 다음 해에 최초로 하키 우승팀에 수여되었다.
③ 1910년까지는 아마추어 팀들만 받을 수 있었다.
④ 그해의 우승팀의 이름과 우승 연도가 새겨진다.
⑤ 2,200개 이상의 이름이 새겨진 후 더 이상 이름을 새기지 않고 있다.

CHECK NOTE

1 글의 소재를 쓰시오.

2 글의 주제를 우리말로 간단히 쓰시오.

직독직해 NOTE 의미 단위로 끊어서 해석하고, 주어와 동사를 찾으시오.

1 Until 1910, / amateur teams played / for the fanciful prize; / then the National Hockey Association (which later gave way to the NHL) / took possession of the cup / and professional hockey teams began / competing for it / each year since.

2 The cup holds more than 2,200 names now, and every 13 years, a new ring is added to the bottom to accommodate the additional names.

03

Raymond Carver에 관한 다음 글의 내용과 일치하지 않는 것은?

Raymond Carver was an influential American short story writer known for his minimalist style and his exploration of working-class struggles. Carver was born in Clatskanie, Oregon, and grew up in Yakima, Washington. His early life was marked by financial hardship. During the 1960s and 1970s, Carver worked various jobs to support his family. Despite suffering from financial hardship, he pursued his passion for writing by attending writing workshops and by submitting his work to literary magazines. His breakthrough came with the publication of his short story collection *Will You Please Be Quiet, Please?*, which received critical acclaim, in 1976. His writing style, characterized by concise prose and precise language, earned him a reputation as a master of the short story form. Sadly, Carver's life was cut short by lung cancer at the age of 50.

① Washington 주의 Yakima에서 성장했다.
② 가족을 부양하기 위해 다양한 직업에서 일했다.
③ 경제적 어려움에도 글쓰기에 대한 열정을 추구했다.
④ 1976년 출간한 단편 소설집이 비평가의 혹평을 받았다.
⑤ 50세에 폐암으로 갑자기 생을 마감했다.

CHECK NOTE

1 글의 소재를 쓰시오.

2 Carver가 경제적 어려움으로 고통받았음에도 불구하고 했던 일에 밑줄을 그으시오.

직독직해 NOTE 의미 단위로 끊어서 해석하고, 주어와 동사를 찾으시오.

1 His breakthrough came with the publication of his short story collection *Will You Please Be Quiet, Please?*, which received critical acclaim, in 1976.

2 His writing style, characterized by concise prose and precise language, earned him a reputation as a master of the short story form.

04

John Bardeen에 관한 다음 글의 내용과 일치하지 않는 것은?

John Bardeen was born on May 23, 1908, in Wisconsin. He was so intelligent for his age that his parents decided to have him skip several grades at school. He earned his bachelor's degree in electrical engineering in 1928 and master's the very next year. He had chosen engineering as he felt this field held promise. After the Second World War, in late 1945, he joined Bell Labs, and remained there until 1951. He was the only person to have won the Nobel Prize in Physics twice: first in 1956 with William Shockley and Walter Brattain for the invention of the transistor; and again in 1972 with Leon N Cooper and John Robert Schrieffer for a fundamental theory of conventional superconductivity known as the BCS theory. In spite of all his professional achievements, Bardeen was a good-natured and friendly man who loved playing golf. He died of heart disease on January 30, 1991 at the age of 82.

① 나이에 비해 총명해서 몇 개 학년을 월반했다.
② 미래의 전망을 보고 자신의 전공을 선택했다.
③ 제2차 세계대전이 끝난 후 Bell 연구소에 합류했다.
④ 두 번째 노벨 물리학상은 단독으로 수상했다.
⑤ 골프 치는 것을 아주 좋아하는 온화하고 친절한 사람이었다.

CHECK NOTE

1 글의 소재를 쓰시오.

2 John Bardeen이 노벨 물리학상을 받은 두 가지 분야에 밑줄을 그으시오.

직독직해 NOTE 의미 단위로 끊어서 해석하고, 주어와 동사를 찾으시오.

1 He was the only person to have won the Nobel Prize in Physics twice: first in 1956 with William Shockley and Walter Brattain for the invention of the transistor; and again in 1972 with Leon N Cooper and John Robert Schrieffer for a fundamental theory of conventional superconductivity known as the BCS theory.

2 In spite of all his professional achievements, Bardeen was a good-natured and friendly man who loved playing golf.

05

Ray Harryhausen에 관한 다음 글의 내용과 일치하지 않는 것은?

Ray Harryhausen saw the movie *King Kong* at the age of 12, and it inspired him to become a stop motion artist. He was largely self-taught in his early years and received a great deal of encouragement from O'Brien. O'Brien hired Harryhausen as an animator for the movie *Mighty Joe Young*, the only big stop motion feature on which O'Brien and Harryhausen worked together. Eventually, Harryhausen struck out on his own to become one of the greatest independent stop motion visual effects artists in the history of cinema. Since he worked alone on low-budget films, he often did not have the resources for utilizing the methods of *King Kong* and *Mighty Joe Young*, which entailed large sets with glass paintings. In order to work within the tight confines of space and budget, Harryhausen devised a compositing method that revolutionized the art.

① 영화 '킹콩'이 장래 직업 결정에 영향을 미쳤다.
② 젊은 시절에는 주로 독학으로 공부를 했다.
③ 최고의 시각 효과 예술가가 되기 위해 독립했다.
④ 독립 후에는 혼자서 저예산 영화를 제작했다.
⑤ 장면을 합성하는 영화 제작 기법에 반대했다.

CHECK NOTE

1 글의 소재를 쓰시오.

2 O'Brien이 Harryhausen에게 미친 영향을 우리말로 쓰시오.

직독직해 NOTE 의미 단위로 끊어서 해석하고, 주어와 동사를 찾으시오.

1 O'Brien hired Harryhausen as an animator for the movie *Mighty Joe Young*, the only big stop motion feature on which O'Brien and Harryhausen worked together.

2 In order to work within the tight confines of space and budget, Harryhausen devised a compositing method that revolutionized the art.

06강 도표 파악

유형 소개
- 도표의 정보와 그것을 설명하는 글의 내용의 일치 여부를 판단하는 유형이다.
- 주로 도표에 나오는 정보의 변화 및 비교가 다루어진다.

유형 해법
- 제목과 첫 문장을 통해 도표의 소재를 파악한다.
- 증감, 배수, 비교 등의 표현에 유의하며 도표와 지문을 꼼꼼하게 대조한다.
- 도표 유형에 자주 등장하는 표현을 미리 익혀 둔다.

WORDS & EXPRESSIONS PREVIEW

01
respondent 응답자
actively 적극적으로
exceed 넘다, 초과하다

02
celebrity 유명인
affiliate influencer 제휴 인플루언서(자신의 웹사이트 또는 SNS에 제품이나 서비스를 홍보하여 다른 이용자들이 링크 주소를 클릭하거나 제품을 구매할 경우 수익을 얻는 인플루언서)
popularity 인기(도)
decline 하락하다, 감소하다
preference 선호도
former 전자
latter 후자

03
rate 비율
quarter (1년의 사분의 일) 사분기
except for ~을 제외하면
previous 이전의
on the decrease 점점 감소하여
by contrast 대조적으로
tendency 경향
for the most part 대체로, 대개

04
spending 지출
advertising 광고
entire 전체의
be expected to ~로 예상되다

05
overall 전반적인
unemployment 실업, 실직
figure 수치, 숫자
compared to ~과 비교하여
outrun 넘다, 초과하다

지문 빈출 EXPRESSIONS
- The above graph shows ~ 위의 도표는 ~을 보여 준다
- the percentage of ~의 비율
- compared with ~와 비교하여
- continue to increase[decline] 계속 증가[감소]하다

유형 PRACTICE

정답 및 해설 20쪽

01 기출 CHECK 수능

다음 도표의 내용과 일치하지 않는 것은?

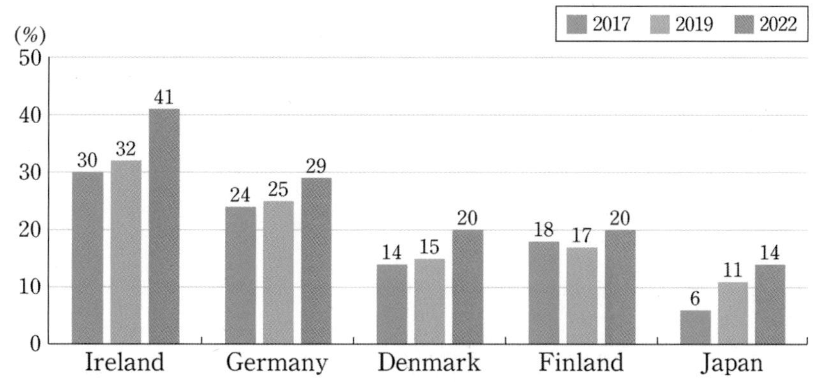

The above graph shows the percentages of the respondents in five countries who sometimes or often actively avoided news in 2017, 2019, and 2022. ① For each of the three years, Ireland showed the highest percentage of the respondents who sometimes or often actively avoided news, among the countries in the graph. ② In Germany, the percentage of the respondents who sometimes or often actively avoided news was less than 30% in each of the three years. ③ In Denmark, the percentage of the respondents who sometimes or often actively avoided news in 2019 was higher than that in 2017 but lower than that in 2022. ④ In Finland, the percentage of the respondents who sometimes or often actively avoided news in 2019 was lower than that in 2017, which was also true for Japan. ⑤ In Japan, the percentage of the respondents who sometimes or often actively avoided news did not exceed 15% in each of the three years.

CHECK NOTE

1 도표의 소재를 쓰시오.

2 연도별 변화 양상이 나머지와 다른 한 국가를 쓰시오.

TEXT FLOW

도입	2017년, 2019년, 2022년의 5개국 ________________ 사람들의 비율
도표 분석 1	각각의 해에 모두 ________________가 그 비율이 가장 높음
도표 분석 2	각각의 해에 모두 ________________이 그 비율이 가장 낮음

유형 PRACTICE

02

다음 도표의 내용과 일치하지 않는 것은?

Influencer Types Marketers Want to Work with

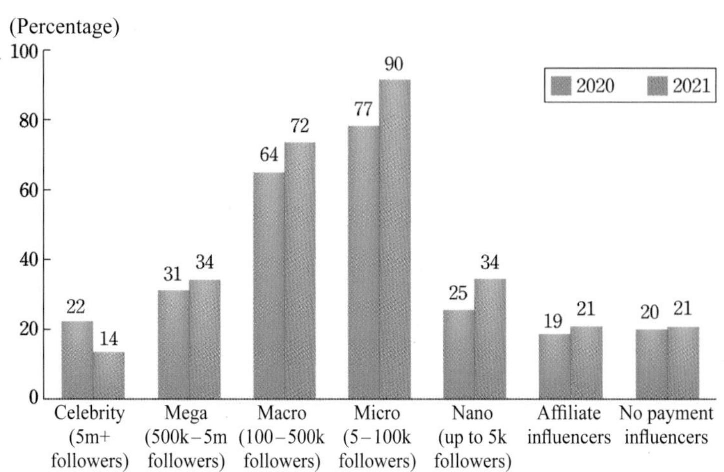

The above graph shows the results of the studies conducted in 2020 and 2021 on influencer types marketers want to work with. ① In both studies, micro influencers are the most popular among the marketers, followed by macro influencers. ② Compared with the other types of influencers, celebrity influencers are the only ones whose popularity declined from the previous year. ③ In 2020, thirty-one percent of the marketers wanted to work with mega influencers, and the preference rose by three percentage points in 2021. ④ In 2020, the popularity of nano influencers was lower than that of mega influencers, but in 2021, the former was preferred to the latter by marketers. ⑤ There were no relatively big changes in the popularity of mega, affiliate, and no payment influencers.

*influencer: 인플루언서(SNS상에서 팔로워가 많아 영향력이 있는 사람)

CHECK NOTE

1 도표의 소재를 쓰시오.

2 도표의 항목을 쓰시오.

직독직해 NOTE 의미 단위로 끊어서 해석하고, 주어와 동사를 찾으시오.

1 Compared with the other types of influencers, / celebrity influencers [are] the only ones / whose popularity declined / from the previous year.

____

2 In 2020, the popularity of nano influencers was lower than that of mega influencers, but in 2021, the former was preferred to the latter by marketers.

____

03

다음 도표의 내용과 일치하지 않는 것은?

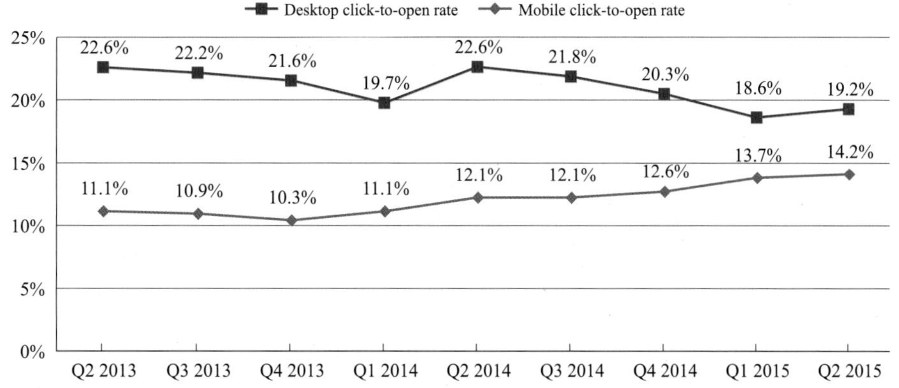

The above graph shows email click-to-open rates (CTOR) between mobile and the desktop users from the second quarter of 2013 to the second quarter of 2015. ① During the entire period, desktop CTOR was higher than mobile CTOR all the time. ② However, except for the increase in the second quarter of 2014 from the previous quarter, desktop CTORs were on the decrease until the first quarter of 2015. ③ By contrast, starting from the last quarter of 2013, the mobile CTOR had a tendency to increase for the most part. ④ The gap between desktop and mobile CTORs was the widest in the first quarter of 2015. ⑤ The second quarter of 2015 was the first time when the mobile CTOR went over fourteen percent.

CHECK NOTE

1 도표의 소재를 쓰시오.

2 도표의 항목을 쓰시오.

직독직해 NOTE 의미 단위로 끊어서 해석하고, 주어와 동사를 찾으시오.

1 The above graph shows email click-to-open rates (CTOR) between mobile and the desktop users from the second quarter of 2013 to the second quarter of 2015.

2 However, except for the increase in the second quarter of 2014 from the previous quarter, desktop CTORs were on the decrease until the first quarter of 2015.

04

다음 도표의 내용과 일치하지 않는 것은?

Spending on TV and Digital Video Advertising in the United States (in billion U.S. dollars) from 2019 to 2026

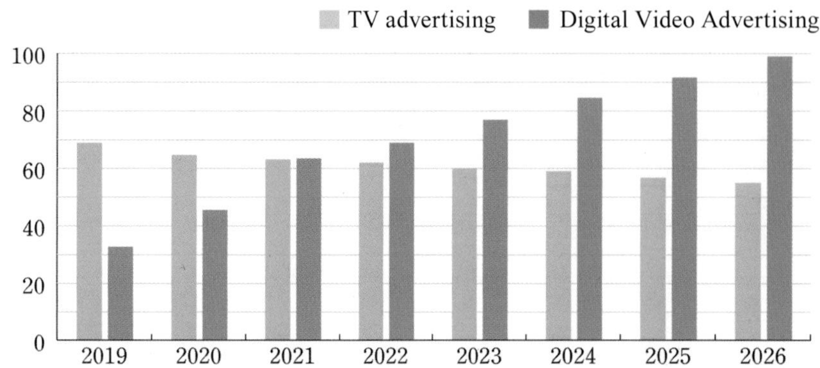

The above graph shows spending on TV and digital video advertising in the United States from 2019 to 2026. ① Over the entire period, U.S. spending on TV advertising has declined and will continue to decline, while U.S. spending on digital video advertising has increased and will continue to increase. ② In 2019, U.S. spending on TV advertising was more than double the amount spent on digital video advertising. ③ In 2021, both U.S. spending on TV advertising and spending on digital video advertising exceeded 60 billion dollars. ④ In 2023, the difference between U.S. TV ad spending and digital video ad spending was more than 20 billion dollars. ⑤ In both 2025 and 2026, U.S. spending on digital video advertising is expected to grow to more than 90 billion dollars.

CHECK NOTE

1 도표의 소재를 쓰시오.

2 도표의 주제문에 밑줄을 그으시오.

직독직해 NOTE 의미 단위로 끊어서 해석하고, 주어와 동사를 찾으시오.

1 Over the entire period, U.S. spending on TV advertising has declined and will continue to decline, while U.S. spending on digital video advertising has increased and will continue to increase.

2 In both 2025 and 2026, U.S. spending on digital video advertising is expected to grow to more than 90 billion dollars.

05

다음 도표의 내용과 일치하지 않는 것은?

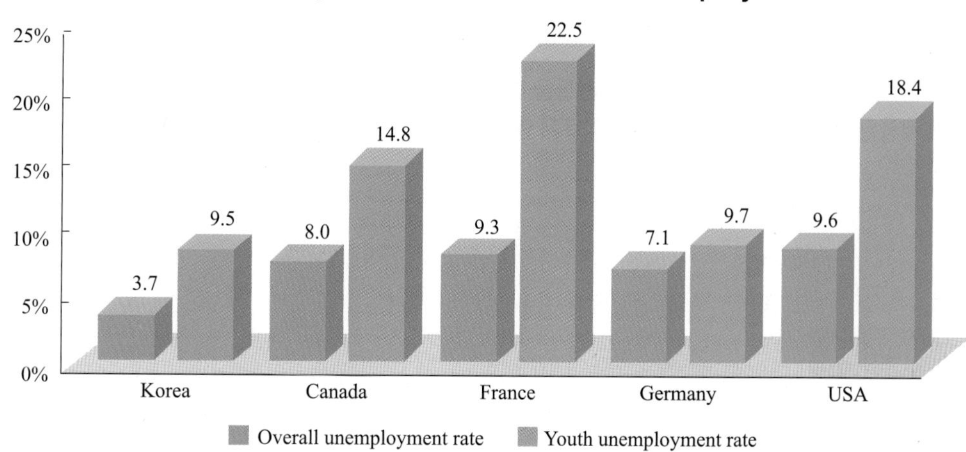

The graph above shows the overall unemployment rate (for those ages 15–64) and youth unemployment rate (for those ages 15–24) for Korea, Canada, France, Germany, and the USA. ① Based on the figure, both the overall unemployment rate and the youth unemployment rate of Korea were the lowest compared to other countries. ② The youth unemployment rate in Canada was three times as high as the country's overall unemployment rate. ③ In all countries, the youth unemployment rate outran the overall unemployment rate, with the largest gap of around 13 percentage points in France. ④ Germany had the smallest gap between the overall unemployment rate and the youth unemployment rate. ⑤ The overall unemployment rate in the USA was higher than that of the other countries.

CHECK NOTE

1 도표의 소재를 쓰시오.

2 도표의 항목을 쓰시오.

직독직해 NOTE 의미 단위로 끊어서 해석하고, 주어와 동사를 찾으시오.

1 Based on the figure, both the overall unemployment rate and the youth unemployment rate of Korea were the lowest compared to other countries.

---

2 In all countries, the youth unemployment rate outran the overall unemployment rate, with the largest gap of around 13 percentage points in France.

---

07 강 안내문 파악

유형 소개

- 실생활에서 볼 수 있는 안내문이나 게시문, 또는 포스터의 세부 내용과 선택지의 일치 여부를 판단하는 유형이다.
- 안내문이나 게시문 등의 세부 내용과 선택지의 내용이 서로 일치 또는 일치하지 않는 것을 고르는 유형이다.

유형 해법

- 제목을 통해 글의 소재나 글의 종류를 파악한다.
- 선택지를 읽고, 안내문에서 확인해야 하는 내용들을 파악한다.
- 안내문에 제시된 정보와 반대되거나 수치를 다르게 만들어 제시하는 선택지에 유의한다.

WORDS & EXPRESSIONS PREVIEW

01

bike sharing 자전거 공유
explore 답사하다
rent 대여; 대여하다
register 등록하다
via ~을 이용하여
payment 요금 지불
additional 추가의
provide 제공하다
return 반납; 반납하다
complete 완료하다

02

unforgettable 잊을 수 없는
inspire 자극하다, 고취하다
curiosity 호기심
foster 키우다
lasting 지속되는
explorer 탐험가
try one's hand at ~을 시도해보다
conservation (자연 환경) 보호, 보존
maximum 최대의
on a first-come, first-served basis 선착순으로
registration 등록
refund 환불
cancelation 취소
miss out on ~을 놓치다

03

spa 온천
operate 운영하다
attractions 놀이시설, 볼거리
relaxing 편안한
healing 치유의
elementary 초등의, 기초의
exceed 초과하다
extra charge 추가 요금

04

selection 엄선된 것, 선택
unique 고유한, 유일무이한
platform 플랫폼, 기반
potential 잠재적인
retailer 소매업자
wholesaler 도매업자
vegetarian 채식의
organic 유기농의

05

combo 콤보(여러 종류를 섞어 제공하는 상품)
bay boat 베이 보트(연안 바다에서 타는 소형 보트)
adventure 탐험, 모험
get familiar with ~과 친숙해지다
pick-up 픽업, 차로 태우러 옴
valid 유효한, 정당한
regularly 정기적으로
price list 가격 목록
rate 요금; 비율

유형 PRACTICE

정답 및 해설 23쪽

01 기출 CHECK 수능

City of Sittka Public Bike Sharing Service에 관한 다음 안내문의 내용과 일치하지 않는 것은?

City of Sittka Public Bike Sharing Service

Are you planning to explore the city?
This is the eco-friendly way to do it!

Rent
- Register anywhere via our easy app.
- Payment can be made only by credit card.

Fee
- Free for the first 30 minutes
- One dollar per additional 30 minutes

Use
- Choose a bike and scan the QR code on the bike.
- Helmets are not provided.

Return
- Return the bike to the Green Zone shown on the app.
- Complete the return by pressing the OK button on the bike.

① 신용 카드 결제만 가능하다.
② 처음 30분은 무료이다.
③ 자전거의 QR 코드를 스캔해서 이용한다.
④ 헬멧이 제공된다.
⑤ 자전거의 OK 버튼을 눌러서 반납을 완료한다.

CHECK NOTE

1 안내문의 소재를 쓰시오.

2 안내문의 목적을 우리말로 간단히 쓰시오.

TEXT FLOW

도입	도시의 ____________ 서비스
세부 항목 1	대여(앱 이용, 지불 방법)
세부 항목 2	요금(처음 30분 무료 이후 ____________ 부과)
세부 항목 3	이용(____________ 제공 여부)
세부 항목 4	____________(장소, 절차)

02

Oakland Summer Zoo Camp에 관한 다음 안내문의 내용과 일치하지 않는 것은?

Oakland Summer Zoo Camp

Join us this summer for an unforgettable journey at the Oakland Summer Zoo Camp. Our camp is designed to inspire curiosity, to foster a love of wildlife, and to create lasting memories for your young explorers.

- **Date**: April 25 – 26
- **Camp Activities**: Campers will have the opportunity to feed animals, to participate in fun workshops, and even to try their hand at conservation projects.
- **Maximum Participation**: 20 campers per session on a first-come, first-served basis
- **Pricing**: **1-Day Camp** – Member: $60 / Non-member: $75
  2-Day Camp – Member: $110 / Non-member: $130
- **Registration**: Online registration opens on February 20 at www.oszc.com and closes April 15 or when the camps fill up.
- **Refunds**: Full refunds will be given for cancelations received by April 1, but no refunds will be given after April 1.

Don't miss out on this great opportunity!

① 동물에게 먹이를 주는 활동이 있다.
② 회차별 20명의 참가자를 선착순으로 모집한다.
③ 2일 캠프 참가자의 회원 가격은 130달러이다.
④ 등록은 4월 15일 또는 정원이 차면 마감된다.
⑤ 4월 1일까지 취소하면 비용이 전액 환불된다.

CHECK NOTE

1 안내문의 소재를 쓰시오.

2 여름 동물원 캠프 등록이 마감되는 조건을 우리말로 쓰시오.

직독직해 NOTE 의미 단위로 끊어서 해석하고, 주어와 동사를 찾으시오.

1 Campers will have the opportunity / to feed animals, / to participate in fun workshops, / and even to try their hand at conservation projects.

____

2 Full refunds will be given for cancelations received by April 1, but no refunds will be given after April 1.

____

03

AQUAPARK에 관한 다음 안내문의 내용과 일치하는 것은?

AQUAPARK

A water park & sauna and spa club

Operating Hours

- SAUNA & SPA: 11:00 – 20:00
- WATER PARK: 11:00 – 19:00 (Indoor) / 11:00 – 18:00 (Outdoor)

TICKETS

		SAUNA & SPA	WATER PARK
Weekday	Adults	$20	$40
	Children	$15	$30
Weekend	Adults	$25	$50
	Children	$20	$40

ATTRACTIONS

- LAZY RIVER: A relaxing experience that will make you feel as if you are in a flowing river
- MEDIA ART ROOM: A healing space that you can experience 360 degree panorama videos and hot steam massages

Information on Use

- Adults: Middle school students and older
- Children: 36 months – elementary school students
- Sauna & Spa, Water Park is available up to 6 hours. If you exceed the available time, there is an extra charge.

① 실내 물놀이장의 운영 시간은 11시부터 18시까지이다.
② 사우나 및 스파의 주말 성인 이용 요금은 20달러이다.
③ 자연의 강을 이용한 놀이시설을 즐길 수 있다.
④ 대학생부터 성인으로 간주한다.
⑤ 이용 시간을 초과하면 추가 요금을 내야 한다.

CHECK NOTE

1 안내문의 소재를 쓰시오.

2 안내문의 목적을 우리말로 간단히 쓰시오.

직독직해 NOTE 의미 단위로 끊어서 해석하고, 주어와 동사를 찾으시오.

1 A healing space that you can experience 360 degree panorama videos and hot steam massages

2 If you exceed the available time, there is an extra charge.

유형 PRACTICE

04

Green Festival Expo에 관한 다음 안내문의 내용과 일치하지 않는 것은?

Green Festival Expo

Friday, October 23 – Sunday, October 25

Green Festival offers something for everyone, with the widest selection of products and services to work green, play green and live green.

Festival Schedule

Friday	10:00 a.m. – 6:00 p.m.
Saturday	10:00 a.m. – 7:00 p.m.
Sunday	10:00 a.m. – 5:00 p.m.

Green Festival is a unique and powerful platform for connecting potential customers, retailers, wholesalers and corporations — all under one roof.

Almost 21,000 participants are expected to participate in this festival. People can enjoy vegetarian and organic foods, educational activities and inspirational speakers.

For more information, visit our official website www.green-festival-expo-2024.org.

① 10월 23일부터 3일 동안 개최된다.
② 행사일 동안 폐장 시각이 모두 같다.
③ 잠재적인 고객과 판매자가 한군데에 모인다.
④ 약 21,000명의 참가자가 참여할 것으로 예상된다.
⑤ 추가 정보는 웹사이트를 이용하면 된다.

CHECK NOTE

1 안내문의 소재를 쓰시오.

2 안내문의 목적을 우리말로 간단히 쓰시오.

직독직해 NOTE 의미 단위로 끊어서 해석하고, 주어와 동사를 찾으시오.

1 Green Festival offers something for everyone, with the widest selection of products and services to work green, play green and live green.

2 Green Festival is a unique and powerful platform for connecting potential customers, retailers, wholesalers and corporations — all under one roof.

05

All in One Day Combo에 관한 다음 안내문의 내용과 일치하는 것은?

All in One Day Combo

City Tour + Bay Boat Tour + Airboat Adventure

For those who want to see it all and don't have much time, here we have the perfect combo for you! Visit the river of grass, the Everglades in the morning, and in the afternoon, you will get familiar with Miami — by land and sea. Miami in a day, 3 activities!

Departs from Miami

Meeting Point: Hotel pick-up

Duration: 6 hours

Available daily at 8:00 a.m.

Operating Season: March 8 to December 31

Price: adult – $90.00

child – $75.00

- Prices are per person.
- Child prices are valid for children ages 11 and below.

Enjoy our best prices! We regularly update our price list to make sure you get the lowest rates possible.

① Everglades를 오후에 방문하는 일정이다.
② 하루에 두 가지 활동만 하게 된다.
③ 총 8시간 동안 프로그램이 진행된다.
④ 매년 3월 중에 시작하여 11월에 끝난다.
⑤ 12세부터 성인 요금이 적용된다.

CHECK NOTE

1 안내문의 소재를 쓰시오.

2 안내문의 목적을 우리말로 간단히 쓰시오.

직독직해 NOTE 의미 단위로 끊어서 해석하고, 주어와 동사를 찾으시오.

1 For those who want to see it all and don't have much time, here we have the perfect combo for you!

2 Visit the river of grass, the Everglades in the morning, and in the afternoon, you will get familiar with Miami — by land and sea.

REVIEW 모의고사 02회

01 Dust Bowl에 관한 다음 글의 내용과 일치하지 않는 것은?

The Dust Bowl refers to a series of dust storms causing damage to American prairie lands from 1930 to 1940. The problem began during World War I, when the high price of wheat and the needs of Allied troops encouraged farmers to grow more wheat by plowing and seeding areas in prairie states, such as Kansas, Texas, Oklahoma, and New Mexico, which were formerly used only for grazing. After years of adequate yields, livestock were returned to graze the areas, and they crushed the soil, turning it into a powder. In 1934, strong winds blew the soil into huge clouds, and in the succeeding years the dust storms recurred. Crops and pasturelands were ruined by the harsh storms, which also proved a severe health hazard. Through later governmental intervention and methods of erosion-prevention farming, the Dust Bowl phenomenon has been virtually eliminated.

① 미국 대초원 지역에서 발생했던 먼지 폭풍이다.
② 제1차 세계대전 동안에 발생하기 시작했다.
③ 농작물과 목초지를 파손시켰다.
④ 건강에 심각한 위험 요소가 되었다.
⑤ 정부의 노력에도 불구하고 발생 건수가 줄지 않았다.

02 MOUNT SNOWBOARD & SKI PROGRAM에 관한 다음 안내문의 내용과 일치하지 않는 것은?

MOUNT SNOWBOARD & SKI PROGRAM

This program will take place at SSrock Ski Area and will run on Monday evenings for 5 weeks from January 3 through January 31.

- Participants will be broken up into lesson groups based on ability.
- All participants in grades 1–2 must be accompanied by a chaperone for the duration of each evening.

Registration

- Registration will begin on Tuesday, October 12.
- The registration deadline is Saturday, November 13!

Cost

- Lift Ticket and Lesson (Gr. 1): $250 (includes chaperone lift ticket)
- Lift Ticket and Lesson (Gr. 2–6): $150
- Ski helmets are required, and rentals are available for an additional fee.

For more information, please call the Parks and Recreation Department at 123-4722.

*chaperone: 보호자

① 1월부터 5주간 매주 월요일 저녁에 운영된다.
② 기량에 따라 강습 그룹을 구성한다.
② 10월 12일부터 11월 13일까지 등록할 수 있다.
④ 1학년 보호자의 리프트권 비용은 참가비에 포함되어 있지 않다.
⑤ 추가 요금을 내면 장비를 대여할 수 있다.

03 다음 도표의 내용과 일치하지 않는 것은?

Percentage of State Spending in 2023

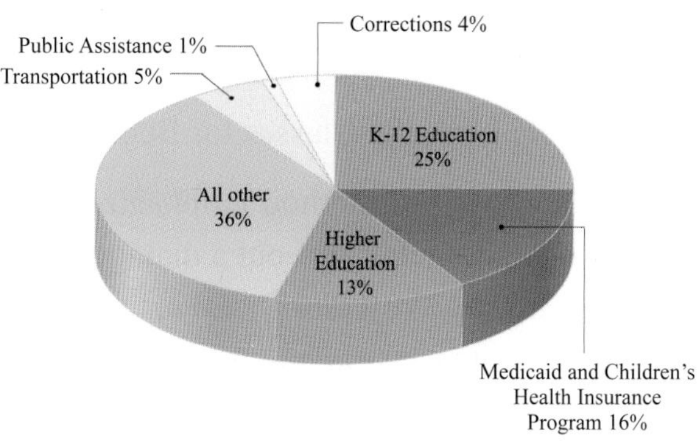

The above graph shows where state tax dollars went in 2023. ① More than half of state spending was used for education and medicaid and children's health insurance program. ② In the area of education, about twice as much money was invested in K-12 education as was invested in higher education. ③ Sixteen percent of state spending went to medicaid and children's health insurance program, whose percentage was less than half of that of K-12 and higher education. ④ The bottom three areas, transportation, public assistance and corrections accounted for less than five percent of state spending. ⑤ The area where the least amount of state tax dollars was invested was public assistance, accounting for just one percent.

*medicaid: (미국의) 저소득층 의료 보장 제도
** K-12: 유치원부터 12학년까지의
***public assistance: 공적 부조, 생활 보호(빈곤자 · 장애자 · 노령자 등에게 주는 정부 보조)

04 the Millau Viaduct에 관한 다음 글의 내용과 일치하지 않는 것은?

The Millau Viaduct is a large cable-stayed bridge that spans the valley of the River Tarn near Millau in southern France. Designed by an English architect Norman Foster, it is the tallest vehicular bridge in the world, with one pier's summit at 343 meters — slightly taller than the Eiffel Tower and only 38 meters shorter than the Empire State Building. It was formally dedicated on December 14, 2004, and opened to traffic two days later. The Millau Viaduct consists of an eight-span steel roadway supported by seven concrete piers. The roadway weighs 36,000 tons and is 2,460 meters long. The roadway has a slope of 3% descending from south to north.

*cable-stayed bridge: 사장교(교각 없이 양쪽에 높이 세운 버팀기둥 위에서 비스듬히 늘어뜨린 케이블로 다리 위의 도리를 지탱하는 다리)
**pier: 교각

① 영국인 건축가가 설계했다.
② 세계에서 가장 높은 차량용 다리이다.
③ 2004년 12월 14일부터 차량이 통행하였다.
④ 일곱 개의 콘크리트 교각으로 구성되어 있다.
⑤ 차도는 남쪽에서 북쪽으로 경사져 있다.

05 다음 도표의 내용과 일치하지 않는 것은?

Percentage of Respondents from Six Countries Who Said There Were Not Enough Parking Spaces Where They Lived

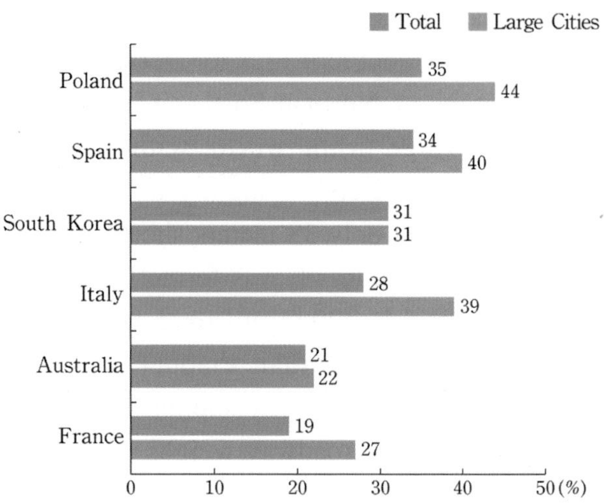

The above graph shows the percentage of respondents from six countries who said that there were not enough parking spaces where they lived. ① For both total respondents and those living in large cities who said that they didn't have enough parking spaces, Poland was the highest, followed by Spain. ② The percentage of South Koreans overall and those living in large cities who said that they didn't have enough parking spaces was the same. ③ The percentage of Italians living in large cities who said that there were not enough parking spaces was the third highest. ④ The percentage of all Australians who said there were not enough parking spaces was less than 20%. ⑤ 19% of French respondents overall and 27% of those living in large cities said there were not enough parking spaces.

06 LATVIAN CONVERSATION에 관한 다음 안내문의 내용과 일치하지 않는 것은?

LATVIAN CONVERSATION

Remote Learning Classes for Beginners

- New audiovisual method emphasizing oral expression to help carry out a dialogue
- Developed by Professor Petrovs, the method stresses sentence structure to enable students to have a conversation.
- Taught by an experienced Latvian language instructor, one-to-one.
- You don't have to travel. Attend from the comfort of your home.
- Arrange a mutually agreed upon day and time.
- No age limit: The method is recommended for children, youth and adults.
- Tuition: $400 for 30 one-hour lessons

This conversation course starts during the third week of August and runs to October 31.

To register, email us at latvianlanguageclasses@mail.co.lv.

① 구두 표현을 강조하는 새로운 시청각 기법이다.
② 문장의 구조를 강조한다.
③ 수업 날짜와 시간이 정해져 있다.
④ 8월에 시작하여 10월까지 진행한다.
⑤ 이메일로 등록할 수 있다.

07 Children & Youth Camps에 관한 다음 안내문의 내용과 일치하는 것은?

Children & Youth Camps

Adventures in Science

Date: Monday – Friday, July 4 – 8
Time: 9:00 a.m. – 4:00 p.m.
Ages: 6 – 12 years
Entry fee: $120 for one student
Instructors: Teachers of Mad Science

We offer a great camp packed with fun, hands-on science activities that revolve around four different themes: The scene of the Crime, Birds and Beasts, Jr. Engineers, and Machine Mania. Early Drop off and Late Pick up service is available for $10.00/day. Please contact Karen at the Arbor Lake Community Club, at the time of registration, to arrange for this. Weather permitting, we will be spending time outdoors all days. Please bring a hat, sunglasses, and sunscreen. Don't forget to bring lunches, drinks, and snacks!

① 10일간의 과학 탐험이 진행된다.
② 네 가지 주제 중 한 가지를 선택하여 체험할 수 있다.
③ 픽업 서비스는 제공하지 않는다.
④ 실내 활동으로만 진행될 예정이다.
⑤ 점심 식사와 간식은 제공되지 않는다.

08 Jane Addams에 관한 다음 글의 내용과 일치하지 않는 것은?

At the height of her popularity in 1910, reformer Jane Addams was called "the only saint America has produced." The Mother Teresa of her generation, Addams finished second behind Thomas Edison in a newspaper reader survey to name the most useful Americans. Addams refused to obey the idleness imposed on middle-class women. While others shrugged off this boredom with another stitch on their petit point samplers, Addams believed it morally wrong to do nothing when so many people needed so much. She created a settlement house of women like her who gave assistance to immigrant Chicago. Hull House, founded by Jane Addams and Ellen Gates Starr, was the original community house which provided shelter, education, activities and a sense of belonging to impoverished women and children. Addams's anti-war movement during World War I spoiled her reputation among contemporaries, but she was proved to be correct with the award of the Nobel Peace Prize in 1931.

*petit: 작은

① 1910년에 인기의 정점에 있었다.
② 가장 유능한 미국인을 선정하는 한 신문의 독자 설문 조사에서 2위를 차지했다.
③ 중산층 여성에게 강요된 안일함을 따르지 않았다.
④ Ellen Gates Starr와 함께 Hull House를 설립했다.
⑤ 제1차 세계대전 중 반전 운동으로 동시대인에게 좋은 평판을 얻었다.

08강 함축의미 추론

유형 소개

- 밑줄로 제시된 중요한 개념을 포함하는 어구의 내포된 의미를 파악하는 유형이다.
- 글의 내용을 통해 비유적으로 표현된 어구의 의미를 파악해야 하는 경우가 많다.
- 제시되는 글감이 다양하고 선택지도 영어로 제시되므로 난이도가 높은 편이다.

유형 해법

- 글의 결론 또는 주제를 통해 전체 내용을 파악한다.
- 글의 흐름을 이해하며 주제를 뒷받침하는 세부 내용을 파악한다.
- 밑줄 친 어구를 글자 그대로 해석한 뒤 내포된 의미를 추측한다.

WORDS & EXPRESSIONS PREVIEW

01
adopt 받아들이다, 채택하다
cost 비용
livelihood 생계 수단
push aside ~을 밀쳐놓다
progress 발전, 전진
remove 없어지다
physical 육체의, 신체의
disability 장애
disease 질환, 질병
at the same time 동시에
mass 대중(의)
media 매체
divorce 단절; 이혼
nature 본성, 본질
risk 위험 (요소)

02
operate 운영하다
enslave 노예로 만들다
juicy 달콤한
distraction 주의를 산만하게 하는 것
be addicted to ~에 중독되다
advanced 첨단의, 고급의
average 평균의
browse 검색하다
glove box 글러브 박스(자동차 조수석 앞의 물건을 넣는 작은 함)

03
vast 방대한
navigate 나아가다, 항해하다
uncertainty 불확실성
compass 나침반
combination 조합
intuition 직관
authentic 진정성 있는
urge 촉구하다
embrace 받아들이다
in the midst of ~의 도중에
attune to ~에 맞추다
fulfillment 성취
essence 본질
meaningful 의미 있는

04
deal with ~에 대처하다
confront 맞서다
head-on 정면으로
gaze 시선, 응시
adolescent 젊은이, 청년
catch the gaze of ~과 시선이 마주치다
deadly 치명적인
look away 눈길을 돌리다
evolve 진화하다
rigid (공포·분노 등으로) 움직일 수 없는
direct 향하다
transition 과도기, 이행
infancy 유아기
surge 급증
preteen 십 대 초반의, 10~12세의

05
predictable 예측 가능한
courtship 구애
attraction 끌림, 매력(적인 요소)
shower 아낌없이 주다
stabilize 안정되다, 안정시키다
routine 일상(적인 일)
creep in 몰래 스며들다
accompany 동반하다
commitment 헌신, 약속
mundane 재미없는, 일상적인
obligation 의무(감)
thorn 가시
lurk 숨어 있다
in-law 친척, 인척
outweigh (~보다) 더 중요하다, (~보다) 더 크다
endure 지속되다, 오래가다

유형 PRACTICE

정답 및 해설 30쪽

01 기출 CHECK 학평

밑줄 친 The divorce of the hands from the head가 다음 글에서 의미하는 바로 가장 적절한 것은?

If we adopt technology, we need to pay its costs. Thousands of traditional livelihoods have been pushed aside by progress, and the lifestyles around those jobs removed. Hundreds of millions of humans today work at jobs they hate, producing things they have no love for. Sometimes these jobs cause physical pain, disability, or chronic disease. Technology creates many new jobs that are certainly dangerous. At the same time, mass education and media train humans to avoid low-tech physical work, to seek jobs working in the digital world. The divorce of the hands from the head puts a stress on the human mind. Indeed, the sedentary nature of the best-paying jobs is a health risk — for body and mind.

*chronic: 만성의 **sedentary: 주로 앉아서 하는

① ignorance of modern technology
② endless competition in the labor market
③ not getting along well with our coworkers
④ working without any realistic goals for our career
⑤ our increasing use of high technology in the workplace

CHECK NOTE

1 글의 소재를 쓰시오.

2 '손(the hands)'과 '머리(the head)'가 각각 상징하는 바를 우리말로 쓰시오.

· the hands: ____________

· the head: ____________

TEXT FLOW

도입	기술을 받아들이면 ____________ 함
전개 1	싫어하는 일자리에서 일하는 것은 ____________을 유발함
전개 2	기술은 확실히 위험한 많은 새로운 일자리를 창출함과 동시에 ____________을 피하고 ____________을 찾도록 인간을 훈련시킴
주제	머리와 손이 단절되는 것은 ____________로 인간의 정신에 부담을 줌

02

밑줄 친 Put your smartphone in the glove box of your car.가 다음 글에서 의미하는 바로 가장 적절한 것은?

If you're like most people, technology operates you more than you operate it. Within the first few seconds of waking up, your technology taskmaster has you enslaved. Then, throughout your workday, you can't seem to focus for more than a few minutes without getting another dopamine hit from email, social media, or some other juicy Web distraction. In other words, you're so addicted to your smartphone's advanced technology that you can't seem to get away from it. One study found that the average person checks their smartphone more than eighty-five times a day and spends more than five hours browsing the Web and using applications. Funnily enough, people check their smartphones more than twice as often as they think they do. For example, when was the last time you stopped at a traffic light without checking your smartphone? You may have done so without even realizing it. Put your smartphone in the glove box of your car.

① Learn from most ordinary people.
② Don't let your smartphone rule you.
③ Distract yourself to relax and focus.
④ Use your smartphone to help you grow.
⑤ Keep what's important to you in a safe place.

CHECK NOTE

1 글의 소재를 쓰시오.

2 스마트폰에 대한 연구 결과 두 가지를 우리말로 쓰시오.

직독직해 NOTE 의미 단위로 끊어서 해석하고, 주어와 동사를 찾으시오.

1 Then, / throughout your workday, / you can't seem to focus / for more than a few minutes / without getting another dopamine hit / from email, social media, or some other juicy Web distraction.

____

2 For example, when was the last time you stopped at a traffic light without checking your smartphone?

____

03

밑줄 친 find our true north가 다음 글에서 의미하는 바로 가장 적절한 것은?

In the vast ocean of possibilities, we often find ourselves navigating the waves of uncertainty. Life presents us with choices, big and small, and we must make decisions that shape our paths. Sometimes the hidden dangers of doubt and fear pull us in different directions, making it difficult to find our true north. It is in these moments that we must trust our inner compass, the guiding force deep within us. Our inner compass is a combination of intuition, values, and experience that points us in the direction of what feels right and authentic. It whispers to us in moments of confusion, urging us to follow our hearts and to embrace the unknown. It reminds us that even in the midst of chaos and storms, we have the power to move toward our own unique destination. By staying attuned to our inner compass and by listening to its guidance, we can live a life of purpose, fulfillment, and authenticity. With each step guided by our inner compass, we create a path that reflects our essence and allows us to make a meaningful impact on the world around us.

① make a decision based on direct experience
② seek a fixed and unchanging meaning in life
③ discover our geographic location on the map
④ navigate toward our desired direction or goal
⑤ embrace chaos and anxiety as part of our lives

CHECK NOTE

1 글의 핵심 어구를 쓰시오.

2 내면의 나침반에 귀를 기울이면 어떤 삶을 살 수 있는지를 우리말로 쓰시오.

직독직해 NOTE 의미 단위로 끊어서 해석하고, 주어와 동사를 찾으시오.

1 Sometimes the hidden dangers of doubt and fear pull us in different directions, making it difficult to find our true north.

2 It reminds us that even in the midst of chaos and storms, we have the power to move toward our own unique destination.

04

밑줄 친 Looking-away responses가 다음 글에서 의미하는 바로 가장 적절한 것은?

Learning to deal with threats doesn't involve only confronting them head-on. It also involves learning when and how to hide from them. For every parent who's been frustrated by a teen who won't meet their gaze, consider what direct eye contact can mean in the wild. It often means you've been targeted. While baby animals often stare at everything around them, adolescents must learn that catching the gaze of the wrong set of eyes can be deadly. Looking-away responses have evolved in many animals, from mouse lemurs to jewel fish. Staring at chickens and lizards causes them to become rigid. House sparrows take flight more readily when eyes direct at them. Gaze aversion in animals begins during the transition from infancy to adulthood. Studies of humans note a surge of eye gaze aversion in the preteen and teen years.

*mouse lemur: 쥐여우원숭이 **aversion: 회피, 혐오

① ignoring adolescent animals and eating food alone
② refusing to care for diseased and injured baby animals
③ pretending not to look at the target animals before attack
④ escaping danger by avoiding eye contact with other animals
⑤ turning their eyes away from target animals when they are full

CHECK NOTE

1 글의 핵심 어구를 쓰시오.

2 글의 주제를 우리말로 간단히 쓰시오.

직독직해 NOTE 의미 단위로 끊어서 해석하고, 주어와 동사를 찾으시오.

1 For every parent who's been frustrated by a teen who won't meet their gaze, consider what direct eye contact can mean in the wild.

2 Looking-away responses have evolved in many animals, from mouse lemurs to jewel fish.

05

밑줄 친 the rose outweighs the thorns가 다음 글에서 의미하는 바로 가장 적절한 것은?

Love follows predictable phases. The first phase is courtship: generally involving a sense of attraction to someone and the excitement of getting to know them and finding things in common. The couple may offer the moon to each other, or promise not to become like their parents. They may shower each other with gifts, and enjoy the restaurants and entertainment. Importantly, they are both totally invested in the relationship. Sometimes as the relationship stabilizes a sense of routine creeps in, with all its accompanying drabness, commitments, and mundane obligations to each other. These may not be obligations that they're eager to meet, but they each insist they're part of the relationship. That's the thorn within the rose. The thorn can lurk in annoying little details such as running the dishwasher, carrying the trash out, walking the dog, cleaning the living room, recycling the beer bottles, or visiting the in-laws. In most relationships, the rose outweighs the thorns, so that the relationship can gather strength and endure.

*drabness: 단조로움

① One partner holds more power than the other.
② Some degree of effort is inevitable in most relationships.
③ The relationship itself is stronger than the obligation to maintain it.
④ Listening to the needs of loved ones can help sustain relationships.
⑤ Fellowship arise when two people openly share themselves reciprocally.

CHECK NOTE

1 글의 소재를 쓰시오.

2 '장미(rose)'와 '가시(thorn)'가 각각 상징하는 바를 우리말로 쓰시오.

- rose: ________
- thorn: ________

직독직해 NOTE 의미 단위로 끊어서 해석하고, 주어와 동사를 찾으시오.

1 The first phase is courtship: generally involving a sense of attraction to someone and the excitement of getting to know them and finding things in common.

____

2 The thorn can lurk in annoying little details such as running the dishwasher, carrying the trash out, walking the dog, cleaning the living room, recycling the beer bottles, or visiting the in-laws.

____

09 강 빈칸추론 I (단어, 구)

유형 소개
- 빈칸에 들어갈 단어나 구를 추론하는 유형이다.
- 글의 내용을 압축하는 말이 빈칸에 들어가며, 주로 글의 주제나 요지와 관련된다.

유형 해법
- 빈칸의 위치를 확인하고, 글의 전반부를 읽으면서 글의 주제를 파악한다.
- 핵심적인 어구나 문장에 표시하며 글의 요지를 파악한 후 빈칸에 대한 단서를 찾는다.
- 선택한 단어나 구의 내용이 글 전체의 흐름과 어울리는지 확인한다.

WORDS & EXPRESSIONS PREVIEW

01
means 수단
assert 발휘하다, 주장하다
get along with ~와 잘 지내다
equal 동등한 사람
rather than ~라기보다는
obedient 복종적인, 순종적인
subordinate 아랫사람, 부하
deliberately 의도적으로
dose (약 등을) 주다
moderate 적절한
negotiate 협상하다
overcome 극복하다
arise from ~에서 생기다[일어나다]
conflict 갈등
verbal 언어적인, 말의

02
extraordinary 비범한
sonar 수중 음파 탐지기
bounce back 반사되다
echo 메아리
extensive 광범위한
surroundings 주변 환경
solid 단단한
specialized 특화된, 분화된
previously 이전에
great ape 유인원
transmit 전달하다
self-awareness 자기 인식
mimic 모방하다
respond to ~에 반응하다
presentation 표현
adaptive 적응하는

03
analogy 비유
inspired 영감을 받은
concentration 집중
divine 신성한
outcome 결과(물)
combination 조합
break apart 분해하다
nothing more than ~에 불과한
observation 관찰(력)
aware of ~을 알고 있는
combine 결합하다

04
organism 유기체
function 기능하다
at opposite poles 정반대로, 거리가 먼
result from ~에서 비롯되다[기인하다]
static 정적인
disconnected 단절되어 있는
context 환경, 맥락
structure 구조
chemistry 화학적 성질, 화학
physiology 생리 (기능)
gene 유전자
expression 발현, 표현
alter 바꾸다, 변경하다
intertwined 얽혀 있는
entity 독립체, 실체

05
proverb 속담
reflect 반영하다
effective 효과적인
tempting 솔깃한, 유혹적인
support 뒷받침하다, 지지하다
make a choice 선택하다
empowering 활력을 주는
independently 자주적으로, 독립적으로

유형 PRACTICE

정답 및 해설 33쪽

01 기출 CHECK 학평

다음 빈칸에 들어갈 말로 가장 적절한 것은?

Free play is nature's means of teaching children that they are not ______________. In play, away from adults, children really do have control and can practice asserting it. In free play, children learn to make their own decisions, solve their own problems, create and follow rules, and get along with others as equals rather than as obedient or rebellious subordinates. In active outdoor play, children deliberately dose themselves with moderate amounts of fear and they thereby learn how to control not only their bodies, but also their fear. In social play children learn how to negotiate with others, how to please others, and how to manage and overcome the anger that can arise from conflicts. None of these lessons can be taught through verbal means; they can be learned only through experience, which free play provides.

*rebellious: 반항적인

① noisy
② sociable
③ complicated
④ helpless
⑤ selective

CHECK NOTE

1 글의 소재를 쓰시오.

2 글의 주제를 쓰시오.

TEXT FLOW

주제	자유 놀이는 아이들에게 ______________ 것을 가르치는 자연의 수단임
전개 1	자유 놀이를 통해 아이들은 스스로 결정을 내리고, ______________를 해결하고, 규칙을 만들어 지키고, 동등한 사람으로서 ______________ 것을 배움
전개 2	또한 다른 사람과 협상하고, 다른 사람을 기쁘게 하며, ______________를 다스리고 극복하는 방법을 배움
재진술	자유 놀이를 통해 배우는 교훈은 말로는 전해질 수 없으며 ______________ 배울 수 있음

02

다음 빈칸에 들어갈 말로 가장 적절한 것은?

Dolphins not only have big brains but possess extraordinary abilities, such as sonar or echolocation, with which they send out sound waves that bounce back as echoes, providing extensive information about their surroundings. Echolocation enables dolphins to "see" through solid objects. A few years ago, scientists discovered that dolphin brains contain large numbers of specialized spindle neurons, previously thought to be unique to great apes. These neurons are believed to rapidly transmit important social/emotional information. In fact, dolphins' brains have more spindle neurons than humans'. Dale Peterson writes in *The Moral Lives of Animals* that dolphins "have excellent memories and high levels of social and self-awareness, are excellent at mimicking the behavior of others, and can respond to symbolic presentations, form complex and creatively adaptive social systems, and show a broad capacity for the cultural transmission of learned behaviours." In short, dolphins are really ______________.

*echolocation: (돌고래의) 반향 위치 측정 **spindle neuron: 방추 신경세포

① clever ② violent ③ defensive
④ collective ⑤ insensitive

CHECK NOTE

1 글의 소재를 쓰시오.

2 글의 주제를 쓰시오.

직독직해 NOTE 의미 단위로 끊어서 해석하고, 주어와 동사를 찾으시오.

1 Dolphins not only have big brains / but possess extraordinary abilities, / such as sonar or echolocation, / with which they send out sound waves / that bounce back as echoes, / providing extensive information about their surroundings.

2 A few years ago, scientists discovered that dolphin brains contain large numbers of specialized spindle neurons, previously thought to be unique to great apes.

03

다음 빈칸에 들어갈 말로 가장 적절한 것은?

Cooking is a brilliant analogy for creativity: A chef's talents depend on his ability to ________________________ to create things. Even the most inspired chef in history did not make bacon appear by mere concentration, nor did he suggest to the divine forces that a ripe tomato should be on the list of evolution's desired outcomes. Faith in the creativity-as-combinations view of the world helps creators in many ways. It means that if at any time you feel uncreative, the solution is to look more carefully at the combinations available to you or to break apart something to see how it's made. Increasing your creativity requires nothing more than increasing your observations: becoming more aware of possible combinations. Here's a test: Quickly pick two things in front of you, say, a book and your annoying friend Rupert. Now, close your eyes and imagine different ways to combine them.

① get fresh produce
② bring ingredients together
③ use appropriate technology
④ come up with original ideas
⑤ secure more preparation time

CHECK NOTE

1 글의 주제문에 밑줄을 그으시오.

2 창의성의 근원을 나타내는 한 단어를 글에서 찾아 쓰시오.

직독직해 NOTE 의미 단위로 끊어서 해석하고, 주어와 동사를 찾으시오.

1 Even the most inspired chef in history did not make bacon appear by mere concentration, nor did he suggest to the divine forces that a ripe tomato should be on the list of evolution's desired outcomes.

____

2 It means that if at any time you feel uncreative, the solution is to look more carefully at the combinations available to you or to break apart something to see how it's made.

____

유형 PRACTICE

04

다음 빈칸에 들어갈 말로 가장 적절한 것은?

Biology is the study of life; this includes both the organism itself and the environment in which it functions. Yet biology and the environment are often spoken of as if they were at opposite poles. This thinking results from a flawed understanding of biological organisms and biological processes. The latter are neither static nor disconnected from the context in which the organism lives. Of course, any organism depends on its structure, its chemistry, and its physiology, but it does not do so ______________________. Genes are expressed in particular contexts and their very expression alters the organism's environment so that a new set of interactions takes place. In fact, so intertwined are these processes that we find it impossible to speak of them as separate entities.

① beyond its inborn potential
② in isolation from its environment
③ on the moral significance of our biology
④ without genetic explanations of its behavior
⑤ as a passive receiver of environmental stimuli

CHECK NOTE

1 글의 소재를 쓰시오.

2 글의 주제를 우리말로 간단히 쓰시오.

직독직해 NOTE 의미 단위로 끊어서 해석하고, 주어와 동사를 찾으시오.

1 Yet biology and the environment are often spoken of as if they were at opposite poles.

____

2 Genes are expressed in particular contexts and their very expression alters the organism's environment so that a new set of interactions takes place.

____

05

다음 빈칸에 들어갈 말로 가장 적절한 것은?

An old proverb says, "Give a man a fish and he eats for a day, teach him to fish and he eats for a lifetime." Recent research suggests that this proverb reflects the most effective way to give people advice. Often, people will ask for your opinion about an action they want to take or a product they want to buy. It is tempting in these situations to just tell them what you think is the best thing to do. However, people are far more likely to use your advice when you give them information that supports their own ability to make a choice. It is empowering to reach a decision independently, so ______________________________ is a great way to be helpful.

① deciding not to give them any advice
② ensuring equal opportunities for everyone
③ fighting for people in need against their enemies
④ keeping your promises even in unfavorable situations
⑤ providing someone with knowledge related to the decision

CHECK NOTE

1 글의 소재를 쓰시오.

2 글의 주제문에 밑줄을 그으시오.

직독직해 NOTE 의미 단위로 끊어서 해석하고, 주어와 동사를 찾으시오.

1 It is tempting in these situations to just tell them what you think is the best thing to do.

____

2 However, people are far more likely to use your advice when you give them information that supports their own ability to make a choice.

____

10강 빈칸추론 II (절)

유형 소개

- 빈칸에 들어갈 절을 추론하는 유형이다.
- 빈칸에 들어가는 말은 글의 핵심적인 내용이나 요지이다.
- 주로 지문의 난이도가 높게 출제되는 경향이 있다.

유형 해법

- 글의 전반부를 읽으면서 글의 흐름을 파악한다.
- 반복되는 표현과 구체적 진술에 유의하며 글의 핵심을 찾는다.
- 선택한 선택지를 빈칸에 넣어 글의 흐름이 자연스러운지 확인한다.

WORDS & EXPRESSIONS PREVIEW

01

extreme 극심한
harsh 혹독한
obvious 명백한
midday 한낮의
Antarctic 남극의
given ~을 고려할 때
physiological 생리적인, 생리학의
characteristic 특징
tolerance 내성
cactus 선인장 (*pl.* cacti)
ecologist 생태학자
assume 추정하다
emotive 감정을 나타내는
relativity 상대적인 것, 상대성

02

evolve 진화하다
defend 방어하다
infection 감염
immune 면역의
sufficient 충분한
costly 비용이 많이 드는
secondary 이차의, 부차적인
threat 위협
consequently 결과적으로
microbiotic 미생물의
invader 침입자
avoidance 회피
potential 잠재적인
hazard 위협
activate 활성화하다
promote 조장하다
disgust 혐오
in turn 결국, 결과적으로

03

devote oneself to ~에 전념하다
lifelong 일생의
commit oneself to ~에 몰두하다
evident 자명한
simultaneously 동시에
strive for ~을 얻으려고 노력하다
conflicting 상충하는
discouraged 낙담한
adaptive 적응할 수 있는
harmonious 조화로운
resolve 결정하다
partition 분할하다
preferable 차라리 나은, 더 좋은

04

familiar 익숙한
rely on ~에 의존[의지]하다
solution 해결(책)
complex 복잡한
instrument 악기, 도구
note 음, 음표
periodically 주기적으로, 때때로
stick to ~에 달라붙다
fix 해결하다

05

precisely 정확히
high-end 고급의
blame A on B A를 B의 탓으로 돌리다
experience 경험으로 얻은 지식
specifically 특별히, 구체적으로
scheme 계획
liberate 해방하다
jump out at ~에게 금방 눈에 띄다
trigger 유발하다
urge 충동, 욕구
fall into a trap 덫에 걸리다
detail 세부 사항

유형 PRACTICE

정답 및 해설 36쪽

01 기출 CHECK 학평

다음 빈칸에 들어갈 말로 가장 적절한 것은?

It seems natural to describe certain environmental conditions as 'extreme', 'harsh', 'benign' or 'stressful'. It may seem obvious when conditions are 'extreme': the midday heat of a desert, the cold of an Antarctic winter, the salinity of the Great Salt Lake. But this only means that these conditions are extreme *for us*, given our particular physiological characteristics and tolerances. To a cactus there is nothing extreme about the desert conditions in which cacti have evolved; nor are the icy lands of Antarctica an extreme environment for penguins. It is lazy and dangerous for the ecologist to assume that ________________________________. Rather, the ecologist should try to gain a worm's-eye or plant's-eye view of the environment: to see the world as others see it. Emotive words like harsh and benign, even relativities such as hot and cold, should be used by ecologists only with care.

*benign: 온화한 **salinity: 염도

① complex organisms are superior to simple ones
② technologies help us survive extreme environments
③ ecological diversity is supported by extreme environments
④ all other organisms sense the environment in the way we do
⑤ species adapt to environmental changes in predictable ways

CHECK NOTE

1 글의 소재를 쓰시오.

2 생태학자가 가져야 하는 태도 두 가지를 우리말로 쓰시오.

TEXT FLOW

도입	특정한 환경 조건을 __________ 것은 당연함
예시	사막 한낮의 열기나 남극 겨울의 추위 등 __________ 경우에는 더욱 그러함
반론	그러나 __________을 고려할 때 특정한 환경 조건은 __________할 뿐임
주제	생태학자는 __________으로 세계를 바라보려고 노력해야 함

유형 PRACTICE

02

다음 빈칸에 들어갈 말로 가장 적절한 것은?

Just as physiological systems evolved to defend the body against infection caused by pathogens, psychological systems evolved to protect against those pathogens getting close enough to the body to cause harm in the first place. Although one's physiological immune system is often sufficient to keep one alive, it is costly to use. Being sick takes time and energy and reduces an individual's ability to successfully defend against secondary infections or other environmental threats. Consequently, even though the body can defend itself from microbiotic invaders, avoiding these pathogens so that they never get the chance to enter the body may be the safer option. This avoidance can be achieved through psychological mechanisms that are sensitive to potential health hazards and which, when activated, direct attention toward these hazards and promote feelings of anxiety and disgust. In turn, these feelings motivate behaviors that are likely to ________________________.

*physiological: 생리적인 **pathogen: 병원균

① put many people around a person at constant risk
② remove a person from a problematic environment
③ make a person face a risky and dangerous situation
④ render a person's immune system vulnerable over time
⑤ trigger events leading to conflict or negative responses

CHECK NOTE

1 글의 소재를 우리말로 간단히 쓰시오.

2 심리적 메커니즘이 신체를 보호하기 위해 하는 역할을 우리말로 쓰시오.

직독직해 NOTE 의미 단위로 끊어서 해석하고, 주어와 동사를 찾으시오.

1 Just as physiological systems evolved / to defend the body against infection / caused by pathogens, / psychological systems evolved / to protect against those pathogens getting close enough to the body / to cause harm in the first place.

2 Consequently, even though the body can defend itself from microbiotic invaders, avoiding these pathogens so that they never get the chance to enter the body may be the safer option.

03

다음 빈칸에 들어갈 말로 가장 적절한 것은?

Some devote themselves to lifelong goals concerning their work, while others commit themselves to making their family, social, or spiritual lives more meaningful. It is fairly evident that ______________________________. Simultaneously striving for conflicting goals like "build my business" and "spend more time outdoors" will make you so annoyed and discouraged that you'll give up both goals and end up feeling stressed out and unhappy. Unless your business is construction or kayaking, the adaptive solution is to change one or both of the goals to make them more harmonious with each other. For example, you could resolve to work on your paperwork in the sun or partition your day into work and leisure. However, that's easier said than done. If it's not possible, you may very well have to give up on one of those goals, but that's preferable to sacrificing both.

① your objectives must be realistic
② things should be designed with efficiency
③ your goals should complement one another
④ your goal must be formulated in positive terms
⑤ your plan should be a subset of your life purpose

CHECK NOTE

1 글의 소재를 쓰시오.

2 글의 주제문에 밑줄을 그으시오.

직독직해 NOTE 의미 단위로 끊어서 해석하고, 주어와 동사를 찾으시오.

1 Some devote themselves to lifelong goals concerning their work, while others commit themselves to making their family, social, or spiritual lives more meaningful.

____

2 Unless your business is construction or kayaking, the adaptive solution is to change one or both of the goals to make them more harmonious with each other.

____

04

다음 빈칸에 들어갈 말로 가장 적절한 것은?

Habits are the things you do to solve problems that are so familiar that you don't need to think about them. That is, if you already know the answer to a question, you rely on your memory for the solution and do the same thing again. For example, I play the saxophone. The sax is a complex instrument with lots of buttons and springs and levers. As a result, things can go wrong with the sax that will cause it to play the wrong note. Periodically, when I play the note C-sharp, my sax suddenly and unexpectedly plays very flat. Because I have owned this horn for a number of years, I know that this happens, because a pad covering a valve near the neck of the saxophone has gotten stuck to the valve, and it needs to be opened. I do not need to think about how to fix this problem, because I can ______________________.

① find much of what I am doing
② retrieve the solution from memory
③ play now more than I could before
④ teach anyone with a musical background
⑤ escape from a really negative frame of mind

CHECK NOTE

1 글의 핵심어를 쓰시오.

2 글의 주제를 우리말로 간단히 쓰시오.

직독직해 NOTE 의미 단위로 끊어서 해석하고, 주어와 동사를 찾으시오.

1 That is, if you already know the answer to a question, you rely on your memory for the solution and do the same thing again.

____

2 Because I have owned this horn for a number of years, I know that this happens, because a pad covering a valve near the neck of the saxophone has gotten stuck to the valve, and it needs to be opened.

____

05

다음 빈칸에 들어갈 말로 가장 적절한 것은?

Some environments are designed precisely to lure us into acting against our interest. That is what happens when we overspend at the high-end mall. Blame it on a retail experience specifically engineered — from the lighting to the color schemes to the width of the aisles — to maximize our desire and liberate cash from our wallets. What is really strange is that the mall environment does not jump out at us like a thief in a dark alley. We have chosen to place ourselves in an environment that, based on past experience, will trigger the urge to buy something we neither need nor want. In overspending, we fall into a trap that we have set for ourselves. The environments of a casino or an online shopping site are even less safe. Very smart people have spent their waking hours with one goal in mind: designing each detail so ________________________________.

*lure: 유인하다 **engineer: 공작하다, 꾀하다

① it triggers a customer to stay and spend
② there is nothing wrong with the overall structure
③ it reduces the construction cost as much as possible
④ customers feel the maximum satisfaction with the facilities
⑤ its prestige is known throughout the shopping mall industry

CHECK NOTE

1 글의 소재를 쓰시오.

2 글의 주제문에 밑줄을 그으시오.

직독직해 NOTE 의미 단위로 끊어서 해석하고, 주어와 동사를 찾으시오.

1 Blame it on a retail experience specifically engineered — from the lighting to the color schemes to the width of the aisles — to maximize our desire and liberate cash from our wallets.

2 We have chosen to place ourselves in an environment that, based on past experience, will trigger the urge to buy something we neither need nor want.

REVIEW 모의고사 03회

01 밑줄 친 your own revolution이 다음 글에서 의미하는 바로 가장 적절한 것은?

Throughout history, governments have feared free will and free speech more than any other enemy. With these two tools, people can activate the world. They can change the tide of political opinion and force powers into action. Every revolution that has ever risen has done so through the collective efforts of idealism. The suppression of such thinking is the basis of every dictatorship and degrading society in history. On a different scale, work and family environments can be difficult to tolerate with the same suppression of free will. Do you work at a company that does not invite ideas? Do you live in a family where your spouse or parents don't allow you to have your own opinions? If the answer is *yes*, it is time for your own revolution. You have been given this one life to live, and it should not be limited by tyranny. Share your ideas with your boss. Invite family discussions. Everyone on the team will feel a greater sense of ownership and motivation when they are included in the idea process. Say it loud and proud. Ideas are the power that makes the world go round.

① thinking freely and expressing your thoughts
② exploring the world by learning a new language
③ restraining your freedom to maintain social order
④ motivating yourself to strive for financial success
⑤ putting your ideas into action to change the world

02 다음 빈칸에 들어갈 말로 가장 적절한 것은?

Many of the best things in life arise by chance, and saying *yes* to an opportunity can lead to unexpected treasures. But the mistake most of us make is to say *yes* to too many things, so that we live according to the priorities of others rather than according to our own. We fail to recognize that doing one thing means that we are not doing something else. Every time you agree to do something, another thing you might have done will not get done. When someone asks you to do something, think to yourself: 'If I say *yes* to this, from what other activity will I take away the time?' The problem is that almost all of us find it difficult to say *no* to other people's demands. The skills of ______________ are necessary for the good management of time.

① endurance
② negotiation
③ indifference
④ assertiveness
⑤ accomplishment

03 다음 빈칸에 들어갈 말로 가장 적절한 것은?

If other people do something in a particular way, then we quickly interpret this as a sensible thing to do. In a dirty environment, the descriptive norm is that it is acceptable to throw litter onto the street and that this is also perfectly sensible, because it will be cleaned up, or you have more important things to do, or people will give you funny looks if you go in search of a trash can. This descriptive norm does not alter the fact that there is an injunctive norm which tells people not to throw litter onto the street. When the injunctive and descriptive norms conflict, the question is which takes priority. The more the descriptive norm imposes itself, the greater the chance that this is followed. The more you are surrounded by speeding cars, the greater the chance that you too will exceed the speed limit. In the case of the experiment, the greater the mess in the parking lot, the greater the chance that your own flyer too will end up on the ground. It's easy to come up with an excuse: ______________________________.

*injunctive: 명령적인

① Everyone does it, so I do too
② It is the process that matters
③ I do nothing, as it is beneficial
④ There are no norms without exceptions
⑤ In human relationships, losing is winning

04 다음 빈칸에 들어갈 말로 가장 적절한 것은?

Subordinates as well as managers have a responsibility to encourage two-way communication. While managers may attempt to protect their power positions, subordinates attempt to protect the image their supervisor holds of them. Frequently, for example, assistants may withhold negative information about themselves or their activities. Or they may fail to inform their administrator about personal needs and values. Other subordinates mistrust their superiors, so they withhold any information from them. Why do these situations arise? Subordinates may assume they and their bosses have different goals. Others do not trust their bosses. Still others lack persistence in seeking responses from their supervisors. Impressions held by employees of management, therefore, play a key role in whether individuals send feedback. Employees assess what way asking for feedback will be interpreted and how the resulting information will affect each person's public image. In order for effective communication to take place, subordinates must show that they, too, are willing to ______________________________.

① present their ideas more publicly
② convey their own unified opinions
③ build relationships with their superiors
④ resist interference by their superiors
⑤ maintain their positive images of themselves

05 밑줄 친 the untamed whispers가 다음 글에서 의미하는 바로 가장 적절한 것은?

In the grand story of history, textbooks paint a pretty picture, a fancy tapestry woven from simplified summaries and hindsight's selective brushstrokes. But it's the primary sources that offer the untamed whispers from the past. Diaries written by candlelight, letters marked by tears, and firsthand stories etched with the feeling of being there right then; these are the treasures that open the hidden rooms of history. They show us not just the big events, like empires rising and falling, but the real lived experiences, the laughter and tears, the successes and failures of everyday people caught in the big march of time. Unlike the simplified summaries of textbooks, these voices bring the past to life in a way we can really feel. We connect with the joys and sorrows of those who lived it, their hopes and dreams laid bare on the page. Understanding them requires patience, thinking carefully, and being willing to deal with the complexities and prejudices that are part of any historical document. But the reward is huge.

*hindsight: 뒤늦은 깨달음

① unreliable data that should be treated with skepticism
② unfiltered and authentic perspectives that are less known
③ records useful for entertainment and emotional connections
④ specialized skills passed down from generation to generation
⑤ meaningless pieces that are disorganized and difficult to solve

06 다음 빈칸에 들어갈 말로 가장 적절한 것은?

Ghrelin is a hormone secreted by the stomach when it is empty that binds to receptors in the hypothalamus, a region of the brain that is involved in controlling many bodily functions. Ghrelin is often called the 'hunger hormone' because it stimulates our appetite — it is highest just before we are about to eat and lowest just after a meal. But it's perhaps better seen as an energy ______________. When ghrelin levels are high, the body reduces its resting metabolic rate — so it is burning less energy overall — and starts to preserve its body fat in case of further scarcity. It can also make us lethargic so that we will 'waste' less energy with exercise. When ghrelin levels are lower, in contrast, the metabolic rate rises, and we are more likely to release some of our stored energy for use, in the knowledge that more supplies are on the way, and we will become more physically active. In this way, ghrelin helps to balance our energy input and output to ensure that we will never run out of fuel.

*hypothalamus: (뇌의) 시상하부 **metabolic: 대사의
***lethargic: 무기력한

① carrier
② collector
③ producer
④ regulator
⑤ alternative

07 다음 빈칸에 들어갈 말로 가장 적절한 것은?

Many people send their friends email messages that consist of terrible typing along with an alphabet soup of abbreviations and symbols, called "emoticons" or "smileys." Informality, however, does not excuse careless writing, so don't send your old friends or new ones email that shows a lack of attention to this important chatiquette rule. A careless email to a client or a business contact makes the sender come across as unprofessional. Take a few extra moments to check your messages for spelling errors (use the spell-check at least twice), careless mistakes, or inappropriate comments, and put your name at the end of the message before you click on "Send." Remember, ______________________________.

*alphabet soup: 대단히 이해하기 어려운 언어
**abbreviation: 약어

① an email can't replace meeting in person
② you shouldn't make a contract through email
③ you can't retrieve an email after having sent it
④ emails also have both positive and negative aspects
⑤ an appropriate use of emoticons is good for communication

08 다음 빈칸에 들어갈 말로 가장 적절한 것은?

In many situations, people put themselves into ______________________________, in which they are not actively paying attention to the task at hand. On a Saturday morning when we set out to run an errand, we can easily find ourselves driving our usual route to work — until we realize we are headed in the opposite direction from our intended destination, the grocery store. On a Sunday morning, we follow our ordinary routine with coffee and the newspaper — until we realize that we had arranged to meet a friend for brunch an hour earlier. Eating turns out to be one of the most mindless activities we do. Many of us simply eat whatever is put in front of us. That is why even massive bowls of cashews are likely to be consumed completely, regardless of the quality of the food that is soon to be arriving.

*cashew: 캐슈너트(식용 견과류 열매)

① an automatic pilot mode
② more positive mental states
③ a position to influence others
④ a direct link to what is going on
⑤ good situations with good outcomes

09 밑줄 친 <u>God plays dice with *universes*</u>가 다음 글에서 의미하는 바로 가장 적절한 것은?

Physicists are convinced that many features of the laws of physics, such as the masses of subatomic particles, the nature and number of forces, and the density of dark energy (the mysterious stuff that seems to be making the expansion of our universe accelerate) are 'frozen accidents' locked in when the universe cooled from the searing heat of the big bang. If the experiment were done again, so to speak, the masses and forces would come out differently; there might even be a different number of spatial dimensions. Einstein once famously expressed his distaste for quantum mechanics by declaring that 'God does not play dice with the universe'. In the multiverse theory <u>God plays dice with *universes*</u> (I am tempted to say God plays at randomly blowing bubbles). Taking a God's-eye-view, the multiverse is a patchwork quilt, featuring bubble universes of all hues and textures, distributed across a fantastic range of possibilities. What we had taken to be universal immutable laws of physics turn out to be more like 'local bylaws, valid only in our cosmic patch', to use Martin Rees' evocative description.

*subatomic particle: 아원자 입자
**quantum mechanics: 양자 역학

① There are distinct causes and effects in the laws of the universe.
② There are separate universes with their own systems in the cosmos.
③ The big bang is not about a random thing appearing out of nowhere.
④ Another creature with similar appearances exists beyond our universe.
⑤ The limit of observability in our universe is based on physical constraints.

10 다음 빈칸에 들어갈 말로 가장 적절한 것은?

A large body of research shows that the majority of people see themselves as above average. The majority of people, for example, think themselves more intelligent, better looking, funnier, and better at driving than average. The majority also consider themselves more honest, more trustworthy, more ethical, more fair, more open, and more helpful than average. When married couples are asked about their own share of the household chores, the estimates often come out at well above 100 percent. When scientists are asked about their own contributions to a jointly written article, again, the sum often easily exceeds 100 percent. In the United States at least 90 percent of managers consider themselves to function above average. This effect of ______________ is also called the 'dodo effect', named after the passage in *Alice in Wonderland* in which the dodo, in response to the question who of all the animals won a running race, replies that 'everyone won'.

① collaboration
② self-sacrifice
③ overestimation
④ disillusionment
⑤ competitiveness

11 다음 빈칸에 들어갈 말로 가장 적절한 것은?

Mental frames for situations bias our perception to see the objects and events expected in each situation. They are a mental shortcut: by eliminating the need for us to constantly scrutinize every detail of our environment, they help us get around in our world. However, mental frames also make us see things ____________________. For example, if you visit a house in which there is no stove in the kitchen, you might nonetheless later recall seeing one, because your mental frame for kitchens has a strong stove component. Similarly, part of the frame for eating at a restaurant is paying the bill, so you might recall paying for your dinner even if you absentmindedly walked out without paying.

*scrutinize: 세심히 살피다

① that aren't really there
② we can see in the kitchen
③ we don't need in our lives
④ that are hidden in our mind
⑤ that keep people feeling motivated

12 다음 빈칸에 들어갈 말로 가장 적절한 것은?

Artworks create imaginative experience for both the maker and the perceiver, and Dutton thinks this is maybe one of the most important features of them. We think that ____________________. Fictional characters are not real, yet they make us frightened, sad, relieved, and happy. We listen to music and experience emotions even though no events are causing us to feel sorrow, joy, or excitement. The imaginative experience caused by art is decoupled from any practical concern — in Immanuel Kant's eighteenth-century words, art is for disinterested contemplation. Dutton offers the example of a football game, asking why this is not a work of art even though it gives pleasure, elicits emotion, requires skill, and is given special focus. It's not art, because watching the game is not an imaginative experience. This is not the virtual reality of art, it is actual reality.

*decouple: 분리시키다

① our brains are wired to be inspired by art
② artworks are experienced in a pretend world
③ arts are crucial to our collective imagination
④ developing creative skills through art is possible
⑤ making creative artworks is good for our mental health

11강 흐름과 무관한 문장

유형 소개

- 글 전체의 흐름이나 주제에서 벗어난 문장을 파악하는 유형이다.
- 설명문이나 논설문과 같이 주제와 논리적인 흐름이 분명한 글이 주로 출제된다.
- 유사하거나 같은 소재를 다루고 있지만 주제나 논점이 다른 문장을 무관한 문장으로 제시한다.

유형 해법

- 글의 전반부에서 소재와 주제를 파악한다.
- 연결어나 지시어 등의 사용이 자연스러운지 확인한다.
- 무관한 문장으로 생각되는 문장을 제외한 후, 글의 전체 흐름이 자연스러운지 확인한다.

WORDS & EXPRESSIONS PREVIEW

01
proposition 일, 문제, 제안
maintain 유지하다
ideal 이상적인
persuasive 설득력이 있는
sharp 예리한
efficiency 효율성
intersection 교차하는 지점
idle 빈둥거리다
come up with ~을 생각해 내다
navigational 항해의
instruction 지시 (사항)
pause 멈추다
verbal 언어적인
fender bender 가벼운 접촉 사고
otherwise 달리, 다르게, 그렇지 않으면

02
succession 계승, 연속
establishment 정착, 설립
transformative 변형적인
property 특성, 성질
underground 땅속에서
exert control on ~에 영향력을 행사하다
ecosystem 생태계
function 기능
gauge 가늠하다
blossom (유실수나 관목의) 꽃
nutrient 영양분
reproduction 번식
scarce 부족한
gain access to ~에 접근하다
alter 바꾸다
length 길이
compound 화합물
solubility 용해성
collaborative 협력적인
fungus 곰팡이 (*pl*. fungi)

03
supervisory 감독하는
managerial 관리하는
by nature 본질상
open-ended 제한이 없는
urgent 긴급한
desirable 호감 가는, 바람직한
sufficient 충분한
thread 실, 실타래
quest 추구, 탐구
commonplace 흔한, 평범한
loyalty 충실(함)
consume 소모하다
appropriate 적절한, 알맞은

04
emergence 등장
hunter-gatherer 수렵 채집인
beverage 음료
derive 얻다, 나오다
cereal 곡식의, 곡류의
grain 곡물, 낟알
cultivate 경작하다, 재배하다
staple 주요한
civilization 문명

05
pest 해충
poison 독
employ 쓰다, 사용하다
subtle 섬세한
biological 생물학적인
B.C.E. 기원전(Before Common[Christian] Era)
predatory 육식의
citrus 감귤
insect 벌레
chemicals 화학약품
species (분류상의) 종
beneficial 이로운, 유익한
compound 화합물
soapy 비누의, 비누 같은

유형 PRACTICE

정답 및 해설 46쪽

01 기출 CHECK 수능

다음 글에서 전체 흐름과 관계 없는 문장은?

Speaking fast is a high-risk proposition. It's nearly impossible to maintain the ideal conditions to be persuasive, well-spoken, and effective when the mouth is traveling well over the speed limit. ①Although we'd like to think that our minds are sharp enough to always make good decisions with the greatest efficiency, they just aren't. ②In reality, the brain arrives at an intersection of four or five possible things to say and sits idling for a couple of seconds, considering the options. ③Making a good decision helps you speak faster because it provides you with more time to come up with your responses. ④When the brain stops sending navigational instructions back to the mouth and the mouth is moving too fast to pause, that's when you get a verbal fender bender, otherwise known as filler. ⑤*Um, ah, you know,* and *like* are what your mouth does when it has nowhere to go.

CHECK NOTE

1 글의 핵심 어구를 쓰시오.

2 글의 주제문에 밑줄을 그으시오.

TEXT FLOW

주제	빨리 말하는 것은 ________________ 일임
전개 1	정신이 항상 ________________ 정도로 예리하지는 않음
전개 2	뇌가 입에 향해 지시를 다시 보내는 것을 멈추었는데 입이 빨리 움직여 멈출 수 없으면 ________________가 일어남

유형 PRACTICE

02

다음 글에서 전체 흐름과 관계 없는 문장은?

Roots play an important role in succession because of their influence on plant establishment and their transformative properties. Underground, just below our feet, roots are exerting control on soil properties and, thus, on entire ecosystems. ①A plant's health is determined in large part by the activity and function of its roots. ②We can gauge a plant's health by its ability to form blossoms and fruit, but it is the roots that provide the necessary nutrients for reproduction. ③However, not all plants have their roots underground; some plants have their roots growing above the ground. ④Plants acquire nutrients from the soil, and when nutrients are scarce, they gain access to them by altering the morphology of the roots — their shapes, lengths, and branching — or by exuding compounds to increase the solubility of the nutrients. ⑤These actions can transform soil quality and promote collaborative interactions with bacteria and fungi.

*morphology: 형태 **exude: 스며 나오게 하다

CHECK NOTE

1 글의 소재를 쓰시오.

2 영양분이 부족한 식물이 영양분에 접근하는 두 가지 방법을 우리말로 쓰시오.

직독직해 NOTE 의미 단위로 끊어서 해석하고, 주어와 동사를 찾으시오.

1 Roots / play an important role in succession / because of their influence on plant establishment / and their transformative properties.

______

2 Plants acquire nutrients from the soil, and when nutrients are scarce, they gain access to them by altering the morphology of the roots — their shapes, lengths, and branching — or by exuding compounds to increase the solubility of the nutrients.

______

03

다음 글에서 전체 흐름과 관계 없는 문장은?

Balancing one's own needs with the needs of the organization can be difficult. The majority of supervisory and managerial jobs are by nature somewhat open-ended; there is always something to be done, whether urgent, essential, or simply desirable. ①There is usually sufficient work to be done on such jobs that one runs the risk of following an endless thread from task to task in a never-ending quest to get "caught up." ②It is now commonplace for many employees to feel more loyalty to occupation than to organization. ③In this direction lies the risk of being consumed by the job. ④A genuine balance of service to the job and to one's self is a necessity for personal health and survival. ⑤Neither completely selfish nor selfless is appropriate.

CHECK NOTE

1 글의 핵심 어구를 쓰시오.

2 글의 요지를 우리말로 간단히 쓰시오.

직독직해 NOTE 의미 단위로 끊어서 해석하고, 주어와 동사를 찾으시오.

1 The majority of supervisory and managerial jobs are by nature somewhat open-ended; there is always something to be done, whether urgent, essential, or simply desirable.

2 It is now commonplace for many employees to feel more loyalty to occupation than to organization.

04

다음 글에서 전체 흐름과 관계 없는 문장은?

Ever since the emergence of *Homo sapiens* in Africa around 150,000 years ago, water had been humankind's basic drink. ①A fluid of primordial importance, it makes up two-thirds of the human body, and no life on Earth can exist without it. ②But with the switch from the hunter-gatherer lifestyle to a more settled way of life, humans came to rely on a new beverage derived from barley and wheat, the cereal grains that were the first plants to be deliberately cultivated. ③The ability to store cereal grains began to encourage people to stay in one place. ④This drink became central to social, religious, and economic life and was the staple beverage of the earliest civilizations. ⑤It was the drink that first helped humanity along the path to the modern world: beer.

*primordial: 근원적인

CHECK NOTE

1 글의 소재를 쓰시오.

2 글의 주제를 우리말로 간단히 쓰시오.

직독직해 NOTE 의미 단위로 끊어서 해석하고, 주어와 동사를 찾으시오.

1 A fluid of primordial importance, it makes up two-thirds of the human body, and no life on Earth can exist without it.

2 It was the drink that first helped humanity along the path to the modern world: beer.

05

다음 글에서 전체 흐름과 관계 없는 문장은?

The war against pests began a very long time ago, usually using poisons but occasionally employing subtler biological methods. ① In about 1200 B.C.E. Chinese growers used predatory ants to protect their citrus trees from wood-boring insects. ② They fastened bamboo sticks or ropes between the trees in their orchards to allow the ants to move easily from tree to tree. ③ Most attempts at pest control relied on chemicals, however. ④ Modern growers must be very careful in the use of chemicals to avoid harming species that are not pests and may be beneficial to the grower. ⑤ Sumerian farmers were using sulfur compounds against pests in about 2500 B.C.E., and by 100 C.E. the Chinese had discovered that soapy water kills insects.

*wood-boring: 나무에 구멍을 내는 **sulfur: 유황

CHECK NOTE

1 글의 소재를 쓰시오.

2 글의 주제를 우리말로 간단히 쓰시오.

직독직해 NOTE 의미 단위로 끊어서 해석하고, 주어와 동사를 찾으시오.

1 They fastened bamboo sticks or ropes between the trees in their orchards to allow the ants to move easily from tree to tree.

2 Sumerian farmers were using sulfur compounds against pests in about 2500 B.C.E., and by 100 C.E. the Chinese had discovered that soapy water kills insects.

12강 글의 순서

유형 소개
- 주어진 글 다음에 이어지는 세 개의 글의 순서를 파악하는 유형이다.
- 연결 단서에 유의하며, 글의 유기적인 흐름이나 논리적 관계를 통해 순서를 파악한다.

유형 해법
- 주어진 글에서 글의 소재와 주제를 파악한다.
- 연결어, 대명사, 지시어, 관사 등과 같은, 글의 흐름을 파악할 수 있는 단서를 이용한다.
- 글의 논리적인 흐름과 단서를 종합하여 글의 순서를 정한다.

WORDS & EXPRESSIONS PREVIEW

01
mineral 광물
melt 녹이다, 녹다
material 물질
magma 마그마
surface 표면
trap 가두다
atom 원자
combine 결합하다
crystal 결정(체)
depend on ~에 달려 있다
partly 부분적으로
unaided eye 육안, 맨눈
arrange 배열하다
orderly 질서 있는
element 원소
present 존재하는
individual 개별의

02
saying 속담
address 호칭하다, 이름을 부르다
loyalty 충성도
yield 생산량
significant 상당한
carry out ~을 수행하다

03
personal 개인적인
functional 기능적인
decorate 꾸미다, 장식하다
guarantee 보장하다
stuffed 속을 채운
piranha 피라냐
snappy 산뜻한, 멋진
copy (광고) 문구
engaged 열중[몰두]하고 있는
contribution 기여, 공헌
financial 재정상의
extend 확장하다
superficial 피상적인, 표면적인
impact 영향, 효과
engagement 업무, 작업

04
nutrient 영양분
exist 존재하다
isolation 고립, 격리
consume 섭취하다
absorb 흡수하다
presence 존재
accompaniment 동반[수반]되는 것
combination 조합
match 조화시키다
component 구성 성분
interact with ~과 상호작용하다

05
unreformed 교정[개혁]되지 않은
finite 유한한
cut off 차단하다
dramatic 극적인
unexpected 예상치 못한
element 성분
cooperate 협력하다
infinite 무한한
summon 소환하다
potential 잠재력

유형 PRACTICE

정답 및 해설 48쪽

01 기출 CHECK 학평

주어진 글 다음에 이어질 글의 순서로 가장 적절한 것은?

Natural processes form minerals in many ways. For example, hot melted rock material, called magma, cools when it reaches the Earth's surface, or even if it's trapped below the surface. As magma cools, its atoms lose heat energy, move closer together, and begin to combine into compounds.

(A) Also, the size of the crystals that form depends partly on how rapidly the magma cools. When magma cools slowly, the crystals that form are generally large enough to see with the unaided eye.

(B) During this process, atoms of the different compounds arrange themselves into orderly, repeating patterns. The type and amount of elements present in a magma partly determine which minerals will form.

(C) This is because the atoms have enough time to move together and form into larger crystals. When magma cools rapidly, the crystals that form will be small. In such cases, you can't easily see individual mineral crystals.

*compound: 화합물

① (A) – (C) – (B)
② (B) – (A) – (C)
③ (B) – (C) – (A)
④ (C) – (A) – (B)
⑤ (C) – (B) – (A)

CHECK NOTE

1 글의 소재를 우리말로 간단히 쓰시오.

2 글의 주제문에 밑줄을 그으시오.

TEXT FLOW

주제	자연 과정은 많은 방법으로 ________________
전개 1	마그마는 식으면서 원자가 ________________ 시작함
전개 2	마그마에 존재하는 ________________이 어떤 광물이 형성될지를 부분적으로 결정함
전개 3	형성되는 결정의 크기는 부분적으로는 마그마가 ________________에 달려 있음

유형 PRACTICE

02

주어진 글 다음에 이어질 글의 순서로 가장 적절한 것은?

There is a Dutch saying, "You milk a cow through her mouth." The meaning is simple: The more you feed them and the higher the quality of the food, the more milk will be produced and the higher its quality.

(A) Addressing people by name also works; it increases satisfaction and loyalty. So if you want more satisfied customers, address them personally. The same goes for more satisfied and harder-working employees.

(B) What did they discover? Farmers who name their cows have a higher milk yield than farmers with unnamed cows. The difference is significant: 280 liters per year.

(C) It's very simple, isn't it? Well no, that's not the only thing that determines the milk yield, as shown in research by Catherine Bertenshaw and Peter Rowlinson. They carried out research among more than five hundred farmers in England.

① (A) – (C) – (B)
② (B) – (A) – (C)
③ (B) – (C) – (A)
④ (C) – (A) – (B)
⑤ (C) – (B) – (A)

CHECK NOTE

1 글의 소재를 우리말로 간단히 쓰시오.

2 Catherine Bertenshaw와 Peter Rowlinson이 수행한 연구에 대해 우리말로 요약하시오.

직독직해 NOTE 의미 단위로 끊어서 해석하고, 주어와 동사를 찾으시오.

1 The meaning is simple: / The more you feed them / and the higher the quality of the food, / the more milk will be produced / and the higher its quality.

2 Well no, that's not the only thing that determines the milk yield, as shown in research by Catherine Bertenshaw and Peter Rowlinson.

03

주어진 글 다음에 이어질 글의 순서로 가장 적절한 것은?

> We spend many hours in our personal environments, but there is no obvious functional reason why we should decorate them.

(A) The strawberry quilt hardly guarantees sweet dreams, and the stuffed piranha on top of the computer monitor won't help an ad writer produce snappy copy. Nonetheless, we continue to decorate our spaces, and the decorating is far from random.

(B) The results reported that "employees working in a comfortable environment are much more likely to be engaged and to make a positive contribution to the organization's financial success." The survey pointed out that "comfort" extends well beyond physical conditions.

(C) These changes to a space, which on a superficial level seem "non-functional," may have a big impact on what is done there. *Gallup Management Journal* conducted a survey on worker comfort and engagement.

① (A) – (C) – (B)
② (B) – (A) – (C)
③ (B) – (C) – (A)
④ (C) – (A) – (B)
⑤ (C) – (B) – (A)

CHECK NOTE

1 글의 소재를 쓰시오.

2 글의 주제문에 밑줄을 그으시오.

직독직해 NOTE 의미 단위로 끊어서 해석하고, 주어와 동사를 찾으시오.

1 We spend many hours in our personal environments, but there is no obvious functional reason why we should decorate them.

2 The results reported that "employees working in a comfortable environment are much more likely to be engaged and to make a positive contribution to the organization's financial success."

04

주어진 글 다음에 이어질 글의 순서로 가장 적절한 것은?

We need to understand how complex our food really is. Nutrients and food chemicals do not exist in isolation and are not consumed that way. There is more to an orange than vitamin C, and more to meat than protein.

(A) For example, the iron in cereal foods is better absorbed in the presence of vitamin C, making a glass of orange juice a clever accompaniment to your breakfast cereal.

(B) Although some popular diet books have spread the myth that certain foods shouldn't be eaten in combination, the truth is that the nutritional quality of a meal is often improved by mixing and matching foods.

(C) What's more, each food is greater than the sum of its components, because the chemicals in a food interact with each other and with the chemicals in other foods eaten at the same time.

① (A) – (C) – (B)
② (B) – (A) – (C)
③ (B) – (C) – (A)
④ (C) – (A) – (B)
⑤ (C) – (B) – (A)

CHECK NOTE

1 글의 소재를 쓰시오.

2 글의 주제문에 밑줄을 그으시오.

직독직해 NOTE 의미 단위로 끊어서 해석하고, 주어와 동사를 찾으시오.

1 We need to understand how complex our food really is.

2 For example, the iron in cereal foods is better absorbed in the presence of vitamin C, making a glass of orange juice a clever accompaniment to your breakfast cereal.

05

주어진 글 다음에 이어질 글의 순서로 가장 적절한 것은?

> Unreformed weapon technologies generate finite games. They produce winners (and losers) and cut off options. Finite games are dramatic; think sports and war.

(A) However, the one boring story about peace has no end. It can lead to a thousand unexpected stories — maybe the two guys become partners and build a new town or discover a new element or write an amazing opera.

(B) We can think of hundreds of more exciting stories about two guys fighting than we can about two guys at peace. But the problem with those exciting 100 stories about two guys fighting is that they all lead to the same end — the demise of one or both of them — unless at some point they turn and cooperate.

(C) They create something that will become a platform for future stories. They are playing an infinite game. Peace is summoned all over the world because it births increasing opportunities and, unlike a finite game, contains infinite potential.

*demise: 죽음

① (A) – (C) – (B)　② (B) – (A) – (C)
③ (B) – (C) – (A)　④ (C) – (A) – (B)
⑤ (C) – (B) – (A)

CHECK NOTE

1 hundreds of more exciting stories와 대조되는 어구를 쓰시오.

2 두 사람이 싸우는 이야기에 관한 문제점에 해당하는 부분에 밑줄을 그으시오.

직독직해 NOTE 의미 단위로 끊어서 해석하고, 주어와 동사를 찾으시오.

1 We can think of hundreds of more exciting stories about two guys fighting than we can about two guys at peace.

____

2 But the problem with those exciting 100 stories about two guys fighting is that they all lead to the same end — the demise of one or both of them — unless at some point they turn and cooperate.

____

13강 주어진 문장의 위치

유형 소개

- 지문 내에서 주어진 문장이 들어갈 알맞은 위치를 찾는 유형이다.
- 문장 사이의 흐름과 논리적 일관성을 파악하는 유형이다.
- 주어진 문장의 전후 관계를 통해 글의 흐름을 이해할 수 있다.

유형 해법

- 주어진 문장을 정확하게 해석하고 단서가 될 수 있는 사항을 찾는다.
- 지문 내에서 각 문장의 흐름이 어색하거나 모순된 부분을 찾는다.
- 주어진 문장을 넣고 글의 흐름이 자연스러운지 확인한다.

WORDS & EXPRESSIONS PREVIEW

01
lecturer 강사, 강연자
tend to ~하는 경향이 있다
interact 소통하다, 상호작용하다
mistaken 잘못된
assumption 가정
characteristic 특성
automatically 자동적으로
go with ~과 어울리다
description 설명, 묘사
contain 포함하다
impression 인상
depending upon ~에 따라
original 최초의, 원래의
expectation 기대
affect 영향을 미치다

02
air-freshening unit 공기 청정 장치
impurity 불순물
molten 녹은
come on 가동하다
identification 식별
manufacturing facility 제조[생산] 시설
determine 밝혀내다
periodic 주기적인
interval 간격

03
copyright 저작권
immediate 즉각적인
range (범위가 ~에서 …에) 이르다
licensing 라이선스, 허가, 면허
commercial 상업(용)의
custom 맞춤의, 주문의
intellectual property 지적 재산
underlying 근본적인
as a consequence 결과적으로
imitate 모방하다
function 기능
implement 시행하다

04
atmosphere 대기
greenhouse effect 온실 효과
surface 표면
planet 행성
lead 납
satellite 위성
application 적용
enable 가능하게 하다
be eager to ~하고 싶어 하다
owing to ~ 때문에
carbon dioxide 이산화탄소
laboratory 실험실

05
in contrast to ~과 대조적으로
ownership 소유(권)
private property 사유재산
straightforward 간단한
enforce 시행하다
reside 서식하다, 거주하다
overutilize 지나치게 활용하다
extinct 멸종된
forbid 금지하다
in the face of ~에도 불구하고
ban 금지
breed 새끼를 낳다
reproduce 번식하다
revival 회복

유형 PRACTICE

정답 및 해설 51쪽

01

기출 CHECK 학평

글의 흐름으로 보아, 주어진 문장이 들어가기에 가장 적절한 곳은?

> It was also found that those students who expected the lecturer to be warm tended to interact with him more.

People commonly make the mistaken assumption that because a person has one type of characteristic, then they automatically have other characteristics which go with it. (①) In one study, university students were given descriptions of a guest lecturer before he spoke to the group. (②) Half the students received a description containing the word 'warm', the other half were told the speaker was 'cold'. (③) The guest lecturer then led a discussion, after which the students were asked to give their impressions of him. (④) As expected, there were large differences between the impressions formed by the students, depending upon their original information of the lecturer. (⑤) This shows that different expectations not only affect the impressions we form but also our behaviour and the relationship which is formed.

CHECK NOTE

1 글의 주제문에 밑줄을 그으시오.

2 글에서 소개된 연구의 결과를 우리말로 쓰시오.

TEXT FLOW

주제	한 가지 유형의 특성은 자동적으로 ________________ 잘못된 가정을 함
전개	강연 전 강사에 대한 설명을 들은 학생들에게 강연 후 ________________ 요청함
결론	________________가 우리가 형성하는 인상과 행동 및 관계에도 영향을 미침

02

글의 흐름으로 보아, 주어진 문장이 들어가기에 가장 적절한 곳은?

> After asking and answering the other questions, they discovered that an air-freshening unit was blowing impurities into the molten material; the unit came on only at certain times during the day.

A well-known set of identification techniques has been suggested by Charles Kepner and Benjamin Tregoe, who believe that correctly identifying the problem is the most important step in creative problem solving. (①) Their approach, described in their book *The Rational Manager*, begins by asking what's different now than before; this is followed by what, where, when, how, and why questions. (②) Kepner and Tregoe like to use the example of a ball bearing manufacturing facility that began finding impurities in some of its ball bearings. (③) The company replaced the machine that manufactured the ball bearings, but impurities continued to appear. (④) Eventually, after answering the "when" question, the company's managers determined that the impurities occurred only at periodic intervals. (⑤) Finally, the real problem was identified.

*ball bearing: (기계) 볼 베어링

CHECK NOTE

1 글의 핵심 어구를 쓰시오.

2 글의 주제문에 밑줄을 그으시오.

직독직해 NOTE 의미 단위로 끊어서 해석하고, 주어와 동사를 찾으시오.

1 After asking and answering the other questions, / they [discovered] / that an air-freshening unit was blowing impurities / into the molten material; / the unit [came] on only at certain times / during the day.

2 A well-known set of identification techniques has been suggested by Charles Kepner and Benjamin Tregoe, who believe that correctly identifying the problem is the most important step in creative problem solving.

03

글의 흐름으로 보아, 주어진 문장이 들어가기에 가장 적절한 곳은?

However, copyright protection is also limited in an important way.

Copyright is a low-cost and immediate form of legal protection that applies to original writings and images ranging from software code to movies. Authors do not have to apply for copyright protection; it "follows the author's pen across the page." (①) Licensing of copyrighted works is common, and it is widely practiced by commercial software firms. (②) When one buys a copy of a non-custom software product, one is typically buying only a license to use the software, not buying the intellectual property itself. (③) Only the specific original writing itself is protected, not the underlying invention or ideas. (④) As a consequence, copyright protections can be circumvented. (⑤) For example, those who wish to imitate the function of a copyrighted software program can do so by writing new software code to implement that function.

*circumvent: 피하다

CHECK NOTE

1 글의 소재를 쓰시오.

2 저작권 보호를 피할 수 있는 예시로 제시한 내용을 우리말로 쓰시오.

직독직해 NOTE 의미 단위로 끊어서 해석하고, 주어와 동사를 찾으시오.

1 When one buys a copy of a non-custom software product, one is typically buying only a license to use the software, not buying the intellectual property itself.

____

2 For example, those who wish to imitate the function of a copyrighted software program can do so by writing new software code to implement that function.

____

04

글의 흐름으로 보아, 주어진 문장이 들어가기에 가장 적절한 곳은?

> Its atmosphere creates a greenhouse effect that keeps the surface of the planet hot enough to melt lead.

Scientific satellites have added enormously to our knowledge of the sun and planets of our solar system and the universe as a whole. (①) The immediate practical application of such studies may not be obvious but the payoff is real. (②) Studies of the sun and the solar system's atmosphere enable us to improve communications here on Earth. (③) Scientists are eager to begin studies of the planet Venus because it is considered a "twin" of the Earth. (④) We are concerned that the Earth is gradually developing a similar effect owing to increasing amounts of carbon dioxide in our atmosphere. (⑤) Venus could provide a real laboratory to learn more about this process to enable better understanding of what is happening to our own atmosphere.

*payoff: 대가

CHECK NOTE

1 글의 핵심 어구를 쓰시오.

2 글의 주제를 우리말로 간단히 쓰시오.

직독직해 NOTE 의미 단위로 끊어서 해석하고, 주어와 동사를 찾으시오.

1 We are concerned that the Earth is gradually developing a similar effect owing to increasing amounts of carbon dioxide in our atmosphere.

2 Venus could provide a real laboratory to learn more about this process to enable better understanding of what is happening to our own atmosphere.

05

글의 흐름으로 보아, 주어진 문장이 들어가기에 가장 적절한 곳은?

In contrast to the common ownership strategy, the governments of Botswana, Zimbabwe, and South Africa created private property rights by allowing individuals to own elephants.

The solution to the lack of private property rights seems pretty straightforward: Create and enforce private property rights. For instance, in many nations in which elephants reside, no one owns the elephants. The result is that they are *overutilized*, so they are becoming extinct. (①) In most nations with elephants, large national parks have been created in which hunting is forbidden. (②) But even in the face of these bans on hunting, the reduction in the number of elephants has continued. (③) A decade ago, Africa's elephant population was more than a million; it has now fallen to less than half of that. (④) These elephant farmers ensure that the elephants breed and reproduce so that they can be sold for their tusks, for hunting in special hunting parks, or for zoos in developed nations. (⑤) This has led to a revival of the elephant population in these nations.

*tusk: 엄니

CHECK NOTE

1 글의 주제문에 밑줄을 그으시오.

2 코끼리 개체 수가 증가하게 된 계기를 우리말로 쓰시오.

직독직해 NOTE 의미 단위로 끊어서 해석하고, 주어와 동사를 찾으시오.

1 In contrast to the common ownership strategy, the governments of Botswana, Zimbabwe, and South Africa created private property rights by allowing individuals to own elephants.

2 In most nations with elephants, large national parks have been created in which hunting is forbidden.

14강 요약문 완성

유형 소개
- 글 전체를 한 문장으로 요약한 문장의 빈칸에 들어갈 단어 또는 어구를 추론하는 유형이다.
- 글의 핵심어(구)가 요약문의 빈칸으로 제시된다.

유형 해법
- 글의 소재와 주제 그리고 반복되는 핵심어(구)를 파악한다.
- 요약문을 읽으면서 빈칸에 들어갈 단어 또는 어구를 선택한다.
- 요약문의 빈칸에 들어갈 단어 또는 어구는 같은 의미이지만 다른 단어 또는 어구로 표현될 수 있다.

WORDS & EXPRESSIONS PREVIEW

01
puzzle 당황하게 하다
distinguish between ~을 구분하다
dimension 차원
evolution 진화
vertical 수직의
gravity 중력
positioning 배치
sensory 감각의
versus …대(對)
horizontal 수평의
relevant 중요한
upside down 거꾸로, 거꾸로 뒤집혀
object 물체
invert 뒤바꾸다
artificial 인공적인

02
personality 성격
lottery 복권
initial 초기의, 처음의
baseline 기준선
grumpy 성격이 까다로운
by the same token 마찬가지로, 같은 이유로
optimistic 낙관적인
setback 좌절, 방해
divorce 이혼
bounce back 다시 회복되다
longstanding 오래 계속되는, 다년간의
turn back to ~로 되돌아가다

03
incredible 놀라운, 믿을 수 없는
at risk 위험에 처한
challenge 도전, 문제
habitat 서식지
navigate 나아가다, 항해하다
unexpected 예상치 못한
trait 특징
leisurely 여유로운
embrace 받아들이다
dedicate 바치다
existence 삶, 생존
take a nap 낮잠을 자다
pause 일시정지

04
give a test 시험을 실시하다
separate 별도의
stereotypically 전형적으로
identity 정체성
compared to ~과 비교하여
make a difference 차이를 낳다
substantive 실질적인

05
gravity 중력
flow 흐르다
properly 제대로, 적당하게
mechanical 기계의
chemical 화학의
cosmonaut (러시아) 우주 비행사
ground 기초를 두다
reliable 믿을 만한
low-tech 낮은 기술의
readily 손쉽게
available 이용할 수 있는

유형 PRACTICE

정답 및 해설 54쪽

01 기출 CHECK 학평

다음 글의 내용을 한 문장으로 요약하고자 한다. 빈칸 (A), (B)에 들어갈 말로 가장 적절한 것은?

A young child may be puzzled when asked to distinguish between the directions of right and left. But that same child may have no difficulty in determining the directions of up and down or back and front. Scientists propose that this occurs because, although we experience three dimensions, only two had a strong influence on our evolution: the vertical dimension as defined by gravity and, in mobile species, the front/back dimension as defined by the positioning of sensory and feeding mechanisms. These influence our perception of vertical versus horizontal, far versus close, and the search for dangers from above (such as an eagle) or below (such as a snake). However, the left-right axis is not as relevant in nature. A bear is equally dangerous from its left or the right side, but not if it is upside down. In fact, when observing a scene containing plants, animals, and man-made objects such as cars or street signs, we can only tell when left and right have been inverted if we observe those artificial items.

*axis: 축

> Having affected the evolution of our ___(A)___ perception, vertical and front/back dimensions are easily perceived, but the left-right axis, which is not ___(B)___ in nature, doesn't come instantly to us.

	(A)		(B)
①	spatial	......	significant
②	spatial	......	scarce
③	auditory	......	different
④	cultural	......	accessible
⑤	cultural	......	desirable

CHECK NOTE

1 글의 소재를 우리말로 간단히 쓰시오.

2 아이가 위아래나 앞뒤의 방향을 알아내는 데에 어려움이 없는 이유를 설명하는 부분에 밑줄을 그으시오.

TEXT FLOW

도입	아이가 좌우 방향 구분은 잘 못하지만, ________________을 알아내는 데에는 전혀 어려움이 없음
주제	중력에 의해 정의되는 수직적 차원과 이동하는 종의 감각과 먹이 섭취 메커니즘의 배치로 정의되는 앞/뒤 차원이 ________ ________________을 미침
부연	좌-우 축은 자연에서는 위아래나 앞뒤 방향만큼 ________________

유형 PRACTICE

02

다음 글의 내용을 한 문장으로 요약하고자 한다. 빈칸 (A), (B)에 들어갈 말로 가장 적절한 것은?

What happens to our personalities when serious life events occur? Studies on lottery winners show that, after an initial stage of euphoria, people tend to return to their baseline levels of positivity or negativity — e.g., when grumpy people win the lottery they are happy for a few weeks, but after that they go back to being as grumpy as they usually are. By the same token, when optimistic or positive people suffer big setbacks — e.g. the death of a relative, job loss, or divorce — it does not take them too long to bounce back. In short, though life experiences affect our behaviours, personality determines how we respond to those experiences, so it is unusual for any episode to create major, longstanding changes in a person's personality.

*euphoria: 행복감

⬇

Although serious things that happen to us affect the way we ___(A)___, we usually tend to turn back to our original ___(B)___.

	(A)		(B)
①	act	......	plan
②	act	......	nature
③	exist	......	innocence
④	think	......	nature
⑤	think	......	plan

CHECK NOTE

1 글의 소재를 쓰시오.

2 글의 주제문에 밑줄을 그으시오.

직독직해 NOTE 의미 단위로 끊어서 해석하고, 주어와 동사를 찾으시오.

1 Studies on lottery winners show / that, after an initial stage of euphoria, / people tend to return / to their baseline levels of positivity or negativity / — e.g., when grumpy people win the lottery / they are happy for a few weeks, / but after that they go back / to being as grumpy as they usually are.

2 By the same token, when optimistic or positive people suffer big setbacks — e.g. the death of a relative, job loss, or divorce — it does not take them too long to bounce back.

정답 및 해설 55쪽

03

다음 글의 내용을 한 문장으로 요약하고자 한다. 빈칸 (A), (B)에 들어갈 말로 가장 적절한 것은?

In the world of wildlife, certain incredible creatures capture our attention because we feel their safety is always at risk. Often facing extreme survival challenges in their habitats, these animals have developed a unique approach to dealing with the pressures of their environment. Amidst the uncertainties they navigate, these creatures exhibit an unexpected trait: a leisurely lifestyle. Rather than being in constant motion, they have found a way to embrace a peaceful lifestyle by dedicating a significant portion of their day to a state of relaxed existence. Imagine they take a break. They find a sunny spot or a nice shady spot and just relax. Their bodies look very calm, like they're taking a peaceful nap. This break isn't just for fun; it helps them prepare for whatever challenges they might face later. During these quiet times, everything slows down, and it's like a beautiful, calm song is playing in the background. It's like hitting pause on a video game to prepare for survival.

⬇

Animals that are often considered ___(A)___ have a lifestyle that requires them to ___(B)___ in order to survive.

	(A)		(B)
①	strong	......	move
②	diligent	......	eat
③	diligent	......	rest
④	threatened	......	rest
⑤	threatened	......	move

CHECK NOTE

1 글의 소재를 쓰시오.

2 동물이 휴식을 취하는 것을 비유적으로 표현한 두 표현에 밑줄을 그으시오.

직독직해 NOTE 의미 단위로 끊어서 해석하고, 주어와 동사를 찾으시오.

1 In the world of wildlife, certain incredible creatures capture our attention because we feel their safety is always at risk.

____

2 Often facing extreme survival challenges in their habitats, these animals have developed a unique approach to dealing with the pressures of their environment.

____

04

다음 글의 내용을 한 문장으로 요약하고자 한다. 빈칸 (A), (B)에 들어갈 말로 가장 적절한 것은?

In a study performed by Margaret Shih and her colleagues at Harvard, a group of Asian women were given similar math tests on two separate occasions. The first time around, they were primed to think about the fact that they were women, stereotypically worse at math than men. The second time around, they were told to focus on their identity as Asians, generally thought to be math whizzes compared to other ethnic groups. The women performed far better in the second situation than they did in the first. Their math IQs hadn't changed and neither had the difficulty of the questions. But in the second instance they believed more in their ability, and this was enough to make a substantive difference in the test results.

*prime: 미리 알려 주다 **whizz: 귀재, 명수

↓

According to the study, it was the women's ____(A)____ that made a real difference in their ____(B)____.

(A)		(B)
① effort	……	promotion
② ability	……	performance
③ ability	……	relationship
④ confidence	……	performance
⑤ confidence	……	relationship

CHECK NOTE

1 글의 소재를 쓰시오.

2 글의 주제를 우리말로 간단히 쓰시오.

직독직해 NOTE 의미 단위로 끊어서 해석하고, 주어와 동사를 찾으시오.

1 The first time around, they were primed to think about the fact that they were women, stereotypically worse at math than men.

____

2 But in the second instance they believed more in their ability, and this was enough to make a substantive difference in the test results.

____

05

다음 글의 내용을 한 문장으로 요약하고자 한다. 빈칸 (A), (B)에 들어갈 말로 가장 적절한 것은?

Among the many discoveries NASA made when it began sending people into space was the fact that pens do not work well in zero gravity. The ink wouldn't flow properly. To overcome the problem, NASA gathered several teams of mechanical, chemical, and hydrodynamic engineers. NASA spent millions of dollars to develop what became known as the "space pen." The space pen was very effective. It worked in zero gravity and even worked under water. At the same time, the Soviets solved the problem as well, but much more cheaply and effectively. They supplied their cosmonauts with pencils. The NASA scientists were grounded in patterns based on high technology. Despite the fact that many of the engineers working on the problem probably used pencils themselves, they failed to see that there was an inexpensive and reliable low-tech solution readily available. They saw the problem as "How might we make a pen write in zero gravity?" rather than simply "How might we write in zero gravity?"

*hydrodynamic: 유체역학의

NASA fell into a high-tech ____(A)____, which led scientists to solve a "problem" for which a ____(B)____ already existed.

	(A)		(B)
①	goal	……	difficulty
②	goal	……	formula
③	plan	……	mistake
④	trap	……	solution
⑤	trap	……	statistic

CHECK NOTE

1 글의 소재를 쓰시오.

2 글의 주제를 우리말로 간단히 쓰시오.

직독직해 NOTE 의미 단위로 끊어서 해석하고, 주어와 동사를 찾으시오.

1 Among the many discoveries NASA made when it began sending people into space was the fact that pens do not work well in zero gravity.

____

2 Despite the fact that many of the engineers working on the problem probably used pencils themselves, they failed to see that there was an inexpensive and reliable low-tech solution readily available.

____

REVIEW 모의고사 04회

01 다음 글에서 전체 흐름과 관계 없는 문장은?

Employees who actually perform the service have the best possible vantage point for observing the service and identifying impediments to its quality. ① Customer contact personnel are in regular contact with customers and thereby come to understand a great deal about customer expectations and perceptions. ② If the information they know can be passed on to top management, top managers' understanding of the customer may improve. ③ Companies that focus service quality research exclusively on external customers are missing a rich and vital source of information. ④ In fact, it could be said that in many companies top management's understanding of the customer depends largely on the extent and types of communication received from customer contact personnel and from noncompany contact personnel (such as independent insurance agents and retailers) who represent the company and its services. ⑤ When these channels of communication are closed, management may not get feedback about problems encountered in service delivery and about how customer expectations are changing.

*vantage point: 좋은 위치 **impediment: 장애물

02 주어진 글 다음에 이어질 글의 순서로 가장 적절한 것은?

There's a common misconception that a 40-year-old person would have been considered "ancient" in ancient Rome.

(A) All that early death drags down the average life span quite a bit! For Romans who made it past childhood, their survival prospects got better. In fact, "old age" has been defined as beginning at around 60 or 65 years old since the first century BCE.

(B) But that misunderstands how an average is calculated. Infant mortality rates were much higher than they are today, as were deaths in childhood. One study suggested that babies in ancient Rome had only a 50:50 chance of reaching their tenth birthday.

(C) People think this because the average life span in ancient Rome has been calculated to have been about 35 years. Therefore, the thinking goes, truly old people must have been as rare as four-leaf clovers.

① (A) – (C) – (B)
② (B) – (A) – (C)
③ (B) – (C) – (A)
④ (C) – (A) – (B)
⑤ (C) – (B) – (A)

03 글의 흐름으로 보아, 주어진 문장이 들어가기에 가장 적절한 곳은?

> Many Italians, on the other hand, tend to talk constantly during meals and wave their hands repeatedly.

Even genuinely small cultural mistakes can have enormous consequences. (①) Many older and even some younger Germans, for instance, do not like to converse too much during meals. (②) They will ordinarily begin the meal by taking a sip of beer or soda, then pick up the knife and fork and hold them throughout the meal, putting them down only when they have finished eating. (③) For many Germans eating is a serious business, not to be disturbed by trivial comments and animated conversation. (④) As a result, a German and an Italian dining with one another may feel offended by each other's behavior. (⑤) Much time is wasted negotiating acceptable rules of behavior that could otherwise be spent on substantive issues, including the development of trust.

04 다음 글의 내용을 한 문장으로 요약하고자 한다. 빈칸 (A), (B)에 들어갈 말로 가장 적절한 것은?

In the icy lands of the polar regions, where the sun dances on the horizon, animals have a remarkable way of changing their internal clocks with the ever-changing light. As winter blankets the landscape in darkness for months on end, these clever creatures slow down their body clocks. It's like hitting the slow-motion button on their daily routines. They know that in this dim world, conserving energy is key. So they adapt, becoming more active during the fleeting moments of daylight, when hunting for food becomes possible. Then, when the sun finally stretches its rays across the ice, signaling the arrival of summer, something magical happens. The animals, sensing the abundance of light and opportunity, quicken their pace. It's as if they've pressed fast-forward on their internal clocks. With more hours of sunlight to play with, they seize the chance to feast and to gather resources for the long winter ahead. In this way, they make the most of every precious moment of daylight, ensuring they have the sustenance needed to survive the harsh polar conditions.

> Animals living in the polar regions ___(A)___ their internal clocks to ___(B)___ their energy and food intake in the ever-changing light cycle.

	(A)		(B)
①	ignore	……	maximize
②	adjust	……	diminish
③	adjust	……	maximize
④	maintain	……	diminish
⑤	maintain	……	regularize

05 다음 글에서 전체 흐름과 관계 없는 문장은?

Advertising campaigns often try to take advantage of classical conditioning. ① Advertisers often pair their products with things that elicit pleasant emotions. ② The most common strategy is to present a product in association with an attractive person or enjoyable surroundings. ③ Advertisers hope that these pairings will make their products conditioned stimuli that evoke good feelings. ④ However, this vision of classical conditioning as an "irresistible force" is misleading because it fails to consider the many factors involved in classical conditioning. ⑤ For example, automobile manufacturers like to show their sports-utility vehicles in stunningly beautiful outdoor vistas that evoke pleasant feelings and nostalgic thoughts of past vacations.

06 다음 글의 내용을 한 문장으로 요약하고자 한다. 빈칸 (A), (B)에 들어갈 말로 가장 적절한 것은?

Visiting the doctor for a new, undiagnosed medical problem can be frightening. Patients often struggle to try to explain their conditions to the doctor in an effective manner, and the physician needs to gather the information they need from a patient without overlooking anything important. All this must be done during a medical interview which, on average, will be shorter than 10 minutes. Some people say responding with something like, "I think I have diabetes," seems like a big time-saver. But in practice, this attitude will tend to set most doctors on edge. Instead, open the discussion with something like, "My arms and legs are getting really weak lately and now I can barely walk." You can maximize the interview by giving the doctor the information they are looking for in a simple, concise manner.

⬇

When you visit the doctor, you'd better start talking about your ___(A)___, not what you think your ___(B)___ is.

	(A)		(B)
①	symptoms	……	fear
②	symptoms	……	diagnosis
③	decisions	……	discomfort
④	complaints	……	prescription
⑤	complaints	……	treatment

07 주어진 글 다음에 이어질 글의 순서로 가장 적절한 것은?

Consider the ability of human adults to digest lactose. For all mammal species except humans during the last few thousand years, milk is a food for infants but not adults.

(A) Cultural practices such as fermentation (in which microorganisms do the digesting) enabled milk to be utilized without genetic evolution, but then genetic evolution followed suit over the longer term.

(B) Natural selection has resulted in a digestive physiology that turns off the ability to digest lactose shortly after weaning. When humans started to domesticate livestock some 10,000 years ago and to drink their milk, they were ingesting something to which they were not genetically adapted.

(C) In other words, mutations that enabled adults to digest lactose arose and spread in cultures that were using milk as an adult food. This is one of the best-documented examples of gene-culture coevolution, in which cultures shape the selection of genes as much as the reverse.

*wean: 젖을 떼다 **mutation: 돌연변이 ***coevolution: 공진화

① (A) – (C) – (B)
② (B) – (A) – (C)
③ (B) – (C) – (A)
④ (C) – (A) – (B)
⑤ (C) – (B) – (A)

08 주어진 글 다음에 이어질 글의 순서로 가장 적절한 것은?

Some people buy stock by intuition. Most others use information about the stock's past to predict future risk.

(A) All fail frequently, as reflected in the stockbroker's mantra that past performance does not guarantee future results. In addition, their failure is not limited to major stock market crashes.

(B) Take the case of actively managed stock funds, in which a professional manager is paid to assess the risk of holding a particular company's stock. The majority of these funds yield returns worse than the stock market average, although humans with expert knowledge manage them. The average decision based on past stock performance is no better than a random number pulled from a hat.

(C) It could be the history of a stock's performance, the ratio of stock price to past company earnings, or stock volatility, the extent of a stock's past price fluctuations. These and many other risk indicators evaluate future risks based on the past.

*mantra: 자주 하는 말 **stock volatility: 주식 변동성

① (A) – (C) – (B)
② (B) – (A) – (C)
③ (B) – (C) – (A)
④ (C) – (A) – (B)
⑤ (C) – (B) – (A)

09 글의 흐름으로 보아, 주어진 문장이 들어가기에 가장 적절한 곳은?

> But in more practical terms, the Arabs lacked the fundamental reason that the later Europeans like Columbus had for their voyages.

Have you ever wondered why the Arabs did not try to explore the world? (①) In fact, the Arabs of the medieval period had the means to sail the world. (②) Certainly, they were more advanced than their European counterparts in many respects. (③) Instead of burning the "pagan" texts of writers like Ptolemy, they studied them and improved upon them. (④) Unlike these people, they didn't need to find a way to sail to the East. (⑤) They were already well established there and they had little interest in expanding their contacts with Europeans who had shown their colors during the Crusades.

*pagan: 이교도(의) **the Crusades: 십자군 전쟁

10 다음 글에서 전체 흐름과 관계 없는 문장은?

Prosperity and high income don't help people become generous. In fact, Henry Ward Beecher, the brother of novelist Harriet Beecher Stowe, warned that they could actually make people less likely to give. ① He said, "Watch so that prosperity does not destroy generosity." ② People in the United States live in the most prosperous country in the world during the most prosperous time in its history, yet they still don't give much. ③ Today, 2.5 percent of our income goes to charitable giving, and that's lower than it was during the Great Depression (2.9 percent). ④ Nevertheless, more and more people are becoming aware of giving back to the community. ⑤ And 80 percent of Americans who earn at least $1 million a year leave nothing to charity in their wills.

*the Great Depression: (미국의) 대공황 **will: 유언장

11 주어진 글 다음에 이어질 글의 순서로 가장 적절한 것은?

Perhaps one of the most surprising lines of research in recent years has shown that cultural stereotypes operate at a much more basic level in the brain than has previously ever been considered.

(A) But is that really true? Psychologist Richard Nisbett thinks not. He has accumulated a vast body of evidence to show that cultures can shape the way we literally perceive the world and, ultimately, the way we think about our self.

(B) When someone in Beijing hears Mozart, they hear the same music as someone from Boston. When someone from Tokyo looks at a painting by Magritte, they see the same image as someone from Tennessee. They may not agree about whether they like the work, but they have the same perceptual experience.

(C) This is true even in the way we perceive the world around us. For example, it is often assumed that while people around the world may have different preferences and tastes, when it comes to music and art we all have essentially the same brain.

① (A) – (C) – (B)
② (B) – (A) – (C)
③ (B) – (C) – (A)
④ (C) – (A) – (B)
⑤ (C) – (B) – (A)

12 다음 글의 내용을 한 문장으로 요약하고자 한다. 빈칸 (A), (B)에 들어갈 말로 가장 적절한 것은?

People are perceived as more credible when they make eye contact and speak with confidence, no matter what they have to say. In a mock jury study, researcher Bonnie Erickson and her colleagues had people listen to a witness answer questions about a supposed accident — for example, "Approximately how long did you stay there before the ambulance arrived?" Some jurors heard the witness respond straightforwardly: "Twenty minutes. Long enough to help get Mrs. David straightened out." Others listened to the witness hesitate: "Oh, it seems like it was about, uh, twenty minutes. Just long enough to help my friend Mrs. David, you know, get straightened out." What the witnesses said turned out to be less important than how they said it: the straightforward, confident witnesses were rated significantly more credible and competent.

It seems that ____(A)____ talkers are actually no more sure of their facts than are their more hesitant counterparts but they are perceived to be more ____(B)____.

	(A)		(B)
①	decisive	......	trustworthy
②	decisive	......	knowledgeable
③	cautious	......	trustworthy
④	cautious	......	serious
⑤	cheerful	......	knowledgeable

15강 어법

유형 소개

- 다섯 개의 밑줄 친 부분 중에서 어법상 틀린 것을 찾는 유형과, 세 개의 네모 안에 제시된 두 개의 표현 중에서 어법에 맞는 것을 선택하는 유형이 있다.
- 세부적인 문법 지식보다는 문맥과 문장 구조를 살펴 어법을 파악하는 문항이 주로 출제된다.

유형 해법

- 글의 전반적인 내용을 파악한 다음 밑줄 친 부분이 각각 어떤 어법 항목에 관한 것인지를 판단한다.
- 선택지 부분이 해당 문장에서 문법적으로 어떤 역할을 하는지 파악한다.
- 동사/준동사, 태, 일치, 병렬구조, 관계사, 형용사/부사 등 자주 출제되는 문법 개념을 정리해 둔다.

WORDS & EXPRESSIONS PREVIEW

01
showcase (사람의 재능·사물의 장점 등을 알리는) 공개 행사, 진열장
recognize 인정하다, 인식하다
overlook 무시하다, 간과하다
provision 제공, 공급
constructive 건설적인
asset 자산, 재산
restrict 제한하다, 한정하다
interpret 해석하다, 이해하다
emphasis 강조(점), 주안점
demonstrate 보여 주다, 입증하다
promote 장려하다, 증진하다
beat 패배시키다, 이기다
superiority 우월성, 우세
place 입상하다

02
illustrative 실례가 되는
interaction 상호 작용
population 사람들, 인구
altitude 고도
cross-cultural 문화 간의
comparison 비교
reveal 보여 주다, 드러내다
colonize 군락을 이루다, 식민지를 건설하다
plateau 고원
transmit 전달하다
innovation 혁신
construction 건설, 건조
insulate 단열하다
shelter 은신처
domestication 가축화
altitude sickness 고산병

03
expectation 기대
innate 타고난
sceptic 회의론자
apparently 겉보기에
anatomical 해부학의
claim 주장
associated with ~과 관련된
reasoning 추론
numeracy (기본적인) 산술 능력
far from -ing ~하기는커녕
inherited 유전적인, 물려받은
variation 차이
reflection 반영
bias 편견
respond to ~에 반응하다
actively 능동적으로
supposed 소위 ~라는
illustration 실례
biology 생명 활동, 생물학

04
fundamental 근본적인
represent 나타내다, 대표하다
definition 정의
tolerance 인내, 관용
practice 관행, 연습
sympathize 동정하다, 위로하다
share 공유하다
bear 참다
put up with ~을 참다
promote 장려하다, 향상시키다
majority 다수
institution 기관, 단체
valid 정당한, 타당한

05
relationship 관계
relate to ~과 관련되다
be oneself 자연스럽게 행동하다
provocative 화를 돋우는, 자극적인
challenging 도전적인
unstable 불안정한

유형 PRACTICE

정답 및 해설 64쪽

01 기출 CHECK 모평

다음 글의 밑줄 친 부분 중, 어법상 틀린 것은?

Competitive activities can be more than just performance showcases ① which the best is recognized and the rest are overlooked. The provision of timely, constructive feedback to participants on performance ② is an asset that some competitions and contests offer. In a sense, all competitions give feedback. For many, this is restricted to information about whether the participant is an award- or prizewinner. The provision of that type of feedback can be interpreted as shifting the emphasis to demonstrating superior performance but not ③ necessarily excellence. The best competitions promote excellence, not just winning or "beating" others. The emphasis on superiority is what we typically see as ④ fostering a detrimental effect of competition. Performance feedback requires that the program go beyond the "win, place, or show" level of feedback. Information about performance can be very helpful, not only to the participant who does not win or place but also to those who ⑤ do.

*foster: 조장하다 **detrimental: 유해한

CHECK NOTE

1 글의 소재를 쓰시오.

2 ①~⑤의 문법 항목을 쓰시오.

TEXT FLOW

주제	수행 기량에 대한 ____________은 대회와 경연이 제공하는 자산임
전개	비교를 통한 우월성에 중점을 두는 피드백은 ____________ 수 있으므로, 기량 자체의 탁월함에 중점을 두는 건설적인 피드백이 필요함
결론	____________은 이기지 못하거나 입상하지 못하는 참가자뿐만 아니라 이기거나 입상하는 참가자에게도 매우 도움이 될 수 있음

02

다음 글의 밑줄 친 부분 중, 어법상 틀린 것은?

One interesting illustrative example of the interaction of culture and natural selection can be ① seen in the ways that human populations have adapted to surviving at high altitudes. Cross-cultural comparisons, comparing people who live at high altitudes to low altitude populations, reveal ② that high altitude may have been a source of natural selection in some human populations. Around the world, groups of humans have colonized and survived in mountainous regions. For example, humans seem ③ to have arrived in the Tibetan plateau in the Himalayan mountains around 25,000 years ago. Much later, around 10,000 years ago, humans also colonized the Andes mountains of South America. Without a doubt, ④ culturally transmitted information has been crucial in the success of these populations at high altitude. The cultural innovations that help humans cope with such environments ⑤ including construction of warm and insulated clothing and shelter, domestication of local animal species such as yaks in the Himalayas, and use of the coca leaf to mitigate the effects of altitude sickness in the Andes.

*mitigate: 완화하다

CHECK NOTE

1 글의 소재를 쓰시오.

2 ①~⑤의 문법 항목을 쓰시오.

직독직해 NOTE 의미 단위로 끊어서 해석하고, 주어와 동사를 찾으시오. (단, ①, ⑤ 중 어법상 틀린 것이 있으면 바르게 고칠 것)

1 One interesting illustrative example / of the interaction of culture and natural selection / can be ① seen / in the ways / that human populations have adapted to surviving / at high altitudes.

____

2 The cultural innovations that help humans cope with such environments ⑤ including construction of warm and insulated clothing and shelter, domestication of local animal species such as yaks in the Himalayas, and use of the coca leaf to mitigate the effects of altitude sickness in the Andes.

____

03

다음 글의 밑줄 친 부분 중, 어법상 틀린 것은?

Some people still deny the importance of expectation and instead argue that gender differences are innate. These sceptics will point to brain scans that ① apparently show some kind of anatomical difference between the brains of boys and girls, or men and women. There are claims ② which males have larger brain regions associated with spatial reasoning or numeracy, for example. Far from demonstrating an inherited difference, however, the anatomical variation shown in these brain scans ③ is a reflection of our culture's gender bias. It is natural that the brain responds to its environment and the skills that we have been encouraged to practice. If you are a child ④ playing with Lego, you are actively changing your brain's wiring. As a result, these supposed differences are simply another illustration of the ways that our expectations — and ⑤ those of the people around us — can have a real, physical effect on our biology.

CHECK NOTE

1 글의 소재를 쓰시오.

2 ①~⑤의 문법 항목을 쓰시오.

직독직해 NOTE 의미 단위로 끊어서 해석하고, 주어와 동사를 찾으시오. (단, ③, ⑤ 중 어법상 틀린 것이 있으면 바르게 고칠 것)

1 Far from demonstrating an inherited difference, however, the anatomical variation shown in these brain scans ③ is a reflection of our culture's gender bias.

2 As a result, these supposed differences are simply another illustration of the ways that our expectations — and ⑤ those of the people around us — can have a real, physical effect on our biology.

04

(A), (B), (C)의 각 네모 안에서 어법에 맞는 표현으로 가장 적절한 것은?

I believe that fundamental change in meaning — and thinking — represents one of the greatest shifts in history, and most people are missing it. The traditional definition of tolerance means simply to recognize and respect others' beliefs, practices, and so forth without (A) [necessary / necessarily] agreeing or sympathizing with them. This attitude, that everyone has a right to his or her own opinion, is (B) [that / what] tolerance means to most adults. Webster's defines *tolerate* as "to recognize and respect others' beliefs, practices, etc. without sharing them" and "to bear or put up with someone or something not especially liked." But that is not what the word promotes anymore, at least not to the majority of the people and institutions (C) [use / using] it. The new tolerance considers every individual's beliefs, values, and lifestyles to be equally valid.

	(A)		(B)		(C)
①	necessary	……	that	……	use
②	necessary	……	what	……	use
③	necessarily	……	what	……	using
④	necessarily	……	that	……	using
⑤	necessarily	……	that	……	use

CHECK NOTE

1 글의 소재를 우리말로 간단히 쓰시오.

2 (A), (B), (C)의 문법 항목을 쓰시오.

직독직해 NOTE 의미 단위로 끊어서 해석하고, 주어와 동사를 찾으시오.

1 I believe that fundamental change in meaning — and thinking — represents one of the greatest shifts in history, and most people are missing it.

____

2 The new tolerance considers every individual's beliefs, values, and lifestyles to be equally valid.

____

05

다음 글의 밑줄 친 부분 중, 어법상 틀린 것은?

In order to change relationships, we can only change the way we relate to others, and then others will change the way they relate to us. Your relationships, however, will work best if you are able to be yourself within them. Relationships ① where you can be yourself are likely to feel more comfortable and to make you happier. This is not to say that you should throw tantrums when you feel like it and ② is as rude to people as you wish. Nor ③ is it to suggest that all relationships should be comfortable. Some very good ones can be provocative and ④ challenging. It is rather that relationships tend to become unstable and to be less satisfying when you are not yourself. It follows that it is helpful ⑤ to be curious about your relationships and try to understand them.

*tantrum: 성질을 부림

CHECK NOTE

1 글의 소재를 쓰시오.

2 ①~⑤의 문법 항목을 쓰시오.

직독직해 NOTE 의미 단위로 끊어서 해석하고, 주어와 동사를 찾으시오. (단, ①, ② 중 어법상 틀린 것이 있으면 바르게 고칠 것)

1 Relationships ① where you can be yourself are likely to feel more comfortable and to make you happier.

2 This is not to say that you should throw tantrums when you feel like it and ② is as rude to people as you wish.

16강 어휘

유형 소개

- 다섯 개의 밑줄 친 어휘 중에서 글의 흐름과 어울리지 않는 것을 찾는 유형과, 세 개의 네모 안에 제시된 두 개의 어휘 중에서 문맥상 적절한 것을 선택하는 유형이 있다.
- 글의 흐름이 논리적이고 요지나 주제가 분명한 글이 주로 출제된다.

유형 해법

- 밑줄 어휘 유형은 글의 흐름상 반대의 의미를 가진 단어가 정답인 경우가 많으므로, 적절하지 않은 단어 대신에 어떤 단어가 더 적절한지를 생각해야 한다.
- 네모 어휘 유형은 의미가 뚜렷이 상반되는 단어나 철자가 비슷한 단어가 쌍으로 제시되는 경우가 많으므로 평소 유의어와 반의어, 유사한 형태의 어휘를 함께 정리해 둔다.
- 글의 요지나 주제와 관련된 어휘들을 염두에 두면서, 밑줄이나 네모 안에 제시된 어휘들의 의미를 이해한다.

WORDS & EXPRESSIONS PREVIEW

01
major 주요한, 중요한
philosophical 철학적인
shift 변화
industrial 산업의
competitive 경쟁적인
geographically 지리적으로
spread out 더 널리 퍼지다
relation 관계
client 고객
quality 양질의, 질 좋은
reasonable 합리적인
modernization 현대화
diverse 다양한
complex 복잡한

02
trick 속임수
capitalist 자본주의인
enthusiastically 열정적으로
embrace 받아들이다, 수용하다
dissatisfaction 불만족
fundamental 기본[근본]적인
accumulation 축적
take a toll on ~에 피해를 주다
constantly 끊임없이
additional 추가의
commodities 상품, 물품
attempt 시도
capitalism 자본주의
nourish oneself 자양분으로 삼다
endeavor 노력
sacrifice 희생하다

03
consistently 일관되게
celebrity 유명 인사
figure 인물, 명사
profession 직업
top 1위를 차지하다
aspiration 열망
for the sake of ~을 위해서
equate ~ with ... ~와 …을 동일시하다
fame 유명세
majority 대다수
academically 학문적으로
gifted 영재인
facilitate 촉진하다
obsession 집착
readily 손쉽게
accessible 접근 가능한
medium 매체, 수단 (*pl.* media)
indulge 탐닉하다
level the playing field 공평한 경쟁의 장을 만들다(경쟁 분위기를 조성하다)

04
realm 영역
societal 사회의
practitioner 종사자, 전문업에 종사하는 사람
committed 헌신하는
profession 직업
pursuit 추구
justice 정의
resolution 해결
conflict 갈등
confidence 자신감
at best 기껏해야
sustenance 생계
clarify 명확히 하다
sense of mission 사명감
privilege 특권

05
maximize 극대화하다
hard-earned 힘들게 벌어들인
suit 정장
apparel 의복, 의상
retailer 소매상
switch 바꾸다
sustain 유지하다
perspective 관점

유형 PRACTICE

정답 및 해설 67쪽

01 기출 CHECK 학평

다음 글의 밑줄 친 부분 중, 문맥상 낱말의 쓰임이 적절하지 않은 것은?

The major philosophical shift in the idea of selling came when industrial societies became more affluent, more competitive, and more geographically spread out during the 1940s and 1950s. This forced business to develop ① closer relations with buyers and clients, which in turn made business realize that it was not enough to produce a quality product at a reasonable price. In fact, it was equally ② essential to deliver products that customers actually wanted. Henry Ford produced his best-selling T-model Ford in one color only (black) in 1908, but in modern societies this was no longer ③ possible. The modernization of society led to a marketing revolution that ④ strengthened the view that production would create its own demand. Customers, and the desire to ⑤ meet their diverse and often complex needs, became the focus of business.

*affluent: 부유한

CHECK NOTE

1 글의 핵심 어구를 쓰시오.

2 현대 사회의 기업이 초점을 맞추는 것을 쓰시오.

TEXT FLOW

도입 1940~1950년대에 산업 사회에서 ________________가 일어남

전개 기업이 합리적인 가격의 양질의 제품을 생산하는 것뿐만 아니라, ________________ 것이 역시 매우 중요해짐

결론 현대 사회에서 기업의 초점은 ________________ 욕망임

02

다음 글의 밑줄 친 부분 중, 문맥상 낱말의 쓰임이 적절하지 않은 것은?

The great trick of the capitalist economy is that individuals enthusiastically embrace the sense of dissatisfaction that its fundamental axiom of endless accumulation demands. Accumulation takes a toll on our ability to ① recognize our satisfaction. It leaves us constantly believing that there is ② more satisfaction to be had in the accumulation of additional commodities. But the more one accumulates, the less one is able to see that one will never have enough. In the attempt to accumulate more and more satisfaction for oneself, one actually ③ increases one's sense of dissatisfaction. Capitalism nourishes itself on our ④ ability to ever have enough. Our private endeavors to have more are always inadvertent tributes to the capitalist demand. Thinking that it is doing what it wants, the capitalist subject ⑤ sacrifices itself for the capitalist demand.

*axiom: 원리 **inadvertent: 의도치 않은 ***tribute: 찬사

CHECK NOTE

1 글의 소재를 쓰시오.

2 자본주의 경제에서 개인이 어떤 역설에 처하게 되는지를 우리말로 쓰시오.

직독직해 NOTE 의미 단위로 끊어서 해석하고, 주어와 동사를 찾으시오.

1 The great trick of the capitalist economy / is that individuals enthusiastically embrace / the sense of dissatisfaction / that its fundamental axiom of endless accumulation demands.

2 Thinking that it is doing what it wants, the capitalist subject sacrifices itself for the capitalist demand.

03

다음 글의 밑줄 친 부분 중, 문맥상 낱말의 쓰임이 적절하지 않은 것은?

Surveys consistently show that the West has ① embraced the celebrity culture. When 3,000 British parents were asked what their preteen children wanted to be when they grow up, one in three said they wanted to be a sports figure, an actor, or a pop star. ② Compare that to the professions that topped the aspiration list 25 years ago: teachers, bankers, and doctors. Children now want to be famous for the sake of being famous because they ③ equate fame with success. A recent survey of the U.K. Association of Teachers and Lecturers revealed that the majority of students would prefer to be famous than academically gifted. The Web ④ facilitates this obsession with fame and popularity by providing a readily accessible and updatable medium in which individuals can indulge their interest in the famous but also begin to make an impact of their own. Anyone can gather a following on the Web. It has leveled the popularity playing field so that we can all be ⑤ hidden.

CHECK NOTE

1 글의 소재를 우리말로 간단히 쓰시오.

2 웹이 명성과 인기에 대한 집착을 촉진하는 방식을 우리말로 쓰시오.

직독직해 NOTE 의미 단위로 끊어서 해석하고, 주어와 동사를 찾으시오.

1 When 3,000 British parents were asked what their preteen children wanted to be when they grow up, one in three said they wanted to be a sports figure, an actor, or a pop star.

2 A recent survey of the U.K. Association of Teachers and Lecturers revealed that the majority of students would prefer to be famous than academically gifted.

04

(A), (B), (C)의 각 네모 안에서 문맥에 맞는 낱말로 가장 적절한 것은?

Each realm of work has a central mission, which reflects a basic societal need and which the practitioner should feel (A) [committed / omitted] to realizing. The core of the mission of medicine is the healing of the sick. The core mission of the legal profession is the pursuit of justice, through the resolution of conflict. Teachers pass on the most important knowledge of the past and prepare their students for the future. All practitioners should be able to have (B) [peace / confidence] in what they are doing. At best, the mission is part of what draws the practitioner to a chosen profession and remains as a principal sustenance. A good way of clarifying this sense of mission is to ask "Why should society (C) [reward / regret] the kind of work that I do with status and certain privileges?"

	(A)		(B)		(C)
①	omitted	……	confidence	……	regret
②	omitted	……	peace	……	regret
③	committed	……	confidence	……	regret
④	committed	……	peace	……	reward
⑤	committed	……	confidence	……	reward

CHECK NOTE

1 글의 소재를 쓰시오.

2 글의 주제문에 밑줄을 그으시오.

직독직해 NOTE 의미 단위로 끊어서 해석하고, 주어와 동사를 찾으시오.

1 The core mission of the legal profession is the pursuit of justice, through the resolution of conflict.

2 At best, the mission is part of what draws the practitioner to a chosen profession and remains as a principal sustenance.

05

다음 글의 밑줄 친 부분 중, 문맥상 낱말의 쓰임이 적절하지 않은 것은?

Consumers want to ① maximize the value they receive for each hard-earned dollar they spend. But value is not just about ② price. After a long day of travelling, a consumer might find great value in a $4 glass of Coke and ice delivered to her hotel room, while at a neighborhood grocery store, she might be ③ willing to pay $4 for a six-pack. Another consumer might happily pay $2,000 for a suit from his favorite fashion apparel retailer but switch grocery stores to get the ④ lowest price on a loaf of bread. Retail is the part of the economy that is closest to the customer's wallet, and so it is important to understand how value is created and ⑤ sustained from the perspective of consumer decision makers.

CHECK NOTE

1 글의 핵심어를 쓰시오.

2 글의 주제를 우리말로 간단히 쓰시오.

직독직해 NOTE 의미 단위로 끊어서 해석하고, 주어와 동사를 찾으시오.

1 After a long day of travelling, a consumer might find great value in a $4 glass of Coke and ice delivered to her hotel room, while at a neighborhood grocery store, she might be willing to pay $4 for a six-pack.

2 Another consumer might happily pay $2,000 for a suit from his favorite fashion apparel retailer but switch grocery stores to get the lowest price on a loaf of bread.

REVIEW 모의고사 05회

01 다음 글의 밑줄 친 부분 중, 어법상 틀린 것은?

When our sun dies, all life in our solar system will die too. But most extinction events that concern us would be localized to Earth. If a large asteroid hit Earth, for example, or we made ① it uninhabitable in a nuclear war, other nearby planets would be unaffected. Therefore, one way ② to lessen the risk of extinction is to become a two-planet species. If we could establish a permanent presence on another nearby planet or moon, then our species and our ③ accumulated knowledge might survive even if Earth became uninhabitable. This logic is one of the driving forces behind the current efforts to put people on Mars, ④ which seems to be the best option for locating a human colony. I find the possibility of traveling to other planets ⑤ excited. It has been a long time since we have traveled to new and unexplored destinations.

*asteroid: 소행성

02 다음 글의 밑줄 친 부분 중, 문맥상 낱말의 쓰임이 적절하지 않은 것은?

If you moved your silverware from one drawer to another in your kitchen, how long would it take to stop reaching for the old drawer? Simply by changing the default option of certain choices is an ① easy way to immediately change behavior. People often take the ② first choice given to them. Most default options that trigger unconscious behavior in most environments are far from structured optimally. In many cases, people are ③ unknowingly performing at mediocre levels simply because that's how the environment was set up. After deciding the university computer labs were using too much paper, Rutgers University simply made double-sided printing the default option on its lab printers. This small act ④ saved 7,391,065 sheets of paper in the first semester, or roughly 1,280 trees for the academic year. Students, who frequently have no preference, are now required to manually select the option of printing only one side of the page. The option to ⑤ waste is made much easier by making it the default option.

*mediocre: 평범한

03 다음 글의 밑줄 친 부분 중, 어법상 틀린 것은?

Meeting the challenge of climate change demands that people make personal sacrifices now to minimize harm that others will suffer in the future. That's a tough sell. Our species evolved as small-group animals with a focus on our own survival and short-term needs, along with ① those of our offspring and near kin. We are not programmed to worry much about the welfare of our great-grandchildren, much ② less the descendants of people living far away. You may be willing to resist some unhealthy snacks and ③ find some time to exercise in order to be healthier and be around longer for your children. But how willing would you be to exercise more and eat a healthier diet to increase the odds ④ that your great-grandchildren will be a bit better off? It is that kind of sacrifice, one that requires us to protect the interests of generations we will never know, that ⑤ calls for if we are to meet the challenge of climate change.

*tough sell: 힘든 설득 작업 **kin: 친족

04 다음 글의 밑줄 친 부분 중, 문맥상 낱말의 쓰임이 적절하지 않은 것은?

Decision fatigue, meaning exhaustion felt after comparing, considering and choosing, is ① dangerous. As a consumer, you become more likely to be affected by advertising messages and impulse buys. As a decision maker, you are subject to various ② temptations. Willpower is like a battery. After a while it runs out and needs to be ③ recharged. You do this by relaxing and eating something. Willpower drops to zero if your blood sugar falls too low. IKEA, a Swedish furniture company, knows this well. On the journey through the maze-like display areas in its stores, decision fatigue ④ disappears. For this reason, its restaurants are located right in the middle of the stores. The company is willing to sacrifice some of its profit margin so that you can top up your blood sugar on dishes before resuming your ⑤ hunt for whatever you were looking for.

*blood sugar: 혈당 **maze-like: 미로 같은

05 (A), (B), (C)의 각 네모 안에서 어법에 맞는 표현으로 가장 적절한 것은?

In 1971, Bill Pickett became the first African American to be inducted into the National Rodeo Cowboy Hall of Fame, which is located at the Western Heritage Center in Oklahoma City, Oklahoma. Mr. Pickett invented the rodeo event known as bulldogging, (A) [which / in which] a cowboy grabs a steer by the horns, twists them, and forces the steer to fall to the ground. Mr. Pickett's style of bulldogging was different from that used today. He used to grab the steer by the horns, bite into its upper lip, then throw (B) [him / himself] to the ground. Invariably, the steer would follow. He came up with this idea by watching dogs handle longhorn cattle, which often hid in brush where a cowboy could not lasso them. The dogs would bite into the steer's upper lip and hold the steer until the cowboy arrived. Today, biting into a steer's upper lip is (C) [banning / banned] as being cruel to the steer.

*steer: (로데오에 쓰이는) 수소 **lasso: 올가미 밧줄로 잡다

	(A)		(B)		(C)
①	which	……	him	……	banning
②	which	……	himself	……	banned
③	in which	……	him	……	banning
④	in which	……	himself	……	banned
⑤	in which	……	himself	……	banning

06 (A), (B), (C)의 각 네모 안에서 문맥에 맞는 낱말로 가장 적절한 것은?

Social theorist Aimee van Wynsberghe notes that introducing a robot that helps pick up patients from their beds in a hospital setting alters the roles of a number of different actors, and the way in which a variety of secondary functions get performed. It (A) [changes / maintains] the care practice. If, for example, nurses are no longer involved in moving patients or changing their linens, the nurse loses an opportunity to directly observe the patient's physical and mental state. On the other hand, robots that lift patients can reduce a nurse's workload, and perhaps reduce the number of hospital attendants (B) [fired / hired]. Having a member of the design team sensitive to all the dimensions of providing health care could lead to implementing important features and capabilities into the robot. And by extension, the introduction of the robot into the hospital can be (C) [accompanied / discouraged] by team training that sensitizes all parties to how essential elements of the care practice will be altered.

	(A)		(B)		(C)
①	changes	……	fired	……	accompanied
②	changes	……	hired	……	discouraged
③	changes	……	hired	……	accompanied
④	maintains	……	fired	……	discouraged
⑤	maintains	……	hired	……	discouraged

07 (A), (B), (C)의 각 네모 안에서 어법에 맞는 표현으로 가장 적절한 것은?

If your dog is well integrated into your family, he will want to be an active member of his pack and look upon you as a strong pack leader. He doesn't want to sit around mindlessly counting his toes. He wants activity, and you are the means (A) [by which / which] he satisfies his desires. Using his voice or his body, he will seek your attention. It is not difficult to understand what he is telling you, but beneath the surface there are also hidden rewards for him. Being touched is as soothing and reassuring for dogs (B) [as / than] it is for us. Stroking your dog reduces his blood pressure, heart rate, and skin temperature. It calms him. It diminishes worry and anxiety. It makes him feel more (C) [secure / securely]. Even dominant dogs solicit attention from a strong human leader.

*pack: (함께 사냥을 하는 동물들의) 무리 **solicit: 간청하다

	(A)		(B)		(C)
①	by which	……	as	……	secure
②	by which	……	as	……	securely
③	by which	……	than	……	secure
④	which	……	than	……	secure
⑤	which	……	as	……	securely

08 다음 글의 밑줄 친 부분 중, 문맥상 낱말의 쓰임이 적절하지 <u>않은</u> 것은?

Even when people are told about the better-than-average bias, most individuals believe that this bias does not apply to them, something psychologists have labelled blind-spot bias — the belief that you are not as biased as others in your self-evaluations of talents. And if you think that this ubiquitous ① <u>optimism</u> is a healthy habit, think again. Overconfident employees are less likely to ② <u>develop</u> self-awareness and accept negative feedback. Overconfident leaders are less likely to respond ③ <u>positively</u> to coaching and development interventions. And people in general will find it ④ <u>easier</u> to accept the success of their peers when they are themselves deceived about their own talent and contribution to the organization. It is for this reason that the relationship between pay and pay satisfaction is notoriously weak. Even in the presence of clear performance criteria, most people think that they deserve to earn ⑤ <u>more</u> than their peers, especially because they perceive their own talents and motivation to exceed those of their peers.

*blind-spot bias: 맹점 편향 **ubiquitous: 아주 흔한

17강 장문 독해

유형 소개
- 한 단락 또는 두 단락 이상의 비교적 긴 지문이 제시되는 유형이다.
- 지문당 두 개의 문항으로 구성되고, 제목 추론, 어휘 추론, 빈칸 추론 문항 등이 주로 출제된다.

유형 해법
- 각 문단의 중심 내용을 파악하고, 전체 글이 말하고자 하는 바를 확인한다.
- 글의 중심 내용을 핵심적으로 표현하는 제목을 찾는다.
- 글의 흐름을 고려하여 밑줄 친 낱말의 적절성이나 빈칸에 들어갈 말을 파악한다.

WORDS & EXPRESSIONS PREVIEW

01-02
irresistible 억누를 수 없는
tendency 경향
in ~ terms ~의 관점에서
attribute (성질 등이) 있다고 생각하다
complexity 복잡성
visualize 머릿속에 그리다, 상상하다
track 추적하다
irregular 불규칙적인
complicated 복잡한
navigational 항행의, 항해의
analyze 분석하다
infer 추론하다
mechanism (생물체 내에서 특정한 기능을 수행하는) 기제[구조]
interaction 상호작용
illustrate 보여 주다
correlation 상관관계

03-04
controversial 논쟁적인
remark 발언
immediate 즉각적인
reaction 반응
point of view 관점, 입장
argue A out of B A가 B를 취하지 않도록 하다
wrongheaded (생각이) 잘못된
straightforward 간단한
scream (바람이) 쌩쌩 불다, 소리치다
counterproductive 역효과를 낳는
deep-seated 뿌리 깊은
logic 논리
reason 이성
fruitful 유익한, 생산적인
disagreement 의견 충돌, 불일치
direction 방향; 감독
conviction 신념

05-06
secure 얻다, 확보하다
corporation 기업
employment 취업
manufacturing 제조업의; 제조업
retirement 은퇴
workforce 노동자
take advantage of ~을 이용하다
status 상태
indicate 가리키다
occupational 직업의
beat the bushes 이리저리 돌아다니다
recruit 모집하다
count ~이라고 여기다
steady 안정된, 고정된
insurance 보험

07-08
denial 부정, 부인
be equipped to ~할 준비가 되어 있다
come up with ~을 생각해 내다
futile 쓸모없는, 헛된
assure 장담하다
approach 접근(법)
at risk of ~의 위험에 처한
justify 정당화하다
precede 선행하다, 앞서다
entertain (생각·감정 등을 마음속에) 품다
trick 속이다; 속임수
tempting 유혹적인
indulge 빠지다, 탐닉하다
better off (기분이나 형편이) 더 나은
distressed 괴로운

유형 PRACTICE

정답 및 해설 74쪽

[01-02] 다음 글을 읽고, 물음에 답하시오. 기출 CHECK 수능

Our irresistible tendency to see things in human terms — that we are often mistaken in attributing complex human motives and processing abilities to other species — does not mean that an animal's behavior is not, in fact, complex. Rather, it means that the complexity of the animal's behavior is not purely a (a) product of its internal complexity. Herbert Simon's "parable of the ant" makes this point very clearly. Imagine an ant walking along a beach, and (b) visualize tracking the trajectory of the ant as it moves. The trajectory would show a lot of twists and turns, and would be very irregular and complicated. One could then suppose that the ant had equally complicated (c) internal navigational abilities, and work out what these were likely to be by analyzing the trajectory to infer the rules and mechanisms that could produce such a complex navigational path. The complexity of the trajectory, however, "is really a complexity in the surface of the beach, not a complexity in the ant." In reality, the ant may be using a set of very (d) complex rules: it is the interaction of these rules with the environment that actually produces the complex trajectory, not the ant alone. Put more generally, the parable of the ant illustrates that there is no necessary correlation between the complexity of an (e) observed behavior and the complexity of the mechanism that produces it.

*parable: 우화 **trajectory: 이동 경로

01 윗글의 제목으로 가장 적절한 것은?

① Open the Mysterious Door to Environmental Complexity!
② Peaceful Coexistence of Human Beings and Animals
③ What Makes the Complexity of Animal Behavior?
④ Animals' Dilemma: Finding Their Way in a Human World
⑤ Environmental Influences on Human Behavior Complexity

02 밑줄 친 (a)~(e) 중에서 문맥상 낱말의 쓰임이 적절하지 않은 것은?

① (a) ② (b) ③ (c) ④ (d) ⑤ (e)

CHECK NOTE

1 글의 핵심 어구를 쓰시오.

2 글의 주제문에 밑줄을 그으시오.

TEXT FLOW

도입	다른 종들에게 복잡한 인간의 ________________이 있다고 우리가 잘못 생각한다고 해서 동물의 행동이 복잡하지 않음을 의미하는 것은 아님
전개	동물 행동의 복잡성은 ________________의 산물이 아님
예시	'개미 우화'에서 개미의 이동 경로의 복잡성은 실제로 ________________의 복잡성이지 개미의 내적 복잡성은 아님
결론	개미 우화는 관찰된 행동의 복잡성과 그 행동을 만들어 내는 기제의 복잡성 사이의 필연적인 ________________가 없음을 보여 줌

유형 PRACTICE

[03-04] 다음 글을 읽고, 물음에 답하시오.

Think of it: We hear someone make a controversial remark or do something we strongly like or dislike. What is our immediate reaction? It is to either agree or disagree with what the person said or did and then try to get others nearby to agree with our point of view. But we don't let it go at that. We are not happy unless everyone around us agrees with the way we see things, and feels the same way as we feel about them. And when we learn that others do not, our immediate reaction is to try to make them think and feel the way we do by arguing them out of their obviously (a) wrongheaded positions. But this is never as straightforward and simple as we imagine it will be. What is occurring here is much like what happens when you walk outside on a cold winter day, the wind screaming past. The harder the wind blows against you, the (b) more tightly you pull your coat around yourself.

Trying to argue another person out of his point of view is (c) counterproductive. The best way to change another person's deep-seated opinions or feelings about an important matter is to simply understand that other person and let that person know that you do. Trying to use logic and reason to alter another person's deeply held views and feelings is (d) fruitful. A human will change only when that person chooses to change and the choice to change never arrives when icy winds of disagreement are blowing in their direction, causing them to hold all the more tightly to their (e) convictions.

CHECK NOTE

1 글의 주제를 우리말로 간단히 쓰시오.

2 글의 주제문에 밑줄을 그으시오.

03 윗글의 제목으로 가장 적절한 것은?

① Choose the Right Words in an Argument
② Should We Always Be Critical and Judgmental?
③ Arguments in Front of an Audience Need Strategies
④ What Is the Difference Between "Discuss" and "Argue"?
⑤ Never Try to Force Others to Feel the Same Way You Do

04 밑줄 친 (a)~(e) 중에서 문맥상 낱말의 쓰임이 적절하지 않은 것은?

① (a) ② (b) ③ (c) ④ (d) ⑤ (e)

직독직해 NOTE 의미 단위로 끊어서 해석하고, 주어와 동사를 찾으시오.

1 And when we learn / that others do not, / our immediate reaction [is] / to try to make them think and feel the way we do / by arguing them out of their obviously wrongheaded positions.

2 A human will change only when that person chooses to change and the choice to change never arrives when icy winds of disagreement are blowing in their direction, causing them to hold all the more tightly to their convictions.

유형 PRACTICE

[05-06] 다음 글을 읽고, 물음에 답하시오.

For a while it was a widely held belief that securing a job with a large (a) corporation would usually lead to employment security. For years it was assumed that getting a job with one of the major manufacturing firms could secure one's income for 20 or 30 or more years and lead to a comfortable retirement. This was true for many who entered the manufacturing workforce as early as the middle to late 1930s or during or shortly after World War II. A significant number of these people put in 30 or so years and retired comfortably during a time when all were (b) refusing to retire at younger and younger ages. Many retired by age 60, and those who followed expected the retirement age to drop to 55 in time for them to take advantage of it.

Take a close look at the overall status of college graduates in today's job market, and look as well at the numbers indicating how far employment has (c) fallen in manufacturing. With the exception of those trained in certain occupational and professional specialties, many college graduates have been out beating the bushes for employment rather than being (d) recruited on campuses as they were in earlier decades. A great many of the people presently seeking jobs in manufacturing count themselves lucky to find steady work — "steady" meaning that it might last a few years — and are (e) overjoyed should they also be able to obtain benefits such as health insurance.

CHECK NOTE

1 글의 소재를 쓰시오.

2 글의 주제를 우리말로 간단히 쓰시오.

05 윗글의 제목으로 가장 적절한 것은?

① Changes in Job Market Conditions
② The Impact of Salary on Job Motivation
③ Working Conditions and Job Satisfaction
④ Mental Health Conditions in the Workplace
⑤ Employment Conditions Preferred by Owners

06 밑줄 친 (a)~(e) 중에서 문맥상 낱말의 쓰임이 적절하지 않은 것은?

① (a) ② (b) ③ (c) ④ (d) ⑤ (e)

직독직해 NOTE 의미 단위로 끊어서 해석하고, 주어와 동사를 찾으시오.

1 Many retired by age 60, and those who followed expected the retirement age to drop to 55 in time for them to take advantage of it.

2 With the exception of those trained in certain occupational and professional specialties, many college graduates have been out beating the bushes for employment rather than being recruited on campuses as they were in earlier decades.

유형 PRACTICE

[07-08] 다음 글을 읽고, 물음에 답하시오.

Ignoring the negative thoughts you have while you are in a low mood is not denial, nor is it dangerous or irresponsible. Your problems, if they are real, will still be there when your mood goes up. The only difference will be that you will be more equipped to solve them. When you are low, what kinds of answers do you realistically think you will come up with? (a) Futile answers, I can assure you.

Even after you learn this approach to escaping unhappiness, you will still be at risk of being (b) negatively affected by your low moods. The reason is that when you drop into a low mood all you will see are problems. And you can get pretty clever at justifying to yourself why this low mood is different from the last one or the tens of thousands that preceded it. The more you entertain the reasons you come up with, and the thoughts you are having about your predicament, the (c) worse you will feel — every single time. Your protection will be, however, that you will no longer trust what you are feeling when you are low. You will usually know that you're being (d) tricked by your own low mood. You will usually know that even though it's tempting to indulge your negative thoughts, if you don't, you'll be far better off. Your protection will be that you will usually know that your distressed feelings will (e) appear if you can somehow just leave them alone. You will usually know that, even though your reasons for your unhappiness seem to be good ones, the reasons themselves are a big part of the problem.

*predicament: 곤경

CHECK NOTE

1 글의 소재를 우리말로 간단히 쓰시오.

2 울적한 기분에서 자신을 보호하는 방법을 우리말로 쓰시오.

정답 및 해설 76쪽

07 윗글의 제목으로 가장 적절한 것은?

① Psychological Factors That Can Put You in a Low Mood
② Benefits of Negative Emotions That No One Knows About
③ Resist the Temptation to Completely Control Your Emotions
④ Recognize the Tricks of Low Moods to Manage Unhappiness
⑤ A Guide to Overcoming Negative Emotions: Focusing on Them

08 밑줄 친 (a)~(e) 중에서 문맥상 낱말의 쓰임이 적절하지 않은 것은?

① (a) ② (b) ③ (c) ④ (d) ⑤ (e)

직독직해 NOTE 의미 단위로 끊어서 해석하고, 주어와 동사를 찾으시오.

1 The more you entertain the reasons you come up with, and the thoughts you are having about your predicament, the worse you will feel — every single time.

2 You will usually know that, even though your reasons for your unhappiness seem to be good ones, the reasons themselves are a big part of the problem.

18강 복합 문단

유형 소개

- 네 개의 단락으로 구성된 긴 이야기 글이 제시되는 유형이다.
- 지문당 세 개의 문항으로 구성되고, 글의 순서, 지칭 추론, 내용 일치[불일치] 문항 등이 주로 출제된다.
- 긴 지문을 빠르게 읽으며 필요한 정보를 신속하게 파악하는 것이 중요하다.

유형 해법

- 이야기의 흐름을 고려하며 글을 읽는다.
- 각 단락마다 연결어, 대명사, 관사, 시간의 흐름 등에 유의하며 글의 순서를 배열한다.
- 내용 일치[불일치] 문항은 먼저 선택지를 통해 필요한 정보를 파악하고 지문에서 내용 일치 여부를 확인한다.

WORDS & EXPRESSIONS PREVIEW

01-03

boundless 끝없이 펼쳐진, 무한한
breathtaking 숨을 막히게 하는
beyond description 말로 표현할 수 없을 정도의
preparation 준비
destination 목적지
tough 힘든
challenge 도전, 문제
injury 부상
hardship 고난
constructive 건설적인
incredible 믿기 어려운
recovery 회복
mature 성숙한
cliff 절벽
exclaim 외치다
tragedy 비극
overcome 극복하다

04-06

inseparable 떼려야 뗄 수 없는
have ~ in common ~을 공통으로 가지다
come across 우연히 마주치다
patch 작은 땅[밭] (한 뙈기)
plow 쟁기질하다
frustrated 좌절한
patience 인내심
stand 참다
warn 경고하다
to one's disappointment ~가 실망스럽게도
comfort 위로하다
crop 작물
pay off 결실을 맺다
bountiful 풍부한
hesitate 망설이다

with ease 쉽게
impatient 조바심이 나는

07-09

repair 수리하다
stringed (악기가) 현이 있는
instrument 악기; 기구
damage 손상시키다; 손상
get in touch with ~와 연락하다
response 답변, 응답
query 문의
supply 공급하다
suspect ~가 아닌가 생각하다, 의심하다
ship 배송하다
reply 답장, 대답

10-12

shepherd 양치기
flock 양떼, 염소떼
sheep track 양이 다녀서 만들어진 길
glance at ~을 힐끗 보다
crooked 굽은
break one's word 약속을 어기다
(↔ keep one's word)
faithful 충실한
corner 궁지에 몰아넣다
make out ~을 해 나가다
gladly 기쁘게
presently 머지않아, 곧
attendant 수행원
stray 제 위치[길]를 벗어나다
firmly 단호하게
trust A with B 안심하고 A에게 B를 맡기다

유형 PRACTICE

[01-03] 다음 글을 읽고, 물음에 답하시오. 기출 CHECK 수능

(A)

Emma and Clara stood side by side on the beach road, with their eyes fixed on the boundless ocean. The breathtaking scene that surrounded them was beyond description. Just after sunrise, they finished their preparations for the bicycle ride along the beach road. Emma turned to Clara with a question, "Do you think this will be your favorite ride ever?" Clara's face lit up with a bright smile as she nodded. "Definitely! (a) I can't wait to ride while watching those beautiful waves!"

(B)

When they reached their destination, Emma and Clara stopped their bikes. Emma approached Clara, saying "Bicycle riding is unlike swimming, isn't it?" Clara answered with a smile, "Quite similar, actually. Just like swimming, riding makes me feel truly alive." She added, "It shows (b) me what it means to live while facing life's tough challenges." Emma nodded in agreement and suggested, "Your first beach bike ride was a great success. How about coming back next summer?" Clara replied with delight, "With (c) you, absolutely!"

(C)

Clara used to be a talented swimmer, but she had to give up her dream of becoming an Olympic medalist in swimming because of shoulder injuries. Yet she responded to the hardship in a constructive way. After years of hard training, she made an incredible recovery and found a new passion for bike riding. Emma saw how the painful past made her maturer and how it made (d) her stronger in the end. One hour later, Clara, riding ahead of Emma, turned back and shouted, "Look at the white cliff!"

(D)

Emma and Clara jumped on their bikes and started to pedal toward the white cliff where the beach road ended. Speeding up and enjoying the wide blue sea, Emma couldn't hide her excitement and exclaimed, "Clara, the view is amazing!" Clara's silence, however, seemed to say that she was lost in her thoughts. Emma understood the meaning of her silence. Watching Clara riding beside her, Emma thought about Clara's past tragedy, which (e) she now seemed to have overcome.

01 주어진 글 (A)에 이어질 내용을 순서에 맞게 배열한 것으로 가장 적절한 것은?

① (B) – (D) – (C)
② (C) – (B) – (D)
③ (C) – (D) – (B)
④ (D) – (B) – (C)
⑤ (D) – (C) – (B)

02 밑줄 친 (a)~(e) 중에서 가리키는 대상이 나머지 넷과 다른 것은?

① (a) ② (b) ③ (c) ④ (d) ⑤ (e)

03 윗글에 관한 내용으로 적절하지 않은 것은?

① Emma와 Clara는 자전거 탈 준비를 일출 직후에 마쳤다.
② Clara는 자전거 타기와 수영이 꽤 비슷하다고 말했다.
③ Clara는 올림픽 수영 경기에서 메달을 땄다.
④ Emma와 Clara는 자전거를 타고 하얀 절벽 쪽으로 갔다.
⑤ Emma는 Clara의 침묵의 의미를 이해했다.

CHECK NOTE

1 글의 소재를 우리말로 간단히 쓰시오.

2 Clara에게 자전거 타기와 수영이 비슷한 이유 두 가지를 우리말로 쓰시오.

TEXT FLOW

도입	Emma와 Clara는 해변 도로를 따라 자전거를 탈 준비를 마침
전개 1	바다를 즐기면서 Clara는 침묵했고, Emma는 ________________에 대해 생각함
전개 2	Clara는 어깨 부상 때문에 ________________는 꿈을 포기했지만, 그로 인해 더 강해짐
마무리	Clara는 수영과 자전거 타기는 인생의 ________________는 의미에서 상당히 비슷하다고 생각함

유형 PRACTICE

[04-06] 다음 글을 읽고, 물음에 답하시오.

(A)

Rohan and Aryan were best friends who lived in a small village in India. They had been inseparable since childhood. They had many things in common, including a love of farming. One day, while working in their fields, they came across a patch of land that was difficult to plow. Despite their best efforts, they were unable to break through the hard soil. Rohan became frustrated and wanted to give up, but Aryan remained patient. He told (a) him that farming was all about patience and that they should keep trying.

(B)

One day, Rohan couldn't stand it anymore. He started digging up the soil to check the seeds, even though Aryan had warned him not to. To his disappointment, (b) he found that the seeds had not grown at all. He felt that all their hard work had been in vain. Aryan comforted Rohan and reminded him that farming was a test of patience. He told him that the seeds needed time to grow and that they shouldn't give up. Rohan felt better after talking to (c) him and decided to be more patient. Days turned into weeks, and weeks turned into months.

(C)

As they waited patiently, the seeds began to grow. They watched as the small plants grew into strong, healthy crops. Their patience had paid off, and they had a bountiful harvest that year. Rohan was amazed at the results and thanked Aryan for teaching him the value of patience. He realized that sometimes things take time to grow and develop, and that giving up too soon would only lead to disappointment. (d) He learned that patience is important not only in farming, but in all aspects of life.

(D)

Rohan hesitated, but decided to follow Aryan's advice. They watered the patch and let it rest for a few days. After a week, they returned to the field and tried again. This time they were able to break through the hard soil with ease. They planted their seeds and waited patiently for them to grow. As the days passed, Rohan grew impatient. (e) He checked the seeds every few hours, hoping to see some growth. Aryan, on the other hand, remained calm and patient, knowing that the seeds needed time to grow.

04 주어진 글 (A)에 이어질 내용을 순서에 맞게 배열한 것으로 가장 적절한 것은?

① (B) – (D) – (C)
② (C) – (B) – (D)
③ (C) – (D) – (B)
④ (D) – (B) – (C)
⑤ (D) – (C) – (B)

05 밑줄 친 (a)~(e) 중에서 가리키는 대상이 나머지 넷과 다른 것은?

① (a) ② (b) ③ (c) ④ (d) ⑤ (e)

06 윗글에 관한 내용으로 적절하지 않은 것은?

① Rohan과 Aryan은 어린 시절부터 떼려야 뗄 수 없는 사이였다.
② Aryan은 Rohan에게 흙을 파지 말라고 경고했다.
③ Rohan은 그동안의 노력이 모두 헛수고라고 느꼈다.
④ Rohan은 너무 일찍 포기하면 실망만 초래한다는 것을 깨달았다.
⑤ 씨앗을 뿌리고 며칠 뒤 Rohan과 Aryan은 조바심이 났다.

CHECK NOTE

1 글의 등장인물을 쓰시오.

2 글의 주제를 우리말로 간단히 쓰시오.

직독직해 NOTE 의미 단위로 끊어서 해석하고, 주어와 동사를 찾으시오.

1 One day, / while working in their fields, / they came across a patch of land / that was difficult to plow.

____

2 Aryan, on the other hand, remained calm and patient, knowing that the seeds needed time to grow.

____

유형 PRACTICE

[07-09] 다음 글을 읽고, 물음에 답하시오.

(A)

I'm a webmaster for a company, and I've answered many questions about music, but I had never heard of a koto until Arthur Belefant asked if I could find someone who could repair his koto. Arthur explained that it was a Japanese stringed musical instrument and his had been damaged by water. (a) He had not been able to find anyone who could fix it. Arthur said that he had spoken with a librarian who was unable to help him but suggested that he get in touch with me.

(B)

Arthur sent me a message saying "I want to thank you for your fantastic response to my query. I've just come from the repair shop and the owner said (b) he can fix my koto. I don't know how you in California managed to find it only twenty miles from me. No one here was able to supply me with the information." The shop owner in Florida did fix Arthur's koto. I suspect that even today someone in Florida is listening to soft melodies played by Arthur on a once damaged but now repaired koto.

(C)

As it turned out, the librarian once had a question from a library user, couldn't answer it, and asked if I could help. I was able to find the answer for her and she remembered me. Arthur sent me a message, and I told (c) him that there was an excellent repair shop in San Jose, California, that would be able to repair his koto with no problem. (d) He then told me that, unfortunately, he lived in Florida.

(D)

However, he would be willing to ship the instrument to California if that was the only place where (e) he could have it repaired. At that point I did some further research and eventually found a repair shop in Florida not far from where Arthur lived. I told Arthur in my reply that I had called the shop in Florida and the shop owner had said he could probably repair the damage but he'd need to see the instrument first.

07 주어진 글 (A)에 이어질 내용을 순서에 맞게 배열한 것으로 가장 적절한 것은?

① (B) – (D) – (C)
② (C) – (B) – (D)
③ (C) – (D) – (B)
④ (D) – (B) – (C)
⑤ (D) – (C) – (B)

08 밑줄 친 (a)~(e) 중에서 가리키는 대상이 나머지 넷과 다른 것은?

① (a) ② (b) ③ (c) ④ (d) ⑤ (e)

09 윗글에 관한 내용으로 적절하지 않은 것은?

① Arthur의 koto는 물로 인해 손상되었다.
② Arthur는 사서로부터 필자와 연락해 보라는 말을 들었다.
③ 캘리포니아에 있는 수리점 주인이 Arthur의 koto를 고쳤다.
④ 필자는 도서관 사서가 한 질문의 해답을 찾을 수 있었다.
⑤ 필자는 Arthur의 집에서 멀지 않은 곳에 있는 수리점을 찾아냈다.

CHECK NOTE

1 글의 주요 등장인물을 쓰시오.

2 글의 주제를 우리말로 간단히 쓰시오.

직독직해 NOTE

의미 단위로 끊어서 해석하고, 주어와 동사를 찾으시오.

1 I'm a webmaster for a company, and I've answered many questions about music, but I had never heard of a koto until Arthur Belefant asked if I could find someone who could repair his koto.

2 I told Arthur in my reply that I had called the shop in Florida and the shop owner had said he could probably repair the damage but he'd need to see the instrument first.

유형 PRACTICE

[10-12] 다음 글을 읽고, 물음에 답하시오.

(A)

Gerhardt was a shepherd boy. One day as he was watching his flock, a hunter came out of the woods and asked, "How far is it to the nearest village?" "Six miles, sir," replied (a) the boy, "but the road is only a sheep track, and very easily missed." The hunter glanced at the crooked track and said, "I'm hungry, tired and thirsty. I've lost my way. Leave your sheep and show me the road. I'll pay you well." "I cannot leave my sheep, sir," answered Gerhardt.

(B)

The boy shook his head. "The sheep," said (b) he, "do not know your voice." "Can't you trust me?" asked the hunter, angrily. "Sir," said the boy, "you wanted me to break my word to my master. How do I know you would keep your word to me?" The hunter laughed, for he felt that the boy had fairly cornered him. He said, "I see that you're a good, faithful boy. I won't forget you. Show me the road and I'll try to make it out myself."

(C)

Gerhardt offered some food to the hungry man, who ate it gladly. Presently his attendants came up, and then Gerhardt, to (c) his surprise, found that the hunter was the grand duke. The duke was so pleased with the boy's honesty that he sent for him shortly after and had (d) him educated. Later, Gerhardt became a very rich and powerful man, but he remained honest and true to his dying day.

*grand duke: (국왕 다음 서열의) 대공

(D)

"They'd stray into the forest and be eaten by wolves, or stolen by robbers." The hunter said, "The loss of one or more wouldn't be much to your master, and I'll give you more money than you've earned in a whole year." "I cannot go, sir," replied Gerhardt, very firmly. "My master pays me for my time, and he trusts me with (e) his sheep." "Well," said the hunter, "you'll trust your sheep to me while you go to the village and get some food and drink, and a guide? I'll take care of them for you."

10 주어진 글 (A)에 이어질 내용을 순서에 맞게 배열한 것으로 가장 적절한 것은?

① (B) – (D) – (C)
② (C) – (B) – (D)
③ (C) – (D) – (B)
④ (D) – (B) – (C)
⑤ (D) – (C) – (B)

11 밑줄 친 (a)~(e) 중에서 가리키는 대상이 나머지 넷과 다른 것은?

① (a) ② (b) ③ (c) ④ (d) ⑤ (e)

12 윗글의 the hunter에 관한 내용으로 적절하지 않은 것은?

① 숲에서 나와서 소년에게 질문을 했다.
② 소년에게 자신이 길을 잃었다고 말했다.
③ 소년이 자신을 궁지에 몰아넣었다고 느꼈다.
④ 소년이 준 음식을 마지못해 먹었다.
⑤ 소년 대신 양을 돌봐 주겠다고 말했다.

CHECK NOTE

1 글의 주요 등장인물을 쓰시오.

2 글의 주제를 우리말로 간단히 쓰시오.

직독직해 NOTE 의미 단위로 끊어서 해석하고, 주어와 동사를 찾으시오.

1 Presently his attendants came up, and then Gerhardt, to his surprise, found that the hunter was the grand duke.

2 The hunter said, "The loss of one or more wouldn't be much to your master, and I'll give you more money than you've earned in a whole year."

REVIEW 모의고사 06회

[01-02] 다음 글을 읽고, 물음에 답하시오.

When we play games, sometimes we get excited and our emotions can get too big. Maybe we get (a) frustrated when we can't win, or maybe we get really happy when we do. But did you know that learning to control our emotions is like having a superpower? Imagine you're playing a game of soccer with your friends. It's the last quarter, and the score is tied. Your team has the ball, and everyone is counting on you to score the winning goal. You're starting to feel nervous because there's a lot of pressure, but instead of letting your nerves take over, you take a deep breath and stay (b) focused. You kick the ball with all your might, and it goes in! By controlling your emotions, you were able to stay calm and make the winning play for your team. Emotional control means being (c) able to manage your feelings, such as anger, excitement, or fear, so that they don't get in the way of making good decisions.

Now, let's think about a time when you were really angry. Maybe someone took your favorite toy without asking, and you wanted to yell or hit them. But instead, you (d) forgot what your teacher said about using words to express how you feel. So, you took a deep breath and calmly told your friend how you felt. He listened and apologized, and the two of you worked out a solution together. That's emotional control in action! It helps us (e) handle tough situations calmly and make decisions that are good for ourselves and others. So the next time you feel a big emotion coming on, remember, that you have the power to control it and to make good decisions.

01 윗글의 제목으로 가장 적절한 것은?

① Potential Benefits of Using Emotions to Win a Game
② Listen Carefully to Others' Advice to Control Yourself
③ Emotional Control: A Powerful Tool for Good Decisions
④ Factors That Prevent You from Making Good Decisions
⑤ Two Conflicting Aspects of Emotion in Decision Making

02 밑줄 친 (a)~(e) 중에서 문맥상 낱말의 쓰임이 적절하지 않은 것은?

① (a) ② (b) ③ (c) ④ (d) ⑤ (e)

[03~04] 다음 글을 읽고, 물음에 답하시오.

There is something about human eyes that's rather different from the eyes of most other two-eyed animals, and rather special. Nearly all other vertebrates, from fish to field mice, have eyes either side of their heads, looking sideways and moving independently, which gives them pretty much all-round vision at all times. With us humans, both of our eyes face forward, and move together, which reduces them, effectively, to a (a) <u>single</u> eye. Only other primates, and a handful of predatory animals such as owls and hawks, wolves, snakes, and sharks have (b) <u>similar</u> frontal vision. For us to have abandoned the advantages of multi-directional two-eyed vision, we must get some major advantages from this single-direction frontal vision, and it turns out we do.

For herbivores and other prey animals, all-round vision is a huge (c) <u>advantage</u> because it allows them to see danger coming from any direction. Even while they have got one eye on the grass they are eating, their other eye can swivel to catch a glimpse of a predator sneaking in from behind. But many predators don't need that (d) <u>panoramic</u> scanning at all. What they need is to be able to locate and move straight towards their target. Primates don't need all-round vision, either, because up in the trees there is a limited number of directions predators can attack from. What they need is to be able to (e) <u>roughly</u> judge distance as they swing through the branches or try to grab fruit. A single misjudged jump might easily wipe their genes from the evolutionary tree.

*vertebrate: 척추동물 **herbivore: 초식동물
***swivel: 회전하다

03 윗글의 제목으로 가장 적절한 것은?

① How All-round Vision Works in Herbivores and Prey Animals
② Why Human Eyes Are Far Better Than Those of Other Animals
③ How Two-eyed Animals Could Survive Environmental Disasters
④ Why Two-eyed Animals Have All-round Vision or Frontal Vision
⑤ Benefits of Animals Having Two Eyes on Either Side of Their Heads

04 밑줄 친 (a)~(e) 중에서 문맥상 낱말의 쓰임이 적절하지 <u>않은</u> 것은?

① (a) ② (b) ③ (c) ④ (d) ⑤ (e)

[05-07] 다음 글을 읽고, 물음에 답하시오.

(A)

I've been working as a comedian for a long time. Jeff Witjas and I met at "William Morris," an entertainment agency to which I belonged at that time. He wasn't my agent, but I knew him from the company. When the agency began to decline, Jeff moved to another agency, APA. Tony Fantozzi, my long-term agent and one of my closest friends, was one of the partners at William Morris, but then (a) he retired. So I inherited a new agent, but I didn't like him. I kept getting calls from APA, asking if I would come in and have a meeting.

(B)

So I talked with the executives quite a bit at the meeting, and then they asked me if I would consider coming to the agency. I said, "Let me think it over." After that meeting, Tony picked me up and we talked about it. I explained to (b) him that I was really impressed at the way they worked and the knowledge they had about me. Tony said, "Why don't you work with them?"

(C)

I called Tony and talked about the calls. Tony, who was no longer with William Morris, said in (c) his tough-guy Italian accent, "Why don't you have the meeting?" So I went down to APA, and I went into the boardroom for a meeting with all their executives. I didn't have to explain anything about my work or my background. They already knew every little detail of me. I was really impressed by their thorough preparation and very satisfied.

(D)

I accepted (d) his recommendation. Jeff became my agent at APA, and I think I'm lucky to work with him. We're a great team. He's with me everywhere I go. Not just as a protector but as an arranger — he takes care of all the appearances and sets everything up while we're in town. (e) He's a delightful travel companion, because he never lets me get overloaded but he still gives me the freedom to do things that are important to me.

05 주어진 글 (A)에 이어질 내용을 순서에 맞게 배열한 것으로 가장 적절한 것은?

① (B) – (D) – (C)
② (C) – (B) – (D)
③ (C) – (D) – (B)
④ (D) – (B) – (C)
⑤ (D) – (C) – (B)

06 밑줄 친 (a)~(e) 중에서 가리키는 대상이 나머지 넷과 다른 것은?

① (a) ② (b) ③ (c) ④ (d) ⑤ (e)

07 윗글의 'I'에 관한 내용으로 적절하지 않은 것은?

① Jeff와는 William Morris에 있을 때부터 아는 사이였다.
② APA 중역들의 영입 제안을 즉석에서 받아들였다.
③ 중역들을 만나기 위해 직접 APA로 찾아갔다.
④ APA 중역들의 완벽한 준비에 감명을 받았다.
⑤ Jeff와 함께 일하는 것을 행운으로 생각한다.

[08-10] 다음 글을 읽고, 물음에 답하시오.

(A)

There lived a man named Father Anansi. He possessed all the wisdom in the world. People came to him daily for advice. One day the people of the country made him angry, and he decided to punish them. He thought that the strongest penalty would be to hide all his wisdom from them. He gathered again all the wisdom that he had already given. (a) <u>He</u> put all the wisdom in one great pot. He carefully sealed this and decided to put it in a spot where no one could reach it.

(B)

Eventually, (b) <u>he</u> couldn't stand it, and cried out, "Father, why do you not hang the pot on your back? Then you could easily climb the tree." Father Anansi turned and said, "I thought I had all the world's wisdom in this pot. But I find you possess more wisdom than I do. All my wisdom was insufficient to show me what to do, yet you have been able to tell me." In his anger, he threw the pot down, and it struck a rock and broke. The wisdom in it escaped and spread throughout the world.

(C)

The heavy pot, hanging in front of him, made his ascent almost impossible. Again and again he tried to reach the top of the tree, where he intended to hang the pot. There, (c) <u>he</u> thought, wisdom would indeed be beyond the reach of everyone but himself. He was unable, however, to achieve (d) <u>his</u> desire. At each trial, the pot disturbed his climbing. For some time, Kweku Tsin watched his father's vain attempts.

(D)

Then, Father Anansi had a son, Kweku Tsin. This boy began to learn his father had some secret plan, so he decided to watch carefully. Next day he saw his father quietly go out of the house, with his precious pot hung around (e) <u>his</u> neck. Kweku Tsin followed. Father Anansi went into the forest. Then, selecting the highest tree, he began to climb.

08 주어진 글 (A)에 이어질 내용을 순서에 맞게 배열한 것으로 가장 적절한 것은?

① (B) – (D) – (C)
② (C) – (B) – (D)
③ (C) – (D) – (B)
④ (D) – (B) – (C)
⑤ (D) – (C) – (B)

09 밑줄 친 (a)~(e) 중에서 가리키는 대상이 나머지 넷과 <u>다른</u> 것은?

① (a) ② (b) ③ (c) ④ (d) ⑤ (e)

10 윗글의 Father Anansi에 관한 내용으로 적절하지 <u>않은</u> 것은?

① 자신을 화나게 한 사람들을 벌하기로 결심했다.
② 자신이 베풀었던 모든 지혜를 다시 모았다.
③ 아들이 자신보다 더 지혜롭다는 것을 알았다.
④ 아들의 말을 듣고 아들에게 단지를 주었다.
⑤ 가장 높은 나무를 선택하여 오르기 시작했다.

PART Ⅱ

내신 변형문제 유형

내신 PATTERN 01

같은 지문 → 다른 유형으로 출제하기

REVIEW 모의고사 03회 04번

다음 빈칸에 들어갈 말로 가장 적절한 것은?

Subordinates as well as managers have a responsibility to encourage two-way communication. While managers may attempt to protect their power positions, subordinates attempt to protect the image their supervisor holds of them. Frequently, for example, assistants may withhold negative information about themselves or their activities. Or they may fail to inform their administrator about personal needs and values. Other subordinates mistrust their superiors, so they withhold any information from them. Why do these situations arise? Subordinates may assume they and their bosses have different goals. Others do not trust their bosses. Still others lack persistence in seeking responses from their supervisors. Impressions held by employees of management, therefore, play a key role in whether individuals send feedback. Employees assess what way asking for feedback will be interpreted and how the resulting information will affect each person's public image. In order for effective communication to take place, subordinates must show that they, too, are willing to ________________________________.

① present their ideas more publicly
② convey their own unified opinions
③ build relationships with their superiors
④ resist interference by their superiors
⑤ maintain their positive images of themselves

변형 문제 유형

수업 시간에 배운 지문과 문제를 그대로 시험 문제로 출제할 수는 없기에, 다양한 형태로 변형하여 변별력을 확보하는 것이 고등 내신의 경향이다. 이 중 가장 많이 출제되는 패턴은 같은 지문을 사용하되, 다른 유형으로 변형하는 것이다.

변형 문제 예시

- 주제, 제목, 요지 → 빈칸, 주어진 문장의 위치, 무관한 문장
- 요약문 → 빈칸, 어법, 어휘, 순서, 주어진 문장의 위치
- 빈칸 → 어법, 어휘, 순서, 주어진 문장의 위치
- 어법, 어휘 → 빈칸, 순서, 주어진 문장의 위치
- 순서 → 빈칸, 어법, 어휘, 주어진 문장의 위치
- 주어진 문장의 위치 → 어법, 어휘, 빈칸

정답 및 해설 84쪽

주어진 글 다음에 이어질 글의 순서로 가장 적절한 것은?

Subordinates as well as managers have a responsibility to encourage two-way communication. While managers may attempt to protect their power positions, subordinates attempt to protect the image their supervisor holds of them.

(A) Employees assess what way asking for feedback will be interpreted and how the resulting information will affect each person's public image. In order for effective communication to take place, subordinates must show that they, too, are willing to build relationships with their superiors.

(B) Why do these situations arise? Subordinates may assume they and their bosses have different goals. Others do not trust their bosses. Still others lack persistence in seeking responses from their supervisors. Impressions held by employees of management, therefore, play a key role in whether individuals send feedback.

(C) Frequently, for example, assistants may withhold negative information about themselves or their activities. Or they may fail to inform their administrator about personal needs and values. Other subordinates mistrust their superiors, so they withhold any information from them.

① (A) – (C) – (B)
② (B) – (A) – (C)
③ (B) – (C) – (A)
④ (C) – (A) – (B)
⑤ (C) – (B) – (A)

PATTERN TIP

1 원 문제와 완전히 다른 유형으로 변형되므로 지문에 대한 완벽한 이해가 이루어져야 한다.
2 원 문제는 주제, 제목, 요지, 빈칸 등 중심 내용(주제)이 분명하고 글의 흐름이 짜임새 있는 지문이 주로 사용된다.
3 유형의 특성상 안내문, 도표, 인물의 일대기 등의 지문은 변형 문제로 출제되기 어렵다.

◎ 01강 04번 필자의 주장 → 어법

01

다음 글의 밑줄 친 부분 중, 어법상 틀린 것은?

As companies continue to expand, things inevitably change. The initial structure designed for the new business may be challenged as the company's reach grows. With expansion ① coming the need to systematically examine the internal framework and to evaluate each aspect for efficiency. Formerly self-sufficient units may benefit from a more integrated approach ② that encourages collaboration and synergy. The strength of decision-making processes ③ is tested by increasing complexity, requiring a strategic reorganization of roles and responsibilities. Communication networks must be expanded ④ to meet the increased demand for smooth information flow. This transformation is not a choice but a necessity for operational efficiency. As businesses expand, the ease ⑤ with which the organization can adapt becomes critical to continued growth and operational capability, requiring a corresponding restructuring of the organizational structure.

01강 02번 요지 → 제목

02

다음 글의 제목으로 가장 적절한 것은?

Dopamine can be a great motivator, and even when it's tempting us to order dessert or to run up credit card debt, it's hard to describe this tiny neurotransmitter as evil. But dopamine does have a dark side — one that's not hard to see if we pay close attention. If we pause and notice what's really going on in our brains and bodies when we're in that state of wanting, we will find that the promise of reward can be as stressful as it is delightful. Desire doesn't always make us feel good; sometimes it makes us feel completely awful. The reason is that dopamine's primary function is to make us *pursue* happiness, not to make us happy. It doesn't mind putting a little pressure on us even if that means making us unhappy in the process.

*neurotransmitter: 신경 전달 물질

① The Double-Edged Sword of Dopamine
② Turn Stress into a Great Opportunity for Growth
③ Dopamine Release: The Body's Defense Mechanism
④ Harmful Effects of Desire as the Engine of Progress
⑤ Want Happiness? Put the Process Before the Outcome

◎ REVIEW 모의고사 04회 04번 요약문 → 순서

03

주어진 글 다음에 이어질 글의 순서로 가장 적절한 것은?

> In the icy lands of the polar regions, where the sun dances on the horizon, animals have a remarkable way of changing their internal clocks with the ever-changing light. As winter blankets the landscape in darkness for months on end, these clever creatures slow down their body clocks.

(A) Then, when the sun finally stretches its rays across the ice, signaling the arrival of summer, something magical happens. The animals, sensing the abundance of light and opportunity, quicken their pace. It's as if they've pressed fast-forward on their internal clocks.

(B) It's like hitting the slow-motion button on their daily routines. They know that in this dim world, conserving energy is key. So they adapt, becoming more active during the fleeting moments of daylight, when hunting for food becomes possible.

(C) With more hours of sunlight to play with, they seize the chance to feast and to gather resources for the long winter ahead. In this way, they make the most of every precious moment of daylight, ensuring they have the sustenance needed to survive the harsh polar conditions.

① (A) – (C) – (B)
② (B) – (A) – (C)
③ (B) – (C) – (A)
④ (C) – (A) – (B)
⑤ (C) – (B) – (A)

03강 02번 제목 → 무관한 문장

04

다음 글에서 전체 흐름과 관계 없는 문장은?

In prehistoric times, our ancestors communicated through dance, a language of movement that spoke volumes in the absence of words. It wasn't just a form of entertainment, but a fundamental aspect of daily life, where communities gathered to express stories, emotions, and their connection to nature through synchronized steps and rhythmic beats. ① Before the advent of written language, dance served as a communal language that conveyed joy, awe, and the human experience itself. ② From celebrating successful hunts to expressing gratitude for the harvest, these ancient rituals were deeply woven into the fabric of existence. ③ The pulsating rhythms of the drums and the graceful movements of the dancers held sacred significance, offering a means of understanding and expressing the mysteries of their world. ④ Throughout history, music has been used as a tool for protest, a rallying cry for change, and an expression of collective identity. ⑤ These dances were more than mere performances; in essence, they were powerful rituals that fostered unity within communities and facilitated a deep connection with the spiritual and natural forces that surrounded them.

*advent: 등장, 출현 **pulsating: 박동하는

내신 PRACTICE 02회

16강 03번 어휘 → 어법

01

다음 글의 밑줄 친 부분 중, 어법상 틀린 것은?

Surveys consistently show that the West has embraced the celebrity culture. When 3,000 British parents were asked ① what their preteen children wanted to be when they grow up, one in three said they wanted to be a sports figure, an actor, or a pop star. ② Comparing that to the professions that topped the aspiration list 25 years ago: teachers, bankers, and doctors. Children now want to be famous for the sake of being famous because they equate fame with success. A recent survey of the U.K. Association of Teachers and Lecturers revealed that the majority of students would prefer ③ to be famous than academically gifted. The Web facilitates this obsession with fame and popularity by providing a readily accessible and updatable medium ④ in which individuals can indulge their interest in the famous but also begin to make an impact of their own. Anyone can gather a following on the Web. It has leveled the popularity playing field so that we can all be ⑤ noticed.

REVIEW 모의고사 01회 06번 주제 → 주어진 문장의 위치

02

글의 흐름으로 보아, 주어진 문장이 들어가기에 가장 적절한 곳은?

> In many American cities, traffic congestion has meant that average commutes can take over an hour each day.

In early March 2020, many businesses in the United States shut down and went online to protect their workers from the COVID-19 virus. Workers were able to work online from home by using Zoom software. (①) Research shows that more people are working in occupations and industries that are conducive to such telecommuting. (②) Many for-profit firms are now switching over to remote working and conferencing via the Web. (③) Firms that allow workers to telecommute are implicitly giving workers the freedom to avoid such losses. (④) As firms learn how to create teams from remote locations, this opens up several adaptation possibilities. (⑤) By separating work and home, workers will have much more freedom to choose where they live based on criteria other than commuting. This will help them adapt to the risks and opportunities they prioritize.

*conducive to: ~에 기여하는

◎ 13강 03번 주어진 문장의 위치 → 순서

03

주어진 글 다음에 이어질 글의 순서로 가장 적절한 것은?

> Copyright is a low-cost and immediate form of legal protection that applies to original writings and images ranging from software code to movies. Authors do not have to apply for copyright protection; it "follows the author's pen across the page."

(A) As a consequence, copyright protections can be circumvented. For example, those who wish to imitate the function of a copyrighted software program can do so by writing new software code to implement that function.

(B) However, copyright protection is also limited in an important way. Only the specific original writing itself is protected, not the underlying invention or ideas.

(C) Licensing of copyrighted works is common, and it is widely practiced by commercial software firms. When one buys a copy of a non-custom software product, one is typically buying only a license to use the software, not buying the intellectual property itself.

*circumvent: 피하다

① (A) – (C) – (B)　② (B) – (A) – (C)
③ (B) – (C) – (A)　④ (C) – (A) – (B)
⑤ (C) – (B) – (A)

12강 05번 순서 → 주어진 문장의 위치

04

글의 흐름으로 보아, 주어진 문장이 들어가기에 가장 적절한 곳은?

It can lead to a thousand unexpected stories — maybe the two guys become partners and build a new town or discover a new element or write an amazing opera.

Unreformed weapon technologies generate finite games. They produce winners (and losers) and cut off options. Finite games are dramatic; think sports and war. We can think of hundreds of more exciting stories about two guys fighting than we can about two guys at peace. (①) But the problem with those exciting 100 stories about two guys fighting is that they all lead to the same end — the demise of one or both of them — unless at some point they turn and cooperate. (②) However, the one boring story about peace has no end. (③) They create something that will become a platform for future stories. (④) They are playing an infinite game. (⑤) Peace is summoned all over the world because it births increasing opportunities and, unlike a finite game, contains infinite potential.

*demise: 죽음

내신 PATTERN 02

암기만으로 해결할 수 없도록 패러프레이징하기

10강 02번

다음 빈칸에 들어갈 말로 가장 적절한 것은?

Just as physiological systems evolved to defend the body against infection caused by pathogens, psychological systems evolved to protect against those pathogens getting close enough to the body to cause harm in the first place. Although one's physiological immune system is often sufficient to keep one alive, it is costly to use. Being sick takes time and energy and reduces an individual's ability to successfully defend against secondary infections or other environmental threats. Consequently, even though the body can defend itself from microbiotic invaders, avoiding these pathogens so that they never get the chance to enter the body may be the safer option. This avoidance can be achieved through psychological mechanisms that are sensitive to potential health hazards and which, when activated, direct attention toward these hazards and promote feelings of anxiety and disgust. In turn, these feelings motivate behaviors that are likely to ____________________.

*physiological: 생리적인 **pathogen: 병원균

① put many people around a person at constant risk
② remove a person from a problematic environment
③ make a person face a risky and dangerous situation
④ render a person's immune system vulnerable over time
⑤ trigger events leading to conflict or negative responses

변형 문제 유형

지문을 이해하지 않은 채 영어 지문만 암기하여 문제를 맞힐 수 없도록, 고등 내신에서는 학습한 지문이 다양하게 패러프레이징(유사한 표현으로 대체)된다. 특정 단어가 유의어로 바뀌거나, 또는 구나 문장 단위가 유사한 표현으로 바뀌어 변별력을 갖추게 된다. 특히 이와 같이 패러프레이징되는 부분이 어휘 문제로 나올 경우에는 단순히 지문 암기만으로는 해결이 불가능해진다.

패러프레이징 예시

- 단어가 유사한 의미의 단어로 바뀌는 경우 문장의 큰 변화는 없다.
- 구/문장 단위가 유사한 표현으로 바뀌는 경우 원 지문과 큰 의미는 비슷하지만 완전히 다른 형태의 문장이 된다.

다음 글의 밑줄 친 부분 중, 문맥상 낱말의 쓰임이 적절하지 <u>않은</u> 것은?

Just as physiological systems evolved to defend the body against pathogen infection, psychological systems evolved to prevent pathogens from getting close enough to the body to cause harm. Although one's physiological immune system is frequently ① <u>adequate</u> to keep one alive, it is expensive to utilize. Being sick requires time and energy, and it ② <u>impairs</u> an individual's ability to adequately protect against secondary infections or other environmental hazards. Consequently, even though the body can defend itself from microbiotic ③ <u>invaders</u>, avoiding these pathogens altogether may be a safer approach. This avoidance can be ④ <u>accomplished</u> by psychological mechanisms that are sensitive to possible health threats and which, when activated, direct attention to these hazards while instilling feelings of anxiety and disgust. As a result, these feelings ⑤ <u>discourage</u> activities that are likely to get a person out of a difficult situation.

PATTERN TIP

1 원 지문을 단순히 암기하는 것만으로는 문제 해결이 불가능하다.
2 원 지문의 내용을 잘 파악하고 있어야 하며, 평소에 유의어 학습을 하는 것이 도움이 된다.
3 단어뿐만이 아니라 구나 문장 단위로 패러프레이징되는 경우도 있음에 유의한다.

09강 03번 빈칸 → 주어진 문장의 위치

01

글의 흐름으로 보아, 주어진 문장이 들어가기에 가장 적절한 곳은?

Faith in the worldview of creativity as a mixture benefits creators in a variety of ways.

Cooking is an excellent analogy for creativity: A chef's talents are based on his ability to combine ingredients to create things. (①) Even the most inspired chef in history did not create bacon via concentration, nor did he suggest to the divine forces that a ripe tomato be included on the list of evolution's intended results. (②) It indicates that if you ever feel uncreative, the solution is to look more closely at the options accessible to you or to break apart something to see how it's manufactured. (③) Increasing your creativity requires nothing more than increasing your observations: becoming more aware of possible combinations. (④) This is a test: Quickly select two items in front of you, such as a book and your bothersome friend Rupert. (⑤) Close your eyes and envision various combinations.

REVIEW 모의고사 04회 11번 순서 → 연결사

02

다음 글의 빈칸 (A), (B)에 들어갈 말로 가장 적절한 것은?

Perhaps one of the most striking lines of research in recent years has shown that cultural prejudices function at a far deeper level in the brain than previously thought. This applies even to how we interpret our surroundings. ___(A)___, it is often assumed that while people's preferences and tastes vary, when it comes to music and art we all have essentially the same brain. When someone in Beijing hears Mozart, they hear the same music as someone from Boston. When someone from Tokyo looks at a Magritte artwork, they perceive the same image as someone from Tennessee. They may disagree on whether they enjoy the work, but they share the same perceptual experience. ___(B)___, psychologist Richard Nisbett disagrees. He has gathered a large body of information to demonstrate that cultures can influence how we perceive the world and, ultimately, how we believe about our self.

	(A)		(B)
①	In contrast	……	Nevertheless
②	In contrast	……	However
③	For instance	……	Therefore
④	For instance	……	However
⑤	In short	……	Therefore

◎ REVIEW 모의고사 05회 06번 어휘 → 무관한 문장

03

다음 글에서 전체 흐름과 관계 없는 문장은?

Social theorist Aimee van Wynsberghe notes that introducing a robot to assist in picking up patients from their beds in a hospital setting changes the roles of a number of different actors, as well as the manner in which a range of secondary activities are carried out. It alters the care practice. ① Nurses who do not move patients or change sheets miss out on observing their physical and mental well-being. ② On the other hand, patient-lifting robots can lower a nurse's burden and, potentially, the number of hospital attendants hired. ③ Patients should be aware that there is an element of risk associated with any robotic treatment. ④ Having a design team member that understands all aspects of health care can lead to including key features and capabilities onto the robot. ⑤ Introducing a robot into a hospital can be accompanied by team training to prepare all parties for changes in care practices.

04강 03번 목적 → 빈칸

04

다음 빈칸에 들어갈 말로 가장 적절한 것은?

Imagine a room full of activity — children gathered for story time, teens working on projects, and adults searching for jobs online. This is not a scene from a utopian tale; it's the vibrant reality of our public library. But here's the challenge: This dynamic hub is overflowing with potential, yet it's tight for room. Narrow shelves, restricted seating, and out-of-date technologies hinder our ability to serve our growing community. We need your support to expand not only in physical size, but also in the range of opportunities we offer. Imagine our library as a hub for lifelong learning, digital literacy, and social connections. With your help, we can make this vision a reality. Please join us in __________________________________. Your voice, combined with the voices of others, can make a difference.

① promoting community integration
② raising funds for library programs
③ advocating for public library revenues
④ supporting the public library expansion
⑤ reducing the number of library programs

내신 PRACTICE 04회

◎ REVIEW 모의고사 03회 03번 빈칸 → 어법

01

다음 글의 밑줄 친 부분 중, 어법상 틀린 것은?

If other people do something in a certain way, we rapidly interpret it as a reasonable thing ① to do. In a messy area, the descriptive norm is that it is acceptable to throw rubbish on the street and that this is also totally reasonable, because it will be ② cleaned up, or you have more important things to do, or people will give you strange looks if you go looking for a trash can. This descriptive norm does not change the reality ③ that there is an injunctive norm that prohibits individuals from throwing rubbish on the street. When the injunctive and descriptive norms conflict, the question is which takes priority. The more the descriptive norm imposes ④ itself, the greater the chance that this is followed. The more you are surrounded by speeding cars, the more likely you are to violate the speed limit. In the experiment, the messier the parking lot, the more likely your flier would end up on the ground. ⑤ What is simple to make an excuse: Everyone else does it, so I do as well.

*injunctive: 명령적인

15강 03번 어법 → 주어진 문장의 위치

02

글의 흐름으로 보아, 주어진 문장이 들어가기에 가장 적절한 곳은?

Rather than proving a hereditary difference, however, the anatomical variation seen in these brain scans is a reflection of our culture's gender bias.

Some people still dismiss the role of expectation, claiming that gender differences are innate. (①) These sceptics will point to brain scans that seem to show anatomical differences between the brains of boys and girls, or men and women. (②) There are claims that males have larger brain regions for spatial reasoning or numeracy, for example. (③) It is natural for the brain to respond to its surroundings and the talents that we have been pushed to develop. (④) If you are a child playing with Lego, you are actively changing your brain's wiring. (⑤) As a result, these supposed differences are only another illustration of how our expectations, and those of others, can have a genuine, physical effect on our biology.

08강 02번 함축의미 → 연결사

03

다음 글의 빈칸 (A), (B)에 들어갈 말로 가장 적절한 것은?

If you're like most people, technology operates you more than you operate it. Within seconds after waking up, your technology taskmaster has enslaved you. Then, during your workday, you can't seem to concentrate for more than a few minutes without getting another dopamine rush from email, social media, or another tempting Web distraction. ___(A)___, you're so addicted to your smartphone's powerful technology that you can't seem to get away from it. According to one study, the average person checks their smartphone over eighty-five times each day and spends more than five hours browsing the Web and using applications. Interestingly, people check their smartphones more than twice as frequently as they think they do. ___(B)___, when was the last time you stopped at a traffic light and didn't check your smartphone? You may have done so without even realizing it. Place your smartphone in the glove box of your car.

	(A)		(B)
①	By contrast	……	For instance
②	By contrast	……	As a result
③	In other words	……	For instance
④	In other words	……	Instead
⑤	At the same time	……	As a result

◎ 14강 03번 요약문 → 어휘

04

다음 글의 밑줄 친 부분 중, 문맥상 낱말의 쓰임이 적절하지 않은 것은?

Certain incredible creatures in the wildlife world capture our attention because we believe their safety is always at risk. Often facing extreme survival challenges in their habitats, these animals have ① developed a unique approach to dealing with the pressures of their environment. Amidst the uncertainties they navigate, these creatures demonstrate an unexpected trait: a ② leisurely lifestyle. Rather than being in continual activity, they have discovered a way to ③ embrace a serene lifestyle by devoting a large amount of their day to a state of relaxation. Imagine they take a break. They select a sunny or shaded location and relax. Their bodies appear incredibly relaxed, as if they're taking a lovely nap. This break isn't just for fun; it also helps them prepare for future challenges. During these ④ quiet moments, everything slows down, and it's as if a wonderful, soothing tune is playing in the background. It's like ⑤ starting a video game to prepare for survival.

내신 PATTERN 03

변별력을 갖추기 위해 발문, 선택지 영어로 제시하기

02강 03번

다음 글의 주제로 가장 적절한 것은?

Taking care of children can sometimes feel like trying to solve a giant puzzle where the pieces keep changing. Imagine having to help them learn new things like tying their shoes or sharing toys, but every day, there's a new challenge. From making sure they eat healthy vegetables to making bedtime a smooth adventure, there's always something to figure out. Kids grow up so fast, and as they do, they start to have their own ideas and feelings, which can be a bit like learning to ride a wobbly bike. It's not just about guiding them. It's also about finding the balance between letting them do things on their own and making sure they're safe. And just like trying to color inside the lines, parenting comes with a lot of advice from different people, making it feel like everyone has their own rulebook. Although it's full of love and laughter, parenting is like being a superhero with many tricky challenges every day.

*wobbly: (불안정하게) 흔들리는

① tips for becoming a good parent
② reasons why parenting is difficult
③ children's amazing ability to learn
④ importance of interacting with children
⑤ necessity of respecting children's freedom

변형 문제 유형

상대 평가인 고등 내신에서는 어느 정도의 변별력을 확보하는 것이 중요하며, 따라서 변별력을 높이기 위해 발문과 선택지를 영어로 제시하는 경우가 많다. 수능 독해 유형에서는 한글 선택지로 제시되어 비교적 쉽게 풀 수 있는 유형이라도 발문과 선택지가 영어로 제시되면 난도가 높게 느껴질 수 있다.

변형 문제 예시

- 문제의 발문이 영어로 제시된다.
- 수능에서는 한글 선택지로 출제되는 필자의 주장, 요지, 내용 (불)일치 등의 유형의 선택지가 영어로 출제되기도 한다.
- 수능 유형 외에도 내용을 묻는 다른 유형으로 문제가 출제되면서 발문과 선택지를 영어로 제시할 수도 있다.
- 원 지문의 패러프레이징을 통해 내용 파악을 어렵게 하기도 한다.

Which of the following is the best phrase to fill in the blank?

Taking care of children can sometimes feel like trying to solve a giant puzzle where the pieces keep changing. Imagine having to help them learn new things like tying their shoes or sharing toys, but every day, there's a new challenge. From making sure they eat healthy vegetables to making bedtime a smooth adventure, there's always something to figure out. Kids grow up so fast, and as they do, they start to have their own ideas and feelings, which can be a bit like learning to ride a wobbly bike. It's not just about guiding them. It's also about finding the balance between letting them do things on their own and making sure they're safe. And just like trying to color inside the lines, parenting comes with a lot of advice from different people, making it feel like everyone has their own rulebook. Although it's full of love and laughter, parenting is like being a superhero with many ________________ every day.

*wobbly: (불안정하게) 흔들리는

① huge rewards
② similar adventures
③ lovely compliments
④ unexpected hurdles
⑤ repetitive activities

PATTERN TIP

1 글의 주제, 요지, 필자의 주장 등 전형적인 수능 독해 유형의 경우 영여 발문을 미리 익혀 둔다.
2 지문 내용이 바뀌는 경우는 거의 없으므로, 지문보다는 선택지의 해석에 집중해서 정확하게 파악해야 한다.
3 오답 선택지를 지문에 나오는 단어를 사용하고, 정답 선택지는 패러프레이징된 단어를 사용할 수도 있으므로 단순히 지문의 표현을 보고 답을 고르지 않도록 유의한다.

12강 02번 순서

01

What is the title that best describes the following paragraph?

The Dutch say, "You milk a cow through her mouth." The meaning is simple: The more you feed them and the higher quality of the food, the more milk will be produced and of higher quality. Isn't it really simple? No. As Catherine Bertenshaw and Peter Rowlinson's research shows, that isn't the sole factor influencing milk yield. They conducted a study among more than five hundred farmers in England. What did they discover? Farmers who name their cows produce more milk than those who don't. The difference is large, at 280 liters each year. Addressing people by name is also effective; it improves satisfaction and loyalty. If you want more satisfied consumers, address them directly. The same is true for more satisfied and harder-working employees.

① Different Strategies for Motivating Cows and Employees
② How Feeding Cows More Influences Milk Yield and Growth
③ Dutch Sayings That Are Very Funny When Translated to English
④ The Power of Personalization in Dairy Farming: Utterly Ineffective
⑤ Naming as a Crucial Factor in Improving Productivity and Satisfaction

08강 03번 함축 의미

02

Which of the following is the best phrase to fill in the blank?

In the vast ocean of possibilities, we often find ourselves navigating the waves of uncertainty. Life presents us with choices, big and small, and we must make decisions that shape our paths. Sometimes the hidden dangers of doubt and fear pull us in different directions, making it difficult to find our true north. It is in these moments that we must trust our inner compass, the guiding force deep within us. Our inner compass is a combination of intuition, values, and experience that points us in the direction of what feels right and authentic. It whispers to us in moments of confusion, urging us to follow our hearts and to embrace the unknown. It reminds us that even in the midst of chaos and storms, we have the power to ____. By staying attuned to our inner compass and by listening to its guidance, we can live a life of purpose, fulfillment, and authenticity. With each step guided by our inner compass, we create a path that reflects our essence and allows us to make a meaningful impact on the world around us.

① prevent bad people from harming others
② move toward our own unique destination
③ sacrifice ourselves to establish social order
④ break bad habits to create positive changes
⑤ help the people around us to live better lives

REVIEW 모의고사 03회 05번 함축의미

03

Where is the best place for a given sentence to enter?

> Understanding them requires patience, thinking carefully, and being willing to deal with the complexities and prejudices that are part of any historical document.

In the grand story of history, textbooks paint a pretty picture, a fancy tapestry woven from simplified summaries and hindsight's selective brushstrokes. But it's the primary sources that offer the untamed whispers from the past. (①) Diaries written by candlelight, letters marked by tears, and firsthand stories etched with the feeling of being there right then; these are the treasures that open the hidden rooms of history. (②) They show us not just the big events, like empires rising and falling, but the real lived experiences, the laughter and tears, the successes and failures of everyday people caught in the big march of time. (③) Unlike the simplified summaries of textbooks, these voices bring the past to life in a way we can really feel. (④) We connect with the joys and sorrows of those who lived it, their hopes and dreams laid bare on the page. (⑤) But the profound insights gained from such efforts make the rewards immeasurable.

*hindsight: 뒤늦은 깨달음

REVIEW 모의고사 05회 01번 어법

04

Which of the following best describes the writer's tone about humans becoming a two-planet species?

When our sun dies, all life in our solar system will die too. But most extinction events that concern us would be localized to Earth. If a large asteroid hit Earth, for example, or we made it uninhabitable in a nuclear war, other nearby planets would be unaffected. Therefore, one way to lessen the risk of extinction is to become a two-planet species. If we could establish a permanent presence on another nearby planet or moon, then our species and our accumulated knowledge might survive even if Earth became uninhabitable. This logic is one of the driving forces behind the current efforts to put people on Mars, which seems to be the best option for locating a human colony. I find the possibility of traveling to other planets exciting. It has been a long time since we have traveled to new and unexplored destinations.

*asteroid: 소행성

① critical
② skeptical
③ defensive
④ humorous
⑤ supportive

17강 07~08번 장문 독해

01

What is the main idea that best describes the paragraph?

When you drop into a low mood all you will see are problems. And you can get pretty clever at justifying to yourself why this low mood is different from the last one or the tens of thousands that preceded it. The more you entertain the reasons you come up with, and the thoughts you are having about your predicament, the worse you will feel — every single time. Your protection will be, however, that you will no longer trust what you are feeling when you are low. You will usually know that you're being tricked by your own low mood. You will usually know that even though it's tempting to indulge your negative thoughts, if you don't, you'll be far better off. Your protection will be that you will usually know that your distressed feelings will pass if you can somehow just leave them alone. You will usually know that, even though your reasons for your unhappiness seem to be good ones, the reasons themselves are a big part of the problem.

*predicament: 곤경

① Unhappiness comes from negative emotions.
② One should try to overcome one's low mood.
③ The low mood goes away when you let go of it.
④ External circumstances contribute to feelings of unhappiness.
⑤ The biological causes of low mood have finally been discovered.

◎ 11강 02번 무관한 문장

02

Choose the number in each of the boxes in (A), (B), and (C) that matches the correct expression.

Roots are crucial in succession (A) [because / because of] they influence plant establishment and have transformative powers. Roots govern soil qualities and, as a result, entire ecosystems. The activity and function of a plant's roots contribute significantly to its health. We can assess a plant's health by its ability to produce flowers and fruit, but it is the roots (B) [that / what] give the nutrients required for reproduction. Plants absorb nutrients from the soil, and when nutrients are scarce, they obtain access to them by changing the morphology of their roots — their shapes, lengths, and branching — or by releasing chemicals that increase the solubility of the minerals. These actions can improve soil quality and (C) [to foster / foster] collaborative interactions with bacteria and fungi.

*morphology: 형태

	(A)		(B)		(C)
①	because	……	that	……	to foster
②	because	……	what	……	to foster
③	because	……	that	……	foster
④	because of	……	that	……	foster
⑤	because of	……	what	……	to foster

09강 02번 빈칸

03

What is the main theme that best describes the paragraph?

Dolphins not only have big brains but possess extraordinary abilities, such as sonar or echolocation, with which they send out sound waves that bounce back as echoes, providing extensive information about their surroundings. Echolocation enables dolphins to "see" through solid objects. A few years ago, scientists discovered that dolphin brains contain large numbers of specialized spindle neurons, previously thought to be unique to great apes. These neurons are believed to rapidly transmit important social/emotional information. In fact, dolphins' brains have more spindle neurons than humans'. Dale Peterson writes in *The Moral Lives of Animals* that dolphins "have excellent memories and high levels of social and self-awareness, are excellent at mimicking the behavior of others, and can respond to symbolic presentations, form complex and creatively adaptive social systems, and show a broad capacity for the cultural transmission of learned behaviours."

*echolocation: (돌고래의) 반향 위치 측정 **spindle neuron: 방추 신경세포

① fierce fight for food between dolphins
② why dolphins are classified as mammals
③ superior intellectual capacity of dolphins
④ animals that can compete with dolphins in the ocean
⑤ how dolphins survive in the harsh ocean environment

REVIEW 모의고사 03회 01번 함축의미

04

What is the writer trying to argue in this paragraph?

Throughout history, governments have feared free will and free speech more than any other enemy. With these two tools, people can activate the world. They can change the tide of political opinion and force powers into action. Every revolution that has ever risen has done so through the collective efforts of idealism. The suppression of such thinking is the basis of every dictatorship and degrading society in history. On a different scale, work and family environments can be difficult to tolerate with the same suppression of free will. Do you work at a company that does not invite ideas? Do you live in a family where your spouse or parents don't allow you to have your own opinions? If the answer is *yes*, it is time for your own revolution. You have been given this one life to live, and it should not be limited by tyranny. Share your ideas with your boss. Invite family discussions. Everyone on the team will feel a greater sense of ownership and motivation when they are included in the idea process. Say it loud and proud. Ideas are the power that makes the world go round.

① Try to implement your ideas, even if they aren't perfect.
② Listen to and give feedback to others at work or at home.
③ Think freely and express your thoughts to create change.
④ Get ideas by integrating knowledge from unrelated fields.
⑤ Don't be fooled by the illusion of idealism and be realistic.

내신 PATTERN 04

서술형 포함한 여러 문제 출제하기

17강 03~04번

다음 글을 읽고, 물음에 답하시오.

Think of it: We hear someone make a controversial remark or do something we strongly like or dislike. What is our immediate reaction? It is to either agree or disagree with what the person said or did and then try to get others nearby to agree with our point of view. But we don't let it go at that. We are not happy unless everyone around us agrees with the way we see things, and feels the same way as we feel about them. And when we learn that others do not, our immediate reaction is to try to make them think and feel the way we do by arguing them out of their obviously (a) wrongheaded positions. But this is never as straightforward and simple as we imagine it will be. What is occurring here is much like what happens when you walk outside on a cold winter day, the wind screaming past. The harder the wind blows against you, the (b) more tightly you pull your coat around yourself.

Trying to argue another person out of his point of view is (c) counterproductive. The best way to change another person's deep-seated opinions or feelings about an important matter is to simply understand that other person and let that person know that you do. Trying to use logic and reason to alter another person's deeply held views and feelings is (d) fruitful. A human will change only when that person chooses to change and the choice to change never arrives when icy winds of disagreement are blowing in their direction, causing them to hold all the more tightly to their (e) convictions.

01 윗글의 제목으로 가장 적절한 것은?

① Choose the Right Words in an Argument
② Should We Always Be Critical and Judgmental?
③ Arguments in Front of an Audience Need Strategies
④ What Is the Difference Between "Discuss" and "Argue"?
⑤ Never Try to Force Others to Feel the Same Way You Do

02 밑줄 친 (a)~(e) 중에서 문맥상 낱말의 쓰임이 적절하지 않은 것은?

① (a) ② (b) ③ (c) ④ (d) ⑤ (e)

| 변형 문제 유형

한 지문으로 객관식 문제 및 서술형 문제를 포함하거나 서술형 문제로만 여러 문항을 출제하기도 한다. 이 경우 원 지문의 내용 이해가 매우 중요하며, 서술형 문제의 경우 내용뿐만 아니라 표현, 어법까지도 깊이 있는 학습이 되어야 해결할 수 있다.

| 변형 문제 예시

- 한 지문에 객관식과 서술형, 또는 서술형과 서술형으로 두 개 이상의 유형의 문제가 출제된다.
- 지문의 길이가 길어서 유형에 따라 빈칸, 어법 선택지 등이 모두 표기되기에 파악이 어려울 수 있다.
- 서술형 문제의 경우 주제나 요지를 영어로 쓰기, 영작하기, 단어 배열하여 다시 쓰기, 어법상 틀린 부분 고쳐쓰기 등 독해 및 어법 전반에 걸친 이해를 통해 해결해야 하는 고난도 문항이 많다.

다음 글을 읽고, 물음에 답하시오.

Think of it: We hear someone make a controversial remark or do something we strongly like or dislike. What is our immediate reaction? It is to either agree or disagree with what the person said or did and then try to get others nearby to agree with our point of view. (①) But we don't let it go at that. (②) We are not happy unless everyone around us agrees with the way we see things, and feels the same way as we feel about them. (③) And when we learn that others do not, our immediate reaction is to try to make them think and feel the way we do by arguing them out of their obviously wrongheaded positions. (④) What is occurring here is much like what happens when you walk outside on a cold winter day, the wind screaming past. (⑤) The harder the wind blows against you, <u>the more tightly you pull your coat around yourself</u>.

Trying to argue another person out of his point of view is counterproductive. The best way to change another person's deep-seated opinions or feelings about an important matter is to simply understand that other person and let that person know that you do. Trying to use logic and reason to alter another person's deeply held views and feelings is futile. A human will change only when that person chooses to change and the choice to change never arrives when icy winds of disagreement are blowing in their direction, causing them to hold all the more tightly to their convictions.

01 윗글의 흐름으로 보아, 주어진 문장이 들어가기에 가장 적절한 곳은?

But this is never as straightforward and simple as we imagine it will be.

① ② ③ ④ ⑤

02 밑줄 친 <u>the more tightly you pull your coat around yourself</u>가 의미하는 바를 두 번째 문단에서 찾아 20자 내외의 우리말로 쓰시오.

PATTERN TIP

1 장문 유형의 지문을 활용하거나 교과서의 긴 지문을 활용하는 경우도 있다.
2 서술형 문제의 경우 특히 정확한 답이 아니면 점수를 받기 어려우므로 내용 이해뿐만 아니라 어법까지 학습이 이루어져야 한다.
3 서술형 문제에 단서가 주어질 경우가 많으므로 단서에 유의하여 답을 작성해야 한다.

내신 PRACTICE 07회

REVIEW 모의고사 04회 02번 순서

[01-02]
다음 글을 읽고, 물음에 답하시오.

There's a common misconception that a 40-year-old person would have been considered "ancient" in ancient Rome. People think this because the average life span in ancient Rome has been calculated to have been about 35 years. Therefore, the thinking goes, truly old people must have been as rare as four-leaf clovers. But that ________________________________. Infant mortality rates were much higher than they are today, as were deaths in childhood. One study suggested that babies in ancient Rome had only a 50:50 chance of reaching their tenth birthday. All that early death drags down the average life span quite a bit! For Romans who made it past childhood, their survival prospects got better. In fact, "old age" has been defined as beginning at around 60 or 65 years old since the first century BCE.

01 윗글의 빈칸에 들어갈 말로 가장 적절한 것은?

① is based on facts learned from daily life
② stems from cultural biases and prejudices
③ incorporates the concept of life expectancy
④ misunderstands how an average is calculated
⑤ does not consider the mental well-being of the elderly

02 Write in Korean why the average life span of the ancient Romans was low.

REVIEW 모의고사 03회 10번 빈칸

[03-04]
다음 글을 읽고, 물음에 답하시오.

A large body of research shows that the majority of people see themselves as __________________________. The majority of people, for example, think themselves more intelligent, better looking, funnier, and better at driving than average. The majority also consider themselves more honest, more trustworthy, more ethical, more fair, more open, and more helpful than average. When married couples are asked about their own share of the household chores, the estimates often come out at well above 100 percent. When scientists are asked about their own contributions to a jointly written article, again, the sum often easily exceeds 100 percent. In the United States at least 90 percent of managers consider themselves to function above average. <u>This effect of overestimation is also called the 'dodo effect', naming after the passage in *Alice in Wonderland* which the dodo, in response to the question who of all the animals won a running race, replying that 'everyone won'.</u>

03 윗글의 빈칸에 들어갈 두 단어를 본문에서 찾아 쓰시오.

04 밑줄 친 문장에서 어법상 <u>틀린</u> 부분을 <u>세 곳</u> 찾아 바르게 고쳐 쓰시오.

○ 13강 05번 주어진 문장의 위치

[05-06]
다음 글을 읽고, 물음에 답하시오.

The solution to the lack of private property rights seems pretty straightforward: Create and enforce private property rights. For instance, in many nations in which elephants live, no one owns the elephants. As a result of their excessive use, they are going ① extinct. In most nations with elephants, large national parks have been created in which hunting is ② forbidden. However, the decline in elephant populations has persisted despite these hunting prohibitions. A decade ago, Africa's elephant population was more than a million; it has now fallen to less than half of that. In contrast to the common ownership strategy, the governments of Botswana, Zimbabwe, and South Africa established private property rights by ③ permitting individuals to own elephants. These elephant farmers ④ ensure that the elephants breed and reproduce so that they can be sold for their tusks, for hunting in special hunting parks, or for zoos in developed nations. This has resulted in a ⑤ reduction of the elephant population in these nations.

*tusk: 엄니

05 윗글의 내용을 한 문장으로 요약하고자 한다. 빈칸 (A), (B)에 들어갈 말로 가장 적절한 것은?

> The introduction of ___(A)___ can be an effective strategy for the ___(B)___ of certain animal species.

(A)		(B)
① common ownership	……	monitoring
② common ownership	……	domestication
③ wildlife parks	……	reproduction
④ private property rights	……	conservation
⑤ private property rights	……	confinement

06 밑줄 친 ①~⑤ 중, 낱말의 쓰임이 적절하지 않은 것을 찾아 바르게 고쳐 쓰시오.

17강 05~06번 장문 독해

[07-08]

다음 글을 읽고, 물음에 답하시오.

For a while it was a widely held belief that securing a job with a large corporation would usually lead to employment security. For years ① it was assumed that getting a job with one of the major manufacturing firms could secure one's income for 20 or 30 or more years and lead to a comfortable retirement. This was true for many who entered the manufacturing workforce as early as the middle to late 1930s or during or shortly after World War II. A significant number of these people put in 30 or so years and retired comfortably during a time ② when all were aspiring to retire at younger and younger ages. Many retired by age 60, and those who followed expected the retirement age to drop to 55 in time for them to take advantage of it.

Take a close look at the overall status of college graduates in today's job market, and look as well at the numbers ③ indicating how far employment has fallen in manufacturing. With the exception of those trained in certain occupational and professional specialties, many college graduates have been out beating the bushes for employment rather than being recruited on campuses as they ④ did in earlier decades. A great many of the people presently seeking jobs in manufacturing count themselves lucky to find steady work — "steady" meaning that it might last a few years — and ⑤ are overjoyed 그들이 건강 보험과 같은 혜택을 또한 받을 수 있게 되면.

07 밑줄 친 ①~⑤ 중, 어법상 틀린 것을 찾아 바르게 고쳐 쓰시오.

08 밑줄 친 우리말을 〈조건〉에 맞게 영작하시오.

〈조건〉
1. if가 생략된 가정법 문장으로 쓸 것
2. insurance, able, benefits, should, such as, obtain, also를 반드시 포함할 것
3. 12단어로 쓸 것

내신 PRACTICE 08회

04강 04번 심경 변화

[01-02]

다음 글을 읽고, 물음에 답하시오.

As Tom waited behind the stage, getting ready to dance, his heart was pounding like a drum, and he had butterflies in his stomach. The noise from the audience and the people talking backstage made ① that hard for him to stand on his feet. He kept tugging at his costume, ② thinking of all the dance moves he had to remember. He was not sure ③ if he would be able to perform his dance well on stage. But as Tom stepped onto the stage, something amazing happened. The music started, and his body began to move to the music. The cheering and clapping from the crowd made him ④ feel like a superstar. He smiled a big smile. ______________________________ At the end of his dance, everyone was clapping and shouting ⑤ to show how much they enjoyed it. He felt like he had just done something super cool on stage.

01 밑줄 친 ①~⑤ 중, 어법상 틀린 것은?

① ② ③ ④ ⑤

02 윗글의 빈칸에 들어갈 문장을 〈조건〉에 맞게 영작하시오.

〈조건〉
1. '그가 하는 모든 동작은 관중이 훨씬 더 환호하게 만들었다.'의 의미가 되도록 할 것
2. crowd, move, cheer, every, made를 반드시 포함할 것
3. 10단어로 쓸 것

REVIEW 모의고사 01회 01번 요지

[03-04]

다음 글을 읽고, 물음에 답하시오.

It is almost certain that chimpanzees and orcas, and no doubt other species, have some form of imagination and that they draw on a range of cognitive and social resources, histories, and experiences to perceive and navigate their worlds. (①) One might even say that they "believe" in a manner fitting their own environments. (②) They do not reside in the niche that we humans do. (③) Human belief, in essence, enables us to see what is not there and to act emphatically as though it was, ________________________________. (④) Human belief can result in the imposing of what does not exist on what does, in some cases so successfully that what did not exist comes to exist in the process. (⑤) To date, we have no evidence that other species share this way of believing.

*orca: 범고래 **niche: 적합한 환경 ***emphatically: 단호하게

03 윗글의 흐름으로 보아, 주어진 문장이 들어가기에 가장 적절한 곳은?

> But they do not share the biological and behavioral patterns of hominins and human evolutionary history.

① ② ③ ④ ⑤

04 윗글의 빈칸에 적절한 표현을 괄호 안의 단어들을 배열하여 완성하시오.

(that / is / so / experienced / absent / is / emphatically / what)

02강 05번 주제

[05-06]
다음 글을 읽고, 물음에 답하시오.

Consider a lovely place where animals, plants, and gorgeous landscapes serve as guards for a special team dedicated to the health of our world. That's what national parks do. (A) They are like nature's secret hideaways, where animals may live comfortably and vegetation can thrive. National parks act as protective shields for these homes, ensuring that (B) they are safe from attack. They contribute to the purity of the air we breathe and the clarity of the water we drink. It's like having a large green friend watching over the trees, rivers, and mountains. And guess what? National parks also serve as natural schools, where scientists learn about animals and plants in order to ensure (C) their survival and happiness. Just as we care for our toys and pets, national parks care for our planet's treasures to make sure (D) they remain safe and healthy for everyone to enjoy.

05 밑줄 친 (A)~(D)가 가리키는 대상을 각각 영어로 쓰시오.

06 밑줄 친 문장에 생략된 관계대명사를 모두 넣어 문장을 다시 쓰시오.

REVIEW 모의고사 06회 03~04번 장문 독해

[07-08]

다음 글을 읽고, 물음에 답하시오.

There is something about human eyes that's rather different from the eyes of most other two-eyed animals, and rather special. Nearly all other vertebrates, from fish to field mice, have eyes either side of their heads, looking sideways and moving independently, which gives them pretty much all-round vision at all times. With us humans, both of our eyes face forward, and move together, which reduces them, effectively, to a single eye. Only other primates, and a handful of predatory animals such as owls and hawks, wolves, snakes, and sharks have similar frontal vision. For us to have abandoned the advantages of multi-directional two-eyed vision, we must get some major advantages from this single-direction frontal vision, and it turns out we do.

For herbivores and other prey animals, all-round vision is a huge advantage because it allows them to see danger coming from any direction. (①) Even while they have got one eye on the grass they are eating, their other eye can swivel to catch a glimpse of a predator sneaking in from behind. (②) What they need is to be able to locate and move straight towards their target. (③) Primates don't need all-round vision, either, because up in the trees there is a limited number of directions predators can attack from. (④) What they need is to be able to precisely judge distance as they swing through the branches, or try to grab fruit. (⑤) A single misjudged jump might easily wipe their genes from the evolutionary tree.

*vertebrate: 척추동물 **herbivore: 초식동물 ***swivel: 회전하다

07 밑줄 친 do가 가리키는 것을 본문에서 찾아 쓰시오.

08 윗글의 흐름으로 보아, 주어진 문장이 들어가기에 가장 적절한 곳은?

But many predators don't need that panoramic scanning at all.

① ② ③ ④ ⑤

REVIEW 모의고사 07회

◎ 04강 05번 심경 변화 → 순서

01 주어진 글 다음에 이어질 글의 순서로 가장 적절한 것은?

As Emma approached the school auditorium, her heart began to beat quickly. Thoughts of the upcoming announcement filled her mind, and a bubbling feeling of hope surged through her.

(A) But when the list was announced, her heart sank like a deflating balloon. Her name wasn't on the list. She really wanted to be one of the main characters, but it wasn't meant to be.

(B) The happy sounds of other children talking and laughing around her suddenly felt distant. Emma couldn't stop thinking about how she wasn't getting the role she had hoped for. The roles assigned to others felt like missed opportunities, and the weight of unmet expectations hung in the air.

(C) She couldn't help but imagine the thrill of seeing her name proudly displayed among the first names. The air felt charged with possibility, and she clung to the dream of hearing her name called for the role she had practiced and proudly imagined.

① (A) – (C) – (B)
② (B) – (A) – (C)
③ (B) – (C) – (A)
④ (C) – (A) – (B)
⑤ (C) – (B) – (A)

◎ REVIEW 모의고사 04회 01번 무관한 문장 → 어법

02 (A), (B), (C)의 각 네모 안에서 어법에 맞는 표현으로 가장 적절한 것은?

Employees who actually perform the service have the best possible vantage point for observing the service and (A) [to identify / identifying] impediments to its quality. Customer contact personnel have regular contact with customers and thereby learn a lot about their expectations and impressions. If they can pass on what they know to senior management, their grasp of the client may increase. In fact, (B) [it / what] could be argued that in many companies, top management's understanding of the customer is heavily influenced by the extent and nature of communication received from customer contact personnel as well as noncompany contact personnel (such as independent insurance agents and retailers) who represent the company and its services. When these communication routes are closed, management may not get feedback about problems (C) [encountered / are encountered] in service delivery and about how customer expectations are changing.

*vantage point: 좋은 위치 **impediment: 장애물

	(A)		(B)		(C)
①	to identify	……	it	……	encountered
②	to identify	……	what	……	are encountered
③	identifying	……	it	……	are encountered
④	identifying	……	what	……	are encountered
⑤	identifying	……	it	……	encountered

◎ 01강 05번 필자의 주장 → 빈칸

03 다음 빈칸에 들어갈 말로 가장 적절한 것은?

In daily life, because triumph is made more visible than failure, you are likely to overestimate your chances of succeeding. But remember behind every popular author there are 100 other writers whose books will never sell. Behind them are another 100 who haven't found publishers. Behind them are yet another 100 whose unfinished manuscripts gather dust in drawers. And behind each one of these are 100 people who dream of — one day — writing a book. The same goes for photographers, artists, athletes, architects, and Nobel Prize winners. The media is not interested in digging around in the graveyards of the unsuccessful, but you should take an interest. As an outsider, you are likely to get caught up in an illusion. In order to avoid a huge disappointment, it is important to be ____________.

① proud
② famous
③ realistic
④ creative
⑤ persistent

◎ REVIEW 모의고사 04회 09번 주어진 문장의 위치 → 어휘

04 (A), (B), (C)의 각 네모 안에서 문맥에 맞는 낱말로 가장 적절한 것은?

Have you ever wondered why the Arabs did not try to explore the world? In fact, the Arabs of the medieval period had the means to sail the world. They were (A) [hardly / undoubtedly] more advanced in many ways than their European counterparts. Instead of destroying the "pagan" texts of authors like Ptolemy, they studied and improved these works. More practically, however, the Arabs (B) [had / lacked] the fundamental reason that the later Europeans like Columbus had for their voyages. They didn't have to figure out how to sail to the East as those people did. They were already well established there and they had little interest in (C) [shrinking / expanding] their contacts with Europeans who had shown their colors during the Crusades.

*pagan: 이교도(의) **the Crusades: 십자군 전쟁

	(A)		(B)		(C)
①	hardly	……	had	……	shrinking
②	hardly	……	lacked	……	shrinking
③	undoubtedly	……	had	……	expanding
④	undoubtedly	……	lacked	……	shrinking
⑤	undoubtedly	……	lacked	……	expanding

REVIEW 모의고사 07회

REVIEW 모의고사 03회 06번 빈칸 → 주어진 문장의 위치

05 글의 흐름으로 보아, 주어진 문장이 들어가기에 가장 적절한 곳은?

> When ghrelin levels are lower, in contrast, the metabolic rate rises, and we are more likely to release some of our stored energy for use, in the knowledge that more supplies are on the way, and we will become more physically active.

Ghrelin is a hormone secreted by the stomach when it is empty that binds to receptors in the hypothalamus, a region of the brain that is involved in controlling many bodily functions. (①) Ghrelin is often called the 'hunger hormone' because it stimulates our appetite — it is highest just before we are about to eat and lowest just after a meal. (②) But it's perhaps better seen as an energy regulator. (③) When ghrelin levels are high, the body reduces its resting metabolic rate — so it is burning less energy overall — and starts to preserve its body fat in case of further scarcity. (④) It can also make us lethargic so that we will 'waste' less energy with exercise. (⑤) In this way, ghrelin helps to balance our energy input and output to ensure that we will never run out of fuel.

*metabolic: 대사의 **hypothalamus: (뇌의) 시상하부
***lethargic: 무기력한

REVIEW 모의고사 04회 08번 순서

06 What is the main theme that best describes the paragraph?

Some people buy stock by intuition. Most others use information about the stock's past to predict future risk. It could be the history of a stock's performance, the ratio of stock price to past company earnings, or stock volatility, the extent of a stock's past price fluctuations. These and many other risk indicators evaluate future risks based on the past. All fail frequently, as reflected in the stockbroker's mantra that past performance does not guarantee future results. In addition, their failure is not limited to major stock market crashes. Take the case of actively managed stock funds, in which a professional manager is paid to assess the risk of holding a particular company's stock. The majority of these funds yield returns worse than the stock market average, although humans with expert knowledge manage them. The average decision based on past stock performance is no better than a random number pulled from a hat.

*stock volatility: 주식 변동성 **mantra: 자주 하는 말

① importance of future valuation in stock investing
② analysis of factors that cause stock market crashes
③ why investing based on information is more profitable
④ limitations of investing stocks using past stock performance
⑤ impact of stock market volatility on investor psychology

◎ 16강 02번 어휘

[07-08] 다음 글을 읽고, 물음에 답하시오.

The great trick of the capitalist economy is that individuals enthusiastically embrace the sense of dissatisfaction that its fundamental axiom of endless accumulation demands. Accumulation takes a toll on our ability to recognize our satisfaction. It leaves us constantly believing that there is more satisfaction to be had in the accumulation of additional commodities. But the more one accumulates, the less one is able to see that one will never have enough. In the attempt to accumulate more and more satisfaction for oneself, one actually increases one's sense of dissatisfaction. <u>Capitalism nourishes itself on our inability to ever have enough.</u> Our private endeavors to have more are always inadvertent tributes to the capitalist demand. Thinking that it is doing what it wants, the capitalist subject sacrifices itself for the capitalist demand.

*axiom: 원리 **inadvertent: 의도치 않은 ***tribute: 찬사

07 윗글의 밑줄 친 <u>Capitalism nourishes itself on our inability to ever have enough.</u>를 우리말로 해석하시오.

08 윗글의 내용을 한 문장으로 요약하고자 한다. 빈칸 (A), (B)에 들어갈 말로 가장 적절한 것은?

> Capitalism ___(A)___ by turning our desire for satisfaction into a cycle of dissatisfaction that ___(B)___ endless accumulation.

(A)		(B)
① fails	……	damages
② fails	……	changes
③ adapts	……	erases
④ thrives	……	fuels
⑤ thrives	……	blocks

◎ 09강 04번 빈칸

[09-10] 다음 글을 읽고, 물음에 답하시오.

Biology is the study of life; this includes both the organism itself and the environment in which it functions. (①) Yet biology and the environment are often spoken of as if they were at opposite poles. (②) The latter are neither static nor disconnected from the context in which the organism lives. (③) Of course, any organism depends on its structure, its chemistry, and its physiology, but it does not do so in isolation from its environment. (④) Genes are expressed in particular contexts and their very expression alters the organism's environment so that a new set of interactions takes place. (⑤) <u>In fact, so intertwined is these processes what we find that impossible to speak of themselves as separate entities.</u>

09 윗글의 흐름으로 보아, 주어진 문장이 들어가기에 가장 적절한 곳은?

> This thinking results from a flawed understanding of biological organisms and biological processes.

① ② ③ ④ ⑤

10 윗글의 밑줄 친 문장에서 어법상 <u>틀린</u> 곳을 <u>모두</u> 찾아 바르게 고쳐 문장을 다시 쓰시오.

부록

· WORDS REVIEW

R E A D I N G   M A S T E R

정답 및 해설 97쪽

A

다음 영어 단어에 해당하는 우리말 뜻을 빈칸에 쓰시오.

01 unwind ______________
02 outcome ______________
03 function ______________
04 hold true ______________
05 necessity ______________
06 dig ______________
07 pause ______________
08 evaluate ______________
09 collaboration ______________
10 undercut ______________
11 engaged ______________
12 tiny ______________
13 consequence ______________
14 influence ______________
15 manuscript ______________
16 drawer ______________
17 motivator ______________
18 corresponding ______________
19 illusion ______________
20 triumph ______________

B

다음 우리말과 의미가 같도록 빈칸에 알맞은 말을 [보기]에서 골라 쓰시오.

보기

temporary unforeseen transformation vary disappointment awful

01 You put yourself in a __________ state of complete happiness, calmness — and inactivity.

여러분은 스스로를 완전한 행복, 고요, 그리고 비활동의 일시적인 상태에 빠지게 한다.

02 What is “best” can __________ considerably, depending on your point of view.

여러분의 관점에 따라, '최선'이라는 것은 상당히 다를 수 있다.

03 This __________ is not a choice but a necessity for operational efficiency.

이러한 변화는 선택이 아니라 운영상의 효율성을 위한 필수사항이다.

04 In order to avoid a huge __________, it is important to be realistic.

큰 실망을 피하려면, 현실적이 되는 것이 중요하다.

05 All of them have consequences, many of which will be __________.

그것들 모두는 결과가 있을 텐데, 상당수의 결과물이 예측되지 않을 것이다.

WORDS REVIEW

정답 및 해설 97쪽

A 다음 영어 단어에 해당하는 우리말 뜻을 빈칸에 쓰시오.

01 arise ____________
02 measure ____________
03 incorporate ____________
04 adventure ____________
05 perceptual ____________
06 explicit ____________
07 landscape ____________
08 component ____________
09 shield ____________
10 treasure ____________
11 capability ____________
12 relevant ____________
13 challenge ____________
14 critical ____________
15 supply ____________
16 take advantage of ____________
17 genetically ____________
18 level ____________
19 tricky ____________
20 rulebook ____________

B 다음 우리말과 의미가 같도록 빈칸에 알맞은 말을 [보기]에서 골라 쓰시오. (필요시 형태를 변형할 것)

보기: hierarchy / precision / smooth / give in to / guardian / blame

01 From making sure they eat healthy vegetables to making bedtime a ____________ adventure, there's always something to figure out.
그들이 건강에 좋은 채소를 먹게 확실히 하는 것에서부터 취침 시간을 순조로운 모험으로 만드는 것에 이르기까지, 항상 해결해야 할 것이 있다.

02 We require people to do repeated operations with the extreme ____________ and accuracy required by machines, again something we are not good at.
우리는 사람들에게 기계에 의해 요구되는 극도의 정밀함과 정확성을 가지고 반복 작업을 할 것을 요구하는데, 그것은 또 우리가 잘하지 못하는 것이다.

03 Imagine a magical place where animals, plants, and beautiful landscapes are like ____________ on a special team that keeps our planet healthy.
동물, 식물, 아름다운 풍경이 우리의 행성을 건강하게 지켜주는 특별한 팀의 수호자들 같은 마법의 장소를 상상해 보라.

04 Ideally, you want a standardised set of interrelated units that incorporate a convenient ____________ of scale.
이상적으로, 여러분은 편리한 척도의 분류 체계를 통합하는 서로 관계가 있는 일련의 표준화된 단위를 사용하기를 원한다.

05 If you don't supply the answer, you may be ____________ the illusion of knowing, when actually you would have difficulty giving an accurate response.
만약 여러분이 답을 주지 않으면, 여러분은 실제로 정확한 답을 하는 데 어려움을 겪을 것인데도 안다는 착각에 굴복하고 있을지도 모른다.

정답 및 해설 97쪽

A 다음 영어 단어에 해당하는 우리말 뜻을 빈칸에 쓰시오.

01 corporation	________	11 pedestrian	________
02 conscience	________	12 terrorize	________
03 sustainable	________	13 noted	________
04 prehistoric	________	14 wellness	________
05 optimist	________	15 slant	________
06 talented	________	16 torrent	________
07 fundamental	________	17 arduous	________
08 rhythmic	________	18 end-of-life	________
09 anticipate	________	19 awe	________
10 seed	________	20 performance	________

B 다음 우리말과 의미가 같도록 빈칸에 알맞은 말을 [보기]에서 골라 쓰시오. (필요시 형태를 변형할 것)

보기

political   primary   communal   predestine   rigid   monitor

01 As you may already know, what and how you buy can be ________.

이미 알고 있겠지만, 여러분이 무엇을 어떻게 구매하는지는 정치적일 수 있다.

02 Before the advent of written language, dance served as a ________ language that conveyed joy, awe, and the human experience itself.

문자가 등장하기 전에, 춤은 기쁨, 경외감, 그리고 인간의 경험 자체를 전달하는 공동의 언어 역할을 했다.

03 Yet, sadly, we aren't nearly as careful about ________ the attitudes that affect our mental health.

하지만, 슬프게도 우리는 우리의 정신 건강에 영향을 미치는 태도를 추적 관찰하는 것에 대해서는 거의 주의를 기울이지 않는다.

04 It is like planting a seed in your mind which, if you water correctly, over time will grow and flower in the way that it was ________ to.

그것은 여러분의 마음에 씨앗을 심는 것과 같아서, 여러분이 올바르게 물을 주면, 시간이 흐르면서 그것이 예정된 방식대로 자라고 꽃을 피우게 될 것이다.

05 You may still encounter this ________ thinking when you suggest installing stop signs or traffic calming to traffic planners or elected officials.

여러분이 교통 계획자들이나 선출 공무원들에게 정지 표지판이나 교통 정온화 시설을 설치하자고 제안하면, 여러분은 이러한 경직된 사고를 여전히 접하게 될 것이다.

A 다음 영어 단어에 해당하는 우리말 뜻을 빈칸에 쓰시오.

01 post ____________
02 a variety of ____________
03 raise fund ____________
04 donation ____________
05 purchase ____________
06 resource ____________
07 hub ____________
08 hinder ____________
09 tug ____________
10 deflate ____________
11 haven ____________
12 suit ____________
13 bubbling ____________
14 main character ____________
15 unmet ____________
16 overflow ____________
17 in advance ____________
18 cannot help but ____________
19 auditorium ____________
20 instructor ____________

B 다음 우리말과 의미가 같도록 빈칸에 알맞은 말을 [보기]에서 골라 쓰시오. (필요시 형태를 변형할 것)

보기: dynamic launch advanced costly pound distant

01 Moreover, these courses are designed to suit any level, from beginner to ____________.
게다가, 이 강좌들은 초급에서 고급까지 어떤 수준에도 맞게 구성되어 있습니다.

02 This year, we've ____________ special online courses, which contain a variety of contents about webtoon production.
올해, 저희는 특별 온라인 강좌를 시작했는데, 그것은 웹툰 제작에 관한 다양한 콘텐츠가 담겨 있습니다.

03 This is a ____________ endeavor and therefore we are raising funds for this once in a lifetime concert.
이것은 많은 비용이 드는 시도이고, 따라서 저희는 이 일생에 단 한 번뿐인 공연을 위해 모금을 하고 있습니다.

04 But here's the challenge: This ____________ hub is overflowing with potential, yet it's cramped for space.
하지만 여기에는 문제가 있는데, 이 역동적인 중심지는 잠재력으로 넘쳐나지만 공간이 비좁습니다.

05 As Tom waited behind the stage, getting ready to dance, his heart was ____________ like a drum, and he had butterflies in his stomach.
Tom이 무대 뒤에서 춤출 준비를 하며 기다리는 동안에 그의 심장은 드럼처럼 두근거리고 있었고, 긴장해서 가슴이 벌렁거렸다.

정답 및 해설 97쪽

A 다음 영어 단어에 해당하는 우리말 뜻을 빈칸에 쓰시오.

01 governor ____________

02 entitle ____________

03 hardship ____________

04 economist ____________

05 bachelor's degree ____________

06 conventional ____________

07 utilize ____________

08 entail ____________

09 devise ____________

10 accommodate ____________

11 low-budget ____________

12 independent ____________

13 ethics ____________

14 strike out ____________

15 breakthrough ____________

16 superconductivity ____________

17 give way to ____________

18 feature ____________

19 acclaim ____________

20 possession ____________

B 다음 우리말과 의미가 같도록 빈칸에 알맞은 말을 [보기]에서 골라 쓰시오. (필요시 형태를 변형할 것)

보기

revolutionize specify self-taught reputation retire electrical

01 After ____________ in 1952, Knight remained active in teaching and writing.

1952년에 은퇴한 후에도, Knight는 가르치기와 글쓰기에 여전히 적극적이었다.

02 His writing style, characterized by concise prose and precise language, earned him a ____________ as a master of the short story form.

간결한 산문과 정확한 언어가 특징인 그의 글쓰기 스타일은 단편 소설 형식의 대가로서의 명성을 그에게 가져다주었다.

03 He earned his bachelor's degree in ____________ engineering in 1928 and master's the very next year.

그는 1928년에 전기 공학 학사 학위를 받았고 바로 다음 해에 석사 학위를 받았다.

04 He was largely ____________ in his early years and received a great deal of encouragement from O'Brien.

그는 대체로 젊은 시절에는 독학을 했으며, O'Brien으로부터 많은 격려를 받았다.

05 In order to work within the tight confines of space and budget, Harryhausen devised a compositing method that ____________ the art.

공간과 예산의 빠듯한 제한 안에서 일하기 위해, Harryhausen은 예술에 대변혁을 일으킨 합성 방법을 고안해 냈다.

WORDS REVIEW

정답 및 해설 97쪽

A 다음 영어 단어에 해당하는 우리말 뜻을 빈칸에 쓰시오.

01 spending ____________
02 exceed ____________
03 decline ____________
04 preference ____________
05 latter ____________
06 quarter ____________
07 outrun ____________
08 except for ____________
09 on the decrease ____________
10 for the most part ____________
11 be expected to ____________
12 figure ____________
13 unemployment ____________
14 popularity ____________
15 celebrity ____________
16 actively ____________
17 rate ____________
18 advertising ____________
19 overall ____________
20 tendency ____________

B 다음 우리말과 의미가 같도록 빈칸에 알맞은 말을 [보기]에서 골라 쓰시오. (필요시 형태를 변형할 것)

보기

compared to respondent previous entire former by contrast

01 The above graph shows the percentages of the ____________ in five countries who sometimes or often actively avoided news in 2017, 2019, and 2022.

위 도표는 2017년, 2019년 및 2022년에 때때로 또는 자주 적극적으로 뉴스를 회피한 다섯 개 국가의 응답자들의 비율을 보여준다.

02 However, except for the increase in the second quarter of 2014 from the ____________ quarter, desktop CTORs were on the decrease until the first quarter of 2015.

그러나, 2014년 2사분기에 이전 사분기에서 증가한 것을 제외하면, 데스크톱 컴퓨터의 CTOR은 2015년 1사분기까지 점점 감소했다.

03 ____________, starting from the last quarter of 2013, the mobile CTOR had a tendency to increase for the most part.

그에 반해서, 2013년 4사분기부터 시작하여 모바일 CTOR은 대체로 증가하는 경향이 있었다.

04 Over the ____________ period, U.S. spending on TV advertising has declined and will continue to decline, while U.S. spending on digital video advertising has increased and will continue to increase.

전체 기간 동안 미국의 TV 광고 지출은 감소했고 앞으로도 계속 감소할 것인 반면에, 디지털 동영상 광고에 대한 지출은 증가했고 앞으로도 계속 증가할 것이다.

05 Based on the figure, both the overall unemployment rate and the youth unemployment rate of Korea were the lowest ____________ other countries.

수치에 따르면, 한국의 전체 실업률과 청년 실업률은 둘 다 다른 나라들에 비해서 가장 낮았다.

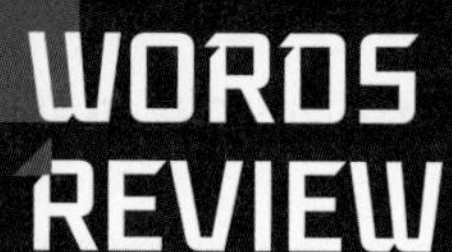

정답 및 해설 98쪽

A 다음 영어 단어에 해당하는 우리말 뜻을 빈칸에 쓰시오.

01 via	________	11 price list	________
02 payment	________	12 elementary	________
03 return	________	13 valid	________
04 unforgettable	________	14 selection	________
05 foster	________	15 healing	________
06 explorer	________	16 relaxing	________
07 registration	________	17 provide	________
08 retailer	________	18 complete	________
09 wholesaler	________	19 pick-up	________
10 get familiar with	________	20 unique	________

B 다음 우리말과 의미가 같도록 빈칸에 알맞은 말을 [보기]에서 골라 쓰시오. (필요시 형태를 변형할 것)

보기

regularly explore exceed conservation vegetarian cancelation

01 Campers will have the opportunity to feed animals, to participate in fun workshops, and even to try their hand at ________ projects.

캠프 참가자들은 동물에게 먹이를 주고, 재미있는 워크숍에 참여하고, 심지어 환경 보호 프로젝트를 시도해 볼 수 있는 기회를 갖게 될 것입니다.

02 If you ________ the available time, there is an extra charge.

이용 시간을 초과하시면, 추가 요금이 있습니다.

03 People can enjoy ________ and organic foods, educational activities and inspirational speakers.

사람들은 채식 및 유기농 식품, 교육 활동 그리고 영감을 주는 강연자들을 즐길 수 있습니다.

04 We ________ update our price list to make sure you get the lowest rates possible.

가능한 가장 저렴한 요금임을 확인할 수 있도록 정기적으로 가격 목록을 업데이트합니다.

05 Full refunds will be given for ________ received by April 1, but no refunds will be given after April 1.

4월 1일까지 받은 취소의 경우 전액 환불되지만, 4월 1일 후에는 환불되지 않을 것입니다.

정답 및 해설 98쪽

A 다음 영어 단어에 해당하는 우리말 뜻을 빈칸에 쓰시오.

01 push aside ____________

02 physical ____________

03 mass ____________

04 risk ____________

05 enslave ____________

06 be addicted to ____________

07 browse ____________

08 uncertainty ____________

09 compass ____________

10 intuition ____________

11 authentic ____________

12 in the midst of ____________

13 deal with ____________

14 confront ____________

15 catch the gaze of ____________

16 surge ____________

17 stabilize ____________

18 predictable ____________

19 thorn ____________

20 outweigh ____________

B 다음 우리말과 의미가 같도록 빈칸에 알맞은 말을 [보기]에서 골라 쓰시오. (필요시 형태를 변형할 것)

보기

fulfillment livelihood navigate infancy endure cost

01 If we adopt technology, we need to pay its ____________.

만약 우리가 기술을 받아들이면, 우리는 그것의 비용을 치러야 한다.

02 Thousands of traditional ____________ have been pushed aside by progress, and the lifestyles around those jobs removed.

수천 개의 전통적인 생계 수단이 발전에 의해 밀려났으며, 그 직업과 관련된 생활 방식이 없어졌다.

03 By staying attuned to our inner compass and by listening to its guidance, we can live a life of purpose, ____________, and authenticity.

내면의 나침반에 맞춰진 상태를 유지하고 그것의 안내에 귀 기울임으로써, 우리는 목적과 성취감, 진정성이 있는 삶을 살 수 있다.

04 In the vast ocean of possibilities, we often find ourselves ____________ the waves of uncertainty.

방대한 가능성의 바다에서, 우리는 흔히 불확실성이라는 파도를 헤쳐 나아가는 자신을 발견한다.

05 Gaze aversion in animals begins during the transition from ____________ to adulthood.

동물들에게 있어서 시선 회피는 유아기에서 성인기로의 과도기 동안 시작된다.

정답 및 해설 98쪽

A 다음 영어 단어에 해당하는 우리말 뜻을 빈칸에 쓰시오.

01 assert ____________

02 equal ____________

03 deliberately ____________

04 bounce back ____________

05 self-awareness ____________

06 extensive ____________

07 combine ____________

08 break apart ____________

09 nothing more than ____________

10 aware of ____________

11 at opposite poles ____________

12 static ____________

13 chemistry ____________

14 proverb ____________

15 reflect ____________

16 make a choice ____________

17 verbal ____________

18 observation ____________

19 empowering ____________

20 negotiate ____________

B 다음 우리말과 의미가 같도록 빈칸에 알맞은 말을 [보기]에서 골라 쓰시오.

보기

transmit effective analogy organism overcome means

01 These neurons are believed to rapidly ____________ important social/emotional information.

이 신경세포는 중요한 사회적, 감정적 정보를 빠르게 전달하는 것으로 믿어진다.

02 Recent research suggests that this proverb reflects the most ____________ way to give people advice.

최근의 연구는 이 속담이 사람들에게 조언을 제공하는 가장 효과적인 방법을 반영한다는 것을 시사한다.

03 Biology is the study of life; this includes both the ____________ itself and the environment in which it functions.

생물학은 생명체를 연구하는 학문인데, 이것은 유기체 자체와 그것이 기능하는 환경을 포함한다.

04 In social play children learn how to negotiate with others, how to please others, and how to manage and ____________ the anger that can arise from conflicts.

사회적인 놀이를 통해 아이들은 어떻게 다른 사람과 협상하고, 다른 사람을 기쁘게 하며, 갈등으로부터 생길 수 있는 분노를 다스리고 극복할 수 있는지를 배운다.

05 Cooking is a brilliant ____________ for creativity: A chef's talents depend on his ability to bring ingredients together to create things.

요리는 창의성에 대한 훌륭한 비유로, 요리사의 재능은 재료를 한데 모아 무엇인가를 만들어내는 능력에 달려 있다.

정답 및 해설 98쪽

A 다음 영어 단어에 해당하는 우리말 뜻을 빈칸에 쓰시오.

01 midday	______	11 jump out at	______
02 given	______	12 trigger	______
03 infection	______	13 harmonious	______
04 consequently	______	14 complex	______
05 microbiotic	______	15 rely on	______
06 activate	______	16 invader	______
07 devote oneself to	______	17 tolerance	______
08 evident	______	18 costly	______
09 partition	______	19 scheme	______
10 specifically	______	20 defend	______

B 다음 우리말과 의미가 같도록 빈칸에 알맞은 말을 [보기]에서 골라 쓰시오.

보기

familiar extreme adaptive preferable high-end sufficient

01 It seems natural to describe certain environmental conditions as '__________', 'harsh', 'benign' or 'stressful'.

특정한 환경 조건을 '극심한', '혹독한', '온화한' 또는 '스트레스를 주는'이라고 묘사하는 것은 당연해 보인다.

02 Although one's physiological immune system is often __________ to keep one alive, it is costly to use.

한 사람의 생리적 면역 시스템은 사람을 살아있게 유지하기에 충분하지만, 그것은 사용하기에 비용이 많이 든다.

03 Unless your business is construction or kayaking, the __________ solution is to change one or both of the goals to make them more harmonious with each other.

여러분의 사업이 건설이나 카약이 아니라면, 적응할 수 있는 해결책은 목표를 서로서로 더 조화롭게 만들기 위해 목표 중 하나 혹은 둘 다를 바꾸는 것이다.

04 Habits are the things you do to solve problems that are so __________ that you don't need to think about them.

습관은 너무 익숙해서 생각할 필요도 없는 문제를 해결하기 위해 여러분이 하는 일이다.

05 That is what happens when we overspend at the __________ mall.

그것은 우리가 고급 쇼핑몰에서 초과하여 지출할 때 발생하는 것이다.

정답 및 해설 98쪽

A 다음 영어 단어에 해당하는 우리말 뜻을 빈칸에 쓰시오.

01 idle	________	11 predatory	________
02 instruction	________	12 supervisory	________
03 otherwise	________	13 by nature	________
04 succession	________	14 thread	________
05 establishment	________	15 consume	________
06 ecosystem	________	16 gauge	________
07 emergence	________	17 reproduction	________
08 grain	________	18 come up with	________
09 civilization	________	19 length	________
10 subtle	________	20 alter	________

B 다음 우리말과 의미가 같도록 빈칸에 알맞은 말을 [보기]에서 골라 쓰시오.

보기

beneficial persuasive staple commonplace employ collaborative

01 It's nearly impossible to maintain the ideal conditions to be ________, well-spoken, and effective when the mouth is traveling well over the speed limit.

입이 속도 제한을 훨씬 초과하여 움직일 때 설득력 있고, 말을 잘하며, 효과적인 이상적 조건을 유지하는 것은 거의 불가능하다.

02 These actions can transform soil quality and promote ________ interactions with bacteria and fungi.

이러한 작용은 토양의 질을 변화시키고 박테리아 및 곰팡이와의 협력적인 상호작용을 촉진할 수 있다.

03 It is now ________ for many employees to feel more loyalty to occupation than to organization.

많은 피고용인들이 조직보다 직업에 더 충실함을 느끼는 것은 현재 흔하다.

04 This drink became central to social, religious, and economic life and was the ________ beverage of the earliest civilizations.

이 음료는 사회적, 종교적, 그리고 경제적 삶의 핵심이 되었고 초기 문명의 주요 음료였다.

05 Modern growers must be very careful in the use of chemicals to avoid harming species that are not pests and may be ________ to the grower.

현대의 재배자들은 해충이 아니고 재배자에게 이로울 수도 있는 종에게 해를 끼치는 것을 피하기 위해 화학약품의 사용에 매우 조심해야 한다.

WORDS REVIEW

정답 및 해설 98쪽

A 다음 영어 단어에 해당하는 우리말 뜻을 빈칸에 쓰시오.

01 mineral ______________
02 material ______________
03 atom ______________
04 saying ______________
05 carry out ______________
06 functional ______________
07 stuffed ______________
08 engaged ______________
09 impact ______________
10 consume ______________
11 accompaniment ______________
12 match ______________
13 component ______________
14 finite ______________
15 cut off ______________
16 cooperate ______________
17 summon ______________
18 trap ______________
19 partly ______________
20 snappy ______________

B 다음 우리말과 의미가 같도록 빈칸에 알맞은 말을 [보기]에서 골라 쓰시오. (필요시 형태를 변형할 것)

보기: personal individual dramatic significant superficial nutrient

01 In such cases, you can't easily see __________ mineral crystals.
그런 경우에는, 개별 광물 결정을 쉽게 볼 수 있다.

02 The difference is __________ : 280 liters per year.
그 차이는 연간 280리터로 상당하다.

03 We spend many hours in our __________ environments, but there is no obvious functional reason why we should decorate them.
우리는 많은 시간을 개인적 환경에서 보내지만, 그것을 꾸며야 할 뚜렷한 기능적 이유는 없다.

04 These changes to a space, which on a __________ level seem "non-functional," may have a big impact on what is done there.
공간에 이러한 변화를 주는 것은 피상적 수준에서는 '비기능적'으로 보이지만, 그곳에서 실행되는 일에 큰 영향을 끼칠 수 있다.

05 __________ and food chemicals do not exist in isolation and are not consumed that way.
영양분과 음식의 화학 성분은 분리되어 존재하는 것이 아니고 그런 식으로 섭취되는 것도 아니다.

정답 및 해설 98쪽

A 다음 영어 단어에 해당하는 우리말 뜻을 빈칸에 쓰시오.

01 assumption	____________	11 surface	____________
02 automatically	____________	12 planet	____________
03 original	____________	13 lead	____________
04 impurity	____________	14 in contrast to	____________
05 molten	____________	15 ownership	____________
06 copyright	____________	16 reside	____________
07 licensing	____________	17 extinct	____________
08 as a consequence	____________	18 in the face of	____________
09 imitate	____________	19 lecturer	____________
10 atmosphere	____________	20 periodic	____________

B 다음 우리말과 의미가 같도록 빈칸에 알맞은 말을 [보기]에서 골라 쓰시오. (필요시 형태를 변형할 것)

보기

forbid　determine　laboratory　tend to　impression　straightforward

01 It was also found that those students who expected the lecturer to be warm ____________ interact with him more.

또한, 그 강사가 따뜻할 것이라 기대한 학생들은 그와 더 많이 소통하는 경향이 있었다는 것이 밝혀졌다.

02 The guest lecturer then led a discussion, after which the students were asked to give their ____________ of him.

그러고 나서 그 초청 강사가 토론을 이끌었고, 그 후에 학생들은 그(강사)에 대한 그들의 인상을 말해 달라고 요청받았다.

03 Venus could provide a real ____________ to learn more about this process to enable better understanding of what is happening to our own atmosphere.

금성은 우리 대기에서 일어나고 있는 것을 더 잘 이해할 수 있게 하기 위해 이 과정에 대해 더 많이 알게 하는 실제 실험실을 제공할 수 있을 것이다.

04 The solution to the lack of private property rights seems pretty ____________: Create and enforce private property rights.

사유재산권 부족에 대한 해결책은 매우 간단해 보인다, 즉 사유재산권을 만들고 시행하는 것이다.

05 In most nations with elephants, large national parks have been created in which hunting is ____________.

대부분의 국가에서는 사냥이 금지된 대규모 국립공원이 조성되어 있다.

정답 및 해설 99쪽

A

다음 영어 단어에 해당하는 우리말 뜻을 빈칸에 쓰시오.

01 vertical ____________
02 sensory ____________
03 upside down ____________
04 personality ____________
05 lottery ____________
06 grumpy ____________
07 setback ____________
08 turn back to ____________
09 at risk ____________
10 habitat ____________
11 embrace ____________
12 take a nap ____________
13 separate ____________
14 stereotypically ____________
15 gravity ____________
16 flow ____________
17 ground ____________
18 reliable ____________
19 distinguish between ____________
20 by the same token ____________

B

다음 우리말과 의미가 같도록 빈칸에 알맞은 말을 [보기]에서 골라 쓰시오. (필요시 형태를 변형할 것)

보기
longstanding relevant puzzle mechanical compared to navigate

01 A young child may be ____________ when asked to distinguish between the directions of right and left.

오른쪽과 왼쪽의 방향을 구분하라고 요구받으면 어린아이는 당황할 수 있다.

02 However, the left-right axis is not as ____________ in nature.

그러나 좌-우 축은 자연에서는 그만큼 중요하지 않다.

03 To overcome the problem, NASA gathered several teams of ____________, chemical, and hydrodynamic engineers.

그 문제를 해결하기 위해서, NASA는 기계 공학자, 화학 공학자, 그리고 유체역학 기술자의 여러 팀을 소집했다.

04 The second time around, they were told to focus on their identity as Asians, generally thought to be math whizzes ____________ other ethnic groups.

두 번째 시험을 볼 때, 그들은 다른 민족 집단과 비교하여 일반적으로 수학의 귀재로 여겨지는 아시아인으로서 그들의 정체성에 집중하라는 말을 들었다.

05 In short, though life experiences affect our behaviours, personality determines how we respond to those experiences, so it is unusual for any episode to create major, ____________ changes in a person's personality.

요컨대, 인생의 경험이 우리의 행동에 영향을 주지만, 성격은 우리가 그러한 경험에 어떻게 반응하는지 결정하므로, 어떤 사건이 한 개인의 성격에 중대하고 오래 지속되는 변화를 일으키는 것은 이례적이다.

정답 및 해설 99쪽

A

다음 영어 단어에 해당하는 우리말 뜻을 빈칸에 쓰시오.

01	recognize	________	11	reasoning	________
02	restrict	________	12	numeracy	________
03	beat	________	13	inherited	________
04	illustrative	________	14	represent	________
05	altitude	________	15	definition	________
06	reveal	________	16	tolerance	________
07	insulate	________	17	majority	________
08	domestication	________	18	relationship	________
09	innate	________	19	challenging	________
10	sceptic	________	20	unstable	________

B

다음 우리말과 의미가 같도록 빈칸에 알맞은 말을 [보기]에서 골라 쓰시오. (필요시 형태를 변형할 것)

보기: superiority　claim　valid　provocative　constructive　colonize

01 The new tolerance considers every individual's beliefs, values, and lifestyles to be equally ________.

새로운 인내는 모든 개인의 신념, 가치, 그리고 생활양식을 똑같이 정당한 것으로 간주한다.

02 The emphasis on ________ is what we typically see as fostering a detrimental effect of competition.

우월성에 대한 강조는 우리가 일반적으로 유해한 경쟁 효과를 조장하는 것으로 간주하는 것이다.

03 Much later, around 10,000 years ago, humans also ________ the Andes mountains of South America.

훨씬 후인 약 10,000년 전에, 인간들은 또한 남아메리카의 안데스 산맥에 군락을 이루었다.

04 There are ________ which males have larger brain regions associated with spatial reasoning or numeracy, for example.

예를 들어, 남성이 공간 추론이나 산술 능력과 관련된 뇌 영역이 더 크다는 주장이 있다.

05 The provision of timely, ________ feedback to participants on performance is an asset that some competitions and contests offer.

참가자에게 수행 기량에 대한 시기적절하고 건설적인 피드백을 제공하는 것은 일부 대회와 경연이 제공하는 자산이다.

WORDS REVIEW

정답 및 해설 99쪽

A 다음 영어 단어에 해당하는 우리말 뜻을 빈칸에 쓰시오.

01 philosophical ____________

02 geographically ____________

03 client ____________

04 dissatisfaction ____________

05 accumulation ____________

06 take a toll on ____________

07 commodities ____________

08 endeavor ____________

09 consistently ____________

10 for the sake of ____________

11 aspiration ____________

12 academically ____________

13 societal ____________

14 committed ____________

15 justice ____________

16 clarify ____________

17 apparel ____________

18 switch ____________

19 perspective ____________

20 complex ____________

B 다음 우리말과 의미가 같도록 빈칸에 알맞은 말을 [보기]에서 골라 쓰시오. (필요시 형태를 변형할 것)

보기

resolution modernization embrace attempt maximize constantly

01 The ____________ of society led to a marketing revolution that destroyed the view that production would create its own demand.

사회의 현대화는 생산이 그 자체의 수요를 창출할 것이라는 견해를 파괴하는 마케팅 혁명으로 이어졌다.

02 In the ____________ to accumulate more and more satisfaction for oneself, one actually increases one's sense of dissatisfaction.

자기 자신을 위해 더욱더 많은 것을 축적하려는 시도에서 불만족감이 실제로 증가된다.

03 Surveys consistently show that the West has ____________ the celebrity culture.

서양은 유명 인사 문화를 수용해 왔다는 것을 설문조사는 일관되게 보여 준다.

04 The core mission of the legal profession is the pursuit of justice, through the ____________ of conflict.

법률 전문가의 핵심 임무는 분쟁의 해결을 통한 정의의 추구이다.

05 Consumers want to ____________ the value they receive for each hard-earned dollar they spend.

소비자들은 그들이 지출하는 힘들게 벌어들인 돈에 대해 받게 되는 가치를 극대화하기를 원한다.

정답 및 해설 99쪽

A 다음 영어 단어에 해당하는 우리말 뜻을 빈칸에 쓰시오.

01 irresistible ________

02 infer ________

03 analyze ________

04 point of view ________

05 wrongheaded ________

06 counterproductive ________

07 deep-seated ________

08 secure ________

09 corporation ________

10 manufacturing ________

11 occupational ________

12 recruit ________

13 steady ________

14 denial ________

15 be equipped to ________

16 come up with ________

17 entertain ________

18 trick ________

19 better off ________

20 distressed ________

B 다음 우리말과 의미가 같도록 빈칸에 알맞은 말을 [보기]에서 골라 쓰시오.

보기

visualize   controversial   workforce   take advantage of   logic   tempting

01 Think of it: We hear someone make a ________ remark or do something we strongly like or dislike.

다음을 생각해 보라. 우리는 누군가가 논쟁적인 발언을 하거나 우리가 격렬히 좋아하거나 싫어하는 일을 하는 것을 듣는다.

02 Trying to use ________ and reason to alter another person's deeply held views and feelings is futile.

깊이 자리 잡고 있는 다른 사람의 견해와 감정을 바꾸기 위해 논리와 이성을 사용하려고 하는 것은 소용없는 일이다.

03 Many retired by age 60, and those who followed expected the retirement age to drop to 55 in time for them to ________ it.

많은 사람이 60세의 나이에 은퇴했고 뒤이은 사람들은 그것을 이용할 시기에 맞춰 은퇴 나이가 55세로 떨어질 것으로 기대했다.

04 You will usually know that even though it's ________ to indulge your negative thoughts, if you don't, you'll be far better off.

부정적인 생각에 빠지고 싶은 유혹이 들더라도 그렇게 하지 않으면 기분이 훨씬 더 나아질 것이라는 것을 보통 알게 될 것이다.

05 This was true for many who entered the manufacturing ________ as early as the middle to late 1930s or during or shortly after World War II.

이것은 일찍이 1930년대 중후반 또는 제2차 세계대전 동안이나 그 직후에 제조업 노동자로 들어간 많은 사람들에게는 사실이었다.

정답 및 해설 99쪽

A 다음 영어 단어에 해당하는 우리말 뜻을 빈칸에 쓰시오.

01 boundless ____________
02 beyond description ____________
03 tough ____________
04 cliff ____________
05 exclaim ____________
06 have ~ in common ____________
07 patch ____________
08 warn ____________
09 with ease ____________
10 impatient ____________
11 query ____________
12 stringed ____________
13 reply ____________
14 crooked ____________
15 make out ____________
16 attendant ____________
17 ship ____________
18 frustrated ____________
19 mature ____________
20 tragedy ____________

B 다음 우리말과 의미가 같도록 빈칸에 알맞은 말을 [보기]에서 골라 쓰시오. (필요시 형태를 변형할 것)

보기
come across   hardship   comfort   bountiful   suspect   presently

01 Yet she responded to the ____________ in a constructive way.
하지만 그녀는 그 고난에 건설적인 방식으로 대응했다.

02 Aryan ____________ Rohan and reminded him that farming was a test of patience.
Aryan은 Rohan을 위로하며, 농사는 인내심의 시험이라는 것을 상기시켰다.

03 Their patience had paid off, and they had a ____________ harvest that year.
그들의 인내심은 결실을 맺었고 그들은 그해 풍성한 수확을 거두었다.

04 One day, while working in their fields, they ____________ a patch of land that was difficult to plow.
어느 날 밭에서 일하던 중 그들은 쟁기질하기 어려운 땅 한 뙈기를 우연히 마주쳤다.

05 ____________ his attendants came up, and then Gerhardt, to his surprise, found that the hunter was the grand duke.
머지않아 그의 수행원들이 다가왔고, 그가 놀랍게도 Gerhardt는 그 사냥꾼이 대공이라는 것을 알았다.

MEMO

이 책을 검토해 주신 선생님

강원
김나은 나은영어학원
김보라 전문과외
김세진 세진쌤영어
김안나 이루다영어학원
김영남 엘리쌤 영어교실
안서아 숲영어전문학원
연지원 이투스247원주
오진아 라온영어학원
이승주 이상학원
이지애 수학전문학원
임지은 더써밋학원
전수지 에리카영어학원
최가영 나의, 영어
최수남 강릉 영.수 배움교실
최현주 최샘영어
하지현 하이디영어과외방

경기
강동수 찐공스터디
강수현 중동엠마영어
강승희 전문과외
강예진 YJ 영어의 정원
고승환 세움학원
고혜경 전문과외
곽억훈 최강영어학원
권계미 A&T+영어
권소희 부천 권소희영어
권응경 애니랑영어
권정현 수잔잉글리쉬학원
권종혁 고등바른공부학원
권지영 호수영어
김강인 전문과외
김고은 전문과외
김광수 더배움 잉글리쉬
김규리 전문과외
김규은 분당소피아영어학원
김민선 HC 영수전문학원
김민정 이화영어
김상겸 물푸레스쿨
김세종 데이비드영어교습소
김승민 룩스영어 영어 교습소
김승훈 진접최강학원
김연종 S4국영수학원 고덕국제점
김완혁 단칼영어학원
김원동 미래인학원
김유경 더 웨이퍼스 어학원
김유림 리드해법영어교습소
김윤경 상승영어교습소
김종윤 감자 국영수 학원
김진희 하이노크영어학원
김창훈 영품학원
김태무 전문과외
김하늘 훈선생영어학원
김현영 영스타영어교습소
김현정 시흥 파머스어학원 은행캠퍼스
김후중 동탄더플랜영어학원
김희용 동탄에이블영어학원
나병찬 베스트교육 호매실
남준현 프로미스영어학원
노연웅 알찬교육학원
문은영 삼성영어 쎈수학 은계학원
문징균 스카이학원
박경란 더하다학원
박도희 전문과외
박민희 아이린영어
박상유 콕수학오드리영어
박선영 잉글리쉬머핀
박선이 썬영어
박소희 청라 정상어학원
박수정 가온학원
박시은 파머스영어 용인 씨엘캠퍼스
박영심 전문과외
박영철 이즈원 영어수학 전문학원
박정현 JH 스파르타 영어학원
박정훈 안양외국어고등학교
박지연 시작
박천형 한빛에듀
박치욱 Park's Room English
박헌석 전문과외
박혜원 넘버원 원더레슨
백은진 리한에듀영어학원
백재원 서윤희 입시영어학원
서다혜 Cloe English
서동기 모티프온 영어국어학원
서정원 엉클제이 영어학원
손영화 옥정 푸르지오 공터영어
송동섭 송동섭영어
송상종 캐피타운학원
송정은 송스 잉글리시
송희승 아이리스플러스
신다영 김포 우리학원
신상훈 엘피다학원
신연우 목동영어 카트리나
신혜원 해밀영어
안웅희 서윤희 입시영어학원
안지민 이엔영어학원
안지원 드림빅잉글리시
안효상 더오름영어수학학원
양상현 개런티영어학원
양창현 조셉입시학원
염지민 전문과외
오동산 이랩스영어학원
오수혜 훈에듀라하잉글리시
오주향 대치힐영어학원
오희교 마이티영어학원
우승완 조셉입시학원
우아림 최선어학원
유경민 Judy English
유미주 송린중학교
유효선 앨리스영어학원
윤겸서 운양에듀플렉스
윤석호 야탑고등학교
윤연정 오스카빌 영어
윤정원 윤앤강학원
윤지후 오산 락수학 앤 윤영어
윤현정 위너영수
이경민 에린영어
이계진 PROMIS영어학원
이광열 열강영어교습소
이권우 수원 레볼리쉬 어학원
이규섭 학생애학원
이다은 스터디온 학원
이동준 리프영어학원
이민영 윤앤영수학학원
이보라 김쌤보습 이쌤영어 학원
이보라 디오영어
이서윤 계몽학원
이선구 인코(EnCORE)어학원
이선미 정현영어학원
이수정 exam4you
이수진 백암고등학교
이승봉 평촌이지어학원
이예녹 목동엘리엔학원
이연경 명품M수학.영어
이영민 상승공감학원
이오석 오성학원
이유진 에셀영어
이유진 팍스어학원
이재협 사차원학원
이주현 웅진정자학원
이지연 러닝센터
이지은 캡틴제이 영어학원
이진성 필탑교육
이충기 영어나무
이혜랑 PerfectPoint+
이희성 맨투맨학원
임수정 이화영어
임은희 Eunice English
장미래 안성종로엠
장서희 더프라임학원
장소정 메가스터디 러셀
장은주 휘 영어교습소
장현정 도프(DOPE)영어학원
장혜민 아발론 어학원 김포한강캠퍼스
전성훈 훈선생영어학원
전영인 전영인영어학원
전주원 필업단과전문학원
정다움 카인드학원
정무건 중앙학원
정미영 미쉘영어과외
정보경 블룸영어학원
정성봉 한강미래인재
정성은 JK영어수학전문학원
정성태 에이든영어학원
정연우 최강학원
정연욱 인크쌤영어학원
정영선 시퀀트영수전문학원
정영훈 채움국어학원
정윤하 전문과외
정인하 뮤엠영어 별가람영어교습소
조민수 평촌 프로미스영어학원
조용원 이티엘영어교습소
조은쌤 조은쌤&장쌤영어전문학원
조정휘 유하이에듀 학원
조준모 베스트교육호매실캠퍼스
조춘화 뮤엠영어발곡학원
주지은 지은잉글리시클래스영어교습소
채연우 와이더블유클래스
채희수 보라동 영어과외
최상이 엄마영어아빠수학학원
최세열 JS수학영어학원
최아란 알맹영어학원
최유나 수원@una_englishtutor
최정준 전문과외
최주현 일품 영어
최진 전문과외
최희정 SJ클쌤영어학원
하사랑 덕계한샘학원
하이디 하이디드림팀
한송이 쏭쌤영어
한지선 G1230파주운산점
현윤아 중동그린타운스마트해법영어
홍형근 제임스M어학원
황인아 별내고래영어학원
황인옥 하이탑학원

경남
강나경 ASK 배움학원
고성관 T.O.P 에듀학원
곽정현 꿀잼영어
김민범 전문과외
김선우 호이겐스학원
김성은 이엠스터디학원
김소민 다울영어수학학원
김재훈 하이퍼영수학원
김준 거제 정상어학원
김지혜 ASK 배움학원
김태리 전문과외
김현주 삼성영어셀레나 프리미엄신명점
박영하 전문과외
박재형 인투잉글리쉬어학원
배승빈 에스영어전문학원
배현령 배선생영어
손선영 이화멘토영어학원
신형섭 크림슨어학원
양경화 봄공부방
양기영 다니엘어학원
윤지연 에이프릴 유진학원
이근호 레이첼 잉글리쉬
이수길 명성영수전문학원
이연홍 대치퍼스트학원
임나영 삼성영어셀레나 남양영어교습소
임진 월플러스학원
임진희 진해어썸영어학원
장서영 어썸영어학원
장은정 케이트어학원
장재훈 ASK 배움학원
정나래 아이피영어전문학원
정상락 비상잉글리시아이 대운점 영어교습소
정수정 지탑영어
조서은 창원 EFG어학원
채유진 다름학원 율하캠퍼스
최승관 창선고등학교
최지영 시퀀스영수학원
최지윤 호이겐스
최환준 Jun English
최효정 인에이블잉글리시
하동권 네오시스템영어학원
하상범 진동삼성영수학원
하수미 삼성영수학원
한지용 성민국영수학원
황은영 에이블어학원

경북
강민표 현일고등학교
강은석 미래인재학원
강혜성 EiE 고려대 어학원
김광현 전문과외
김주훈 아너스영어
김지훈 알앤비
김형표 표쌤영어학원
문상현 에이원영어
박계민 영광중학교
박규정 베네치아 영어
박주연 아이린영어학원
박지연 케일리 영어
배세왕 BK영수전문학원(고등관)
변민준 The 채움영어
성유진 국영수과오름학원
손누리 이든샘영수학원
신보연 위잉글리시영어
장가은 앨리스영어학원
장미 잉글리시아이 원리학원
정상원 정상어학원 영천분원
정선린 포항항도중학교
정진욱 현일고등학교
정현주 필즈수학영어학원
천예슬 그린트리영어교습소
최동희 전문과외
허미정 레벨업영어 교습소

광주
고태연 원더영어
김도엽 스카이영어전문학원
김병남 위즈덤 영어
김영연 AnB영어학원
김원경 전문과외
김유경 프라임 아카데미
김유희 김유희영어학원
김인화 김인화영어학원
김종익 전문과외
김혜원 엘위스 영어학원
나혜영 윤선생우리집앞영어교실 동천빛고을
문장엽 엠제이영어수학전문학원
박주형 광주 봉선동 한수위 영어
봉병주 철수와영수
송수빈 전문과외
신지수 온에어영어학원
심연우 문미승 영어클리닉
양신애 윤학당오름국어영어학원
오승리 이지스터디
오평안 상무지산한길어학원
우진일 블루페스 영어학원
유현주 유즈영어교습소
윤상혁 하이엔드 영어 사회 학원
이민정 롱맨 어학원
이현미 IGSE풍암아카데미
이현창 진월유앤아이어학원
임지상 상무 외대어학원
전솔 서강고등학교
채성문 마하나임영수학원
한기석 이유국어영어한문학원
한방엽 531학원인산학원

대구
강영미 강선생영어
강정임 공부방
곽민경 조성애세움영어수학학원
권보현 씨즈더데이어학원
권오길 공부를 디자인하다
권익재 제이슨영어교습소
권하련 아너스이엠에스학원
김근아 블루힐영어학원
김기목 목샘영어교습소
김미나 메이쌤 영어
김민재 열공열강 영어수학 학원
김유환 범어지성학원

김종석 보습학원
김지영 김지영영어
김하나 하나로운영어
김희정 탑에이스어학원
노태경 윔스잉글리쉬
문창숙 지앤비(GnB)스페셜입시학원
민승규 민승규영어학원
박고은 스테듀입시학원
박라율 열공열강영어수학학원
박소현 워싱턴어학원
박예빈 영재키움영어수학전문학원
박지환 전문과외
방성모 방성모영어학원
백재민 에소테리카 영어학원
서정인 서울입시학원
신혜경 전문과외
심경아 전문과외
엄재경 하이엔드영어학원
우유진 이듀 잉글리쉬
원현지 원샘영어교습소
유경아 티나잉글리시
유지연 에스피영어
윤이강 윤이강 영어학원
이가나 이나영어교실
이근선 헬렌영어학원
이동현 쌤마스터입시학원
이미경 전문과외
이샛별 전문과외
이수희 이온영어학원
이승현 학문당입시학원
이지현 지니영어
이헌욱 이헌욱 영어학원
이현지 리즈영어
인솔내 제인영어학당
임형주 사범대단과학원
전윤애 올리영어교습소
전윤영 뮤엠영어 경동초점
전지영 제이제이영어
정대웅 유신학원
정용희 에스피영어학원
진보라 메이킹어학원
최효진 너를 위한 영어
한정아 능인고등학교
황윤슬 사적인영어

대전

Tony Park Tony Park English
고우리 영어의꿈
김근범 딱쌤학원
김기형 상승학원
김민정 전문과외
김아영 전문과외
김영철 빅뱅잉글리시리더스
김주리 위드제이영어
김현지 영어과외
나규성 대전 비전21학원
남영종 엠베스트SE학원 대전 전민점
노지혜 제일학원
노현서 앨리잉글리쉬아카데미
박난정 제일학원
박성희 청담프라임학원
박정민 율영수학원
박지현 더브라이트학원
박효진 박효진 영어

심효령 삼부가람학원
안수정 궁극의 사고
오봉주 새미래영수학원
유수민 대치이강
윤영숙 전문과외
이보배 비비영어교습소
이성구 청명대입학원
임혜지 파라곤어학원
장유리 삼성영어셀레나 도안학습관
장윤정 이지탑학원
정예슬 소로영어
정윤희 Alex's English
정현지 전문과외
정혜수 쌜리영어
최성호 에이스영어교습소
한형식 서대전여자고등학교
허욱 Ben class(전문과외)
황지현 공부자존감영어입시학원

부산

강민주 에듀플렉스 명륜점
고경원 JS영수학원
김경희 거제동 니키영어
김대영 엘리트에듀 학원
김도담 도담한영어교실
김도윤 코어영어교습소
김동혁 코어영어수학전문학원
김동휘 장정호 영어전문학원
김미혜 더멘토영어교습소
김소림 엘라영어학원
김소연 전문과외
김은정 클라라 잉글리쉬
김재경 탑클래스영어학원
김진규 의문을열다
김효은 김효은 영수 전문학원
남재호 제니스학원
류미향 류미향입시영어
문희진 베아투스학원
박미진 MJ영어학원
박수진 제이엔씨 영어학원
박인혜 정철어학원
박정아 전문과외
박지우 영어를 ON하다
박지은 박지은영어전문과외방
박창헌 오늘도,영어그리고수학
배슬기 전문과외
배찬원 에이플러스 영어
백은비 비앙카 영어 교습소
변혜련 전문과외
성장우 전문과외
손소희 에스 잉글리쉬 사이언스
송석준 스카이영수전문학원
송초롱 최상위영어교습소
안정희 GnB어학원양성캠퍼스
예다슬 전문과외
오세창 범천반석단과학원
오지은 이루다영어
옥지윤 더센텀영어학원
윤지영 잉글리쉬무무영어교습소
윤진희 위니드영어전문교습소
이미정 탑에듀영어교습소
이상석 엠베스트se 공부습관365 학원
이순실 하단종로엠학원
이영준 개금국제어학원

이혜린 스카이영어학원
임정연 안은경영어학원
장혜인 민락능률이엠학원
정승덕 학장중학교
정영훈 제이앤씨영어전문학원
채지영 리드앤톡영어도서관학원
최승빈 다온학원
최우성 초이English&Pass
최이내 전문과외
탁아진 에이블영어국어학원
하현진 브릿츠영어학원

서울

가혜림 위즈스터디
강경표 최선어학원 중계캠퍼스
강은 더이룸학원
강이권 네오어학원
강준수 전문과외
강현숙 토피아어학원 중계지점
강호영 인투엠학원
공진 리더스
김경수 탑킵입시컨설팅진학지도
김명열 대치명인학원 은평캠퍼스
김미은 오늘도맑음 영어교습소
김미정 전문과외
김배성 정명영어교습소
김상희 스카이플러스학원
김선경 마크영어학원
김성근 더원잉글리시
김성연 대치청출어람학원
김승환 Arnold English
김영재 제니퍼영어 교습소
김용봉 SKY PLUS 학원
김은영 LCA 영어학원
김은정 전문과외
김은진 ACE영어교습소
김정민 W영어
김종현 김종현영어
김지윤 비타윤영어
김태성 전문과외
김현지 전문과외
김혜영 스터디원
나영은 전문과외
노현희 전문과외
도선혜 중계동 영어
류하영 유니슨영어
맹혜선 휘경여자고등학교
명가은 명가은 영어하다 학원
문명기 문명기 영어학원
문슬기 문쌤 전문영어과외
박기철 한진연 입시전략연구소
박남규 알짜영어교습소
박미애 명문지혜학원
박미정 위드멘토학원
박병석 주영학원
박선경 씨투엠학원
박소영 JOY
박소하 전문과외
박솔이 Sole English
박승규 이지수능교육
박정미 드림영어 하이수학학원
박정효 성북메가스터디학원
박준용 G1230학원
박지훈 청담어학원

박진경 제이즈잉글리쉬
박찬경 펜타곤영어
박현진 e. Class
반향진 세레나영어수학
배지은 빛나는영어교습소
배현경 전문과외
백미선 최종호어학원
백희영 서초토피아어학원
신경훈 탑앤탑수학영어학원
심나현 성북메가스터디
안미영 스카이플러스학원
양하나(바이올렛) 목동 씨앤씨
엄태열 대치차오름학원
오유림 헬리오 오쌤 영어
오은경 전문과외
용혜영 SWEET ENGLISH 영어전문 공부방
유경미 서울
유연이 오세용어학원
유은주 리프영어
윤성 대치동 새움학원
윤은미 CnT영어학원
이계훈 이지영어학원
이남규 전문과외
이명순 Top Class 영어
이상윤 주연학원
이석원 지구촌고등학교
이선미 범블비 영어 교습소
이선정 제이나영어학원
이성택 엠아이씨영어학원
이수정 영샘영어
이승혜 스텔라 영어
이승희Edward 임팩트7영어학원 목동 2단지 고등관
이연주 Real Iris Class
이은선 드림영어하이수학학원
이은영 한국연예예술학교
이자임 자몽영어교습소
이정혜 수시이룸교육
이지윤 전문과외
이철웅 비상하는 또또학원
이혜정 이루리학원
이희영 이샘아카데미 영어교습소
임광영 러셀 메가스터디
임서은 형설학원
임소례 윤선생영어교실우리집앞신내키움 영어교습소
임은옥 전문과외
임해림 그레이스학원
장서인 함께 자라는 스마트올클래스
전지영 탑클래스영수학원
정경록 미즈원어학원
정연우 전문과외
정유하 크라센어학원
정재욱 씨알학원
조길영 이앤조영어
조미영 튼튼영어마스터클럽구로학원
조미지 책읽는영어교습소 제니쌤영어
조민석 더원영수학원
조봉현 대치명인학원 중계캠퍼
채보경 개인과외
채상우 클레영어
채에스더 문래중학교 방과후
최미림 밀리에듀영어학원
최민주 전문과외

최유송 목동 씨앤씨학원
최정문 한성학원
최형미 전문과외
최희재 표현어학원
표호진 전문과외
하다님 연세 마스터스 학원
한성호 티포인트에듀
한인혜 레나잉글리쉬
한혜주 함영원입시전문학원
허미영 삼성영어 창일교실 학원
홍대균 홍대균 영어
홍영민 성북상상학원
황선애 앤스영어학원
황혜진 이루다 영어

세종

강홍구 세종시 더올림 입시학원
김세인 이룸영어교습소
방종영 세움학원
성민진 EiE 반곡 캠퍼스
손대령 강한영어학원
안성주 더타임학원

울산

강상배 전문과외
김경수 핀포인트영어학원
김경현 에린영어
김문정 천곡고려학원
김은주 공부발전소학원
김주희 하이디영어교습소
김한중 스마트영어전문학원
서예원 해법멘토영어수학학원
송회철 꿈꾸는고래학원
엄여은 준쌤영어교습소
윤주이 고도영어학원
이서경 이서경영어학원
이수현 제이엘영어학원
이승준 전문과외
이은민 스마트영어전문학원
이재은 잉크영어학원
임재희 임재희영어전문학원
정은선 한국esl어학원
정혜미 전문과외
조승현 스마트영어전문학원
조충일 YBM 잉글루 울산언양 제1학원
최아현 jp영어학원
한건수 한스영어
허부배 비즈단과학원

인천

강재민 스터디위드제이쌤
김미경 김선생영어/수학교실
김민영 YBM Homeschool 영종자이센터
김민정 김민영어
김서애 제이플러스영어
김선나 지니어스영어학원
김영태 에듀터학원
김영호 조주석수학&영어클리닉학원
김옥경 잉글리쉬 베이
김주영 아너스영어학원
김지연 송도탑영어학원
김현미 송도탑영어학원
김현섭 전문과외
김현준 JKD영어전문학원

나일지 두드림하이학원
문지현 전문과외
박가람 전문과외
박나혜 TOP과외
박민아 하이영어 공부방
박승민 대치세정학원
박주현 Ashley's English Corner
신나리 이루다교육학원
신은주 명문학원
신현경 GMI 어학원
오희정 더제니스엣지영어학원
윤효주 잉글리시브릿지
윤희영 세실영어
이가희 S&U영어
이미선 고품격EMEDU
이수진 전문과외
이영태 인천부흥고등학교
이은정 인천논현고등학교
이진희 이진희영어
장승혁 지엘학원
전혜원 제일고등학교
정도영 스테디 잉글리시
정춘기 정상어학원
조윤정 인천이음중학교
최민솔 영웅아카데미
최민지 빅뱅영어
최수련 업앤업영어교습소
최창영 학산에듀넷
최하은 정철어학원
홍영주 홍이어쎈영어

전남
강용문 강용문영수입시전문
김숙진 지니샘 공부방
김아름 전문과외
김은정 BestnBest 공부방
김임열 태강수학영어학원
김재원 나주혁신위즈수학영어학원
박민지 벨라영어
박주형 해룡고등학교
배송이 JH공터영어전문학원
손성호 아름다운 11월학원
양명승 엠에스어학원
오은주 순천금당고등학교
이상호 스카이입시학원
이용 해룡고등학교
이정원 앤더슨 영어학원
조소을 수잉글리쉬
차형진 상아탑학원

전북
길지만 비상잉글리시아이영어학원
김나은 애플영어학원
김보경 최영훈영수학원
김설아 전주 에듀캠프학원
김수정 베이스탑영어
김예원 옥스포드 어학원
김예진 카일리영어학원
이경훈 리더스영수전문학원
이수정 씨에이엔영어학원
이진주 전문과외
이한결 DNA영어학원
이효상 에임하이영수학원
장길호 장길호영어학원

조예진 에이펙스 영어학원
조형진 대니아빠앤디영어교습소
최미화 MH노블영어학원
최석원 전주에듀캠프학원
한주훈 알파스터디영어수학전문학원
황보희 에임드영수학원

제주
Brian T.K Top Class Academy
고보경 제주여자고등학교
고승용 진정성학원제주노형센터
김진재 함성소리학원
김평호 서이현아카데미학원
김현정 유비고영어학원
문재웅 문&YES 중고등 내신수능 영어
배동환 뿌리와샘
이승우 늘다올 학원
이윤아 에이투지어학원
이재철 함성소리학원
임정열 엑셀영어
정승현 J's English
지광미 지샘입시영어학원

충남
강유안 전문과외
고유미 고유미영어
김인영 더오름영어
김일환 김일환어학원
김창현 타임영어학원
박서현 EIE고려대어학원
박재영 로제타스톤 영어교실
박희진 박쌤영어과외
우경희 우쌤클라쓰
윤현미 비비안의 잉글리쉬 클래스
이규현 글로벌학원
이상진 마틴영어학원
이영롱 대승학원
이종화 오름에듀
임진주 원더크라운영어학원
장성은 상승기류
장완기 장완기학원
정래 (주)탑씨크리트교육
조남진 천안 불당PYO영어국어학원
채은주 위너스 학원

충북
김보경 더시에나영어학원
박광수 폴인어학원
박수열 전문과외
박현자 박샘영어
신유정 비타민 영어클리닉
안지영 전문과외
양미정 전문과외
양미진 JEC지니영어교실
윤선아 타임즈영어학원
윤홍석 대학가는길
이경수 더애스에이티영수단과학원
이재욱 대학 가는 길 학원
이재은 파머스영어와이즈톡학원
조현국 업클래스학원
하선빈 어썸영어수학학원

이투스북

READING MASTER

수능유형

정답 및 해설

READING MASTER

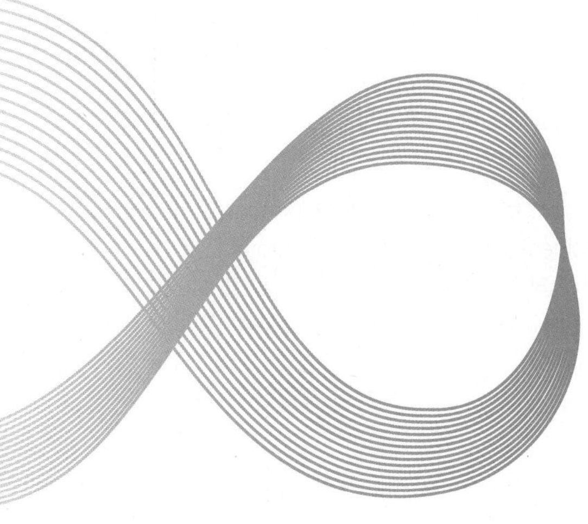

수능 유형

정답 및 해설

01강 글의 요지 및 필자의 주장

유형 PRACTICE

본문 10~15쪽

01 ④ 02 ② 03 ④ 04 ③ 05 ②

01

정답 ④

낙관적인 상상이 생리학적 검사에서 나타날 정도로 우리가 긴장을 푸는 데 도움이 된다는 것은 주목할 만하다. 만약 여러분이 긴장을 풀고 싶다면, 심호흡하거나, 마사지를 받거나, 산책을 할 수도 있지만, 단순히 눈을 감고 여러분이 누릴지도 모를 미래의 결과에 대해 상상해 볼 수도 있다. 하지만 여러분의 목표가 소망을 실현하는 것인 경우라면 어떨까? 여러분이 '가장 피해야 할' 상태는 긴장이 풀려 있는 것이다. 여러분은 소파에서 일어나 체중을 감량하거나 직업을 찾거나 시험공부를 할 수 있을 만큼 충분히 활력을 얻기를 원하고, 피할 수 없는 장애물이나 문제가 발생할 때도 계속 전념할 수 있도록 충분히 동기 부여되기를 원한다. '그것을 꿈꿔라. 그것을 소망하라. 그것을 실행하라.'라는 원칙은 사실이 아니며, 우리는 이제 그 이유를 안다. 그것을 꿈꾸는 중에, 여러분은 그것을 하는 데 필요한 에너지를 약화시킨다. 여러분은 스스로를 완전한 행복, 고요, 그리고 비활동의 일시적인 상태에 빠지게 한다.

해설

낙관적인 상상은 긴장을 푸는 데 도움이 되지만, 소망하는 것을 실현시키는 데 필요한 에너지를 약화시켜 충분한 활력을 주지 않으며 충분한 동기를 부여하지 않는다는 내용의 글이다. 따라서 글의 요지로 가장 적절한 것은 ④이다.

TEXT FLOW

도입	낙관적인 상상은 생리학적 검사에서 나타날 정도로 우리가 긴장을 푸는 데 도움이 됨
반론	소망을 실현하는 경우에 가장 피해야 할 상태는 긴장이 풀려 있는 상태임
결론	소망의 실현을 꿈꾸는 중에 그것을 하는 데 필요한 에너지가 약화됨

구문

- You want to be energized **enough to** [get off the couch and lose those pounds] or [find that job] or [study for that test], and you want to be motivated **enough to** stay engaged even when the inevitable obstacles or challenges arise.
  : 두 개의 enough to *do*는 '~할 만큼 충분히'라는 뜻이고, 세 개의 [ ]는 or로 연결되어 to에 이어진다.

CHECK NOTE

1 positive fantasies
2 The principle of "Dream it. Wish it. Do it." does not hold true, and now we know why: in dreaming it, you undercut the energy you need to do it.

02

정답 ②

도파민은 훌륭한 동기 부여 요인이 될 수 있으며, 그것이 우리로 하여금 디저트를 주문하거나 신용 카드 빚을 늘리고 싶게 유혹을 할 때조차도, 이 매우 작은 신경 전달 물질을 악이라고 설명하기는 어렵다. 하지만 도파민에는 실제로 어두운 측면, 즉 우리가 세심한 주의를 기울이면 알아차리기 어렵지 않은 측면이 있다. 그러한 욕망의 상태에 있을 때 잠시 멈춰서 우리 뇌와 몸에서 실제로 무슨 일이 일어나고 있는지 알아차리면, 보상에 대한 약속은 그것이 즐거움을 주는 것만큼이나 스트레스가 많을 수 있다는 것을 알게 될 것이다. 욕망이 항상 우리를 기분 좋게 만드는 것은 아니며, 때로는 우리가 완전히 끔찍한 기분을 느끼게 만들기도 한다. 그 이유는 도파민의 주요 기능이 우리를 행복하게 만드는 것이 아니라, 우리가 행복을 '추구하게' 만드는 것이기 때문이다. 그것은 우리에게 약간의 압박을 가하는 것을 마다하지 않는데, 그 과정에서 그것이 우리를 불행하게 만들더라도 그렇다.

해설

도파민은 훌륭한 동기 부여 요인이 되어 행복을 추구하는 욕망을 가지게 하면서, 그 과정에서 우리에게 스트레스를 주어 불행하게 만들기도 한다는 내용의 글이다. 따라서 글의 요지로 가장 적절한 것은 ②이다.

매력적인 오답 주의!

④ '도파민'이라는 핵심 소재와 지문에 나온 '보상(reward)'이라는 단어가 사용되었으나, 지문에는 그것 때문에 집중력이 매우 짧아진다는 구체적인 내용은 언급되지 않았다. 이와 같이 널리 퍼진 통념과 일치하는 선택지의 경우 답으로 선택하기 쉬우므로 특히 유의해야 한다.

TEXT FLOW

도입	도파민은 훌륭한 동기 부여 요인이 될 수 있음
주제	도파민에는 세심한 주의를 기울이면 알아차리기 어렵지 않은 어두운 측면이 있음
부연 1	보상에 대한 약속은 그것이 즐거움을 주는 것만큼이나 스트레스가 많을 수 있음
부연 2	도파민의 주요 기능이 우리를 행복하게 만드는 것이 아니라, 우리가 행복을 '추구하게' 만드는 것이기 때문에 우리를 불행하게 만들더라도 우리에게 압박을 가함

구문

- But dopamine **does** have a dark side — **one** [that's not hard to see if we pay close attention].
  : does는 동사 have를 강조하는 조동사이다. [ ]는 one을 수식하는 관계절이고, one은 a side를 대신하는 대명사이다.
- The reason is [that dopamine's primary function is {to make us *pursue* happiness}, {not to make us happy}].
  : [ ]는 문장의 동사 is의 주격보어 역할을 하는 명사절이고, 그 안의 두 개의 { }는 명사절의 동사 is의 주격보어 역할을 하는 to부정사구이다.

CHECK NOTE

1 dopamine
2 Dopamine can be a great motivator, and even when it's tempting us to order dessert or to run up credit card debt,

it's hard to describe this tiny neurotransmitter as evil. / But dopamine does have a dark side — one that's not hard to see if we pay close attention.

직독직해 NOTE

1 Dopamine / can be a great motivator, / and even when it's tempting us to order dessert / or to run up credit card debt, / it's hard / to describe this tiny neurotransmitter as evil.
도파민은 / 훌륭한 동기 부여 요인이 될 수 있으며 / 그것이 우리로 하여금 디저트를 주문하도록 유혹을 할 때조차도 / 또는 신용 카드 빚을 늘리고 싶게 / 어렵다 / 이 매우 작은 신경 전달 물질을 악이라고 설명하기는

2 If we pause and notice / what's really going on in our brains and bodies / when we're in that state of wanting, / we will find / that the promise of reward / can be as stressful as it is delightful.
잠시 멈춰서 알아차린다면 / 우리 뇌와 몸에서 실제로 무슨 일이 일어나고 있는지 / 그러한 욕망의 상태에 있을 때 / 우리는 알게 될 것이다 / 보상에 대한 약속은 ~라는 것을 / 그것이 즐거움을 주는 것만큼이나 스트레스가 많을 수 있다는

03

정답 ④

전혀 아무것도 하지 않는 것을 포함하여, 지구 온난화에 대해 우리가 하려고 선택할 수 있는 많은 것이 있다. 그것들 모두는 결과가 있을 텐데, 상당수의 결과물이 예측되지 않을 것이다. 인간으로서, 우리는 '최선'인 것을 하려는 욕구에 의해 적어도 어느 정도는 동기를 부여받는다. 그러나 이러한 접근법은 기후 변화 그 자체만큼이나 불확실성을 내포하고 있다. 여러분의 관점에 따라, '최선'이라는 것은 상당히 다를 수 있다. 그것이 무엇인지 우리가 설령 발견할 수 있다고 치더라도, 20세기의 마지막 십여 년을 살아가는 캐나다인에게 최선인 것이 소말리아에서 살아가는 누군가에게, 또는 우리의 증손들에게, 또는 아마존의 열대우림이나 호주의 캥거루에게는 최선이 아닐 수 있다. 그러므로 지구 온난화에 대해 무엇을 할 것인가에 대한 결정은 캐나다인, 소말리아인들, 우리의 증손들, 열대우림 그리고 캥거루들의 이익에 우리가 얼마나 많은 상대적인 중요성을 부여하는가로 강하게 영향을 받을 것이다.

해설

지구 온난화를 해결하기 위해 할 수 있는 일이 매우 다양하고 모두가 최선을 다하고 싶어 하지만, 관점에 따라 그 최선이 다를 수 있다는 내용의 글이다. 따라서 글의 요지로 가장 적절한 것은 ④이다.

TEXT FLOW

주제 지구 온난화에 대해 할 수 있는 일이 많지만, 관점에 따라 최선의 것은 다를 수 있음
근거 지구 온난화에 대한 최선의 것은 현재의 캐나다인, 소말리아에 사는 사람, 우리의 증손, 열대우림, 호주의 캥거루에게 있어 각각 다름
결론 지구 온난화에 대한 결정은 우리가 부여하는 상대적인 중요성에 영향을 받음

구문

• Decisions about [what to do about global warming] will therefore be strongly influenced by [how much relative weight we give to the interests of Canadians, Somalis, great-grandchildren, rain forests, and kangaroos].
: 첫 번째 [ ]는 전치사 about의 목적어 역할을 하는 명사구이다. 두 번째 [ ]는 전치사 by의 목적어 역할을 하는 간접의문문의 명사절이다.

CHECK NOTE

1 global warming
2 What is "best" can vary considerably, depending on your point of view.

직독직해 NOTE

1 As human beings, / we are motivated, / at least to some extent, / by a desire to do what is "best."
인간으로서 / 우리는 동기를 부여받는다 / 적어도 어느 정도는 / '최선'인 것을 하려는 욕구에 의해

2 What is best / — even presuming we can discover what that is / — for a Canadian living in the last decade of the twentieth century / might not be best / for someone living in Somalia, / or for our great-grandchildren, / or for the rain forest of the Amazon or the kangaroos of Australia.
최선인 것이 / 설령 그것이 무엇인지 우리가 발견할 수 있다고 치더라도 / 20세기의 마지막 십여 년을 살아가는 캐나다인에게 / 최선이 아닐 수 있다 / 소말리아에서 살아가는 누군가에게 / 또는 우리의 증손들에게 / 또는 아마존의 열대우림이나 호주의 캥거루에게는

04

정답 ③

기업이 계속 확장되면 상황이 필연적으로 변화한다. 새로운 사업을 위해 설계된 초기 구조는 회사의 범위가 커짐에 따라 도전을 받을 수 있다. 확장과 함께 내부 틀을 체계적으로 검토하고 효율성을 위해 각 측면을 평가해야 할 필요성이 생긴다. 이전에 스스로 충분했던 부서들은 협업과 시너지를 장려하는 보다 통합적인 접근 방식으로부터 이점을 얻을 수 있다. 의사 결정 과정의 견고함은 복잡성을 증가시켜 검증되므로, 역할과 책임의 전략적 재편을 필요로 한다. 의사소통 네트워크는 원활한 정보 흐름에 대한 수요 증가를 충족하기 위해 확장되어야 한다. 이러한 변화는 선택이 아니라 운영상의 효율성을 위한 필수사항이다. 기업이 확장됨에 따라, 조직이 적응할 수 있는 용이성은 지속된 성장과 운영상의 역량에 매우 중요해지며, 그것이 상응하는 조직 구조의 개편을 필요로 한다.

해설

기업이 계속 확장되면 상황이 필연적으로 변화하기 때문에, 효율성을 위해 각 측면을 평가하여 조직 구조를 개편해야 한다는 내용의 글이다. 따라서 필자가 주장하는 바로 가장 적절한 것은 ③이다.

TEXT FLOW

도입 기업의 확장과 함께 상황이 변화하고 회사의 범위가 커짐에 따라 초기 구조는 도전을 받을 수 있음
부연 확장과 함께 내부 틀을 체계적으로 검토하고 효율성을 위해 각 측면을 평가해야 할 필요성이 생김
결론 기업이 확장됨에 따라 조직 구조의 개편을 필요로 함

구문

• Formerly self-sufficient units may benefit from a more integrated approach [that encourages collaboration and

synergy].
: [ ]는 a more integrated approach를 수식하는 관계절이다.

• Communication networks must be expanded [to meet the increased demand for smooth information flow].
: [ ]는 목적의 의미를 나타내는 부사적 용법의 to부정사구이다.

CHECK NOTE

1 기업의 성장과 확장
2 As businesses expand, the ease with which the organization can adapt becomes critical to continued growth and operational capability, requiring a corresponding restructuring of the organizational structure.

직독직해 NOTE

1 With expansion / comes the need / to systematically examine the internal framework / and to evaluate each aspect for efficiency.
확장과 함께 / 필요성이 생긴다 / 내부 틀을 체계적으로 검토하고 / 효율성을 위해 각 측면을 평가해야 할

2 As businesses expand, / the ease with which the organization can adapt / becomes critical to continued growth and operational capability, / requiring a corresponding restructuring of the organizational structure.
기업이 확장됨에 따라 / 조직이 적응할 수 있는 용이성은 / 지속된 성장과 운영상의 역량에 매우 중요해지며 / 그것이 상응하는 조직 구조의 개편을 필요로 한다

05

정답 ②

일상에서는 성공이 실패보다 더 잘 보이도록 되어 있어서, 여러분은 여러분의 성공 가능성을 과대평가하기 쉽다. 하지만 모든 인기 있는 작가 뒤에는 책이 절대 팔리지 않을 100명의 다른 작가들이 있음을 기억하라. 그들 뒤에는 출판업자를 찾지 못한 또 다른 100명이 있다. 그들 뒤에는 끝내지 못한 원고가 서랍 속에서 먼지를 뒤집어쓰고 있는 또 다시 다른 100명이 있다. 그리고 이들 각 사람 뒤에는 언젠가는 책을 쓰는 꿈을 꾸는 100명이 있다. 똑같은 것이 사진사, 예술가, 운동선수, 건축가, 그리고 노벨상 수상자에게 해당된다. 매체는 성공하지 못한 사람들의 무덤 주위를 파내는 것에 관심이 없지만, 여러분은 관심을 가져야 한다. 외부인으로서, 여러분은 환상에 사로잡히기 쉽다. 크게 실망하는 것을 피하려면, 현실적이 되는 것이 중요하다.

해설

필자는 실패보다는 성공이 세상 밖으로 더 잘 알려지기 때문에 성공할 가능성이 큰 것으로 잘못 생각할 수 있다며, 자신의 성공 가능성을 과대평가하지 말라고 말하고 있다. 따라서 필자가 주장하는 바로 가장 적절한 것은 ②이다.

TEXT FLOW

도입 성공이 실패보다 더 잘 보여서 자신의 성공 가능성을 과대평가하기 쉬움
부연 인기 있는 작가 뒤에는 실패하거나 출판 자체도 못한 많은 작가들이 있고, 이는 사진사, 예술가, 운동선수, 건축가, 노벨상 수상자에게도 마찬가지임
주장 성공에 대한 환상에 사로잡혀 있기 쉬우나 실망하지 않으려면 현실적이 되어야 함

구문

• But remember [behind every popular author **there are 100 other writers** {whose books will never sell}].
: [ ]는 remember의 목적어 역할을 하는 명사절이다. [ ] 안에서 유도부사 there에 의해 주어 100 other writers와 동사 are가 도치되어 있다. { }는 100 other writers를 수식하는 관계절이다.

• **Behind them are another 100** [who haven't found publishers].
: 부사구 Behind them이 문장 앞에 위치하여 주어 another 100와 동사 are가 도치된 구문이다. [ ]는 another 100를 수식하는 관계절이다.

CHECK NOTE

1 chances of succeeding
2 In order to avoid a huge disappointment, it is important to be realistic.

직독직해 NOTE

1 In daily life, / because triumph is made more visible than failure, / you are likely to overestimate / your chances of succeeding.
일상에서는 / 성공이 실패보다 더 잘 보이도록 되어 있어서 / 여러분은 과대평가하기 쉽다 / 여러분의 성공 가능성을

2 The media / is not interested / in digging around in the graveyards of the unsuccessful, / but you should take an interest.
매체는 / 관심이 없다 / 성공하지 못한 사람들의 무덤 주위를 파내는 것에 / 하지만 여러분은 관심을 가져야 한다

02강 글의 주제

유형 PRACTICE

본문 16~21쪽

01 ③ 02 ④ 03 ② 04 ⑤ 05 ⑤

01

정답 ③

사람과 기계를 협력 체제로 생각하지 않고 자동화될 수 있는 어떤 작업이든지 기계에 배정하고 그 나머지를 사람들에게 맡길 때 어려움이 생긴다. 이것은 결국 사람들에게 기계와 같은 방식으로, 즉 인간의 능력과는 다른 방식으로 행동하도록 요구하게 된다. 우리는 사람들이 기계를 감시할 것으로 기대하는데, 그것은 오랫동안 경계를 게을리하지 않는 것을 의미하며, 우리가 잘하지 못하는 것이다. 우리는 사람들에게 기계에 의해 요구되는 극도의 정밀함과 정확성을 가지고 반복 작업을 할 것을 요구하는데, 그것은 또 우리가 잘하지 못하는 것이다. 우리가 이런 방식으로 어떤 과제에 대해 기계적 구성 요소와 인간적 구성 요소를 나눌 때, 우리는 인간의 강점과 능력을 이용하지 못하고 대신에 유전적으로, 생물학적으로 부적합한 영역에 의존한다. 하지만, 사람들이 실패할 때, 그들은 비난을 받는다.

해설

자동화될 수 있는 모든 작업을 기계에 배정하고 그 나머지를 사람들에게 배정하면 문제가 생기며, 사람들은 자신들이 잘하지 못하는 기계 감시와 반복 작업을 요구받게 되는데, 이러한 작업 분배 방식은 인간의 강점과 능력을 제대로 이용하지 못한다는 내용의 글이다. 따라서 글의 주제로 가장 적절한 것은 ③ '자동화된 체제에서 인간에게 부적합한 업무가 배정되는 것의 문제'이다.

① 실패를 피하기 위해 인간의 약점을 극복하는 것의 어려움
② 기계와 인간이 함께 일할 수 있는 것의 이점
④ 인간이 기계 자동화를 계속 추구하는 이유
⑤ 인간의 행동이 기계의 성능에 미치는 영향

TEXT FLOW

발단 사람과 기계를 협력 체제로 생각하지 않고 기계에 자동화 작업을 맡기고 사람에게 그 나머지 일을 맡길 경우 어려움이 생김
전개 우리는 사람들에게 기계를 감시하는 것과 기계에 의해 요구되는 반복 작업을 하도록 요구하는데, 그것은 인간이 잘하지 못하는 것임
결론 우리는 인간이 할 일과 기계가 할 일을 나눌 때 인간의 강점과 능력을 제대로 이용하지 못하며, 사람들이 실수하면 그들은 비난을 받음

구문

• Difficulties arise when we do **not** [think of people and machines as collaborative systems], **but** [assign {whatever tasks can be automated} to the machines and leave the rest to people].
: 'A가 아니라 B'를 의미하는 「not A but B」 구문이 사용되어 두 개의 [ ]가 병렬구조를 이룬다. { }는 assign의 목적어 역할을 하는 명사절이다.

CHECK NOTE

1 task assignment
2 When we divide up the machine and human components of a task in this way, we fail to take advantage of human strengths and capabilities but instead rely upon areas where we are genetically, biologically unsuited.

02

정답 ④

대부분의 사회는 거리, 부피 또는 무게에 대한 자체 측정 체계를 고안한다. 채택된 대부분의 단위는 일상생활과 관련된 인간의 척도에 관한 것인데, 1파운드 무게는 한 움큼의 고기나 곡물을 나타내고, 초는 대략 심장 박동에 해당하는 시간의 분할이다. 실제로, 많은 전통적인 단위들은 피트, 인치(엄지손가락), 큐빗(팔뚝) 그리고 마일(로마인의 천 걸음)과 같은 신체의 치수에 기초해 왔다. 그러나, 이러한 단위의 문제는 그것이 사람마다 다를 뿐만 아니라 종종 엄청나게 복잡하고 비효율적인 변환 계수를 수반한다는 것이다. 예를 들어, 1마일은 1,760야드, 5,280피트, 또는 63,360인치와 같다. 이상적으로, 여러분은 편리한 척도의 분류 체계를 통합하는 서로 관계가 있는 일련의 표준화된 단위를 사용하기를 원한다.

해설

파운드, 초, 피트, 인치 등과 같은 측정 단위가 모두 인간을 척도로 하여 정해진 것인데, 그로 인해 단위가 사람마다 다를 뿐만 아니라 엄청나게 비효율적인 변환 계수를 수반한다는 내용의 글이다. 따라서 글의 주제로 가장 적절한 것은 ④ '다양한 전통적인 측정 단위의 기원과 그것들의 문제점'이다.

① 국가들이 각기 다른 측정 단위를 가진 이유
② 각기 다른 측정 단위들을 표준화하려는 노력과 그것들의 한계
③ 측정 단위의 표준화가 산업에 미치는 영향
⑤ 측정 단위와 농업 생산성 간의 관계

TEXT FLOW

도입 대부분의 사회는 자체 측정 체계를 고안해 내며 채택된 대부분의 단위는 일상생활과 관련된 인간의 척도에 관한 것임
부연 파운드, 초, 피트, 인치 등은 모두 인간의 신체 치수에 근거한 것임
전환 이러한 단위의 문제는 그것이 사람마다 다르고, 복잡하고 비효율적인 변환 계수를 수반한다는 것임

구문

• Ideally, you want a standardised set of interrelated units [that incorporate a convenient hierarchy of scale].
: [ ]는 a standardised set of interrelated units를 수식하는 관계절이다.

CHECK NOTE

1 system of measures
2 However, the problem

직독직해 NOTE

1 Most units adopted are / on a human scale / relevant to everyday life: / a pound weight represents / a handful of meat or grain, / and the second is a division of time / corresponding roughly to a heartbeat.
채택된 대부분의 단위는 ~이다 / 인간의 척도에 관한 것 / 일상생활과 관련된 / 1파운드 무게는 나타낸다 / 한 움큼의 고기나 곡물을 / 그리고 초는 시간의 분할이다 / 대략 심장 박동에 해당하는

2 However, / the problem with these units is / that they not only vary / from person to person, / but often involve / incredibly complicated and inefficient conversion factors: / the mile, for example, is equivalent / to 1,760 yards, 5,280 feet, or 63,360 inches.
그러나 / 이러한 단위의 문제는 ~이다 / 그것이 다를 뿐만 아니라 / 사람마다 / 종종 수반한다는 것 / 엄청나게 복잡하고 비효율적인 변환 계수를 / 예를 들어 1마일은 ~ 같다 / 1,760야드, 5,280피트, 또는 63,360인치와

03

정답 ②

아이들을 돌보는 것은 때때로, 조각이 계속 바뀌는 거대한 퍼즐을 풀려고 노력하는 것처럼 느껴질 수 있다. 그들이 신발끈을 묶거나 장난감을 함께 쓰는 것과 같은 새로운 것을 배우도록 도와야 한다고 상상하라, 하지만 매일 새로운 도전이 있다. 그들이 건강에 좋은 채소를 먹게 확실히 하는 것에서부터 취침 시간을 순조로운 모험으로 만드는 것에 이르기까지, 항상 해결해야 할 것이 있다. 아이들은 매우 빠르게 성장하고, 성장함에 따라 그들은 자신만의 생각과 감정을 갖기 시작하는데, 이는 마치 흔들리는 자전거를 타는 법을 배우는 것과 조금 비슷할 수 있다. 그것은 단순히 그들을 안내하는 것만이 아니

다. 그것은 또한 그들이 스스로 일을 할 수 있게 하는 것과 그들이 안전하도록 보장하는 것 사이의 균형을 찾는 것에 관한 것이기도 하다. 그리고 선 안에 색을 칠하려고 하는 것과 마찬가지로, 육아에는 다른 사람들의 조언이 많이 있고, 그로 인해 모든 사람이 자신만의 규칙서를 가지고 있는 것처럼 느껴진다. 사랑과 웃음으로 가득할지라도, 육아는 매일 까다로운 많은 도전에 직면하는 슈퍼 영웅이 되는 것과 같다.

해설

육아는 조각이 계속 바뀌는 거대한 퍼즐을 풀려고 노력하는 것처럼 많은 새로운 과제를 수반하므로, 매일이 까다로운 많은 도전에 직면하는 슈퍼 영웅이 되는 것과 같다는 내용의 글이다. 따라서 글의 주제로 가장 적절한 것은 ② '육아가 어려운 이유'이다.

① 좋은 부모가 되기 위한 조언
③ 아이들의 놀라운 학습 능력
④ 아이들과의 상호작용의 중요성
⑤ 아이들의 자유를 존중해야 하는 필요성

매력적인 오답 주의!

① 육아가 어려운 이유를 설명하는 글로, 좋은 부모가 되기 위한 조언을 하지는 않았다.

TEXT FLOW

도입	아이들을 돌보는 것은 조각이 계속 바뀌는 거대한 퍼즐을 풀려고 노력하는 것처럼 느껴질 수 있음
부연 1	아이들을 돌보는 것은 매일이 새로운 도전이고 항상 해결해야 할 것이 있음
부연 2	아이들을 돌보는 일은 아이들이 스스로 일을 하게 하는 것과 그들이 안전하도록 보장하는 것 사이의 균형을 찾는 일임
주제	육아는 매일 까다로운 많은 도전에 직면하는 슈퍼 영웅이 되는 것과 같음

구문

- [Taking care of children] can sometimes feel like trying to solve a giant puzzle [where the pieces keep changing].
  : 첫 번째 [ ]는 문장의 주어 역할을 하는 동명사구이고, 두 번째 [ ]는 a giant puzzle을 수식하는 관계절이다.
- Kids grow up so fast, and as they **do**, they start to have their own ideas and feelings, [which can be a bit like learning to ride a wobbly bike].
  : do는 대동사로 grow up so fast를 대신한다. [ ]는 앞 절의 내용인 they start to have their own ideas and feelings를 부가적으로 설명하는 관계절이다.

CHECK NOTE

1 taking care of children 또는 parenting
2 Although it's full of love and laughter, parenting is like being a superhero with many tricky challenges every day.

직독직해 NOTE

1 From making sure they eat healthy vegetables / to making bedtime a smooth adventure, / there's always something to figure out.
그들이 건강에 좋은 채소를 먹게 확실히 하는 것에서부터 / 취침 시간을 순조로운 모험으로 만드는 것에 이르기까지 / 항상 해결해야 할 것이 있다

2 And just like trying to color inside the lines, / parenting comes / with a lot of advice from different people, / making it feel like everyone has their own rulebook.
그리고 선 안에 색을 칠하려고 하는 것과 마찬가지로 / 육아에는 있다 / 많은 다른 사람들의 조언이 / 그로 인해 모든 사람이 자신만의 규칙서를 가지고 있는 것처럼 느껴진다

04

정답 ⑤

비행기 조종사들은 자신들의 비행기가 수평으로 날고 있는지와 같은 중대한 요인들에 관해 언제 그들의 지각 체계가 그들을 잘못 이끌고 있는지 알기 위해 항공 계기를 사용한다. 학생들은 그들이 안다고 생각하는 만큼 자신들이 알고 있는지 확인하기 위해 연습 평가를 이용한다. 여기에서 연습 평가의 문제에 답을 하는 것의 중요성에 대해 분명해질 가치가 있다. 흔히 우리는 연습 평가의 문제를 보고 "응, 나 그거 알아."라고 생각한 다음 답을 기입하려고 하지 않고 페이지를 내려간다. 만약 여러분이 답을 주지 않으면, 여러분은 실제로 정확한 답을 하는 데 어려움을 겪을 것인데도 안다는 착각에 굴복하고 있을지도 모른다. 연습 평가를 실제 평가처럼 취급하고, 여러분의 답을 확인하며, 여러분이 향상시켜야 하는 분야에 여러분의 공부 노력을 집중하라.

해설

학생들이 안다고 생각하는 만큼 정말로 알고 있는지 확인하기 위해 연습 평가를 이용하는데, 문제를 보고 그냥 넘어가면 잘 모르면서도 안다고 착각하게 될 수 있기 때문에 연습 평가를 실제 평가처럼 취급하여 공부 노력을 집중하라고 말함으로써 연습 평가의 필요성을 강조하고 있다. 따라서 글의 주제로 가장 적절한 것은 ⑤ '연습 평가를 이용하여 지식을 확인할 필요성'이다.

① 선다형 평가의 문제점
② 평가가 지능 발달에 미치는 영향
③ 연습 평가를 이용하는 것의 장단점
④ 학생들에게 시험을 실행할 때 고려할 사항

TEXT FLOW

도입	비행기 조종사들이 지각 체계가 언제 그들을 잘못 이끌고 있는지 알기 위해 항공 계기를 사용하는 것처럼 학생들은 자신이 공부한 것을 확인하고자 연습 평가를 이용함
부연	연습 평가를 할 때 아는 문제라고 답을 기입하지 않고 넘어가지 말고 답을 해야 함
결론	연습 평가를 실제 평가처럼 취급하고, 자신의 답을 확인하며, 향상이 필요한 분야에 공부 노력을 집중해야 함

구문

- Airline pilots use flight instruments [to know {when their perceptual systems are misleading them about critical factors like whether their airplane is flying level}].
  : [ ]는 목적의 의미를 나타내는 부사적 용법의 to부정사구이다. { }는 know의 목적어 역할을 하는 의문사가 이끄는 명사절이다.
- Students use practice tests to see [whether they know as much as they think they **do**].
  : [ ]는 see의 목적어 역할을 하는 명사절이다. do는 동사 know를 대신하는 대동사이다.

CHECK NOTE

1 practice tests
2 Treat practice tests as actual test, check your answers, and focus your studying effort on the areas you should improve.

직독직해 NOTE

1 If you don't supply the answer, / you may be giving in / to the illusion of knowing, / when actually you would have difficulty / giving an accurate response.
만약 여러분이 답을 주지 않으면 / 여러분은 굴복하고 있을지도 모른다 / 안다는 착각에 / 실제로 어려움을 겪을 것인데도 / 정확한 답을 하는 데

2 Treat practice tests / as actual tests, / check your answers, / and focus your studying effort / on the areas you should improve.
연습 평가를 취급하라 / 실제 평가처럼 / 여러분의 답을 확인하라 / 그리고 여러분의 공부 노력을 집중하라 / 여러분이 향상시켜야 하는 분야에

05

정답 ⑤

동물, 식물, 아름다운 풍경이 우리의 행성을 건강하게 지켜주는 특별한 팀의 수호자 같은 마법의 장소를 상상해 보라. 그것이 국립공원이 하는 일이다. 이 놀라운 장소는 자연의 비밀 은신처와 같은데, 거기서는 동물이 편안한 보금자리를 가지고 식물은 행복하게 자랄 수 있다. 국립공원은 이러한 보금자리를 보호하는 방패 같은 곳으로 그곳이 해로움으로부터 안전한 상태가 되도록 확실히 한다. 그것은 우리가 숨 쉬는 공기를 매우 깨끗하게, 그리고 우리가 마시는 물을 수정같이 맑게 유지하는 것을 돕는다. 그것은 나무, 강, 산을 지켜보는 커다란 환경 친화적인 친구가 있는 것과 같다. 그리고 그것 아는가? 국립공원은 또한 자연을 위한 교실이기도 한데, 거기서 과학자들은 동식물이 튼튼하고 행복하게 지낼 수 있도록 확실히 하기 위해 동식물에 관해 배운다. 우리가 장난감과 반려동물을 돌보는 것과 마찬가지로, 국립공원은 우리 행성의 보물을 모든 사람이 누릴 수 있도록 안전하고 건강하게 유지되는 것이 확실하도록 보살핀다.

해설

국립공원은 자연의 비밀 은신처이면서 동식물의 보금자리를 보호하는 방패 같은 곳으로, 모든 사람이 누릴 수 있게 안전하고 건강하게 유지되도록 우리 행성의 보물을 보살핀다는 내용의 글이다. 따라서 글의 주제로 가장 적절한 것은 ⑤ '자연 보호에 있어 국립공원의 중요한 역할'이다.
① 자연에서 배우려는 과학자들의 노력
② 자연에서 생존을 위한 치열한 투쟁
③ 국립공원이 야생동물에 미치는 악영향
④ 천연 자원을 보존하는 효과적인 방법

TEXT FLOW

주제	국립공원은 우리의 행성을 건강하게 지켜주는 특별한 팀의 수호자 같은 마법의 장소임
부연 1	국립공원은 자연의 비밀 은신처이고, 보금자리를 보호하는 방패 같은 곳임
부연 2	국립공원은 공기와 물을 깨끗하고 맑게 유지하는 것을 도움
부연 3	국립공원은 자연을 위한 교실임
부연 4	국립공원은 우리 행성의 보물을 보살핌

구문

- Imagine [a magical place {where animals, plants, and beautiful landscapes are like guardians on a special team that keeps our planet healthy}].
: [ ]는 Imagine의 목적어 역할을 하는 명사구이고, 그 안의 { }는 a magical place를 수식하는 관계절이다.
- They help to keep [the air {we breathe}] super clean and [the water {we drink}] crystal clear.
: 두 개의 [ ]는 keep의 목적어 역할을 하는 명사구이고, 그 안의 두 개의 { }는 각각 그 앞의 the air와 the water를 수식하는 관계절이다.

CHECK NOTE

1 national parks
2 동식물의 보금자리 역할을 함 / 공기와 물을 깨끗하게 함 / 과학자들이 동식물에 관해 배울 수 있게 함

직독직해 NOTE

1 These incredible places / are like nature's secret hideaways, / where animals have comfortable homes / and plants can grow happily.
이 놀라운 장소는 / 자연의 비밀 은신처와 같은데 / 거기서는 동물이 편안한 보금자리를 가진다 / 그리고 식물은 행복하게 자랄 수 있다

2 Just as we care for our toys and pets, / national parks care for our planet's treasures / to make sure they stay safe and healthy / for everyone to enjoy.
우리가 장난감이나 반려동물을 돌보는 것과 마찬가지로 / 국립공원은 우리 행성의 보물을 보살핀다 / 그들이 안전하고 건강하게 유지되는 것이 확실하도록 / 모든 사람이 누릴 수 있도록

03강 글의 제목

유형 PRACTICE

본문 22~27쪽

01 ③	02 ④	03 ⑤	04 ⑤	05 ①

01

정답 ③

이미 알고 있겠지만, 여러분이 무엇을 어떻게 구매하는지는 정치적일 수 있다. 여러분은 여러분의 돈을 누구에게 주고 싶은가? 여러분은 어떤 회사와 기업을 가치 있게 여기고 존중하는가? 우리의 지원을 받을 자격이 있는지를 결정하기 위해 우리의 돈을 가져가는 기업들을 면밀히 조사함으로써 모든 구매에 주의를 기울여라. 그들은 환경을 오염시킨 기록이 있는가, 아니면 그들이 만드는 제품에 대한 공정 거래 관행과 제품 수명 종료 계획이 있는가? 그들은 세상에 득인 것을 일으키는 데 헌신하고 있는가? 예를 들어, 우리 가족은 사회적 양심을 가지고 재활용되고 플라스틱 포장이 없는 화장지를 생산하

는 회사를 발견했다. 그들은 수익의 50%를 전 세계 화장실 건설에 기부하고 우리는 이 특별한 화장지에 매달 돈을 쓸 수 있어서 진심으로 기쁘다. 기업의 세계는 소비자를 기반으로 구축되므로, 소비자로서 여러분은 지갑으로 투표하고 여러분이 선택한 모든 구매를 통해 회사들이 더 건강하고 더 지속 가능한 관행을 받아들이도록 장려할 힘이 있다는 것을 기억하라.

해설

기업은 소비자를 기반으로 구축되기 때문에, 소비자는 구매를 통해 회사들이 더 건강하고 더 지속 가능한 관행을 받아들이도록 장려할 수 있다는 내용의 글이다. 따라서 글의 제목으로 가장 적절한 것은 ③ '의식적으로 사라, 기업이 올바른 일을 하도록 하라'이다.

① 친환경 사업: 그것은 정말로 친환경적일까?
② 공정 무역이 항상 소비자에게 매력적인 것은 아니다
④ 유권자는 경제 정책에 강력한 영향력을 끼칠 수 있는가?
⑤ 돈을 절약하는 비결: 지출을 기록하라

매력적인 오답 주의!

④ 소비자가 구매를 통해 회사가 더 건강하고 더 지속 가능한 관행을 유지하도록 하라는 내용으로, 유권자가 경제 정책에 영향력을 끼칠 수 있는지를 묻는 선택지는 글의 제목으로 적절하지 않다.

TEXT FLOW

도입	무엇을 어떻게 구매하는지는 정치적일 수 있음
주제	소비자의 돈을 가져가는 기업들을 면밀히 조사함으로써 모든 구매에 주의를 기울여야 함
부연	기업이 환경을 오염시킨 기록이 있는지, 공정 거래 관행과 제품 수명 종료 계획이 있는지 확인해야 함
주제 재진술	소비자로서 구매를 통해 기업들이 더 건강하고 더 지속 가능한 관행을 받아들이도록 장려할 수 있음

구문

- Be mindful about every purchase by carefully researching the corporations [that are taking our money] to decide [if they deserve our support].
: 첫 번째 [ ]는 the corporations를 수식하는 관계절이고, 두 번째 [ ]는 decide의 목적어 역할을 하는 명사절이다.

- Remember [that the corporate world is built on consumers, so as a consumer you have the power to {vote with your wallet} and {encourage companies to embrace healthier and more sustainable practices with every purchase ⟨you choose to make⟩}].
: [ ]는 Remember의 목적어 역할을 하는 명사절이다. 두 개의 { }는 and로 연결되어 to에 이어진다. ⟨ ⟩는 every purchase를 수식하는 관계절이다.

CHECK NOTE

1 소비자의 영향력
2 Remember that the corporate world is built on consumers, so as a consumer you have the power to vote with your wallet and encourage companies to embrace healthier and more sustainable practices with every purchase you choose to make.

02

정답 ④

선사 시대에 우리 조상들은 단어가 없을 때에 많은 것을 알려 주었던 움직임의 언어인 춤을 통해 소통했다. 그것은 단순한 오락의 형태였을 뿐만 아니라, 일상생활의 기본적인 측면이기도 한데, 공동체는 잘 맞춰진 스텝과 리듬감 넘치는 박자를 통해 이야기, 감정, 자연과의 관계를 표현하기 위해 모였다. 문자가 등장하기 전에, 춤은 기쁨, 경외감, 그리고 인간의 경험 자체를 전달하는 공동의 언어 역할을 했다. 성공적인 사냥을 축하하는 것부터 수확에 대한 감사를 표현하는 것까지, 이러한 고대 의식은 존재의 구조에 깊숙이 엮여 있었다. 북의 박동하는 리듬과 춤을 추는 사람들의 우아한 움직임은 신성한 의미를 지니고 있었고, 세계의 신비를 이해하고 표현하는 수단을 제공했다. 이러한 춤은 단순한 공연 그 이상이었는데, 본질적으로 그것은 공동체 내의 단결을 조성하고 그들을 둘러싼 영적이고 자연적인 힘과의 깊은 연결을 촉진하는 강력한 의식이었다.

해설

선사 시대에 우리 조상들은 움직임의 언어인 춤을 통해 소통했는데, 춤과 함께 하는 의식은 단순한 공연 그 이상으로, 공동체 내의 단결을 조성하고 그들을 둘러싼 영적이고 자연적인 힘과의 깊은 연결을 촉진하는 강력한 의식이었다는 내용의 글이다. 따라서 글의 제목으로 가장 적절한 것은 ④ '춤과 함께 하는 의식: 선사 시대의 삶의 본질'이다.

① 선사 시대에 춤이 발전한 방식
② 자연: 선사 세계의 저장고
③ 춤 의식의 역사에 대한 과대평가
⑤ 춤 의식이 중요하지 않은 것으로 간주되어온 이유

매력적인 오답 주의!

① 선사 시대에 춤으로 이루어진 의식이 삶의 본질을 이루었다는 내용이지, 춤이 어떻게 발전했는지에 대한 내용은 다뤄지지 않았다.

TEXT FLOW

도입	선사 시대에 조상들은 움직임의 언어인 춤을 통해 소통함
전개 1	문자가 등장하기 전에 춤은 기쁨, 경외감, 그리고 인간의 경험 자체를 전달하는 공동의 언어 역할을 했음
전개 2	춤 의식은 신성한 의미를 지니고 있었고, 세계의 신비를 이해하고 표현하는 수단이었음
결론	본질적으로 춤은 공동체 내의 단결을 조성하고 그들을 둘러싼 영적이고 자연적인 힘과의 깊은 연결을 촉진하는 의식이었음

구문

- It was**n't just** a form of entertainment, **but** a fundamental aspect of daily life, [where communities gathered to express stories, emotions, and their connection to nature through synchronized steps and rhythmic beats].
: 'A뿐만 아니라 B도'의 의미인 「not just A, but B」가 쓰였다. [ ]는 a fundamental aspect of daily life를 부가적으로 설명하는 관계절이다.

CHECK NOTE

1 dance in prehistoric times
2 춤은 기쁨, 경외감, 그리고 인간의 경험 자체를 전달하는 공동의 언어 역할을 했음

직독직해 NOTE

1 The pulsating rhythms of the drums / and the graceful movements of the dancers / held sacred significance, / offering a means of understanding and expressing the mysteries of their world.

북의 박동하는 리듬과 / 춤을 추는 사람들의 우아한 움직임은 / 신성한 의미를 지니고 있었고 / 세계의 신비를 이해하고 표현하는 수단을 제공했다

2 These dances were / more than mere performances; / in essence, / they were powerful rituals / that fostered unity within communities / and facilitated a deep connection with the spiritual and natural forces / that surrounded them.

이러한 춤은 ~이었다 / 단순한 공연 그 이상 / 본질적으로 / 그것은 강력한 의식이었다 / 공동체 내의 단결을 조성하고 / 영적이고 자연적인 힘과의 깊은 연결을 촉진하는 / 그들을 둘러싼

03

정답 ⑤

Pennsylvania 대학의 유명한 심리학자인 Martin Seligman에 의하면, 낙천주의자들이 비관적이거나 부정적인 태도를 지닌 비슷한 재능의 사람들에 비해 더 성공적이라고 한다. 또한 그의 연구는 부정적인 태도가 긍정적인 태도로 바뀔 수 있음을 지적한다. 우리 각자는 우리의 원래 태도를 바꾸기로 결정할 수 있다. 대부분의 사람들은 건강을 유지하기 위해 일 년에 한두 번 건강 검진이나 치과 검진을 받는다. 또한 우리는 자동차가 계속 잘 움직이는 것을 확실히 하기 위해 우리의 자동차가 정기 점검을 받도록 한다. 하지만, 슬프게도 우리는 우리의 정신 건강에 영향을 미치는 태도를 추적 관찰하는 것에 대해서는 거의 주의를 기울이지 않는다. 여러분이 태도 검진을 받은 마지막이 언제였는가? 만일 여러분이 인생에서 원하는 것을 얻지 못하고 있다면, 사람들이 여러분에게 잘 반응하지 않고 있다면, 여러분이 그것을 필요로 하고 있다는 것은 아닐까?

해설

낙천주의자들이 더 성공적이고 태도는 바뀔 수 있으므로, 긍정적인 태도를 갖기 위해 태도 검진을 받으라고 했다. 따라서 글의 제목으로 가장 적절한 것은 ⑤ '때때로 여러분은 태도 검진이 필요하다'이다.

① 태도는 바꾸기 어려울 수 있다
② 긍정적 태도를 만드는 법
③ 정기 검진, 여러분 생명의 구원자
④ 연간 검진은 시간 낭비이다

TEXT FLOW

- **도입** 한 심리학자에 의하면, 낙천주의자들이 더 성공적이고, 부정적인 태도는 긍정적인 태도로 바뀔 수 있다고 함
- **전개** 우리는 정신 건강에 영향을 미치는 태도를 추적 관찰하는 것에 주의를 기울이지 않음
- **결론** 인생에서 원하는 것을 얻지 못하고, 사람들이 잘 반응하지 않는다면, 태도 검진이 필요함

구문

• We also take our cars in for regular checkups [to make sure {that they keep running properly}].
: [ ]는 목적의 의미를 나타내는 부사적 용법의 to부정사구이다. { }는 make sure의 목적어 역할을 하는 명사절이다.

CHECK NOTE

1 attitude checkup
2 태도 검진의 필요성

직독직해 NOTE

1 Optimists are more successful / than similarly talented people / with pessimistic or negative attitudes, / according to Martin Seligman, / a noted psychologist at the University of Pennsylvania.

낙천주의자들이 더 성공적이다 / 비슷한 재능의 사람들에 비해 / 비관적이거나 부정적인 태도를 지닌 / Martin Seligman에 의하면 / Pennsylvania 대학의 유명한 심리학자인

2 If you haven't been getting / what you want out of life, / if people are not responding well to you, / could it be that you need one?

만일 여러분이 얻지 못하고 있다면 / 인생에서 원하는 것을 / 사람들이 여러분에게 잘 반응하지 않고 있다면 / 여러분이 그것을 필요로 하고 있다는 것은 아닐까

04

정답 ⑤

비전 만들기는 미래를 예견하는 한 방법이다. 그것은 여러분의 마음에 씨앗을 심는 것과 같아서, 여러분이 올바르게 물을 주면, 시간이 흐르면서 그것이 예정된 방식대로 자라고 꽃을 피우게 될 것이다. 그것은 등반을 시작하기 전 여러분이 산꼭대기에서 보게 될 전망을 묘사하는 것과 같다. 어쩌면 고된 여정에 대하여 여러분이 가지는 동기는, 만일 그것이 단순한 등반이었다면 그랬을 것보다, 꼭대기에서 무엇을 보게 될 것인지에 대하여 아주 분명히 함으로써 더 북돋아질 것이다. 그것은 여러분의 사업체에도 똑같을 수 있다. 만일 여러분이 마음속에 분명한 비전, 즉 여러분이 다른 사람들에게 전할 수 있는 비전을 지니고 있다면, 그 여정은 훨씬 더 활기 있게 되고 집중될 수 있을 것이다. 비전을 갖는다는 것은 하루하루의 활동들을 더욱 의미 있게 만든다.

해설

미래에 대한 비전을 갖게 되면 현재의 일을 더 힘이 넘치고 활기 있게 수행할 수 있다는 내용의 글이다. 따라서 글의 제목으로 가장 적절한 것은 ⑤ '비전: 미래를 위한 오늘의 에너지 촉진제'이다.

① 명상, 여러분의 치유 여정
② 여행으로부터 비전 세우기
③ 비전 없이 사는 법 배우기
④ 두려움, 여러분과 여러분의 비전을 제한하는 것

TEXT FLOW

- **도입** 비전은 미래를 예견하는 한 방법임
- **비유 1** 비전은 씨앗과 같아서 예정된 방식으로 자라고 꽃을 피움
- **비유 2** 비전은 등산 시작 전 산꼭대기에서 보게 될 전망을 묘사하는 것과 같음
- **주제** 비전은 미래를 위한 현재의 활동을 더욱 활기차게 만듦

구문

• The motivation [you have for the potentially arduous journey] will be boosted **more** by being very clear about [what you

will see at the top] **than** [it **would have been** if it **had been** just a climb].
:「more ~ than」의 비교표현이 사용되었다. 첫 번째 [ ]는 목적격 관계대명사 that[which]이 생략된 관계절로 선행사 The motivation을 수식하며, 두 번째 [ ]는 전치사 about의 목적어 역할을 하는 명사절이다. 세 번째 [ ]는 과거 상황을 반대로 가정하는「주어+조동사 과거형+have p.p., if+주어+had p.p. ~」 형태의 가정법 과거완료 구문이 쓰였다.

CHECK NOTE

1 vision
2 Having a vision makes day-to-day activities more meaningful.

직독직해 NOTE

1 It [is] like planting a seed in your mind / which, if you water correctly, / over time will grow and flower / in the way that it was predestined to.
그것은 여러분의 마음에 씨앗을 심는 것과 같다 / 여러분이 올바르게 물을 주면 / 시간이 흐르면서 자라고 꽃을 피우게 될 것이다 / 그것이 예정된 방식대로

2 If you have a clear vision / in your mind, / a vision that you can communicate to others, / the journey [will be] much more energized and focused.
만일 여러분이 분명한 비전을 지니고 있다면 / 마음속에 / 즉 여러분이 다른 사람들에게 전할 수 있는 비전을 / 그 여정은 훨씬 더 활기 있게 되고 집중될 수 있을 것이다

05

정답 ①

80년 동안이나, 교통 공학자들은 자신들의 일을 최소한의 불편함으로 가능하면 빠르게 도시를 통과해 자동차를 이동시키는 것으로 여기도록 훈련받아 왔다. 교통 설계 면에 있어, 보행자들이, 놀고 있는 아이들이, 그리고 이웃 전체가 요란스럽게 달리는 차량들에 의해 얼마나 불편함을 느꼈고 심지어 공포에 떨었는지는 거의 고려되지 않았다. 여러분이 교통 계획자들이나 선출 공무원들에게 정지 표지판이나 교통 정온화 시설을 설치하자고 제안하면, 여러분은 이러한 경직된 사고를 여전히 접하게 될 것이다. 그들이 여러분에게 역으로 인용하는 사실들과 수치들은 자동차를 느리게 하는 어떤 것이든 나쁜 것이라는 그들의 신념을 뒷받침하도록 종종 편향되게 제시된다. 전향적인 도시에 있는 전향적인 교통 공학자들은 현재 정지 및 양보 표지판의 중요성을 인식하고 있다. 샌프란시스코를 향해 금문교를 떠나면서 여러분은 Marine Avenue의 거의 모든 모퉁이에서 정지할 것인데, 그것은 Marina 지역이 폭주하는 과속 차량들로 인해 만(灣)으로부터 단절되지 않게 한다.

해설

교통 공학자들은 자동차의 빠른 이동보다는 사람의 안전을 먼저 고려해야 한다는 내용의 글이다. 따라서 글의 제목으로 가장 적절한 것은 ① '차량보다 사람의 안전을 먼저 생각하라'이다.
② 미래의 스마트 도시 형성하기
③ 전향적인 도시를 지속 가능하게 만들기
④ 교통 안전 조치와 체증 완화
⑤ 도심 교통 체증의 비용 측정하기

TEXT FLOW

도입	지금까지 교통 공학자들은 자동차의 빠른 이동에 관심을 두도록 훈련받아 왔음
전개 1	교통 설계 시 사람에 대한 고려는 별로 없었음
전개 2	교통 계획자들이나 공무원들은 여전히 사람보다는 자동차에 관심이 더 많음
전환	일부 도시에서 자동차보다 사람에 관심을 더 두는 전향적인 도시 계획이 이루어지고 있음

구문

• [Coming off the Golden Gate Bridge into San Francisco], you'll stop at almost every corner on Marine Avenue, [which ensures {that the Marina district is not cut off from the bay by torrents of speeding traffic}].
: 첫 번째 [ ]는 동시동작을 나타내는 분사구문이다. 두 번째 [ ]는 앞 절을 부가적으로 설명하는 관계절이다. 두 번째 [ ] 안의 { }는 동사 ensures의 목적어 역할을 하는 명사절이다.

CHECK NOTE

1 traffic (design)
2 교통 설계에 있어 사람을 최우선으로 고려할 필요성

직독직해 NOTE

1 In terms of traffic design, / little thought [was given] / to how pedestrians, kids at play and entire neighborhoods / were inconvenienced and even terrorized / by roaring traffic.
교통 설계 면에 있어 / 거의 고려되지 않았다 / 얼마나 보행자들과 놀고 있는 아이들과 그리고 이웃 전체가 / 불편함을 느꼈고 심지어 공포에 떨었는지는 / 요란스럽게 달리는 차량들에 의해

2 The facts and figures / they quote back to you / [are] often [slanted] / to back up their belief / that anything that slows cars is bad.
사실들과 수치들은 / 그들이 여러분에게 역으로 인용하는 / 종종 편향되게 제시된다 / 그들의 신념을 뒷받침하도록 / 자동차를 느리게 하는 어떤 것이든 나쁜 것이라는

04강 글의 목적 및 심경

유형 PRACTICE

본문 28~33쪽

01 ①	02 ③	03 ④	04 ①	05 ⑤

01

정답 ①

저는 Toon Skills Company의 경영자인 Charlie Reeves입니다. 여러

분이 새로운 웹툰 제작 기술과 기법에 관심이 있으시다면, 이 게시물은 여러 분을 위한 것입니다. 올해, 저희는 특별 온라인 강좌를 시작했는데, 그것은 웹툰 제작에 관한 다양한 콘텐츠가 담겨 있습니다. 각 강좌는 여러분의 그리기와 스토리텔링 기술을 향상하는 데 도움을 주는 10차시로 구성되어 있습니다. 게다가, 이 강좌들은 초급에서 고급까지 어떤 수준에도 맞게 구성되어 있습니다. 비용은 한 강좌당 45달러이며 여러분은 여러분의 강좌를 6개월 동안 원하는 만큼 여러 번 보실 수 있습니다. 재능 있고 경험이 풍부한 강사들이 담당하는 저희 강좌는 여러분에게 창의력의 새로운 세계를 열어줄 것입니다. 이제 https://webtoonskills.com에서 여러분의 웹툰 세계를 창조하기 시작할 때입니다.

해설

Toon Skills Company의 경영자가 자신들이 새로 개설한 웹툰 제작 온라인 강좌의 구체적인 내용과 비용에 관한 정보를 제시하고 있다. 따라서 글의 목적으로 가장 적절한 것은 ①이다.

⊗ 매력적인 오답 주의!

⑤ 웹툰 제작(webtoon production)이라는 글의 소재를 가지고 만든 선택지이지만 웹툰 제작 방법 그 자체를 설명하는 게 아니라, 웹툰 제작에 관한 온라인 강좌 홍보를 목적으로 쓰인 글이다.

TEXT FLOW

- 도입 새로운 웹툰 제작 기술과 기법에 관심이 있다면, 이 게시물은 여러분을 위한 것임
- 주제 특별 온라인 강좌를 시작했는데, 웹툰 제작에 관한 다양한 콘텐츠가 담겨 있음
- 부연 비용은 강좌당 45달러이고, 재능 있고 경험이 풍부한 강사들이 창의력의 새로운 세계를 열어줄 것임

구문

- This year, we've launched special online courses, [which contain a variety of contents about webtoon production].
  : [ ]는 special online courses를 부가적으로 설명하는 관계절이다.
- Each course consists of ten units [that help improve your drawing and story-telling skills].
  : [ ]는 ten units를 수식하는 관계절이다.

CHECK NOTE

1 webtoon-making online courses
2 웹툰 제작 온라인 강좌 수강생 모집

02

정답 ③

안녕하세요, 제 이름은 Diana Robinson인데, 졸업반 학생이고 Missouri 주 세인트루이스의 Blue Sky 고등학교 오케스트라의 첼리스트입니다. 저희는 올해 11월에 뉴욕 시에 있는 카네기홀에서 연주하도록 초대를 받았기 때문에 몹시 흥분되고 자랑스럽습니다. 이것은 많은 비용이 드는 시도이고, 따라서 저희는 이 일생에 단 한 번뿐인 공연을 위해 모금을 하고 있습니다. 1달러, 5달러, 10달러, 20달러 혹은 그 이상의 여러분의 기부금으로 저희를 도와주시거나 3,000명이 넘는 사람들에게 효력이 미칠 학교 프로그램의 광고란을 구입해 주십시오. 모금된 돈은 모두 오케스트라에 쓰일 것이고, 여러분은 세금 공제를 받으실 것입니다. 기부를 하시려면, http://www.bshso/donation으로 방문해 주시고, 더 많은 정보를 얻으시려면 www.bshsorchestra.org로 방문해 주십시오. 여러분의 친절한 도움에 미리 감사드립니다.

해설

고등학교 오케스트라의 첼리스트인 Diana Robinson이 카네기홀에서 연주 초대를 받아 공연에 필요한 비용을 마련하기 위해 모금을 하고 있고 이 모금에 대한 참여를 요청하는 내용의 글이다. 따라서 글의 목적으로 가장 적절한 것은 ③이다.

TEXT FLOW

- 도입 필자가 소속된 오케스트라가 11월에 카네기홀에서 연주하게 되었다는 것을 알리고 있음
- 전개 이 공연을 위해 모금을 하고 있고 기부금을 내거나 학교 프로그램의 광고란을 구매해 달라는 부탁을 함
- 끝맺음 모금된 돈은 오케스트라를 위해 쓰이고, 세금 공제를 받을 수 있음

구문

- Hi, my name is Diana Robinson, [a senior and a cellist with the Blue Sky High School Orchestra in St. Louis, Missouri].
  : [ ]는 Diana Robinson과 동격 관계이다.

CHECK NOTE

1 raising funds
2 공연 비용 마련을 위한 모금 참여 요청

직독직해 NOTE

1 We [are] extremely excited and proud / to have been invited to play / at Carnegie Hall in New York City / this November.
저희는 몹시 흥분되고 자랑스럽습니다 / 연주하도록 초대를 받았기 때문에 / 뉴욕 시에 있는 카네기홀에서 / 올해 11월에

2 Please [help] us / with your donations of $1, $5, $10, $20 or more, / or [purchase] an ad in the school program, / which will reach over 3,000 people.
저희를 도와주십시오 / 1달러, 5달러, 10달러, 20달러 혹은 그 이상의 여러분의 기부금으로 / 혹은 학교 프로그램의 광고란을 구입해 주십시오 / 3,000명이 넘는 사람들에게 효력이 미칠

03

정답 ④

방문객들께,
이야기 시간을 위해 모인 어린이, 프로젝트에 협업하는 청소년, 구직 활동을 위해 온라인 자료에 접속하는 성인 등의 활동으로 가득한 방을 상상해 보세요. 이것은 유토피아 소설의 한 장면이 아니라, 우리 공공 도서관의 활기찬 현실입니다. 하지만 여기에는 문제가 있는데, 이 역동적인 중심지는 잠재력으로 넘쳐나지만 공간이 비좁습니다. 비좁은 서가, 제한된 좌석, 노후한 기술은 성장하는 공동체에 서비스를 제공하는 우리의 능력을 방해합니다. 우리는 물리적인 규모에서뿐만 아니라 우리가 제공하는 기회의 범위에서도 확장하는 데 여러분의 지지를 필요로 합니다. 우리의 도서관이 진짜 공동체 센터, 즉 평생 학습, 디지털 문해력, 사회적 연결의 안식처인 미래를 상상해 보세요. 여러분의 지지로 우리는 이러한 비전을 현실로 만들 수 있습니다. 공공

도서관 확장을 위한 지지에 동참해주십시오. 여러분의 목소리가 다른 목소리와 함께 차이를 만들 수 있습니다.
Sunshine 공공 도서관 관장
Paul Walker 드림

해설

공공 도서관이 평생 학습, 디지털 문해력, 사회적 연결의 안식처가 되는 비전을 현실로 만들기 위해 도서관 확장을 지지해 달라는 내용의 글이다. 따라서 글의 목적으로 가장 적절한 것은 ④이다.

매력적인 오답 주의!

③ 도서관이 평생 학습, 디지털 문해력, 사회적 연결의 안식처인 미래를 상상해 보라고 했지만, 평생 학습에만 초점이 맞추어진 글이 아니기 때문에 오답이다.

TEXT FLOW

도입	활동으로 가득한 방을 상상해 봄
문제 제기	공공 도서관은 잠재력으로 넘쳐나지만 공간이 비좁음
부연	물리적인 규모에서뿐만 아니라 제공하는 기회의 범위에서도 확장하는 데 지지가 필요함
주제	공공 도서관 확장을 위한 지지에 동참해줄 것을 요청함

구문

- Imagine a room [filled with activity — children {gathered for story time}, teens {collaborating on projects}, and adults {accessing online resources for job searches}].
  : [ ]는 a room을 수식하는 분사구이고, 그 안의 세 개의 { }는 각각 앞에 있는 children, teens, adults를 수식하는 분사구이다.
- Imagine a future [where our library becomes a true community center — {a haven for lifelong learning, digital literacy, and social connections}].
  : [ ]는 a future를 수식하는 관계절이고, 그 안의 { }는 a true community center와 동격 관계인 명사구이다.

CHECK NOTE

1 public library expansion
2 공공 도서관은 잠재력으로 넘쳐나지만 공간이 비좁음. 즉 비좁은 서가, 제한된 좌석, 노후한 기술은 성장하는 공동체에 서비스를 제공하는 능력을 방해함

직독직해 NOTE

1 This dynamic hub / is overflowing with potential, / yet it's cramped for space.
이 역동적인 중심지는 / 잠재력으로 넘쳐납니다 / 하지만 공간이 비좁습니다

2 We need your support to expand / not only in physical size, / but also in the range of opportunities we offer.
우리는 확장하는 데 여러분의 지지를 필요로 합니다 / 물리적인 규모에서뿐만 아니라 / 우리가 제공하는 기회의 범위에서도

04

정답 ①

Tom이 무대 뒤에서 춤출 준비를 하며 기다리는 와중에 그의 심장은 드럼처럼 두근거리고 있었고, 긴장해서 가슴이 벌렁거렸다. 관중과 무대 뒤에서 말하는 사람들의 소음은 그가 일어서는 것을 힘들게 했다. 그는 기억해야 할 모든 춤 동작을 생각하며 자기 의상을 계속 잡아당겼다. 그는 무대에서 춤을 잘 출 수 있을지 확신할 수 없었다. 하지만 Tom이 무대에 걸어 올라가자 놀라운 일이 일어났다. 음악이 시작되었고 그의 몸이 음악에 맞춰 움직이기 시작했다. 관중의 환호와 박수는 그를 슈퍼스타처럼 느끼게 만들었다. 그는 활짝 미소 지었다. 그가 하는 모든 동작은 관중이 훨씬 더 환호하게 만들었다. 춤이 끝났을 무렵, 모두가 박수를 치고 소리를 지르며 자신들이 얼마나 많이 그것을 즐겼는지를 보여 주었다. 그는 무대에서 정말 멋진 일을 막 해낸 것 같은 기분이었다.

해설

Tom은 무대 뒤에서 준비를 하며 긴장하고 무대에서 춤을 잘 출 수 있을지 확신할 수 없었는데, 무대에 오르자 음악에 맞춰 춤을 추면서 관객이 환호하는 것을 보고 자신이 정말 멋진 일을 막 해낸 것 같은 기분이 들었다는 내용의 글이다. 따라서 Tom의 심경 변화로 가장 적절한 것은 ① '긴장한 → 신이 난'이다.

② 질투하는 → 후회하는　　③ 고마워하는 → 짜증나는
④ 희망에 찬 → 좌절한　　⑤ 안심한 → 겁먹은

TEXT FLOW

도입	Tom은 무대 뒤에서 춤출 준비를 하면서도 자신이 잘할 수 있을지 걱정함
반전	Tom은 무대에 올라 음악에 맞춰 몸을 움직였고, 관중의 환호와 박수가 이어졌고, 이에 자신이 정말 멋진 일을 막 해낸 것 같은 기분을 느낌

구문

- He kept tugging at his costume, [thinking of all the dance moves {he had to remember}].
  : [ ]는 주어 He를 의미상의 주어로 하는 분사구문이고, 그 안의 { }는 all the dance moves를 수식하는 관계절이다.
- Every move [he made] made the crowd cheer **even** more.
  : [ ]는 Every move를 수식하는 관계절이다. the crowd는 made의 목적어이고 cheer는 목적격보어이다. even은 비교급 more를 강조한다.

CHECK NOTE

1 dance on the stage
2 But as Tom stepped onto the stage, something amazing happened.

직독직해 NOTE

1 As Tom waited behind the stage, / getting ready to dance, / his heart was pounding like a drum, / and he had butterflies in his stomach.
Tom이 무대 뒤에서 기다리는 와중에 / 춤출 준비를 하며 / 그의 심장은 드럼처럼 두근거리고 있었다 / 그리고 그는 긴장해서 가슴이 벌렁거렸다

2 The noise / from the audience and the people talking backstage / made it hard / for him to stand on his feet.
소음은 / 관중과 무대 뒤에서 말하는 사람들의 / 힘들게 했다 / 그가 일어서는 것을

05

정답 ⑤

Emma가 학교 강당에 다다르자 그녀의 심장이 빠르게 뛰기 시작했다. 곧 있을 발표에 대한 생각이 그녀의 머릿속을 가득 채웠고, 희망에 부푼 기분이 그녀에게 밀려왔다. 그녀는 자신의 이름이 이름들 사이에서 자랑스럽게 드러나는 것을 보는 짜릿함을 상상하지 않을 수 없었다. 공기는 가능성으로 가득 찬 느낌이었고, 그녀는 그녀가 연습하고 자랑스럽게 상상했던 배역에 자신의 이름이 호명되는 꿈에 매달렸다. 하지만 명단이 발표되자, 그녀의 마음은 바람이 빠지는 풍선처럼 가라앉았다. 그녀의 이름은 명단에 없었다. 그녀는 정말로 주인공 중 한 명이 되고 싶었지만, 뜻대로 되지 않았다. 그녀 주변에서 다른 아이들이 이야기하고 웃는 행복한 소리들이 갑자기 멀게 느껴졌다. Emma는 어떻게 자신이 원했던 역할을 맡지 못하게 되었는지에 대한 생각을 멈출 수 없었다. 다른 아이들에게 할당된 배역이 놓친 기회처럼 느껴졌고, 충족되지 않은 기대의 무게가 공기 중에 매달려 있었다.

해설

Emma는 자신이 연습하고 상상했던 배역에 자신의 이름이 호명되는 희망에 차 있었지만, 기대와 달리 자신이 원하는 배역에 이름이 호명되지 않아 실망했다는 내용의 글이다. 따라서 Emma의 심경 변화로 가장 적절한 것은 ⑤ '기대하는 → 실망한'이다.

① 긴장한 → 안도한 ② 부러워하는 → 당황한
③ 두려운 → 감사하는 ④ 자랑스러운 → 후회하는

TEXT FLOW

- 도입 Emma는 학교 강당에 이르러서 곧 있을 배역 발표에 희망이 부풀어 오름
- 부연 그녀가 상상했던 배역에 자신의 이름이 호명되는 꿈에 매달림
- 반전 명단에 자신의 이름이 없어 Emma의 마음은 바람이 빠지는 풍선처럼 가라앉음
- 부연 다른 아이들에게 할당된 배역이 놓친 기회처럼 느껴짐

구문

- She couldn't help but imagine [the thrill of seeing her name {proudly displayed among the first names}].
  : [ ]는 imagine의 목적어 역할을 하는 명사구이고, 그 안의 { }는 지각동사 see의 목적격보어이다.
- The happy sounds of [other children talking and laughing around her] suddenly felt distant.
  : [ ]는 전치사 of의 목적어 역할을 하는 동명사구이고, other children은 talking과 laughing의 의미상의 주어이다.

CHECK NOTE

1 배역 발표
2 a deflating balloon

직독직해 NOTE

1 The air [felt] charged with possibility, / and she [clung] to the dream / of hearing her name called for the role / she had practiced and proudly imagined.
공기는 가능성으로 가득 찬 느낌이었다 / 그리고 그녀는 꿈에 매달렸다 / 배역에 자신의 이름이 호명되는 / 그녀가 연습하고 자랑스럽게 상상했던

2 The roles assigned to others / [felt] like missed opportunities, / and the weight of unmet expectations / [hung] in the air.
다른 아이들에게 할당된 배역이 / 놓친 기회처럼 느껴졌다 / 그리고 충족되지 않은 기대의 무게가 / 공기 중에 매달려 있었다

본문 34~37쪽

REVIEW 모의고사 01회

01 ④	02 ④	03 ③	04 ④
05 ②	06 ⑤	07 ①	08 ①

01

정답 ④

침팬지와 범고래, 그리고 틀림없이 다른 종들도 어떤 형태로든 상상력을 가지고 있다는 것과, 그들이 다양한 인지적이고 사회적인 자원, 역사, 경험을 이용하여 자신들의 세계를 인식하고 탐색한다는 것은 거의 확실하다. 심지어 그들은 자신들의 환경에 맞는 방식으로 '믿는다'고 말할 수도 있다. 그러나 그들은 호미닌과 인간 진화의 역사에 따른 생물학적 및 행동상의 패턴을 공유하지 않는다. 그들은 우리 인간이 거주하는 적합한 환경에서 거주하지 않는다. 인간의 믿음은 본질적으로 우리로 하여금 거기 있지 않은 것을 보게 하고, 마치 그것이 있는 것처럼 단호하게 행동할 수 있게 하는데, 너무 단호하여 존재하지 않는 것이 경험되도록 한다. 인간의 믿음은 존재하지 않는 것을 실제로 존재하는 것에 부과하는 결과를 초래할 수 있으며, 어떤 경우에는 너무 성공적으로 그 과정에서 존재하지 않았던 것이 실재하게 된다. 현재까지 다른 종이 이러한 믿음의 방식을 공유한다는 증거는 없다.

해설

인간에게는 존재하지 않는 것이 존재하는 것에 부과되는 과정에서 존재하지 않았던 것이 실재하게 되는 믿음이 있으며, 다른 종에게는 상상력은 있지만, 인간과 같은 형태의 믿음은 없다는 내용의 글이다. 따라서 글의 요지로 가장 적절한 것은 ④이다.

매력적인 오답 주의!

⑤ 존재하지 않는 것에 대한 인간의 믿음이 글에 언급되었지만, 그것이 문명 형성에 큰 도움이 되었다는 내용까지는 글에서 추론할 수 없다.

TEXT FLOW

- 도입 인간이 아닌 다른 종에게는 어떤 형태로든 상상력이 있음
- 전개 그러나 그들은 호미닌과 인간 진화의 역사에 따른 생물학적 및 행동상의 패턴을 공유하지 않음
- 결론 존재하지 않는 것을 존재하게 하는 인간의 믿음과 같은 것이 다른 종에게도 있다는 증거가 없음

구문

- **It** is almost certain [that chimpanzees and orcas, and no doubt other species, have some form of imagination] and [that they draw on a range of cognitive and social resources, histories, and experiences to perceive and navigate their worlds].
  : It은 가주어이고, 두 개의 [ ]는 진주어로 and로 대등하게 연결되어 있다.

• Human belief can result in the imposing of what does not exist on what does, in some cases **so** successfully **that** what did not exist comes to exist in the process.
: '매우 ~해서 …하다'는 의미의 「so ~ that …」이 쓰였다.

어휘

no doubt 틀림없이
draw on ~을 이용하다, ~에 의지하다
a range of 다양한
cognitive 인지적인
perceive 인식하다
navigate 탐색하다
fit 맞다, 적합하다
hominin 호미닌(분류학상 인간의 조상으로 분류되는 종족)
evolutionary 진화의
reside 거주하다
absent 존재하지 않는, 없는
impose 부과하다, 강요하다
to date 현재까지
evidence 증거

02

정답 ④

회사는 보안 정책을 만들고 유지하는 것은 컴퓨터 보안 부서의 책임이지만 보안은 모든 직원들을 참여시켜야 하는 과정이라는 것을 알고 있어야 한다. 만약 직원들이 보안을 그들 일에 대한 방해물인 무언가로 본다면, 그들은 적절한 책임을 맡지 않을 것이다. 회사는 직원들로 하여금 왜 보안이 중요한지와 그들 자신이 보호받고 있다는 것을 이해시킬 필요가 있다. 회사는 보안 실무자가 동시에 모든 곳에 있는 것이 불가능해서, 교육받은 직원이 그 실무자를 대신하여 일을 보는 데 크게 도움이 될 수 있다는 점을 기억해야 한다. 교육받은 사용자는 그렇게 하지 않을 경우의 결과를 인식한다면, 훌륭한 비밀번호를 고르거나 낯선 이를 경계하거나 커피 마시러 갈 때 컴퓨터를 잠가 놓을 것이다.

해설

필자는 회사의 보안 문제가 보안 실무자만의 일로 끝나는 것이 아니라 전 직원이 보안 문제를 자신의 문제로 생각하도록 이해시켜야 하고 그러기 위해서 회사는 전 직원을 대상으로 한 보안 교육을 해야 한다는 내용의 글이다. 따라서 필자가 주장하는 바로 가장 적절한 것은 ④이다.

TEXT FLOW

주장 회사의 보안 문제는 모든 직원을 참여시켜야 하는 과정임을 인지해야 함
상술 회사는 직원들이 보안을 일에 대한 방해물이 아니라 그 일을 보호하기 위한 조치로 이해시킬 필요가 있음
부연 회사는 보안 실무자가 동시에 모든 곳에 있는 것이 불가능하므로 직원들이 교육을 받는 것이 도움이 될 수 있음을 기억해야 함

구문

• Companies need staff members to understand [why security is important], and [that they **themselves** are being protected].
: 두 개의 [ ]는 동사 understand의 목적어 역할을 하는 명사절로 등위접속사 and로 연결되어 병렬구조를 이룬다. 두 번째 [ ]에서 재귀대명사 themselves는 주어 they를 강조한다.

어휘

responsibility 책임
security 보안
department 부서
maintain 유지하다
policy 정책
involve 참여시키다
staff 직원
obstacle 방해물
take on (일·책임 등을) 맡다
practitioner 실무자
go a long way toward(s) ~에 크게 도움이 되다
act on behalf of ~을 대신하여 일을 보다, ~을 대행하다
challenge 경계하다

03

정답 ③

공중파 방송과는 다르게, 1990년대의 유선 방송은 전 세계로의 접근성을 높이고 언론사와 광고주들이 자신들의 메시지를 더 한정된 청중에게 맞추게 하면서 스포츠에서 새로운 프로그램의 빠른 성장을 촉진했다. 2000년대 디지털과 소셜 미디어의 출현은 스포츠 홍보 담당자들이 다양한 청중들에게 호소하는 데 이용할 수 있는 도구의 범위를 추가해 왔다. 디지털과 소셜 미디어는 또한 훨씬 더 강하고 더 많은 요구를 하는 소비자 청중을 양성해 왔는데, 조직과 고객 사이의 관계를 조직에 의해서 통제되는 것에서 고객에 의해 통제되는 것으로 효과적으로 바꾸었다. 이러한 변화는 또한 (조직에서 시장으로) 단방향에서 양방향의 동시 통신(조직과 시장 사이에 계속 진행 중인 대화)으로의 전환과도 맞물렸다. 그 결과 조직체들(스포츠 회사, 팀, 리그 등)이 그 어느 때보다 훨씬 더 능동적으로 그 고객들의 말을 경청해야 함을 깨닫고 있는데, 그렇지 않으면 팬 반발의 위험성이 두드러지게 증가할 것이다.

해설

유선 방송, 디지털과 소셜 미디어와 같은 새로운 매체가 스포츠 마케팅에 여러 변화를 가져왔다는 내용의 글이다. 따라서 글의 주제로 가장 적절한 것은 ③ '새로운 매체에 의해 발생된 스포츠 마케팅에서의 변화'이다.
① 스포츠 마케팅이 경기를 바꾼 방법
② 스포츠 홍보 담당자들이 하는 일과 해야 하는 일
④ 여러분이 알고 이용해야 하는 스포츠 마케팅 경향
⑤ 스포츠 마케팅 회사가 사회 변화에 영향을 미치는 방법

TEXT FLOW

도입 1990년대 유선 방송은 스포츠에 대한 접근성을 높이고 새로운 프로그램의 성장을 촉진했음
추가 2000년대에 디지털과 소셜 미디어가 다양한 스포츠 청중들에게 호소하기 위해 등장했음
결과 디지털과 소셜 미디어는 더 강력하고 더 많은 요구를 하는 스포츠 청중을 양성해 왔고, 조직과 시장 사이를 양방향 소통으로 바꿈
결론 문제가 발생하지 않도록 조직체들은 고객들의 말을 경청해야 함

구문

• In the 1990s, cable, [as opposed to airwave broadcasts], has facilitated the rapid development of new programming in sports, [{increasing access around the world} and {allowing media companies and advertisers to tailor their messages to narrower audiences}].
: 첫 번째 [ ]는 주어 cable과 동사 has facilitated 사이에 들어간 삽입구이다. 두 번째 [ ]는 동시동작을 나타내는 분사구문으로, 그 안의 두 개의 { }는 등위접속사 and로 연결된 분사구문이다.

• Digital and social media have also fostered a much stronger and more demanding consumer audience, [effectively

changing the relationship between organizations and their customers {**from one** ⟨controlled by the organization⟩ **to one** ⟨controlled by customers⟩}].
: [ ]는 연속동작을 나타내는 분사구문이며, 그 안의 { }에는 'A에서 B까지'라는 의미의 「from A to B」 구문이 쓰였다. 두 개의 부정대명사 one은 모두 the relationship을 의미하며, 두 개의 ⟨ ⟩는 각각 one을 수식하는 분사구이다.

어휘

as opposed to ~과는 다르게
airwave broadcast 공중파 방송
facilitate 촉진하다, 조장하다
tailor (요구·조건에) 맞추다, 맞게 하다
emergence 출현, 등장
appeal to ~에 호소하다
foster 촉진하다; 양육하다
demanding 많은 요구를 하는
coincide with ~과 동시에 발생하다
simultaneous 동시의
ongoing 계속 진행 중인
noticeably 두드러지게

04

정답 ④

후원자께,
주(州)에서 가장 현대적인 병원 시설물인 새로운 Hale Hospital이 조만간 운영 가능할 것입니다. 이때, Hale Hospital 재단은 특수 의료 장비와 비품을 위해 100만 달러 이상을 모금하는 공동체 규모의 캠페인을 끝내려 하고 있습니다. 50만 달러 이상이 병원 직원과 재계로부터 이미 모금되어 있습니다. 현재, 우리는 후원을 위해 여러분에게로 눈을 돌리고 있습니다. 여러분의 기부는 추가적인 의료 장비의 구매를 통해 우리가 환자 돌봄에 있어 우수성을 유지하는 것을 가능하게 해 줄 것입니다. 병원이 지역 사회에서 수행하고 있는 중요한 역할과 새로운 Hale Hospital이 우리 모두에게 미치게 될 긍정적인 영향을 생각해 보십시오. 이 공동체의 노력에 25달러, 50달러, 100달러, 그리고 그 이상을 이미 기부해 온 여러분의 많은 이웃 그리고 친구들과 함께하십시오. 여러분의 기부는 여러분의 건강과 여러분이 사랑하는 사람들의 건강에 대한 직접적인 투자입니다. 고맙습니다.
사랑을 담아,
캠페인 공동 의장 Stellar Baker 드림

해설

Hale Hospital 재단은 특수 의료 장비와 비품을 위해 공동체 규모의 모금 캠페인을 진행하면서, 개인에게도 기부를 독려하고 있는 내용의 글이다. 따라서 글의 목적으로 가장 적절한 것은 ④이다.

TEXT FLOW

도입	Hale Hospital이 곧 운영에 들어가며, 의료 장비와 비품 구매를 위한 자금 모금 캠페인 중임을 알림
전개	이미 목표한 모금액의 절반 이상의 자금이 모금되었고, 그 자금을 통해 병원이 공동체에 미칠 수 있는 긍정적인 영향을 생각해 달라고 요청함
끝맺음	기부를 통해 이웃과 함께하라고 독려함

구문

• Consider [the important role {which a hospital plays in a community}], and [the positive impact {which the new Hale Hospital will have on all of us}].
: 두 개의 [ ]는 동사 Consider의 목적어로 등위접속사 and로 연결되었다. 두 개의 { }는 각각 선행사 the important role, the positive impact를 수식하는 관계절이다.

어휘

facility 시설
operational 운영의
foundation 재단
complete 끝내다
equipment 장비
furnishings 비품
staff 직원
contribution 기부, 기여
maintain 유지하다
excellence 우수성, 탁월
investment 투자

05

정답 ②

행동을 고무하고 여러분의 생활에서 변화하기 위해 현재의 상황에 대해 자신을 '불만스러워하게' 두는 것이 중요하다. 어려운 시기는 흔히 여러분으로 하여금 더 큰 목표를 심사숙고하게 한다. 그리고 미래를 위한 생각과 통찰력이 흔히 비롯되는 것은 바로 그러한 심사숙고에서이다. 두려움과 불안 같은 불편한 감정은 흔히 여러분에게 실제적이고 다가오는 위험을 경고한다. 사실, 연구는 약간 우울하고 비관적인 사람들이 낙관론자들보다 현실을 더 분명하게 보는 경향이 있음을 보여 준다. 더 높은 목표를 설정하지만 그에 미치지 못하는 사람들은 흔히 그들이 성취한 결과에 대해 더 불만스러워하지만, 더 낮은 목표를 설정하고 그것을 성취할 때 행복을 느끼는 사람들보다 실제로 훨씬 더 높은 결과를 성취한다. 그리고 많은 창의적인 예술가들은 단지 행복한 감정뿐만 아니라 삶의 여러 감정에 빠질 때 일을 가장 잘하는 것처럼 보인다.

해설

비관적인 사람들이 낙관적인 사람들보다 실상을 더 분명하게 보고 자신의 성과에 불만스러워하는 사람들이 실제로 훨씬 더 높은 결과를 성취한다는 이야기를 하고 있는 글로 부정적인 상황과 감정이 성공에 긍정적 영향을 미침을 알 수 있다. 따라서 글의 요지로 가장 적절한 것은 ②이다.

TEXT FLOW

주제	행동을 고무하고 생활에서 변화하기 위해 현재의 상황에 대해 자신을 '불만스러워하게' 두는 것이 중요함
근거 1	어려운 시기는 흔히 미래를 위한 생각과 통찰력을 갖게 함
근거 2	불편한 감정은 실제적으로 다가오는 위험을 경고함
근거 3	비관적인 사람들이 낙관론자들보다 실상을 더 분명하게 봄
근거 4	자신의 성과에 불만스러운 사람들이 더 높은 결과를 성취함
근거 5	예술가들도 삶의 여러 감정을 느낄 때 일을 가장 잘하는 것처럼 보임

구문

• People [who set higher goals and fall short] are often more dissatisfied with the result [they achieve], but actually achieve **much** higher results than people [who {set lower goals} and {feel happy when they achieve them}].
: 첫 번째 [ ]는 선행사 People을 수식하는 관계절이다. 두 번째 [ ]는 the result를 수식하는 which[that]가 생략된 관계절이다. much는 '훨씬'이라는 의미로 비교급 higher를 강조한다. 세 번째 [ ]는 people을 수식하는 관계절이며, 그 안의 두 개의 { }는 등위접속사 and로 연결된 동사구

이다.

어휘

dissatisfied 불만스러워하는	inspire 고무하다
reflect on ~을 심사숙고하다	insight 통찰력
insecurity 불안	warn A of B A에게 B를 경고하다
mildly 약간	depressed 우울한
pessimistic 비관적인	fall short 미치지 못하다
surrender 몸을 내맡기다, 항복하다	

06

정답 ⑤

2020년 3월 초, 코로나19 바이러스로부터 근로자들을 보호하기 위해 미국의 많은 사업체가 문을 닫고 온라인으로 전환했다. 근로자들은 Zoom 소프트웨어를 사용하여 집에서 온라인으로 일할 수 있었다. 연구 조사는 그와 같은 재택근무하기에 좋은 직업과 산업에서 일하는 사람들이 더 많아지고 있다는 것을 보여 준다. 많은 영리 기업이 현재 웹을 통한 원격 근무와 회의로 전환하고 있다. 많은 미국 도시에서 교통 혼잡은 평균 통근이 하루에 1시간 이상이 걸릴 수 있다는 것을 의미해왔다. 근로자가 재택근무하는 것을 허용하는 회사는 그러한 손실을 피할 자유를 근로자에게 암묵적으로 부여하고 있다. 회사가 원격 장소에서 팀을 구성하는 법을 배움에 따라, 이것은 여러 가지 적응 가능성을 열어둔다. 일과 가정을 분리함으로써 근로자는 통근 이외의 기준에 근거하여 그들이 어디에 살지 결정할 훨씬 더 많은 자유를 가지게 될 것이다. 이것은 그들이 우선시하는 위험과 기회에 적응하는 데 도움이 될 것이다.

해설

코로나19 바이러스 발생 이후 온라인으로 재택근무를 하고 원격 근무와 회의로 전환하는 영리 기업이 많아지고 있는데, 그것을 통해 통근 시간이 줄어들고, 일과 가정을 분리함으로써 근로자가 어디에 살지를 결정할 수 있는 더 많은 자유를 가지는 등의 이점이 있다는 내용의 글이다. 따라서 글의 주제로 가장 적절한 것은 ⑤ '재택근무를 통한 원격 근무의 이점'이다.

① 도시 생활에 적응하는 것이 어려운 이유
② 재택근무가 개성에 미치는 영향
③ 더 많은 재교육 기회 창출하기
④ 친환경 사회를 위한 통근 시간 단축하기

매력적인 오답 주의!

② 재택근무의 이점에 관한 글이지만, 그것이 개성에 어떤 영향을 미치는지는 글에서 알 수 없다.

TEXT FLOW

도입 코로나19 바이러스로부터 근로자들을 보호하기 위해 미국의 많은 사업체가 문을 닫고 온라인으로 전환함

전개 많은 영리 기업이 현재 웹을 통한 원격 근무와 회의로 전환하고 있음

주제 재택근무를 통해 교통 혼잡 때문에 손실되는 통근 시간을 줄이고, 통근 이외의 기준에 근거하여 어디에 살지를 결정할 근로자의 자유가 더 많아짐

구문

- Research shows [that more people are working in occupations and industries {that are conducive to such telecommuting}].
  : [ ]는 shows의 목적어 역할을 하는 명사절이고, 그 안의 { }는 occupations and industries를 수식하는 관계절이다.
- By separating work and home, workers will have **much** more freedom [to choose {where they live based on criteria other than commuting}].
  : much는 비교급 more를 강조하는 표현이다. [ ]는 much more freedom을 수식하는 to부정사구이고, 그 안의 { }는 choose의 목적어 역할을 하는 명사절이다.

어휘

occupation 직업	telecommuting 재택근무
for-profit 영리의	switch 전환하다
conferencing 회의	via ~을 통해
traffic congestion 교통 혼잡	implicitly 암묵적으로
loss 손실	location 장소
adaptation 적응	criterion 기준 (*pl.* criteria)
adapt to ~에 적응하다	prioritize 우선시하다

07

정답 ①

일상이 여러분의 하인 혹은 주인이 될 수 있다. 아무 생각 없는 일상은 감옥이 될 수 있고 여러분의 창의력을 제한할 수 있다. 하지만, 잘 활용되면, 일상은 시간과 에너지를 자유롭게 할 수 있다. Donald는 프랑스어를 배우기로 결심했다. 그는 매일 30분을 프랑스어 공부에 몰두하기로 결정했다. 그는 매일의 수업을 건너뛰는 것이 쉽고, 한 번 수업을 건너뛰면 두 번째 수업을 건너뛰는 것은 훨씬 더 쉽다는 것을 알았다. 2주가 지난 후에, 그는 그의 30분짜리 공부를 이틀 동안만 했다. 우리는 그가 공부에 더 진지하게 관심을 기울이도록 돕는 방법을 논의했다. 그는 그것을 일상적인 일로 만들기로 결정했다. 매일 아침 식사 후, 그는 30분간 공부를 하곤 했다. 그는 일상을 확립했다. 이제 그는 그 일을 하지 않는 것에 대해 생각할 시간을 가지기도 전에 자신의 공부를 끝냈음을 발견했다. 그는 아침 식사 후에 커피를 거실로 가져가서 30분간 공부를 하는 습관을 확립하였다.

해설

일상을 잘 활용하면 시간과 에너지를 자유롭게 할 수 있다는 내용으로 프랑스어 공부를 일상으로 만든 Donald의 사례를 제시한 글이다. 따라서 글의 제목으로 가장 적절한 것은 ① '일상을 여러분의 하인으로 만들어라'이다.

② 두 번째 직업을 준비하라
③ 커피를 마시며 쉬는 시간에 프랑스어를 배워라
④ 왜 식사를 거르는 것이 건강에 해로운가
⑤ 당신의 일상을 나누는 완전히 새로운 방식

TEXT FLOW

주제 일상은 하인 혹은 주인이 될 수 있는데, 잘 활용하면 시간과 에너지를 자유롭게 할 수 있음

사례 Donald는 프랑스어를 배우기로 결심했지만, 2주 동안 그는 겨우 이틀만 공부를 했음 → 그가 공부에 더 진지하게 관심을 기울일 수 있는 방법을 논의함 → 그는 매일 아침 식사 후에 30분간 공부하는 것으로 공부를 일상적인 일로 만들었음

구문

- Now he found [that he **had done** his work {before he had time to think about not doing it}].
  : [ ]는 동사 found의 목적어 역할을 하는 명사절이다. { }는 시간의 부사절로, 이때 부사절보다 주절의 시점이 더 먼저 일어난 일이므로 주절의 시제로 과거완료 had done이 쓰였다.
- He established the habit [that, after breakfast, he would {take his coffee into the sitting room} and {work for half an hour}].
  : [ ]는 the habit과 동격 관계의 명사절이다. 그 안의 두 개의 { }는 등위접속사 and로 연결되어 조동사 would에 공통으로 이어지는 동사구이다.

어휘

routine 일상, 판에 박힌 일
mindless 아무 생각이 없는
curb 제한하다, 억제하다
creativity 창의력
release 자유롭게 하다, 내보내다
devote 몰두하다, 전념하다
skip 건너뛰다, 거르다
session 수업
get down to ~에 진지하게 관심을 기울이다
establish 확립하다, 수립하다

08

정답 ①

그 운전기사는 영어를 잘했고, 그의 아내는 나와 같은 낯선 사람이 이곳에 머무는 데 유용한 조언을 해 주었다. 그는 나에게 몇 가지 재미있는 농담을 했는데, 그것으로부터 나는 그가 나의 불안감을 해소하려고 얼마나 노력하고 있는지 알 수 있었다. 나는 정말 운이 좋다고 생각했다. 그런데, 운전하는 동안 그는 내게 공간을 더 마련해 주려고 뒷자리에 있는 물건을 정돈하기 위해 계속해서 뒤돌아보았다. 그가 자주 교통 혼잡 속에서 시속 70마일로 한 손으로 운전하고 있었기 때문에, 나는 그가 그렇게 하지 않기를 바랐다. 몇 초마다 한 번씩 트럭의 뒷부분이 불쑥 나타나서 차의 앞 유리를 가득 채웠기 때문에 그의 아내와 나는 비명을 질렀고, 그는 2.5초 정도 도로에 주의를 기울이고 다시 나를 편안하게 하는 데 주의를 되돌렸다. 나는 그저 차에서 내리고 싶을 뿐이었다.

해설

영어를 잘하는 운전기사를 만나 유용한 조언과 재미있는 농담을 들었을 때는 만족스러웠지만, 운전기사가 계속 뒤를 돌아보고, 위험하게 운전하여 차에서 내리고 싶었을 순간에는 두려웠을 것이다. 따라서 'I'의 심경 변화로 가장 적절한 것은 ① '만족한 → 두려운'이다.

② 기분 좋은 → 고마워하는　　③ 놀란 → 안도한
④ 우울한 → 무관심한　　⑤ 실망한 → 짜증난

TEXT FLOW

발단 운전기사는 영어도 잘했고, 필자의 불안감을 해소해 주려고 재미있는 농담을 해 주어서 필자는 운이 좋다고 생각했음
전개 운전하는 동안 운전기사는 필자에게 공간을 더 마련해 주려고 계속 뒤를 돌아보면서 빠른 속도로 한 손 운전을 하였음
결말 필자는 위험하게 운전하는 차에서 내리고 싶었음

구문

- He told me some funny jokes, [from which I could feel {how much he was trying to calm my anxiety}].
  : [ ]는 some funny jokes를 부가적으로 설명하는 관계절이다. { }는 feel의 목적어 역할을 하는 간접의문문의 명사절이다.

어휘

calm 해소하다, 편안하게 하다
anxiety 불안(감)
rearrange 다시 정리하다
more often than not 자주, 대개
shriek 비명을 지르다
loom up 불쑥 나타나다

05강 내용 일치

유형 PRACTICE

본문 38~43쪽

01 ⑤	02 ⑤	03 ④	04 ④	05 ⑤

01

정답 ⑤

Frank Hyneman Knight는 20세기의 가장 영향력 있는 경제학자들 중 한 명이었다. 1916년에 Cornell 대학교에서 박사 학위를 받은 뒤에, Knight는 Cornell, Iowa 대학교, Chicago 대학교에서 가르쳤다. Knight는 경력의 대부분을 Chicago 대학교에서 보냈다. Chicago에서 그의 학생들 중 몇 명은 나중에 노벨상을 받았다. Knight는 경제 생활에서 기업가의 역할에 대한 연구인 'Risk, Uncertainty and Profit'이라는 책의 저자로 알려져 있다. 그는 또한 'The Economic Organization'이라는 제목의 짧은 경제학 입문서를 썼는데, 그것은 미시 경제학 이론의 고전이 되었다. 하지만 Knight는 경제학자를 훨씬 넘어 사회 철학자이기도 했다. 경력의 후반기에 Knight는 자유, 민주주의, 그리고 윤리에 대한 자신의 이론을 발전시켰다. 1952년에 은퇴한 후에도, Knight는 가르치기와 글쓰기에 여전히 적극적이었다.

해설

마지막 문장 After retiring in 1952, Knight remained active in teaching and writing.을 통해 은퇴 후에도 가르치기와 글쓰기에 여전히 적극적이었음을 알 수 있다. 따라서 글의 내용과 일치하지 않는 것은 ⑤이다.

TEXT FLOW

도입 경제학자 Frank Hyneman Knight는 경력의 대부분을 Chicago 대학교에서 보냈음

전개 1 Knight는 경제 생활에서 기업가의 역할에 대한 연구서 및 짧은 경제학 입문서를 썼는데, 그것은 미시 경제학 이론의 고전이 됨

전개 2 Knight는 사회 철학자이기도 했는데, 자유, 민주주의, 그리고 윤리에 대한 이론을 발전시켰고, 은퇴 후에도 가르치기와 글쓰기에 적극적이었음

구문

- He also wrote a brief introduction to economics [entitled *The Economic Organization*], [which became a classic of microeconomic theory].
  : 첫 번째 [ ]는 a brief introduction to economics를 수식하는 분사구이다. 두 번째 [ ]는 a brief introduction to economics entitled *The Economic Organization*을 부가적으로 설명하는 관계절이다.

CHECK NOTE

1 Frank Hyneman Knight
2 economist / author / social philosopher

02

정답 ⑤

1892년에 캐나다의 총독이었던 Stanley 경이 큰 은잔을 사서 아마추어 하키 협회에 대회 상품으로 기증했다. 다음 해에, 몬트리올 아마추어 운동 경기 협회 하키 팀이 최초의 Stanley 우승컵을 수상했다. 1910년까지는, 아마추어 팀들이 그 멋진 상품을 위해 경기를 벌였고, 이후에는 전국 하키 협회(후에 NHL로 대체되었다)가 그 컵을 소유했으며 그후 매년 프로 하키 팀들이 그것을 위해 경기를 하기 시작했다. Stanley 경은 그해 우승팀의 이름과 연도를 컵에 새기도록 조건을 달았다. 또한 우승팀 선수들의 이름을 새기도록 결정되었다. 그 컵은 현재 2,200개 이상의 이름을 담고 있으며 13년마다 추가되는 이름들을 수용하기 위해 컵의 바닥에 새로운 고리가 더해진다.

해설

마지막 문장 중 ~ and every 13 years, a new ring is added to the bottom to accommodate the additional names.로 보아 새로운 고리를 추가하며 계속 이름을 새기고 있음을 알 수 있다. 따라서 글의 내용과 일치하지 않는 것은 ⑤이다.

TEXT FLOW

전개 1 1892년에 Stanley 경이 큰 은잔을 아마추어 하키 협회에 상품으로 기증하여 다음 해부터 1910년까지 아마추어 팀들이 Stanley 우승컵을 위해 경기를 치렀음

전개 2 그 후 전국 하키 협회가 그 컵을 소유해서 프로 하키 팀들에게 수여했음

전개 3 우승팀과 팀 선수들의 이름과 연도를 컵에 새기도록 하여 13년마다 추가되는 이름을 수용하기 위해 컵 바닥에 새로운 고리를 더함

구문

- **It** was also decided [to inscribe the names of the players of the winning teams].
  : It은 가주어이고, to부정사구인 [ ]는 진주어이다.

CHECK NOTE

1 Stanley Cup
2 Stanley Cup의 역사

직독직해 NOTE

1 Until 1910, / amateur teams [played] / for the fanciful prize; / then the National Hockey Association (which later gave way to the NHL) / [took] possession of the cup / and professional hockey teams [began] / competing for it / each year since.
1910년까지는 / 아마추어 팀들이 경기를 벌였다 / 그 멋진 상품을 위해 / 이후에는 전국 하키 협회(후에 NHL로 대체되었다)가 / 그 컵을 소유했다 / 그리고 프로 하키 팀들이 시작했다 / 그것을 위해 경기를 하기 / 그 후 매년

2 The cup [holds] / more than 2,200 names now, / and every 13 years, / a new ring [is added] / to the bottom / to accommodate the additional names.
그 컵은 담고 있다 / 현재 2,200개 이상의 이름을 / 그리고 13년마다 / 새로운 고리가 더해진다 / (컵의) 바닥에 / 추가되는 이름들을 수용하기 위해

03

정답 ④

Raymond Carver는 미니멀리스트 스타일과 노동 계급의 투쟁에 대한 탐구로 유명한 미국의 영향력 있는 단편 소설 작가였다. Carver는 Oregon 주 Clatskanie에서 태어나 Washington 주 Yakima에서 성장했다. 그의 초기 삶은 경제적 어려움으로 점철되어 있었다. 1960년대와 1970년대에 Carver는 가족을 부양하기 위해 다양한 직업에서 일했다. 경제적 어려움으로 고통받았음에도 불구하고 그는 글쓰기 워크숍에 참석하고 문학잡지에 작품을 제출함으로써 글쓰기에 대한 열정을 추구했다. 그의 비약적인 발전은 1976년 'Will You Please Be Quiet, Please?'라는 단편 소설집의 출간과 함께 왔는데, 그것은 비평가의 찬사를 받았다. 간결한 산문과 정확한 언어가 특징인 그의 글쓰기 스타일은 단편 소설 형식의 대가로서의 명성을 그에게 가져다주었다. 안타깝게도 Carver의 삶은 50세에 폐암으로 갑자기 끝났다.

해설

His breakthrough came with ~.를 통해 1976년 출간한 그의 단편 소설집이 비평가의 찬사를 받았다는 것을 알 수 있다. 따라서 글의 내용과 일치하지 않는 것은 ④이다.

매력적인 오답 주의!

⑤ cut ~ short는 '(목숨 등을) 갑자기 짧게 하다'의 의미이다.

TEXT FLOW

도입	Raymond Carver는 미국의 영향력 있는 단편 소설 작가였음
전개 1	그의 초기 삶은 경제적으로 어려워서 가족을 부양하기 위해 다양한 직업에서 일했음
전개 2	그럼에도 글쓰기에 대한 열정을 추구했음
전개 3	그의 단편 소설집은 비평가의 찬사를 받았음
전개 4	50세에 폐암으로 생을 마감함

구문

- Raymond Carver was an influential American short story writer [known for his minimalist style and his exploration of working-class struggles].
  : [ ]는 an influential American short story writer를 수식하는 분사구이다.
- Despite suffering from financial hardship, he pursued his passion for writing [**by attending** writing workshops] and [**by submitting** his work to literary magazines].
  : 두 개의 [ ]는 and로 연결되어 있는 전치사구이다. 그 안에는 '~함으로써'의 의미를 가지는 「by+-ing」가 쓰였다.

CHECK NOTE

1 Raymond Carver (American short story writer)
2 he pursued his passion for writing by attending writing workshops and by submitting his work to literary magazines

직독직해 NOTE

1 His breakthrough / came with the publication of his short story collection / *Will You Please Be Quiet, Please?*, / which received critical acclaim, in 1976.
그의 비약적인 발전은 / 단편 소설집의 출간과 함께 왔다 / 'Will You Please Be Quiet, Please?'라는 / 그것은 1976년에 비평가의 찬사를 받았다

2 His writing style, / characterized by concise prose and precise language, / earned him a reputation / as a master of the short story form.
그의 글쓰기 스타일은 / 간결한 산문과 정확한 언어가 특징인 / 명성을 그에게 가져다주었다 / 단편 소설 형식의 대가로서의

04

정답 ④

John Bardeen은 1908년 5월 23일 Wisconsin에서 태어났다. 그는 나이에 비해 매우 총명해서 그의 부모는 그가 학교에서 몇 개 학년을 월반하도록 결정했다. 그는 1928년에 전기 공학 학사 학위를 받았고 바로 다음 해에 석사 학위를 받았다. 그는 이 분야가 유망하다고 생각했기 때문에 공학을 선택했었다. 제2차 세계대전 후 1945년 말에 그는 Bell 연구소에 합류했고, 그곳에 1951년까지 남아 있었다. 그는 노벨 물리학상을 두 번 수상한 유일한 인물이었는데, 첫 번째인 1956년에는 트랜지스터의 발명으로 William Shockley, Walter Brattain과 함께 받았고, 두 번째인 1972년에는 BCS 이론이라고 알려진 재래식 초전도 기초 이론으로 Leon N Cooper, John Robert Schrieffer와 함께 받았다. 그의 모든 전문적인 업적에도 불구하고, Bardeen은 골프 치는 것을 아주 좋아하는 온화하고 친절한 사람이었다. 그는 1991년 1월 30일 82세에 심장 질환으로 사망했다.

해설

again in 1972 with Leon N Cooper and John Robert Schrieffer for a fundamental theory of conventional superconductivity known as the BCS theory를 통해 BCS 이론이라고 알려진 이론으로 받은 두 번째 노벨 물리학상은 Leon N Cooper, John Robert Schrieffer와 함께 받았음을 알 수 있다. 따라서 글의 내용과 일치하지 않는 것은 ④이다.

TEXT FLOW

도입	1908년 5월 23일 Wisconsin에서 태어났으며 나이에 비해 총명했음
전개 1	공학 학사 및 석사 학위를 받았고 노벨 물리학상을 공동으로 두 번 수상했음
전개 2	전문적인 업적을 이루었지만 온화하고 친절한 사람이었음

구문

- He was **so** intelligent for his age **that** his parents decided to have him skip several grades at school.
  : '너무 ~해서 …하다'라는 의미의 「so ~ that ...」 구문이 쓰였다.

CHECK NOTE

1 John Bardeen
2 the invention of the transistor / a fundamental theory of conventional superconductivity known as the BCS theory

직독직해 NOTE

1 He was the only person / to have won the Nobel Prize in Physics twice: / first in 1956 / with William Shockley and

Walter Brattain / for the invention of the transistor; / and again in 1972 / with Leon N Cooper and John Robert Schrieffer / for a fundamental theory of conventional superconductivity / known as the BCS theory.

그는 유일한 인물이었다 / 노벨 물리학상을 두 번 수상한 / 첫 번째인 1956년에는 / William Shockley, Walter Brattain과 함께 / 트랜지스터의 발명으로 / 그리고 두 번째인 1972년에는 / Leon N Cooper, John Robert Schrieffer와 함께 / 재래식 초전도 기초 이론으로 / BCS 이론이라고 알려진

2 In spite of all his professional achievements, / Bardeen [was] a good-natured and friendly man / who loved playing golf.

그의 모든 전문적인 업적에도 불구하고 / Bardeen은 온화하고 친절한 사람이었다 / 골프 치는 것을 아주 좋아하는

05

정답 ⑤

Ray Harryhausen은 12살에 '킹콩' 영화를 보았는데, 그것은 그로 하여금 스톱 모션 예술가가 되도록 영감을 불어넣었다. 그는 대체로 젊은 시절에는 독학을 했으며, O'Brien으로부터 많은 격려를 받았다. O'Brien은 Harryhausen을 'Mighty Joe Young'이라는 영화의 애니메이터로서 고용했는데, 그것은 O'Brien과 Harryhausen이 공동 작업한 유일한 대규모의 스톱 모션 작품이다. 결국, Harryhausen은 영화의 역사에서 가장 훌륭한 독자적인 스톱 모션 시각 효과 예술가가 되기 위해 독립했다. 저예산 영화에서 홀로 일했기 때문에, 그는 유리를 색칠한 거대한 세트를 수반한 '킹콩'과 'Mighty Joe Young'의 방법들을 사용할 재원이 종종 없었다. 공간과 예산의 빠듯한 제한 안에서 일하기 위해, Harryhausen은 예술에 대변혁을 일으킨 합성 방법을 고안해 냈다.

해설

Harryhausen devised a compositing method that revolutionized the art를 통해, Harryhausen은 예술에 대변혁을 일으킨 합성 방법을 고안해 냈음을 알 수 있다. 따라서 글의 내용과 일치하지 않는 것은 ⑤이다.

TEXT FLOW

- 전개 1 어린 시절에 본 '킹콩' 영화가 스톱 모션 예술가가 되도록 영감을 불어넣었음
- 전개 2 O'Brien의 격려를 많이 받았고, 그의 영화 애니메이터로 고용되었음
- 전개 3 가장 훌륭한 스톱 모션 시각 효과 예술가가 되기 위해 독립했음
- 전개 4 공간과 예산의 빠듯한 제한 안에서 일하기 위해, 예술에 대변혁을 일으킨 합성 방법을 고안해 냈음

구문

- **Since** he worked alone on low-budget films, he often did not have the resources for utilizing the methods of *King Kong* and *Mighty Joe Young*, [which entailed large sets with glass paintings].
  : Since는 이유를 나타내는 접속사로 쓰였고, [ ]는 the methods of *King Kong* and *Mighty Joe Young*을 부가적으로 설명하는 관계절이다.

CHECK NOTE

1 Ray Harryhausen
2 많은 격려를 해 주었고 자신의 영화 애니메이터로 고용함

직독직해 NOTE

1 O'Brien [hired] Harryhausen / as an animator / for the movie *Mighty Joe Young*, / the only big stop motion feature / on which O'Brien and Harryhausen worked together.

O'Brien은 Harryhausen을 고용했다 / 애니메이터로서 / 'Mighty Joe Young'이라는 영화의 / 유일한 대규모의 스톱 모션 작품인 / O'Brien과 Harryhausen이 공동 작업한

2 In order to work / within the tight confines of space and budget, / Harryhausen [devised] / a compositing method / that revolutionized the art.

일하기 위해 / 공간과 예산의 빠듯한 제한 안에서 / Harryhausen은 고안해 냈다 / 합성 방법을 / 예술에 대변혁을 일으킨

06강 도표 파악

유형 PRACTICE

본문 44~49쪽

01 ④	02 ④	03 ④	04 ④	05 ②

01

정답 ④

위 도표는 2017년, 2019년 및 2022년에 때때로 또는 자주 적극적으로 뉴스를 회피한 다섯 개 국가의 응답자 비율을 보여준다. 세 해 각각에 대해, 아일랜드가 도표의 국가 중, 때때로 또는 자주 적극적으로 뉴스를 회피한 응답자의 가장 높은 비율을 보여주었다. 독일의 경우, 때때로 또는 자주 적극적으로 뉴스를 회피한 응답자 비율이 세 해 각각 30%보다 낮았다. 덴마크의 경우, 2019년에 때때로 또는 자주 적극적으로 뉴스를 회피한 응답자 비율이 2017년의 비율보다 더 높았으나 2022년의 그것보다는 더 낮았다. 핀란드의 경우, 2019년에 때때로 또는 자주 적극적으로 뉴스를 회피한 응답자 비율이 2017년의 그것보다 더 낮았으며, 이는 일본도 마찬가지였다. 일본의 경우, 때때로 또는 자주 적극적으로 뉴스를 회피한 응답자 비율이 세 해 각각 15%를 넘지 않았다.

해설

핀란드의 경우, 2019년에 때때로 또는 자주 적극적으로 뉴스를 회피한 응답자 비율이 2017년보다 더 낮았지만, 일본은 2019년의 비율이 2017년의 비율보다 더 높았다. 따라서 도표의 내용과 일치하지 않는 것은 ④이다.

TEXT FLOW

도입	2017년, 2019년, 2022년의 5개국 뉴스를 적극적으로 회피한 사람들의 비율
도표 분석 1	각각의 해에 모두 아일랜드가 그 비율이 가장 높음
도표 분석 2	각각의 해에 모두 일본이 그 비율이 가장 낮음

구문

- The above graph shows [the percentages of the respondents in five countries {who sometimes or often actively avoided news in 2017, 2019, and 2022}].
  : [ ]는 shows의 목적어 역할을 하는 명사구이고, 그 안의 { }는 the respondents in five countries를 수식하는 관계절이다.
- In Finland, the percentage of the respondents [who sometimes or often actively avoided news in 2019] was lower than **that** in 2017, [which was also true for Japan].
  : 첫 번째 [ ]는 the respondents를 수식하는 관계절이고, that은 the percentage를 대신한다. 두 번째 [ ]는 앞 절의 내용 전체를 부가적으로 설명하는 관계절이다.

CHECK NOTE

1 percentages of respondents who sometimes or often avoided news in five countries
2 Finland

02

정답 ④

위 그래프는 마케팅 담당자들이 함께 일하고 싶어 하는 인플루언서 유형에 관해 2020년과 2021년에 수행된 연구의 결과를 보여 준다. 두 연구에서 모두, 마이크로 인플루언서가 마케팅 담당자들 사이에서 가장 인기가 좋았고, 매크로 인플루언서가 그 뒤를 이었다. 다른 인플루언서 유형들과 비교하여, 유명인 인플루언서는 인기가 전년도에 비해 하락한 유일한 사람들이다. 2020년에, 마케팅 담당자들 중 31퍼센트가 메가 인플루언서와 일하고 싶어 했고, 그 선호도는 2021년에 3퍼센트포인트 증가했다. 2020년에, 나노 인플루언서의 인기는 메가 인플루언서의 인기보다 낮았지만, 2021년에 마케팅 담당자들은 전자를 후자보다 선호했다. 메가, 제휴, 무보수 인플루언서의 인기에는 상대적으로 큰 변화가 없었다.

해설

2020년에 나노 인플루언서의 인기가 메가 인플루언서보다 낮았지만, 2021년에는 두 인플루언서에 대한 마케팅 담당자들의 선호도가 34퍼센트로 같았다. 따라서 도표의 내용과 일치하지 않는 것은 ④이다.

TEXT FLOW

도입	마케팅 담당자들이 함께 일하고 싶어 하는 인플루언서 유형
도표 분석 1	2020년 분석(마이크로 인플루언서의 인기가 가장 높고 제휴 인플루언서의 인기가 가장 낮음)
도표 분석 2	2021년 분석(마이크로 인플루언서의 인기가 가장 높고 유명인 인플루언서의 인기가 가장 낮음)

구문

- The above graph shows the results of the studies [conducted in 2020 and 2021 on influencer types {marketers want to work with}].
  : [ ]는 the studies를 수식하는 분사구이고, 그 안의 { }는 influencer types를 수식하는 관계절이다.

CHECK NOTE

1 influencer types marketers want to work with
2 가로축 : 인플루언서 유형 / 세로축 : 백분율(%)

직독직해 NOTE

1 Compared with the other types of influencers, / celebrity influencers [are] the only ones / whose popularity declined / from the previous year.
다른 인플루언서 유형들과 비교하여 / 유명인 인플루언서는 유일한 사람들이다 / 인기가 하락한 / 전년도에 비해

2 In 2020, / the popularity of nano influencers [was] lower / than that of mega influencers, / but in 2021, / the former [was preferred] to the latter by marketers.
2020년에 / 나노 인플루언서의 인기는 더 낮았다 / 메가 인플루언서의 인기보다 / 하지만 2021년에 / 전자가 후자보다 마케팅 담당자들에 의해 선호되었다

TIP

인플루언서 유형

1) 메가 인플루언서 (Mega Influencer): 연예인, 셀럽, 유명 크리에이터 등으로 적게는 수십만에서 많게는 수백만 명에 이르는 사람에게 영향을 미치는 인플루언서
2) 매크로 인플루언서 (Macro Influencer): 수만에서 수십만 명에 이르는 가입자 혹은 회원이나 구독자를 확보하고 있는 온라인 카페, 페이스북 페이지, 블로그, 유튜브 채널의 운영자
3) 마이크로 인플루언서 (Micro Influencer): 천 명에서 수천 명에 이르는 사람에게 영향력을 미치는 인플루언서
4) 나노 인플루언서 (Nano Influencer): 수백, 수십 명의 팔로워를 확보한 개인 블로거

03

정답 ④

위 그래프는 2013년 2사분기부터 2015년 2사분기까지 모바일 사용자와 데스크톱 컴퓨터 사용자 사이의 이메일을 열어 보기 위해 마우스를 클릭한 비율(CTOR)을 보여 준다. 그 전체 기간 동안, 데스크톱 컴퓨터의 CTOR은 모바일의 CTOR보다 항상 더 높았다. 그러나, 2014년 2사분기에 이전 사분기에서 증가한 것을 제외하면, 데스크톱 컴퓨터의 CTOR은 2015년 1사분기까지 점점 감소했다. 그에 반해서, 2013년 마지막 분기부터 시작하여 모바일 CTOR은 대체로 증가하는 경향이 있었다. 데스크톱 컴퓨터와 모바일 CTOR 사이의 격차는 2015년 1사분기에 가장 폭이 넓었다. 2015년 2사분기는 모바일 CTOR이 14퍼센트를 넘은 최초의 시기였다.

해설

2015년 1사분기는 데스크톱 컴퓨터 CTOR과 모바일 CTOR 사이의 격차가 가장 좁았던 시기였다. 따라서 도표의 내용과 일치하지 않는 것은 ④이다.

TEXT FLOW

도입	모바일과 데스크톱 컴퓨터 사용자 사이에서 이메일을 열어 보기 위해 마우스를 클릭한 비율
도표 분석 1	데스크톱 컴퓨터에서의 클릭(감소 → 증가 → 감소의 양상을 띰)
도표 분석 2	모바일에서의 클릭(2013년 4사분기 이후로 점차 증가함)

구문

• During the entire period, desktop CTOR was **higher than** mobile CTOR all the time.
:「비교급+than ...」 구문으로 '…보다 더 ~한[하게]'이라는 의미이다. 이때 두 비교 대상인 desktop CTOR과 mobile CTOR이 병렬구조를 이룬다.

CHECK NOTE

1 email click-to-open rates between desktop and mobile users
2 가로축: 연도별 분기 / 세로축: 백분율(%)

직독직해 NOTE

1 The above graph shows / email click-to-open rates (CTOR) / between mobile and the desktop users / from the second quarter of 2013 to the second quarter of 2015.
위 그래프는 보여 준다 / 이메일을 열어 보기 위해 마우스를 클릭한 비율(CTOR)을 / 모바일 사용자와 데스크톱 컴퓨터 사용자 사이의 / 2013년 2사분기부터 2015년 2사분기까지

2 However, / except for the increase / in the second quarter of 2014 / from the previous quarter, / desktop CTORs were on the decrease / until the first quarter of 2015.
그러나 / 증가한 것을 제외하면 / 2014년 2사분기에 / 이전 사분기에서 / 데스크톱 컴퓨터의 CTOR은 점점 감소했다 / 2015년 1사분기까지

04

정답 ④

위 도표는 2019년부터 2026년까지 미국의 TV 및 디지털 동영상 광고에 대한 지출을 보여 준다. 전체 기간 동안 미국의 TV 광고 지출은 감소했고 앞으로도 계속 감소할 것인 반면에, 디지털 동영상 광고에 대한 지출은 증가했고 앞으로도 계속 증가할 것이다. 2019년에 미국의 TV 광고 지출은 디지털 동영상 광고 지출의 두 배 이상이었다. 2021년에 미국의 TV 광고 지출과 디지털 동영상 광고 지출은 둘 다 600억 달러를 초과했다. 2023년에 미국의 TV 광고 지출과 디지털 동영상 광고 지출의 차이는 200억 달러 이상이었다. 2025년과 2026년 모두, 미국의 디지털 동영상 광고 지출은 900억 달러 이상으로 증가할 것으로 예상된다.

해설

2023년에 미국의 TV 광고 지출은 600억 달러이고 디지털 동영상 광고 지출은 800억 달러가 되지 않았으므로, 그 차이는 200억 달러 미만이다. 따라서 도표의 내용과 일치하지 않는 것은 ④이다.

매력적인 오답 주의!

② 2019년에 미국의 TV 광고 지출은 700억 달러에 약간 못 미쳤고, 디지털 동영상 광고 지출은 300억 달러를 조금 넘겼으므로, 그 차이가 두 배 이상임을 알 수 있다.

TEXT FLOW

도입	2019~2026년 미국의 TV 및 디지털 동영상 광고에 대한 지출
도표 분석 1	TV 광고 지출(감소해왔고 계속 감소할 것임)
도표 분석 2	디지털 동영상 광고 지출(증가해왔고 계속 증가할 것임)

구문

• In 2019, U.S. spending on TV advertising was more than double the amount [spent on digital video advertising].
: [ ]는 the amount를 수식하는 분사구이다.

• In 2023, [the difference between U.S. TV ad spending and digital video ad spending] was more than 20 billion dollars.
: [ ]는 문장의 주어 역할을 하는 명사구이다.

CHECK NOTE

1 U.S. spending on TV and digital video advertising
2 Over the entire period, U.S. spending on TV advertising has declined and will continue to decline, while U.S. spending on digital video advertising has increased and will continue to increase.

직독직해 NOTE

1 Over the entire period, / U.S. spending on TV advertising has declined / and will continue to decline, / while U.S. spending on digital video advertising has increased / and will continue to increase.
전체 기간 동안 / 미국의 TV 광고 지출은 감소했다 / 그리고 계속 감소할 것이다 / 반면에 디지털 동영상 광고에 대한 지출은 증가했다 / 그리고 계속 증가할 것이다

2 In both 2025 and 2026, / U.S. spending on digital video advertising is expected to grow / to more than 90 billion dollars.
2025년과 2026년 모두 / 미국의 디지털 동영상 광고 지출은 증가할 것으로 예상된다 / 900억 달러 이상으로

05

정답 ②

위 그래프는 한국, 캐나다, 프랑스, 독일, 미국의 전체 실업률(15세~64세인 사람들)과 청년 실업률(15세~24세인 사람들)을 보여 준다. 수치에 따르면, 한국의 전체 실업률과 청년 실업률은 둘 다 다른 나라들에 비해서 가장 낮았다. 캐나다의 청년 실업률은 그 나라의 전체 실업률의 세 배만큼 높았다. 모든 국가에서 청년 실업률은 전체 실업률에 비해서 높게 나타났는데, 프랑스에서 격차가 약 13퍼센트포인트로 가장 높았다. 독일은 전체 실업률과 청년 실업률 사이의 격차가 가장 작았다. 미국의 전체 실업률은 다른 나라들의 전체 실업률보다 더 높았다.

해설

캐나다의 청년 실업률은 14.8퍼센트이고, 전체 실업률은 8퍼센트이므로 둘 사이의 차이는 세 배까지 나지 않는다. 따라서 도표의 내용과 일치하지 않는 것은 ②이다.

TEXT FLOW

도입	5개국의 전체 실업률과 청년 실업률
도표 분석 1	전체 실업률(한국이 가장 낮고 4개국은 비슷한 수치임)
도표 분석 2	청년 실업률(프랑스가 가장 높고 한국이 가장 낮음)

구문

- The youth unemployment rate in Canada was **three times as high as** the country's overall unemployment rate.
  : 「배수사+as+원급+as」의 동등 비교구문으로, '…의 -배만큼 ~한'이라는 의미이다.

CHECK NOTE

1 overall unemployment rate and youth unemployment rate
2 가로축: 5개 국가(한국, 캐나다, 프랑스, 독일, 미국) / 세로축: 백분율(%)

직독직해 NOTE

1 Based on the figure, / both the overall unemployment rate and the youth unemployment rate of Korea / were / the lowest / compared to other countries.
수치에 따르면 / 한국의 전체 실업률과 청년 실업률은 둘 다 / 가장 낮았다 / 다른 나라들에 비해서

2 In all countries, / the youth unemployment rate / outran / the overall unemployment rate, / with the largest gap of around 13 percentage points / in France.
모든 국가에서 / 청년 실업률은 높게 나타났다 / 전체 실업률에 비해서 / 격차가 약 13퍼센트포인트로 가장 높은 / 프랑스에서

07강 안내문 파악

유형 PRACTICE

본문 50~55쪽

01 ④ 02 ③ 03 ⑤ 04 ② 05 ⑤

01

정답 ④

Sittka 시 공공 자전거 공유 서비스

도시를 답사할 계획이신가요?
이것이 그것을 할 수 있는 친환경적인 방법입니다!

대여
- 저희의 쉬운 앱을 이용해 어디서든 등록하세요.
- 요금 지불은 신용 카드로만 할 수 있습니다.

요금
- 처음 30분 무료
- 추가 30분마다 1달러

이용
- 자전거를 선택하고 그 자전거의 QR 코드를 스캔하세요.
- 헬멧은 제공되지 않습니다.

반납
- 앱에 보이는 Green Zone으로 자전거를 반납하세요.
- 자전거의 OK 버튼을 눌러 반납을 완료하세요.

해설

이용 부분에서 헬멧은 제공되지 않는다고 언급되어 있으므로, ④는 안내문의 내용과 일치하지 않는다.

TEXT FLOW

도입	도시의 공공 자전거 공유 서비스
세부 항목 1	대여(앱 이용, 지불 방법)
세부 항목 2	요금(처음 30분 무료 이후 요금 부과)
세부 항목 3	이용(헬멧 제공 여부)
세부 항목 4	반납(장소, 절차)

구문

- [Choose a bike] and [scan the QR code on the bike].
  : 두 개의 [ ]는 등위접속사 and로 연결되어 병렬구조를 이루는 명령문이다.

CHECK NOTE

1 city of Sittka public bike sharing service
2 도시의 공공 자전거 공유 서비스 이용법을 안내하기 위해

02

정답 ③

Oakland 여름 동물원 캠프

올 여름 저희와 함께 Oakland 여름 동물원 캠프에서 잊을 수 없는 여행을 떠나보세요. 우리 캠프는 호기심을 자극하고 야생동물에 대한 사랑을 키우며 어린 탐험가들에게 지속되는 추억을 만들기 위해 마련되었습니다.

- **날짜**: 4월 25-26일
- **캠프 활동**: 캠프 참가자들은 동물에게 먹이를 주고, 재미있는 워크숍에 참여하고, 심지어 환경 보호 프로젝트를 시도해볼 수 있는 기회를 갖게 될 것입니다.
- **최대 참여 인원**: 각 회차당 20명의 캠프 참가자를 선착순으로 모집
- **가격**: **1일 캠프** – 회원: $60 / 비회원: $75
  2일 캠프 – 회원: $110 / 비회원: $130
- **등록**: www.oszc.com에서 온라인 등록은 2월 20일부터 시작되며, 4월 15일 또는 캠프 정원이 차면 마감됩니다.
- **환불**: 4월 1일까지 받은 취소의 경우 전액 환불되지만, 4월 1일 후에는 환불되지 않을 것입니다.

이 좋은 기회를 놓치지 마세요!

해설

2일 캠프 참가자의 회원 가격은 110달러라고 했으므로, ③은 안내문의 내용과 일치하지 않는다.

매력적인 오답 주의!

⑤ 4월 1일 이전에 취소한 경우와 후에 취소한 경우 환불에 차이가 있다.

TEXT FLOW

도입 Oakland 여름 동물원 캠프
세부 항목 1 일정과 캠프 활동(동물 먹이 주기, 워크숍 참여 및 환경 보호 프로젝트 참여)
세부 항목 2 최대 참여 인원(20명)과 가격(캠프 일수와 회원 여부에 따라 다름)
세부 항목 3 등록 방법과 환불 규정

구문

- Our camp is designed [to inspire curiosity], [to foster a love of wildlife], and [to create lasting memories for your young explorers].
: 세 개의 [ ]는 목적의 의미를 나타내는 to부정사구이다.
- Online registration [opens on February 20 at www.oszc.com] and [closes April 15 or when the camps fill up].
: 두 개의 [ ]는 and로 연결되어 문장의 술어 역할을 한다.

CHECK NOTE

1 Oakland Summer Zoo Camp
2 4월 15일이 되거나 캠프 정원이 찰 경우

직독직해 NOTE

1 Campers will have the opportunity / to feed animals, / to participate in fun workshops, / and even to try their hand at conservation projects.
캠프 참가자들은 기회를 갖게 될 것입니다 / 동물에게 먹이를 주고 / 재미있는 워크숍에 참여하고 / 심지어 환경 보호 프로젝트에 직접 참여할 수 있는

2 Full refunds will be given / for cancelations received / by April 1, / but no refunds will be given / after April 1.
전액 환불될 것입니다 / 받은 취소의 경우 / 4월 1일까지 / 그러나 환불되지 않을 것입니다 / 4월 1일 후에는

03

정답 ⑤

AQUAPARK
물놀이장 및 사우나와 스파 클럽

운영 시간

- 사우나 및 스파: 11:00 - 20:00
- 물놀이장: 11:00 - 19:00 (실내) / 11:00 - 18:00 (실외)

입장권

		사우나 및 스파	물놀이장
주중	성인	$20	$40
	어린이	$15	$30
주말	성인	$25	$50
	어린이	$20	$40

놀이시설

- 유수 풀: 여러분이 흐르는 강 속에 있는 것처럼 느끼도록 해 주는 편안한 경험
- 미디어 아트룸: 360도 파노라마 영상과 온열 마사지를 경험할 수 있는 치유 공간

이용 안내

- 성인: 중학생 이상
- 어린이: 36개월 ~ 초등학생
- 사우나 및 스파, 물놀이장은 6시간까지 이용 가능합니다. 이용 시간을 초과하시면, 추가 요금이 있습니다.

해설

이용 안내 부분에서 If you exceed the available time, there is an extra charge.라고 했으므로, ⑤는 안내문의 내용과 일치한다.
① 실내 물놀이장의 운영 시간은 11시부터 19시까지다.
② 사우나 및 스파의 주말 성인 이용 요금은 25달러이다.
③ 흐르는 강 속에 있는 듯한 느낌을 주는 시설물 유수 풀을 이용할 수 있다.
④ 중학생부터 성인으로 간주한다.

TEXT FLOW

도입 AQUAPARK 소개
세부 항목 1 운영 시간
세부 항목 2 이용 요금
세부 항목 3 시설 안내(유수 풀, 미디어 아트룸)
세부 항목 4 이용 안내(나이 규정 및 이용 시간 제한)

구문

- A relaxing experience [that will **make you feel as if** you are in a flowing river]
: [ ]는 A relaxing experience를 수식하는 관계절이다. [ ] 안에서 「사역동사 make+목적어+동사원형」 구문이 쓰였으며, as if는 '마치 ~처럼'이라는 의미를 나타낸다.

CHECK NOTE

1 AQUAPARK
2 AQUAPARK 물놀이장 및 사우나와 스파 클럽의 이용 방법을 안내하기 위해

직독직해 NOTE

1 A healing space / that you can experience / 360 degree panorama videos and hot steam massages
치유 공간 / 경험할 수 있는 / 360도 파노라마 영상과 온열 마사지를

2 If you exceed the available time, / there is an extra charge.
이용 시간을 초과하시면 / 추가 요금이 있습니다

04

정답 ②

> **Green Festival 박람회**
> 10월 23일 금요일 ~ 10월 25일 일요일
>
> Green Festival은 친환경적으로 작업하고, 친환경적으로 놀이하며, 친환경적으로 살게 하는 가장 다양하게 엄선해 놓은 제품과 서비스로, 모든 사람을 위한 무언가를 제공합니다.
>
> 축제 일정
> 금요일 오전 10시 ~ 오후 6시
> 토요일 오전 10시 ~ 오후 7시
> 일요일 오전 10시 ~ 오후 5시
>
> Green Festival은 잠재적인 고객, 소매업자, 도매업자 그리고 회사들을 모두 한 지붕 아래에서 연결하는 고유하면서도 강력한 플랫폼입니다.
>
> 거의 21,000명의 참가자들이 이 축제에 참여할 것으로 예상됩니다. 사람들은 채식 및 유기농 식품, 교육 활동 그리고 영감을 주는 강연자들을 즐길 수 있습니다.
>
> 더 많은 정보는, 공식 웹사이트인 www.green-festival-expo-2024.org를 방문해 주시기 바랍니다.

해설

축제 일정 부분에서 금, 토, 일의 폐장 시각은 각각 오후 6시, 오후 7시, 오후 5시로 다르다는 것을 알 수 있으므로, ②는 안내문의 내용과 일치하지 않는다.

TEXT FLOW

도입	Green Festival 박람회
세부 항목 1	일정(요일별 시간)
세부 항목 2	축제 취지 소개
세부 항목 3	예상 참가 인원

구문

- People can enjoy [vegetarian and organic foods], [educational activities] **and** [inspirational speakers].
  : 세 개의 [ ]는 동사 enjoy의 목적어 역할을 하는 명사구로 콤마(,)와 등위 접속사 and에 의해 연결되어 병렬구조를 이룬다.

CHECK NOTE

1 Green Festival Expo
2 Green Festival 박람회 행사를 안내하기 위해

직독직해 NOTE

1 Green Festival offers something / for everyone, / with the widest selection of products and services / to work green, play green and live green.
Green Festival은 무언가를 제공합니다 / 모든 사람을 위한 / 가장 다양하게 엄선해 놓은 제품과 서비스로 / 친환경적으로 작업하고 친환경적으로 놀이하며 친환경적으로 살게 하는

2 Green Festival is a unique and powerful platform / for connecting potential customers, retailers, wholesalers and corporations — / all under one roof.
Green Festival은 고유하면서도 강력한 플랫폼입니다 / 잠재적인 고객, 소매업자, 도매업자 그리고 회사들을 연결하는 / 모두 한 지붕 아래에서

05

정답 ⑤

> **All in One Day Combo**
> 도시 관광+베이 보트 관광+공기 보트 탐험
>
> 그 모든 것을 보고 싶기는 하지만 시간이 얼마 없는 분들에게, 여기 여러분을 위한 완벽한 콤보가 있습니다! 풀의 강인 Everglades를 오전에 방문하세요, 그러면 오후에는 육지와 바다에 의해 Miami와 친숙해질 것입니다. 하루 동안 Miami에서 세 가지 활동을 하세요!
>
> **Miami에서 출발**
> 만남의 장소: 호텔 픽업
> 이용 시간: 6시간
> 매일 오전 8시에 이용 가능
> **운영 시즌**: 3월 8일 ~ 12월 31일
> **요금**: 성인 - 90달러
> 어린이 - 75달러
> - 가격은 1인당입니다.
> - 어린이 요금은 11세 이하의 어린이에게 유효합니다.
>
> 가장 좋은 가격을 마음껏 누리세요! 가능한 가장 저렴한 요금임을 확인할 수 있도록 정기적으로 가격 목록을 업데이트합니다.

해설

어린이 요금은 11세 이하(ages 11 and below)에 유효하다고 했으므로 12세부터 성인 요금이 적용됨을 알 수 있다. 따라서 ⑤는 안내문의 내용과 일치한다.
① Everglades는 오전에 방문한다.
② 하루에 세 가지 활동을 한다.
③ 6시간 동안 진행된다.
④ 3월 8일부터 12월 31일까지 운영된다.

TEXT FLOW

도입	일일 여행 콤보
세부 항목 1	활동(도시 관광, 소형 보트, 공기 보트)
세부 항목 2	활동 세부 사항(이용 시간, 운영 시즌, 요금)

구문

- We regularly update our price list [to make sure {you get the lowest rates possible}].
  : [ ]는 부사적 용법의 to부정사구로 목적의 의미를 나타낸다. { }는 make sure의 목적어 역할을 하는 명사절로, that이 생략된 형태이다.

CHECK NOTE

1 All in One Day Combo
2 일일 여행 프로그램을 안내하기 위해

직독직해 NOTE

1 For those who want to see it all / and don't have much time, / here we have the perfect combo / for you!

그 모든 것을 보고 싶은 분들에게 / 그리고 시간이 얼마 없는 / 여기 우리는 완벽한 콤보가 있습니다 / 여러분을 위한

2 Visit the river of grass, the Everglades / in the morning, / and in the afternoon, / you will get familiar with Miami — / by land and sea.

풀의 강인 Everglades를 방문하세요 / 오전에 / 그리고 오후에는 / 여러분은 Miami와 친숙해질 것입니다 / 육지와 바다에 의해

본문 56~59쪽

REVIEW 모의고사 02회

01 ⑤	02 ④	03 ④	04 ③
05 ④	06 ③	07 ⑤	08 ⑤

01

정답 ⑤

Dust Bowl은 1930년부터 1940년까지 미국 대초원 지대에 피해를 입힌 일련의 먼지 폭풍을 가리킨다. 그 문제는 제1차 세계대전 동안에 시작되었는데, 그때 밀의 높은 가격과 연합군의 수요가 농부들로 하여금 전에는 방목지로만 이용되었던 캔자스, 텍사스, 오클라호마 그리고 뉴멕시코와 같은 대초원 주에 있는 지역들을 쟁기질하고 씨를 뿌림으로써 더 많은 밀을 재배하도록 권장했다. 수년간의 충분한 수확 후에, 가축들이 그 지역에서 풀을 뜯기 위해 되돌아왔고, 그것들이 토양을 부수어 가루로 만들었다. 1934년에, 강력한 바람이 흙을 거대한 구름 속으로 날려 버렸고, 향후 몇 년 동안 먼지 폭풍이 되풀이되었다. 농작물과 목초지는 거친 폭풍으로 망쳐졌고, 그것은 또한 건강에 심각한 위험 요소로 판명되기도 했다. 그 후에 정부의 개입과 침식 예방 농법으로 Dust Bowl 현상은 사실상 없어졌다.

해설

마지막 문장 Through later governmental intervention ~ the Dust Bowl phenomenon has been virtually eliminated.를 통해, Dust Bowl 현상이 정부의 개입으로 사실상 없어졌음을 알 수 있다. 따라서 글의 내용과 일치하지 않는 것은 ⑤이다.

TEXT FLOW

도입	Dust Bowl은 미국 대초원 지역에서 발생했던 먼지 폭풍임
전개 1	제1차 세계대전 동안에 발생하기 시작함
전개 2	방목지를 농지로 개발하여 작물을 재배하게 되면서부터 먼지 폭풍이 심각해짐
전개 3	농작물과 목초지를 파손시키고 건강에 심각한 위험 요소가 되었음
전개 4	정부의 개입과 침식 예방 농법으로 사실상 없어짐

구문

- The problem began during World War I, [**when** the high price of wheat and the needs of Allied troops encouraged farmers to grow more wheat by plowing and seeding areas in prairie states, such as Kansas, Texas, Oklahoma, and New Mexico, {which were formerly used only for grazing}].

: [ ]는 World War I을 부가적으로 설명하는 관계절이다. 이때 관계부사 when은 and then으로 이해할 수 있다. { }는 areas in prairie states를 수식하는 관계절이다.

- Crops and pasturelands were ruined by the harsh storms, [which also proved a severe health hazard].

: [ ]는 Crops and pasturelands were ruined by the harsh storms의 앞 절을 부가적으로 설명하는 관계절이다.

어휘

a series of 일련의	damage 피해, 손상
prairie 대초원	wheat 밀
troops 군대, 병력	encourage 권장하다, 부추기다
plow 쟁기질하다, 갈다	seed 씨를 뿌리다
graze 방목하다, 풀을 뜯다	adequate 충분한
yield 수확, 산출	livestock 가축
crush 부수다, 으깨다	soil 토양, 흙
recur 되풀이되다	crop 농작물
pastureland 목초지	ruin 망치다, 파괴하다
harsh 거친, 가혹한	hazard 위험 (요소)
intervention 개입, 중재	erosion 침식
phenomenon 현상	eliminate 없애다, 제거하다

02

정답 ④

MOUNT 스노보드 & 스키 프로그램

이 프로그램은 SSrock 스키장에서 열리고, 1월 3일부터 1월 31일까지 5주간 매주 월요일 저녁에 운영될 것입니다.

- 참가자들은 기량에 따른 강습 그룹으로 나눠질 것입니다.
- 모든 1학년과 2학년 참가자들은 매 저녁 시간 동안 보호자를 동반해야 합니다.

등록

- 등록은 10월 12일 화요일에 시작될 것입니다.
- 등록 마감일은 11월 13일 토요일입니다!

비용

- 리프트권 및 강습 (1학년): 250달러(보호자용 리프트권 포함)
- 리프트권 및 강습 (2학년 ~ 6학년): 150달러
- 스키 헬멧은 필수이며, 추가 요금을 내시면 대여가 가능합니다.

자세한 내용은, 공원 및 유락 시설 관리부 전화 123-4722로 문의하십시오.

해설

비용 부분에서 1학년 보호자의 리프트권은 비용에 포함되어 있다고 했으므로, 안내문의 내용과 일치하지 않는 것은 ④이다.

TEXT FLOW

도입	MOUNT 스노보드 & 스키 프로그램 소개
세부 항목 1	세부 사항(일정, 강습 그룹 구성 기준, 보호자 동반 여부 등)
세부 항목 2	프로그램 관련 내용(등록일, 비용, 연락처 등)

구문

- This program [will take place at SSrock Ski Area] and [will run on Monday evenings for 5 weeks from January 3 through January 31].
  : 두 개의 [ ]는 등위접속사 and로 연결되어 주어 This program에 공통으로 이어지는 동사구이다.

어휘

take place 열리다, 개최되다　participant 참가자
break up 나누다, 쪼개다　accompany 동반하다
for the duration of ~의 기간 동안
registration 등록　additional 추가의

03

정답 ④

위 그래프는 2023년에 주(州)세가 어디에 사용되었는가를 보여 준다. 주의 지출 중 절반이 넘게 교육과 저소득층 의료 보장 제도 및 아동 건강 보험 프로그램에 사용되었다. 교육 분야에서 고등 교육에 투자된 것의 약 두 배만큼의 돈이 유치원부터 12학년까지의 교육에 투자되었다. 주의 지출 중 16퍼센트가 저소득층 의료 보장 제도 및 아동 건강 보험 프로그램에 사용되었는데, 그 백분율은 유치원부터 12학년까지의 교육과 고등 교육의 백분율의 절반 미만이었다. 운송, 공적 부조, 교정이라는 하위 3개 분야는 주의 지출 중 5퍼센트 미만을 차지했다. 주(州)세에서 가장 적은 돈이 투자된 분야는 공적 부조이고, 단 1퍼센트를 차지했다.

해설

하위 3개 분야인 운송, 공적 부조, 교정에 지출된 금액의 비율을 모두 더하면 10퍼센트가 됨을 알 수 있다. 따라서 도표의 내용과 일치하지 않는 것은 ④이다.

TEXT FLOW

도입　2023년의 주(州)세 사용처
도표 분석 1　상위 분야(교육, 저소득층 의료 보장 제도, 아동 건강 보험 프로그램)
도표 분석 2　하위 분야(운송, 공적 부조, 교정)

구문

- In the area of education, about **twice as much** money [was invested in K-12 education] **as** [was invested in higher education].
  : '…의 -배만큼 ~한'이라는 의미의 「배수사+as+원급+as」의 비교구문이 쓰였다. 두 개의 [ ]는 비교 대상으로 병렬구조를 이룬다.

어휘

state (미국의) 주(州)　tax dollar 세금
spending 지출, 소비　insurance 보험
invest 투자하다　higher education 고등 교육
transportation 운송　correction 교정, 징벌
account for (비율을) 차지하다

04

정답 ③

미요대교는 프랑스 남부의 미요 지역 근처의 타른 강의 계곡에 놓은 거대한 사장교이다. 영국인 건축가 Norman Foster가 설계한 그 다리는 세계에서 가장 높은 차량용 다리이며, 하나의 교각의 최고 지점이 343미터에 이르는데, 에펠탑보다 약간 더 높고 엠파이어 스테이트 빌딩보다 겨우 38미터 더 짧을 뿐이다. 그것은 공식적으로 2004년 12월 14일에 개통되었고, 이틀 후에 차량에 개방되었다. 미요대교는 일곱 개의 콘크리트 교각에 의해 지지되는 8경간의 철제 차도로 구성되어 있다. 그 차도는 36,000톤의 무게가 나가며 2,460미터의 길이이다. 차도는 남쪽에서 북쪽으로 3%의 기울기로 경사져 있다.

해설

2004년 12월 14일에 개관하였으나 이틀 후부터 차량이 통행하였다고 했으므로 글의 내용과 일치하지 않는 것은 ③이다.

TEXT FLOW

도입　미요대교는 프랑스 남부의 미요 지역 근처에 있는 거대한 사장교임
전개 1　세계에서 가장 높은 차량용 다리임
전개 2　2004년 12월 14일에 개통되었고 이틀 후부터 차량이 통행하였음
전개 3　일곱 개의 콘크리트 교각으로 구성되어 있음
전개 4　차도는 남쪽에서 북쪽으로 경사져 있음

구문

- [Designed by an English architect Norman Foster], it is the tallest vehicular bridge in the world, [with one pier's summit at 343 meters]—slightly taller than the Eiffel Tower and only 38 meters shorter than the Empire State Building.
  : 첫 번째 [ ]는 it(the Millau Viaduct)을 의미상의 주어로 하는 분사구문이다. 두 번째 [ ]는 「with+명사+분사」의 분사구문으로 부대상황을 나타낸다. 이때 one pier's summit과 전치사 at 사이에 being이 생략되어 있다.

어휘

viaduct 고가교, 육교
span (다리를) 놓다, ~에 걸치다; 경간(다리의 기둥과 기둥 사이)
vehicular 차량을 위한　summit 최고 지점, 정상, 꼭대기
formally 공식적으로　dedicate 개관[개통]하다
consist of ~로 구성되다　roadway 차도
slope 기울기, 경사(도)　descend (아래로) 경사지다

05

정답 ④

위 도표는 살던 곳에 주차 공간이 충분하지 않았다고 답한 6개국 응답자의 비율을 보여 준다. 주차 공간이 충분하지 않았다고 답한 전체 응답자와 대도시에 거주하는 응답자 모두에서, 폴란드가 가장 높았고, 스페인이 그 뒤를 이었다. 주차 공간이 충분하지 않았다고 말한 대한민국 국민 전체와 대도시에 사는 사람들의 비율은 동일했다. 주차 공간이 충분하지 않았다고 답한 대도시에 살고 있는 이탈리아인들의 비율은 세 번째로 높았다. 주차 공간이 충분하지 않았다고 말한 전체 호주인의 비율은 20% 미만이었다. 프랑스 전체 응답자의 19%와 대도시에 살고 있는 응답자의 27%는 주차 공간이 충분하지 않았다고 말

했다.

해설

주차 공간이 충분하지 않다고 말한 전체 호주인의 비율은 21%이다. 따라서 도표의 내용과 일치하지 않는 것은 ④이다.

매력적인 오답 주의!

③ 주차 공간이 충분하지 않았다고 답한 전체 이탈리아인의 비율은 28%로 네 번째로 높지만, 대도시에 살고 있는 이탈리아 응답자 중 동일한 대답을 한 비율은 39%로 세 번째로 높다.

TEXT FLOW

도입	거주지의 주차 공간이 충분하지 않았다고 답한 6개국 응답자 비율
도표 분석 1	전체 응답자 비율(폴란드가 가장 높고 프랑스가 가장 낮음)
도표 분석 2	대도시 거주 응답자 비율(폴란드가 가장 높고 호주가 가장 낮음)

구문

- The above graph shows the percentage of respondents from six countries [who said {that there were not enough parking spaces where they lived}].
  : [ ]는 respondents from six countries를 수식하는 관계절이고, 그 안의 { }는 said의 목적어 역할을 하는 명사절이다.
- The percentage of all Australians [who said there were not enough parking spaces] was less than 20%.
  : [ ]는 all Australians를 수식하는 관계절이다.

어휘

respondent 응답자　　overall 전체의

06

정답 ③

> 라트비아어 회화
> 초보자를 위한 원격 학습 수업
>
> • 대화를 수행하도록 도와줄 구두 표현을 강조하는 새로운 시청각 방법
> • Petrovs 교수에 의해 개발된, 그 방법은 학생들이 대화를 할 수 있도록 문장의 구조를 강조합니다.
> • 경험이 많은 라트비아어 강사가 일대일로 지도합니다.
> • 이동할 필요가 없습니다. 집에서 편하게 출석하십시오.
> • 서로 합의된 날짜와 시간을 정하십시오.
> • 나이 제한 없음: 그 방법은 어린이, 청소년, 그리고 성인에게 권장됩니다.
> • 수강료: 30회의 1시간 수업에 400달러
>
> 이 회화 과정은 8월 셋째 주 동안 시작하여 10월 31일까지 진행됩니다.
>
> 등록하시려면, latvianlanguageclasses@mail.co.lv로 저희에게 이메일을 보내십시오.

해설

서로 합의된 날짜와 시간을 정하라고 했으므로, 안내문의 내용과 일치하지 않는 것은 ③이다.

TEXT FLOW

도입	라트비아어 회화 수업
세부 항목 1	수업 소개(개발자, 특징, 지도 방법, 장점 등)
세부 항목 2	연령 제한 및 수강료
세부 항목 3	일정 및 등록 방법

구문

- New audiovisual method [emphasizing oral expression {to help carry out a dialogue}]
  : [ ]는 New audiovisual method를 수식하는 분사구이고, { }는 oral expression을 수식하는 형용사적 용법의 to부정사구이다.

어휘

remote learning 원격 학습　　audiovisual 시청각의
emphasize 강조하다　　carry out ~을 수행하다
structure 구조　　one-to-one 일대일의
attend 출석하다　　arrange 정하다; 배열하다
mutually 서로, 상호 간에　　tuition 수강료
register 등록하다

07

정답 ⑤

> 어린이 & 청소년 캠프
> 과학 탐험
> 날짜: 7월 4일 ~ 8일, 월요일 ~ 금요일
> 시간: 오전 9시 ~ 오후 4시
> 연령: 6 ~ 12세
> 참가비: 학생 1인당 120달러
> 강사: Mad Science의 선생님들
>
> 저희는 범죄의 현장, 새와 동물, 주니어 기술자, 그리고 기계 마니아라는 네 가지 다른 주제를 중심으로 돌아가는 재미있고 직접 체험해 보는 과학 활동으로 가득 찬 멋진 캠프를 제공합니다. 캠프 시작 전 드롭과 종료 후 픽업 서비스는 하루에 10달러로 이용이 가능합니다. 이를 원하신다면, 등록 시 Arbor Lake 커뮤니티 클럽의 Karen에게 문의하세요. 날씨가 허락하면, 매일 야외에서 진행될 예정입니다. 모자와 선글라스 그리고 자외선 차단제를 가져오세요. 점심 식사와 음료수, 간식을 가져오는 것을 잊지 마세요!

해설

마지막 문장의 Don't forget to bring lunches, drinks, and snacks!를 통해 점심 식사와 간식이 제공되지 않음을 알 수 있다. 따라서 안내문의 내용과 일치하는 것은 ⑤이다.

TEXT FLOW

도입	어린이와 청소년 캠프
세부 항목 1	세부 사항(일정, 시간, 연령, 참가비 등)
세부 항목 2	캠프 관련 내용(주제, 드롭과 픽업 서비스, 준비물)

구문

- We ofter a great camp [packed with fun, hands-on science activities {that revolve around four different themes: The scene of the Crime, Birds and Beasts, Jr. Engineers, and Machine Mania}].
  : [ ]는 a great camp를 수식하는 분사구이다. { }는 선행사 fun, hands-on science activities를 수식하는 관계절이다.

어휘

adventure 탐험
instructor 강사, 교사
hands-on 직접 해 보는, 실제 체험하는
revolve around ~을 중심으로 돌아가다
crime 범죄
beast 동물, 짐승
mania 마니아, 열광
drop off 데려다 주다
pick up 데려오다
registration 등록
outdoors 야외에서

08

정답 ⑤

1910년에 그녀의 인기가 최고조에 달했을 때, 개혁가인 Jane Addams는 '미국이 낳은 유일한 성인'으로 불렸다. 그녀 세대의 테레사 수녀 같은 사람이었던 Addams는 가장 유능한 미국인을 선정하기 위한 한 신문 독자 조사에서 Thomas Edison에 이어 2위가 되었다. Addams는 중산층 여성에게 강요된 안일함에 복종하는 것을 거부했다. 다른 사람들은 작은 금속 장식이 달린 레이스 천의 자수 견본 작품에 한 바늘 더 꿰매면서 이 지루함을 떨쳐 버렸던 반면, Addams는 그렇게 많은 사람들이 그렇게 많은 것들을 필요로 할 때 아무것도 하지 않는 것이 도덕적으로 잘못되었다고 믿었다. 그녀는 시카고로 오는 이민자들에게 도움을 준 그녀와 같은 여성들의 사회복지관을 만들었다. Jane Addams와 Ellen Gates Starr에 의해 설립된 Hull House는 빈곤한 여성과 아이들에게 쉼터, 교육, 활동 및 소속감을 제공하는 독창적인 공동체 주택이었다. 제1차 세계대전 동안 Addams의 반전 운동으로 인해 동시대인들 사이에서 명성이 손상됐지만, 1931년 노벨 평화상 수상으로 그녀가 옳았음이 입증되었다.

해설

마지막 문장 Addams's anti-war movement ~ in 1931.을 통해 제1차 세계대전 당시 반전 운동으로 인해 Addams의 명성이 동시대인 사이에서 손상되었음을 알 수 있다. 따라서 글의 내용과 일치하지 않는 것은 ⑤이다.

TEXT FLOW

도입	1910년에 인기의 정점에 있었던 Jane Addams는 '미국이 낳은 유일한 성인'으로 불렸음
전개 1	한 신문의 독자 설문 조사에서 2위를 차지했음
전개 2	중산층 여성에게 강요된 안일함을 따르지 않았음
전개 3	Ellen Gates Starr와 함께 Hull House를 설립했음
전개 4	제1차 세계대전 중 반전 운동으로 인해 동시대인 사이에서 평판이 손상되었으나 노벨 평화상 수상으로 그녀가 옳았음이 입증되었음

구문

- [**While** others shrugged off this boredom with another stitch on their petit point samplers], Addams believed [**it** morally wrong {to do nothing when so many people needed so much}].
  : 첫 번째 [ ]는 대조의 부사절로 while이 '~인 반면에'를 뜻하는 접속사로 쓰였다. 두 번째 [ ]는 believed의 목적어로 it은 가목적어이고 { }가 진목적어이다.

어휘

height 최고조, 절정, 점정
reformer 개혁가
finish second 2위가 되다
idleness 안일함, 나태
impose 강요하다, 부과하다
shrug off ~을 떨쳐 버리다, 과소평가하다
boredom 지루함
point 금속 장식이 달린 레이스 천
sampler 자수 견본 작품
settlement house 사회복지관
found 설립하다
impoverished 빈곤한
spoil 손상하다, 망치다
reputation 평판, 명성
contemporary 동시대인

08강 함축의미 추론

유형 PRACTICE

본문 60~65쪽

01 ⑤ 02 ② 03 ④ 04 ④ 05 ③

01

정답 ⑤

만약 우리가 기술을 받아들이면, 우리는 그것의 비용을 치러야 한다. 수천 개의 전통적인 생계 수단이 발전에 의해 밀려났으며, 그 직업과 관련된 생활 방식이 없어졌다. 오늘날 수억 명의 사람들이 자기가 싫어하는 일자리에서 일하면서, 자신이 아무런 애정을 느끼지 못하는 것들을 생산한다. 때때로 이러한 일자리는 육체적 고통, 장애 또는 만성 질환을 유발한다. 기술은 확실히 위험한 많은 새로운 일자리를 창출한다. 동시에, 대중 교육과 매체는 낮은 기술의 육체노동을 피하고 디지털 세계에서 일하는 직업을 찾도록 인간을 훈련시킨다. 머리와 손이 단절되는 것은 인간의 정신에 부담을 준다. 실제로, 가장 보수가 좋은 직업의 주로 앉아서 하는 본성은 신체와 정신에 건강 위험 요소이다.

해설

기술은 인간이 육체노동을 피하고 디지털 세계에서 일하는 직업을 찾도록 하는데, 그것은 인간의 신체와 정신에 건강 위험 요소라는 내용의 글이다. 머리와 손이 단절되는 것은 육체노동을 하지 않고 주로 앉아서 일을 한다는 앞뒤 문장의 내용을 나타내므로, 밑줄 친 부분이 의미하는 바로 가장 적절한 것은 ⑤ '직장에서 첨단 기술 사용의 증가'이다.

① 현대 기술에 대한 무지
② 노동 시장에서의 무한 경쟁
③ 동료들과 잘 지내지 못하는 것
④ 경력에 대한 어떤 현실적인 목표도 없이 일하는 것

매력적인 오답 주의!

① 현대 기술에 대해 무지한 것은 글의 내용을 완전히 정반대로 이해한 것이다. 이 글은 인간이 손으로 상징되는 육체노동을 하지 않고, 디지털 세계에서 머리로 일한다는 내용이다.

TEXT FLOW

도입	기술을 받아들이면 그것의 비용을 치러야 함
전개 1	싫어하는 일자리에서 일하는 것은 육체적 고통, 장애 또는 만성 질환을 유발함
전개 2	기술은 확실히 위험한 많은 새로운 일자리를 창출함과 동시에 낮은 기술의 육체노동을 피하고 디지털 세계에서 일하는 직업을 찾도록 인간을 훈련시킴
주제	머리와 손이 단절되는 것은 신체와 정신에 건강 위험 요소로 인간의 정신에 부담을 줌

구문

• Hundreds of millions of humans today work at jobs [they hate], [producing things {they have no love for}].
: 첫 번째 [ ]는 jobs를 수식하는 관계절이다. 두 번째 [ ]는 주어 Hundreds of millions of humans를 부가적으로 설명하는 분사구문이고, 그 안의 { }는 things를 수식하는 관계절로 관계대명사 that이 생략되었다.

• Technology creates many new jobs [that are certainly dangerous].
: [ ]는 many new jobs를 수식하는 관계절이다.

CHECK NOTE

1 adopting technology
2 • the hands: 낮은 기술의 육체노동
• the head: 디지털 세계에서 일하는 것

02

정답 ②

여러분이 대부분의 사람들과 같다면, 기술은 여러분이 그것을 운영하는 것보다 여러분을 더 잘 운영한다. 깨어난 지 첫 몇 초 안에 여러분의 기술 업무 마스터는 여러분을 노예로 만든다. 그런 다음 업무 시간 내내 여러분은 이메일, 소셜 미디어, 또는 주의를 산만하게 하는 기타 달콤한 웹에서 또 다른 도파민 분비를 얻지 않고는 몇 분 이상을 집중할 수 없어 보인다. 다시 말해, 여러분은 스마트폰의 첨단 기술에 너무나 중독되어 그것에서 빠져나올 수 없는 것처럼 보인다. 한 연구에 따르면, 평균적인 사람은 하루에 스마트폰을 85회 이상 확인하고 웹 검색과 애플리케이션 사용에 5시간 이상을 쓰는 것으로 나타났다. 재미있는 사실은 사람들이 자신이 그런다고 생각하는 것보다 두 배 이상 더 자주 스마트폰을 확인한다는 것이다. 예를 들어, 여러분이 신호등에 멈춰서 스마트폰을 확인하지 않은 것이 마지막으로 언제였는가? 여러분은 심지어 그걸 깨닫지도 못하고 그렇게 했을지도 모른다. 스마트폰을 차의 글러브 박스(자동차 조수석 앞의 물건을 넣는 작은 함)에 넣어라.

해설

깨어난 순간부터 우리는 스마트폰이라는 기술의 노예가 되어 하루에 스마트폰을 85회 이상 확인하고 웹 검색과 앱 사용에 5시간 이상을 쓰며, 신호등 앞에 멈췄을 때마다 무의식적으로 스마트폰을 확인하는 등 스마트폰에 중독되어 있다는 내용의 글이다. 따라서 밑줄 친 부분이 의미하는 바로 가장 적절한 것은 ② '스마트폰이 여러분을 지배하도록 두지 마라.'이다.

① 대부분의 평범한 사람들로부터 배우라.
③ 긴장을 풀고 집중하기 위해 주의를 분산하라.
④ 스마트폰을 여러분의 성장을 돕는 데 활용하라.
⑤ 자신에게 중요한 것은 안전한 곳에 보관하라.

매력적인 오답 주의!

⑤ 스마트폰을 차의 글러브 박스에 넣는 것이 마치 안전한 곳에 보관하는 것처럼 생각되지만, 중독에서 벗어나기 위해 스마트폰을 자신에게서 분리시키라는 내용의 글의 전체 맥락상, 밑줄 친 부분이 의미하는 바로 적절하지 않다.

TEXT FLOW

도입	대부분의 사람들은 기술의 노예가 됨
주제	스마트폰의 첨단 기술에 너무나 중독되어 그것에서 빠져나올 수 없는 것처럼 보임
부연	연구에 따르면 웹 검색과 애플리케이션 사용에 많은 시간을 쓰고 생각보다 더 자주 스마트폰을 확인함
결론	스마트폰의 노예가 되지 않으려면 그것을 차의 글러브 박스에 넣어야 함

구문

- In other words, you're **so** addicted to your smartphone's advanced technology **that** you can't seem to get away from it.
: '너무 ~해서 …하다'의 의미를 나타내는 「so ~ that …」 구문이 쓰였다.

- One study found [that the average person {checks their smartphone more than eighty-five times a day} and {spends more than five hours browsing the Web and using applications}].
: [ ]는 found의 목적어 역할을 하는 명사절이고, 그 안의 두 개의 { }는 and로 연결되어 that절 안의 술어 역할을 한다.

CHECK NOTE

1 smartphone addiction
2 평균적인 사람은 하루에 스마트폰을 85회 이상 확인하고 웹 검색과 앱 사용에 5시간 이상을 씀 / 사람들은 자신이 그런다고 생각하는 것보다 두 배 이상 더 자주 스마트폰을 확인함

직독직해 NOTE

1 Then, / throughout your workday, / you can't seem to focus / for more than a few minutes / without getting another dopamine hit / from email, social media, or some other juicy Web distraction.
그런 다음 / 업무 시간 내내 / 여러분은 집중할 수 없어 보인다 / 몇 분 이상을 / 또 다른 도파민 분비를 얻지 않고는 / 이메일, 소셜 미디어, 또는 주의를 산만하게 하는 기타 달콤한 웹에서

2 For example, / when was the last time / you stopped at a traffic light / without checking your smartphone?
예를 들어 / 마지막이 언제였는가 / 여러분이 신호등에 멈춰서 / 스마트폰을 확인하지 않은 것

03

정답 ④

방대한 가능성의 바다에서, 우리는 흔히 불확실성이라는 파도를 헤쳐 나아가는 자신을 발견한다. 인생은 크고 작은 선택을 우리에게 제공하고, 우리는 우리의 길을 형성하는 결정을 해야 한다. 때때로 의심과 두려움이라는 숨겨진 위험이 우리를 다른 방향으로 끌어당겨, 우리의 진정한 북쪽을 찾는 것을 어렵게 만든다. 우리가 내면의 나침반, 즉 우리 안의 깊숙한 곳에서 이끄는 힘을 믿어야 하는 것은 바로 이러한 때이다. 내면의 나침반은 옳고 진정성이 느껴지는 것의 방향을 우리에게 가리키는 직관, 가치관, 경험의 조합이다. 그것은 혼란의 순간에 우리에게 속삭이며, 우리에게 마음을 따르고 미지의 세계를 받아들이라고 촉구한다. 그것은 심지어 혼란과 폭풍의 한가운데에서 우리가 자신만의 고유의 목적지를 향해 나아갈 수 있는 힘이 있다는 것을 우리에게 일깨워준다. 내면의 나침반에 맞춰진 상태를 유지하고 그것의 안내에 귀 기울임으로써, 우리는 목적과 성취감, 진정성이 있는 삶을 살 수 있다. 내면의 나침반의 안내에 따라 한 걸음 한 걸음 나아가면서, 우리는 우리의 본질을 반영하고 주변 세상에 의미 있는 영향을 미치게 할 수 있는 길을 만든다.

해설

방대한 가능성의 바다에서 내면의 나침반을 따라 자신만의 목적지를 향해 나아가야 하지만, 의심과 두려움과 혼란이 그것을 어렵게 만든다는 내용으로 진정한 북쪽을 찾는다는 것은 우리의 마음을 따라 미지의 세계를 받아들이며 목적지에 도달하는 것을 나타낸다. 따라서 밑줄 친 부분이 의미하는 바로 가장 적절한 것은 ④ '우리가 바라는 방향이나 목표를 향해 나아가다'이다.

① 직접적인 경험을 바탕으로 결정을 내리다
② 인생에서 고정적이고 변하지 않는 의미를 추구하다
③ 지도에서 우리의 지리적 위치를 발견하다
⑤ 혼돈과 불안을 우리 삶의 일부로 받아들이다

TEXT FLOW

도입	의심과 두려움 때문에 우리의 진정한 북쪽을 찾기가 어려움
주제	직관, 가치관, 경험의 조합인 내면의 나침반을 믿어야 함
부연	혼란과 폭풍의 한가운데에서 우리가 자신만의 목적지를 향해 나아갈 수 있는 힘이 있다는 것을 깨달아야 함
결론	내면의 나침반의 안내에 귀 기울이면, 우리는 목적, 성취감, 진정성이 있는 삶을 살 수 있음

구문

- **It is** in these moments **that** we must trust our inner compass, [the guiding force deep within us].
: 「It is ~ that …」 강조구문에 의해 in these moments가 강조되고 있다. [ ]는 our inner compass와 동격 관계이다.

- With each step guided by our inner compass, we create a path [that {reflects our essence} and {allows us to make a meaningful impact on the world around us}].
: [ ]는 a path를 수식하는 관계절이고, 그 안의 두 개의 { }는 and로 연결되어 관계절 안의 술어 역할을 한다.

CHECK NOTE

1 (our) inner compass
2 목적과 성취감, 진정성이 있는 삶을 살 수 있음

직독직해 NOTE

1 Sometimes / the hidden dangers of doubt and fear / pull us in different directions, / making it difficult to find our true north.
때때로 / 의심과 두려움이라는 숨겨진 위험이 / 우리를 다른 방향으로 끌어당긴다 / 우리의 진정한 북쪽을 찾는 것을 어렵게 만든다

2 It reminds us / that even in the midst of chaos and storms, / we have the power / to move toward our own unique destination.
그것은 우리에게 일깨워준다 / 심지어 혼란과 폭풍의 한가운데에서 / 우리가 힘이 있다는 것을 / 자신만의 목적지를 향해 나아갈 수 있는

04

정답 ④

위협에 대처하는 법을 배우는 것은 단지 정면으로 맞서는 것만을 포함하지는 않는다. 그것은 또한 언제 그리고 어떻게 그것들로부터 숨어야 할지를 배우는 것도 포함한다. 시선을 마주치려 하지 않는 십 대에 의해 좌절해 온 모든 부모에게 직접적인 눈맞춤이 야생에서 무엇을 의미할 수 있는지 생각해 보라. 그것은 흔히 표적이 되었다는 것을 의미한다. 새끼 동물들은 흔히 자신들 주변의 모든 것을 응시하는 반면, 청년기의 동물들은 부적절한 눈과 시선이 마주치는 것이 치명적일 수 있다는 것을 반드시 배울 것이다. 눈길을 돌리는 반응은 쥐여우원숭이부터 주얼피시에 이르기까지 많은 동물들에게서 진화해 왔다. 닭과 도마뱀을 쳐다보는 것은 그것들이 몸을 움직이지 못하게 한다. 참새는 눈이 그들을 향하면 더 쉽게 달아난다. 동물들에게 있어서 시선 회피는

유아기에서 성인기로의 과도기 동안 시작된다. 인간에 대한 연구는 십 대 시절의 시선 회피의 급증에 주목한다.

해설

야생에서 직접적인 눈맞춤은 흔히 표적이 되었다는 것을 의미하기 때문에 청년기의 동물들이 부적절한 눈과 시선이 마주치는 것이 치명적일 수 있음을 배우는 것은 다른 동물들과 눈이 마주침으로써 표적이 되는 것을 피하려는 행동임을 의미한다. 따라서 밑줄 친 부분이 의미하는 바로 가장 적절한 것은 ④ '다른 동물들과 시선 마주치기를 피함으로써 위험에서 벗어나는 것'이다.

① 청년기 동물들을 무시하고 먹이를 혼자 먹는 것
② 병들고 다친 새끼 동물들을 보살피기를 거부하는 것
③ 공격하기 전에 표적이 되는 동물들을 못 본 척하는 것
⑤ 배가 부를 때 표적이 되는 동물들에게서 다른 곳으로 시선을 돌리는 것

TEXT FLOW

주제 위협에 대처하는 법을 배우는 것은 언제, 어떻게 그것들로부터 숨어야 할지를 배우는 것도 포함함
부연 야생에서 시선이 마주친다는 것은 흔히 표적이 되었다는 것을 의미하기 때문에 청년기의 동물들은 시선이 부적절하게 마주치는 것이 치명적임을 배울 것임
예시 눈이 마주치면 닭과 도마뱀은 움직이지 못하고, 참새는 더 쉽게 달아남

구문

• [**While** baby animals often stare at everything around them], adolescents must learn [that catching the gaze of the wrong set of eyes can be deadly].
: 첫 번째 [ ]는 접속사 while이 이끄는 대조의 부사절이고, 두 번째 [ ]는 learn의 목적어 역할을 하는 명사절로 catching ~ eyes가 주어이고 can be가 동사이다.

CHECK NOTE

1 looking-away responses
2 동물들이 시선을 회피하는 이유

직독직해 NOTE

1 For every parent / who's been frustrated by a teen / who won't meet their gaze, / consider / what direct eye contact can mean / in the wild.
모든 부모에게 / 십 대에 의해 좌절해 온 / 시선을 마주치려 하지 않는 / 생각해 보라 / 직접적인 눈맞춤이 무엇을 의미할 수 있는지 / 야생에서

2 Looking-away responses have evolved / in many animals, / from mouse lemurs to jewel fish.
눈길을 돌리는 반응은 진화해 왔다 / 많은 동물들에게서 / 쥐여우원숭이부터 주얼피시에 이르기까지

05

정답 ③

사랑은 예측 가능한 단계를 따른다. 첫 번째 단계는 구애인데, 일반적으로 누군가에게 끌림을 느끼고 그들을 알아가고 공통점을 찾는 흥분을 포함한다. 그 두 사람은 서로에게 달을 바치거나, 자신의 부모처럼 되지 않겠다고 약속할 수도 있다. 그들은 서로에게 아낌없이 선물을 주고, 맛집과 여흥을 즐길지도 모른다. 중요한 것은, 두 사람 모두 그 관계에 완전히 투자했다는 것이다. 때때로 관계가 안정되면서 그것에 동반되는 모든 서로에 대한 단조로움, 헌신, 재미없는 의무와 함께, 일상적인 감각이 몰래 스며든다. 이것들은 그들이 마주하기를 열망하는 의무가 아닐 수도 있지만, 그들 각자는 그것들이 관계의 일부라고 주장한다. 그것은 장미 속의 가시이다. 그 가시는 식기세척기 돌리기, 쓰레기 내다 버리기, 개 산책시키기, 거실 청소하기, 맥주병 재활용하기, 또는 친척 방문하기와 같은 성가신 사소한 일 안에 숨어 있을 수 있다. 대부분의 관계에서, 장미가 가시보다 더 중요하므로, 결국 그 관계는 힘을 모으고 지속될 수 있다.

해설

사랑의 단계를 설명하면서 구애와 완전한 투자를 언급한 후 관계가 안정되면 그 관계가 일상이 되어 서로에 대해 의무를 지니게 될 수 있는데, 그것을 장미 속 가시에 비유하고 있다. 밑줄 친 부분은 '장미가 가시보다 더 중요하다'는 의미인데, 장미는 사랑에서 생기는 즐거움에 해당하고 가시는 그 관계가 안정되면서 느끼는 일상적 의무감에 해당하는 말이다. 따라서 밑줄 친 부분이 의미하는 바로 가장 적절한 것은 ③ '관계 자체가 그 관계를 유지하는 의무보다 더 강하다.'이다.

① 한쪽 파트너가 다른 쪽보다 더 많은 힘을 보유한다.
② 대부분의 관계에서 어느 정도의 노력은 불가피하다.
④ 사랑하는 사람들의 필요에 귀를 기울이면 관계 유지에 도움이 될 수 있다.
⑤ 교제는 두 사람이 서로에 대해 터놓고 나눌 때 생긴다.

TEXT FLOW

도입 사랑은 구애와 서로에 대한 완전한 투자 등의 예측 가능한 단계를 따름
전개 관계가 안정되면서 일상적인 감각에 해당하는 여러 가지 의무감을 느끼게 됨
결말 대부분의 관계에서는 사랑에서 생기는 즐거움이 일상적 의무감보다 더 강하므로 결국 그 관계는 힘을 모으고 지속될 수 있음

구문

• These may not be obligations [that they're eager to meet], but they each insist [they're part of the relationship].
: 첫 번째 [ ]는 obligations를 수식하는 관계절이고, 두 번째 [ ]는 insist의 목적어 역할을 하는 명사절로 앞에 접속사 that이 생략되었다.

CHECK NOTE

1 relationship
2 • rose: 사랑에서 생기는 즐거움
• thorn: 일상적인 의무감

직독직해 NOTE

1 The first phase is courtship: / generally involving a sense of attraction to someone / and the excitement of getting to know them / and finding things in common.
첫 번째 단계는 구애이다 / 일반적으로 누군가에게 끌림을 느끼는 것을 포함한다 / 그리고 그들을 알아가는 흥분을 / 그리고 공통점을 찾는

2 The thorn can lurk / in annoying little details / such as running the dishwasher, carrying the trash out, walking the dog, cleaning the living room, recycling the beer bottles, or visiting the in-laws.
그 가시는 숨어 있을 수 있다 / 성가신 사소한 일 안에 / 식기세척기 돌리기, 쓰레기 내다 버리기, 개 산책시키기, 거실 청소하기, 맥주병 재활용하기 또는 친척 방문하기와 같은

09강 빈칸추론 I (단어, 구)

유형 PRACTICE

본문 66~71쪽

01 ④ 02 ① 03 ② 04 ② 05 ⑤

01

정답 ④

자유 놀이는 아이들에게 자신이 무기력하지 않다는 것을 가르치는 자연의 수단이다. 어른과 떨어져 놀면서, 아이들은 통제력을 정말로 가지고 그것을 발휘하는 것을 연습할 수 있다. 자유 놀이를 통해, 아이들은 스스로 결정을 내리고, 자신들만의 문제를 해결하고, 규칙을 만들고 지키며, 복종적이거나 반항적인 아랫사람이라기보다는 동등한 사람으로서 다른 사람과 잘 지내는 것을 배운다. 활동적인 야외 놀이를 통해, 아이들은 의도적으로 자기 자신에게 적절한 수준의 두려움을 주고, 그렇게 함으로써 그들의 신체뿐만 아니라 두려움 또한 통제하는 법을 배운다. 사회적인 놀이를 통해 아이들은 어떻게 다른 사람과 협상하고, 다른 사람을 기쁘게 하며, 갈등으로부터 생길 수 있는 분노를 다스리고 극복할 수 있는지를 배운다. 이러한 교훈 중 어느 것도 언어적 수단을 통해서는 배울 수 없다. 그것들은 오로지 경험을 통해서만 배울 수 있는데, 그것이 자유 놀이가 제공하는 것이다.

해설

자유 놀이를 통해 아이들은 스스로 결정을 내리고, 자신들만의 문제를 해결하고, 규칙을 만들고 지키고, 신체뿐만 아니라 두려움 또한 통제하는 법을 배우고, 다른 사람과 협상하고, 다른 사람을 기쁘게 하며, 갈등으로부터 생길 수 있는 분노를 다스리고 극복하는 방법을 배운다는 내용의 글이다. 따라서 빈칸에 들어갈 말로 가장 적절한 것은 ④ '무기력하지'이다.

① 시끄럽지 ② 사교적이지
③ 복잡하지 ⑤ 선택적이지

매력적인 오답 주의!

⑤ 아이들은 자유 놀이를 통해 자신들이 할 수 있는 것을 해낸다는 내용의 글로, 선택적인지 아닌지에 대해서는 글에서 알 수 없다.

TEXT FLOW

주제	자유 놀이는 아이들에게 자신이 무기력하지 않다는 것을 가르치는 자연의 수단임
전개 1	자유 놀이를 통해 아이들은 스스로 결정을 내리고, 자신들의 문제를 해결하고, 규칙을 만들어 지키고, 동등한 사람으로서 다른 사람과 잘 지내는 것을 배움
전개 2	또한 다른 사람과 협상하고, 다른 사람을 기쁘게 하며, 갈등으로부터 생길 수 있는 분노를 다스리고 극복하는 방법을 배움
재진술	자유 놀이를 통해 배우는 교훈은 말로는 전해질 수 없으며 제공하는 경험을 통해서만 배울 수 있음

구문

- In free play, children learn to [make their own decisions], [solve their own problems], [create and follow rules], and [get along with others **as** equals rather than **as** obedient or rebellious subordinates].
  : 네 개의 [ ]는 원형부정사구로 to에 이어진다. 두 개의 as는 '~로서'라는 의미의 전치사이다.
- None of these lessons can be taught through verbal means; **they** can be learned only through experience, [which free play provides].
  : they는 these lessons를 대신한다. [ ]는 experience를 부가적으로 설명하는 관계절이다.

CHECK NOTE

1 free play
2 benefits[advantages] of free play

02

정답 ①

돌고래는 두뇌가 클 뿐만 아니라, 수중 음파 탐지기 즉 반향 위치 측정과 같은 비범한 능력도 가지고 있는데, 그것으로 그들은 메아리로 반사되어 주변 환경에 대한 광범위한 정보를 제공하는 음파를 보낸다. 반향 위치 측정은 돌고래로 하여금 단단한 물체를 관통해 '볼' 수 있게 해준다. 몇 년 전에, 과학자들은 돌고래의 뇌에 이전에는 유인원에게만 고유한 것으로 생각되었던, 대단히 많은 수의 특화된 방추 신경세포가 포함되어 있다는 것을 발견했다. 이 신경세포는 중요한 사회적, 감정적 정보를 빠르게 전달하는 것으로 믿어진다. 사실, 돌고래의 뇌는 인간의 뇌보다 더 많은 방추 신경세포를 가지고 있다. Dale Peterson은 'The Moral Lives of Animals'에서, 돌고래는 '뛰어난 기억력과 높은 수준의 사회적 인식 및 자기 인식을 가지고 있고, 다른 돌고래들의 행동을 모방하는 데 탁월하며, 상징적 표현에 반응하고 복잡하고 창의적으로 적응하는 사회 시스템을 형성하며 학습된 행동의 문화적 전달을 위한 광범위한 능력을 보여줄 수 있다.'라고 썼다. 요컨대, 돌고래는 정말 똑똑하다.

해설

돌고래는 두뇌가 클 뿐만 아니라, 수중 음파 탐지기 즉 반향 위치 측정과 같은 비범한 능력을 가지고 있으며, 뛰어난 기억력과 높은 수준의 사회적 인식 및 자기 인식을 가지고 있고, 다른 돌고래들의 행동을 모방하는 데 탁월하고, 상징적 표현에 반응하고 복잡하고 창의적으로 적응하는 사회 시스템을 형성하며 학습된 행동의 문화적 전달을 위한 광범위한 능력을 보여줄 수 있는 등 매우 비범하다는 내용의 글이다. 따라서 빈칸에 들어갈 말로 가장 적절한 것은 ① '똑똑한'이다.

② 폭력적인 ③ 방어적인
④ 집단적인 ⑤ 무감각한

TEXT FLOW

도입	돌고래는 수중 음파 탐지기 즉 반향 위치 측정을 통해 메아리로 반사되어 주변 환경에 대한 광범위한 정보를 제공하는 음파를 보냄
부연 1	돌고래는 중요한 사회적, 감정적 정보를 빠르게 전달하는 것으로 믿어지는 특화된 방추 신경세포를 인간보다 많이 가지고 있음
부연 2	돌고래는 뛰어난 기억력, 높은 수준의 사회적 인식 및 자기 인식, 그리고 행동을 모방하는 능력 등의 광범위한 능력을 가지고 있음
요약	돌고래는 똑똑함

구문

- Dolphins **not only** have big brains **but** possess extraordinary abilities, such as sonar or echolocation, [with which they send out sound waves {that bounce back as echoes, ⟨providing extensive information about their surroundings⟩}].
: 'A뿐만 아니라 B도'의 의미를 나타내는 상관접속사 「not only A but (also) B」가 쓰였다. [ ]는 sonar or echolocation을 부가적으로 설명하는 관계절이다. 그 안의 { }는 sound waves를 수식하는 관계절이고, 그 안의 ⟨ ⟩는 sound waves를 의미상의 주어로 하는 분사구문이다.

- A few years ago, scientists discovered [that dolphin brains contain large numbers of specialized spindle neurons, {previously thought to be unique to great apes}].
: [ ]는 discovered의 목적어 역할을 하는 명사절이고, 그 안의 { }는 specialized spindle neurons를 부가적으로 설명하는 분사구이다.

CHECK NOTE

1 dolphins
2 smartness[cleverness] of dolphins

직독직해 NOTE

1 Dolphins not only have big brains / but possess extraordinary abilities, / such as sonar or echolocation, / with which they send out sound waves / that bounce back as echoes, / providing extensive information about their surroundings.
돌고래는 두뇌가 클 뿐만 아니라 / 비범한 능력도 가지고 있다 / 수중 음파 탐지기 즉 반향 위치 측정과 같은 / 그것으로 그들은 음파를 보낸다 / 메아리로 반사되는 / 주변 환경에 대한 광범위한 정보를 제공하는

2 A few years ago, / scientists discovered / that dolphin brains contain large numbers of specialized spindle neurons, / previously thought to be unique to great apes.
몇 년 전에 / 과학자들은 발견했다 / 돌고래의 뇌가 대단히 많은 수의 특화된 방추 신경세포를 포함한다는 것을 / 이전에는 유인원에게만 고유한 것으로 생각되었던

03

정답 ②

요리는 창의성에 대한 훌륭한 비유로, 요리사의 재능은 재료를 한데 모아 무엇인가를 만들어내는 능력에 달려 있다. 역사상 가장 영감을 많이 받은 요리사조차도 단순한 집중력으로 베이컨이 나타나게 하지 않았으며, 진화의 바람직한 결과물 목록에 잘 익은 토마토가 있어야 한다고 신성한 힘에게 또한 제안하지도 않았다. 창의성을 조합으로 보는 세계관에 대한 믿음은 여러 가지 면에서 창조자에게 도움을 준다. 그것은 언제든지 창의적이지 않다고 느낄 경우에 그 해결책은 여러분에게 이용 가능한 조합을 더 주의 깊게 살펴보는 것이거나 아니면 어떤 것이 어떻게 만들어지는지를 알기 위해 그것을 분해하는 것이라는 것을 의미한다. 창의력을 높이는 것은 관찰력을 높이는 것, 즉 가능한 조합을 더 많이 알아차리는 것만을 필요로 한다. 여기에 테스트가 있다. 여러분 앞에 있는 두 가지를, 가령 책과 여러분의 성가신 친구 Rupert를 빠르게 골라보라. 이제 눈을 감고 그것들을 결합하는 다양한 방법을 상상해보라.

해설

창의성에 대한 훌륭한 비유로서의 요리를 설명하는 글로, 창의성이 좋은 사람은 요리사가 이용 가능한 조합을 한데 모아 음식을 만드는 것처럼 무엇인가를 만들기 위해 재료를 한데 모아 조합하는 것이라는 내용을 말하고 있다. 따라서 빈칸에 들어갈 말로 가장 적절한 것은 ② '재료를 한데 모아'이다.
① 신선한 농산물을 구해
③ 적절한 기술을 사용하여
④ 독창적인 아이디어를 떠올려서
⑤ 더 많은 준비 시간을 확보하여

매력적인 오답 주의!

③ 글에서는 여러 가지 가능한 조합을 관찰하는 것이 창의성이 좋은 사람이라고 했으므로, 그것을 적절한 기술을 사용하는 것이라고 보기는 어렵다.

TEXT FLOW

주제	요리는 창의성에 대한 훌륭한 비유로 요리사는 재료를 한데 모아 무엇인가를 만들어내는 능력을 가지고 있음
부연 1	창의성을 조합으로 보는 세계관에 대한 믿음은 여러 가지 면에서 창조자에게 도움을 줌
부연 2	창의력을 높이는 것은 관찰력을 높이는 것, 즉 가능한 조합을 더 많이 알아차리는 것만을 필요로 함

구문

- Even the most inspired chef in history did not make bacon appear by mere concentration, **nor did he suggest** to the divine forces [that a ripe tomato should be on the list of evolution's desired outcomes].
: 「nor+조동사+주어+동사원형」은 '~도 또한 아니다'라는 의미이다. [ ]는 suggest의 목적어 역할을 하는 명사절이다.

- It means [that if at any time you feel uncreative, the solution is {to look more carefully at the combinations available to you} or {to break apart something to see how it's made}].
: [ ]는 means의 목적어 역할을 하는 명사절이고, 두 개의 { }는 or로 연결되어 is의 주격보어 역할을 하는 to부정사구이다.

CHECK NOTE

1 Cooking is a brilliant analogy for creativity.
2 combinations

직독직해 NOTE

1 Even the most inspired chef in history / did not make bacon appear / by mere concentration, / nor did he suggest to the divine forces / that a ripe tomato should be on the list of evolution's desired outcomes.
역사상 가장 영감을 많이 받은 요리사조차도 / 베이컨이 나타나게 하지 않았다 / 단순한 집중력으로 / 또한 그는 신성한 힘에게 제안하지도 않았다 / 잘 익은 토마토가 진화의 바람직한 결과물 목록에 있어야 한다고

2 It means / that if at any time you feel uncreative, / the solution is / to look more carefully at the combinations / available to you / or to break apart something / to see how it's made.
그것은 의미한다 / 언제든지 창의적이지 않다고 느낄 경우에 ~라는 것을 / 그 해결책은 ~이다 / 조합을 더 주의 깊게 살펴보는 것 / 여러분에게 이용 가능한 / 아니면 어떤 것을 분해하는 것 / 그것이 어떻게 만들어지는지를 알기 위해

04

정답 ②

생물학은 생명체를 연구하는 학문인데, 이것은 유기체 자체와 그것이 기능하는 환경을 포함한다. 그러나 생물학과 환경은 종종 정반대에 있는 것처럼 이야기된다. 이러한 생각은 생물학적 유기체와 생물학적 과정에 대한 잘못된 이해에서 비롯된다. 후자는 정적이지도 않고 유기체가 사는 환경과 단절되어 있지도 않다. 물론, 어떤 유기체든 자신의 구조, 화학적 성질, 그리고 생리 기능에 의존하지만, 그것은 자신의 환경으로부터 격리되어 그렇게 하지는 않는다. 유전자는 특정한 환경 안에서 발현하고 바로 그 발현으로 인해 새로운 상호 작용이 일어나도록 유기체의 환경이 변화된다. 사실, 이러한 과정들이 너무 얽혀 있어서 우리는 그것들을 별개의 독립체로 말하는 것이 불가능하다는 것을 발견하게 된다.

해설

생물학과 환경이 정반대에 있는 것처럼 이야기되지만, 유기체의 생물학적 과정은 유기체가 사는 환경과 단절되어 있지 않으며 유전자는 특정한 환경 안에서 발현하고, 환경과 상호 작용한다는 내용의 글이다. 따라서 빈칸에 들어갈 말로 가장 적절한 것은 ② '자신의 환경으로부터 격리되어'이다.

① 자신의 타고난 잠재력을 넘어서
③ 우리 생물학의 도덕적 중요성에 입각하여
④ 그것의 행동에 대한 유전적 설명 없이
⑤ 환경 자극의 수동적 수신자로서

TEXT FLOW

- 통념 생물학과 환경은 정반대에 있는 것처럼 이야기됨
- 반박 이러한 생각은 생물학적 유기체와 생물학적 과정에 대한 잘못된 이해에서 비롯됨
- 근거 모든 유기체는 환경과 더불어 자신의 구조, 화학적 성질, 생리적 기능에 의존함
- 결론 유전자는 특정한 환경 안에서 발현하고 자신의 환경의 변화와 함께 상호 작용함

구문

- The latter are **neither** static **nor** disconnected from the context [in which the organism lives].
  : 「neither A nor B」 구문은 'A도 아니고 B도 아닌'이라는 뜻이고, [ ]는 the context를 수식하는 관계절로, which the organism lives in으로 바꿔 쓸 수 있다.
- In fact, [**so intertwined are these processes**] [**that** we find **it** impossible {to speak of them as separate entities}].
  : '너무 ~해서 …하다'라는 의미의 「so ~ that …」 구문이 쓰였다. 첫 번째 [ ]는 문장의 보어인 so intertwined가 문장의 앞에 위치하여 are these processes와 같이 주어와 동사가 도치되었다. 두 번째 [ ]에서 it은 가목적어이고 { }는 진목적어인 to부정사구이다.

CHECK NOTE

1 biology, environment
2 생물학에서 유기체와 환경의 상호 작용

직독직해 NOTE

1 Yet / biology and the environment / are often spoken of / as if they were at opposite poles.
그러나 / 생물학과 환경은 / 종종 이야기된다 / 마치 그것들이 정반대에 있는 것처럼

2 Genes are expressed / in particular contexts / and their very expression alters the organism's environment / so that a new set of interactions takes place.
유전자는 발현한다 / 특정한 환경 안에서 / 그리고 바로 그 발현은 유기체의 환경을 변화시킨다 / 그래서 새로운 상호 작용이 일어나도록

05

정답 ⑤

한 오래된 속담에 '사람에게 물고기를 주면 하루 동안 먹고, 사람에게 물고기 잡는 것을 가르치면 평생 동안 먹는다.'라는 말이 있다. 최근의 연구는 이 속담이 사람들에게 조언을 제공하는 가장 효과적인 방법을 반영한다는 것을 시사한다. 종종, 사람들은 취하고 싶은 행동이나 그들이 사고 싶은 제품에 대해 여러분의 의견을 요청할 것이다. 이 상황에서 여러분이 생각하기에 무엇이 해야 할 최선의 것인지 그냥 그들에게 말하고 싶은 유혹이 든다. 그러나, 선택할 수 있는 그들 자신만의 능력을 뒷받침하는 정보를 사람들에게 주면, 그들은 여러분의 조언을 이용할 가능성이 훨씬 더 크다. 자주적으로 결정을 내리는 것은 활력을 주는 일이어서, 누군가에게 그 결정과 관련된 지식을 제공하는 것은 도움이 되는 훌륭한 방법이다.

해설

사람들에게 조언을 제공하는 가장 효과적인 방법에 대한 글이다. 의견을 요청한 사람에게 그들 자신만의 능력을 뒷받침하는 정보를 주면 그 사람이 그 조언을 이용할 가능성이 훨씬 더 많다고 말하고 있으므로, 결정을 하는 데 도움이 되는 정보를 주는 것이 조언을 제공하는 훌륭한 방법임을 알 수 있다. 따라서 빈칸에 들어갈 말로 가장 적절한 것은 ⑤ '누군가에게 그 결정과 관련된 지식을 제공하는 것'이다.

① 그들에게 어떤 조언도 제공하지 않기로 결정하는 것
② 모든 사람들에게 동등한 기회를 보장하는 것
③ 어려움에 처한 사람들을 위해 그들의 적과 싸우는 것
④ 불리한 상황에서조차 약속을 지키는 것

TEXT FLOW

- 도입 '사람에게 물고기를 주면 하루 동안 먹고, 사람에게 물고기 잡는 것을 가르치면 평생 동안 먹는다.'라는 속담은 조언을 제공하는 가장 효과적인 방법을 반영함
- 부연 사람들이 조언을 구할 때, 조언이 필요한 사람의 능력을 뒷받침하는 정보를 주면 그들이 여러분의 조언을 이용할 가능성이 더 큼
- 주제 결정과 관계된 지식을 주는 것이 도움을 주는 훌륭한 방법임

구문

- **It** is empowering [to reach a decision independently], so [providing someone with knowledge {related to the decision}] is a great way to be helpful.
  : It은 가주어이고, 첫 번째 [ ]는 진주어인 to부정사구이다. 두 번째 [ ]는 동명사구로 주어 역할을 하며 단수 취급한다. 그 안의 { }는 knowledge를 수식하는 분사구이다.

CHECK NOTE

1 advice
2 It is empowering to reach a decision independently, so providing someone with knowledge related to the decision is a great way to be helpful.

직독직해 NOTE

1 It [is] tempting in these situations / to just tell them / what you think is the best thing to do.
이 상황에서 ~은 솔깃하다(유혹이 든다) / 그냥 그들에게 말하는 것 / 여러분이 생각하기에 무엇이 해야 할 최선의 것인지

2 However, / people [are] far more likely to use your advice / when you give them information / that supports their own ability / to make a choice.
그러나 / 사람들은 여러분의 조언을 이용할 가능성이 훨씬 더 크다 / 여러분이 정보를 그들에게 주면 / 그들 자신만의 능력을 뒷받침하는 / 선택할 수 있는

10강 빈칸추론 II [절]

유형 PRACTICE

본문 72~77쪽

01 ④ 02 ② 03 ③ 04 ② 05 ①

01

정답 ④

특정한 환경 조건을 '극심한', '혹독한', '온화한' 또는 '스트레스를 주는'이라고 묘사하는 것은 당연해 보인다. 사막 한낮의 열기, 남극 겨울의 추위, 그레이트솔트호의 염도와 같이 (환경) 조건이 '극심한' 경우에 그것이 명백해 보일지도 모른다. 하지만 이것은 우리의 특정한 생리적 특징과 내성을 고려할 때 이러한 조건이 '우리에게' 극심하다는 것을 의미할 뿐이다. 선인장에게 선인장들이 진화해 온 사막의 환경 조건은 전혀 극심한 것이 아니며, 펭귄에게 남극의 얼음에 뒤덮인 땅도 역시 극심한 환경이 아니다. 생태학자가 모든 다른 유기체가 우리가 느끼는 방식으로 환경을 느낀다고 추정하는 것은 나태하고 위험하다. 오히려 생태학자는 환경에 대한 벌레의 관점이나 식물의 관점을 획득하려고, 즉 다른 유기체가 세계를 보는 방식으로 세계를 바라보려고 노력해야 한다. 혹독한 그리고 온화한 같은 감정을 나타내는 단어들, 심지어 덥고 추운 것과 같은 상대적인 단어들은 생태학자들에 의해 오로지 신중하게 사용되어야 한다.

해설

특정한 환경을 특정한 상태로 묘사하는 것은 인간의 특정한 생리적 특성과 내성의 관점에서 볼 때 그러한 것으로, 다른 유기체의 관점에서는 그렇지 않다는 내용의 글이다. lazy, dangerous로 보아 빈칸에는 이와 반대되는 내용이 들어가야 한다. 따라서 빈칸에 들어갈 말로 가장 적절한 것은 ④ '모든 다른 유기체가 우리가 느끼는 방식으로 환경을 느낀다'이다.

① 복잡한 유기체가 단순한 유기체보다 우월하다
② 기술이 우리가 극심한 환경에서 살아남는 데 도움이 된다
③ 생태적 다양성은 극심한 환경에 의해 뒷받침된다
⑤ 종은 예측 가능한 방식으로 환경 변화에 적응한다

매력적인 오답 주의!

③ 극심한 환경이 언급되고, 인간과 다른 종의 다양성이 언급되었지만, 생태적 다양성이 극심한 환경에 의해 뒷받침된다는 것은 글에서 다루어진 내용이 아니다.

TEXT FLOW

도입 특정한 환경 조건을 특정한 단어로 묘사하는 것은 당연함
예시 사막 한낮의 열기나 남극 겨울의 추위 등 환경 조건이 '극심한' 경우에는 더욱 그러함
반론 그러나 인간의 특정한 생리적 특징과 내성을 고려할 때 특정한 환경 조건은 '우리에게' 극심할 뿐임
주제 생태학자는 다른 유기체가 세계를 보는 방식으로 세계를 바라보려고 노력해야 함

구문

- To a cactus there is nothing extreme about the desert conditions [in which cacti have evolved]; **nor are the icy lands of Antarctica** an extreme environment for penguins.
: [ ]는 the desert conditions를 수식하는 관계절이다. 「nor+(조)동사+주어」는 '~도 역시 ... 아니다'라는 의미이다.
- **It** is lazy and dangerous [for the ecologist to assume {that all other organisms sense the environment in the way 〈we do〉}].
: It은 가주어이고 [ ]는 진주어이다. for the ecologist는 to assume 이하의 의미상의 주어이다. { }는 assume의 목적어 역할을 하는 명사절이고, 그 안의 〈 〉는 the way를 수식하는 관계절이다. do는 sense를 대신하는 대동사이다.

CHECK NOTE

1 describing environmental conditions
2 다른 유기체가 세계를 보는 방식으로 세계를 보려고 노력해야 함 / '혹독한'이나 '온화한' 같은 감정을 나타내는 단어들 또는 덥고 추운 것과 같은 상대적인 단어들을 신중하게 사용해야 함

02

정답 ②

생리적 시스템이 진화하여 병원균에 의한 감염으로부터 신체를 방어했던 것처럼, 심리적 시스템은 진화하여 병원균이 애초에 해를 입힐 정도로 신체에 가까이 접근하지 못하도록 보호했다. 한 사람의 생리적 면역 시스템은 사람을 살아 있게 유지하기에 충분하지만, 그것은 사용하기에 비용이 많이 든다. 아픈 것에는 시간과 에너지가 들고, 이차 감염이나 기타 환경적 위협에 대해 성공적으로 방어할 수 있는 사람의 능력을 저하시킨다. 결과적으로, 신체가 미생물 침입자로부터 스스로를 방어할 수 있더라도, 이러한 병원균이 결코 체내에 침입할 기회를 갖지 못하도록 피하는 것이 더 안전한 선택일 수 있다. 이러한 회피는 잠재적인 건강 위험에 민감하고, 활성화되면 이러한 위험에 대한 주의를 기울이게 하고 불안과 혐오감을 조장하는 심리적 메커니즘을 통해 성취될 수 있다. 결국, 이러한 감정은 사람이 문제가 있는 환경으로부터 벗어나게 할 행동에 동기를 부여한다.

해설

생리적 시스템은 병원균에 의한 감염으로부터 신체를 방어했던 것처럼, 심리적 시스템은 잠재적 건강 위험에 민감하고 위험에 대한 주의를 기울이게 하

며 불안과 혐오감을 조장하는 심리적 메커니즘을 통해 병원균이 체내에 침입할 기회를 갖지 못하도록 한다는 내용의 글이다. 따라서 빈칸에 들어갈 말로 가장 적절한 것은 ② '사람이 문제가 있는 환경으로부터 벗어나게 할'이다.
① 사람 주변의 많은 사람들을 지속적으로 위험에 노출시키게 할
③ 사람이 위태롭고 위험한 상황에 직면하게 할
④ 시간이 지남에 따라 사람의 면역 체계를 취약하게 만들
⑤ 갈등이나 부정적인 반응을 유발하는 사건을 촉발할

매력적인 오답 주의!

④ 병원균에 의한 감염을 피하기 위해 심리적 메커니즘이 사용되는 것이므로, 그것이 사람의 면역 체계를 취약하게 만드는 것이 아니라 오히려 보호하게 된다.

TEXT FLOW

- **도입** 심리적 시스템은 진화하여 병원균이 애초에 해를 입힐 정도로 신체에 가까이 접근하지 못하도록 보호했음
- **주제** 병원균이 결코 체내에 침입할 기회를 갖지 못하도록 피하는 것이 더 안전한 선택일 수 있음
- **부연** 잠재적인 건강 위험에 민감하고, 활성화되면 이러한 위험에 대한 주의를 기울이게 하고 불안과 혐오감을 조장하는 심리적 메커니즘을 통해 사람이 문제가 있는 환경으로부터 회피하게 함

구문

- [Being sick] [takes time and energy] and [reduces an individual's ability {to successfully defend against secondary infections or other environmental threats}].
: 첫 번째 [ ]는 문장의 주어 역할을 하는 동명사구이다. 두 번째와 세 번째 [ ]는 and로 연결되어 문장의 술어 역할을 하고, { }는 an individual's ability를 수식하는 형용사적 용법의 to부정사구이다.
- This avoidance can be achieved through psychological mechanisms [that are sensitive to potential health hazards] and [which, {when activated}, direct attention toward these hazards and promote feelings of anxiety and disgust].
: 두 개의 [ ]는 and로 연결되어 psychological mechanisms를 수식하는 관계절이다. 두 번째 [ ] 안의 { }는 when they(= psychological mechanisms) are activated로 이해할 수 있다.

CHECK NOTE

1 생리적 면역 시스템과 심리적 면역 시스템
2 잠재적인 건강 위험에 대한 주의를 기울이게 하고 불안과 혐오감을 조장하여 병원균이 체내에 침입할 수 있는 환경을 피하게 함

직독직해 NOTE

1 Just as physiological systems evolved / to defend the body against infection / caused by pathogens, / psychological systems evolved / to protect against those pathogens getting close enough to the body / to cause harm in the first place.
생리적 시스템이 진화했던 것처럼 / 감염으로부터 신체를 방어하도록 / 병원균에 의해 생기는 / 심리적 시스템은 진화했다 / 이러한 병원균이 충분히 가깝게 신체에 접근하지 못하도록 / 애초에 해를 입히기에

2 Consequently, / even though the body can defend itself from microbiotic invaders, / avoiding these pathogens / so that they never get the chance to enter the body / may be the safer option.
결과적으로 / 신체가 미생물 침입자로부터 스스로를 방어할 수 있더라도 / 이러한 병원균을 피하는 것이 / 그것이 결코 체내에 침입할 기회를 갖지 못하도록 / 더 안전한 선택일 수 있다

03

정답 ③

어떤 사람들은 자신들의 일과 관련한 일생의 목표에 전념하지만, 반면 다른 사람들은 가족이나 사회, 혹은 정신적 생활을 더 의미 있게 만드는 데 몰두한다. 여러분의 목표가 서로를 보완해야 한다는 것은 매우 자명하다. '내 사업을 구축한다'와 '외부에서 더 많은 시간을 보낸다'와 같은 상충하는 목표를 동시에 얻으려고 노력하는 것은 여러분을 너무 짜증나고 낙담하게 만들어서 여러분은 두 목표를 모두 포기하고 결국 스트레스를 받고 불행한 느낌이 들게 된다. 여러분의 사업이 건설이나 카약이 아니라면, 적응할 수 있는 해결책은 목표를 서로서로 더 조화롭게 만들기 위해 목표 중 하나 혹은 둘 다를 바꾸는 것이다. 예를 들어, 여러분은 햇볕을 쬐며 서류 작업을 하거나 하루를 일과 여가로 분할하도록 결정할 수 있을 것이다. 그러나, 실제 행하기는 말처럼 쉽지 않다. 만약 가능하지 않다면, 아마도 그 목표들 중 하나를 단념해야 할 것인데, 그것이 둘 다를 희생시키는 것보다는 차라리 낫다.

해설

두 가지 상충하는 목표가 있다면 목표가 서로에게 조화를 이루도록 하는 것이 최선이라는 내용의 글이다. 따라서 빈칸에 들어갈 말로 가장 적절한 것은 ③ '여러분의 목표가 서로를 보완해야 한다'이다.
① 여러분의 목표는 현실적이어야 한다
② 일들이 효율적으로 설계되어야 한다
④ 여러분의 목표는 긍정적인 언어로 표현되어야 한다
⑤ 여러분의 계획은 삶의 목적에 대한 부분 집합이어야 한다

TEXT FLOW

- **도입** 어떤 사람들은 자신들의 일과 관련된 일생의 목표에 전념하지만, 다른 사람들은 가족, 사회, 정신적인 생활을 더 의미 있게 만드는 데 몰두함
- **주제** 목표가 서로를 보완해야 함
- **문제점** 상충하는 두 목표를 추구하려고 하면 결국 두 목표를 모두 포기하고 스트레스를 받고 불행하게 됨
- **해결책** 목표를 서로서로 더 조화롭게 만들기 위해 목표 중 하나 혹은 둘 다를 바꾸어야 함

구문

- Simultaneously [striving for conflicting goals like "build my business" and "spend more time outdoors"] will make you [**so** annoyed and discouraged **that** you'll give up both goals and end up feeling stressed out and unhappy].
: 첫 번째 [ ]는 동명사구로 문장의 주어이고 will make가 동사이다. 두 번째 [ ]는 「so ~ that ...」 구문으로 '너무 ~해서 …하다'는 의미이다.

CHECK NOTE

1 (conflicting) goals
2 It is fairly evident that your goals should complement one another.

직독직해 NOTE

1 Some [devote] themselves / to lifelong goals / concerning their work, / while others commit themselves / to making their family, social, or spiritual lives / more meaningful.
어떤 사람들은 그들 스스로를 전념한다 / 일생의 목표에 / 자신들의 일과 관련한 / 반면 다른 사람들은 그들 스스로를 몰두한다 / 가족이나 사회, 혹은 정신적 생활을 만드는 데 / 더 의미 있게

2 Unless your business is construction or kayaking, / the adaptive solution [is] / to change one or both of the goals / to make them more harmonious / with each other.
여러분의 사업이 건설이나 카약이 아니라면 / 적응할 수 있는 해결책은 ~이다 / 목표 중 하나 혹은 둘 다를 바꾸는 것 / 그것들을 더 조화롭게 만들기 위해 / 서로서로

04

정답 ②

습관은 너무 익숙해서 생각할 필요도 없는 문제를 해결하기 위해 여러분이 하는 일이다. 즉, 질문에 대한 답을 여러분이 이미 알고 있으면, 여러분은 해결책을 위해 기억에 의존하고 같은 일을 다시 한다. 예를 들어, 나는 색소폰을 연주한다. 색소폰은 누름단추, 스프링, 레버가 많은 복잡한 악기이다. 그 결과, 색소폰에 뭔가 문제가 있으면 잘못된 음을 연주할 수 있다. 주기적으로, 내가 올림음 C를 연주할 때, 내 색소폰이 갑자기 그리고 예상치 못하게 바로 내림음을 연주한다. 이 나팔을 여러 해 동안 가지고 있었기에, 색소폰의 목 근처에 있는 밸브를 덮고 있는 패드가 밸브에 붙어 있어서 이런 일이 일어나고 그것을 열어 주어야 한다는 것을 나는 알고 있다. 이 문제를 어떻게 해결해야 할지 나는 생각할 필요가 없는데, 왜냐하면 내가 기억으로부터 해결책을 생각해 낼 수 있기 때문이다.

해설

익숙해진 습관이 되면 문제를 해결하기 위해 생각을 할 필요가 없다는 내용의 글이다. 따라서 빈칸에 들어갈 말로 가장 적절한 것은 ② '기억으로부터 해결책을 생각해 낼'이다.

① 내가 하고 있는 일의 많은 부분을 발견할
③ 내가 전에 할 수 있었던 것보다 현재 더 많은 것을 연주할
④ 누구에게든 음악적 배경을 가르칠
⑤ 진정 마음의 부정적인 체계에서 탈출할

TEXT FLOW

주제 우리는 습관과 기억에 의존해 문제를 해결함
예시 색소폰에서 잘못된 음이 나오면 습관에 의해 문제를 해결할 수 있음
결론 우리는 문제가 생길 때 기억으로부터 해결책을 생각해 낼 수 있음

구문

• Habits are the things [you do to solve problems {that are **so** familiar **that** you don't need to think about them}].
: [ ]는 the things를 수식하는 관계절이고, [ ] 안의 { }는 problems를 수식하는 관계절이다. { } 안에 '너무 ~해서 …하다'라는 의미의 「so ~ that ...」 구문이 쓰였다.

CHECK NOTE

1 habit(s), memory
2 습관과 기억을 통한 문제 해결

직독직해 NOTE

1 That is, / if you already know the answer to a question, / you [rely] on your memory for the solution / and [do] the same thing again.
즉 / 여러분이 이미 질문에 대한 답을 알고 있으면 / 여러분은 해결책을 위해 기억에 의존한다 / 그리고 같은 일을 다시 한다

2 Because I have owned this horn / for a number of years, / I [know] that this happens, / because a pad covering a valve near the neck of the saxophone / has gotten stuck to the valve, / and it needs to be opened.
나는 이 나팔을 가지고 있었기 때문에 / 여러 해 동안 / 나는 이런 일이 일어난다는 것을 알고 있다 / 색소폰의 목 근처에 있는 밸브를 덮고 있는 패드가 ~해서 / 밸브에 붙어 있다 / 그리고 그것을 열어 주어야 한다

05

정답 ①

어떤 환경은 우리의 이익에 반하는 행동을 하도록 우리를 유인하기 위해 정확히 설계된다. 그것은 우리가 고급 쇼핑몰에서 초과하여 지출할 때 발생하는 것이다. 우리의 욕구를 극대화하고 지갑에서 현금을 해방시키기 위해 조명부터 색상 구성, 통로의 폭에 이르기까지 특별히 설계된 소매업체의 경험적 지식을 탓하라. 정말 이상한 것은 쇼핑몰 환경이 어두운 골목길에 있는 도둑처럼 우리에게 금방 눈에 띄지 않는다는 것이다. 우리는 과거의 경험을 바탕으로 우리가 필요하지도 원하지도 않는 물건을 사고 싶은 충동을 일으킬 환경에 자신을 두기로 결정했다. 초과하여 지출할 때, 우리는 스스로 놓은 덫에 걸린다. 카지노나 온라인 쇼핑 사이트의 환경은 훨씬 덜 안전하다. 매우 똑똑한 사람들이 하나의 목표, 즉 그것(각 세부 사항)이 고객으로 하여금 머물러서 소비하는 것을 유발하기 위해 각 세부 사항을 설계하는 것을 염두에 두고 깨어 있는 시간을 보내 왔다.

해설

우리의 이익에 반하는 행동을 하도록 우리를 유인하는 환경의 예로 고급 쇼핑몰이 제시되고 있는데, 그곳은 우리의 욕구를 극대화하고 돈을 쓰게 하기 위해 특별히 설계되어 있고, 우리는 그곳에서 필요하지도 원하지도 않는 물건을 사고 싶은 충동을 일으키는 환경의 덫에 걸린다는 내용의 글이다. 따라서 빈칸에 들어갈 말로 가장 적절한 것은 ① '그것(각 세부 사항)이 고객으로 하여금 머물러서 소비하는 것을 유발하기'이다.

② 전체적인 구조에 잘못된 것이 아무것도 없기
③ 그것이 건축 비용을 가능한 한 많이 줄이기
④ 고객들이 시설에 최대의 만족감을 느끼기
⑤ 그것의 명망이 쇼핑몰 산업 전체에 걸쳐서 알려지기

TEXT FLOW

주제 어떤 환경은 우리의 이익에 반하는 행동을 하도록 우리를 유인하기 위해 정확하게 설계됨
예시 1 쇼핑몰은 우리의 욕구를 극대화하여 돈을 쓰게 하기 위해 시설을 설계하기 때문에 우리는 원하지도 않고 필요하지도 않은 물건을 사고 싶은 충동에 빠짐
예시 2 카지노나 온라인 쇼핑 사이트는 더 위험한 환경임
결론 매우 똑똑한 사람들이 고객이 머물러 소비하게 하기 위해 각 세부 사항을 설계하는 것을 염두에 두고 깨어 있는 시간을 보내 왔음

구문

- [What is really strange] is [that the mall environment does not jump out at us like a thief in a dark alley].
  : 첫 번째 [ ]는 문장의 주어 역할을 하는 명사절이고, 두 번째 [ ]는 주격보어의 역할을 하는 명사절이다.

CHECK NOTE

1 mall environment
2 Some environments are designed precisely to lure us into acting against our interest.

직독직해 NOTE

1 Blame it / on a retail experience specifically engineered / — from the lighting to the color schemes to the width of the aisles — / to maximize our desire / and liberate cash from our wallets.
그것을 ~의 탓으로 돌려라 / 특별히 설계된 소매업체의 경험적 지식의 / 조명부터 색상 구성, 통로의 폭에 이르기까지 / 우리의 욕구를 극대화하기 위해 / 그리고 지갑에서 현금을 해방시키기 위해

2 We have chosen to place ourselves / in an environment / that, based on past experience, / will trigger the urge to buy something / we neither need nor want.
우리는 자신을 두기로 결정했다 / 환경에 / 과거의 경험을 바탕으로 / 무언가를 사고 싶은 충동을 일으킬 (환경) / 우리가 필요로 하지도 않고 원하지도 않는

본문 78~83쪽

REVIEW 모의고사 03회

01 ①	02 ④	03 ①	04 ③
05 ②	06 ④	07 ③	08 ①
09 ②	10 ③	11 ①	12 ②

01

정답 ①

역사를 통틀어, 정부는 다른 어떤 적보다 자유 의지와 언론의 자유를 더 많이 두려워해 왔다. 이 두 가지 도구를 가지고 사람들은 세상을 활성화시킬 수 있다. 그들은 정치적 여론의 흐름을 바꾸고 권력을 행동으로 옮길 수 있다. 지금까지 일어났던 모든 혁명은 이상주의의 집단적 노력을 통해 그렇게 해왔다. 그러한 사고를 억압하는 것은 역사에서 모든 독재 국가와 타락하는 사회의 기초이다. 다른 규모에서, 직장 및 가정 환경은 자유 의지에 대한 똑같은 억압으로 용인하기 어려울 수 있다. 아이디어를 장려하지 않는 회사에서 일하고 있는가? 배우자나 부모가 여러분이 자신의 의견을 갖는 것을 허용하지 않는 가정에서 살고 있는가? 그 대답이 '그렇다'라면, 이제 여러분 자신의 혁명을 위한 시간이다. 여러분에게는 이 한 번의 인생이 주어졌고, 그것은 폭정에 의해 제한되어서는 안 된다. 상사와 아이디어를 공유하라. 가족 토론을 장려하라. 팀원 모두가 아이디어 프로세스에 포함될 때 그들은 더 큰 주인 의식과 동기 부여를 느낄 것이다. 큰 소리로 자랑스럽게 말하라. 아이디어는 세상을 돌아가게 만드는 힘이다.

해설

역사에서 사고를 억압하는 것은 모든 독재 국가와 타락하는 사회의 기초로, 직장 및 가정환경에서도 자유롭게 생각하고 그 아이디어를 표현하는 혁명이 필요하다는 내용의 글이다. 따라서 밑줄 친 부분이 의미하는 바로 가장 적절한 것은 ① '자유롭게 생각하고 여러분의 생각을 표현하는 것'이다.
② 새로운 언어를 배움으로써 세상을 탐구하는 것
③ 사회 질서를 유지하기 위해 자유를 제한하는 것
④ 재정적 성공을 얻기 위해 노력하도록 동기 부여하는 것
⑤ 세상을 바꾸기 위해 아이디어를 행동으로 옮기는 것

매력적인 오답 주의!

⑤ 아이디어를 행동으로 옮기는 내용이 글에 있지만, 그것이 세상을 바꾸기 위한 목적은 아니다.

TEXT FLOW

도입 자유 의지와 언론의 자유를 통해 사람은 세상을 활성화시킬 수 있음
전개 사고의 억압은 역사에서 모든 독재 국가와 타락하는 사회의 기초이며, 직장 및 가정환경에서도 마찬가지임
결론 직장 및 가정에서도 자신의 의견을 말하지 못하고 있다면 그렇게 해야 할 시간임

구문

- Do you live in a family [where your spouse or parents don't allow you to have your own opinions]?
  : [ ]는 a family를 수식하는 관계절이다.
- Ideas are the power [that makes the world go round].
  : [ ]는 the power를 수식하는 관계절이다.

어휘

free will 자유 의지
activate 활성화하다
collective 집단적인
suppression 억압
degrading 타락[퇴화]하는
tolerate 용인하다, 견디다
tyranny 폭정
free speech 언론의 자유
tide 흐름, 조류
idealism 이상주의
dictatorship 독재 국가
scale 규모
spouse 배우자
go round 돌아가다

02

정답 ④

삶에서 최고의 것들 중 다수는 우연히 발생하고, 어떤 기회에 '예'라고 응답하는 것은 뜻밖의 선물로 이어질 수 있다. 하지만 우리 대부분이 저지르는 실수는 너무 많은 일에 '예'라고 말하는 것이어서 우리는 우리 자신에 의해서가 아니라 남이 정해준 우선순위에 따라 살게 된다. 우리는 한 가지 일을 하는 것이 우리가 다른 것을 하고 있지 않음을 의미한다는 것을 인식하지 못한다. 무언가를 하겠다고 동의할 때마다, 여러분이 했을지도 모르는 또 다른 일이 행해지지 않을 것이다. 누군가가 여러분에게 뭔가를 해 달라고 부탁할 때, '이것에 '예'라고 말하면 다른 활동에서 내가 그 시간을 빼 와야 하잖아?'라고 스스로 생각해 보라. 문제는 거의 우리 모두가 다른 사람의 요구에 '아니요'라고 말하는 데 어려움을 겪는다는 것이다. 자기주장의 기술이 시간을 잘 관리하는 데 있어서 꼭 필요하다.

해설

주어진 기회에 '예'라고 말하면 그 일을 하느라 다른 일을 하지 못할 수 있고, 다른 활동에서 시간을 빼 와야 하므로 '아니요'라고 말할 수 있는 태도가 시간 관리에 있어서 꼭 필요하다는 내용의 글이다. 따라서 빈칸에 들어갈 말로 가장 적절한 것은 ④ '자기주장'이다.

① 지구력 ② 협상
③ 무관심 ⑤ 성취

TEXT FLOW

통념 어떤 기회에 '예'라고 응답하는 것은 뜻밖의 선물로 이어질 수 있음
반박 너무 많은 일에 '예'라고 말하면 남이 정해준 우선순위에 따라 살게 되고, 자신의 시간 관리를 못하게 됨
결론 자기주장의 기술이 시간을 잘 관리하는 데 있어서 꼭 필요함

구문

- But the mistake [most of us make] is to say *yes* to too many things, **so that** we live according to the priorities of others **rather than** according to our own.
  : [ ]는 the mistake를 수식하는 which[that]가 생략된 관계절이다. 「so that ~」은 '결국 ~하다'라는 의미의 결과를 유도한다. 「A rather than B」 구문은 'B보다는 오히려 A'라는 의미로 according to ~가 병렬구조를 이룬다.
- We fail to recognize [that doing one thing means {that we are not doing something else}].
  : [ ]는 recognize의 목적어 역할을 하는 명사절이고, { }는 means의 목적어 역할을 하는 명사절이다.

어휘

arise 발생하다, 일어나다
by chance 우연히
lead to ~로 이어지다, ~을 유도하다
unexpected 뜻밖의, 예상치 못한
priority 우선순위, 우선권
recognize 인식하다, 인정하다
management 관리

03

정답 ①

다른 사람들이 특정한 방식으로 무언가를 할 경우, 우리는 빠르게 이것을 하기에 합리적인 것으로 해석한다. 더러운 환경에서는 쓰레기를 길거리에 버리는 것이 받아들여질 수 있으며 이것이 또한 지극히 합리적이라는 것이 기술적 규범인데, 왜냐하면 그것이 치워질 것이거나 여러분에게 해야 할 더 중요한 일이 있거나, 아니면 여러분이 쓰레기통을 찾으러 가면 사람들이 웃긴 표정을 지을 것이기 때문이다. 이러한 기술적 규범이 사람들에게 쓰레기를 길거리에 버리지 말라고 말하는 명령적 규범이 있다는 사실을 바꾸지는 않는다. 명령적 규범과 기술적 규범이 충돌할 때의 문제는 어느 쪽이 우선시되는가이다. 기술적 규범을 더 많이 강요할수록, 이것을 따를 가능성은 더 커진다. 과속하는 차량에 둘러싸여 있을수록 여러분 역시 제한 속도를 초과할 가능성이 더 커진다. 실험의 경우, 주차장이 엉망인 상태가 더 클수록, 여러분이 받은 전단지 역시 결국 바닥에 떨어질 가능성이 더 커진다. 모두가 그것을 하니까 나도 한다는 핑계를 생각해 내는 것은 쉽다.

해설

다른 사람이 특정한 방식으로 무언가를 할 때 그것을 합리적인 일로 해석하는데, 많은 사람이 그렇게 할수록 우리 역시 그렇게 해도 된다는 생각에 그렇게 따라한다는 내용의 글이다. 따라서 빈칸에 들어갈 말로 가장 적절한 것은 ① '모두가 그것을 하니까 나도 한다'이다.

② 중요한 것은 과정이다
③ 나는 아무것도 하지 않는다, 그것이 유익하기 때문이다
④ 예외 없는 규범은 없다
⑤ 인간관계에서는 지는 것이 이기는 것이다

TEXT FLOW

도입 다른 사람이 특정한 방식으로 무언가를 할 때 그것을 합리적인 일로 해석하는데, 그것의 근거는 기술적 규범임
주제 명령적 규범과 기술적 규범이 충돌할 때의 문제는 어떤 규범이 우선시되는가인데, 기술적 규범을 더 많이 강요할수록, 이것을 따를 가능성은 더 커짐
부연 모두가 하니까 나도 그렇게 한다는 핑계를 생각해 내는 것은 쉬움

구문

- In a dirty environment, the descriptive norm is [that **it** is acceptable {to throw litter onto the street}], and [that this is also perfectly sensible], [because it will be cleaned up, or you have more important things to do, or people will give you funny looks if you go in search of a trash can].
  : 첫 번째와 두 번째 [ ]는 is의 주격보어 역할을 하는 명사절이고, 첫 번째 [ ] 안의 it은 가주어이고 { }는 진주어이다. 세 번째 [ ]는 앞의 내용에 대한 이유를 부가적으로 설명하는 부사절이다.
- In the case of the experiment, **the greater** the mess in the parking lot, **the greater** the chance [that your own flyer too will end up on the ground].
  : '~할수록 더 …하다'라는 의미의 「the 비교급 ~, the 비교급 ...」 구문이 쓰였다. [ ]는 the chance와 동격 관계에 있는 명사절이다.

어휘

sensible 합리적인
descriptive 기술적인
norm 규범, 기준
litter 쓰레기
trash can 쓰레기통
alter 바꾸다
conflict 충돌하다
take priority 우선시되다
impose 강요하다, 부과하다
exceed 초과하다
experiment 실험
flyer 전단지
come up with ~을 생각해 내다
excuse 변명

04

정답 ③

관리자뿐만 아니라 부하 직원들도 역시 쌍방향 의사소통을 장려할 책임을 가지고 있다. 관리자는 자신들의 권력 위치를 보호하려고 시도할 수는 있지만, 부하 직원은 그들의 감독자가 자신들에 대해 가지고 있는 이미지를 보호하려고 시도한다. 예를 들어, 빈번하게, 보조자들(부하 직원들)은 자기 자신이나 자신의 활동에 대한 부정적인 정보를 주지 않을 수도 있다. 또는 그들은 관리자에게 개인적 필요와 가치관에 관해 알려주지 못할 수도 있다. 다른 부하 직원들은 자신들의 상사를 불신하고, 그래서 그들은 그들에게 어떤 정보도 주지 않는다. 이러한 상황은 왜 발생하는가? 부하 직원들은 자신과 그들의 상사가 서로 다른 목표를 가지고 있다고 생각할 수 있다. 다른 부하 직원들은 그들의 상사를 믿지 않는다. 또 다른 부하 직원들은 그들의 감독관으로부터 답변을 구하는 데 끈기가 부족하다. 그러므로 직원들이 경영진에 대해 가지는 인상은 개인이 피드백을 보내는지 여부에 핵심적인 역할을 한다. 직원들은 피드백을 요청하는 것이 어떤 방식으로 해석될 것인지, 그리고 그 결과로

발생하는 정보가 각자의 공적 이미지에 어떤 영향을 미칠 것인지를 평가한다. 효과적인 의사소통이 일어나게 하기 위해서, 부하 직원들은 그들 역시 상사와 관계를 구축할 용의가 있다는 것을 보여줘야 한다.

해설

부하 직원들은 자신과 그들의 상사가 서로 다른 목표를 가지고 있다는 생각에 상사를 불신하고 상사와의 소통을 꺼려 하지만, 관리자와 부하 직원들 모두 쌍방향 의사소통을 장려할 책임이 있다는 내용의 글로, 빈칸에는 효과적인 의사소통을 위해 부하 직원들이 보여줘야 할 의지에 해당하는 말이 와야 한다. 따라서 빈칸에 들어갈 말로 가장 적절한 것은 ③ '상사와 관계를 구축할'이다.

① 자신의 아이디어를 더 공개적으로 제시할
② 자신의 통일된 의견을 전달할
④ 상사의 간섭에 저항할
⑤ 자신에 대한 긍정적인 이미지를 유지할

매력적인 오답 주의!

⑤ 관리자와 부하 직원들 모두 쌍방향 의사소통을 장려할 책임이 있다는 내용이 글에 깔린 전제이므로, 자신에 대한 긍정적인 이미지를 유지하는 것을 넘어 상사와 관계를 맺는 것까지 내용이 이어져야 한다.

TEXT FLOW

도입	관리자뿐만 아니라 부하 직원들도 역시 쌍방향 의사소통을 장려할 책임이 있음
전개 1	상사를 불신하고, 그래서 어떤 정보도 주지 않는 상황은 부하 직원과 상사가 서로 다른 목표를 가지고 있다는 생각 때문임
전개 2	직원들이 경영진에 대해 가지는 인상은 개인이 피드백을 보내는지 여부에 핵심적인 역할을 함
결론	효과적인 의사소통이 일어나기 위해서는 부하 직원들 역시 상사와 관계를 구축할 용의가 있다는 것을 보여줘야 함

구문

- Employees assess [what way asking for feedback will be interpreted] and [how the resulting information will affect each person's public image].
  : 두 개의 [ ]는 and로 연결되어 assess의 목적어 역할을 하는 명사절이다.
- In order for effective communication to take place, subordinates must show [that they, too, are willing to build relationships with their superiors].
  : for effective communication은 to take place의 의미상의 주어이다. [ ]는 show의 목적어 역할을 하는 명사절이다.

어휘

subordinate 부하 직원
frequently 빈번하게
withhold (정보 등을) 주지 않다
mistrust 불신하다
response 반응
interpret 해석하다
take place 일어나다
supervisor 감독자
assistant 보조자
administrator 관리자
persistence 끈기
assess 평가하다
resulting 그 결과로 발생하는

05

정답 ②

역사의 장대한 이야기에서, 교과서는 예쁜 그림, 즉 단순화된 요약과 뒤늦은 깨달음의 선택적 붓질로 엮어낸 화려한 태피스트리를 그려낸다. 하지만 과거로부터 길들여지지 않은 속삭임을 제공하는 것은 바로 일차적인 자료이다. 촛불로 쓰인 일기, 눈물 자국이 있는 편지, 그때 그 자리에 있었던 느낌이 고스란히 새겨진 직접적인 이야기, 이것들은 역사의 숨겨진 방을 열어주는 보물들이다. 그것은 제국의 흥망성쇠와 같은 큰 사건뿐만 아니라, 시간의 거대한 행진에 휘말린 평범한 사람들의 실제 삶의 경험, 웃음과 눈물, 성공과 실패도 보여준다. 교과서의 단순화된 요약과는 달리, 이러한 목소리는 우리가 실제로 느낄 수 있는 방식으로 과거에 생명력을 불어넣는다. 우리는 과거를 살았던 사람들의 기쁨과 슬픔, 페이지에 날것 그대로 드러나 있는 그들의 희망과 꿈과 연결된다. 그것들을 이해하는 것은 인내심, 신중하게 생각하는 것, 모든 역사 기록 문서의 일부인 복잡성과 편견에 기꺼이 대처하는 것을 필요로 한다. 하지만 그 보상은 엄청나다.

해설

역사 교과서는 단순화된 요약과 뒤늦은 깨달음의 선택적 붓질로 엮어낸 것만 그려내지만, 촛불로 쓰인 일기, 눈물 자국이 있는 편지, 그때 그 자리에 있었던 느낌이 고스란히 새겨진 직접적인 이야기 같은 일차적인 자료들이 평범한 사람들의 실제 삶의 경험, 웃음과 눈물, 성공과 실패를 날 것 그대로 보여 준다는 내용의 글이다. 따라서 밑줄 친 부분이 의미하는 바로 가장 적절한 것은 ② '덜 알려져 있는, 여과되지 않고 진정한 관점들'이다.

① 회의적으로 다뤄야 하는 신뢰할 수 없는 자료
③ 오락과 정서적 교감에 유용한 기록들
④ 대대로 전해 내려오는 전문 기술
⑤ 무질서하고 풀기 어려운 의미 없는 조각들

TEXT FLOW

도입	교과서는 단순화된 요약과 뒤늦은 깨달음의 선택적 붓질로 엮어 낸 화려한 태피스트리를 그려냄
주제	길들여지지 않은 속삭임을 제공하는 바로 일차적인 자료가 역사의 숨겨진 방을 열어주는 보물들임
부연	일차적인 자료가 제공하는 실제 목소리를 통해 과거를 살았던 사람들의 기쁨과 슬픔, 페이지에 날것 그대로 드러나 있는 그들의 희망과 꿈과 연결됨

구문

- They show us **not just** the big events, like empires rising and falling, **but** the real lived experiences, the laughter and tears, the successes and failures of everyday people [caught in the big march of time].
  : 'A뿐만 아니라 B도'의 의미인 「not just A but (also) B」 구문이 쓰였다. [ ]는 everyday people을 수식하는 분사구이다.
- [Understanding them] requires [patience], [thinking carefully], and [being willing to deal with the complexities and prejudices {that are part of any historical document}].
  : 첫 번째 [ ]는 문장의 주어 역할을 하는 동명사구이다. 두 번째에서 네 번째 [ ]는 requires의 목적어 역할을 하는 명사(구)이다. { }는 the complexities and prejudices를 수식하는 관계절이다.

어휘

fancy 화려한
tapestry 태피스트리(색실로 짠 주단)

summary 요약(본)
brushstroke 붓질
untamed 길들여지지 않은
candlelight 촛불
etch 새기다
patience 인내(심)
prejudice 편견
selective 선택적인
primary source 1차 자료
whisper 속삭임
firsthand 직접 얻은
empire 제국
complexity 복잡함
reward 보상

06

정답 ④

그렐린은 위가 비어 있을 때 분비되는 호르몬으로, 많은 신체 기능을 제어하는 데 관여하는 뇌의 부위인 시상하부의 수용체와 결합한다. 그렐린은 식욕을 자극하기 때문에 흔히 '공복 호르몬'이라고도 불리며, 식사를 막 하려는 직전에 가장 높고 식사 직후에 가장 낮다. 하지만 아마도 그것은 에너지를 조절하는 것으로 보는 것이 더 낫다. 그렐린 수치가 높으면 신체는 정지해 있는 대사율을 낮추어 전체적으로 에너지를 덜 태우고, 추가적으로 부족할 경우를 대비하여 체지방을 보존하기 시작한다. 그것은 또한 우리를 무기력하게 할 수 있어서, 우리는 운동으로 에너지를 덜 '낭비할' 것이다. 대조적으로, 그렐린 수치가 더 낮으면, 대사율이 상승하고 더 많은 에너지가 공급될 것이라는 인식에 따라 저장된 에너지 중 일부를 방출하여 사용할 가능성이 높아지며, 우리는 더 신체적으로 활동적이 될 것이다. 이러한 방식으로 그렐린은 에너지 입력값과 출력값의 균형을 맞추어 우리가 연료를 절대 고갈시키지 않도록 확실히 도와준다.

해설
그렐린은 수치가 높으면 대사율을 낮춰 에너지를 덜 태우고, 수치가 더 낮으면 저장된 에너지 중 일부를 방출하여 사용할 가능성이 높아져 더 신체적으로 활동적이 될 것이라는 내용의 글이다. 따라서 빈칸에 들어갈 말로 가장 적절한 것은 ④ '조절하는 것'이다.
① 운반하는 것 ② 수집하는 것
③ 생산하는 것 ⑤ 대안

TEXT FLOW

도입 그렐린은 위가 비어 있을 때 분비되는 호르몬으로 공복 호르몬이라고도 불림
주제 그렐린은 에너지를 조절하는 것으로 보는 것이 나음
부연 그렐린 수치가 높으면 대사율을 낮추어 전체적으로 에너지를 덜 태우고, 수치가 낮으면 저장된 에너지 중 일부를 방출하여 균형을 맞춤

구문
• Ghrelin is a hormone [secreted by the stomach when it is empty] [that binds to receptors in the hypothalamus, {a region of the brain that is involved in controlling many bodily functions}].
: 첫 번째 [ ]는 a hormone을 수식하는 분사구이다. 두 번째 [ ]는 a hormone을 수식하는 관계절이다. 그 안의 { }는 the hypothalamus와 동격 관계에 있는 명사구이다.
• When ghrelin levels are high, the body [reduces its resting metabolic rate — so it is burning less energy overall] — and [starts to preserve its body fat in case of further scarcity].
: 두 개의 [ ]는 and로 연결되어 주어 the body의 술어 역할을 한다.

어휘
secrete 분비하다
receptor 수용체
function 기능
appetite 식욕
preserve 보존하다
release 배출하다
output 출력(값)
stomach 위
region 부위
stimulate 자극하다
overall 전체적으로
scarcity 부족함
input 입력(값)
run out of ~을 다 써버리다

07

정답 ③

많은 사람들은 대단히 이해하기 어려운 언어로 된 약어와 '이모티콘'이나 '스마일리'라고 불리는 기호와 함께 형편없는 타이핑으로 구성된 이메일 메시지를 친구들에게 보낸다. 그러나, 격식을 차리지 않음이 부주의한 글쓰기의 변명이 되지 않기 때문에, 오랜 친구나 새로운 친구에게 이 중요한 채티켓 규칙에 대한 주의가 결여된 이메일을 보내지 마라. 의뢰인이나 사업에 관련된 사람에게 보내는 부주의한 이메일은 보내는 사람이 프로답지 못하다는 인상을 주게 한다. 잠깐 더 시간을 내어 여러분의 메시지에 철자 오류(철자 확인 프로그램을 적어도 두 번은 사용하라), 부주의한 실수, 또는 부적절한 언급이 있는지 확인하고, '전송'을 클릭하기 전에 메시지의 끝에 여러분의 이름을 써라. 여러분이 이메일을 보낸 후에는 그것을 회수할 수 없다는 것을 기억하라.

해설
약어와 '이모티콘' 또는 '스마일리'라는 기호를 사용한 격식을 차리지 않은 이메일을 보내지 말 것을 언급하며, 이메일을 보내기 전에 이메일의 형식과 내용을 다시 확인할 것을 당부하는 내용의 글이므로 이메일을 보내기 전에 그것을 철저히 확인해야 하는 이유가 빈칸에 적절하다. 따라서 빈칸에 들어갈 말로 가장 적절한 것은 ③ '여러분이 이메일을 보낸 후에는 그것을 회수할 수 없다는 것'이다.
① 이메일이 직접 만나는 것을 대신할 수 없다는 것
② 여러분이 이메일을 통해 계약해서는 안 된다는 것
④ 이메일도 긍정적 측면과 부정적 측면을 둘 다 가지고 있다는 것
⑤ 적절한 이모티콘의 사용이 의사소통에 좋다는 것

TEXT FLOW

도입 많은 사람들이 이해하기 어려운 약어와 '이모티콘'이나 '스마일리'라고 불리는 기호를 사용한 이메일을 보냄
주제 채티켓 규칙에 대한 주의가 결여된 것을 보여 주는 부주의한 이메일을 보내지 말아야 하는데, 그것은 보내는 사람이 전문적이지 않은 사람으로 인식되게 함
부연 이메일을 보내기 전에 철자 오류, 부주의한 실수, 부적절한 언급이 있는지 확인한 다음 보내기 전에 메시지의 끝에 이름을 쓰는데, 이메일을 보낸 뒤에는 회수할 수 없다는 것을 기억해야 함

구문
• [A careless email to a client or a business contact] **makes the sender come** across as unprofessional.
: [ ]는 문장의 주어 역할을 하는 명사구이고 동사는 makes이다. 「사역동사 make+목적어+목적격보어(동사원형)」의 5형식 구조이다.

어휘
consist of ~로 구성되다
excuse 변명이 되다
informality 격식을 차리지 않음
lack 결핍

chatiquette 채티켓(채팅과 에티켓의 합성어)
client 의뢰인
contact [사업] 교섭하고 있는 사람
come across as ~라는 인상을 주다, ~처럼 보이다
unprofessional 전문적이지 않은
spell-check 철자 확인 프로그램
inappropriate 부적절한

08

정답 ①

많은 상황에서, 사람들은 자신들을 자동 조종 모드로 밀어 넣는데, 이 모드에서 그들은 가까이에 있는 과제에 적극적으로 주의를 기울이고 있지 않다. 토요일 아침에 심부름을 가기 위해 출발할 때, 우리는 우리가 의도한 목적지인 식료품점에서 정반대 방향으로 향한 것을 알게 될 때까지 우리 자신이 직장으로 우리의 일상적인 경로를 운전하고 있음을 쉽게 알게 된다. 일요일 아침에는 한 시간 전에 브런치를 위해 친구와의 만남을 약속한 것을 깨달을 때까지 우리는 커피를 마시고 신문을 보는 우리의 평범한 일상을 따라간다. 먹는 것은 우리가 하는 가장 아무 생각이 없는 활동 중 하나임이 밝혀진 바 있다. 많은 사람들이 단지 앞에 놓인 무엇이든 먹는다. 곧 나올 양질의 음식에도 불구하고, 커다란 그릇의 캐슈너트를 쉽게 다 먹어버리는 것도 바로 그런 이유에서이다.

해설

많은 사람들은 가장 가까이에 있는 과제에 적극적으로 주의를 기울이고 있지 않다는 내용에 이어 사람들이 자신도 모르게 평소처럼 행동하는 예들을 나열한 글이다. 따라서 빈칸에 들어갈 말로 가장 적절한 것은 ① '자동 조종 모드'이다.
② 더 긍정적인 정신 상태
③ 다른 사람들에게 영향을 미치는 입장
④ 현재 진행되고 있는 일에 대한 직접적인 관계
⑤ 좋은 결과를 가진 좋은 상황

TEXT FLOW

주제	많은 상황에서 사람들은 자신들을 자동 조종 모드로 밀어 넣어 가장 가까이에 있는 과제에 적극적인 주의를 기울이지 않음
예시 1	우리는 토요일 아침에 일상적인 경로인 직장으로 향함
예시 2	우리는 일요일 아침에 친구와 만날 약속을 하고는 커피를 마시고 신문을 보는 일상적인 행동을 함
예시 3	먹는 일은 우리가 가장 아무 생각 없이 하는 활동 중 하나임

구문

• Many of us simply eat [**whatever** is put in front of us].
: [ ]는 eat의 목적어 역할을 하는 관계절이다. 선행사를 포함하는 복합관계대명사 whatever는 '~한 무엇이든지 (= anything that)'라는 의미이다.

어휘

task 과제, 임무
at hand 가까이에 있는
run an errand 심부름 가다
route 통로, 길
opposite 정반대의
direction 방향
intended 의도된
destination 목적지, 행선지
ordinary 평범한, 보통의
turn out 밝히다, 드러나다
mindless 아무 생각이 없는
massive 커다란, 거대한
consume 먹다, 소비하다
regardless of ~에 상관없이

09

정답 ②

물리학자들은 우주가 우주 대폭발의 타는 듯한 열기로부터 식었을 때, 아원자 입자의 질량, 힘의 성질과 수, 암흑 에너지(우리 우주의 팽창을 가속화하는 것처럼 보이는 불가사의한 물질)의 밀도와 같은 물리학 법칙의 많은 특징이 고정된 '동결 사건'이 된다는 것을 확신하고 있다. 만약 실험이 다시 이루어진다면, 이를테면, 질량과 힘이 다르게 나올 텐데, 심지어 서로 다른 수의 공간적 차원이 있을지도 모른다. 아인슈타인은 한때 '신은 우주를 가지고 주사위 놀이를 하지 않는다'라고 발언함으로써 양자 역학에 대한 자신의 혐오를 훌륭하게 표현했다. 다중 우주 이론에서 신은 '우주들'을 가지고 주사위 놀이를 한다(나는 신은 무작위로 거품을 불면서 논다고 말하고 싶다). 신의 눈으로 볼 때, 다중 우주는 모든 색조와 질감을 가진 거품으로 구성된 우주로 특징지을 수 있는 조각보이며, 엄청난 범위의 가능성에 걸쳐 분포되어 있다. 보편적으로 불변하는 물리 법칙으로 우리가 받아들인 것은 Martin Rees의 환기적인 묘사를 이용하면 '우리의 우주적 영역에서만 유효한 국지적 내규'에 더 가까운 것으로 밝혀진다.

해설

물리 법칙으로는 설명할 수 없는 서로 다른 수의 공간적 차원이 우주에 존재할 수도 있다는 다중 우주 이론을 설명한 글로, 밑줄 친 부분은 물리 법칙으로 설명되지 않는 우주의 모습을 은유적으로 표현하고 있다. 우리가 주장하는 물리 법칙이 동결 사건이 되어 역사의 방향을 결정할 수도 있지만, 실험을 다시 하면 다른 결과가 나올 수 있다고 언급하며 물리 법칙으로 설명할 수 없는 다른 차원의 공간이 있고, 신이 만든 우주가 여기저기에 무작위로 퍼져 있으며 다중 우주는 자신만의 체계가 있는 일종의 조각보의 형태를 보인다고 부연 설명하고 있다. 따라서 밑줄 친 부분이 의미하는 바로 가장 적절한 것은 ② '우주에는 자체 시스템을 가진 별도의 우주가 있다.'이다.
① 우주의 법칙에는 뚜렷한 원인과 결과가 있다.
③ 우주 대폭발은 아무데서나 갑자기 나타나는 것이 아니다.
④ 우리 우주 너머에 비슷한 모습의 또 다른 생물체가 존재한다.
⑤ 우리 우주의 관측 가능성의 한계는 물리적 제약에 근거한다.

TEXT FLOW

도입	물리학의 많은 법칙은 실험을 다시 하면 다르게 나올 수 있음
부연	마찬가지로 우주에는 서로 다른 수의 공간적 차원이 있을 수 있음
결론	신은 '우주들'을 가지고 주사위 놀이를 함. 즉, 우주에는 자체 시스템을 가진 별도의 다중 우주가 있음

구문

• Physicists are convinced [that many features of the laws of physics, such as the masses of subatomic particles, the nature and number of forces, and the density of dark energy (the mysterious stuff {that seems to be making the expansion of our universe accelerate}) are 'frozen accidents' locked in {when the universe cooled from the searing heat of the big bang}].
: [ ]는 are convinced의 목적어 역할을 하는 명사절이다. 명사절 안의 주어는 many features ~ accelerate이고, 동사는 are이다. 첫 번째 { }는 the mysterious stuff를 수식하는 관계절이다. 두 번째 { }는 시간의 부사절이다.

• [What we had taken to be universal immutable laws of physics] turn out to be more like 'local bylaws, valid only

in our cosmic patch', [to use Martin Rees' evocative description].
: 첫 번째 [ ]는 관계대명사 what이 주어 역할을 하는 명사절이다. 두 번째 [ ]는 조건의 의미를 나타내는 to부정사구이다.

어휘

physics 물리(학)
mass 질량, 덩어리
density 밀도
expansion 팽창, 확장
accelerate 가속화하다
frozen accident 동결 사건(우연한 일로 역사의 방향을 결정하는 사건)
locked in 고정된
searing 타는 듯한
bing bang 우주 대폭발
spatial 공간의, 공간적인
dimension 차원; 치수
distaste 혐오, 싫음
declare 발표하다, 선언하다
multiverse 다중 우주
at randomly 무작위로, 임의로
patchwork 조각보, 누비이불
hue 색조, 빛깔
texture 질감, 감촉
distribute 분포하다, 나누어주다
universal 보편적인
immutable 불변의
local 국지적인
bylaw 내규, 규칙
valid 유효한, 타당한
evocative 환기시키는, 상기시키는

10

정답 ③

아주 많은 연구에 따르면 대다수의 사람들이 자신을 평균 이상이라고 보는 것으로 나타난다. 예를 들어, 대다수의 사람들은 자신이 평균보다 더 똑똑하고, 더 잘생기고, 더 재미있고, 운전을 더 잘한다고 생각한다. 대다수는 또한 자신이 평균보다 더 정직하고, 더 신뢰할 수 있고, 더 윤리적이며, 더 공정하고, 더 개방적이고, 더 도움이 된다고 여긴다. 결혼한 부부가 집안일의 분담 비율을 질문 받을 때, 흔히 100%를 훨씬 웃도는 추정치가 나온다. 과학자들이 공동으로 집필한 논문에 대한 자신의 기여도를 질문 받을 때, 역시 흔히 100%를 쉽게 초과하는 합계가 나온다. 미국에서는 관리자의 적어도 90%가 자신이 평균보다 직분을 더 잘 수행한다고 여긴다. 이러한 과대평가의 효과는 또한 '도도 효과'라고도 하는데, 도도가 'Alice in Wonderland'에서 모든 동물 중에서 누가 달리기 경주를 이겼느냐의 질문에 대한 답변으로 '모두가 이겼다'라고 답하는 구절에서 그 이름을 따서 지은 것이다.

해설

아주 많은 연구에 따르면 대다수의 사람들은 어떤 점에서든 자신을 평균 이상이라고 보는 것으로 나타났다는 내용의 글이다. 따라서 빈칸에 들어갈 말로 가장 적절한 것은 ③ '과대평가'이다.
① 협업
② 자기희생
④ 환멸
⑤ 경쟁심

TEXT FLOW

주제 대다수의 사람들은 어떤 점에서든 자신을 평균 이상이라고 봄
부연 1 대다수의 사람들은 자신을 더 똑똑하고, 더 잘생기고, 더 재미있고, 운전을 더 잘하며, 더 정직하고, 더 신뢰할 수 있고, 더 윤리적이며, 더 공정하고, 더 개방적이고, 더 도움이 된다고 여김
부연 2 과대평가의 효과는 '도도 효과'라고도 함

구문

• A large body of research shows [that the majority of people see themselves as above average].
: [ ]는 shows의 목적어 역할을 하는 명사절이다.
• This effect of overestimation is also called the 'dodo effect', [named after the passage in *Alice in Wonderland* {in which the dodo, in response to the question who of all the animals won a running race, replies that 'everyone won'}].
: [ ]는 the 'dodo effect'를 부가적으로 설명하는 분사구이고, 그 안의 { }는 the passage in *Alice in Wonderland*를 수식하는 관계절이다.

어휘

a body of 많은
majority 대다수
trustworthy 신뢰할 수 있는
ethical 윤리적인
share 비율, 몫
household chore 집안일
estimate 추정(치)
contribution 기여
jointly 공동으로
article 논문, 기사
sum 합(계)
exceed 넘다, 초과하다
function (직분을) 잘 수행하다
name after ~의 이름을 따서 짓다
in response to ~에 대한 답변으로

11

정답 ①

상황에 대한 마음의 틀은 각 상황에서 예상되는 사건과 대상을 바라보는 우리의 인식이 편견을 갖도록 한다. 그것들은 하나의 마음의 지름길로, 우리 주위 상황의 모든 세세한 것들을 우리가 끊임없이 세심히 살필 필요성을 없앰으로써 이 세상에서 우리가 잘 해 나가도록 도와준다. 그러나 마음의 틀은 실제 그곳에 존재하지 않는 것들을 우리가 보게 만들기도 한다. 예를 들어, 만일 여러분이 부엌에 스토브가 없는 어떤 집을 방문하더라도 그럼에도 불구하고 여러분은 나중에 스토브를 본 것으로 상기할 수도 있는데, 그것은 여러분 마음의 틀이 스토브를 부엌의 강력한 구성 요소로 여기기 때문이다. 마찬가지로, 식당에서 먹는 것에 대한 틀의 일부는 돈을 내는 것이어서 여러분이 무심결에 내지 않고 걸어 나왔어도 여러분은 저녁 식사에 대한 비용을 낸 것으로 기억할 수도 있다.

해설

상황에 대한 마음의 틀이 우리의 인식에 편견을 갖게 한다는 내용의 글로 빈칸 뒤에 제시된 예시에서 방문한 집의 부엌에 스토브가 없음에도 나중에 스토브를 본 것으로 기억한다는 것은 우리의 마음의 틀이 존재하지 않던 것도 존재했던 것으로 착각하도록 만들 수 있다는 것이다. 따라서 빈칸에 들어갈 말로 가장 적절한 것은 ① '실제 그곳에 존재하지 않는'이다.
② 우리가 부엌에서 볼 수 있는
③ 우리의 삶에서 필요하지 않은
④ 우리 마음속에 숨겨져 있는
⑤ 사람들로 하여금 자극받은 것으로 느끼게 하는

TEXT FLOW

도입 상황에 대한 마음의 틀은 각 상황에서 예상되는 것들을 바라보는 인식이 편견을 갖게 함
이유 주위 상황의 모든 세세한 것들을 세심히 살필 필요를 없앰으로써 우리가 세상을 잘 살아가도록 도움을 주기 때문임
주제 마음의 틀은 없던 것을 있는 것처럼 만들기도 함
예시 1 부엌에 스토브가 없었지만 그것을 본 것으로 기억할 수 있음
예시 2 식당에서 돈을 내지 않고 나왔지만 낸 것으로 기억할 수 있음

구문

- For example, [if you visit a house {in which there is no stove in the kitchen}], [you might nonetheless later recall seeing one], [because your mental frame for kitchens has a strong stove component].

: 첫 번째 [ ]는 if로 시작하는 조건의 종속절이고, 두 번째 [ ]는 주절이고, 세 번째 [ ]는 because로 시작하는 이유의 종속절이다. 첫 번째 [ ] 안에서 { }는 a house를 수식하는 관계절이다.

어휘

frame 틀
perception 인식
eliminate 없애다, 제거하다
get around 이럭저럭 해내다
recall 상기하다, 기억해 내다
absentmindedly 무심결에
bias 편견을 갖게 하다
shortcut 지름길
constantly 끊임없이
nonetheless 그럼에도 불구하고
component 구성 요소

12

정답 ②

예술 작품은 만든 사람과 인지하는 사람 모두에게 상상의 경험을 만들어 주는데, Dutton은 이것이 아마도 그것(예술)의 가장 중요한 특성 중 하나일지도 모른다고 생각한다. 우리는 예술 작품이 가공의 세계에서 경험된다고 생각한다. 허구의 등장인물이 실존하는 것은 아니지만, 그것은 우리가 놀라고 슬퍼하며 안도하고 행복하게 만든다. 비록 어떤 사건도 우리가 슬픔, 즐거움, 또는 흥분을 느끼게 하고 있지는 않지만 우리는 음악을 듣고 감정을 경험한다. 예술에 의해 초래되는 상상의 경험은 어떤 실제적인 관심사에서 분리되는데, 18세기 Immanuel Kant는 예술은 사심 없는 명상을 위한 것이라고 말했다. Dutton은 축구 경기의 예를 들어, 그것이 즐거움을 주고, 감정을 이끌어 내며, 기술을 필요로 하고, 특별한 주목을 받음에도 불구하고 이것이 예술 작품이 아닌 이유를 물어본다. 그것은 예술이 아닌데, 경기를 바라보는 것은 상상의 경험이 아니기 때문이다. 이것은 예술의 가상의 실재가 아니고, 그것은 실존하는 실재이다.

해설

예술 작품은 실존하는 실재가 아니라 상상의 경험을 통해 다양한 감정을 느끼도록 하는 가상의 실재라는 내용의 글이다. 따라서, 빈칸에 들어갈 말로 가장 적절한 것은 ② '예술 작품이 가공의 세계에서 경험된다'이다.

① 우리의 두뇌는 예술에 의해 영감을 받게 되어 있다
③ 예술은 우리의 집단적 상상력에 중요하다
④ 예술을 통해 창의적인 기술을 발전시키는 것이 가능하다
⑤ 창의적인 예술 작품 만들기는 우리의 정신 건강에 좋다

TEXT FLOW

주제 예술 작품의 특성 중 하나는 작가와 감상자 모두에게 가공의 세계를 경험하게 만든다는 것임

예시 허구의 등장인물을 통해, 또는 음악을 들으면서 우리는 다양한 감정을 느끼는 경험을 함

부연 축구도 우리에게 다양한 감정을 느끼게 하는 경험을 주지만, 그것은 가상이 아니라 실재이기 때문에 예술이 아님

구문

- Dutton offers the example of a football game, [asking why this is not a work of art {even though it **gives** pleasure, **elicits** emotion, **requires** skill, and **is given** special focus}].

: [ ]는 연속동작을 나타내는 분사구문으로 and he asks ~로 이해할 수 있다. { }는 양보의 부사절로 네 개의 동사구가 등위접속사 and로 연결되어 주어 it에 공통으로 이어진다.

어휘

imaginative 상상의
fictional 허구의, 꾸며낸
disinterested 사심 없는
elicit 이끌어 내다
perceiver 인지하는 사람
relieved 안도하는
contemplation 명상, 숙고
virtual 가상의

11강 흐름과 무관한 문장

유형 PRACTICE

본문 84~89쪽

01 ③ 02 ③ 03 ② 04 ③ 05 ④

01

정답 ③

빨리 말하는 것은 위험 부담이 큰 일이다. 입이 속도 제한을 훨씬 초과하여 움직일 때 설득력 있고, 말을 잘하며, 효과적인 이상적 조건을 유지하는 것은 거의 불가능하다. 우리는 우리의 정신이 항상 최고의 효율성으로 좋은 결정을 내릴 수 있을 정도로 예리하다고 생각하고 싶겠지만, 그것은 정말 그렇지 않다. 실제로 뇌는 말할 가능성이 있는 것들 4~5가지가 교차하는 지점에 도달하면 몇 초 동안 빈둥거리며 선택지를 고려한다. (좋은 결정을 내리면 응답을 생각해 낼 시간이 더 많아지기 때문에, 여러분은 더 빨리 말할 수 있다.) 뇌가 입에 항해 지시를 다시 보내는 것을 멈추었는데 입은 너무 빨리 움직여 멈출 수 없을 때, 이때가 바로 여러분이 언어적 가벼운 접촉 사고, 필러라고도 달리 알려져 있는 것을 겪게 되는 시간이다. '음, 아, 알다시피, 그러니까'는 입이 갈 곳이 없을 때 하는 행동이다.

해설

빨리 말하는 것이 가져올 수 있는 언어적 위험 부담에 관해 설명하는 내용의 글이므로, 좋은 결정을 내리는 것이 빨리 말하는 것에 도움이 된다는 내용의 ③은 글의 전체 흐름과 관계가 없다.

매력적인 오답 주의!

④ 언어적 가벼운 접촉 사고, 또는 필러라고도 달리 알려져 있는 것을 겪게 된다는 비유적 표현 때문에 맥락 파악이 어려워 오답으로 고르기 쉽다.

TEXT FLOW

주제	빨리 말하는 것은 위험 부담이 큰 일임
전개 1	정신이 항상 최고의 효율성으로 좋은 결정을 내릴 수 있을 정도로 예리하지는 않음
전개 2	뇌가 입에 항해 지시를 다시 보내는 것을 멈추었는데 입이 빨리 움직여 멈출 수 없으면 언어적 가벼운 접촉 사고가 일어남

구문

- **It**'s nearly impossible [to maintain the ideal conditions to be persuasive, well-spoken, and effective {when the mouth is traveling well over the speed limit}].
  : It은 가주어이고, [ ]가 진주어이다. { }는 시간의 부사절이다.
- Although we'd like to think [that our minds are sharp enough to always make good decisions with the greatest efficiency], they just **aren't**.
  : [ ]는 think의 목적어 역할을 하는 명사절이고, aren't 다음에는 sharp enough to always make good decisions with the greatest efficiency가 생략된 것으로 이해할 수 있다.

CHECK NOTE

1 speaking fast
2 Speaking fast is a high-risk proposition.

02

정답 ③

뿌리는 식물의 정착에 미치는 영향과 그것의 변형적인 특성으로 인해 계승에 중요한 역할을 한다. 우리 발 바로 아래 땅속에서 뿌리는 토양의 성질에, 따라서 생태계 전체에 영향력을 행사하고 있다. 식물의 건강은 대부분 뿌리의 활동과 기능에 의해 결정된다. 꽃과 열매를 맺는 능력으로 식물의 건강을 가늠할 수 있지만, 번식에 필요한 영양분을 공급하는 것은 바로 뿌리이다. (하지만 모든 식물의 뿌리가 땅속에 있는 것은 아니며, 어떤 식물은 땅 위에서 자라는 뿌리를 가지고 있다.) 식물은 토양에서 영양분을 얻고, 영양분이 부족할 때 뿌리의 형태(모양, 길이, 가지)를 바꾸거나 영양분의 용해도를 높이기 위해 화합물을 스며 나오게 하여 영양분에 접근한다. 이러한 작용은 토양의 질을 변화시키고 박테리아 및 곰팡이와의 협력적인 상호작용을 촉진할 수 있다.

해설

땅속에 있는 뿌리는 식물의 정착에 미치는 영향과 그것의 변형적인 특성으로 인해 계승에 중요한 역할을 하며, 토양의 성질과 생태계 전체에 영향력을 행사하고 있다는 내용의 글이다. 따라서 모든 식물의 뿌리가 땅속에 있는 것은 아니며, 어떤 식물은 땅 위에서 자라는 뿌리를 가지고 있다는 내용의 ③은 글의 전체 흐름과 관계가 없다.

매력적인 오답 주의!

② 꽃과 열매를 맺는 능력으로 식물의 건강을 가늠할 수 있다는 내용이 but 앞에 있지만, but 뒤에는 뿌리가 번식에 필요한 영양분을 공급한다는 내용이 있어 글의 흐름에 부합한다.

TEXT FLOW

주제	뿌리는 토양의 성질과 생태계 전체에 영향력을 행사함
부연 1	식물의 건강은 뿌리의 활동과 기능에 의해 결정되며, 뿌리가 번식에 필요한 영양분을 공급함
부연 2	영양분이 부족할 때는 뿌리의 형태를 바꾸거나 화합물을 스며 나오게 하여 영양분에 접근함

구문

- We can gauge a plant's health by its ability [to form blossoms and fruit], but **it is** the roots **that** provide the necessary nutrients for reproduction.
  : [ ]는 its ability를 수식하는 형용사적 용법의 to부정사구이다. 「it is ~ that ...」 강조구문에 의해 the roots가 강조되고 있다.

CHECK NOTE

1 roots
2 ① 뿌리의 형태(모양, 길이, 가지)를 바꾼다. / ② 영양분의 용해도를 높이기 위해 화합물을 스며 나오게 한다.

직독직해 NOTE

1 Roots / play an important role in succession / because of their influence on plant establishment / and their transformative properties.

뿌리는 / 계승에 중요한 역할을 한다 / 식물의 정착에 미치는 영향으로 인해 / 그것의 변형적인 특성과

2 Plants acquire nutrients from the soil, / and when nutrients are scarce, / they gain access to them / by altering the morphology of the roots — their shapes, lengths, and branching — / or by exuding compounds / to increase the solubility of the nutrients.
식물은 토양에서 영양분을 얻는다 / 영양분이 부족할 때 / 그것은 영양분에 접근한다 / 뿌리의 형태(모양, 길이, 가지)를 바꾸어서 / 혹은 화합물을 스며 나오게 하여 / 영양분의 용해도를 높이기 위해

03

정답 ②

자기 자신이 필요한 것과 조직이 필요한 것을 균형 맞추기는 어려울 수 있다. 감독하고 관리하는 일자리의 다수는 본질상 어느 정도 제한이 없다. 즉 긴급하든, 필수적이든, 혹은 그저 하고 싶든, 해야 할 무언가가 항상 존재한다. 그러한 일자리에는 해야 할 일이 보통 충분히 있어서 사람은 끝없는 추구에 '사로잡히게' 되어 이 일에서 저 일로 끝없이 실타래를 따라가는 위험을 무릅쓴다. (많은 피고용인들이 조직보다 직업에 더 충실함을 느끼는 것은 현재 흔하다.) 이 방향에 일에 의하여 소모되는 위험성이 존재한다. 일과 자기 자아에 대한 수고의 진정한 균형이 개인의 건강과 생존에 필수이다. 완전히 이기적인 것도 이타적인 것도 적절하지 않다.

해설

개인을 위한 삶과 일을 위한 삶 사이의 균형이 개인의 건강과 생존에 필수라는 내용의 글이므로 조직보다는 직업에 더 충실함을 느끼는 피고용인들이 많다는 내용의 ②는 글의 전체 흐름과 관계가 없다.

TEXT FLOW

도입	자기 자신이 필요로 하는 것과 조직이 필요로 하는 것을 균형 맞추기는 어려움
전개 1	다수의 일자리에 항상 할 일은 존재함
전개 2	일을 계속하면 일에 사로잡히는 위험에 빠지게 됨
결론	일과 자기 자아에 대한 수고의 진정한 균형이 개인의 건강과 생존에 필수적임

구문

- There is usually sufficient work to be done on such jobs [that **one runs the risk of** following an endless thread from task to task in a never-ending quest to get "caught up."]
: [ ]는 결과의 부사절로 부정대명사인 one이 부사절의 주어이며, runs the risk of ~가 동사구로 '~의 위험을 무릅쓰다'라는 의미를 나타낸다.
- In this direction **lies the risk** of being consumed by the job.
: 부사구 In this direction이 문장의 맨 앞에 위치하여 주어와 동사가 도치된 문장이다.

CHECK NOTE

1 a genuine balance of service to the job and to one's self
2 건강과 생존을 위해 일과 자아 사이의 균형이 필요하다.

직독직해 NOTE

1 The majority of supervisory and managerial jobs are / by nature somewhat open-ended; / there is always something to be done, / whether urgent, essential, or simply desirable.
감독하고 관리하는 일자리의 다수는 ~이다 / 본질상 어느 정도 제한이 없는 / 즉 해야 할 무언가가 항상 존재한다 / 긴급하든, 필수적이든, 혹은 그저 하고 싶든

2 It is now commonplace / for many employees / to feel more loyalty / to occupation than to organization.
현재 흔하다 / 많은 피고용인들이 / 더 충실함을 느끼는 것은 / 조직보다 직업에

04

정답 ③

약 15만 년 전 아프리카에서 '호모 사피엔스'가 등장한 이후로 줄곧, 물은 인류의 기본 음료였다. 근원적 중요성의 액체인 그것은 인체의 3분의 2를 차지하며, 지구상의 어떤 생명체도 그것 없이는 존재할 수 없다. 하지만 수렵 채집의 생활 양식에서 더 정착된 방식의 삶으로의 변화로 인해, 인류는 의도적으로 경작된 최초의 식물이었던 곡물인 보리와 밀에서 얻은 새로운 음료에 의존하게 되었다. (곡물을 저장하는 능력은 사람들이 한 장소에서 머물도록 장려하기 시작했다.) 이 음료는 사회적, 종교적, 그리고 경제적 삶의 핵심이 되었고 초기 문명의 주요 음료였다. 그것은 처음으로 인류가 현대 세계를 향한 길을 따라가도록 도왔던 음료, 즉 맥주였다.

해설

인류에게 물은 기본 음료였는데, 점차 수렵 채집 생활에서 정착 생활로 삶의 방식이 변화하면서 인류는 맥주라는 새로운 음료에 의존하게 되었고, 이는 인류 문명의 발달에 중요한 역할을 하였다는 내용의 글이므로 곡물을 저장하는 능력이 인간의 정착에 기여했다는 내용의 ③은 글의 전체 흐름과 관계가 없다.

TEXT FLOW

도입	물은 인류의 기본 음료였음
주제	삶의 방식의 변화로 인하여 인류는 곡물에서 생겨난 새로운 음료에 의존하게 되었음
부연	이 음료는 인류 초기 문명에서 주요한 역할을 하였는데, 그것은 바로 맥주였음

구문

- But with the switch [from the hunter-gatherer lifestyle to a more settled way of life], humans came to rely on a new beverage derived from **barley and wheat, the cereal grains** [that were the first plants to be deliberately cultivated].
: 첫 번째 [ ]는 명사 the switch를 수식하는 전치사구이다. barley and wheat와 the cereal grains는 서로 동격 관계이다. 두 번째 [ ]는 the cereal grains를 수식하는 관계절이다.
- This drink [became central to social, religious, and economic life] and [was the staple beverage of the earliest civilizations].
: 두 개의 [ ]는 등위접속사 and로 연결되어 주어 This drink에 공통으로 이어지는 동사구이다.

CHECK NOTE

1 beer
2 인류 초기 문명의 주요 음료인 맥주

직독직해 NOTE

1 A fluid of primordial importance, / it makes up two-thirds of the human body, / and no life on Earth can exist / without it.
근원적 중요성의 액체인 / 그것은 인체의 3분의 2를 차지한다 / 그리고 지구상의 어떤 생명체도 존재할 수 없다 / 그것 없이는

2 It was the drink / that first helped / humanity along the path to the modern world: / beer.
그것은 음료였다 / 처음으로 도왔던 / 인류가 현대 세계를 향한 길을 따라가도록 / 즉 맥주

05

정답 ④

해충과의 전쟁은 아주 오랜 시간 전에 시작되었는데, 대개는 독을 이용했지만 때로 더 섬세한 생물학적 방법들을 썼다. 대략 기원전 1200년에 중국인 재배자들이 나무에 구멍을 내는 벌레들로부터 그들의 감귤나무를 보호하기 위해 육식성 개미를 이용했다. 그들은 개미들이 나무에서 나무로 쉽게 이동할 수 있도록 하기 위해 과수원의 나무들 사이에 대나무 막대나 밧줄을 고정시켜 놓았다. 하지만, 해충을 통제하려는 대부분의 시도들은 화학약품에 의존했다. (현대의 재배자들은 해충이 아니고 재배자에게 이로울 수도 있는 종에게 해를 끼치는 것을 피하기 위해 화학약품의 사용에 매우 조심해야 한다.) 수메르인 농부들은 대략 기원전 2500년에 해충에 대항하여 유황 화합물을 이용하고 있었고, 중국인들은 기원후 100년에 비눗물이 곤충을 죽인다는 사실을 발견했었다.

해설

해충을 없애기 위해서 인간들이 오래전부터 사용해 온 생물학적 방법과 화학적 방법을 예를 들어 설명하는 글이므로 화학약품의 사용에 있어서 해충이 아닌 익충에 해를 끼치는 것을 피하기 위해 조심해야 한다는 내용의 ④는 글의 전체 흐름과 관계가 없다.

TEXT FLOW

해충 통제 방법 1	해충을 없애기 위해서 인간은 아주 오랜 시간 전부터 생물학적 방법을 썼음
예시	기원전 1200년경에 중국 재배자들은 감귤나무를 보호하기 위해 육식성 개미를 이용했음
해충 통제 방법 2	해충 통제의 대부분의 시도들은 화학약품에 의존했음
예시	수메르인 농부들은 유황 화합물을, 중국인들은 벌레를 죽이는 비눗물을 이용했음

구문

• Modern growers must be very careful in the use of chemicals [to avoid harming species {that **are not pests** and **may be beneficial** to the grower}].
: [ ]는 부사적 용법의 to부정사구로 목적의 의미를 나타낸다. { }는 species를 수식하는 관계절이다. { } 안에서 두 개의 동사구 are not pests와 may be beneficial이 등위접속사 and로 연결되었다.

CHECK NOTE

1 the war against pests
2 해충을 방제하기 위한 고대의 방법들

직독직해 NOTE

1 They fastened bamboo sticks or ropes / between the trees in their orchards / to allow the ants to move easily / from tree to tree.
그들은 대나무 막대나 밧줄을 고정시켜 놓았다 / 과수원의 나무들 사이에 / 개미들이 쉽게 이동할 수 있도록 하기 위해 / 나무에서 나무로

2 Sumerian farmers were using sulfur compounds / against pests / in about 2500 B.C.E., / and by 100 C.E. / the Chinese had discovered / that soapy water kills insects.
수메르인 농부들은 유황 화합물을 이용하고 있었다 / 해충에 대항하여 / 대략 기원전 2500년에 / 그리고 기원후 100년에 / 중국인들은 발견했었다 / 비눗물이 곤충을 죽인다는 것을

12강 글의 순서

유형 PRACTICE

본문 90~95쪽

01 ② 02 ⑤ 03 ① 04 ⑤ 05 ②

01

정답 ②

자연 과정은 많은 방법으로 광물을 형성한다. 예를 들어, 마그마라고 불리는 뜨거운 암석이 녹은 물질은 지구의 표면에 도달할 때, 또는 심지어 표면 아래에 갇혀 있을 때도 식는다. 마그마가 식으면서, 그것의 원자는 열에너지를 잃고, 서로 더 가까이 이동해 화합물로 결합하기 시작한다. (B) 이 과정 동안, 서로 다른 화합물의 원자가 질서 있고 반복적인 패턴으로 배열된다. 마그마에 존재하는 원소의 종류와 양이 어떤 광물이 형성될지를 부분적으로 결정한다. (A) 또한, 형성되는 결정의 크기는 부분적으로는 마그마가 얼마나 빨리 식느냐에 달려있다. 마그마가 천천히 식으면, 형성되는 결정은 일반적으로 육안으로 볼 수 있을 만큼 충분히 크다. (C) 이것은 원자가 함께 이동해 더 큰 결정을 형성할 충분한 시간을 가지기 때문이다. 마그마가 빠르게 식으면, 형성되는 결정은 작을 것이다. 그런 경우에는 개별 광물 결정을 쉽게 볼 수 없다.

해설

광물을 형성하는 자연 과정의 예로, 마그마가 식으면서 원자가 열에너지를 잃고 서로 더 가까이 이동해 화합물로 결합하기 시작한다는 것을 설명하는 내용의 주어진 글 다음에는 그런 결합 과정을 this process로 지칭하여 글을 이어가는 (B)가 와야 한다. 그다음에는 Also에 이어 형성되는 결정의 크기는 부분적으로는 마그마가 얼마나 빨리 식느냐에 달려 있다는 내용의 (A)가 오고, 마지막으로 마그마가 천천히 식을 때와 대조하여 마그마가 빠르게 식을 때 형성되는 결정은 작을 것이라는 내용의 (C)가 오는 것이 주어진 글 다음에 이어질 글의 순서로 가장 적절하다.

매력적인 오답 주의!

③ (C)의 This is because ~는 (A)의 마그마가 천천히 식으면 결정이 크다는 내용에 대한 이유를 설명하므로, (C)가 (A)의 앞에 오는 것은 글의 흐름상 부자연스럽다.

TEXT FLOW

주제 자연 과정은 많은 방법으로 광물을 형성함
전개 1 마그마는 식으면서 원자가 화합물로 결합하기 시작함
전개 2 마그마에 존재하는 원소의 종류와 양이 어떤 광물이 형성될지를 부분적으로 결정함
전개 3 형성되는 결정의 크기는 부분적으로는 마그마가 얼마나 빨리 식느냐에 달려 있음

구문

- Also, the size of the crystals [that form] depends partly on [how rapidly the magma cools].
  : 첫 번째 [ ]는 the crystals를 수식하는 관계절이고, 두 번째 [ ]는 전치사 on의 목적어 역할을 하는 명사절이다.
- The type and amount of elements [present in a magma] partly determine [which minerals will form].
  : 첫 번째 [ ]는 elements를 수식하는 형용사구이고, 두 번째 [ ]는 determine의 목적어 역할을 하는 명사절이다.

CHECK NOTE

1 광물이 형성되는 자연 과정
2 Natural processes form minerals in many ways.

02

정답 ⑤

'젖소의 입을 통해 우유를 짜낸다'라는 네덜란드 속담이 있다. 그 의미는 간단한데, 즉 젖소에게 사료를 더 많이 주고 사료의 질이 더 높을수록, 더 많은 우유가 생산될 것이고 품질도 더 높아질 것이라는 것이다. (C) 아주 간단하다, 그렇지 않은가? 글쎄, 그렇지 않다, Catherine Bertenshaw와 Peter Rowlinson의 연구에서 보여지는 것처럼, 그것이 우유 생산량을 결정하는 유일한 것은 아니다. 그들은 영국에서 500명 이상의 농부들을 대상으로 연구를 수행했다. (B) 그들은 무엇을 발견했나? 젖소에 이름을 붙인 농부들은 이름을 붙이지 않은 농부들보다 우유 생산량이 더 높다. 그 차이는 연간 280리터로 상당하다. (A) 사람들을 이름으로 부르는 것 역시 효과가 있어서, 그것은 만족도와 충성도를 높인다. 그러므로 더 만족스러운 고객을 원한다면, 그들을 개인적으로 부르라. 더 만족하고 더 열심히 일하는 직원에 대해서도 마찬가지이다.

해설

젖소에게 사료를 많이 주고 사료의 질이 높으면 높을수록, 더 많은 우유가 생산될 것이고 품질도 더 높아질 것이라는 의미의 네덜란드 속담을 소개하는 주어진 글 다음에는 그것이 그렇게 간단한 것처럼 보이지만 그렇지 않다는 내용의 (C)가 와야 한다. 그다음에는 (C)에 나온 Catherine Bertenshaw와 Peter Rowlinson을 They로 지칭하여 그들이 무엇을 발견했는가를 설명하는 (B)가 오고, 마지막으로 젖소에 이름을 붙인 농부들의 우유 생산량이 더 높은 것처럼 사람들을 이름으로 부르는 것 역시 효과가 있다는 내용의 (A)가 오는 것이 주어진 글 다음에 이어질 글의 순서로 가장 적절하다.

매력적인 오답 주의!

④ (C) 다음에 (A)가 오면 연구자 Catherine Bertenshaw와 Peter Rowlinson을 지칭할 수 있는 표현이 없다.

TEXT FLOW

도입 젖소에게 질 좋은 사료를 많이 줄수록 품질이 좋은 더 많은 우유가 생산될 것 같지만 그것이 다는 아님
실험 젖소에 이름을 붙인 농부들의 젖소가 우유 생산량이 더 높았음
부연 이름을 부르는 것으로 고객의 만족도와 충성도를 높이고, 직원도 마찬가지임

구문

- The meaning is simple: **The more** you feed them and **the higher** the quality of the food, **the more milk** will be produced and **the higher** its quality.
  : '~하면 할수록, 더 …하다'의 의미를 나타내는 「the 비교급 ~, the 비교급 …」 구문이 쓰였다.
- Well no, that's not the only thing [that determines the milk yield], as shown in research by Catherine Bertenshaw and Peter Rowlinson.
  : [ ]는 the only thing을 수식하는 관계절이다.

CHECK NOTE

1 이름을 부르는 것의 효과
2 그들은 500명 이상의 농부들을 대상으로 한 연구에서 젖소에 이름을 붙인 농부들의 우유 생산량이 이름을 붙이지 않은 농부들의 생산량보다 연간 280리터가 더 높다는 것을 발견했다.

직독직해 NOTE

1 The meaning is simple: / The more you feed them / and the higher the quality of the food, / the more milk will be produced / and the higher its quality.
그 의미는 간단하다 / 즉 젖소에게 사료를 더 많이 줄수록 / 그리고 사료의 질이 더 높을수록 / 더 많은 우유가 생산될 것이다 / 그리고 품질도 더 높아질 것이다

2 Well no, / that's not the only thing / that determines the milk yield, / as shown in research by Catherine Bertenshaw and Peter Rowlinson.
글쎄 그렇지 않다 / 그것이 유일한 것은 아니다 / 우유 생산량을 결정하는 / Catherine Bertenshaw와 Peter Rowlinson의 연구에서 보여지는 것처럼

03

정답 ①

우리는 많은 시간을 개인적 환경에서 보내지만, 그것을 꾸며야 할 뚜렷한 기능적 이유는 없다. (A) 딸기 문양이 수놓인 이불이 달콤한 꿈을 보장하지 않으며, 컴퓨터 모니터 위의 피라냐 봉제 인형이 광고 작가에게 산뜻한 문구를 만들어 내도록 도와주지는 않을 것이다. 그럼에도 불구하고, 우리는 우리의 공간을 계속해서 꾸미며, 장식은 마구잡이와는 거리가 멀다. (C) 공간에 이러한 변화를 주는 것은 피상적 수준에서는 '비기능적'으로 보이지만, 그곳에서 실행되는 일에 큰 영향을 끼칠 수 있다. 'Gallup Management Journal'

은, 근로자의 편안함과 업무에 관한 설문 조사를 실시했다. (B) 결과에 따르면 '직원이 편안한 환경에서 일할 때 더욱 열중하며 조직의 재정상의 성공에 긍정적으로 기여한다'고 했다. 그 설문 조사는 '편안함'이 물리적 환경을 넘어 확장된다는 것을 지적했다.

해설

주어진 글은 개인적 환경을 꾸며야 할 뚜렷한 기능적 이유가 없다는 내용이다. (A)의 딸기 문양의 이불과 컴퓨터 모니터 위의 피라냐 봉제 인형의 예를 들어서 개인 공간을 꾸며야 할 기능적 이유가 없다는 내용을 뒷받침하고 있으므로, 주어진 글 다음에 (A)가 와야 한다. (A)에서 마지막 문장, 그럼에도 불구하고 우리는 계속해서 공간을 꾸민다는 내용을 (C)의 These changes가 받으므로, (A) 다음에 (C)가 와야 한다. 마지막으로 (C)에서 언급한 설문 조사에 대해 The results로 설문 조사의 결과에 대해 밝히고 있는 (B)가 오는 것이 주어진 글 다음에 이어질 글의 순서로 가장 적절하다.

TEXT FLOW

- **도입** 개인적 환경을 꾸며야 할 뚜렷한 기능적 이유는 없음
- **상술** 딸기 문양의 이불이 달콤한 꿈을 보장하지 않고, 피라냐 봉제 인형이 광고 작가에게 산뜻한 문구를 만들어 내도록 영감을 주는 것도 아님
- **주제** 그럼에도 불구하고 우리는 계속해서 공간을 꾸미는데, 그것은 피상적 수준에서는 '비기능적'으로 보이지만, 그곳에서 실행되는 일에 큰 영향을 미칠 수 있기 때문임
- **근거** 직원이 편안한 환경에서 일할 때 더욱 열심히 일하며 조직의 재정상의 성공에 긍정적인 기여를 한다는 설문 조사 결과가 있음

구문

- These changes to a space, [which on a superficial level seem "non-functional,"] may have a big impact on [**what** is done there].
  : 첫 번째 [ ]는 These changes를 부가적으로 설명하는 관계절이다. 두 번째 [ ]는 전치사 on의 목적어 역할을 하는 명사절이다. 이때 관계대명사 what은 '~하는 것'이라는 의미이다.

CHECK NOTE

1 personal environments, decorating
2 These changes to a space, which on a superficial level seem "non-functional," may have a big impact on what is done there.

직독직해 NOTE

1 We [spend] many hours / in our personal environments, / but there [is] no obvious functional reason / why we should decorate them.
우리는 많은 시간을 보낸다 / 개인적 환경에서 / 하지만 뚜렷한 기능적 이유는 없다 / 왜 그것을 꾸며야 하는지

2 The results [reported] / that "employees working in a comfortable environment / are much more likely to be engaged / and to make a positive contribution / to the organization's financial success."
결과에 따르면 ~라고 했다 / 직원이 편안한 환경에서 일할 때 / 더욱 열중한다 / 그리고 긍정적으로 기여한다 / 조직의 재정상의 성공에

04

정답 ⑤

우리는 우리의 음식이 사실 얼마나 복잡한지 이해할 필요가 있다. 영양분과 음식의 화학 성분은 분리되어 존재하는 것이 아니고 그런 식으로 섭취되는 것도 아니다. 오렌지에는 비타민 C 이상의 것이 있고, 고기에는 단백질 이상의 것이 있다. (C) 더군다나, 각 음식은 그 성분들의 총합보다 더 큰데, 그것은 어떤 음식 속의 화학 성분들이 서로, 그리고 동시에 먹는 다른 음식들 속의 화학 성분들과 서로 상호작용하기 때문이다. (B) 비록 일부 인기 있는 요리책들이 특정 음식은 조합해서 먹으면 안 된다는 미신을 퍼뜨려 왔지만, 사실 한 끼의 영양상의 질은 음식들을 섞고 조화시킴으로써 자주 향상된다. (A) 예를 들면, 곡물 음식의 철분은 비타민 C가 있을 때 더 잘 흡수되므로, 한 잔의 오렌지 주스는 여러분의 아침 식사 시리얼에 현명한 동반자가 된다.

해설

주어진 글은 우리가 음식의 복잡성을 이해할 필요가 있으며, 영양분과 음식의 화학 성분이 분리되어 존재하지 않고, 그렇게 섭취되는 것도 아니라는 내용이다. (C)의 What's more는 주어진 글의 내용에 덧붙여, 음식은 동시에 먹는 다른 음식들의 화학 성분과 상호작용하기 때문에 각 음식이 그 성분들의 총합보다 더 크다는 것을 설명한다. 그다음으로 한 끼의 영양상의 질은 음식을 섞고 조화시킴으로서 향상된다는 내용의 (B)가 와야 하고, 이에 대한 구체적인 예를 제시한 (A)가 오는 것이 주어진 글 다음에 이어질 글의 순서로 가장 적절하다.

TEXT FLOW

- **주제** 음식이 얼마나 복잡한지 이해할 필요가 있음
- **상술** 영양분과 음식의 화학 성분은 분리되어 존재하는 것이 아니며, 함께 먹는 다른 음식의 화학 성분과 서로 상호작용함
- **부연** 한 끼의 영양상의 질은 음식들을 섞고 조화시킴으로써 자주 향상됨
- **예시** 철분은 비타민 C가 있을 때 더 잘 흡수됨

구문

- Although some popular diet books have spread the myth [that certain foods shouldn't be eaten in combination], the truth is [that the nutritional quality of a meal is often improved by mixing and matching foods].
  : 접속사 that으로 시작하는 두 개의 [ ]는 모두 명사절이다. 첫 번째 [ ]는 the myth와 동격 관계이고, 두 번째 [ ]는 동사 is의 보어 역할을 한다.
- What's more, each food is greater than the sum of its components, because the chemicals in a food interact [with each other] and [with the chemicals in other foods {eaten at the same time}].
  : 두 개의 [ ]는 모두 interact에 연결되는 전치사구로 등위접속사 and로 연결되어 병렬구조를 이룬다. 두 번째 [ ] 안에서 { }는 분사구로 other foods를 수식한다.

CHECK NOTE

1 food, nutrients, food chemicals
2 We need to understand how complex our food really is.

직독직해 NOTE

1 We [need] to understand / how complex our food really is.
우리는 이해할 필요가 있다 / 우리의 음식이 사실 얼마나 복잡한지

2 For example, / the iron in cereal foods / is better absorbed / in the presence of vitamin C, / making a glass of orange juice / a clever accompaniment / to your breakfast cereal.

예를 들면 / 곡물 음식의 철분은 / 더 잘 흡수된다 / 비타민 C가 있을 때 / 한 잔의 오렌지 주스는 ~된다 / 현명한 동반자가 / 여러분의 아침 식사 시리얼에

05

정답 ②

교정되지 않은 무기 기술은 유한한 게임을 만들어낸다. 그것은 승자(와 패자)를 만들어내고 선택지를 차단한다. 유한한 게임은 극적이다. 스포츠와 전쟁을 생각하라. (B) 우리는 두 사람이 평화로운 것에 관해 생각할 수 있는 것보다 두 사람이 싸우는 것에 관한 더 흥미로운 이야기를 수백 개 생각할 수 있다. 하지만 두 사람이 싸우는 그러한 흥미진진한 100가지 이야기의 문제점은 어느 순간 그들이 변해서 협력하지 않는 한 모두 같은 결말, 즉 둘 중 한 명 또는 둘 다의 죽음으로 이어진다는 것이다. (A) 하지만 평화에 대한 한 가지 지루한 이야기는 끝이 없다. 그것은 천 가지의 예상치 못한 이야기로 이어질 수 있는데, 아마도 그 두 사람은 파트너가 되어 새로운 도시를 건설하거나 새로운 성분을 발견하거나 놀라운 오페라를 작곡한다. (C) 그들은 미래의 이야기를 위한 플랫폼이 될 어떤 것을 만들어낸다. 그들은 무한한 게임을 하고 있다. 평화는 기회의 증가를 낳고, 유한한 게임과 달리 무한한 잠재력을 담고 있기 때문에 전 세계 곳곳에서 소환된다.

해설

교정되지 않은 무기 기술은 유한한 게임을 만들어 승자와 패자를 만들어낸다는 내용의 주어진 글 다음에는 싸우는 두 사람이 승자나 패자가 되어 둘 중 한 명 또는 모두 죽는 것으로 끝난다는 내용의 (B)가 와야 한다. 그다음에는 역접의 연결어 However로 시작하여 (B)의 내용과 상반되는 내용, 즉 평화에 관한 이야기는 무한하다는 내용의 (A)가 오고, 무한함에 대해 부연설명하는 (C)가 오는 것이 주어진 글 다음에 이어질 글의 순서로 가장 적절하다.

TEXT FLOW

- 도입 교정되지 않은 무기 기술은 유한한 게임으로 승자와 패자를 만들어냄
- 전개 두 사람이 싸우는 것에 대한 이야기의 문제점은 죽음으로 이어지는 같은 결말임 (유한함)
- 대조 평화에 대한 이야기는 끝이 없으며 미래의 이야기를 위한 플랫폼이 될 어떤 것을 만들어냄 (무한함)
- 결론 평화는 기회의 증가를 낳고, 무한한 잠재력을 담고 있어서 전 세계 곳곳에서 소환됨

구문

• Peace is summoned all over the world because it [births increasing opportunities] and, unlike a finite game, [contains infinite potential].
: 두 개의 [ ]는 and로 연결되어 이유의 부사절 안의 주어인 it의 술어 역할을 한다.

CHECK NOTE

1 the one boring story about peace
2 they all lead to the same end — the demise of one or both of them — unless at some point they turn and cooperate

직독직해 NOTE

1 We can think of hundreds of more exciting stories / about two guys fighting / than we can / about two guys at peace.

우리는 더 흥미로운 이야기를 수백 개 생각할 수 있다 / 두 사람이 싸우는 것에 관한 / (생각)할 수 있는 것보다 / 두 사람이 평화로운 것에 관해

2 But / the problem with those exciting 100 stories about two guys fighting / is that they all lead to the same end / — the demise of one or both of them — / unless at some point they turn and cooperate.

하지만 / 두 사람이 싸우는 그러한 흥미진진한 100가지 이야기의 문제점은 / 그들이 모두 같은 결말로 이어진다는 것이다 / 즉 둘 중 한 명 또는 둘 다의 죽음으로 / 어느 순간 그들이 변해서 협력하지 않는 한

13강 주어진 문장의 위치

유형 PRACTICE

본문 96~101쪽

01 ⑤	02 ⑤	03 ③	04 ④	05 ④

01

정답 ⑤

흔히 사람들은 어떤 사람이 한 가지 유형의 특성을 가지고 있기 때문에, 그러면 자동적으로 그것과 어울리는 다른 특성을 가지고 있다는 잘못된 가정을 한다. 한 연구에서, 대학생들은 초청 강사가 그 (대학생) 집단에게 강연을 하기 전에 그 강사에 대한 설명을 들었다. 학생들의 절반은 '따뜻하다'라는 단어가 포함된 설명을 들었고 나머지 절반은 그 강사가 '차갑다'는 말을 들었다. 그러고 나서 그 초청 강사가 토론을 이끌었고, 그 후에 학생들은 그(강사)에 대한 그들의 인상을 말해 달라고 요청받았다. 예상한 대로, 학생들에 의해 형성된 인상 사이에는 그 강사에 대한 학생들의 최초 정보에 따라 큰 차이가 있었다. 또한, 그 강사가 따뜻할 것이라 기대한 학생들은 그와 더 많이 소통하는 경향이 있다는 것이 밝혀졌다. 이것은 서로 다른 기대가 우리가 형성하는 인상뿐만 아니라 우리의 행동 및 형성되는 관계에도 영향을 미친다는 것을 보여 준다.

해설

also가 있는 주어진 문장은 그 강사가 따뜻할 것이라 기대한 학생들은 그와 더 많이 소통하는 경향이 있다는 것이 추가로 밝혀졌다는 내용으로, 연구의 결과가 예상한 대로 나왔다는 내용의 문장 뒤와, 주어진 문장이 나타내는 바를 This shows that ~으로 표현하는 문장 앞에 들어가는 것이 흐름상 자연스럽다. 따라서 주어진 문장이 들어가기에 가장 적절한 곳은 ⑤이다.

매력적인 오답 주의!

④ 예상한 대로 연구 결과가 나왔다는 내용 다음에 It was also found that ~이라는 표현이 나올 수 있으므로, 주어진 문장이 ④에 들어가는 것은 적절하지 않다.

TEXT FLOW

주제 한 가지 유형의 특성은 자동적으로 그것과 어울리는 다른 특성을 가지고 있다는 잘못된 가정을 함
전개 강연 전 강사에 대한 설명을 들은 학생들에게 강연 후 강사에 대한 인상을 말해 달라고 요청함
결론 서로 다른 기대가 우리가 형성하는 인상과 행동 및 관계에도 영향을 미침

구문

- **It** was also found [that those students {who expected the lecturer to be warm} tended to interact with him more].
: It은 가주어이고 [ ]가 진주어이다. { }는 those students를 수식하는 관계절이다.

- People commonly make the mistaken assumption [that {because a person has one type of characteristic}, then they automatically have other characteristics {which go with it}].
: [ ]는 the mistaken assumption의 구체적 내용을 설명하는 동격절이다. 첫 번째 { }는 이유의 부사절이고, 두 번째 { }는 other characteristics를 수식하는 관계절이다.

CHECK NOTE

1 People commonly make the mistaken assumption that because a person has one type of characteristic, then they automatically have other characteristics which go with it.
2 서로 다른 기대가 우리가 형성하는 인상뿐만 아니라 우리의 행동 및 형성되는 관계에도 영향을 미친다.

02

정답 ⑤

잘 알려진 일련의 식별 기법이 Charles Kepner와 Benjamin Tregoe에 의해 제안되어 왔는데, 그들은 문제를 정확하게 식별하는 것이 창의적인 문제 해결에서 가장 중요한 단계라고 믿는다. 그들의 책 'The Rational Manager'에 기술된 그들의 접근법은 지금이 예전과 무엇이 다른지를 묻는 것으로 시작하는데, 무엇을, 어디서, 언제, 어떻게, 그리고 왜라는 질문이 이어진다. Kepner와 Tregoe는 볼 베어링의 일부에서 불순물을 찾기 시작한 볼 베어링 제조 시설의 예를 사용하는 것을 좋아한다. 그 회사는 볼 베어링을 제조하는 기계를 교체했지만, 불순물이 계속 생겼다. 결국, '언제'라는 질문에 답한 후, 회사의 경영자들은 불순물이 단지 주기적인 간격으로 발생할 뿐이라는 것을 밝혀냈다. 나머지 다른 질문에 묻고 답한 후, 그들은 공기 청정 장치가 그 용해된 물질로 불순물을 내뿜고 있다는 것을 발견했는데, 그 장치는 낮 동안 특정한 때에만 가동되었다. 마침내, 진짜 문제가 식별되었다.

해설

⑤ 앞 문장에서 불순물이 단지 주기적인 간격으로 발생한다는 것을 밝혀냈다고 하였고 ⑤ 뒤 문장에서 진짜 문제가 식별되었다는 내용이 이어져서 글의 흐름에 단절이 발생한다. ⑤에 주어진 문장을 넣으면 나머지 다른 질문에 답해 본 후 공기 청정 장치가 불순물을 내뿜었고, 그것이 낮 동안 특정한 때에만 가동되었다는 것을 발견해 진짜 문제가 식별되었다는 내용이 되어 글의 흐름이 자연스러워진다. 따라서 주어진 문장이 들어가기에 가장 적절한 곳은 ⑤이다.

TEXT FLOW

도입 Charles Kepner와 Benjamin Tregoe는 정확한 문제 식별이 창의적인 문제 해결에서 가장 중요한 단계라고 믿었음
부연 그들의 접근법은 지금이 예전과 무엇이 다른지를 묻는 것으로 시작하며 다음에는 무엇을, 어디서, 언제, 어떻게, 그리고 왜라는 질문이 이어짐
예시 볼 베어링 제조 시설에서 계속해서 불순물이 생겼음
상술 회사의 경영자들은 '언제'라는 질문에 답하여 주기적인 간격으로 불순물이 발생한다는 것을 밝혀냈고, 나머지 질문들에 답함으로써 공기 청정 장치가 낮 동안 특정한 때에만 가동되면서 불순물을 내뿜는다는 것을 알아냈음
결말 진짜 문제가 식별되었음

구문

- Kepner and Tregoe like to use the example of a ball bearing manufacturing facility [that began finding impurities in some of its ball bearings].
: [ ]는 선행사 a ball bearing manufacturing facility를 수식하는 관계절이다.

CHECK NOTE

1 identification techniques
2 Correctly identifying the problem is the most important step in creative problem solving.

직독직해 NOTE

1 After asking and answering the other questions, / they discovered / that an air-freshening unit was blowing impurities / into the molten material; / the unit came on only at certain times / during the day.
나머지 다른 질문에 묻고 답한 후 / 그들은 발견했다 / 공기 청정 장치가 불순물을 내뿜고 있었다는 것을 / 그 용해된 물질로 / 그 장치는 특정한 때에만 가동되었다 / 낮 동안

2 A well-known set of identification techniques / has been suggested / by Charles Kepner and Benjamin Tregoe, / who believe / that correctly identifying the problem is the most important step / in creative problem solving.
잘 알려진 일련의 식별 기법이 / 제안되어 왔다 / Charles Kepner와 Benjamin Tregoe에 의해 / 그들은 믿는다 / 문제를 정확하게 식별하는 것이 가장 중요한 단계라는 것을 / 창의적인 문제 해결에서

03

정답 ③

저작권은 소프트웨어 코드에서 영화에 이르기까지 원본 글과 이미지에 적용되는 저렴한 비용의 즉각적인 법적 보호 형태이다. 저자는 저작권 보호를 신청할 필요가 없는데, 그것은 '페이지 전체에 걸쳐 저자의 펜을 따른다.' 저작권이 있는 저작물에 대한 라이선스는 일반적이며, 그것은 상업용 소프트웨어 회사에 의해 널리 시행되고 있다. 맞춤이 아닌 (일반) 소프트웨어 제품의 사본을 구매할 때는, 일반적으로 지적 재산 자체를 구매하는 것이 아니라 소프트웨어를 사용할 수 있는 라이선스만 구매하는 것이다. 하지만 저작권 보호는 중요한 방식으로 제한되기도 한다. 근본적인 발명이나 아이디어가 아닌, 특정한 원저작물 자체만 보호된다. 결과적으로 저작권 보호를 피할 수 있다.

예를 들어, 저작권이 있는 소프트웨어 프로그램의 기능을 모방하고 싶은 사람은 그 기능을 시행하기 위해 새로운 소프트웨어 코드를 작성함으로써 그렇게 할 수 있다.

해설

However로 시작하는 주어진 문장은 저작권 보호는 중요한 방식으로 제한되기도 한다는 의미로, 앞에는 저작권 보호가 이루어진다는 내용이, 뒤에는 저작권 보호도 제한된다는 내용이 나와야 한다. 따라서 근본적인 발명이나 아이디어가 아닌, 특정한 원저작물 자체만 보호된다는 범위 제한 내용이 나오는 문장 앞에 들어가는 것이 흐름상 자연스럽다. 따라서 주어진 문장이 들어가기에 가장 적절한 곳은 ③이다.

매력적인 오답 주의!

⑤ 예시의 내용이 저작권이 있는 소프트웨어 프로그램의 기능을 모방하고 싶은 사람은 그 기능을 시행하기 위해 새로운 소프트웨어 코드를 작성함으로써 그렇게 할 수 있다는 것으로, 그것은 저작권 보호를 피해 갈 수 있다는 것이므로, 주어진 문장이 ⑤에 들어갈 수는 없다.

TEXT FLOW

도입 저작권은 저렴한 비용의 즉각적인 법적 보호 형태임
전개 저작권이 있는 저작물에 대한 라이선스가 일반적이며, 상업용 소프트웨어 회사에 의해 널리 시행되고 있음
반론 저작권 보호는 중요한 방식으로 제한되기도 함
부연 저작권은 근본적인 발명이나 아이디어가 아닌, 특정한 원저작물 자체만 보호하기 때문에 저작권 보호를 피할 수 있음

구문

• Copyright is a low-cost and immediate form of legal protection [that applies to original writings and images {ranging from software code to movies}].
: [ ]는 a low-cost and immediate form of legal protection을 수식하는 관계절이고, 그 안의 { }는 original writings and images를 수식하는 분사구이다.

CHECK NOTE

1 copyright protection
2 저작권이 있는 소프트웨어 프로그램의 기능을 모방하고 싶을 경우 그 기능을 시행하기 위해 새로운 소프트웨어 코드를 작성하면 된다.

직독직해 NOTE

1 When one buys a copy of a non-custom software product, / one [is] typically [buying] only a license to use the software, / [not buying] the intellectual property itself.
맞춤이 아닌 소프트웨어 제품의 사본을 구매할 때 / 사람들은 일반적으로 소프트웨어를 사용할 수 있는 라이선스만 구매하는 것이다 / 지적 재산 자체를 구매하는 것이 아닌

2 For example, / those who wish to imitate the function of a copyrighted software program / [can do] so / by writing new software code / to implement that function.
예를 들어 / 저작권이 있는 소프트웨어 프로그램의 기능을 모방하고 싶은 사람은 / 그렇게 할 수 있다 / 새로운 소프트웨어 코드를 작성함으로써 / 그 기능을 시행하기 위해

04

정답 ④

과학 위성은 우리 태양계의 태양과 행성, 그리고 전체로서 우주에 대한 우리의 지식을 엄청나게 증가시켜 왔다. 그러한 연구의 즉각적인 실질적 적용이 명확하지 않을지도 모르지만 그 대가는 진짜다. 태양과 태양계의 대기를 연구하는 것은 우리가 여기 지구에서 통신을 개선할 수 있게 한다. 금성이 지구의 '쌍둥이'로 여겨지기 때문에 과학자들은 금성의 연구를 시작하고 싶어 한다. 그것(금성)의 대기는 그 행성의 표면을 납을 녹일 정도로 충분히 뜨겁게 유지시키는 온실 효과를 만들어 낸다. 우리는 지구가 늘어나는 대기의 이산화탄소의 양 때문에 비슷한 효과를 서서히 나타내고 있는 것을 염려한다. 금성은 우리 대기에서 일어나고 있는 것을 더 잘 이해할 수 있게 하기 위해 이 과정에 대해 더 많이 알게 하는 실제 실험실을 제공할 수 있을 것이다.

해설

주어진 문장의 Its와 the planet은 ④ 앞 문장의 the planet Venus를 가리키고, a greenhouse effect는 문맥상 ④ 다음 문장의 a similar effect와 연결된다. 따라서 주어진 문장이 들어가기에 가장 적절한 곳은 ④이다.

TEXT FLOW

도입 과학 위성은 태양계와 우주에 대한 우리의 지식을 엄청나게 증가시켜 왔고, 실질적인 적용이 명확하지 않을지도 모르지만 그 대가는 진짜임
상술 태양과 태양계의 대기를 연구하면 지구에서 통신을 개선하는 데 도움이 됨
부연 과학자들은 지구와 '쌍둥이'로 여겨지는 금성을 연구하고 싶어 하는데, 금성은 우리 대기에서 일어나는 일을 더 잘 이해할 수 있게 해 주는 실제 실험실을 제공할 수 있을 것이기 때문임

구문

• Its atmosphere creates a greenhouse effect [that keeps the surface of the planet hot **enough to** melt lead].
: [ ]는 a greenhouse effect를 수식하는 관계절이다. [ ] 안에서 「enough+to부정사」는 to부정사의 관용표현으로 '~할 정도로 충분히[충분한]'라는 의미이다.

• [Studies of the sun and the solar system's atmosphere] **enable** us **to** improve communications here on Earth.
: [ ]는 문장의 주어 역할을 하는 명사구이다. 「enable+목적어+to부정사」 구문이 쓰여 '~가 …을 할 수 있게 하다'라는 의미를 나타낸다.

CHECK NOTE

1 knowledge of the sun and planets of our solar system
2 과학 위성을 이용해 태양계의 대기를 연구하는 것의 이점

직독직해 NOTE

1 We [are] concerned / that the Earth is gradually developing a similar effect / owing to increasing amounts of carbon dioxide / in our atmosphere.
우리는 염려한다 / 지구가 비슷한 효과를 서서히 나타내고 있는 것을 / 늘어나는 이산화탄소의 양 때문에 / 우리의 대기에

2 Venus [could provide] a real laboratory / to learn more about this process / to enable better understanding / of what is happening / to our own atmosphere.
금성은 실제 실험실을 제공할 수 있을 것이다 / 이 과정에 대해 더 많이

알게 하는 / 더 잘 이해할 수 있게 하기 위해 / 일어나고 있는 것을 / 우리 자신의 대기에서

TIP

과학 위성

지구의 주위를 돌며 지구와 지구를 둘러싼 우주 공간을 직간접적으로 탐사하는 위성이다. 지구를 둘러싸고 있는 대기나 플라스마 탐사로부터 먼 우주의 중성자별이나 블랙홀과 같은 우주 공간을 탐사한다.

05

정답 ④

사유재산권 부족에 대한 해결책은 매우 간단해 보인다, 즉 사유재산권을 만들고 시행하는 것이다. 예를 들어, 코끼리가 서식하는 많은 국가에서는 코끼리를 소유한 사람이 아무도 없다. 그 결과 코끼리는 '지나치게 활용되어' 멸종 중에 있다. 코끼리가 있는 대부분의 국가에서는 사냥이 금지된 대규모 국립공원이 조성되어 있다. 그러나 이러한 사냥 금지에도 불구하고, 코끼리의 개체 수 감소는 계속되고 있다. 10년 전에 아프리카의 코끼리 개체 수는 백만 마리 이상이었지만 지금은 그 절반 이하로 떨어졌다. 공동 소유 전략과 대조적으로, 보츠와나, 짐바브웨, 남아프리카공화국 정부는 개인이 코끼리를 소유할 수 있도록 하여 사유재산권을 만들었다. 이 코끼리 농부들은 코끼리들이 그것의 엄니를 위해, 특수 사냥 공원에서의 사냥을 위해, 또는 선진국의 동물원을 위해 팔릴 수 있도록 코끼리가 새끼를 낳고 번식하는 것을 확실히 한다. 이것은 이 나라들에서 코끼리 개체 수의 회복을 야기했다.

해설

주어진 문장은 보츠와나, 짐바브웨, 남아프리카공화국 정부가 공동 소유 전략과 달리 개인이 코끼리를 소유할 수 있도록 하여 사유재산권을 만들었다는 내용으로, 주어진 문장의 individuals를 These elephant farmers로 지칭하고 그들이 코끼리가 새끼를 낳고 번식할 수 있도록 했다는 내용 앞에 들어가는 것이 흐름상 자연스럽다. 따라서 주어진 문장이 들어가기에 가장 적절한 곳은 ④이다.

TEXT FLOW

주제	사유재산권 부족에 대한 해결책은 사유재산권을 만들고 시행하는 것임
전개 1	코끼리를 개인이 소유하지 않는 대부분의 국가에서는 코끼리 개체 수가 감소되고 있음
전개 2	공동 소유 전략과 대조적으로, 보츠와나, 짐바브웨, 남아프리카공화국 정부는 개인이 코끼리를 소유할 수 있도록 하여 사유재산권을 만들었음
전개 3	코끼리 농부들이 코끼리가 새끼를 낳고 번식하도록 하여 코끼리 개체 수가 회복됨

구문

- These elephant farmers ensure [that the elephants breed and reproduce {so that they can be sold for their tusks, for hunting in special hunting parks, or for zoos in developed nations}].
  : [ ]는 ensure의 목적어 역할을 하는 명사절이고, 그 안의 { }는 목적의 의미를 나타내는 부사절이다.

CHECK NOTE

1 The solution to the lack of private property rights seems pretty straightforward: Create and enforce private property rights.

2 보츠와나, 짐바브웨, 남아프리카공화국 정부는 개인이 코끼리를 소유할 수 있도록 하여 사유재산권을 만들었다.

직독직해 NOTE

1 In contrast to the common ownership strategy, / the governments of Botswana, Zimbabwe, and South Africa / created private property rights / by allowing individuals to own elephants.
공동 소유 전략과 대조적으로 / 보츠와나, 짐바브웨, 남아프리카공화국 정부는 / 사유재산권을 만들었다 / 개인이 코끼리를 소유할 수 있도록 하여

2 In most nations with elephants, / large national parks have been created / in which hunting is forbidden.
코끼리가 있는 대부분의 국가에서는 / 대규모 국립공원이 조성되어 있다 / 사냥이 금지된

14강 요약문 완성

유형 PRACTICE 본문 102~107쪽

01 ①	02 ②	03 ④	04 ④	05 ④

01

정답 ①

오른쪽과 왼쪽의 방향을 구분하라고 요구받으면 어린아이는 당황할 수 있다. 하지만 그 같은 아이는 위아래나 앞뒤의 방향을 알아내는 데에는 전혀 어려움이 없을 것이다. 과학자들은 이것이 발생하는 이유는, 비록 우리가 세 가지 차원을 경험하지만, 두 가지만이 우리의 진화에 강력한 영향을 미쳤기 때문이라고 주장하는데, 그것들은 중력에 의해 정의되는 수직적 차원과 이동하는 종의 감각과 먹이 섭취 메커니즘의 배치로 정의되는 앞/뒤 차원이다. 이것들은 수직 대(對) 수평, 원거리 대 근거리에 대한 우리의 지각과 (독수리와 같은) 위로부터의 또는 (뱀과 같은) 아래로부터의 위험 탐색에 영향을 미친다. 그러나 좌-우 축은 자연에서는 그만큼 중요하지 않다. 곰은 그것의 왼쪽 편에서든 오른쪽 편에서든 똑같이 위험하지만, 거꾸로 뒤집혀 있다면 그렇지 않다. 사실, 우리가 식물, 동물, 그리고 자동차나 도로 표지판과 같은 인간이 만든 물체가 포함된 장면을 관찰할 때, 만약 그 인공적인 물체들을 관찰한다면 좌우가 뒤바뀐 것을 겨우 구별할 수 있을 뿐이다.

➡ 우리의 공간 지각의 진화에 영향을 미쳤기 때문에, 수직적 차원과 앞/뒤 차원은 쉽게 인식되지만, 자연에서 유의미하지 않은 좌-우 축은 우리에게 즉각 이해되지 않는다.

해설

인간의 진화에 강력한 영향을 미친 두 가지는 위아래나 앞뒤의 방향 감각으로, 좌우 축은 자연에서 그만큼 중요하지 않아 인간에게 잘 구분되지 않는다는 내용의 글이다. 따라서 요약문의 빈칸 (A), (B)에 각각 들어갈 말로 가장

적절한 것은 spatial(공간), significant(유의미한)이다.
② 공간 - 희귀하지 ③ 청각 - 서로 다르지
④ 문화 - 이용 가능하지 ⑤ 문화 - 바람직하지

매력적인 오답 주의!

② 좌우를 구분하는 능력은 위아래나 앞뒤만큼은 자연에서 중요하지 않다고 했으므로, 'scarce(희귀한)'를 쓰는 것이 적합하지 않다.

TEXT FLOW

도입 아이가 좌우 방향 구분은 잘 못하지만, 위아래나 앞뒤의 방향을 알아내는 데에는 전혀 어려움이 없음
주제 중력에 의해 정의되는 수직적 차원과 이동하는 종의 감각과 먹이 섭취 메커니즘의 배치로 정의되는 앞/뒤 차원이 인간의 진화에 강력한 영향을 미침
부연 좌-우 축은 자연에서는 위아래나 앞뒤 방향만큼 중요하지 않음

구문

• A young child may be puzzled [when asked to distinguish between the directions of right and left].
: [ ]는 시간의 부사절로 when과 asked 사이에는 the young child is가 생략된 것으로 이해할 수 있다.

• In fact, [when observing a scene containing plants, animals, and man-made objects such as cars or street signs], we can only tell [when left and right have been inverted] if we observe those artificial items.
: 첫 번째 [ ]는 접속사 when이 생략되지 않은 분사구문이다. 두 번째 [ ]는 tell의 목적어 역할을 하는 명사절이다.

CHECK NOTE

1 위아래나 앞뒤, 그리고 좌우에 대한 인간의 인식
2 this occurs because, although we experience three dimensions, only two had a strong influence on our evolution: the vertical dimension as defined by gravity and, in mobile species, the front/back dimension as defined by the positioning of sensory and feeding mechanisms

02

정답 ②

심각한 인생의 사건이 발생할 때 우리의 성격에는 무슨 일이 일어나는가? 복권 당첨자에 대한 연구는 행복감의 초기 단계 이후, 사람들이 자신들의 기준선 수준의 긍정적 성향이나 부정적 성향으로 돌아가는 경향이 있다는 것을 보여 준다. 예를 들어, 성격이 까다로운 사람들은 복권에 당첨되면 몇 주 동안 행복하지만, 그 후 그들은 평상시처럼 까다로운 상태로 돌아간다. 마찬가지로, 낙관적이거나 긍정적인 사람들이, 예를 들어 친척의 죽음, 실직, 또는 이혼이라는 큰 좌절을 겪을 때, 그들이 다시 회복되는 데 그리 오래 걸리지 않는다. 요컨대, 인생의 경험이 우리의 행동에 영향을 주지만, 성격은 우리가 그러한 경험에 어떻게 반응하는지 결정하므로, 어떤 사건이 한 개인의 성격에 중대하고 오래 지속되는 변화를 일으키는 것은 이례적이다.
➡ 우리에게 일어나는 심각한 일들이 우리가 행동하는 방식에 영향을 미치지만, 우리는 보통 원래의 천성으로 되돌아가는 경향이 있다.

해설

복권 당첨자와 친척의 죽음, 실직, 이혼이라는 큰 좌절을 겪은 사람들의 예를 통해 인생의 경험이 우리의 행동에 영향을 주지만, 결국 우리가 가진 원래의 성격으로 다시 돌아간다는 내용의 글이다. 따라서 요약문의 빈칸 (A), (B)에 각각 들어갈 말로 가장 적절한 것은 act(행동하는), nature(천성)이다.
① 행동하는 - 계획 ③ 존재하는 - 순수
④ 생각하는 - 천성 ⑤ 생각하는 - 계획

TEXT FLOW

도입 심각한 인생의 사건이 발생할 때 우리의 성격에는 무슨 일이 일어나는가?
전개 1 복권 당첨자에 관한 연구에 의하면, 초기에는 행복하지만 이후 기준선 수준의 긍정적이거나 부정적인 성향으로 돌아가는 경향이 있음
전개 2 낙관적이거나 긍정적인 사람들은 인생의 큰 좌절을 겪어도 다시 회복하는 데 오래 걸리지 않음
결론 인생의 경험이 우리의 행동에 영향을 주지만, 어떤 사건이 한 개인의 성격에 중대하고 오래 지속되는 변화를 주는 것은 이례적인 일임

구문

• In short, though life experiences affect our behaviours, personality determines [how we respond to those experiences], so **it** is unusual for any episode [to create major, longstanding changes in a person's personality].
: 첫 번째 [ ]는 determines의 목적어 역할을 하는 간접의문문이다. it은 가주어이고, 두 번째 [ ]는 to부정사구로 진주어이다.

CHECK NOTE

1 personality
2 In short, though life experiences affect our behaviours, personality determines how we respond to those experiences, so it is unusual for any episode to create major, longstanding changes in a person's personality.

직독직해 NOTE

1 Studies on lottery winners show / that, after an initial stage of euphoria, / people tend to return / to their baseline levels of positivity or negativity / — e.g., when grumpy people win the lottery / they are happy for a few weeks, / but after that they go back / to being as grumpy as they usually are.
복권 당첨자에 대한 연구는 보여 준다 / 행복감의 초기 단계 이후에 ~라는 것을 / 사람들이 돌아가는 경향이 있다 / 자신들의 기준선 수준의 긍정적 성향이나 부정적 성향으로 / 예를 들어 성격이 까다로운 사람들은 복권에 당첨되면 / 그들은 몇 주 동안 행복하다 / 하지만 그 후 그들은 돌아간다 / 평상시처럼 까다로운 상태로

2 By the same token, / when optimistic or positive people suffer big setbacks / — e.g. the death of a relative, job loss, or divorce — / it does not take them too long / to bounce back.
마찬가지로 / 낙관적이거나 긍정적인 사람들이 큰 좌절을 겪을 때 / 예를 들어 친척의 죽음, 실직, 또는 이혼이라는 / 그들에게 그리 오래 걸리지 않는다 / 다시 회복되는 것은

03

정답 ④

야생동물의 세계에서, 어떤 놀라운 생명체들은 우리가 그것들의 안전이 항상 위험에 처해 있다고 느끼기 때문에 우리의 관심을 끈다. 흔히 서식지에서 극단적인 생존의 도전을 받는 이 동물들은 환경의 압박에 대처하는 독특한 방법을 개발해왔다. 그들이 나아가는 불확실성 속에서도 이 생명체들은 예상치 못한 특징, 즉 여유로운 생활방식을 보여 준다. 끊임없이 움직이는 대신, 그들은 하루의 상당 부분을 편안한 삶의 상태에 바침으로써 평화로운 생활방식을 받아들이는 방법을 찾아냈다. 그들이 휴식을 취한다고 상상하라. 그들은 햇볕이 잘 드는 곳이나 그늘진 좋은 곳을 찾아 휴식을 취하기만 한다. 그들의 신체는 마치 평화롭게 낮잠을 자는 것처럼 매우 평온해 보인다. 이 휴식은 단순히 재미를 위한 것만이 아니라, 그들이 나중에 직면할지도 모를 어려움이 무엇이든 그것에 대해 대비하는 데 도움이 되기도 한다. 이 조용한 시간에는 모든 것이 느려지는데, 그것은 아름답고 잔잔한 노래가 배경에서 흘러나오는 것과 같다. 그것은 생존 준비를 위해 비디오 게임에서 일시정지를 누르는 것과 같다.

➡ 흔히 위험에 처한 것으로 여겨지는 동물들은 그것들로 하여금 생존하기 위해 휴식을 취할 것을 요구하는 생활방식을 가지고 있다.

해설

서식지에서 극단적인 생존의 도전을 받아 위험에 처해 있다고 느껴지는 동물들은 끊임없이 움직이는 대신 여유롭게 휴식을 취하는 생활방식을 취한다는 내용의 글이다. 따라서 요약문의 빈칸 (A), (B)에 각각 들어갈 말로 가장 적절한 것은 threatened(위험에 처한), rest(휴식을 취할)이다.

① 강한 - 이동할 ② 근면한 - 먹을
③ 근면한 - 휴식을 취할 ⑤ 위험에 처한 - 이동할

매력적인 오답 주의!

⑤ 위험에 처한 동물들이 끊임없이 이동하기보다는 휴식을 취한다는 것이 글의 요지이다.

TEXT FLOW

- 도입 위험에 처해 있다고 느끼는 동물들은 환경의 압박에 대처하는 독특한 방법을 개발해왔음
- 주제 끊임없이 움직이는 대신 평화로운 생활방식을 받아들여 하루의 상당 부분을 편안한 삶의 상태에 바침
- 부연 휴식은 그들이 나중에 직면할지도 모를 어려움이 무엇이든 그것에 대해 대비하는 것임

구문

- Rather than being in constant motion, they have found a way [to embrace a peaceful lifestyle **by dedicating** a significant portion of their day to a state of relaxed existence].
  : [ ]는 a way를 수식하는 형용사적 용법의 to부정사구이다. 「by+-ing」는 '~함으로써'의 의미이다.

CHECK NOTE

1 lifestyles of animals at risk
2 it's like a beautiful, calm song is playing in the background / It's like hitting pause on a video game to prepare for survival.

직독직해 NOTE

1 In the world of wildlife, / certain incredible creatures / capture our attention / because we feel / their safety is always at risk.
야생동물의 세계에서 / 어떤 놀라운 생명체들은 / 우리의 관심을 끈다 / 우리가 느끼기 때문에 / 그것들의 안전이 항상 위험에 처해 있다고

2 Often facing extreme survival challenges / in their habitats, / these animals have developed a unique approach / to dealing with the pressures of their environment.
흔히 극단적인 생존의 도전을 받는 / 그것들의 서식지에서 / 이 동물들은 독특한 방법을 개발해왔다 / 환경의 압박에 대처하는

04

정답 ④

하버드 대학에서 Margaret Shih와 그녀의 동료들에 의해 수행된 한 연구에서 한 무리의 아시아 여성들은 두 번의 별도의 시기에 유사한 수학 시험을 보았다. 처음 시험을 볼 때, 그들은 자신이 남성보다 전형적으로 수학을 더 못하는 여성이라는 사실에 대해 생각해 보라고 미리 이야기를 들었다. 두 번째 시험을 볼 때, 그들은 다른 민족 집단과 비교하여 일반적으로 수학의 귀재로 여겨지는 아시아인으로서 그들의 정체성에 집중하라는 말을 들었다. 그 여성들은 처음 상황에서 그들이 했던 것보다 두 번째 상황에서 훨씬 더 잘했다. 그들의 수학 지능지수는 변하지 않았고, 문제의 난이도도 마찬가지였다. 그러나 두 번째 사례에서 그들은 자신의 능력을 더 많이 믿었고, 이것은 시험 결과에서 실질적인 차이를 만들어 내기에 충분했다.

➡ 연구에 의하면, 그들의 성과에서 진정한 차이를 만들어 낸 것은 바로 그 여성들의 자신감이었다.

해설

하버드 대학의 한 연구에서 아시아 여성들이 두 번의 유사한 수학 시험을 보았는데, 자신의 능력을 더 많이 믿었던 두 번째 시험에서 성과가 더 좋았다는 결과를 통해, 그들의 시험 성과 차이는 자신감에서 비롯되었다는 내용을 설명하는 글이다. 따라서 요약문의 빈칸 (A), (B)에 각각 들어갈 말로 가장 적절한 것은 confidence(자신감), performance(성과)이다.

① 노력 - 승진 ② 능력 - 성과 ③ 능력 - 관계 ⑤ 자신감 - 관계

TEXT FLOW

- 도입 한 연구에서 한 무리의 아시아 여성들은 두 번에 걸쳐 유사한 수학 시험을 보았음
- 전개 그 여성들은 남성보다 수학을 못한다는 말을 들었던 첫 번째 시험보다 다른 민족들에 비해 수학의 귀재로 여겨지는 아시아인으로서의 정체성에 집중하라는 말을 들었던 두 번째 시험에서 결과가 더 좋았음
- 결론 모든 다른 조건이 동일한 상태에서, 자신의 능력을 믿었던 것이 결과에 있어서 상당한 차이를 만들어 냈음

구문

- The women performed **far** better in the second situation than they **did** in the first.
  : far는 비교급 better를 강조하는 부사로, even, still, much, a lot 등과 바꿔 쓸 수 있다. did는 대동사로 앞에 나온 동사 performed를 대신한다.

CHECK NOTE

1 math tests
2 자신감이 시험 결과에 미치는 영향

직독직해 NOTE

1 The first time around, / they were primed to think / about the fact / that they were women, / stereotypically worse at math than men.
처음 시험을 볼 때 / 그들은 생각해 보라고 미리 이야기를 들었다 / 사실에 대해 / 자신이 여성이라는 / 남성보다 전형적으로 수학을 더 못하는

2 But / in the second instance / they believed more / in their ability, / and this was enough / to make a substantive difference / in the test results.
그러나 / 두 번째 사례에서 / 그들은 더 많이 믿었다 / 자신의 능력을 / 그리고 이것은 충분했다 / 실질적인 차이를 만들어 내기에 / 시험 결과에서

05

정답 ④

NASA가 사람을 우주로 보내기 시작했을 때 그것이 만들어낸 많은 발견들 중에 펜이 무중력 상태에서 제대로 작동하지 않는다는 사실이 있었다. 잉크가 제대로 흐르지 않는 것이다. 그 문제를 해결하기 위해서, NASA는 기계 공학자, 화학 공학자, 그리고 유체역학 기술자의 여러 팀을 소집했다. NASA는 '우주 펜'으로 알려지게 된 것을 개발하기까지 수백만 달러를 썼다. 그 우주 펜은 아주 효과적이었다. 그것은 무중력 상태에서 작동했으며 심지어 수중에서도 작동했다. 같은 시기에, 소련 정부도 마찬가지로 그 문제를 해결했는데 훨씬 더 싸게 그리고 효과적으로 해결했다. 그들은 우주 비행사들에게 연필을 제공했던 것이다. NASA의 과학자들은 최신 기술에 바탕을 둔 양식에 근거했다. 그 문제를 해결한 많은 기술자들이 아마도 연필을 직접 사용했을 것이라는 사실에도 불구하고, 그들은 쉽게 이용할 수 있는 값싸고 믿을 만한 낮은 기술의 해결책이 있었다는 것을 보는 데 실패했다. 그들은 그 문제를 단순히 "우리가 무중력 상태에서 어떻게 쓸 수 있을까?"로 여기기보다는 "어떻게 우리가 무중력 상태에서 쓸 수 있는 펜을 만들 수 있을까?"로 보았다.

➡ NASA는 최신 기술 함정에 빠져, 과학자들로 하여금 이미 그 해결책이 존재하던 '문제'를 해결하게 했다.

해설

무중력 상태에서 작동하지 않는 펜의 문제에 대해 소련 정부는 이미 존재하는 해결책인 연필을 이용하여 그 문제를 해결했지만, NASA의 과학자들은 최신 기술의 함정에 빠져 많은 돈을 들여 우주 펜을 개발했다는 내용의 글이다. 따라서 요약문의 빈칸 (A), (B)에 들어갈 말로 가장 적절한 것은 trap(함정), solution(해결책)이다.
① 목표 - 어려움 ② 목표 - 공식 ③ 계획 - 실수 ⑤ 함정 - 통계

TEXT FLOW

도입 NASA는 무중력 상태에서 제대로 작동하지 않는 펜의 문제를 해결하기 위해 '우주 펜'을 개발하느라 많은 돈을 썼음
대조 소련 정부는 우주 비행사들에게 펜 대신 연필을 제공하여 훨씬 더 싸고 효과적으로 그 문제를 해결했음
상술 NASA의 과학자들은 이미 해결책이 있음에도 불구하고 무중력 상태에서 쓸 수 있는 펜을 개발해야 한다는 최신 기술 함정에 빠져 있었음

구문

• NASA spent millions of dollars to develop [**what** became known as the "space pen]."
: [ ]는 develop의 목적어 역할을 하는 명사절이다. 이때 관계대명사 what은 '~하는 것'이라는 의미이다.

CHECK NOTE

1 space pen
2 최신 기술 양식에 의해 우주 펜을 만든 NASA의 실수

직독직해 NOTE

1 Among the many discoveries / NASA made / when it began sending people into space / was the fact / that pens do not work well / in zero gravity.
많은 발견들 중에 / NASA가 만들어낸 / 그것이 사람을 우주로 보내기 시작했을 때 / 사실이 있었다 / 펜이 제대로 작동하지 않는다는 / 무중력 상태에서

2 Despite the fact / that many of the engineers working on the problem / probably used pencils themselves, / they failed to see / that there was an inexpensive and reliable low-tech solution / readily available.
사실에도 불구하고 / 그 문제를 해결한 많은 기술자들이 / 아마도 연필을 직접 사용했을 것이라는 / 그들은 보는 데 실패했다 / 값싸고 믿을 만한 낮은 기술의 해결책이 있었다는 것을 / 쉽게 이용할 수 있는

본문 108~113쪽

REVIEW 모의고사 04회

01 ③	02 ⑤	03 ④	04 ③
05 ④	06 ②	07 ②	08 ④
09 ④	10 ④	11 ⑤	12 ①

01

정답 ③

실제로 서비스를 수행하는 직원은 서비스를 관찰하고 그것의 품질에 대한 장애물을 파악하는 데 가능한 가장 좋은 위치를 가지고 있다. 고객과 접촉하는 직원은 고객과 정기적으로 접촉하고 그것 때문에 고객의 기대와 인식에 대해 많은 것을 이해하게 된다. 그들이 알고 있는 정보가 최고 경영진에게 전달될 수 있다면, 고객에 대한 최고 경영진의 이해가 향상될 수 있다. (오로지 외부 고객에게만 서비스 품질 조사를 집중하는 기업은 풍부하고 매우 중요한 정보원을 놓치고 있다.) 사실, 많은 기업에서 고객에 대한 최고 경영진의 이해는 고객과 접촉하는 직원 및 (독립 보험 대리점 및 소매업체와 같은) 회사와 그것의 서비스를 대표하는 비회사 접촉 직원으로부터 받는 의사소통의 정도와 유형에 따라 크게 좌우된다고 할 수 있다. 이러한 의사소통 채널이 폐쇄되면, 경영진은 서비스를 제공할 때 맞닥뜨리는 문제와 고객의 기대가 어떻게 변화하고 있는지에 대한 피드백을 받지 못할 수 있다.

해설

실제로 서비스를 수행하는 직원이 고객과 정기적으로 접촉하기 때문에, 최고 경영진이 고객을 이해하려면 그들에게서 고객의 기대와 인식에 관해 피드백을 받아야 한다는 내용의 글이므로 외부 고객에게만 서비스 품질 조사를 집중하는 기업은 풍부하고 중요한 정보원을 놓치고 있다는 내용의 ③은 글의 전체 흐름과 관계가 없다.

TEXT FLOW

도입 실제 서비스를 수행하는 직원은 서비스의 품질에 대한 장애물을 파악하는 데 좋은 위치에 있음
주제 그 직원들의 정보가 최고 경영진에게 전달된다면, 고객에 대한 이해가 향상될 수 있음
부연 그 직원들과의 의사소통이 단절되면 경영진은 고객의 기대가 어떻게 변화하고 있는지에 대한 피드백을 받지 못함

구문

• In fact, **it** could be said [that in many companies top management's understanding of the customer depends largely on the extent and types of communication {received from customer contact personnel and from noncompany contact personnel (such as independent insurance agents and retailers) ⟨who represent the company and its services⟩}].
: it은 가주어이고 [ ]가 진주어이다. { }는 communication을 수식하는 분사구이고, ⟨ ⟩는 noncompany contact personnel을 수식하는 관계절이다.

어휘

identify 밝혀내다
a great deal 많이
perception 인식
pass ~ on to ... ~을 …에게 전달하다
exclusively 오로지
vital 매우 중요한
insurance 보험
retailer 소매업체
encounter 맞닥뜨리다
personnel 직원(들)
expectation 기대
external 외부의
extent 정도, 범위
agent 대리인
represent 대표하다
delivery 전달

02

정답 ⑤

고대 로마에서는 40세의 사람이 '노령'으로 간주되었을 것이라는 일반적인 오해가 있다. (C) 사람들은 고대 로마의 평균 수명이 약 35세였던 것으로 계산되어 왔기 때문에 이렇게 생각한다. 그러므로 진정한 노인은 네잎 클로버만큼이나 드물었음에 틀림없다는 생각이 이어진다. (B) 그러나 그것은 평균이 계산되는 방식을 잘못 이해한 것이다. 유아 사망률은 아동기의 사망이 그러했던 것만큼, 오늘날 그러한 것보다 훨씬 더 높았다. 한 연구에 따르면, 고대 로마의 아기가 10살 생일에 도달할 확률은 50:50에 불과했던 것으로 나타났다. (A) 그러한 이른 사망은 평균 수명을 상당히 끌어내린다! 아동기를 넘긴 로마인의 경우 생존 가능성은 더 좋아졌다. 사실 '노년기'는 기원전 1세기부터 60세 또는 65세 근방에서 시작되는 것으로 정의되어 왔다.

해설

고대 로마에서는 40세의 사람이 '노령'으로 간주되었을 것이라는 일반적인 오해가 있다는 내용의 주어진 글 다음에는 그렇게 생각하는 이유가 고대 로마의 평균 수명이 약 35세로 계산되어 왔기 때문이라는 내용의 (C)가 와야 한다. 그다음에는 그것은 평균이 계산되는 방식을 잘못 이해한 것의 결과이고 높은 유아 사망률이 원인이라는 내용의 (B)가 오고, 높은 유아 사망률과 평균 수명에 관한 내용을 이어 가는 (A)가 오는 것이 주어진 글 다음에 이어질 글의 순서로 가장 적절하다.

매력적인 오답 주의!

④ (C) 다음에 (A)가 오게 되면 (C)의 마지막 문장과 (A)의 첫 문장(All that early ~)이 내용상 연결되지 않으며, 또한 (A)의 마지막 문장과 (B)의 첫 문장이 But이라는 접속사로 연결되는 것이 흐름상 자연스럽지 않다.

TEXT FLOW

도입 고대 로마에서는 40세를 '노령'으로 간주했을 거라는 오해가 있는데, 이는 평균 수명이 35세로 계산되어 와서임
주제 그것은 평균이 계산되는 방식을 잘못 이해한 것의 결과임
부연 유아 사망률이 높아서 평균 수명이 낮아진 것이고, 노년기는 60~65세에서 시작되었음

구문

• There's a common misconception [that a 40-year-old person would have been considered "ancient" in ancient Rome].
: [ ]는 a common misconception의 구체적 내용을 설명하는 동격절이다.

어휘

misconception 오해
average 평균(의)
prospect 가능성, 전망
misunderstand 잘못 이해하다
infant mortality 유아 사망
ancient 노령의; 고대의
life span 수명
define 정의하다
calculate 계산하다
rare 드문

03

정답 ④

심지어는 진짜로 사소한 문화적 실수가 엄청난 결과를 가져올 수 있다. 예를 들면, 많은 나이 든 그리고 심지어는 몇몇 젊은 독일인들조차 식사 중에 너무 많이 대화하는 것을 좋아하지 않는다. 그들은 대개 맥주나 소다수 한 모금을 마시면서 식사를 시작하고, 나이프와 포크를 집어 들고는 식사 내내 그것들을 움켜쥐고, 결국 식사를 끝냈을 때에만 그것들을 내려놓을 것이다. 많은 독일인들에게 있어 먹는 것이 중요한 일이어서, 사소한 말들과 활발한 대화로 방해받지 않는다. 반면에, 많은 이탈리아인들은 식사 중에 계속해서 말하고 반복적으로 자신의 손을 흔드는 경향이 있다. 결과적으로, 서로 함께 식사하는 독일인과 이탈리아인은 서로의 행동에 의해서 기분이 상할 수 있다. 그렇지 않다면 신뢰도의 향상을 포함한 실질적인 문제들에 쓰일 많은 시간이, 받아들일 수 있는 행동 규칙을 협상하느라 낭비된다.

해설

④ 앞 문장은 독일인들은 식사 중에 사소한 말과 대화로 방해받지 않는다는 내용으로, 주어진 문장의 이탈리아인들의 식사 문화 내용과 대조되며, ④ 다음 문장은 독일인과 이탈리아인의 서로 다른 식사 문화에 대해 부연 설명하는 내용이다. 따라서 주어진 문장이 들어가기에 가장 적절한 곳은 ④이다.

TEXT FLOW

주제 사소한 문화적 실수가 엄청난 결과를 가져올 수 있음
예시 독일인에게 먹는 것은 중요해서 식사 중에 대화를 하지 않지만 이탈리아인은 식사 중에 대화를 많이 함
부연 독일인과 이탈리아인이 함께 식사하면 서로의 다른 행동에 의해 서로 기분이 상하거나, 그렇지 않으면 이런 문화적 차이를 설명하고 이해하는 데 많은 시간이 소비됨

구문

• Much time is wasted negotiating acceptable rules of behavior [that could otherwise be spent on substantive issues, including the development of trust].
: [ ]는 주어인 선행사 Much time을 수식하는 관계절이다. otherwise는 '그렇지 않다면'이라는 조건의 의미를 나타내는데, 여기서는 if much time were not wasted negotiating acceptable rules of behavior(많은 시간이 받아들일 수 있는 행동 규칙을 협상하느라 낭비되지 않는다면)의 의미로 볼 수 있다.

어휘

genuinely 진짜로	enormous 엄청난, 막대한
converse 대화하다	ordinarily 대개, 보통
sip 한 모금	disturb 방해하다
trivial 사소한	animated 활발한
dine 식사하다	offend (기분을) 상하게 하다
negotiate 협상하다	acceptable 받아들일 수 있는
substantive 실질적인	

04

정답 ③

태양이 지평선에서 춤을 추는 극지방의 얼음 땅에서, 동물들은 시시각각 변하는 빛에 따라 체내 시계를 바꾸는 놀라운 방법을 가지고 있다. 겨울이 몇 달 동안 계속 어둠으로 풍경을 뒤덮으면, 이 영리한 생명체들은 신체 시계를 느리게 한다. 그것은 마치 매일 똑같은 일상에서 슬로 모션 버튼을 누르는 것과 같다. 그들은 이러한 어둑한 세상에서는 에너지를 절약하는 것이 핵심이라는 것을 알고 있다. 그래서 그들은 적응하여 먹이 사냥이 가능해지는 찰나의 대낮에 더 활발해진다. 그런 다음 태양이 마침내 얼음 위로 햇살을 뻗어 여름이 왔음을 알리면, 마법 같은 일이 일어난다. 동물들은 빛과 기회의 풍부함을 감지하여 그들의 속도를 빠르게 한다. 그것은 마치 그들이 자신의 체내 시계에 빨리 감기를 누른 것과 같다. 햇빛을 활용할 수 있는 시간이 더 많아지면서, 그들은 앞으로 다가올 긴 겨울에 대비해 맘껏 먹고 자원을 구할 기회를 잡는다. 이런 방식으로 그들은 대낮의 귀중한 모든 순간을 최대한 활용하여, 혹독한 극지방에서 생존하는 데 필요한 자양물을 확보한다.

➡ 극지방에 사는 동물들은 시시각각 변하는 빛의 주기 속에서 에너지와 음식 섭취를 극대화하기 위해 자신의 체내 시계를 조절한다.

해설

극지방의 얼음 땅에서 사는 동물들은 시시각각 변하는 빛에 따라 체내 시계를 바꾸어서 에너지와 음식 섭취를 최대한으로 활용하여 혹독한 극지방에서 생존하는 데 필요한 자양물을 확보한다는 내용의 글이다. 따라서 요약문의 빈칸 (A), (B)에 각각 들어갈 말로 가장 적절한 것은 adjust(조절한다), maximize(극대화하기)이다.

① 무시한다 - 극대화하기 ② 조절한다 - 감소시키기
④ 유지한다 - 감소시키기 ⑤ 유지한다 - 규칙화하기

TEXT FLOW

도입	극지방에 사는 동물들은 변하는 빛에 따라 체내 시계를 바꾸는 방법을 가지고 있음
전개 1	어두운 곳에서는 체내 시계를 느리게 하여 에너지를 절약하고, 대낮에는 빛과 기회의 풍부함을 감지하여 체내 시계를 빠르게 함
전개 2	대낮의 모든 순간을 최대한 활용하여 극지방에서 생존하는 데 필요한 자양물을 확보함

구문

• With more hours of sunlight [to play with], they seize the chance [to feast] and [to gather resources for the long winter ahead].
: 첫 번째 [ ]는 more hours of sunlight를 수식하는 to부정사구이고, 두 번째와 세 번째 [ ]는 the chance를 수식하는 to부정사구이다.

어휘

polar region 극지방	horizon 지평선
remarkable 놀라운	
on end (어떤 기간 동안) 계속	conserve 보존하다
adapt 적응하다	fleeting 찰나의
abundance 풍부함	quicken 빠르게 하다
feast 맘껏 먹다	
make the most of ~을 최대한 활용하다	
sustenance 자양물	harsh 혹독한, 가혹한

05

정답 ④

광고 캠페인은 자주 고전적 조건화를 이용하려고 시도한다. 광고주들은 그들의 제품을 즐거운 감정을 이끌어 내는 것들과 자주 짝을 짓는다. 가장 흔한 전략은 제품을 매력적인 사람이나 즐거운 환경과 공동으로 제시하는 것이다. 광고주들은 이러한 짝짓기가 그들의 제품을 좋은 감정을 불러일으키는 조건화된 자극으로 만들기를 희망한다. (하지만 '거부할 수 없는 힘'으로의 고전적 조건화에 대한 이러한 관점은 오해하게 하는데, 그것이 고전적 조건화와 관련된 많은 요인들을 고려하는 데 실패하기 때문이다.) 예를 들면, 자동차 제조업자들은 그들의 스포츠형 다목적 차량(SUV)을 지나간 휴가에 대한 유쾌한 감정과 향수에 젖은 생각을 불러일으키는 놀랍도록 아름다운 외부의 광경들 속에서 보여 주고 싶어 한다.

해설

고전적 조건화를 이용하는 광고 캠페인에 관한 내용의 글이므로 고전적 조건화가 오해를 불러일으킬 수 있는 이유를 설명하는 내용의 ④는 글의 전체 흐름과 관계가 없다.

TEXT FLOW

주제	광고 캠페인은 자주 고전적 조건화를 이용하려고 시도함
상술	광고주들은 제품을 매력적인 사람이나 즐거운 환경과 공동으로 제시하여 그들의 제품을 좋은 감정을 불러일으키는 조건화된 자극으로 만들기를 원함
예시	자동차 제조업자들은 휴가에 대한 유쾌한 감정과 향수에 젖은 생각을 불러일으키기 위해 그들의 스포츠형 다목적 차량(SUV)을 멋진 외부 광경들 속에서 보여 주고 싶어 함

구문

• The most common strategy is [to present a product in association with an attractive person or enjoyable surroundings].
: [ ]는 동사 is의 보어 역할을 하는 명사적 용법의 to부정사구이다.

• For example, automobile manufacturers like to show their sports-utility vehicles in stunningly beautiful outdoor vistas [that evoke pleasant feelings and nostalgic thoughts of past

vacations].
: [ ]는 선행사 stunningly beautiful outdoor vistas를 수식하는 관계절이다. [ ] 안에서 명사구 pleasant feelings와 nostalgic thoughts는 등위접속사 and로 연결되어 전치사구 of past vacations에 공통으로 이어진다.

어휘

take advantage of ~을 이용하다
classical conditioning 고전적 조건화
elicit 이끌어 내다
strategy 전략, 계획
in association with ~과 공동으로
attractive 매력적인, 마음을 끄는
surroundings 환경
stimuli 자극
evoke 불러일으키다
irresistible 거부할 수 없는
misleading 오해하게 하는
stunningly 놀랍도록, 굉장히
vista 광경
nostalgic 향수에 젖은, 향수의

06

정답 ②

진단을 받지 않은 새로운 의학적 문제로 인해 의사를 방문하는 것은 무서운 일일 수 있다. 환자들은 자주 의사에게 자신의 질병을 효과적인 방식으로 설명하느라 애를 쓰며, 의사는 중요한 내용을 빠뜨리지 않고 자신이 필요로 하는 정보를 환자로부터 수집할 필요가 있다. 이 모든 것이 평균 10분 미만으로 이루어질 의료 면담 동안 행해져야 한다. 몇몇 사람들은 "제가 당뇨병에 걸린 것 같아요."와 같은 반응이 시간을 크게 덜어주는 것처럼 보인다고 말한다. 하지만 실제로, 이런 태도는 대부분의 의사들을 불안한 상태에 처하게 하는 경향이 있을 것이다. 대신, "제 팔과 다리가 최근에 정말 약해지고 있어서 현재 거의 걸을 수가 없어요."와 같은 말로 대화를 시작하라. 의사가 찾는 정보를 간단하고 간결한 방식으로 의사에게 제공함으로써 면담을 극대화할 수 있다.

➡ 의사를 방문할 때 여러분이 생각하는 진단이 무엇인지 말하지 말고, 여러분의 증상을 말하는 것으로 대화를 시작하는 것이 좋다.

해설

의료 면담에서 환자는 진단받지 않은 병을 언급하기보다는 의사가 찾는 정보를 간단하고 간결하게 전달해야 한다는 내용의 글이다. 따라서 요약문의 빈칸 (A), (B)에 각각 들어갈 말로 가장 적절한 것은 symptoms(증상), diagnosis(진단)이다.
① 증상 - 두려움 ③ 결정 - 불편 ④ 불만 - 처방 ⑤ 불만 - 치료

TEXT FLOW

도입 새로운 의학적 문제로 의사를 방문하는 것은 환자에게 무서운 일일 수 있음
부연 환자들은 의사에게 자신의 질병을 효과적인 방식으로 설명해야 하고, 의사는 자신이 필요로 하는 정보를 수집할 필요가 있음
주장 환자는 의사가 찾는 정보, 즉 증상을 간단하고 간결한 방식으로 말해서 의료 면담을 극대화할 수 있음

구문

- Patients often struggle to try to explain their conditions to the doctor in an effective manner, and the physician needs to gather the information [they need] from a patient without overlooking anything important.
: [ ]는 the information을 수식하는 관계절로, 목적격 관계대명사 which 나 that이 생략되어 있다.

어휘

undiagnosed 진단 미확정의
medical 의학적인
overlook 간과하다
diabetes 당뇨병
tend to ~하는 경향이 있다
on edge 불안한, 안달하는
maximize 극대화하다
concise 간결한

07

정답 ②

유당을 소화시킬 수 있는 성인의 능력을 생각해 보라. 지난 몇천 년 동안 인간을 제외한 모든 포유류 종들에게, 우유는 새끼를 위한 음식이지 다 자란 성인을 위한 것은 아니다. (B) 자연 선택은 젖을 뗀 직후 유당을 소화시키는 능력을 사라지게 하는 소화 생리 기능을 야기했다. 인간이 약 10,000년 전에 가축을 길들이기 시작하고 그 우유를 마시기 시작했을 때, 그들은 자신들이 유전적으로 적응되지 못한 것을 섭취하고 있었다. (A) (미생물이 소화를 하는) 발효와 같은 문화적 관습은 유전적 진화 없이 우유를 활용할 수 있게 해 주었지만, 이후 더 오랜 기간에 걸쳐 유전적 진화가 뒤따랐다. (C) 다시 말해서, 성인이 유당을 소화시킬 수 있게 한 돌연변이가 성인의 음식으로 우유를 사용하던 문화권에서 발생하여 확산되었다. 이것은 기록이 가장 잘 된 유전자-문화 공진화의 사례들 중 하나이며, 거기서는 문화가 그 반대만큼이나 유전자의 선택을 형성한다.

해설

지난 수천 년 동안 인간을 제외한 모든 포유동물에게 우유는 다 자라지 않은 새끼를 위한 것이었다는 주어진 글에 이어, 자연 선택으로 인해 젖을 뗀 후 유당 소화 능력이 없어졌고, 이로 인해 인간이 처음 우유를 마시기 시작했을 때 유전적으로 적응되지 못한 것을 섭취하고 있었다는 내용의 (B)가 와야 한다. 발효라는 문화적 관습을 통해 유전적 진화 없이 우유를 마시게 되었고 이후 유전적 진화가 뒤따르게 되었다는 (A)가 온 뒤, 그 유전적 진화(돌연변이)에 대해 다시 설명하는 (C)가 오는 것이 주어진 글 다음에 이어질 글의 순서로 가장 적절하다.

TEXT FLOW

도입 모든 포유동물에게 우유는 새끼를 위한 음식이었음
전개 1 자연 선택으로 인해 젖을 떼면 유당 소화 능력이 사라지기 때문에, 인간이 가축을 길들이고 우유를 마시기 시작했을 때 우유에 대해 유전적으로 적응되어 있지 않았음
전개 2 발효를 통해 유전적 진화 없이 우유를 활용할 수 있었고, 이후 유전적 진화가 이어졌음
부연 유당을 소화할 수 있는 돌연변이가 발생하여 확산되었음

구문

- Cultural practices [such as fermentation (in which microorganisms do the digesting)] **enabled** milk **to** be utilized without genetic evolution, but then genetic evolution followed suit over the longer term.
: [ ]는 문장의 주어인 Cultural practices를 수식하는 전치사구이다. 「enable A to B」는 'A가 B할 수 있게 하다'라는 의미이다.
- This is **one of the best-documented examples** of gene-culture coevolution, [in which cultures shape the selection of genes **as much as the reverse**].

:「one of the+최상급+복수명사」는 '가장 ~한 것들 중 하나'라는 의미이다. [ ]는 gene-culture coevolution을 부가적으로 설명하는 관계절이다. as much as는 '~과 같은 정도로'라는 의미를 나타낸다. 여기서 the reverse는 the selection of genes shapes cultures(유전자가 문화를 형성한다)의 의미로 볼 수 있다.

어휘

lactose 유당(乳糖), 락토오스
infant 새끼 동물, 유아
practice 관습, 관행
fermentation 발효
microorganism 미생물
utilize 활용하다, 이용하다
genetic 유전의
evolution 진화
follow suit 뒤를 따르다, 남이 한 대로 따라하다
result in ~을 야기하다
physiology 생리 기능
domesticate 길들이다, 사육하다
ingest 섭취하다
genetically 유전적으로
adapt to ~에 적응하다
best-documented 기록이 가장 잘 된
reverse 반대, 역

08

정답 ④

어떤 사람들은 직관으로 주식을 산다. 대부분의 다른 이들은 미래의 위험을 예측하기 위해 그 주식의 과거 정보를 사용한다. (C) 그것은 어떤 주식의 실적에 대한 이력이나, 과거 회사의 수익 대 주가의 비율 또는 주식 변동성, 즉 어떤 주식의 과거 가격 변동의 정도일 수 있을 것이다. 이것들과 많은 다른 위험 지표들은 과거에 근거하여 미래의 위험을 평가한다. (A) 과거의 성과가 미래의 결과를 보장하지 않는다는 증권 중개인이 자주 하는 말에 반영된 것처럼, 모든 것이 자주 실패한다. 게다가, 그것들의 실패는 주요한 주식 시장의 폭락에 국한되지 않는다. (B) 능동 관리형 주식 펀드의 경우를 보면, 거기에서는 전문적인 관리자가 특정한 회사의 주식을 보유하는 것의 위험을 평가하면서 급여를 받는다. 비록 전문 지식을 가진 사람이 관리하지만, 이들 펀드들의 대다수는 주식 시장 평균보다 더 나쁜 수익을 낸다. 과거 주식 실적에 근거한 평균적인 결정은 모자에서 꺼낸 무작위 숫자보다 더 나을 것이 없다.

해설

미래의 위험을 예측하기 위해 주식의 과거 정보를 사용한다는 주어진 글에 이어, 주어진 글의 information about the stock's past를 It으로 받아 서술하는 (C)가 오고, (C)의 These and many other risk indicators를 All로 받으면서 이것들 모두가 실패하는데 그 실패가 주요한 주식 시장의 폭락에 국한되지 않는다는 내용의 (A)가 와야 한다. 마지막으로 능동 관리형 주식 펀드를 예로 들어, 이것이 주식 시장 평균보다 더 나쁜 수익을 내며, 과거 주식 실적에 근거한 평균적인 결정이 모자에서 꺼낸 무작위 숫자보다 더 나을 것이 없다는 내용의 (B)가 오는 것이 주어진 글 다음에 이어질 글의 순서로 가장 적절하다.

TEXT FLOW

도입 대부분의 사람들은 미래의 위험을 예측하기 위해 주식의 과거 정보를 사용하는데, 이것은 어떤 주식의 실적에 대한 이력이나 과거 회사의 수익 대 주가의 비율 또는 주식 변동성을 포함함
전개 과거의 성과가 미래를 보장하지 않는다는 말과 같이 모든 것은 자주 실패하며, 이것은 주요한 주식 시장의 폭락에 국한되는 것이 아님
예시 능동 관리형 주식 펀드의 경우 전문가가 관리함에도 불구하고 대다수는 주식 시장보다 더 나쁜 수익을 냄
결론 과거 주식 실적에 근거한 결정이 더 나은 것은 아님

구문

- The average decision [based on past stock performance] is no better than a random number [pulled from a hat].
  : 첫 번째 [ ]는 주어인 The average decision을 수식하는 분사구이고, 두 번째 [ ]는 a random number를 수식하는 분사구이다.

어휘

intuition 직관
frequently 자주, 빈번히
reflect 반영하다
stockbroker 주식중개인
performance 실적
crash 폭락
assess 평가하다
yield (수익을) 내다
return 수익
ratio 비율
earning 수익, 수입
fluctuation 변동, 오르내림
indicator 지표

09

정답 ④

여러분은 왜 아랍인들이 세계를 탐험하려고 노력하지 않았을까 하고 생각해 본 적이 있는가? 사실, 중세 시기의 아랍인들은 세계를 항해할 수단을 가지고 있었다. 분명히 그들은 많은 점에서 유럽의 상대방들(유럽인들)보다 더 진보되어 있었다. Ptolemy와 같은 저술가들의 '이교도' 문서를 불태우는 것 대신, 그들은 그것들을 연구했고, 그것들을 한층 더 좋게 하였다. 그러나 더 실용적인 면에서, 아랍인들은 콜럼버스와 같은 후대의 유럽인들이 항해에 대해 가졌던 근본적인 이유가 없었다. 이 사람들과 달리, 그들은 동쪽으로 항해하는 길을 발견할 필요가 없었다. 그들은 이미 그곳에서 자리를 확실히 잡았고, 십자군 전쟁 동안 본색을 드러냈던 유럽인들과의 접촉을 확대하는 데 거의 관심이 없었다.

해설

④ 다음 문장의 these people, they는 각각 주어진 문장의 the later Europeans like Columbus, the Arabs를 가리킨다. 아랍인들이 유럽인들과 달리 동쪽으로 항해를 해야 하는 근본적인 이유가 없었다는 내용의 주어진 문장은 문맥상 ④ 다음의 아랍인들이 이미 자리를 확실히 잡았고, 유럽인들과의 접촉을 확대하는 데 거의 관심이 없었기 때문에 동쪽으로 항해하는 길을 발견할 필요가 없었다는 내용과 연결된다. 따라서 주어진 문장이 들어가기에 가장 적절한 곳은 ④이다.

TEXT FLOW

도입 왜 아랍인들은 세계를 탐험하려고 노력하지 않았는가?
전개 실제로 중세 아랍인들은 세계를 항해할 수단이 있었고, 유럽인들보다 더 진보되어 있었음
반전 그러나 아랍인들은 후대의 유럽인들이 항해에 대해 가졌던 근본적인 이유가 없었음
부연 아랍인들은 이미 잘 정착했고, 유럽인들과의 접촉을 확대하는 데 거의 관심이 없었기 때문에 동쪽으로 항해하는 길을 발견할 필요가 없었던 것임

구문

- They were already well established there and they had little interest in expanding their contacts with Europeans [who **had shown** their colors during the Crusades].
  : [ ]는 선행사 Europeans를 수식하는 관계절이다. [ ] 안에서 과거완료 시제 had shown은 문장의 동사인 had보다 이전에 일어난 일임을 나타낸다.

어휘

fundamental 근본적인
voyage 항해, 여행
explore 탐험하다, 탐사하다
medieval 중세의
advanced 진보된, 상급의
counterpart 상대방
improve upon ~을 더 낫게 하다
establish 자리 잡게 하다, 정착시키다
expand 확장하다
show one's colors 본색을 드러내다

10

정답 ④

성공과 높은 수입이 사람들이 후해지도록 하지는 않는다. 사실, 소설가 Harriet Beecher Stowe의 형제인 Henry Ward Beecher는 그것들이 실제로는 사람들이 베풀 가능성을 더 낮게 할 수 있다고 경고했다. 그는 "성공이 아낌없는 마음을 없애지 않도록 조심하라."고 말했다. 미국 사람들은 역사상 가장 번영하는 시기 동안 세계에서 가장 번영하는 국가에서 살지만, 그런데도 그들은 많이 베풀지 않는다. 오늘날, 우리 수입의 2.5퍼센트가 자선적 기부에 쓰이지만, 그것은 대공황 시기(2.9퍼센트)보다 더 낮다. (그럼에도 불구하고, 점점 더 많은 사람들이 지역 사회에 환원하는 것에 대해 알아 가고 있다.) 그리고 1년에 최소 100만 달러를 버는 미국인 중 80퍼센트는 그들의 유언장에 자선단체에 기부할 어떤 것도 남기지 않는다.

해설

성공과 높은 수입이 사람들로 하여금 후해지게 하지 않는다는 내용의 글이므로 점점 더 많은 사람들이 지역 사회에 환원하는 것을 알아 가고 있다는 내용의 ④는 글의 전체 흐름과 관계가 없다.

TEXT FLOW

주제 성공과 높은 수입이 사람들로 하여금 후해지게 하는 것은 아님
인용 Henry Ward Beecher는 번영과 높은 수입으로 인해 오히려 사람들이 베풀 가능성이 더 낮아질 수 있음을 경고했음
근거 1 미국 사람들은 가장 번영하는 시대에 세계에서 가장 번영하는 국가에서 살지만, 대공황 때보다 자선적 기부에 인색함
근거 2 1년에 최소 100만 달러를 버는 사람들 중 80퍼센트는 자선단체에 기부할 내용을 유언장에 넣지 않음

구문

- In fact, Henry Ward Beecher, [the brother of novelist Harriet Beecher Stowe], warned [that they could actually make people less likely to give].
: 첫 번째 [ ]는 Henry Ward Beecher와 동격 관계의 명사구이다. 두 번째 [ ]는 warned의 목적어 역할을 한다.

어휘

prosperity 성공, 번영
income 수입
generous 인심이 좋은, 후한
generosity 아낌없는 마음, 너그러움
prosperous 번영하는
charitable 자선의
become aware of ~을 알게 되다
leave ~ to charity ~을 자선단체에 기부하다

11

정답 ⑤

아마도 최근 몇 년 사이 가장 놀라운 연구 분야 중 하나는 문화적 고정관념이 뇌에서 이전에 지금까지 고려되었던 것보다 훨씬 더 기본적인 수준에서 작동한다는 것을 보여줘 왔을 것이다. (C) 이는 우리가 주변 세계를 인식하는 방식에서도 마찬가지이다. 예를 들어, 전 세계 사람들은 각기 다른 선호도와 취향을 가지고 있을 수 있지만, 음악과 예술에 관한 한 우리는 모두 본질적으로 동일한 뇌를 가지고 있다고 가정하는 경우가 많다. (B) 베이징에 사는 사람이 모차르트를 들을 때, 그들은 보스턴에 사는 사람과 같은 음악을 듣는다. 도쿄에 사는 사람이 Magritte의 그림을 볼 때, 그들은 테네시 주에 사는 사람과 같은 이미지를 본다. 그들은 작품이 마음에 드는지에 대해서는 동의하지 않을 수 있지만, 그들은 동일한 지각 경험을 한다. (A) 하지만 이것이 정말 사실일까? 심리학자 Richard Nisbett은 그렇지 않다고 생각한다. 그는 문화가 말 그대로 우리가 세상을 인식하는 방식과 궁극적으로 우리의 자아에 대해 우리가 생각하는 방식을 형성할 수 있음을 보여 주는 방대한 증거를 축적해 왔다.

해설

문화적 고정관념이 뇌에서 기본적인 수준에서 작동한다는 것을 보여 주는 연구 분야의 결과에 관한 내용인 주어진 글 다음에는 This is true even in the way we perceive the world around us.와 For example로 글을 이어 가는 (C)가 와야 한다. 그다음에는 음악과 예술에 관한 한 우리는 모두 본질적으로 동일한 뇌를 가지고 있다는 가정의 예를 제시하는 (B)가 오고, 마지막으로 동일한 지각 경험을 한다는 것에 대해 But is that really true?라는 질문으로 그에 대한 반론을 제시하는 (A)가 오는 것이 주어진 글 다음에 이어질 글의 순서로 가장 적절하다.

매력적인 오답 주의!

③ (B)는 (C)의 음악과 예술에 관한 동일한 뇌를 가지고 있다는 가정에 대한 부연 설명에 해당하므로 (B)가 (C) 앞에 오는 것은 내용상 자연스럽지 않다.

TEXT FLOW

도입 문화적 고정관념이 뇌에서 기본적인 수준에서 작동함
부연 사람들은 다른 취향을 가지고 있을 수 있지만, 음악과 예술에 관해서는 동일한 뇌를 가지고 있다고 가정됨
반론 문화가 우리가 세상을 인식하는 방식과 자아에 대해 생각하는 방식을 형성할 수 있음

구문

- He has accumulated a vast body of evidence [to show that cultures can shape the way {we literally perceive the world} and, ultimately, the way {we think about our self}].
: [ ]는 a vast body of evidence를 수식하는 to부정사구이고, 그 안의 두 개의 { }는 각각 그 앞에 있는 the way를 수식하는 관계절이다.
- For example, **it** is often assumed [that while people around the world may have different preferences and tastes, when it comes to music and art we all have essentially the same brain].
: it은 가주어이고 [ ]가 진주어이다.

어휘

line 분야
stereotype 고정관념
operate 작동하다
previously 이전에
accumulate 축적하다, 모으다
a vast body of 방대한 양의

literally 말 그대로
perceptual 지각의
preference 선호(도)
essentially 본질적으로
ultimately 궁극적으로
assume 가정하다
taste 취향

12

정답 ①

사람들은 눈맞춤을 하고 자신 있게 말하면 그들이 무슨 말을 해야 한다 할지라도 더 신뢰할 수 있는 것으로 인지된다. 모의 배심원 연구에서, 연구자 Bonnie Erickson과 그녀의 동료들은 한 증인이 가상의 사건에 대한 질문에 대답하는 것을 사람들이 듣도록 했는데, 예를 들어, "구급차가 도착하기 전에 대략 얼마나 오래 거기에 머물렀나요?"와 같은 질문이었다. 몇몇 배심원들은 증인이 분명하게 "20분입니다. David 씨를 수습하도록 돕기에 충분히 긴 시간이었죠."라고 대답하는 것을 들었다. 다른 사람들은 증인이 "아, 그게 약 20분 정도 되는 것 같네요. 그게, 제 친구 David를 수습하도록 돕기에 그저 충분히 긴 시간이었죠."라고 말하며 머뭇거리는 것을 들었다. 증인이 한 말은 그들이 그 말을 하는 방식보다 덜 중요한 것으로 판명이 났는데, 분명하고 자신 있는 증인이 훨씬 더 믿을 만하고 유능한 것으로 평가되었다.

➡ 단호하게 말하는 사람은 실제로 주저하면서 말하는 상대에 비해 사실에 대한 더 많은 확신이 있지는 않지만 그들이 더 믿을 수 있는 것으로 인식된다.

해설

눈맞춤을 하고 자신 있게 말하면 그렇지 않은 사람들에 비해 더 많은 신뢰감과 더 유능하다는 인상을 준다는 내용의 글이다. 따라서 요약문의 빈칸 (A), (B)에 각각 들어갈 말로 가장 적절한 것은 decisive(단호하게), trustworthy(믿을 수 있는)이다.

② 단호하게 - 지식이 있는 ③ 조심스럽게 - 믿을 수 있는
④ 조심스럽게 - 진지한 ⑤ 명랑하게 - 지식이 있는

TEXT FLOW

주제 눈맞춤을 하고 자신 있게 말하는 사람들은 신뢰할 수 있다는 느낌을 받음
예시 모의 배심원 연구에서 사람들이 분명하게 말하는 증인과 머뭇거리며 말하는 증인의 말을 듣게 함
결론 분명하고 자신 있는 증인이 훨씬 더 믿을 만하고 유능한 것으로 평가되었음

구문

- People are perceived as more credible [when they {make eye contact} and {speak with confidence}], [**no matter what** they have to say].
  : 첫 번째 [ ]는 시간의 부사절이며 그 안의 두 개의 { }는 동사구로 등위접속사 and로 연결되어 주어 they에 공통으로 이어진다. 두 번째 [ ]는 양보의 부사절로, no matter what은 복합관계대명사 whatever로 바꿔 쓸 수 있다.
- [What the witnesses said] turned out to be less important than [how they said it]: the straightforward, confident witnesses were rated significantly more credible and competent.
  : 두 개의 [ ]는 비교급 구문의 두 비교 대상으로 병렬구조를 이룬다.

어휘

perceive 인지하다
credible 신뢰할 수 있는
mock 모의의, 가짜의
jury 배심원
witness 증인; 증언하다
straightforwardly 분명하게
straighten out ~을 수습하다[해결하다]
hesitate 머뭇거리다, 주저하다
rate 평가하다; 비율
competent 유능한
counterpart 상대

15강 어법

유형 PRACTICE

본문 114~119쪽

01 ①　02 ⑤　03 ②　04 ③　05 ②

01

정답 ①

경쟁을 벌이는 활동은 최고는 인정받고 나머지는 무시되는, 단지 수행 기량을 보여 주는 공개 행사 그 이상일 수 있다. 참가자에게 수행 기량에 대한 시기적절하고 건설적인 피드백을 제공하는 것은 일부 대회와 경연이 제공하는 자산이다. 어떤 의미에서, 모든 대회는 피드백을 제공한다. 많은 경우에, 이것은 참가자가 수상자인지에 관한 정보에 제한된다. 그런 유형의 피드백을 제공하는 것은 반드시 탁월함은 아닌, 우월한 수행 기량을 보여 주는 것으로 강조점을 이동하는 것으로 해석될 수 있다. 최고의 대회는 단순히 승리하는 것이나 다른 사람들을 '패배시키는 것'만이 아니라, 탁월함을 장려한다. 우월성에 대한 강조는 우리가 일반적으로 유해한 경쟁 효과를 조장하는 것으로 간주하는 것이다. 수행 기량에 대한 피드백은 프로그램이 '이기거나, 입상하거나, 보여 주는' 수준의 피드백을 넘어설 것을 요구한다. 수행 기량에 관한 정보는 이기지 못하거나 입상하지 못하는 참가자뿐만 아니라 이기거나 입상하는 참가자에게도 매우 도움이 될 수 있다.

해설

① 밑줄 다음에 the best is recognized와 the rest are overlooked가 등위접속사 and에 의해 대등하게 연결되어 있는데, 둘 다 주어와 수동태(be+p.p.)의 구조를 가진 완전한 형태의 절이다. 따라서 관계대명사 which를 관계부사 where로 고쳐야 하며, where가 이끄는 절은 performance showcases를 수식한다.
② 주어는 The provision of timely, constructive feedback to participants on performance인데 provision이 주어의 핵이므로 이에 동사의 수를 맞춘 is는 어법상 적절하다.
③ not necessarily는 '반드시 ~은 아닌'이라는 부분 부정의 뜻으로, not necessarily와 excellence 사이에 demonstrating이 생략된 것으로 이해할 수 있으므로 demonstrating을 수식하는 necessarily는 어법상 적절하다.
④ 'A를 B로 간주하다'라는 뜻의 「see A as B」에서 전치사 as의 목적어 역할을 해야 하므로, 동명사구를 이끄는 fostering은 어법상 적절하다.
⑤ 바로 앞에 나온 win or place를 대신하는 대동사로 쓰인 do는 어법상 적절하다.

TEXT FLOW

주제 수행 기량에 대한 시기적절하고 건설적인 피드백은 대회와 경연이 제공하는 자산임
전개 비교를 통한 우월성에 중점을 두는 피드백은 해로운 경쟁 효과를 조장할 수 있으므로, 기량 자체의 탁월함에 중점을 두는 건설적인 피드백이 필요함
결론 수행 기량에 관한 피드백은 이기지 못하거나 입상하지 못하는 참가자뿐만 아니라 이기거나 입상하는 참가자에게도 매우 도움이 될 수 있음

구문

- Information about performance can be very helpful, [**not only** to the participant {who does not win or place} **but also** to those {who do}].
  : [ ]는 'A뿐만 아니라 B도'라는 의미의 「not only A but also B」 구문으로 그 안의 두 개의 { }는 각각 the participant와 those를 수식하는 관계절이다.

CHECK NOTE

1 competitive activities / feedback
2 ① 관계사　② 동사의 수 일치　③ 부분 부정 / 생략 구문　④ 동명사　⑤ 대동사

02

정답 ⑤

문화와 자연 선택의 상호 작용에 대한 한 가지 흥미로운 실례는 사람들이 높은 고도에서의 생존에 적응해 온 방식에서 보여질 수 있다. 높은 고도에서 사는 사람들을 낮은 고도의 사람들과 비교하는 문화 간 비교는 높은 고도가 일부 사람들에게서 자연 선택의 원천이었을 수 있다는 것을 보여 준다. 전 세계적으로, 인간 무리들은 산악 지역에 군락을 이루면서 생존했다. 예를 들어, 인간은 약 25,000년 전에 히말라야 산맥의 티베트 고원에 도착한 것으로 보인다. 훨씬 후인 약 10,000년 전에, 인간들은 또한 남아메리카의 안데스 산맥에 군락을 이루었다. 의심할 여지없이, 문화적으로 전달되는 정보는 이 사람들이 높은 고도에서 성공하는 데에 결정적이었다. 인간이 그러한 환경에 대처할 수 있도록 돕는 문화 혁신에는 따뜻하고 단열된 의복과 은신처의 건설, 히말라야 야크와 같은 지역 동물 종의 가축화, 그리고 안데스 산맥에서의 고산병의 영향을 완화하기 위한 코카 잎의 사용 등이 포함된다.

해설

⑤ 주격 관계대명사 that이 이끄는 절인 that help humans cope with such environments의 수식을 받는 주어 The cultural innovations의 동사에 해당하는 말이 없는 상황이므로, including을 동사 역할을 하도록 include로 고쳐야 한다.
① One interesting illustrative example of the interaction of culture and natural selection이 주어인데, 주어의 핵에 해당하는 example이 동사 see의 주체가 아닌 대상이므로 be동사와 함께 수동태를 이루는 과거분사 seen은 어법상 적절하다.
② 동사 reveal의 목적어 역할을 하는 명사절을 유도하고 있는데, 뒤에 주어, 동사를 갖춘 완전한 형태의 절이 이어지므로 접속사 that은 어법상 적절하다.
③ 주절의 시제인 현재(seem)보다 앞서 일어난 동작을 표현하고 있으므로 완료부정사 형태의 to have arrived는 어법상 적절하다.
④ 과거분사 transmitted를 수식하므로 부사 culturally는 어법상 적절하다.

TEXT FLOW

주제 사람들이 높은 고도에서 생존하기 위해 적응해 온 방식은 문화와 자연 선택의 상호 작용에 대한 한 가지 흥미로운 실례임
전제 높은 고도가 일부 사람들에게 자연 선택의 원천이었음
예시 티베트 고원과 안데스 산맥의 군락은 문화적으로 전달되는 정보에 의해 생존했음
부연 문화 혁신의 사례에는 따뜻하고 단열된 의복 및 은신처의 건설, 지역 동물 종의 가축화, 고산병의 영향을 완화하기 위한 코카 잎의 사용 등이 포함됨

구문

• Cross-cultural comparisons, [comparing people {who live at high altitudes to low altitude populations}], reveal [that high altitude may have been a source of natural selection in some human populations].
: 첫 번째 [ ]는 Cross-cultural comparisons를 부연 설명하는 분사구이고, 그 안의 { }는 people을 수식하는 관계절이다. 두 번째 [ ]는 reveal의 목적어 역할을 하는 명사절이다.

CHECK NOTE

1 the interaction of culture and natural selection
2 ① 수동태 ② 접속사 that ③ 완료부정사 ④ 부사 ⑤ 문장 구조

직독직해 NOTE

1 One interesting illustrative example / of the interaction of culture and natural selection / can be seen / in the ways / that human populations have adapted to surviving / at high altitudes.
한 가지 흥미로운 실례는 / 문화와 자연 선택의 상호 작용에 대한 / 보여질 수 있다 / 방식에서 / 사람들이 생존에 적응해 온 / 높은 고도에서의

2 The cultural innovations / that help humans cope with such environments / including(→ include) construction of warm and insulated clothing and shelter, / domestication of local animal species / such as yaks in the Himalayas, / and use of the coca leaf / to mitigate the effects of altitude sickness / in the Andes.
문화 혁신에는 / 인간이 그러한 환경에 대처할 수 있도록 돕는 / 따뜻하고 단열된 의복과 은신처의 건설이 포함된다 / 지역 동물 종의 가축화 / 히말라야 야크와 같은 / 그리고 코카 잎의 사용 / 고산병의 영향을 완화하기 위한 / 안데스 산맥에서의

03

정답 ②

일부 사람들은 여전히 기대의 중요성을 부정하고 대신 성별 차이가 선천적이라고 주장한다. 이러한 회의론자들은 남자아이와 여자아이 또는 남성과 여성의 뇌에 겉보기에 일종의 해부학적인 차이가 있다는 것을 보여 주는 뇌 스캔 사진을 제시할 것이다. 예를 들어, 남성이 공간 추론이나 산술 능력과 관련된 뇌 영역이 더 크다는 주장이 있다. 하지만 이러한 뇌 스캔 사진에서 보이는 해부학적 차이는 유전적 차이를 입증하기는커녕, 우리 문화의 성별 편견을 반영한 것이다. 뇌가 환경과, 우리가 연습하도록 권장된 기술에 반응하는 것은 자연스러운 일이다. 여러분이 레고를 가지고 노는 아이라면, 여러분은 자신의 뇌의 배선을 능동적으로 바꾸고 있는 것이다. 결과적으로, 소위 이러한 차이라는 것은 우리의 기대와 주변 사람들의 기대가 우리의 생명 현상에 실제적이고 물리적인 영향을 미칠 수 있는 방식에 대한 또 다른 실례일 뿐이다.

해설

② 밑줄 친 부분 다음에 주어(males), 동사(have), 목적어(larger brain regions)가 모두 있으므로, 관계대명사 which가 올 수 없다. 이어지는 절이 claims의 구체적 내용을 설명하는 동격절이므로, which는 접속사 that으로 고쳐야 한다.
① '겉보기에'라는 의미의 부사 apparently가 동사 show를 수식하므로 어법상 적절하다.
③ 주절의 주어의 핵은 variation이므로 단수형의 동사 is는 어법상 적절하다.
④ a child가 '노는' 능동의 의미이므로 현재분사 playing은 어법상 적절하다.
⑤ 대명사 those는 앞에 나온 expectations를 대신하므로 어법상 적절하다.

매력적인 오답 주의!

③ 주절의 주어는 the anatomical variation shown in these brain scans로 in these brains scans는 shown과 함께 the anatomical variation을 수식하는 분사구이므로, scans에 현혹되어 is가 잘못 쓰였다고 생각해서는 안 된다.

TEXT FLOW

도입 기대의 중요성을 부정하고 대신 성별 차이가 선천적이라고 주장하는 일부 사람이 있음
부연 남성과 여성의 뇌에 해부학적인 차이가 있다는 것을 보여 주는 뇌 스캔 사진을 제시함
반론 해부학적 차이는 우리 문화의 성별 편견을 반영한 것임
결론 해부학적 차이는 우리와 사람들의 기대가 생명 현상에 물리적인 영향을 미칠 수 있는 방식에 대한 실례일 뿐임

구문

• **It** is natural [that the brain responds to {its environment and the skills ⟨that we have been encouraged to practice⟩}].
: It은 가주어이고 [ ]가 진주어이다. { }는 전치사 to의 목적어 역할을 하는 명사구이다. 그 안의 ⟨ ⟩는 the skills를 수식하는 관계절이다.

CHECK NOTE

1 the importance of expectation
2 ① 부사 ② 동격절 접속사 that ③ 동사의 수 일치
④ 현재분사 ⑤ 대명사

직독직해 NOTE

1 Far from demonstrating an inherited difference, / however, / the anatomical variation / shown in these brain scans / is a reflection of our culture's gender bias.
유전적 차이를 입증하기는커녕 / 하지만 / 해부학적 차이는 / 이러한 뇌 스캔 사진에서 보이는 / 우리 문화의 성별 편견을 반영한 것이다

2 As a result, / these supposed differences / are simply another illustration of the ways / that our expectations — and those of the people around us — / can have a real, physical effect on our biology.
결과적으로 / 소위 이러한 차이는 / 방식에 대한 또 다른 실례일 뿐이다 / 우리의 기대와 주변 사람들의 기대가 / 우리의 생명 현상에 실제적이고 물리적인 영향을 미칠 수 있는 (방식)

04

정답 ③

나는 의미, 그리고 사고에 있어서의 근본적인 변화가 역사상 가장 큰 변화 중 하나를 나타내며, 대부분의 사람들은 그것을 간과하고 있다고 믿는다. 인내에 관한 전통적 정의는, 반드시 그것에 동의하거나 동감하지 않더라도 단순히 다른 사람들의 신념, 관행 등을 인정하고 존중하는 것을 의미한다. 모두가 자신만의 의견을 가질 권리가 있다는 이러한 태도는 대부분의 성인들에게 인내가 의미하는 바이다. 웹스터 사전은 'tolerate'를 '공유하지 않더라도 다른 사람들의 신념, 관행 등을 인정하고 존중하다' 그리고 '특별히 좋아하지 않았

더라도 누군가 혹은 어떤 것을 참거나 견디다'로 정의하고 있다. 하지만 그것은 그 단어가 더 이상 장려하는 것이 아닌데, 적어도 그것을 사용하는 다수의 사람들과 기관에는 더 이상 그렇지 않다는 것이다. 새로운 인내는 모든 개인의 신념, 가치, 그리고 생활양식을 똑같이 정당한 것으로 간주한다.

해설

(A) 문맥상 '반드시'라는 의미로 동명사 agreeing or sympathizing의 동사적 의미를 수식해야 하므로 부사 necessarily가 어법상 적절하다.
(B) 네모 다음의 절에서 동사 means의 목적어가 없으므로 선행사를 포함하는 관계대명사 what이 어법상 적절하다.
(C) 명사구 the majority of the people and institutions를 수식하는 현재분사 using이 어법상 적절하다.

TEXT FLOW

도입 인내에 대한 전통적인 정의는 다른 사람의 신념이나 관행을 인정하고 존중하는 것인데, 이는 성인들에게 받아들여지는 의미임
대조 'tolerate'의 사전적 의미는 '공유하지 않더라도 다른 사람들의 신념, 관행을 인정하고 존중하다'와 '좋아하지 않더라도 누군가 혹은 어떤 것을 참거나 견디다'인데, 이 의미는 더 이상 장려되지 않음
주제 새로운 인내는 모든 개인의 신념, 가치 그리고 생활양식을 똑같이 정당한 것으로 간주함

구문

- This attitude, [that everyone has a right to his or her own opinion], is [what tolerance means to most adults].
: 첫 번째 [ ]는 주어 This attitude와 동격 관계인 명사절이다. 두 번째 [ ]는 is의 보어 역할을 하는 명사절로 이때 관계대명사 what은 '~하는 것'이라는 의미이다.

CHECK NOTE

1 인내의 정의
2 (A) 형용사 / 부사
(B) 관계대명사 that / what
(C) 동사 / 현재분사

직독직해 NOTE

1 I believe / that fundamental change in meaning — and thinking — represents / one of the greatest shifts in history, / and most people are missing it.
나는 믿는다 / 의미와 사고에 있어서 근본적인 변화는 나타낸다고 / 역사상 가장 큰 변화 중 하나를 / 그리고 대부분 사람들은 그것을 간과하고 있다고

2 The new tolerance considers / every individual's beliefs, values, and lifestyles / to be equally valid.
새로운 인내는 간주한다 / 모든 개인의 신념, 가치와 생활양식을 / 똑같이 정당한 것으로

05

정답 ②

관계를 바꾸기 위해, 우리는 오직 남들과 관련되는 방식을 바꿀 수 있을 뿐이고, 그런 다음에 다른 사람들이 우리와 관련되는 방식을 바꿀 것이다. 하지만, 여러분이 관계 속에서 자연스럽게 행동할 수 있다면 관계가 제일 잘될 것이다. 여러분이 자연스럽게 행동할 수 있는 관계는 아마 더 편안한 느낌이 들고 여러분을 더 행복하게 만들어 줄 것이다. 이것이 여러분이 성질을 내고 싶을 때 성질을 내고 여러분이 원하는 대로 사람들에게 무례하게 굴라고 말하는 것은 아니다. 또한 모든 관계가 편안해야 한다는 것을 말하는 것도 아니다. 몇몇 매우 좋은 것들(관계들)은 화를 돋우고 도전적일 수 있다. 여러분이 자연스럽게 행동하지 못할 때 관계가 오히려 불안정해지고 덜 만족스러운 경향이 있다. 결론은 여러분의 관계에 대해 궁금해하고 그것들을 이해하려고 노력하는 것이 도움이 된다는 것이다.

해설

② 문맥상 '성질을 내고 싶을 때 성질을 내고 원하는 대로 사람들에게 무례하게 굴어서는 안 된다'는 내용이 되어야 하므로, is는 you should에 이어지도록 be로 바꾸어 you should throw ~ and (you should) be ~의 구조가 되도록 해야 한다. is를 쓰게 되면 주절의 주어인 This에 연결되므로 적절하지 않다.
① 이어지는 절(you can be yourself)이 「주어+동사+보어」의 완전한 형태이므로 관계부사 where는 어법상 적절하다.
③ 부정어 Nor가 문장의 맨 앞에 위치하여 주어 it과 동사 is가 도치된 구문으로 is it은 어법상 적절하다.
④ 등위접속사 and로 동사 be의 보어 역할을 하는 형용사 provocative와 병렬구조를 이루어야 하므로 형용사 challenging은 어법상 적절하다.
⑤ that절 안에서 it이 가주어이고 to be 이하가 to부정사구로 진주어이므로 어법상 적절하다.

TEXT FLOW

도입 관계 속에서 자연스럽게 행동할 수 있다면 다른 사람들과의 관계가 제일 잘될 것임
전개 자연스럽게 행동하는 것이 다른 사람에게 무례한 것은 아니며, 모든 관계가 편안해야 한다는 것도 아님
결론 관계에 대해 궁금해하고 그것을 이해하려고 노력하는 것이 관계에 도움이 됨

구문

- **In order to** change relationships, we can only change **the way** [we relate to others], and then others will change **the way** [they relate to us].
: 「in order to+동사원형」은 to부정사의 관용표현으로 '~하기 위하여'라는 목적의 의미를 나타낸다. 두 개의 [ ]는 모두 관계부사절로 선행사 the way를 각각 수식한다. 이때 관계부사 how는 선행사 the way와 함께 쓰이지 않는다.

- **It follows that** [**it** is helpful {⟨to be curious about your relationships⟩ and ⟨try to understand them⟩}].
: 「It follows that ~」은 관용표현으로 '결론은 ~이다'라는 의미이다. [ ] 안에서 it은 가주어이고, { }는 진주어이다. 두 개의 ⟨ ⟩는 등위접속사 and로 연결되어 병렬구조를 이루며, try 앞에 to가 생략되었다.

CHECK NOTE

1 relationships
2 ① 관계부사 where ② 병렬구조 ③ 도치구문
④ 병렬구조 ⑤ 진주어 to부정사

직독직해 NOTE

1 Relationships / where you can be yourself / are likely to feel

more comfortable / and to make you happier.
관계는 / 여러분이 자연스럽게 행동할 수 있는 / 아마 더 편안한 느낌이 들 것이다 / 그리고 여러분을 더 행복하게 만들어 줄

2 This is not to say / that you should throw tantrums / when you feel like it / and is(→ be) as rude to people / as you wish.
이것이 말하는 것은 아니다 / 여러분이 성질을 내라고 / 여러분이 성질을 내고 싶을 때 / 그리고 사람들에게 무례하게 굴라고 / 여러분이 원하는 대로

16강 어휘

유형 PRACTICE

본문 120~125쪽

01 ④	02 ④	03 ⑤	04 ⑤	05 ③

01

정답 ④

산업 사회가 1940년대와 1950년대 동안 더 부유하고, 더 경쟁적이고, 더 지리적으로 퍼져 나가게 되면서 판매 개념에 주요한 철학적 변화가 일어났다. 이로 인해 기업은 구매자 및 고객과 더 긴밀한 관계를 발전시켜야 했고, 이것은 결과적으로 기업이 합리적인 가격에 양질의 제품을 생산하는 것으로는 충분하지 않다는 것을 깨닫게 했다. 사실, 고객이 실제로 원하는 제품을 내놓는 것이 마찬가지로 매우 중요했다. 1908년에 Henry Ford는 자신의 가장 많이 팔렸던 T모델 Ford를 단 하나의 색상(검은색)으로만 생산했지만, 현대 사회에서는 이것이 더 이상 가능하지 않았다. 사회의 현대화는 생산이 그 자체의 수요를 창출할 것이라는 견해를 강화하는(→ 파괴하는) 마케팅 혁명으로 이어졌다. 고객과 그들의 다양하고 흔히 복잡한 욕구를 충족하고자 하는 욕망이 기업의 초점이 되었다.

해설

산업 사회가 확산되면서 1940~1950년대 동안 판매 개념에서 주요한 철학적 변화가 일어났는데, 그것은 생산이 그 자체의 수요를 창출한다는 견해가 파괴되고, 고객의 다양하고 복잡한 욕구를 충족시켜야 하는 것이 기업의 초점이 되었다는 내용의 글이다. 따라서 ④의 strengthened를 destroyed와 같은 낱말로 바꾸어야 한다.

매력적인 오답 주의!

⑤ 사회의 현대화로 인해 생산만 하면 그 자체로 수요가 창출될 것이라는 견해가 받아들여지지 않는 마케팅 혁명이 일어나서, 고객의 다양하고 복잡한 요구를 충족해줘야 하는 것이 기업의 초점이 되었다는 맥락을 이해하지 못하면, ⑤를 오답으로 고를 수 있다.

TEXT FLOW

도입 1940~1950년대에 산업 사회에서 판매 개념에 주요한 철학적 변화가 일어남
전개 기업이 합리적인 가격의 양질의 제품을 생산하는 것뿐만 아니라, 고객이 실제로 원하는 제품을 내놓는 것이 역시 매우 중요해짐
결론 현대 사회에서 기업의 초점은 고객과 그들의 다양하고 복잡한 욕구를 충족하고자 하는 욕망임

구문

- This forced business to develop closer relations with buyers and clients, [which in turn made business realize {that it was not enough to produce a quality product at a reasonable price}].
: [ ]는 앞 절의 내용 전체를 부가적으로 설명하는 관계절이고, 그 안의 { }는 realize의 목적어 역할을 하는 명사절이다.
- The modernization of society led to a marketing revolution [that destroyed the view {that production would create its own demand}].
: [ ]는 a marketing revolution을 수식하는 관계절이고, 그 안의 { }는 the view의 구체적인 내용을 설명하는 동격절이다.

CHECK NOTE

1 the major philosophical shift in the idea of selling
2 customers and the desire to meet their diverse and often complex needs

02

정답 ④

자본주의 경제의 큰 속임수는 끝없는 축적이라는 그것의 기본 원리가 요구하는 불만족감을 개인이 열정적으로 받아들인다는 것이다. 축적은 우리의 만족을 인식하는 능력에 피해를 준다. 그것은 추가적인 상품의 축적에서 얻을 더 많은 만족이 있다는 것을 우리가 끊임없이 믿게 한다. 그러나 더 많이 축적할수록, 결코 충분히 가지지 못할 것이라는 것을 덜 이해할 수 있다. 자기 자신을 위해 더욱더 많은 것을 축적하려는 시도에서 불만족감이 실제로 증가된다. 자본주의는 한번도 충분히 갖지 못하는 우리의 능력(→ 무능력)을 자양분으로 삼는다. 더 많이 가지려는 우리의 개인적인 노력은 항상 자본주의 요구에 대한 의도치 않은 찬사이다. 그것이 원하는 것을 하고 있다고 생각하는 자본주의 주체는 자본주의 요구를 위해 그 자신을 희생한다.

해설

자본주의 경제에서는 더 많은 것을 끝없이 축적하려고 하지만, 결국에는 충분히 가지지 못해 불만족감이 증가된다는 내용의 글이다. 따라서 ④의 ability를 inability와 같은 낱말로 바꾸어야 한다.

매력적인 오답 주의!

⑤ 자본주의 주체는 자본주의가 자신에게 끝없이 더 많이 가지라고 요구하는 것을 따를 수밖에 없으므로, 그것을 sacrifice oneself로 표현할 수 있다.

TEXT FLOW

주제 자본주의 경제에서 끝없는 축적의 기본적인 원리가 요구하는 불만족감을 개인은 열정적으로 받아들임
부연 1 축적에서 얻을 더 많은 만족이 있다고 믿게 하지만 충분히 가지지 못할 것을 이해하지 못함
부연 2 자본주의는 한번도 충분히 갖지 못하는 우리의 무능력을 자양분으로 삼음
결론 자본주의 주체는 자본주의 요구를 위해 그 자신을 희생함

구문

• It leaves us constantly believing [that there is more satisfaction {to be had in the accumulation of additional commodities}].
: [ ]는 believing의 목적어 역할을 하는 명사절이고, 그 안의 { }는 more satisfaction을 수식하는 to부정사구이다.

CHECK NOTE

1 the trick of the capitalist economy
2 더 많이 가지려고 하지만 결코 충분히 가지지는 못한다.

직독직해 NOTE

1 The great trick of the capitalist economy / is that individuals enthusiastically embrace / the sense of dissatisfaction / that its fundamental axiom of endless accumulation demands.
자본주의 경제의 큰 속임수는 / 개인이 열정적으로 받아들인다는 것이다 / 불만족감을 / 끝없는 축적이라는 그것의 기본 원리가 요구하는

2 Thinking that it is doing what it wants, / the capitalist subject / sacrifices itself / for the capitalist demand.
그것이 원하는 것을 하고 있다고 생각하는 / 자본주의 주체는 / 그 자신을 희생한다 / 자본주의 요구를 위해

03

정답 ⑤

서양은 유명 인사 문화를 수용해 왔다는 것을 설문조사는 일관되게 보여 준다. 영국 부모 3,000명이 10대 초반 자녀가 커서 무엇이 되고 싶어 하는지 질문 받았을 때, 3명 중 1명은 그들이 스포츠 인물, 배우 또는 팝스타가 되고 싶어 한다고 답했다. 그것을 25년 전에 그 열망 목록의 1위를 차지했던 직업, 즉 교사, 은행원, 의사와 비교하라. 아이들은 이제 유명세와 성공을 동일시하기 때문에 유명해지는 목적을 위해 유명해지고 싶어 한다. 영국 교사 및 강사 협회의 최근 설문 조사에 따르면, 대다수의 학생들이 학문적으로 영재가 되는 것보다 유명해지는 것을 선호할 것이라고 나타났다. 웹은 개인이 유명인에 대한 관심에 탐닉하면서도 자신만의 영향력을 미치기 시작할 수도 있는 쉽게 접근 가능하고 업데이트 가능한 매체를 제공함으로써 명성과 인기에 대한 이러한 집착을 촉진한다. 어느 누구나 웹에서 팔로잉을 모을 수 있다. 그것은 우리 모두가 숨겨질(→ 주목될) 수 있도록 공평한 인기 경쟁의 장을 만들어 왔다.

해설

서양에서 25년 전에는 10대 초반 자녀의 장래 희망이 교사, 은행원, 의사였지만, 지금은 유명 인사가 되고 싶어 하며, 웹은 아이들이 인기를 얻고 유명인이 되어 성공하고자 하는 꿈을 촉진하고 있다는 내용의 글이다. 따라서 ⑤의 hidden은 noticed와 같은 낱말로 바꾸어야 한다.

TEXT FLOW

주제 서양은 유명 인사 문화를 수용해 왔음
전개 1 10대 초반 자녀는 커서 스포츠 인물, 배우 또는 팝스타 같은 유명 인사가 되고 싶어 함
전개 2 유명세와 성공을 동일시하기 때문에 유명해지는 목적을 위해 유명해지고 싶어 함
전개 3 웹이 모두가 주목될 수 있도록 공평한 인기 경쟁의 장을 만들어 왔음

구문

• The Web facilitates this obsession with fame and popularity by providing a readily accessible and updatable medium [in which individuals can indulge their interest in the famous but also begin to make an impact of their own].
: [ ]는 a readily accessible and updatable medium을 수식하는 관계절이다.

CHECK NOTE

1 유명세와 성공의 동일시
2 개인이 유명인에 대한 관심에 탐닉하면서도 자신만의 영향력을 미치기 시작할 수도 있는 쉽게 접근 가능하고 업데이트 가능한 매체를 제공한다.

직독직해 NOTE

1 When 3,000 British parents were asked / what their preteen children wanted to be / when they grow up, / one in three said / they wanted to be a sports figure, an actor, or a pop star.
영국 부모 3,000명이 질문 받았을 때 / 10대 초반 자녀가 무엇이 되고 싶어 했는지 / 그들이 컸을 때 / 3명 중 1명이 답했다 / 그들이 스포츠 인물, 배우 또는 팝스타가 되고 싶어 했다고

2 A recent survey of the U.K. Association of Teachers and Lecturers revealed / that the majority of students would prefer to be famous / than academically gifted.
영국 교사 및 강사 협회의 최근 설문 조사는 나타냈다 / 대다수의 학생들이 유명해지는 것을 더 선호할 것이라는 것을 / 학문적으로 영재가 되는 것보다

04

정답 ⑤

각 영역의 직업에는 중심 임무가 있는데, 그것은 기본적인 사회적 요구를 반영하고 그 (직업의) 종사자는 (그 임무의) 실현에 헌신하고 있다고 느껴야 한다. 의학의 핵심 임무는 아픈 사람들을 치료하는 것이다. 법률 전문가의 핵심 임무는 분쟁의 해결을 통한 정의의 추구이다. 교사들은 과거의 가장 중요한 지식을 전수하고 학생들에게 미래를 준비시킨다. 모든 종사자들은 그들이 하고 있는 일에 자부심을 가질 수 있어야 한다. 기껏해야, 그 임무는 실행자를 어떤 선택된 직업으로 유인한 것의 일부이고, 주요한 생계 수단으로 남아 있을 뿐이다. 이러한 사명감을 명확히 하는 한 가지 좋은 방법은 "왜 사회가 내가 하는 일에 지위와 특정한 특권으로 보상해야 하는가?"라는 질문을 하는 것이다.

해설

(A) 각 직업마다 사회가 요구하는 중심 임무가 있다는 내용을 통해, 그 직업

의 종사자는 직업의 실현에 헌신해야 함을 알 수 있으므로 문맥에 맞는 낱말로 적절한 것은 committed(헌신하는)이다. omitted는 '생략된'이라는 의미이다.

(B) 의사, 법률 전문가, 교사들은 모두 사회가 요구하는 핵심 임무가 있다는 내용을 통해, 종사자는 자기의 일에 자부심을 가질 수 있어야 함을 알 수 있으므로 문맥에 맞는 낱말로 적절한 것은 confidence(자부심)이다. peace는 '평화'라는 의미이다.

(C) 그러한 임무는 직업이 되어 주요한 생계 수단으로 남아 있는 것으로 이에 대한 사명감을 명확히 하기 위해서는 왜 사회가 내가 하는 일에 지위와 특정한 특권으로 보상해야 하는지 질문하는 것임을 알 수 있으므로 문맥에 맞는 낱말로 적절한 것은 reward(보상하다)이다. regret은 '후회하다'라는 의미이다.

TEXT FLOW

주장 1	모든 직업에는 사회가 요구하는 중심 임무가 있고, 종사자는 그 임무 실현에 헌신해야 함
상술	의사, 법률가, 교사 모두 핵심 임무가 있음
주장 2	모든 종사자들은 그들이 하는 일에 자부심을 가져야 함
부연	직업을 생계 수단으로만 생각한다면, 왜 사회가 내 직업에 대해 지위와 특권으로 보상을 해야 하는지를 자문하여 사명감을 명확히 해야 함

구문

- Each realm of work has a central mission, [which reflects a basic societal need] and [which the practitioner should feel committed to realizing].
  : 두 개의 [ ]는 a central mission을 부가적으로 설명하는 관계절이다.

CHECK NOTE

1 (central) mission
2 Each realm of work has a central mission, which reflects a basic societal need and which the practitioner should feel committed to realizing.

직독직해 NOTE

1 The core mission of the legal profession is / the pursuit of justice, / through the resolution of conflict.
법률 전문가의 핵심 임무는 ~이다 / 정의의 추구 / 분쟁의 해결을 통한

2 At best, / the mission is / part of what draws the practitioner to a chosen profession / and remains as a principal sustenance.
기껏해야 / 그 임무는 ~이다 / 실행자를 어떤 선택된 직업으로 유인한 것의 일부 / 그리고 주요한 생계 수단으로 남아 있다

05

정답 ③

소비자들은 그들이 지출하는 힘들게 벌어들인 돈에 대해 받게 되는 가치를 극대화하기를 원한다. 하지만 가치는 그저 돈에 대한 것만은 아니다. 어떤 소비자는 긴 하루를 여행한 후에 호텔 방으로 배달된 4달러의 콜라 한 잔과 얼음에서 굉장한 가치를 발견할 수도 있는 반면, 동네 식료품점에서는 6개들이 한 팩에 4달러를 지불하는 것을 기꺼이 할(→ 망설일) 수도 있다. 또 다른 소비자는 자신이 좋아하는 의류 소매상에게 정장 한 벌에 2,000달러를 흔쾌히 지불할 수 있지만, 빵 한 덩이를 최저가에 얻으려고 식료품점을 바꾼다. 소매는 소비자의 지갑과 가장 밀접한 경제의 일부이므로, 소비자 의사 결정자의 관점에서 가치가 어떻게 창출되고 유지되는지를 이해하는 것이 중요하다.

해설

돈을 지출하는 것에서 얻어지는 만족감, 즉 가치가 금액에 따라 같지 않고 상황에 따라 달라질 수 있다는 내용의 글로, 긴 하루 동안의 여행 후에 호텔 방에서 콜라 한 잔과 얼음에 4달러를 쓰는 것이 가치 있다는 내용에 이어 대조의 의미를 나타내는 접속사 while이 나오므로 평소 가게에서 6개들이 한 팩에 4달러를 쓰는 것은 망설인다는 내용이 적절하다. 따라서 ③의 willing은 hesitant와 같은 낱말로 바꾸어야 한다.

TEXT FLOW

도입	소비자들은 돈을 사용해서 얻는 가치를 극대화하고자 함
예시 1	경우에 따라 호텔 방으로 배달된 4달러짜리 콜라 한 잔과 얼음이 가치 있을 수 있지만, 동네 식료품점에서 같은 가격에 6개들이 한 팩을 구매하는 것은 망설일 수 있음
예시 2	정장 한 벌에 2,000달러를 기꺼이 지불할 수 있지만, 식료품점에서는 빵 한 덩이도 최저가에 사려고 함
결론	소비자 의사 결정자의 관점에서 가치가 어떻게 창출되고 유지되는지를 이해하는 것이 중요함

구문

- Retail is the part of the economy [that is closest to the customer's wallet], and so it is important to understand [how value is created and sustained from the perspective of consumer decision makers].
  : 첫 번째 [ ]는 the economy를 수식하는 관계절이고, 두 번째 [ ]는 understand의 목적어 역할을 하는 간접의문문이다.

CHECK NOTE

1 value
2 소비자 의사 결정자의 관점에서 가치 창출과 유지법 이해하기

직독직해 NOTE

1 After a long day of travelling, / a consumer might find great value / in a $4 glass of Coke and ice / delivered to her hotel room, / while at a neighborhood grocery store, / she might be willing(→ hesitant) to pay $4 / for a six-pack.
긴 하루를 여행한 후에 / 어떤 소비자는 굉장한 가치를 발견할 수도 있다 / 4달러의 콜라 한 잔과 얼음에서 / 호텔 방으로 배달된 / 반면 동네 식료품점에서는 / 그녀가 4달러를 지불하는 것을 기꺼이 할(→ 망설일) 수도 있다 / 6개들이 한 팩에

2 Another consumer might happily pay $2,000 / for a suit / from his favorite fashion apparel retailer / but switch grocery stores / to get the lowest price / on a loaf of bread.
또 다른 소비자는 2,000달러를 흔쾌히 지불할 수 있다 / 정장 한 벌에 / 자신이 좋아하는 의류 소매상에게 / 하지만 식료품점을 바꾼다 / 최저가에 얻으려고 / 빵 한 덩이를

REVIEW 모의고사 05회

01 ⑤	02 ⑤	03 ⑤	04 ④
05 ④	06 ③	07 ①	08 ④

01

정답 ⑤

우리의 태양이 죽으면 우리 태양계의 모든 생명체도 죽을 것이다. 하지만 우리를 걱정하게 하는 대부분의 멸종 사건은 지구에 국한될 것이다. 예를 들어, 대형 소행성이 지구에 충돌하거나 아니면 우리가 그것을 핵전쟁으로 사람이 살 수 없게 만든다 해도, 근처의 다른 행성은 영향을 받지 않을 것이다. 그러므로 멸종 위험을 줄이는 한 가지 방법은 두 개의 행성에 사는 종이 되는 것이다. 우리가 가까운 또 다른 행성이나 달에 영구적인 존재를 정착시킬 수 있다면, 지구가 사람이 살 수 없게 되더라도 우리 종과 우리가 축적한 지식은 살아남을 수도 있다. 이 논리는 사람들을 화성에 보내려고 하는 현재 노력의 원동력 중 하나인데, 그것은 인간 식민지를 설치하기 위한 최선의 선택인 것으로 보인다. 나는 다른 행성으로 이동하는 것의 가능성이 흥미롭다고 생각한다. 우리가 새롭고 탐사되지 않은 목적지로 이동한 지 오래되었다.

해설

⑤ find의 목적어인 the possibility of traveling to other planets는 excite라는 동사의 행위를 하는 주체이므로, 목적격보어로 쓰이려면 excited를 exciting으로 고쳐야 한다.
① it은 대명사로 앞에 나온 Earth를 대신하므로 어법상 적절하다.
② one way를 수식하는 to부정사구를 이끄는 to lessen은 어법상 적절하다.
③ knowledge는 accumulate라는 동사의 행위를 당하는 대상이므로, accumulated는 어법상 적절하다.
④ 앞의 절을 부가적으로 설명하는 관계절을 이끄는 which는 어법상 적절하다.

TEXT FLOW

도입 태양계의 멸종 사건 중에서도 우리의 관심은 지구에 국한될 것임
주제 멸종 위험을 줄이는 한 가지 방법은 두 개의 행성에 사는 종이 되는 것임
부연 다른 행성이나 달에 영구적인 존재를 확립할 수 있다면, 지구가 사람이 살 수 없는 곳이 되더라도 우리 종과 우리가 축적한 지식은 살아남을 수도 있음

구문

• **If** a large asteroid **hit** Earth, for example, or we **made** it uninhabitable in a nuclear war, other nearby planets **would be** unaffected.
: 현재 사실의 반대를 가정하는 가정법 과거 구문(if+주어+과거동사 ~, 주어+would+동사원형 ...)이 쓰였다.

어휘

solar system 태양계 / extinction 멸종
concern 걱정하게 하다 / localize 국한시키다
uninhabitable 사람이 거주할 수 없는
nuclear war 핵전쟁 / unaffected 영향을 받지 않는
lessen 줄이다 / permanent 영구적인
presence 존재(감) / nearby 근처의
accumulated 축적된 / logic 논리
driving force 원동력 / current 현재의
locate (특정 위치에) 설치하다[두다]
unexplored 탐사[탐험]되지 않은
destination 목적지

02

정답 ⑤

주방의 한 서랍에서 다른 서랍으로 은식기류를 옮긴다면, 이전 서랍에 손을 뻗는 것을 멈추는 데 시간이 얼마나 걸릴까? 특정 선택의 디폴트 옵션을 변경하는 것만으로도 행동을 즉시 바꿀 수 있는 쉬운 방법이 존재한다. 사람들은 흔히 자신들에게 주어진 첫 번째 선택 옵션을 선택한다. 대부분의 환경에서 무의식적인 행동을 유발하는 대부분의 디폴트 옵션은 최적으로 구조화된 것과는 거리가 멀다. 많은 경우 사람들은 단지 환경이 그렇게 설정되어 있었기 때문에 자신도 모르게 평범한 수준에서 수행을 하고 있는 것이다. 대학 컴퓨터실에서 용지를 너무 많이 사용하고 있다고 판단한 Rutgers 대학교는 실험실 프린터에서 양면 인쇄를 디폴트 옵션으로 만들었다. 이 작은 행동으로 인해 첫 학기에 7,391,065장의 종이, 즉 그 학기 동안 대략 1,280그루의 나무를 절약했다. 선호도가 없는 경우가 흔한 학생들은 이제 페이지의 한 면만 인쇄하는 옵션을 수동으로 선택해야 한다. 낭비하는(→ 아껴 쓰는) 옵션은 그것을 디폴트 옵션이 되게 함으로써 훨씬 더 쉽게 실행된다.

해설

행동을 변화시키기 위해서는 특정 선택의 디폴트 옵션을 변경하면 된다는 내용의 글로, 대학 컴퓨터실에서 용지를 너무 많이 사용하고 있다고 판단한 Rutgers 대학교가 양면 인쇄를 디폴트 옵션으로 만들어서 종이와 나무를 절약했다는 예가 제시되고 있다. 따라서 ⑤의 waste는 conserve 또는 save와 같은 낱말로 바꾸어야 한다.

TEXT FLOW

주제 특정 선택의 디폴트 옵션을 변경하는 것만으로도 행동을 즉시 바꿀 수 있음
부연 사람들은 단지 환경이 그렇게 설정되어 있어서 평범한 수준에서 수행을 하고 있음
예시 용지를 많이 사용하고 있어서 양면 인쇄를 디폴트 옵션으로 만듦으로써 종이와 나무를 절약하게 되었음

구문

• Most default options [that trigger unconscious behavior in most environments] are far from structured optimally.
: [ ]는 Most default options를 수식하는 관계절이다.

어휘

silverware 은식기류 / drawer 서랍
default option 디폴트 옵션(옵션이 지정되지 않았을 때 자동적으로 선택되는 옵션)
immediately 즉시 / trigger 유발하다
be far from ~과 거리가 멀다 / structured 구조화된
optimally 최적으로 / set up ~을 설정하다
semester 학기 / roughly 대략
preference 선호(도) / manually 수동으로

03

정답 ⑤

기후 변화의 도전에 대처하는 것은 다른 사람들이 미래에 겪게 될 피해를 최소화하기 위해 지금 개인적인 희생을 할 것을 요구한다. 그것은 힘든 설득 작업이다. 우리 종족은 우리 자손과 가까운 친족의 생존과 단기적 필요와 함께 우리 자신의 그것(생존과 단기적 필요)에 초점을 맞춘 소집단 동물로 진화했다. 우리는 물론 멀리 떨어져서 사는 사람들의 후손은 말할 것도 없이, 증손들의 복지에 대해 많이 걱정하도록 맞춰져 있지 않다. 여러분은 건강에 좋지 않은 간식에 기꺼이 저항할 수 있고, 더 건강하고 아이들을 위해 더 오래 있기 위해 운동할 시간을 낼 수 있을 것이다. 그러나 여러분은 증손들이 조금 더 잘 살 가능성을 높이기 위해 얼마나 기꺼이 더 운동을 하고 더 건강한 식단을 먹겠는가? 기후 변화의 도전에 대처하고자 한다면 요구되는 것은 바로 그러한 종류의 희생, 즉 우리에게 우리가 결코 알지 못할 세대의 이익을 보호할 것을 요구하는 것이다.

해설

⑤ 「It is ~ that ...」 강조구문에서 강조되고 있는 that kind of sacrifice는 동사 call (for)의 주체가 아닌 대상이므로 수동태인 is called로 고쳐야 한다.

① survival and short-term needs를 대신하는 복수 대명사 those는 어법상 적절하다.

② 부정문인 We are not programmed ~의 뒤에 나오면서 much와 함께 '~은 말할 것도 없이'라는 의미로 사용되고 있으므로 less는 어법상 적절하다.

③ be willing to에 이어져 resist와 병렬구조를 이루므로 find는 어법상 적절하다.

④ the odds와 동격 관계인 절을 이끄는 접속사 that은 어법상 적절하다.

TEXT FLOW

도입	기후 변화의 도전에 대처하는 것은 미래의 다른 사람들을 위해 개인적 희생을 요구하는 힘든 설득 작업임
전개	우리는 자신의 생존과 단기적 필요에 맞춘 소집단 동물로 진화했기 때문에 멀리 떨어져 있는 사람들의 후손은 말할 것도 없이 증손들의 복지에 대해 많이 걱정하지 않음
결론	기후 변화의 도전에 대처하고자 한다면, 우리가 알지 못할 세대의 이익을 보호하기 위해 우리가 희생해야 함

구문

• **It is** [that kind of sacrifice], [one that requires us to protect the interests of generations {we will never know}], [**that** is called for if we are to meet the challenge of climate change].
: 첫 번째 [ ]는 「It is ~ that ...」 강조구문에서 강조하고 있는 부분이다. 두 번째 [ ]는 that kind of sacrifice를 부연 설명하고 있으며, 그 안의 { }는 generations를 수식하는 관계절이다. 세 번째 [ ]는 「It is ~ that ...」 강조구문에서 that절 이하를 나타낸다.

어휘

make a sacrifice 희생하다
minimize 최소화하다
evolve 진화하다
along with ~과 함께
offspring 후손
welfare 복지, 행복
much less ~은 말할 것도 없이
descendant 후손
odd 가능성
be better off 더 잘 살다
call for ~을 요구하다, 필요로 하다

04

정답 ④

비교하고, 고려하며 선택한 후에 느껴지는 피로를 의미하는 결정 피로감은 위험하다. 소비자로서, 여러분은 광고 메시지와 충동구매에 영향을 받을 가능성이 더 많아진다. 의사 결정자로서, 여러분은 다양한 유혹을 받기 쉽다. 의지력은 건전지와 같다. 얼마 후에 그것은 다 떨어지고 재충전되어야 한다. 여러분은 휴식을 취하고 뭔가 먹음으로써 이것을 한다. 혈당이 너무 낮아지면 의지력은 0으로 떨어진다. 스웨덴의 가구 회사인 IKEA는 이것을 잘 알고 있다. 그 상점에 있는 미로 같은 진열 공간을 이동하는 중에 결정 피로감은 사라진다(→ 생겨난다). 이러한 이유 때문에, IKEA의 식당은 상점의 바로 중앙에 위치한다. 그 회사는 여러분이 찾고 있던 어떤 것이든 다시 찾아나서기 전에 음식으로 혈당을 가득 채울 수 있도록 이윤 폭의 일부를 기꺼이 포기한다.

해설

결정 피로감은 비교하고 고려하며 선택한 후에 느껴지는 피로를 의미하는데, 상점에 있는 미로 같은 진열 공간 전체를 지나가는 중에 이러한 피로감이 생겨나게 될 것이다. 따라서 ④의 disappears는 appears[begins]와 같은 낱말로 바꾸어야 한다.

TEXT FLOW

주제	비교하고 고려하며 선택한 후에 느껴지는 결정 피로감은 위험함
상술	의지력은 건전지처럼 재충전되어야 하는데, 이것은 휴식을 취하고 뭔가 먹을 때 가능해짐. 혈당이 너무 낮아지면 의지력은 0으로 떨어짐
예시	스웨덴의 가구 회사인 IKEA는 이것을 잘 알고 매장의 한가운데에 식당을 두는데, 여러분이 찾는 물건 탐색을 재개하기 전에 음식을 먹고 혈당을 올리도록 이윤 중 일부를 기꺼이 포기함

구문

• The company is willing to sacrifice some of its profit margin [so that you can top up your blood sugar on dishes before resuming your hunt for {whatever you were looking for}].
: [ ]는 「so that ~」 구문으로 '~하기 위하여'라는 목적의 의미를 나타낸다. [ ] 안에서 { }는 전치사 for의 목적어 역할을 하는 복합관계대명사 whatever로 시작하는 명사절이다. 또한 복합관계대명사 whatever는 anything that(~하는 것은 어떤 것이든)과 같은 의미이므로, whatever you were looking for는 anything that you were looking for로 이해할 수 있다.

어휘

decision fatigue 결정 피로감
exhaustion 피로, 기진맥진
affect 영향을 미치다
impulse buy 충동구매
decision maker 의사 결정자
be subject to ~을 당하기 쉽다
temptation 유혹
willpower 의지력
run out 다 떨어지다, 고갈되다
recharge 재충전하다
be located in ~에 위치하다
be willing to 기꺼이 ~하다
sacrifice 버리다, 단념하다
profit margin 이윤 폭
top up ~을 가득 채우다
resume 다시 시작하다

05

정답 ④

1971년에, Bill Pickett는 오클라호마 주, 오클라호마 시, Western Heritage Center에 있는 National Rodeo Cowboy 명예의 전당에 입성한 최초의 아프리카계 미국인이 되었다. Pickett 씨는 카우보이가 소의 뿔을 움켜쥐고, 그것을 비틀고, 소가 땅에 넘어지도록 만드는 소 뿔 잡고 쓰러뜨리기로 알려진 로데오 행사를 개발했다. Pickett 씨의 소 뿔 잡고 쓰러뜨리기 방식은 오늘날 사용되는 그것(방식)과 달랐다. 그는 소의 뿔을 움켜쥐고, 소의 윗입술을 깨문 다음, 스스로 땅에 떨어지곤 했다. 예외 없이, 소도 따라왔다. 그는 개가 뿔이 긴 소를 다루는 것을 보고 이 아이디어를 생각해 냈는데, 그 소들은 카우보이가 올가미 밧줄로 잡을 수 없는 숲에 자주 숨어 있었다. 개들은 소의 윗입술을 깨물고 카우보이가 도착할 때까지 그 소를 붙잡고 있었다. 오늘날, 소의 윗입술을 깨무는 것은 소에게 잔인하다는 이유로 금지되었다.

해설

(A) 이어지는 절이 주어와 동사, 목적어가 있는 완전한 형태의 절이므로, 「전치사+관계대명사」 형태의 in which가 어법상 적절하다.

(B) 목적어가 주어인 He와 동일한 사람을 가리키므로 재귀대명사 himself가 어법상 적절하다.

(C) 주어인 biting into a steer's upper lip이 동사 ban의 주체가 아닌 대상이므로 be동사 is와 함께 수동태를 이루는 과거분사 banned가 어법상 적절하다.

TEXT FLOW

도입	Bill Pickett는 National Rodeo Cowboy 명예의 전당에 입성한 최초의 아프리카계 미국인임
전개 1	Pickett는 소가 땅에 넘어지도록 만드는 소 뿔 잡고 쓰러뜨리기로 알려진 로데오 행사를 개발했음
전개 2	Pickett가 개발한 소 뿔 잡고 쓰러뜨리기 방식은 오늘날의 것과는 다름
전개 3	소의 윗입술을 깨무는 것은 소에게 잔인하다는 이유로 금지되었음

구문

- In 1971, Bill Pickett became the first African American to be inducted into the National Rodeo Cowboy Hall of Fame, [which is located at the Western Heritage Center in Oklahoma City, Oklahoma].
  : [ ]는 the National Rodeo Cowboy Hall of Fame을 부가적으로 설명하는 관계절이다.

어휘

induct 입성시키다, 소개하다
bulldog (송아지·황소의) 뿔을 잡고 쓰러뜨리다
grab 움켜쥐다, 거머쥐다 **bite** 깨물다
invariably 예외 없이 **come up with** ~을 생각해 내다
ban 금지하다 **cruel** 잔인한

06

정답 ③

사회 이론가인 Aimee van Wynsberghe는 병원 환경에서 환자를 침대에서 들어 올리는 데 도움이 되는 로봇을 도입하면 많은 다른 행위자의 역할과, 다양한 부차적인 기능이 수행되는 방식을 바꾼다고 지적한다. 그것은 치료 관행을 변화시킨다. 예를 들어, 간호사가 더 이상 환자를 옮기거나 그들의 리넨 제품(환자복)을 갈아주는 일에 관여하지 않는다면, 간호사는 환자의 신체적, 정신적 상태를 직접 관찰할 기회를 잃는다. 반면에 환자를 들어 올리는 로봇은 간호사의 업무량과 아마도 고용된 병원 간병인의 수를 줄일 수 있다. 의료 서비스를 제공하는 모든 측면에 민감한 디자인 팀원이 있다면 로봇에 중요한 특징과 능력을 시행하는 결과를 초래할 것이다. 그리고 더 나아가, 병원에 로봇을 도입하는 것에는 모든 당사자가 진료의 필수적인 요소가 어떻게 바뀔 것인지에 대해 민감하게 반응하도록 하는 팀 교육이 동반될 수 있다.

해설

(A) 환자를 침대에서 들어 올리는 데 도움이 되는 로봇을 도입하면 많은 다른 행위자의 역할과, 다양한 부차적인 기능이 수행되는 방식이 바뀐다는 내용을 통해, 치료 관행이 변화함을 알 수 있으므로 문맥에 맞는 낱말로 적절한 것은 changes(변화시킨다)이다. maintains는 '유지하다'라는 의미이다.

(B) 병원 환경에 로봇을 도입하면 현재 고용되어 있는 병원 간병인의 수를 줄인다고 했으므로, 문맥에 맞는 낱말로 적절한 것은 hired(고용된)이다. fired는 '해고된'의 의미이다.

(C) 병원에 로봇이 도입되면 진료의 필수적인 요소가 바뀔 것이므로 그에 대해 민감하게 반응하는 팀 교육이 필요할 것이다. 따라서 문맥에 맞는 낱말로 적절한 것은 accompanied(동반된)이다. discouraged는 '단념된'의 의미이다.

매력적인 오답 주의!

① 로봇을 도입하면 간호사와 병원 간병인의 일이 줄어들 것을 예상하여 fired(해고된)라는 낱말을 연상할 수 있는데, (B)에 적절한 낱말은 현재의 hospital attendants 상태를 표현하는 내용이 되어야 한다는 점에 유의해야 한다.

TEXT FLOW

주제	병원에 환자를 침대에서 들어 올리는 데 도움이 되는 로봇을 도입하면 치료 관행을 변화시킬 것임
전개 1	간호사는 환자를 직접 관찰할 기회를 잃고 업무량도 줄고, 병원 간병인의 수도 줄어들 것임
전개 2	로봇 도입으로 진료가 어떻게 바뀔 것인지에 대해 반응하는 팀 교육이 동반될 것임

구문

- Social theorist Aimee van Wynsberghe notes [that {introducing a robot ⟨that helps pick up patients from their beds in a hospital setting⟩} alters {the roles of a number of different actors}, and {the way ⟨in which a variety of secondary functions get performed⟩}].
  : [ ]는 notes의 목적어 역할을 하는 명사절이다. 첫 번째 { }는 명사절 내의 주어 역할을 하는 동명사구이고, 그 안의 ⟨ ⟩는 a robot을 수식하는 관계절이다. 두 번째와 세 번째 { }는 and로 연결되어 alters의 목적어 역할을 하는 명사구이고, 세 번째 { } 안의 ⟨ ⟩는 the way를 수식하는 관계절이다.

어휘

theorist 이론가 **setting** 환경
alter 바꾸다 **a variety of** 다양한
secondary 부차[이차]적인 **practice** 관행
be involved in ~에 관여하다
linen 리넨 제품(환자복, 침대 시트 등)

workload 작업량
sensitive 민감한
implement 시행[실행]하다
capability 능력
accompany 동반하다
element 요소
attendant 간병인
dimension 측면, 차원
feature 특징
by extension 더 나아가
sensitize 민감하게 반응하다

07

정답 ①

만약 여러분의 개가 여러분의 가족에 잘 융합되면, 그 개는 자기 무리의 활동적인 구성원이 되기를 원하고 여러분을 강력한 무리의 지도자로 여길 것이다. 그 개는 자기 발가락 수를 세면서 아무 생각 없이 빈둥거리고 싶어 하지 않는다. 그 개는 활동을 원하는데, 여러분은 개가 자신의 욕망을 충족시키는 수단이다. 자기의 소리와 몸을 사용하여, 그 개는 여러분의 관심을 구할 것이다. 그 개가 여러분에게 무엇을 말하고 있는지 이해하는 것이 어렵지 않지만, 내면에는 그 개를 위한 숨겨진 보상 또한 있다. 만져주는 것은 우리에게 그러한 만큼 개들에게도 진정시키고 안심시켜 주는 것이다. 여러분의 개를 쓰다듬는 것은 그 개의 혈압과 심박동수 그리고 피부 온도를 낮춘다. 그것은 그 개를 진정시킨다. 그것은 걱정과 불안을 줄인다. 그것은 그 개가 더 안전하게 느끼게 한다. 지배적인 개들조차 강한 인간 지도자에게 관심을 간청한다.

해설

(A) 이어지는 절이 완전한 형태를 갖추고 있으므로 by which가 어법상 적절하다.
(B) 「as+원급+as」의 동급 비교구문이므로 as가 어법상 적절하다.
(C) 원형부정사로 쓰인 feel의 보어로 형용사 secure가 어법상 적절하다.

TEXT FLOW

전제 여러분의 개가 여러분의 가족에게 잘 융합되면, 그 개는 가정 내의 활동적인 구성원이 되기를 원하면서 여러분을 자신의 지도자로 여길 것임
부연 그 개는 활동을 원하며, 여러분은 그 개가 자신의 욕망을 충족시키는 수단이므로, 자기의 소리와 몸을 사용하여 여러분의 관심을 구할 것임
상술 개가 관심을 구하는 이유는 주인의 손길을 받음으로써 신체적, 심리적 안정을 얻는 보상이 있기 때문임

구문

- If your dog is well integrated into your family, he will **want** to be an active member of his pack and **look upon** you as a strong pack leader.
: want와 look upon은 등위접속사 and로 연결되어 조동사 will에 공통으로 이어진다.

어휘

integrate 융합하다, 통합하다
look upon A as B A를 B로 여기다
sit around 빈둥거리다
satisfy 충족시키다
beneath the surface 내면에는
soothing 진정시키는
stroke 쓰다듬다
diminish 줄이다
dominant 지배적인
mindlessly 아무 생각 없이
seek 구하다
reward 보상
reassuring 안심시키는
calm 진정시키다
secure 안전한

08

정답 ④

사람들이 평균보다 낫다는 편향에 대해 들을 때조차, 대부분의 개인은 이러한 편향이 자신들에게는 해당되지 않는다고 믿는데, 그것은 심리학자들이 맹점 편향이라고 이름을 붙인 것으로, 즉 여러분이 재능에 대한 자기 평가에서 다른 사람들처럼 편향되어 있지 않다는 믿음이다. 그리고 만약 여러분이 이 아주 흔한 낙관주의가 건강한 습관이라고 생각한다면, 다시 생각해 보라. 지나치게 자신만만한 직원들은 자기 인식을 발달시키고 부정적인 피드백을 받아들일 가능성이 더 적다. 지나치게 자신만만한 지도자는 코칭 및 발전을 위한 개입에 대해 긍정적으로 반응할 가능성이 더 적다. 그리고 사람들은 일반적으로 자신의 재능과 조직에 대한 기여에 대해 스스로 속고 있을 때 동료들의 성공을 받아들이는 것이 더 쉽다고(→ 더 어렵다고) 생각할 것이다. 급여와 급여 만족도 간의 관계가 악명 높게 약한 것은 바로 이러한 이유 때문이다. 명확한 성과 기준이 있을 때조차 대부분의 사람들은 특히 자신의 재능과 동기 부여가 동료의 그것을 능가한다고 인식하기 때문에 자신이 동료보다 더 많은 돈을 벌 자격이 있다고 생각한다.

해설

자신의 재능과 조직에 대한 기여에 대해 스스로 속고 있을 때, 즉 재능과 동기 부여가 동료보다 더 높다고 인식할 때, 동료의 성공을 받아들이는 것이 더 어렵다고 생각할 것이므로 ④의 easier는 harder와 같은 낱말로 바꾸어야 한다.

TEXT FLOW

주장 여러분이 자신의 재능 평가에 있어서 다른 사람처럼 편향되어 있지 않다고 믿고 있다면 다시 생각해 보아야 함
근거 1 지나치게 자신만만한 직원들은 부정적인 피드백을 받아들일 가능성이 더 적고, 지나치게 자신만만한 지도자는 발전을 위한 개입을 긍정적으로 받아들일 가능성이 더 적음
근거 2 명확한 성과 기준이 있을 때조차도 사람들은 자신이 동료보다 재능과 동기 부여에서 앞선다고 인식하여 더 많은 돈을 벌 자격이 있다고 생각하므로, 동료의 성공을 받아들이는 것을 더 어려워할 것임

구문

- **It is** for this reason **that** the relationship between pay and pay satisfaction is notoriously weak.
: 「It is ~ that ...」 강조구문에 의해 for this reason이 강조되고 있다.
- Even in the presence of clear performance criteria, most people think [that they deserve to earn more than their peers, especially because they perceive their own talents and motivation to exceed **those** of their peers].
: [ ]는 think의 목적어 역할을 하는 명사절이고, those는 앞에 언급된 talents and motivation을 대신한다.

어휘

bias 편향, 편견
apply to ~에게 해당되다
psychologist 심리학자
label 이름을 붙이다
self-evaluation 자기 평가
optimism 낙관주의
overconfident 지나치게 자신만만한
self-awareness 자기 인식
intervention 개입
peer 동료
deceive 속이다
notoriously 악명 높게
in the presence of ~이 있을 때에는
criterion 기준 (*pl.* criteria)
perceive 인식하다
exceed 능가하다

17강 장문 독해

유형 PRACTICE

본문 130~137쪽

01 ③ 02 ④ 03 ⑤ 04 ④ 05 ①
06 ② 07 ④ 08 ⑤

01-02

정답 01 ③ 02 ④

인간의 관점에서 사물을 보는 우리의 억누를 수 없는 경향, 즉 다른 종들에게 복잡한 인간의 동기와 처리 능력이 있다고 우리가 흔히 잘못 생각하는 것은 동물의 행동이 사실 복잡하지 않다는 것을 의미하는 것은 아니다. 오히려, 그것은 동물 행동의 복잡성이 순전히 그것의 내적 복잡성의 산물이 아님을 의미한다. Herbert Simon의 '개미 우화'는 이 점을 매우 분명하게 말해 준다. 개미 한 마리가 해변을 따라 걷는 것을 상상하고, 그 개미가 이동함에 따라 그 이동 경로를 추적하는 것을 머릿속에 그려 보라. 그 이동 경로는 많은 꼬임과 방향 전환을 보여 줄 것이고, 매우 불규칙하고 복잡할 것이다. 그렇다면 그 개미에게 동등하게 복잡한 내적 항행 능력이 있다고 가정하고, 그런 복잡한 항행 경로를 만들어 낼 수 있는 규칙과 기제를 추론하기 위해 그 이동 경로를 분석함으로써 이것이 무엇일 수 있는지를 알아낼 수 있을 것이다. 하지만 그 이동 경로의 복잡성은 '실제로 해변 지면에서의 복잡성이지 그 개미의 내적 복잡성이 아니다.' 사실, 그 개미는 일련의 매우 복잡한(→ 단순한) 규칙들을 사용하고 있을지도 모르는데, 그 복잡한 이동 경로를 실제로 만들어 내는 것은 바로 이 규칙들과 환경의 상호작용이지, 그 개미 단독으로는 아니다. 더 일반적으로 말하자면, 개미 우화는 관찰된 행동의 복잡성과 그 행동을 만들어 내는 기제의 복잡성 사이의 필연적인 상관관계가 없음을 보여 준다.

해설

01 동물의 행동이 복잡성을 띠는 것으로 보일 수 있지만, 사실은 동물의 단순한 행동 규칙이 환경과 상호작용하면서 동물의 행동이 복잡한 것처럼 보일 뿐이라는 내용의 글로, '개미 우화'를 예로 들어 설명하고 있다. 따라서 글의 제목으로 가장 적절한 것은 ③ '무엇이 동물 행동의 복잡성을 만드는가?'이다.
① 환경의 복잡성에 이르는 신비의 문을 열라!
② 인간과 동물의 평화로운 공존
④ 동물의 딜레마: 인간 세계에서 자신의 길 찾아가기
⑤ 인간 행동의 복잡성에 미치는 환경의 영향

02 개미의 이동 경로의 복잡성은 개미에게 있는 내적 항행 능력 때문이 아니라 실제로 해변 지면에 있는 복잡성 때문이라고 했으므로, 개미가 사용하는 규칙은 복잡한 규칙이 아닌 단순한 규칙이라고 해야 문맥에 맞는다. 따라서 (d)의 complex(복잡한)는 simple(단순한)과 같은 반대 개념의 낱말로 바꾸어야 한다.

TEXT FLOW

도입 다른 종들에게 복잡한 인간의 동기와 처리 능력이 있다고 우리가 잘못 생각한다고 해서 동물의 행동이 복잡하지 않음을 의미하는 것은 아님
전개 동물 행동의 복잡성은 내적 복잡성의 산물은 아님
예시 '개미 우화'에서 개미의 이동 경로의 복잡성은 실제로 해변 지면에서의 복잡성이지 개미의 내적 복잡성은 아님
결론 개미 우화는 관찰된 행동의 복잡성과 그 행동을 만들어 내는 기제의 복잡성 사이의 필연적인 상관관계가 없음을 보여 줌

구문

- Our irresistible tendency to see things in human terms [— that we **are** often **mistaken in attributing** complex human motives and processing abilities **to** other species —] does not mean [that an animal's behavior is not, in fact, complex].
: 첫 번째 [ ]는 —(대시)를 통한 삽입절로 문장의 주어인 Our irresistible tendency to see things in human terms를 구체적으로 설명해 준다. [ ] 안에서 be mistaken in ~은 '~로 오인되다, 잘못 생각하다'라는 의미이며, 「attribute A to B」는 'B에게 A가 있다고 생각하다'라는 의미이다. 두 번째 [ ]는 mean의 목적어 역할을 하는 명사절이다.

CHECK NOTE

1 the complexity of the animal's behavior
2 Put more generally, the parable of the ant illustrates that there is no necessary correlation between the complexity of an observed behavior and the complexity of the mechanism that produces it.

03-04

정답 03 ⑤ 04 ④

다음을 생각해 보라. 우리는 누군가가 논쟁적인 발언을 하거나 우리가 격렬히 좋아하거나 싫어하는 일을 하는 것을 듣는다. 우리의 즉각적인 반응은 무엇인가? 그 사람이 한 말이나 행동에 동의하거나 동의하지 않거나 둘 중 하나이고, 그런 다음 근처에 있는 다른 사람들이 우리의 관점에 동의하도록 만드는 것이다. 하지만 우리는 그것을 그렇게 내버려 두지 않는다. 우리 주변의 모든 사람이 우리가 사물을 보는 방식에 동의하고, 우리가 그것들에 대해 느끼는 것과 같은 방식으로 느끼지 않으면 우리는 기분이 좋지 않다. 그리고 다른 사람들이 그렇지 않다는 것을 알게 되면, 우리의 즉각적인 반응은 그들이 명백히 잘못된 입장을 취하지 않도록 함으로써 그들이 우리가 하는 대로 생각하고 느끼게 하려고 노력하는 것이다. 그러나 이것은 우리가 그럴 것이라고 상상하는 것처럼 절대로 간단하고 단순하지 않다. 여기서 일어나고 있는 일은 바람이 쌩쌩 부는 추운 겨울날 바깥으로 걸어 나갈 때 일어나는 일들과 매우 흡사하다. 여러분을 향해 바람이 더 세게 불수록, 여러분은 코트를 더 세게 당겨 몸을 감싼다.
다른 사람을 설득하여 그의 입장에서 벗어나게 하려고 애쓰는 것은 역효과를 낳는다. 중요한 문제에 대한 다른 사람의 뿌리 깊은 의견이나 감정을 바꾸는 가장 좋은 방법은 그냥 그 다른 사람을 이해하고 여러분이 그 사람을 이해하고 있다는 것을 그 사람이 알도록 하는 것이다. 깊이 자리 잡고 있는 다른 사람의 견해와 감정을 바꾸기 위해 논리와 이성을 사용하려고 하는 것은 유익한(→ 소용없는) 일이다. 인간은 스스로 변화를 선택할 때만 변할 것이고, 얼음장 같은 의견 충돌의 바람이 그들의 방향으로 불고 있을 때, 변화를 위한 선택은 결코 이루어지지 않으며, 결국 그들은 자신들의 신념을 오히려 더 굳게 지키게 된다.

해설

03 주변 사람들을 자신의 관점에 동의하도록 만들려고 노력하는 사람들이 있는데, 그렇게 하는 것은 역효과를 낳을 뿐이며 다른 사람의 뿌리 깊은 의견이나 감정을 바꾸려면 그 사람을 이해한 다음 그 사람을 이해하고 있다는 것을 그 사람이 알도록 하라는 내용의 글이다. 따라서, 글의 제목으로 가장 적절한 것은 ⑤ '자신과 동일하게 느끼도록 다른 사람들을 강요하려고 절대 애쓰지 말라'이다.

① 논쟁에 올바른 단어를 선택하라
② 우리가 항상 비판적이고 판단적이어야 하는가?
③ 청중들 앞에서의 논쟁은 전략이 필요하다
④ '토론하기'와 '논쟁하기'의 차이점은 무엇인가?

04 다른 사람의 견해와 감정을 바꾸려 하지 말라는 것이 글 전체의 내용인데, 논리와 이성을 사용하려고 하는 것 또한 다른 사람의 감정을 바꾸려는 노력의 일부이므로 하지 말아야 할 행동에 해당한다. 따라서 (d)의 fruitful(유익한)은 futile[useless](소용없는)과 같은 반대 개념의 낱말로 바꾸어야 한다.

TEXT FLOW

도입 주변 사람들의 발언이나 행동에 동의하지 않을 땐 그들을 우리의 관점에 동의하게 만들고자 함
주장 다른 사람을 그들의 입장에서 벗어나게 하려고 하면 오히려 역효과를 낳음
결론 그 사람을 이해하고, 여러분이 그 사람을 이해하고 있다는 것을 상대방이 알게 만드는 것이 가장 좋은 방법임

구문

- **The harder** the wind blows against you, **the more** tightly you pull your coat around yourself.
: 「the+비교급 ~, the+비교급 ...」 구문으로 '~할수록, 더욱 더 …하다'라는 의미를 나타낸다.

- The best way [to change another person's deep-seated opinions or feelings about an important matter] **is** [to simply understand that other person and let that person know that you **do**].
: 첫 번째 [ ]는 주어인 The best way를 수식하는 to부정사구이고 is가 술어 동사이다. 두 번째 [ ]는 주격보어 역할을 하는 to부정사구로, 등위접속사 and로 to understand와 (to) let이 병렬 연결되었다. 대동사 do는 understand him or her를 대신한다.

CHECK NOTE

1 주변 사람들을 설득하는 방법
2 The best way to change another person's deep-seated opinions or feelings about an important matter is to simply understand that other person and let that person know that you do.

직독직해 NOTE

1 And when we learn / that others do not, / our immediate reaction is / to try to make them think and feel the way we do / by arguing them out of their obviously wrongheaded positions.
그리고 우리가 알게 되면 / 다른 사람들이 그렇지 않다는 것을 / 우리의 즉각적인 반응은 ~이다 / 그들이 우리가 하는 대로 생각하고 느끼게 하려고 노력하는 것 / 그들이 명백히 잘못된 입장을 취하지 않도록 함으로써

2 A human will change / only when that person chooses to change / and the choice to change never arrives / when icy winds of disagreement are blowing / in their direction, / causing them to hold / all the more tightly to their convictions.
인간은 변할 것이다 / 그 사람이 변화를 선택할 때만 / 그리고 변화를 위한 선택은 결코 이루어지지 않는다 / 얼음장 같은 의견 충돌의 바람이 불고 있을 때 / 그들의 방향으로 / 결국 그들은 지키게 된다 / 자신들의 신념을 오히려 더 굳게

05-06

정답 05 ① 06 ②

한동안 대기업에서 일자리를 얻는 것이 대개 취업 안정성으로 이어진다는 널리 받아들여진 믿음이 있었다. 주요 제조업체 중 한 곳에서 일자리를 얻는 것이 20년 또는 30년 또는 그 이상 동안 수입을 보장하고 편안한 은퇴로 이어질 수 있다고 수년간 여겨졌다. 이것은 일찍이 1930년대 중후반 또는 제2차 세계대전 동안이나 그 직후에 제조업 노동자로 들어간 많은 사람들에게는 사실이었다. 상당히 많은 수의 이런 사람들이 30여 년 동안 일했고 모두가 점점 더 젊은 나이에 은퇴하기를 거부하고(→ 바라고) 있던 그런 시기에 편안하게 은퇴했다. 많은 사람이 60세의 나이에 은퇴했고 뒤이은 사람들은 그것을 이용할 시기에 맞춰 은퇴 나이가 55세로 떨어질 것으로 기대했다.
오늘날 취업 시장에서 대학 졸업생의 전반적인 상태를 자세히 들여다보고, 제조업에서 취업이 얼마나 많이 떨어졌는지를 가리키는 숫자 역시 살펴보자. 특정 직업과 전문 직종에서 훈련받은 사람들을 예외로 하면, 많은 대학 졸업생들이 더 이른 시절 그랬듯이 캠퍼스에서 모집되기보다는 밖에서 일자리를 찾아 이리저리 돌아다니고 있다. 제조업에서 현재 일자리를 구하고 있는 상당히 많은 사람은 안정적인-'안정적인'은 몇 년 정도를 지속할 수 있음을 의미한다-일자리를 찾게 되면 스스로가 운이 좋다고 여기고, 건강 보험과 같은 혜택을 또한 받을 수 있게 되면 뛸 듯이 기뻐한다.

해설

05 첫 번째 단락에서는 예전의 취업 상황을 설명하는데, 주요 제조업체에서 일자리를 구하면 수십 년간 안정적인 수입과 편안한 은퇴가 보장되었다는 내용이다. 두 번째 단락에서는 현재의 취업 상황을 설명하는데, 일자리를 구하기 위해 대학 졸업생들이 이곳저곳 돌아다니고 있는 상황과 '안정적인' 일자리의 변화된 개념을 언급하고 있다. 따라서 글의 제목으로 가장 적절한 것은 ① '취업 시장 상황의 변화'이다.

② 급여가 취업 동기에 미치는 영향
③ 근로 조건과 직업 만족도
④ 직장에서의 정신 건강 상태
⑤ 사주들이 선호하는 취업 조건

06 예전에는 제조 업체에 취업하고 수십 년 동안 안정적으로 돈을 번 뒤 편안하게 은퇴했지만, 많은 사람이 60세의 나이에 은퇴했고 뒤이은 사람들은 은퇴 나이가 55세로 떨어질 것으로 기대했다는 내용으로 보아 점점 더 젊은 나이에 은퇴하기를 바랐을 것임을 알 수 있다. 따라서 (b)의 refusing(거부하고)은 aspiring[desiring](바라고, 열망하고)과 같은 낱말로 바꾸어야 한다.

TEXT FLOW

도입 한동안 대기업에서 일자리를 얻는 것이 취업 안정성으로 이어진다고 믿었음
상술 주요 제조업체에서 일자리를 얻으면 수십 년간 안정적으로 일했고 모두가 더 젊은 나이에 은퇴하기를 바랐음
대조 오늘날 취업 시장은 많은 대학 졸업생들이 취업을 위해 이리저리 돌아다니고 있음
상술 '안정적인' 일자리의 의미도 몇 년 정도를 지속할 수 있음을 의미하는 것으로 바뀌었고, 건강 보험과 같은 혜택을 받으면 기뻐함

구문

- For years **it** was assumed [that getting a job with one of the major manufacturing firms could {secure one's income for 20 or 30 or more years} and {lead to a comfortable retirement}].
: it은 가주어이고 [ ]가 진주어이다. [ ] 안의 두 개의 { }는 등위접속사 and로 연결되어 조동사 could에 공통으로 이어지는 동사구이다.

- [Take a close look at the overall status of college graduates in today's job market], and [look as well at the numbers {indicating ⟨how far employment has fallen in manufacturing⟩}].
: 두 개의 [ ]는 명령문으로 등위접속사 and로 연결되어 병렬구조를 이룬다. { }는 the numbers를 수식하는 분사구이고, 그 안의 ⟨ ⟩는 분사 indicating의 목적어 역할을 하는 간접의문문이다.

CHECK NOTE

1 retirement, employment, job market
2 변화하는 취업 시장의 상황

직독직해 NOTE

1 Many [retired] by age 60, / and those who followed / [expected] the retirement age / to drop to 55 / in time for them to take advantage of it.
많은 사람이 60세의 나이에 은퇴했다 / 그리고 뒤이은 사람들은 / 은퇴 나이를 기대했다 / 55세로 떨어질 것으로 / 그들이 그것을 이용할 시기에 맞춰

2 With the exception of those / trained in certain occupational and professional specialties, / many college graduates [have been] out [beating] the bushes / for employment / rather than being recruited on campuses / as they were in earlier decades.
사람들을 예외로 하면 / 특정 직업과 전문 직종에서 훈련받은 / 많은 대학 졸업생들이 밖에서 이리저리 돌아다니고 있다 / 취업을 위해 / 캠퍼스에서 모집되기보다는 / 그들이 더 이른 시절 그랬듯이

07~08

정답 07 ④ 08 ⑤

기분이 울적한 동안 여러분이 가지고 있는 부정적인 생각을 무시하는 것은 부정이 아니며, 그것은 또한 위험하거나 무책임한 것도 아니다. 여러분의 문제는 그것이 진짜라면 기분이 좋아져도 여전히 그곳에 있을 것이다. 유일한 차이점은 여러분이 그것을 해결할 준비가 더 잘 되어 있는가일 것이다. 기분이 울적할 때, 여러분은 현실적으로 어떤 종류의 대답을 생각해낼 것인가? 장담하건대, 쓸모없는 대답일 것이다. 불행에서 벗어나기 위한 이 방법을 배운 후에도 여러분은 울적한 기분에 부정적인 영향을 받을 위험에 여전히 처할 것이다. 그 이유는 울적한 기분에 빠지면 여러분이 보게 될 모든 것은 문제뿐이기 때문이다. 그리고 이 울적한 기분이 마지막 기분이나 그것에 선행했던 수만 번의 울적한 기분과 다른 이유를 스스로에게 정당화하는 데 꽤 똑똑해질 수 있다. 자신이 생각해낸 이유와 자신의 곤경에 대해 여러분이 가지고 있는 생각을 더 많이 품을수록, 매번 기분이 더 나쁠 것이다. 그러나 여러분을 보호하는 것은 기분이 울적할 때 느끼고 있는 감정을 더 이상 믿지 않는 것일 것이다. 여러분은 보통 자신의 울적한 기분에 속고 있다는 것을 알게 될 것이다. 부정적인 생각에 빠지고 싶은 유혹이 들더라도 그렇게 하지 않으면 기분이 훨씬 더 나아질 것이라는 것을 보통 알게 될 것이다. 여러분을 보호하는 것은 어떻게든 그냥 여러분의 괴로운 감정을 내버려두면 그것이 나타날(→ 지나갈) 것을 보통 알고 있을 것이라는 것이다. 불행의 이유가 타당한 것처럼 보일지라도, 이유 그 자체가 문제의 큰 부분이라는 것을 보통 알게 될 것이다.

해설

07 기분이 울적한 동안에는 그로 인한 부정적인 영향을 받을 위험이 여전히 크므로, 울적한 기분으로 인해 생기는 부정적인 감정을 더 이상 믿지 말고, 즉 울적한 기분의 속임수에 속지 말고 그것을 그대로 두어 지나가게 하고 불행을 관리하라는 내용의 글이다. 따라서 글의 제목으로 가장 적절한 것은 ④ '울적한 기분의 속임수를 인식하여 불행을 관리하라'이다.
① 기분을 울적하게 할 수 있는 심리적 요인
② 아무도 알지 못하는 부정적인 감정의 이점
③ 감정을 완전히 통제하려는 유혹에 저항하라
⑤ 부정적인 감정 극복을 위한 안내: 그 감정에 집중하기

08 울적한 기분 때문에 부정적인 생각을 하면서 그것에 빠지기 쉬운데 그것에서 자신을 보호하는 방법은 괴로운 감정을 그대로 내버려두면 지나간다는 맥락이다. 따라서 (e)의 appear(나타날)는 pass(지나갈)와 같은 낱말로 바꾸어야 한다.

매력적인 오답 주의!

08 ① 여러분의 문제는 기분이 울적하든 좋든 그곳에 있을 것인데, 유일한 차이점은 문제에 대한 해결책이 더 잘 준비가 되어 있는가에 있다고 했으므로, 기분이 울적할 때는 쓸모없는 답을 할 것이라는 문맥이 자연스럽다. 따라서 futile은 문맥상 적절한 낱말이다.

TEXT FLOW

도입 부정적인 생각을 무시하는 것은 부정이 아니고, 위험하거나 무책임한 것도 아님
전개 불행에서 벗어나기 위한 방법을 배워도 울적한 기분에 부정적인 영향을 받을 위험이 있음
주제 기분이 울적할 때 느끼고 있는 감정을 더 이상 믿지 않는 것이 스스로를 보호하는 것임
부연 괴로운 감정을 내버려두면 그것이 지나갈 것임

구문

- [Ignoring the negative thoughts {you have while you are in a low mood}] is not denial, **nor is it** dangerous or irresponsible.
: [ ]는 문장의 주어 역할을 하는 동명사구이고, 그 안의 { }는 the negative thoughts를 수식하는 관계절이다. 「nor+(조)동사+주어」는 '~도 역시 …가 아니다'의 의미이다.

- And you can get pretty clever at justifying to yourself [why this low mood is different from the last one or the tens of

thousands {that preceded **it**}].
: [ ]는 justifying의 목적어 역할을 하는 명사절이고, 그 안의 { }는 the tens of thousands를 수식하는 관계절이다. it은 the last one을 대신하는 대명사이다.

CHECK NOTE

1 울적한 기분의 속임수
2 기분이 울적할 때 느끼고 있는 감정을 더 이상 믿지 않는다.

직독직해 NOTE

1 The more you entertain / the reasons you come up with, / and the thoughts you are having about your predicament, / the worse you will feel — / every single time.
여러분이 더 많이 품을수록 / 자신이 생각해낸 이유를 / 그리고 곤경에 대해 여러분이 가지고 있는 생각을 / 기분이 더 나쁠 것이다 / 매번

2 You will usually know that, / even though your reasons for your unhappiness / seem to be good ones, / the reasons themselves are a big part of the problem.
여러분은 ~ 것을 보통 알게 될 것이다 / 불행의 이유가 ~할지라도 / 타당한 것처럼 보이다 / 이유 그 자체가 문제의 큰 부분이라는

18강 복합 문단

유형 PRACTICE

본문 138~147쪽

01 ⑤	02 ③	03 ③	04 ④	05 ③
06 ⑤	07 ③	08 ②	09 ③	10 ④
11 ⑤	12 ④			

01-03

정답 01 ⑤ 02 ③ 03 ③

(A) Emma와 Clara는 끝없이 펼쳐진 바다에 시선을 고정하고, 해변 도로에 나란히 서 있었다. 그들을 둘러싸고 있는 숨막히는 풍경은 말로 표현할 수 없을 정도였다. 일출 직후에, 그들은 해변 도로를 따라 자전거를 탈 준비를 마쳤다. Emma는 Clara를 보며, "이것이 네 인생 최고의 (자전거) 타기가 될 것 같니?"라고 물었다. Clara가 고개를 끄덕일 때 그녀의 얼굴이 환한 미소로 밝아졌다. "물론이지! 나는 저 아름다운 파도를 보면서 어서 자전거를 타고 싶어!"
(D) Emma와 Clara는 자전거에 올라타서 해변 도로가 끝나는 하얀 절벽을 향해 페달을 밟기 시작했다. 속도를 내고 넓고 푸른 바다를 즐기면서, Emma는 자신의 흥분을 감추지 못하고 "Clara, 경치가 정말 멋져!"라고 외쳤다. 하지만, Clara의 침묵은 그녀가 자기 생각에 빠져 있다는 것을 말하는 것 같았다. Emma는 그녀의 침묵의 의미를 이해했다. 자기 옆에서 자전거를 타고 있는 Clara를 지켜보며, Emma는 지금은 그녀가 극복한 것처럼 보이는, Clara의 과거 비극에 대해 생각했다.
(C) Clara는 재능 있는 수영 선수였지만, 어깨 부상으로 인해 올림픽 수영 메달리스트가 되겠다는 자신의 꿈을 포기해야만 했다. 하지만 그녀는 그 고난에 건설적인 방식으로 대응했다. 수년간의 고된 훈련 끝에, 그녀는 믿기 어려운 회복을 이뤄냈고 자전거 타기에 대한 새로운 열정을 발견했다. Emma는 고통스러운 과거가 그녀를 어떻게 더 성숙하게 만들어 주었고, 그리고 그것이 결국에는 그녀를 어떻게 더 강하게 만들어 주었는지를 보았다. 한 시간 후에, Emma보다 앞서 가던 Clara가 뒤를 돌아보며 "저 하얀 절벽을 봐!"라고 외쳤다.
(B) 그들의 목적지에 도착했을 때, Emma와 Clara는 자전거를 멈췄다. Emma는 Clara에게 다가가 "자전거 타기는 수영과는 다르지, 그렇지 않니?"라고 물었다. Clara는 미소를 지으며 "사실은, 상당히 비슷해. 수영과 꼭 마찬가지로 자전거 타기는 나에게 정말 살아있다는 느낌이 들게 해 줘."라고 대답했다. "그것은 나에게 인생의 힘든 도전에 직면하면서 산다는 것이 어떤 의미인지 보여줘."라고 그녀는 덧붙였다. Emma는 동의하면서 고개를 끄덕이며, "너의 첫 번째 해변 자전거 타기는 정말 대성공이었어. 내년 여름에 다시 오는 건 어때?"라고 제안했다. Clara는 "너와 함께라면, 물론이지!"라고 기뻐하면서 대답했다.

해설

01 Emma와 Clara가 자전거 타기를 시작하려고 하는 내용인 주어진 글 (A) 다음에, 자전거를 타고 가면서 본 풍경과 Clara의 비극에 대한 언급이 있는 (D)가 오고, Clara의 비극의 내용을 구체적으로 설명하고 그것을 극복한 내용인 (C)가 온 다음에, 마지막으로 목적지에 도착하여 기쁨을 나누는 내용인 (B)가 오는 것이 주어진 글 다음에 이어질 글의 순서로 가장 적절하다.

02 (c)는 Emma를 가리키고, 나머지는 모두 Clara를 가리킨다.

03 Clara는 어깨 부상으로 인해 올림픽 수영 메달리스트가 되겠다는 꿈을 포기해야만 했다고 했으므로, 글에 관한 내용으로 적절하지 않은 것은 ③이다.

TEXT FLOW

도입	Emma와 Clara는 해변 도로를 따라 자전거를 탈 준비를 마침
전개 1	바다를 즐기면서 Clara는 침묵했고, Emma는 Clara가 극복한 과거의 비극에 대해 생각함
전개 2	Clara는 어깨 부상 때문에 올림픽 수영 메달리스트가 되겠다는 꿈을 포기했지만, 그로 인해 더 강해짐
마무리	Clara는 수영과 자전거 타기는 인생의 힘든 도전에 직면하면서 산다는 것의 의미를 보여 준다는 의미에서 상당히 비슷하다고 생각함

구문

- Emma and Clara stood side by side on the beach road, [with their eyes fixed on the boundless ocean].
: [ ]는 「with+목적어+과거분사구」의 분사구문이다.

- [Watching Clara riding beside her], Emma thought about Clara's past tragedy, [which she now seemed to have overcome].
: 첫 번째 [ ]는 주절의 주어 Emma를 의미상의 주어로 하는 분사구문이다. 두 번째 [ ]는 Clara's past tragedy를 부가적으로 설명하는 관계절이다.

CHECK NOTE

1 두 친구의 자전거 타기
2 ① 그녀에게 정말 살아 있다는 느낌이 들게 한다. / ② 그녀에게 인생의 힘든 도전에 직면하면서 산다는 것이 어떤 의미인지 보여준다.

04-06

정답 04 ④ 05 ③ 06 ⑤

(A) Rohan과 Aryan은 인도의 작은 마을에 살던 절친한 친구였다. 그들은 어린 시절부터 떼려야 뗄 수 없는 사이였다. 그들은 농사에 대한 애정을 포함하여 공통점이 많았다. 어느 날 밭에서 일하던 중 그들은 쟁기질하기 어려운 땅 한 뙈기를 우연히 마주쳤다. 최선을 다했지만 단단한 흙을 뚫을 수 없었다. Rohan은 좌절해서 포기하고 싶었지만, Aryan은 인내심을 유지했다. 그는 그에게 농사는 인내에 관한 것이며 그들이 계속 시도해야 한다고 말했다.

(D) Rohan은 망설였지만 Aryan의 조언을 따르기로 결정했다. 그들은 밭에 물을 뿌리고 며칠 동안 그대로 두었다. 일주일 후, 그들은 밭으로 돌아와 다시 시도했다. 이번에는 단단한 흙을 쉽게 뚫을 수 있었다. 그들은 씨앗을 심고 그것이 자라기를 참을성 있게 기다렸다. 며칠이 지나자 Rohan은 조바심이 났다. 그는 몇 시간마다 씨앗을 확인하며 조금이라도 자라는 것을 보고 싶었다. 반면에 Aryan은 침착하고 인내심을 유지했는데, 씨앗이 자라는 데 시간이 필요하다는 것을 알고 있었기 때문이었다.

(B) 어느 날 Rohan은 더 이상 참을 수 없었다. 그는 씨앗을 확인하기 위해 흙을 파기 시작했는데, Aryan이 그에게 하지 말라고 경고했음에도 불구하고 그렇게 했다. 실망스럽게도 그는 씨앗이 전혀 자라지 않았다는 것을 알게 되었다. 그는 그동안의 모든 노력이 헛수고였다고 느꼈다. Aryan은 Rohan을 위로하며, 농사는 인내심의 시험이라는 것을 상기시켰다. 그는 그에게 씨앗이 자라는 데는 시간이 필요하니 그들은 포기해서는 안 된다고 그에게 말했다. Rohan은 그와 이야기를 나눈 후 기분이 나아졌고 더 인내심을 갖기로 결심했다. 며칠이 몇 주가 되고 몇 주가 몇 달이 되었다.

(C) 그들이 인내심을 가지고 기다리자 씨앗이 자라기 시작했다. 그들은 작은 식물이 튼튼하고 건강한 작물로 자라는 것을 지켜보았다. 그들의 인내심은 결실을 맺었고 그들은 그해 풍성한 수확을 거두었다. Rohan은 그 결과에 놀랐고 인내심의 가치를 가르쳐준 Aryan에게 감사를 표했다. 그는 때때로 모든 것이 성장하고 발전하는 데는 시간이 걸리며 너무 일찍 포기하면 실망만 초래한다는 것을 깨달았다. 그는 인내심이 농사에서뿐만 아니라 삶의 모든 측면에서 중요하다는 것을 배웠다.

해설

04 Rohan과 Aryan이 쟁기질하기 어려운 땅 한 뙈기를 발견했지만, 단단한 흙을 뚫을 수 없었다는 내용의 주어진 글 (A) 다음에는 농사는 인내에 관한 것이며 그들이 계속 시도해야 한다고 조언하는 Aryan의 조언을 Rohan이 따르기로 했다는 내용의 (D)가 와야 한다. 그다음에는 씨앗이 자라는 데 필요한 시간을 못 참고 Rohan이 흙을 파기 시작했다는 내용의 (B)가 오고, 마지막으로 둘이 인내심을 가지고 기다리자 씨앗이 자라기 시작했다는 내용의 (C)가 오는 것이 주어진 글 다음에 이어질 글의 순서로 가장 적절하다.

05 (c)는 Aryan을 가리키고, 나머지는 모두 Rohan을 가리킨다.

06 Rohan은 조바심이 났지만 Aryan은 침착하고 인내심을 유지했다고 했으므로, 글의 내용으로 적절하지 않은 것은 ⑤이다.

TEXT FLOW

- 도입 Rohan과 Aryan은 쟁기질하기 어려운 땅 한 뙈기를 우연히 마주쳤지만 단단한 흙을 뚫을 수 없어서 Rohan이 좌절함
- 전개 Aryan은 씨앗이 자라지 않는 것에 조바심이 난 Rohan에게 씨앗이 자라는 것에는 시간이 걸린다고 말하며 인내심의 중요성을 말함
- 결론 Rohan이 인내심을 가지고 기다리자 씨앗이 자랐고 그것이 튼튼하고 건강한 작물로 자라는 것을 지켜보며 인내심의 중요성을 깨달음

구문

- He started digging up the soil [to check the seeds], [even though Aryan had warned him not **to**].
  : 첫 번째 [ ]는 목적의 의미를 나타내는 부사적 용법의 to부정사구이다. 두 번째 [ ]는 양보의 부사절이고, 그 안의 to는 대부정사로 뒤에 dig up the soil to check the seeds가 생략된 것으로 이해할 수 있다.
- He realized [that sometimes things take time to grow and develop], and [that giving up too soon would only lead to disappointment].
  : 두 개의 [ ]는 and로 연결되어 realized의 목적어 역할을 하는 명사절이다.

CHECK NOTE

1 Rohan, Aryan
2 인내심의 중요성

직독직해 NOTE

1 One day, / while working in their fields, / they came across a patch of land / that was difficult to plow.
어느 날 / 밭에서 일하던 중 / 그들은 땅 한 뙈기를 우연히 마주쳤다 / 쟁기질하기 어려운

2 Aryan, / on the other hand, / remained calm and patient, / knowing that the seeds needed time to grow.
Aryan은 / 반면에 / 침착하고 인내심을 유지했다 / 씨앗이 자라는 데 시간이 필요하다는 것을 알고 있어서

07-09

정답 07 ③ 08 ② 09 ③

(A) 나는 한 회사의 웹마스터인데, 음악에 관한 많은 질문에 답변을 해 왔지만, Arthur Belefant가 그의 koto를 고칠 수 있는 사람을 내가 찾아줄 수 있는지 물었을 때까지 나는 koto에 대해 들어본 적이 없었다. Arthur는 그것이 일본의 현악기인데, 그의 것이 물에 의해 손상되었다고 설명했다. 그는 그것을 고칠 수 있는 누군가를 찾아낼 수 없었다. Arthur는 그를 도와줄 수는 없지만 나와 연락해 볼 것을 제안한 한 사서와 이야기했다고 말했다.

(C) 알고 보니, 그 사서는 한 도서관 이용자에게서 질문을 받았는데, 그것에 답할 수 없어서 내가 도와줄 수 있는지를 물은 적이 있었다. 나는 그녀에게 답을 찾아줄 수 있었고 그녀는 나를 기억하고 있었다. Arthur는 나에게 메시지를 보냈고, 나는 그의 koto를 문제없이 수리할 수 있을 훌륭한 수리점이 캘리포니아의 San Jose에 있다고 그에게 말했다. 그때 그는 나에게 유감스럽게도 자기가 플로리다에 산다고 말했다.

(D) 그러나, 그곳이 그가 그것을 수리할 수 있는 유일한 곳이라면 그 악기를 기꺼이 캘리포니아로 보내겠다고 했다. 그 시점에 나는 조사를 좀 더 했고 결국 Arthur가 사는 곳으로부터 멀지 않은 플로리다에 있는 수리점을 찾아냈다. 나는 플로리다에 있는 그 수리점으로 전화를 했고 수리점 주인이 아마도 그 손상을 고칠 수 있지만, 그 악기를 먼저 볼 필요가 있다고 말했다고 Arthur에게 답장했다.

(B) Arthur는 나에게 메시지를 보냈는데, 내용은 다음과 같았다. "제 문의에 대한 멋진 답변에 감사드리고 싶습니다. 저는 방금 그 수리점에 다녀왔고, 주인은 그가 제 koto를 고칠 수 있다고 말했습니다. 저는 어떻게 캘리포니아에 계신 선생님이 저에게서 겨우 20마일 떨어진 곳에 있는 수리점을 용케 찾아냈는지 알 수 없습니다. 이곳에서는 누구도 제게 그 정보를 줄 수 없었습니다." 플로리다에 있는 그 수리점 주인은 정말로 Arthur의 koto를 고쳤다. 나는 오늘도 플로리다에서 누군가가 예전에 훼손됐지만 지금은 수리된 koto로 Arthur에 의해 연주되는 부드러운 선율을 듣고 있지 않을까 생각한다.

해설

07 Arthur는 자신의 koto를 고칠 수 있는 사람을 찾던 중 소개를 받고 필자에게 연락했다는 내용의 주어진 글 (A) 다음에는 필자가 캘리포니아에 koto를 수리할 수 있는 수리점을 찾아서 말해주었지만, Arthur는 플로리다에 살고 있었다는 내용의 (C)가 와야 한다. 그다음에는 필자가 플로리다의 수리점을 찾았음을 전달하는 내용의 (D)가 오고, 마지막으로 Arthur는 플로리다의 수리점에 koto를 고칠 수 있었고 필자에게 감사의 메시지를 보내는 내용의 (B)가 오는 것이 주어진 글 다음에 이어질 글의 순서로 가장 적절하다.

08 (b)는 플로리다에 있는 수리점 주인을 가리키고, 나머지는 모두 Arthur를 가리킨다.

09 (B)의 The shop owner in Florida did fix Arthur's koto.를 통해, Arthur의 koto를 고친 사람은 플로리다에 있는 수리점 주인임을 알 수 있으므로, 글의 내용으로 적절하지 않은 것은 ③이다.

TEXT FLOW

발단	Arthur Belefant가 웹마스터인 필자에게 koto라는 현악기를 고칠 수 있는 사람을 찾아 달라고 부탁했음
전개 1	필자는 Arthur에게 캘리포니아에 있는 수리점을 소개했지만 그는 플로리다에 산다고 말했음
전개 2	필자는 더 많은 조사를 통해서 결국 플로리다의 수리점을 찾아냈음
결말	결국 Arthur는 플로리다의 수리점에서 koto를 고쳤고 필자에게 감사의 메시지를 보냈음

구문

• Arthur said [that he had spoken with a librarian {who was unable to help him but **suggested** ⟨**that** he **get** in touch with me⟩}].
: [ ]는 said의 목적어 역할을 하는 명사절이다. { }는 a librarian을 수식하는 관계절로 두 개의 동사구 was unable to help와 suggested가 등위접속사 but으로 연결되었다. ⟨ ⟩는 suggested의 목적어 역할을 하는 명사절이다. 이때 「suggest+that+주어+(should+) 동사원형」 구문이 쓰여 he와 get 사이에 조동사 should가 생략된 것으로 이해할 수 있다.

• I suspect [that even today someone in Florida is listening to soft melodies {played by Arthur on a once damaged but now repaired koto}].
: [ ]는 suspect의 목적어 역할을 하는 명사절이다. { }는 soft melodies를 수식하는 분사구이다.

• However, he would be willing to ship the instrument to California if that was the only place [where he could have it repaired].
: [ ]는 the only place를 수식하는 관계절이다.

CHECK NOTE

1 I, Arthur Belefant
2 손상된 koto 수리하기

직독직해 NOTE

1 I 'm a webmaster for a company, / and I 've answered many questions / about music, / but I had never heard of a koto / until Arthur Belefant asked / if I could find someone / who could repair his koto.
나는 한 회사의 웹마스터이다 / 그리고 나는 많은 질문에 답변을 해 왔다 / 음악에 관한 / 그러나 나는 koto에 대해 들어본 적이 없었다 / Arthur Belefant가 물었을 때까지 / 내가 사람을 찾아줄 수 있는지 / 그의 koto를 고칠 수 있는

2 I told Arthur in my reply / that I had called the shop in Florida / and the shop owner had said / he could probably repair the damage / but he'd need to see the instrument first.
나는 내 답장에서 Arthur에게 말했다 / 나는 플로리다에 있는 그 수리점으로 전화를 했었다고 / 그리고 수리점 주인이 말했었다고 / 그가 아마도 그 손상을 고칠 수 있다고 / 하지만 그 악기를 먼저 볼 필요가 있다고

10-12

정답 10 ④ 11 ⑤ 12 ④

(A) Gerhardt는 양치기 소년이었다. 어느 날 그가 자신의 양떼를 돌보고 있을 때, 한 사냥꾼이 숲에서 나와 물었다. "가장 가까운 마을까지 거리가 얼마나 먼가?" "6마일입니다, 나리." 소년이 대답했다. "하지만 그 길은 단지 양이 다녀서 만들어진 길일 뿐이고, 길을 잃기 매우 쉽습니다." 사냥꾼은 굽은 길을 힐끗 쳐다보며 "나는 배가 고프고, 피곤하며 목이 마르네. 길을 잃었거든. 양을 두고 나에게 길을 알려 주게. 돈을 후하게 줄 테니."라고 말했다. "저는 양들을 떠날 수 없습니다, 나리." Gerhardt가 대답했다.
(D) "그것들은 길을 벗어나 숲으로 들어가서 늑대에게 잡아먹히거나 강도에게 도둑맞을 것입니다." 사냥꾼은 "한두 마리 잃어버리는 것은 자네 주인에게는 대단찮을 것이고, 자네가 1년 내내 벌어들인 돈보다 더 많은 돈을 내가 주겠네."라고 말했다. "저는 갈 수 없습니다, 나리." Gerhardt가 매우 단호하게 대답했다. "제 주인께서는 제 시간에 대해 급료를 주시고, 저에게 안심하고 자신의 양을 맡겨 주십니다." "음, 자네가 마을에 가서 먹을 것과 마실 것, 그리고 안내인을 데려오는 동안 나에게 자네의 양을 맡길 수 있겠는가? 내가 자네 대신 그것들을 돌봐 주겠네."라고 사냥꾼이 말했다.
(B) 소년은 고개를 저었다. 그는 "그 양들은 나리의 목소리를 모릅니다."라고 말했다. "나를 못 믿는가?"라고 사냥꾼이 화가 나서 물었다. "나리, 나리께서는 제가 제 주인과의 약속을 어기기를 바라셨습니다. 나리께서 저와의 약속을 지킬 거라는 것을 제가 어떻게 알겠습니까?" 사냥꾼은 그 소년이 자신을 완전히 궁지에 몰아넣은 것을 느꼈기 때문에 웃었다. 그는 "자네가 선량하고 충실한 젊은이임을 알겠군. 자네를 잊지 않겠네. 길을 가르쳐 주면 내가 직접 찾아가도록 노력하지."
(C) Gerhardt는 약간의 음식을 그 배고픈 사람에게 제공했고, 그는 그것을 기쁘게 먹었다. 머지않아 그의 수행원들이 다가왔고, 그가 놀랍게도 Gerhardt는 그 사냥꾼이 대공이라는 것을 알았다. 공작은 그 소년의 정직함에 매우 기뻐하여, 곧 그를 불렀고 그를 교육받게 했다. 후에 Gerhardt는 매우 부유하고 영향력 있는 사람이 되었지만, 그는 죽는 날까지 계속 정직하고 진실했다.

해설

10 사냥꾼이 나타나서 가장 가까운 마을까지의 거리를 물으며 양을 버려두고 자신에게 길을 안내해 달라고 요청하자 양치기 소년인 Gerhardt가 양을 두고 갈 수 없다며 거절하는 내용의 (A)에 이어서, Gerhardt가 양을 두고 갈 수 없는 이유를 말하자 사냥꾼이 자신이 양을 돌보겠으니 마을에 다녀올 것을 제안하는 내용의 (D)가 오고, Gerhardt가 재차 사냥꾼의 제안을 거절하며 자신의 주인과의 약속을 저버리기를 원하는 사냥꾼을 자신이 어떻게 믿을 수 있겠는지를 따져 묻는 Gerhardt와 이 말에 수긍하는 사냥꾼에 대한 내용의 (B)가 와야 한다. 마지막으로 사실은 대공이었던 사냥꾼이 Gerhardt를 교육시켜 부유하고 영향력 있는 사람이 되었다는 내용의 (C)가 오는 것이 주어진 글 다음에 이어질 글의 순서로 가장 적절하다.

11 (e)는 Gerhardt의 주인을 가리키고, 나머지는 모두 Gerhardt를 가리킨다.

12 (C)의 Gerhardt offered some food to the hungry man, who ate it gladly.를 통해 Gerhardt가 그의 음식을 그 사냥꾼에게 주었고 그가 그것을 기쁘게 먹었음을 알 수 있으므로, the hunter에 관한 내용으로 적절하지 않은 것은 ④이다.

TEXT FLOW

발단	양치기 소년 Gerhardt가 양을 돌보고 있을 때, 한 사냥꾼이 나타나 그에게 양을 버려 두고 길을 안내해 줄 것을 요청했지만, Gerhardt는 이를 거절했음
전개 1	Gerhardt가 양을 두고 갈 수 없는 이유를 말하자 사냥꾼은 자신이 대신 양을 돌봐 줄 테니 마을에 가서 먹을 것과 마실 것을 가져오고 안내인을 데려올 것을 제안했음
전개 2	Gerhardt가 재차 거절하자, 사냥꾼은 Gerhardt에게 길을 알려 주면 자신이 직접 찾아가겠다고 말했음
결말	Gerhardt가 사냥꾼에게 자신의 음식을 내주었고 머지않아 사냥꾼의 수행원들이 나타나 그가 대공임을 알게 되었으며, 그의 도움으로 교육을 받은 Gerhardt는 후에 세력가가 되었음

구문

• The duke was **so** pleased with the boy's honesty **that** he sent for him shortly after and **had him educated**.
: '매우 ~해서 …하다'를 의미하는 「so ~ that ...」 구문이 쓰였다. had는 사역동사이고, him은 목적어인데, him은 동사 educate의 대상이므로 목적격보어는 과거분사인 educated가 쓰였다.

• Later, Gerhardt became a very rich and powerful man, but he **remained honest** and **true** to his dying day.
: remain은 주격보어로 형용사를 취하는 동사이므로 honest와 true가 등위접속사 and로 연결되어 보어로 쓰였다.

CHECK NOTE

1 Gerhardt, a hunter(사냥꾼)
2 Gerhardt의 선량함과 충실함

직독직해 NOTE

1 Presently his attendants came up, / and then Gerhardt, / to his surprise, / found that the hunter was the grand duke.
머지않아 그의 수행원들이 다가왔다 / 그러고 나서 Gerhardt는 / 그가 놀랍게도 / 그 사냥꾼이 대공이라는 것을 알았다

2 The hunter said, / "The loss of one or more / wouldn't be much to your master, / and I'll give you more money / than you've earned in a whole year."
사냥꾼은 말했다 / 한두 마리 잃어버리는 것은 / 자네 주인에게는 대단찮을 것이다 / 그리고 더 많은 돈을 내가 주겠다 / 자네가 1년 내내 벌어들인 돈보다

본문 148~151쪽

REVIEW 모의고사 06회

01 ③	02 ④	03 ④	04 ⑤
05 ②	06 ⑤	07 ②	08 ⑤
09 ②	10 ④		

01-02

정답 01 ③ 02 ④

게임을 할 때 때때로 우리는 흥분하게 되고 감정이 너무 커질 수 있다. 이길 수 없을 때 아마도 우리는 좌절하기도 하고, 또는 이길 때 아마도 우리는 정말로 행복해하기도 한다. 하지만 감정을 조절하는 법을 배우는 것이 초능력을 갖는 것과 같다는 사실을 알고 있었는가? 친구들과 축구 경기를 하고 있다고 상상하라. 마지막 쿼터이고 점수는 동점이다. 여러분의 팀이 공을 가지고 있고 모두가 여러분이 결승골을 넣기를 기대하고 있다. 여러분은 압박이 커서 긴장감을 느끼기 시작하지만, 긴장감에 휩쓸리는 것 대신 심호흡을 하고 집중력을 유지한다. 온 힘을 다해 공을 차고 공이 (골망) 안에 들어간다! 감정을 조절함으로써 침착함을 유지하고 팀을 위해 승리하는 플레이를 할 수 있었다. 감정 조절이란 분노, 흥분, 두려움과 같은 감정이 올바른 결정을 내리는 데 방해가 되지 않도록 그 감정을 관리할 수 있다는 것을 의미한다.
이제 여러분이 정말 화가 났었을 때를 생각해 보자. 아마도 누군가가 여러분이 가장 좋아하는 장난감을 물어보지도 않고 가져갔고, 여러분은 그 사람에게 소리를 지르거나 그 사람을 때리고 싶었을 것이다. 하지만 그 대신 선생님께서 자신의 감정을 말로 표현하는 것에 관해 했던 말을 잊었다(→ 기억했다). 그래서 심호흡을 하고 침착하게 친구에게 어떻게 느꼈는지를 이야기했다. 친구는 경청하고 사과했고, 여러분 둘은 함께 해결책을 찾았다. 그것이 바로 감정 조절의 실천이다! 그것은 힘든 상황을 침착하게 처리하고 우리 자신과 타인에게 좋은 결정을 내리는 데 도움이 된다. 그러므로 다음에 큰 감정이 밀려오는 것을 느낄 때, 기억하라, 여러분에게는 그것을 통제하여 올바른 결정을 내릴 수 있는 힘이 있다는 것을.

해설

01 분노, 흥분, 두려움과 같은 감정이 올바른 결정을 내리는 데 방해가 되지 않도록 감정 조절을 할 수 있어야 힘든 상황을 침착하게 처리하고 우리 자신과 타인에게 좋은 결정을 내리는 데 도움이 된다는 내용의 글이다. 따라서 글의 제목으로 가장 적절한 것은 ③ '감정 조절: 올바른 결정을 위한 강력한 도구'이다.
① 게임에서 승리하기 위한 감정 활용의 잠재적 이점
② 자신을 통제하기 위해 다른 사람의 조언을 주의 깊게 들어라
④ 여러분이 올바른 결정을 내리는 것을 막는 요인
⑤ 의사 결정에서 감정의 두 가지 상충되는 측면

02 가장 좋아하는 장난감을 친구가 묻지도 않고 가져갔다면 화가 많이 났을 텐데, 감정을 말로 표현하는 것에 대한 선생님 말을 기억해야 친구와 말로 해결책을 찾을 수 있으므로, (d)의 forgot(잊었다)을 remembered(기억했다)와 같은 낱말로 바꾸어야 한다.

매력적인 오답 주의!

01 ② 자신의 감정을 통제하는 것이 글의 핵심 내용이지만, 그것을 위해 다른 사람의 조언을 주의 깊게 들으라는 내용은 글에서 다뤄지지 않았다.

02 ③ 감정 조절이란 분노, 흥분, 두려움과 같은 감정이 올바른 결정을 내리는 데 방해가 되지 않도록 그 감정을 관리할 수 있다는 것을 의미하므로, able은 문맥상 적절한 낱말이다.

TEXT FLOW

주제	감정을 조절하는 법을 배우는 것이 초능력을 갖는 것과 같음
예시 1	골을 넣어야 승리하는 압박 속에서 심호흡을 하고 집중력을 유지하여 골을 넣음
예시 2	화가 났을 때 감정을 말로 표현하는 것에 관해 기억을 떠올리고 말로 해결책을 찾음
결론	감정을 통제하여 올바른 결정을 내릴 수 있는 힘이 여러분에게 있다는 것을 기억해야 함

구문

- Emotional control means [being able to manage your feelings, such as anger, excitement, or fear, {so that they don't get in the way of making good decisions}].
  : [ ]는 means의 목적어 역할을 하는 동명사구이고, 그 안의 { }는 목적의 의미를 나타내는 부사절이다.
- It helps us [handle tough situations calmly] and [make decisions {that are good for ourselves and others}].
  : 두 개의 [ ]는 and로 연결되어 helps의 목적격보어 역할을 하는 구이다. 두 번째 [ ] 안의 { }는 decisions를 수식하는 관계절이다.

어휘

frustrated 좌절한 superpower 초능력
score 점수(를 내다) tied (점수가) 동점인
count on 기대하다 might 힘
get in the way of ~을 막다, ~을 방해하다
apologize 사과하다 solution 해결책
handle 처리하다, 다루다

03~04

정답 03 ④ 04 ⑤

인간의 눈에는 두 눈을 가진 대부분의 다른 동물들의 눈과 다소 다른 뭔가가 있는데, 상당히 특별하다. 물고기에서 들쥐에 이르는 거의 모든 다른 척추동물들은 머리의 양쪽에 곁눈질을 하고 독립적으로 움직이는 눈이 있는데, 그것이 그들에게 항상 거의 전면적인 시야를 제공한다. 우리 인간의 경우, 우리의 두 눈은 앞을 향하고, 함께 움직이는데, 그것은 실질적으로 그것들을 단 하나의 눈이 되게 한다. 오직 다른 영장류들과 올빼미와 매, 늑대, 뱀, 그리고 상어와 같은 소수의 포식 동물들만이 유사한 정면 시야를 가지고 있다. 우리가 다방향의 두 눈 시야의 이점을 포기하려면, 우리는 이 단일 방향의 정면 시야로부터 몇 가지 주요한 이점을 얻어야 하는데, 우리가 그렇게 하고 있는 것으로 드러난다.
초식동물 및 기타 먹잇감 동물들에게, 전면적인 시야는 그들이 어떤 방향에서든지 오는 위험을 볼 수 있게 하기 때문에 큰 이점이다. 심지어 그들이 한 쪽 눈으로 먹고 있는 풀을 지켜보고 있는 동안에도, 그들의 다른 쪽 눈은 뒤쪽에서 몰래 들어오는 포식자를 힐끗 보기 위해 회전할 수 있다. 하지만 많은 포식자들은 그러한 전경을 살펴보는 것이 전혀 필요하지 않다. 그들에게 필요한 것은 자신들의 목표물의 소재를 파악하여 그것을 향해 곧장 나아갈 수 있는 것이다. 영장류 역시 전면적인 시야를 필요로 하지 않는데, 왜냐하면 나무 위에는 포식자들이 공격할 수 있는 방향의 수가 한정되어 있기 때문이다. 그들에게 필요한 것은 나뭇가지 사이로 오가거나 과일을 잡으려고 할 때 거리를 대충(→ 정확하게) 판단할 수 있는 것이다. 단 한 번의 잘못 판단된 도약이 진화의 계보에서 그들의 유전자를 쉽게 지워 버릴지도 모른다.

해설

03 물고기에서 들쥐에 이르는 모든 척추동물들은 대부분 머리의 양쪽에 두 눈이 있어서 전면적인 시야를 가지고 있다고 한 후, 인간을 비롯한 영장류와 올빼미와 매, 늑대, 뱀, 상어와 같은 동물들이 가지고 있는 정면 시야를 소개하면서 이러한 시야가 각각의 동물들에게 유용한 이유를 설명하고 있다. 따라서 글의 제목으로 가장 적절한 것은 ④ '왜 두 눈을 가진 동물이 전면적인 시야나 정면 시야를 가지고 있는가'이다.
① 어떻게 초식동물과 먹잇감 동물에게서 전면적인 시야가 작용하는가
② 왜 인간의 눈이 다른 동물의 눈보다 훨씬 더 좋은가
③ 어떻게 두 눈을 가진 동물이 환경 재해에서 살아남을 수 있었는가
⑤ 동물이 머리의 양쪽에 두 눈을 가진 것의 이점

04 영장류가 잘못 판단된 도약을 하면 진화의 계보에서 유전자가 쉽게 지워질지도 모른다고 했으므로, 나뭇가지 사이로 오가거나 과일을 잡으려고 할 때 거리를 정확하게 판단해야 한다고 하는 것이 자연스럽다. 따라서 (e)의 roughly(대충)를 precisely(정확하게)와 같은 낱말로 바꾸어야 한다.

TEXT FLOW

주제	두 눈을 가진 대부분의 동물들은 전면적인 시야 혹은 정면 시야를 활용하여 생활에 도움을 받음
근거 1	초식동물과 다른 먹잇감 동물은 전면적인 시야로 인해 위험을 탐지할 수 있음
근거 2	포식 동물은 정면 시야를 활용하여 목표물을 향해 곧바로 나아가야 하며, 영장류는 나무 위에서 나뭇가지를 오가거나 과일을 잡을 때 거리를 정확하게 판단해야 함

구문

- Nearly all other vertebrates, from fish to field mice, have eyes either side of their heads, [looking sideways and moving independently], [which gives them pretty much all-round vision at all times].
  : 첫 번째 [ ]는 eyes를 수식하는 분사구이다. 두 번째 [ ]는 앞 문장을 부가적으로 설명하는 관계절로 '그런데 그것은 ~'을 의미한다.
- [What they need] is to be able to precisely judge distance [as they swing through the branches or try to grab fruit].
  : 첫 번째 [ ]는 주절의 주어 역할을 하는 관계절이고, 두 번째 [ ]는 as가 이끄는 부사절로, 동사 swing과 try는 등위접속사 or로 연결되어 주어 they에 공통으로 이어진다.

어휘

field mouse 들쥐 look sideways 곁눈질을 하다
all-round 전면적인 vision 시야, 시력
effectively 실질적으로 primate 영장류 (동물)
predatory 포식성의 frontal 정면의
turn out ~임이 드러나다
catch a glimpse of ~을 힐끗 보다
sneak in 몰래 들어오다 panoramic 전경을 보여 주는
scanning 살펴보기 target 목표물, 대상
swing through ~의 사이로 오가다
wipe 지우다
evolutionary tree 진화의 계보

05-07

정답 05 ② 06 ⑤ 07 ②

(A) 나는 오랜 시간 동안 코미디언으로 일해 왔다. Jeff Witjas와 나는 당시에 내가 소속되었던 'William Morris'라는 연예 기획사에서 만났다. 그는 나의 에이전트가 아니었지만, 나는 그를 회사에서 알고 있었다. 기획사가 쇠퇴하기 시작했을 때, Jeff는 다른 기획사인 APA로 옮겼다. 나의 오랜 에이전트이자 가장 친한 친구들 중 한 사람인 Tony Fantozzi는 William Morris의 공동 경영자들 중 한 사람이긴 했지만, 그때 그는 퇴직했다. 그래서 나는 새로운 에이전트를 이어받았지만, 나는 그가 마음에 들지 않았다. 나는 APA로부터 계속해서 전화를 받았는데, 내가 와서 (그들과) 만남을 가질 것인지를 물었다.

(C) 나는 Tony에게 전화를 걸어서 그 전화에 대해 말했다. William Morris에 더 이상 있지 않았던 Tony는 그의 강인한 남성적인 이탈리아 억양으로 "만나 보는 것이 어때요?"라고 말했다. 그래서 나는 APA로 갔고, 그들의 모든 중역들과 만나기 위해 회의실로 들어갔다. 나는 나의 일이나 배경에 관해 어떤 설명도 할 필요가 없었다. 그들은 이미 나의 모든 사소한 세부 사항까지도 알고 있었다. 나는 그들의 철저한 준비에 정말로 감명을 받았고, 대단히 만족했다.

(B) 그래서 나는 그 만남에서 중역들과 꽤 많은 이야기를 했고, 그다음에 그들은 나에게 그 기획사로 올 생각인지를 물었다. 나는 "그것을 심사숙고해 보겠습니다."라고 말했다. 그 만남 후, Tony가 와서 나를 차에 태웠고, 우리는 그것에 대해 이야기했다. 나는 그에게 그들이 일하는 방식과 그들이 나에 대해 알고 있던 것에 정말로 감명을 받았다고 설명해 주었다. Tony는 "그들과 함께 일하는 것이 어때요?"라고 말했다.

(D) 나는 그의 권고를 받아들였다. Jeff는 APA에서 나의 에이전트가 되었고, 나는 그와 함께 일하는 것을 행운이라고 생각한다. 우리는 훌륭한 팀이다. 그는 내가 어디에 가든지 나와 함께 있다. 보호자로서뿐만 아니라, 일을 조정하는 사람으로서 그는 모든 출연을 뒷바라지하고 우리가 시내에 있는 동안 모든 것을 준비한다. 그는 정말 마음에 드는 여행 동반자인데, 왜냐하면 그는 내가 과부하가 걸리면 반드시 내게 중요한 일들을 할 수 있는 자유를 여전히 나에게 주기 때문이다.

해설

05 코미디언인 필자는 오랜 에이전트인 Tony가 퇴직한 후 새로운 에이전트를 만났지만 만족하지 않던 도중 APA에서 만남을 제의받았다는 내용의 주어진 글 (A) 다음에는 Tony의 권고로 APA의 중역들과 만남을 가졌고 매우 감명을 받았다는 내용의 (C)가 와야 한다. 그다음에는 필자가 기획사를 옮길지 고민을 하였고 Tony는 그들과 일해 보는 것은 어떤지 제안하는 내용의 (B)가 오고, 마지막으로 Tony의 제안을 his recommendation으로 받으면서 그 기획사로 옮겨 새로운 에이전트 Jeff와 일하는 것에 만족한다는 내용의 (D)가 오는 것이 주어진 글 다음에 이어질 글의 순서로 가장 적절하다.

06 (e)는 Jeff Witjas를 가리키고, 나머지는 모두 Tony Fantozzi를 가리킨다.

07 (B)의 they asked ~ "Let me think it over."를 통해 APA 중역들이 자신들의 기획사로 올 생각인지를 묻는 말에 필자가 심사숙고해 보겠다고 답했음을 알 수 있으므로, 글의 내용으로 적절하지 않은 것은 ②이다.

TEXT FLOW

발단	코미디언인 필자는 자신의 오랜 에이전트였던 Tony가 퇴직하고 새로운 에이전트를 만났지만 그가 마음에 들지 않았음
전개 1	APA 기획사에서 계속해서 연락이 와서 Tony에게 어떻게 할지 상담을 하고 APA의 중역들을 만나보기로 했음
전개 2	자신에 대해 철저히 준비한 APA에 만족하였고 Tony와 의논하여 기획사를 옮기기로 하였음
결말	APA의 새로운 에이전트인 Jeff와 함께 일하는 것에 상당히 만족하고 있음

구문

- Jeff Witjas and I met at "William Morris," [an entertainment agency {to which I belonged at that time}].
  : [ ]는 Willam Morris와 동격 관계의 명사구이다. { }는 an entertainment agency를 수식하는 관계절이다.

어휘

belong to ~에 소속되다, ~에 속하다
decline 쇠퇴하다
inherit 이어받다, 물려받다
quite a bit 상당히 (많이)
impress ~에게 감명을 주다
recommendation 권고, 추천
arranger 일을 조정하는 사람
set up ~을 준비하다
delightful 마음에 드는, 정말 기분 좋은
companion 동반자
partner (기업의) 공동 경영자
executive (기업이나 조직의) 중역
think over ~을 심사숙고하다
boardroom (중역·이사의) 회의실
protector 보호자
appearance 출현, 등장

08-10

정답 08 ⑤ 09 ② 10 ④

(A) Father Anansi라는 이름의 한 남자가 살았다. 그는 세상에 있는 모든 지혜를 소유했다. 사람들은 매일 조언을 얻기 위해 그에게 왔다. 어느 날 그 나라의 사람들이 그를 화나게 해서, 그는 그들을 벌하기로 결심했다. 그는 가장 강력한 처벌은 그들에게서 모든 지혜를 숨기는 것일 거라고 생각했다. 그는 자신이 이미 베풀었던 모든 지혜를 다시 모았다. 그는 그 모든 지혜를 큰 단지 하나에 집어넣었다. 그는 조심스럽게 이것을 밀봉했고 아무도 닿을 수 없는 곳에 그것을 두기로 결심했다.

(D) 그때, Father Anansi에게 Kweku Tsin이라는 아들이 있었다. 이 소년은 아버지가 어떤 비밀 계획을 가지고 있다는 것을 알기 시작해서 조심스럽게 지켜보기로 결심했다. 다음 날 그는 아버지가 귀중한 단지를 자신의 목에 건 채로 조용히 집 밖으로 나가는 것을 보았다. Kweku Tsin은 (아버지를) 따라갔다. Father Anansi는 숲속으로 들어갔다. 가장 키가 큰 나무를 고르고 나서, 그는 (나무에) 오르기 시작했다.

(C) 그 무거운 단지는 그의 앞에 매달려 있었기 때문에, 그가 올라가는 것을 거의 불가능하게 했다. 반복해서 그는 나무 꼭대기에 도달하기 위해 애를 썼는데, 그곳에 그는 그 단지를 걸어놓으려 했다. 그곳에서, 그는 지혜가 정말로 자신을 제외한 모든 사람의 손이 닿지 않는 곳에 있게 될 것이라고 생각했다. 그러나, 그는 자신의 바람을 이룰 수 없었다. 시도할 때마다, 그 단지는 그가 오르는 것에 방해가 되었다. 얼마 동안, Kweku Tsin은 아버지의 헛된 시도를 지켜보았다.

(B) 결국, 그는 참지 못하고, 소리쳤다. "아버지, 단지를 등에 메는 것이 어떠세요? 그러면 나무에 쉽게 오를 수 있으실 거예요." Father Anansi는 돌아보며 "나는 이 단지 안에 세상의 모든 지혜를 가지고 있다고 생각했다. 하지

만 네가 나보다 지혜를 더 많이 가지고 있다는 것을 알게 되는구나. 나의 모든 지혜는 나에게 무엇을 해야 할지 알려 주기에 불충분했지만, 너는 나에게 말해 줄 수 있었어."라고 말했다. 그는 화가 나서, 단지를 아래로 던졌고, 그것은 바위에 부딪혀서 깨졌다. 그 안에 있는 지혜는 빠져나와 세계 도처에 퍼졌다.

해설

08 Father Anansi는 세상에 있는 지혜를 모두 소유했는데, 그 나라의 사람들이 그를 화나게 하여 모든 지혜를 단지에 밀봉하여 아무도 닿을 수 없는 곳에 두기로 결심했다는 내용의 주어진 글 (A) 다음에는 그의 아들 Kweku Tsin이 이 계획을 알게 되었고 아버지가 단지를 목에 건 채 숲에서 나무에 오르는 것을 보았다는 내용의 (D)가 와야 한다. 그다음에는 Father Anansi는 앞에 매달린 무거운 단지 때문에 나무에 오르는 데 어려움을 겪는다는 내용의 (C)가 오고, 마지막으로 그의 아들이 그에게 단지를 등에 메고 오르라고 제안했고 그는 그의 아들이 더 지혜롭다는 것을 깨닫고 단지를 바닥으로 던져 깨뜨리자 지혜가 빠져나갔다는 내용의 (B)가 오는 것이 주어진 글 다음에 이어질 글의 순서로 가장 적절하다.

09 (b)는 Kweku Tsin을 가리키고, 나머지는 모두 Father Anansi를 가리킨다.

10 (B)의 In his anger, he threw the pot down, and it struck a rock and broke.를 통해, Father Anansi가 화가 나서 단지를 던져 깨뜨린 것을 알 수 있으므로, 글의 내용으로 적절하지 않은 것은 ④이다.

TEXT FLOW

발단	Father Anansi는 세상의 모든 지혜를 소유해서 사람들이 매일 조언을 얻기 위해 그에게 왔음
전개 1	그를 화나게 한 사람들을 벌하기로 하여 자신이 베푼 지혜를 모두 다시 모아 밀봉하였음
전개 2	그의 아들인 Kweku Tsin은 아버지의 계획을 몰래 지켜보았음
전개 3	Father Anansi는 숲속 가장 키 큰 나무에 지혜를 밀봉한 단지를 걸어 두려 하지만 앞에 매달린 단지 때문에 쉽게 오를 수 없었음
결말	몰래 지켜보던 아들이 단지를 등에 메고 오르라는 이야기를 하자 Father Anansi는 아들이 자신보다 더 지혜롭다고 여겨 단지를 아래로 던져 깨뜨렸고 그 안의 지혜가 빠져나와 세계로 퍼지게 되었음

구문

- All my wisdom was insufficient [to show me {what to do}], yet you have been able to tell me.
  : [ ]는 '~하기에'라는 의미로 형용사 insufficient를 수식하는 부사적 용법의 to부정사구이다. { }는 동사 show의 직접목적어 역할을 하는 명사구이다. 이때 명사절 「의문사+주어+should+동사원형」을 명사구 「의문사+to부정사」로 축약한 것으로, what to do를 what I should do로 이해할 수 있다.

어휘

possess 소유하다
wisdom 지혜
punish 벌하다
penalty 처벌
pot 단지, 항아리
seal 밀봉하다
insufficient 불충분한
strike 부딪치다
escape 빠져나오다
ascent 오르는 일, 올라감
achieve 성취하다
disturb 방해하다
vain 헛된, 헛수고의
attempt 시도
precious 귀중한

내신 PATTERN 01

같은 지문 → 다른 유형으로 출제하기

정답 ⑤

관리자뿐만 아니라 부하 직원들도 역시 쌍방향 의사소통을 장려할 책임을 가지고 있다. 관리자는 자신들의 권력 위치를 보호하려고 시도할 수는 있지만, 부하 직원은 그들의 감독자가 자신들에 대해 가지고 있는 이미지를 보호하려고 시도한다. (C) 예를 들어, 빈번하게, 보조자들(부하 직원들)은 자기 자신이나 자신의 활동에 대한 부정적인 정보를 주지 않을 수도 있다. 또는 그들은 관리자에게 개인적 필요와 가치관에 관해 알려주지 못할 수도 있다. 다른 부하 직원들은 자신들의 상사를 불신하고, 그래서 그들은 그들에게 어떤 정보도 주지 않는다. (B) 이러한 상황은 왜 발생하는가? 부하 직원들은 자신과 그들의 상사가 서로 다른 목표를 가지고 있다고 생각할 수 있다. 다른 부하 직원들은 그들의 상사를 믿지 않는다. 또 다른 부하 직원들은 그들의 감독관으로부터 답변을 구하는 데 끈기가 부족하다. 그러므로 직원들이 경영진에 대해 가지는 인상은 개인이 피드백을 보내는지 여부에 핵심적인 역할을 한다. (A) 직원들은 피드백을 요청하는 것이 어떤 방식으로 해석될 것인지, 그리고 그 결과로 발생하는 정보가 각자의 공적 이미지에 어떤 영향을 미칠 것인지를 평가한다. 효과적인 의사소통이 일어나게 하기 위해서, 부하 직원들은 그들 역시 상사와 관계를 구축할 용의가 있다는 것을 보여줘야 한다.

해설

빈칸 추론 문항을 글의 순서 유형으로 변형하여 출제한 문항이다. 글의 전체 흐름을 파악하고 앞뒤 문장 간의 유기적인 연결 관계와 그 관계를 이어주는 물리적 단서(연결사, 지시대명사 등)를 찾는 것이 문항 풀이의 핵심이다.

주어진 글(도입) 관리자뿐만 아니라 부하 직원들도 쌍방향 의사소통을 장려할 책임이 있음. 부하 직원은 감독자가 자신들에 대해 가지고 있는 이미지를 보호하려고 시도함

↓

(C) 예시 제시 부하 직원은 자신에 관한 부정적인 정보를 주지 않거나 관리자에게 개인적 필요와 가치관에 관해 알려주지 못할 수도 있음

↓

(B) 이유 제시를 통한 전개 (C)에 제시된 부하 직원들의 행동을 these situations로 지칭하여 그런 일이 일어나는 이유를 제시함

↓

(A) 부연 및 주제 (B)에 제시된 피드백에 대한 부연 설명을 제시하며, 효과적인 의사소통이 일어나게 하기 위해서, 부하 직원들은 그들 역시 상사와 관계를 구축할 용의가 있다는 것을 보여줘야 한다는 주제를 제시함

내신 PRACTICE 01회

본문 156~159쪽

01 ①	02 ①	03 ②	04 ④

01

정답 ①

기업이 계속 확장되면 상황이 필연적으로 변화한다. 새로운 사업을 위해 설계된 초기 구조는 회사의 범위가 커짐에 따라 도전을 받을 수 있다. 확장과 함께 내부 틀을 체계적으로 검토하고 효율성을 위해 각 측면을 평가해야 할 필요성이 생긴다. 이전에 스스로 충분했던 부서들은 협업과 시너지를 장려하는 보다 통합적인 접근 방식으로부터 이점을 얻을 수 있다. 의사 결정 과정의 견고함은 복잡성을 증가시켜 검증되므로, 역할과 책임의 전략적 재편을 필요로 한다. 의사소통 네트워크는 원활한 정보 흐름에 대한 수요 증가를 충족하기 위해 확장되어야 한다. 이러한 변화는 선택이 아니라 운영상의 효율성을 위한 필수사항이다. 기업이 확장됨에 따라, 조직이 적응할 수 있는 용이성은 지속된 성장과 운영상의 역량에 매우 중요해지며, 그것이 상응하는 조직 구조의 개편을 필요로 한다.

해설

① 전치사구 With expansion이 문두에 오면서 주어와 동사가 도치되었다. 주어 the need to systematically examine the internal framework and to evaluate each aspect for efficiency의 술어 동사가 필요하므로, coming은 comes로 고쳐야 한다.

② encourages의 주어 역할을 하면서 a more integrated approach를 수식하는 관계대명사가 필요하므로, that은 어법상 적절하다.

③ 주어의 핵은 strength이므로, 단수 동사 is는 어법상 적절하다.

④ 목적의 의미를 나타내는 to부정사구를 이끄는 to meet는 어법상 적절하다.

⑤ 관계대명사 which 뒤에 the organization can adapt로 완전한 절이 이어지므로, 전치사와 관계대명사가 결합한 with which는 어법상 적절하다.

02

정답 ①

도파민은 훌륭한 동기 부여 요인이 될 수 있으며, 그것이 우리로 하여금 디저트를 주문하거나 신용 카드 빚을 늘리고 싶게 유혹을 할 때조차도, 이 매우 작은 신경 전달 물질을 악이라고 설명하기는 어렵다. 하지만 도파민에는 실제로 어두운 측면, 즉 우리가 세심한 주의를 기울이면 알아차리기 어렵지 않은 측면이 있다. 그러한 욕망의 상태에 있을 때 잠시 멈춰서 우리 뇌와 몸에서 실제로 무슨 일이 일어나고 있는지 알아차리면, 보상에 대한 약속은 그것이 즐거움을 주는 것만큼이나 스트레스가 많을 수 있다는 것을 알게 될 것이다. 욕망이 항상 우리를 기분 좋게 만드는 것은 아니며, 때로는 우리가 완전히 끔찍한 기분을 느끼게 만들기도 한다. 그 이유는 도파민의 주요 기능이 우리를 행복하게 만드는 것이 아니라, 우리가 행복을 '추구하게' 만드는 것이기 때문이다. 그것은 우리에게 약간의 압박을 가하는 것을 마다하지 않는데, 그 과정에서 그것이 우리를 불행하게 만들더라도 그렇다.

해설

도파민은 훌륭한 동기 부여 요인이 되어 즐거움을 주기도 하지만, 행복을 추

구하는 과정에서 우리에게 약간의 압박을 가하고 우리를 불행하게 만들기도 한다는 내용의 글이다. 따라서 글의 제목으로 가장 적절한 것은 ① '도파민의 양날의 검'이다.
② 스트레스를 성장을 위한 큰 기회로 바꿔라
③ 도파민 분비: 신체의 방어 기제
④ 진보의 엔진으로서의 욕망의 해로운 영향
⑤ 행복을 원하는가? 결과보다 과정을 우선시하라

03

정답 ②

태양이 지평선에서 춤을 추는 극지방의 얼음 땅에서, 동물들은 시시각각 변하는 빛에 따라 체내 시계를 바꾸는 놀라운 방법을 가지고 있다. 겨울이 몇 달 동안 계속 어둠으로 풍경을 뒤덮으면, 이 영리한 생명체들은 신체 시계를 느리게 한다. (B) 그것은 마치 매일 똑같은 일상에서 슬로 모션 버튼을 누르는 것과 같다. 그들은 이러한 어두운 세상에서는 에너지를 절약하는 것이 핵심이라는 것을 알고 있다. 그래서 그들은 적응하여 먹이 사냥이 가능해지는 찰나의 대낮에 더 활발해진다. (A) 그런 다음 태양이 마침내 얼음 위로 햇살을 뻗어 여름이 왔음을 알리면, 마법 같은 일이 일어난다. 동물들은 빛과 기회의 풍부함을 감지하여 그들의 속도를 빠르게 한다. 그것은 마치 그들이 자신의 체내 시계에 빨리 감기를 누른 것과 같다. (C) 햇빛을 활용할 수 있는 시간이 더 많아지면서, 그들은 앞으로 다가올 긴 겨울에 대비해 맘껏 먹고 자원을 구할 기회를 잡는다. 이런 방식으로 그들은 대낮의 귀중한 모든 순간을 최대한 활용하여, 혹독한 극지방에서 생존하는 데 필요한 자양물을 확보한다.

해설

극지방에서 동물들은 시시각각 변하는 빛에 따라 체내 시계를 바꾸는 놀라운 방법을 가지고 있는데, 겨울이 되면 신체 시계를 느리게 한다는 내용의 주어진 글 다음에는 그런 행동을 It's like hitting the slow-motion button on their daily routines.로 기술하는 (B)가 와야 한다. 그다음에는 여름이 오면 마법 같은 일이 일어난다는 내용의 (A)가 오고, 마지막으로 햇빛을 활용할 수 있는 시간이 더 많아지면 긴 겨울에 대비해 맘껏 먹고 자원을 구할 기회를 잡는다는 내용의 (C)가 오는 것이 주어진 글 다음에 이어질 글의 순서로 가장 적절하다.

04

정답 ④

선사 시대에 우리 조상들은 단어가 없을 때에 많은 것을 알려 주었던 움직임의 언어인 춤을 통해 소통했다. 그것은 단순한 오락의 형태였을 뿐만 아니라, 일상생활의 기본적인 측면이기도 한데, 공동체는 잘 맞춰진 스텝과 리듬감 넘치는 박자를 통해 이야기, 감정, 자연과의 관계를 표현하기 위해 모였다. 문자가 등장하기 전에, 춤은 기쁨, 경외감, 그리고 인간의 경험 자체를 전달하는 공동의 언어 역할을 했다. 성공적인 사냥을 축하하는 것부터 수확에 대한 감사를 표현하는 것까지, 이러한 고대 의식은 존재의 구조에 깊숙이 엮여 있었다. 북의 박동하는 리듬과 춤을 추는 사람들의 우아한 움직임은 신성한 의미를 지니고 있었고, 세계의 신비를 이해하고 표현하는 수단을 제공했다. (역사를 통틀어 음악은 시위를 위한 도구, 변화를 위한 결집의 외침, 집단 정체성의 표현으로 사용되어 왔다.) 이러한 춤은 단순한 공연 그 이상이었는데, 본질적으로 그것은 공동체 내의 단결을 조성하고 그들을 둘러싼 영적이고 자연적인 힘과의 깊은 연결을 촉진하는 강력한 의식이었다.

해설

선사 시대에 우리 조상들은 움직임의 언어인 춤을 통해 소통했는데, 춤을 통한 의식은 단순한 공연 그 이상으로 공동체 내의 단결을 조성하고 그들을 둘러싼 영적이고 자연적인 힘과의 깊은 연결을 촉진하는 강력한 의식이었다는 내용의 글이다. 따라서 역사를 통틀어 음악은 시위를 위한 도구, 변화를 위한 결집의 외침, 집단 정체성의 표현으로 사용되어 왔다는 내용의 ④는 글의 전체 흐름과 관계가 없다.

내신 PRACTICE 02회

본문 160~163쪽

01 ②	02 ③	03 ⑤	04 ③

01

정답 ②

서양은 유명 인사 문화를 수용해 왔다는 것을 설문조사는 일관되게 보여 준다. 영국 부모 3,000명이 10대 초반 자녀가 커서 무엇이 되고 싶어 하는지 질문 받았을 때, 3명 중 1명은 그들이 스포츠 인물, 배우 또는 팝스타가 되고 싶어 한다고 답했다. 그것을 25년 전에 그 열망 목록의 1위를 차지했던 직업, 즉 교사, 은행원, 의사와 비교하라. 아이들은 이제 유명세와 성공을 동일시하기 때문에 유명해지는 목적을 위해 유명해지고 싶어 한다. 영국 교사 및 강사 협회의 최근 설문 조사에 따르면, 대다수의 학생들이 학문적으로 영재가 되는 것보다 유명해지는 것을 선호할 것이라고 나타났다. 웹은 개인이 유명인에 대한 관심에 탐닉하면서도 자신만의 영향력을 미치기 시작할 수도 있는 쉽게 접근 가능하고 업데이트 가능한 매체를 제공함으로써 명성과 인기에 대한 이러한 집착을 촉진한다. 어느 누구나 웹에서 팔로잉을 모을 수 있다. 그것은 우리 모두가 주목될 수 있도록 공평한 인기 경쟁의 장을 만들어왔다.

해설

② that topped the aspiration list 25 years ago는 the professions를 수식하는 관계절로, 문장의 술어 동사 역할을 하는 어구가 없으므로, 명령문의 형태가 되도록 동사원형 Compare로 고쳐야 한다.
① be의 보어 역할을 하는 의문사가 필요하므로, what은 어법상 적절하다.
③ prefer는 to부정사를 목적어로 취하는 동사이므로, to be는 어법상 적절하다.
④ a readily accessible and updatable medium을 수식하고, 밑줄 친 부분 이하에 주어, 동사, 목적어가 모두 있는 절이 왔으므로, 전치사와 관계대명사가 결합한 in which는 어법상 적절하다.
⑤ that절 안의 주어인 we가 '주목되는'이라는 수동의 의미의 대상에 해당하므로, 과거분사 noticed는 어법상 적절하다.

02

정답 ③

2020년 3월 초, 코로나19 바이러스로부터 근로자들을 보호하기 위해 미국의 많은 사업체가 문을 닫고 온라인으로 전환했다. 근로자들은 Zoom 소프트웨어를 사용하여 집에서 온라인으로 일할 수 있었다. 연구 조사는 그와 같은 재택근무하기에 좋은 직업과 산업에서 일하는 사람들이 더 많아지고 있다는 것을 보여 준다. 많은 영리 기업이 현재 웹을 통한 원격 근무와 회의로 전환하고 있다. 많은 미국 도시에서 교통 혼잡은 평균 통근이 하루에 1시간 이상이 걸릴 수 있다는 것을 의미해왔다. 근로자가 재택근무하는 것을 허용하는 회사는 그러한 손실을 피할 자유를 근로자에게 암묵적으로 부여하고 있다. 회사가 원격 장소에서 팀을 구성하는 법을 배움에 따라, 이것은 여러 가지 적응 가능성을 열어둔다. 일과 가정을 분리함으로써 근로자는 통근 이외의 기준에 근거하여 그들이 어디에 살지 결정할 훨씬 더 많은 자유를 가지게 될 것이다. 이것은 그들이 우선시하는 위험과 기회에 적응하는 데 도움이 될 것이다.

해설

주어진 문장은 많은 미국 도시에서 교통 혼잡은 평균 통근이 하루에 1시간 이상이 걸릴 수 있다는 것을 의미해왔다는 내용으로, 통근에 하루 1시간 이상이 걸릴 수 있다는 것을 such losses로 표현하여, 재택근무를 통해 근로자가 그러한 손실을 피할 수 있다는 문장 앞에 와야 문맥상 단절이 일어나지 않는다. 따라서 주어진 문장이 들어가기에 가장 적절한 곳은 ③이다.

03

정답 ⑤

저작권은 소프트웨어 코드에서 영화에 이르기까지 원본 글과 이미지에 적용되는 저렴한 비용의 즉각적인 법적 보호 형태이다. 저자는 저작권 보호를 신청할 필요가 없는데, 그것은 '페이지 전체에 걸쳐 저자의 펜을 따른다.' (C) 저작권이 있는 저작물에 대한 라이선스는 일반적이며, 그것은 상업용 소프트웨어 회사에 의해 널리 시행되고 있다. 맞춤이 아닌 (일반) 소프트웨어 제품의 사본을 구매할 때는, 일반적으로 지적 재산 자체를 구매하는 것이 아니라 소프트웨어를 사용할 수 있는 라이선스만 구매하는 것이다. (B) 하지만 저작권 보호는 중요한 방식으로 제한되기도 한다. 근본적인 발명이나 아이디어가 아닌, 특정한 원저작물 자체만 보호된다. (A) 결과적으로 저작권 보호를 피할 수 있다. 예를 들어, 저작권이 있는 소프트웨어 프로그램의 기능을 모방하고 싶은 사람은 그 기능을 시행하기 위해 새로운 소프트웨어 코드를 작성함으로써 그렇게 할 수 있다.

해설

법적 보호 형태로서의 저작권 보호를 소프트웨어 코드, 영화, 저자의 작품에 적용되는 것으로 설명한 주어진 글 다음에는, 이러한 저작권이 있는 저작물에 대해서는 라이선스가 일반적이며, 그것은 상업용 소프트웨어 회사에 의해 널리 시행되고 있다는 내용의 (C)가 와야 한다. 그다음에는 역접의 접속사 However와 함께 저작권 보호가 제한되기도 한다는 내용의 (B)가 오고, 그 결과 저작권 보호를 피할 수 있으며, 그에 대한 구체적인 예시를 제시하는 내용의 (A)가 오는 것이 주어진 글 다음에 이어질 글의 순서로 가장 적절하다.

04

정답 ③

교정되지 않은 무기 기술은 유한한 게임을 만들어낸다. 그것은 승자(와 패자)를 만들어내고 선택지를 차단한다. 유한한 게임은 극적이다. 스포츠와 전쟁을 생각하라. 우리는 두 사람이 평화로운 것에 관해 생각할 수 있는 것보다 두 사람이 싸우는 것에 관한 더 흥미로운 이야기를 수백 개 생각할 수 있다. 하지만 두 사람이 싸우는 그러한 흥미진진한 100가지 이야기의 문제점은 어느 순간 그들이 변해서 협력하지 않는 한 모두 같은 결말, 즉 둘 중 한 명 또는 둘 다의 죽음으로 이어진다는 것이다. 하지만 평화에 대한 한 가지 지루한 이야기는 끝이 없다. 그것은 천 가지의 예상치 못한 이야기로 이어질 수 있는데, 아마도 그 두 사람은 파트너가 되어 새로운 도시를 건설하거나 새로운 성분을 발견하거나 놀라운 오페라를 작곡한다. 그들은 미래의 이야기를 위한 플랫폼이 될 어떤 것을 만들어낸다. 그들은 무한한 게임을 하고 있다. 평화는 기회의 증가를 낳고, 유한한 게임과 달리 무한한 잠재력을 담고 있기 때문에 전 세계 곳곳에서 소환된다.

해설

It으로 시작하는 주어진 문장은 그것이 천 가지의 예상치 못한 이야기로 이어질 수 있는데, 두 사람이 파트너가 되어 도시를 건설하거나 성분을 발견하거나 오페라를 작곡한다는 내용으로, 주어진 문장의 두 사람(the two guys)을 They로 지칭하여 그들이 미래를 위한 플랫폼이 될 어떤 것을 만들어낸다는 내용 앞에 들어가야 문맥상 단절이 일어나지 않는다. 따라서 주어진 문장이 들어가기에 가장 적절한 곳은 ③이다.

내신 PATTERN 02

암기만으로 해결할 수 없도록 패러프레이징하기

정답 ⑤

생리적 시스템이 진화하여 병원균 감염으로부터 신체를 방어했던 것처럼, 심리적 시스템은 진화하여 병원균이 해를 입힐 정도로 신체에 가까워지지 못하게 막았다. 한 사람의 생리적 면역 시스템은 사람을 살아 있게 유지하기에 흔히 충분하지만, 그것은 활용하기에 비싸다. 아픈 것에는 시간과 에너지가 필요하고, 그것은 이차 감염이나 기타 환경적 위험에 대해 적절하게 방어할 수 있는 사람의 능력을 손상시킨다. 결과적으로, 신체가 미생물 침입자로부터 스스로를 방어할 수 있더라도, 이러한 병원균을 완전히 피하는 것이 더 안전한 접근법일 수 있다. 이러한 회피는 있을 수 있는 건강 위협에 민감하고, 활성화되면 불안과 혐오감을 심어주면서 이러한 위협에 대한 주의를 기울이게 하는 심리적 메커니즘에 의해 이루어질 수 있다. 결과적으로, 이러한 감정은 사람을 어려운 상황에서 벗어나게 할 활동을 단념시킨다(→ 활동에 동기를 부여한다).

해설

생리적 시스템이 병원균 감염으로부터 신체를 방어했던 것처럼, 심리적 시스템은 있을 수 있는 건강 위협에 민감하고 불안과 혐오감을 심어주어 위험에 대한 주의를 기울이게 하며 병원균이 체내에 침입할 기회를 갖지 못하게 한다는 내용의 글이다. 마지막 문장에서 불안과 혐오감이라는 감정은 어려운 상황에서 사람을 빠져나오게 한다는 맥락이어야 한다. 따라서 ⑤의 discourage를 motivate 또는 drive와 같은 낱말로 바꾸어야 한다.

내신 PRACTICE 03회

본문 166~169쪽

01 ②	02 ④	03 ③	04 ④

01

정답 ②

요리는 창의성에 대한 훌륭한 비유로, 요리사의 재능은 재료를 결합하여 무엇인가를 만들어내는 능력에 근거하고 있다. 역사상 가장 영감을 많이 받은 요리사조차도 집중을 통해 베이컨을 만들지 않았으며, 진화의 의도된 결과 목록에 잘 익은 토마토가 포함되어야 한다고 신성한 힘에게 또한 제안하지도 않았다. 창의성을 혼합물로 보는 세계관에 대한 믿음은 여러 가지 면에서 창조자에게 이롭다. 그것은 여러분이 지금껏 창의적이지 않다고 느낄 경우에 그 해결책은 여러분이 접근 가능한 선택사항을 더 자세히 살펴보는 것이거나 아니면 어떤 것이 어떻게 만들어지는지를 알기 위해 그것을 분해하는 것이라는 것을 나타낸다. 창의력을 높이는 것은 관찰력을 높이는 것, 즉 가능한 조합을 더 많이 알아차리는 것만을 필요로 한다. 이것이 테스트이다. 여러분 앞에 있는 두 가지, 즉 책과 여러분의 성가신 친구 Rupert를 빠르게 골라보라. 눈을 감고 다양한 조합을 상상하라.

해설

주어진 문장은 창의성을 혼합물로 보는 세계관에 대한 믿음이 여러 가지 면에서 창조자를 이롭게 한다는 내용으로, 그것이 의미하는 바를 It indicates that ~으로 설명하는 문장 앞인 ②에 들어가야 문맥상 단절이 일어나지 않는다. 따라서 주어진 문장이 들어가기에 가장 적절한 곳은 ②이다.

02

정답 ④

아마도 최근 몇 년 사이 가장 놀라운 연구 분야 중 하나는 문화적 고정관념이 뇌에서 이전에 생각되었던 것보다 훨씬 더 깊은 수준에서 기능한다는 것을 보여줘 왔을 것이다. 이는 우리가 우리의 환경을 이해하는 방식에도 적용된다. 예를 들어, 사람들의 선호도와 취향이 다르지만, 음악과 예술에 관한 한 우리는 모두 본질적으로 동일한 뇌를 가지고 있다고 가정하는 경우가 많다. 베이징에 사는 사람이 모차르트를 들을 때, 그들은 보스턴에 사는 사람과 같은 음악을 듣는다. 도쿄에 사는 사람이 Magritte의 예술 작품을 볼 때, 그들은 테네시 주에 사는 사람과 같은 이미지를 인식한다. 그들이 작품을 즐기는지에 대해서는 동의하지 않을 수 있지만, 그들은 동일한 지각 경험을 공유한다. 하지만 심리학자 Richard Nisbett은 동의하지 않는다. 그는 문화가 우리가 세상을 인식하는 방식과 궁극적으로 우리의 자아에 대해 우리가 생각하는 방식에 영향을 미칠 수 있다는 것을 입증하는 방대한 지식을 모아왔다.

해설

(A) 앞 문장은 문화적 고정관념이 뇌의 더 깊은 수준에서 기능한다는 것을 보여 주고 우리가 우리의 환경을 이해하는 방식에도 적용된다는 내용이고, 뒤 문장은 우리가 주변을 인식하는 방식에 문화적 고정관념이 영향을 미치는 구체적인 예를 들어 설명하고 있으므로, For instance가 적절하다.
(B) 앞 문장은 음악과 예술에 관해 사람들이 본질적으로 동일한 지각 경험을 공유한다는 내용이고, 뒤 문장은 심리학자 Richard Nisbett은 동의하지 않는다는 내용이므로, However가 적절하다.

03

정답 ③

사회 이론가인 Aimee van Wynsberghe는 병원 환경에서 환자를 침대에서 들어 올리는 것을 돕기 위해 로봇을 도입하는 것은 다양한 부차적인 활동이 수행되는 방식뿐만 아니라, 많은 다른 행위자의 역할을 변화시킨다고 지적한다. 그것은 치료 관행을 바꾼다. 환자들을 옮기거나 시트를 갈지 않는 간호사는 그들의 신체적, 정신적 행복을 관찰할 기회를 놓친다. 반면에 환자를 들어 올리는 로봇은 간호사의 부담과 아마도 고용된 병원 간병인의 수를 줄일 수 있다. (환자는 어떠한 로봇 치료에도 관련된 위험 요소가 있다는 것을 알고 있어야 한다.) 모든 측면의 의료 서비스를 이해하는 디자인 팀원이 있다면 로봇에 중요한 특징과 능력을 포함시키는 결과를 초래할 수 있다. 병원에 로봇을 도입하는 것에는 모든 당사자가 치료 관행에 있어 변화에 준비하는 팀 교육이 동반될 수 있다.

해설

병원 환경에서 환자를 침대에서 들어 올리는 것을 돕기 위해 로봇을 도입하는 것이 다양한 부차적인 활동이 수행되는 방식뿐만 아니라, 많은 다른 행위자의 역할을 변화시킨다는 내용의 글이다. 따라서 환자는 어떠한 로봇 치료에도 관련된 위험 요소가 있다는 것을 알고 있어야 한다는 내용의 ③은 글의 전체 흐름과 관계가 없다.

04

정답 ④

이야기 시간을 위해 모인 어린이, 프로젝트 작업하는 청소년, 온라인에서 일자리를 찾는 성인 등의 활동으로 가득한 방을 상상해 보세요. 이것은 유토피아 이야기의 한 장면이 아니라, 우리 공공 도서관의 활기찬 현실입니다. 하지만 여기에는 문제가 있는데, 이 역동적인 중심지는 잠재력으로 넘쳐나지만 공간이 좁습니다. 비좁은 서가, 제한된 좌석, 시대에 뒤떨어진 기술은 성장하는 공동체에 서비스를 제공하는 우리의 능력을 방해합니다. 우리는 물리적인 규모에서뿐만 아니라 우리가 제공하는 기회의 범위에서도 확장하는 데 여러분의 지지를 필요로 합니다. 우리의 도서관을 평생 학습, 디지털 문해력, 사회적 연결을 위한 중심지로 상상해 보세요. 여러분의 도움으로 우리는 이러한 비전을 현실로 만들 수 있습니다. 공공 도서관 확장을 지지하는 데 동참해 주십시오. 여러분의 목소리가 다른 목소리와 결합하여 차이를 만들 수 있습니다.

해설

비좁은 서가, 제한된 좌석, 시대에 뒤떨어진 기술이 있는 공공 도서관을 확장하는 데 지지가 필요하다는 내용의 글이므로, 빈칸에 들어갈 말로 가장 적절한 것은 ④ '공공 도서관 확장을 지지하는'이다.
① 지역사회 통합을 촉진하는
② 도서관 프로그램을 위한 기금을 모금하는
③ 공공 도서관 수익을 옹호하는
⑤ 도서관 프로그램 수를 줄이는

내신 PRACTICE 04회

본문 170~173쪽

01 ⑤	02 ③	03 ③	04 ⑤

01

정답 ⑤

다른 사람들이 특정한 방식으로 무언가를 할 경우, 우리는 빠르게 그것을 하기에 합리적인 것으로 해석한다. 지저분한 지역에서는 쓰레기를 길거리에 버리는 것이 받아들여질 수 있으며 이것이 또한 완전히 합리적이라는 것이 기술적 규범인데, 왜냐하면 그것이 치워질 것이거나 여러분에게 해야 할 더 중요한 일이 있거나, 아니면 여러분이 쓰레기통을 찾으러 가면 사람들이 여러분에게 수상한 표정을 지을 것이기 때문이다. 이러한 기술적 규범이 사람들이 쓰레기를 길거리에 버리는 것을 금지하는 명령적 규범이 있다는 현실을 바꾸지는 않는다. 명령적 규범과 기술적 규범이 충돌할 때의 문제는 어느 쪽이 우선시되는가이다. 기술적 규범을 더 많이 강요할수록, 이것을 따를 가능성은 더 커진다. 과속하는 차량에 둘러싸여 있을수록 여러분 역시 제한 속도를 위반할 가능성이 더 커진다. 실험에서, 주차장이 더 엉망일수록, 여러분의 전단지는 결국 바닥에 떨어질 가능성이 더 커진다. 모두가 그것을 하니까 나도 한다는 핑계를 대는 것은 쉽다.

해설

⑤ to make 이하는 진주어이고 is의 가주어 역할을 하는 어구가 필요하므로, 관계대명사 What은 It으로 고쳐야 한다.
① a reasonable thing을 수식하는 형용사적 용법의 to do는 어법상 적절하다.
② it(= rubbish)은 '치워지는'이라는 수동의 의미의 대상에 해당하므로, 과거분사 cleaned는 어법상 적절하다.
③ the reality의 구체적 내용을 설명하는 동격절을 이끄는 접속사 that은 어법상 적절하다.

④ imposes의 주어 the descriptive norm이 또한 imposes의 목적어이므로, 재귀대명사 itself는 어법상 적절하다.

02

정답 ③

일부 사람들은 여전히 기대의 역할을 일축하며 성별 차이가 선천적이라고 주장한다. 이러한 회의론자들은 남자아이와 여자아이, 또는 남성과 여성의 뇌 사이의 해부학적인 차이를 보여주는 것처럼 보이는 뇌 스캔 사진을 제시할 것이다. 예를 들어, 남성이 공간 추론이나 산술 능력과 관련된 뇌 영역이 더 크다는 주장이 있다. 하지만 이러한 뇌 스캔 사진에서 보여지는 해부학적 차이는 유전적 차이를 입증하는 것이라기보다는 우리 문화의 성별 편견을 반영한 것이다. 뇌가 환경과, 우리가 발달시키도록 압박을 받아 온 재능에 반응하는 것은 자연스러운 일이다. 여러분이 레고를 가지고 노는 아이라면, 여러분은 자신의 뇌의 배선을 능동적으로 바꾸고 있는 것이다. 결과적으로, 소위 이러한 차이라는 것은 우리의 기대와 다른 사람들의 기대가 우리의 생명 현상에 실제적이고 물리적인 영향을 미칠 수 있는 방식에 대한 또 다른 실례일 뿐이다.

해설

역접의 접속사 however가 있는 주어진 문장은 이러한 뇌 스캔 사진에서 보이는 해부학적 차이는 유전적 차이를 입증하는 것이라기보다는 우리 문화의 성별 편견을 반영한 것이라는 내용으로, 남성과 여성의 뇌 사이에 해부학적인 차이가 있다는 문장과 그 예시 다음에 이어져야 문맥상 자연스럽다. 따라서 주어진 문장이 들어가기에 가장 적절한 곳은 ③이다.

03

정답 ③

여러분이 대부분의 사람들과 같다면, 기술은 여러분이 그것을 운영하는 것보다 여러분을 더 잘 운영한다. 깨어난 후 몇 초 안에 여러분의 기술 업무 마스터는 여러분을 노예로 만든다. 그런 다음 업무 시간 동안 여러분은 이메일, 소셜 미디어, 또는 주의를 산만하게 하는 또 다른 유혹적인 웹에서 또 다른 도파민 분비를 얻지 않고는 몇 분 이상을 집중할 수 없어 보인다. 다시 말해, 여러분은 스마트폰의 강력한 기술에 너무나 중독되어 그것에서 빠져나올 수 없는 것처럼 보인다. 한 연구에 따르면, 평균적인 사람은 하루에 스마트폰을 85회 이상 확인하고 웹 검색과 애플리케이션 사용에 5시간 이상을 쓴다. 흥미롭게도, 사람들이 자신이 그런다고 생각하는 것보다 두 배 이상 더 자주 스마트폰을 확인한다는 것이다. 예를 들어, 여러분이 신호등에 멈춰서 스마트폰을 확인하지 않은 것이 마지막으로 언제였는가? 여러분은 심지어 그걸 깨닫지도 못하고 그렇게 했을지도 모른다. 스마트폰을 차의 글러브 박스(자동차 조수석 앞의 물건을 넣는 작은 함)에 두어라.

해설

(A) 앞 문장은 업무 시간 동안 도파민 분비를 얻지 않고는 몇 분 이상을 집중할 수 없어 보인다는 내용이고, 뒤 문장은 스마트폰의 강력한 기술에 중독되어 빠져나올 수 없는 것처럼 보인다는 부연 설명이 이어지고 있으므로, In other words가 적절하다.

(B) 앞 문장은 사람들이 자신이 그런다고 생각하는 것보다 두 배 이상 더 자주 스마트폰을 확인한다는 연구 결과의 내용이고, 뒤 문장은 신호등에 멈춰서 스마트폰을 확인하지 않은 것이 마지막으로 언제였는지 묻는 구체적인 예시를 들고 있으므로, For instance가 적절하다.

04

정답 ⑤

야생동물 세계의 어떤 놀라운 생명체들은 우리가 그것들의 안전이 항상 위험에 처해 있다고 믿기 때문에 우리의 관심을 끈다. 흔히 서식지에서 극단적인 생존의 도전을 받는 이 동물들은 환경의 압박에 대처하는 독특한 방법을 개발해왔다. 그들이 나아가는 불확실성 속에서도 이 생명체들은 예상치 못한 특징, 즉 여유로운 생활방식을 보여 준다. 끊임없이 활동하는 대신, 그들은 하루의 상당 부분을 편안함의 상태에 바침으로써 평온한 생활방식을 받아들이는 방법을 찾아냈다. 그들이 휴식을 취한다고 상상하라. 그들은 햇볕이 잘 들거나 그늘진 장소를 찾아 휴식을 취한다. 그들의 신체는 마치 멋진 낮잠을 자는 것처럼 매우 평온해 보인다. 이 휴식은 단순히 재미를 위한 것만이 아니라, 그들이 미래의 어려움에 대해 대비하는 데 도움이 되기도 한다. 이 조용한 순간에는 모든 것이 느려지는데, 그것은 멋지고 잔잔한 곡이 배경에서 흘러나오는 것과 같다. 그것은 생존 준비를 위해 비디오 게임을 시작하는 것(→ 일시정지하는 것)과 같다.

해설

야생에서 항상 위험에 처해 있다고 생각되는 동물들은 불확실성 속에서도 여유로운 생활방식을 보여 준다는 내용의 글이다. 그러한 여유와 휴식은 미래의 어려움에 대비하는 데 도움이 되기도 하는데 그렇게 모든 것이 느려지는 순간은 생존 준비를 위해 비디오 게임을 일시정지하는 것으로 생각할 수 있다. 따라서 ⑤의 starting을 pausing과 같은 낱말로 바꾸어야 한다.

내신 PATTERN 03

변별력을 갖추기 위해 발문, 선택지 영어로 제시하기

정답 ④

아이들을 돌보는 것은 때때로, 조각이 계속 바뀌는 거대한 퍼즐을 풀려고 노력하는 것처럼 느껴질 수 있다. 그들이 신발끈을 묶거나 장난감을 함께 쓰는 것과 같은 새로운 것을 배우도록 도와야 한다고 상상하라, 하지만 매일 새로운 도전이 있다. 그들이 건강에 좋은 채소를 먹게 확실히 하는 것에서부터 취침 시간을 순조로운 모험으로 만드는 것에 이르기까지, 항상 해결해야 할 것이 있다. 아이들은 매우 빠르게 성장하고, 성장함에 따라 그들은 자신만의 생각과 감정을 갖기 시작하는데, 이는 마치 흔들리는 자전거를 타는 법을 배우는 것과 조금 비슷할 수 있다. 그것은 단순히 그들을 안내하는 것만이 아니다. 그것은 또한 그들이 스스로 일을 할 수 있게 하는 것과 그들이 안전하도록 보장하는 것 사이의 균형을 찾는 것에 관한 것이기도 하다. 그리고 선 안에 색을 칠하려고 하는 것과 마찬가지로, 육아에는 다른 사람들의 조언이 많이 있고, 그로 인해 모든 사람이 자신만의 규칙서를 가지고 있는 것처럼 느껴진다. 사랑과 웃음으로 가득할지라도, 육아는 매일 많은 예상치 못한 장애물을 가지고 있는 슈퍼영웅이 되는 것과 같다.

해설

육아는 조각이 계속 바뀌는 거대한 퍼즐을 풀려고 하는 것처럼 매일이 새로운 도전이라는 내용의 글이다. 빈칸이 포함된 문장은 글의 주제에 해당하는데, 원 지문에서의 tricky challenges 표현을 unexpected hurdles로 나타내어 본문의 내용을 제대로 숙지하였는지 묻고 있다. 따라서 빈칸에 들어갈 말로 가장 적절한 것은 ④ '예상치 못한 장애물'이다.

① 엄청난 보상 ② 비슷한 모험
③ 사랑스러운 칭찬 ⑤ 반복적인 활동

내신 PRACTICE 05회

본문 176~179쪽

01 ⑤	02 ②	03 ⑤	04 ⑤

01

정답 ⑤

네덜란드인들은 '젖소의 입을 통해 우유를 짜낸다'라고 말한다. 그 의미는 간단한데, 즉 젖소에게 사료를 더 많이 주고 사료의 질이 더 높을수록, 더 많은 우유가 생산될 것이고 품질도 더 높아질 것이라는 것이다. 정말 간단하지 않은가? 아니다. Catherine Bertenshaw와 Peter Rowlinson의 연구가 보여주는 것처럼, 그것이 우유 생산량에 영향을 주는 유일한 요인은 아니다. 그들은 영국에서 500명 이상의 농부들을 대상으로 연구를 수행했다. 그들은 무엇을 발견했나? 자신의 젖소에 이름을 붙이는 농부들이 이름을 붙이지 않은 농부들보다 더 많은 우유를 생산한다. 그 차이는 매년 280리터로 상당하다. 사람들을 이름으로 부르는 것 역시 효과적이어서, 그것은 만족도와 충성도를 향상시킨다. 더 만족스러운 고객을 원한다면, 그들을 직접적으로 부르라. 더 만족하고 더 열심히 일하는 직원에 대해서도 마찬가지이다.

해설

'젖소의 입을 통해 우유를 짜낸다.'라는 네덜란드인들의 말로 시작하는 이 글은 우유 생산량에 영향을 주는 중요한 요소가 젖소에 이름을 붙이는 것이며, 사람들도 이름으로 부르면 만족도와 충성도가 더 높아진다는 내용의 글이다. 따라서 글의 제목으로 가장 적절한 것은 ⑤ '생산성과 만족감을 향상시키는 데 있어 결정적인 요인으로서 이름 붙이기'이다.

① 젖소와 직원에게 동기를 부여하는 각기 다른 전략
② 젖소에게 더 많은 사료를 먹이는 것이 우유 생산량과 성장에 영향을 미치는 방법
③ 영어로 번역하면 아주 재미있는 네덜란드 속담들
④ 낙농업에서 개인화의 힘: 완전히 비효율적이다

02

정답 ②

방대한 가능성의 바다에서, 우리는 흔히 불확실성이라는 파도를 헤쳐 나아가는 자신을 발견한다. 인생은 크고 작은 선택을 우리에게 제공하고, 우리는 우리의 길을 형성하는 결정을 해야 한다. 때때로 의심과 두려움이라는 숨겨진 위험이 우리를 다른 방향으로 끌어당겨, 우리의 진정한 북쪽을 찾는 것을 어렵게 만든다. 우리가 내면의 나침반, 즉 우리 안의 깊숙한 곳에서 이끄는 힘을 믿어야 하는 것은 바로 이러한 때이다. 내면의 나침반은 옳고 진정성이 느껴지는 것의 방향을 우리에게 가리키는 직관, 가치관, 경험의 조합이다. 그것은 혼란의 순간에 우리에게 속삭이며, 우리에게 마음을 따르고 미지의 세계를 받아들이라고 촉구한다. 그것은 심지어 혼란과 폭풍의 한가운데에서 우리가 자신만의 고유의 목적지를 향해 나아갈 수 있는 힘이 있다는 것을 우리에게 일깨워준다. 내면의 나침반에 맞춰진 상태를 유지하고 그것의 안내에 귀 기울임으로써, 우리는 목적과 성취감, 진정성이 있는 삶을 살 수 있다. 내면의 나침반의 안내에 따라 한 걸음 한 걸음 나아가면서, 우리는 우리의 본질을 반영하고 주변 세상에 의미 있는 영향을 미치게 할 수 있는 길을 만든다.

해설

의심과 두려움과 혼란의 상황 속에서도, 직관, 가치관, 경험의 조합을 통해 우리 내면의 나침반이 이끄는 대로 나아가면 우리의 진정한 북쪽, 즉 우리가 가고자 하는 곳에 갈 수 있다는 내용의 글이다. 따라서 빈칸에 들어갈 말로 가장 적절한 것은 ② '자신만의 고유의 목적지를 향해 나아갈'이다.

① 나쁜 사람들이 다른 사람에게 해를 끼치는 것을 막을
③ 사회 질서를 확립하기 위해 자신을 희생할
④ 긍정적인 변화를 만들기 위해 나쁜 습관을 깰
⑤ 우리 주변 사람들이 더 나은 삶을 살도록 도울

03

정답 ⑤

역사의 장대한 이야기에서, 교과서는 예쁜 그림, 즉 단순화된 요약과 뒤늦은 깨달음의 선택적 붓질로 엮어낸 화려한 태피스트리를 그려낸다. 하지만 과거로부터 길들여지지 않은 속삭임을 제공하는 것은 바로 일차적인 자료이다. 촛불로 쓰여진 일기, 눈물 자국이 있는 편지, 그때 그 자리에 있었던 느낌이 고스란히 새겨진 직접적인 이야기, 이것들은 역사의 숨겨진 방을 열어주는 보물들이다. 그것은 제국의 흥망성쇠와 같은 큰 사건뿐만 아니라, 시간의 거대한 행진에 휘말린 평범한 사람들의 실제 삶의 경험, 웃음과 눈물, 성공과 실패도 보여 준다. 교과서의 단순화된 요약과는 달리, 이러한 목소리는 우리가 실제로 느낄 수 있는 방식으로 과거에 생명력을 불어넣는다. 우리는 과거를 살았던 사람들의 기쁨과 슬픔, 페이지에 날 것 그대로 드러나 있는 그들의 희망과 꿈과 연결된다. 그것들을 이해하는 것은 인내심, 신중하게 생각하는 것, 모든 역사 기록문서의 일부인 복잡성과 편견에 기꺼이 대처하는 것을 필

요로 한다. 하지만 그러한 노력을 통해 얻은 심오한 통찰은 그 보상을 헤아릴 수 없게 만든다.

해설

주어진 문장을 ⑤에 넣으면 주어진 문장의 them이 ⑤ 앞 문장의 the joys and sorrows of those who lived it, their hopes and dreams laid bare on the page를 가리키며, 그것들을 이해하기 위해서는 인내심, 신중하게 생각하는 것, 복잡성과 편견에 기꺼이 대처하는 것을 필요로 한다는 내용으로 흐름이 자연스럽다. 또한 ⑤ 뒤 문장에서는 그러한 노력을 such efforts로 받아 그 노력을 통해 얻는 보상이 크다고 했으므로 내용의 단절이 없이 이어짐을 확인할 수 있다. 따라서 주어진 문장이 들어가기에 가장 적절한 곳은 ⑤이다.

04

정답 ⑤

우리의 태양이 죽으면 우리 태양계의 모든 생명체도 죽을 것이다. 하지만 우리를 걱정하게 하는 대부분의 멸종 사건은 지구에 국한될 것이다. 예를 들어, 대형 소행성이 지구에 충돌하거나 아니면 우리가 그것을 핵전쟁으로 사람이 살 수 없게 만든다 해도, 근처의 다른 행성은 영향을 받지 않을 것이다. 그러므로 멸종 위험을 줄이는 한 가지 방법은 두 개의 행성에 사는 종이 되는 것이다. 우리가 가까운 또 다른 행성이나 달에 영구적인 존재를 정착시킬 수 있다면, 지구가 사람이 살 수 없게 되더라도 우리 종과 우리가 축적한 지식은 살아남을 수도 있다. 이 논리는 사람들을 화성에 보내려고 하는 현재 노력의 원동력 중 하나인데, 그것은 인간 식민지를 설치하기 위한 최선의 선택인 것으로 보인다. 나는 다른 행성으로 이동하는 것의 가능성이 흥미롭다고 생각한다. 우리가 새롭고 탐사되지 않은 목적지로 이동한 지 오래되었다.

해설

대형 소행성이 지구에 충돌하거나 아니면 우리가 그것을 핵전쟁으로 사람이 살 수 없게 만들 경우에 대비하여, 인간이 두 개의 행성에 사는 종이 되면 인간 종과 인간이 축적한 지식이 살아남을 수도 있다고 말하고 있으며, 다른 행성으로 이동하는 것의 가능성이 흥미롭다고 생각한다는 내용의 글이다. 따라서 인간이 두 행성에 사는 종이 되는 것에 대한 필자의 어조로 가장 적절한 것은 ⑤ '지지하는'이다.

① 비판적인　　② 회의적인

③ 방어적인　　④ 해학적인

내신 PRACTICE 06회

본문 180~183쪽

01 ③	02 ③	03 ③	04 ③

01

정답 ③

울적한 기분에 빠지면 여러분이 보게 될 모든 것은 문제뿐이다. 그리고 이 울적한 기분이 마지막 기분이나 그것에 선행했던 수만 번의 울적한 기분과 다른 이유를 스스로에게 정당화하는 데 꽤 똑똑해질 수 있다. 자신이 생각해낸 이유와 자신의 곤경에 대해 여러분이 가지고 있는 생각을 더 많이 품을수록, 매번 기분이 더 나쁠 것이다. 그러나 여러분을 보호하는 것은 기분이 울적할 때 느끼고 있는 감정을 더 이상 믿지 않는 것일 것이다. 여러분은 보통 자신의 울적한 기분에 속고 있다는 것을 알게 될 것이다. 부정적인 생각에 빠지고 싶은 유혹이 들더라도 그렇게 하지 않으면 기분이 훨씬 더 나아질 것이라는 것을 보통 알게 될 것이다. 여러분을 보호하는 것은 어떻게든 그냥 여러분의 괴로운 감정을 내버려둘 수 있다면 그것이 지나갈 것을 보통 알고 있을 것이라는 것이다. 불행의 이유가 타당한 것처럼 보일지라도, 이유 그 자체가 문제의 큰 부분이라는 것을 보통 알게 될 것이다.

해설

울적한 기분에 빠지면 그것에 속아 기분이 더 나빠질 것이기 때문에, 울적할 때는 그때 느끼고 있는 감정을 믿지 말고 그대로 내버려두면 지나갈 것이라는 내용의 글이다. 따라서 글의 요지로 가장 적절한 것은 ③ '울적한 기분은 놓아주면 사라진다.'이다.

① 불행은 부정적인 감정에서 비롯된다.

② 울적한 기분을 극복하려고 노력해야 한다.

④ 외부 환경이 불행한 감정에 기여한다.

⑤ 울적한 기분의 생물학적 원인이 드디어 밝혀졌다.

02

정답 ③

뿌리는 식물의 정착에 영향을 미치고 변형적인 힘을 가지기 때문에 계승에 결정적이다. 뿌리는 토양의 질과 결과적으로 전체 생태계를 지배한다. 식물 뿌리의 활동과 기능은 그것의 건강에 크게 기여한다. 우리는 꽃과 열매를 맺는 능력으로 식물의 건강을 평가할 수 있지만, 번식에 필요한 영양분을 공급하는 것은 바로 뿌리이다. 식물은 토양에서 영양분을 흡수하고, 영양분이 부족할 때 뿌리의 형태(모양, 길이, 가지)를 바꾸거나 광물의 용해도를 높이는 화학 물질을 방출하여 영양분에 접근한다. 이러한 작용은 토양의 질을 개선하고 박테리아 및 곰팡이와의 협력적 상호 작용을 촉진할 수 있다.

해설

(A) 뒤에 주어와 동사의 절이 있으므로, 접속사 because가 어법상 적절하다.

(B) 「it is ~ that ...」 강조구문에 의해 the roots가 강조되고 있으므로, that이 어법상 적절하다.

(C) and로 연결되어 improve와 병렬구조를 이뤄야 하므로, foster가 어법상 적절하다.

03

정답 ③

돌고래는 두뇌가 클 뿐만 아니라, 수중 음파 탐지기 즉 반향 위치 측정과 같은 비범한 능력도 가지고 있는데, 그것으로 그들은 메아리로 반사되어 주변 환경에 대한 광범위한 정보를 제공하는 음파를 보낸다. 반향 위치 측정은 돌고래로 하여금 단단한 물체를 관통해 '볼' 수 있게 해준다. 몇 년 전에, 과학자들은 돌고래의 뇌에 이전에는 유인원에게만 고유한 것으로 생각되었던, 대단히 많은 수의 특화된 방추 신경세포가 포함되어 있다는 것을 발견했다. 이 신경세포는 중요한 사회적, 감정적 정보를 빠르게 전달하는 것으로 믿어진다. 사실, 돌고래의 뇌는 인간의 뇌보다 더 많은 방추 신경세포를 가지고 있다. Dale Peterson은 'The Moral Lives of Animals'에서, 돌고래는 '뛰어난 기억력과 높은 수준의 사회적 인식 및 자기 인식을 가지고 있고, 다른 돌고래들의 행동을 모방하는 데 탁월하며, 상징적 표현에 반응하고 복잡하고 창의적으로 적응하는 사회 시스템을 형성하며 학습된 행동의 문화적 전달을 위한 광범위한 능력을 보여 줄 수 있다.'라고 썼다.

해설

돌고래는 두뇌가 크고 반향 위치 측정과 같은 비범한 능력을 가지고 있으며, 기억력이 뛰어나고, 높은 수준의 사회적 인식 및 자기인식을 가지고 있고, 행동을 모방할 수 있으며, 상징적 표현에 반응하고 복잡하고 창의적으로 적응하는 사회 시스템을 형성하며, 학습된 행동의 문화적 전달을 위한 광범위한 능력을 보여 줄 수 있다는 내용의 글이다. 따라서 글의 주제로 가장 적절한 것은 ③ '돌고래의 뛰어난 지적 능력'이다.

① 돌고래들 간의 치열한 먹이 쟁탈전
② 돌고래가 포유류로 분류되는 이유
④ 바다에서 돌고래와 경쟁할 수 있는 동물들
⑤ 돌고래가 혹독한 해양 환경에서 살아남는 방법

04

정답 ③

역사를 통틀어, 정부는 다른 어떤 적보다 자유 의지와 언론의 자유를 더 많이 두려워해 왔다. 이 두 가지 도구를 가지고 사람들은 세상을 활성화시킬 수 있다. 그들은 정치적 여론의 흐름을 바꾸고 권력을 행동으로 옮길 수 있다. 지금까지 일어났던 모든 혁명은 이상주의의 집단적 노력을 통해 그렇게 해왔다. 그러한 사고를 억압하는 것은 역사에서 모든 독재 국가와 타락하는 사회의 기초이다. 다른 규모에서, 직장 및 가정환경은 자유 의지에 대한 똑같은 억압으로 용인하기 어려울 수 있다. 아이디어를 장려하지 않는 회사에서 일하고 있는가? 배우자나 부모가 여러분이 자신의 의견을 갖는 것을 허용하지 않는 가정에서 살고 있는가? 그 대답이 '그렇다'라면, 이제 여러분 자신의 혁명을 위한 시간이다. 여러분에게는 이 한 번의 인생이 주어졌고, 그것은 폭정에 의해 제한되어서는 안 된다. 상사와 아이디어를 공유하라. 가족 토론을 장려하라. 팀원 모두가 아이디어 프로세스에 포함될 때 그들은 더 큰 주인 의식과 동기 부여를 느낄 것이다. 큰 소리로 자랑스럽게 말하라. 아이디어는 세상을 돌아가게 만드는 힘이다.

해설

직장에서든 가정에서든 자유롭게 생각하고 그것을 말할 수 있어야 세상을 변화시킬 수 있다는 내용의 글이므로, 필자가 주장하는 바로 가장 적절한 것은 ③ '변화를 만들기 위해서는 자유롭게 생각하고 여러분의 생각을 표현하라.'이다.

① 완벽하지 않더라도 여러분의 아이디어를 실행해 보려고 노력하라.
② 직장이나 가정에서 다른 사람에게 경청하고 피드백을 제공하라.
④ 관련 없는 분야의 지식을 통합하여 아이디어를 얻으라.
⑤ 이상주의의 환상에 속지 말고 현실적이 되라.

내신 PATTERN 04

서술형 포함한 여러 문제 출제하기

정답 01 ④ 02 자신의 신념을 오히려 더 굳게 지키게 된다

다음을 생각해 보라. 우리는 누군가가 논쟁적인 발언을 하거나 우리가 격렬히 좋아하거나 싫어하는 일을 하는 것을 듣는다. 우리의 즉각적인 반응은 무엇인가? 그 사람이 한 말이나 행동에 동의하거나 동의하지 않거나 둘 중 하나이고, 그런 다음 근처에 있는 다른 사람들이 우리의 관점에 동의하도록 만드는 것이다. 하지만 우리는 그것을 그렇게 내버려 두지 않는다. 우리 주변의 모든 사람이 우리가 사물을 보는 방식에 동의하고, 우리가 그것들에 대해 느끼는 것과 같은 방식으로 느끼지 않으면 우리는 기분이 좋지 않다. 그리고 다른 사람들이 그렇지 않다는 것을 알게 되면, 우리의 즉각적인 반응은 그들이 명백히 잘못된 입장을 취하지 않도록 함으로써 그들이 우리가 하는 대로 생각하고 느끼게 하려고 노력하는 것이다. 그러나 이것은 우리가 그럴 것이라고 상상하는 것처럼 절대로 간단하고 단순하지 않다. 여기서 일어나고 있는 일은 바람이 쌩쌩 부는 추운 겨울날 바깥으로 걸어 나갈 때 일어나는 일들과 매우 흡사하다. 여러분을 향해 바람이 더 세게 불수록, 여러분은 코트를 더 세게 당겨 몸을 감싼다.

다른 사람을 설득하여 그의 입장에서 벗어나게 하려고 애쓰는 것은 역효과를 낳는다. 중요한 문제에 대한 다른 사람의 뿌리 깊은 의견이나 감정을 바꾸는 가장 좋은 방법은 그냥 그 다른 사람을 이해하고 여러분이 그 사람을 이해하고 있다는 것을 그 사람이 알도록 하는 것이다. 깊이 자리 잡고 있는 다른 사람의 견해와 감정을 바꾸기 위해 논리와 이성을 사용하려고 하는 것은 소용없는 일이다. 인간은 스스로 변화를 선택할 때만 변할 것이고, 얼음장 같은 의견 충돌의 바람이 그들의 방향으로 불고 있을 때, 변화를 위한 선택은 결코 이루어지지 않으며, 결국 그들은 자신들의 신념을 오히려 더 굳게 지키게 된다.

해설

01 But으로 시작하는 주어진 문장은 이것은 우리가 그럴 것이라고 상상하는 것처럼 절대로 간단하고 단순하지 않다는 내용으로, this가 해당하는 내용은 ④ 앞의, 다른 사람들이 우리와 같지 않을 경우 그들이 명백히 잘못된 입장을 취하지 않도록 함으로써 그들이 우리가 하는 대로 생각하고 느끼게 하려고 한다는 것을 가리킨다. 또한 주어진 문장의 내용이 바람이 쌩쌩 부는 추운 겨울날 바람이 더 세게 불수록, 코트를 더 세게 당겨 몸을 감싼다는 비유로 설명하는 문장 앞에 와야 한다. 따라서 주어진 문장이 들어가기에 가장 적절한 곳은 ④이다.

02 밑줄이 포함된 문장은 여러분을 향해 바람이 더 세게 불수록, 여러분은 코트를 더 세게 당겨 몸을 감싼다는 내용으로, 바람이 더 세게 분다는 것은 다른 사람을 자신과 같게 만들려고 설득하는 것이고, 코트를 더 세게 당겨 몸을 감싼다는 것은 그것의 역효과를 나타낸다. 두 번째 문단에서 다른 사람을 설득하는 것의 역효과를 나타내는 표현은 마지막 문장의 hold all the more tightly to their convictions를 가리킨다. 따라서 밑줄 친 부분이 의미하는 바는 '자신의 신념을 오히려 더 굳게 지키게 된다'이다.

내신 PRACTICE 07회

본문 186~189쪽

01 ④

02 고대 로마의 아기가 10살 생일에 도달할 확률이 50:50에 불과하였고 그런 이른 사망이 평균 수명을 낮췄기 때문에

03 above average

04 ① naming → named ② which → in which 또는 where ③ replying → replies

05 ④

06 ⑤ reduction → revival

07 ④ did → were

08 should they also be able to obtain benefits such as health insurance

01-02

정답 01 ④ 02 고대 로마의 아기가 10살 생일에 도달할 확률이 50:50에 불과하였고 그런 이른 사망이 평균 수명을 낮췄기 때문에

고대 로마에서는 40세의 사람이 '노령'으로 간주되었을 것이라는 일반적인 오해가 있다. 사람들은 고대 로마의 평균 수명이 약 35세였던 것으로 계산되어 왔기 때문에 이렇게 생각한다. 그러므로 진정한 노인은 네잎 클로버만큼이나 드물었음에 틀림없다는 생각이 이어진다. 그러나 그것은 평균이 계산되는 방식을 잘못 이해한 것이다. 유아 사망률은 아동기의 사망이 그러했던 것만큼, 오늘날 그러한 것보다 훨씬 더 높았다. 한 연구에 따르면, 고대 로마의 아기가 10살 생일에 도달할 확률은 50:50에 불과했던 것으로 나타났다. 그러한 이른 사망은 평균 수명을 상당히 끌어내린다! 아동기를 넘긴 로마인의 경우 그들의 생존 가능성은 더 좋아졌다. 사실 '노년기'는 기원전 1세기부터 60세 또는 65세 근방에서 시작되는 것으로 정의되어 왔다.

해설

01 고대 로마에서는 아기가 10살까지 살 확률이 반반이었기 때문에, 일찍 죽은 아기로 인해 고대 로마인들의 평균 수명이 낮았다는 내용의 글이다. 따라서 빈칸에 들어갈 말로 가장 적절한 것은 ④ '평균이 계산되는 방식을 잘못 이해한 것이다'이다.
① 일상생활에서 배운 사실에 기반한다
② 문화적 편향과 편견에서 비롯된다
③ 기대 수명의 개념을 포함한다
⑤ 노인의 정신적 안녕을 고려하지 않는다

02 One study suggested that babies in ancient Rome had only a 50:50 chance of reaching their tenth birthday.와 All that early death drags down the average life span quite a bit!의 두 문장에 고대 로마인의 평균 수명이 낮았던 이유가 제시되어 있다.

03-04

정답 03 above average 04 ① naming → named ② which → in which 또는 where ③ replying → replies

아주 많은 연구에 따르면 대다수의 사람들이 자신을 평균 이상이라고 보는 것으로 나타난다. 예를 들어, 대다수의 사람들은 자신이 평균보다 더 똑똑하고, 더 잘생기고, 더 재미있고, 운전을 더 잘한다고 생각한다. 대다수는 또한 자신이 평균보다 더 정직하고, 더 신뢰할 수 있고, 더 윤리적이며, 더 공정하고, 더 개방적이고, 더 도움이 된다고 여긴다. 결혼한 부부가 집안일의 분담 비율을 질문받을 때, 흔히 100%를 훨씬 웃도는 추정치가 나온다. 과학자들이 공동으로 집필한 논문에 대한 자신의 기여도를 질문받을 때, 역시 흔히 100%를 쉽게 초과하는 합계가 나온다. 미국에서는 관리자의 적어도 90%가 자신이 평균보다 직분을 더 잘 수행한다고 여긴다. 이러한 과대평가의 효과는 또한 '도도 효과'라고도 하는데, 도도가 'Alice in Wonderland'에서 모든 동물 중에서 누가 달리기 경주를 이겼느냐의 질문에 대한 답변으로 '모두가 이겼다'라고 답하는 구절에서 그 이름을 따서 지은 것이다.

해설

03 대다수의 사람들이 스스로를 과대평가한다는 내용의 글이므로, 빈칸에는 '평균 이상의'를 뜻하는 above average가 들어가야 한다.

04 ① 「name A after B」는 'B를 따라 A의 이름을 짓다'는 의미로, the 'dodo effect'는 'Alice in Wonderland'에 나온 구절에서 이름을 따서 '지어진' 수동의 의미이므로, naming을 과거분사 named로 고쳐야 한다.
② the passage in *Alice in Wonderland*를 수식하는 관계절이 필요한데, 뒤에 주어, 동사, 목적어가 모두 있는 완전한 절이 있으므로, 관계대명사 which를 in which 또는 관계부사 where로 고쳐야 한다.
③ 관계절 안에서 주어는 the dodo이고 that 'everyone won'이 목적어 역할을 하는 명사절이므로, 관계절의 동사가 되도록 replying을 replies로 고쳐야 한다.

05-06

정답 05 ④ 06 ⑤ reduction → revival

사유재산권 부족에 대한 해결책은 매우 간단해 보인다, 즉 사유재산권을 만들고 시행하는 것이다. 예를 들어, 코끼리가 서식하는 많은 국가에서는 코끼리를 소유한 사람이 아무도 없다. 그것들의 과도한 사용의 결과로, 그것들은 멸종되고 있다. 코끼리가 있는 대부분의 국가에서는 사냥이 금지된 대규모 국립공원이 조성되어 있다. 그러나 이러한 사냥 금지에도 불구하고, 코끼리의 개체 수 감소는 지속되어 왔다. 10년 전에 아프리카의 코끼리 개체 수는 백만 마리 이상이었지만 지금은 그 절반 이하로 떨어졌다. 공동 소유 전략과 대조적으로, 보츠와나, 짐바브웨, 남아프리카공화국 정부는 개인이 코끼리를 소유할 수 있도록 하여 사유재산권을 확립했다. 이 코끼리 농부들은 코끼리들이 그것의 엄니를 위해, 특수 사냥 공원에서의 사냥을 위해, 또는 선진국의 동물원을 위해 팔릴 수 있도록 그것들이 새끼를 낳고 번식하는 것을 확실히 한다. 이것은 이 나라들에서 코끼리 개체 수의 감소(→ 회복)를 야기했다.

➡ 사유재산권의 도입은 특정 동물 종의 보존을 위한 효과적인 전략이 될 수 있다.

해설

05 코끼리가 서식하는 많은 국가에서는 아무도 코끼리를 소유하지 않으며 코끼리가 멸종되고 있었는데, 보츠와나, 짐바브웨, 남아프리카공화국 정부에서 개인의 코끼리 소유를 허가하자 코끼리의 개체 수가 회복되었다는 내용의 글이다. 따라서 요약문의 빈칸 (A), (B)에 각각 들어갈 말로 가장 적절한 것은 private property rights(사유재산권), conservation(보존)이다.
① 공동 소유권 - 감시 ② 공동 소유권 - 가축화
③ 야생동물 공원 - 번식 ⑤ 사유 재산권 - 감금

06 보츠와나, 짐바브웨, 남아프리카공화국 정부에서 개인이 코끼리를 소유할 수 있도록 하여 사유재산권을 만들자, 코끼리 농부들이 코끼리들이 팔릴 수 있도록 코끼리가 새끼를 낳고 번식하는 것을 확실히 하는 결과가 나타났으므로, 코끼리 개체 수가 늘어나 회복되었다는 것을 알 수 있다. 따라서 ⑤의 reduction을 revival과 같은 낱말로 바꾸어야 한다.

07-08

정답 07 ④ did → were 08 should they also be able to obtain benefits such as health insurance

한동안 대기업에서 일자리를 얻는 것이 대개 취업 안정성으로 이어진다는 널리 받아들여진 믿음이 있었다. 주요 제조업체 중 한 곳에서 일자리를 얻는 것이 20년 또는 30년 또는 그 이상 동안 수입을 보장하고 편안한 은퇴로 이어질 수 있다고 수년간 여겨졌다. 이것은 일찍이 1930년대 중후반 또는 제2차 세계대전 동안이나 그 직후에 제조업 노동자로 들어간 많은 사람들에게는 사실이었다. 상당히 많은 수의 이런 사람들이 30여 년 동안 일했고 모두가 점점 더 젊은 나이에 은퇴하기를 바라고 있던 그런 시기에 편안하게 은퇴했다. 많은 사람이 60세의 나이에 은퇴했고 뒤이은 사람들은 그것을 이용할 시기에 맞춰 은퇴 나이가 55세로 떨어질 것으로 기대했다.
오늘날 취업 시장에서 대학 졸업생의 전반적인 상태를 자세히 들여다보고, 제조업에서 취업이 얼마나 많이 떨어졌는지를 가리키는 숫자 역시 살펴보자. 특정 직업과 전문 직종에서 훈련받은 사람들을 예외로 하면, 많은 대학 졸업생들이 더 이른 시절 그랬듯이 캠퍼스에서 모집되기보다는 밖에서 일자리를 찾아 이리저리 돌아다니고 있다. 제조업에서 현재 일자리를 구하고 있는 상당히 많은 사람은 안정적인 – '안정적인'은 몇 년 정도를 지속할 수 있음을 의미한다 – 일자리를 찾게 되면 스스로가 운이 좋다고 여기고, 건강 보험과 같은 혜택을 또한 받을 수 있게 되면 뛸 듯이 기뻐한다.

해설

07 ④ as 이하는 they were recruited on campuses in earlier decades의 의미로 be동사가 대동사의 역할을 하므로, did는 were로 고쳐야 한다.
① that 이하가 진주어이고 가주어가 필요하므로, it은 어법상 적절하다.
② a time을 수식하는 완전한 절을 이끄는 관계부사 when은 어법상 적절하다.
③ the numbers는 취업이 얼마나 떨어졌는지 '가리키는' 주체이므로 현재분사 indicating은 어법상 적절하다.
⑤ 문장의 술어 동사로 count와 and로 병렬 연결된 are overjoyed는 어법상 적절하다.

08 if they should also be able to obtain benefits such as health insurance에서 if가 생략되고 주어와 조동사가 도치된 구조로 써야 한다.

내신 PRACTICE 08회

본문 190~193쪽

01 ①

02 Every move he made made the crowd cheer even[much/still/far] more.

03 ②

04 so emphatically that what is absent is experienced

05 (A) national parks (B) these homes (C) animals and plants (D) our planet's treasures

06 They contribute to the purity of the air that[which] we breathe and the clarity of the water that[which] we drink.

07 get some major advantages from this single-direction frontal vision

08 ②

01-02

정답 01 ① 02 Every move he made made the crowd cheer even[much/still/far] more.

Tom이 무대 뒤에서 춤출 준비를 하며 기다리는 와중에 그의 심장은 드럼처럼 두근거리고 있었고, 긴장해서 가슴이 벌렁거렸다. 관중과 무대 뒤에서 말하는 사람들의 소음은 그가 일어서는 것을 힘들게 했다. 그는 기억해야 할 모든 춤 동작을 생각하며 자기 의상을 계속 잡아당겼다. 그는 무대에서 춤을 잘 출 수 있을지 확신할 수 없었다. 하지만 Tom이 무대에 걸어 올라가자 놀라운 일이 일어났다. 음악이 시작되었고 그의 몸이 음악에 맞춰 움직이기 시작했다. 관중의 환호와 박수는 그를 슈퍼스타처럼 느끼게 만들었다. 그는 활짝 미소 지었다. 그가 하는 모든 동작은 관중이 훨씬 더 환호하게 만들었다. 춤이 끝났을 무렵, 모두가 박수를 치고 소리를 지르며 자신들이 얼마나 많이 그것을 즐겼는지를 보여 주었다. 그는 무대에서 정말 멋진 일을 막 해낸 것 같은 기분이었다.

해설

01 ① for him to stand on his feet는 진목적어로 가목적어가 필요하므로, that을 it으로 고쳐야 한다.
② He를 의미상의 주어로 하는 분사구문을 이끄는 thinking은 어법상 적절하다.
③ '~인지'의 의미를 나타내는 접속사 if는 어법상 적절하다.
④ 사역동사(make)의 목적격보어는 동사원형으로 쓰므로, feel은 어법상 적절하다.
⑤ 목적의 의미를 나타내는 to부정사구를 이끄는 to show는 어법상 적절하다.

02 he made는 앞에 관계대명사 that이 생략된 관계절로 Every move를 수식한다. 또한 사역동사 make는 목적어와 목적격보어를 취하는데, 목적격보어는 동사원형으로 써야 한다. cheer를 수식하는 비교급 more는 부사 even[much/still/far]에 의해 강조된다.

03-04

정답 03 ② 04 so emphatically that what is absent is experienced

침팬지와 범고래, 그리고 틀림없이 다른 종들도 어떤 형태로든 상상력을 가지고 있다는 것과, 그들이 다양한 인지적이고 사회적인 자원, 역사, 경험을 이용하여 자신들의 세계를 인식하고 탐색한다는 것은 거의 확실하다. 심지어 그들은 자신들의 환경에 맞는 방식으로 '믿는다'고 말할 수도 있다. 그러나 그들은 호미닌과 인간 진화의 역사에 따른 생물학적 및 행동상의 패턴을 공유하지 않는다. 그들은 우리 인간이 거주하는 적합한 환경에서 거주하지 않는다. 인간의 믿음은 본질적으로 우리로 하여금 거기 있지 않은 것을 보게 하고, 마치 그것이 있는 것처럼 단호하게 행동할 수 있게 하는데, 너무 단호하여 존재하지 않는 것이 경험되도록 한다. 인간의 믿음은 존재하지 않는 것을 실제로 존재하는 것에 부과하는 결과를 초래할 수 있으며, 어떤 경우에는 너무 성공적으로 그 과정에서 존재하지 않았던 것이 실재하게 된다. 현재까지 다른 종이 이러한 믿음의 방식을 공유한다는 증거는 없다.

해설

03 But으로 시작하는 주어진 문장은 그들은 호미닌과 인간 진화의 역사에 따른 생물학적 및 행동상의 패턴을 공유하지 않는다는 내용으로, chimpanzees and orcas, and no doubt other species에 해당하는 they가 하지 못하는 것을 설명하고 있으므로, They do not reside in the niche that we humans do.로 그들이 하지 못하는 것에 대한 설명

을 시작하는 문장 앞에 와야 한다. 따라서 주어진 문장이 들어가기에 가장 적절한 곳은 ②이다.

04 「so ~ that ...」은 '매우 ~하여 …하다'의 의미이고, that절 안의 what is absent는 선행사를 포함하고 있는 관계절로 주어 역할을 한다.

05-06

정답 05 (A) national parks (B) these homes (C) animals and plants (D) our planet's treasures
06 They contribute to the purity of the air that[which] we breathe and the clarity of the water that[which] we drink.

동물, 식물, 아주 아름다운 풍경이 우리 세계의 건강에 바쳐진 특별한 팀의 수호자 역할을 하는 사랑스러운 장소를 생각해 보라. 그것이 국립공원이 하는 일이다. 그것은 자연의 비밀 은신처와 같은데, 거기서는 동물이 편안하게 살 수 있고 초목이 번성할 수 있다. 국립공원은 이러한 보금자리를 보호하는 방패로서의 역할을 하여, 반드시 그곳을 공격으로부터 안전하게 한다. 그것은 우리가 숨쉬는 공기의 청정도와 우리가 마시는 물의 깨끗함에 기여한다. 그것은 나무, 강, 산을 지켜보는 커다란 환경 친화적인 친구가 있는 것과 같다. 그리고 그것 아는가? 국립공원은 또한 자연 교실의 역할을 하는데, 거기서 과학자들은 그것들의 생존과 행복을 보장하기 위해 동식물에 관해 배운다. 우리가 장난감과 반려동물을 돌보는 것과 마찬가지로, 국립공원은 우리 행성의 보물을 그것들이 모든 사람이 누릴 수 있도록 안전하고 건강하게 유지되는 것이 확실하도록 보살핀다.

해설

05 밑줄 친 지시대명사 They, they, their는 각각 앞에 나온 복수 명사를 가리키므로, 뒤의 단어와 연결하여 맥락상 가리키는 대상을 찾아야 한다.

06 we breathe와 we drink는 모두 목적어가 없는 절로 각각 the air와 the water를 수식하며, 절 앞에 목적격 관계대명사 that 또는 which가 생략되어 있다.

07-08

정답 07 get some major advantages from this single-direction frontal vision 08 ②

인간의 눈에는 두 눈을 가진 대부분의 다른 동물들의 눈과 다소 다른 뭔가가 있는데, 상당히 특별하다. 물고기에서 들쥐에 이르는 거의 모든 다른 척추동물들은 머리의 양쪽에 곁눈질을 하고 독립적으로 움직이는 눈이 있는데, 그것이 그들에게 항상 거의 전면적인 시야를 제공한다. 우리 인간의 경우, 우리의 두 눈은 앞을 향하고, 함께 움직이는데, 그것은 실질적으로 그것들을 단 하나의 눈이 되게 한다. 오직 다른 영장류들과 올빼미와 매, 늑대, 뱀, 그리고 상어와 같은 소수의 포식 동물들만이 유사한 정면 시야를 가지고 있다. 우리가 다방향의 두 눈 시야의 이점을 포기하려면, 우리는 이 단일 방향의 정면 시야로부터 몇 가지 주요한 이점을 얻어야 하는데, 우리가 그렇게 하고 있는 것으로 드러난다.
초식동물 및 기타 먹잇감 동물들에게, 전면적인 시야는 그들이 어떤 방향에 서든지 오는 위험을 볼 수 있게 하기 때문에 큰 이점이다. 심지어 그들이 한 쪽 눈으로 먹고 있는 풀을 지켜보고 있는 동안에도, 그들의 다른 쪽 눈은 뒤쪽에서 몰래 들어오는 포식자를 힐끗 보기 위해 회전할 수 있다. 하지만 많은 포식자들은 그러한 전경을 살펴보는 것이 전혀 필요하지 않다. 그들에게 필요한 것은 자신들의 목표물의 소재를 파악하여 그것을 향해 곧장 나아갈 수 있는 것이다. 영장류 역시 전면적인 시야를 필요로 하지 않는데, 왜냐하면 나무 위에는 포식자들이 공격할 수 있는 방향의 수가 한정되어 있기 때문이다. 그들에게 필요한 것은 나뭇가지 사이로 오가거나 과일을 잡으려고 할 때 거리를 정확하게 판단할 수 있는 것이다. 단 한 번의 잘못 판단된 도약이 진화의 계보에서 그들의 유전자를 쉽게 지워 버릴지도 모른다.

해설

07 do는 대동사로 앞에 나온 동사구를 대신하며, get some major advantages from this single-direction frontal vision 대신에 do를 쓴 것이다.

08 But으로 시작하는 주어진 문장은 많은 포식자들은 그러한 전경을 살펴보는 것이 전혀 필요하지 않다는 내용으로, 전경을 살펴보는 것(that panoramic scanning)은 ② 앞의 내용(their other eye can swivel to catch a glimpse of a predator sneaking in from behind)을 가리키며, ② 다음 문장의 they는 주어진 문장의 many predators를 가리킨다. 따라서 주어진 문장이 들어가기에 가장 적절한 곳은 ②이다.

본문 194~197쪽

REVIEW 모의고사 07회

01 ④ 02 ⑤ 03 ③
04 ⑤ 05 ⑤ 06 ④
07 자본주의는 한번도 충분히 갖지 못하는 우리의 무능력을 자양분으로 삼는다.
08 ④ 09 ②
10 In fact, so intertwined are these processes that we find it impossible to speak of them as separate entities.

01

정답 ④

Emma가 학교 강당에 다다르자 그녀의 심장이 빠르게 뛰기 시작했다. 곧 있을 발표에 대한 생각이 그녀의 머릿속을 가득 채웠고, 희망에 부푼 기분이 그녀에게 밀려왔다. (C) 그녀는 자신의 이름이 이름들 사이에서 자랑스럽게 드러나는 것을 보는 짜릿함을 상상하지 않을 수 없었다. 공기는 가능성으로 가득 찬 느낌이었고, 그녀는 그녀가 연습하고 자랑스럽게 상상했던 배역에 자신의 이름이 호명되는 꿈에 매달렸다. (A) 하지만 명단이 발표되자, 그녀의 마음은 바람이 빠지는 풍선처럼 가라앉았다. 그녀의 이름은 명단에 없었다. 그녀는 정말로 주인공 중 한 명이 되고 싶었지만, 뜻대로 되지 않았다. (B) 그녀 주변에서 다른 아이들이 이야기하고 웃는 행복한 소리들이 갑자기 멀게 느껴졌다. Emma는 어떻게 자신이 원했던 역할을 맡지 못하게 되었는지에 대한 생각을 멈출 수 없었다. 다른 아이들에게 할당된 배역이 놓친 기회처럼 느껴졌고, 충족되지 않은 기대의 무게가 공기 중에 매달려 있었다.

해설

Emma가 학교 강당에 이르러 곧 있을 배역 발표로 인해 희망에 부풀어 있었다는 내용의 주어진 글 다음에는 자신의 이름이 호명되는 짜릿함을 상상하면서 희망에 부풀어 있는 심리 상태를 부연 설명하는 내용의 (C)가 와야 한다. 그다음에는 But으로 시작하여 자신의 이름이 명단에 없다는 것을 알게 되면서 마음이 바람이 빠지는 풍선처럼 되었다고 묘사하는 (A)가 오고, 마지막으로 다른 아이들은 이야기하고 웃는 반면에 Emma는 어떻게 자신이 원했던 역할을 맡지 못하게 되었는지에 대해 계속 생각했다는 내용의 (B)가 오는 것이 주어진 글 다음에 이어질 글의 순서로 가장 적절하다.

02

정답 ⑤

실제로 서비스를 수행하는 직원은 서비스를 관찰하고 그것의 품질에 대한 장애물을 파악하는 데 가능한 가장 좋은 위치를 가지고 있다. 고객과 접촉하는 직원은 고객과 정기적으로 접촉하고 그것 때문에 그들의 기대와 생각에 대해 많은 것을 배운다. 그들이 알고 있는 것이 최고 경영진에게 전달될 수 있다면, 고객에 대한 그들의 이해는 증가될 수 있다. 사실, 많은 기업에서 고객에 대한 최고 경영진의 이해는 (독립 보험 대리점 및 소매업체와 같은) 회사와 그것의 서비스를 대표하는 비회사 접촉 직원뿐만 아니라, 고객과 접촉하는 직원으로부터 받는 의사소통의 정도와 유형에 크게 영향을 받는다고 주장될 수 있다. 이러한 의사소통 경로가 폐쇄되면, 경영진은 서비스를 제공할 때 맞닥뜨리는 문제와 고객의 기대가 어떻게 변화하고 있는지에 대한 피드백을 받지 못할 수 있다.

해설

(A) and에 의해 observing과 병렬 구조를 이루어 전치사 for에 이어져야 하므로, 동명사 identifying이 어법상 적절하다.
(B) that 이하가 진주어이고 가주어가 필요하므로, it이 어법상 적절하다.
(C) 주절의 술어 동사는 may not get이고 feedback about problems가 목적어이므로, encountered가 어법상 적절하다. encountered 앞에는 that are가 생략된 것으로 이해할 수 있다.

03

정답 ③

일상에서는 성공이 실패보다 더 잘 보이도록 되어 있어서, 여러분은 여러분의 성공 가능성을 과대평가하기 쉽다. 하지만 모든 인기 있는 작가 뒤에는 책이 절대 팔리지 않을 100명의 다른 작가들이 있음을 기억하라. 그들 뒤에는 출판업자를 찾지 못한 또 다른 100명이 있다. 그들 뒤에는 끝내지 못한 원고가 서랍 속에서 먼지를 뒤집어쓰고 있는 또 다시 다른 100명이 있다. 그리고 이들 각 사람 뒤에는 언젠가는 책을 쓰는 꿈을 꾸는 100명이 있다. 똑같은 것이 사진사, 예술가, 운동선수, 건축가, 그리고 노벨상 수상자에게 해당된다. 매체는 성공하지 못한 사람들의 무덤 주위를 파내는 것에 관심이 없지만, 여러분은 관심을 가져야 한다. 외부인으로서, 여러분은 환상에 사로잡히기 쉽다. 크게 실망하는 것을 피하려면 현실적이 되는 것이 중요하다.

해설

일상에서는 성공이 실패보다 더 잘 보이기 때문에 실패 뒤에 숨겨진 사람들을 보지 못하고, 환상에 사로잡혀 실망하는 것을 피하려면 성공하지 못한 사람들에게 관심을 가지고 현실을 보라는 내용의 글이다. 따라서 빈칸에 들어갈 말로 가장 적절한 것은 ③ '현실적인'이다.

① 자긍심이 있는 ② 유명한
④ 창의적인 ⑤ 끈기 있는

04

정답 ⑤

여러분은 왜 아랍인들이 세계를 탐험하려고 노력하지 않았을까 하고 생각해 본 적이 있는가? 사실, 중세 시기의 아랍인들은 세계를 항해할 수단을 가지고 있었다. 그들은 분명히 많은 점에서 유럽의 상대방들(유럽인들)보다 더 진보되어 있었다. Ptolemy와 같은 저술가들의 '이교도' 문서를 파괴하는 대신, 그들은 이 작품들을 연구하고 한층 더 좋게 했다. 그러나 더 실용적으로, 아랍인들은 콜럼버스와 같은 후대의 유럽인들이 항해에 대해 가졌던 근본적인 이유가 없었다. 그들은 그 사람들이 했던 것과 마찬가지로 동쪽으로 항해하는 방법을 알아낼 필요가 없었다. 그들은 이미 그곳에서 자리를 확실히 잡았고, 십자군 전쟁 동안 본색을 드러냈던 유럽인들과의 접촉을 확대하는 데 거의 관심이 없었다.

해설

(A) 중세 시기에 아랍인들은 세계를 항해할 수단이 있었다는 내용이 앞에 있으므로, undoubtedly가 적절하다.
(B) Ptolemy와 같은 저술가들의 '이교도' 문서를 연구하고 한층 더 좋게 했던 것만큼, 아랍인들에게는 후대 유럽인들처럼 항해를 해야 할 근본적인 동기가 없었다는 것이 문맥에 맞으므로, lacked가 적절하다.
(C) 아랍인들은 동쪽에서 이미 확실히 자리를 잡았기 때문에, 십자군 전쟁을 일으킨 유럽인들과 접촉을 확대하는 데 관심이 없었다는 내용이 자연스러우므로, expanding이 적절하다.

05

정답 ⑤

그렐린은 위가 비어 있을 때 분비되는 호르몬으로, 많은 신체 기능을 제어하는 데 관여하는 뇌의 부위인 시상하부의 수용체와 결합한다. 그렐린은 식욕을 자극하기 때문에 흔히 '공복 호르몬'이라고도 불리며, 식사를 막 하려는 직전에 가장 높고 식사 직후에 가장 낮다. 하지만 아마도 그것은 에너지를 조절하는 것으로 보는 것이 더 낫다. 그렐린 수치가 높으면 신체는 정지해 있는 대사율을 낮추어 전체적으로 에너지를 덜 태우고, 추가적으로 부족할 경우를 대비하여 체지방을 보존하기 시작한다. 그것은 또한 우리를 무기력하게 할 수 있어서, 우리는 운동으로 에너지를 덜 '낭비할' 것이다. 대조적으로, 그렐린 수치가 더 낮으면, 대사율이 상승하고 더 많은 에너지가 공급될 것이라는 인식에 따라 저장된 에너지 중 일부를 방출하여 사용할 가능성이 높아지며, 우리는 더 신체적으로 활동적이 될 것이다. 이러한 방식으로 그렐린은 에너지 입력값과 출력값의 균형을 맞추어 우리가 연료를 절대 고갈시키지 않도록 확실히 도와준다.

해설

in contrast가 있는 주어진 문장은 그렐린 수치가 낮을 때는 저장된 에너지 중 일부를 방출하여 사용할 가능성이 높고 더 신체적으로 활동적이 될 것이라는 내용으로, 그렐린 수치가 높을 때의 신체 상태에 대한 설명이 끝나는 문장들 다음에 와야 한다. 글에서는 마지막 문장에서 그렐린은 에너지 입력값과 출력값의 균형을 맞춘다고 했으므로, 주어진 문장은 In this way로 시작하는 문장 앞인 ⑤에 들어가야 문맥상 단절이 일어나지 않는다. 따라서 주어진 문장이 들어가기에 가장 적절한 곳은 ⑤이다.

06

정답 ④

어떤 사람들은 직관으로 주식을 산다. 대부분의 다른 이들은 미래의 위험을 예측하기 위해 그 주식의 과거 정보를 사용한다. 그것은 어떤 주식의 실적에 대한 이력이나, 과거 회사의 수익 대 주가의 비율 또는 주식 변동성, 즉 어떤 주식의 과거 가격 변동의 정도일 수 있을 것이다. 이것들과 많은 다른 위험 지표들은 과거에 근거하여 미래의 위험을 평가한다. 과거의 성과가 미래의 결과를 보장하지 않는다는 증권 중개인이 자주 하는 말에 반영된 것처럼, 모든 것이 자주 실패한다. 게다가, 그것들의 실패는 주요한 주식 시장의 폭락에 국한되지 않는다. 능동 관리형 주식 펀드의 경우를 보면, 거기에서는 전문적인 관리자가 특정한 회사의 주식을 보유하는 것의 위험을 평가하면서 급여를 받는다. 비록 전문 지식을 가진 사람이 관리하지만, 이들 펀드들의 대다수는 주식 시장 평균보다 더 나쁜 수익을 낸다. 과거 주식 실적에 근거한 평균적인 결정은 모자에서 꺼낸 무작위 숫자보다 더 나을 것이 없다.

해설

주식 투자의 위험을 예측하기 위해 주식의 과거 정보를 사용하는데, 과거의 성과가 미래의 결과를 보장하지 않기 때문에 그러한 투자는 실패하기 마련이라는 내용의 글이다. 따라서 글의 주제로 가장 적절한 것은 ④ '과거의 주식 실적을 이용하여 주식 투자를 하는 것의 한계'이다.
① 주식 투자에서 미래 가치 평가의 중요성
② 주식 시장의 폭락을 일으키는 요인에 대한 분석
③ 정보에 근거하여 투자하는 것이 더 수익성이 높은 이유
⑤ 주식 시장 변동성이 투자자 심리에 미치는 영향

07-08

정답 07 자본주의는 한번도 충분히 갖지 못하는 우리의 무능력을 자양분으로 삼는다. 08 ④

자본주의 경제의 큰 속임수는 끝없는 축적이라는 그것의 기본 원리가 요구하는 불만족감을 개인이 열정적으로 받아들인다는 것이다. 축적은 우리의 만족을 인식하는 능력에 피해를 준다. 그것은 추가적인 상품의 축적에서 얻을 더 많은 만족이 있다는 것을 우리가 끊임없이 믿게 한다. 그러나 더 많이 축적할수록, 결코 충분히 가지지 못할 것이라는 것을 덜 이해할 수 있다. 자기 자신을 위해 더욱더 많은 것을 축적하려는 시도에서 불만족감이 실제로 증가된다. 자본주의는 한번도 충분히 갖지 못하는 우리의 무능력을 자양분으로 삼는다. 더 많이 가지려는 우리의 개인적인 노력은 항상 자본주의의 요구에 대한 의도치 않은 찬사이다. 그것이 원하는 것을 하고 있다고 생각하는 자본주의의 주체는 자본주의 요구를 위해 그 자신을 희생한다.

➡ 자본주의는 우리의 만족에 대한 욕망을 끝없는 축적을 부채질하는 불만족의 순환으로 바꾸어 줌으로써 번영한다.

해설

07 itself는 capitalism을 가리키고, to ever have enough는 inability를 수식하는 to부정사구이므로, 이에 유의하여 해석한다.

08 자본주의 경제는 사람들로 하여금 결코 도달할 수 없는 끝없는 축적을 부추기면서 불만족스럽게 만드는데, 그런 요구를 통해 자본주의 주체, 즉 사람들은 계속해서 축적하게 되고, 그런 과정에서 자본주의 경제가 번영한다는 내용의 글이다. 따라서 요약문의 빈칸 (A), (B)에 각각 들어갈 말로 가장 적절한 것은 thrives(번영하다), fuels(부채질하는)이다.
① 실패하다 - 손상시키는　② 실패하다 - 변화시키는
③ 적응하다 - 지우는　⑤ 번영하다 - 막는

09-10

정답 09 ② 10 In fact, so intertwined are these processes that we find it impossible to speak of them as separate entities.

생물학은 생명체를 연구하는 학문인데, 이것은 유기체 자체와 그것이 기능하는 환경을 포함한다. 그러나 생물학과 환경은 종종 정반대에 있는 것처럼 이야기된다. 이러한 생각은 생물학적 유기체와 생물학적 과정에 대한 잘못된 이해에서 비롯된다. 후자는 정적이지도 않고 유기체가 사는 환경과 단절되어 있지도 않다. 물론, 어떤 유기체든 자신의 구조, 화학적 성질, 그리고 생리 기능에 의존하지만, 그것은 자신의 환경으로부터 격리되어 그렇게 하지는 않는다. 유전자는 특정한 환경 안에서 발현하고 바로 그 발현으로 인해 새로운 상호 작용이 일어나도록 유기체의 환경이 변화된다. 사실, 이러한 과정들이 너무 얽혀 있어서 우리는 그것들을 별개의 독립체로 말하는 것이 불가능하다는 것을 발견하게 된다.

해설

09 주어진 문장의 This thinking은 ② 앞 문장의 생물학과 환경이 종종 정반대에 있는 것처럼 이야기된다는 것을 나타내고, 주어진 문장의 biological processes는 ② 다음 문장에서 The latter로 지칭되고 있다. 따라서 주어진 문장이 들어가기에 가장 적절한 곳은 ②이다.

10 「so ~ that ...」 구문에서 보어가 문두에 와서 강조된 구조로 「보어+be동사+주어」의 어순이 되었으므로, 술어 동사 is는 these processes에 맞춰 복수 동사 are가 되어야 한다.
'매우 ~하여 …하다'의 의미를 나타내는 「so ~ that ...」 구문이 쓰였으므로, what은 that으로 고쳐야 한다.
to speak 이하가 진목적어이므로, that을 가목적어 it으로 고쳐야 한다.
these processes를 대신하므로, themselves는 them으로 고쳐야 한다.

01강 글의 요지 및 필자의 주장

A

01 긴장을 풀다 **02** 결과 **03** 기능 **04** 사실[진실]이다 **05** 필수(사항) **06** 파다 **07** 멈추다 **08** 평가하다 **09** 협업 **10** 약화시키다 **11** 전념하는, 참여하는 **12** 매우 작은 **13** 결과 **14** 영향을 미치다 **15** 원고 **16** 서랍 **17** 동기를 부여하는 것[사람] **18** 상응하는 **19** 환상 **20** 성공, 승리

B

01 temporary **02** vary **03** transformation
04 disappointment **05** unforseen

02강 글의 주제

A

01 생기다, 발생하다 **02** 측정(하다) **03** 통합하다 **04** 모험 **05** 지각의 **06** 분명한 **07** 풍경 **08** 구성 요소 **09** 방패 **10** 보물 **11** 능력 **12** 관련된 **13** 도전 (과제) **14** 중대한 **15** 주다, 제공하다 **16** ~을 이용하다 **17** 유전적으로 **18** 수평의; 수평으로 **19** 까다로운 **20** 규칙서, 규정집

B

01 smooth **02** precision **03** guardians
04 hierarchy **05** giving in to

03강 글의 제목

A

01 기업 **02** 양심 **03** 지속 가능한 **04** 선사의 **05** 낙천주의자 **06** 재능 있는 **07** 근본적인 **08** 리듬감 넘치는 **09** 예견하다 **10** 씨, 씨앗 **11** 보행자 **12** 공포에 떨게 하다 **13** 유명한 **14** 건강 **15** (정보 등을) 편향되게 제시하다 **16** 마구 쏟아짐, 빗발침 **17** 고된, 힘든 **18** 수명 종료의 **19** 경외감 **20** 공연

B

01 political **02** communal **03** monitoring
04 predestined **05** rigid

04강 글의 목적 및 심경

A

01 게시(물) **02** 다양한 **03** 모금하다 **04** 기부(금) **05** 구입하다 **06** 자료, 재료 **07** 중심지 **08** 방해하다 **09** 잡아당기다 **10** (타이어·풍선 등의) 공기를 빼다 **11** 안식처 **12** 맞다 **13** 부푼 **14** 주인공 **15** 충족되지 않은 **16** 넘치다 **17** 미리 **18** ~하지 않을 수 없다 **19** 강당 **20** 강사

B

01 advanced **02** launched **03** costly
04 dynamic **05** pounding

05강 내용 일치

A

01 총독, 주지사 **02** 제목을 붙이다 **03** 어려움, 고난 **04** 경제학자 **05** 학사 학위 **06** 재래식의, 전통의 **07** 사용하다 **08** 수반하다 **09** 고안하다 **10** 수용하다, 담다 **11** 저예산(의) **12** 독자적인, 독립된 **13** 윤리(학) **14** 독립하다 **15** 비약적인 발전 **16** 초전도 **17** ~로 대체되다[바뀌다] **18** 작품, 인기물 **19** 찬사, 칭찬 **20** 소유, 소유권

B

01 retiring **02** reputation **03** electrical
04 self-taught **05** revolutionized

06강 도표 파악

A

01 지출 **02** 넘다, 초과하다 **03** 하락하다, 감소하다 **04** 선호도 **05** 후자 **06** (1년의 사분의 일) 사분기 **07** 넘다, 초과하다 **08** ~을 제외하면 **09** 점점 감소하여 **10** 대체로, 대개 **11** ~로 예상되다 **12** 수치, 숫자 **13** 실업, 실직 **14** 인기(도) **15** 유명인 **16** 적극적으로 **17** 비율 **18** 광고 **19** 전반적인 **20** 경향

B

01 respondents **03** previous **03** By contrast
04 entire **05** compared to

07강 안내문 파악

A

01 ~을 이용하여 02 요금 지불 03 반납; 반납하다 04 잊을 수 없는 05 키우다 06 탐험가 07 등록 08 소매업자 09 도매업자 10 ~과 친숙해지다 11 가격 목록 12 초등의, 기초의 13 유효한, 정당한 14 엄선된 것, 선택 15 치유의 16 편안한 17 제공하다 18 완료하다 19 픽업, 차로 태우러 옴 20 고유한, 유일무이한

B

01 conservation 02 exceed 03 vegetarian
04 regularly 05 cancelations

08강 함축의미 추론

A

01 ~을 밀쳐놓다 02 육체의, 신체의 03 대중(의) 04 위험 (요소) 05 노예로 만들다 06 ~에 중독되다 07 검색하다 08 불확실성 09 나침반 10 직관 11 진정성 있는 12 ~의 도중에 13 ~에 대처하다 14 맞서다 15 ~과 시선이 마주치다 16 급증 17 안정되다, 안정시키다 18 예측 가능한 19 가시 20 (~보다) 더 중요하다, (~보다) 더 크다

B

01 costs 02 livelihoods 03 fulfillment
04 navigating 05 infancy

09강 빈칸추론 I [단어, 구]

A

01 발휘하다, 주장하다 02 동등한 사람 03 의도적으로 04 반사되다 05 자기 인식 06 광범위한 07 결합하다 08 분해하다 09 ~에 불과한 10 ~을 알고 있는 11 정반대로, 거리가 먼 12 정적인 13 화학적 성질, 화학 14 속담 15 반영하다 16 선택하다 17 언어적인, 말의 18 관찰(력) 19 활력을 주는 20 협상하다

B

01 transmit 02 effective 03 organism
04 overcome 05 analogy

10강 빈칸추론 II [절]

A

01 한낮의 02 ~을 고려할 때 03 감염 04 결과적으로 05 미생물의 06 활성화하다 07 ~에 전념하다 08 자명한 09 분할하다 10 특별히, 구체적으로 11 ~에게 금방 눈에 띄다 12 유발하다 13 조화로운 14 복잡한 15 ~에 의존[의지]하다 16 침입자 17 내성 18 비용이 많이 드는 19 계획 20 방어하다

B

01 extreme 02 sufficient 03 adaptive
04 familiar 05 high-end

11강 흐름과 무관한 문장

A

01 빈둥거리다 02 지시 (사항) 03 달리, 다르게, 그렇지 않으면 04 계승, 연속 05 정착, 설립 06 생태계 07 등장 08 곡물, 낟알 09 문명 10 섬세한 11 육식의 12 감독하는 13 본질상 14 실, 실타래 15 소모하다 16 가늠하다 17 번식 18 ~을 생각해 내다 19 길이 20 바꾸다

B

01 persuasive 02 collaborative 03 commonplace
04 staple 05 beneficial

12강 글의 순서

A

01 광물 02 물질 03 원자 04 속담 05 ~을 수행하다 06 기능적인 07 속을 채운 08 열중[몰두]하고 있는 09 영향, 효과 10 섭취하다 11 동반[수반]되는 것 12 조화시키다 13 구성 성분 14 유한한 15 차단하다 16 협력하다 17 소환하다 18 가두다 19 부분적으로 20 산뜻한, 멋진

B

01 individual 02 significant 03 personal
04 superficial 05 Nutrients

13강 주어진 문장의 위치

A

01 가정 02 자동적으로 03 최초의, 원래의 04 불순물 05 녹은 06 저작권 07 라이선스, 허가, 면허 08 결과적으로 09 모방하다 10 대기 11 표면 12 행성 13 납 14 ~과 대조적으로 15 소유(권) 16 서식하다, 거주하다 17 멸종된 18 ~에도 불구하고 19 강사, 강연자 20 주기적인

B

01 tended to 02 impressions 03 laboratory

04 straightforward 05 forbidden

14강 요약문 완성

A

01 수직의 02 감각의 03 거꾸로, 거꾸로 뒤집혀 04 성격 05 복권 06 성격이 까다로운 07 좌절, 방해 08 ~로 되돌아가다 09 위험에 처한 10 서식지 11 받아들이다 12 낮잠을 자다 13 별도의 14 전형적으로 15 중력 16 흐르다 17 기초를 두다 18 믿을 만한 19 ~을 구분하다 20 마찬가지로, 같은 이유로

B

01 puzzled 02 relevant 03 mechanical
04 compared to 05 longstanding

15강 어법

A

01 인정하다, 인식하다 02 제한하다, 한정하다 03 패배시키다, 이기다 04 실례가 되는 05 고도 06 보여 주다, 드러내다 07 단열하다 08 가축화 09 타고난 10 회의론자 11 추론 12 (기본적인) 산술 능력 13 유전적인, 물려받은 14 나타내다, 대표하다 15 정의 16 인내, 관용 17 다수 18 관계 19 도전적인 20 불안정한

B

01 valid 02 superiority 03 colonized
04 claims 05 constructive

16강 어휘

A

01 철학적인 02 지리적으로 03 고객 04 불만족 05 축적 06 ~에 피해를 주다 07 상품, 물품 08 노력 09 일관되게 10 ~을 위해서 11 열망 12 학문적으로 13 사회의 14 헌신하는 15 정의 16 명확히 하다 17 의복, 의상 18 바꾸다 19 관점 20 복잡한

B

01 modernization 02 attempt 03 embraced
04 resolution 05 maximize

17강 장문 독해

A

01 억누를 수 없는 02 추론하다 03 분석하다 04 관점, 입장 05 (생각이) 잘못된 06 역효과를 낳는 07 뿌리 깊은 08 얻다, 확보하다 09 기업 10 제조업의; 제조업 11 직업의 12 모집하다 13 안정된, 고정된 14 부정, 부인 15 ~할 준비가 되어 있다 16 ~을 생각해 내다 17 (생각·감정 등을 마음속에) 품다 18 속이다; 속임수 19 (기분이나 형편이) 더 나은 20 괴로운

B

01 controversial 02 logic
03 take advantage of 04 tempting
05 workforce

18강 복합 문단

A

01 끝없이 펼쳐진, 무한한 02 말로 표현할 수 없을 정도의 03 힘든 04 절벽 05 외치다 06 ~을 공통으로 가지다 07 작은 땅[밭] (한 뙈기) 08 경고하다 09 쉽게 10 조바심이 나는 11 문의 12 (악기가) 현이 있는 13 답장, 대답 14 굽은 15 ~을 해 나가다 16 수행원 17 배송하다 18 좌절한 19 성숙한 20 비극

B

01 hardship 02 comforted 03 bountiful
04 came across 05 Presently

MEMO

MEMO

큰별쌤 최태성의

별★별 한국사

큰별쌤과 **재미있게** 공부하는

초등 한국사 능력검정시험

최태성 지음

한국사 능력검정시험이란?

한국사능력검정시험은 국사편찬위원회에서 개발한 다양한 유형의 문항을 통해 우리 역사에 대한 관심을 높이고, **한국사 전반에 걸쳐 역사적 사고력을 평가**할 수 있는 시험입니다. 이를 통해 한국사 교육의 올바른 방향을 제시하고 자발적 역사 학습을 통한 고차원적 사고력과 문제해결 능력을 기르는 것을 목적으로 하고 있습니다.

시험 목적

1. 우리 역사에 대한 관심을 확산·심화시키는 계기를 마련함
2. 균형 잡힌 역사의식을 갖도록 함
3. 고차원적 사고력과 문제해결 능력을 육성함
4. 역사 교육의 올바른 방향을 제시함

시험 주관 및 시행 기관
국사편찬위원회

응시 대상
한국사에 관심 있는 모든 사람 (외국인 포함)

※ 출처 : 국사편찬위원회 한국사능력검정시험

시험 종류 및 인증 등급

시험 종류	심화	기본
인증 등급	1급(80점 이상)	4급(80점 이상)
	2급(70~79점)	5급(70~79점)
	3급(60~69점)	6급(60~69점)
문항 수	50문항(5지 택1형)	50문항(4지 택1형)

* 배점 : 100점 만점(문항별 1점~3점 차등 배점)

기본 시험 시간

시간	내용	소요 시간
10:00~10:10	오리엔테이션(시험 시 주의 사항)	10분
10:10~10:15	신분증 확인(감독관)	5분
10:15~10:20	문제지 배부	5분
10:20~11:30	시험 실시(50문항), 파본 확인	70분

평가 내용

시험 종류	평가 내용
심화	**한국사 심화 과정**으로 한국사에 대한 체계적인 이해를 바탕으로 한국사의 주요 사건과 개념을 종합적으로 이해하고, 역사 자료를 분석하고 해석하는 능력, 한국사의 흐름 속에서 시대적 상황 및 쟁점을 파악하는 능력을 평가
기본	**한국사 기본 과정**으로 기초적인 역사 상식을 바탕으로 한국사의 필수 지식과 기본적인 흐름을 이해하는 능력을 평가

여기서 잠깐!

한국사능력검정시험 기본 시험은 60점만 넘으면 합격이에요. 낯선 용어가 많아 우리 친구들이 조금 어렵게 느낄 수도 있지만 걱정하지 말아요. 큰별쌤이 짚어 주는 개념과 흐름을 잘 알아 두고, 기출문제를 통해 문제 유형을 익히면 충분히 합격할 수 있어요.

시험 합격 비법

역사의 쓸모 i (초등 전문 채널)

모두의 별★별 한국사 (http://www.etoos.com/bigstar)

원서 접수 및 자세한 시험 정보

한국사능력검정시험 (http://www.historyexam.go.kr)

큰별쌤의 결론은?

1

초등에서 성인까지 한국사 필수 시대!

한국사를
손 놓을 수는 없죠!

2

한국사는 계속된다! 쭈~욱!

공무원 시험,
교원임용 시험,
승진 시험 등

3

한국사 능력검정시험은 선발 시험이 아닌 인증 시험!

80점 이상이면 **4**급
70~79점이면 **5**급
60~69점이면 **6**급

4

도전해 볼 만한 수준!

한 달 정도만 투자해서
필수 개념만 익히면
합격할 수 있어요.

전체적인 흐름을 파악하고, 개념을 꼼꼼히 확인하세요.
사진, 자료 등은 시대와 꼭 연결하여 익숙하게 만들어 두세요.

시험 합격도 중요하지만 한국사 공부를 통해 역사 속의 사람들을 만나 소통해 보고
한 번의 인생 어떻게 살아갈 것인가를 생각해 보는 계기가 되기를 바랄게요.

이 책의 **구성**

한국사를 **그리다**

20년 넘게 판서를 연구한 판서의 장인 큰별쌤의 아트 판서!
큰별쌤의 판서를 따라 쓰면 시대의 흐름이 머릿속에 쏙!!
큰별쌤의 강의를 들으며 함께 따라 써보세요.

한국사를 **읽다**

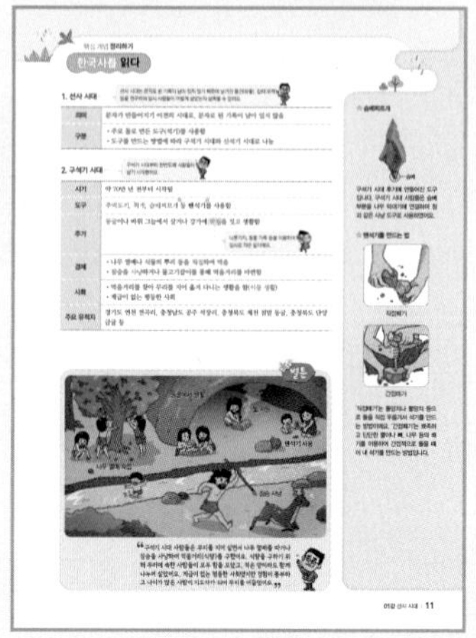

큰별쌤의 아트 판서 내용을 정리하였어요.
정리하는 느낌으로 휘리릭~ 읽어보세요.

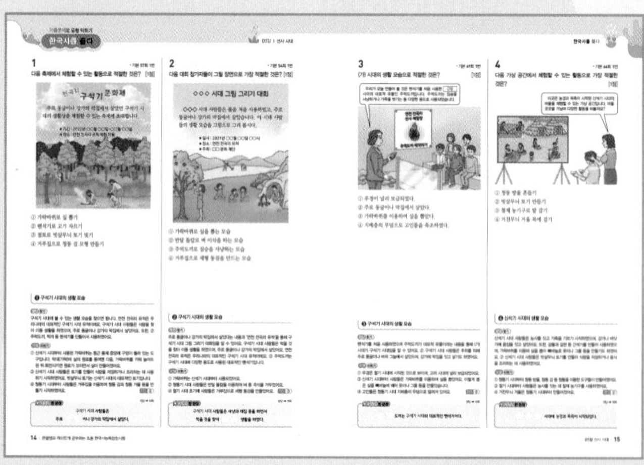

한국사를 **풀다**

대표 기출문제를 꼼꼼하고 친절한 해설과 함께 담았어요. 어떤 유형으로 문제가 나오는지 확인할 수 있습니다. 해설을 가리고 문제를 푼 다음 해설을 꼼꼼히 읽으며 선택지를 하나하나 확인하세요.

빈출 특강

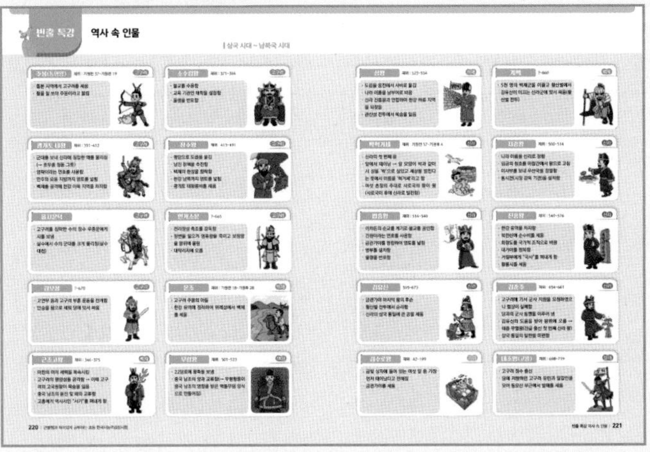

시험에 잘 나오는 세시 풍속과 민속놀이, 지역사, 역사 속 인물에 대한 자료와 설명을 모았어요. 기출문제도 함께 풀면서 정리해 보세요.

완성 판서 모아 보기

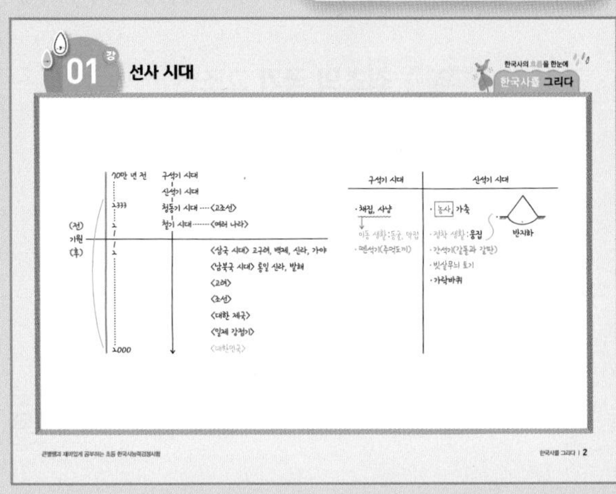

시대의 흐름이 한눈에 보이는 큰별쌤의 아트 판서를 모아 두었어요. 가지고 다니면서 복습도 하고 시험 직전 최종점검용으로 활용하세요.

기출 모의고사

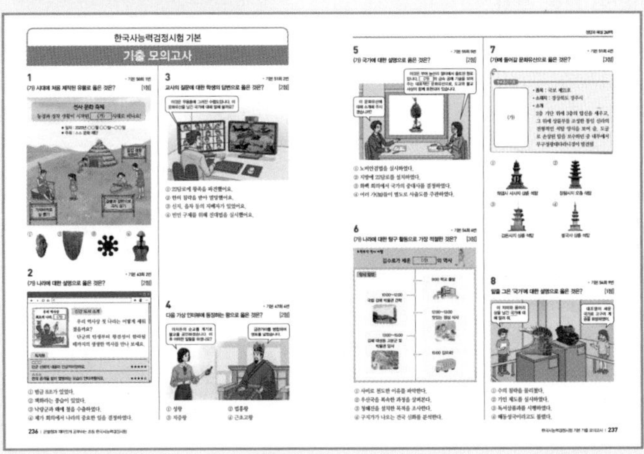

대표 기출문제를 모아 기출 모의고사를 만들었어요. 공부를 다 하고 자신의 실력을 확인해 보세요. 틀린 문제는 꼭 다시 한 번 풀어 보세요.

별★ 채우기

기출문제에 자주 나오는 선택지로 구성하였어요. 별★이 바로 핵심 키워드입니다. 게임을 하듯 따라 읽으면서 별★ 채우기를 해보세요. 그리고 틀린 부분은 꼭 다시 확인해야 합니다.

이 책의 구성

01강 선사 시대

이 강에서 배울 시기는?

약 70만 년 전 — 구석기 시대 시작

기원전 8000년경 — 신석기 시대 시작

선사 시대는 문자로 된 기록이 남아 있지 않은 시대를 말해요. 기록이 남아 있지 않기 때문에 당시 사람들이 사용했던 도구나 살았던 집터 등을 통해 당시 모습을 짐작해야 합니다. 선사 시대 사람들은 어떻게 살았는지 살펴볼까요?

이 강의 핵심 키워드는?

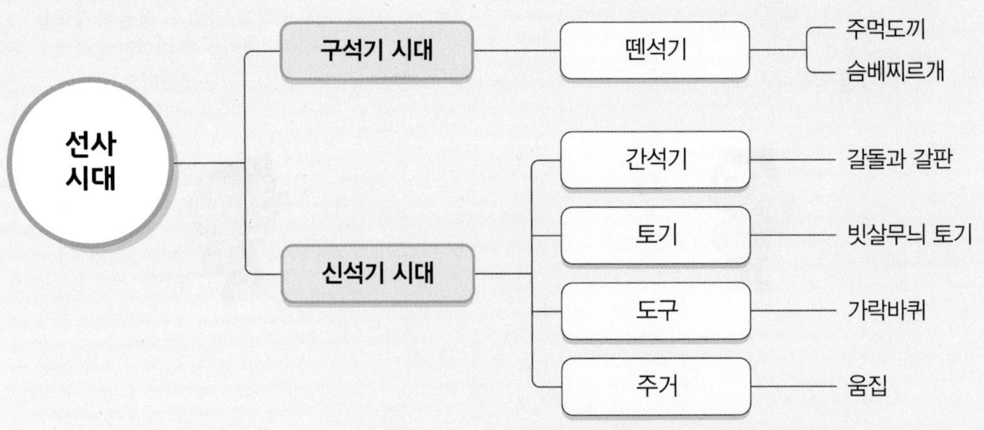

01강-1 구석기 시대

강의 들으며 판서 따라 쓰기

한국사를 그리다

❶ 채집은
찾아서 얻거나 캐거나
잡아 모으는 일을 말해요.
구석기 시대에 사람들은 나무 열매,
풀뿌리와 같은 것을 채집하거나
짐승을 사냥해서 먹을 것을
구했어요. 그리고 먹을 것을
찾아 이동 생활을 했어요.

· 채집❶, 사냥
↓
이동 생활 : 동굴, 막집

단양 금굴 유적

· 뗀석기❷(주먹도끼❸)

주먹도끼

❷ 뗀석기는 돌을
깨뜨리거나 조각을
떼어 내어 만든
구석기 시대의
도구를 말합니다.

❸ 주먹도끼는
한 손에 쥐고 사용할
수 있도록 만들어진 구석기
시대의 만능 도구입니다.
찍고, 자르고, 동물의 가죽을
벗기는 등 다양한 용도로
쓰였어요.

핵심 개념 정리하기

한국사를 읽다

1. 선사 시대

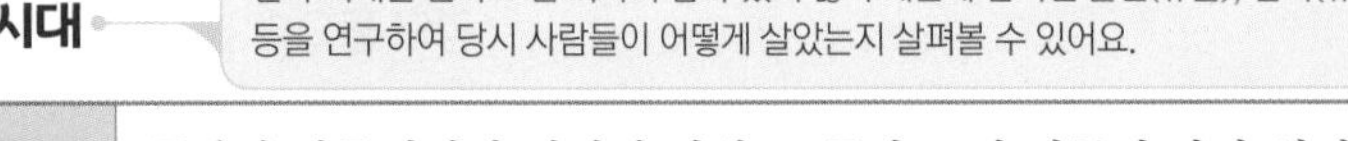
선사 시대는 문자로 된 기록이 남아 있지 않기 때문에 남겨진 물건(유물), 집터(유적) 등을 연구하여 당시 사람들이 어떻게 살았는지 살펴볼 수 있어요.

의미	문자가 만들어지기 이전의 시대로, 문자로 된 기록이 남아 있지 않음
구분	• 주로 돌로 만든 도구(석기)를 사용함 • 도구를 만드는 방법에 따라 구석기 시대와 신석기 시대로 나눔

2. 구석기 시대

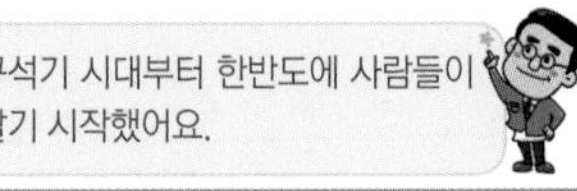
구석기 시대부터 한반도에 사람들이 살기 시작했어요.

시기	약 70만 년 전부터 시작됨
도구	주먹도끼, 찍개, 슴베찌르개 등 뗀석기를 사용함
주거	동굴이나 바위 그늘에서 살거나 강가에 막집을 짓고 생활함 나뭇가지, 동물 가죽 등을 이용하여 임시로 지은 집이에요.
경제	• 나무 열매나 식물의 뿌리 등을 채집하여 먹음 • 짐승을 사냥하거나 물고기잡이를 통해 먹을거리를 마련함
사회	• 먹을거리를 찾아 무리를 지어 옮겨 다니는 생활을 함(이동 생활) • 계급이 없는 평등한 사회
주요 유적지	경기도 연천 전곡리, 충청남도 공주 석장리, 충청북도 제천 점말 동굴, 충청북도 단양 금굴 등

별툰

동굴에서 생활
불 사용
뗀석기 사용
나무 열매 채집
짐승 사냥

"구석기 시대 사람들은 무리를 지어 살면서 나무 열매를 따거나 짐승을 사냥하여 먹을거리(식량)를 구했어요. 식량을 구하기 위해 무리에 속한 사람들이 모두 힘을 모았고, 적은 양이라도 함께 나누며 살았어요. 계급이 없는 평등한 사회였지만 경험이 풍부하고 나이가 많은 사람이 지도자가 되어 무리를 이끌었어요."

★ 슴베찌르개

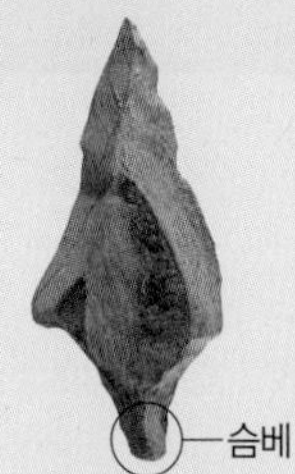
슴베

구석기 시대 후기에 만들어진 도구입니다. 구석기 시대 사람들은 슴베 부분을 나무 막대기에 연결하여 창과 같은 사냥 도구로 사용하였어요.

★ 뗀석기를 만드는 법

직접떼기

간접떼기

'직접떼기'는 돌망치나 뿔망치 등으로 돌을 직접 두들겨서 석기를 만드는 방법이에요. '간접떼기'는 뾰족하고 단단한 뿔이나 뼈, 나무 등의 쐐기를 이용하여 간접적으로 돌을 떼어 내 석기를 만드는 방법입니다.

01강-2 신석기 시대

강의 들으며 판서 따라 쓰기

한국사를 그리다

① 움집은 땅을 움푹 파 다진 뒤 기둥을 세우고 그 위에 풀, 갈대 등으로 지붕을 얹은 반지하 형태의 집이에요.

② 간석기는 돌을 갈아 다듬어 만든 도구입니다.

· 농사, 가축

· 정착 생활 : 움집① 반지하

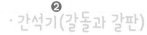

· 간석기②(갈돌과 갈판)

· 빗살무늬 토기③

빗살무늬 토기

③ 신석기 시대 사람들은 토기를 만들어 식량을 저장하거나 음식을 조리하기 시작했는데, 빗살무늬 토기는 신석기 시대의 대표적인 토기입니다.

· 가락바퀴④

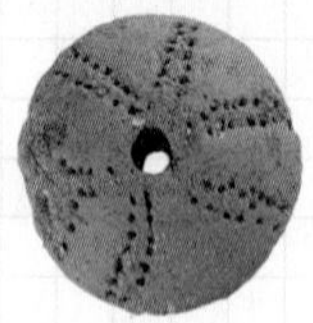

가락바퀴

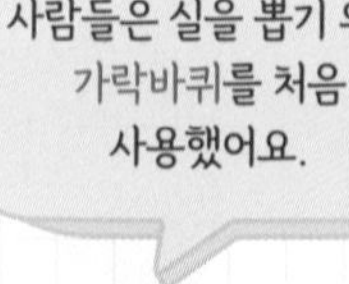

④ 신석기 시대 사람들은 실을 뽑기 위해 가락바퀴를 처음 사용했어요.

한국사를 읽다

신석기 시대

시기	기원전 8000년경에 시작됨
도구	• 간석기 : 갈돌과 갈판 등을 만들어 사용함 • 빗살무늬 토기 : 신석기 시대의 대표적인 토기, 흙으로 그릇 모양을 빚어 겉면에 빗살 같은 무늬를 새긴 뒤 불에 구워 만듦 • 뼈바늘, 가락바퀴 : 그물을 만들거나 옷을 짓는 데 사용함 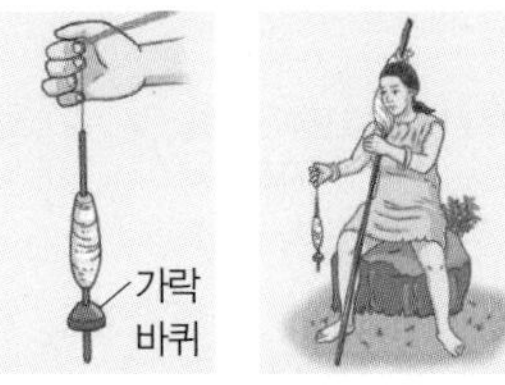 가락 바퀴 '가락'은 실이 감기는 긴 막대기입니다. 식물과 같은 실의 원료를 가락에 이은 뒤 가락바퀴를 끼워 돌리면 가락바퀴가 추의 역할을 하여 섬유가 꼬이면서 실이 만들어졌어요. 신석기 시대 사람들은 이렇게 뽑은 실을 뼈바늘에 꿰어 옷이나 그물을 만들었어요. 
주거	강가나 바닷가에 움집을 짓고 생활함(정착 생활이 시작됨)
경제	• 농사를 짓고 가축을 기르기 시작함 • 사냥과 채집, 물고기잡이도 계속 이루어짐 밭에 조, 수수, 피 등의 곡식을 심었어요.
사회	계급이 없는 평등한 사회
주요 유적지	서울 암사동 유적, 부산 동삼동 유적 등

조개더미(패총) 유적으로, 조개껍데기 가면이 발견되었어요.

별툰

"신석기 시대 사람들은 농사를 짓고 가축을 기르면서 한곳에 머물러 살기 시작했어요. 주로 물과 먹을거리를 구하기 쉬운 강가나 바닷가에 움집을 짓고 마을을 이루어 살았지요. 농사를 지어 먹을 것을 생산하기 시작했지만, 사냥과 채집, 물고기잡이는 여전히 식량을 구하는 중요한 방법이었어요."

갈돌과 갈판

신석기 시대의 대표적인 도구이며, 곡물이나 나무 열매의 껍질을 벗기거나 가루로 만드는 데 사용되었어요.

신석기 시대의 움집

움집(복원 모습)

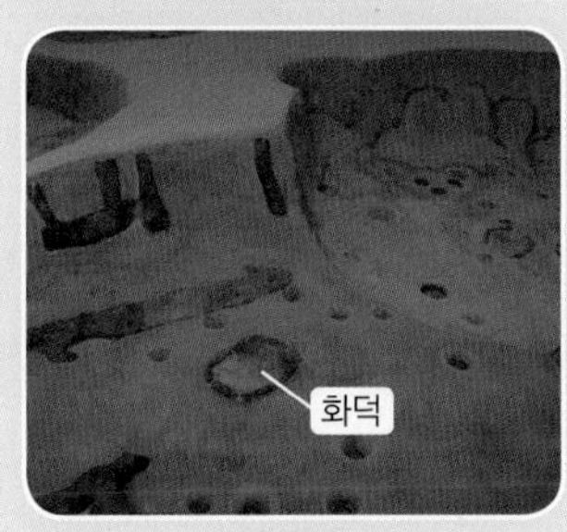

움집터

움집 가운데에는 음식 조리와 난방을 위한 화덕이 있었어요.

1

• 기본 57회 1번

다음 축제에서 체험할 수 있는 활동으로 적절한 것은? [1점]

전곡리 구석기 문화제
주로 동굴이나 강가의 막집에서 살았던 구석기 시대의 생활상을 체험할 수 있는 축제에 초대합니다.
■ 기간 : 2022년 ○○월 ○○일~○○월 ○○일
■ 장소 : 연천 전곡리 유적 체험 마을

① 가락바퀴로 실 뽑기
② 뗀석기로 고기 자르기
③ 점토로 빗살무늬 토기 빚기
④ 거푸집으로 청동 검 모형 만들기

❶ 구석기 시대의 생활 모습

정답 찾기
구석기 시대에 볼 수 있는 생활 모습을 찾으면 됩니다. 연천 전곡리 유적은 우리나라의 대표적인 구석기 시대 유적이에요. 구석기 시대 사람들은 식량을 찾아 이동 생활을 하였으며, 주로 동굴이나 강가의 막집에서 살았어요. 또한, ② 주먹도끼, 찍개 등 뗀석기를 만들어서 사용하였어요.

오답 피하기
① 신석기 시대부터 사용된 가락바퀴는 둥근 몸체 중앙에 구멍이 뚫려 있는 도구입니다. 막대(가락)에 실의 원료를 동여맨 다음, 가락바퀴를 끼워 늘어뜨린 뒤 회전시키면 원료가 꼬이면서 실이 만들어졌어요.
③ 신석기 시대 사람들은 토기를 만들어 식량을 저장하거나 조리하는 데 사용하기 시작하였어요. 빗살무늬 토기는 신석기 시대의 대표적인 토기입니다.
④ 청동기 시대부터 사람들은 거푸집을 이용하여 청동 검과 청동 거울 등을 만들기 시작하였어요. 정답 ②

정답 ➡ 16쪽

키워드 한 문장
구석기 시대 사람들은 주로 ☆☆ 이나 강가의 막집에서 살았다.

2

• 기본 54회 1번

다음 대회 참가자들이 그릴 장면으로 가장 적절한 것은? [1점]

◇◇◇ 시대 그림 그리기 대회
◇◇◇ 시대 사람들은 불을 처음 사용하였고, 주로 동굴이나 강가의 막집에서 살았습니다. 이 시대 사람들의 생활 모습을 그림으로 그려 봅시다.
■ 일시 : 2021년 ○○월 ○○일 ○○시
■ 장소 : 연천 전곡리 유적
■ 주최 : □□ 문화 재단

① 가락바퀴로 실을 뽑는 모습
② 반달 돌칼로 벼 이삭을 따는 모습
③ 주먹도끼로 짐승을 사냥하는 모습
④ 거푸집으로 세형 동검을 만드는 모습

❷ 구석기 시대의 생활 모습

정답 찾기
주로 동굴이나 강가의 막집에서 살았다는 내용과 '연천 전곡리 유적'을 통해 구석기 시대 그림 그리기 대회임을 알 수 있어요. 구석기 시대 사람들은 먹을 것을 찾아 이동 생활을 하였으며, 주로 동굴이나 강가의 막집에서 살았어요. 연천 전곡리 유적은 우리나라의 대표적인 구석기 시대 유적이에요. ③ 주먹도끼는 구석기 시대에 다양한 용도로 사용된 대표적인 뗀석기입니다.

오답 피하기
① 가락바퀴는 신석기 시대부터 사용되었어요.
② 청동기 시대 사람들은 반달 돌칼을 이용하여 벼 등 곡식을 거두었어요.
④ 철기 시대 초기에 사람들은 거푸집으로 세형 동검을 만들었어요. 정답 ③

정답 ➡ 16쪽

키워드 한 문장
구석기 시대 사람들은 사냥과 채집 등을 하면서 먹을 것을 찾아 ☆☆ 생활을 하였다.

3

• 기본 69회 1번

(가) 시대의 생활 모습으로 적절한 것은? [1점]

우리가 오늘 만들어 볼 것은 뗀석기를 처음 사용한 (가) 시대의 대표적 유물인 주먹도끼입니다. 주먹도끼는 짐승을 사냥하거나 가죽을 벗기는 등 다양한 용도로 사용되었습니다.
연천 전곡리 선사 체험장
주먹도끼 제작하기

① 우경이 널리 보급되었다.
② 주로 동굴이나 막집에서 살았다.
③ 가락바퀴를 이용하여 실을 뽑았다.
④ 지배층의 무덤으로 고인돌을 축조하였다.

4

• 기본 66회 1번

다음 가상 공간에서 체험할 수 있는 활동으로 가장 적절한 것은? [1점]

이곳은 농경과 목축이 시작된 신석기 시대의 마을을 체험할 수 있는 가상 공간입니다. 마을 곳곳을 거닐며 다양한 활동을 해볼까요?

① 청동 방울 흔들기
② 빗살무늬 토기 만들기
③ 철제 농기구로 밭 갈기
④ 거친무늬 거울 목에 걸기

❸ 구석기 시대의 생활 모습

정답 찾기

뗀석기를 처음 사용하였으며 주먹도끼가 대표적 유물이라는 내용을 통해 (가) 시대가 구석기 시대임을 알 수 있어요. ② 구석기 시대 사람들은 추위를 피해 주로 동굴이나 바위 그늘에서 살았으며, 강가에 막집을 짓고 살기도 하였어요.

오답 피하기

① 우경은 철기 시대에 시작된 것으로 보이며, 고려 시대에 널리 보급되었어요.
③ 신석기 시대부터 사람들은 가락바퀴를 이용하여 실을 뽑았어요. 이렇게 뽑은 실을 뼈바늘에 꿰어 옷이나 그물 등을 만들었습니다.
④ 고인돌은 청동기 시대 지배층의 무덤으로 알려져 있어요.

정답 ②

정답 ➡ 16쪽

키워드 한 문장

☆☆ 도끼는 구석기 시대의 대표적인 뗀석기이다.

❹ 신석기 시대의 생활 모습

정답 찾기

신석기 시대 사람들은 농사를 짓고 가축을 기르기 시작하였으며, 강가나 바닷가에 움집을 짓고 살았어요. 또한, 갈돌과 갈판 등 간석기를 만들어 사용하였으며, 가락바퀴를 이용해 실을 뽑아 뼈바늘로 옷이나 그물 등을 만들기도 하였어요. ② 신석기 시대 사람들은 빗살무늬 토기를 만들어 식량을 저장하거나 음식을 조리하는 데 사용하였어요.

오답 피하기

① 청동기 시대부터 청동 방울, 청동 검 등 청동을 이용한 도구들이 만들어졌어요.
③ 철기 시대부터 사람들은 농사를 짓는 데 철제 농기구를 사용하였어요.
④ 거친무늬 거울은 청동기 시대부터 만들어졌어요.

정답 ②

정답 ➡ 16쪽

키워드 한 문장

☆☆☆ 시대에 농경과 목축이 시작되었다.

5

• 기본 60회 1번

(가) 시대의 생활 모습으로 옳은 것은? [2점]

제△△회 선사 문화 축제

정착 생활과 농경이 시작된 (가) 시대로의 시간 여행에 여러분을 초대합니다.

■ 기간 : 2022년 ○○월 ○○일~○○월 ○○일
■ 장소 : □□□ 선사 유적 박물관 일대

① 가락바퀴를 이용하여 실을 뽑았다.
② 무덤 껴묻거리로 오수전 등을 묻었다.
③ 철제 농기구를 사용하여 농사를 지었다.
④ 의례 도구로 청동 방울 등을 사용하였다.

6

• 기본 63회 1번

(가)에 들어갈 내용으로 가장 적절한 것은? [1점]

겨울 방학 한국사 학습지

신석기 시대 사람의 하루가 담긴 가상 일과표를 만들어 봅시다.

① 거친무늬 거울 닦기
② 비파형 동검 제작하기
③ 빗살무늬 토기 만들기
④ 철제 농기구로 밭 갈기

❺ 신석기 시대의 생활 모습

정답 찾기

정착 생활과 농경이 시작되었다는 내용과 사진으로 제시된 빗살무늬 토기를 통해 (가) 시대가 신석기 시대임을 알 수 있어요. 신석기 시대 사람들은 농사를 짓기 시작하였고, 점차 마을을 이루어 한곳에 머물러 살기 시작하였어요. 또 빗살무늬 토기를 만들어 식량을 저장하거나 음식을 조리하였으며, ① 가락바퀴를 이용하여 실을 뽑아 그물이나 옷 등을 만들었어요.

오답 피하기

② 우리나라에 있는 철기 시대의 유적에서 중국과의 교류를 보여 주는 오수전, 명도전 등의 중국 화폐가 발견되었어요.
③ 철기 시대부터 사람들은 철제 농기구를 사용하여 농사를 지었어요.
④ 청동기 시대부터 사람들은 청동으로 칼이나 도끼, 거울, 방울 등을 만들었어요.

정답 ①

정답 ➡ 16쪽

키워드 한 문장

신석기 시대 사람들은 ☆☆ 바퀴를 이용하여 실을 뽑았다.

❻ 신석기 시대의 생활 모습

정답 찾기

(가)에는 신석기 시대와 관련된 내용이 들어가야 합니다. 신석기 시대 사람들은 갈돌과 갈판 등 간석기를 사용하였으며, 가락바퀴를 이용하여 실을 뽑았어요. 또 ③ 빗살무늬 토기를 만들어 식량을 저장하거나 음식을 조리하는 데 사용하였어요.

오답 피하기

① 청동기 시대부터 사람들은 거푸집을 이용하여 청동 검, 청동 방울, 거친무늬 거울 등을 만들었어요.
② 비파형 동검은 청동기 시대의 대표적인 유물이에요. 악기 비파와 생김새가 비슷하여 '비파형' 동검이라는 이름이 붙여졌어요.
④ 철기 시대부터 사람들은 철제 농기구를 사용하였어요.

정답 ③

정답 ➡ 16쪽

키워드 한 문장

☆☆ 무늬 토기는 신석기 시대의 대표적인 토기이다.

키워드 한 문장 정답

1. 동굴 2. 이동 3. 주먹 4. 신석기 5. 가락 6. 빗살

공부한 날 월 일

02강 최초의 국가 고조선

이 강에서 배울 시기는?

기원전 2333년	기원전 2000년~기원전 1500년경	기원전 194년	기원전 108년
고조선 건국("동국통감")	청동기 문화의 보급	위만, 고조선의 왕이 됨	고조선 멸망

기원전 2000년 즈음부터 만주와 한반도 지역에서는 청동으로 도구를 만들기 시작했어요. 이때부터 계급이 생겨나고 지배자가 등장하게 되었지요. 우리 역사 속 최초의 국가인 고조선도 청동기 문화를 바탕으로 세워졌습니다. 청동기 문화와 고조선을 만나러 가볼까요?

이 강의 핵심 키워드는?

02강-1 청동기 시대

강의 들으며 판서 따라 쓰기

한국사를 그리다

· 계급(지배 vs 피지배)
- 비파형 동검, ❶ 청동 방울

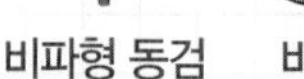

비파형 동검 비파

- 거친무늬 거울(청동) ❷
- 고인돌

거친무늬 거울

❶ 칼 모양이 비파라는 악기를 닮았다고 해서 비파형 동검이라고 해요.

❷ 청동은 구리와 주석 등을 섞어 만든 금속이에요. 거푸집이라는 틀에 청동을 녹여 부어 청동 도구를 만들었어요.

· 벼농사
- 반달 돌칼

반달 돌칼

- 농경문 청동기 ❸

농경문 청동기

❸ 농경문 청동기에는 따비, 괭이 등의 농기구를 이용하여 농사짓는 사람의 모습이 새겨져 있어요.

- 민무늬 토기(미송리식 토기) ❹

지상 가옥

미송리식 토기

❹ 평안북도 미송리 지역에서 처음 발견되어 미송리식 토기라고 해요. 몸체의 양편에 손잡이가 달린 것이 특징이에요.

핵심 개념 정리하기

한국사를 읽다

청동기 시대

시기	기원전 2000년~기원전 1500년경에 시작됨
도구	• 청동기 : 청동은 재료가 귀하고 다루기 어려워 주로 지배층의 무기나 장신구, 제사용 도구 등을 만드는 데 사용됨(비파형 동검, 청동 방울, 거친무늬 거울 등) • 생활 도구 : 농기구 등은 여전히 돌과 나무로 만들어짐(반달 돌칼) • 토기 : 민무늬 토기, 미송리식 토기 등을 만들어 사용함 구릉은 언덕처럼 조금 높은 곳을 말해요. 청동기 시대 사람들은 주로 강을 끼고 있는 구릉 지대에 마을을 이루고 살았어요.
주거	• 구릉 지대에 마을을 이루고 생활함 • 움집이 점차 지상 가옥으로 발전함
경제	한반도 일부 지역에 벼농사가 보급됨
사회	• 계급이 발생함 → 지배하는 사람(지배자)과 지배를 받는 사람(피지배자)이 생겨남 • 지배자의 무덤으로 고인돌을 만듦
주요 유적지	부여 송국리 유적, 고창 · 화순 · 강화의 고인돌 유적 등

고인돌은 우리나라 전국 곳곳에서 발견되고 있어요. 전 세계 고인돌의 약 40% 정도가 우리나라에 있다고 해요.

별툰

"청동기 시대에는 이전보다 농사가 발달하고 생산량이 늘어 저장하는 식량이 생겼어요. 하지만 여전히 식량이 부족한 마을도 있었어요. 그래서 식량을 두고 마을끼리 싸우는 일이 잦아졌어요. 사람들은 다른 마을 사람들의 침입을 막기 위해 마을 둘레에 울타리를 치고 도랑을 만들기도 했어요."

반달 돌칼

곡식을 수확할 때 이삭을 자르거나 낟알을 훑어 내는 데 사용한 도구입니다. 뚫려 있는 두 개의 구멍에 줄을 꿰어 손에 쥐고 사용하였어요.

민무늬 토기

무늬가 없는 토기를 말해요. 바닥이 평평하고 모양이 다양합니다.

고인돌

지배자가 죽으면 거대한 크기의 돌로 무덤을 만들었어요. 이것을 고인돌이라고 합니다. 고창, 화순, 강화 지역에 고인돌이 많이 남아 있는데, 이 지역의 고인돌은 유네스코 세계 유산으로 등재되었어요.

02강-2 고조선

강의 들으며 판서 따라 쓰기

한국사를 그리다

❹ 철기 시대부터 철제 무기와 철제 농기구를 사용했어요.

청동기 시대 ——————————— 철기 시대❹

(고)조선
· 최초의 국가(범금 8조❶: 사람 X → 사형···)
· 단군 이야기 ← 〈삼국유사〉: 고려 일연

환인
|
天 환웅 : 홍익인간❷
地 비 바람 구름 → 농사
곰 vs 호랑이
→ 단군왕검 → 고조선

위만 조선❸
· 중계 무역
· 한 무제 공격
→ X(B.C. 108)

❶ 고조선에는 8개의 조항으로 된 법이 있었는데, 이를 범금 8조(8조법)라고 합니다. 고조선은 범금 8조를 만들어 사회 질서를 유지했어요.

범금 8조(8조법)

- 남을 죽인 사람은 사형에 처한다.
- 남을 다치게 한 사람은 곡식으로 갚아야 한다.
- 남의 물건을 훔친 사람은 그 물건 주인집의 노비가 되어야 한다. 만약 용서를 받으려면 50만 전을 내야 한다.

❷ 홍익인간은 '널리 인간을 이롭게 한다.'라는 뜻이에요.

❸ 위만은 중국으로부터 철기 문화를 가지고 고조선으로 들어와 고조선의 준왕을 몰아내고 왕이 되었어요. 이때부터를 위만 조선이라고도 합니다.

핵심 개념 정리하기

한국사를 읽다

1. 고조선의 건국

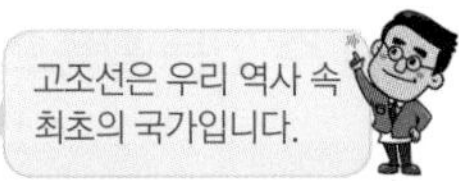

고조선은 우리 역사 속
최초의 국가입니다.

건국 시기	기원전 2333년
문화 범위	비파형 동검, 탁자식 고인돌 등의 분포 지역을 통해 고조선과 관련된 문화 범위를 짐작할 수 있음  비파형 동검  탁자식 고인돌
단군의 건국 이야기	• 단군왕검 : 하늘에 제사를 지내는 제사장을 뜻하는 '단군'과 정치 지배자를 뜻하는 '왕검'이 합쳐진 말 • "삼국유사"에 단군의 건국 이야기가 실려 있음 → 이를 통해 고조선이 홍익인간의 정신에 따라 청동기 문화와 농경 문화를 바탕으로 건국되었음을 알 수 있음

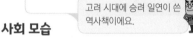

고려 시대에 승려 일연이 쓴 역사책이에요.

2. 고조선의 성장과 사회 모습

발전과 멸망	• 왕이 있고 중국과 맞설 정도로 성장함 • 중국에서 위만이 무리를 이끌고 고조선에 들어와 세력을 키운 뒤 준왕을 몰아내고 왕위를 차지함 → 이후 본격적으로 철기 문화를 받아들임, 중국의 한과 한반도의 남부 사이에서 중계 무역을 함 • 우거왕(위만의 손자) 때 한 무제의 침입을 받아 멸망함(기원전 108)
사회 모습	사회 질서를 유지하기 위한 범금 8조(8조법)가 있었음(지금은 3개 조항만 전해짐) → 사람의 생명과 개인의 재산을 중요하게 여기고 노비가 있는 계급 사회였음을 알 수 있음

중계 무역은 다른 나라에서 산 물건을 또 다른 나라에 되파는 거예요. 고조선은 중계 무역으로 큰 이익을 얻었어요.

별툰

큰 죄는 법으로 엄격하게 다스렸음, 사람의 생명을 중시함

저 때문에 다치
셨으니 곡식으로
갚겠습니다.

노동력을 중시함, 농경 사회

물건을
훔쳤으니 노비가
되는 대신 50만 전을
내겠습니다.

개인의 재산을 인정함, 신분 제도가 있음, 화폐를 사용함

"고조선에는 8개 조항으로 된 법이 있었으나 지금은 3개 조항만 전해지고 있어요. 이를 통해 당시 고조선의 사회 모습을 짐작할 수 있습니다."

고조선의 문화 범위

탁자식 고인돌과 비파형 동검이 공통적으로 분포되어 있는 만주와 한반도 북부 지역이 고조선의 문화 범위라고 짐작할 수 있어요.

단군의 고조선 건국 이야기

> 아주 오래전 하늘나라를 다스리는 하느님(환인)에게 환웅이란 아들이 있었다. 환웅은 '널리 인간을 이롭게 한다.'는 뜻을 품고 땅으로 내려가고 싶어 하였다. …… 환웅이 바람, 비, 구름을 다스리는 신하와 자신을 따르는 무리 3,000여 명을 이끌고 태백산에 내려왔다. …… 환웅은 곰이 변한 여인을 아내로 맞이하여 아들을 낳았는데, 이름을 단군왕검이라 하였다. 단군왕검은 아사달을 도읍으로 정하고 고조선을 세웠다. – "삼국유사" –

단군의 고조선 건국 이야기를 통해 하늘의 자손임을 내세운 힘센 세력이 주변의 다른 무리를 통합하여 고조선을 세웠음을 짐작할 수 있어요.

1

• 기본 64회 1번

(가) 시대의 생활 모습으로 옳은 것은? [1점]

VR 가상 체험관
금속 도구를 사용하기 시작한 (가) 시대의 대표적 유물인 비파형 동검을 만들어 봅시다. 손잡이를 돌려 거푸집에 주물을 부어 보세요.

① 우경이 널리 보급되었다.
② 철제 농기구를 사용하였다.
③ 주로 동굴이나 막집에서 살았다.
④ 지배층의 무덤으로 고인돌을 만들었다.

❶ 청동기 시대의 생활 모습

정답 찾기

금속 도구를 사용하기 시작하였으며, 비파형 동검이 대표적 유물이라는 내용을 통해 (가) 시대가 청동기 시대임을 알 수 있어요. 청동기 시대부터 사람들은 청동으로 칼이나 도끼, 거울, 방울 등을 만들었어요. ④ 고인돌은 청동기 시대 지배층의 무덤으로 알려져 있어요. 청동기 시대에 개인 소유의 재산이 생기고 계급이 발생하면서 지배자가 등장하였어요.

오답 피하기

① 소를 이용하여 농사짓는 우경은 철기 시대에 시작된 것으로 보이며, 이후 고려 시대에 널리 보급되었어요.
② 철기 시대부터 사람들은 철제 농기구를 사용하여 농사를 지었어요.
③ 구석기 시대 사람들은 먹을 것을 찾아 이동 생활을 하면서 주로 동굴이나 강가의 막집에서 살았어요.

정답 ④

정답 ➡ 24쪽

키워드 한 문장

청동기 시대에 거푸집을 이용하여 ______ 형 동검을 제작하였다.

2

• 기본 61회 1번

다음 축제에서 체험할 수 있는 활동으로 적절한 것은? [1점]

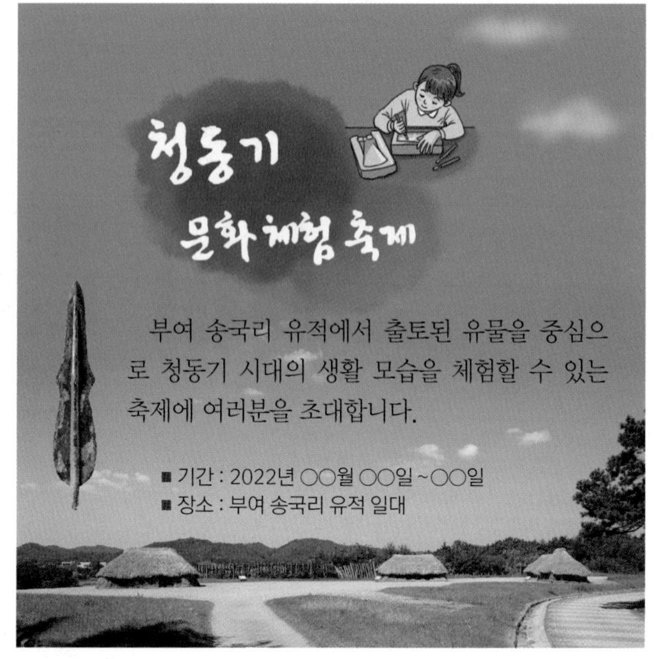

청동기 문화 체험 축제
부여 송국리 유적에서 출토된 유물을 중심으로 청동기 시대의 생활 모습을 체험할 수 있는 축제에 여러분을 초대합니다.
■ 기간 : 2022년 ○○월 ○○일~○○일
■ 장소 : 부여 송국리 유적 일대

① 막집 지어 보기
② 민무늬 토기 만들기
③ 철제 갑옷 입어 보기
④ 주먹도끼로 나무 손질하기

❷ 청동기 시대의 생활 모습

정답 찾기

청동기 시대부터 청동으로 칼이나 거울, 방울 등이 만들어졌으며, 비파형 동검은 청동기 시대를 대표하는 청동 칼이에요. 부여 송국리 유적은 우리나라의 대표적인 청동기 시대 유적입니다. ② 청동기 시대에 무늬가 없고 바닥이 평평한 민무늬 토기가 만들어졌어요.

오답 피하기

① 구석기 시대 사람들은 추위를 피해 주로 동굴이나 바위 그늘에서 살았으며, 강가에 막집을 짓고 살기도 하였어요.
③ 철제 도구는 철기 시대부터 제작되었어요.
④ 주먹도끼는 구석기 시대에 사용된 대표적인 뗀석기입니다. 찍고, 자르고, 동물의 가죽을 벗기는 등 다양한 용도로 쓰였어요.

정답 ②

정답 ➡ 24쪽

키워드 한 문장

비파형 동검, 민무늬 토기, 고인돌은 ______ 기 시대의 대표적인 문화유산이다.

3

• 기본 67회 1번

(가) 시대의 생활 모습으로 가장 적절한 것은? [1점]

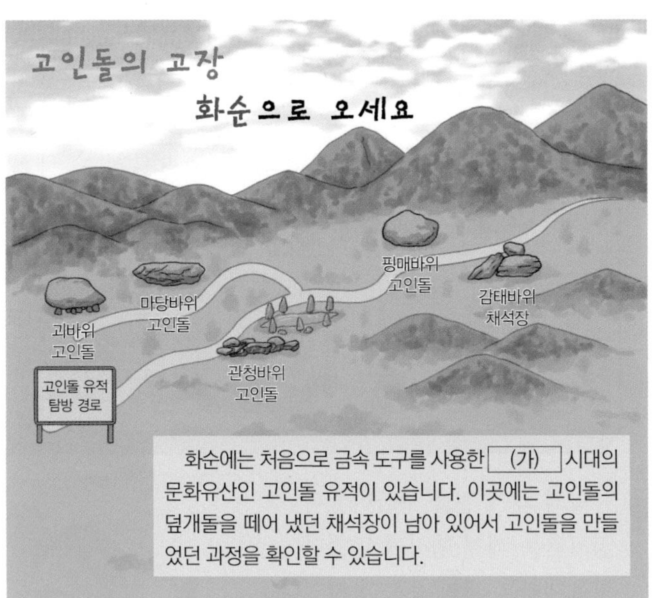

고인돌의 고장
화순으로 오세요
핑매바위 고인돌
마당바위 고인돌
감태바위 채석장
괴바위 고인돌
관청바위 고인돌
고인돌 유적 탐방 경로
화순에는 처음으로 금속 도구를 사용한 (가) 시대의 문화유산인 고인돌 유적이 있습니다. 이곳에는 고인돌의 덮개돌을 떼어 냈던 채석장이 남아 있어서 고인돌을 만들었던 과정을 확인할 수 있습니다.

① 철제 농기구로 농사를 지었다.
② 주로 동굴이나 막집에서 살았다.
③ 반달 돌칼로 벼 이삭을 수확하였다.
④ 빗살무늬 토기에 곡식을 저장하기 시작하였다.

4

• 기본 49회 2번

다음 퀴즈의 정답으로 옳은 것은? [2점]

1단계 청동기 문화를 바탕으로 성립하였다.
2단계 평양성을 도읍으로 삼았다.
3단계 범금 8조가 있었다.
4단계 한 무제의 공격으로 멸망하였다.
제시된 단계별 힌트를 종합하여 알 수 있는 국가는 어디일까요?
한국사
퀴즈왕
310
300

① 동예 ② 부여
③ 고구려 ④ 고조선

❸ 청동기 시대의 생활 모습

정답 찾기

처음으로 금속 도구를 사용하였으며, 고인돌을 만들었다는 내용을 통해 (가) 시대가 청동기 시대임을 알 수 있어요. 청동기 시대부터 청동 도끼, 청동 검, 청동 방울, 거친무늬 거울 등의 금속 도구를 사용하기 시작하였어요. 그러나 청동은 재료가 귀하고 다루기 어려워 농기구 등 생활 도구는 여전히 반달 돌칼과 같이 돌로 만들었어요. 고인돌은 청동기 시대 지배자의 무덤으로 알려져 있습니다. ③ 청동기 시대 사람들은 반달 돌칼을 이용하여 조, 기장, 벼 등 곡식을 거두었어요.

오답 피하기

① 철기 시대부터 사람들은 철제 농기구로 농사를 지었어요.
② 구석기 시대 사람들은 주로 동굴이나 바위 그늘에서 살았으며, 강가에 막집을 짓고 살기도 하였어요.
④ 신석기 시대 사람들은 빗살무늬 토기를 만들어 곡식을 저장하고 음식을 조리하는 데 사용하였어요.

정답 ③

정답 ➡ 24쪽

키워드 한 문장

청동기 시대 사람들은 ☆☆ 돌칼을 이용하여 곡식을 수확하였다.

❹ 고조선의 사회 모습

정답 찾기

청동기 문화를 바탕으로 성립하였으며, 범금 8조가 있었고, 한 무제의 공격으로 멸망하였다는 내용을 통해 퀴즈의 정답이 ④ 고조선임을 알 수 있어요. 고조선은 청동기 문화를 바탕으로 성립한 우리 역사상 최초의 국가이며, 기원전 108년에 한 무제의 공격을 받아 멸망하였어요. 고조선에는 사회 질서를 유지하기 위한 범금 8조(8조법)가 있었어요.

오답 피하기

① 동예, ② 부여, ③ 고구려는 철기 문화를 바탕으로 성립한 나라입니다. 부여와 고구려는 만주와 한반도 북부 지역에 세워졌고, 동예는 한반도 동북부 해안 지역에 위치하였어요.

정답 ④

정답 ➡ 24쪽

키워드 한 문장

고조선은 ☆☆☆기 문화를 바탕으로 성립하였다.

5

• 기본 69회 2번

밑줄 그은 '이 나라'에 대한 설명으로 옳은 것은? [2점]

우리 역사상 최초의 국가인 이 나라의 건국 이야기에 나오는 단군왕검, 곰, 호랑이를 표현해 보았어요.

한국사 모둠 발표

그림으로 소개하는 건국 이야기

① 영고라는 제천 행사를 열었다.
② 혼인 풍습으로 민며느리제가 있었다.
③ 읍락 간의 경계를 중시하는 책화가 있었다.
④ 범금 8조를 만들어 사회 질서를 유지하였다.

6

• 기본 55회 2번

(가) 나라에 대한 설명으로 옳은 것은? [2점]

만화로 보는 (가) 의 사회 모습
범금 8조
사람을 죽인 자는 사형에 처한다.
남에게 상해를 입힌 자는 곡식으로 갚아야 한다.
도둑질한 자는 노비로 삼되, 용서 받고자 할 때에는 50만 전을 내야 한다.

① 낙랑과 왜에 철을 수출하였다.
② 영고라는 제천 행사를 열었다.
③ 서옥제라는 혼인 풍습이 있었다.
④ 건국 이야기가 삼국유사에 실려 있다.

❺ 고조선의 사회 모습

정답 찾기

우리 역사상 최초의 국가이며, 건국 이야기에 단군왕검, 곰, 호랑이가 나온다는 내용을 통해 밑줄 그은 '이 나라'가 고조선임을 알 수 있어요. 단군의 건국 이야기에 따르면, 환웅과 웅녀 사이에서 태어난 단군왕검이 아사달을 도읍으로 정하여 고조선을 세웠다고 합니다. ④ 고조선에는 사회 질서를 유지하기 위한 범금 8조(8조법)가 있었는데, 현재 3개 조항만 전해집니다. 이를 통해 고조선이 사람의 생명과 개인의 재산을 중시한 계급 사회였음을 짐작할 수 있어요.

오답 피하기

① 부여는 12월에 영고라는 제천 행사를 열었어요.
② 옥저에는 신랑 집에서 신부가 될 여자아이를 데려와 키우고 어른이 되면 돌려보낸 뒤 신부 집에 예물을 보내고 정식으로 혼인하는 민며느리제의 풍습이 있었어요.
③ 동예에는 읍락 간의 경계를 중시하여 다른 부족의 영역을 침범하면 소나 말, 노비 등으로 물게 하는 책화라는 풍습이 있었어요. 정답 ④

정답 ➡ 24쪽

키워드 한 문장

고조선에는 사회 질서를 유지하기 위한 범금 ☆☆ 가 있었다.

❻ 고조선의 사회 모습

정답 찾기

범금 8조를 통해 (가) 나라가 고조선임을 알 수 있어요. 고조선은 사회 질서를 유지하기 위해 범금 8조(8조법)를 만들어 백성을 다스렸어요. 범금 8조는 현재 3개 조항만 전해집니다. ④ "삼국유사"에 단군의 고조선 건국 이야기가 실려 있어요.

오답 피하기

① 변한과 가야에서는 철이 많이 생산되었고, 낙랑과 왜에 철을 수출하였어요.
② 부여는 12월에 영고라는 제천 행사를 열었어요.
③ 고구려에 서옥제라는 혼인 풍습이 있었어요. 서옥제는 신랑이 신부 집의 뒤편에 서옥(사위집)을 짓고 살다가, 자식을 낳아 어느 정도 자라면 아내와 자식을 데리고 자신의 집으로 돌아가는 혼인 풍습이에요. 정답 ④

정답 ➡ 24쪽

키워드 한 문장

"삼국유사"에 실린 ☆☆ 의 고조선 건국 이야기를 통해 건국 당시의 사회 모습을 짐작할 수 있다.

키워드 한 문장 정답

1. 비파 2. 청동 3. 반달 4. 청동 5. 8조 6. 단군

공부한 날 월 일

강의 바로 보기

03강 여러 나라의 성장

이 강에서 배울 시기는?

기원전 5세기경	기원전 37년
철기 문화의 보급	고구려 건국("삼국사기")

고조선이 멸망할 즈음 만주와 한반도 지역에서 철기 문화를 바탕으로 여러 나라가 세워졌어요. 이 나라들은 고유한 풍습을 가지고 있었지요. 철기 문화를 바탕으로 등장한 여러 나라에 대해 알아볼까요?

이 강의 핵심 키워드는?

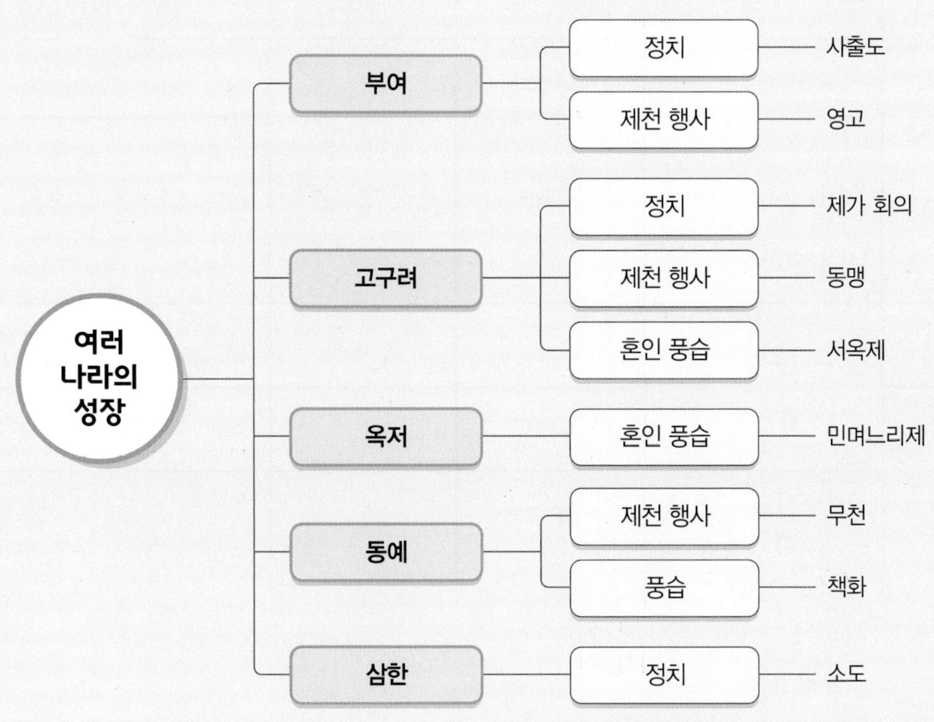

03강 여러 나라의 성장

강의 들으며 판서 따라 쓰기

한국사를 그리다

마가
저가
王
우가
구가
부여
고구려
옥저
동예
진한
마한
삼한
변한
❶ 제천 행사는 풍년을 기원하거나 추수에 감사하기 위해 하늘에 제사를 지내는 행사입니다.

❷ 동예에는 함부로 다른 부족의 경계를 침범하면 소나 말, 노비 등으로 물어 주는 풍습이 있었는데, 이를 책화라고 합니다.

❸ 삼한에는 종교적 신성 지역인 소도가 있었어요.

	정치	제천 행사❶	결혼	기타
부여	사출도	영고		1책 12법
고구려	제가 회의 (· 백제 : 정사암 · 신라 : 화백)	동맹	서옥제	
옥저	군장 (읍군 · 삼로)		민며느리제	가족 공동 무덤
동예		무천		책화❷, 단궁 · 과하마 · 반어피
삼한	군장(신지 · 읍차) ❸소도(천군)	계절제 (5월, 10월)		벼농사, 철 수출(변한)

핵심 개념 정리하기

한국사를 읽다

1. 부여

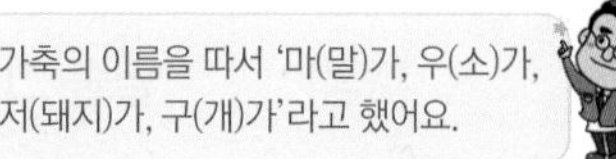
가축의 이름을 따서 '마(말)가, 우(소)가, 저(돼지)가, 구(개)가'라고 했어요.

정치	중앙은 왕이 다스리고 마가, 우가, 저가, 구가의 여러 가(加)들이 별도로 사출도를 다스림 → 왕의 권력이 약함
풍습	• 12월에 영고라는 제천 행사를 열어 하늘에 제사를 지냄 • 남의 물건을 도둑질하다 잡히면 훔친 물건값의 12배로 갚게 하는 법이 있었음(1책 12법)

2. 고구려

정치	제가 회의에서 나라의 중요한 일을 결정함
풍습	• 10월에 동맹이라는 제천 행사를 열어 하늘에 제사를 지냄 • 서옥제라는 혼인 풍습이 있었음

3. 옥저와 동예

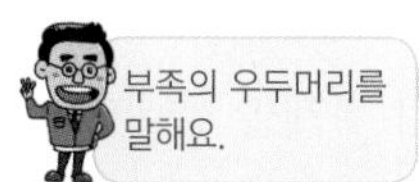
부족의 우두머리를 말해요.

다른 읍락의 경계를 침범하면 소나 말 같은 가축이나 노비로 배상하게 하는 풍습이에요.

구분	옥저	동예
정치	읍군과 삼로라는 군장이 부족을 다스림	
풍습	• 민며느리제라는 혼인 풍습이 있었음 • 가족이 죽으면 뼈만 추려 한 목곽에 모아 두는 가족 공동 무덤의 장례 풍습이 있었음	• 읍락 간의 경계를 중시하는 책화라는 풍습이 있었음 • 10월에 무천이라는 제천 행사를 열어 하늘에 제사를 지냄
특산물	해안가에 자리 잡고 있어서 해산물이 풍부함	단궁, 과하마, 반어피 등

무덤에 관과 껴묻거리를 넣기 위해 나무로 만든 것이에요.

4. 삼한(마한, 진한, 변한)

정치	• 신지와 읍차 등의 군장이 부족을 다스림 • 제사장인 천군과 신성 지역인 소도가 있음 → 제사와 정치가 분리됨
풍습	5월과 10월에 계절제를 열어 하늘에 제사를 지냄
농업	• 철제 농기구를 사용함 • 벼농사가 발달함
철 생산	변한 지역에서 철이 많이 생산됨 → 철을 화폐처럼 사용하고 낙랑과 왜에 수출함

제가 회의

고구려의 귀족 회의입니다. 백제에는 정사암 회의, 신라에는 화백 회의가 있었어요.

서옥제

신랑이 신부 집 뒤편에 서옥(사위집)이라는 집을 짓고 살다가 자식이 태어나 어느 정도 자라면 아내와 자식을 데리고 자신의 집으로 돌아가는 혼인 풍습이에요.

민며느리제

신랑 집에서 신부가 될 여자아이를 데려와 키우고 어른이 되면 신부 집에 돈 등 예물을 보내고 정식으로 혼인하는 풍습이에요.

단궁 · 과하마 · 반어피

동예의 특산물로 단궁, 과하마, 반어피 등이 유명하였어요. 단궁은 활, 과하마는 키가 작은 말, 반어피는 바다표범의 가죽이에요.

소도

이곳은 소도일세! 제사를 지내고 신과 교류하는 곳이니 죄인이 이곳에 도망해 들어와도 잡아갈 수 없네.

소도는 신성 지역으로 정치적 지배자의 힘이 미치지 못하였어요. 긴 나무 막대 위에 새 등의 모양을 얹어 만든 솟대는 소도에서 유래한 것으로 보입니다.

1

• 기본 61회 3번

다음 퀴즈의 정답으로 옳은 것은? [2점]

퀴즈왕 한국사
제시된 힌트를 종합하여 알 수 있는 나라는 어디일까요?
1단계 만주 쑹화강 유역에서 성장하였습니다.
2단계 12월에 영고라는 제천 행사를 열었습니다.
3단계 여러 가(加)들이 별도로 사출도를 다스렸습니다.

① 가야 ② 동예
③ 부여 ④ 옥저

2

• 기본 66회 2번

밑줄 그은 '이 나라'에 대한 설명으로 옳은 것은? [2점]

① 영고라는 제천 행사를 열었다.
② 신성 지역인 소도가 존재하였다.
③ 혼인 풍습으로 민며느리제가 있었다.
④ 읍락 간의 경계를 중시하는 책화가 있었다.

❶ 부여의 사회 모습

정답 찾기

영고라는 제천 행사를 열고 여러 가들이 별도로 사출도를 다스렸던 나라는 ③ 부여입니다. 부여는 철기 문화를 바탕으로 성장하였으며, 만주 쑹화강 유역의 평야 지대에 자리 잡아 농경과 목축이 발달하였어요.

오답 피하기

① 가야는 낙동강 하류의 변한 지역에서 성장하였어요.
② 동예는 지금의 강원도 북부 동해안 지역을 중심으로 성장하였으며, 10월에 무천이라는 제천 행사를 열었어요.
④ 옥저는 지금의 함경도 지역에서 성장하였으며 해산물이 풍부하게 생산되었어요.

정답 ③

정답 ➡ 30쪽

키워드 한 문장

부여에서는 마가, 우가, 저가, 구가가 별도로 ☆☆☆ 를 다스렸다.

❷ 부여의 사회 모습

정답 찾기

여러 가들이 별도로 사출도를 다스렸다는 내용을 통해 밑줄 그은 '이 나라'가 부여임을 알 수 있어요. 부여에서는 마가, 우가, 저가, 구가의 여러 가들이 별도로 각자의 영역인 사출도를 다스렸어요. ① 부여는 12월에 영고라는 제천 행사를 열었어요.

오답 피하기

② 삼한에는 소도라고 불린 신성 지역이 있었는데, 소도에는 정치적 지배자의 힘이 미치지 못하였어요.
③ 옥저에는 신랑 집에서 신부가 될 여자아이를 데려와 키우고 어른이 되면 돌려보낸 뒤 신부 집에 예물을 보내고 정식으로 혼인하는 민며느리제의 풍습이 있었어요.
④ 동예에는 읍락 간의 경계를 중시하여 다른 부족의 영역을 침범하면 소나 말, 노비 등으로 물게 하는 책화라는 풍습이 있었어요.

정답 ①

정답 ➡ 30쪽

키워드 한 문장

부여는 12월에 ☆☆ 라는 제천 행사를 열었다.

3

• 기본 67회 2번

다음 퀴즈의 정답으로 옳은 것은? [2점]

한국사 퀴즈 대회
1단계 : 철기 문화를 바탕으로 동해안 지역에서 일어난 나라입니다.
2단계 : 여자아이를 데려와 기른 후 성인이 되면 며느리로 삼는 풍속이 있었습니다.
3단계 : 왕이 따로 없고, 읍군이나 삼로라고 불리는 군장이 자기 영역을 다스렸습니다.
제시된 힌트를 종합하여 알 수 있는 나라의 이름은 무엇일까요?

① 부여 ② 옥저
③ 동예 ④ 마한

4

• 기본 57회 2번

(가)에 들어갈 내용으로 옳은 것은? [2점]

우리 모둠은 이 나라를 만화로 표현할 거야. 어떤 장면으로 구성할지 이야기해 보자.
제천 행사인 무천을 여는 모습을 그리자.
책화라는 풍습을 표현하자.
(가)

① 서옥제라는 혼인 풍습을 표현해 보자.
② 무예를 익히는 화랑도의 모습을 보여 주자.
③ 특산물인 단궁, 과하마, 반어피를 그려 보자.
④ 지배층인 마가, 우가, 저가, 구가를 등장시키자.

❸ 옥저의 사회 모습

정답 찾기

여자아이를 데려와 기른 후 성인이 되면 며느리로 삼는 민며느리제의 풍습이 있었으며, 읍군이나 삼로라는 군장이 자기 영역을 다스렸다는 내용을 통해 퀴즈의 정답이 ② 옥저임을 알 수 있어요. 옥저에는 가족이 죽으면 시신을 임시로 묻어 두었다가 나중에 뼈를 추려서 가족의 뼈를 담아 놓은 목곽에 함께 두는 가족 공동 무덤의 장례 풍습도 있었어요.

오답 피하기

① 부여에서는 왕이 중앙을 다스리고 마가, 우가, 저가, 구가가 각자의 영역인 사출도를 독립적으로 다스렸어요.
③ 동예도 옥저처럼 왕이 따로 없고, 읍군이나 삼로 등으로 불리는 군장이 부족을 다스렸어요. 한편, 동예에는 읍락 간의 경계를 중시하여 다른 부족의 영역을 침범하면 소나 말, 노비 등으로 물게 하는 책화가 있었어요.
④ 마한, 변한, 진한의 삼한에는 신지나 읍차 등으로 불리는 군장이 있었으며 이와 별도로 제사장인 천군이 있었어요.

정답 ②

정답 ➡ 30쪽

키워드 한 문장

☆☆ 에는 민며느리제라는 혼인 풍습이 있었다.

❹ 동예의 사회 모습

정답 찾기

'제천 행사인 무천'과 '책화라는 풍습'을 통해 동예에 관해 이야기하고 있음을 알 수 있어요. 따라서 (가)에는 동예에 대한 내용이 들어가야 합니다. 동예에는 무천이라는 제천 행사가 있었으며, 읍락 간의 경계를 중시하여 이를 침범하면 소나 말, 노비 등으로 물게 하는 책화라는 풍습이 있었어요. 또 ③ 단궁, 과하마, 반어피가 특산물로 유명하였어요.

오답 피하기

① 서옥제는 신랑이 신부 집 뒤편에 지어 놓은 서옥이라는 집에서 살다가 자식이 태어나 어느 정도 자라면 아내와 자식을 데리고 자신의 집으로 돌아가는 고구려의 혼인 풍습이에요.
② 화랑도는 신라의 청소년 수련 단체입니다.
④ 부여에서는 왕이 중앙을 다스리고 마가, 우가, 저가, 구가가 각자의 영역인 사출도를 독립적으로 다스렸어요.

정답 ③

정답 ➡ 30쪽

키워드 한 문장

동예에는 읍락 간의 경계를 중시하는 ☆☆ 가 있었다.

5

• 기본 60회 2번

(가) 나라에 대한 설명으로 옳은 것은? [3점]

(가) 의 사회 모습을 알려 주는 내용이네.

사료로 만나는 한국사

국읍마다 한 사람을 세워 천신에게 지내는 제사를 주관하게 하니 천군이라 하였다. 또 나라마다 별읍이 있으니 이를 소도라 하였는데 …… 그 안으로 도망쳐 온 사람들은 모두 돌려보내지 않았다.

– "삼국지" 동이전 –

① 영고라는 제천 행사가 있었다.
② 신지, 읍차 등의 지배자가 있었다.
③ 혼인 풍습으로 민며느리제가 있었다.
④ 읍락 간의 경계를 중시하는 책화가 있었다.

❺ 삼한의 사회 모습

정답 찾기

천군과 소도가 있었다는 내용을 통해 (가) 나라가 삼한임을 알 수 있어요. 삼한에는 제사장인 천군과 소도라고 불리는 신성 지역이 있었어요. 또한, ② 세력 크기에 따라 신지, 읍차 등으로 불린 지배자가 있었어요. 이를 통해 삼한이 제사와 정치가 분리된 사회였음을 짐작할 수 있어요.

오답 피하기

① 부여는 12월에 영고라는 제천 행사를 열었어요.
③ 민며느리제는 옥저의 혼인 풍습이에요. 신랑 집에서 신부가 될 여자아이를 데려와 키우다가 어른이 되면 돌려보낸 뒤 신부 집에 돈 등 예물을 보내고 정식으로 혼인하는 풍습이었어요.
④ 동예에는 읍락 간의 경계를 중시하여 이를 침범하면 소나 말, 노비 등으로 물게 하는 책화라는 풍습이 있었어요.

정답 ②

키워드 한 문장

정답 ➡ 30쪽

삼한에는 ☆ 지, ☆ 차라고 불린 지배자가 있었다.

6

• 기본 54회 2번

학생들이 공통으로 이야기하고 있는 나라에 대한 설명으로 옳은 것은? [2점]

한반도 남부에서 철기 문화를 바탕으로 발전하였어.
신지나 읍차 등의 지배자가 있었어.
씨뿌리기를 끝낸 5월과 추수를 마친 10월에 계절제를 지냈어.

① 서옥제라는 혼인 풍습이 있었다.
② 소도라고 불리는 신성 구역이 있었다.
③ 범금 8조를 만들어 사회 질서를 유지하였다.
④ 단궁, 과하마, 반어피 등의 특산물이 있었다.

❻ 삼한의 사회 모습

정답 찾기

신지나 읍차 등의 지배자가 있었으며 5월과 10월에 계절제를 지냈다는 내용을 통해 학생들이 공통으로 이야기하고 있는 나라가 삼한임을 알 수 있어요. ② 삼한에는 제사장인 천군과 신성 지역인 소도가 있었어요. 소도에는 정치적 지배자의 힘이 미치지 못하여 죄인이 도망쳐 이곳에 숨어도 함부로 잡아갈 수 없었어요.

오답 피하기

① 고구려에는 서옥제라는 혼인 풍습이 있었어요.
③ 고조선에는 사회 질서를 유지하기 위한 범금 8조(8조법)가 있었어요.
④ 동예에는 단궁, 과하마, 반어피 등의 특산물이 있었어요.

정답 ②

키워드 한 문장

정답 ➡ 30쪽

삼한에는 ☆☆ 라고 불리는 신성 지역이 있었다.

키워드 한 문장 정답

1. 사출도 2. 영고 3. 옥저 4. 책화 5. 신, 읍 6. 소도

공부한 날 월 일

04강 삼국 시대 1

이 강에서 배울 시기는?

기원전 57년	기원전 37년	기원전 18년	532년	562년	660년	668년	676년
신라 건국 (“삼국사기”)	고구려 건국 (“삼국사기”)	백제 건국 (“삼국사기”)	금관가야 멸망	대가야 멸망	백제 멸망	고구려 멸망	신라의 삼국 통일

“기원전 1세기경 고구려, 백제, 신라가 중앙 집권 국가로 성장하면서 삼국 시대가 열렸어요. 여기에 중앙 집권 국가로 성장하지는 못했지만 철기 문화가 발달한 가야가 있었지요. 이 나라들은 서로 경쟁하며 발전했어요. 삼국 시대 각 나라들이 발전하는 모습과 통일되는 과정을 살펴볼까요?”

이 강의 핵심 키워드는?

04강-1 고구려

강의 들으며 판서 따라 쓰기

한국사를 그리다

건국자	주몽(알)
~3C	고국천왕 : 진대법(을파소)
4C (301~400)	· 고국원왕 X ⟵ 백제 근초고왕 · 소수림왕 : 율령, 불교, 태학
5C (401~500)	· 광개토 태왕 : ❶ 비, ❷ 호우명 그릇(호우총), 영락 (호우명 그릇) · ❸ 장수왕 : 남하(국내성 → 평양), 한성 X └ 충주 고구려비 ↓ 백제 개로왕 X(한성 → 웅진)
7C (601~700)	· 수 → 살수 대첩 O(을지문덕) · 당 → 안시성 전투 O · 고구려 X ⟵ 나·당 연합군 → 부흥 운동 └ 검모잠, 고연무, 안승

❶ 광개토 태왕은 '영락'이라는 독자적인 연호를 사용하고 군대를 보내 신라에 침입한 왜를 물리쳤어요. 또 정복 활동을 벌여 만주와 한강 이북 지역 등을 차지했지요.

❷ 호우명 그릇(호우총 청동 그릇)은 경주에 있는 신라의 무덤에서 발견되었어요. 그릇 밑바닥에 광개토 태왕을 나타내는 글자가 새겨져 있어 당시 고구려와 신라의 관계를 알려 주는 유물이에요.

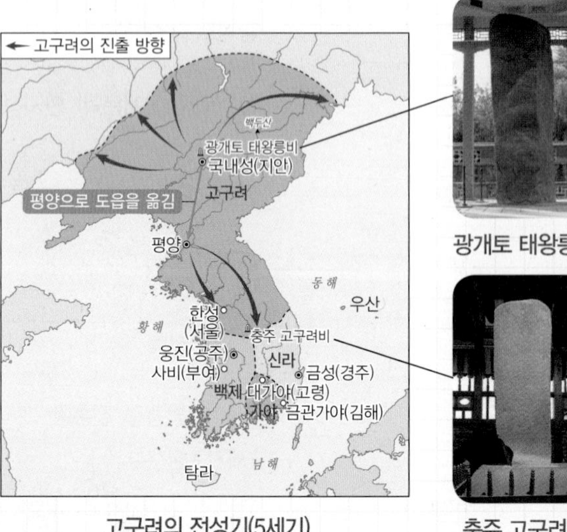

고구려의 전성기(5세기)

광개토 태왕릉비

충주 고구려비

❸ 장수왕은 아버지인 광개토 태왕의 업적을 기리기 위해 광개토 태왕릉비를 세웠어요. 또 평양으로 수도를 옮기고 백제를 공격하여 한강의 남쪽 지역까지 영토를 넓혔어요.

핵심 개념 정리하기

한국사를 읽다

1. 고구려의 건국과 성장

건국	주몽이 졸본을 도읍으로 삼아 고구려를 세움
고국천왕	을파소를 등용하여 개혁 정치를 하면서 진대법을 실시함
고국원왕	백제 근초고왕의 공격으로 전사함
소수림왕	불교를 받아들임, 태학을 설립하고 율령을 반포함 → 중앙 집권 체제를 강화해 나감

범죄에 대한 처벌과 나라를 다스리는 제도에 관한 규정을 말해요.

2. 고구려의 발전

남쪽으로 나아간다는 뜻이에요. 장수왕은 남쪽에 있던 백제와 신라 지역으로 진출하기 위해 본격적으로 남진 정책을 추진했어요.

광개토 태왕	• 신라 왕의 요청을 받아 군대를 보내 신라에 침입한 왜를 격퇴함 → 이 과정에서 고구려군이 가야 연맹을 이끌던 금관가야를 공격하여 큰 타격을 줌 • '영락'이라는 독자적인 연호를 사용함, 영토를 확장함(한강 이북 지역을 차지함, 숙신 · 후연 · 거란 · 동부여 등을 정벌함)
장수왕	• 평양으로 도읍을 옮기고 남진 정책을 추진함 → 신라와 백제는 동맹을 맺어 고구려에 대항함 • 백제의 도읍 한성을 빼앗음(한강 유역을 차지함, 백제 개로왕을 죽임) → 백제가 웅진(공주)으로 도읍을 옮김 • 한반도 중부 지역까지 영토를 넓힘 → 충주 고구려비를 통해 알 수 있음 • 광개토 태왕의 업적을 기리기 위해 광개토 태왕릉비를 세움

3. 고구려의 대외 항쟁과 쇠퇴

작전을 위해 본래 부대에서 떨어져 나와 따로 행동하는 부대를 말해요.

수 · 당과의 전쟁	• 살수 대첩(612) : 수의 군대가 고구려에 침입함 → 수의 우중문이 이끄는 30만 별동대가 평양성으로 진격함 → 을지문덕이 살수에서 수의 군대를 물리침(살수 대첩) • 안시성 전투(645) : 당이 고구려를 압박함 → 고구려가 국경 지역에 천리장성을 쌓음 → 연개소문이 정변을 일으켜 정권을 잡은 뒤 당에 강경한 외교 정책을 펼침 → 당의 군대가 고구려에 침입함 → 고구려군이 안시성 전투에서 당의 군대를 물리침
멸망	연개소문이 죽은 뒤 권력 다툼이 벌어져 나라가 혼란과 분열에 빠짐 → 나 · 당 연합군의 공격으로 고구려가 멸망함(668)
고구려 부흥 운동	고연무가 오골성에서 봉기함, 검모잠이 한성(황해도 재령)에서 고구려 왕족 안승을 왕으로 받들어 부흥 운동을 벌임 → 안승이 검모잠을 죽이고 신라에 항복함 → 고구려 부흥 운동이 실패함

고구려는 수, 당의 침입을 모두 막아 내어 중국으로부터 한반도를 보호했어요.

별툰

"장수왕은 백제를 공격하기 전에 개로왕이 바둑을 무척 좋아한다는 이야기를 듣고 바둑을 잘 두는 승려 도림을 백제로 보냈어요. 도림은 바둑으로 개로왕과 가까워진 후 개로왕을 꼬드겨 대규모 공사를 하게 하였어요. 공사에 동원된 백성들의 불만은 커져 갔고 나라의 창고는 비어 갔어요. 그러자 도림은 몰래 고구려로 돌아가 장수왕에게 백제를 공격할 때가 되었음을 알렸어요."

고구려의 건국 이야기

> 옛날 시조 추모왕(주몽)이 나라를 세웠다. 그는 북부여에서 태어난 천제의 아들이었고 어머니는 하백의 딸이었다. 알을 깨고 세상에 나오셨으며, 태어날 때부터 성스러움을 지니셨다. …… 그는 강을 건너가서 비류곡 홀본(졸본) 서쪽 산 위에 성을 쌓고 도읍으로 삼았다.
>
> – 광개토 태왕릉비 –

주몽
해모수와 유화 사이에서 태어났으며, 활을 잘 쏘아 주몽이라 불렸어요. 부여에서 내려와 졸본 지역에서 고구려를 세웠어요.

진대법
가난한 백성을 구제하기 위해 실시한 제도로, 봄에 곡식을 빌려주고 추수한 후에 갚게 하였어요.

태학
귀족의 자제를 대상으로 유학 등을 가르친 국립 교육 기관이에요.

연호
왕이 임금의 자리에 올라 나라를 다스린 해의 차례를 나타내기 위해 붙이는 이름이에요.

연개소문
연개소문은 고구려가 천리장성을 쌓을 때 최고 감독자였어요. 연개소문의 세력이 커지자 영류왕과 신하들은 연개소문을 제거하려고 하였어요. 그러나 이를 눈치 챈 연개소문이 642년에 정변을 일으켜 영류왕을 죽이고 보장왕을 왕위에 올린 후 스스로 대막리지가 되어 정권을 장악하였어요. 연개소문은 집권 이후 당에 대해서 강경한 외교 정책을 폈어요.

백제

강의 들으며 판서 따라 쓰기

한국사를 그리다

건국자	비류 온조 | | X O
4C (301~400)	고구려 고국원왕 X ↑ ❶ 근초고왕 → 동진, 규슈 └ 칠지도 ❷
5C (401~500)	고구려 장수왕 ↓ 개로왕 X (한성 → 웅진), 나·제 동맹 ❸
6C (501~600)	· 무령왕 : 22담로 · 성왕 : 웅진 → 사비, 남부여, 한강 일시 수복(진흥왕)
7C (601~700)	나·당 연합군 ↓ 의자왕 항복, 백제 X → 부흥 운동(백강 전투) └ 흑치상지, 도침, 복신

❶ 근초고왕은 4세기 백제의 전성기를 이끌며 중국, 왜 등과 활발히 교류했어요.

❸ 고구려 장수왕이 평양으로 도읍을 옮기고 남쪽으로 진출하자 신라와 백제는 나·제 동맹을 맺어 고구려에 맞섰어요.

백제의 전성기(4세기)

칠지도

❷ 칠지도는 백제에서 만들어 왜에 보낸 철제 칼로, 당시 백제와 왜의 관계를 짐작하게 해 주는 유물이에요.

한국사를 읽다

1. 백제의 성립과 성장

건국	온조가 한강 유역에 자리를 잡아 하남 위례성을 도읍으로 백제를 세움
근초고왕	• 마한을 정복하여 남해안으로 진출하고, 가야에 영향력을 행사함 • 고구려 평양성을 공격하여 고국원왕을 죽이고 황해도 일부 지역을 차지함 • 중국의 동진, 왜의 규슈 등지와 교류함

2. 백제의 중흥 노력과 쇠퇴

중국 남조의 영향을 받아 벽돌로 만들어졌어요.

고구려의 공격	• 고구려 장수왕이 평양성으로 도읍을 옮김 → 나 · 제 동맹이 체결됨(백제 비유왕 – 신라 눌지왕) • 고구려 장수왕의 공격으로 도읍 한성이 함락되고 개로왕이 죽임을 당함 • 웅진(공주)으로 도읍을 옮김, 나 · 제 동맹을 강화함(백제 동성왕 – 신라 왕족과 결혼)
무령왕	• 지방의 22담로에 왕족을 파견하여 지방 통제를 강화하고자 함 • 고구려에 적극적으로 공세를 펼침 • 중국 남조의 양과 활발하게 교류하여 문화를 발전시킴(무령왕릉)
성왕	• 사비(부여)로 도읍을 옮기고 나라 이름을 '남부여'로 고침 • 신라 진흥왕과 연합하여 고구려와 싸워 한강 하류 지역을 되찾음 → 신라의 공격으로 한강 하류 지역을 신라에 빼앗김 → 신라를 공격하다가 관산성 전투에서 전사함 한강 유역은 넓은 평야 지대가 있어서 농사짓기에 좋았어요. 또 황해를 통해 중국의 문물을 받아들이는 데에도 유리했지요. 그래서 삼국은 한강 유역을 차지하기 위해 서로 경쟁했어요.
의자왕	신라를 공격하여 40여 개 성을 무너뜨리고 대야성을 빼앗음(642)
멸망	나 · 당 연합군의 공격을 받음 → 계백의 백제군이 황산벌 전투에서 김유신의 신라군에 패배함 → 사비성이 함락되고 의자왕이 항복하면서 백제가 멸망함(660)
백제 부흥 운동	복신과 도침, 흑치상지가 군사를 일으켜 부흥 운동을 전개함 → 복신과 도침이 부여풍을 왕으로 받듦, 왜의 지원을 받음 → 백제와 왜의 연합군이 백강에서 나 · 당 연합군에 패배함(백강 전투) → 백제 부흥 운동이 실패함

별툰

"백제 멸망 이후 흑치상지는 임존성에서 부흥 운동을 일으켰고, 복신과 도침은 주류성에서 의자왕의 아들인 부여풍을 왕으로 모시고 백제를 다시 세우고자 했어요. 그러나 백제와 왜의 연합군이 백강 전투에서 나·당 연합군에 패하였고 결국 백제 부흥 운동은 실패했어요."

★ 백제의 건국 이야기

주몽은 졸본에 와서 고구려를 세우고, 비류와 온조를 낳았다. 주몽이 북부여에 두고 온 유리가 주몽을 찾아와 태자가 되자 비류와 온조는 자신을 따르는 신하들과 함께 남쪽으로 내려갔다. …… 온조는 하남 위례성에 도읍을 정하였다.

– "삼국사기" –

★ 백제의 도읍지 변천

백제는 한성(서울) → 웅진(공주) → 사비(부여)로 도읍지를 옮겼어요.

★ 담로

백제가 지방을 효율적으로 다스리기 위해 설치한 지방 행정 구역이에요.

04강-3 신라, 가야

강의 들으며 판서 따라 쓰기

한국사를 그리다

	신라	가야
건국자	박혁거세(알)	김수로(구지가)
~3C	석탈해 → 김알지	↓ 금관가야 연맹
4C(301~400)	내물 마립간 ← 왜 ← 고구려 광개토 태왕 → (금관가야 연맹)	
5C(401~500)	나·제 동맹	대가야 연맹
6C(501~600)	· 지증왕❶: 왕, 신라, 우경, 우산국(이사부) · 법흥왕: 율령, 불교(이차돈), 건원, 병부(군사) → · 진흥왕❷: 순수비, 화랑도 → 북한산비(한강)	 금관가야 X 대가야 X
7C(601~700)	관창 · 나·당 연합: 김춘추(나·당 동맹)+김유신 ↓ · 나·당 전쟁: 매소성·기벌포 전투 ↓ · 삼국 통일(문무왕)	

❶ 신라에서는 왕의 칭호가 '거서간 → 차차웅 → 이사금 → 마립간 → 왕'으로 바뀌었어요. 지증왕 때부터 '왕'이라는 칭호를 사용했어요.

❷ 진흥왕은 한강 유역을 차지하고 대가야를 정복했어요. 또 새롭게 확장한 영토를 둘러보고 순수비를 세웠어요.

← 신라의 진출 방향

고구려, 백두산, 국내성(지안), 황초령비, 마운령비, 평양, 신라, 동해, 우산, 북한산 순수비, 한성(서울), 황해, 웅진(공주), 사비(부여), 금성(경주), 백제, 창녕 척경비, 탐라, 남해

북한산 순수비

단양 신라 적성비

신라의 영토 확장(6세기)

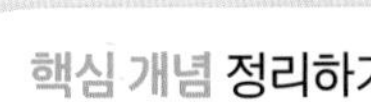

핵심 개념 정리하기

한국사를 읽다

1. 신라의 성립과 발전

건국	• 박혁거세가 신라를 세움(진한의 사로국에서 출발함) • 박 · 석 · 김의 3성이 교대로 이사금(왕)에 오름
내물 마립간	• 김씨의 독점적 왕위 세습을 확립하고 '마립간'의 칭호를 사용함 • 왜가 침입하였을 때 고구려에 구원 요청을 함 → 광개토 태왕의 도움으로 왜를 물리침

내물 마립간 이후 김씨의 자손이 대대로 왕위를 물려받았어요.

2. 신라의 성장

삼국 시대 울릉도에 있었던 작은 나라입니다.

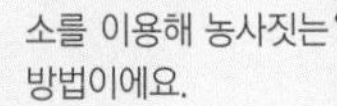

소를 이용해 농사짓는 방법이에요.

지증왕	• 나라 이름을 '신라'로 정하고 '왕'이라는 칭호를 사용함, 우경을 장려함 • 이사부를 보내 우산국(울릉도)을 정복함
법흥왕	• 율령을 반포하고 '건원'이라는 연호를 사용함, 병부를 설치함 • 이차돈의 순교를 계기로 불교를 공인함 • 금관가야를 병합함
진흥왕	• 화랑도를 국가적 조직으로 고침 • 백제 성왕과 연합하여 고구려를 공격함(한강 상류 지역을 차지함) → 백제로부터 한강 하류 지역을 빼앗음 → 관산성 전투에서 승리함(백제 성왕이 전사함) → 한강 유역을 모두 차지하고 삼국 간의 항쟁에서 주도권을 잡음 • 대가야를 정복하여 낙동강 일대를 장악함 • 단양 신라 적성비와 4개의 순수비를 세움(북한산 순수비, 창녕 척경비, 황초령비, 마운령비) • 거칠부에게 역사책인 "국사"를 편찬하게 함
삼국 통일	• 나 · 당 동맹 성립 : 신라가 대동강 이북 지역의 고구려 영토를 당에 넘기는 조건으로 군사 동맹을 맺음 → 백제와 고구려를 멸망시킴 • 나 · 당 전쟁 : 당이 한반도 전체를 차지하려고 함 → 신라 문무왕 때 매소성 전투와 기벌포 전투에서 신라군이 당군을 물리치고 삼국 통일을 이룩함(676) • 의의 : 삼국의 백성을 하나로 아우르고 민족 문화를 발전시키는 계기를 마련함 • 한계 : 고구려의 영토 대부분을 잃고 대동강 이남의 영토만 차지함

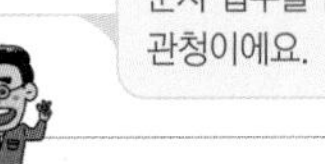

군사 업무를 담당하던 관청이에요.

화랑도는 신라의 청소년 수련 단체입니다.

진흥왕이 한강 유역을 차지한 후에 세운 비석으로, 현재 국립 중앙 박물관에 있어요.

신라는 백제 의자왕의 공격으로 여러 성을 빼앗기자 김춘추를 고구려에 보내 군사를 요청했어요. 그러나 고구려 보장왕이 신라가 차지한 옛 고구려 땅을 돌려달라고 요구하여 협상이 실패했어요. 이후 김춘추는 당으로 가서 신라와 당의 동맹을 이루어 냈어요. 그 뒤 김춘추는 김유신의 도움을 받아 왕위에 올랐어요(태종 무열왕).

3. 가야의 발전과 쇠퇴

가야는 질 좋은 철이 많이 나서 낙랑과 왜에 철을 수출했어요.

가야 연맹 성립	철기 문화를 기반으로 성장함 → 낙동강 하류의 변한 지역에서 성장한 작은 나라들이 가야 연맹으로 발전함
성장	• 전기 가야 연맹 : 김해 지역의 금관가야가 우수한 철기 문화와 낙동강 하류의 해상 교통을 바탕으로 성장하여 연맹을 주도함 → 고구려의 공격을 받아 세력이 크게 약해짐 • 후기 가야 연맹 : 금관가야의 세력이 약해지자 고령 지역의 대가야가 성장하여 연맹을 주도함
멸망	• 중앙 집권적 고대 국가로 성장하지 못하고 멸망함 • 신라 법흥왕 때 금관가야, 신라 진흥왕 때 대가야가 멸망함

광개토 태왕이 보낸 고구려 군대가 신라에 침입한 왜를 물리치는 과정에서 가야 연맹도 고구려군의 공격을 받았어요.

신라의 건국 이야기

어느 날 고허촌장이 산 아래를 바라보니 우물 곁 숲에 말이 무릎을 꿇고 울고 있었다. 달려가 보았으나 말은 간데없고 큰 알만 남아 있어 알을 깨 보니 어린아이가 나와 거두어 길렀다. 6촌의 사람들은 이상하게 태어난 아이라고 하여 임금으로 모셨다. 당시 사람들은 큰 알이 박과 같았기 때문에 박을 성씨로 삼았다.

– "삼국사기" –

이차돈의 순교

신라는 예로부터 내려오던 토속 신앙의 영향력이 강해 이를 믿는 귀족들의 반대로 불교를 쉽게 받아들이지 못하였어요. 법흥왕 때에 가서야 신라는 이차돈의 순교를 계기로 불교를 공식적으로 인정하였어요.

순수비

진흥왕이 새롭게 확보한 영토를 직접 둘러보고 세운 비석이에요.

금관가야의 건국 이야기

금관가야는 김수로왕이 건국하였다고 전해집니다. "삼국유사"에 실린 가야의 건국 이야기에는 왕을 맞이하기 위해 부른 '구지가'라는 노래가 나옵니다.

1

• 기본 60회 3번

밑줄 그은 '제도'로 옳은 것은? [2점]

① 흑창 ② 상평창
③ 진대법 ④ 제위보

2

• 기본 66회 3번

다음 검색창에 들어갈 왕으로 옳은 것은? [2점]

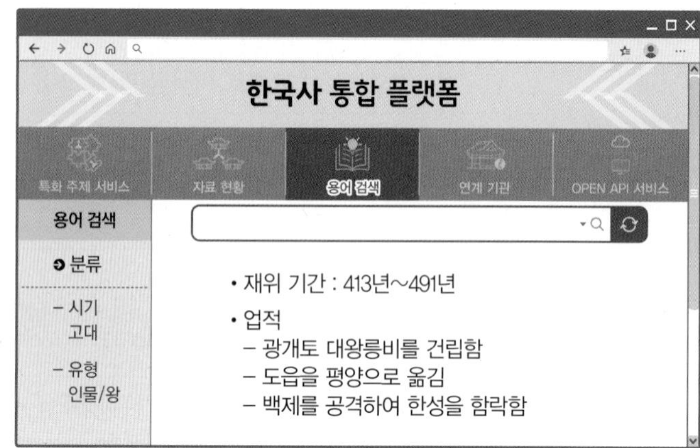

① 미천왕 ② 장수왕
③ 고국천왕 ④ 소수림왕

❶ 진대법

정답 찾기

고국천왕이 봄부터 가을까지 관청의 곡식을 백성들에게 빌려주고 겨울에 갚게 하라고 한 것으로 보아 밑줄 그은 '제도'가 고구려에서 실시된 ③ 진대법임을 알 수 있어요. 고구려 고국천왕은 을파소의 건의에 따라 가난한 백성을 구제하기 위해 봄에 곡식을 빌려주고 수확이 끝난 겨울에 갚도록 하는 진대법을 시행하였어요.

오답 피하기

① 흑창은 고려 태조가 설치한 빈민 구제 기관이에요.
② 상평창은 고려와 조선 시대의 물가 조절 기관이에요. 풍년일 때 곡식이 흔해 가격이 내려가면 값을 올려 곡식을 사들이고, 흉년이 들어 곡식이 부족해 가격이 오르면 저장해 놓은 곡식을 풀어 물가를 조절하였어요.
④ 제위보는 고려 시대에 만들어진 일종의 재단으로, 기금을 마련하여 그 이자로 가난한 백성을 구제하였어요.

정답 ③

키워드 한 문장

정답 ➡ 42쪽

고구려 고국천왕은 가난한 백성을 구제하기 위해 ☆☆법을 실시하였다.

❷ 고구려 장수왕의 업적

정답 찾기

광개토 대왕릉비를 건립하였으며, 도읍을 평양으로 옮기고 백제를 공격하여 한성을 함락하였다는 업적을 통해 검색창에 들어갈 왕이 ② 고구려 장수왕임을 알 수 있어요. 광개토 태왕의 아들로 왕위에 오른 장수왕은 평양으로 도읍을 옮기고 본격적으로 남진 정책을 펼쳐 한강 유역을 장악하였어요.

오답 피하기

① 미천왕은 낙랑군을 몰아내고 영토를 확장하였어요.
③ 고국천왕은 가난한 백성을 구제하기 위해 진대법을 처음으로 실시하였어요.
④ 소수림왕은 불교 수용, 태학 설립, 율령 반포 등을 통해 나라의 체제를 정비하였어요.

정답 ②

키워드 한 문장

정답 ➡ 42쪽

고구려 장수왕은 국내성에서 ☆☆으로 도읍을 옮겼다.

3

• 기본 64회 4번

(가) 시기에 있었던 사실로 옳은 것은? [2점]

수의 군대를 이곳 살수에서 크게 물리쳤노라.
(가)
우리가 안시성에서 힘을 합쳐 당군을 물리쳤다.

① 김흠돌이 반란을 도모하였다.
② 연개소문이 정변을 일으켰다.
③ 장문휴가 당의 산둥반도를 공격하였다.
④ 검모잠이 고구려 부흥 운동을 전개하였다.

4

• 기본 64회 3번

(가)에 들어갈 내용으로 옳은 것은? [2점]

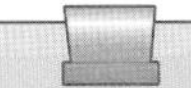

〈다큐멘터리 기획안〉

백제, 전성기를 맞이하다

■ 기획 의도

4세기 중반 활발한 대외 활동을 전개하고 백제를 발전시킨 근초고왕의 업적을 조명한다.

■ 구성 내용

1부. 마한의 여러 세력을 복속시키다
2부. (가)
3부. 남조의 동진 및 왜와 교류하다

① 사비로 천도하다
② 22담로를 설치하다
③ 고국원왕을 전사시키다
④ 독서삼품과를 시행하다

❸ 고구려 후기의 사실

정답 찾기

첫 번째 그림은 수의 군대를 살수에서 크게 물리쳤다는 내용을 통해 612년에 을지문덕이 이끄는 고구려군이 살수에서 수의 군대를 크게 물리친 살수 대첩의 상황임을 알 수 있어요. 두 번째 그림은 안시성에서 당군을 물리쳤다는 내용을 통해 645년에 고구려군이 안시성에서 당의 군대를 물리친 안시성 전투의 상황임을 알 수 있어요. 따라서 (가)에는 살수 대첩과 안시성 전투 사이 시기에 있었던 사실이 들어가야 합니다. ② 642년에 연개소문이 정변을 일으켜 영류왕을 죽이고 보장왕을 세웠어요. 침략의 기회를 엿보던 당 태종은 연개소문의 정변을 구실로 삼아 고구려를 침략하였어요. 이때 당군이 안시성을 공격하였지만, 안시성의 성주와 군민은 힘을 합쳐 당의 공격을 물리쳤어요.

오답 피하기

① 신라 신문왕 때 왕의 장인인 김흠돌이 반란을 꾀하다 발각되어 처형되었어요.
③ 발해 무왕 때 장문휴가 당의 산둥반도 등주를 공격하였어요.
④ 고구려 멸망 이후 검모잠이 한성(지금의 황해도 재령)에서 안승을 왕으로 추대하고 고구려 부흥 운동을 전개하였어요. 정답 ②

정답 ➡ 42쪽

키워드 한 문장

고구려의 연 ☆☆☆ 은
642년에 정변을 일으켜 정권을 장악하였다.

❹ 백제 근초고왕의 업적

정답 찾기

근초고왕은 4세기 중반 백제의 전성기를 이끈 왕으로 마한 지역의 여러 세력을 복속시키고 남해안으로 진출하였으며, 대외적으로는 중국의 동진, 왜 등과 교류하였어요. 또한, ③ 고구려의 평양성을 공격하여 고국원왕을 전사시키고 황해도 지역까지 차지하는 등 영토를 크게 넓혔어요.

오답 피하기

① 백제 성왕은 웅진(지금의 공주)에서 사비(지금의 부여)로 도읍을 옮기고 국호를 '남부여'로 바꾸었어요.
② 담로는 백제의 지방 행정 구역이에요. 백제가 웅진에 도읍한 시기에 22개의 담로를 두었다고 전해지며, 무령왕은 지방 통제를 강화하기 위해 22담로에 왕족을 파견하였어요. 근초고왕이 재위하던 시기에 백제의 도읍은 한성이었어요.
④ 신라 원성왕은 국학의 학생들을 대상으로 유교 경전을 얼마나 이해하는지 평가하여 관리 선발에 활용하는 독서삼품과를 실시하였어요. 정답 ③

정답 ➡ 42쪽

키워드 한 문장

백제 ☆☆☆ 왕은
고구려를 공격하여 고국원왕을 전사시켰다.

5

• 기본 57회 5번

(가), (나) 사이의 시기에 있었던 사실로 옳은 것은? [3점]

(가)
얼마 전 고구려가 도읍을 평양으로 옮겼다는군.
앞으로 우리 한성을 향해 내려올 것 같아 걱정일세.

(나)
왕성이 함락되고 왕께서도 목숨을 잃으셨다고 하네.
새로 즉위한 문주왕께서 이곳 웅진으로 오신다는군.

① 고구려가 옥저를 정복하였다.
② 백제가 신라와 동맹을 맺었다.
③ 백제가 관산성 전투에서 패배하였다.
④ 고구려가 안시성에서 당군을 물리쳤다.

6

• 기본 66회 5번

(가) 왕에 대한 설명으로 옳은 것은? [2점]

부여 야행, 백제의 밤을 느끼다
(가) 이/가 도읍으로 정한 부여에서 열리는 다양한 행사에 참여해 보세요.
행사 1 정림사지 오층 석탑 탑돌이
행사 2 궁남지에서 연꽃 유등 띄우기

① 왜에 칠지도를 보냈다.
② 동진으로부터 불교를 받아들였다.
③ 신라를 공격하여 대야성을 점령하였다.
④ 진흥왕과 연합하여 한강 하류 지역을 되찾았다.

❺ 삼국 간의 항쟁

정답 찾기

(가)는 고구려가 도읍을 평양으로 옮겼다는 내용을 통해 고구려 장수왕의 평양 천도(427) 상황임을 알 수 있어요. (나)는 새로 즉위한 문주왕이 웅진으로 온다는 내용으로 보아 백제의 웅진 천도(475) 상황임을 알 수 있습니다. ② 고구려 장수왕이 평양으로 도읍을 옮겨 남진 정책을 본격화하자 이에 대응하여 백제 비유왕과 신라 눌지왕이 동맹을 맺었어요(나 · 제 동맹, 433).

오답 피하기

① 고구려는 1세기 태조왕 때 옥저를 정복하고 동해안으로 진출하였어요.
③ 백제는 554년에 관산성 전투에서 신라에 패배하였어요. 이때 백제 성왕이 전사하였어요.
④ 고구려는 보장왕 때인 645년에 당의 공격을 안시성에서 물리쳤어요.

정답 ②

정답 ➡ 42쪽

키워드 한 문장

고구려 장수왕이 ______ 으로 천도하고 남진 정책을 추진하자 이에 맞서 신라와 백제가 동맹을 맺었다(나 · 제 동맹).

❻ 백제 성왕의 업적

정답 찾기

부여를 도읍으로 정하였다는 내용을 통해 (가) 왕이 백제 성왕임을 알 수 있어요. ④ 성왕은 신라 진흥왕과 연합하여 고구려를 공격해 한강 하류 지역을 되찾았지만, 곧이어 신라의 공격을 받아 이 지역을 다시 빼앗겼어요. 이에 분노한 성왕은 신라 공격에 나섰다가 관산성 전투에서 전사하였어요.

오답 피하기

① 근초고왕 때 칠지도라는 철제 칼을 만들어 왜에 보낸 것으로 알려져 있어요.
② 침류왕은 중국 동진으로부터 불교를 받아들여 공식적으로 인정하였어요.
③ 백제의 마지막 왕인 의자왕은 신라를 공격하여 40여 성을 함락하고 요충지인 대야성까지 빼앗았어요.

정답 ④

정답 ➡ 42쪽

키워드 한 문장

백제 ______ 왕은 수도를 사비로 옮기고 나라 이름을 '남부여'로 바꾸었다.

7

• 기본 69회 4번

다음 검색창에 들어갈 왕으로 옳은 것은? [2점]

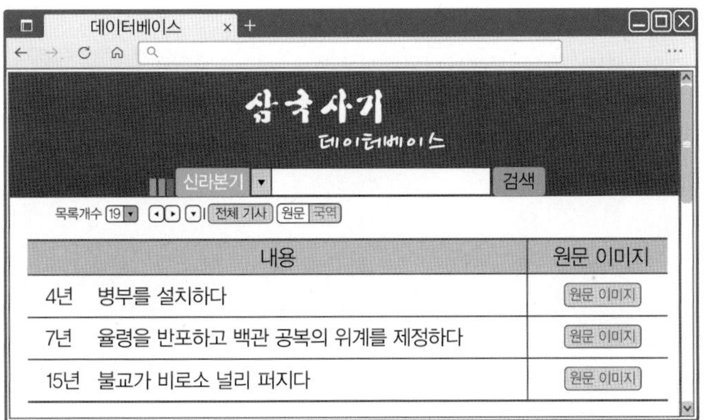

내용	원문 이미지
4년 병부를 설치하다	원문 이미지
7년 율령을 반포하고 백관 공복의 위계를 제정하다	원문 이미지
15년 불교가 비로소 널리 퍼지다	원문 이미지

① 법흥왕　② 지증왕
③ 진평왕　④ 진흥왕

8

• 기본 67회 5번

(가) 왕의 업적으로 옳은 것은? [2점]

단양 신라 적성비는 (가) 대에 고구려 영토인 적성을 점령하고 세워진 것입니다. 비문에는 이사부 등 당시 공을 세운 인물이 기록되어 있으며, 충성을 다한 적성 사람 야이차에게 상을 내렸다는 내용도 담겨 있습니다.

① 국학을 설치하였다.
② 화랑도를 정비하였다.
③ 독서삼품과를 시행하였다.
④ 김헌창의 난을 진압하였다.

❼ 신라 법흥왕의 업적

정답 찾기

병부를 설치하고 율령을 반포하였으며 불교가 널리 퍼졌다는 내용을 통해 검색창에 들어갈 왕이 ① 신라 법흥왕임을 알 수 있어요. 법흥왕은 군사 업무를 총괄하는 병부를 설치하여 군권을 장악하였고, 율령을 반포하여 국가 체제를 정비하였어요. 그리고 이차돈의 순교를 계기로 불교를 공인하였어요.

오답 피하기

② 지증왕은 나라 이름을 '신라'로 정하고, 임금의 칭호를 '마립간'에서 '왕'으로 고쳤어요. 또한, 이사부를 보내 우산국을 정복하였어요.
③ 진흥왕의 손자인 진평왕은 위화부를 설치하는 등 행정 조직을 정비하였어요.
④ 진흥왕은 한강 유역을 차지하였으며, 대가야를 정복하였어요. 또한, 영토 확장을 기념하여 순수비를 세웠어요.

정답 ①

정답 ➡ 42쪽

키워드 한 문장

신라 ☆☆ 왕은 이차돈의 순교를 계기로 불교를 공인하였다.

❽ 신라 진흥왕의 업적

정답 찾기

단양 신라 적성비를 세웠다는 내용을 통해 (가) 왕이 신라 진흥왕임을 알 수 있어요. 진흥왕은 적극적으로 영토 확장에 나서서 한강 유역을 차지하였고, 대가야를 정복하였어요. 그리고 영토 확장을 기념하여 단양 신라 적성비와 4개의 순수비를 세웠어요. ② 진흥왕은 화랑도를 국가적인 조직으로 정비하여 많은 인재를 길러 냈어요.

오답 피하기

① 신문왕은 인재를 양성하기 위해 국학을 설립하여 유학을 교육하였어요.
③ 원성왕은 유교 지식을 갖춘 관리를 뽑기 위해 독서삼품과를 시행하였어요.
④ 헌덕왕 때 김균정과 그의 아들 김우징(후에 신무왕) 등이 김헌창의 난을 진압하였어요.

정답 ②

정답 ➡ 42쪽

키워드 한 문장

신라 ☆☆ 왕은 화랑도를 국가적인 조직으로 개편하였다.

9 • 기본 67회 7번

(가)~(다) 사건을 일어난 순서대로 옳게 나열한 것은? [3점]

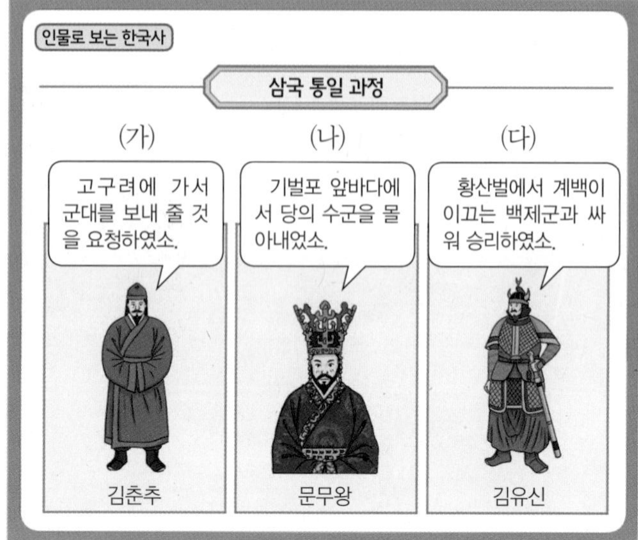

인물로 보는 한국사
삼국 통일 과정
(가)
(나)
(다)
고구려에 가서 군대를 보내 줄 것을 요청하였소.
기벌포 앞바다에서 당의 수군을 몰아내었소.
황산벌에서 계백이 이끄는 백제군과 싸워 승리하였소.
김춘추
문무왕
김유신

① (가) – (나) – (다)
② (가) – (다) – (나)
③ (나) – (가) – (다)
④ (다) – (가) – (나)

10 • 기본 67회 6번

밑줄 그은 '이 나라'에 대한 설명으로 옳은 것은? [2점]

이 나라의 김해 대성동 고분군, 고령 지산동 고분군, 함안 말이산 고분군 등에서 나온 유물을 통해 당시 사람들의 뛰어난 세공 기술을 엿볼 수 있습니다.
금동 허리띠
금동관
봉황장식 금동관

① 지방에 22담로를 두었다.
② 한의 침략을 받아 멸망하였다.
③ 낙랑과 왜에 철을 수출하였다.
④ 화백 회의에서 중요한 일을 결정하였다.

⑨ 신라의 삼국 통일 과정

정답 찾기

(가) 신라는 백제를 견제하기 위해 642년에 김춘추를 고구려에 보내 군사 지원을 요청하였어요. 그러나 고구려의 보장왕이 신라에 빼앗긴 땅을 요구하여 신라와 고구려의 연합은 이루어지지 않았어요. 이후 648년에 김춘추는 당으로 건너가 신라와 당의 군사 동맹을 성사시켰어요.

(나) 백제와 고구려를 멸망시킨 후 당이 한반도 전체를 지배하려고 하자 신라는 당과 전쟁을 벌였어요. 문무왕 때인 675년에 매소성 전투에서 승리한 신라는 이듬해 기벌포 앞바다에서 당의 수군을 격파하였어요. 이로써 신라는 당 세력을 몰아내고 삼국 통일을 완성하였어요.

(다) 김유신은 660년에 신라군을 이끌고 황산벌에서 계백이 이끄는 백제군과 싸워 승리하였어요. 이후 사비성이 함락되고 의자왕이 항복하면서 백제가 멸망하였어요.

따라서 신라의 삼국 통일 과정을 순서대로 나열하면 ② (가) 신라와 고구려의 연합 실패(642) – (다) 황산벌 전투(660) – (나) 기벌포 전투(676)입니다.

정답 ②

정답 ➡ 42쪽

키워드 한 문장

신라는 매소성 전투와 ☆ 포 전투에서 당군을 물리치고 삼국 통일을 완성하였다.

⑩ 가야

정답 찾기

김해 대성동 고분군, 고령 지산동 고분군을 통해 밑줄 그은 '이 나라'가 가야임을 알 수 있어요. 가야의 고분에서는 철제 갑옷과 투구, 금동관 등 다양한 유물이 출토되었으며, 이들 유물을 통해 가야 사람들의 뛰어난 세공 기술을 짐작할 수 있어요. ③ 가야는 질 좋은 철이 많이 생산되어 낙랑과 왜에 철을 수출하였어요.

오답 피하기

① 백제는 지방 행정 구역으로 담로를 두었고, 무령왕 때 지방 통제를 강화하기 위해 22담로에 왕족을 파견하였어요.
② 고조선은 한 무제의 침략을 받아 기원전 108년에 왕검성이 함락되어 멸망하였어요.
④ 신라는 귀족 회의인 화백 회의에서 나라의 중요한 일을 결정하였어요.

정답 ③

정답 ➡ 42쪽

키워드 한 문장

김해 대성동 고분군은 ☆ 가야의 유적이고, 고령 지산동 고분군은 ☆ 가야의 유적이다.

키워드 한 문장 정답

1. 진대 2. 평양 3. 개소문 4. 근초고 5. 평양 6. 성 7. 법흥 8. 진흥 9. 기벌 10. 금관, 대

공부한 날 월 일

05강 삼국 시대 2

이 강에서 배울 시기는?

기원전 57년	기원전 37년	기원전 18년	532년	562년	660년	668년	676년
신라 건국 ("삼국사기")	고구려 건국 ("삼국사기")	백제 건국 ("삼국사기")	금관가야 멸망	대가야 멸망	백제 멸망	고구려 멸망	신라의 삼국 통일

"삼국과 가야는 중국, 일본 등 주변 나라들과 교류하면서 수준 높은 문화를 이루었어요. 특히 불교문화가 발달하여 많은 불교 문화유산을 남겼어요. 삼국과 가야의 대표적인 문화유산을 만나러 가볼까요?"

이 강의 핵심 키워드는?

05강-1 고구려의 문화

강의 들으며 판서 따라 쓰기

한국사를 그리다

① 고분은 옛사람이 남긴 무덤이며, 고분군은 한 지역에 여러 무덤이 모여 있는 것을 말해요. 사람들은 무덤 안에 무덤의 주인이 살았을 때 사용하던 물건 등을 함께 묻기도 했는데, 이를 껴묻거리라고 합니다.

고분[1]		· 돌무지무덤 (장군총) ↓ · 굴식 돌방무덤 입구○, 벽화○, 도굴○ → 무용도, 수렵도, 씨름도
도교		도교(신선) → 사신도
불교	불상	금동 연가 7년명 여래 입상[2]
교류	일본	· 담징 → 호류사 벽화 · 수산리 고분 벽화 → 다카마쓰 고분 벽화
	서역	우즈베키스탄 아프라시아브 궁전 벽화, 각저총(서역인)

장군총

금동 연가 7년명 여래 입상

② 금동 연가 7년명 여래 입상은 불상 뒷면에 '연가 7년'이라는 글자가 새겨져 있어 불상이 만들어진 시기를 짐작할 수 있어요.

핵심 개념 정리하기

한국사를 읽다

1. 고분

돌무지무덤에는 벽화를 그릴 수 없어요.

돌무지무덤	• 돌을 쌓아 올린 무덤으로 주로 초기에 만들어짐 • 장군총이 대표적임
굴식 돌방무덤	• 입구와 통로, 돌로 만든 방이 있는 구조 • 남아 있는 벽화를 통해 고구려 사람들의 생활 모습과 생각을 짐작할 수 있음 • 사신도가 그려져 있는 강서대묘, 씨름도가 그려져 있는 각저총, 수렵도와 무용도 등이 그려져 있는 무용총이 대표적임  무용총 벽화 중 수렵도  무용총 벽화 중 무용도

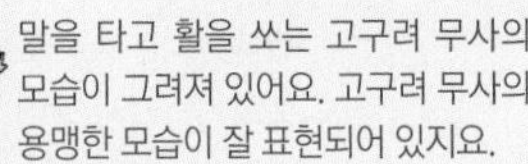

말을 타고 활을 쏘는 고구려 무사의 모습이 그려져 있어요. 고구려 무사의 용맹한 모습이 잘 표현되어 있지요.

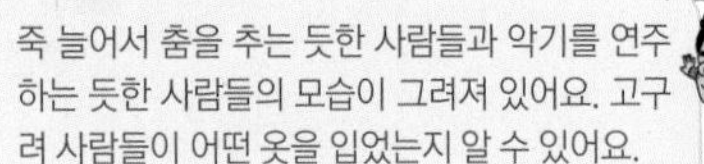

죽 늘어서 춤을 추는 듯한 사람들과 악기를 연주하는 듯한 사람들의 모습이 그려져 있어요. 고구려 사람들이 어떤 옷을 입었는지 알 수 있어요.

2. 도교와 불교

도교	신선 사상 등과 결합되어 귀족층에서 유행함 → 사신도가 고분 벽화로 그려짐
불교	• 수용 : 소수림왕 때 불교를 공식적으로 받아들임 • 불상 : 금동 연가 7년명 여래 입상

3. 대외 교류

일본과의 교류	• 담징이 일본에 종이와 먹 만드는 방법을 전해 주고 호류사의 금당 벽화를 그린 것으로 알려짐 • 혜자는 일본에 건너가 쇼토쿠 태자의 스승이 됨 • 고구려의 수산리 고분 벽화와 일본의 다카마쓰 고분 벽화에 그려진 여인들의 옷차림이 비슷함  수산리 고분 벽화  다카마쓰 고분 벽화 수산리 고분 벽화에 그려진 긴 저고리와 색동 주름치마가 다카마쓰 고분 벽화에도 비슷하게 그려져 있어 고구려의 영향을 받았음을 알 수 있어요.
서역과의 교류	• 우즈베키스탄 아프라시아브 궁전 벽화에 고구려 사신의 모습이 그려져 있음 • 각저총 고분 벽화에는 서역인으로 보이는 인물이 그려져 있음  아프라시아브 궁전 벽화  고구려 사신의 모습  각저총 벽화 중 씨름하는 서역인의 모습

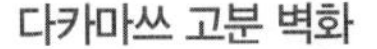

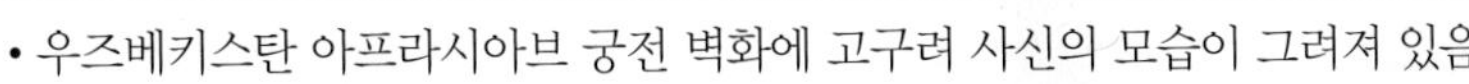

굴식 돌방무덤

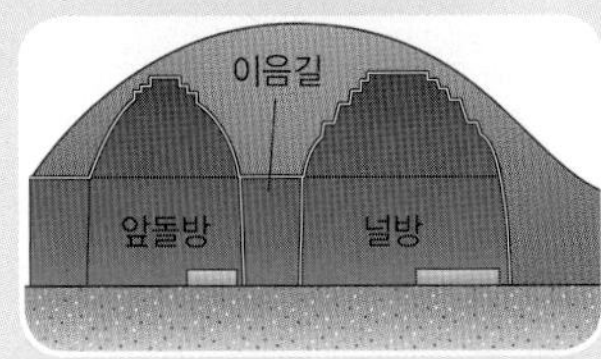

굴식 돌방무덤 구조도

굴식 돌방무덤은 돌로 방을 만들어 입구까지 통로를 연결한 후에, 그 위에 흙을 덮은 무덤이에요. 무덤 안에 벽화가 그려져 있기도 합니다. 입구를 찾으면 비교적 도굴이 쉬워서 유물이 남아 있지 않은 경우가 많아요.

사신도

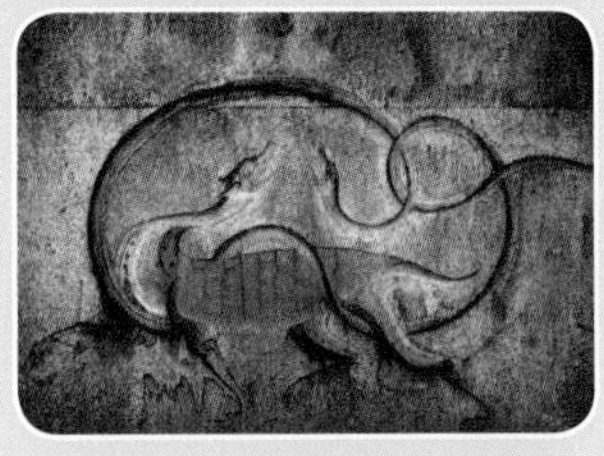

현무도

'사신(四神)'은 도교에서 동서남북 네 방위를 지키는 신을 말해요. 현무는 북쪽, 주작은 남쪽, 청룡은 동쪽, 백호는 서쪽을 지키는 상상의 동물이에요.

신선 사상

'신선'이란 늙지도 죽지도 않는 신의 경지에 이른 상상의 사람을 말합니다. 신선의 존재를 믿고 신선이 되기를 바라는 사상을 신선 사상이라고 합니다.

서역

중국의 서쪽 지역을 말하며, 지금의 중앙아시아, 서아시아, 인도, 유럽을 모두 포함해요.

05강-2 백제의 문화

강의 들으며 판서 따라 쓰기

한국사를 그리다

<table>
<tr><td rowspan="2" colspan="2">고분</td><td>석촌동 고분

서울 석촌동 고분
↓
굴식 돌방무덤 + 벽돌무덤(무령왕릉, 공주)

무령왕릉 내부
└ 중국 남조(양) 교류</td></tr>
<tr></tr>
<tr><td colspan="2">도교</td><td>산수무늬 벽돌, 금동 대향로❶(부여)

산수무늬 벽돌 백제 금동 대향로</td></tr>
<tr><td rowspan="2">불교</td><td>불상</td><td>서산 용현리 마애 여래 삼존상❷

서산 용현리 마애 여래 삼존상</td></tr>
<tr><td>탑</td><td>· 익산 미륵사지 석탑
· 부여 정림사지 5층 석탑

익산 미륵사지 석탑 부여 정림사지 5층 석탑</td></tr>
<tr><td>교류</td><td>일본</td><td>왕인, 아직기, 칠지도</td></tr>
</table>

❶ 부여 능산리 고분군 부근의 절터에서 발견된 백제 금동 대향로에는 도교와 불교 사상이 반영된 조각이 새겨져 있어요. 이를 통해 백제 사람들의 뛰어난 공예 기술을 알 수 있어요.

❷ 서산 용현리 마애 여래 삼존상은 온화한 미소를 띠고 있어 '백제의 미소'라고도 불립니다.

핵심 개념 정리하기

한국사를 읽다

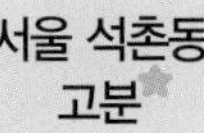

1. 고분

서울 석촌동 고분★	고구려 초기의 고분 형태인 돌무지무덤으로 만들어짐 → 백제의 고분 형태는 점차 굴식 돌방무덤으로 변화해 감
공주 무령왕릉	• 중국 남조의 영향을 받아 벽돌무덤으로 만들어짐 • 묘지석, 석수(돌짐승), 금으로 만든 왕과 왕비의 관 장식품 등 다양한 유물이 발견됨

무령왕릉에서 무덤 주인을 기록한 묘지석이 발견되어 무덤 주인이 무령왕과 왕비라는 것을 알게 되었어요.

2. 도교와 불교

도교	산수무늬 벽돌과 백제 금동 대향로에 도교의 이상 세계가 표현되어 있음
불교	• 수용 : 침류왕 때 공식적으로 불교를 받아들임 • 불상 : 서산 용현리 마애 여래 삼존상 • 탑 : 익산 미륵사지 석탑, 부여 정림사지 5층 석탑 등 백제 무왕이 지은 미륵사의 터에 남아 있는 탑으로 목탑 양식이 반영되었어요. 목탑에서 석탑으로 넘어가는 모습을 보여 주는 탑이에요. 당이 백제를 정벌했다는 내용이 탑의 몸체에 새겨져 있어 '평제탑'이라고 불리기도 했어요.

3. 일본과의 교류

백제는 일본과 활발히 교류하면서 일본에 많은 문물을 전해 주었어요. 백제의 문화는 일본 고대 문화 형성에 많은 영향을 주었어요.

아직기, 왕인	유교 경전과 한문을 전해 줌
노리사치계	불상과 불경을 전해 줌
칠지도	백제에서 만들어 왜에 보낸 철제 칼로, 당시 백제와 왜의 관계를 짐작하게 해 줌

별툰

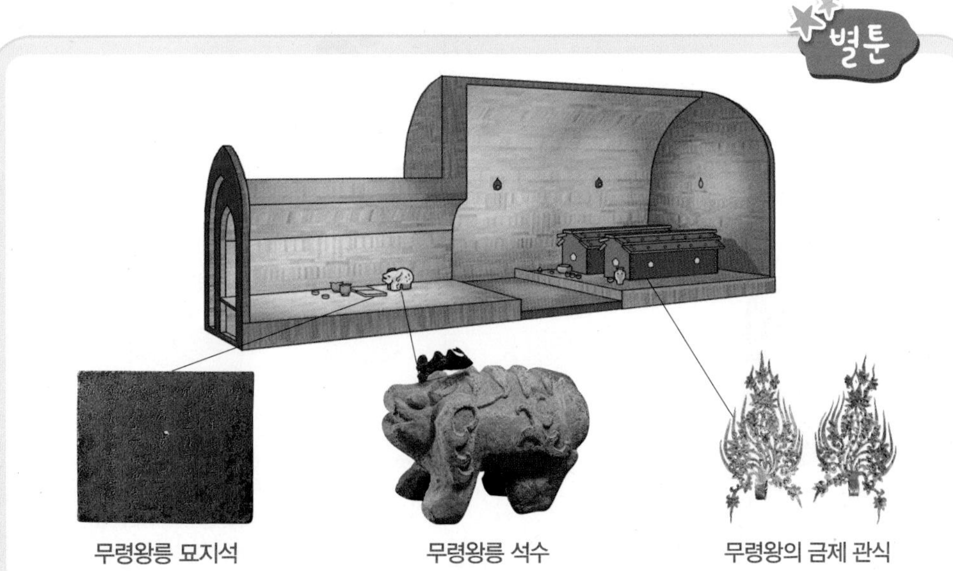

무령왕릉 묘지석 무령왕릉 석수 무령왕의 금제 관식

"무령왕릉은 공주에 있는 백제 무령왕과 왕비의 무덤이에요. 도굴되지 않은 상태로 발견되어 금제 관식을 비롯하여 수많은 유물이 출토되었어요. 무령왕릉에서는 백제의 문화유산 외에도 중국의 문화유산과 일본 소나무로 만든 물건이 함께 발견되었어요."

★ 서울 석촌동 고분

백제의 초기 도읍지인 한강 유역에 남아 있는 석촌동 고분은 고구려 초기의 돌무지무덤과 형태가 비슷합니다. 이는 백제를 건국한 세력이 고구려에서 내려왔다는 건국 이야기를 뒷받침해 줍니다.

백제의 문화유산

석촌동 고분군

무령왕릉

미륵사지 석탑

정림사지 5층 석탑

백제 금동 대향로

백제의 도읍이었던 서울, 공주, 부여 등지에는 백제의 문화유산이 많이 남아 있어요. 특히 공주, 부여, 익산의 백제 관련 역사 유적은 유네스코 세계 유산으로 지정되었어요.

05강-3 신라와 가야의 문화

강의 들으며 판서 따라 쓰기

한국사를 그리다

		신라	가야
고분		돌무지덧널무덤❶ 입구X, 벽화X, 도굴X (천마총, 경주) └ 천마도, 금관 (벽화X) 돌무지 / 봉토 / 나무덧널 / 널 돌무지덧널무덤의 구조도	지산동·대성동 고분 → 철↑(철 갑옷), 금동관 철제 판갑옷과 투구
유교		임신서기석	
불교	불상	경주 배동 석조 여래 삼존 입상	
	탑	·경주 분황사 모전 석탑 경주 분황사 모전 석탑 ·경주 황룡사 9층 목탑(선덕 여왕 → 고려 몽골X)	
교류	일본	금동 미륵보살 반가 사유상(삼국) → 목조 미륵보살 반가 사유상(일본)❷ 금동 미륵보살 반가 사유상(삼국) 고류사 목조 미륵보살 반가 사유상(일본)	가야 토기 → 스에키 가야 토기 / 스에키
	서역	보검, 유리잔, 원성왕릉 무인상(통일 신라)	

❶ 신라 초기에는 돌무지덧널무덤이 주로 만들어졌어요. 돌무지덧널무덤은 시신과 껴묻거리를 넣은 나무덧널 위에 돌을 쌓아 덮고 다시 그 위를 흙으로 산처럼 덮은 형태의 무덤이에요.

❷ 일본 고류사에는 삼국 시대에 만들어진 금동 미륵보살 반가 사유상과 모양 등이 매우 비슷한 나무로 만들어진 미륵보살 반가 사유상이 있어요. 이 유물은 삼국 문화의 영향을 받은 대표적인 일본 문화유산으로 꼽혀요.

핵심 개념 정리하기

한국사를 읽다

1. 신라의 문화

(1) 고분

도굴이 어려워 비교적 유물이 많이 남아 있어요.

구분	내용
돌무지 덧널무덤	• 신라 초기에는 주로 돌무지덧널무덤이 만들어짐 • 천마총이 대표적임 → 천마도, 금관, 유리잔 등 다양한 유물이 발견됨

(2) 유학과 불교, 천문

구분	내용
유학	임신서기석에 두 청년이 유학 공부에 힘쓸 것을 맹세하는 내용이 새겨져 있음 → 신라에서 유학 교육이 이루어졌음을 알 수 있음
불교	• 공인 : 법흥왕 때 이차돈의 순교를 계기로 불교가 공인됨 • 불상 : 경주 배동 석조 여래 삼존 입상 • 탑 : 경주 분황사 모전 석탑, 경주 황룡사 9층 목탑 등
천문	선덕 여왕 때 첨성대를 만들어 천문 현상을 관측하였다고 함

'모전'은 벽돌을 모방하였다는 뜻이에요. 경주 분황사 모전 석탑은 돌을 벽돌 모양으로 다듬어서 쌓은 탑으로 선덕 여왕 때 축조되었어요.

신라 선덕 여왕 때 자장의 건의로 만든 탑이에요. 몽골이 고려에 침입했을 때 불에 타 없어져 남아 있지 않아요.

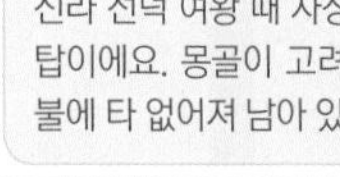

(3) 대외 교류

구분	내용
일본과의 교류	일본에 배 만드는 기술과 저수지 축조 기술을 전해 줌
서역과의 교류	• 신라의 무덤에서 서역의 유리 공예품, 금제 장식 보검 등이 발견됨 • 통일 신라 시기의 원성왕릉에 서역인의 모습을 하고 있는 무인상이 있음

2. 가야의 문화

구분	내용
고분	• 김해 대성동 고분군(금관가야), 고령 지산동 고분군(대가야) • 가야 지역에서는 질 좋은 철이 풍부하게 생산되어 철제 판갑옷 등 철로 만들어진 도구가 많이 발견됨
토기	다양한 모양의 토기가 만들어짐
대외 교류	일본에 토기 제작 기술을 전해 줌 → 스에키 제작에 영향을 줌

스에키는 '쇠처럼 단단한 그릇'이라는 뜻이에요. 가야의 토기 제작 기술이 일본에 전해져 단단한 그릇인 스에키 제작에 영향을 주었어요.

별툰

천마도

"천마도는 벽화가 아니라 말을 탄 사람의 옷에 흙이 튀지 않도록 안장에 달아 늘어뜨린 장니(말다래)에 그려진 그림이에요. 돌무지덧널무덤인 천마총에서 발견되었어요."

신라의 금관

천마총 금관

신라의 금관은 출(出)자 모양과 사슴뿔 모양의 장식이 있는 것이 특징이에요. 황남 대총 북분, 금관총, 천마총 등의 돌무지덧널무덤에서 금관이 발견되었어요.

경주 첨성대

현존하는 동양에서 가장 오래된 천문 관측대로 알려져 있어요.

신라와 서역의 교류

유리잔

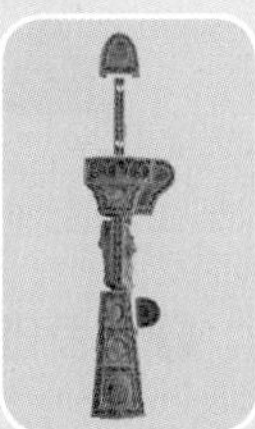

경주 계림로 보검

신라 무덤에서 서역 양식으로 보이는 유리 공예품과 금제 장식 보검 등이 발견되었어요. 이를 통해 신라가 서역과 교류하였음을 알 수 있어요.

1

• 기본 50회 4번

(가)에 들어갈 문화유산으로 옳은 것은? [2점]

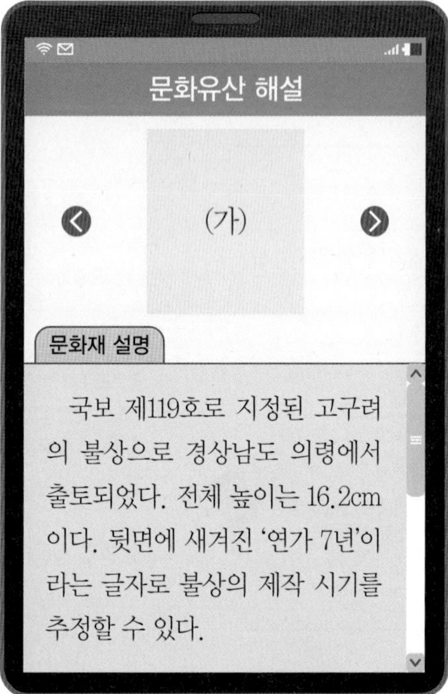

문화유산 해설
(가)
문화재 설명
국보 제119호로 지정된 고구려의 불상으로 경상남도 의령에서 출토되었다. 전체 높이는 16.2cm이다. 뒷면에 새겨진 '연가 7년'이라는 글자로 불상의 제작 시기를 추정할 수 있다.

① 

② 

③ 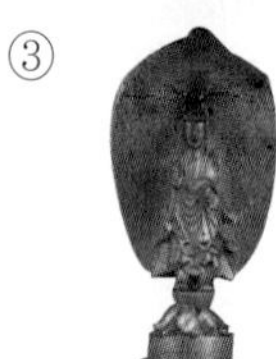

④ 

❶ 금동 연가 7년명 여래 입상

정답 찾기

뒷면에 '연가 7년'이라는 글자가 새겨진 고구려의 불상이라는 내용을 통해 (가)에 들어갈 문화유산이 ③ 금동 연가 7년명 여래 입상임을 알 수 있어요. '연가 7년'이라는 글자를 통해 불상이 만들어진 시기를 짐작할 수 있어요.

오답 피하기

① 삼국 시대에 만들어진 금동 미륵보살 반가 사유상이에요.
② 통일 신라의 석굴암 본존불상으로, 경주 석굴암 석굴의 중앙에 모셔져 있어요.
④ 발해의 이불병좌상이에요. 두 부처가 나란히 앉아 있는 모습을 표현한 불상으로 고구려 불상 양식의 영향을 받았어요.

정답 ③

정답 ➡ 52쪽

키워드 한 문장

금동 연가 7년명 여래 입상은 ______의 불상이다.

2

• 기본 66회 8번

(가)에 들어갈 문화유산으로 옳은 것은? [2점]

백제 무왕이 건립한 사찰의 터에는 목탑 양식이 반영된 석탑이 남아 있습니다. 이 석탑의 복원 공사 중에 사리장엄구와 금제 사리봉영기가 발견되었습니다.
(가)

① 
경천사지 십층 석탑

② 화엄사 사사자 삼층 석탑

③ 
미륵사지 석탑

④ 
분황사 모전 석탑

❷ 익산 미륵사지 석탑

정답 찾기

백제 무왕이 건립한 사찰의 터에 남아 있으며, 목탑 양식이 반영되었다는 내용을 통해 (가)에 들어갈 문화유산이 ③ 익산 미륵사지 석탑임을 알 수 있어요. 익산 미륵사지 석탑 복원 공사 중에 사리장엄구와 금제 사리봉영기가 발견되어 석탑의 건립 연도와 건립한 목적이 밝혀졌어요. 익산 미륵사지 석탑은 현재 우리나라에 남아 있는 석탑 중 가장 규모가 큽니다.

오답 피하기

① 개성 경천사지 10층 석탑은 고려 후기에 원의 영향을 받아 대리석으로 만들어졌어요.
② 통일 신라 시기에 만들어진 구례 화엄사 4사자 3층 석탑은 탑의 네 모퉁이에 앉아 있는 사자상이 탑을 받치고 있는 모습이에요.
④ 경주 분황사 모전 석탑은 돌을 벽돌 모양으로 다듬어 쌓은 신라의 탑이에요.

정답 ③

정답 ➡ 52쪽

키워드 한 문장

익산 ______ 석탑은 현재 우리나라에 남아 있는 석탑 가운데 최대 규모이며, 가장 오래된 탑이다.

3

• 기본 64회 6번

(가)에 들어갈 문화유산으로 옳은 것은? [1점]

문화유산 카드

(가)	• 종목 : 국보 • 소재지 : 경상북도 경주시 • 소개 : 신라 선덕 여왕 때 벽돌 모양으로 돌을 다듬어 쌓은 탑으로, 기단 위 모퉁이에 화강암으로 조각한 사자상이 놓여 있다.

① 
분황사 모전 석탑

② 정림사지 오층 석탑

③ 
월정사 팔각 구층 석탑

④ 
화엄사 사사자 삼층 석탑

4

• 기본 61회 4번

(가)에 들어갈 문화유산으로 옳지 않은 것은? [2점]

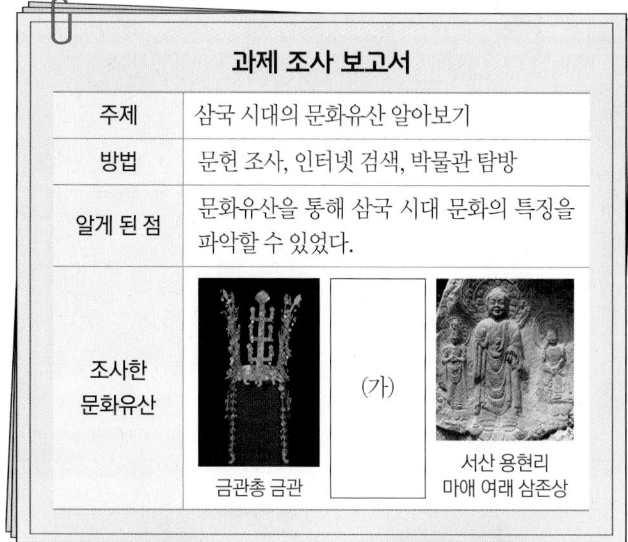

과제 조사 보고서

주제	삼국 시대의 문화유산 알아보기		
방법	문헌 조사, 인터넷 검색, 박물관 탐방		
알게 된 점	문화유산을 통해 삼국 시대 문화의 특징을 파악할 수 있었다.		
조사한 문화유산	금관총 금관	(가)	서산 용현리 마애 여래 삼존상

① 
금동 연가 7년명 여래 입상

② 
논산 관촉사 석조 미륵보살 입상

③ 
천마총 장니 천마도

④ 
장군총

❸ 경주 분황사 모전 석탑

정답 찾기

신라 선덕 여왕 때 벽돌 모양으로 돌을 다듬어 쌓은 탑이라는 내용을 통해 (가)에 들어갈 문화유산이 ① 경주 분황사 모전 석탑임을 알 수 있어요. 경주 분황사 모전 석탑은 현재 남아 있는 신라의 석탑 가운데 가장 오래되었어요.

오답 피하기

② 부여 정림사지 5층 석탑은 목탑 양식이 반영된 백제의 탑이에요.
③ 평창 월정사 8각 9층 석탑은 고려 시대에 만들어진 대표적인 다각 다층의 탑이에요.
④ 구례 화엄사 4사자 3층 석탑은 통일 신라 시기에 만들어졌으며, 탑의 네 모퉁이에 앉아 있는 사자상이 탑의 몸체를 떠받치고 있어요.

정답 ①

정답 ➡ 52쪽

키워드 한 문장

경주 ☆☆☆ 사 모전 석탑은
돌을 벽돌 모양으로 다듬어서 쌓은 탑으로 선덕 여왕 때 축조되었다.

❹ 삼국 시대의 문화유산

정답 찾기

삼국 시대의 문화유산을 묻는 문항입니다. 금관총 금관은 신라, 서산 용현리 마애 여래 삼존상은 백제의 문화유산이에요. ② 논산에 있는 관촉사 석조 미륵보살 입상은 고려 광종 때 만들어진 것으로 알려진 불상으로, 높이가 18m에 달하는 고려 시대의 가장 큰 불상이에요.

오답 피하기

① 고구려의 불상으로, 불상 뒷면에 새겨진 '연가 7년'이라는 글자를 통해 불상이 제작된 시기를 추정할 수 있어요.
③ 경주 천마총 장니 천마도는 신라의 고분인 천마총에서 발견되었어요.
④ 장군총은 고구려 초기에 많이 만들어진 돌무지무덤 중 하나입니다.

정답 ②

정답 ➡ 52쪽

키워드 한 문장

서산 용현리 마애 여래 삼존상은
바위에 새겨진 ☆☆☆ 의 불상이다.

5

• 기본 63회 5번

(가)에 들어갈 문화유산으로 옳은 것은? [1점]

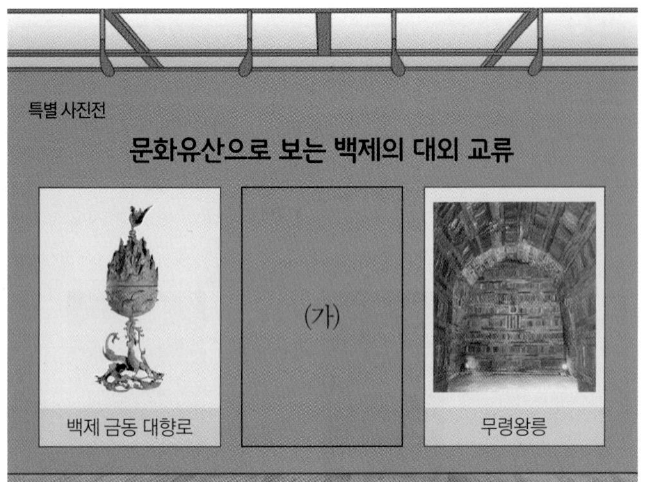

특별 사진전
문화유산으로 보는 백제의 대외 교류
(가)
백제 금동 대향로
무령왕릉

① 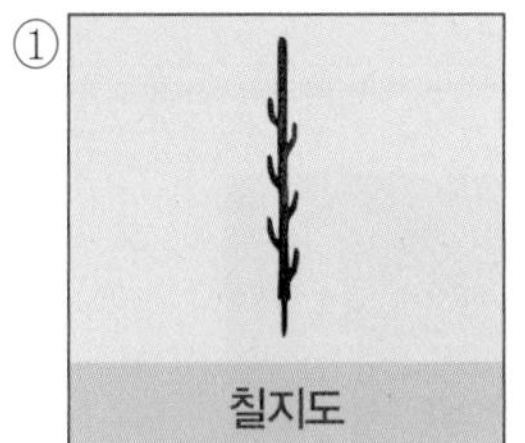
칠지도

② 
청자 상감 운학문 매병

③ 
천마총 장니 천마도

④ 
호우총 청동 그릇

❺ 백제의 문화유산

정답 찾기

백제 금동 대향로에는 도교와 불교 사상이 함께 반영되어 있어요. 또 공주 무령왕릉은 중국 남조의 영향을 받아 축조된 벽돌무덤으로 무덤의 주인이 알려진 유일한 백제 무덤이에요. ① 백제의 칠지도는 칼날이 가지처럼 뻗어 있는 모양의 철제 칼이에요. 백제에서 만들어 왜에 보낸 것으로 알려져 있어요.

오답 피하기

② 청자 상감 운학문 매병은 고려의 독창적인 상감 기법으로 만들어졌으며 구름과 학 무늬를 새긴 청자입니다.
③ 천마도는 말안장 양쪽에 달아 늘어뜨리는 장니(말다래)에 그려져 있는 그림으로, 신라 시대 무덤인 경주 천마총에서 출토되었어요.
④ 호우총 청동 그릇은 신라 고분인 경주 호우총에서 발견된 고구려의 청동 그릇이에요.

정답 ①

정답 ➡ 52쪽

키워드 한 문장

백제는 왜와 활발하게 교류하고
철제 칼인 ☆☆ 도를 보내기도 하였다.

6

• 기본 69회 3번

다음 전시회에서 볼 수 있는 문화유산으로 가장 적절한 것은? [2점]

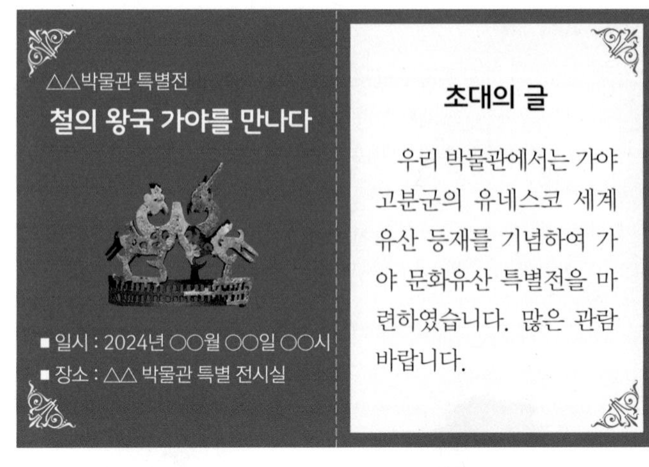

△△박물관 특별전
철의 왕국 가야를 만나다
■ 일시 : 2024년 ○○월 ○○일 ○○시
■ 장소 : △△ 박물관 특별 전시실
초대의 글
우리 박물관에서는 가야 고분군의 유네스코 세계 유산 등재를 기념하여 가야 문화유산 특별전을 마련하였습니다. 많은 관람 바랍니다.

① 호우명 그릇
② 성덕 대왕 신종
③ 칠지도
④ 철제 판갑옷

❻ 가야의 문화유산

정답 찾기

가야는 철기 문화가 발달한 낙동강 유역에서 성장하여 우수한 철기를 만들었어요. ④ 금관가야의 유적인 김해 대성동 고분군에서 출토된 철제 판갑옷이에요. 가야의 우수한 철기 문화를 짐작할 수 있어요.

오답 피하기

① 호우명 그릇은 경주에 있는 신라 고분인 호우총에서 발견되었어요. 그릇 바닥면에 고구려 광개토 태왕과 관련된 글자가 새겨져 있어요.
② 성덕 대왕 신종은 신라의 경덕왕이 아버지 성덕왕을 기리기 위해 만든 종으로 경덕왕의 아들인 혜공왕 때 완성되었어요.
③ 칠지도는 백제의 문화유산으로 칼날이 가지처럼 뻗어 있는 모양의 철제 칼이에요. 백제에서 만들어 왜에 보낸 것으로 알려져 있어요.

정답 ④

정답 ➡ 52쪽

키워드 한 문장

☆☆ 는 철이 많이 생산되어 낙랑과 왜에 철을 수출하였다.

키워드 한 문장 정답

1. 고구려 2. 미륵사지 3. 분황 4. 백제 5. 칠지 6. 가야

공부한 날 월 일

06 강

남북국 시대

이 강에서 배울 시기는?

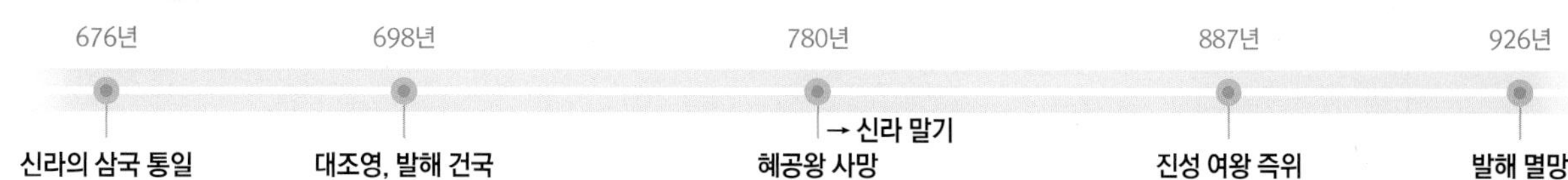

신라가 삼국을 통일하고 그 후에 발해가 옛 고구려 영토에 들어서면서 남쪽의 신라와 북쪽의 발해가 함께 있는 남북국 시대가 열렸어요. 신라와 발해가 어떤 모습으로 발전했는지 살펴볼까요?

이 강의 핵심 키워드는?

06강-1 발해의 정치와 문화

강의 들으며 판서 따라 쓰기

한국사를 그리다

정치

- 대조영 : 건국(동모산)
- 무왕(인안) : 장문휴 → 산둥반도 공격
- 문왕(대흥) : 친당, 3성 6부, 신라 교류(신라도) —"나 고려 국왕은~"→ 日
- 선왕(건흥) : 해동성국❶, 5경 15부 62주

문화

고구려 계승❷	중국 영향
· 온돌 · 석등, 돌사자상, 이불병좌상❸	· 주작대로(상경성) · 3성(정당성, 중대성, 선조성) 6부 · 정효 공주 무덤(벽돌무덤) · 영광탑
· 정혜 공주 무덤(모줄임천장)❸	

석등

돌사자상

이불병좌상

영광탑

❶ 발해는 선왕 때 고구려의 옛 영토를 대부분 되찾았어요. 이 무렵 발해는 전성기를 이루어 중국으로부터 '해동성국'이라고도 불렸지요.

❸ 발해는 고구려 문화의 영향을 받은 석등, 돌사자상, 이불병좌상, 정혜 공주 무덤 등을 남겼어요.

❷ 발해 문왕은 일본에 보낸 외교 문서에 '고려', '고려 국왕'이라는 명칭을 사용했어요. 이를 통해 발해가 고구려 계승 의식을 가지고 있었다는 것을 알 수 있어요.

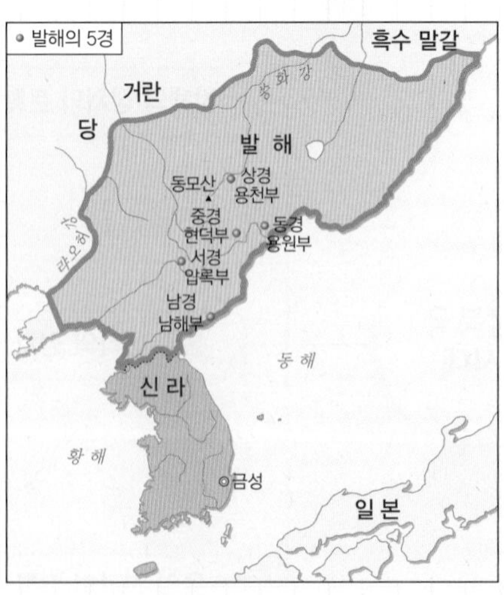

발해의 전성기

한국사를 읽다

1. 발해의 건국과 발전

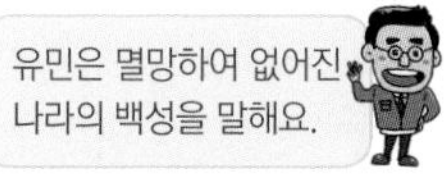

유민은 멸망하여 없어진 나라의 백성을 말해요.

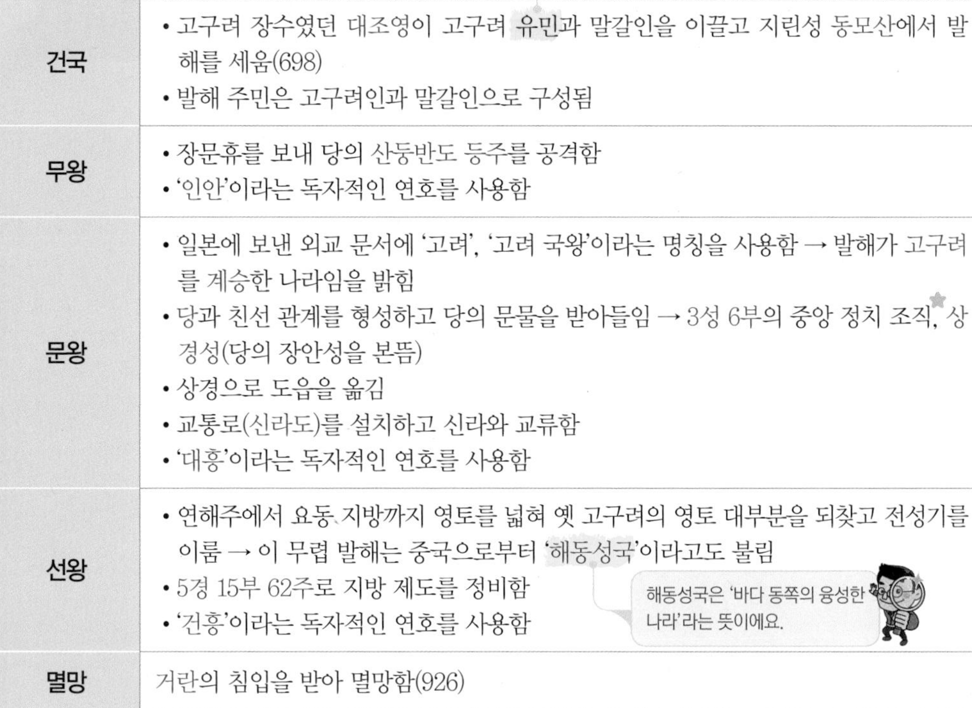

건국	• 고구려 장수였던 대조영이 고구려 유민과 말갈인을 이끌고 지린성 동모산에서 발해를 세움(698) • 발해 주민은 고구려인과 말갈인으로 구성됨
무왕	• 장문휴를 보내 당의 산둥반도 등주를 공격함 • '인안'이라는 독자적인 연호를 사용함
문왕	• 일본에 보낸 외교 문서에 '고려', '고려 국왕'이라는 명칭을 사용함 → 발해가 고구려를 계승한 나라임을 밝힘 • 당과 친선 관계를 형성하고 당의 문물을 받아들임 → 3성 6부의 중앙 정치 조직, 상경성(당의 장안성을 본뜸) • 상경으로 도읍을 옮김 • 교통로(신라도)를 설치하고 신라와 교류함 • '대흥'이라는 독자적인 연호를 사용함
선왕	• 연해주에서 요동 지방까지 영토를 넓혀 옛 고구려의 영토 대부분을 되찾고 전성기를 이룸 → 이 무렵 발해는 중국으로부터 '해동성국'이라고도 불림 • 5경 15부 62주로 지방 제도를 정비함 • '건흥'이라는 독자적인 연호를 사용함
멸망	거란의 침입을 받아 멸망함(926)

해동성국은 '바다 동쪽의 융성한 나라'라는 뜻이에요.

2. 발해의 문화

고구려 문화 계승	• 온돌 유적, 석등, 돌사자상, 이불병좌상, 기와 등이 고구려의 양식과 비슷함 → 고구려 문화를 계승하였음을 알 수 있음 • 정혜 공주 무덤은 고구려 고분의 영향을 받아 모줄임천장 구조를 갖춘 굴식 돌방무덤 양식임
당 문화의 영향	• 당의 수도 장안성을 본떠 수도인 상경성을 만듦, 남북으로 쭉 뻗은 주작대로라는 큰길이 있음 • 정효 공주 무덤은 당과 고구려의 양식이 어우러져 있음 • 영광탑 : 벽돌을 쌓아 올린 전탑으로, 탑 아래 지하에 무덤 칸으로 보이는 공간이 있음

정혜 공주와 정효 공주는 발해 문왕의 딸이에요.

중국
저 나라가 '해동성국'이라고 불리는 발해로구나!
발해
신라

"발해는 선왕 때 연해주와 요동 지방까지 영토를 넓혔어요. 이 무렵 발해는 중국으로부터 '해동성국'이라고 불릴 정도로 번성했지요. 그러나 귀족들의 권력 다툼으로 세력이 약해져 발해는 결국 거란의 공격을 받아 멸망했어요."

★ 발해의 중앙 정치 조직

발해는 중앙 정치 조직으로 정당성, 선조성, 중대성의 3성과 정당성 아래에 둔 충·인·의·지·예·신부의 6부가 있었어요. 6부의 이름에는 유교 덕목이 반영되었어요.

★ 고구려와 발해의 기와

고구려 연꽃무늬 수막새

발해 연꽃무늬 수막새

고구려 치미

발해 치미

수막새는 처마 끝에 놓는 기와 중의 하나입니다. 발해 기와에 찍힌 연꽃무늬가 고구려의 것과 닮아 있는데, 이를 통해 발해 기와가 무늬와 제작 기법에서 고구려 기와의 영향을 받았음을 알 수 있어요. 치미는 지붕 맨 위 양 끝에 올려놓는 장식용 기와로, 발해의 치미는 고구려 치미의 영향을 받았어요.

★ 모줄임천장

고구려 강서대묘의 천장

모줄임천장은 모서리를 점차 줄여 나가면서 만든 천장으로 주로 고구려에서 사용한 건축 양식이에요. 발해의 정혜 공주 무덤에서는 고구려와 비슷한 모줄임천장 구조가 나타납니다.

통일 신라의 정치

강의 들으며 판서 따라 쓰기

한국사를 그리다

❶ 신문왕은 귀족들의 반란을 진압하고 여러 제도를 고쳐 왕의 힘을 크게 강화했어요.

❷ 신라는 노동력을 동원하고 세금을 거두기 위해 신라 촌락 문서(민정 문서)를 작성했어요. 이 문서에는 촌락의 토지 종류와 넓이, 가구와 인구수, 소와 말의 수, 뽕나무와 잣나무의 수 등이 자세히 기록되어 있어요.

초기

- 태종 무열왕(김춘추) : 최초 진골 출신 王, 김유신 → 백제 X(황산벌, 계백)
- 문무왕 : 고구려 X, 삼국 통일, 용 → 대왕암 —— (만파식적)
- 신문왕❶ : 9주 5소경, 9서당 10정, 관료전(← 민정 문서❷), 녹읍 X, 감은사, 국학

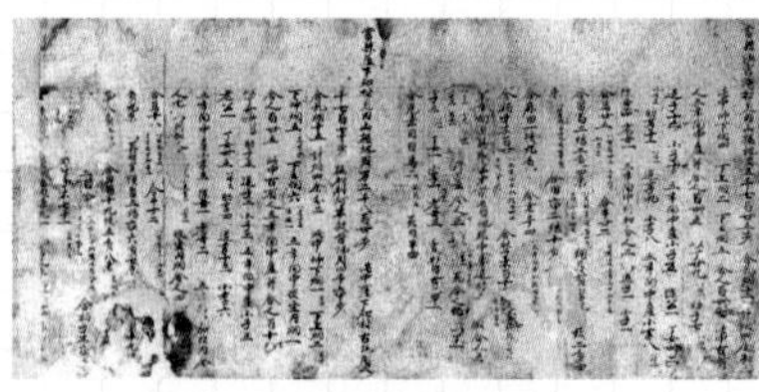
신라 촌락 문서(민정 문서)

감은사지

말기

- 중앙 : 진골 귀족 간 왕위 다툼(예 김헌창의 난)
- 지방
  - 농민 봉기❸ : 원종과 애노의 난
  - 호족❹ 성장 : 장보고(청해진) / 견훤(후백제), 궁예(후고구려) → 왕건 (궁예 ─ 미륵불)
- 골품제 → 6두품 : 최치원(토황소격문, 계원필경)

❸ 신라 말에 정부와 귀족들의 농민 수탈이 심해지자 전국 곳곳에서 농민 봉기가 일어났어요. 특히 진성 여왕 때 가장 심했는데 원종과 애노의 난이 대표적이에요.

❹ 신라에서는 신분제인 골품제에 따라 6두품은 아무리 능력이 뛰어나도 올라갈 수 있는 관등에 한계가 있었어요. 이에 6두품 세력은 신라 사회에 대한 불만이 컸어요.

핵심 개념 정리하기

한국사를 읽다

1. 통일 신라의 발전

태종 무열왕(김춘추)	• 나 · 당 연합을 이끌어 내 삼국 통일의 발판을 마련함, 당과 함께 백제를 멸망시킴 • 김유신의 도움을 받아 진골 출신으로는 최초로 왕위에 오름 → 이후 무열왕 직계 자손이 대대로 왕위를 물려받음
문무왕	• 당과 함께 고구려를 멸망시키고 나 · 당 전쟁에서 승리하여 삼국 통일을 이룩함 • 동해의 용이 되어 나라를 지키겠다는 유언을 남겨 대왕암에 장사를 지냄(문무 대왕릉)
신문왕	• 김흠돌의 난을 진압하고 반란에 가담한 진골 귀족을 없앰 • 지방 행정 조직을 9주 5소경으로 정비함 • 관료전을 지급하고 녹읍을 폐지함 • 국학을 설립하여 유학 교육을 실시함 • 아버지인 문무왕을 위해 감은사를 완성함 • 만파식적 이야기가 전해짐

삼국 통일 후 신라는 전국을 한주, 삭주, 웅주(웅천주) 등 9주로 나누고, 도읍인 금성(경주)이 영토의 한쪽에 치우쳐 있는 것을 보완하기 위해 다섯 곳에 작은 도읍인 소경을 두었어요.

관료전과 녹읍은 관리에게 지급한 토지입니다. 관료전에서는 세금만 거둘 수 있었고, 녹읍에서는 세금 징수와 함께 그 토지에 사는 백성의 노동력도 동원할 수 있었어요. 신문왕은 진골 귀족 세력을 약화시키기 위해 관료전을 지급하고 녹읍을 폐지했어요.

2. 통일 신라의 사회와 경제

골품제	• 혈통에 따라 신분의 등급(골품)을 나눔 • 골품에 따라 오를 수 있는 관등, 집의 크기, 옷의 색깔 등이 정해져 있음
신라 촌락 문서(민정 문서)	• 노동력을 동원하고 세금을 거두기 위해 작성함 • 촌락의 토지 종류와 넓이, 가구와 인구수, 노비 수, 소와 말의 수, 뽕나무와 잣나무의 수 등을 자세히 기록함
대외 교류	• 국제 무역이 번성하여 울산항에 아라비아 상인이 오고 감 • 장보고가 완도에 청해진을 설치함 → 해적을 몰아내고 당, 일본과의 해상 무역을 주도함

3. 신라 말의 사회 혼란과 새로운 세력의 등장

사회 혼란		• 혜공왕 이후 진골 귀족 간에 왕위를 둘러싼 다툼이 치열하게 전개됨 → 왕의 힘이 약해짐, 지방에서 반란이 일어남(김헌창의 난 등) • 정부와 귀족들의 수탈에 저항하여 농민 봉기가 일어남 → 진성 여왕 때 일어난 원종과 애노의 난이 대표적임 무거운 세금에 저항하여 원종과 애노가 난을 일으켰어요. 이를 시작으로 전국 곳곳에서 농민들이 봉기했어요. 
새로운 세력의 등장	호족	• 신라 말 왕의 힘이 약해지자 지방에서 호족이 성장함 → 호족은 스스로 성주 또는 장군이라고 칭함, 독자적으로 군사력과 경제력을 갖추고 지방을 실질적으로 다스림 • 대표적 인물 : 장보고(청해진을 설치함), 견훤(후백제를 세움), 궁예(후고구려를 세움), 왕건(고려를 세움) 등
	6두품 세력	• 6두품은 능력이 뛰어나도 올라갈 수 있는 관등에 한계가 있음 → 골품제의 문제점을 비판하고 새로운 사회를 건설하고자 함 • 대표적 인물 : 최치원 → 진성 여왕에게 개혁안으로 시무 10여 조를 올림, '토황소격문'을 짓고 "계원필경"을 저술함

만파식적 이야기

만파식적은 나라의 모든 걱정과 어려움을 해결해 준다는 전설의 대나무 피리입니다. 신문왕이 동해의 용으로부터 만파식적을 받았다는 전설이 전해지고 있어요.

통일 신라의 대외 교류

원성왕릉 무인상

신라는 삼국 통일 이후 당과 활발히 교류하였으며, 서역과도 교류하였어요. 도읍인 금성과 가까운 울산항에는 중국, 일본 상인뿐만 아니라 아라비아 상인들도 드나들었어요. 원성왕릉에는 서역인의 모습을 하고 있는 무인상이 있는데, 이를 통해서도 신라가 서역과 교류하였음을 알 수 있어요.

김헌창의 난

웅천주(지금의 공주)의 장관인 김헌창이 태종 무열왕의 자손인 자신의 아버지 김주원이 왕이 되지 못한 것에 불만을 품고 난을 일으켰으나 실패하였어요.

최치원

최치원은 6두품 출신으로 당에 유학을 가 외국인을 대상으로 한 과거 시험인 빈공과에 합격하였어요. 당에서 관직 생활을 할 때 황소라는 사람이 난을 일으켰는데, 황소를 치기 위해 지은 '토황소격문'이 잘 지은 글로 유명합니다. 신라로 돌아와서는 진성 여왕에게 시무 10여 조를 올려 혼란한 정치를 바로잡고자 노력하기도 하였어요. 또한, 시문집인 "계원필경" 등의 저술을 남겼습니다.

06강-3 통일 신라의 문화

강의 들으며 판서 따라 쓰기

한국사를 그리다

· 승려 : 원효(아미타 신앙 → 불교 대중화, 무애가❶), 의상(화엄 사상↑❷, 부석사), 혜초(왕오천축국전)

· 불교 ┌ 석굴암 본존불상

석굴암 본존불상

❶ 무애가는 원효가 큰 박을 들고 다니면서 부른 노래입니다. 원효는 무애가를 부르며 전국 곳곳에 불교를 전파했어요.

❷ 의상은 화엄종을 열고 우주에 있는 모든 것은 서로 조화를 이루고 있다는 내용을 핵심으로 하는 화엄 사상을 강조했어요.

└ 불국사(다보탑, 3층 석탑 - 석가탑 = 무영탑)

└ 무구정광대다라니경 : 현존 최고(最古) 목판 인쇄물

경주 불국사 다보탑

경주 불국사 3층 석탑

무구정광대다라니경

· 동궁과 월지(안압지) : 주사위··· / 첨성대(통일 신라 X, 선덕 여왕)

경주 동궁과 월지

· 성덕 대왕 신종

성덕 대왕 신종

핵심 개념 정리하기

한국사를 읽다

1. 불교의 발달

원효	• 6두품 출신의 승려이며, 설총의 아버지 • 의상과 함께 당에 유학하기 위해 가던 도중에 모든 것은 마음에 달려 있음을 깨닫고 신라로 돌아왔다는 이야기가 전해짐 • '나무아미타불'만 외우면 누구나 극락정토에 갈 수 있다고 주장함, 무애가를 지어 부름 → 불교 대중화에 힘씀 • "대승기신론소", "십문화쟁론" 등을 저술함
의상	• 진골 출신의 승려 • 당에서 유학하고 신라로 돌아와 화엄종을 열고 화엄 사상을 강조함 • 부석사 등 많은 절을 지음
혜초	"왕오천축국전"을 저술함

혜초가 인도와 중앙아시아 지역에 있던 여러 나라를 돌아보고 쓴 여행기입니다.

2. 통일 신라의 문화유산

"삼국유사"에 따르면 불국사와 석굴암은 신라 경덕왕 때 김대성이 지었다고 해요.

건축	• 경주 불국사 : 불교의 이상 세계를 표현한 절, 3층 석탑과 다보탑이 불국사 대웅전 앞마당에 나란히 서 있음 • 경주 석굴암 : 돌로 쌓아 만든 인공 석굴 사원, 사원 안에는 본존불상이 있고 많은 불상과 조각이 새겨져 있음 • 경주 동궁과 월지(안압지) : 우수한 건축 기술과 화려한 귀족 문화를 보여 줌, 나무 주사위 등 많은 유물이 발견됨
인쇄술	무구정광대다라니경 : 현재 남아 있는 세계에서 가장 오래된 목판 인쇄물, 경주 불국사 3층 석탑을 보수하는 과정에서 발견됨
탑	경주 감은사지 3층 석탑, 경주 불국사 3층 석탑(석가탑, 무영탑), 경주 불국사 다보탑 등
범종	성덕 대왕 신종 : 우리나라 범종 가운데 가장 큰 종, 뛰어난 금속 제작 기술을 보여 줌

설총
통일 신라의 유학자로, 한자의 음과 뜻을 빌려 우리말을 적는 이두를 체계적으로 정리하였어요.

극락정토
불교에서 이야기하는 이상 세계입니다. 걱정과 괴로움이 없는 세상을 말해요.

범종
절에서 사람들을 모이게 하거나 시각을 알리기 위해 치는 종을 말합니다.

별툰

나무아미타불만 외우면 누구나 극락에 갈 수 있습니다.
나무아미타불
나무아미타불
원효

"불교가 처음 들어왔을 때에는 왕실과 귀족들이 주로 믿었어요. 하지만 원효 등의 노력으로 일반 사람들에게도 불교가 널리 퍼졌어요."

1

• 기본 69회 8번

(가) 국가에 대한 설명으로 옳은 것은? [1점]

문화유산으로 만나는 (가)
정효 공주 묘지에서는 문왕 때 사용한 '대흥'이라는 연호를 확인할 수 있습니다.
상경성에서 출토된 이불병좌상은 석가불과 다보불이 나란히 앉아 있는 모습을 형상화한 것입니다.

① 9주 5소경을 두었다.
② 기인 제도를 실시하였다.
③ 해동성국이라고도 불렸다.
④ 백두산정계비를 건립하였다.

2

• 기본 61회 9번

(가) 국가에 대한 설명으로 옳은 것은? [2점]

역사신문

제△△호　　○○○년 ○○월 ○○일

특집 기획 **해동성국으로 우뚝 서다**

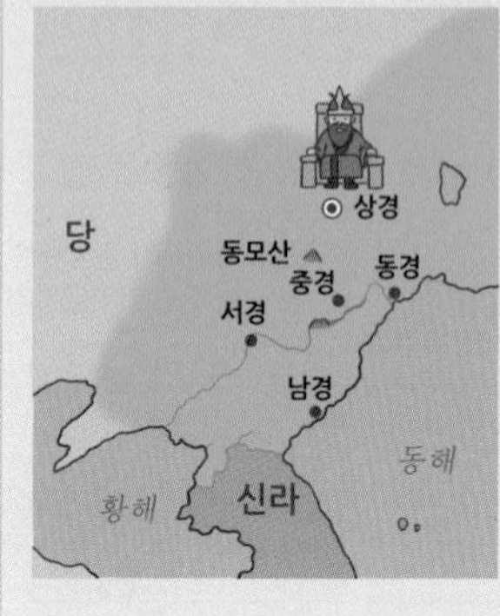

고구려를 계승한 (가) 은/는 선왕 때 요동에서 연해주에 이르는 최대 영토를 확보하였다. 이후 당으로부터 '바다 동쪽의 융성한 나라'를 뜻하는 '해동성국'이라 불렸다. 이를 통해 이 국가의 국제적 위상을 알 수 있다.

① 한의 침략을 받아 멸망하였다.
② 중앙 정치 조직을 3성 6부로 정비하였다.
③ 정사암에서 국가의 중대사를 결정하였다.
④ 화랑도를 국가적인 조직으로 운영하였다.

❶ 발해

정답 찾기

문왕 때 '대흥'이라는 연호를 사용하였으며, 상경성에서 이불병좌상이 출토되었다는 내용을 통해 (가) 국가가 발해임을 알 수 있어요. ③ 발해는 선왕 때 전성기를 이루어 중국으로부터 '바다 동쪽의 융성한 나라'라는 뜻의 해동성국이라고 불렸어요.

오답 피하기

① 삼국을 통일한 후 신라는 전국을 9주로 나누고 주요 지역에 5소경을 설치하여 9주 5소경의 지방 행정 제도를 갖추었어요.
② 고려의 태조 왕건은 호족 세력을 견제하기 위해 지방 호족의 자제를 개경에 머물도록 하는 기인 제도를 실시하였어요.
④ 조선 숙종 때 청과의 국경을 확정하여 백두산정계비를 건립하였어요.

정답 ③

정답 ➡ 62쪽

키워드 한 문장

☆☆ 는 전성기에 중국으로부터 '해동성국'이라고도 불렸다.

❷ 발해

정답 찾기

고구려를 계승하였으며 당으로부터 '해동성국'이라 불렸다는 내용을 통해 (가) 국가가 발해임을 알 수 있어요. 발해는 고구려 출신 대조영이 고구려 유민과 말갈인을 이끌고 동모산에서 건국한 나라입니다. 지배층의 대다수가 고구려인이었기 때문에 고구려 계승 의식이 강하였어요. ② 발해는 문왕 때 당의 문물을 받아들여 중앙 정치 조직을 3성 6부로 정비하였어요.

오답 피하기

① 고조선은 한 무제의 침략을 받아 기원전 108년에 멸망하였어요.
③ 백제에서는 귀족들이 정사암에 모여 국가의 중대사를 논의하고 결정하였어요.
④ 신라는 진흥왕 때 화랑도를 국가적인 조직으로 개편하여 많은 인재를 양성하였어요.

정답 ②

정답 ➡ 62쪽

키워드 한 문장

발해는 ☆ 성 ☆ 부의 중앙 정치 조직을 갖추었다.

3

• 기본 66회 10번

다음 특별전에 전시될 문화유산으로 적절하지 않은 것은? [1점]

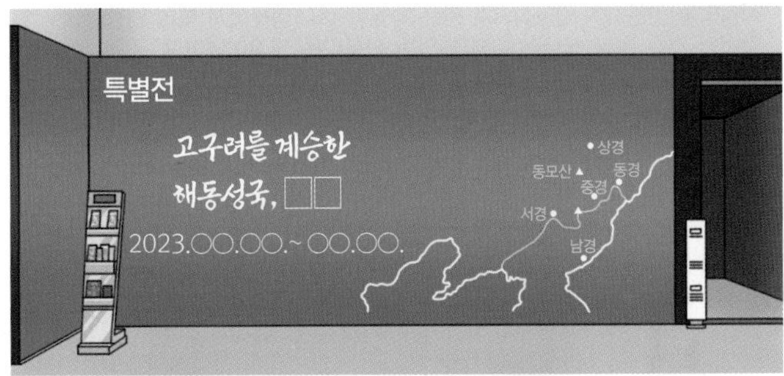

① 
치미

② 
연꽃무늬 수막새

③ 
이불병좌상

④ 
성덕 대왕 신종

4

• 기본 66회 7번

밑줄 그은 '이 왕'의 업적으로 옳은 것은? [2점]

문무왕의 아들인 이 왕은 동해에 작은 산이 떠다닌다는 이야기를 듣고 이견대로 갔어요. 용이 나타나 말하기를, 산에 있는 대나무로 피리를 만들면 천하가 평온해질 것이라고 했어요. 이후 그 대나무로 피리를 만들어 만파식적이라 부르고, 나라의 보물로 삼았어요.

① 국학을 설립하였다.
② 우산국을 정벌하였다.
③ 천리장성을 축조하였다.
④ 화랑도를 국가 조직으로 개편하였다.

❸ 발해의 문화유산

정답 찾기

발해는 고구려 출신 대조영이 고구려 유민, 말갈인과 함께 동모산에서 세운 나라입니다. 지배층의 대다수가 고구려인이었기 때문에 고구려 계승 의식이 강하였어요. 발해는 전성기에 중국으로부터 '바다 동쪽의 융성한 나라'라는 뜻에서 '해동성국'이라고 불리기도 하였어요. ④ 성덕 대왕 신종은 통일 신라 시기에 경덕왕이 아버지 성덕왕을 기리기 위해 만든 종으로 혜공왕 때 완성되었어요. 현재 우리나라에 남아 있는 종 가운데 가장 큰 종이에요.

오답 피하기

① 발해의 수도였던 상경성 터에서 발견된 치미입니다.
② 발해의 연꽃무늬 수막새는 제작 방식과 무늬 등이 고구려의 연꽃무늬 수막새와 매우 비슷하여 고구려 문화의 영향을 받았음을 알 수 있어요.
③ 이불병좌상은 고구려의 영향을 받은 발해의 불상이에요.

정답 ④

정답 ➡ 62쪽

키워드 한 문장

이불병좌상은 ☆☆ 의 불상으로 고구려의 영향을 받았다.

❹ 신라 신문왕의 업적

정답 찾기

문무왕의 아들이며 만파식적이라는 피리를 만들었다는 내용을 통해 밑줄 그은 '이 왕'이 신라 신문왕임을 알 수 있어요. 신문왕은 삼국 통일을 완수한 문무왕의 아들로, 아버지의 뒤를 이어 왕이 된 후 왕권 강화를 위해 노력하였어요. ① 신문왕은 인재를 양성하기 위해 국학을 설립하여 유학을 교육하였어요.

오답 피하기

② 신라 지증왕은 이사부를 보내 우산국을 정벌하였어요.
③ 고구려는 당의 침입을 막기 위해 영류왕 때부터 국경 지역에 천리장성을 쌓기 시작하여 보장왕 때 완성하였어요. 고려 때에도 북방 민족의 침입을 막기 위해 천리장성을 축조하였어요.
④ 신라 진흥왕은 화랑도를 국가적인 조직으로 정비하여 인재를 길렀어요.

정답 ①

정답 ➡ 62쪽

키워드 한 문장

신라 신문왕은 ☆☆ 을 세워 유학 교육을 장려하였다.

5

• 기본 64회 7번

다음 사건이 일어난 시기를 연표에서 옳게 고른 것은? [2점]

> 진성왕 3년, 나라 안의 모든 주와 군에서 공물과 부세를 보내지 않아 창고가 텅 비어 나라의 재정이 궁핍해졌다. 왕이 관리를 보내 독촉하니 곳곳에서 도적이 벌떼처럼 일어났다. 이때 원종과 애노 등이 사벌주를 거점으로 반란을 일으켰다. – "삼국사기" –

433		562		676		780		918
	(가)		(나)		(다)		(라)	
나·제 동맹 성립		진흥왕 대가야 병합		신라 삼국 통일		혜공왕 피살		고려 건국

① (가) ② (나) ③ (다) ④ (라)

6

• 기본 67회 9번

밑줄 그은 '불상'에 해당하는 것으로 옳은 것은? [1점]

제가 오늘 소개해 드릴 한국의 문화유산은 석굴암이에요. 석굴암은 화강암을 이용하여 인공적으로 만든 사원이에요. 이곳에서 특히 인상 깊었던 것은 바로 석굴암 내부에 있는 아름다운 불상이었어요. 감동 그 자체였지요. 여러분, 한국에 오면 여기 꼭 가봐야 하겠죠?
한국의 세계 유산 3화

❺ 신라 말의 상황

정답 찾기

원종과 애노 등이 사벌주를 거점으로 반란을 일으켰다는 내용을 통해 자료의 사건이 9세기 후반 신라 진성 여왕 때 일어난 원종과 애노의 난임을 알 수 있어요. 신라는 8세기 후반 어린 나이에 즉위한 혜공왕이 진골 귀족들의 반란으로 살해된 이후 150여 년 동안 20명의 왕이 바뀌는 등 혼란이 계속되었어요. 혜공왕 이후부터 신라가 멸망할 때까지, 즉 신라 말에 진골 귀족들의 잦은 왕위 다툼으로 통치 질서가 어지러워지고 나라의 살림이 어려워졌어요. 중앙 정부는 세금을 독촉하였고 이에 시달린 농민들은 각지에서 봉기를 일으켰는데, 진성 여왕 때 일어난 원종과 애노의 난, 적고적의 난 등이 대표적이에요.
따라서 원종과 애노의 난이 일어난 시기는 혜공왕 피살과 고려 건국 사이인 ④ (라)입니다. 정답 ④

키워드 한 문장

정답 ➡ 62쪽

신라 말 진성 여왕 때 원 과 애 의 난이 일어났다.

❻ 경주 석굴암 본존불상

정답 찾기

석굴암 내부에 있다는 내용을 통해 밑줄 그은 '불상'이 ① 경주 석굴암 본존불상임을 알 수 있어요. 경주 석굴암은 통일 신라 시기에 화강암으로 만들어진 인공 석굴 사원으로, 내부 중앙에 완벽한 조형미를 보여 주는 본존불상이 모셔져 있어요.

오답 피하기

② 백제의 불상인 서산 용현리 마애 여래 삼존상이에요. 얼굴 표정이 온화하고 미소를 머금고 있어 '백제의 미소'로 널리 알려져 있어요.
③ 삼국 시대에 만들어진 금동 미륵보살 반가 사유상이에요.
④ 고려 초기에 만들어진 하남 하사창동 철조 석가여래 좌상이에요. 정답 ①

키워드 한 문장

정답 ➡ 62쪽

경주 암은 화강암을 이용해 만든 인공 사원으로 내부에 본존불상이 모셔져 있다.

키워드 한 문장 정답

1. 발해 2. 3, 6 3. 발해 4. 국학 5. 종, 노 6. 석굴

07강 고려의 탄생

이 강에서 배울 시기는?

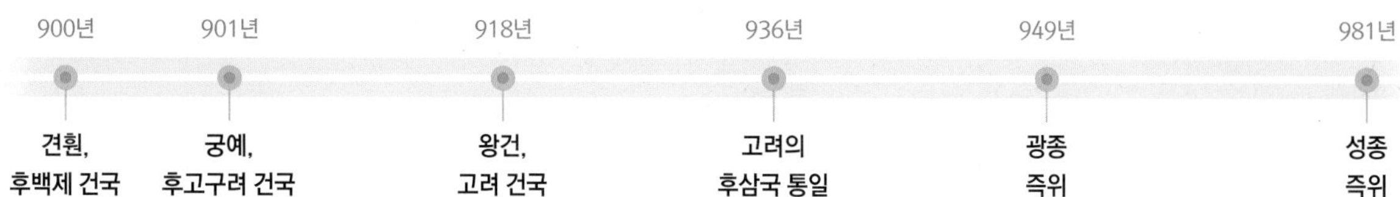

"신라 말 진골 귀족들의 왕위 다툼이 심해지면서 지방에서 독자적인 세력을 갖춘 호족이 성장했어요. 호족이 성장하면서 후백제, 후고구려가 건국되어 후삼국 시대가 열렸어요. 고려는 후삼국을 통일하고 이전 시대와는 다른 방식으로 나라를 운영하였어요. 그럼 고려가 어떤 모습으로 발전했는지 살펴볼까요?"

이 강의 핵심 키워드는?

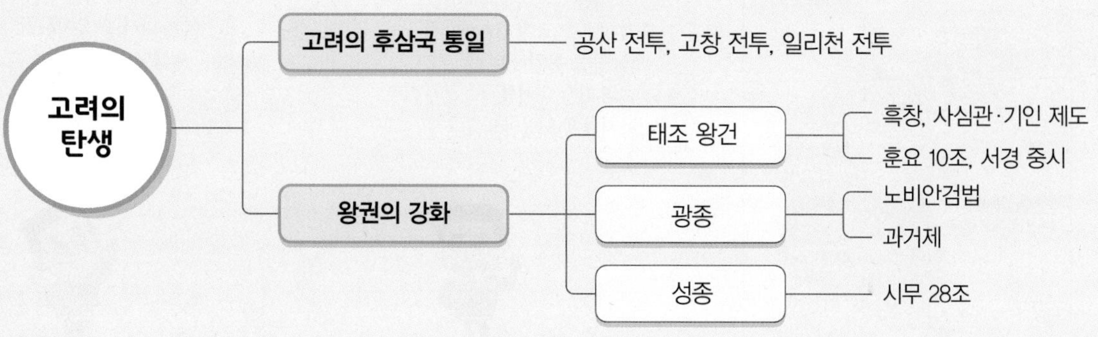

07강-1 고려의 후삼국 통일

강의 들으며 판서 따라 쓰기

한국사를 그리다

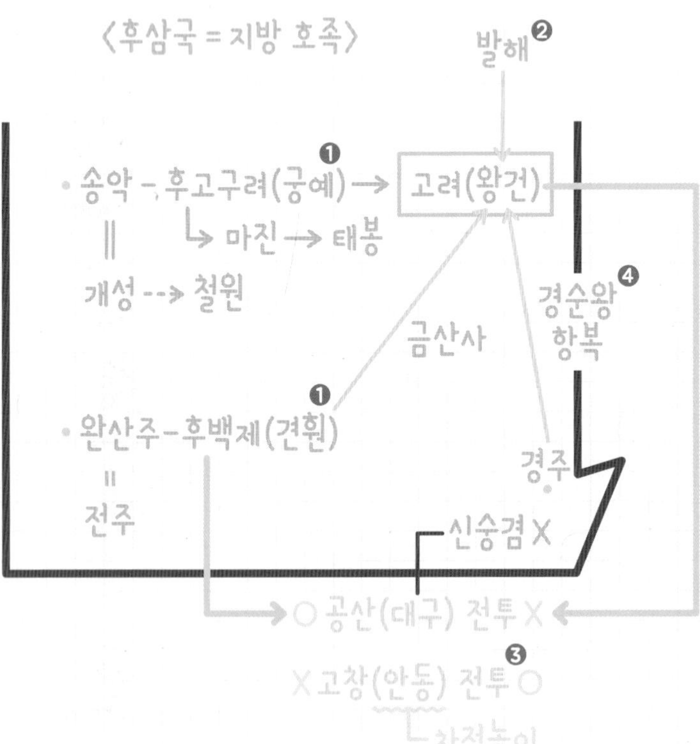

❶ 완산주(전주)에서 견훤이 후백제를, 송악(개성)에서 궁예가 후고구려를 건국하면서 신라와 후삼국을 이루었어요.

❷ 왕건은 발해 멸망 후 고려에 들어온 발해 유민들을 고려의 백성으로 받아들였어요.

발해
궁예, 후고구려 건국(901)
서경(평양)
동해
송악(개성)
철원
후고구려(태봉)
황해
웅주
상주
견훤, 후백제 건국(900)
완산주(전주)
일선
후백제
신라
금성(경주)
무진주(광주)
탐라

후삼국 시대

❸ 고려는 고창 전투에서 후백제군을 크게 물리쳐 후삼국을 통일하는 데 유리한 위치를 차지하게 되었어요.

❹ 신라의 경순왕은 더는 나라를 유지하기 어렵다고 판단하여 스스로 나라를 고려에 넘겼어요.

핵심 개념 정리하기

한국사를 읽다

1. 후삼국의 성립

후백제	• 견훤이 완산주(지금의 전주)에 도읍을 정하고 후백제를 세움(900) • 군사력을 키워 신라를 압박함, 통치 조직을 정비하고 중국과 교류하면서 세력을 키움 • 충청도와 전라도의 옛 백제 지역을 대부분 차지함
후고구려	• 궁예가 송악(지금의 개성)에 도읍을 정하고 후고구려를 세움(901) • 경기도, 황해도, 강원도, 충청도 일부 지역을 장악하여 넓은 영토를 차지함 • 나라 이름을 '마진'으로 바꾸고 철원으로 도읍을 옮김, 이후 다시 나라 이름을 '태봉'으로 바꿈

★ 송악

왕건의 고향으로, 지금의 개성이에요. 왕건이 왕위에 오른 후에 고려의 도읍이 되었어요. 이후 고려는 이곳을 개경이라 하여 고려 시대 내내 도읍으로 삼았어요.

2. 고려의 건국과 후삼국 통일

(1) 고려의 건국(918)

왕건은 궁예의 신하였는데 후고구려의 관리와 호족, 백성의 지지를 얻어 왕이 되었어요.

배경	궁예가 스스로를 미륵불이라 부르며 난폭하게 정치를 함 → 이에 반발한 신하들이 궁예를 쫓아내고 왕건을 왕위에 올림
건국	왕위에 오른 왕건은 나라 이름을 '고려'라 하고 도읍을 송악(개경)으로 옮김

(2) 후삼국 통일 과정

공산 전투에서 왕건의 신하 신숭겸이 왕건을 구하고 죽었어요.

공산 전투(927)	견훤의 후백제군이 공산(지금의 대구 팔공산)에서 왕건의 고려군을 상대로 크게 이김
고창 전투(930)	호족들의 도움을 받은 왕건의 고려군이 고창(지금의 안동)에서 견훤의 후백제군을 상대로 크게 이김 → 고려가 후삼국 사이에서 주도권을 차지함
후백제의 분열	왕위 계승을 둘러싸고 다툼이 일어나 견훤의 큰아들 신검이 견훤을 금산사에 가두고 왕위에 오름 → 견훤이 금산사에서 탈출하여 왕건의 고려로 감
신라의 항복(935)	신라의 경순왕이 더는 나라를 유지하기 어렵다고 판단하여 스스로 나라를 고려에 넘겨줌
후백제 멸망(936)	왕건이 견훤과 함께 신검의 후백제군을 공격하여 승리함(일리천 전투) → 후백제가 멸망하고, 고려가 후삼국을 통일함

"차전놀이는 고창 전투에서 유래하였다고 알려져 있어요. 동부와 서부로 편을 나누고 동채 위에 올라선 대장이 상대편의 대장을 떨어뜨리거나 동채를 땅에 닿게 하면 이기는 민속놀이로, 동채 싸움이라고도 합니다."

07강-2 왕권의 강화

강의 들으며 판서 따라 쓰기

한국사를 그리다

· 태조 왕건↓ (호족 연합) ❶ ┌ 호족 : 결혼, 사성, 사심관, 기인
└ 흑창, 발해 유민 수용, 북진 정책(서경↑), 훈요 10조

· 광종↑ ❷ : 노비안검법, 과거제(쌍기) + α(음서 - 신분)

· 성종 ❸ : 12목, 최초로 지방관 파견(← 최승로의 시무 28조), 국자감

중앙	지방
· 2성 ┌ 중서문하성 └ 상서성 · 6부 ─ 이, 병, 호, 형, 예, 공 · 어사대 · 도병마사, 식목도감	천리장성 ❹ 양계(군사) └ 병마사 ❹ 5도(행정) └ 안찰사

❶ 태조 왕건은 호족의 지원을 얻기 위해 세력이 큰 호족의 딸과 결혼하거나 호족들에게 왕씨 성을 내려 주었어요.

❷ 광종은 노비안검법을 시행하여 원래 양인이었다가 억울하게 노비가 된 사람들의 신분을 되돌려 주었어요. 또 처음으로 과거를 치러 관리를 뽑았어요.

천리장성, 수도, 3경, 12목, 북계, 동계, 서경, 황주목, 서해도, 경기, 교주도, 개경, 해주목, 동해, 우산, 남경(양주목), 광주목, 충주목, 양광도, 청주목, 상주목, 공주목, 황해, 경상도, 동경, 전주목, 전라도, 진주목, 나주목, 승주목, 탐라

5도 양계

❹ 고려는 전국을 일반 행정 구역인 5도와 군사 행정 구역인 양계로 나누어 다스렸어요. 5도 양계의 지방 행정 제도는 현종 때 정비되었어요.

❸ 성종은 최승로의 건의를 받아들여 지방에 12목을 설치하고 관리를 파견했어요.

핵심 개념 정리하기

한국사를 읽다

1. 고려의 기틀을 다지기 위한 노력

태조 (왕건)	• 대광현 등 발해 유민들을 받아들여 민족의 통합을 이룸 • 세력이 큰 호족들과 혼인 관계를 맺고 호족에게 왕씨 성을 내려 호족 세력의 지지와 지원을 얻음 • 지방 통치를 보완하고 호족 세력을 견제하기 위해 사심관 제도와 기인 제도를 실시함 • 서경(평양)을 중시하고 북진 정책을 추진하여 북쪽으로 영토를 넓힘 • 세금을 줄여 주고, 가난한 백성을 구제하기 위해 흑창을 설치함 • 후대의 왕에게 훈요 10조를 남김
광종	• 노비안검법을 실시하여 호족 세력을 약화시킴 • 쌍기의 건의를 받아들여 과거제를 실시함 → 유교 지식과 능력을 갖춘 인재를 뽑아 국왕에게 충성하는 관리로 삼음 • 황제라 칭하고 '광덕', '준풍' 등의 독자적인 연호를 사용함 • 관리의 공복을 제정함
성종	• 최승로가 올린 시무 28조를 받아들여 유교를 나라를 다스리는 기본 사상으로 삼음 • 당과 송의 제도를 참고하여 2성 6부의 중앙 정치 조직을 마련함 • 전국 주요 지역에 12목을 설치하고 지방관을 파견함 • 국립 교육 기관인 국자감을 설치하여 유학 교육을 실시함 • 지방에 경학박사와 의학박사를 파견함

흑창을 설치하여 곡식이 부족한 봄에 곡식을 빌려주고 수확한 후에 갚도록 했어요.

광종은 관리들이 나랏일을 할 때 입는 옷을 네 가지 색깔로 구분했어요. 벼슬이 높은 순서대로 자주색, 붉은색, 다홍색, 초록색 옷을 입게 했지요.

2. 통치 체제의 정비

중앙 정치 제도	중서문하성 · 상서성의 2성과 행정 실무를 담당하는 이 · 병 · 호 · 형 · 예 · 공부의 6부로 구성됨
지방 행정 제도	• 전국을 일반 행정 구역인 5도와 군사 행정 구역인 양계로 나누어 다스림 → 5도에는 안찰사, 양계에는 병마사를 파견함 • 특수 행정 구역으로 향 · 부곡(주로 농업에 종사함)과 소(왕실과 관청에서 필요한 물품을 생산하여 바침)를 둠

별툰

억울하게 노비가 된 사람들을 원래 신분으로 되돌려 준대요!
노비안검법 실시!
고려 관청

과거시험장
과거에 합격하여 나랏일을 하는 관리가 될 거야!

"광종은 노비안검법 실시, 과거제 실시, 관리의 공복 제정 등을 통해 왕의 힘을 강화했어요."

사심관 제도

지방 출신의 고위 관리를 출신 지역의 사심관으로 임명하여 그 지역을 통제하도록 한 제도입니다. 고려에 항복한 신라의 경순왕 김부를 경주의 사심관으로 삼은 것이 시작이었어요.

기인 제도

각 지방 호족의 아들을 일정 기간 수도(개경)에 머물게 하여 볼모로 삼고 출신 지역의 일을 담당하게 하였어요. 이는 호족들이 함부로 반란을 일으키지 못하도록 하는 동시에 왕의 힘을 강하게 하고자 한 것이에요.

훈요 10조

> 제1조 불교의 힘으로 나라를 세웠으니 불교를 숭상하도록 하라.
> 제2조 도선의 풍수 사상에 따라 사찰을 세우고, 함부로 짓지 말라.
> 제4조 거란과 같은 나라의 풍속을 따르지 말라.
> 제5조 서경은 중요한 곳이니 1년에 100일 이상 머물러라.
> 제6조 연등회와 팔관회를 소홀히 하지 말라.
> 제7조 왕은 공평하게 일을 처리하여 민심을 얻어라.

태조 왕건이 남긴 '후대의 왕들이 지켰으면 하는 10가지 가르침'이에요. 불교를 숭상할 것, 서경을 중요하게 여길 것, 연등회와 팔관회를 잘 치를 것 등을 당부하였어요.

노비안검법

노비들을 조사해서 불법적으로 노비가 된 사람을 원래 신분인 양인으로 되돌려 주는 법이에요.

1

• 기본 69회 10번

(가) 인물에 대한 설명으로 옳은 것은? [3점]

① 우산국을 복속하였다.
② 백제 계승을 내세웠다.
③ 국호를 태봉으로 바꾸었다.
④ 중앙군으로 9서당을 설치하였다.

2

• 기본 55회 10번

(가)~(다)를 일어난 순서대로 옳게 나열한 것은? [2점]

고려의 후삼국 통일 과정

공산에서 당한 패배를 드디어 이곳 고창에서 설욕하였노라.
(가)

국호를 고려라 하고 연호를 천수로 할 것이다.
(나)

이곳 일리천에서 신검의 군대를 격파하였도다.
(다)

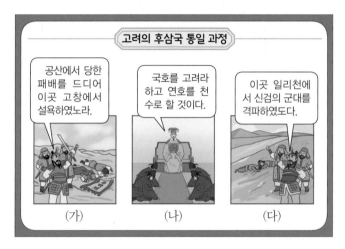

① (가) – (나) – (다)
② (가) – (다) – (나)
③ (나) – (가) – (다)
④ (다) – (가) – (나)

❶ 궁예의 활동

정답 찾기

수도를 송악에서 철원으로 옮긴다는 내용을 통해 (가) 인물이 후고구려를 건국한 궁예임을 알 수 있어요. 송악(지금의 개성)을 도읍으로 정하고 후고구려를 건국한 궁예는 나라 이름을 '마진'으로 바꾸고 철원으로 도읍을 옮겼어요. 이후 다시 ③ 나라 이름을 '태봉'으로 고쳤어요.

오답 피하기

① 신라 지증왕은 이사부를 보내 우산국을 복속하였어요.
② 견훤은 백제 계승을 내세워 완산주(지금의 전주)를 도읍으로 후백제를 건국하였어요.
④ 삼국 통일 이후 신라 신문왕은 중앙군으로 9서당을 설치하였어요. 정답 ③

정답 ➡ 70쪽

키워드 한 문장

☆☆ 은 완산주에서 후백제를,
☆☆ 는 송악에서 후고구려를 건국하였다.

❷ 고려의 후삼국 통일 과정

정답 찾기

(가) 신라의 도움 요청을 받은 왕건의 고려군은 공산(지금의 대구 팔공산)에서 견훤의 후백제군을 맞아 싸웠으나 패하였어요(927). 이후 고려군은 고창(지금의 안동)에서 주변 지역 호족들의 도움을 받아 후백제군을 상대로 싸워 크게 승리하였어요(고창 전투, 930). 이로써 고려는 후삼국 간 경쟁에서 주도권을 차지하게 되었습니다.
(나) 후고구려를 세운 궁예가 스스로를 미륵불이라고 부르며 난폭한 정치를 계속하자, 신하들이 궁예를 몰아내고 왕건을 왕위에 올렸어요. 왕건은 나라 이름을 '고려', 연호를 '천수'라고 하였습니다(고려 건국, 918).
(다) 고창 전투 이후, 왕위 계승을 둘러싼 갈등으로 후백제의 견훤이 아들 신검에 의해 금산사에 갇혀 있다가 탈출하여 935년에 고려에 투항하였어요. 이어 왕건은 견훤과 함께 후백제를 공격하여 일리천 전투에서 신검의 후백제군을 크게 물리치고 후삼국을 통일하였어요(936).
따라서 일어난 순서대로 나열하면 ③ (나) 고려 건국(918) → (가) 고창 전투(930) → (다) 일리천 전투(936)입니다. 정답 ③

정답 ➡ 70쪽

키워드 한 문장

고려는 지금의 안동 지역에서 있었던
☆☆ 전투에서 후백제군에 승리하였다.

3

• 기본 67회 11번

(가) 왕의 업적으로 옳은 것은? [2점]

① 흑창을 두었다.
② 강화도로 천도하였다.
③ 과거제를 처음 실시하였다.
④ 전민변정도감을 설치하였다.

4

• 기본 64회 10번

(가)에 들어갈 내용으로 옳은 것은? [2점]

① 강화도로 천도했어요.
② 쌍성총관부를 수복했어요.
③ 지방에 12목을 설치했어요.
④ 과거제를 처음으로 시행했어요.

❸ 고려 태조의 업적

정답 찾기

민족 통합을 위해 발해 유민을 받아들이고, 적대 관계였던 견훤까지 포용하였다는 내용을 통해 (가) 왕이 고려 태조임을 알 수 있어요. 고려를 세운 태조 왕건은 발해 왕자 대광현 등 발해 유민을 받아들여 민족 통합을 꾀하였어요. 또한, 후삼국 통일 과정에서 후백제를 세운 견훤과 세력을 겨루었는데, 후백제 왕실 내분으로 금산사에 갇혔던 견훤이 탈출하여 고려에 투항하자 그를 받아들이고 관직과 작위를 주었어요. 이후 후백제를 공격하여 멸망시키고 후삼국을 통일하였어요. ① 고려 태조는 가난한 백성을 구제하기 위해 흑창을 설치하였어요.

오답 피하기

② 고려 고종 때 몽골의 침입에 대응하기 위해 당시 최고 집권자 최우의 주장에 따라 강화도로 수도를 옮겨 장기적인 항전을 준비하였어요.
③ 고려 광종은 쌍기의 건의를 받아들여 과거제를 처음 실시하였어요.
④ 고려 말에 권문세족이 불법적으로 소유한 토지와 노비를 조사하여 원래 주인에게 돌려주고, 억울하게 노비가 된 사람들의 신분을 되돌려 주기 위해 전민변정도감을 운영하였어요. 대표적으로 고려 공민왕이 신돈을 등용하고 전민변정도감을 설치한 일을 들 수 있어요.

정답 ①

정답 ➡ 70쪽

키워드 한 문장

고려 태조는 민생을 안정시키기 위해 ☆창을 설치하였다.

❹ 고려 광종의 업적

정답 찾기

준풍이라는 연호를 사용하였으며 노비안검법을 시행하고 관리의 복색을 제정하였다는 내용을 통해 (가)에는 고려 광종의 업적이 들어가야 함을 알 수 있어요. 광종은 '광덕', '준풍' 등의 연호를 사용하였으며, 노비를 조사하여 불법적으로 노비가 된 사람을 양인 신분으로 되돌려 주는 노비안검법을 시행하였어요. 또 관리들이 나랏일을 할 때 입는 옷의 색깔을 서열에 따라 네 가지로 다르게 정하여 관리의 기강을 확립하고자 하였어요. ④ 광종은 쌍기의 건의를 받아들여 일정한 시험을 통해 관리를 뽑는 과거제를 처음으로 시행하였어요.

오답 피하기

① 고려 고종 때 몽골의 침입에 대응하기 위해 당시 최고 집권자 최우의 주장에 따라 강화도로 수도를 옮겨 장기 항쟁을 준비하였어요.
② 고려 공민왕은 쌍성총관부를 공격하여 철령 이북의 영토를 수복하였어요.
③ 고려 성종은 최승로의 시무 28조를 받아들여 12목을 설치하고 지방관을 파견하였어요.

정답 ④

정답 ➡ 70쪽

키워드 한 문장

고려 ☆☆은 왕권 강화를 위해 노비안검법과 과거제를 실시하였다.

5

• 기본 66회 13번

다음 퀴즈의 정답으로 옳은 것은? [1점]

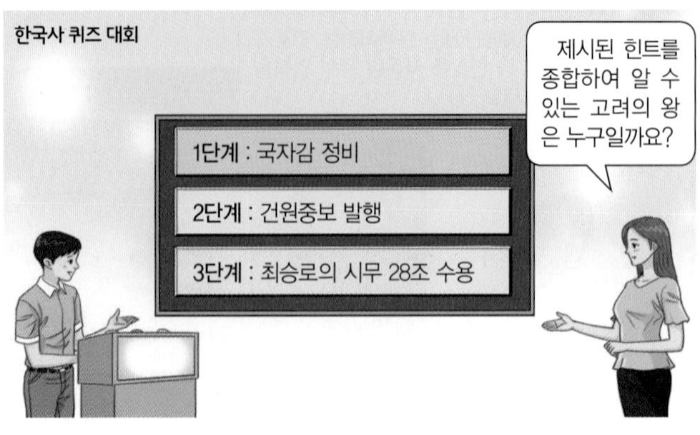

한국사 퀴즈 대회
제시된 힌트를 종합하여 알 수 있는 고려의 왕은 누구일까요?
1단계 : 국자감 정비
2단계 : 건원중보 발행
3단계 : 최승로의 시무 28조 수용

① 광종 ② 문종
③ 성종 ④ 예종

6

• 기본 63회 12번

다음 사건이 있었던 국가의 지방 통치에 대한 설명으로 옳은 것은? [2점]

역사신문

제△△호 ○○○○년 ○○월 ○○일

공주 명학소, 충순현으로 승격

공주 명학소 사람 망이 · 망소이가 무리를 불러 모아 난을 일으켜 공주를 함락하였다. 이에 정부는 명학소를 충순현으로 승격하는 조치를 취했다. 이는 소의 주민으로서 그들이 겪어야 했던 차별이 철폐됨을 의미하는 것으로, 정부의 이번 조치가 해결책이 될 수 있을지 결과가 주목된다.

① 지방에 22담로를 두었다.
② 양계에 병마사를 파견하였다.
③ 주요 지역에 5소경을 설치하였다.
④ 전국을 5경 15부 62주로 나누었다.

❺ 고려 성종의 업적

정답 찾기

국자감을 정비하였고, 건원중보를 발행하였으며, 최승로의 시무 28조를 수용하였다는 내용을 통해 퀴즈의 정답이 ③ 고려 성종임을 알 수 있어요. 성종은 수도 개경에 최고 교육 기관으로 국자감을 설치하여 유학 교육을 장려하였고, 우리나라 최초의 금속 화폐인 건원중보를 발행하였어요. 또 최승로가 올린 개혁안인 시무 28조를 수용하여 전국의 주요 지역에 12목을 설치하고 지방관을 파견하였어요.

오답 피하기

① 고려 광종은 노비안검법을 실시하여 불법으로 노비가 된 사람의 신분을 다시 양인으로 되돌려 주었어요. 또 쌍기의 건의를 받아들여 과거제를 처음 시행하였어요.
② 고려 문종 때 법률이 정비되었으며, 유학을 장려하여 최충의 9재 학당을 비롯한 사학 12도가 융성하였어요.
④ 고려 예종은 관학 진흥을 위해 국자감에 전문 강좌인 7재를 개설하고 장학 재단인 양현고를 설치하였어요. 또 윤관이 이끄는 별무반을 파견하여 여진을 정벌하였어요.

정답 ③

정답 ➡ 70쪽

키워드 한 문장

고려 성종은 ☆☆☆의 시무 28조를 받아들여 전국 주요 지역에 12목을 설치하였다.

❻ 고려의 지방 통치 제도

정답 찾기

공주 명학소 사람 망이 · 망소이가 난을 일으켰다는 내용을 통해 제시된 사건이 있었던 국가가 고려임을 알 수 있어요. 고려 시대에 특수 행정 구역인 향 · 부곡 · 소의 주민은 일반 군현민에 비해 더 많은 세금을 내는 등 차별 대우를 받았어요. 이러한 상황에서 무신 집권기에 공주 명학소의 주민들이 지배층의 수탈과 과도한 세금 징수에 항거하여 망이 · 망소이를 중심으로 봉기하였어요. ② 고려는 지방을 일반 행정 구역인 5도와 군사 행정 구역인 양계(동계, 북계)로 나누고, 5도에는 안찰사, 국경 지역인 양계에는 병마사를 파견하였어요.

오답 피하기

① 22담로는 백제의 지방 행정 구역이에요. 백제 무령왕은 지방 통제를 강화하기 위해 22담로에 왕족을 파견하였어요.
③ 삼국 통일 이후 신라는 전국을 9주로 나누고 주요 지역에 5소경을 설치하였어요.
④ 발해는 넓은 영토를 효율적으로 다스리기 위해 전국을 5경 15부 62주로 나누었어요.

정답 ②

정답 ➡ 70쪽

키워드 한 문장

고려는 전국을 ☆ 도와 ☆ 계로 나누어 다스렸다.

키워드 한 문장 정답

1. 견훤, 궁예 2. 고창 3. 흑 4. 광종 5. 최승로 6. 5, 양

 공부한 날 월 일

08강 고려의 대외 항쟁

이 강에서 배울 시기는?

993년	1010년	1018년	1107년	1115년	1135년	1231년	1270년	1351년
거란의 1차 침입	거란의 2차 침입	거란의 3차 침입	윤관의 여진 정벌	여진, 금 건국	묘청의 서경 천도 운동	몽골의 1차 침입	고려, 개경 환도	공민왕 즉위

고려는 거란, 여진, 몽골 그리고 홍건적과 왜구까지 여러 차례 외세의 침입을 받았어요. 외세의 잦은 침략에도 고려의 깃발은 내려가지 않았죠. 고려가 어떻게 외세에 맞서 싸웠는지 살펴볼까요?

이 강의 핵심 키워드는?

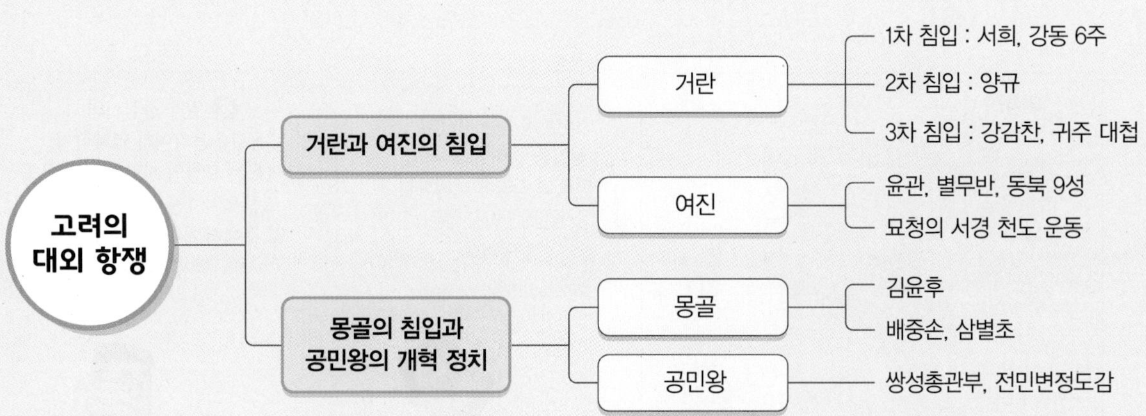

08강-1 거란과 여진의 침입

강의 들으며 판서 따라 쓰기

한국사를 그리다

❶ 고려는 부처의 힘에 의지해 거란의 침입을 극복하고자 초조대장경을 만들었어요. 그 뒤 초조대장경이 몽골의 침입 때 불타 없어지자 다시 팔만대장경을 만들었어요.

❸ 여러 세대에 걸쳐 고위 관리를 배출한 가문은 문벌을 형성했어요. 이들은 과거와 음서를 통해 주요 관직을 독점했고, 왕실이나 비슷한 집안끼리 혼인하여 권력을 강화했어요.

요 ← 거란(→ 발해 X) ↓

금 ← 여진 ↓

호족(10 ~ 11C)	문벌❸(12C)
1. 왕건 : 만부교 낙타 X 2. 서희 - 소손녕 : 강동 6주 3. 양규 4. 강감찬 : 귀주 대첩 ⇒ 초조대장경❶, 천리장성❷, 나성(개경)	1. 윤관 : 별무반(신기군, 신보군, 항마군) → 동북 9성 2. 이자겸, 김부식 : 사대 O ↕ X 3. 묘청 : 서경 천도 운동, 금 정벌 주장 ⇒ 조선 역사상 일천년래 제일 대사건(by 신채호)❹

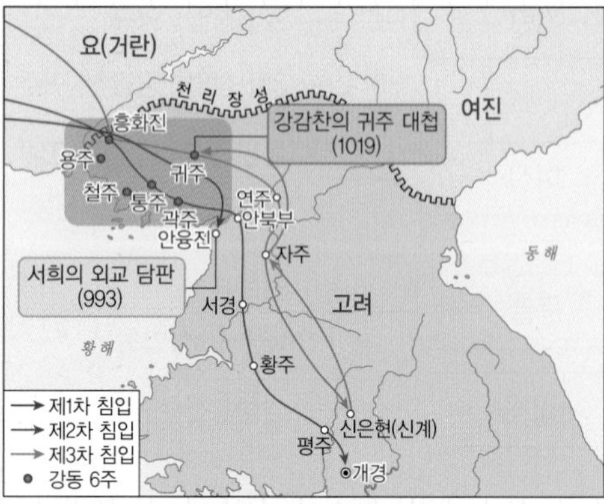

거란의 침입과 격퇴

❷ 고려는 거란의 침입을 물리친 후 북방 민족의 침입에 대비하기 위해 천리장성을 쌓았어요.

❹ 일제 강점기의 독립운동가이자 역사학자 신채호는 묘청의 서경 천도 운동을 조선 역사 1천 년 내에 일어난 일 중에서 가장 큰 사건이라고 평가했어요.

핵심 개념 정리하기

한국사를 읽다

1. 고려와 주변 나라의 관계

송	송은 거란을 견제하기 위해, 고려는 송의 문물을 받아들이기 위해 친선 관계를 유지함
거란	고구려를 계승한 고려는 건국 초기부터 발해를 멸망시킨 거란을 적대적으로 대함 → 거란이 여러 부족을 통합하여 나라를 세워 이름을 '요'로 고치고 고려를 위협함
여진	처음에는 고려를 부모의 나라로 섬겼으나 세력이 커지자 고려를 위협함

고려 태조는 거란에서 선물로 보내온 낙타를 만부교 밑에 매어 놓아 굶어 죽게 하였고(만부교 사건), 훈요 10조에서도 거란의 풍속을 멀리하라고 당부했어요.

2. 거란의 침입과 극복

1차 침입	거란이 고려와 송의 관계를 끊으려고 고려에 침입함 → 서희가 거란 장수 소손녕과 담판을 벌여 거란군을 물러가게 하고 강동 6주를 확보함
2차 침입	거란이 다시 고려에 침입함, 개경이 함락되고 현종이 나주까지 피란함 → 양규가 돌아가는 거란군을 공격하여 많은 고려인 포로를 구하고 거란에 피해를 입힘
3차 침입	강동 6주를 돌려 달라며 거란이 고려에 침입함 → 강감찬이 이끈 고려군이 귀주에서 거란군을 크게 물리침(귀주 대첩)
영향	방어를 위해 개경에 나성을 쌓고 국경 지역에 천리장성(압록강 입구~도련포)을 쌓음

3. 여진과의 관계

여진 정벌	윤관의 건의로 별무반을 조직함, 윤관이 별무반을 이끌고 여진을 정벌한 뒤 동북 9성을 쌓음 → 여진의 지속적인 반환 요청으로 돌려줌
여진의 성장	여진이 금을 세우고 요(거란)를 멸망시킴, 세력이 강해진 금이 고려에 사대를 요구함 → 이자겸과 김부식 등 집권 세력은 전쟁을 막고 정권을 유지하고자 요구를 받아들임

4. 문벌 사회의 동요

문벌의 성장과 동요	대대로 주요 관직을 독점하고 왕실 및 다른 문벌과 혼인하며 권력을 확대한 문벌이 성장함 → 문벌 간에 갈등이 발생함, 과거를 통해 새롭게 관직에 진출한 지방 출신 세력과 기존 문벌이 대립함
이자겸의 난 (1126)	• 배경 : 왕실과의 거듭된 혼인으로 경원 이씨 가문이 유력 가문으로 성장함 → 이자겸이 실권을 장악함 → 인종이 위협을 느끼고 이자겸을 제거하고자 함 • 경과 : 이자겸이 척준경과 함께 난을 일으킴 → 인종이 척준경을 회유하여 이자겸을 제거함
묘청의 서경 천도 운동(1135)	개경 세력(김부식 등)과 서경 세력(묘청 등)이 대립함, 서경 세력이 서경 천도를 추진함 → 개경 세력의 반대로 서경 천도가 좌절되자 서경 세력이 서경 천도와 금 정벌 등을 주장하며 서경에서 난을 일으킴 → 김부식이 이끄는 관군에 의해 약 1년 만에 진압됨
무신 정변 (1170)	• 배경 : 문신에 비해 무신을 차별함, 낮은 대우에 대한 하급 군인들의 불만이 커짐 • 과정 : 정중부 · 이의방 등 무신들이 보현원에서 정변을 일으켜 문신과 환관을 살해하고 정권을 잡음 • 변화 : 무신 간의 치열한 권력 쟁탈전이 일어남 → 최고 권력자가 여러 차례 바뀜 → 최충헌이 정권을 장악한 60여 년간 최씨 무신 정권이 유지됨 • 무신 집권기 사회 동요 : 무신 정권의 가혹한 수탈과 신분 질서의 동요로 봉기가 일어남 → 망이 · 망소이의 난(공주 명학소), 김사미와 효심의 난(경상도 지역), 만적의 난(개경) 등

★ **담판**

서로 맞선 관계에 있는 양쪽이 의논하여 옳고 그름을 판단하는 것이에요.

★ **나성**

성 밖에 겹으로 둘러쌓은 성이에요.

★ **별무반**

말을 타고 싸우는 기병 중심의 여진과 맞서 싸우기 위해 윤관의 건의로 조직된 특별 부대입니다. 기병 부대인 신기군, 보병 부대인 신보군, 승려를 중심으로 한 항마군으로 구성되었어요.

★ **사대**

작은 나라가 큰 나라를 섬기는 외교 형식을 말해요.

묘청 등 서경 세력과 달리 정치를 주도하고 있던 김부식 등 개경 세력은 나라의 안정을 내세우며 금 정벌과 서경 천도에 반대했어요.

08-2강 몽골의 침입과 공민왕의 개혁 정치

강의 들으며 판서 따라 쓰기

한국사를 그리다

❷ 권문세족은 원의 세력에 기대어 권력을 얻었어요. 이들은 주로 음서를 통해 관직에 진출했고 권력을 이용하여 대토지를 차지했어요.

❹ 홍건적은 북방 민족인 몽골(원)의 지배에 맞서 일어난 한족 농민 반란군이에요. 이들 가운데 일부가 원의 군대에 쫓겨 고려에 침입했어요.

❺ 고려군은 홍산 대첩(최영), 진포 대첩(최무선), 황산 대첩(이성계) 등에서 왜구를 물리쳤어요.

몽골 ┬ 황룡사 9층 목탑X
　　 └ 초조대장경X

→ 원 간섭기 ┬ 변발, 호복
　　　　　　└ 응방, 공녀

홍건적❹, 왜구❺ ┬ 최영(홍산)
　　　　　　　 ├ 이성계(황산)
　　　　　　　 └ 최무선(진포)

무신(12~13C)	권문세족❷ ↔ 신진 사대부(14C)
1. 최우 : 강화도 천도 2. 김윤후 : 처인성 전투, 충주성 전투 3. 배중손 : 삼별초❶ 　└ 강화도 → 진도 → 제주도 ⇒ 팔만대장경	공민왕❸ ┬ 쌍성총관부 탈환, 정동행성 이문소X, 친원파X(기철…) 　　　　└ 전민변정도감(by 신돈)

삼별초의 이동 경로

❶ 삼별초는 고려 정부가 몽골과의 전쟁을 중단하고 개경으로 돌아간 이후에도 강화도에서 진도, 제주도로 근거지를 옮기면서 고려 정부와 몽골에 맞서 싸웠어요.

공민왕의 영토 수복

❸ 원의 세력이 약해지자 공민왕은 쌍성총관부를 공격하여 원에 빼앗겼던 철령 이북의 땅을 되찾았어요.

핵심 개념 정리하기

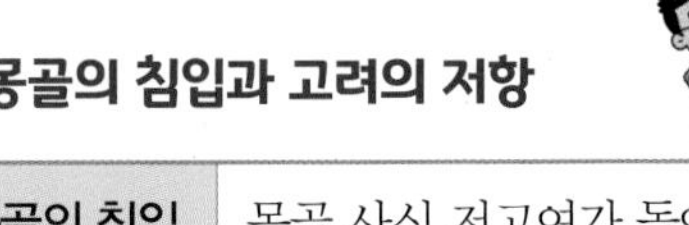

1. 몽골의 침입과 고려의 저항

처인성 근처에 있는 절의 승려였던 김윤후는 처인성 전투에서 부곡민을 이끌고 전투에 나서 몽골 장수 살리타를 죽이고 몽골군을 물리쳤어요. 또 충주성 전투에서는 노비 문서를 불태워 노비들의 사기를 북돋아 주고 함께 싸워 몽골군을 물리쳤어요.

몽골의 침입	몽골 사신 저고여가 돌아가는 길에 죽자 이를 구실로 몽골군이 고려에 침입함
고려의 저항	• 고려 정부는 도읍을 강화도로 옮김 → 몽골의 침입이 계속되었으나 끈질기게 맞서 싸움 • 김윤후가 처인성 전투와 충주성 전투에서 승리함 • 부처의 힘에 의지해 몽골의 침입을 이겨 내고자 팔만대장경을 만듦 • 몽골의 침입으로 막대한 피해를 입은 고려는 몽골의 요구 조건을 들어주기로 하고 전쟁을 중단함 → 이후 도읍을 다시 개경으로 옮김
삼별초의 항쟁	배중손 등이 이끄는 삼별초가 고려 정부가 개경으로 돌아가는 것에 반발하여 봉기함 → 강화도에서 진도, 제주도로 근거지를 옮기며 계속 싸움 → 고려 정부와 몽골 연합군에 의해 진압됨
결과	• 국토가 황폐해지고 많은 사람이 포로로 끌려감 • 초조대장경, 황룡사 9층 목탑 등 많은 문화유산이 불타 없어짐 • 원(몽골)의 간섭을 받게 됨

몽골에 맞서 싸운 고려는 결국 몽골(원)의 간섭을 받게 되었지만, 끈질긴 항쟁과 외교적인 노력으로 나라를 유지하고 고유의 문화를 지킬 수 있었어요.

삼별초는 배중손의 지휘 아래 진도 용장성에 자리를 잡고 활동하였어요. 고려와 몽골 연합군이 진도의 삼별초를 무너뜨린 후 삼별초는 김통정의 지휘로 제주도로 근거지를 옮겨 맞서 싸웠어요. 그러나 고려와 몽골 연합군의 대대적인 공격에 결국 진압되었어요.

2. 원의 간섭과 공민왕의 개혁 정치

원의 간섭	• 고려 국왕이 원의 공주와 혼인함, 고려 왕실의 호칭을 낮춤 • 정동행성을 설치하여 고려의 정치를 간섭함 • 쌍성총관부 등을 설치하여 고려 영토의 일부를 직접 통치함 • 고려의 여성을 공녀로 끌고 가고 매년 금, 은, 인삼, 매 등을 거두어 감
몽골풍 유행	고려에서 변발, 몽골식 복장(호복), 몽골어 등 몽골식 풍습이 유행함
권문세족의 성장	• 원의 세력에 기대어 권력을 얻음, 대부분 원과 밀접한 관계가 있는 친원파임 • 음서를 통해 관직을 물려주고 고위 관직을 독점함, 불법적인 방법으로 대토지를 소유함
공민왕의 개혁 정치	• 몽골식 풍습을 금지하고 기철 등 친원파를 제거함, 정동행성 이문소를 폐지함 → 원의 간섭을 물리치기 위해 노력함 • 쌍성총관부를 공격하여 철령 이북의 땅을 되찾음 • 신돈을 등용하고 전민변정도감을 설치함 → 권문세족이 불법으로 빼앗은 토지와 노비를 원래 주인에게 돌려주고, 억울하게 노비가 된 사람들의 신분을 되돌려 줌

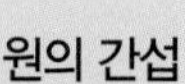

공민왕은 백성의 삶을 안정시키기 위한 개혁 정책을 펼쳤지만, 권문세족의 반대로 실패했어요.

3. 홍건적과 왜구의 침입

홍건적의 침입	중국 한족 반란군인 홍건적의 일부가 고려에 침입함 → 한때 개경이 함락되고, 공민왕이 안동으로 피신함
왜구의 침입	• 왜구의 침략으로 해안 지방이 큰 피해를 입음 → 홍산 대첩(최영), 진포 대첩(최무선), 황산 대첩(이성계)에서 왜구를 격퇴함 • 홍건적과 왜구를 격퇴하는 과정에서 최영, 이성계 등 신흥 무인 세력이 성장함

★ 삼별초

좌별초, 우별초, 신의군으로 구성된 무신 정권의 군사 조직이에요.

★ 정동행성

몽골이 일본을 정벌하기 위한 전쟁을 준비하고자 고려에 설치한 기관이에요. 원(몽골)은 일본 정벌이 실패한 이후에도 정동행성을 없애지 않고 고려의 정치를 간섭하는 기구로 활용하였어요.

★ 음서

나라에 공을 세운 공신과 5품 이상 고위 관리의 자식을 과거 시험 없이 관리로 채용하는 제도입니다.

★ 공민왕과 노국 대장 공주

공민왕은 원의 노국 대장 공주와 혼인하였어요. 노국 대장 공주는 원의 공주이지만 공민왕의 개혁을 지지해 주었어요.

고려 정부는 원에 공물로 보낼 매를 마련하기 위해 매를 잡고 기르는 일을 담당하는 응방이라는 관청을 설치하였어요.

원 간섭기에 변발과 호복, 발립(모자), 철릭(상하의가 연결되고 아랫도리에 주름이 잡힌 옷) 등의 복식이 고려에서 유행하였으며 증류를 통해 소주를 만드는 방법도 고려에 전해졌어요.

1

• 기본 55회 13번

(가) 인물의 활동으로 옳은 것은? [1점]

고려는 우리 거란과 국경을 접하고 있는데 왜 바다 건너 송을 섬기는가?
여진이 압록강 안팎을 막고 있기 때문에 귀국과 왕래하지 못하는 것이다. 여진을 내쫓고 우리 옛 땅을 돌려준다면 어찌 교류하지 않겠는가?
소손녕
(가)

① 강동 6주를 확보하였다.
② 동북 9성을 축조하였다.
③ 화통도감을 설치하였다.
④ 4군과 6진을 개척하였다.

❶ 서희의 활동

정답 찾기

거란의 소손녕과 대화를 하고 있으며, 여진이 압록강 안팎을 막고 있어 거란과 왕래하지 못한다고 말하는 것을 통해 (가) 인물이 고려의 서희임을 알 수 있어요. 거란은 송과 고려의 관계를 끊기 위해 고려를 침략하였어요(거란의 1차 침입). 서희는 이러한 거란의 의도를 파악하고 거란 장수 소손녕과 외교 담판을 벌였어요. 그 결과 고려가 송과 관계를 끊고 거란과 교류할 것을 약속하는 대신 거란군을 물러가게 하고 ① 강동 6주를 확보하였어요.

오답 피하기

② 고려의 윤관은 별무반을 이끌고 여진을 정벌한 뒤 동북 9성을 쌓았어요.
③ 고려 말에 최무선은 화약 제조에 성공한 뒤 우왕에게 건의하여 화통도감을 설치하고 화약 무기를 개발하였어요.
④ 조선 세종 때 최윤덕과 김종서가 북방의 여진을 정벌하고 4군 6진을 개척하였어요.

정답 ①

정답 ➡ 78쪽

키워드 한 문장

거란의 1차 침입 당시 고려는 ☆☆의 외교 담판을 통해 강동 6주를 확보하였다.

2

• 기본 69회 11번

(가)에 들어갈 내용으로 가장 적절한 것은? [2점]

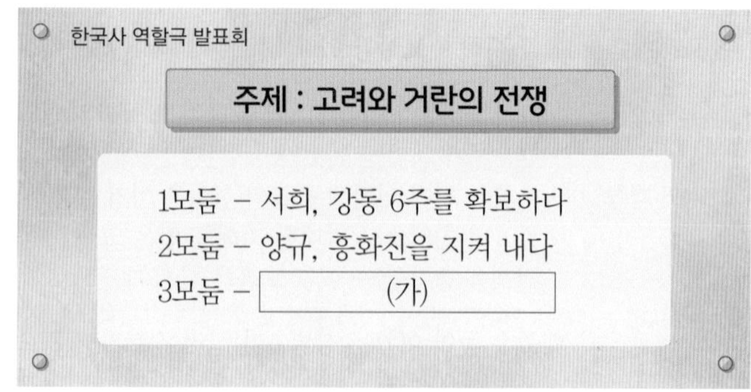

한국사 역할극 발표회
주제 : 고려와 거란의 전쟁
1모둠 – 서희, 강동 6주를 확보하다
2모둠 – 양규, 흥화진을 지켜 내다
3모둠 – (가)

① 김종서, 6진을 개척하다
② 윤관, 동북 9성을 축조하다
③ 강감찬, 귀주에서 승리하다
④ 김윤후, 충주성에서 적을 막아 내다

❷ 고려와 거란의 전쟁

정답 찾기

고려와 거란의 전쟁과 관련된 내용을 찾는 문항입니다. 거란은 송과 고려의 연합을 우려하여 고려에 침입하였어요(거란의 1차 침입). 서희는 이러한 거란의 의도를 파악하고 거란 장수 소손녕과 외교 담판을 벌여 송과의 관계를 끊고 거란과 교류할 것을 약속하는 대신 거란군을 물러가게 하고 강동 6주를 확보하였어요. 그런데 고려가 송과의 관계를 유지하자 거란은 강조의 정변(고려 장수 강조가 목종을 폐위하고 현종을 세운 정변)을 구실로 다시 침입하였어요(거란의 2차 침입). 이에 양규가 흥화진에서 거란군을 막아 냈으며, 이후 고려와 강화를 맺고 돌아가는 거란군을 습격하여 많은 고려인 포로들을 구출하였어요. 이후 ③ 고려의 왕이 거란에 가기로 한 약속을 지키지 않자 거란은 강동 6주의 반환 등을 요구하며 다시 고려를 침략하였어요(거란의 3차 침입). 이때 강감찬이 이끄는 고려군이 귀주에서 거란군을 크게 물리쳤어요(귀주 대첩).

오답 피하기

① 조선 세종 때 최윤덕이 압록강 유역의 여진을 몰아내고 4군을 설치하였고, 김종서가 두만강 유역의 여진을 몰아내고 6진을 개척하였어요.
② 고려의 윤관은 별무반을 이끌고 여진을 정벌한 뒤 동북 9성을 쌓았어요.
④ 몽골이 고려에 침입하였을 때 김윤후는 충주성의 주민과 노비들을 이끌고 몽골군에 맞서 싸워 승리하였어요(충주성 전투).

정답 ③

정답 ➡ 78쪽

키워드 한 문장

거란의 3차 침입 당시 ☆☆☆이 이끄는 고려군은 귀주에서 거란군을 크게 물리쳤다.

3

• 기본 64회 11번

(가) 시기에 있었던 사실로 옳은 것은? [2점]

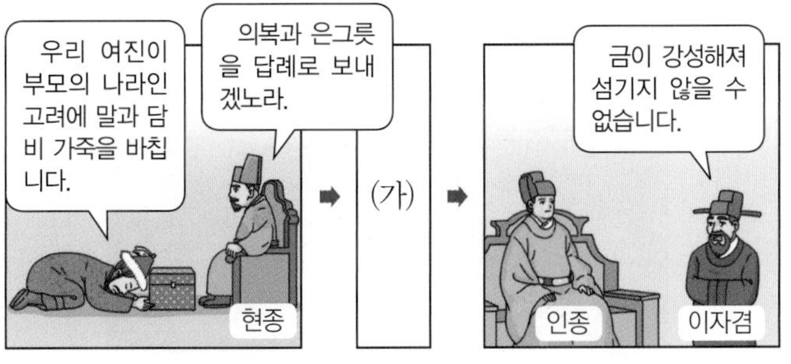

① 박위가 대마도를 정벌하였다.
② 윤관이 별무반 설치를 건의하였다.
③ 김윤후가 처인성 전투에서 승리하였다.
④ 김춘추가 당과의 군사 동맹을 성사시켰다.

❸ 고려와 여진의 관계

정답 찾기

첫 번째 그림은 고려 현종 때인 11세기 전반이고, 두 번째 그림은 고려 인종 때인 12세기 전반이에요. 고려 초부터 대부분의 여진은 고려에 특산물을 바치고 고려를 부모의 나라로 섬겼어요. 고려 현종 때인 11세기 전반에도 여진은 고려에 특산물을 바쳤고 고려는 이에 대한 답례품을 주었어요. 그런데 12세기에 들어와 부족을 통합하고 세력을 키운 여진이 고려의 국경 지역을 자주 침범하였어요. 이에 ② 고려 숙종 때 윤관의 건의로 별무반이 편성되었고, 윤관은 예종 때 별무반을 이끌고 여진을 공격하여 동북 지역에 9성을 쌓았어요. 그러나 여진의 요청으로 1년여 만에 동북 9성을 여진에 돌려주었어요. 이후 여진은 세력을 더욱 키워 금을 건국하고 12세기 전반 고려 인종 때 고려에 금을 섬길 것을 요구하였어요. 이에 당시 권력을 장악하고 있던 이자겸이 금의 강성함을 이유로 들어 금의 요구를 받아들였어요.

오답 피하기

① 14세기 후반 고려 창왕 때 박위가 왜구의 근거지인 대마도(쓰시마섬)를 정벌하였어요.
③ 13세기 전반 고려 고종 때 김윤후가 처인성 전투에서 몽골군에 승리하였어요.
④ 7세기 중반 신라 진덕 여왕 때 김춘추가 당과의 군사 동맹을 성사시켰어요.

정답 ②

정답 ➡ 78쪽

키워드 한 문장

윤관은 ☆☆☆ 을 이끌고 여진을 정벌한 후 동북 9성을 쌓았다.

4

• 기본 67회 14번

(가)에 들어갈 내용으로 가장 적절한 것은? [1점]

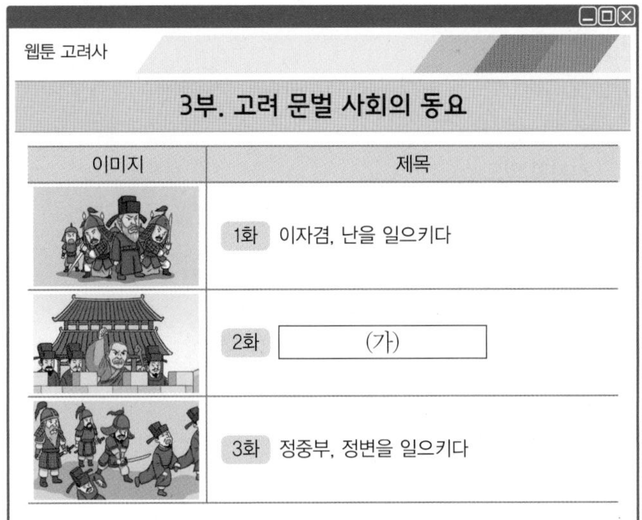

이미지	제목
	1화 이자겸, 난을 일으키다
	2화 (가)
	3화 정중부, 정변을 일으키다

① 이괄, 도성을 점령하다
② 김흠돌, 반란을 도모하다
③ 묘청, 서경 천도를 주장하다
④ 이성계, 위화도에서 회군하다

❹ 문벌 사회의 동요

정답 찾기

(가)에는 이자겸의 난(1126)과 무신 정변(1170) 사이의 내용이 들어가야 합니다. 고려 인종 때 왕실과 중첩된 혼인 관계를 맺고 권력을 독점하던 이자겸이 척준경과 함께 반란을 일으키자 인종은 척준경을 회유하여 반란을 진압하였어요. ③ 이자겸의 난 이후 인종은 묘청 등 서경 세력을 등용하여 개혁을 꾀하였어요. 서경 세력은 서경으로 수도를 옮기자고 주장하였으나 개경 세력의 반대에 부딪혀 실패하였어요. 이에 1135년에 묘청 등이 서경에서 난을 일으켰으나 김부식이 이끄는 관군에 의해 진압되었어요. 문벌 세력의 권력 독점이 계속되는 상황에서 정중부, 이의방 등이 무신 차별에 대한 불만으로 무신 정변을 일으켜 수많은 문신을 살해하고 의종을 폐위시킨 뒤 정권을 장악하였습니다.

오답 피하기

① 조선 인조 때인 1624년에 이괄은 인조반정에 참여하였던 자신의 공이 높게 평가받지 못하자 불만을 품고 난을 일으켰어요. 이괄은 한때 도성을 점령하였으며, 인조는 도성을 떠나 공주 공산성으로 피란하기도 하였어요.
② 신라 신문왕 때인 681년에 왕의 장인인 김흠돌이 반란을 꾀하다 발각되어 처형되었어요. 이를 계기로 신문왕은 진골 귀족 세력을 숙청하고 왕권을 강화하였어요.
④ 고려 말 우왕 때 요동 정벌에 반대하였으나 왕의 명령에 따라 군대를 이끌고 나간 이성계가 위화도에서 군대를 돌려 개경을 점령하고 권력을 장악하였어요(위화도 회군, 1388).

정답 ③

정답 ➡ 78쪽

키워드 한 문장

묘청은  천도와 금 정벌을 주장하였다.

5

• 기본 66회 15번

(가)에 들어갈 내용으로 가장 적절한 것은? [2점]

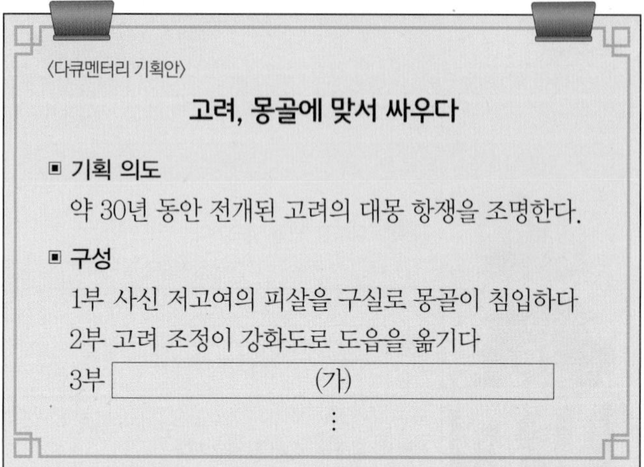

〈다큐멘터리 기획안〉
고려, 몽골에 맞서 싸우다
▣ 기획 의도
약 30년 동안 전개된 고려의 대몽 항쟁을 조명한다.
▣ 구성
1부 사신 저고여의 피살을 구실로 몽골이 침입하다
2부 고려 조정이 강화도로 도읍을 옮기다
3부 (가)
⋮

① 윤관이 별무반 편성을 건의하다
② 김윤후가 처인성 전투에서 활약하다
③ 을지문덕이 살수에서 적군을 물리치다
④ 서희가 외교 담판을 통해 강동 6주 지역을 확보하다

❺ 고려의 대몽 항쟁

정답 찾기

고려의 대몽 항쟁을 묻는 문항입니다. 13세기 칭기즈 칸에 의해 통일된 몽골은 막강한 군사력을 바탕으로 세력을 확대하였고, 고려는 여러 차례 몽골의 침입을 받았어요. 몽골 사신 저고여가 귀국길에 피살된 사건을 빌미로 몽골이 고려를 침략하자 고려 정부는 몽골의 침략에 대응하여 당시 최고 집권자 최우의 주장에 따라 장기 항전을 위해 개경에서 강화도로 도읍을 옮겼어요. ② 몽골이 고려에 침입하였을 때 김윤후 부대가 처인성 전투에서 몽골 장수 살리타를 사살하고 몽골군을 물리쳤어요.

오답 피하기

① 고려 숙종 때 윤관은 기병이 강한 여진을 정벌하기 위해 별무반 편성을 건의하였어요.
③ 고구려가 수의 침입을 받았을 때 을지문덕이 수의 군대를 살수에서 크게 물리쳤어요(살수 대첩).
④ 거란의 1차 침입 당시 고려의 서희가 거란 장수 소손녕과 외교 담판을 벌여 거란군을 물러가게 하고 강동 6주 지역을 확보하였어요. 정답 ②

정답 ➡ 78쪽

키워드 한 문장

몽골이 고려에 침입하였을 당시 김 ☆☆ 부대가 처인성에서 몽골 장수 살리타를 사살하였다.

6

• 기본 66회 17번

밑줄 그은 '왕'의 재위 기간에 있었던 사실로 옳은 것은? [2점]

왼편은 기철 등 친원파를 제거하고 정동행성 이문소를 폐지한 왕의 무덤이야.
오른편은 왕비 노국 대장 공주의 무덤이야. 왕과 왕비를 나란히 같은 곳에 모셨대.

① 동북 9성을 축조하였다.
② 독서삼품과가 실시되었다.
③ 쌍성총관부를 공격하였다.
④ 백두산정계비가 건립되었다.

❻ 고려 공민왕 재위 시기의 사실

정답 찾기

기철 등 친원파를 제거하고 정동행성 이문소를 폐지하였으며, 노국 대장 공주가 왕비라는 내용을 통해 밑줄 그은 '왕'이 고려 공민왕임을 알 수 있어요. 공민왕은 원의 세력을 등에 업고 권력을 잡은 기철 등 친원파를 제거하였고, 고려의 내정에 간섭하던 정동행성 이문소를 폐지하였어요. 한편, 원 간섭기에 고려의 왕은 원의 공주와 혼인하였어요. 공민왕은 노국 대장 공주와 혼인하였는데, 노국 대장 공주는 원의 공주이지만 공민왕의 개혁 정책을 지원해 주었어요. ③ 공민왕은 쌍성총관부를 공격하여 원에 빼앗겼던 철령 이북의 영토를 되찾았어요.

오답 피하기

① 고려 예종 때 윤관이 별무반을 이끌고 여진을 정벌한 후 동북 9성을 축조하였어요.
② 신라 원성왕 때 국학의 학생들을 대상으로 유교 경전의 이해 수준을 상, 중, 하의 3품으로 평가하여 관리 선발에 참고한 독서삼품과를 실시하였어요.
④ 조선 숙종 때 청과의 경계를 정한 백두산정계비가 건립되었어요. 정답 ③

정답 ➡ 78쪽

키워드 한 문장

고려 ☆☆ 왕은 쌍성총관부를 공격하여 영토를 되찾았다.

키워드 한 문장 정답

1. 서희 2. 강감찬 3. 별무반 4. 서경 5. 윤후 6. 공민

공부한 날 월 일

09강 고려의 경제 · 사회 · 문화

이 강에서 배울 시기는?

918년 고려 건국
936년 고려의 후삼국 통일
1170년 무신 정변 (전기 ← | → 후기)
1392년 고려 멸망

"고려는 주변 나라들과 활발하게 교류하였어요. 이 과정에서 '코리아'라는 이름이 세계적으로 알려졌지요. 또한, 불교문화를 비롯해 다양한 분야의 문화 발전을 이루었어요. 고려의 경제와 사회 모습, 그리고 고려가 남긴 문화유산에 대해 알아볼까요?"

이 강의 핵심 키워드는?

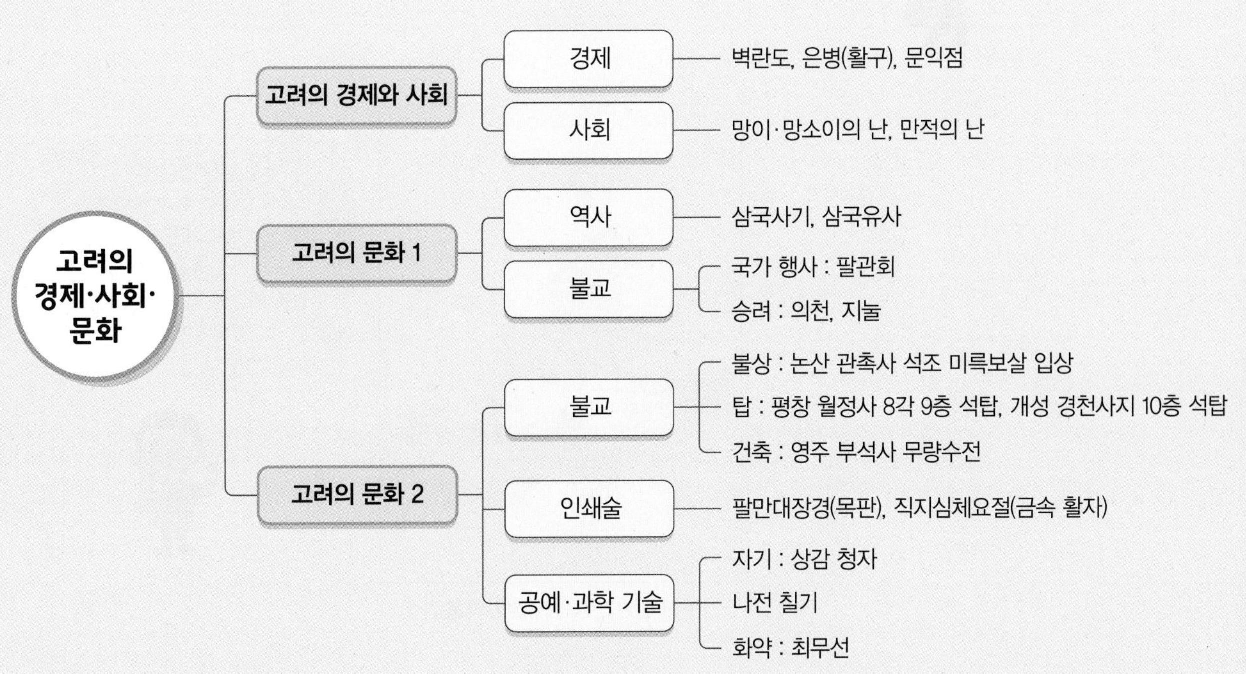

09강-1 고려의 경제와 사회

강의 들으며 판서 따라 쓰기

한국사를 그리다

경제	사회
· 벽란도 ↑ 아라비아 상인 "COREA" · 전시과 · 건원중보, 해동통보, 은병(활구)❶ · 사원 수공업❷ - 종이, 기와 등	· 여성 지위↑ - 균분 상속 - 딸 제사 O 백정 : 일반 농민 ↑ 향 · 부곡 · ㊉소민 : 이사 X, 세금↑
1170	
문익점 → 목화(from 원) └ 무명	공주 명학소 - 망이 · 망소이❸

은병

❶ 은병은 은으로 만든 호리병 모양의 화폐로, 활구라고도 불렸어요.

❷ 고려 시대의 사원(절)은 종교적 장소였을 뿐만 아니라 경제 활동이 이루어지던 곳이었어요. 종이와 기와 등을 만들어 팔아 많은 사람들이 모여들었어요.

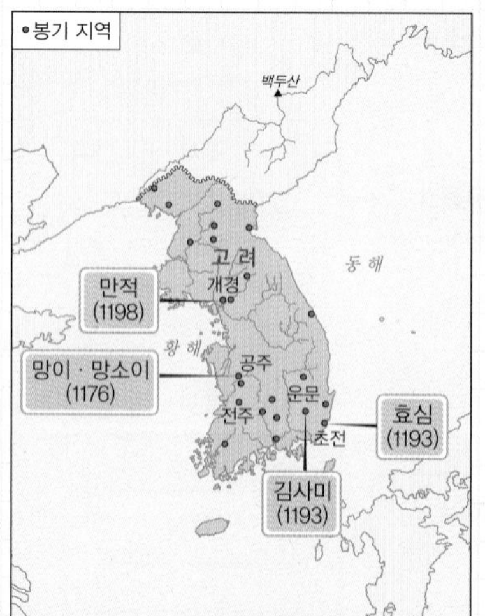

무신 집권기 농민과 천민의 봉기

❸ 무신 집권기에 망이 · 망소이 형제는 공주 명학소에서 봉기를 일으켰고, 사노비인 만적은 개경에서 신분 해방을 외치며 봉기를 계획했어요.

한국사를 읽다

1. 고려의 경제

구분	내용
토지 제도	관리에게 등급에 따라 전지(세금을 거둘 수 있는 토지)와 시지(땔감을 얻을 수 있는 숲과 같은 토지)를 주는 전시과 제도를 실시함
대외 무역	• 무역항인 벽란도를 중심으로 송, 일본, 아라비아 상인 등과 활발히 교류함 • 송과 가장 활발히 교류함 → 종이, 먹, 나전 칠기, 인삼 등을 수출하고 차, 비단, 서적, 자기 등을 수입함 • 아라비아 상인들을 통해 '코리아(COREA)'라는 이름이 서방 세계에 알려짐  고려의 무역 활동 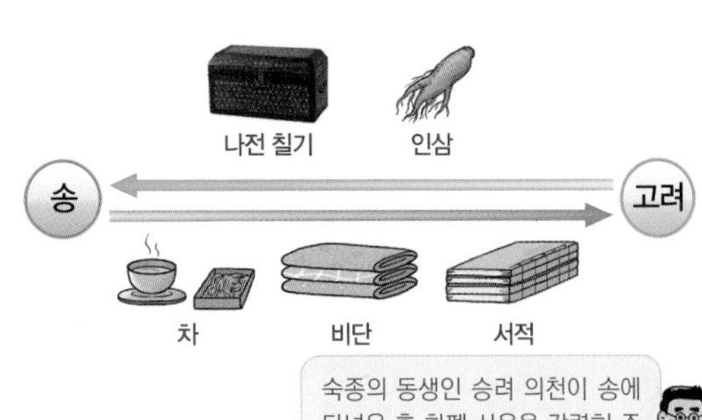 숙종의 동생인 승려 의천이 송에 다녀온 후 화폐 사용을 강력히 주장하여 주전도감이 설치되었어요.
화폐 발행	• 성종, 건원중보 발행 • 숙종, 주전도감을 설치하여 해동통보, 은병(활구) 등 발행 → 널리 사용되지 못함
수공업	사원(절)에서 종이와 기와 등을 만들어 파는 사원 수공업이 이루어짐
목화 재배	문익점이 원에서 목화씨를 가져와 재배에 성공함 → 우리나라 의생활에 커다란 변화를 가져옴

목화에서 실을 뽑아 짠 옷감을 무명이라고 해요.

2. 고려의 사회

구분	내용
여성의 지위	가정 안에서 여성의 지위가 비교적 높았음 → 아들과 딸에게 재산을 똑같이 나누어 주고, 딸도 제사를 지낼 수 있었음
무신 집권기 농민과 천민의 봉기	• 망이 · 망소이의 난(공주 명학소) : 무거운 세금에 저항하여 봉기함, 특수 행정 구역인 소에 대한 차별을 없앨 것을 주장함 • 만적의 난(개경) : 사노비 만적이 노비들을 모아 봉기를 계획하였으나 계획을 들켜 실패함, 노비라는 신분을 없애고자 한 신분 해방 운동의 성격을 지님

무신 집권 초기, 무신 사이에 권력 다툼이 이어지면서 지방에 대한 통제력이 약화되었어요. 또 세금을 지나치게 많이 거두는 등 지배층의 수탈이 더욱 심해져 농민과 천민의 봉기가 많이 일어났어요.

별툰

"고려는 벽란도를 중심으로 송, 일본 등 주변 나라들과 교류했어요. 송과 가장 활발하게 교류하여 주로 왕실과 귀족이 사용하는 물품을 수입하고, 종이 · 먹 · 나전 칠기 · 인삼 등을 수출했어요. 벽란도에는 아라비아 상인들도 드나들었어요."

벽란도

도읍인 개경(개성) 근처의 예성강 하구에 위치하였으며, 고려 시대 무역의 중심지였어요.

건원중보, 해동통보

건원중보

해동통보

건원중보는 고려 성종 때 만들어진 우리나라 최초의 금속 화폐입니다. 그 뒤 숙종 때 화폐 주조 기관으로 주전도감이 설치되고 해동통보가 만들어졌어요.

목화

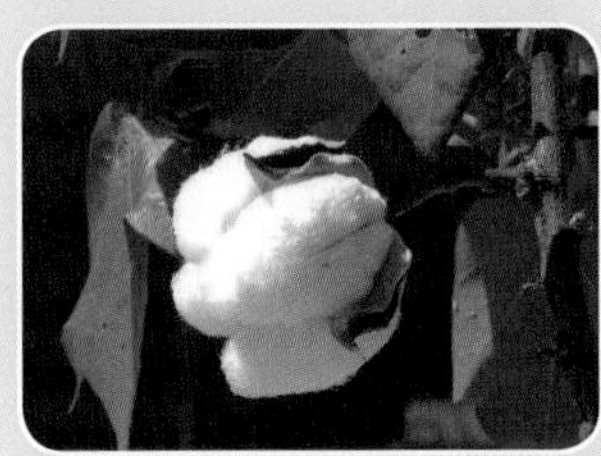

문익점이 고려 말에 원에서 목화씨를 가져와 재배에 성공하였어요. 이후 사람들은 목화솜으로 옷과 이불을 만들어 이전보다 겨울을 따뜻하게 보낼 수 있었어요.

소

소는 향 · 부곡과 더불어 고려의 특수 행정 구역이었어요. 소의 주민은 주로 국가에서 필요한 물품을 생산하여 바쳤고, 향 · 부곡의 주민은 주로 농사를 지었어요. 향 · 부곡 · 소의 주민들은 신분은 양인이나 일반 군현에 거주하는 양인에 비해 차별을 받았어요. 다른 곳으로 이사할 수 없었고 과거 시험도 볼 수 없었으며, 일반 군현의 주민보다 더 많은 세금을 납부하였어요.

09-2강 고려의 문화 1

강의 들으며 판서 따라 쓰기

한국사를 그리다

❶ 국자감은 나라에서 필요한 인재를 키우기 위해 고려 성종 때 설립한 국립 교육 기관이에요.

	유학	역사	승려
	· 국자감❶ · 향교 · 최충(사학 12도)	김부식 :〈삼국사기〉 우리나라 현존 최고(最古) 역사서	대각국사 의천❸ → 해동 천태종 의천
1170			
	안향 └ 성리학❷ 소개 ↓ 신진 사대부	· 이규보 ─ 주몽 :〈동명왕편〉 · 일연 ─ 단군 :〈삼국유사〉	보조국사 지눌❸ → 수선사 결사 지눌

❷ 성리학은 인간의 마음과 우주의 원리 등을 탐구하는 유학의 한 갈래입니다. 고려 말에 안향이 원으로부터 들여왔어요.

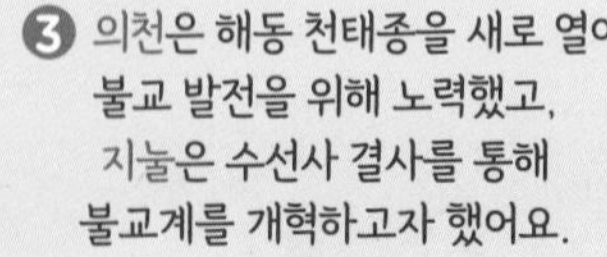

❸ 의천은 해동 천태종을 새로 열어
불교 발전을 위해 노력했고,
지눌은 수선사 결사를 통해
불교계를 개혁하고자 했어요.

핵심 개념 정리하기

한국사를 읽다

1. 유학의 발달

고려의 국자감에서는 유학 교육과 함께 율학(형법), 서학(서예), 산학(산술) 등 기술 교육도 이루어졌어요.

국가적 노력	• 광종 때 과거제를 실시하여 인재를 관리로 선발함 • 성종 때 개경에 최고 교육 기관으로 국자감을, 지방에는 향교를 설립하여 유학에 밝은 인재를 길러 냄
사립 교육 기관	최충이 세운 9재 학당(문헌공도)을 비롯한 사학 12도가 번성함
성리학의 도입	고려 말에 안향이 원으로부터 성리학을 들여옴 → 신진 사대부가 개혁 사상으로 성리학을 적극적으로 받아들임

신진 사대부는 성리학을 정치 이념으로 삼아 조선을 건국했어요.

최충은 고려의 유명한 유학자로, '해동공자'라고 불리기도 하였어요. 최충이 세운 9재 학당은 최충의 시호를 따서 '문헌공도'라고 불렸어요.

2. 역사책의 편찬

전기	"삼국사기" : 인종 때 김부식 등이 왕의 명령을 받아 편찬함 → 현재 남아 있는 우리나라에서 가장 오래된 역사책
후기	• '동명왕편' : 이규보가 고구려를 세운 동명왕(주몽)에 관한 이야기를 서술함 → 고구려 계승 의식이 반영되어 있음 • "삼국유사" : 원의 간섭을 받던 시기에 승려 일연이 지음, 단군의 건국 이야기가 실려 있음, 불교사를 중심으로 고대의 민간 설화와 풍속 등이 수록되어 있음

3. 불교의 발달

불교 행사	• 연등회 : 전국 곳곳에 등불을 밝혀 부처의 가르침이 널리 퍼지기를 기원함 • 팔관회 : 불교, 도교, 토속 신앙이 어우러진 국가적 행사로 열림, 송의 상인이나 여진의 사신이 참여하기도 함
대각국사 의천	• 문종의 넷째 아들로, 왕자였으나 승려가 됨 • 송에서 유학하고 돌아와 해동 천태종을 열고 불교 발전을 위해 노력함 • 화폐를 만들어 사용할 것을 주장함
보조국사 지눌	• 수선사 결사(정혜결사)를 조직하고 불교 개혁 운동을 전개함 • 정혜쌍수(참선과 교리 공부를 함께 해야 함)를 주장함

죽은 뒤에 왕들이 이들의 업적을 기려 의천에게 대각국사, 지눌에게 보조국사라는 이름을 내렸어요.

별툰

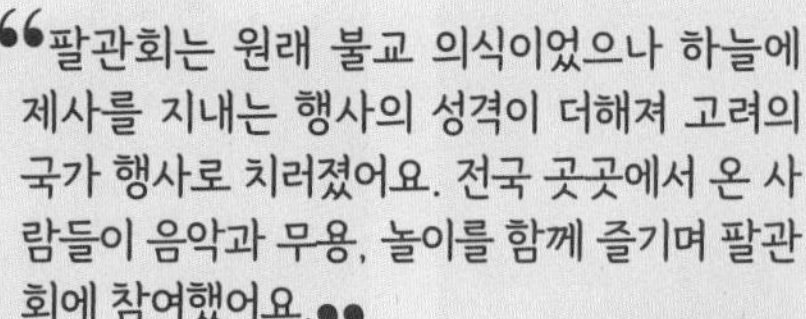

"팔관회는 원래 불교 의식이었으나 하늘에 제사를 지내는 행사의 성격이 더해져 고려의 국가 행사로 치러졌어요. 전국 곳곳에서 온 사람들이 음악과 무용, 놀이를 함께 즐기며 팔관회에 참여했어요."

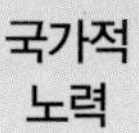

성리학

고려 말 안향이 원으로부터 성리학을 들여왔으며, 정몽주, 정도전 등 신진 사대부 세력이 이를 적극적으로 받아들여 공부하고 연구하였어요.

신진 사대부

고려 후기에 등장한 새로운 정치 세력이에요. 대부분 하급 관리나 향리 집안 출신으로, 주로 과거를 통해 관리가 되었어요. 성리학을 개혁 사상으로 받아들였으며, 권문세족과 불교계가 일으킨 문제를 비판하고 고려의 사회 문제를 해결하고자 노력하였어요.

수선사 결사

뜻을 같이하는 승려들이 모여 함께 수행하면서 불교계의 잘못을 개혁하려는 활동을 결사 운동이라고 합니다. 지눌은 당시 승려들의 잘못을 비판하며 수선사를 중심으로 결사 운동을 펼쳤어요. 이를 정혜결사라고도 합니다.

09강-3 고려의 문화 2

강의 들으며 판서 따라 쓰기

한국사를 그리다

불상	탑	사찰	인쇄	공예	과학
· 하남 하사창동 철조 석가여래 좌상 · 논산 관촉사 석조 미륵보살 입상 ❶ · 파주 용미리 마애 이불 입상 · 안동 이천동 마애 여래 입상 · 영주 부석사 소조 여래 좌상	평창 월정사 8각 9층 석탑	유네스코 세계 유산 ↑	초조대장경 → 거란 X	· 청자 · 나전 칠기	
1170					
불화 : 수월관음도, 아미타래영도	개성 경천사지 10층 석탑 └ 원 영향	· 안동 봉정사 극락전 ❷ · 영주 부석사 무량수전 ❷ · 예산 수덕사 대웅전	몽골 X → 팔만대장경 직지심체요절 └ 현존 최고(最古) 금속 활자본	상감 청자	최무선 (화통도감) → 화약↑ 왜 X(진포)

❷ 안동 봉정사, 영주 부석사 등 7개의 절은 '산사, 한국의 산지승원'이라는 이름으로 유네스코 세계 유산에 등재되었어요.

❶ 논산 관촉사 석조 미륵보살 입상은 고려 시대의 가장 큰 불상으로 광종 때 만들어졌어요.

직지심체요절

논산 관촉사 석조 미륵보살 입상

수월관음도

평창 월정사 8각 9층 석탑

개성 경천사지 10층 석탑

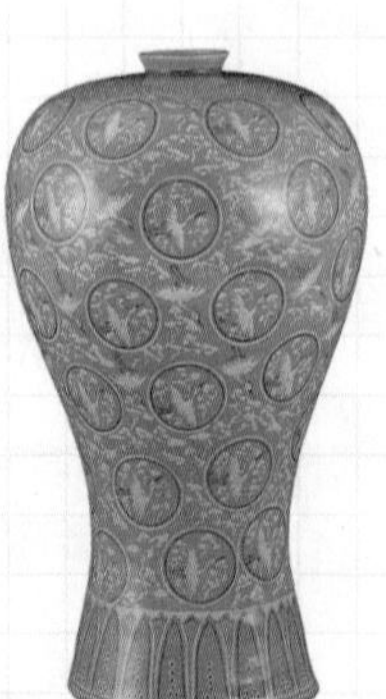

청자 상감 운학문 매병

핵심 개념 정리하기

한국사를 읽다

1. 불교 문화유산

불상	• 초기에 철불(하남 하사창동 철조 석가여래 좌상 등)과 거대 불상(논산 관촉사 석조 미륵보살 입상 등)이 유행함 • 신라 양식을 계승한 영주 부석사 소조 여래 좌상이 만들어짐
불화	왕실과 귀족의 극락왕생을 기원하는 수월관음도와 같은 불화가 많이 그려짐
탑	• 전기에 평창 월정사 8각 9층 석탑 등 다각 다층탑이 유행함 • 후기에 원의 영향을 받은 개성 경천사지 10층 석탑이 제작됨
건축	공포를 기둥 위에만 설치한 주심포 양식의 건축물이 지어짐 → 안동 봉정사 극락전, 영주 부석사 무량수전, 예산 수덕사 대웅전이 대표적임

지붕의 무게를 받치는 구조물인 공포를 기둥 위에만 두는 건축 양식이에요.

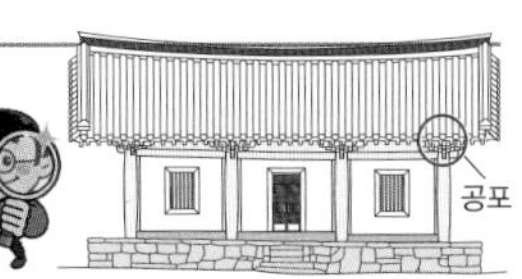

2. 인쇄술의 발달

목판 인쇄술	초조대장경이 몽골의 침입으로 불타 없어지자 팔만대장경을 제작함 → 합천 해인사 장경판전에 팔만대장경판이 보관되어 있음
금속 활자	청주 흥덕사에서 금속 활자로 "직지심체요절"을 인쇄함

부처의 힘에 의지하여 몽골의 침입을 이겨 내기 위해 만든 것으로, 유네스코 세계 기록 유산으로 등재되었어요.

프랑스 국립 도서관에 보관되어 있는 것이 박병선 박사의 노력으로 널리 알려졌어요. 현재 남아 있는 세계에서 가장 오래된 금속 활자 인쇄본으로, 그 가치를 인정받아 유네스코 세계 기록 유산으로 등재되었어요.

3. 공예 기술과 과학 기술의 발달

고려청자	신비한 푸른빛의 아름다움을 지닌 청자를 만듦 → 고려만의 독창적인 상감 기법을 사용하여 상감 청자를 만듦
나전 칠기	옻칠한 그릇 바탕에 조개껍데기 조각인 자개를 붙여 무늬를 표현한 나전 칠기가 발달함
화약 제조	최무선이 오랜 연구 끝에 화약 제조에 성공함 → 고려 정부에 건의하여 화통도감을 설치하고 화포 등 화약 무기를 제작함 → 화약 무기를 사용하여 진포에서 왜구를 물리침

별툰

흙을 반죽하여 모양을 만든다.

겉면에 무늬를 파내고 흰 흙이나 붉은 흙을 바른다.

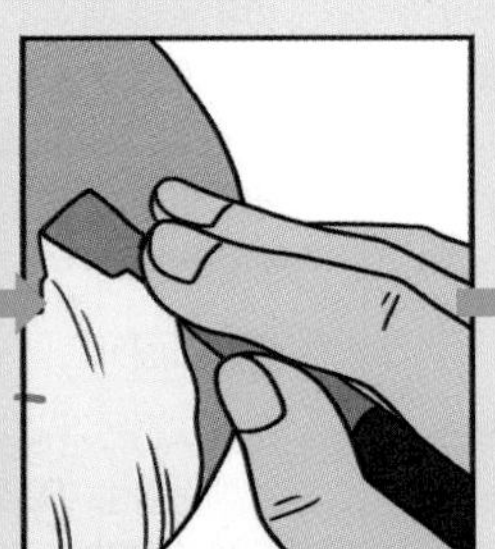

겉면에 바른 흙을 긁어내고 초벌구이를 한다.

유약을 발라 다시 구워 낸다.

"상감 청자는 그릇의 표면에 무늬를 새기고 그 안을 다른 색의 흙으로 채우는 고려만의 독창적 기법인 상감 기법을 사용하여 만든 청자입니다."

극락왕생

죽은 뒤에 극락에서 다시 태어나는 것을 뜻하는 말로, '극락'은 불교에서 더없이 안락하고 아무 걱정이 없는 이상 세계를 말해요.

영주 부석사 무량수전

주심포 양식으로 지어진 고려 시대의 대표적인 건물이에요. 건물에 안정감을 주기 위해 가운데 부분이 살짝 불룩한 배흘림기둥을 세웠어요.

초조대장경

고려는 거란이 침입하였을 때 부처의 힘에 의지하여 거란의 침입을 이겨 내기 위해 초조대장경을 만들어 나라의 평안을 기원하였어요.

합천 해인사 장경판전

팔만대장경판은 조선 초에 지어진 합천 해인사 장경판전에 보관되어 있어요. 합천 해인사 장경판전은 온도와 습도가 조절되도록 과학적으로 지어졌어요. 그래서 대장경 목판이 상하거나 뒤틀리지 않고 지금까지 잘 보존될 수 있었어요. 합천 해인사 장경판전은 그 가치를 인정받아 유네스코 세계 유산으로 지정되었어요.

1

• 기본 66회 14번

다음 대화가 이루어진 시기의 경제 상황으로 가장 적절한 것은? [2점]

자네 들었는가? 송 사신단이 곧 수도 개경에 도착한다고 하더군.
사신단의 규모가 엄청나다니 가져온 물품도 상당하겠어.

① 공인이 관청에 물품을 조달하였다.
② 모내기법이 전국적으로 확산되었다.
③ 벽란도가 국제 무역항으로 기능하였다.
④ 고추와 담배가 상품 작물로 재배되었다.

2

• 기본 69회 12번

(가)에 들어갈 화폐로 적절한 것은? [2점]

우리나라 화폐 특별전
제2관 고려 시대의 화폐
건원중보
뒷면에 동국이라는 한자가 새겨져 있다.
은병
은으로 만들어졌으며, 활구라고도 불렸다.
(가)
숙종 때 의천의 건의로 주전도감에서 발행되었다.

①
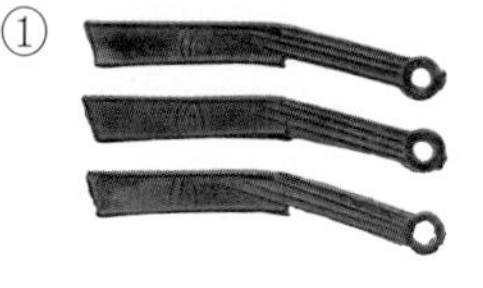
명도전

②
백동화

③

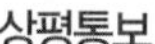
상평통보

④
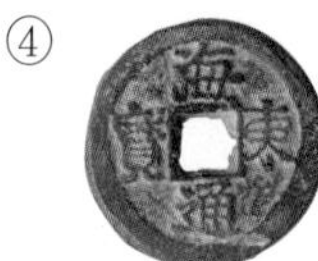
해동통보

❶ 고려의 경제 상황

정답 찾기

송 사신단이 곧 수도 개경에 도착한다는 내용을 통해 대화가 이루어진 시기가 고려 시대임을 알 수 있어요. 개경은 고려의 수도입니다. 고려는 중국의 송과 활발하게 교류하여 주로 종이, 나전 칠기, 인삼 등을 수출하고 비단, 서적, 차 등을 수입하였어요. ③ 고려 시대에는 수도 개경 부근에 있는 예성강 하구의 벽란도가 국제 무역항으로 번성하였어요.

오답 피하기

① 조선 후기에 대동법이 시행되면서 관청에서 필요로 하는 물품을 조달하는 공인이 등장하였어요.
② 조선 후기에 모내기법이 전국적으로 보급되어 농업 생산력이 증가하였어요.
④ 조선 후기에 고추, 담배 등이 전래되어 시장에 내다 팔기 위한 상품 작물로 재배되었어요.

정답 ③

정답 ➡ 88쪽

키워드 한 문장

고려 시대에는 예성강 하구의 ☆☆도가 국제 무역항으로 번성하였다.

❷ 해동통보

정답 찾기

고려 숙종 때 의천의 건의로 주전도감에서 발행되었다는 내용을 통해 (가)에 들어갈 화폐가 ④ 해동통보임을 알 수 있어요. 고려 성종은 우리나라 최초의 금속 화폐인 건원중보를 발행하였어요. 이후 고려 숙종은 의천의 건의를 받아들여 화폐 발행 관청으로 주전도감을 설치하고 은병(활구), 해동통보 등의 화폐를 발행하였어요.

오답 피하기

① 명도전은 우리나라의 철기 시대 유적 등에서 발견되는 중국 화폐입니다.
② 백동화는 1892년부터 전환국에서 발행한 금속 화폐로, 1904년에 전환국이 폐지되면서 주조가 중단되었어요.
③ 조선 숙종 때 상평통보가 공식 화폐로 발행되어 널리 유통되었어요.

정답 ④

정답 ➡ 88쪽

키워드 한 문장

고려 시대에 주전도감을 설치하여 해동☆☆, 은병(☆☆) 등의 화폐를 발행하였다.

3

• 기본 63회 13번

교사의 질문에 대한 답변으로 옳지 않은 것은? [2점]

고려의 교육 기관에 대해 말해 볼까요?
① 최고 국립 교육 기관으로 국자감을 두었어요.
② 경당에서 글과 활쏘기를 가르쳤어요.
③ 문헌공도 등 사학 12도가 번성하였어요.
④ 지방에 유학 교육을 담당하는 향교가 있었어요.

4

• 기본 60회 17번

다음 가상 인터뷰의 (가)에 들어갈 내용으로 적절한 것은? [3점]

지눌 스님, 불교를 위해 어떤 활동을 하셨나요?
(가)

① 무애가를 지었습니다.
② 천태종을 개창하였습니다.
③ 수선사 결사를 제창하였습니다.
④ 왕오천축국전을 저술하였습니다.

❸ 고려의 교육 기관

정답 찾기

고려의 교육 기관에 대한 설명으로 옳지 않은 것을 찾는 문항입니다. ② 경당은 고구려의 지방 교육 기관으로, 학문과 무예를 교육하였어요.

오답 피하기

① 국자감은 고려 시대에 설치된 최고 국립 교육 기관으로, 성종 때 유학 교육을 장려하면서 설치되었어요.
③ 고려 시대에 최충이 세운 문헌공도를 비롯하여 사학 12도가 번성하였어요.
④ 고려는 지방에 유학 교육 기관으로 향교를 두었어요. 향교는 조선 시대로 이어졌어요.

정답 ②

정답 ➡ 88쪽

키워드 한 문장

고려는 성종 때 국립 교육 기관인 ☆☆감을 설치하였다.

❹ 지눌의 활동

정답 찾기

고려 후기에 활동한 지눌은 당시 승려들의 잘못을 비판하며 ③ 수선사 결사(정혜결사)를 제창하여 불교계를 개혁하고자 하였어요. 지눌이 죽은 뒤에 왕이 그의 업적을 기려 '(불일)보조국사'라는 또 다른 이름을 내렸어요.

오답 피하기

① 신라의 승려 원효는 백성들이 불교 교리를 쉽게 받아들일 수 있도록 '무애가'라는 노래를 지어 부르며 방방곡곡을 다니면서 불교를 널리 전파하였어요.
② 고려 전기의 승려 의천은 송에서 유학하고 돌아와 해동 천태종을 열고 불교 발전을 위해 노력하였어요. 의천이 죽은 뒤에 왕이 그의 업적을 기려 '대각국사'라는 또 다른 이름을 내렸어요.
④ 신라의 승려 혜초는 인도와 중앙아시아 지역에 있던 여러 나라를 돌아보고 "왕오천축국전"을 지었어요.

정답 ③

정답 ➡ 88쪽

키워드 한 문장

☆☆은 수선사 결사(정혜결사)를 조직하여 불교계를 개혁하고자 하였다.

5

• 기본 66회 16번

(가)에 들어갈 가상 우표로 가장 적절한 것은? [1점]

저희 모둠은 태조 왕건이 세운 국가의 대표적인 문화유산을 소재로 우표 도안을 만들었습니다.

<수행 과제 발표>

수월관음도 / 팔만대장경판 / 부석사 무량수전 / (가)

① 

산수무늬 벽돌

② 

도기 바퀴장식 뿔잔

③ 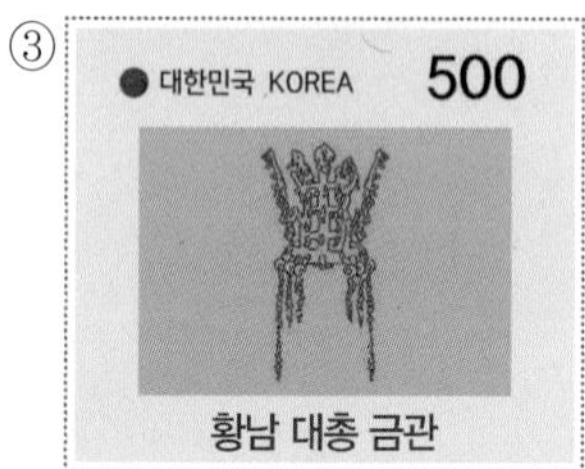

황남 대총 금관

④ 

청자 상감 운학문 매병

❺ 고려의 문화유산

정답 찾기

태조 왕건이 세운 국가는 고려입니다. 따라서 (가)에는 고려의 문화유산이 들어가야 합니다. ④ 청자 상감 운학문 매병은 고려 시대에 만들어진 상감 청자입니다. 상감 기법은 그릇 표면에 무늬를 새겨 파내고 그 안을 백토나 흑토 등 다른 재질의 재료로 채워 장식하는 고려의 독창적인 도자기 장식 기법이에요.

오답 피하기

① 백제의 문화유산인 산수무늬 벽돌에는 도교의 이상 세계가 표현되어 있어요.
② 도기 바퀴장식 뿔잔은 출토된 곳이 알려지지 않은 가야의 토기입니다.
③ 황남 대총 금관은 신라의 고분인 황남 대총에서 출토된 금관이에요. 신라 금관의 전형적인 모습을 보여 주며, 신라의 다른 금관들보다 옥 장식이 많이 달려 있어 더 화려해 보여요.

정답 ④

정답 ➡ 88쪽

키워드 한 문장

고려 시대에 청자에 무늬를 판 후 다른 색의 흙을 채워 무늬를 표현하는 ☆☆ 청자가 만들어졌다.

6

• 기본 64회 13번

(가)에 들어갈 문화유산으로 옳은 것은? [2점]

오늘 합천 해인사에서는 (가) 을 머리에 이고 가는 정대불사가 진행되었습니다. 이 행사는 부처의 힘으로 몽골의 침략을 물리치고자 만든 (가) 을 강화도에서 해인사로 옮긴 것을 기념하기 위해 시작되었습니다.
해인사에서 정대불사 기념행사 열려

① 초조대장경 ② 직지심체요절
③ 팔만대장경판 ④ 무구정광대다라니경

❻ 고려의 문화유산

정답 찾기

부처의 힘으로 몽골의 침략을 물리치고자 만들어졌으며, 강화도에서 합천 해인사로 옮겨졌다는 내용을 통해 (가)에 들어갈 문화유산이 ③ 팔만대장경판임을 알 수 있어요. 고려는 11세기에 거란이 침입하였을 때 부처의 힘으로 거란의 침입을 물리치고자 하는 염원을 담아 초조대장경을 만들었는데, 13세기 몽골의 침략으로 초조대장경이 불에 탔어요. 이에 강화도에서 부처의 힘으로 몽골의 침략을 물리치고자 하는 소망을 담아 다시 팔만대장경(재조대장경판)을 만들었어요. 팔만대장경판은 현재 조선 시대에 지어진 합천 해인사 장경판전에 보관되어 있어요.

오답 피하기

① 초조대장경은 11세기 고려 현종 때 있었던 거란의 침입을 부처의 힘으로 이겨 내고자 하는 염원을 담아 만들어졌는데, 몽골의 침입으로 불에 타 없어졌어요.
② "직지심체요절"은 고려 말에 청주 흥덕사에서 금속 활자로 인쇄되었어요. 현재 남아 있는 세계에서 가장 오래된 금속 활자본으로, 유네스코 세계 기록 유산으로 등재되었으며 현재 프랑스 국립 도서관에 보관되어 있어요.
④ 8세기 통일 신라 시기에 간행된 것으로 보이는 무구정광대다라니경은 현재 남아 있는 세계에서 가장 오래된 목판 인쇄물이에요. 경주 불국사 3층 석탑을 보수하는 과정에서 발견되었어요.

정답 ③

정답 ➡ 88쪽

키워드 한 문장

고려 시대에 부처의 힘으로 ☆☆ 의 침입을 물리치고자 하는 염원을 담아 팔만대장경을 만들었다.

키워드 한 문장 정답

1. 벽란 2. 통보, 활구 3. 국자 4. 지눌 5. 상감 6. 몽골

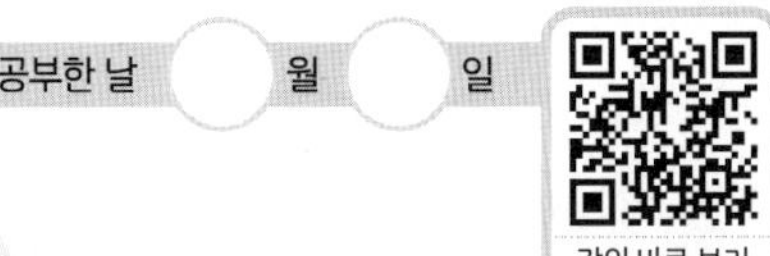

10강 조선의 탄생

이 강에서 배울 시기는?

1392년	1400년	1418년	1455년	1469년
이성계, 조선 건국	태종 즉위	세종 즉위	세조 즉위	성종 즉위

"고려 말 등장한 신진 사대부는 혼란스러운 사회를 개혁하기 위해 노력하였어요. 이들은 고려 왕조를 유지할지 아니면 새로운 왕조를 세울지 의견이 나뉘었어요. 결국 새로운 왕조인 조선이 들어서게 되었죠. 새로운 사상을 바탕으로 조선이 어떻게 발전해 갔는지 알아볼까요?"

이 강의 핵심 키워드는?

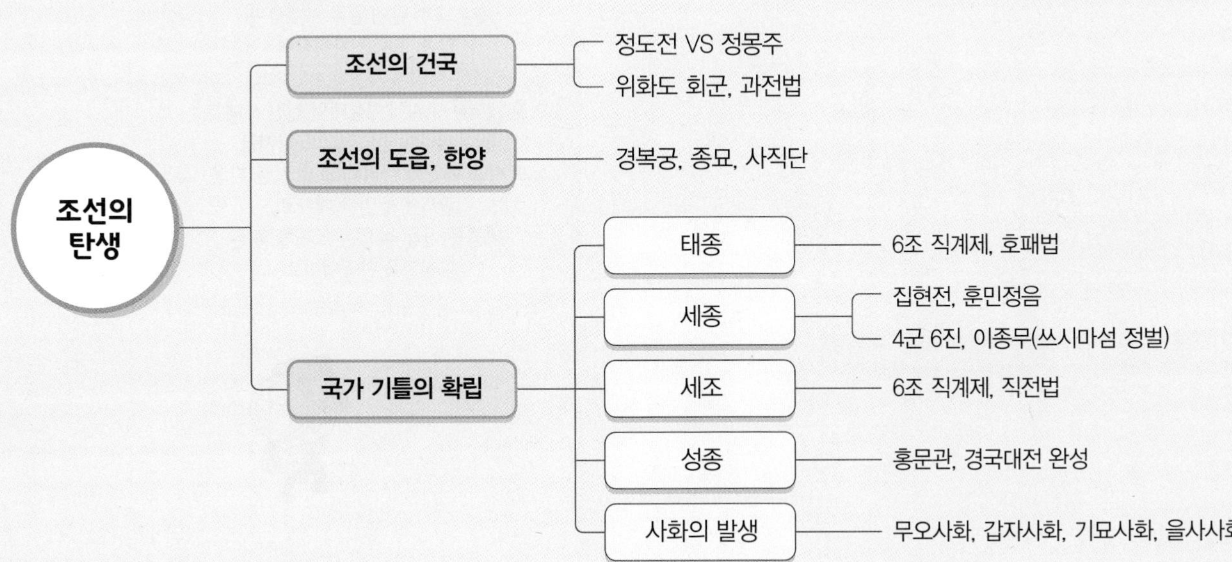

강 10-1

조선의 건국

강의 들으며 판서 따라 쓰기

한국사를 그리다

❶ 위화도는 압록강 하류에 있는 섬이에요. 요동 정벌에 반대하던 이성계가 위화도에서 군사를 돌려 개경을 점령하고 권력을 장악하였어요. 이를 위화도 회군이라고 합니다.

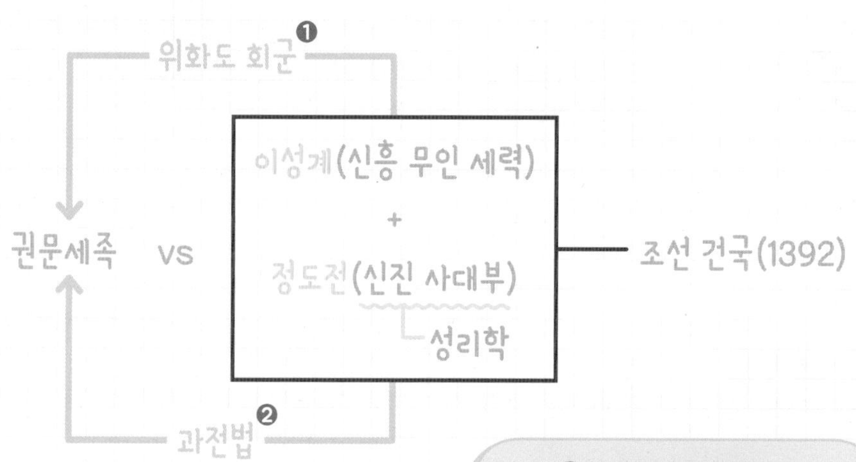

❷ 고려 말에 일부 지배층이 많은 토지를 차지하여 여러 사회 문제가 일어났어요. 이를 개혁하기 위해 이성계와 신진 사대부는 권문세족이 불법적으로 차지한 토지를 빼앗아 나라의 소유로 한 다음 관리에게 일한 대가로 세금을 거둘 수 있는 토지를 주는 과전법을 만들었어요.

한국사를 읽다

조선의 건국 과정

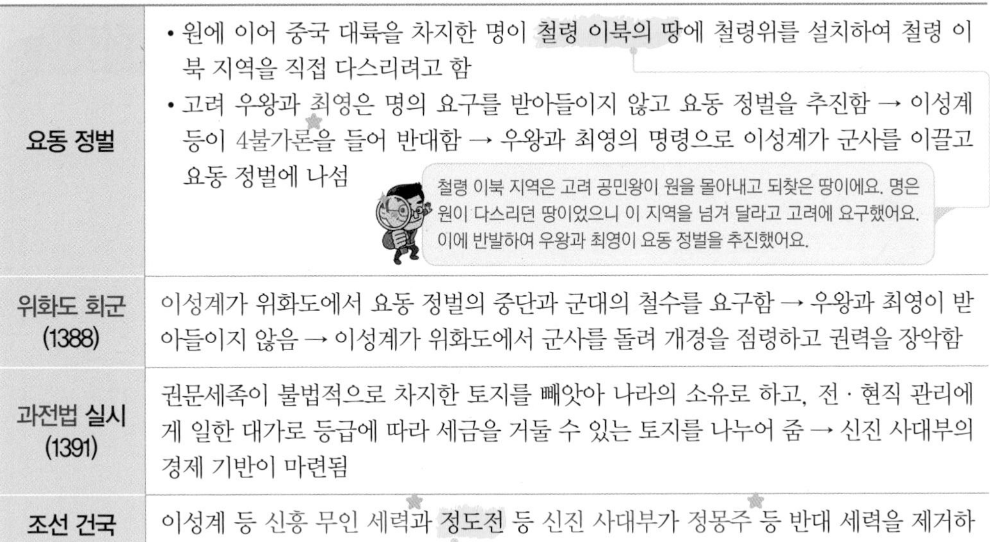

요동 정벌	• 원에 이어 중국 대륙을 차지한 명이 철령 이북의 땅에 철령위를 설치하여 철령 이북 지역을 직접 다스리려고 함 • 고려 우왕과 최영은 명의 요구를 받아들이지 않고 요동 정벌을 추진함 → 이성계 등이 4불가론을 들어 반대함 → 우왕과 최영의 명령으로 이성계가 군사를 이끌고 요동 정벌에 나섬 철령 이북 지역은 고려 공민왕이 원을 몰아내고 되찾은 땅이에요. 명은 원이 다스리던 땅이었으니 이 지역을 넘겨 달라고 고려에 요구했어요. 이에 반발하여 우왕과 최영이 요동 정벌을 추진했어요.
위화도 회군 (1388)	이성계가 위화도에서 요동 정벌의 중단과 군대의 철수를 요구함 → 우왕과 최영이 받아들이지 않음 → 이성계가 위화도에서 군사를 돌려 개경을 점령하고 권력을 장악함
과전법 실시 (1391)	권문세족이 불법적으로 차지한 토지를 빼앗아 나라의 소유로 하고, 전 · 현직 관리에게 일한 대가로 등급에 따라 세금을 거둘 수 있는 토지를 나누어 줌 → 신진 사대부의 경제 기반이 마련됨
조선 건국 (1392)	이성계 등 신흥 무인 세력과 정도전 등 신진 사대부가 정몽주 등 반대 세력을 제거하고 조선을 건국함

정도전은 성리학을 바탕으로 사회를 개혁하고자 했어요. "불씨잡변"을 지어 유학의 입장에서 불교 교리를 비판했으며, 조선의 통치 기준과 운영 원칙을 제시한 "조선경국전"을 지어 태조에게 바쳤어요.

별툰

"이성계는 4불가론을 주장하며 요동 정벌에 반대했어요. 우왕과 최영이 이를 받아들이지 않자 위화도에서 군사를 돌려 개경을 점령하고 권력을 잡았어요. 이후 이성계 세력은 정도전 등 신진 사대부의 도움을 받아 고려를 무너뜨리고 조선을 세웠어요."

4불가론

1. 작은 나라가 큰 나라를 치는 것은 좋지 않다.
2. 여름철에 군사를 일으키는 것은 좋지 않다.
3. 왜구가 빈틈을 노려 쳐들어올 염려가 있다.
4. 장마가 들면 활이 풀리고 전염병이 돌 수 있다.

신흥 무인 세력

고려 말에 홍건적과 왜구의 침입을 물리치는 과정에서 성장한 최영, 이성계 등의 무인 세력을 말합니다. 최영은 홍산(지금의 부여), 이성계는 황산(지금의 남원) 등지에서 왜구를 격퇴하였어요.

정몽주

고려 사회를 개혁하는 데에는 찬성하였지만, 새로운 나라를 세우는 데에는 반대하였어요. 이성계의 아들 이방원이 정몽주를 같은 편으로 끌어들이려고 하였으나 설득되지 않았어요. 결국 새로운 나라를 세우는 데 찬성하는 이방원 세력에 의해 선죽교에서 죽임을 당하였어요.

10강-2 조선의 도읍, 한양

강의 들으며 판서 따라 쓰기

한국사를 그리다

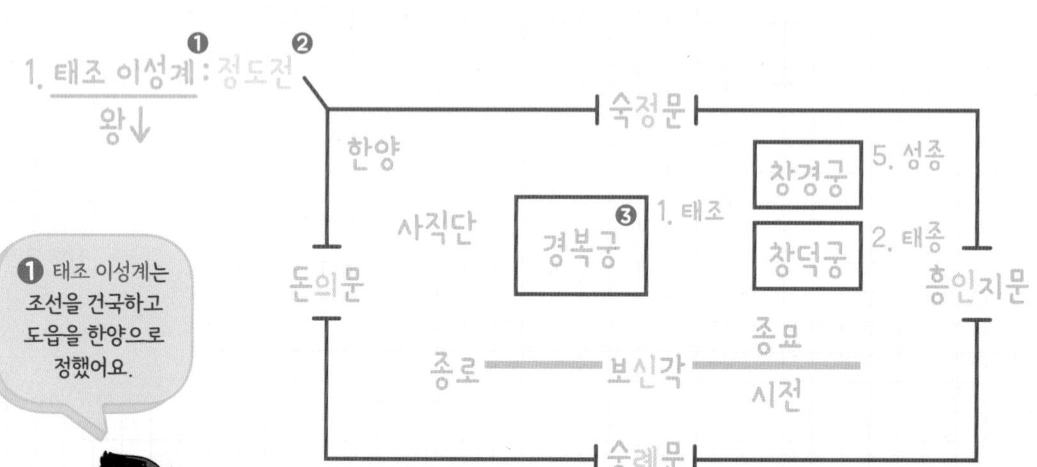

❶ 태조 이성계는 조선을 건국하고 도읍을 한양으로 정했어요.

❸ 경복궁이라는 이름은 정도전이 지었는데, '경복'은 유교 경전에서 따온 말로 '큰 복을 누린다.'라는 뜻이에요. 경복궁은 도성의 북쪽에 있어 북궐이라고도 불렸고, 창덕궁과 창경궁은 동궐이라고도 불렸지요.

❷ 한양 도성을 설계한 정도전은 유교 정신을 담아 경복궁과 종묘, 사직단 등의 위치를 정하고 이름을 지었어요. 그리고 유교에서 중시하는 덕목을 반영하여 도성에 드나드는 4개 문의 이름을 지었어요.

경복궁

창덕궁

종묘

사직단

숭례문

핵심 개념 정리하기

한국사를 읽다

1. 한양 도성 건설

한양 천도	한양을 조선의 새로운 도읍으로 정함 → 나라의 중심부에 있음, 한강을 끼고 있어 교통이 편리함, 산으로 둘러싸여 외적 방어에도 유리함
한양 도성 설계	정도전은 유교 원리에 따라 한양 도성을 설계하고 유교 정신을 반영하여 궁궐과 도성 건축물의 이름을 지음

2. 한양의 건축물

정궁은 왕이 머물며 나랏일을 하는 궁궐 가운데 으뜸가는 궁궐이며 법궁이라고도 해요. 이궁은 나라에 전쟁이나 큰 재난이 일어나 정궁을 사용하지 못할 때를 대비하여 지은 궁궐을 말해요.

경복궁	• 조선 시대에 가장 먼저 지어진 궁궐로 조선의 정궁(법궁)임 • 임진왜란 때 불탔으나 고종 때 흥선 대원군이 다시 지음 • 주요 건물 : 근정전, 경회루 등
창덕궁	• 태종 때 이궁으로 지어진 궁궐이며, 임진왜란 때 불에 탄 것을 광해군이 다시 지은 이후 정궁으로 쓰임, 창경궁과 함께 동궐이라고 불림 • 유네스코 세계 유산으로 등재됨
종묘	• 경복궁 왼쪽(동쪽)에 있음, 조선의 역대 왕과 왕비의 신주를 모신 곳 • 유네스코 세계 유산으로 등재됨
사직단	경복궁 오른쪽(서쪽)에 있음, 조선 시대에 국왕이 땅의 신과 곡식의 신에게 제사를 지내던 곳 → 조선이 농업을 중시하였다는 사실을 알 수 있음
한양 도성	• 도읍인 한양을 둘러싸고 있는 성곽 • 성곽 동서남북의 4대문과 종각의 이름은 유교의 덕목인 인(仁, 동쪽-흥인지문), 의(義, 서쪽-돈의문), 예(禮, 남쪽-숭례문), 지(智, 북쪽-숙정문), 신(信, 종각-보신각)을 넣어 지음

일제에 의해 동물원과 식물원이 설치되고 창경원으로 격하되기도 하였어요.

별툰

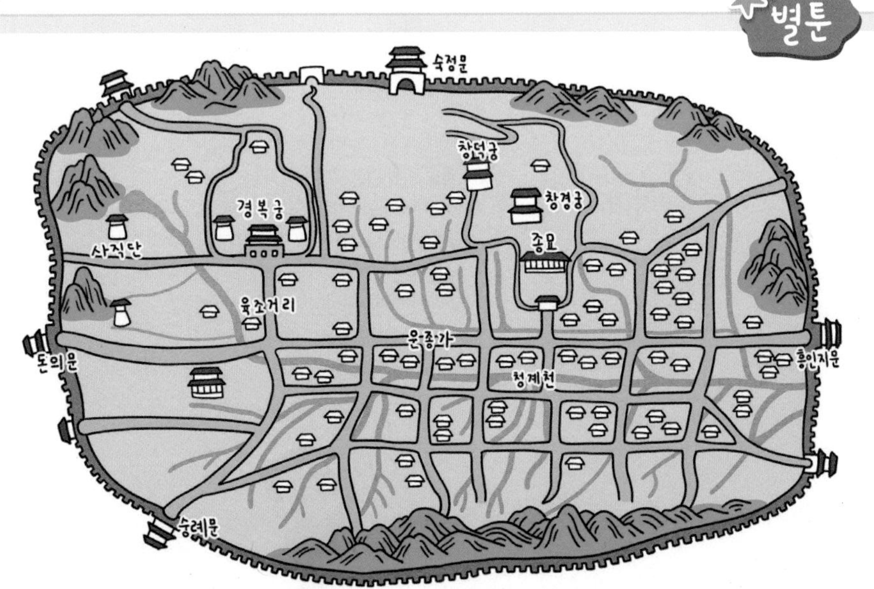

“경복궁의 정문인 광화문 앞 큰길 양쪽에는 6조 등 중앙 관청들이 들어서 있어 육조(6조)거리라고 불렸어요. 육조거리 아래쪽에 시전이 설치되었는데, 많은 사람이 구름처럼 모였다가 흩어진다고 하여 시전이 있는 거리를 운종가라고 했어요. 시전은 도성 내 백성의 일상 생활용품을 판매하고 왕실과 관청에서 필요로 하는 물품을 대어 주는 대신 일정 상품에 대해 다른 상인들이 판매할 수 없도록 하는 특권을 받았어요. 시전 중에서 여섯 종류의 큰 상점을 육의전이라고 합니다.”

★ 근정전

경복궁의 대표적인 건물로, 나라의 중요 의식이 거행되던 곳이에요.

★ 경회루

나라에 좋은 일이 있거나 사신이 왔을 때 연회를 베풀던 곳으로, 경복궁 안에 있어요.

★ 신주

죽은 사람의 이름과 죽은 날짜를 적은 나무패로, 위패라고도 합니다.

★ 숙정문

북쪽 문으로 지혜로움(지, 智)의 의미를 담고 있으나, '정숙하고 고요한 기운을 일으킨다'라는 의미에서 숙정문이라고 했다고도 합니다.

10강-3 국가 기틀의 확립

강의 들으며 판서 따라 쓰기

한국사를 그리다

2. 태종 이방원 ─ 정몽주 X(단심가❶ vs 하여가❶, 선죽교 - 개성), 정도전 X
   왕↑ └ 6조 직계제, 사병 혁파, 호패법

3. 세종 : 집현전(→ 훈민정음), 4군(최윤덕)과 6진(김종서) 설치, 쓰시마섬 정벌(이종무)

4. 세조 : 단종 X, 집현전 X, 6조 직계제, 경국대전 △, 직전법

5. 성종 : ↳ 홍문관 ↳ ○

6. 연산군 : 무오사화(김종직의 '조의제문'), 갑자사화(폐비 윤씨)
   ↑ 반정

7. 중종 : 조광조(현량과, 위훈 삭제) ← 기묘사화

8. 명종 : 을사사화(대윤 vs 소윤), 임꺽정

하여가

이런들 어떠하며 저런들 어떠하리
만수산 드렁칡이 얽혀진들 어떠하리
우리도 이같이 얽혀 백 년까지 누리리라

단심가

이 몸이 죽고 죽어 일백 번 고쳐 죽어
백골이 진토되어 넋이라도 있고 없고
임 향한 일편단심이야 가실 줄이 있으랴

❶ 이방원은 '하여가'라는 시를 지어 정몽주를 같은 편으로 끌어들이려고 했어요. 하지만 정몽주는 '단심가'라는 시로 고려에 대한 충성심에 변함이 없음을 알렸다는 이야기가 전해져요.

핵심 개념 정리하기

한국사를 읽다

1. 조선 전기의 정치

태종	• 두 차례 왕자의 난을 통해 권력을 장악하고 왕위에 오름 • 왕족과 공신들의 사병을 없앰 • 6조 직계제를 시행함 • 호패법을 실시함 • 전국을 8도로 나누고 관리를 파견함
세종	• 학문과 정책을 연구하는 기관인 집현전을 설치함 • 훈민정음을 창제하여 반포함 • 여진을 몰아내고 4군(압록강 유역, 최윤덕 파견)과 6진(두만강 유역, 김종서 파견)을 개척함 • 이종무를 보내 왜구의 근거지인 쓰시마섬(대마도)을 정벌함
세조	• 계유정난으로 정권을 장악한 뒤 조카인 단종을 몰아내고 왕위에 오름 • 6조 직계제를 부활시킴 • 집현전을 폐지함 • 조선의 기본 법전인 "경국대전"을 만들기 시작함 • 현직 관리에게만 세금을 거둘 수 있는 토지를 주는 직전법을 실시함
성종	• 세조 때 폐지된 집현전을 계승하여 홍문관을 설치함 • "경국대전"을 완성하여 반포함

왕의 힘을 강화하기 위해 왕족이나 공신들이 사사로이 거느리고 있던 군대를 없앴어요.

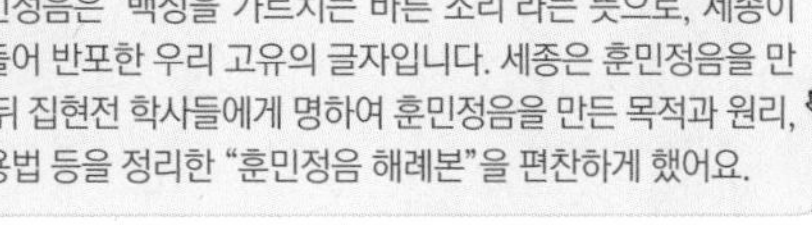

훈민정음은 '백성을 가르치는 바른 소리'라는 뜻으로, 세종이 만들어 반포한 우리 고유의 글자입니다. 세종은 훈민정음을 만든 뒤 집현전 학사들에게 명하여 훈민정음을 만든 목적과 원리, 사용법 등을 정리한 "훈민정음 해례본"을 편찬하게 했어요.

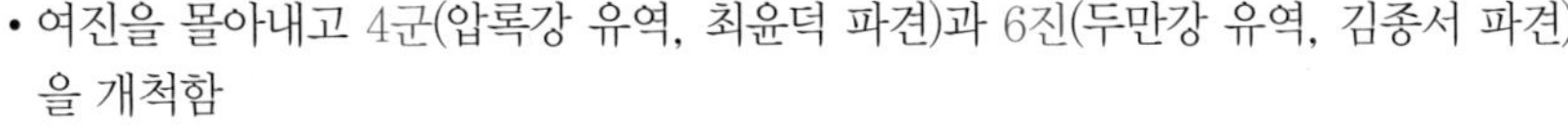

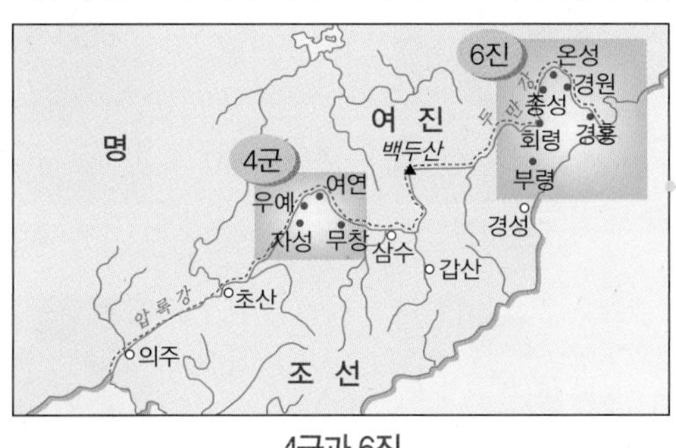

4군과 6진

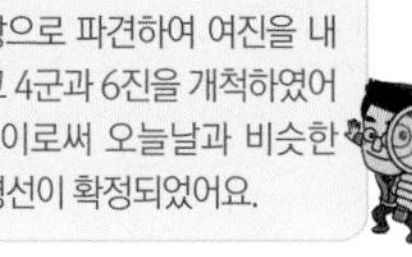

세종 때 최윤덕과 김종서를 북방으로 파견하여 여진을 내쫓고 4군과 6진을 개척하였어요. 이로써 오늘날과 비슷한 국경선이 확정되었어요.

2. 사화의 발생

훈구 세력은 세조가 왕위에 오르는 데 공을 세운 공신 세력에 기반한 세력을 말해요. 사림 세력은 조선 건국에 참여하지 않은 신진 사대부 세력을 계승한 세력으로, 성종 때부터 중앙 정치에 등장하였어요.

훈구 세력과 사림 세력의 대립	성종 때부터 등용된 사림 세력이 훈구 세력의 권력 독점과 비리를 비판하고 개혁을 추진하면서 훈구 세력과 사림 세력 간의 대립과 갈등이 심해짐
연산군	• 무오사화 : 훈구 세력이 김종직이 쓴 '조의제문'을 빌미로 사림 세력을 공격함 • 갑자사화 : 연산군이 자신의 친어머니 윤씨의 폐위와 관련된 훈구 세력과 사림 세력을 제거함
중종	• 중종이 훈구 세력을 견제하기 위해 조광조를 비롯한 사림 세력을 등용함 → 조광조가 개혁 정책을 추진함(현량과 실시, 소격서 폐지, 위훈 삭제 주장) • 기묘사화 : 훈구 세력이 개혁에 반발하여 사화를 일으킴 → 조광조를 비롯한 사림 세력이 피해를 입음
명종	을사사화 : 외척 세력인 윤원형과 윤임의 권력 다툼 속에서 사림 세력이 피해를 입음

왕자의 난

정도전은 재상을 중심으로 정치가 이루어지는 나라를 만들고자 하였어요. 반면 이방원은 강력한 왕권을 바탕으로 왕이 중심이 되는 나라를 만들고자 하였지요. 방원은 아버지인 태조가 정도전 등과 함께 배다른 동생인 방석을 세자로 세우자, 제1차 왕자의 난을 일으켜 방석과 정도전 등을 제거하고 정권을 장악하였어요. 그 뒤 방원은 형이 일으킨 제2차 왕자의 난을 진압하고 정종의 뒤를 이어 조선의 제3대 왕(태종)이 되었어요.

6조 직계제

6조는 실무를 담당하는 이조, 호조, 예조, 병조, 형조, 공조를 말해요. 6조 직계제는 의정부를 거치지 않고, 6조가 왕에게 직접 업무를 보고하고 왕의 허가를 받아 정책을 실시하는 제도입니다. 태종과 세조는 6조 직계제를 실시하여 왕권을 강화하고자 했어요.

호패법

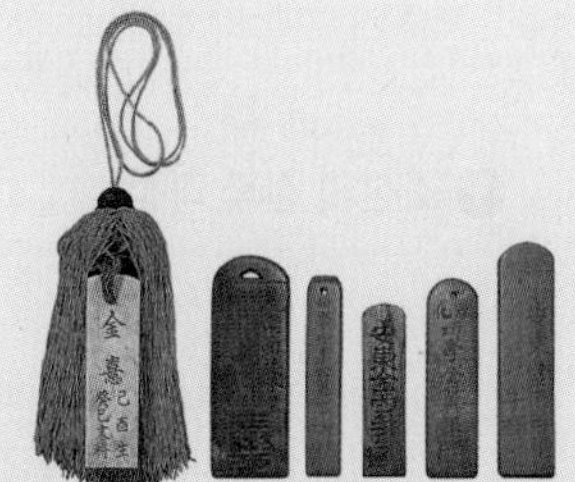

호패는 이름, 출생 연도, 신분 등이 새겨져 있는 일종의 신분증으로, 오늘날의 주민 등록증과 비슷해요. 태종은 16세 이상의 모든 남자에게 호패를 차고 다니게 하는 호패법을 시행하였어요.

계유정난

수양 대군(후에 세조)이 단종을 도와 정치를 주도하던 김종서, 황보인 등을 제거하고 동생인 안평 대군을 몰아낸 뒤 정권을 장악한 사건이에요. 계유년에 일어나 계유정난이라고 불립니다.

1

• 기본 69회 17번

다음 대화 이후에 있었던 사실로 옳은 것은? [2점]

며칠 전 도평의사사의 건의로 과전법이 제정되었다네.

나도 들었네. 경기 지역의 토지만을 대상으로 실시한다더군.

① 쌍성총관부가 설치되었다.
② 위화도 회군이 단행되었다.
③ 한양이 새로운 도읍으로 정해졌다.
④ 화랑도가 국가적인 조직으로 개편되었다.

❶ 조선의 건국 과정

정답 찾기

과전법이 제정된 이후에 있었던 사실을 찾는 문항입니다. 고려 말에 위화도 회군으로 정권을 잡은 이성계와 급진 개혁파(혁명파) 신진 사대부는 토지 제도의 문란을 바로잡기 위해 토지 제도를 개혁하고 과전법을 실시하였어요. 과전법은 경기 지역의 토지를 대상으로 전 · 현직 관리에게 일한 대가로 등급에 따라 세금을 거둘 수 있는 토지를 나누어 주는 제도입니다. 과전법은 조선으로 이어져 시행되다가 세조 때 현직 관리에게만 세금을 거둘 수 있는 토지를 주는 직전법으로 바뀌었어요. ③ 태조 이성계는 조선을 건국하고 도읍을 한양으로 정했어요.

오답 피하기

① 원(몽골)은 함경남도 영흥 지역인 화주에 쌍성총관부를 설치하고 철령 이북 지역을 직접 통치하였어요.
② 고려 말에 우왕과 최영의 명령으로 요동 정벌을 위해 군대를 이끌고 나간 이성계는 위화도에서 군사를 돌려 개경을 점령하고 권력을 장악하였어요(위화도 회군).
④ 신라 진흥왕 때 화랑도를 국가적인 조직으로 개편하여 많은 인재를 양성하였어요.

정답 ③

정답 ➡ 98쪽

키워드 한 문장

이성계는 조선을 건국하고 ☆☆을 도읍으로 삼았다.

2

• 기본 66회 18번

(가)에 해당하는 인물로 옳은 것은? [2점]

이곳 경복궁은 조선의 궁궐로 (가) 이/가 이름 지었대. 국왕과 백성이 만년토록 태평하며 큰 복을 누리기를 바란다는 의미가 담겨 있어. 그는 새 왕조의 통치 방향을 제시한 조선경국전도 저술하였지.

① 
송시열

② 
채제공

③ 
정몽주

④ 
정도전

❷ 정도전의 활동

정답 찾기

조선의 궁궐인 경복궁의 이름을 지었으며 "조선경국전"을 저술하였다는 내용을 통해 (가)에 해당하는 인물이 ④ 정도전임을 알 수 있어요. 경복궁은 조선 건국 이후 한양으로 도읍을 옮기면서 가장 먼저 지은 궁궐이에요. 정도전은 경복궁과 궁궐 내 주요 건축물의 이름을 지었으며 한양 도성을 설계하였어요. 또 조선의 통치 기준과 운영 원칙을 제시한 법전인 "조선경국전"을 지어 태조에게 바쳤어요.

오답 피하기

① 송시열은 조선 후기의 대표적인 성리학자이자 관리입니다. 병자호란을 겪은 후 효종과 함께 청을 정벌하자는 북벌을 주장하였으며, 서인이 노론과 소론으로 분열된 뒤 노론을 이끌었어요.
② 채제공은 조선 후기의 관리로, 영조와 정조 시기에 활동하였어요. 정조에게 육의전을 제외한 시전 상인의 금난전권을 폐지할 것(신해통공)을 건의하였어요.
③ 정몽주는 고려 말의 성리학자이자 관리입니다. 조선 건국 세력에 맞서 고려 왕조를 지키고자 하였으나 반대 세력에 의해 죽임을 당하였어요.

정답 ④

정답 ➡ 98쪽

키워드 한 문장

한양 도성을 설계하는 데 주도적 역할을 한 정☆☆은 "조선경국전"을 저술하였다.

3

• 기본 69회 21번

(가) 문화유산에 대한 설명으로 옳은 것은? [2점]

저는 지금 (가) 의 정문인 광화문 앞에 와 있습니다. 여기 계단부터 문 앞까지의 공간은 광화문 월대입니다. 중건 기록, 사진, 발굴 조사 등을 종합하여 최근 복원되었습니다.

① 근정전을 정전으로 하였다.
② 몽골의 침략으로 소실되었다.
③ 정조의 명에 의해 축조되었다.
④ 역대 왕과 왕비의 신주를 모셨다.

4

• 기본 64회 19번

(가)에 들어갈 왕으로 옳은 것은? [1점]

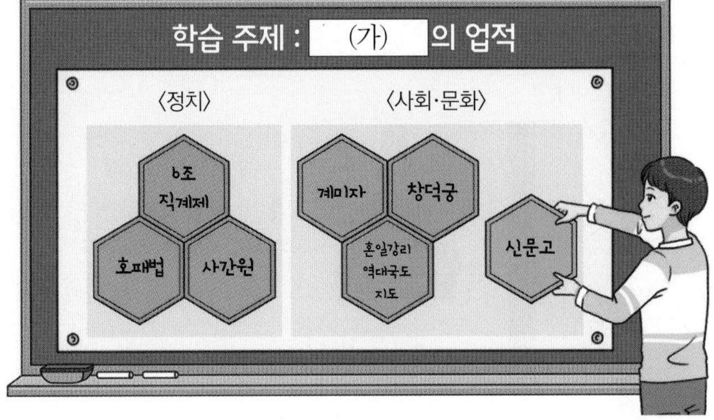

① 태종 ② 세조
③ 중종 ④ 영조

❸ 경복궁

정답 찾기

광화문이 정문이라는 내용을 통해 (가) 문화유산이 경복궁임을 알 수 있어요. 경복궁은 조선 건국 이후 가장 먼저 지어진 궁궐로 조선의 정궁(법궁)이며, 도성의 북쪽에 있어서 북궐이라고도 불렸어요. ① 경복궁의 정전인 근정전은 국가의 중요한 행사를 치르던 장소입니다.

오답 피하기

② 고려 시대에 몽골의 침략으로 초조대장경, 황룡사 9층 목탑 등 많은 문화유산이 불타 없어졌어요.
③ 조선 정조는 자신의 정치 이상과 개혁 의지를 실현하기 위한 신도시로 수원 화성을 축조하였어요.
④ 종묘는 조선의 역대 왕과 왕비의 신주를 모신 사당이에요.

정답 ①

정답 ➡ 98쪽

키워드 한 문장

☆☆ 궁은 조선 태조 때 한양을 도읍으로 정하고 가장 먼저 지어진 궁궐이다.

❹ 조선 태종의 업적

정답 찾기

'6조 직계제', '호패법' 등을 통해 (가)에 들어갈 왕이 ① 조선 태종임을 알 수 있어요. 태종은 왕의 힘을 강화하기 위해 의정부를 거치지 않고 6조에서 왕에게 직접 업무를 보고하고 왕의 명령을 받아 정책을 실시하는 6조 직계제를 시행하였어요. 또 16세 이상의 모든 남자에게 이름, 출생 연도, 신분 등이 새겨져 있는 일종의 신분증인 호패를 차고 다니게 하는 호패법을 실시하였어요. 이를 통해 인구를 파악하여 세금 징수의 기초 자료를 마련하였습니다.

오답 피하기

② 세조는 계유정난으로 정치권력을 장악한 후 단종에게 왕위를 넘겨받아 즉위하였으며, 왕권 강화를 위해 6조 직계제를 부활시켰어요.
③ 중종은 연산군을 몰아낸 훈구 세력 등의 추대를 받아 왕위에 올랐어요. 중종은 조광조를 비롯한 사림을 등용하여 훈구 세력을 견제하려고 하였어요. 그러나 조광조 등 사림의 급진적인 개혁 정책에 부담을 느낀 중종과 훈구 세력의 반발로 기묘사화가 일어났어요.
④ 영조는 탕평 정책을 추진하였으며 탕평의 의지를 널리 알리기 위해 성균관 앞에 탕평비를 세웠어요.

정답 ①

정답 ➡ 98쪽

키워드 한 문장

조선 ☆☆ 은 16세 이상의 남자에게 신분을 증명하는 호패를 가지고 다니도록 하는 호패법을 처음 실시하였다.

5

• 기본 48회 20번

밑줄 그은 '이 왕'의 업적으로 옳은 것은? [1점]

우리 모둠에서는 존경하는 역사 인물로 이 왕을 선정하였습니다.
역사 인물 발표회
△△ 모둠
선정 이유
• 훈민정음을 창제하였다.
• 농사직설을 편찬하였다.

① 4군 6진을 개척하였다.
② 경국대전을 완성하였다.
③ 대동여지도를 제작하였다.
④ 백두산정계비를 건립하였다.

6

• 기본 66회 20번

(가)에 들어갈 내용으로 옳은 것은? [3점]

(앞면)

조선 제7대 왕
• 단종을 몰아냄
• 경연을 폐지함
• 진관 체제를 실시함
• (가)

(뒷면)

① 직전법을 시행함 ② 탕평비를 건립함
③ 교정도감을 설치함 ④ 금난전권을 폐지함

❺ 조선 세종의 업적

정답 찾기

훈민정음을 창제하고, "농사직설"을 편찬하였다는 내용을 통해 밑줄 그은 '이 왕'이 조선 세종임을 알 수 있어요. 세종은 백성이 글을 몰라 겪는 어려움을 덜어 주고 스스로 뜻을 표현할 수 있도록 우리 고유의 글자인 훈민정음을 만들어 반포하였어요. 또한, 농민의 실제 경험을 반영하여 우리 기후와 토지에 맞는 농사법을 정리한 "농사직설"을 편찬하였어요. ① 세종은 최윤덕과 김종서를 북방으로 보내 여진을 정벌하고 4군 6진을 개척하였습니다.

오답 피하기

② 조선 성종은 세조 때 편찬하기 시작한 조선의 기본 법전인 "경국대전"을 완성하여 반포하였어요.
③ 조선 후기에 김정호는 우리나라 전국 지도인 대동여지도를 제작하였어요.
④ 조선 숙종 때 청과의 경계를 확정한 백두산정계비가 건립되었어요.

정답 ①

정답 ➡ 98쪽

키워드 한 문장

조선 세종은 학문 연구 기관으로 ☆☆전을 설치하고, 우리 고유의 글자인 훈민정음을 창제·반포하였다.

❻ 조선 세조의 정책

정답 찾기

단종을 몰아냈으며, 경연을 폐지하였다는 내용을 통해 (가)에 조선 세조와 관련된 내용이 들어가야 함을 알 수 있어요. 세조(당시 수양 대군)는 단종이 어린 나이로 왕위에 오르자 계유정난을 일으켜 단종을 도와 정치를 주도하던 황보인, 김종서 등을 제거하고 정치권력을 잡았어요. 이후 단종에게서 왕위를 넘겨받아 왕이 되었어요. 그런데 일부 집현전 학사들이 단종을 다시 왕위에 올리려는 움직임을 보이자 세조는 이를 진압하고 자신의 활동을 견제하던 집현전과 경연을 폐지하였어요. ① 조선 세조는 관리에게 지급할 토지가 부족해지자 현직 관리에게만 세금을 거둘 수 있는 토지를 주는 직전법을 시행하였어요.

오답 피하기

② 조선 영조는 탕평의 의지를 널리 알리기 위해 성균관 입구에 탕평비를 건립하였어요.
③ 고려 무신 집권기에 최충헌은 이의민을 제거하고 권력을 잡은 후 최고 권력 기구로 교정도감을 설치하였어요.
④ 조선 정조는 신해통공을 실시하여 육의전을 제외한 시전 상인의 금난전권을 폐지하였어요.

정답 ①

정답 ➡ 98쪽

키워드 한 문장

조선 세조는 현직 관리에게만 세금을 거둘 수 있는 토지를 주는 ☆☆법을 시행하였다.

키워드 한 문장 정답

1. 한양 2. 도전 3. 경복 4. 태종 5. 집현 6. 직전

공부한 날 월 일

11강 조선 전기의 사회와 문화

이 강에서 배울 시기는?

1392년 조선 건국 — 1592년 임진왜란 (전기 ← | → 후기)

조선은 유교 이념을 통치의 바탕으로 삼았고 정치, 교육, 관리 선발 제도도 유교 이념에 따라 정비하였어요. 또한, 세종 때에는 자주적인 문화가 발전하였죠. 그럼 조선 시대에 여러 제도를 정비하는 과정과 문화, 과학 기술의 발전에 대해서 알아볼까요?

이 강의 핵심 키워드는?

11강-1 조선의 제도

강의 들으며 판서 따라 쓰기

한국사를 그리다

· 지방 : 8도 ❷ ← 관찰사
부·목·군·현 ← 수령

과거 3년
- 문과 : 문신
- 무과 : 무신(군인)
- 잡과 : 기술직(역관, 의관…)

양반
중인 : + 서얼
상민 : 일반 농민多, 세금 부담
천민 : 노비多, 백정

교육 기관
- 중앙 : 성균관, 4부 학당
- 지방 : 향교, 서원 ❸, 서당

국립 / 사립

❶ 조선의 중앙 정치 조직은 나랏일을 총괄하는 의정부와 실제 업무를 실행하는 6조를 중심으로 구성되었어요.

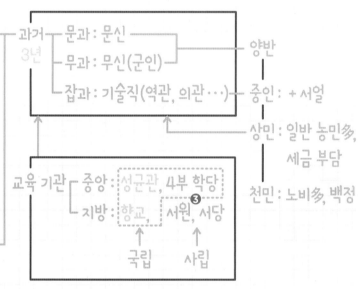

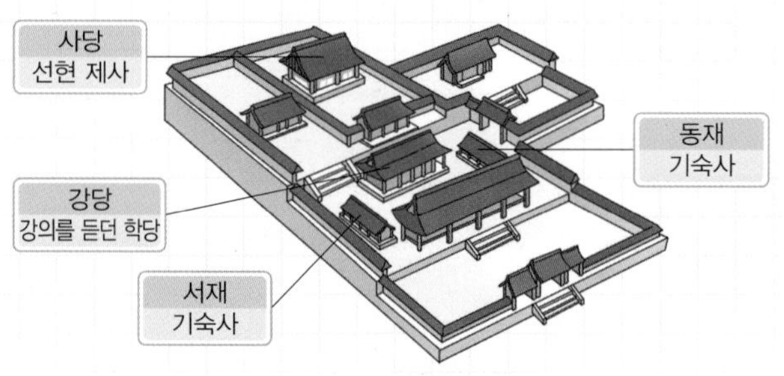

서원의 주요 건물 배치도

조선의 행정 구역

❷ 조선은 전국을 8도로 나누고 관찰사를 파견했어요. 도 아래에는 부·목·군·현을 두고 수령을 파견했어요. 각 도의 이름은 도시의 이름을 따서 지었는데, 예를 들어 충청도는 충주와 청주, 경상도는 경주와 상주, 전라도는 전주와 나주의 첫 글자를 따서 지었습니다.

❸ 서원은 선현에 대한 제사와 양반 자제들의 교육을 담당한 사립 교육 기관이에요.

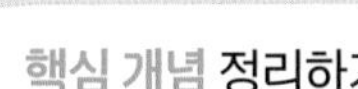

핵심 개념 정리하기

한국사를 읽다

1. 중앙 정치 조직과 지방 행정 제도

나랏일을 총괄하는 의정부와 실제 업무를 실행하는 6조를 중심으로 조직되었어요.

구분	내용
중앙 정치 조직	• 의정부 : 영의정, 좌의정, 우의정의 3정승이 합의를 통해 나랏일을 총괄한 조선 전기의 최고 정치 기구 • 6조 : 이조, 호조, 예조, 병조, 형조, 공조가 실제 업무를 실행함 • 승정원 : 왕의 명령을 전달하는 비서 기관 • 의금부 : 반역죄 등 중죄를 조사하고 처벌하는 사법 기구 • 삼사 : 사헌부(관리의 비리 감찰 담당), 사간원(왕에게 충고와 비판 담당), 홍문관(왕의 자문과 경연 담당) → 언론의 기능을 담당함
지방 행정 제도	• 전국을 8도로 나누고 그 아래에 부 · 목 · 군 · 현을 둠 • 8도에는 관찰사를 파견하고 부 · 목 · 군 · 현에는 수령을 파견함

2. 과거 제도와 교육 제도

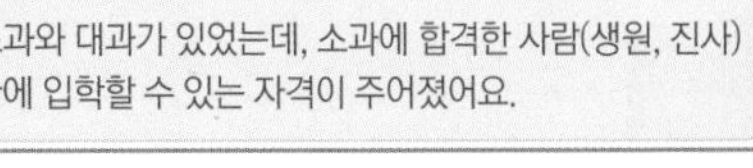

구분	내용
과거 제도	• 양인 이상이면 누구나 과거에 응시할 수 있음 • 문관을 선발하는 문과, 무관을 선발하는 무과, 기술관을 선발하는 잡과로 나뉨
교육 제도	• 한성에 최고 교육 기관인 성균관과 중등 교육 기관인 4부 학당을 세움 • 지방에는 중등 교육 기관인 향교를 세움 • 양반이 주도하여 전국 곳곳에 사립 교육 기관인 서원을 세움 → 선현에 대한 제사와 학문 연구 · 교육 등을 담당함, 지방 유생(유학을 공부하는 학생)들의 모임 장소로 의견을 모으는 역할도 함 • 초등 교육 기관으로 서당이 운영됨

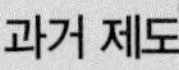

3. 신분 제도

한자 익히기 등 기초적인 교육을 담당했어요.

구분	내용
특징	법적으로는 양인과 천민으로, 실제로는 양인이 다시 양반, 중인, 상민으로 구분됨
양반	과거를 통해 관리가 된 사람과 그 가족을 말함
중인	하급 관리나 외국어 통역을 하는 역관, 의술을 펴는 의관 등 전문적인 일을 하는 기술직과 서얼이 속함
상민	농민 · 수공업자 · 상인 등이 속함, 대다수가 농민이었으며 세금을 부담함
천민	노비가 대부분을 차지함 → 노비는 나라 또는 개인의 재산으로 여겨져 매매나 상속의 대상이 되었음

별툰

“성균관은 조선 시대의 최고 교육 기관으로, 오늘날의 국립 대학에 해당합니다. 수준 높은 유학 교육이 이루어졌으며, 이곳에 입학한 사람들은 과거를 보고 관리가 되기 위해 공부했어요. 성균관에서 공부하는 유생들은 아침저녁으로 식당에 가면 원점을 1점 받았는데, 이렇게 해서 원점 300점을 얻으면 과거를 볼 수 있는 자격이 생겼어요.”

6조

구분	내용
이조	문관을 뽑거나 문관의 인사에 관한 일을 담당함
호조	세금과 예산에 관한 일을 담당함
예조	나라의 행사나 제사를 맡아 보고 과거 시험을 진행함
병조	국방과 병사에 관한 일, 무관의 선발과 인사를 담당함
형조	범죄와 법률에 관한 일을 담당함
공조	건물을 짓고 도로를 내는 등의 일을 담당함

자문과 경연

자문은 일을 잘 처리하기 위해 전문가의 의견을 묻는 것을 말해요. 경연은 국왕과 신하가 함께 유학의 경서와 사서를 공부하고 토의하는 제도입니다.

수령

국왕의 대리인으로 지방의 행정 · 군사 · 사법권을 가진 고을의 책임자였어요.

과거 제도의 운영

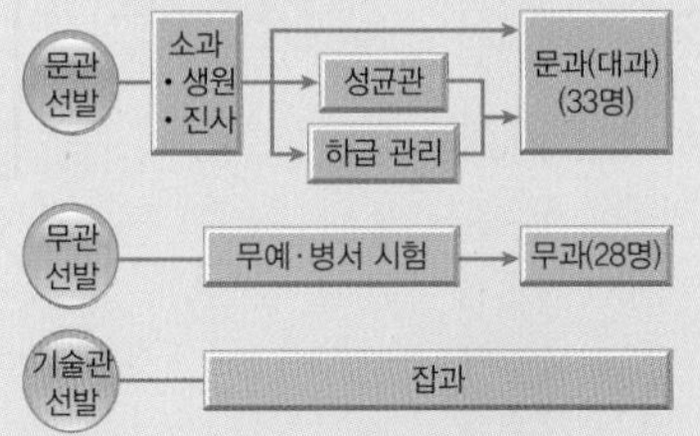

선현

옛날의 어질고 지혜로운 사람을 가리키는데, 대체로 뛰어난 유학자를 말해요.

서얼

양반의 자손 가운데 첩의 자식을 말해요. 이들은 중인과 같은 대우를 받았고, 과거에서 문과에는 응시할 수 없었어요. 때로 제한된 범위 내에서 등용되더라도 오를 수 있는 관직에 한계가 있었어요.

11강-2 조선 전기의 문화

강의 들으며 판서 따라 쓰기

한국사를 그리다

· 세종❶ 시기의 문화(15C)
- 자주 : 훈민정음, 농사직설, 칠정산(한양), 향약집성방
- 유교 : 삼강행실도❷(충·효 → 그림)

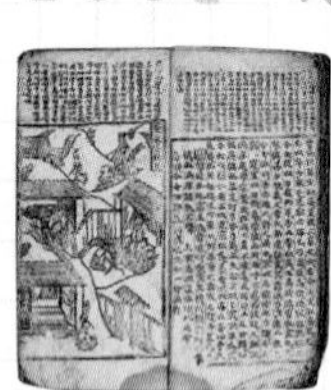

삼강행실도

- 음악 : 박연, 아악 정비
- 과학
  - 장영실❸
  - 혼천의, 간의, 앙부일구(해시계), 자격루(물시계)

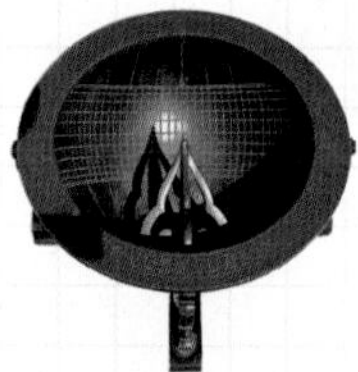

앙부일구

자격루

  - 측우기 : 세계 최초의 강우량 측정 기구

측우기

· 성종 시기의 편찬 사업
- 역사 : 동국통감(고조선 ~ 고려)
- 법 : 경국대전, 국조오례의(국가 의식)
- 지리 : 동국여지승람
- 음악 : 악학궤범

❶ 세종은 백성의 생활에 도움이 되는 여러 정책을 폈어요. 다양한 분야에서 실용적이고 자주적인 성격의 책을 편찬했으며, 혼천의, 간의, 앙부일구, 자격루, 측우기 등의 과학 기구를 만들었어요.

❷ 세종은 백성이 쉽게 유교 윤리를 이해할 수 있도록 임금과 신하, 부모와 자식, 부부 사이에 모범이 되는 이야기를 모아 그림을 곁들여 "삼강행실도"를 편찬했어요.

❸ 장영실은 세종 때의 과학 기술자입니다. 혼천의와 간의, 앙부일구, 자격루 등의 제작에 참여하여 조선의 과학 기술 발전에 크게 기여했어요.

한국사를 읽다

1. 세종 시기의 문화

훈민정음 창제	• 배경 : 중국의 글자인 한자가 어려워서 백성들이 글을 몰라 어려움을 겪음 → 세종이 우리 고유의 글자인 훈민정음을 만들어 반포함 • 특징 : 발음 기관의 모양을 본떠 28개의 글자를 만듦 → 과학적이고 독창적임, 비교적 배우기 쉬움 • 보급 : "용비어천가" 등을 훈민정음으로 편찬함, 하급 관리의 채용 시험에 활용함
편찬 사업	• "농사직설" : 농민의 경험을 바탕으로 우리 기후와 토지(풍토)에 맞는 농사법을 정리한 농업 서적 • "칠정산" : 우리 역사 최초로 한양(한성)을 기준으로 해와 달, 별 등의 천체 운동을 계산하여 우리 실정에 맞도록 만든 역법서 • "향약집성방" : 우리 땅에서 나는 약재와 치료 방법을 정리한 의학 서적 • "삼강행실도" : 유교 윤리를 널리 알리기 위해 우리나라와 중국에서 모범이 될 만한 충신, 효자, 열녀 등의 이야기를 모아 글과 그림으로 설명한 윤리 서적
과학 기술	• 혼천의 : 각종 천문 현상을 연구하기 위해 해와 달, 별의 움직임을 관측하는 기구 • 간의 : 혼천의를 간소화하여 만든 기구 • 앙부일구 : 해의 움직임에 따라 달라지는 그림자로 시간을 알려 주는 해시계 • 자격루 – 물의 흐름을 이용하여 종, 북, 징을 자동으로 쳐서 시간을 알려 주는 물시계 – 날씨에 상관없이 시간을 알 수 있음 • 측우기 : 비가 내린 양을 측정하는 기구, 전국에 설치하여 가뭄과 홍수에 대비하게 함
음악	박연이 아악 정비

아악은 궁중 의식에서 연주하는 전통 음악을 말해요.

2. 성종 시기의 편찬 사업

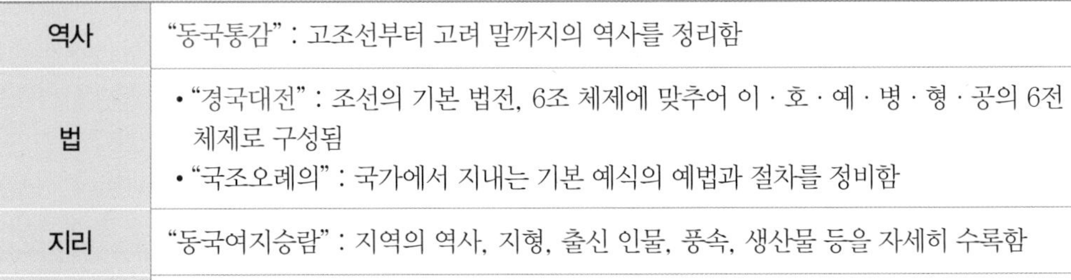

역사	"동국통감" : 고조선부터 고려 말까지의 역사를 정리함
법	• "경국대전" : 조선의 기본 법전, 6조 체제에 맞추어 이 · 호 · 예 · 병 · 형 · 공의 6전 체제로 구성됨 • "국조오례의" : 국가에서 지내는 기본 예식의 예법과 절차를 정비함
지리	"동국여지승람" : 지역의 역사, 지형, 출신 인물, 풍속, 생산물 등을 자세히 수록함
음악	"악학궤범" : 궁중 음악을 모아 정리함

별툰

"세종은 백성을 위한 정책을 마련하기 위해 항상 고민했어요. 세종 때 다양한 책을 편찬하고 여러 과학 기구를 만든 것은 백성을 위한 마음에서 비롯되었어요."

★ **용비어천가**

세종 때 편찬된 것으로, 선조들의 업적과 어진 덕을 찬양한 노래입니다. 훈민정음으로 지은 최초의 작품이에요.

★ **칠정산**

'칠정'은 태양과 달, 수성, 금성, 화성, 목성, 토성 등 일곱 가지의 움직이는 별을 뜻해요.

천체의 움직임을 살펴 시간과 날짜를 구분하는 방법을 정리한 책으로, 오늘날의 달력과 비슷해요.

★ **혼천의**

★ **간의**

1

• 기본 49회 20번

(가)에 들어갈 내용으로 옳은 것은? [1점]

○○년 신입생 모집
조선 최고 교육 기관
(가)
1. 선발 인원 : 200명
2. 지원 자격 : 소과에 합격한 생원, 진사 등
3. 특전 : 원점* 300점인 자에게 관시(館試) 응시 자격 부여
*원점(圓點) : 아침, 저녁 식당에 들어갈 때 찍는 점

① 향교 ② 성균관
③ 육영 공원 ④ 4부 학당

❶ 성균관

정답 찾기

조선 최고 교육 기관이며 소과에 합격한 생원, 진사 등에게 지원 자격이 주어진다는 내용을 통해 (가)에 들어갈 내용이 ② 성균관임을 알 수 있어요. 성균관은 수도인 한성에 세워진 조선 시대 최고 교육 기관으로, 오늘날의 국립 대학에 해당합니다. 과거제 중에서 문과의 소과에 합격한 생원, 진사에게 성균관에 입학할 수 있는 자격이 주어졌어요. 성균관에서는 인재 양성을 위한 유학 교육을 실시하였으며 성현에 대한 제사도 지냈어요.

오답 피하기

① 향교는 고려와 조선 정부가 설립한 국립 학교이며, 지방에 세워진 중등 교육 기관이에요.
③ 육영 공원은 조선 정부가 설립한 국립 학교이며, 미국인 교사가 영어를 비롯한 근대 학문을 가르쳤어요.
④ 4부 학당은 조선 정부가 설립한 국립 학교이며, 수도인 한성에 세워진 중등 교육 기관이에요.

정답 ②

정답 ➡ 106쪽

키워드 한 문장

☆☆관은 조선 시대의 최고 교육 기관으로 수준 높은 유학 교육을 실시하였다.

2

• 기본 58회 21번

(가)에 들어갈 교육 기관으로 옳은 것은? [1점]

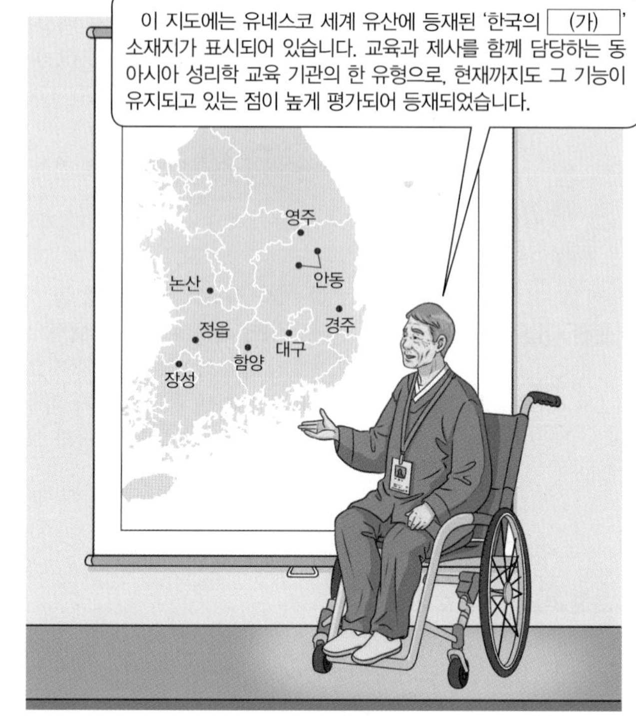

이 지도에는 유네스코 세계 유산에 등재된 '한국의 (가)' 소재지가 표시되어 있습니다. 교육과 제사를 함께 담당하는 동아시아 성리학 교육 기관의 한 유형으로, 현재까지도 그 기능이 유지되고 있는 점이 높게 평가되어 등재되었습니다.
영주
안동
논산
경주
정읍
대구
함양
장성

① 서원 ② 향교
③ 성균관 ④ 4부 학당

❷ 서원

정답 찾기

유네스코 세계 유산에 등재되었으며 교육과 제사를 함께 담당하는 성리학 교육 기관이라는 내용을 통해 (가)에 들어갈 교육 기관이 ① 서원임을 알 수 있어요. 서원은 조선 시대 양반이 주도하여 전국 곳곳에 세운 사립 교육 기관이며, 선현에 대한 제사와 양반 자제들의 교육을 담당하였어요. 또한, 지방 유생(유학을 공부하는 학생)들의 모임 장소로 의견을 모으는 역할도 하였어요.

오답 피하기

② 향교는 고려와 조선 정부가 설립한 국립 학교이며, 지방에 세워진 중등 교육 기관이에요.
③ 성균관은 조선 정부가 설립한 국립 학교이며, 수도인 한성에 세워진 최고 교육 기관이에요.
④ 4부 학당은 조선 정부가 설립한 국립 학교이며, 수도인 한성에 세워진 중등 교육 기관이에요.

정답 ①

정답 ➡ 106쪽

키워드 한 문장

☆☆은 선현에 대한 제사와 양반 자제들의 교육을 담당한 사립 교육 기관이다.

3

• 기본 63회 18번

밑줄 그은 '왕'의 재위 시기에 있었던 사실로 옳은 것은? [2점]

이 책은 정초, 변효문 등이 왕의 명을 받아 편찬한 농서입니다. 우리 풍토에 맞는 농법을 보급하기 위해 각 지역에 있는 노련한 농부들의 경험을 수집하여 간행하였습니다.
농사직설

① 자격루가 제작되었다.
② 화통도감이 설치되었다.
③ 삼국유사가 저술되었다.
④ 백두산정계비가 건립되었다.

❸ 조선 세종 재위 시기의 사실

정답 찾기

정초, 변효문 등에게 명하여 "농사직설"을 편찬하게 하였다는 내용을 통해 밑줄 그은 '왕'이 조선 세종임을 알 수 있어요. 세종의 명을 받은 정초, 변효문 등이 농민의 실제 경험을 반영하여 우리 기후와 토지(풍토)에 맞는 농사법을 정리한 "농사직설"을 편찬하였어요. 한편, 조선 전기에는 국가의 지원 속에 과학 기술이 발달하였는데, ① 조선 세종 때 장영실이 중심이 되어 자격루를 제작하였어요. 자격루는 자동으로 시간을 알려 주는 장치를 갖춘 물시계입니다.

오답 피하기

② 고려 말 우왕 때 최무선의 건의로 화약 무기를 제작하는 화통도감이 설치되었어요.
③ 고려 후기에 승려 일연이 "삼국유사"를 저술하였어요.
④ 조선 숙종 때 조선과 청의 국경을 정한 백두산정계비가 건립되었어요.

정답 ①

정답 ➡ 106쪽

키워드 한 문장

조선 세종 때 우리 기후와 토지(풍토)에 맞는 농사법을 정리한 "농　　　"이 편찬되었다.

4

• 기본 50회 18번

(가)에 들어갈 책으로 옳은 것은? [2점]

① 동의보감 ② 악학궤범
③ 삼강행실도 ④ 용비어천가

❹ 삼강행실도

정답 찾기

충신, 효자, 열녀의 이야기를 담아 세종 때 편찬된 책은 ③ "삼강행실도"입니다. 조선 세종은 유교 윤리를 널리 알리기 위해 우리나라와 중국에서 모범이 될 만한 충신, 효자, 열녀 등의 이야기를 모아 "삼강행실도"를 편찬하였어요. "삼강행실도"는 백성이 이해하기 쉽도록 글과 그림으로 설명되있어요.

오답 피하기

① "동의보감"은 조선 광해군 때 허준이 전통 한의학을 체계적으로 정리하여 완성한 의학 책이에요.
② "악학궤범"은 조선 성종 때 성현 등이 궁중 음악 등을 체계적으로 정리한 음악 책이에요.
④ 조선 세종 때 편찬된 "용비어천가"는 선조들의 업적과 어진 덕을 찬양한 노래입니다. 훈민정음으로 쓰인 최초의 작품이에요.

정답 ③

정답 ➡ 106쪽

키워드 한 문장

조선 세종 때 충신과 효자, 열녀 등의 이야기를 글과 그림으로 설명한 "삼강　　도"가 편찬되었다.

5

• 기본 69회 18번

(가)에 들어갈 스탬프로 적절하지 않은 것은? [1점]

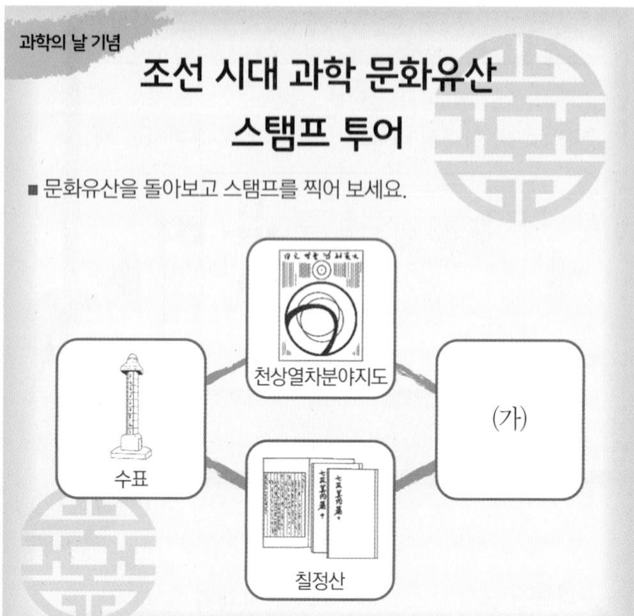

① 측우기

② 
자격루

③ 
혼천의

④ 
첨성대

❺ 조선 시대 과학 문화유산

정답 찾기

(가)에는 조선 시대 과학 문화유산 스탬프가 들어가야 합니다. ④ 첨성대는 신라 선덕 여왕 때 축조된 천문 관측대로 알려져 있으며 경주에 있어요.

오답 피하기

① 측우기는 비가 내린 양(강우량)을 측정하는 기구로, 조선 세종 때 처음 만들어졌어요.
② 자격루는 자동으로 시간을 알려 주는 장치를 갖춘 물시계로, 조선 세종 때 장영실이 중심이 되어 만들었어요.
③ 혼천의는 각종 천문 현상을 연구하기 위해 해와 달, 별의 움직임을 관측하는 기구로, 조선 세종 때 장영실 등이 만들었어요.

정답 ④

정답 ➡ 106쪽

키워드 한 문장

조선 세종 때 해시계인 ______ 일구와 물시계인 ______ 루가 만들어졌다.

6

• 기본 66회 23번

(가)에 들어갈 문화유산으로 옳은 것은? [1점]

(가) 가 종묘 앞에 처음 설치되었습니다. 이 기기는 영침의 그림자로 시각을 표시하며, 동지나 하지와 같은 절기도 확인할 수 있습니다.
종묘 앞에 새 기기 설치

① 자격루 ② 측우기
③ 혼천의 ④ 앙부일구

❻ 앙부일구

정답 찾기

종묘 앞에 처음 설치되었고, 영침의 그림자로 시각을 표시하며, 동지나 하지와 같은 절기도 확인할 수 있다는 내용을 통해 (가)에 들어갈 문화유산이 ④ 앙부일구임을 알 수 있어요. 조선 세종은 해그림자로 시각을 알 수 있게 만든 해시계인 앙부일구를 한성의 종묘 앞에 설치하여 많은 백성이 시간을 알 수 있게 하였어요. 앙부일구는 계절선으로 절기를 표시하여 시각과 함께 절기도 알 수 있었어요. 앙부일구의 이름은 '하늘을 우러르고 있는 가마솥 모양의 해시계'라는 뜻입니다.

오답 피하기

① 자격루는 자동으로 시간을 알려 주는 장치를 갖춘 물시계로, 조선 세종 때 장영실, 이천 등이 처음 만들었어요.
② 측우기는 비가 내린 양(강우량)을 측정할 수 있는 기구로, 조선 세종 때 한성의 천문 관서와 지방 관아에 설치하도록 하여 전국 각지의 강우량을 측량하였어요.
③ 혼천의는 천체의 운행과 위치를 연구하기 위한 천문 관측기구로, 조선 세종 때 장영실 등이 만들었어요.

정답 ④

정답 ➡ 106쪽

키워드 한 문장

노비 출신이라 알려진 장 ______ 은 혼천의, 자격루 등 다양한 과학 기구의 제작에 참여하였다.

키워드 한 문장 정답

1. 성균 2. 서원 3. 사직설 4. 행실 5. 앙부, 자격 6. 영실

공부한 날 월 일

12강 임진왜란과 병자호란

조선은 건국 이후 200여 년 동안 큰 전쟁 없이 평화로운 시기를 보냈어요. 그러나 일본과 청의 침략으로 두 차례 큰 전쟁을 겪게 되었어요. 큰 전쟁을 치르면서 조선은 많은 사람이 다치거나 죽고 국토가 황폐해졌어요. 조선을 어려움에 빠뜨린 임진왜란과 병자호란에 대해 살펴볼까요?

이 강의 핵심 키워드는?

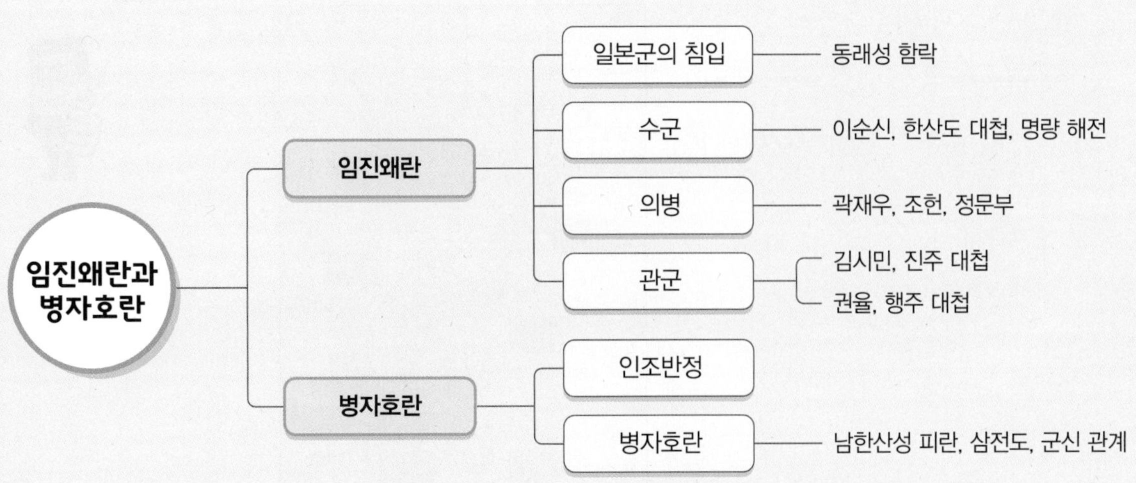

12강-1 임진왜란

강의 들으며 판서 따라 쓰기

한국사를 그리다

임진왜란(1592)

정발 : 부산진 전투

↓

❶ 송상현 : 동래성 전투

❶ 동래부 순절도

❶ 동래부 순절도는 임진왜란 때 일본군에 맞서 싸우던 동래부 사람들의 모습을 그린 그림이에요. 부산에 쳐들어온 일본군이 동래성을 공격하자 부사 송상현을 비롯한 조선군과 백성이 일본군에 맞서 싸웠으나 패했어요.

↓

신립 : 탄금대 전투(충주)

↓

❷ 이순신 : 옥포 해전 → 한산도 대첩

└ 학익진(판옥선 + 거북선)

↓

❸ 의병 : 곽재우(홍의 장군), 조헌(7백의총), 정문부(함경도)

↓

김시민 : 진주 대첩

↓

조·명 연합군 : 평양성 전투

↓

권율 : 행주 대첩(화차)

(한산도 대첩, 진주 대첩, 행주 대첩 — 3대첩)

↓

유성룡(징비록) : 훈련도감

— 휴전 결렬 —

이순신 : 명량 해전 → 노량 해전

❷ 이순신이 이끄는 조선 수군은 한산도 대첩에서 학익진 전법으로 큰 승리를 거두어 일본군의 기세를 완전히 꺾어 놓았어요.

❸ 전국 곳곳에서 의병이 일어나 관군과 협력하여 진주성과 행주산성 등지에서 큰 승리를 거두었어요.

임진왜란 당시 의병과 관군의 활동

핵심 개념 정리하기

한국사를 읽다

1. 임진왜란의 전개 과정

도요토미 히데요시는 일본을 통일한 뒤 불만을 가진 세력을 통제하기 위해 명 정벌을 추진했어요. 그리고 명으로 가는 길을 내어 달라고 요구하며 조선을 침략했어요.

배경	일본을 통일한 도요토미 히데요시가 조선과 명을 정복하려는 욕심을 가지고 조선을 침략함
전개 과정	일본군이 부산으로 쳐들어옴 → 부산진(정발)과 동래성(송상현)이 함락됨 → 충주가 함락됨(신립이 탄금대에서 맞서 싸웠으나 패배함) → 한성이 함락됨 → 선조는 의주로 피란하고 명에 지원군을 요청함 → 일본군이 평양을 점령하고 함경도 지역까지 올라옴
수군의 활약	이순신이 이끄는 조선 수군이 옥포 해전, 한산도 대첩 등에서 일본군을 물리침
의병과 관군의 활약	• 곽재우, 조헌, 휴정(서산 대사), 유정(사명 대사), 정문부 등이 백성을 모아 의병을 일으킴, 전국 곳곳에서 익숙한 지리를 활용하여 적은 병력으로 일본군에 타격을 줌 • 김시민이 이끄는 관군과 의병이 연합하여 진주성에서 큰 승리를 거둠(진주 대첩) • 권율이 이끄는 관군이 의병과 함께 행주산성에서 일본군을 크게 무찌름(행주 대첩)
군사 제도의 변화	유성룡의 건의로 훈련도감을 설치함 → 포수(조총), 사수(활), 살수(칼, 창 등)의 삼수병으로 구성됨
결과	일본군이 조선 수군에 잇따라 패배하고 명의 지원군이 조선군에 합세하자 일본이 휴전을 제안함 → 3년에 걸친 휴전 협상이 결렬되자 일본이 다시 전쟁을 일으킴(정유재란) → 이순신이 이끄는 조선 수군이 명량 해전에서 일본군을 물리침 → 도요토미 히데요시가 죽자 일본군이 조선에서 철수를 결정함, 조선 수군이 철수하는 일본군을 노량 해전에서 크게 무찌름, 전쟁이 끝남

이순신은 임진왜란의 마지막 해전이었던 노량 해전에서 전사했어요.

휴전 협상이 결렬되자 일본이 다시 전쟁을 일으켰는데 정유년에 일어났다고 하여 이를 정유재란이라고 해요.

2. 임진왜란 이후의 상황

조선	• 많은 사람이 죽거나 포로로 끌려감, 국토가 황폐해짐, 나라의 살림이 어려워짐 • 경복궁, 불국사 등 많은 문화유산이 불타고 수많은 문화유산을 일본에 빼앗김
중국	명의 힘이 더욱 약해짐, 여진이 세력을 키워 후금을 세움
일본	조선에서 문화유산을 빼앗아 가고 학자와 기술자를 강제로 끌고 감 → 일본에서 성리학과 도자기 문화가 발달함
일본과의 관계 회복	왜란 후 한동안 외교 관계를 끊었으나 일본의 요청으로 무역 등을 다시 시작함, 이후 일본의 요청으로 대규모의 통신사를 여러 차례 일본에 파견함(선진 문물을 전파함)

별튼

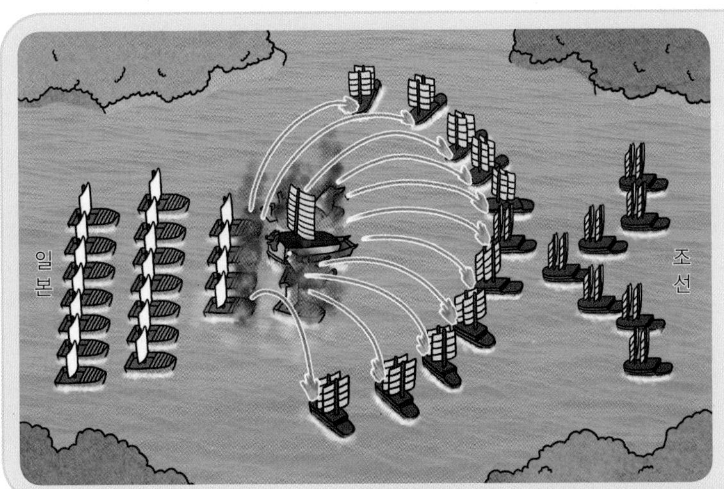

"이순신이 이끄는 조선 수군은 한산도 대첩에서 학이 날개를 편 듯이 일본 수군을 에워싸 공격하는 학익진 전법으로 큰 승리를 거두었어요."

곽재우

경상도 의령에서 의병을 일으켰으며, 붉은 옷을 입고 의병을 이끌어서 '홍의 장군'이라고도 불렸어요.

진주성

임진왜란 때 두 차례의 큰 전투가 벌어진 곳이에요. 1차 전투에서는 김시민이, 2차 전투에서는 의병장 김천일이 활약하였어요.

유성룡은 일본의 침입에 대비하여 권율과 이순신을 추천하였어요. 또한, 임진왜란 중에 훈련도감 설치를 건의하였으며, 임진왜란에서 드러난 문제점을 반성하고 훗날에 대비하기 위해 전쟁 당시의 사실을 기록한 "징비록"을 남겼어요.

명량 해전

원균이 이끈 조선 수군이 칠천량 해전에서 패하여 12척의 배가 남았어요. 이순신은 12척의 배를 수습한 후 한 척을 더하여 13척의 배로 울돌목(명량 해협)에서 일본 수군의 133척에 맞서 큰 승리를 거두었어요.

통신사

통신사 행렬도

외교 관계를 회복한 뒤 조선은 일본의 요청으로 외교 사절단인 통신사를 파견하였어요. 통신사가 지나가는 곳에서는 다양한 문화적·경제적 교류가 이루어져 통신사는 외교 사절의 역할뿐만 아니라 선진 문물을 전달하는 역할도 하였어요.

12강-2 병자호란

강의 들으며 판서 따라 쓰기

한국사를 그리다

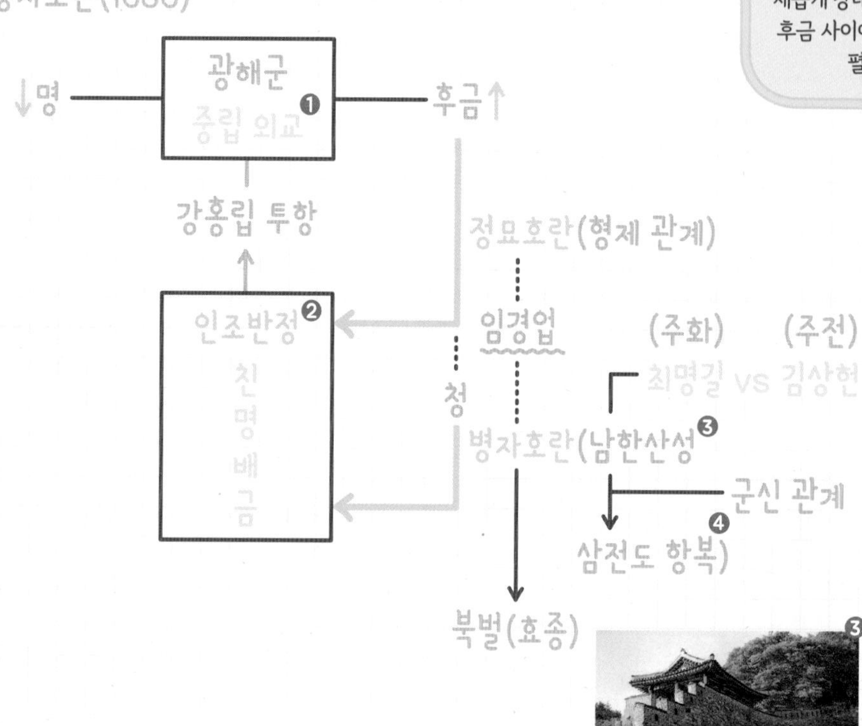

❶ 광해군은 또다시 전쟁을 겪지 않기 위해 세력이 약해진 명과 새롭게 강대국으로 성장하는 후금 사이에서 중립 외교를 펼쳤어요.

❸ 남한산성

❹ 서울 삼전도비

❷ 광해군의 중립 외교 등에 반대하던 신하들이 반정을 일으켜 광해군을 쫓아내고 인조를 왕으로 세웠어요.

❸ 청의 군대가 한성으로 빠르게 진격하자 왕실은 강화도로 피란하고 인조와 신하들은 남한산성에 들어가 청에 맞서 싸웠어요.

❹ 병자호란 때 승리한 청 태종은 조선이 항복한 사실과 자신의 업적을 새긴 비석을 인조가 항복 의식을 치른 삼전도에 세우도록 했어요.

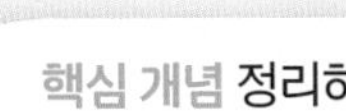

핵심 개념 정리하기

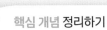

한국사를 읽다

1. 광해군의 중립 외교

중립 외교	• 명의 세력이 약해지고 후금이 강성해지자 광해군은 두 나라 사이에서 중립 외교를 펼침 • 명이 후금을 물리치기 위해 조선에 군사를 요청함 → 광해군은 강홍립에게 군사를 주어 보내면서 상황에 맞게 대처하여 조선군이 피해를 입지 않도록 하라고 지시함
인조반정	광해군의 중립 외교 등에 반대하던 신하들은 광해군을 쫓아내고 인조를 왕으로 세움

2. 정묘호란과 병자호란

명과 친하게 지내고 금(후금)을 멀리하는 외교 정책이에요.

정묘호란	인조반정으로 집권한 세력은 친명배금 정책을 내세움 → 후금이 조선을 침략함 → 조선과 후금이 형제 관계를 맺는다는 조건으로 전쟁을 끝냄
병자호란	조선이 명과의 관계를 유지하는 상황 속에서 후금이 나라 이름을 '청'으로 바꾸고 조선을 침략함(임경업이 백마산성에서 청에 맞서 싸움) → 인조와 신하들은 남한산성으로 들어감 → 신하들이 청과 끝까지 싸우자는 쪽(주전파 · 척화파, 김상헌)과 청과 싸움을 멈추고 화해하자는 쪽(주화파, 최명길)으로 나뉘어 대립함 → 강화도가 함락되어 피란가 있던 왕족과 신하들이 포로가 됨, 인조가 남한산성에서 나와 항복함 → 삼전도에서 굴욕적인 항복 의식을 치름
결과	• 조선은 청과 군신 관계, 즉 임금과 신하의 관계를 맺음 • 소현 세자와 봉림 대군, 많은 관리와 백성이 청에 인질로 끌려감 • 조선은 청에 조공을 하고, 청이 전쟁을 할 때에는 지원군을 파견할 것을 약속함

후금(청)은 정묘호란 때 맺은 '형제 관계'를 '임금과 신하의 관계(군신 관계)'로 바꾸자고 조선에 요구했어요. 조선이 이를 받아들이지 않자 조선을 침략했지요.

별툰

명과의 의리를 저버리고 오랑캐에게 무릎을 꿇을 수 없습니다. 끝까지 맞서 싸워야 합니다.
고통을 받는 백성을 생각하시옵소서. 청의 요구를 받아들여 전쟁을 멈추고 나라를 보존해야 합니다.
척화파
인조
주화파

"인조와 신하들은 남한산성으로 피신했으나 청의 군대에 포위되었어요. 신하들은 청에 항복하지 말고 끝까지 맞서 싸우자는 쪽(척화파)과 청과 화해하고 전쟁을 끝내자는 쪽(주화파)으로 나뉘어 대립했어요. 40여 일을 버티며 추위와 굶주림에 시달리던 인조와 신하들은 더는 견디지 못하고 청에 항복했어요."

★ 인조반정

신하들은 광해군이 배다른 동생인 영창 대군을 죽이고 새어머니 인목 대비를 쫓아낸 일이 유교 윤리에 어긋난다고 반발하는 한편 광해군의 중립 외교 정책이 임진왜란 때 조선을 도와준 명과의 의리를 저버린 것이라고 비판하며 인조반정을 일으켰어요.

★ 임경업

임경업은 백마산성에서 청군의 진로를 막고 기다렸으나 청군은 이를 피해 한성으로 진격하였어요. 이후 임경업은 청군이 물러갈 때 공격하여 조선인 포로 100여 명을 구출하였어요.

★ 남한산성

남한산성 수어장대

도읍인 한성의 남쪽을 지키던 산성으로, 병자호란 때 인조가 피신하여 청에 맞서 싸웠어요. 남한산성은 동아시아의 성 쌓는 기술을 잘 보여 주며, 유네스코 세계 유산으로 등재되었어요.

1

• 기본 58회 22번

밑줄 그은 '의병장'으로 옳은 것은? [2점]

역사 인물 가상 생활 기록부

2. 주요 이력

연도	내용	비고
1585년	과거 문과 (별시, 2등)	답안지에 왕을 비판한 내용이 있어 합격이 취소됨

3. 행동 특성 및 종합 의견

임진왜란 당시 자신의 고향 의령에서 군사를 모아 일본군에 맞서 싸운 의병장으로, 통솔력이 강하고 애국심과 실천력이 뛰어남. 정암진 전투에서 눈부신 활약을 하였으며, 붉은 옷을 입고 선두에서 많은 일본군을 무찔러 홍의 장군으로 불림

① 조헌 ② 고경명
③ 곽재우 ④ 정문부

2

• 기본 69회 20번

밑줄 그은 '이 전쟁' 중에 있었던 사실로 옳은 것은? [2점]

이 전쟁의 첫 전투 장면을 그린 부산진 순절도입니다. 부산진 첨사 정발과 조선군이 조총을 앞세운 일본군의 침략에 맞서는 모습이 묘사되어 있습니다.

① 권율이 행주산성에서 승리하였다.
② 어재연이 광성보에서 항전하였다.
③ 이종무가 쓰시마섬을 정벌하였다.
④ 인조가 남한산성으로 피란하였다.

❶ 곽재우의 활동

정답 찾기

임진왜란 당시 자신의 고향 의령에서 일본군에 맞서 싸웠으며, '홍의 장군'이라고 불렸다는 내용을 통해 밑줄 그은 '의병장'이 ③ 곽재우임을 알 수 있어요. 곽재우는 자신의 고향인 경상도 의령에서 사람들을 모아 의병을 일으켜 일본군에 맞서 싸웠으며, 익숙한 지리를 활용한 전술로 일본군에 큰 타격을 주었어요. 또한, 곽재우는 붉은 옷을 입고 의병을 이끌어서 '홍의 장군'이라고도 불렸어요.

오답 피하기

① 임진왜란 당시 조헌은 금산에서 칠백 명의 의병과 함께 일본군에 맞서 싸웠지만 모두 전사하였어요.
② 임진왜란 당시 고경명은 금산 전투에서 일본군과 싸우다가 전사하였어요.
④ 임진왜란 당시 정문부는 함경도 길주에서 의병을 이끌고 일본군을 상대로 큰 승리를 거두었어요.

정답 ③

정답 ➡ 114쪽

키워드 한 문장

임진왜란 당시 곽재우, 조헌, 정문부 등 ☆ 병이 활약하였다.

❷ 임진왜란

정답 찾기

부산진 첨사 정발과 조선군이 조총을 앞세운 일본군의 침략에 맞섰다는 내용을 통해 밑줄 그은 '이 전쟁'이 임진왜란임을 알 수 있어요. 1592년에 일본군이 조선을 침략하여 임진왜란이 일어났어요. 일본군이 부산에 침입하자 부산진의 장수 정발과 조선군이 맞서 싸웠으나 부산진이 함락되었어요. ① 임진왜란 당시 권율의 지휘 아래 관민이 힘을 합쳐 행주산성에서 일본군에 승리하였어요.

오답 피하기

② 1871년에 미군이 강화도를 침략하여 신미양요가 일어났어요. 이때 어재연이 이끄는 조선군이 광성보에서 미군에 맞서 싸웠으나 패하였고 결국 광성보가 함락되었어요.
③ 조선 세종 때 이종무가 군사를 이끌고 왜구의 근거지인 쓰시마섬(대마도)을 정벌하였어요.
④ 조선 인조 때인 1636년에 병자호란이 일어나자 인조는 남한산성으로 피란하여 청에 항전하였어요.

정답 ①

정답 ➡ 114쪽

키워드 한 문장

이순신의 ☆☆☆ 대첩, 김시민의 ☆☆ 대첩, 권율의 ☆☆ 대첩은 임진왜란 3대첩으로 꼽힌다.

3

• 기본 52회 26번

밑줄 그은 '사절단'으로 옳은 것은? [2점]

이것은 일본 에도 막부의 요청으로 조선이 파견한 공식 외교 사절단에 관한 기록물입니다. 이 기록물을 통해 양국이 우호 관계 구축과 유지를 위해 노력하였다는 것을 알 수 있습니다.

① 보빙사 ② 연행사
③ 영선사 ④ 통신사

4

• 기본 58회 23번

밑줄 그은 '이 전쟁' 중에 있었던 사실로 옳은 것은? [3점]

문학으로 만나는 한국사

청석령을 지났느냐 초하구는 어디쯤인가
북풍도 차기도 차다 궂은비는 무슨 일인가
그 누가 내 행색 그려 내어 임 계신 데 드릴까

위 시조는 이 전쟁 당시 인조가 삼전도에서 항복한 뒤 봉림 대군이 청에 볼모로 끌려가며 지었다는 이야기가 전해집니다. 청의 심양으로 끌려가는 비참함과 처절한 심정이 잘 표현되어 있습니다.

① 왕이 남한산성으로 피신하였다.
② 양헌수가 정족산성에서 항전하였다.
③ 김윤후가 적장 살리타를 사살하였다.
④ 조 · 명 연합군이 평양성을 탈환하였다.

❸ 통신사

정답 찾기

일본 에도 막부의 요청으로 조선이 파견한 공식 외교 사절단은 ④ 통신사입니다. 임진왜란 이후 조선은 일본과 외교 관계를 끊었으나 에도 막부의 요청으로 무역을 다시 시작하고 통신사를 여러 차례 일본에 파견하였어요. 통신사가 지나가는 곳에서는 다양한 문화적 · 경제적 교류가 이루어져 통신사는 외교 사절의 역할뿐만 아니라 선진 문물을 전달하는 역할도 하였어요.

오답 피하기

① 보빙사는 조선이 미국과 통상 조약을 체결한 뒤 미국에 파견한 사절단이에요.
② 연행사는 조선이 청에 파견한 사신이에요. 청의 수도인 '연경에 간 사신'이라는 뜻이에요.
③ 영선사는 개항 이후 조선 정부가 근대 문물을 배우기 위해 청에 파견한 사절단이에요.

정답 ④

정답 ➡ 114쪽

키워드 한 문장

임진왜란 후 조선은 일본에 외교 사절단인 ____사를 파견하였다.

❹ 병자호란

정답 찾기

인조가 삼전도에서 항복한 뒤 봉림 대군이 청에 볼모로 끌려갔다는 내용을 통해 밑줄 그은 '이 전쟁'이 병자호란임을 알 수 있어요. 병자호란 당시 청의 군대가 조선을 침략하여 빠른 속도로 내려오자, ① 인조는 남한산성으로 피신하였어요. 인조와 신하들은 남한산성에서 포위된 채 저항하였으나 청의 강력한 공격을 이겨낼 수 없었어요. 결국 인조는 항복하였고 삼전도에서 굴욕적인 항복 의식을 치렀어요.

오답 피하기

② 병인양요 당시 양헌수 부대가 정족산성에서 프랑스군에 맞서 싸웠어요.
③ 몽골이 고려에 침입하였을 때 김윤후 부대가 처인성에서 몽골 장수 살리타를 죽이고 몽골군을 물리쳤어요.
④ 임진왜란 당시 조 · 명 연합군이 일본군에 빼앗겼던 평양성을 공격하여 되찾았어요.

정답 ①

정답 ➡ 114쪽

키워드 한 문장

병자호란 때 인조는 ____산성에 들어가 항전하였다.

5

• 기본 60회 23번

밑줄 그은 '이 전쟁'에 대한 설명으로 옳은 것은? [2점]

지금 촬영하는 곳은 남한산성입니다. 적의 공격을 방어하기 유리한 지형에 세워진 산성으로 이 전쟁 때 인조가 피신하였습니다.

① 김시민 장군이 활약하였다.
② 별무반을 편성하여 적과 싸웠다.
③ 전쟁 후 청과 군신 관계를 맺었다.
④ 이여송이 이끄는 명의 지원군이 파병되었다.

6

• 기본 66회 21번

(가) 시기에 있었던 사실로 옳은 것은? [2점]

① 병자호란이 일어났다.
② 4군 6진이 개척되었다.
③ 훈련도감이 창설되었다.
④ 외규장각 도서가 약탈되었다.

❺ 병자호란

정답 찾기

인조가 남한산성으로 피신하였다는 내용을 통해 밑줄 그은 '이 전쟁'이 병자호란임을 알 수 있어요. 조선이 명과의 관계를 유지하는 상황에서 후금이 나라 이름을 '청'으로 바꾸고 조선을 침략하였어요. 이에 인조와 신하들은 남한산성으로 피란하여 맞서 싸웠지만 결국 항복하고 삼전도에서 굴욕적인 항복 의식을 치렀어요. ③ 병자호란의 결과 조선은 청과 군신 관계, 즉 임금과 신하의 관계를 맺게 되었어요.

오답 피하기

① 임진왜란 당시 김시민은 관군과 의병을 이끌고 진주성에서 큰 승리를 거두었어요(진주 대첩).
② 고려의 윤관은 여진과 맞서 싸우기 위해 별무반의 조직을 건의하였어요. 이후 편성된 별무반을 이끌고 여진을 정벌한 뒤 동북 9성을 쌓았어요.
④ 임진왜란 당시 조선 정부의 요청에 따라 이여송이 이끄는 명의 지원군이 조선에 파병되었어요.

정답 ③

정답 ➡ 114쪽

키워드 한 문장

병자호란 당시 인조가 ☆☆도에서 항복 의식을 치렀다.

❻ 조선 후기의 정치 변화

정답 찾기

첫 번째 그림은 인조반정(1623)으로 광해군이 유배 가는 상황이고, 두 번째 그림은 병자호란 이후 효종이 북벌을 추진하던 당시의 상황입니다. 조선 후기 광해군은 명과 후금 사이에서 중립 외교 정책을 폈어요. 이에 반대하던 서인 세력은 광해군이 이복동생인 영창 대군을 살해하고 인목 대비를 폐위한 것을 빌미로 인조반정을 일으켜 광해군을 왕위에서 몰아내 유배 보내고 인조를 왕위에 올렸어요. ① 인조반정 이후 인조와 서인 정권은 친명배금 정책을 추진하였고, 이것이 구실이 되어 조선은 정묘호란과 병자호란을 겪게 되었어요. 병자호란 당시 인조는 남한산성에 들어가 항전하였으나 결국 청에 굴복하였고 삼전도에서 굴욕적인 항복 의식을 치렀어요. 병자호란 이후 조선에서는 청에 당한 치욕을 갚자는 북벌이 추진되었어요. 청에 볼모로 끌려갔다가 돌아와 왕위에 오른 효종 때 북벌이 왕성하게 추진되었으나 실제로 이루어지지는 못하였어요.

오답 피하기

② 조선 세종 때 최윤덕과 김종서가 여진을 정벌하고 4군 6진을 개척하였어요.
③ 조선 선조 때 일어난 임진왜란 중에 훈련도감이 창설되었어요.
④ 흥선 대원군 집권 시기에 일어난 병인양요 당시 강화도를 침략한 프랑스군이 물러나면서 외규장각 도서를 약탈하였어요.

정답 ①

정답 ➡ 114쪽

키워드 한 문장

효종 때 청에 당한 치욕을 갚기 위한 ☆벌이 추진되었다.

키워드 한 문장 정답

1. 의 2. 한산도, 진주, 행주 3. 통신 4. 남한 5. 삼전 6. 북

공부한 날 월 일

13강 전란 이후의 정치

이 강에서 배울 시기는?

1592년	1608년	1649년	1674년	1724년	1776년	1800년		1863년
→ 후기 임진왜란 시작	광해군 즉위	효종 즉위	숙종 즉위	영조 즉위	정조 즉위	순조 즉위 →	세도 정치	← 고종 즉위

"조선은 왜란과 호란을 겪은 이후 정치적 변화를 겪었어요. 붕당 간의 대립으로 정치가 혼란해졌고, 이를 해결하기 위해 영조와 정조는 탕평책을 폈어요. 정조가 죽은 이후에는 몇몇 가문이 권력을 좌지우지하는 세도 정치가 이어졌죠. 전란 이후 조선 정치의 변화 과정을 알아볼까요?"

이 강의 핵심 키워드는?

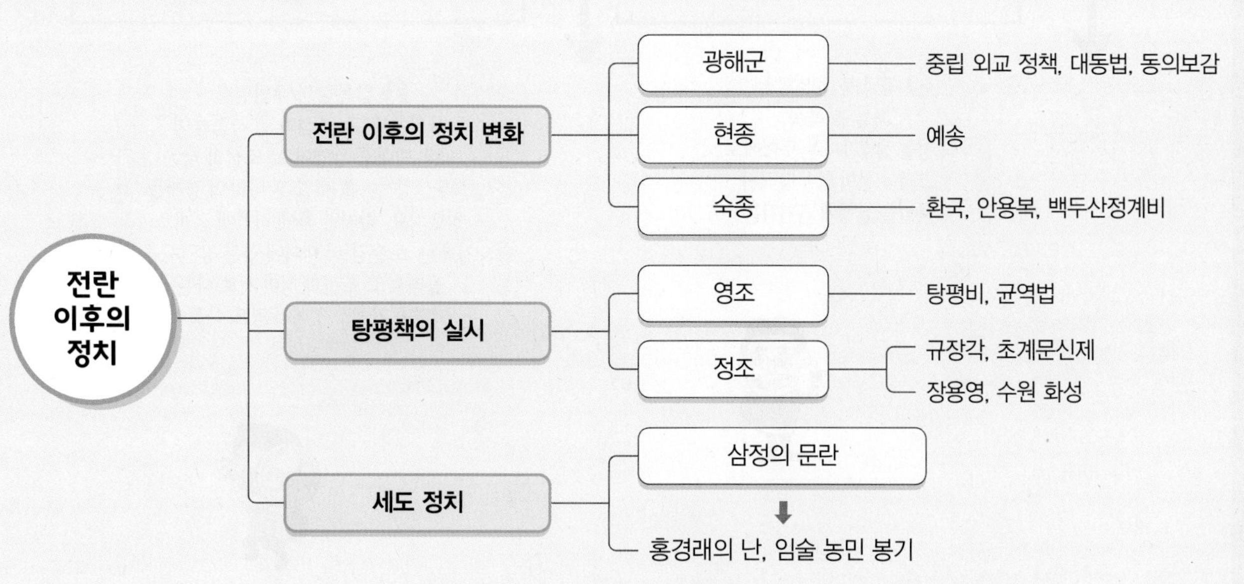

13강-1 전란 이후의 정치 변화

강의 들으며 판서 따라 쓰기

한국사를 그리다

① 대동법은 특산물로 내는 세금인 공납을 쌀이나 옷감, 동전 등으로 내게 한 제도입니다.

[1592]

- 광해군
  - 중립 외교
  - 대동법①(경기도)
    - 특산물 → 쌀(토지 기준)
  - 〈동의보감〉 : 허준
- ↑ 인조반정 : 호란
- 효종
  - 북벌② ← 송시열
- 현종
  - 예송(자의 대비 상복)

- 숙종 ─ 왕↑
  - 환국
  - 안용복 : 울릉도, 독도
  - 백두산정계비③ : 간도
  - 상평통보 : 유통 ○

상평통보

- 고려 화폐 : 유통 X
  - 건원중보(성종) : 최초 화폐, 철전
  - 삼한통보·해동통보(숙종)

② 북녘 북, 정벌할 벌. '북벌'은 북쪽, 즉 청을 정벌한다는 뜻이에요. 그러나 청의 힘이 강해서 북벌을 실행에 옮기지는 못했어요.

③ 압록강과 두만강을 사이에 두고 조선과 청 사람들이 자주 다툼을 벌였어요. 조선과 청은 백두산정계비를 세워 두 나라의 경계를 정했지요. 하지만 후에 비석에 경계로 기록된 '토문강'이 어디에 있는 강인지를 둘러싸고 조선과 청이 서로 다른 의견을 가지고 있어서 영토 다툼이 일어났어요.

핵심 개념 정리하기

한국사를 읽다

전란 이후의 정치 변화

대동법은 소유한 토지에 세금을 매기는 것이어서 땅을 많이 가진 지주들이 대동법의 시행에 반대했어요. 그래서 대동법이 전국으로 확대되는 데 100년이나 걸렸답니다.

광해군	• 중립 외교 정책 추진 : 명과 후금 사이에서 중립 외교 정책을 폄 • 대동법을 경기도에서 처음으로 시행 : 특산물로 내던 공납을 소유한 토지를 기준으로 쌀이나 옷감, 동전 등으로 내게 함 → 땅을 적게 가진 농민의 세금 부담이 낮아짐 • "동의보감" 편찬 : 허준이 전통 한의학을 체계적으로 정리하여 편찬함
효종	• 호란을 겪은 후 청에 대한 복수심이 높아지면서 송시열 등이 청을 정벌하자는 북벌을 주장함 → 더욱 세력이 강해진 청을 공격하는 것은 현실적으로 어려워 실행에 옮기지 못함 • 청의 요청으로 나선 정벌에 조총 부대를 두 차례 파견함  '나선'은 러시아를 말해요. 청이 남쪽으로 내려오는 러시아를 막기 위해 조선에 조총 부대를 보내 달라고 요청하여 조선은 두 차례에 걸쳐 조총 부대를 보냈어요.
현종	예송 발생 : 효종이 사망했을 때와 효종비가 사망했을 때 인조의 비이자 효종의 계모인 자의 대비가 상복 입는 기간을 두고 두 차례 붕당 간에 논쟁이 일어남
숙종	• 왕이 정치를 주도하는 붕당을 급격하게 다른 붕당으로 교체하는 환국이 여러 차례 일어남 • 안용복의 활약 : 일본으로 건너가 울릉도와 독도가 조선의 영토임을 확인받고 돌아옴 • 백두산정계비 건립 : 압록강과 토문강을 경계로 청과의 국경을 확정함 → 후에 '토문강'의 해석을 둘러싸고 조선과 청 사이에 간도 지역에 대한 영토 다툼이 일어남 • 화폐 유통 : 상평통보가 전국적으로 사용됨 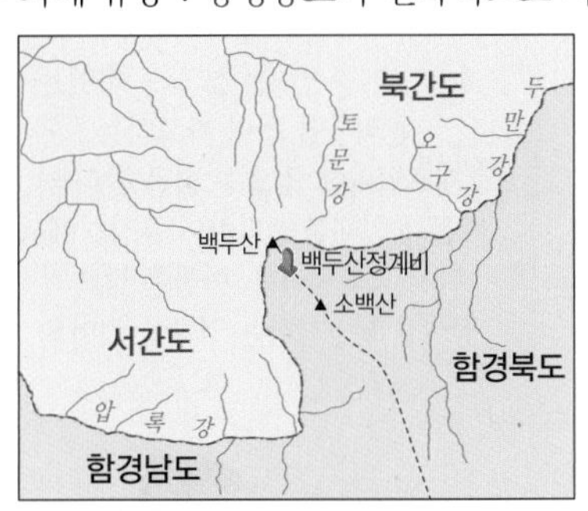 간도와 백두산정계비

별툰

"숙종은 권력이 한편으로 쏠리면 안 된다고 생각했어요. 그래서 왕 자신이 권력을 이쪽에 주었다가, 저쪽에 주었다가 하면서 신하들을 좌지우지했어요. 어느 한쪽의 편을 들어주다가 힘이 너무 강해진다 싶으면 갑자기 모두 몰아내고 반대편의 손을 들어주었지요. 그러다가 또 한쪽으로 힘이 몰린다 싶으면 한꺼번에 몰아냈어요. 이런 상황 속에서 신하들은 왕의 눈치를 보면서도 권력을 잡으면 자기가 속한 편의 이익만을 앞세웠어요."

대동법

특산물로 내던 세금인 공납을 소유한 토지를 기준으로 쌀이나 옷감, 동전 등으로 내게 하는 제도입니다. 특산물을 직접 내는 일은 쉽지 않았어요. 그러다 보니 공납을 대신 내주는 방납업자가 등장하였지요. 이들은 관리 등에게 뇌물을 주고 자신들이 내는 공납만 받도록 하였어요. 백성은 어쩔 수 없이 방납업자의 특산물을 비싸게 사서 공납으로 낼 수밖에 없었어요. 이러한 문제를 바로잡기 위해 대동법이 실시되었어요.

동의보감

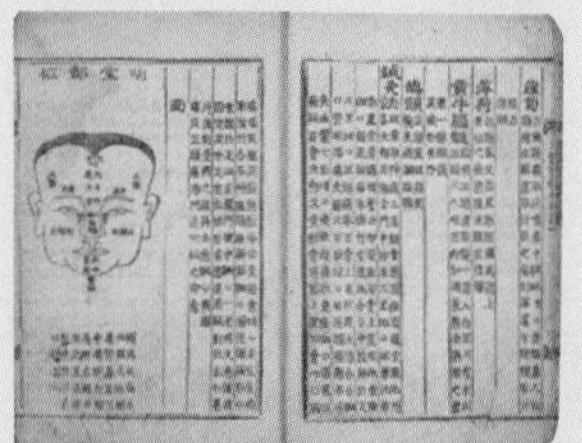

중국과 조선의 전통 한의학 서적을 모아 체계적으로 정리한 책이에요. 허준이 임진왜란이 일어난 뒤 편찬하기 시작하여 광해군 때 완성하였어요. 이 책은 유네스코 세계 기록 유산으로 등재되었어요.

붕당

학문이나 정치적으로 생각을 같이하는 사람들의 정치 집단을 말해요.

안용복

울릉도와 독도 지역은 어업을 하기에 좋은 환경이었어요. 그래서 일본 어부들까지 울릉도와 독도 지역에 와서 고기잡이를 하였지요. 이에 안용복은 일본으로 건너가 울릉도와 독도가 조선의 영토임을 확인받고 돌아왔어요.

13강 -2 탕평책의 실시

강의 들으며 판서 따라 쓰기

한국사를 그리다

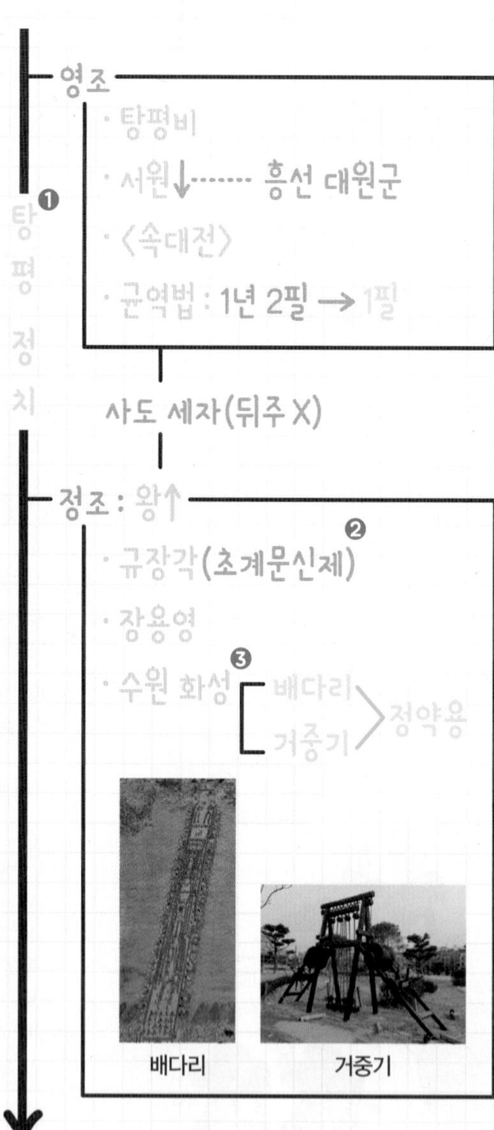

❶ 탕평은 어느 쪽에도 치우침이 없이 공평하다는 뜻이에요. 영조는 신하들이 편을 갈라 극심하게 대립하자 이를 막기 위해 한쪽에 치우치지 않고 인재를 고루 등용하는 탕평책을 폈어요.

❷ 초계문신제는 젊고 능력 있는 관리들을 뽑아 가르치는 제도입니다. 정조는 젊은 관리들 가운데 인재를 선발하여 규장각에서 다시 교육했어요. 이들은 정조의 정책을 뒷받침하는 역할을 했어요.

❸ 정조는 자신의 정치 이상과 개혁 의지를 실현하기 위한 신도시로 수원 화성을 건설했어요. 수원 화성은 유네스코 세계 유산으로 등재되었어요.

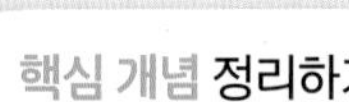

핵심 개념 정리하기

한국사를 읽다

1. 영조의 통치

탕평책 실시	한쪽에 치우치지 않고 인재를 고르게 등용함, 탕평비를 세움
서원 정리	신하들의 대립을 막기 위해 붕당의 근거지인 서원을 대폭 줄임
속대전 편찬	조선 시대의 기본 법전인 "경국대전"을 정비하여 "속대전"을 편찬함
균역법 실시	농민의 군포 부담을 1필로 줄여 줌

조선 시대에 농민은 2필 정도의 포를 내고 군대에 가지 않을 수 있었어요. 그러나 내야 하는 군포의 양이 일반 농민에게는 큰 부담이었지요. 이에 영조는 농민의 부담을 덜어 주기 위해 군포를 반으로 줄여 주었어요.

2. 정조의 통치

탕평책 실시	붕당을 따지지 않고 능력에 따라 인재를 등용함
규장각 설치	정조의 정책을 뒷받침할 연구 기관으로 규장각을 설치함, 박제가 · 유득공 등 서얼 출신을 규장각 검서관으로 등용함
초계문신제 실시	젊고 능력 있는 관리들을 선발하여 규장각에 소속시켜 재교육함
장용영 설치	국왕 친위 부대로, 왕권을 강화하는 역할을 함
수원 화성 건립	군사와 상업의 중심지로 만들고자 함, 정약용이 거중기를 만들어 수원 화성을 축조하는 데 이용함  수원 화성 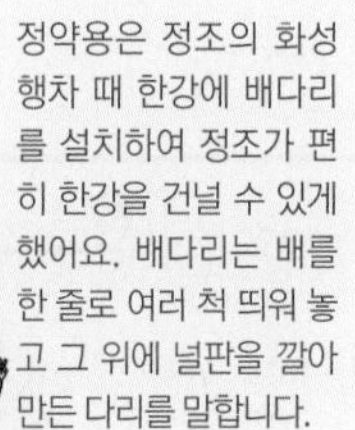

정약용은 정조의 화성 행차 때 한강에 배다리를 설치하여 정조가 편히 한강을 건널 수 있게 했어요. 배다리는 배를 한 줄로 여러 척 띄워 놓고 그 위에 널판을 깔아 만든 다리를 말합니다.

첩의 자손인 서얼은 오를 수 있는 관직에 제한이 있었어요. 정조는 서얼이라는 이유로 자신의 능력을 펴지 못하는 인재들을 규장각 검서관으로 등용했어요.

★ 탕평비

영조는 탕평책에 대한 의지를 보여 주기 위해 성균관 입구에 탕평비를 세웠어요. 탕평비에는 '두루 사귀어 편을 가르지 않는 것이 군자의 공정한 마음이고, 편을 가르고 두루 사귀지 않는 것이 소인의 사사로운 마음이다.'라는 글을 새겼어요.

★ 속대전

영조는 법령을 정비하여 "속대전"을 편찬하였어요. "속대전"의 '속'은 속편(이미 편찬된 책에 이어 펴낸 책)이라고 생각하면 됩니다. '대전'은 조선 시대의 기본 법전인 "경국대전"을 말합니다. 즉, "속대전"은 "경국대전"을 정비하여 펴낸 법전이에요.

★ 거중기

거중기는 무거운 물건을 쉽게 들 수 있도록 고안한 기계입니다. 중국에서 들여온 책인 "기기도설"을 참고하여 정약용이 만들었으며, 수원 화성을 축조할 때 활용하였어요.

자~ 자~!
편 갈라서 싸우지 말고
이 탕평채처럼 함께
어우러져 나랏일을 하세.

"붕당 간의 대립이 심해지자 영조는 각 붕당의 인물을 고루 등용하는 탕평책을 폈어요. 녹두묵에 고기볶음, 나물, 김 등을 섞어 만드는 탕평채는 여러 붕당이 서로 잘 어우러지라는 의미를 담은 영조의 탕평책을 상징하는 음식이기도 해요."

13강-3 세도 정치

강의 들으며 판서 따라 쓰기

한국사를 그리다

세도 정치❶

- 순조·헌종·철종↓(← 소수 가문↑)
  - 매관매직❷
  - 삼정의 문란
    - └ 전정·군정·환곡
- 홍경래의 난
  - 평안도 지역 차별
  - 정주성 전투 X
- 임술 농민 봉기❸
  - 진주 : 백낙신 ← 유계춘
    - └ 전국, 삼정이정청❹(by 박규수)

❶ 세도 정치 시기에는 왕실과 혼인 관계를 맺은 몇몇 가문이 정치를 좌지우지했어요. 대표적인 가문으로 안동 김씨, 풍양 조씨 등이 있지요. 이러한 가문을 세도 가문이라고 부릅니다.

❷ 매관매직은 관직을 사고파는 것을 말해요. 돈을 주고 관직을 산 사람들은 관직에 오른 후 관직을 사는 데 들어간 돈 이상을 백성에게서 거두어들이려고 했어요. 이들의 가혹한 수탈로 백성의 생활은 점점 더 어려워졌어요.

❸ 관리들이 세금을 마음대로 거두고 지배층의 수탈이 심하여 농민의 삶이 더욱 힘들어지자, 임술년(1862)에 진주 농민 봉기 등 농민 봉기가 전국 곳곳에서 일어났어요. 이를 임술 농민 봉기라고 합니다.

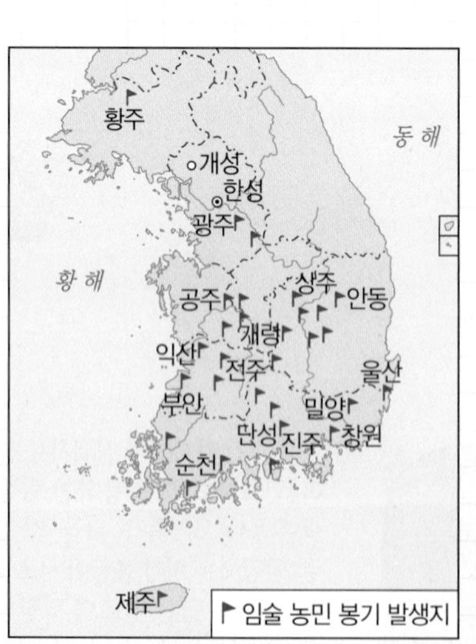

임술 농민 봉기

❹ 삼정이정청은 삼정의 문란을 해결하기 위해 조선 정부가 임시로 설치한 관청이에요.

한국사를 읽다

1. 세도 정치의 폐단

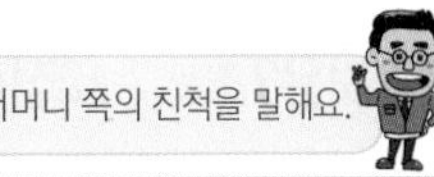

배경	정조가 죽고 나이 어린 순조가 즉위하면서 왕의 외척 등 몇몇 가문이 권력을 장악함
전개	• 순조, 헌종, 철종의 3대 60여 년 동안 세도 정치가 계속됨 • 안동 김씨, 풍양 조씨 등이 비변사를 통해 권력을 독점함 • 매관매직, 관리의 부정부패, 삼정(전정, 군정, 환곡)의 문란이 심해짐

2. 농민 봉기

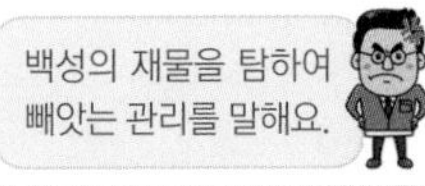

배경	삼정의 문란과 탐관오리의 수탈로 농민의 삶이 어려워짐
홍경래의 난	홍경래가 평안도 지역에 대한 차별, 세도 가문과 관리의 수탈 등에 저항하여 난을 일으킴 → 정주성 전투에서 관군에 패배함 (평안도 지역 사람들은 중요 관직에 등용되지 않는 등 오랫동안 차별을 받았어요.)
임술 농민 봉기	철종 때 경상 우병사 백낙신의 수탈에 저항하여 진주에서 유계춘을 중심으로 농민 봉기가 일어남(진주 농민 봉기) → 사건 수습을 위해 박규수가 안핵사로 파견됨, 전국 곳곳에서 농민 봉기가 일어남 → 박규수의 건의로 삼정이정청이 설치됨

별툰

"세도 정치 시기에 탐관오리는 정해진 대로 세금을 거두지 않고 여러 방법을 동원하여 마음대로 세금을 거두고 농민을 수탈했어요. 이로 인해 전정(토지세), 군정(군포 징수), 환곡(곡식을 빌려주는 구휼 제도) 등 삼정의 운영이 문란해졌어요."

★ 비변사

비변사는 군사 문제를 다루는 임시 회의 기구였어요. 임진왜란을 겪으면서 권한이 점점 확대되어 조선 후기에는 국방뿐만 아니라 외교, 재정 등 정치 전반을 총괄하는 최고 기구가 되었어요.

★ 삼정의 문란

삼정은 전정, 군정, 환곡을 부르는 말이에요. 전정은 토지에 부과하는 세금을 거두어들이는 일, 군정은 군대에 가지 않는 대신에 내는 군포를 거두어들이는 일, 환곡은 봄에 곡식을 빌려주고 수확한 후에 갚도록 하는 구휼 제도입니다. 세도 정치 시기에 탐관오리는 곡식이 나지 않는 땅에 세금을 매기고, 군포를 내지 않아도 되는 노인이나 어린아이에게도 군포를 거두었어요. 또한, 환곡에 과도한 이자를 매기고, 곡식을 빌리지 않아도 되는 사람에게 강제로 곡식을 빌려주거나 쌀을 빼돌리고 모래를 섞어서 빌려주는 등의 방법을 써서 수탈하였어요.

★ 홍경래의 난

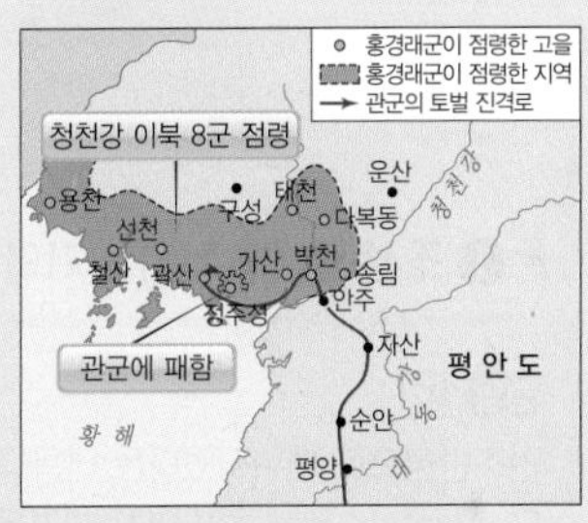

조선 후기에 몰락 양반인 홍경래가 평안도 지역에 대한 차별과 지배층의 수탈에 저항하여 난을 일으켰어요. 난이 일어나자 농민, 중소 상인, 광산 노동자들이 참여하였어요. 이들은 한때 청천강 이북 지역을 장악하였으나 결국 정주성에서 관군에게 진압되었어요.

1

• 기본 54회 23번

(가) 왕의 재위 기간에 있었던 사실로 옳은 것은? [2점]

이곳은 제주 행원 포구입니다. 인조반정으로 폐위되어 강화도 등지로 유배되었던 (가) 은/는 이후 이곳을 통해 제주도로 들어와 유배 생활을 이어 가다가 생을 마감하였습니다.

① 집현전이 설치되었다.
② 비변사가 폐지되었다.
③ 대동법이 시행되었다.
④ 4군 6진이 개척되었다.

2

• 기본 63회 49번

(가)에 들어갈 섬으로 옳은 것은? [1점]

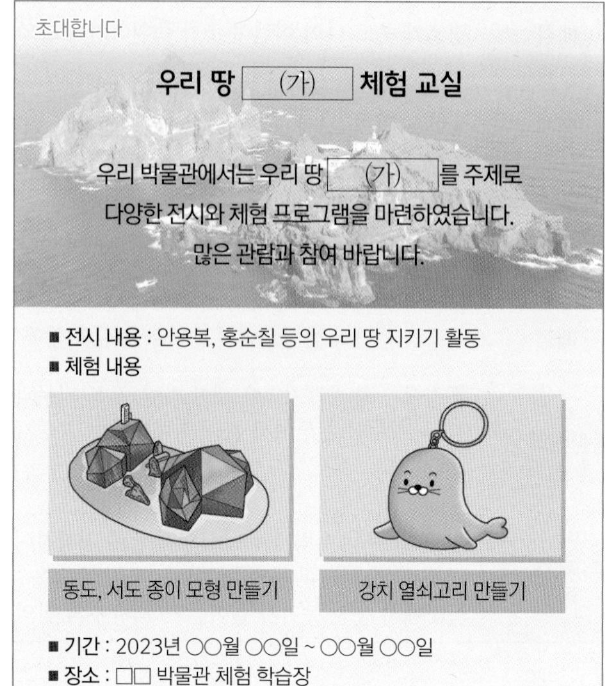

우리 땅 (가) 체험 교실
우리 박물관에서는 우리 땅 (가) 를 주제로 다양한 전시와 체험 프로그램을 마련하였습니다. 많은 관람과 참여 바랍니다.
■ 전시 내용 : 안용복, 홍순칠 등의 우리 땅 지키기 활동

동도, 서도 종이 모형 만들기
강치 열쇠고리 만들기
■ 기간 : 2023년 ○○월 ○○일 ~ ○○월 ○○일
■ 장소 : □□ 박물관 체험 학습장

① 독도 ② 진도
③ 거문도 ④ 제주도

❶ 조선 광해군 재위 시기의 사실

정답 찾기

인조반정으로 폐위되었다는 내용을 통해 (가) 왕이 조선 광해군임을 알 수 있어요. 신하들은 광해군이 영창 대군을 죽이고 새어머니 인목 대비를 쫓아낸 일이 유교 윤리에 어긋난다고 반발하고, 광해군의 중립 외교 정책이 임진왜란 때 조선을 도와준 명과의 의리를 저버린 것이라고 비판하며 인조반정을 일으켰어요. 이에 광해군이 쫓겨나고 인조가 새로운 왕이 되었어요. ③ 광해군 때 특산물로 내던 세금인 공납을 소유한 토지를 기준으로 쌀이나 옷감, 동전 등으로 내게 한 대동법이 시행되었어요. 이를 통해 땅을 적게 가진 농민의 세금 부담이 낮아졌어요.

오답 피하기

① 세종은 학문과 정책을 연구하는 기관인 집현전을 설치하였어요.
② 고종 때 흥선 대원군은 세도 정치 시기에 외척 가문의 권력 기반이 된 비변사를 축소하여 사실상 폐지하였어요.
④ 세종 때 최윤덕과 김종서가 북방의 여진을 정벌하고 4군 6진을 개척하였어요.

정답 ③

키워드 한 문장

정답 ➡ 124쪽

조선 광해군은 공납을 특산물 대신 쌀이나 옷감, 동전 등으로 내게 하는 ☆☆ 법을 처음 실시하였다.

❷ 독도

정답 찾기

안용복이 지킨 우리 땅이라는 내용을 통해 (가)에 들어갈 섬이 ① 독도임을 알 수 있어요. 어부였던 안용복은 조선 숙종 때 울릉도와 독도 부근에서 고기잡이를 하던 일본 어부들을 쫓아내고 일본으로 건너가 울릉도와 독도가 조선의 영토임을 확인받고 돌아왔어요.

오답 피하기

② 진도는 삼별초의 근거지 중 하나입니다. 삼별초는 고려 정부가 몽골과 전쟁을 중단하고 개경으로 돌아가는 것에 반발하여 봉기하였어요. 삼별초는 강화도에서 진도, 제주도로 근거지를 옮겨 가며 고려 정부와 몽골에 끝까지 저항하였어요.
③ 개항 이후 러시아가 조선에서 영향력을 확대하려고 하자, 세계 곳곳에서 러시아와 대립하던 영국이 러시아의 세력 확대를 막는다는 명분을 내세워 1885년부터 약 2년간 거문도를 불법으로 점령하였어요.
④ 제주도는 조선 시대 김만덕이 빈민 구제 활동을 하였던 곳이며, 광복 이후에는 제주 4 · 3 사건이 일어난 곳이에요.

정답 ①

키워드 한 문장

정답 ➡ 124쪽

안 ☆☆ 은 일본에 건너가 울릉도와 독도가 조선의 영토임을 확인받고 돌아왔다.

3

• 기본 69회 27번

(가) 왕에 대한 설명으로 옳은 것은? [2점]

김두량이 그린 '삽살개'에는 탕평비를 세우면서 탕평 의지를 강하게 드러낸 (가) 이/가 쓴 글이 있습니다. 눈을 부릅뜨고 이빨을 드러내며 짖는 삽살개를 야단치는 내용으로, 탕평책을 따르지 않는 신하에 대한 못마땅한 마음을 표현한 것으로 보기도 합니다.

① 규장각을 설치하였다.
② 균역법을 실시하였다.
③ 비변사를 폐지하였다.
④ 훈민정음을 창제하였다.

4

• 기본 64회 26번

밑줄 그은 '이 왕'의 업적으로 옳은 것은? [2점]

화면에 펼쳐진 자료에 대해 설명해 주시겠습니까?
네, 이것은 초계문신제를 시행한 이 왕이 규장각의 관원 등을 초대하여 함께 지은 시를 모은 것입니다.

① 경복궁을 중건하였다.
② 영선사를 파견하였다.
③ 장용영을 창설하였다.
④ 훈민정음을 창제하였다.

❸ 조선 영조의 정책

정답 찾기

탕평 의지를 강하게 드러낸 탕평비를 세웠다는 내용을 통해 (가) 왕이 조선 영조임을 알 수 있어요. 영조는 신하들이 편을 갈라 극심하게 대립하는 것을 막기 위해 탕평책을 폈으며, 탕평 의지를 보여 주기 위해 성균관 입구에 탕평비를 세웠어요. 또 ② 농민의 군포 부담을 덜어 주기 위해 군포를 2필에서 1필로 줄여 주는 균역법을 실시하였어요.

오답 피하기

① 조선 정조는 규장각을 설치하여 학문을 연구하고 주요 정책을 개발하는 기관으로 삼았어요.
③ 조선 고종 때 흥선 대원군은 비변사를 축소하여 사실상 폐지하고 의정부와 삼군부의 기능을 되살렸어요.
④ 조선 세종은 백성을 교화하고 백성이 스스로 뜻을 표현할 수 있도록 훈민정음을 창제하여 반포하였어요.

정답 ②

정답 ➡ 124쪽

키워드 한 문장

조선 영조는 농민의 군포 부담을 줄여 주기 위해 ☆☆ 법을 실시하였다.

❹ 조선 정조의 업적

정답 찾기

초계문신제를 시행하였다는 내용과 '규장각' 등을 통해 밑줄 그은 '이 왕'이 조선 정조임을 알 수 있어요. 정조는 창덕궁 후원에 왕실 도서를 보관하는 규장각을 두어 학문과 정책을 연구하는 기관으로 삼았어요. 이후 자신의 정책을 뒷받침할 인재를 양성하기 위해 젊은 문신을 선발하고 규장각에 소속시켜 재교육하는 초계문신제를 시행하였어요. 또한, ③ 정조는 왕권 강화를 위해 국왕 친위 부대인 장용영을 창설하였어요.

오답 피하기

① 조선 고종 때 왕의 친아버지로 실권을 잡고 있던 흥선 대원군이 주도하여 임진왜란 때 불에 탄 경복궁을 중건하였어요.
② 조선 고종 때 개화 정책을 추진하면서 청에 영선사를 파견하여 근대 무기 제조 기술과 군사 훈련법을 배워 오게 하였어요.
④ 조선 세종은 백성을 교화하고 백성이 스스로 뜻을 표현할 수 있도록 훈민정음을 창제하였어요.

정답 ③

정답 ➡ 124쪽

키워드 한 문장

조선 정조는 새로운 정치를 펼치는 중심지로 활용하고자 수원 ☆☆ 을 건설하였다.

5

• 기본 64회 27번

밑줄 그은 '사건'에 대한 설명으로 옳은 것은? [2점]

이 지도는 홍경래가 주도하여 일으킨 사건을 진압하기 위해 관군이 정주성을 포위한 상황을 보여 주고 있습니다.

정주성공함작전도(모사본)

① 보국안민, 제폭구민을 기치로 내걸었다.
② 한성 조약이 체결되는 결과를 가져왔다.
③ 서북 지역민에 대한 차별에 반발하여 일어났다.
④ 전개 과정에서 선혜청과 일본 공사관을 공격하였다.

6

• 기본 66회 28번

밑줄 그은 '봉기'에 대한 설명으로 옳은 것은? [2점]

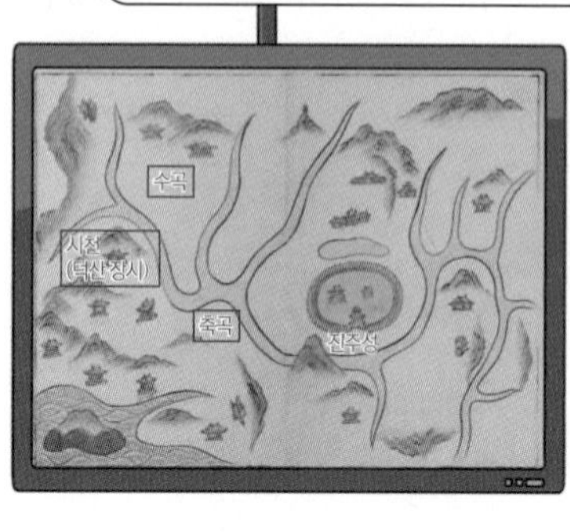

이것은 1862년에 진주에서 일어난 농민 봉기의 주요 지점을 조선 시대 지도에 표시한 것입니다. 유계춘을 중심으로 모인 농민들은 축곡에서 모의하고 수곡에서 읍회를 연 뒤, 덕산 장시를 출발하여 진주성으로 진격했습니다.

① 김부식이 이끄는 관군에 진압되었다.
② 삼정이정청이 설치되는 계기가 되었다.
③ 서북인에 대한 차별에 반발하여 일어났다.
④ 흥선 대원군이 재집권하는 결과를 가져왔다.

❺ 홍경래의 난

정답 찾기

홍경래가 주도하여 일으켰다는 내용 등을 통해 밑줄 그은 '사건'이 홍경래의 난임을 알 수 있어요. 홍경래의 난은 조선 순조 때인 1811년에 홍경래, 우군칙 등의 주도 아래 중소 상공인과 광산 노동자, 가난한 농민 등이 봉기한 운동이에요. ③ 홍경래의 난은 서북 지역민에 대한 차별과 세도 정권의 가혹한 수탈에 반발하여 일어났는데, 한때는 청천강 이북 지역을 5개월여간 장악하였으나 정주성에서 관군에 의해 진압되었어요.

오답 피하기

① 동학 농민 운동은 보국안민과 제폭구민을 기치(일정한 목적을 위하여 내세우는 태도나 주장)로 내걸었어요.
② 갑신정변이 진압된 후 조선 정부는 일본과 일본 공사관의 피해 보상 등을 규정한 한성 조약을 체결하였어요.
④ 임오군란 당시 구식 군인들은 선혜청과 일본 공사관을 공격하였어요.

정답 ③

키워드 한 문장

정답 ➡ 124쪽

☆☆☆의 난은 세도 정치 시기에 평안도 지역에 대한 차별과 지배층의 수탈 등에 저항하여 일어났다.

❻ 진주 농민 봉기

정답 찾기

1862년에 진주에서 일어난 농민 봉기이며 유계춘을 중심으로 농민들이 모였다는 내용을 통해 밑줄 그은 '봉기'가 진주 농민 봉기임을 알 수 있어요. 조선 후기에 세도 정치로 인한 정치 혼란과 삼정의 문란으로 백성의 삶이 어려워졌어요. 이러한 상황에서 1862년에 진주에서 지방관 백낙신의 수탈에 항거하여 유계춘을 중심으로 농민 봉기가 일어났어요. 봉기 소식을 접한 주변 지역을 비롯해 전국 곳곳에서 수탈에 저항하여 농민 봉기가 일어났어요. 1862년이 임술년이라 그해에 일어난 농민 봉기를 임술 농민 봉기라고 합니다. ② 진주 농민 봉기가 일어나자 조선 정부는 이를 수습하기 위해 봉기의 원인으로 지목된 삼정의 문란을 바로잡고자 삼정이정청을 설치하였어요.

오답 피하기

① 고려 인종 때 묘청 등 서경 세력이 서경 천도를 주장하였으나 받아들여지지 않자 서경에서 반란을 일으켰어요. 묘청의 난은 김부식이 이끄는 관군에 진압되었어요.
③ 조선 순조 때 서북인에 대한 차별과 세도 정권의 수탈에 항거하여 홍경래의 난이 일어났어요.
④ 1882년에 임오군란이 일어나자 조선 고종은 사태 수습을 흥선 대원군에게 맡겼고, 정치에서 물러났던 흥선 대원군이 다시 집권하였어요.

정답 ②

키워드 한 문장

정답 ➡ 124쪽

조선 정부는 임술 농민 봉기를 수습하기 위해 ☆☆이정청을 설치하였다.

키워드 한 문장 정답

1. 대동 2. 용복 3. 균역 4. 화성 5. 홍경래 6. 삼정

14강 전란 이후의 경제와 사회

이 강에서 배울 시기는?

“ 왜란과 호란 이후 경제와 사회 등 여러 면에서 변화가 일어났어요. 농업과 상업이 발전하면서 조선의 신분 질서도 영향을 받게 되었어요. 조선 후기 경제와 사회가 어떻게 변화했는지 살펴볼까요? ”

이 강의 핵심 키워드는?

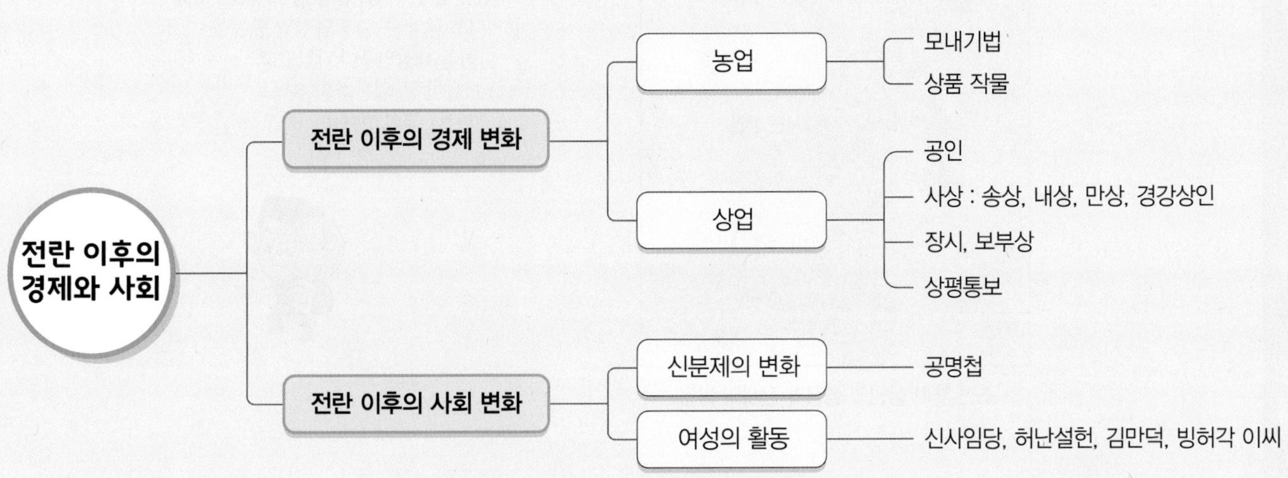

강

14-1 전란 이후의 경제 변화

강의 들으며 판서 따라 쓰기

한국사를 그리다

모내기법 확산 (노동력↓, 생산량↑)
- 농민층 분화
  - 부농 : 광작 ❶
  - 임노동자
- 잉여물↑ → 교환↑ → 상업↑ ❷
  - 사상 : 송상(개성, 인삼), 내상(동래), 만상(의주), 경강상인(한강)
  - 보부상(지방 장시)
  - 상품 작물 재배↑ : 인삼, 담배, 고구마, 감자, 고추
    - (담배, 고구마, 감자, 고추) 임진왜란 이후

❶ 광작은 한 사람이 넓은 토지를 경영하는 것을 말해요. 조선 후기 벼농사에 모내기법을 이용하면서 이전보다 농사에 들어가는 노동력이 줄어들고 쌀 생산량이 늘어났어요. 이에 광작이 가능해지면서 부자가 되는 농민들이 생겨났어요.

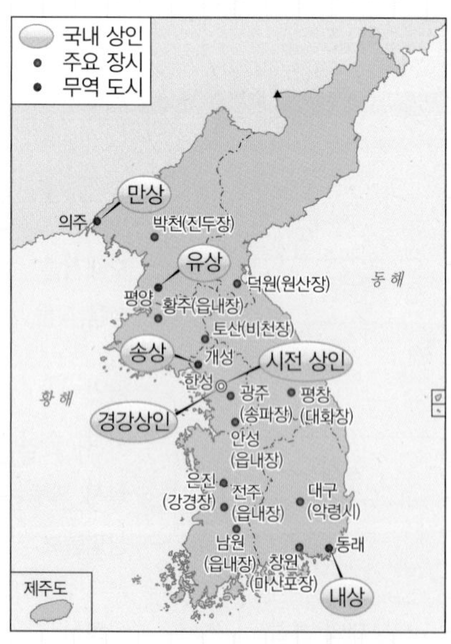

조선 후기 상인의 성장과 장시의 발달

❷ 조선 후기에 농업이 발달하면서 상업도 발달했어요. 한성과 그 부근에서는 일부 상인만 장사할 수 있도록 했던 법이 폐지되면서 상업 활동이 더욱 활발해졌어요. 또한, 송상, 내상, 만상 등 지역을 근거지로 삼아 큰 규모의 상업 활동을 하는 대상인들이 나타났고 이들이 청, 일본과의 무역도 주도했어요.

핵심 개념 정리하기

한국사를 읽다

1. 농업의 변화

모내기법의 전국적 확산	• 농사에 들어가는 노동력이 줄어들고 쌀 생산량이 늘어남 → 한 사람이 넓은 토지를 경영하는 광작이 유행함 • 이모작이 가능해짐, 일부 부유한 농민(부농)이 나타남
농업 기술 개발	농기구 발달, 시비법 개량, 수리 시설 확충, 새로운 농법 시도(골뿌림법) 등
상품 작물 재배	면화, 담배, 고구마, 감자, 고추 등을 재배하여 시장에 내다 팔아 이익을 얻음

볍씨를 모판에 뿌려 기르는 동안 비어 있는 땅에 보리를 심어 수확할 수 있어 벼와 보리의 이모작이 가능하게 되었어요.

밭을 갈아 땅이 움푹 들어간 고랑에 씨를 뿌리는 방법이에요. 바람의 영향을 덜 받아 생산량을 늘릴 수 있었어요.

2. 상업의 발달

배경	• 농업 생산력이 높아지고 도시 인구가 늘어남 → 교환이 활발하게 이루어짐 • 대동법 시행 이후 공인의 활동이 활발해짐
사상의 성장	송상(개성), 내상(동래), 만상(의주), 경강상인(한강 일대) 등이 활동하며 큰 이익을 얻음
장시의 발달	• 전국 곳곳에서 정기 시장인 장시가 열림, 대개 5일장으로 5일에 한 번씩 열림, 영조와 정조 때 전국에 1,000여 개의 장시가 생겨남 • 보부상이 여러 장시를 돌아다니며 장사를 함 → 전국의 장시가 연결됨
화폐 사용의 증가	농업 생산력이 높아지고 상공업이 발달하면서 화폐 사용도 늘어나 상평통보가 전국적으로 유통됨

사상은 나라의 허가를 받지 않고 사적으로 장사하는 사람을 말합니다. 조선 후기에 상업이 발달하면서 사상의 활동이 활발해졌어요.

별툰

"모내기를 하면 어느 정도 자란 모 중에 튼튼한 모를 골라내 심을 수 있어서 쌀의 생산량이 크게 늘어났어요. 또한, 간격을 두고 줄을 맞춰 모를 심기 때문에 잡초를 뽑아내는 김매기에 들어가는 일손을 크게 줄일 수 있었어요."

모내기법

벼농사의 한 방법으로, 볍씨를 논에 바로 뿌리지 않고 모판이라는 상자에 먼저 뿌려 모(벼의 싹)를 키운 후 논에 옮겨 심는 방법이에요.

시비법

거름을 주어 농작물의 성장을 돕는 방법을 말해요.

공인

조선 후기에 정부는 대동법을 시행하여 공납을 특산물 대신 쌀, 옷감, 동전 등으로 거두고, 이를 나라에 필요한 물건을 사는 데 사용하였어요. 이때 나라에 물건을 대어 주던 상인이 공인입니다. 공인은 다양한 물품을 대량으로 사는 일이 많았는데, 이러한 공인의 활동으로 상업과 수공업이 발달하였어요.

송상

송상은 전국에 송방이라는 지점을 설치하고 인삼을 재배·판매하였으며, 내상과 만상 사이에서 중계 무역을 하거나 직접 청과의 무역을 하기도 하였어요.

보부상

부상의 모습

보부상은 보상과 부상을 합쳐 부르는 말이에요. 보상은 물건을 보자기에 싸서 메고 다니며 파는 사람, 부상은 물건을 등에 지고 다니며 파는 사람을 말합니다. 보부상은 전국을 돌아다니며 장사를 하였어요.

14강 -2 전란 이후의 사회 변화

강의 들으며 판서 따라 쓰기

한국사를 그리다

1. 신분제 동요 : 양반의 수↑ 상민·노비의 수↓

납속책, 공명첩 ❶

※서얼 : 규장각 검서관(정조)

공명첩

2. 여성 지위↓ ❷

- 신사임당(연산군~명종) : 아티스트, 율곡 이이 母
- 허난설헌(선조) : 문학가, 허균 누나
  - 〈홍길동전〉
- 김만덕(정조) : 제주도, 사업가, 자선가
- 빙허각 이씨 : 여성 실학자, 〈규합총서〉

❶ 공명첩은 이름 적는 곳을 비워 둔 관직 임명장이에요. 하지만 공명첩을 받은 사람이 실제 관리로 일한 것은 아니에요. 조선 정부는 전쟁을 겪으면서 나라 살림이 어려워지자 부유한 사람들에게 돈이나 곡식을 받고 공명첩을 주었어요.

❷ 조선 전기에 가정 내에서 여성의 지위는 고려 시대와 비슷했어요. 그러나 조선 후기에는 성리학적 유교 이념이 널리 퍼지면서 여성의 지위가 낮아졌어요.

핵심 개념 정리하기

한국사를 읽다

1. 신분제의 변화

특징	양반의 수는 늘어나고 상민과 노비의 수는 줄어듦
양반층의 분화	권력을 가진 일부 양반도 있었으나 농민과 같은 처지가 된 양반이 많아짐
서얼과 중인층의 신분 상승 노력	서얼과 중인층이 신분 상승 운동을 활발히 전개함 → 일부 서얼이 정조 때 규장각 검서관으로 등용됨 서얼과 중인은 능력이 있어도 신분적 한계 때문에 관직 진출에 제한이 있었어요. 이들은 조선 후기에 관직 진출의 제한을 없애 달라는 상소를 올리는 등 신분 상승을 위해 노력했어요. 
상민의 신분 상승	부를 쌓은 일부 상민이 납속책과 공명첩을 이용하여 양반의 신분을 얻음
노비의 신분 상승	납속책을 이용하거나 도망하여 노비 신분에서 벗어나는 경우가 많음

2. 조선 시대 여성의 삶

여성의 지위	성리학의 영향이 확대되면서 여성의 지위가 낮아짐 → 남성과 여성의 구분이 엄격해짐, 성리학적 유교 이념에 따라 여성의 생활이 이전보다 많은 제한을 받음
이름을 알린 조선 시대 여성들	• 신사임당 : 그림에 재능을 보여 뛰어난 작품을 남김, 율곡 이이의 어머니 • 허난설헌 : 어렸을 때부터 뛰어난 글솜씨를 보임, 동생인 허균이 누나의 시를 모아 책을 펴냄, 작품이 중국과 일본에서 높은 평가를 받음 • 김만덕 : 제주 출신의 사회 활동가, 제주도에 큰 흉년이 들었을 때 자신의 전 재산을 내어 곡식을 사 굶주리는 백성에게 나누어 줌 • 빙허각 이씨 : 조선 후기 여성 실학자, 가정 살림과 실생활에 필요한 지식을 정리한 "규합총서"를 저술함

별툰

참으로 훌륭한 일을 하였구나. 과인이 그대의 소원을 들어줄 테니 말해 보라.
김만덕은 제주도에 큰 흉년이 들었을 때 쌀을 사서 굶주린 백성에게 나누어 주었다고 합니다.

"김만덕은 제주도에서 장사를 하여 많은 돈을 벌었어요. 어느 해 제주도에 극심한 흉년이 들어 굶어 죽는 사람들이 많이 생기자 자신의 전 재산을 내어 곡식을 사 와 사람들에게 나누어 주었어요. 이 소식을 들은 정조는 김만덕의 소원인 금강산 여행을 허락하고 편안히 여행할 수 있게 도와주었어요."

납속책

전쟁 등으로 나라 살림이 어려워졌을 때 나라에서 곡식이나 돈 등을 받고 그 대가로 신분을 상승시켜 주거나 관직을 내린 정책을 말합니다. 이를 통해 노비의 신분에서 벗어나거나 양인이 관직을 받을 수도 있었어요.

신사임당

초충도

신사임당은 꽃과 벌레를 그린 초충도를 비롯하여 여러 가지 뛰어난 그림을 남겼다고 합니다.

허균

허난설헌의 동생으로, 최초의 한글 소설인 "홍길동전"을 지었다고 합니다.

1

• 기본 57회 29번

다음 가상 뉴스가 보도된 시기의 경제 상황으로 옳은 것은? [2점]

오늘 전하께서 군포를 2필에서 1필로 감면하라고 하셨습니다. 이로 인해 부족해진 국가 재정을 보충할 대책도 마련하라고 명하셨습니다. 앞으로 어떤 방안이 결정될지 주목됩니다.
속보
군역제 개편 결정

① 당백전이 유통되었다.
② 동시전이 설치되었다.
③ 목화가 처음 전래되었다.
④ 모내기법이 전국으로 확산되었다.

❶ 조선 후기의 경제 상황

정답 찾기
조선 후기에 영조는 농민의 군포 부담을 덜어 주기 위해 군포를 1필로 줄여 주는 균역법을 실시하였어요. 따라서 조선 후기의 경제 상황을 찾으면 됩니다. ④ 조선 후기에는 모내기법이 전국으로 확산되어 농업 생산량이 증가하였어요.

오답 피하기
① 조선 고종 때 흥선 대원군은 경복궁을 다시 짓는 데 필요한 돈을 마련하기 위해 원래 사용하던 상평통보의 100배 가치에 해당하는 당백전을 발행하여 유통하였어요.
② 신라 지증왕 때 수도 금성(지금의 경주)에 시장인 동시와 이를 감독하기 위한 관청인 동시전이 설치되었어요.
③ 고려 말에 문익점이 원으로부터 목화씨를 처음 들여와 목화 재배에 성공하였어요.

정답 ④

정답 ➡ 132쪽

키워드 한 문장
조선 후기에 논농사에서
모☆☆법이 전국적으로 확산되었다.

2

• 기본 61회 24번

다음 대화가 이루어진 시기에 볼 수 있는 모습으로 적절하지 않은 것은? [2점]

이보게! 자네 형님이 공명첩을 샀다는 소문이 진짜인가?
그렇다네. 담배 농사를 시작하더니, 그걸로 돈을 많이 모으셨다는군.

① 녹읍을 지급받는 귀족
② 고구마를 재배하는 농민
③ 관청에 물품을 조달하는 공인
④ 청과의 무역으로 부를 축적한 만상

❷ 조선 후기의 경제 상황

정답 찾기
공명첩을 사고 담배 농사를 시작하였다는 내용을 통해 대화가 이루어진 시기가 조선 후기임을 알 수 있어요. 공명첩은 이름을 적는 곳이 비어 있는 관직 임명장이에요. 조선 후기에 왜란과 호란으로 나라 살림이 어려워지자 정부는 부유한 사람들에게 돈이나 곡식을 받고 공명첩을 팔았어요. 또한, 조선 후기에는 담배가 들어와 시장에 내다 팔기 위한 상품 작물로 널리 재배되었어요. 따라서 조선 후기에 볼 수 있는 모습으로 적절하지 않은 것을 찾으면 됩니다. ① 녹읍은 신라에서 관료 귀족에게 녹(봉급)으로 읍(지방 행정 구역)을 지급한 것이에요. 녹읍을 받은 관료 귀족은 해당 토지에서 세금을 거둘 수 있었고, 노동력도 동원할 수 있었어요.

오답 피하기
② 조선 후기에 감자, 고구마 등 구황 작물이 재배되었어요.
③ 조선 후기에 공납을 특산물 대신 쌀, 옷감, 동전 등으로 거두는 대동법이 실시되면서 관청에 필요한 물품을 조달하는 공인이 등장하였어요.
④ 조선 후기에 의주를 근거지로 활동한 만상은 청과의 무역으로 부를 축적하였어요.

정답 ①

정답 ➡ 132쪽

키워드 한 문장
조선 후기 송상, 내상, 만상, 경강상인 등
☆상이 크게 성장하였다.

3

• 기본 63회 22번

다음 대화에 나타난 시기의 경제 상황으로 옳은 것은? [2점]

기근이 심하다고 들었는데, 호남의 상황은 어떠하오?
통신사 조엄이 들여온 고구마가 구황 작물의 역할을 할 것으로 기대하였으나 흉년에도 이를 재배하는 백성을 찾아보기 어렵습니다. 수령과 아전들의 수탈로 재배를 포기하였기 때문입니다.

① 상평통보가 유통되었다.
② 전시과 제도가 실시되었다.
③ 벽란도가 국제 무역항으로 번성하였다.
④ 팔관회의 경비 마련을 위해 팔관보가 설치되었다.

4

• 기본 64회 25번

선생님의 질문에 대한 학생의 대답으로 옳지 않은 것은? [2점]

④ 벽란도에서 활발한 국제 무역이 이루어졌어요.

❸ 조선 후기의 경제 상황

정답 찾기

통신사 조엄이 고구마를 들여왔다는 내용을 통해 대화에 나타난 시기가 조선 후기임을 알 수 있어요. 조선 후기에 고구마, 감자 등이 전래되어 구황 작물로 재배되었어요. 고구마는 조선 후기 영조 때 통신사 조엄이 대마도에서 고구마의 종자를 들여오면서 재배되기 시작하였다고 알려져 있어요. ① 조선 후기 숙종 때부터 상평통보가 공식 화폐로 주조되어 널리 유통되었어요.

오답 피하기

② 전시과 제도는 관리 등에게 곡물을 거둘 수 있는 전지와 땔감을 얻을 수 있는 시지를 지급한 고려 시대 토지 제도입니다.
③ 고려 시대에 수도 개경 부근에 있는 예성강 하구의 벽란도가 국제 무역항으로 번성하였어요.
④ 고려 시대에 국가적인 종교 행사로 팔관회가 개최되었는데, 이에 필요한 경비를 마련하기 위해 개경과 서경에 팔관보를 설치하였어요. '보'는 기금을 마련하여 여기서 나오는 이자로 여러 사업을 펼치던 재단을 말해요. 정답 ①

정답 ➡ 132쪽

키워드 한 문장

조선 후기에 상업이 발달하면서 화폐 사용도 늘어나 ☆☆통보가 전국적으로 사용되었다.

❹ 조선 후기의 경제 상황

정답 찾기

상평통보가 전국에 유통된 시기는 조선 후기입니다. 조선 후기에 농업과 상업의 발달로 상품 유통이 활발해지면서 화폐 사용도 늘어나 숙종 때 공식 화폐로 주조된 상평통보가 전국에서 널리 유통되었어요. ④ 고려 시대에는 수도 개경 근처에 있는 예성강 하구의 벽란도가 국제 무역항으로 번성하였어요. 송을 비롯한 일본, 아라비아 상인 등이 벽란도를 드나들면서 활발히 교류하였습니다.

오답 피하기

① 조선 후기에 정기 시장인 장시가 전국 각지에서 열렸으며, 보부상이 전국의 장시를 돌면서 활동하였어요.
② 조선 후기에 대동법이 시행되면서 관청에 필요한 물품을 조달하는 공인이 등장하여 활동하였어요.
③ 조선 후기에 상업이 발달하면서 송상을 비롯한 사상의 활동이 활발하게 이루어졌어요. 개성을 활동 근거지로 한 송상은 인삼의 재배와 판매를 주도하였으며, 전국의 주요 지역에 송방이라는 지점을 설치하였어요. 정답 ④

정답 ➡ 132쪽

키워드 한 문장

조선 후기 대동법이 실시되면서 관청에 필요한 물품을 사서 전달하는 ☆인이 등장하였다.

5

• 기본 48회 29번

다음 퀴즈의 정답으로 옳은 것은? [2점]

조선 시대에 정부가 부족한 국가 재정을 보충하기 위해 곡물, 돈 등을 받고 그 대가로 신분을 상승시켜 주거나 벼슬을 내린 정책을 무엇이라 할까요?

①

②

③

④

6

• 기본 67회 48번

(가)에 들어갈 내용으로 적절한 것은? [2점]

〈2023 기획 특강〉

한국사 속 여성, 세상 밖으로 나오다

격동의 역사 속에서 삶의 주체로 당당하게 살아온 여성들의 이야기를 들을 수 있습니다.

강의 내용

1강. 선덕 여왕, 우리나라 최초의 여왕으로 살다
2강. 허난설헌, (가)
3강. 이빙허각, 가정생활을 담은 "규합총서"를 집필하다
4강. 윤희순, 안사람 의병가를 지어 의병 활동을 독려하다

■ 일시 : 2023년 ○○월 ○○일 ○○시
■ 장소 : □□ 문화원 소강당

① 시인으로 이름을 떨치다
② 여성 비행사로 활약하다
③ 임금 삭감에 저항하여 농성을 벌이다
④ 재산을 기부하여 제주도민을 구제하다

❺ 납속책

정답 찾기

① 임진왜란과 병자호란을 겪으면서 나라 살림이 어려워지자 조선 정부는 나라 살림에 필요한 돈을 마련하기 위해 곡물이나 돈 등을 받고 그 대가로 신분을 상승시켜 주거나 벼슬을 내리는 납속책을 시행하였어요.

오답 피하기

② 고종 때 흥선 대원군은 환곡의 잘못된 점을 바로잡기 위해 전국에 곡물을 빌려주는 기관인 사창을 설치하고, 마을에서 덕망 있고 경제적으로 여유로운 사람에게 사창의 운영을 맡기는 사창제를 실시하였어요.
③ 조선 시대에 시행된 영정법은 토지세(전세)를 풍년과 흉년에 관계없이 토지 1결당 쌀 4~6두로 고정하여 거두는 법이에요.
④ 고종 때 흥선 대원군은 군정의 잘못된 점을 바로잡기 위해 가구(호) 단위로 군포를 거두는 호포제를 실시하여 양반도 군포를 내게 하였어요. 정답 ①

정답 ➡ 132쪽

키워드 한 문장

조선 후기에 부를 쌓은 일부 상민이 ☆☆책과 공명첩을 이용하여 양반 신분이 되기도 하였다.

❻ 한국사 속 여성의 활동

정답 찾기

① 허난설헌은 조선 중기의 시인으로, 그녀의 시는 중국과 일본에서 높은 평가를 받았어요. 또한, "홍길동전"을 지었다고 알려진 허균의 누나이기도 합니다.

오답 피하기

② 권기옥은 대한민국 임시 정부의 추천으로 중국의 육군 항공 학교를 수료하여 우리나라 최초의 여성 비행사가 되었어요. 10여 년간 중국군에서 비행사로 복무하면서 항일 무장 투쟁을 지속하였어요.
③ 일제 강점기에 평양의 고무 공장 노동자 강주룡은 회사의 일방적인 임금 삭감에 저항하여 을밀대 지붕에서 시위를 벌였어요.
④ 조선 후기의 상인 김만덕은 제주도에 큰 흉년이 들자 자신의 전 재산을 내어 육지에서 곡식을 사 와 굶주린 제주도민을 구제하였어요. 정답 ①

정답 ➡ 132쪽

키워드 한 문장

조선 시대의 여성 김☆☆은 제주도에 큰 흉년이 들었을 때 굶주린 백성에게 쌀을 나누어 주었다.

키워드 한 문장 정답

1. 내기 2. 사 3. 상평 4. 공 5. 납속 6. 만덕

공부한 날 월 일

15강 조선 후기 문화의 변화

이 강에서 배울 시기는?

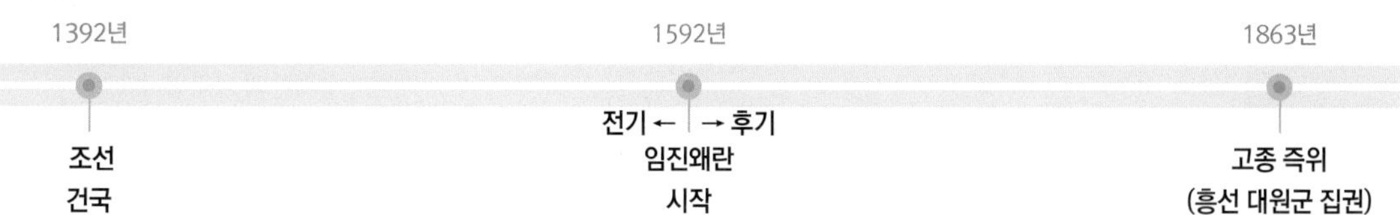

조선 후기 변화의 바람은 문화에서도 일어났어요. 현실 사회 문제를 해결하려는 학문인 실학이 나타나고, 경제 성장으로 인해 생활에 여유가 생긴 서민들이 예술 활동에 관심을 가지면서 서민 문화가 발달하기도 하였어요. 조선 후기 다양한 영역에서 문화가 어떻게 변화하였는지 살펴볼까요?

이 강의 핵심 키워드는?

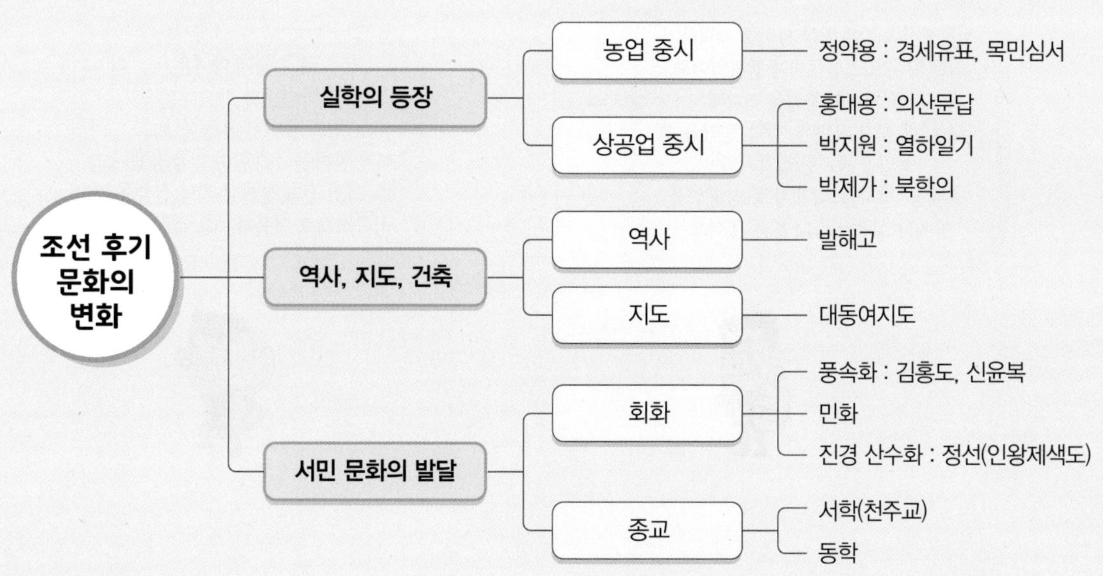

15강 15-1 실학의 등장

강의 들으며 판서 따라 쓰기

한국사를 그리다

유학

전기

성리학↑ ❶
- 이황(성학십도)
- 이이(성학집요)

1592

후기

성리학↓, 실학↑ ❷
- 유형원(반계수록) : 균전론
- 이익(성호사설) : 한전론
- 정약용(경세유표, 흠흠신서, 목민심서) : 여전론, 배다리, 거중기 — 수원 화성(정조)
- 홍대용(의산문답) : 혼천의 → 지전설, 무한 우주론
- 박지원❸(열하일기, 한문 소설 → 양반전, 허생전…) : 수레, 선박, 화폐
- 박제가❸(북학의) : 수레, 선박, 벽돌

※ 정약전(자산어보) : 흑산도

❶ 조선은 성리학의 나라입니다. 조선 전기의 대표적인 성리학자로 이황과 이이가 있어요.

❷ 조선 후기에 현실 사회를 개혁하기 위한 학문으로 실학이 등장하였어요. 사회 개혁의 중심을 어디에 두느냐에 따라 유형원, 이익, 정약용 등 농업을 중시한 실학자와 홍대용, 박지원, 박제가 등 상공업을 중시한 실학자로 나눌 수 있어요.

❸ 청에 다녀온 박지원과 박제가는 청의 발달한 문물을 보고 이를 받아들여야 한다고 주장했어요. 특히 청과 같이 수레와 선박을 적극적으로 이용하자고 주장했어요.

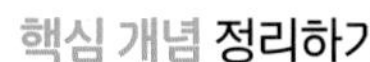

핵심 개념 정리하기

한국사를 읽다

1. 조선 전기의 학문

특징	성리학이 발전함
대표적 학자	이황("성학십도"를 저술함), 이이("성학집요"를 저술함) 등

이황의 제자들은 안동의 도산 서당(이황이 제자들을 가르치던 곳) 자리에 이황의 위패를 모시고 도산 서원을 세웠어요.

2. 조선 후기 실학의 등장

등장 배경	성리학이 사회 문제를 해결할 방법을 제시하지 못함 → 사회 문제를 해결하는 데 관심을 기울이는 실학이 등장함
농업을 중시한 실학자	• 유형원 : "반계수록"을 저술함, 균전론(신분에 따라 토지를 나누어 줌)을 주장함 • 이익 : "성호사설"을 저술함, 한전론(기본적인 생활에 필요한 최소한의 토지를 나누어 주고 이것의 매매를 금지함)을 주장함 • 정약용 : "경세유표"·"흠흠신서"·"목민심서" 등을 저술함, 여전론(공동 농사, 공동 분배)을 주장함, 배다리와 거중기를 만들어 냄
상공업을 중시한 실학자	• 홍대용 : "의산문답"을 저술함, 지전설을 주장함, 천문 관측기구인 혼천의를 제작함 • 박지원 : "열하일기"를 저술함, 수레와 선박의 이용을 주장함, 당시 지배층과 양반의 무능을 풍자한 한문 소설을 저술함('양반전', '허생전' 등) • 박제가 : "북학의"를 저술함, 수레·선박·벽돌의 이용을 주장함, 소비의 중요성을 강조함
국학 연구	정약전 : "자산어보"를 저술함

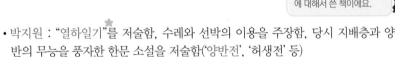

지구가 하루에 한 번 스스로 돌아 낮과 밤이 생긴다는 주장이에요.

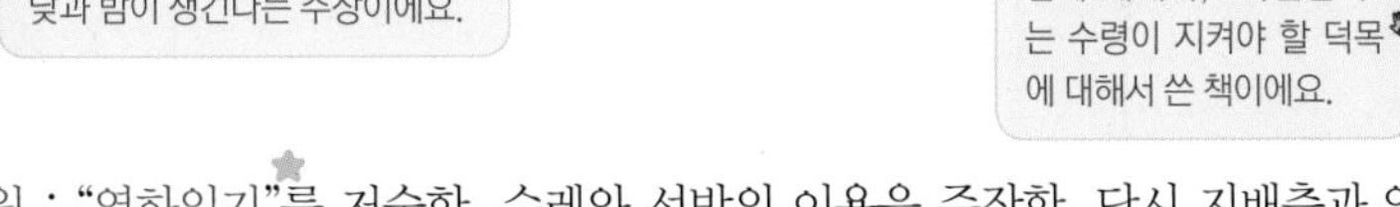

"경세유표"는 행정 제도에 대해서, "흠흠신서"는 형법에 대해서, "목민심서"는 수령이 지켜야 할 덕목에 대해서 쓴 책이에요.

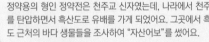

정약용의 형인 정약전은 천주교 신자였는데, 나라에서 천주교를 탄압하면서 흑산도로 유배를 가게 되었어요. 그곳에서 흑산도 근처의 바다 생물들을 조사하여 "자산어보"를 썼어요.

우리의 것을 연구하는 학문을 국학이라고 해요. 실학자 중에는 정약전과 같이 우리의 역사, 지리, 언어, 자연 등을 연구하여 성과를 낸 사람들도 있어요.

별툰

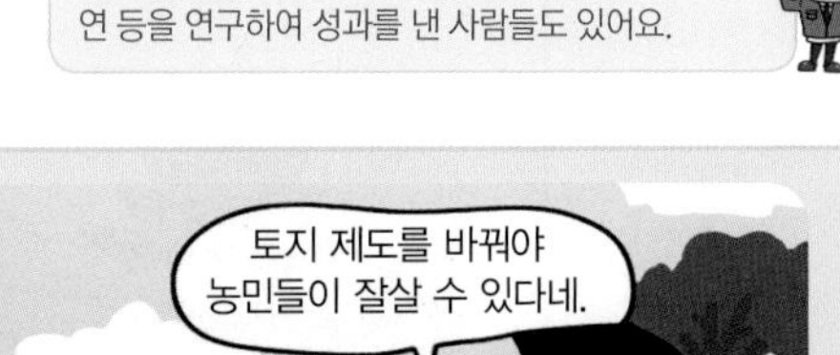

토지 제도를 바꿔야
농민들이 잘살 수 있다네.

상공업을 발달시키고
청의 문물을 받아들인다면
백성의 삶이 좀 더
나아질 수 있을 텐데…….

"실학자들은 백성이 잘살고 나라가 튼튼해지는 방법을 연구했어요. 새로운 농사 기술을 보급하고 토지 제도를 바꿔 농민의 생활을 안정시켜야 한다는 실학자들과, 잘사는 나라를 만들기 위해서 상업과 수공업을 발달시키고 청의 발달한 문물과 기술을 적극적으로 받아들여야 한다고 주장한 실학자들이 있어요."

성학십도와 성학집요

"성학십도"는 이황이 성리학의 핵심 내용을 10개의 그림으로 설명한 책이에요. 이황은 선조가 훌륭한 왕이 되기를 바라는 마음을 담아 이 책을 써서 바쳤어요. "성학집요"는 이이가 성리학의 내용 가운데 왕이 알아야 할 것을 모아 선조에게 바친 책이에요.

여전론

정약용은 마을 단위로 농민이 함께 농사를 짓고, 세금을 제외한 나머지 생산물을 일한 양에 따라 나누자는 토지 개혁론을 주장하였어요.

열하일기

박지원이 청에 가서 본 내용을 기록한 여행기로, 청의 발달한 문물이 자세하게 기록되어 있어요.

북학의

박제가는 청의 풍속과 제도를 둘러보고 돌아와 "북학의"를 저술하였어요. 여기에서 박제가는 청의 문물을 적극적으로 받아들여야 하며, 경제 발전을 위해서는 소비가 활발하게 이루어져야 한다고 주장하였어요.

15강-2 역사, 지도, 건축

강의 들으며 판서 따라 쓰기

한국사를 그리다

	역사	지도	건축
전기	실록(춘추관) └ 유네스코 세계 기록 유산	세계 지도 ┌ 혼일강리역대국도지도 혼일강리역대국도지도 └ 현존 동양 최고(最古) 세계 지도 └ 중국 중심 O	· 궁궐 · 서원 : 교육 + 제사
1592 후기	유득공, 〈발해고〉 └ '남북국' ❶	└ 곤여만국전도 └ 중국 중심 X · 김정호, 대동여지도 ❷ └ 목판 대동여지도	· 수원 화성(정조) ↓ 〈화성성역의궤〉 유네스코 세계 유산 · 법주사 팔상전 └ 유일한 목조 5층탑 법주사 팔상전

❶ 신라와 발해를 가리켜 '남북국'이라는 말을 처음 사용한 사람이 유득공이에요.

❷ 대동여지도는 김정호가 목판으로 제작한 우리나라 전국 지도로, 10리마다 눈금을 표시하여 거리를 알 수 있게 했어요. 정확한 지도의 제작은 상업의 발달에도 영향을 주었어요.

핵심 개념 정리하기

한국사를 읽다

1. 역사책

조선 시대에 역사의 편찬과 역사책의 보관을 담당한 기관이에요.

조선 전기	"조선왕조실록" : 춘추관의 관원들이 참여하여 편찬함, 유네스코 세계 기록 유산으로 등재됨
조선 후기	"발해고" : 유득공이 저술함, 발해를 우리 역사로 기록함, '남북국'이라는 말을 처음으로 사용함

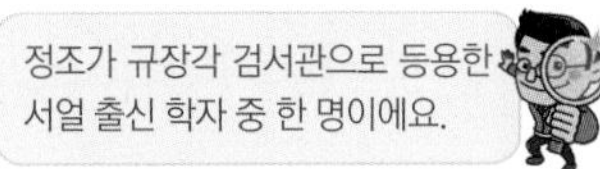

정조가 규장각 검서관으로 등용한 서얼 출신 학자 중 한 명이에요.

2. 지도

조선 전기	혼일강리역대국도지도 : 태종 때 제작됨, 현재 전해지는 동양에서 가장 오래된 세계 지도, 중국 중심의 세계관이 반영되어 있어 유럽과 아프리카 대륙보다 중국이 더 크게 표현됨
조선 후기	• 곤여만국전도 : 중국에 온 서양 선교사 마테오 리치가 제작한 세계 지도, 조선 후기에 우리나라에 전해짐 세계를 둥글게 표현한 곤여만국전도를 통해 조선의 지식인들은 서양 세계에 대한 새로운 지식을 얻을 수 있었어요. • 대동여지도 : 김정호가 제작한 총 22첩으로 된 전국 지도, 실제 한반도의 형태와 매우 비슷함, 10리마다 눈금을 표시하여 거리를 알 수 있게 함, 목판으로 제작되어 대량 인쇄가 가능함

3. 건축

조선 전기	궁궐과 서원 건축이 주를 이룸
조선 후기	• 수원 화성 : 정조가 상업적·군사적 중심지로 새롭게 건설함, "화성성역의궤"가 남아 있음, 유네스코 세계 유산으로 등재됨 • 보은 법주사 팔상전 : 현재 남아 있는 우리나라 유일의 목조 5층탑, 내부에 석가모니의 생애를 여덟 장면으로 표현한 그림인 팔상도가 있음

별툰

"수원 화성은 10년을 예상하고 공사를 시작했으나 3년도 안 되는 기간에 완공할 수 있었어요. 공사에 들어간 돈, 참여한 사람, 사용된 기계, 정조의 지시 사항 등 공사와 관련된 모든 것을 기록하여 남겼는데, 그것이 "화성성역의궤"입니다. 이 책 덕분에 6·25 전쟁으로 훼손된 수원 화성을 원래 모습으로 되돌릴 수 있었어요."

조선왕조실록

"조선왕조실록"은 태조부터 철종 때까지의 역사를 연·월·일 순서대로 기록한 역사책이에요. 왕이 왕위에 있는 동안 기록을 담당한 사관이 따라다니며 왕에게 보고된 내용과 왕이 내린 명령 등을 기록하였어요. 왕이 죽으면 춘추관에 실록청을 설치하여 기록을 모으고, 모인 기록을 바탕으로 실록을 만들었어요. 완성된 실록은 여러 벌 인쇄되어 몇 곳에 나뉘어 설치된 사고에 보관되었어요. 그런데 임진왜란 중 전주 사고에 보관된 실록을 제외하고는 모든 실록이 불에 타 없어졌어요. 이후 전주 사고에 보관되었던 실록을 바탕으로 다시 여러 벌을 만들고, 몇 곳에 사고를 지어 보관해 현재까지 전해지게 되었어요.

곤여만국전도

곤여만국전도는 조선 후기에 전해진 세계 지도입니다. 이 지도를 접한 조선의 지식인들은 중국이 세계의 중심이 아니며 세계가 매우 넓다는 것을 알게 되었어요.

15강-3 서민 문화의 발달

강의 들으며 판서 따라 쓰기

한국사를 그리다

전기

· 회화 : 고사관수도, 몽유도원도 ┐
· 자기 : 분청사기 → 백자 ┘ ─ 양반

고사관수도

몽유도원도

1592

후기

· 서민 문화❶ 성장
- 풍속화 : 김홍도, 신윤복

씨름도(김홍도)

서당도(김홍도)

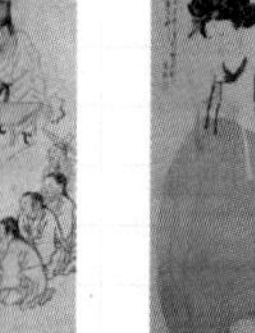
미인도(신윤복)

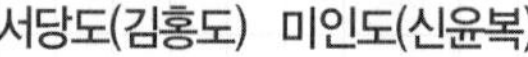

- 민화 : 까치와 호랑이
- 한글 소설 : 〈홍길동전〉, 〈춘향전〉, 〈심청전〉 → 전기수
- 탈춤(산대놀이), 판소리
- 종교 ┬ 서학(천주교) ┐
  └ 동학❷(by 최제우) : 인내천 ┘ ─ 평등

· 진경 산수화 : 인왕제색도, 금강전도 ⇒ 정선

인왕제색도

금강전도

· 김정희 : 추사체, 세한도, 진흥왕 순수비

❶ 조선 후기에 농업과 상업이 발달하면서 서민들의 생활에도 여유가 생겼어요. 또 서민의 의식 수준과 문화·예술에 대한 관심이 높아져 그들이 주도적으로 참여한 서민 문화가 발달했어요.

❷ 조선 후기에 서학이라는 이름으로 전래된 천주교가 신앙으로 받아들여져 널리 퍼지자 이에 대응하여 최제우가 동학이라는 새로운 종교를 만들었어요. 동학은 인간 평등을 내세워 많은 백성의 호응을 얻었어요.

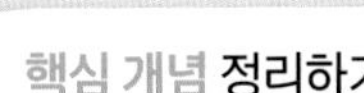

한국사를 읽다

1. 회화, 자기, 서예

구분	조선 전기	조선 후기
회화(그림)	• 고사관수도 : 강희안의 작품, 선비가 흐르는 물을 바라보는 모습을 그린 그림 • 몽유도원도 : 안평 대군이 꿈속에서 본 이상 세계인 무릉도원에 대한 이야기를 듣고 안견이 그린 그림	• 진경 산수화 : 조선의 경치를 소재로 하여 사실적으로 그린 그림, 정선의 인왕제색도와 금강전도가 있음 • 풍속화, 민화 등이 유행함
자기	분청사기(15~16세기에 주로 제작됨) → 백자(16세기 이후 주로 제작됨)	청화 백자
서예		김정희가 독창적 글씨체인 추사체를 만듦

흰 바탕에 푸른색 물감으로 그림을 그렸어요.

소박한 매력이 있는 백자는 청렴함을 추구한 조선 시대 사대부의 취향에 잘 어울려 많이 제작되었어요.

김정희는 그림에도 조예가 깊어 세한도를 비롯한 여러 작품을 남겼어요. 또한, 북한산비의 내용을 판독하여 북한산비가 신라 진흥왕 순수비임을 밝혔어요.

2. 서민 문화의 발달

풍속화	• 일상적인 생활 모습을 담은 그림 • 김홍도 : 논갈이, 씨름도, 서당도 등 서민의 생활 모습을 주로 그림 • 신윤복 : 단오풍정, 미인도 등 양반 사회를 풍자하는 그림과 양반의 풍류, 여성들의 생활 모습을 주로 그림
민화	• 서민 사이에서 유행함 • 작가가 알려지지 않은 그림이 많음 • 서민의 소망과 기원을 담음 • 생활 공간을 장식하는 데 이용됨 • 해와 달, 동식물 등 다양한 소재를 그림
한글 소설	• 주로 서민과 여성이 읽음 • 전문적으로 돈을 받고 책을 읽어 주는 전기수가 등장함 • "홍길동전", "춘향전", "심청전", "흥부전", "장화홍련전" 등의 한글 소설이 널리 보급됨
공연	• 탈춤(탈놀이) : 서민의 솔직한 감정을 표현하고 양반 사회를 풍자함, 대표적 작품으로 봉산 탈춤·송파 산대놀이·하회 별신굿 놀이 등이 있음 • 판소리 : 소리꾼이 북장단에 맞추어 이야기와 노래로 공연함, 서민의 솔직한 감정을 표현함, 대표적 작품으로 춘향가·심청가·흥부가 등이 있음

전기수는 주로 사람이 많이 모이는 장시나 거리에서 돈을 받고 소설을 읽어 주었어요.

3. 새로운 종교의 등장

천주교	• 청을 왕래하던 사신들에 의해 서학으로 우리나라에 소개됨 • 인간 평등을 내세워 서민층과 여성들 사이에서 빠르게 확산됨 • 인간 평등을 강조하고 유교식 제사를 거부하여 정부의 탄압을 받음
동학	• 최제우가 창시함 • 인내천('사람이 곧 하늘이다')을 강조함 • 인간 평등을 강조하여 정부의 탄압을 받음

★ 진경 산수화

정선의 인왕제색도와 금강전도는 실제 우리나라 산의 모습을 그린 그림이에요. 조선 후기에 우리 것에 대한 관심이 높아지면서 중국의 산수화를 모방하는 데에서 벗어나 우리의 자연환경과 경치를 사실적으로 그린 그림이 등장하였어요.

★ 분청사기

분청사기 음각 어문 편병

바탕흙 위에 흰 흙을 발라 장식을 하거나 무늬를 그린 후 유약을 발라 구워 낸 도자기입니다. 조선 초기에 주로 만들어졌어요.

★ 민화

까치와 호랑이

민화는 서민 사이에서 유행하였어요. 민화에는 장수, 가족 간의 화목, 복을 바라는 소망이 담겼어요.

★ 서학

'서양에서 들어온 학문'이라는 뜻이에요. 천주교는 처음에 서양 학문의 하나로 우리나라에 소개되었고, 18세기 후반 신앙으로 받아들여져 확산되었어요. 천주교는 모든 사람이 하느님 앞에 평등하다고 주장하였으며, 유교식 제사를 거부하였어요. 사람마다 정해진 신분이 있고 제사를 지내는 것이 당연하다고 생각하던 조선 사회에서 천주교는 사회 질서를 어지럽히는 위험하고 나쁜 사상으로 여겨졌어요. 이런 이유로 조선 정부는 천주교를 탄압하였어요.

1

• 기본 66회 29번

(가) 인물의 활동으로 옳은 것은? [2점]

남양주 (가) 유적지 내에 있는 이 가옥의 이름은 여유당입니다. (가) 은/는 목민심서 등 많은 책을 저술한 실학자로 유명합니다.

① 거중기를 설계하였다.
② 몽유도원도를 그렸다.
③ 동의보감을 완성하였다.
④ 열하일기를 저술하였다.

2

• 기본 61회 25번

(가)에 들어갈 인물로 옳은 것은? [1점]

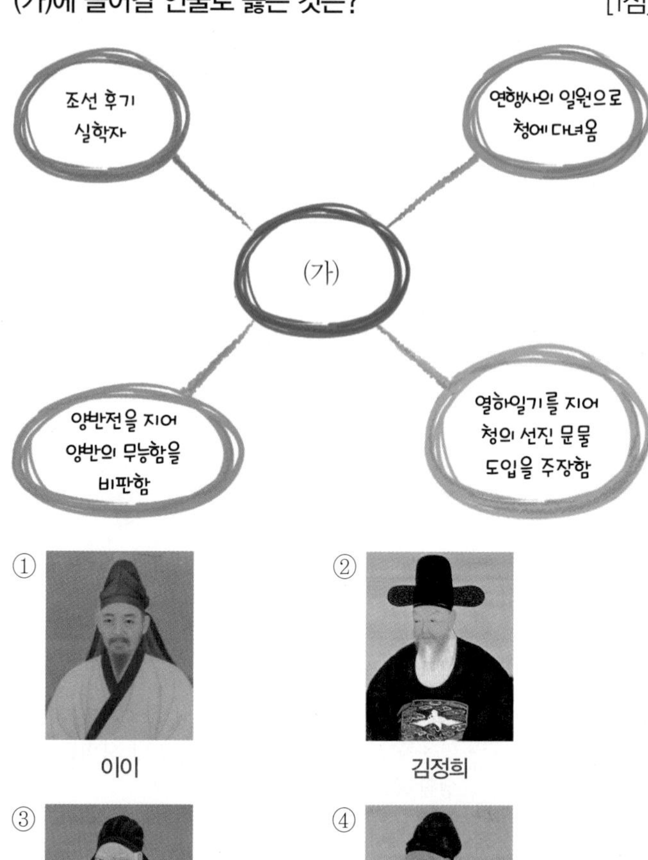

❶ 정약용의 활동

정답 찾기

"목민심서"를 저술한 실학자라는 내용을 통해 (가) 인물이 정약용임을 알 수 있어요. 정약용은 조선 후기의 실학자로, 토지 제도의 개혁을 위해 여전론을 주장하였어요. 또 정약용은 많은 책을 저술하였는데 대표적으로 수령이 지켜야 할 덕목에 대해 쓴 책인 "목민심서", 행정 제도에 대해서 쓴 책인 "경세유표" 등이 있어요. ① 정약용은 중국에서 들여온 "기기도설"을 참고하여 작은 힘으로 무거운 물건을 들 수 있도록 고안된 거중기를 제작하였으며, 거중기는 수원 화성을 축조할 때 사용되었어요.

오답 피하기

② 조선 전기의 화원 안견은 안평 대군의 꿈 이야기를 듣고 몽유도원도를 그렸어요.
③ 조선 광해군 때 허준은 전통 의학을 집대성한 "동의보감"을 완성하였어요.
④ 조선 후기의 실학자 박지원은 사절단을 따라 청에 다녀온 후 그곳에서 보고 들은 것을 기록한 "열하일기"를 저술하였어요.

정답 ①

정답 ➡ 142쪽

키워드 한 문장

정약용은 농업의 발전을 중시한 실학자였으며,
"☆☆ 유표", "목 ☆☆ 서" 등을 저술하였다.

❷ 박지원

정답 찾기

연행사의 일원으로 청에 다녀오고, "양반전"을 지어 양반의 무능함을 비판하였으며, "열하일기"를 지어 청의 선진 문물 도입을 주장하였다는 내용을 통해 (가)에 들어갈 인물이 ③ 박지원임을 알 수 있어요. 조선 후기의 실학자 박지원은 청에 가는 사절단인 연행사를 따라 청에 다녀와 그곳에서 보고 들은 것을 기록하여 "열하일기"를 저술하였어요. 또한, '양반전', '허생전' 등의 한문 소설을 지어 양반을 비롯한 당시 집권층의 무능을 비판하였어요.

오답 피하기

① 이이는 성리학 가운데 왕이 알아야 할 것을 정리한 "성학집요"를 저술하여 조선 선조에게 바쳤어요.
② 김정희는 자신만의 고유한 서체인 추사체를 만들었는데, '추사'는 김정희의 또 다른 이름이에요.
④ 송시열은 병자호란 이후 조선 효종과 함께 청에 당한 치욕을 갚자는 북벌을 주장하였어요.

정답 ③

정답 ➡ 142쪽

키워드 한 문장

박 ☆☆ 은 청에 다녀와 보고 들은 것을 정리하여
"열하일기"를 저술하였다.

3

• 기본 63회 28번

(가)에 들어갈 문화유산으로 옳은 것은? [1점]

조사 보고서

△학년 △반 이름 : ○○○

■ 주제 : (가) 의 축조와 복원

(가) 은 정조의 명에 의해 축조된 성으로, 거중기 등을 이용하여 공사 기간과 경비를 줄일 수 있었다. 일제 강점기와 6 · 25 전쟁을 거치면서 일부 훼손되었지만, 의궤의 기록을 바탕으로 원형에 가깝게 복원되었다. 아래의 사진과 그림은 이 성의 일부인 남포루가 엄밀한 고증을 거쳐 복원되었음을 보여 준다.

훼손된 모습

의궤에 묘사된 포루

복원 후 모습

① 공산성 ② 전주성
③ 수원 화성 ④ 한양 도성

4

• 기본 64회 24번

다음 특별전에서 볼 수 있는 작품으로 옳은 것은? [2점]

○○ 미술관 특별전
겸재 정선, 우리 자연의 아름다움을 화폭에 담다
화면을 넘기면 다른 작품을 볼 수 있습니다.

① 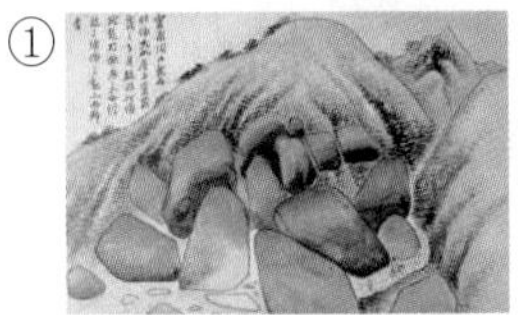
영통동구도

②
인왕제색도

③ 
세한도

④ 
몽유도원도

❸ 수원 화성

정답 찾기

정조의 명에 의해 축조된 성으로, 거중기 등을 이용하여 공사 기간과 경비를 줄일 수 있었다는 내용을 통해 (가)에 들어갈 문화유산이 ③ 수원 화성임을 알 수 있어요. 정조는 자신의 정치적 이상을 담은 신도시로 수원 화성을 축조하였으며, 이때 정약용이 고안한 거중기가 사용되었어요. 수원 화성은 일제 강점기와 6·25 전쟁을 거치면서 일부 훼손되었지만 수원 화성 건설에 관련된 내용을 글과 그림으로 자세하게 기록한 "화성성역의궤"를 통해 원형에 가깝게 복원되었어요.

오답 피하기

① 공산성은 백제가 한성(지금의 서울)에서 웅진(지금의 공주)으로 천도한 후 외적을 방어하기 위해 쌓은 산성이에요. 당시에는 웅진성이라고 불렸어요.
② 전주성은 조선 시대 전주부에서 쌓은 읍성으로, 지금은 성의 남쪽 문인 풍남문만 남아 있어요.
④ 조선 건국 이후 수도 한양을 방어하기 위해 정도전의 설계로 한양 도성이 축조되었어요.

정답 ③

정답 ➡ 142쪽

키워드 한 문장

조선 후기 정조는 신도시로 수원 ☆☆ 을 건설하였다.

❹ 인왕제색도

정답 찾기

조선 후기에는 중국의 산수화를 모방하는 데에서 벗어나 우리나라의 실제 경치를 사실적으로 표현하는 진경 산수화가 등장하였어요. 겸재 정선은 조선 후기에 진경 산수화를 개척한 화가로, ② 소나기가 지나간 뒤 인왕산의 모습을 사실적으로 묘사한 인왕제색도 등을 남겼습니다.

오답 피하기

① 영통동구도는 조선 후기에 강세황이 그린 진경 산수화입니다.
③ 세한도는 조선 후기에 김정희가 제주도에 유배되었을 때 중국에서 구한 귀한 책을 보내 준 제자 이상적에게 답례로 그려 준 그림입니다.
④ 몽유도원도는 조선 전기에 화원 안견이 안평 대군이 꿈에서 본 이상 세계에 대한 이야기를 듣고 그린 그림입니다.

정답 ②

정답 ➡ 142쪽

키워드 한 문장

조선 후기 우리나라의 실제 경치를 그린 ☆☆ 산수화가 그려졌다.

5

• 기본 60회 26번

다음 상황이 나타난 시기에 볼 수 있는 모습으로 적절하지 않은 것은? [2점]

① 민화를 그리는 화가
② 탈춤을 공연하는 광대
③ 판소리를 구경하는 상인
④ 팔관회에 참가하는 외국 사신

6

• 기본 51회 23번

(가)에 들어갈 종교로 옳은 것은? [1점]

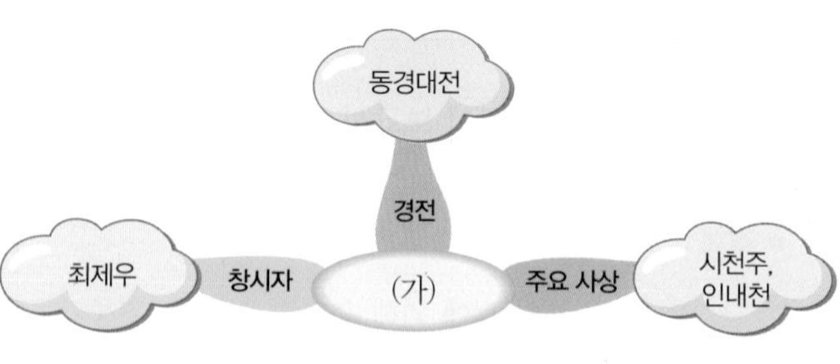

① 동학 ② 대종교
③ 원불교 ④ 천주교

❺ 조선 후기 서민 문화의 발달

정답 찾기

'상평통보', '춘향전' 등을 통해 제시된 상황이 나타난 시기가 조선 후기임을 알 수 있어요. 조선 후기에는 상평통보가 공식 화폐로 주조되어 널리 유통되었어요. 또한, "홍길동전", "춘향전" 등 한글 소설이 유행하면서 전문적으로 돈을 받고 책을 읽어 주는 전기수가 등장하고 책을 빌려주는 세책점이 많이 생겨났어요. ④ 고려 시대에 토속 신앙과 불교 등이 결합된 팔관회가 국가적인 행사로 열렸으며, 송의 상인이나 여진의 사신이 참여하기도 하였어요. 팔관회는 조선 초기에 잠시 행해지다가 폐지되었어요.

오답 피하기

① 조선 후기에 서민의 소망과 기원을 담은 '까치와 호랑이' 등의 민화가 유행하였어요.
② 조선 후기에 서민의 솔직한 감정을 표현하고 양반 사회를 풍자하는 봉산 탈춤, 송파 산대놀이, 하회 별신굿 놀이 등의 탈춤이 유행하였어요.
③ 조선 후기에 소리꾼이 북장단에 맞추어 이야기와 노래로 공연하는 춘향가, 흥부가 등의 판소리가 유행하였어요.

정답 ④

정답 ➡ 142쪽

키워드 한 문장

조선 후기에 서민 문화가 발달하면서 ☆화, ☆글 소설, ☆소리, 탈춤 등이 유행하였다.

❻ 동학

정답 찾기

최제우가 창시하였다는 내용을 통해 (가)에 들어갈 종교가 ① 동학임을 알 수 있어요. 최제우는 서학(천주교)이 신앙으로 받아들여져 확산되자, 이에 대응하여 동학이라는 새로운 종교를 만들었어요. 동학은 최제우가 지은 "동경대전"을 기본 경전으로 삼았으며, 마음속에 한울님을 모시는 시천주와 '사람이 곧 한울(하늘)'이라는 인내천을 강조하였어요.

오답 피하기

② 대종교는 나철과 오기호 등이 단군 신앙을 바탕으로 만든 종교입니다.
③ 원불교는 일제 강점기에 박중빈이 만든 새로운 종교이며 허례허식 폐지, 근검절약 실천 등을 강조하는 새 생활 운동을 전개하였어요.
④ 천주교는 조선 후기에 서양 학문(서학)의 하나로 전래되어 연구되다가 나중에 신앙으로 받아들여져 확산되었어요. 그러나 제사를 거부하고 인간 평등을 내세워 조선 정부의 탄압을 받았어요.

정답 ①

정답 ➡ 142쪽

키워드 한 문장

최제우가 창시한 ☆학은 인내천 사상을 내세워 인간 평등을 강조하였다.

키워드 한 문장 정답

1. 경세, 민심 2. 지원 3. 화성 4. 진경 5. 민, 한, 판 6. 동

공부한 날 월 일

16강 흥선 대원군의 정책과 개항

이 강에서 배울 시기는?

1863년	1873년	1876년
고종 즉위 (흥선 대원군 집권)	고종의 직접 통치 시작	강화도 조약 체결 (개항)

"몇몇 세도 가문에 의해 정치가 좌지우지되면서 정치가 혼란해지고 백성의 삶이 힘들어졌어요. 이러한 상황에서 어린 고종이 왕이 되자 고종의 아버지인 흥선 대원군이 고종을 대신하여 정치를 운영하게 되었어요. 흥선 대원군은 개혁을 통해 정치를 안정시키고자 하였으며, 사회 질서를 유지하기 위해 다른 나라의 통상 요구를 거부하였어요. 흥선 대원군이 추진한 개혁 정책과 조선이 나라의 문을 열게 되는 과정을 알아볼까요?"

이 강의 핵심 키워드는?

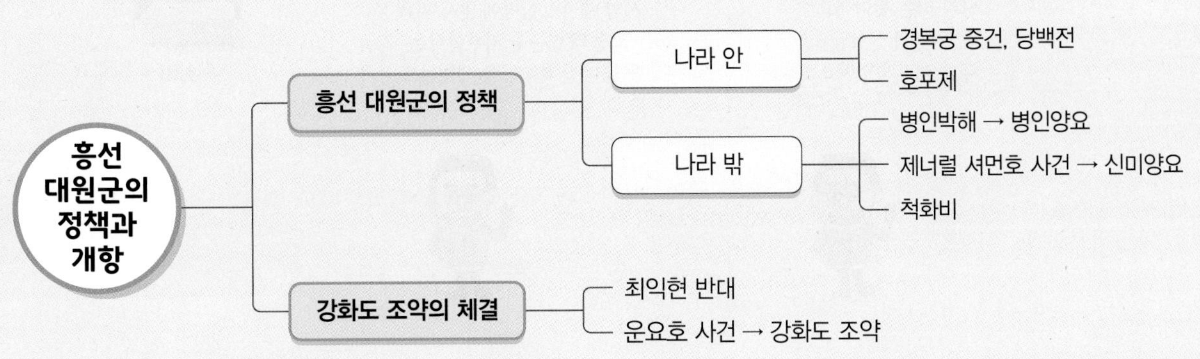

16강-1 흥선 대원군의 정책

강의 들으며 판서 따라 쓰기

한국사를 그리다

❶ 고종이 어린 나이에 왕이 되자 아버지인 흥선 대원군이 권력을 잡고 고종을 대신하여 나라를 다스렸어요.

❷ 흥선 대원군은 왕실의 권위를 회복하기 위해 임진왜란 때 불탄 경복궁을 다시 지었어요(경복궁 중건). 이 과정에서 강제로 기부금(원납전)을 걷고 당백전을 만들어 사용하게 하여 백성과 양반의 원성을 샀어요.

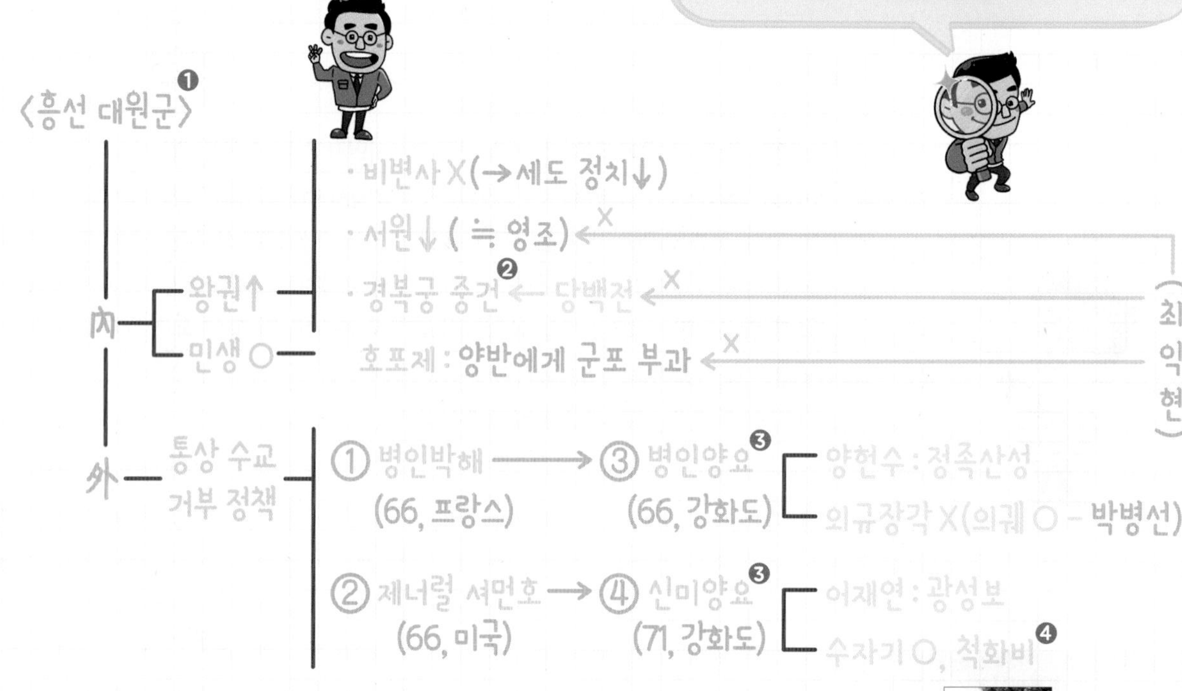

척화비

❸ 양요는 '서양 오랑캐가 일으킨 난리'라는 뜻이에요. 병인양요와 신미양요, 두 차례가 있었어요.

❹ 두 차례의 양요를 겪은 후 흥선 대원군은 전국 곳곳에 서양 세력의 침략에 맞서 싸워 그들의 접근을 거부한다는 뜻을 새긴 척화비를 세웠어요.

핵심 개념 정리하기

한국사를 읽다

1. 흥선 대원군의 개혁 정책

서양 여러 나라가 조선과 외교 관계를 맺고 물건을 사고파는 통상을 요구하기 위해 조선에 접근했어요.

구분		내용
19세기의 상황		• 나라 안 : 세도 정치로 정치가 혼란함, 삼정의 문란과 관리의 수탈로 백성의 생활이 매우 어려워짐 → 전국 곳곳에서 농민 봉기가 일어남 • 나라 밖 : 서양의 배(이양선)가 조선의 해안에 나타나는 등 서양 세력이 접근함
흥선 대원군의 개혁 정책	왕권 강화	• 비변사를 사실상 폐지하고 의정부의 기능을 되살림 • 서원 정리 : 전국에 47개 서원만 남기고 모두 없앰 흥선 대원군은 서원이 원래 역할인 교육에 충실하지 못하고 양반의 세력을 키우는 수단으로 이용된다고 보았어요. 게다가 서원은 세금도 면제받고 제사를 지낼 때마다 주위의 농민들을 수탈하였기 때문에 문제가 많았어요. 이에 흥선 대원군은 일부만 남기고 전국의 서원을 정리했어요.  • 경복궁 중건 : 왕실의 권위를 회복하기 위해 경복궁을 다시 지음 → 원납전을 걷고 당백전을 발행하여 반발이 일어남
	민생 안정	호포제 실시 : 양반도 군포를 내게 함 양반은 군포를 내지 않는 것을 자신들의 특권으로 여겼어요. 흥선 대원군이 호포제를 실시해 양반집을 포함하여 집집마다 군포를 걷자 양반들의 불만이 컸어요. 

2. 흥선 대원군의 통상 수교 거부 정책

통상 수교 거부 정책은 다른 나라와 무역 등의 교류를 하지 않겠다는 것이에요.

구분	내용
병인양요	• 원인 : 조선 정부가 프랑스 선교사와 천주교 신자들을 처형함(병인박해) • 전개 : 프랑스군이 통상을 요구하며 강화도를 침략함 → 양헌수 부대가 정족산성에서 프랑스군에 맞서 싸움 • 결과 : 프랑스군이 물러감, 프랑스군이 물러나면서 의궤를 비롯한 외규장각의 도서와 문화유산을 빼앗아 감
신미양요	• 원인 : 제너럴 셔먼호 사건 • 전개 : 미군이 통상을 요구하며 강화도를 침략하여 초지진, 덕진진을 점령함 → 광성보에서 어재연 부대가 미군에 맞서 싸움(미군이 어재연 장군의 수자기를 빼앗아 감) → 조선이 굴복하지 않자 미군이 스스로 물러감
척화비 건립	흥선 대원군이 전국 곳곳에 척화비를 세움

척화비에는 '서양 오랑캐가 침범하였을 때 싸우지 않는 것은 화친하는 것이요, 화친하는 것은 곧 나라를 파는 것이다.'라는 내용이 새겨져 있어요.

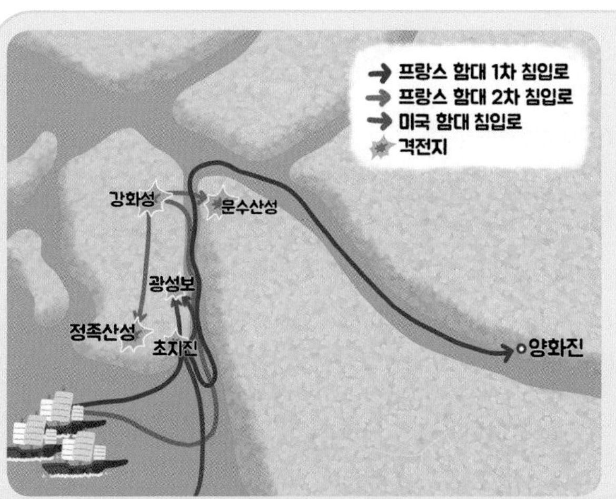

"두 차례의 양요에서 조선군은 서양 군대의 신식 무기에 비해 무기는 보잘것 없었지만 나라를 지키기 위해 열심히 싸웠어요. 특히 신미양요 때 광성보에서 벌어진 미군과의 싸움은 매우 격렬하여 조선 군인들이 모두 목숨을 잃었어요. 강화도에 가면 그때 목숨을 잃은 이름 없는 군인들의 무덤이 있습니다."

원납전

경복궁을 다시 짓는 데 필요한 돈을 마련하기 위해 거둔 기부금이에요. 기부금이지만 강제적으로 거두었기 때문에 반발이 심하였어요.

당백전

경복궁을 다시 짓는 데 필요한 돈을 마련하기 위해 원래 사용하던 상평통보의 100배 가치에 해당하는 당백전을 만들어 사용하게 하였어요. 그러나 실제로는 그렇게 높은 가치로 사용되지 않았고 물가가 크게 오르는 원인이 되었어요.

의궤

조선 시대에 왕실이나 나라의 중요한 행사 과정을 정리한 책이에요. 왕과 왕비의 결혼, 세자 책봉, 왕의 행차, 장례식 등의 절차가 상세한 그림과 함께 기록되어 있어요.

제너럴 셔먼호 사건

1866년에 미국 상선 제너럴 셔먼호가 평양까지 들어와 통상을 요구하였어요. 당시 조선 정부는 다른 나라와의 통상을 금지하였기 때문에 평안도 관찰사 박규수는 이들에게 돌아가라고 하였어요. 그러나 미국 선원들은 조선 관리를 납치하고 물건을 빼앗는 등 사람들에게 큰 피해를 입혔어요. 이에 분노한 평양 관리와 백성은 제너럴 셔먼호를 공격하여 불태웠어요.

수자기

장수를 뜻하는 '수(帥)'자가 새겨진 깃발을 말해요. 신미양요 때 미군이 어재연 장군의 수자기를 빼앗아 갔으나 2007년에 미국에서 빌려 오는 형식으로 우리나라에 돌아왔었어요.

16강-2 강화도 조약의 체결

강의 들으며 판서 따라 쓰기

한국사를 그리다

② 조약은 나라와 나라 사이의 약속이에요. 조선은 일본과 강화도 조약을 맺어 항구를 열고 일본 배의 출입을 허가했어요. 강화도 조약은 조선이 다른 나라와 맺은 최초의 근대적 조약이지만 조선에 불리한 불평등 조약이었어요.

〈고종〉

통상 개화파 + 운요호 사건 (75) = 강화도 조약② (76)

(최익현①) ↔ (박규수)

(일본)

· 최초의 근대적 조약
  - 개항 : 부산 → 원산 → 인천
· 불평등 조약(일본에 유리)
  - 해안 측량권
  - 영사 재판권(= 치외 법권)

최익현 → 도끼 X

① 흥선 대원군이 물러나고 고종이 직접 정치를 해야 한다고 주장한 최익현은 강화도 조약 체결에 반대했어요.

핵심 개념 정리하기

한국사를 읽다

강화도 조약

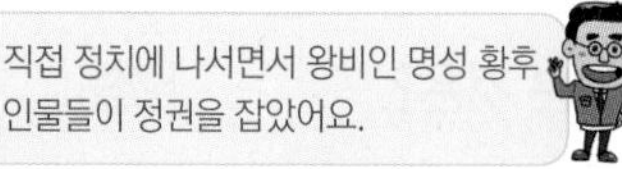

고종이 직접 정치에 나서면서 왕비인 명성 황후 집안의 인물들이 정권을 잡았어요.

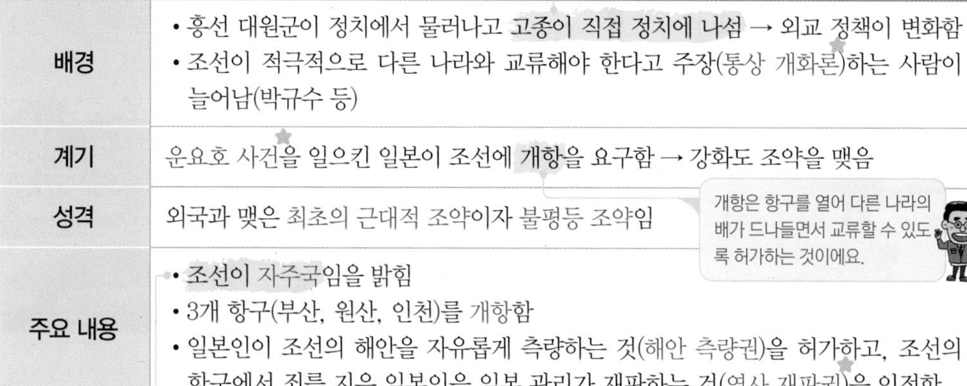

구분	내용
배경	• 흥선 대원군이 정치에서 물러나고 고종이 직접 정치에 나섬 → 외교 정책이 변화함 • 조선이 적극적으로 다른 나라와 교류해야 한다고 주장(통상 개화론)하는 사람이 늘어남(박규수 등)
계기	운요호 사건을 일으킨 일본이 조선에 개항을 요구함 → 강화도 조약을 맺음
성격	외국과 맺은 최초의 근대적 조약이자 불평등 조약임
주요 내용	• 조선이 자주국임을 밝힘 • 3개 항구(부산, 원산, 인천)를 개항함 • 일본인이 조선의 해안을 자유롭게 측량하는 것(해안 측량권)을 허가하고, 조선의 항구에서 죄를 지은 일본인을 일본 관리가 재판하는 것(영사 재판권)을 인정함

개항은 항구를 열어 다른 나라의 배가 드나들면서 교류할 수 있도록 허가하는 것이에요.

강화도 조약 제1조를 보면 조선은 자주적인 국가이며 일본과 동등한 권리를 가진다고 되어 있어요. 이는 청의 간섭을 막고 조선 침략을 더욱 쉽게 하기 위한 일본의 의도가 반영된 내용이었어요.

별툰

"일본은 운요호를 보내 조선을 위협했어요. 이에 강화도를 지키던 조선 군인들이 초지진 포대에서 대포를 쏘자 일본군은 기다렸다는 듯이 공격을 퍼부었어요. 그러고는 자신들이 피해를 입었다고 주장하면서 조선에 개항을 요구했어요. 이보다 앞서 일본도 이와 비슷한 방법으로 접근한 미국에 개항을 했는데, 자신들이 당한 방법을 조선에 그대로 쓴 것이에요."

통상 개화론

조선 후기에 실학이 발달하고 청과 일본이 서양 여러 나라와 교류하면서 변화·발전하는 것을 경험한 일부 지식인이 조선이 더욱 발전하려면 다른 나라와 교류해야 한다는 통상 개화론을 주장하였어요. 이런 주장을 한 대표적인 인물로 박규수가 있어요.

운요호 사건

일본은 조선의 해안을 측량한다는 구실로 운요호를 보내 강화도 앞바다에 접근하였어요. 조선 군인들이 허가 없이 다가오는 운요호 주변에 대포를 쏘며 경고하자 이를 구실 삼아 운요호는 초지진을 공격하고 영종도에 올라와 사람들을 해치고 물건을 빼앗아 갔어요. 그러고는 사건의 책임이 먼저 포를 쏜 조선에 있다고 주장하면서 개항을 요구하였어요.

영사 재판권

보통 외국인은 거주하고 있는 나라의 법을 따라야 합니다. 하지만 영사 재판권을 인정받으면 파견되어 있는 관리(영사)가 자기 나라의 법률로 자기 나라 국민을 재판할 수 있어요. 외국인이 자신이 머물고 있는 나라의 법을 따르지 않아도 되는 치외 법권의 하나입니다. 강화도 조약으로 영사 재판권이 인정되면서 조선에 거주하는 일본인이 조선인에게 피해를 입혀도 조선의 법으로 다스릴 수 없었어요.

1

• 기본 51회 28번

(가) 인물이 집권한 시기의 사실로 옳은 것은? [2점]

소식 들었는가? 이제 우리 양반에게도 군포를 걷겠다는군.

어쩌겠는가. 조정이 왕의 아버지인 (가) 의 위세에 눌려 모든 일이 그의 뜻대로 되고 있으니 말일세.

① 장용영이 창설되었다.
② 척화비가 건립되었다.
③ 청해진이 설치되었다.
④ 칠정산이 편찬되었다.

2

• 기본 63회 29번

(가)에 들어갈 내용으로 가장 적절한 것은? [2점]

이곳은 석파정으로 고종의 아버지인 이하응의 별장이었습니다. 그는 아들 고종이 12세의 어린 나이에 왕위에 오르자 10여 년간 국정을 장악하였습니다. 이 시기에 있었던 사실을 대화 창에 올려 주세요.
역사의 현장을 찾아서
ON 대화창
당백전이 발행되었어요.
호포제가 실시되었어요.
글쓰기
(가)
인터넷

① 녹읍이 폐지되었어요.
② 장용영이 설치되었어요.
③ 척화비가 건립되었어요.
④ 요동 정벌이 추진되었어요.

❶ 흥선 대원군 집권 시기의 사실

정답 찾기

양반에게도 군포를 걷으며, 조정이 왕의 아버지의 위세에 눌려 있다는 내용을 통해 (가) 인물이 흥선 대원군임을 알 수 있어요. 고종이 어린 나이에 왕이 되자 고종의 아버지인 흥선 대원군이 고종을 대신하여 나라를 다스렸어요. 흥선 대원군은 집집마다 군포를 거두는 호포제를 실시하여 그동안 군포를 면제받던 양반에게도 군포를 거두었어요. ② 흥선 대원군은 병인양요와 신미양요 등 서양 세력의 침략을 겪은 후 서양 세력과 교류하지 않겠다는 의지를 널리 알리기 위해 전국 곳곳에 척화비를 세웠어요.

오답 피하기

① 조선 정조는 왕권을 강화하기 위해 왕을 지키는 부대인 장용영을 만들었어요.
③ 신라 말에 장보고는 완도에 청해진을 설치한 뒤 해적을 몰아내고 당, 일본과의 해상 무역을 주도하였어요.
④ 조선 세종 때 조선에 맞는 역법서인 "칠정산"이 편찬되었어요. 정답 ②

정답 ➡ 150쪽

키워드 한 문장

흥선 대원군은 전국의 ☆ 원을 47개소만 남기고 모두 없앴다.

❷ 흥선 대원군 집권 시기의 사실

정답 찾기

고종의 아버지이며 당백전이 발행되고 호포제가 실시되었다는 내용을 통해 (가)에 흥선 대원군 집권 시기의 사실이 들어가야 함을 알 수 있어요. 고종이 어린 나이에 왕이 되자 고종의 아버지인 흥선 대원군이 고종을 대신하여 나라를 다스렸어요. 흥선 대원군은 왕실의 권위를 회복하기 위해 임진왜란 때 불탄 경복궁을 다시 지었는데, 이에 필요한 돈을 마련하고자 당백전을 만들어 사용하게 하였어요. 또 집집마다 군포를 거두는 호포제를 실시하여 그동안 군포를 면제받던 양반에게도 군포를 거두었어요. ③ 흥선 대원군은 병인양요와 신미양요 등 서양 세력의 침략을 겪은 후 서양 세력과 교류하지 않겠다는 의지를 널리 알리기 위해 전국 곳곳에 척화비를 세웠어요.

오답 피하기

① 통일 신라의 신문왕은 관리에게 관료전을 지급하고 녹읍을 폐지하였어요.
② 조선 정조는 왕을 지키는 부대인 장용영을 만들었어요.
④ 고려 말에 중국 대륙을 차지한 명이 고려가 원으로부터 되찾은 철령 이북의 땅을 넘겨줄 것을 요구하였어요. 이에 우왕과 최영은 명이 차지한 요동 지방을 공격하고자 하였어요. 정답 ③

정답 ➡ 150쪽

키워드 한 문장

흥선 대원군은 당백전을 만들어 ☆☆궁을 다시 짓는 데 필요한 돈을 마련하였다.

3

• 기본 67회 32번

(가) 사건에 대한 설명으로 옳은 것은? [2점]

외규장각 의궤, 장엄한 기록의 귀환

1866년 (가) 때 프랑스군이 약탈해 간 외규장각 의궤가 145년 만에 우리 품으로 돌아왔습니다. 다시 여는 전시회를 통해 그 장엄한 기록의 의미를 되새겨 볼 수 있습니다.

■ 기간 : ○○○○. ○○. ○○. ~ ○○. ○○.
■ 장소 : □□ 박물관 전시실

① 제너럴 셔먼호 사건의 배경이 되었다.
② 강화도 조약이 체결되는 계기가 되었다.
③ 오페르트가 남연군 묘 도굴을 시도하였다.
④ 양헌수 부대가 정족산성에서 활약하였다.

4

• 기본 66회 30번

다음 대화 이후에 있었던 사실로 옳은 것은? [2점]

며칠 전 미군이 포를 마구 쏘며 손돌목을 지나갔다고 하니 곧 큰일이 벌어지겠어.

어재연 장군이 이끄는 군사들이 광성보에서 대비하고 있으니 기대해 보세.

① 병인박해가 일어났다.
② 장용영이 창설되었다.
③ 척화비가 건립되었다.
④ 화통도감이 설치되었다.

❸ 병인양요

정답 찾기

1866년에 프랑스군이 외규장각 의궤를 약탈해 갔다는 내용을 통해 (가) 사건이 병인양요임을 알 수 있어요. 천주교를 금지하라는 나라 안의 요구가 거세지자 당시 정치를 주도하던 흥선 대원군은 1866년에 프랑스 선교사와 천주교 신자들을 처형하였어요(병인박해). 프랑스는 이를 구실 삼아 강화도를 침략하여 병인양요를 일으켰어요. 이때 ④ 양헌수 부대가 정족산성에서 프랑스군에 맞서 싸워 이들을 물리쳤어요. 프랑스군은 물러나면서 의궤를 비롯한 외규장각의 도서와 문화유산을 빼앗아 갔어요.

오답 피하기

① 제너럴 셔먼호 사건은 미국 상선 제너럴 셔먼호가 평양에서 통상을 요구하며 사람을 해치고 물건을 빼앗자 평양의 관리와 백성이 제너럴 셔먼호를 공격하여 불태워 버린 사건이에요. 미군이 이를 구실 삼아 1871년에 강화도를 침략하여 신미양요가 일어났어요.
② 운요호 사건이 계기가 되어 1876년에 조선은 일본과 강화도 조약을 맺었어요.
③ 독일 상인 오페르트는 흥선 대원군의 아버지인 남연군의 묘를 도굴하여 그 유해를 통상 요구에 이용하려고 하였어요.

정답 ④

정답 ➡ 150쪽

키워드 한 문장

병인양요 때 양 ☆☆ 부대가 정족산성에서 프랑스군을 물리쳤다.

❹ 신미양요 이후에 있었던 사실

정답 찾기

미군이 포를 마구 쐈으며 어재연 장군이 이끄는 군사들이 광성보에서 대비하고 있다는 내용을 통해 대화에 나타난 사건이 신미양요임을 알 수 있어요. 미군이 제너럴 셔먼호 사건을 구실 삼아 1871년에 강화도를 침략하여 신미양요가 일어났어요. 이때 어재연 장군은 조선군을 이끌고 광성보에서 미군에 맞서 싸우다 목숨을 잃었어요. 따라서 신미양요 이후에 일어난 사건을 찾으면 됩니다. ③ 조선 정부는 신미양요 이후 서양 세력과 교류하지 않겠다는 의지를 널리 알리기 위해 전국 곳곳에 척화비를 세웠어요.

오답 피하기

① 병인박해는 천주교를 금지하라는 나라 안의 요구가 거세지자 당시 정치를 주도하던 흥선 대원군이 1866년에 프랑스 선교사와 천주교 신자들을 처형한 사건이에요. 신미양요 이전의 일이에요.
② 조선 정조는 왕을 지키는 부대인 장용영을 만들어 왕권을 뒷받침하였어요.
④ 고려 말에 최무선은 화약 제조에 성공한 뒤 우왕에게 건의하여 화통도감을 설치하고 화약 무기를 만들었어요.

정답 ③

정답 ➡ 150쪽

키워드 한 문장

제너럴 셔먼호 사건을 구실 삼아
미군이 강화도를 침략하여 ☆☆☆☆ 가 일어났다.

5

• 기본 64회 28번

(가)에 들어갈 사건으로 옳은 것은? [1점]

역 사 신 문

제△△호 ○○○○년 ○○월 ○○일

일본과의 조약이 체결되다

무력시위하는 일본 군인들

작년 가을 강화도와 영종도 일대에서 (가) 을 일으킨 일본과의 회담이 최근 수차례 열렸다. 일본이 피해 보상과 조선의 개항을 일방적으로 요구하자, 조정에서는 이에 대한 찬반 논쟁 끝에 신헌을 파견하여 조·일 수호 조규를 체결하였다.

① 운요호 사건 ② 105인 사건
③ 제너럴 셔먼호 사건 ④ 오페르트 도굴 사건

6

• 기본 58회 29번

밑줄 그은 '조약'으로 옳은 것은? [2점]

연무당옛터
이곳은 운요호 사건을 빌미로 일본이 개항을 강요하여 조선과 조약을 체결한 장소입니다.

① 한성 조약 ② 정미7조약
③ 강화도 조약 ④ 제물포 조약

❺ 운요호 사건

정답 찾기

일본이 강화도와 영종도 일대에서 일으켰으며 조·일 수호 조규, 즉 강화도 조약이 체결되었다는 내용을 통해 (가)에 들어갈 사건이 ① 운요호 사건임을 알 수 있어요. 1875년에 일본은 조선의 해안을 측량한다는 구실로 운요호를 보내 강화도 앞바다에 접근하였어요. 조선 군인들이 허가 없이 다가오는 운요호 주변에 대포를 쏘며 경고하자 이를 구실 삼아 운요호는 초지진을 공격하고 영종도에 올라와 사람들을 해치고 물건을 빼앗아 갔어요. 그러고는 사건의 책임이 먼저 포를 쏜 조선에 있다고 주장하면서 개항을 요구하였어요. 결국 조선은 일본과 조·일 수호 조규, 즉 강화도 조약을 체결하였어요.

오답 피하기

② 105인 사건은 데라우치 총독을 죽이려 하였다는 거짓된 구실을 들어 일제가 독립운동가들을 잡아들인 사건이에요. 이 사건으로 신민회의 조직이 드러나 해산되었어요.

③ 제너럴 셔먼호 사건은 미국 상선 제너럴 셔먼호가 평양에서 통상을 요구하며 사람을 해치고 물건을 빼앗자 평양의 관리와 백성이 제너럴 셔먼호를 공격하여 불태워 버린 사건이에요. 미군이 이를 구실 삼아 1871년에 강화도를 침략하여 신미양요가 일어났어요.

④ 오페르트 도굴 사건은 독일 상인 오페르트가 흥선 대원군의 아버지인 남연군의 묘를 도굴하여 그 유해를 통상 요구에 이용하려고 하였으나 도굴에 실패한 사건이에요. 정답 ①

키워드 한 문장

정답 ➡ 150쪽

운요호 사건을 구실로 일본은 조선에 개항을 요구하였고 이에 따라 ☆☆☆ 조약이 체결되었다.

❻ 강화도 조약

정답 찾기

운요호 사건을 빌미로 일본이 개항을 강요하여 조선과 체결한 조약이라는 내용을 통해 밑줄 그은 '조약'이 ③ 강화도 조약임을 알 수 있어요. 강화도 조약은 조선이 외국과 맺은 최초의 근대적 조약이었어요. 하지만 일본에 조선의 해안을 측량할 수 있는 권리와 조선의 항구에서 죄를 지은 일본인이 일본 관리에게 재판받을 수 있는 권리 등을 인정한 불평등 조약이었어요.

오답 피하기

① 갑신정변이 진압된 후 조선은 일본과 한성 조약을 맺어 일본 공사관을 다시 짓는 비용 등을 물어 주었어요.

② 정미7조약은 한·일 신협약이라고도 해요. 고종 황제가 강제로 물러난 뒤에 일본은 대한 제국 정부에 한·일 신협약(정미7조약)의 체결을 강요하여 대한 제국의 행정 각 부에 일본인 차관을 임명하게 하였어요.

④ 임오군란 이후 조선은 일본과 제물포 조약을 맺어 일본 공사관을 지키기 위해 일본군이 머무는 것을 허용하였어요. 정답 ③

키워드 한 문장

정답 ➡ 150쪽

강화도 조약은 조선이 외국과 맺은 최초의 ☆☆ 적 조약이면서 ☆ 평등 조약이었다.

키워드 한 문장 정답

1. 서 2. 경복 3. 헌수 4. 신미양요 5. 강화도 6. 근대, 불

공부한 날 월 일

17강 임오군란 ~ 대한 제국

이 강에서 배울 시기는?

"개항 이후 조선 정부는 나라를 지키고 부유하고 강한 나라로 만들기 위해 서양의 새로운 문물을 받아들이고자 개화 정책을 펼치고 근대적인 개혁을 추진하였어요. 그러나 조선을 차지하려고 기회를 엿보던 외국 세력의 간섭이 심해졌고 여러 이권을 다른 나라에 빼앗기기도 하였지요. 개항 이후 조선에서 어떤 일들이 일어났는지 살펴볼까요?"

이 강의 핵심 키워드는?

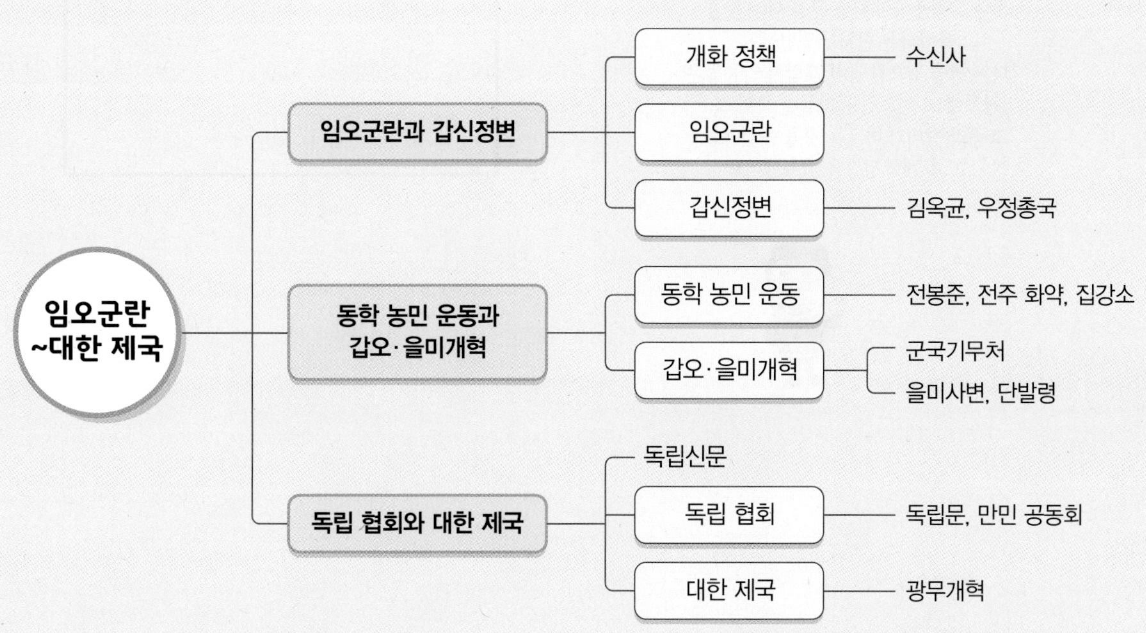

17강 -1 임오군란과 갑신정변

강의 들으며 판서 따라 쓰기

한국사를 그리다

별기군

강화도 조약 → 개화 : 통리기무아문

쌀 ↔ 면

└ 가격↑

· 별기군 ← 임오군란(82) : 제물포 조약 ❶

└ 구식 군인

· 수신사(일본)

└ 통신사 X

청 간섭↑ ← 갑신정변(84) ❷

· 김옥균, 박영효, 서광범, 서재필

· 우정총국

· 신분제 X

· 삼일천하

· 한성 조약, 톈진 조약

❶ 신식 군대인 별기군에 비해 대우가 나빴던 구식 군인들의 분노가 폭발하여 임오군란이 일어나게 되었어요.

❷ 우정총국이 처음 문을 여는 것을 축하하는 잔치가 있던 날, 갑신정변을 일으킨 급진 개화파 인물들은 잔치에 모인 고위 관리들을 죽이고, 고종과 왕비가 머무는 곳을 옮겼어요. 그 후 개혁 정강을 발표했어요.

핵심 개념 정리하기

한국사를 읽다

1. 개화 정책의 추진

> 개화는 다른 나라의 더 발전된 문화와 제도를 받아들여 과거의 생각, 문화와 제도를 발전시켜 나가는 것을 말해요.

구분	내용
개화파의 형성	김옥균, 박영효, 김윤식 등 조선의 개화를 주장하는 사람들이 정부의 개화 정책을 뒷받침함
개화 정책의 추진	• 통리기무아문 설치 : 개화 정책을 총괄하는 기구인 통리기무아문을 설치함 • 별기군 설치 : 원래 있던 군대(구식 군인)를 줄이고 신식 군대인 별기군을 둠 • 시찰단 파견 : 근대 문물을 살펴보기 위해 수신사(일본), 조사 시찰단(일본), 영선사(청), 보빙사(미국)를 파견함

> 조선과 미국이 수호 통상 조약을 맺은 뒤 미국이 조선에 공사(외교관)를 보내오자 조선도 미국에 외교 사절단으로 보빙사를 파견하였어요.

2. 임오군란

> 별기군은 신식 군대로 신식 무기와 복장을 지급받고 일본인 교관에게 신식 군사 기술을 배웠어요. 반면, 구식 군인은 신식 군대에 비해 매우 낮은 대우를 받았어요. 불만이 컸던 구식 군인들이 분노하여 임오군란을 일으켰어요.

구분	내용
배경	구식 군인에 대한 차별 대우
전개	구식 군인들이 봉기를 일으키자 도시의 일부 백성도 참여함 → 정부 관리와 일본인 교관을 죽이고 일본 공사관을 공격함 → 조선이 도움을 요청하여 들어온 청군이 진압함
결과	• 청의 간섭 : 청의 군대를 조선에 머물게 하고, 고문을 파견함 • 조·청 상민 수륙 무역 장정 체결 : 지방관에게 허가를 받은 청의 상인이 개항한 항구 주변을 벗어나 내륙 지역에서도 활동할 수 있게 됨 • 제물포 조약 체결 : 조선이 일본에 배상금을 주고, 일본 공사관을 지키기 위해 일본군이 머무는 것을 허용함

> 일본인 교관이 죽고 일본 공사관이 공격당한 것을 구실로 일본은 피해 보상을 요구했어요. 그래서 조선은 일본이 입은 피해를 보상하기 위해 돈을 물어 주고 일본 군대가 머무는 것도 허용했어요.

3. 갑신정변

> 이들은 청과의 관계를 유지하고, 조선의 법과 제도를 바탕으로 서양의 기술을 받아들여야 한다고 주장했어요.

구분	내용
개화파의 분화	개화를 주장하는 인물들이 차근차근 개화를 추진하자는 측(김홍집 등)과 급진적으로 개화를 추진하자는 측(김옥균 등)으로 나뉨
배경	청의 내정 간섭과 정부의 소극적인 개화 정책에 대한 불만이 높아짐
전개	김옥균을 중심으로 한 일부 개화파(급진 개화파, 개화당)가 우정총국 개국 축하 잔치를 이용하여 정변을 일으킴 → 개혁 정강을 발표함 → 청군이 끼어들어 3일 만에 실패함
결과	• 청의 간섭이 더욱 심해짐 • 한성 조약 체결 : 조선이 일본에 배상금을 주고 일본 공사관을 다시 짓는 돈을 물어 줌

별툰

13개월 만에 받는 봉급이 이게 뭐야?
이게 봉급이라고?!
나는 쌀보다 모래가 더 많아.

"신식 군대가 생기고 좋은 대우를 받는 데 비해 구식 군인들은 차별을 받아 불만이 쌓여 갔어요. 그러던 중 13개월 만에 봉급으로 받은 쌀에 겨와 모래가 섞여 있자 구식 군인들의 불만이 폭발했어요."

★ 고문

고문은 어떤 분야에 대하여 전문적인 지식을 가지고 의견을 제시하고 도움을 주는 일을 하는 사람을 말해요. 임오군란 이후 청은 조선에 고문을 파견하였어요. 조선 정부가 어떤 일이 있을 때 청에서 파견한 고문에게 의견을 물어보면 이 고문은 청에 유리한 쪽으로 답변을 하였어요. 청은 이러한 방식으로 조선의 정치에 간섭하였어요.

★ 갑신정변을 일으킨 사람들

갑신정변을 일으킨 사람들은 조선이 청의 간섭에서 벗어나야 하며, 제도와 사상 등 나라 전체를 개혁해야 한다고 생각하였어요. 이들은 자신들이 가진 것을 내려놓고 평등 사회를 만들고자 하였어요.

★ 우정총국

우정총국은 지금의 우체국을 생각하면 됩니다. 조선 정부가 개화 정책을 추진하면서 우편 업무를 담당하는 관청으로 설치하였어요.

★ 정변

합법적이지 않은 방법으로 생긴 정치적인 큰 변화를 말해요.

17강-2 동학 농민 운동과 갑오·을미개혁

강의 들으며 판서 따라 쓰기

한국사를 그리다

동학 농민 운동(94)

· 전봉준❶(녹두 장군)

전봉준

· 전주성 점령 → 전주 화약 → 집강소(신분제 X …)

청·㉡ 전쟁, 갑오개혁

- 1차 : 군국기무처(신분제X, 과거제X …)
- 2차 : 홍범 14조(8도 → 23부 …)

㉡↑

· 우금치(공주) 전투❷ X

공주 우금치 전적비

을미사변(명성 황후 X)

↓

을미개혁 : 단발령, 태양력

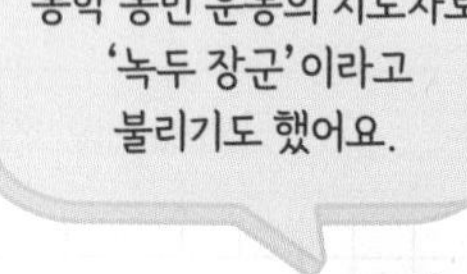

❶ 전봉준은 동학 농민 운동의 지도자로 '녹두 장군'이라고 불리기도 했어요.

❷ 동학 농민군은 공주의 우금치 언덕에서 일본군과 관군에 맞서 싸웠어요. 하지만 기관총 등 신식 무기를 가진 일본군을 이기기는 어려웠어요. 우금치 전투 패배 이후 동학 농민 운동은 막을 내리게 돼요.

핵심 개념 정리하기

한국사를 읽다

1. 동학 농민 운동

> 갑신정변 이후 청과 일본은 두 나라의 군대를 조선에서 물러가게 하고 한쪽이 조선에 군대를 보내면 다른 쪽에 미리 알려 준다는 내용의 조약을 맺었어요. 동학 농민 운동 때 조선 정부의 요청으로 청의 군대가 조선에 들어오면서 일본에 알리자 일본도 조선에 있는 일본인을 보호한다는 구실로 군대를 보냈어요.

배경	정부의 개화 정책 추진으로 세금이 크게 늘어남, 청과 일본의 경제 침탈이 더욱 심해짐, 일부 양반과 지방 관리의 횡포가 계속됨 → 농민 생활이 매우 어려워짐
전개	• 고부 농민 봉기와 1차 봉기 : 고부 군수 조병갑의 횡포에 저항하여 전봉준이 농민들을 모아 고부 관아를 공격함 → 정부의 설득으로 농민들이 스스로 흩어짐 → 사건 해결을 위해 파견된 관리가 농민들에게 책임을 물으며 탄압함 → 전봉준과 농민들이 다시 봉기하여 백산에 모임, '보국안민'과 '제폭구민'을 구호로 내걸고 4대 강령을 발표함 → 황토현 전투, 황룡촌 전투에서 승리함 → 전주성을 점령함 • 전주 화약 체결 : 정부가 청에 군사를 요청함 → 청이 군대를 보내자 일본도 군대를 보냄 → 외국 군대가 끼어드는 것을 막기 위해 동학 농민군은 정부와 전주 화약을 맺은 뒤 스스로 물러남 → 농민군은 전라도 지역에 집강소를 설치하고 개혁을 추진함 • 2차 봉기 : 전주 화약을 맺은 뒤 정부가 청과 일본에 군대를 물러가게 할 것을 요청함 → 일본군이 경복궁을 강제로 점령하고 청·일 전쟁을 일으킴 → 동학 농민군이 일본군을 몰아내려고 다시 봉기함 → 공주 우금치 전투에서 일본군과 관군에 패함
의의	신분제 폐지 등 동학 농민군의 요구 중 일부가 갑오개혁에 반영됨

2. 갑오개혁

> 제1차 갑오개혁 당시 개혁 추진을 위해 새롭게 설치한 개혁 기구입니다. 개혁 내용을 논의하고 결정하는 역할을 했어요.

> 고종은 종묘에서 개혁의 기본 방향을 담은 홍범 14조를 반포하였어요.

구분	제1차 갑오개혁	제2차 갑오개혁
전개	김홍집 등이 중심이 된 군국기무처가 설치됨	군국기무처가 폐지됨, 고종이 홍범 14조를 반포함
내용	과거제·신분제(노비제)를 폐지함, 연좌제를 폐지함, 도량형을 통일함, 조혼을 금지함	8도를 23부로 개편함, 재판소를 설치함

> 도량형은 길이, 부피, 무게 등을 재는 기구나 그 단위법을 말해요. 도량형을 통일하여 지역마다 달랐던 기준을 맞출 수 있게 되었어요.

3. 을미사변과 을미개혁

배경	청·일 전쟁에서 승리한 일본이 조선의 정치에 깊이 간섭하자, 고종과 명성 황후는 일본의 간섭을 막기 위해 러시아 세력을 끌어들임 → 러시아의 영향력이 강화됨
을미사변	일본이 조선에서 불리한 상황을 되돌리려고 경복궁에 침입하여 명성 황후를 시해함
을미개혁	• 배경 : 일본이 조선 정부에 대한 간섭을 강화하고 개혁을 강요함 • 내용 : 단발령 실시, 태양력 사용 등

> 태양력은 지구가 태양의 둘레를 한 바퀴 도는 데 걸리는 시간을 1년으로 정한 역법이에요. 지금 우리가 사용하는 달력(양력)이 이때부터 사용되었어요.

"유교 사상이 깊게 자리 잡은 조선에서 부모님이 주신 머리카락을 자르는 건 받아들일 수 없는 일이었어요. 그래서 강제로 머리카락을 자르는 단발령이 시행되자 크게 반발했어요."

침탈
침범하여 빼앗는다는 뜻이에요.

보국안민
'나랏일을 돕고 백성을 편안하게 한다.'는 뜻이에요.

제폭구민
'포악한 정치를 없애고 백성을 구한다.'는 뜻이에요.

동학 농민군의 4대 강령

1. 사람을 죽이거나 가축을 잡아먹지 말라.
2. 충효를 다하여 세상을 구하고 백성을 편안하게 하라.
3. 일본 오랑캐를 몰아내고 나라의 정치를 깨끗이 한다.
4. 군대를 몰고 서울로 들어가 권세가와 귀족을 모두 없앤다.

– 정교, "대한계년사" –

집강소
전주 화약 체결 이후 동학 농민군 스스로가 개혁을 실행하기 위해 전라도 지역에 설치한 농민 자치 기구입니다.

연좌제
죄를 지은 사람뿐만 아니라 그 가족이나 친척에게도 책임을 물어 함께 처벌하는 제도를 말해요.

조혼
어린 나이에 결혼하는 것을 말해요. 이전에는 평균 수명이 짧고, 경제적 어려움 때문에 일찍 결혼하는 경우가 많았어요.

시해
왕이나 왕비 등 윗사람을 죽이는 것을 말해요.

17강-3 독립 협회와 대한 제국

강의 들으며 판서 따라 쓰기

한국사를 그리다

독립신문❶ → 독립 협회 → 독립문
(서재필) (만민 공동회)

독립신문

독립문

❶ 독립신문은 우리나라 최초의 근대적 민간 신문이에요. 서재필이 주도하여 정부의 지원을 받아 만들었어요. 우리의 상황을 다른 나라 사람에게 알리기 위해 신문의 한 면은 영어로 펴냈어요.

아관 파천(96) → 대한 제국(97)

· 환구단❷

환구단과 황궁우

❷ 환구단은 하늘에 제사를 지내는 제단이에요. 고종은 환구단에서 황제 즉위식을 하고 우리나라도 황제가 다스리는 나라, 즉 제국이 되었음을 나라 안팎에 널리 알렸어요.

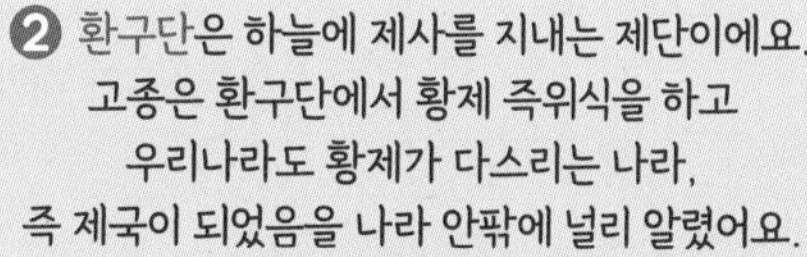

· 광무개혁(황제↑)
└ 지계 발급,
대한국 국제
(원수부)

서양식 제복을 입은 고종

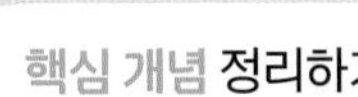

핵심 개념 정리하기

한국사를 읽다

1. 독립 협회

갑신정변을 주도한 사람 중 한 명인 서재필은 정변이 실패하자 일본을 거쳐 미국으로 갔다가 우리나라로 돌아왔어요.

구분	내용
설립	아관 파천 이후 다른 나라의 경제 침탈이 심해짐 → 서재필이 주도하여 독립신문을 만듦 → 서재필을 중심으로 개화사상을 가진 지식인, 관리들이 독립 협회를 세움
활동	• 독립문을 세움 • 강연회, 토론회를 개최함 • 만민 공동회 개최 : 자주 국권 운동과 이권 수호 운동을 전개함(러시아의 절영도 조차 요구를 막아 냄 등) • 관리들과 함께 관민 공동회 개최 : 의회 설립 운동을 추진함
해산	황제를 물러나게 하려고 한다는 모함을 받아 고종의 지시로 강제 해산됨

러시아가 대한 제국 정부에 부산의 절영도를 빌려 달라고 요구하자, 독립 협회는 만민 공동회를 열고 반대 운동을 벌여 이를 막아 냈어요.

2. 대한 제국

구분		내용
배경		독립 협회 등 나라 안팎의 요구로 고종이 1년 만에 러시아 공사관에서 경운궁(덕수궁)으로 돌아옴
대한 제국 선포		• 나라 이름 : 대한 제국 • 연호 : 광무 • 즉위 : 환구단에서 황제 즉위식을 치름
광무개혁 추진	방향	전통적인 것을 바탕으로 서양의 근대 문물을 받아들임(구본신참)
	내용	• 대한국 국제를 만듦(황제에게 모든 권한을 집중함), 원수부를 설치함(황제가 군사권을 모두 차지함) • 토지를 측량하고 근대적 토지 소유 증명서인 지계를 발급함 • 상공업 발달에 힘쓰는 정책을 추진하여 근대적 공장과 회사를 세움 • 각종 관립 학교를 세우고 외국에 유학생을 보냄

구본신참은 '옛것(구)을 기본으로 하고 새것(신)을 참고한다.'는 뜻이에요. 우리나라의 전통적인 것을 기본으로 서양의 새로운 문물을 선택하여 받아들이겠다는 대한 제국 개혁 정책의 기본 원칙이었어요.

별툰

"독립 협회는 누구든지 나랏일에 자신의 생각을 표현할 수 있는 만민 공동회를 열었어요. 가장 천한 신분으로 여겨졌던 백정이 관리들 앞에서 연설하는 경우도 있었지요. 만민 공동회에서는 러시아의 경제 침탈을 비판하고 대한 제국의 자주독립을 지키자는 내용을 정부에 건의하기도 했어요."

★ 아관 파천

러시아를 한자로 '아라사'라고 하며, '아관'은 러시아 외교관이 머무는 공사관을 말해요. '파천'은 왕이 원래 머물고 있는 곳을 떠나 다른 곳으로 피란하는 것이에요. 일본이 명성 황후를 시해한 을미사변 이후 위협을 느낀 고종이 비밀리에 궁에서 나와 러시아 공사관에 머물렀던 사건이 아관 파천입니다. 고종은 1년여 동안 러시아 공사관에 머물렀는데, 이때 조선에서 러시아의 영향력이 커지게 되었어요.

★ 독립문

독립 협회는 우리 민족의 독립 의지를 널리 알리기 위해 독립문을 세웠어요. 청에서 오는 사신을 맞이하는 영은문이 있던 자리 부근에 독립문을 세움으로써 독립에 대한 확실한 의지를 드러냈어요.

★ 이권 수호 운동

이권은 이익을 얻을 수 있는 권리를 말해요. 고종이 러시아 공사관에 머물던 시기에 러시아, 미국, 프랑스, 일본 등 여러 나라가 조선에서 경쟁적으로 이권을 가져갔어요. 독립 협회는 이를 비판하며 반대 운동을 벌여 일부 이권 요구를 막아 냈어요.

★ 조차

다른 나라의 영토 일부를 빌려 일정 기간 다스리는 것을 말해요.

★ 즉위

왕이나 황제의 자리에 오르는 것을 말해요.

1

• 기본 58회 31번

밑줄 그은 '이 사건'의 결과로 옳은 것은? [2점]

이것은 민응식의 옛 집터 표지석입니다. 구식 군인들이 별기군과의 차별 등에 반발하여 일으킨 이 사건 당시, 궁궐을 빠져나온 왕비가 피란하였던 곳임을 알려 주고 있습니다.

① 집강소가 설치되었다.
② 조사 시찰단이 파견되었다.
③ 외규장각 도서가 약탈되었다.
④ 청의 내정 간섭이 심화되었다.

2

• 기본 69회 29번

밑줄 그은 '정변' 이후에 있었던 사실로 옳은 것은? [2점]

역 사 신 문

제△△호 ○○○○년 ○○월 ○○일

개화당 정부, 무너지다

어제 구성된 개화당 정부가 하루 만에 청군의 개입으로 붕괴하였다. 새 정부를 구성하고 개혁 정강을 발표하였던 김옥균, 박영효, 서재필 등은 현재 일본 공사를 따라 일본 공사관으로 피신해 있는 것으로 알려졌다. 우정국 개국 축하연에서의 소동으로 시작된 정변은 이로써 3일 만에 막을 내리게 되었다.

① 임오군란이 일어났다.
② 한성 조약이 체결되었다.
③ 통리기무아문이 설치되었다.
④ 제너럴 셔먼호 사건이 발생하였다.

❶ 임오군란

정답 찾기

구식 군인들이 별기군과의 차별 등에 반발하여 일으켰다는 내용을 통해 밑줄 그은 '이 사건'이 임오군란임을 알 수 있어요. 조선 정부는 개항 이후 신식 군대인 별기군을 만들고 원래 있던 구식 군대를 줄였어요. 별기군에 비해 차별 대우를 받던 구식 군인들은 봉급도 제때 받지 못한 데다 밀린 봉급으로 받은 쌀에 겨와 모래가 섞여 있자 분노하여 난을 일으켰어요. 조선 정부는 청 군대의 도움을 받아 임오군란을 진압하였어요. ④ 이후 조선에 대한 청의 간섭이 더욱 심해졌어요.

오답 피하기

① 동학 농민 운동 때 정부와 전주 화약을 맺은 동학 농민군이 스스로 개혁을 실행하기 위해 전라도 지역에 집강소를 설치하였어요.
② 개항 이후 조선 정부는 일본의 근대 문물을 배우고 개화 정책에 대한 정보를 모으기 위해 조사 시찰단을 보냈어요.
③ 병인양요를 일으킨 프랑스군이 물러나면서 강화도의 외규장각에 보관 중이던 도서와 문화유산을 빼앗아 갔어요.

정답 ④

정답 ➡ 160쪽

키워드 한 문장

신식 군대인 별기군에 비해 차별 대우를 받던
구식 군인들이 봉기하여 ☆☆ 군란이 일어났다.

❷ 갑신정변

정답 찾기

우정국 개국 축하연에서의 소동으로 시작되었다는 내용 등을 통해 밑줄 그은 '정변'이 갑신정변임을 알 수 있어요. 1884년에 우정총국 개국 축하연을 기회로 삼아 김옥균, 박영효 등 급진 개화파(개화당)가 갑신정변을 일으켰어요. 급진 개화파는 개화당 정부를 구성하고 개혁 정강을 발표하였으나 민씨 정권의 요청을 받은 청군의 개입으로 3일 만에 실패하였어요. ② 갑신정변이 진압된 후 조선은 일본과 한성 조약을 맺어 일본 공사관을 다시 짓는 비용 등을 물어 주었어요.

오답 피하기

① 신식 군대인 별기군에 비해 대우가 나빴던 구식 군인들의 분노가 폭발하여 1882년에 임오군란이 일어났어요.
③ 조선 정부는 개화 정책을 추진하기 위해 1880년에 통리기무아문을 설치하였어요.
④ 1866년에 미국 상선 제너럴 셔먼호가 평양에서 통상을 요구하며 사람을 해치고 물건을 빼앗자 평양의 관리와 백성이 제너럴 셔먼호를 공격하여 불태웠어요.

정답 ②

정답 ➡ 160쪽

키워드 한 문장

김옥균, 서재필, 박영효 등이
우정총국 개국 축하연을 기회로 삼아 ☆☆ 정변을 일으켰다.

3

• 기본 67회 29번

(가) 사건에 대한 설명으로 옳은 것은? [2점]

부패한 지도층과 외세의 침략에 저항했던 (가) 관련 기록물인 전봉준 공초, 개인 일기와 문집, 각종 임명장 등이 유네스코 세계 기록 유산으로 지정되었습니다.

백성이 주체가 된 역사, 세계 기록 유산으로 남다

① 9서당을 창설하는 계기가 되었다.
② 청산리에서 일본군과 전투를 벌였다.
③ 집강소를 통해 폐정 개혁을 추진하였다.
④ 제물포 조약이 체결되는 결과를 가져왔다.

❸ 동학 농민 운동

정답 찾기

부패한 지도층과 외세의 침략에 저항하였다는 내용과 '전봉준 공초' 등을 통해 (가) 사건이 동학 농민 운동임을 알 수 있어요. 전봉준은 동학 농민 운동의 지도자로 '녹두 장군'이라고 불리기도 하였어요. ③ 동학 농민 운동 당시 조선 정부와 전주 화약을 맺은 동학 농민군은 스스로 개혁을 추진하기 위해 전라도 지역에 집강소를 설치하였어요.

오답 피하기

① 삼국을 통일한 신라는 중앙군으로 9서당을 두었어요.
② 김좌진이 이끄는 북로 군정서가 중심이 된 독립군 연합 부대가 청산리에서 일본군과 전투를 벌여 승리하였어요.
④ 임오군란 이후 조선은 일본과 제물포 조약을 맺어 일본 공사관을 지키기 위해 일본군이 머무는 것을 허용하였어요.

정답 ③

정답 ➡ 160쪽

키워드 한 문장

동학 농민군은 전주 화약 체결 이후 ☆☆소를 설치하고 개혁을 추진해 나갔다.

4

• 기본 69회 30번

(가)에 들어갈 내용으로 옳은 것은? [1점]

올해 130주년을 맞는 (가) 의 역사적 의미를 살펴보고자 합니다. 먼저 사회 분야의 개혁에 대한 의견을 말씀해 주세요.
노비제와 연좌제 등을 폐지한 근대적 개혁으로서 큰 의미가 있습니다.
하지만 백정 등에 대한 제도적, 사회적 차별이 여전히 남아 있었다는 점도 주목해야 합니다.

① 3·1 운동
② 갑오개혁
③ 광무개혁
④ 아관 파천

❹ 갑오개혁

정답 찾기

노비제와 연좌제 등을 폐지한 근대적 개혁이라는 내용을 통해 (가)에 들어갈 내용이 ② 갑오개혁임을 알 수 있어요. 갑오개혁은 1894년부터 조선 정부가 추진한 개혁이에요. 노비제와 과거제, 연좌제를 없애고 조혼을 금지하는 등의 개혁이 추진되었어요.

오답 피하기

① 1919년에 일어난 3·1 운동은 일제의 무단 통치에 맞서 전국에서 모든 계층이 참여한 일제 강점기 가장 큰 민족 운동이었어요.
③ 광무개혁은 대한 제국 정부가 옛것을 근본으로 하고 새로운 것을 참고한다는 뜻의 구본신참을 원칙으로 내세우며 추진한 개혁이에요.
④ 일본이 명성 황후를 시해하자 위협을 느낀 고종과 세자가 1896년 비밀리에 궁을 떠나 러시아 공사관에 머물렀는데, 이를 아관 파천이라고 합니다.

정답 ②

정답 ➡ 160쪽

키워드 한 문장

조선 정부는 군국기무처를 설치하고 ☆☆ 개혁을 추진하여 신분제와 과거제 폐지, 도량형 통일 등의 개혁을 실시하였다.

5

• 기본 67회 33번

(가) 단체의 활동으로 옳은 것은? [2점]

이곳 종로에서는 (가) 이/가 개최한 관민 공동회가 열리고 있습니다. 정부 관료와 학생, 시민들이 참여한 가운데 헌의 6조를 올리기로 하였습니다.

① 광혜원을 설립하였다.
② 태극 서관을 운영하였다.
③ 독립문 건설을 주도하였다.
④ 파리 강화 회의에 대표를 파견하였다.

6

• 기본 64회 38번

(가) 시기에 있었던 사실로 옳은 것은? [2점]

고종이 러시아 공사관에서 경운궁으로 돌아와 황제로 즉위하고 국호를 (가) (으)로 선포한 이후에 사용한 어새입니다.
(가) 고종 황제 어새와 내함

① 지계가 발급되었다.
② 척화비가 건립되었다.
③ 육영 공원이 설립되었다.
④ 군국기무처가 설치되었다.

❺ 독립 협회의 활동

정답 찾기

관민 공동회를 개최하였으며 헌의 6조를 올리기로 하였다는 내용을 통해 (가) 단체가 독립 협회임을 알 수 있어요. 독립 협회는 정부 관료와 학생, 시민들이 참여한 관민 공동회에서 개혁안인 헌의 6조를 올리기로 하고, 이를 대한 제국 정부에 건의하여 고종 황제의 승인을 받았어요. ③ 독립 협회는 우리 민족의 독립 의지를 널리 알리기 위해 청에서 오는 사신을 맞이하던 옛 영은문 자리 부근에 독립문을 세웠어요.

오답 피하기

① 독립 협회가 만들어지기 전인 1885년에 우리나라 최초의 서양식 근대 병원인 광혜원이 설립되었어요. 광혜원은 곧 제중원으로 이름이 바뀌었어요.
② 신민회는 민족 산업을 키우기 위해 태극 서관과 자기 회사를 운영하였어요.
④ 신한 청년당은 파리 강화 회의에 김규식을 대표로 파견하였어요. 정답 ③

정답 ➡ 160쪽

키워드 한 문장

서재필의 주도로 창립된 ☆☆☆☆ 는 만민 공동회를 열고 독립문을 세웠다.

❻ 대한 제국 시기의 사실

정답 찾기

고종이 러시아 공사관에서 경운궁으로 돌아와 황제로 즉위하였다는 내용을 통해 (가) 시기가 대한 제국 시기임을 알 수 있어요. 러시아 공사관에서 머물던 고종은 경운궁(지금의 덕수궁)으로 돌아온 뒤 1897년에 환구단에서 황제 즉위식을 하고 나라 이름을 대한 제국으로 선포하였어요. ① 대한 제국 정부는 광무개혁을 추진하면서 토지를 측량하고 근대적 토지 소유 증명서인 지계를 발급하였어요.

오답 피하기

② 조선 정부는 신미양요 이후 서양 세력과 교류하지 않겠다는 의지를 널리 알리기 위해 전국 곳곳에 척화비를 세웠어요.
③ 육영 공원은 조선 정부가 세운 학교이며, 미국인 교사가 영어와 근대 학문을 가르쳤어요.
④ 조선 정부는 군국기무처를 설치하고 갑오개혁을 추진하였어요. 정답 ①

정답 ➡ 160쪽

키워드 한 문장

고종은 러시아 공사관에서 경운궁으로 돌아온 뒤에 ☆☆ 제국의 수립을 선포하였다.

키워드 한 문장 정답

1. 임오 2. 갑신 3. 집강 4. 갑오 5. 독립 협회 6. 대한

공부한 날 월 일

18강 국권 피탈과 국권 수호 운동

이 강에서 배울 시기는?

1876년	1904년	1910년
강화도 조약 체결(개항)	러·일 전쟁 시작	국권 피탈

청·일 전쟁에서 승리한 일본은 만주와 한반도를 차지하기 위해 러시아와 전쟁을 벌였어요. 전쟁을 승리로 이끈 일본은 본격적으로 우리나라를 차지하기 위해 움직였어요. 이러한 일본의 침략에 맞서 우리 민족은 국권을 지키기 위해 다양한 활동을 펼쳤어요. 일본의 국권 침탈에 맞서 일어난 민족 운동과 근대 문물이 들어오면서 생긴 변화를 살펴볼까요?

이 강의 핵심 키워드는?

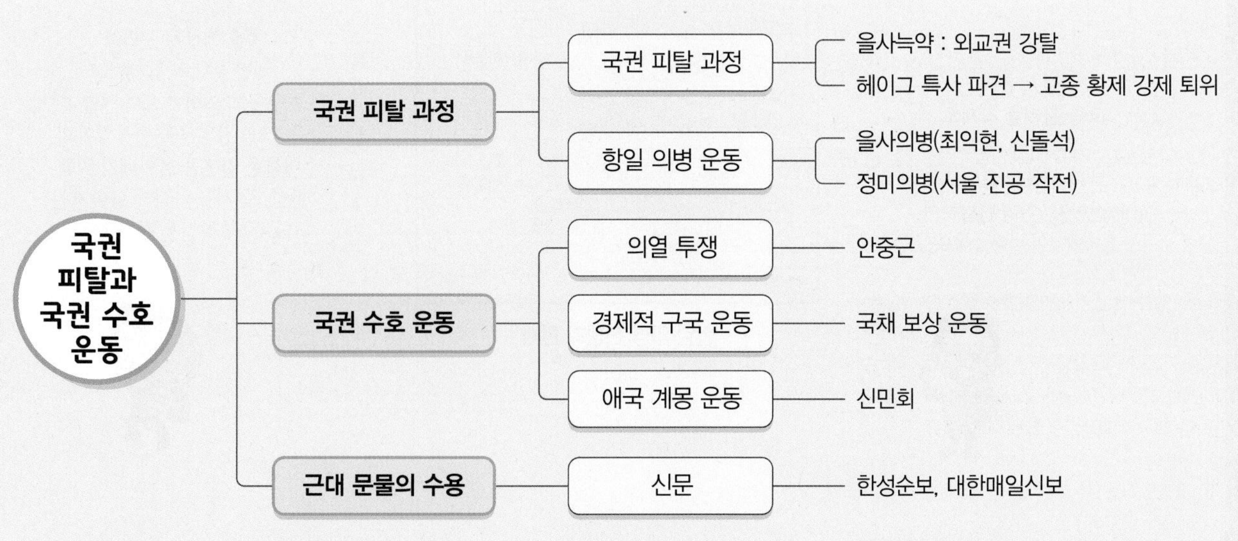

18강-1 국권 피탈 과정

강의 들으며 판서 따라 쓰기

한국사를 그리다

대한 제국 — 1904 — 1905 — 1907 — 1910. 8. 29.

독도 강탈(05) ← 러·일 전쟁 → 을사늑약 ❶ ← 헤이그 특사 파견 → 고종 강제X → 경술국치

- 독도 강탈(05)
  - 칙령 41호 (1900)
- 러·일 전쟁
  - 한·일 의정서
  - 제1차 한·일 협약 → 메가타(재정), 스티븐스(외교)
- 을사늑약 ❶
  - 외교권X
  - 통감 (이토 히로부미)
- 헤이그 특사 파견
  - 네덜란드 만국 평화 회의
  - 이준, 이상설, 이위종
- 고종 강제X
  - 한·일 신협약 (정미7조약) → 군대 해산

〈의병〉 ········ 을사의병 ········ 정미의병 ❷

- 을사의병 (→ 을사늑약)
  - 민종식, 최익현
  - 신돌석(평민 의병장)
- 정미의병 ❷ (← 군대 해산)
  - 의병 전쟁
  - 서울 진공 작전 ❸ (13도 의병 연합 부대)

❶ 러·일 전쟁 과정에서 일본은 서양 강대국들에 한국에 대한 독점적 지배권을 인정받았어요. 그러고 나서 일본은 군대를 동원하여 강제로 을사늑약을 체결했어요.

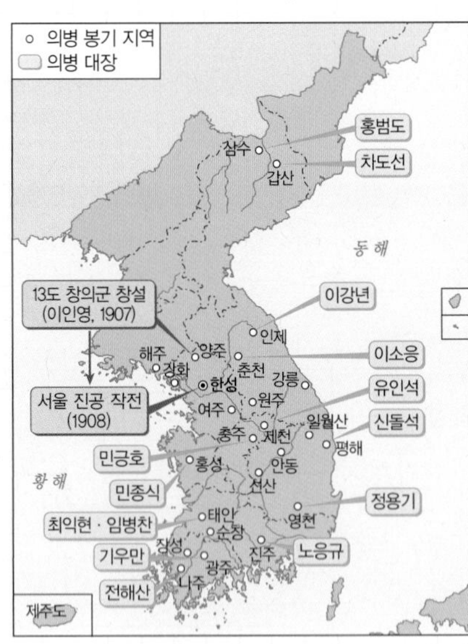

항일 의병 전쟁의 전개

1907년에 영국 기자 매켄지가 찍은 정미의병의 모습

❷ 일본이 고종 황제를 강제로 물러나게 하고 대한 제국의 군대도 해산하자, 이에 반발하여 정미의병이 일어났어요.

❸ 해산된 군인이 의병 부대와 함께하고 전국 곳곳의 의병이 모여 연합 부대, 즉 13도 창의군을 만들었어요. 이들은 일본을 몰아내기 위해 한성, 즉 서울을 향해 나아가는 서울 진공 작전을 전개했지요.

핵심 개념 정리하기

한국사를 읽다

1. 국권 피탈 과정

늑약은 '억지로 맺은 조약'이라는 뜻이에요. 고종 황제는 조약에 반대하여 서명을 거부했어요.

러·일 전쟁	• 배경 : 만주와 한반도를 둘러싼 러시아와 일본의 갈등 → 일본이 영국과 동맹을 맺은 후 러시아를 공격함(1904) • 결과 : 일본이 승리함, 러·일 전쟁 중 일본이 독도를 강제로 빼앗음(1905)
을사늑약 (1905)	• 배경 : 러·일 전쟁에서 승리한 일본이 을사오적을 앞세워 체결을 강요함 • 내용 : 대한 제국의 외교권을 강제로 빼앗음, 통감부를 설치하여 내정 간섭을 강화함 • 저항 : 항일 의병이 일어남(을사의병), 황성신문에 장지연이 을사늑약을 비판하는 '시일야방성대곡'을 실음, 민영환과 조병세 등이 스스로 목숨을 끊음, 고종 황제가 만국 평화 회의가 열린 네덜란드 헤이그에 특사(이상설, 이준, 이위종)를 보냄
고종 황제 강제 퇴위	일본이 헤이그 특사 파견을 구실로 고종 황제를 강제로 물러나게 함
한·일 신협약 (정미7조약, 1907)	행정 각 부에 일본인 차관을 임명함 → 대한 제국의 내정을 장악함
군대 해산	일본이 대한 제국의 군대를 강제로 해산함
한·일 병합 조약 (경술국치, 1910)	일본이 친일파를 앞세워 나라를 하나로 합치자는 목소리를 높임 → 일본이 대한 제국의 국권을 강제로 빼앗고 조선 총독부를 설치함

차관은 우두머리인 장관 다음으로 높은 관직이에요. 일본은 각 부의 높은 관직에 일본인을 임명하게 하여 권력을 잡았어요.

2. 항일 의병 운동

강화도 조약이 체결될 무렵에 일본도 서양과 똑같은 오랑캐라며 목숨을 걸고 일본과 조약을 맺는 것에 반대하는 상소를 올리기도 했고, 을사늑약이 맺어졌을 때에는 이에 반대하여 항일 의병을 일으켰어요.

을사의병	• 을사늑약 체결에 반발하여 일어남 • 양반 유생(민종식, 최익현 등)과 평민(신돌석) 출신 의병장 등이 활약함
정미의병	• 고종 황제의 강제 퇴위와 대한 제국의 군대 해산에 반발하여 일어남 • 해산 군인들이 의병 부대와 함께하여 의병 부대의 전투력과 조직력이 향상됨 • 의병들이 모여 연합 부대인 13도 창의군을 만듦 → 서울 진공 작전을 전개하였으나 실패함 → 이후 일본의 대대적인 공격으로 의병 활동이 움츠러듦

별툰

만국 평화 회의에 참석하러 왔는데 왜 문을 안 열어 주는 거요!!

만국평화회의

"고종 황제는 을사늑약이 부당하다는 사실을 국제 사회에 알리기 위해 네덜란드 헤이그에서 열린 만국 평화 회의에 이상설, 이준, 이위종을 특사로 보냈어요. 그러나 일본은 외교권이 없는 상태에서 다른 나라에 특사를 보냈다는 이유를 들어 고종을 황제 자리에서 강제로 물러나게 하고 순종을 즉위시켰어요."

피탈
억지로 빼앗겼다는 뜻이에요.

을사오적
을사늑약 체결에 앞장선 5명의 대신들을 말해요. 학부대신 이완용, 내부대신 이지용, 외부대신 박제순, 군부대신 이근택, 농상공부대신 권중현이에요.

통감부
일본이 1906년에 대한 제국 황실의 안전과 평화를 유지한다는 구실을 내세워 설치하였는데, 실제로는 식민 통치를 준비하는 기구였어요. 초대 통감으로 이토 히로부미가 임명되었어요.

특사
나라를 대표하여 특별한 임무를 가지고 다른 나라에 보내지는 사람을 말해요.

경술국치
'경술년에 일어난 나라의 치욕'이라는 뜻입니다. 강제 병합으로 국권을 빼앗긴 일을 말해요. 이로써 우리나라는 일본의 통치를 받게 되었어요.

친일파
일본이 대한 제국의 국권을 강제로 빼앗고 식민 통치하는 데 적극 협력한 사람들을 말해요.

국권
나라의 중요한 일을 스스로 결정하고 국민과 국토를 다스리는 권리를 말해요.

18강-2 국권 수호 운동

강의 들으며 판서 따라 쓰기

한국사를 그리다

❶ 안중근은 만주 하얼빈에서 우리나라를 빼앗는 데 앞장선 이토 히로부미를 저격했어요.

대한 제국 1904 1905 1907 1910. 8. 29.

러·일 전쟁 ⟶ 을사늑약 ⟵ 헤이그 특사 파견 ⟶ 고종 강제X ⟶ 경술국치

〈의열〉 ---- 장인환, 전명운 ⟩— 스티븐스(08) ----
· 안중근❶ – 이토 히로부미(09)
· 이재명 – 이완용(09)

장인환

전명운

안중근

이재명

〈경제〉 ---------- 국채 보상 운동(서상돈, 대구) ⟵ 대한매일신보

〈계몽〉 ----- 보안회 ---------- 신민회❷ ┬ 안창호, 양기탁
└ 오산 학교, 대성 학교, 태극 서관, 독립운동 기지 건설

안창호

양기탁

❷ 신민회는 1907년에 국내에서 비밀리에 만들어진 단체로, 국권을 되찾고 공화정을 세울 것을 목표로 활동했어요.

핵심 개념 정리하기

한국사를 읽다

1. 의열 활동

장인환·전명운	미국 샌프란시스코에서 일본이 추천하여 대한 제국의 외교 고문이 되었던 친일 미국인 스티븐스를 죽임
안중근	• 만주 하얼빈에서 을사늑약 체결에 핵심적인 역할을 하고 초대 통감으로 우리나라 침략에 앞장선 이토 히로부미를 저격하여 죽임 • 감옥 안에서 "동양 평화론"을 지음
이재명	이완용을 처단하려 하였으나 실패함
나철·오기호	을사오적을 처단하기 위해 5적 암살단인 자신회를 만듦

안중근은 교육을 통한 민족 운동에 힘쓰다가 연해주로 건너가 의병 활동을 했어요.

2. 경제적 구국 운동

황무지 개간권 요구 반대 운동	러·일 전쟁 중에 일본이 황무지 개간권을 요구함 → 보안회가 반대 운동을 펼쳐 일본의 요구를 막아 냄
국채 보상 운동	• 배경 : 러·일 전쟁 이후 일본의 차관 강요 등으로 일본에 많은 빚을 지게 됨 → 성금을 모아 일본에 진 빚을 갚고 나라를 지키고자 함 • 전개 – 김광제, 서상돈 등의 제안으로 대구에서 시작됨(1907) – 여러 단체와 대한매일신보 등 언론이 지원함 → 전국으로 확산됨 → 통감부의 탄압과 방해 등으로 중단됨

3. 애국 계몽 운동

대한 자강회	• 전국에 지회를 두고 대중 계몽을 위한 연설회를 엶 • 고종 황제의 강제 퇴위에 반대하는 운동을 벌이다가 통감부의 탄압으로 해산됨(1907)
신민회	• 조직 : 안창호, 양기탁, 이승훈 등이 중심이 되어 비밀리에 만듦(1907) • 활동 : 국권 회복과 공화정 수립을 목표로 활동함 – 민족 교육 실시 : 오산 학교, 대성 학교를 세움 – 민족 산업 육성 : 자기 회사, 태극 서관을 운영함 – 국외 독립운동 기지 건설 : 신흥 강습소를 세우고 독립군을 길러 냄

국내에서 무장 독립 투쟁을 준비하기 어려웠기 때문에 국외에 독립운동 기지를 세웠어요.

별툰

"국채 보상 운동은 대구에서 김광제, 서상돈의 주도로 시작되었어요. 당시 일본에서 들여온 차관이 대한 제국의 1년 예산에 달하자 나라의 빚을 갚기 위해 사람들은 반지와 비녀를 팔고, 담배와 술을 끊는 등의 운동을 벌여 성금을 모았어요."

국채 보상 운동

1907년에 대구에서 시작된 운동으로 전국으로 퍼져 여러 계층의 많은 사람들이 참여하였어요. 남성은 술과 담배를 끊어 성금을 내고 여성은 반지와 비녀를 내놓았으며 기생과 걸인, 심지어 도적까지도 성금을 내는 등 수많은 사람이 스스로 참여하였어요. 국채 보상 운동의 전 과정을 보여 주는 기록물이 2017년에 유네스코 세계 기록 유산으로 등재되었어요.

차관

차관은 한 나라의 정부나 기업 등이 다른 나라의 정부나 기관에서 돈을 빌려 오는 것을 말해요. 일본은 을사늑약 체결 이후 철도 등의 근대 시설을 만든다는 구실로 대한 제국에 많은 돈을 요구하였고, 돈이 없는 대한 제국이 일본에서 차관을 들여오도록 강요하였어요. 1907년 무렵 대한 제국이 일본에 진 빚은 1,300만 원에 달하였어요. 나라의 1년 예산과 맞먹을 정도의 큰돈이었지요.

신민회의 활동

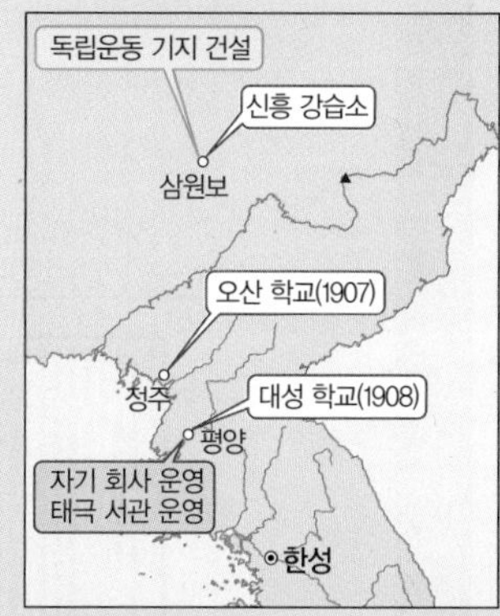

신민회는 민족 교육의 중요성을 강조하며 정주에 오산 학교, 평양에 대성 학교를 설립하였어요. 또 민족 산업을 키우기 위해 자기 회사와 태극 서관을 운영하였어요.

공화정

국민이 뽑은 대표자 또는 대표 기관의 의사에 따라 주권을 행사하는 정치를 말해요.

18강-3 근대 문물의 수용

강의 들으며 판서 따라 쓰기

한국사를 그리다

구분	내용
학교	· 최초 근대식 학교 : 원산 학사 · 최초 국립 근대식 학교 : 육영 공원 · 최초 외국인이 세운 근대식 학교 : 배재 학당(by 선교사 - 이화 학당)
병원	최초 근대식 병원 : 광혜원(→ 제중원)
건축물	독립문, 환구단, 명동 성당, 덕수궁 석조전
근대 시설	· 시설 : 전보, 전화, 전등, 전차, 기차(경인선 - 최초) · 기관 : 박문국(인쇄), 전환국(화폐), 기기창(무기), 우정총국(우체국)
근대 신문	· 최초 신문: 한성순보 / 독립신문(한글, 영문) · 황성신문(장지연, 시일야방성대곡), 제국신문(서민), 대한매일신보(베델)
음식	커피

개항 이후 다른 나라로부터 다양한 근대 문물이 들어와 교육, 의료, 건축 등에서 커다란 변화가 나타났어요.

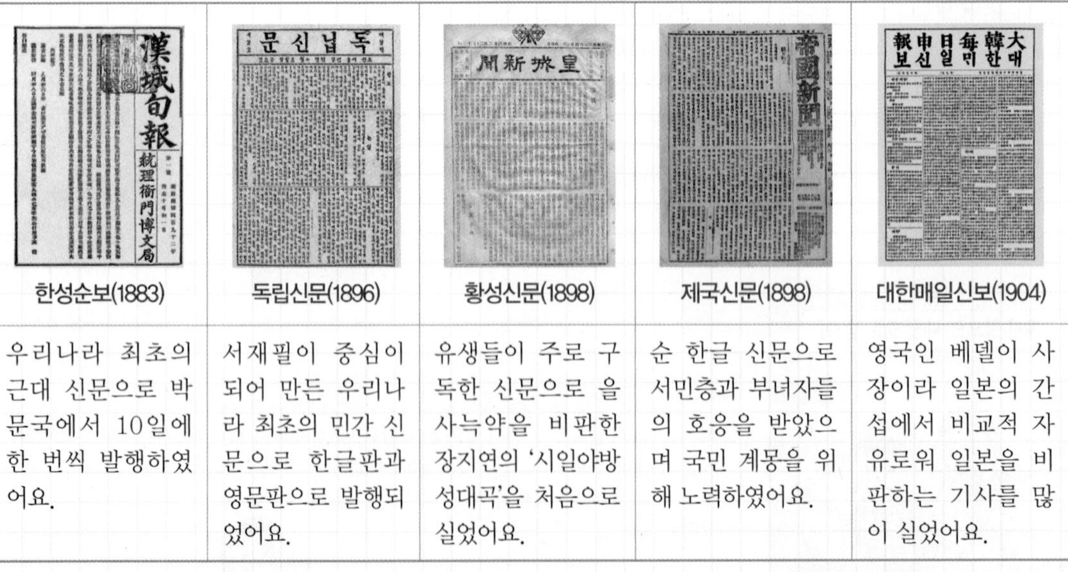

한성순보(1883)	독립신문(1896)	황성신문(1898)	제국신문(1898)	대한매일신보(1904)
우리나라 최초의 근대 신문으로 박문국에서 10일에 한 번씩 발행하였어요.	서재필이 중심이 되어 만든 우리나라 최초의 민간 신문으로 한글판과 영문판으로 발행되었어요.	유생들이 주로 구독한 신문으로 을사늑약을 비판한 장지연의 '시일야방성대곡'을 처음으로 실었어요.	순 한글 신문으로 서민층과 부녀자들의 호응을 받았으며 국민 계몽을 위해 노력하였어요.	영국인 베델이 사장이라 일본의 간섭에서 비교적 자유로워 일본을 비판하는 기사를 많이 실었어요.

핵심 개념 정리하기

한국사를 읽다

근대 문물의 수용

구분	내용
교육 기관	• 원산 학사 : 함경도 주민과 지방관이 함께 세운 우리나라 최초의 근대 학교 • 육영 공원 : 정부가 세운 최초의 근대 학교, 헐버트 등 미국인 교사가 영어와 근대 학문을 가르침 • 배재 학당, 이화 학당 : 외국인 선교사가 세운 학교
의료 시설	광혜원 : 우리나라 최초의 근대식 병원(설립 직후 제중원으로 이름을 바꿈)
건축물	독립문, 명동 성당, 덕수궁 석조전 등
근대 시설	• 박문국 : 인쇄, 출판 업무를 담당함 • 기기창 : 신식 무기 제조를 담당함(청에 파견되었던 영선사 일행이 주도하여 세움) • 전환국 : 화폐 발행을 담당함 • 우정총국 : 우편 및 우체 업무를 담당함
근대 신문	• 한성순보 : 우리나라 최초의 근대 신문, 박문국에서 펴냄 • 독립신문 : 우리나라 최초의 민간 신문이자 최초의 순 한글 신문, 영문판도 펴내 우리의 상황을 외국인에게도 알림 • 황성신문 : 한글과 한자를 함께 사용한 국한문 혼용체로 펴내 유생들이 많이 읽음, 장지연의 '시일야방성대곡'을 처음 실음 • 제국신문 : 순 한글로 펴내 서민과 부녀자들이 많이 읽음 • 대한매일신보 : 양기탁과 영국인 베델이 함께 만듦, 일제에 비판적인 기사를 많이 실음, 국채 보상 운동을 적극적으로 지원함
통신·교통 시설	• 전신·전화, 전등(경복궁 건청궁) 설치 • 전차 운행(서대문 ~ 청량리) • 철도 설치(경인선, 경부선, 경의선 등)
음식	커피, 케이크 등이 유행함

선교사

외국에 파견되어 종교를 널리 알리는 사람을 말해요. 개항 이후 우리나라에 들어온 외국인 선교사들은 학교를 세우고 의료 사업을 전개하는 등 다양한 활동을 하였어요.

근대 건축물

개항 이후 서양식 건물이 많이 지어졌는데 프랑스의 개선문을 본떠 만든 독립문, 고딕 양식으로 지어진 명동 성당, 당시 건축된 서양식 건물 중 규모가 가장 큰 덕수궁 석조전 등이 있어요.

시일야방성대곡

'이날, 목 놓아 통곡하노라.'라는 뜻으로 황성신문의 편집을 책임지던 장지연이 쓴 논설이에요. 을사늑약의 부당함을 주장한 장지연의 이 논설을 실어 황성신문은 3개월간 신문 발행이 중지되었어요.

"개항 이후 한성에 살던 사람들은 전화 교환수를 통해 전화 통화를 하고, 서대문과 청량리 사이를 전차를 타고 이동하고, 깜깜한 밤을 밝히는 전등을 따라 걷지 않았을까요? 당시 한성의 모습이 어땠을지 한번 상상해 보세요."

1

• 기본 61회 34번

밑줄 그은 '이 조약'에 대한 설명으로 옳은 것은? [2점]

이곳은 네덜란드 헤이그에 있는 이준 열사 기념관입니다. 그는 대한 제국의 외교권을 박탈한 이 조약의 부당함을 세계에 알리기 위해 이상설, 이위종과 함께 만국 평화 회의에 특사로 파견되었습니다.

① 청·일 전쟁의 배경이 되었다.
② 최혜국 대우의 조항이 들어 있다.
③ 운요호 사건을 계기로 체결되었다.
④ 통감부가 설치되는 결과를 가져왔다.

❶ 을사늑약

정답 찾기

대한 제국의 외교권을 박탈하였으며 조약의 부당함을 세계에 알리기 위해 이준, 이상설, 이위종이 만국 평화 회의에 특사로 파견되었다는 내용을 통해 밑줄 그은 '이 조약'이 을사늑약임을 알 수 있어요. ④ 1905년에 일본은 대한 제국의 외교권을 빼앗는 을사늑약을 강제로 맺고, 이를 근거로 이듬해 통감부를 설치하였어요. 이에 고종 황제는 국제 사회에 을사늑약의 부당함을 알리기 위해 1907년에 이준, 이상설, 이위종을 만국 평화 회의가 열린 네덜란드 헤이그에 특사로 보냈어요.

오답 피하기

① 1894년 동학 농민 운동 중에 일본군이 경복궁을 강제로 점령하고 청·일 전쟁을 일으켰어요.
② 1882년에 조선이 미국과 맺은 조·미 수호 통상 조약에 최혜국 대우의 조항이 처음으로 들어갔어요. 최혜국 대우는 조약을 맺은 상대 나라를 가장 유리한 혜택을 받는 나라와 동등하게 대우하는 것을 말해요.
③ 운요호 사건을 계기로 1876년에 강화도 조약이 맺어졌어요. 정답 ④

정답 ➡ 170쪽

키워드 한 문장

☆☆☆☆의 체결로 대한 제국의 외교권이 박탈되고 통감부가 설치되었다.

2

• 기본 55회 36번

밑줄 그은 '특사'에 대한 설명으로 옳은 것은? [2점]

그는 1907년 만국 평화 회의에 특사로 파견되었어.
이상설, 이위종도 함께 활동했었지.
여기가 이준 열사가 묻힌 곳이구나.

① 서양에 파견된 최초의 사절단이었다.
② 조선책략을 국내에 처음 소개하였다.
③ 기기국에서 무기 제조 기술을 배우고 돌아왔다.
④ 을사늑약의 부당함을 전 세계에 알리고자 하였다.

❷ 헤이그 특사

정답 찾기

이준, 이상설, 이위종이 1907년 만국 평화 회의에 특사로 파견되었다는 내용을 통해 밑줄 그은 '특사'가 헤이그 특사임을 알 수 있어요. 1905년에 일본은 을사늑약을 강제로 맺어 대한 제국의 외교권을 빼앗았어요. 이에 ④ 고종 황제는 국제 사회에 을사늑약의 부당함을 알리기 위해 1907년에 이준, 이상설, 이위종을 만국 평화 회의가 열린 네덜란드 헤이그에 특사로 보냈어요.

오답 피하기

① 조선과 미국이 수호 통상 조약을 맺은 뒤 미국 공사가 조선에 오자 조선도 미국에 외교 사절단인 보빙사를 보냈어요. 보빙사는 서양에 파견된 우리나라 최초의 사절단입니다.
② 개항 이후 조선 정부는 근대 문물을 살펴보고 개화 정책에 대한 정보를 모으기 위해 일본에 여러 차례 외교 사절단으로 수신사를 보냈어요. 제2차 수신사로 일본에 간 김홍집이 돌아오는 길에 일본에 있던 청의 외교관 황준헌이 쓴 "조선책략"이라는 책을 들여와 조선에 소개하였어요.
③ 개항 이후 조선 정부는 근대 문물을 배우기 위해 청에 외교 사절단으로 영선사를 보냈어요. 이들은 청의 기기국에서 무기 제조 기술 등을 배우고 돌아왔어요. 정답 ④

정답 ➡ 170쪽

키워드 한 문장

고종은 을사늑약의 부당함을 국제 사회에 알리기 위해 이준, 이상설, 이위종을 만국 평화 회의가 열린 ☆☆☆에 특사로 파견하였다.

3

• 기본 69회 33번

(가) 의병에 대한 설명으로 옳은 것은? [2점]

역사 뮤지컬

총을 들어 의(義)를 외치다

"일본의 노예로 사느니, 끝까지 싸우다 죽겠소."

1907년 고종의 강제 퇴위, 군대 해산에 반발하여 (가) 이/가 일어났습니다. 의(義)를 외치며 일어난 사람들과 그들의 목소리를 세상에 알린 기자 매켄지의 이야기를 뮤지컬로 만나 보세요.

■ 일시 : 2024년 ○○월 ○○일 18시
■ 장소 : △△ 아트홀

① 최익현이 주도하였다.
② 13도 창의군을 결성하였다.
③ 백산에서 4대 강령을 발표하였다.
④ 제물포 조약이 체결되는 계기가 되었다.

4

• 기본 66회 38번

다음 장면에 나타난 운동으로 옳은 것은? [1점]

일본에 진 빚 1,300만 원을 갚기 위해 이곳저곳에서 의연금을 모으고 있습니다. 우리도 의연금을 기성회에 보내 국권 수호에 힘을 보탭시다.
옳소! 나는 20전을 내겠소!
좋은 뜻이오. 나는 은가락지를 내겠소!

① 국채 보상 운동
② 문자 보급 운동
③ 물산 장려 운동
④ 민립 대학 설립 운동

❸ 정미의병

정답 찾기

1907년 고종의 강제 퇴위, 군대 해산에 반발하여 일어났다는 내용을 통해 (가) 의병이 정미의병임을 알 수 있어요. 1907년에 일본은 헤이그 특사 파견을 구실 삼아 고종 황제를 강제로 물러나게 하고 순종을 황제의 자리에 올렸어요. 이어 대한 제국의 군대를 강제로 해산하였어요. 이에 반발하여 전국 각지에서 정미의병이 일어났어요. 이때 ② 전국 곳곳의 의병들이 모여 13도 의병 연합 부대, 즉 13도 창의군을 만들고 일본을 몰아내기 위해 서울을 향해 나아가는 서울 진공 작전을 벌였으나 실패하였어요.

오답 피하기

① 최익현은 을사늑약에 반대하여 태인에서 의병을 일으켰어요.
③ 동학 농민 운동 때 동학 농민군은 백산에서 4대 강령을 발표하였어요.
④ 임오군란 이후 조선은 일본과 제물포 조약을 맺어 일본 공사관을 지키기 위해 일본군이 머무는 것을 허용하였어요.

정답 ②

정답 ➡ 170쪽

키워드 한 문장

☆☆ 의병 때 13도 창의군이 만들어져 서울 진공 작전을 전개하였다.

❹ 국채 보상 운동

정답 찾기

일본에 진 빚 1,300만 원을 갚기 위해 의연금을 모으고 있다는 내용 등을 통해 제시된 장면에 나타난 운동이 ① 국채 보상 운동임을 알 수 있어요. 1907년에 일본의 강요로 진 빚을 성금을 모아 갚고 나라를 지키자는 국채 보상 운동이 대구에서 시작되어 전국으로 퍼져 나갔어요.

오답 피하기

② 1920년대 후반 조선일보사는 '아는 것이 힘, 배워야 산다'라는 구호를 내걸고 한글을 가르치는 등 문자 보급 운동을 전개하였어요.
③ 물산 장려 운동은 일본 물품을 쓰지 말고 조선에서 만들어진 물품을 사용하여 민족 산업을 발전시키자는 운동이에요. 조만식 등의 주도로 평양에서 시작되어 전국으로 퍼져 나갔어요.
④ 1920년대 이상재 등은 한국인의 힘으로 고등 교육을 담당할 대학을 설립하자는 민립 대학 설립 운동을 전개하였어요.

정답 ①

정답 ➡ 170쪽

키워드 한 문장

국채 보상 운동은 일본에 진 나랏빚을 갚기 위해 1907년에 ☆☆ 에서 시작되었다.

5

• 기본 63회 36번

(가)에 들어갈 단체로 옳은 것은? [1점]

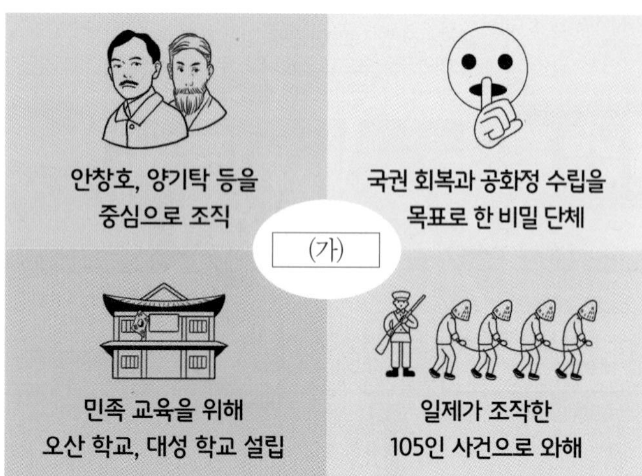

① 근우회 ② 보안회
③ 신민회 ④ 조선어 학회

6

• 기본 63회 34번

밑줄 그은 '이 신문'에 대한 설명으로 옳은 것은? [2점]

오전 11:00 100%

史 오늘의 역사
10분 전
#신문의_날 #1896년_4월_7일

독닙신문

1896년 4월 7일은 서재필이 우리나라 최초의 민간 신문인 이 신문을 창간한 날입니다. 언론계에서는 이를 기념해 4월 7일을 '신문의 날'로 지정하였습니다.

좋아요 58 댓글 3 공유하기

① 천도교의 기관지였다.
② 박문국에서 발간하였다.
③ 한글판과 영문판으로 발행되었다.
④ 시일야방성대곡이라는 논설을 실었다.

❺ 신민회

정답 찾기

안창호, 양기탁 등을 중심으로 조직되어 국권 회복과 공화정 수립을 목표로 한 비밀 단체는 ③ 신민회입니다. 신민회는 민족 교육을 위해 오산 학교, 대성 학교를 설립하고 민족 산업을 키우기 위해 태극 서관과 자기 회사를 운영하는 등의 활동을 펼어요. 그러나 일제가 거짓으로 만든 105인 사건으로 신민회의 조직이 드러나 해산되었어요.

오답 피하기

① 근우회는 여성의 지위 향상과 의식 계몽을 위해 노력한 여성 운동 단체예요.
② 러·일 전쟁 중에 일본이 대한 제국에 황무지 개간권을 요구하며 토지를 빼앗으려 하자, 보안회가 반대 운동을 펴 일본의 요구를 막아 냈어요.
④ 조선어 연구회를 이은 조선어 학회는 표준어를 정하고 한글 맞춤법 통일안을 마련하였어요.

정답 ③

키워드 한 문장

신민회는 무장 독립 투쟁을 위해
만주 삼원보에 ☆☆ 강습소를 설립하였다.

정답 ➡ 170쪽

❻ 독립신문

정답 찾기

서재필이 창간한 우리나라 최초의 민간 신문이라는 내용을 통해 밑줄 그은 '이 신문'이 독립신문임을 알 수 있어요. 서재필은 정부의 지원을 받아 1896년에 우리나라 최초의 민간 신문인 독립신문을 만들었어요. ③ 독립신문은 누구나 읽기 쉽도록 순 한글로 쓰였으며 다른 나라 사람에게 우리의 상황을 알리기 위해 영문판도 만들어졌어요.

오답 피하기

① 만세보는 천도교에서 발행한 신문이에요.
② 박문국은 조선 정부가 설치한 인쇄·출판을 담당한 기구입니다. 박문국에서 한성순보 등의 신문을 펴냈어요.
④ 황성신문은 을사늑약 체결을 비판한 장지연의 '시일야방성대곡'이라는 논설을 처음으로 실었어요.

정답 ③

키워드 한 문장

☆☆ 신문은 우리나라 최초의 민간 신문으로
한글판과 영문판으로 발행되었다.

정답 ➡ 170쪽

키워드 한 문장 정답

1. 을사늑약 2. 헤이그 3. 정미 4. 대구 5. 신흥 6. 독립

공부한 날 월 일

19강 일제의 식민 지배 정책

이 강에서 배울 시기는?

1910년 → 무단 통치 ← 1919년 → '문화 통치'·민족 분열 통치 ← 1931년 → 민족 말살 통치 ← 1945년

국권 피탈 (1910년) / 3·1 운동 (1919년) / 만주 사변 (1931년) / 8·15 광복 (1945년)

1910년 강제로 우리나라의 국권을 빼앗아 간 일제는 나라 안팎의 상황을 살펴 통치 방식을 바꿔가며 우리 민족을 억압하고 자원을 빼앗았어요. 일제에 국권을 빼앗겼던 시기에 일제가 어떠한 정책으로 우리 민족을 통제하고 탄압했는지 살펴볼까요?

이 강의 핵심 키워드는?

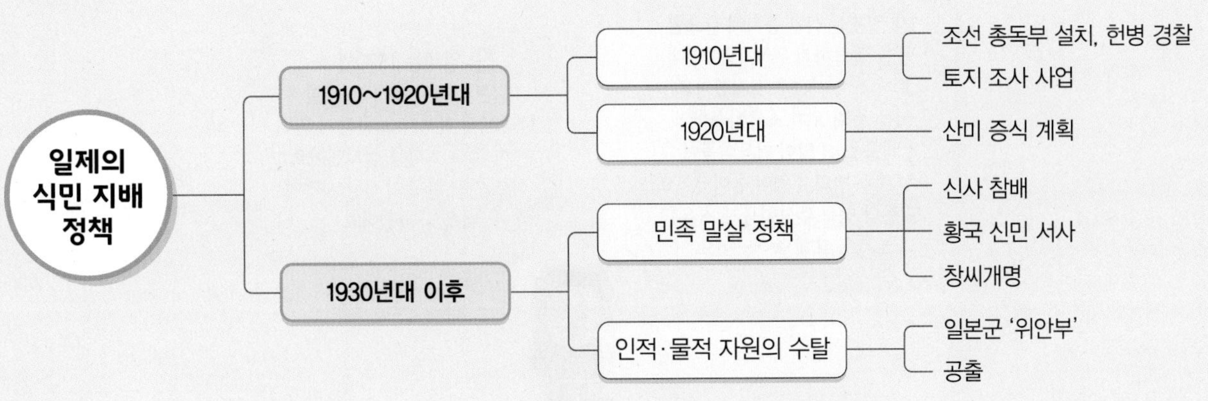

19강-1 1910~1920년대 일제의 식민 지배 정책

강의 들으며 판서 따라 쓰기

한국사를 그리다

❶ 대한 제국의 국권을 빼앗은 일제는 한국인이 저항하지 못하도록 무력을 앞세워 강압적인 방법으로 통치하는 무단 통치를 실시했어요.

❸ 3·1 운동이라는 민족적 저항을 경험한 일제는 '문화 통치'로 통치 방식을 바꾸었어요. 이것은 교묘한 방식으로 우리 민족을 분열시키는 것이었어요.

(정치) 무단 통치❶ ········ 3·1 운동 ········> '문화 통치'❸

- 헌병 경찰(태형)
- 칼 찬 교사

- 보통 경찰(↑, 치안 유지법)
- 동아일보·조선일보 창간

1910~ ——— 1920~

1910. 8. 29.

〈경술국치〉→ 조선 총독부

고종 X

(경제) 토지 조사 사업❷

- 재정 확보

산미 증식 계획❹

회사령(허가) ········ X (신고)

❷ 일제는 식민 통치에 필요한 돈을 확보하기 위해 1910년대 토지 조사 사업을 실시했어요. 이를 통해 토지 소유자들에게 세금을 더 많이 거두어들여 조선 총독부의 수입이 늘어났어요. 또 동양 척식 주식회사가 소유한 토지도 크게 늘어났어요.

❹ 일제는 1920년대 일본 내의 부족한 식량을 한국에서 가져가 보충하기 위해 산미 증식 계획을 실시했어요. 이로 인해 한국의 식량 사정이 더욱 나빠졌어요.

핵심 개념 정리하기

한국사를 읽다

1. 1910년대 일제의 식민 지배 정책과 경제 수탈

구분	내용
무단 통치	• 조선 총독부 설치 : 일제 식민 통치의 최고 기구 • 헌병 경찰제 실시 : 군대 경찰인 헌병이 경찰을 지휘하고 일반 경찰 업무와 행정 업무까지 담당함 • 조선 태형령 제정 : 한국인에게만 적용함 → '문화 통치'가 실시되면서 폐지됨
회사령 (1910)	회사를 설립할 때 조선 총독의 허가를 받도록 함 → 한국인의 기업 설립과 민족 자본의 성장을 방해함
토지 조사 사업 (1910~1918)	조선 총독부가 정한 날짜 안에 소유자가 직접 신고한 토지만 소유권을 인정해 줌 → 신고가 되지 않은 토지는 조선 총독부의 소유가 되었고, 조선 총독부는 토지를 동양 척식 주식회사나 일본인에게 싼값으로 팔아넘김

무단 통치 시기에 일제는 공포 분위기를 만들기 위해 일반 관리와 교사에게도 제복을 입고 칼을 차도록 했어요.

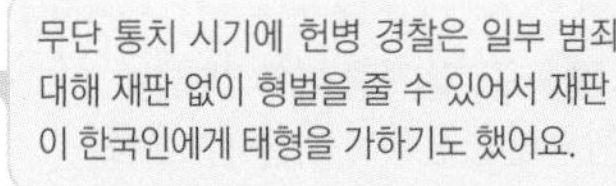

무단 통치 시기에 헌병 경찰은 일부 범죄에 대해 재판 없이 형벌을 줄 수 있어서 재판 없이 한국인에게 태형을 가하기도 했어요.

2. 1920년대 일제의 식민 지배 정책과 경제 수탈

구분	내용
민족 분열 통치 ('문화 통치')	• 3·1 운동을 계기로 무단 통치의 한계를 깨달은 일제가 '문화 통치'로 통치 방식을 바꿈 → 실제로는 친일 세력을 키워 우리 민족을 분열시키려는 민족 분열 정책임 • 헌병 경찰제를 보통 경찰제로 바꿈 → 경찰 수와 비용을 크게 늘리고 치안 유지법을 만들어 독립운동가를 탄압함 • 조선일보, 동아일보 등 한글 신문의 발행을 허용함 → 기사 내용에 대한 심사를 강화하여 기사를 삭제하거나 신문 발간을 정지 혹은 폐지하기도 함
산미 증식 계획 (1920~1934)	• 목적 : 일제가 한국에서 산미 증식 계획을 실시하여 일본 내의 식량 부족 문제를 해결하고자 함 • 결과 : 증가한 생산량보다 더 많은 양의 쌀을 일본으로 가져가 한국의 식량 사정이 더욱 나빠짐

'쌀 생산량을 늘리기 위한 계획'이라는 뜻이에요. 한국에서 쌀을 더 많이 생산하여 일본으로 빼앗아 가기 위한 일제의 경제 수탈 정책이었어요.

별툰

이렇게 쌀을 다 가져가 버리면 우리는 뭐 먹고 살라는 거야!

"일제는 산미 증식 계획을 추진하여 저수지의 수를 늘리고 개간도 장려하여 쌀 생산량을 늘렸어요. 그런데 일제는 이에 필요한 비용을 우리 농민에게 떠넘기고 증가한 생산량보다 더 많은 양의 쌀을 일본으로 가져갔어요."

일제

'일본 제국주의' 또는 '일본 제국'을 줄인 말로, 자기 나라의 이익을 위해 다른 나라를 침략한 일본을 말해요.

조선 총독부

우리의 국권을 빼앗아 간 일제는 한국인을 다스리기 위해 조선 총독부를 두었어요. 일제는 경복궁의 일부 건물을 허물고 조선 총독부 건물을 지었어요. 김영삼 정부는 1995년에 '역사 바로 세우기'의 하나로 조선 총독부 건물을 허물기 시작하였어요.

헌병 경찰제

헌병은 군대 안에서 경찰 활동을 하는 군인이에요. 무단 통치 시기에는 헌병이 군인뿐만 아니라 일반 사람들에 대한 경찰 업무까지 담당하였어요.

태형

태형 틀

태형은 죄를 지은 사람의 엉덩이를 때리는 벌이에요.

동양 척식 주식회사

일제가 한국의 토지와 자원을 빼앗아 가기 위해 세운 회사입니다. 조선 총독부는 토지 조사 사업을 통해 차지한 토지를 이 회사에 싼값에 넘겼어요.

치안 유지법

일제가 정부와 사회·경제 체제에 반대하는 운동을 단속하기 위해 만든 법이에요. 일제는 이 법을 통해 독립운동가를 탄압하였어요.

19강-2 1930년대 이후 일제의 식민 지배 정책

강의 들으며 판서 따라 쓰기

한국사를 그리다

❶ 중·일 전쟁 이후 일제는 한국인을 전쟁에 동원하기 위해 한국인의 머릿속에서 '나는 한국인이야.'라는 생각을 지우는 민족 말살 통치를 강화했어요.

❷ 황국 신민 서사는 '천황(일본 왕)의 신하와 백성임을 맹세하는 말'이라는 뜻이에요. 일제는 우리 민족에게 이것을 외우도록 강요했어요.

대공황
수요 < 공급

민족 말살 통치❶
- 창씨개명
- 황국 신민 서사❷ 암송, 궁성 요배, 신사 참배 강요

황국 신민 서사 암송

1930~ — 1945. 8. 15. 〈광복〉

전쟁
1931 — 남면북양 정책
1937 → 병참 기지화 정책❸ ⇒ 국가 총동원법(38)
1941

- 징병, 징용, 일본군 '위안부', 배급, 공출

강제 징용

금속 공출

❸ 일제는 대공황의 경제 위기를 벗어나는 방법으로 전쟁을 선택했어요. 이에 따라 한국을 전쟁에 필요한 사람과 물자를 보급하는 근거지(병참 기지)로 이용했어요.

한국사를 읽다

1. 민족 말살 정책

목적	중·일 전쟁과 태평양 전쟁 등을 일으킨 일제는 한국인을 침략 전쟁에 동원하기 위해 한국인의 민족정신을 없애고 일본인으로 만들고자 함
내용	• 궁성 요배, 신사 참배, 황국 신민 서사 암송을 강요함 • 우리 역사 교육과 우리말 사용을 금지함 • 일본식으로 성과 이름을 고치도록 강요함(창씨개명)

2. 인적·물적 자원의 수탈

남면북양 정책	일본에서 필요한 공업 원료를 확보하기 위해 한국의 남부 지방에서 면화를 키우고, 북부 지방에서 양을 기르도록 강요함	
병참 기지화 정책	침략 전쟁의 확대에 따라 한국을 군사 작전에 필요한 사람과 물자를 보급하고 지원하는 근거지로 삼음	
전시 동원 체제	국가 총동원법(1938)을 만들어 침략 전쟁에 본격적으로 한국인을 동원하고 물자를 강제로 가져감	
	인력 수탈	• 징용 : 한국인을 광산, 군수 공장, 전쟁 시설 등에 강제로 보내 혹독하게 노동을 시킴 • 징병 : 학생과 청년 등을 강제로 전쟁터에 끌고 감 • 여성들을 일본군 '위안부'로 전쟁터에 강제로 끌고 감
	물자 수탈	전쟁 물자를 확보하기 위해 농기구, 식기, 곡식 등 금속과 식량을 공출해 가고 식량 배급제를 실시함

일제는 한국인을 강제로 동원하여 전쟁터로 내몰았으며, 광산과 공장 등에서 힘든 일을 시켰어요.

일제는 무기를 만들기 위해 놋그릇, 가마솥, 숟가락 등 금속으로 된 생활 도구까지 가져갔어요.

별툰

쌀을 줄 수 없다니, 도대체 이유가 뭡니까?
한국 이름을 쓰면 쌀 배급을 받을 수 없소!

아들을 학교에 입학시킬 수 없다는 이유가 뭡니까?
일본식 성과 이름을 쓰지 않으면 입학할 수 없소!
나도 학생인데, 그런 게 어딨어요!

"일제는 우리의 민족정신을 없애기 위해 일본식 성과 이름을 쓰도록 강요했어요. 만약 이름을 일본식으로 바꾸지 않으면 식량을 나누어 주지 않고 학교에 다닐 수도 없게 했어요. 그래서 많은 한국인이 창씨개명을 할 수밖에 없었어요."

궁성 요배

일본 왕(일왕)이 사는 곳인 궁성을 향해 요배, 즉 허리를 굽혀 절을 하는 것이에요.

신사 참배

신사는 일본의 신들과 조상, 역대 왕 등을 모시는 종교 시설이에요. 일제는 전국 곳곳에 신사를 세우고 한국인에게 절을 하도록 강요하였어요. 신사에 절을 하는 것은 일본에 충성을 맹세한다는 의미가 있었어요.

황국 신민 서사(아동용)

1. 우리들은 대일본 제국의 신민입니다.
2. 우리들은 마음을 합하여 천황 폐하에게 충의를 다합니다.
3. 우리들은 괴로움을 참고 몸과 마음을 굳세게 닦아 훌륭하고 강한 국민이 되겠습니다.

공출

나라의 필요에 따라 물자를 강제로 내놓는 것을 뜻해요.

식량 배급제

일제는 식량을 강제로 거두어 간 뒤 일정량을 나누어 주는 식량 배급제를 실시하였어요.

1

• 기본 67회 34번

밑줄 그은 '이 시기'에 볼 수 있는 모습으로 적절한 것은? [2점]

이 사진을 보면 경무부와 헌병대 간판이 나란히 걸려 있네요.
그렇습니다. 이 시기 일제는 군사 경찰인 헌병이 일반 경찰 업무까지 맡는 헌병 경찰 제도를 실시하였습니다.

① 제복을 입고 칼을 찬 교사
② 한성순보를 발간하는 관리
③ 단발령 시행에 반발하는 유생
④ 경인선 철도 개통식을 구경하는 청년

2

• 기본 58회 33번

다음 법령이 시행된 시기 일제의 경제 정책으로 옳은 것은? [2점]

회사령
제1조 회사의 설립은 조선 총독의 허가를 받아야 한다.
제2조 조선 외에서 설립한 회사가 조선에 본점이나 또는 지점을 설립하고자 할 때는 조선 총독의 허가를 받아야 한다.

① 미곡 공출제 시행
② 남면북양 정책 추진
③ 농촌 진흥 운동 전개
④ 토지 조사 사업 실시

❶ 1910년대 일제의 식민 통치

정답 찾기

군사 경찰인 헌병이 일반 경찰 업무까지 맡는 헌병 경찰 제도가 실시되었다는 내용을 통해 밑줄 그은 '이 시기'가 1910년대임을 알 수 있어요. 1910년대에 일제는 헌병 경찰을 앞세워 강압적인 무단 통치를 하였어요. 전국 각지에 경찰 관서와 헌병 기관을 설치하고 군사 경찰인 헌병이 일반 경찰 업무까지 담당하는 헌병 경찰 제도를 실시하였어요. 또한, ① 일반 관리와 교사도 제복을 입고 칼을 차게 해 위압적인 분위기를 만들었어요.

오답 피하기

② 한성순보는 1883~1884년에 박문국에서 10일에 한 번씩 펴낸 우리나라 최초의 근대 신문이에요.
③ 조선 정부는 1895년부터 을미개혁을 추진하였어요. 그 과정에서 단발령이 시행되었으며, 이에 반발하여 양반 유생을 중심으로 을미의병이 일어났어요.
④ 1899년에 노량진에서 제물포를 잇는 경인선이 개통되었어요. 정답 ①

정답 ➡ 178쪽

키워드 한 문장

일제는 1910년대 ☆☆ 경찰 제도를 실시하였다.

❷ 1910년대 일제의 경제 정책

정답 찾기

회사의 설립은 조선 총독의 허가를 받아야 한다는 내용을 담은 회사령은 1910년대에 시행되었어요. 일제는 1910년에 회사를 세울 때 조선 총독의 허가를 받도록 하는 회사령을 실시하여 한국인의 기업 설립과 민족 자본의 성장을 방해하였어요. 회사령은 1920년에 폐지되었어요. 따라서 1910년대에 시행된 일제의 경제 정책을 찾으면 됩니다. ④ 일제는 1910년대 한국에서 토지 조사 사업을 실시하였어요. 그 결과 조선 총독부의 수입이 늘어나고 동양 척식 주식회사와 일본인이 소유한 땅이 크게 증가하였어요.

오답 피하기

① 일제는 1930년대 후반 이후 침략 전쟁을 확대하면서 이에 필요한 쌀을 확보하기 위해 미곡 공출제를 시행하여 강제로 쌀을 가져갔어요.
② 일제는 1930년대 일본에서 필요한 공업 원료를 확보하기 위해 한국의 남부 지방에서 면화를 키우고, 북부 지방에서 양을 기르도록 강요하는 남면북양 정책을 추진하였어요.
③ 일제는 살기 어려워진 농민과 농촌을 효율적으로 통제하기 위해 1930년대 농촌 진흥 운동을 전개하였어요. 정답 ④

정답 ➡ 178쪽

키워드 한 문장

일제는 1910년대 식민 통치에 필요한 돈을 확보하기 위해 토지 ☆☆ 사업을 실시하였다.

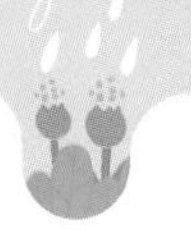

3

• 기본 69회 38번

밑줄 그은 '이 정책'으로 옳은 것은? [1점]

쌀, 그리고 군산항

이 사진은 일제가 군산항에 부설한 철도와 뜬다리 부두의 모습이야. 당시 군산항은 쌀을 일본으로 반출하는 주요 항구였어.

① 방곡령 ② 남면북양 정책
③ 산미 증식 계획 ④ 토지 조사 사업

4

• 기본 69회 40번

밑줄 그은 '이 시기'에 일제가 추진한 정책으로 가장 적절한 것은? [2점]

이 사진은 일본 나고야 미쓰비시 중공업에 강제 동원된 조선 여자 근로 정신대 여성들의 모습입니다. 일제는 중·일 전쟁 이후 침략 전쟁을 확대하던 이 시기에 한국인을 탄광, 군수 공장 등으로 끌고 가 열악한 환경에서 혹사시켰습니다.

① 지계를 발급하였다.
② 조선 태형령을 공포하였다.
③ 미곡 공출제를 시행하였다.
④ 헌병 경찰 제도를 실시하였다.

❸ 산미 증식 계획

정답 찾기

1920년부터 실시되었으며 쌀이 증산되었지만 그보다 더 많은 양이 일본으로 빠져나가면서 조선의 식량 사정이 더욱 나빠졌다는 내용을 통해 밑줄 그은 '이 정책'이 ③ 산미 증식 계획임을 알 수 있어요. 일본에서 쌀 부족 현상이 심해지자, 일제는 한국에서 산미 증식 계획을 실시하여 더 많은 쌀을 가져가 일본의 식량 부족 문제를 해결하려 하였어요. 산미 증식 계획으로 한국에서 쌀 생산량은 늘었지만, 이보다 더 많은 양의 쌀이 일본으로 빠져나가면서 일본의 식량 사정은 나아졌으나 한국의 식량 사정은 더욱 나빠졌어요.

오답 피하기

① 방곡령은 조선 시대에 자연재해 등으로 곡식이 부족할 때 지방관이 그 지역의 곡식을 지역 밖으로 가져가지 못하도록 내리는 명령이에요.
② 일제는 1930년대 일본에서 필요한 공업 원료를 확보하기 위해 한국의 남부 지방에서 면화를 키우고 북부 지방에서 양을 기르도록 강요하는 남면북양 정책을 추진하였어요.
④ 일제는 1910년대 토지 소유자를 확인하고 더 많은 세금을 걷기 위해 토지 조사 사업을 실시하였어요.

정답 ③

정답 ➡ 178쪽

키워드 한 문장

일제는 1920년대 일본에서 부족한 쌀을 한국에서 확보하기 위해 ☆☆☆☆ 계획을 실시하였다.

❹ 1930년대 후반 이후 일제의 식민 통치

정답 찾기

중·일 전쟁 이후 침략 전쟁을 확대하던 시기라는 내용을 통해 밑줄 그은 '이 시기'가 1937년 이후임을 알 수 있어요. 일제는 1937년에 중·일 전쟁을 일으킨 이후 침략 전쟁을 확대하면서 한국인을 탄광, 군수 공장 등으로 끌고 가 열악한 환경에서 고된 일을 시켰으며, 한국의 청년들을 강제로 전쟁터로 끌고 갔어요. 또한, ③ 일제는 전쟁에 필요한 쌀을 확보하기 위해 미곡 공출제를 시행하여 강제로 쌀을 가져갔어요.

오답 피하기

① 대한 제국 정부는 광무개혁을 추진하면서 토지를 측량하고 근대적 토지 소유 증명서인 지계를 발급하였어요.
② 일제는 1912년에 조선 태형령을 만들어 한국인에게만 태형을 가하였으며, 3·1 운동 이후 조선 태형령을 없앴어요.
④ 일제는 1910년대에 전국 각지에 경찰 관서와 헌병 기관을 설치하고 군사 경찰인 헌병이 일반 경찰 업무까지 담당하는 헌병 경찰 제도를 실시하였어요.

정답 ③

정답 ➡ 178쪽

키워드 한 문장

일제는 1930년대 후반 이후 침략 전쟁을 확대하면서 한국에서 ☆출 제도를 실시하여 금속과 쌀 등을 빼앗아 갔다.

5

• 기본 63회 42번

밑줄 그은 '시기'에 볼 수 있는 모습으로 가장 적절한 것은? [2점]

저는 지금 제주 송악산에 있는 일제 동굴 진지에 와 있습니다. 동굴 진지는 일제가 일으킨 태평양 전쟁이 전개되던 시기에 송악산 주변 군사 시설 경비와 연안으로 침투하는 연합군에 대한 대비를 위해 만들어졌습니다.

① 원산 총파업에 참여하는 노동자
② 만민 공동회에서 연설하는 백정
③ 황국 신민 서사를 암송하는 학생
④ 조선 태형령을 관보에 싣는 관리

❺ 1940년대 일제의 식민 통치

정답 찾기

일제가 일으킨 태평양 전쟁이 전개되던 시기라는 내용을 통해 밑줄 그은 '시기'가 1941년 이후임을 알 수 있어요. 1937년에 중·일 전쟁을 일으킨 일제는 1941년에 미국 하와이의 진주만을 공격하여 태평양 전쟁을 일으켰어요. 이 시기에 일제는 한국인을 전쟁에 동원하기 위해 한국인의 민족정신을 없애는 민족 말살 정책을 강화하였어요. ③ 일본 왕에게 충성을 맹세하는 황국 신민 서사를 강제로 외우도록 하였고, 한국인의 성과 이름을 일본식으로 바꾸는 창씨개명을 강요하였어요.

오답 피하기

① 원산 총파업은 1929년에 원산에서 일어난 노동 운동이에요.
② 누구든지 나랏일에 자신의 생각을 표현할 수 있었던 만민 공동회는 1898년에 독립 협회의 주도로 열렸어요.
④ 일제는 1912년에 조선 태형령을 만들어 한국인에게만 태형을 가하였으며, 3·1 운동 이후 조선 태형령을 없앴어요.

정답 ③

정답 ➡ 178쪽

키워드 한 문장

일제는 우리 민족의 민족정신을 말살하기 위해
황국 ☆☆ 서사 암송을 강요하였다.

6

• 기본 54회 34번

(가)~(다)를 일어난 순서대로 옳게 나열한 것은? [3점]

① (가) - (나) - (다)
② (가) - (다) - (나)
③ (나) - (가) - (다)
④ (다) - (나) - (가)

❻ 일제의 식민 통치

정답 찾기

(가) 일제는 1910년대 한국인에게만 적용되는 조선 태형령을 실시하였어요. 조선 태형령은 1920년대 '문화 통치'가 실시되면서 폐지되었어요.
(나) 일제는 1920년대 정부와 사회·경제 체제에 반대하는 운동을 단속하기 위해 치안 유지법을 만들었어요. 일제는 이 법을 통해 독립운동가를 탄압하였어요.
(다) 일제는 1930년대 후반 이후 국가 총동원법을 만들어 본격적으로 한국에서 침략 전쟁에 필요한 사람을 동원하고 물자를 강제로 가져갔어요.

따라서 일제 강점기 시행 법령을 순서대로 나열하면 ① (가) 조선 태형령 실시(1910년대) – (나) 치안 유지법 제정(1920년대) – (다) 국가 총동원법 공포(1930년대 후반 이후)입니다.

정답 ①

정답 ➡ 178쪽

키워드 한 문장

일제는 1938년에 국가 ☆☆☆ 법을 만들어
본격적으로 한국에서 인적·물적 자원을 빼앗아 갔어요.

키워드 한 문장 정답

1. 헌병 2. 조사 3. 산미 증식 4. 공 5. 신민 6. 총동원

공부한 날 월 일

20강 일제 강점기 항일 운동

이 강에서 배울 시기는?

1910년		1919년		1931년		1945년
국권 피탈 →	무단 통치	← 3·1 운동 →	'문화 통치'·민족 분열 통치	← 만주 사변 →	민족 말살 통치	← 8·15 광복

"일제의 강압적인 통치와 식민 지배에 맞서 우리 민족은 나라를 되찾기 위해 다양한 방식으로 나라 안팎에서 독립운동을 전개했어요. 우리 민족이 나라를 되찾기 위해 어떠한 노력을 펼쳤는지 살펴볼까요?"

이 강의 핵심 키워드는?

20강-1 1910년대 항일 운동

강의 들으며 판서 따라 쓰기

한국사를 그리다

무단 통치

1910~

'문화 통치'

❶ 신흥 무관 학교(이회영)

대한민국 임시 정부(상하이)

- 공화정(국민 주권)
- 연통제, 교통국
- 독립신문
- 상하이 → (윤봉길) → 충칭
  19 32 40

❷ 3·1 운동(1919)

- 민족 자결주의(윌슨)
- 2·8 독립 선언(일본 유학생, 도쿄)
- 고종 인산일
- 탑골 공원 → 전국(천안, 유관순)

만세를 부르는 사람들

- 대한민국 임시 정부
- 제암리 학살(스코필드)

❶ 일제가 우리 민족의 독립운동을 탄압하자 독립운동가들이 만주나 연해주 등지로 이동하여 한국인 마을과 학교를 세웠어요. 만주에 세운 신흥 무관 학교에서는 많은 독립군이 나왔어요.

❷ 3·1 운동은 모든 계층이 참여한 민족 운동이었어요. 3·1 운동을 계기로 민족 지도자를 비롯한 많은 사람이 독립운동을 체계적으로 이끌어 갈 지도부의 필요성을 느껴 대한민국 임시 정부가 세워졌어요.

핵심 개념 정리하기

한국사를 읽다

1. 3·1 운동 이전의 민족 운동

국외 독립운동 기지 건설	• 배경 : 일제의 탄압으로 독립운동가들의 국내 활동이 어려워짐 • 만주와 연해주 지역에 독립운동 기지 건설 : 이회영 등이 만주 삼원보에 신흥 강습소를 세움 → 신흥 무관 학교로 발전함
국내 항일 비밀 단체	• 독립 의군부(1912) : 의병장 출신 임병찬이 고종의 명령을 받아 전라도 지방에서 비밀리에 조직함, 복벽주의를 내세웠고 국권 반환 요구서의 발송을 계획함 • 대한 광복회(1915) : 대구에서 박상진 등이 주도하여 조직함, 공화정의 근대 국민 국가를 세우고자 함, 독립운동 자금을 모금하고 친일파를 처단함

'복벽'은 물러났던 왕이 다시 왕위에 오르는 것을 말해요. 독립 의군부는 독립을 이루어 고종이 다시 황제가 되는 것을 목표로 활동했어요.

2. 3·1 운동(1919)

배경	윌슨의 민족 자결주의, 일본 유학생의 2·8 독립 선언
전개	• 민족 대표들이 태화관에서 독립 선언식을 치름 → 탑골 공원에서 학생들과 시민들이 독립 선언서를 낭독하고 만세 시위를 시작함, 비슷한 시각 주요 도시에서 만세 시위를 전개함 → 전국으로 퍼져 나감 → 만주, 연해주, 미주 등 국외 지역으로 시위가 확산됨 • 일제가 만세 시위를 잔인하게 진압함(제암리 학살 사건)
의의와 영향	• 모든 계층이 참여한 일제 강점기 최대 규모의 민족 운동 • 일제의 식민 지배 방식이 무단 통치에서 '문화 통치'로 바뀌는 계기가 됨 • 독립운동을 이끌 지도부가 필요하다는 의견이 힘을 얻어 대한민국 임시 정부의 수립으로 이어짐

3·1 운동은 신분과 직업, 도시와 농촌, 남자와 여자, 노인과 어린이를 가리지 않고 모든 계층의 사람들이 참여한 일제 강점기 가장 큰 규모의 민족 운동이었어요. 중국, 인도 등 다른 나라의 민족 운동에도 영향을 끼쳤어요.

3. 대한민국 임시 정부

수립	여러 곳에 세워진 임시 정부가 상하이 대한민국 임시 정부로 통합됨(민주 공화제 정부를 수립함)
활동	• 비밀 연락망인 연통제와 통신 기관인 교통국을 운영하여 국내외 독립운동 세력을 연결함 • 국내외 동포에게 대한민국 임시 정부의 활동과 독립운동 소식을 전달하기 위하여 독립신문을 펴냄 • 독립 공채를 만들어 독립운동 자금을 마련함 • 파리 강화 회의에 대표로 파견된 김규식을 통해 독립 의지를 알림 • 미국 워싱턴에 구미 위원부를 설치하고 외교 활동을 전개함

우리가 일제에 국권을 빼앗겼을 때 나라 이름은 대한 제국, 즉 황제가 다스리는 나라였어요. 대한민국 임시 정부가 들어서면서 황제가 아닌 국민이 주인이 되는 나라가 되었어요.

별툰

"서울을 비롯한 주요 도시에서 시작된 3·1 만세 운동은 전국으로 퍼져 나갔어요. 여기에는 학생들의 힘이 컸어요. 우리가 잘 알고 있는 유관순도 서울에서 만세 운동에 참여한 후 고향인 천안으로 내려가 만세 운동을 주도했어요."

★ 이회영

신민회 회원이었던 이회영의 집안은 엄청난 부자였어요. 일제가 우리 국권을 빼앗아 가자 이회영과 그의 형제들은 집안의 재산을 모두 팔고 가족과 함께 만주로 건너가 한국인 단체와 신흥 강습소를 세우는 등 독립운동을 전개하였어요. 신흥 강습소는 이후 신흥 무관 학교로 발전하여 많은 독립군을 길러 냈어요. 이회영과 그의 가족 대부분은 독립운동을 하다가 삶을 마감하였어요. 이들의 희생은 독립운동에 큰 밑거름이 되었어요.

★ 민족 자결주의

각 민족은 다른 민족의 간섭 없이 정치적 운명을 스스로 결정할 권리가 있다는 주장이에요.

★ 제암리 학살 사건

일제는 전국에서 일어난 만세 시위를 잔인하게 진압했어요. 대표적으로 경기도 화성 제암리에서 사람들을 교회에 모아 놓고 무자비하게 학살한 제암리 학살 사건이 있어요. 당시 선교사이자 의사로 한국에 머물고 있던 스코필드는 제암리 현장을 사진으로 남기고 보고서를 써서 세계에 알렸어요.

★ 독립 공채

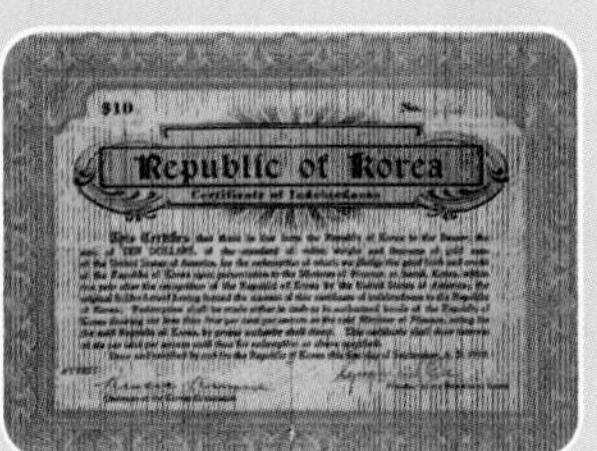

대한민국 임시 정부는 독립운동에 필요한 자금을 마련하기 위해 독립 공채를 발행하였어요. 독립 공채는 독립 후에 나라가 빌린 돈을 갚을 것을 약속한 증서입니다.

20강-2 1920년대 항일 운동

강의 들으며 판서 따라 쓰기

한국사를 그리다

3·1 운동 ⟶ '문화 통치'

1920~

內

- 물산 장려 운동 : 평양 (※국채 보상 운동 : 1907, 대구)
- 형평 운동 : 백정 신분 차별 X
- 어린이 운동 : 방정환
- 6·10 만세 운동(26) : 순종 인산일

↓

신간회❶(27)
- 최대 규모의 항일 단체
- 민족 유일당(좌우 연합)
- 근우회

지원

↓

광주 학생 항일 운동(29)

外

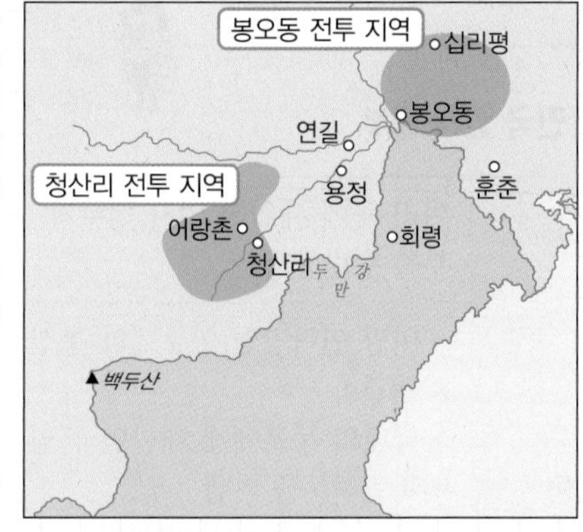

봉오동 전투와 청산리 전투 지역

❶ 신간회는 독립운동의 활동 방향이 달랐던 사람들이 하나로 뭉쳐서 만든 단체였으며, 일제 강점기 가장 큰 규모의 항일 운동 단체였어요.

❷ 만주 지역에서는 여러 독립군 부대가 활동했어요. 일제는 대규모 군대를 보내 독립군을 공격했으나 봉오동 전투, 청산리 전투에서 독립군에 크게 패했지요.

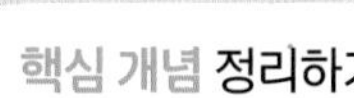

핵심 개념 정리하기

한국사를 읽다

'인산'은 왕과 왕비, 왕세자나 세자비의 장례를 말해요. 인산일은 장례식이 치러지는 날로 많은 사람들이 모이는 기회가 되었어요. 그래서 3·1 운동은 고종의 인산일 무렵, 6·10 만세 운동은 순종의 인산일에 일어났어요.

1. 1920년대 국내 민족 운동

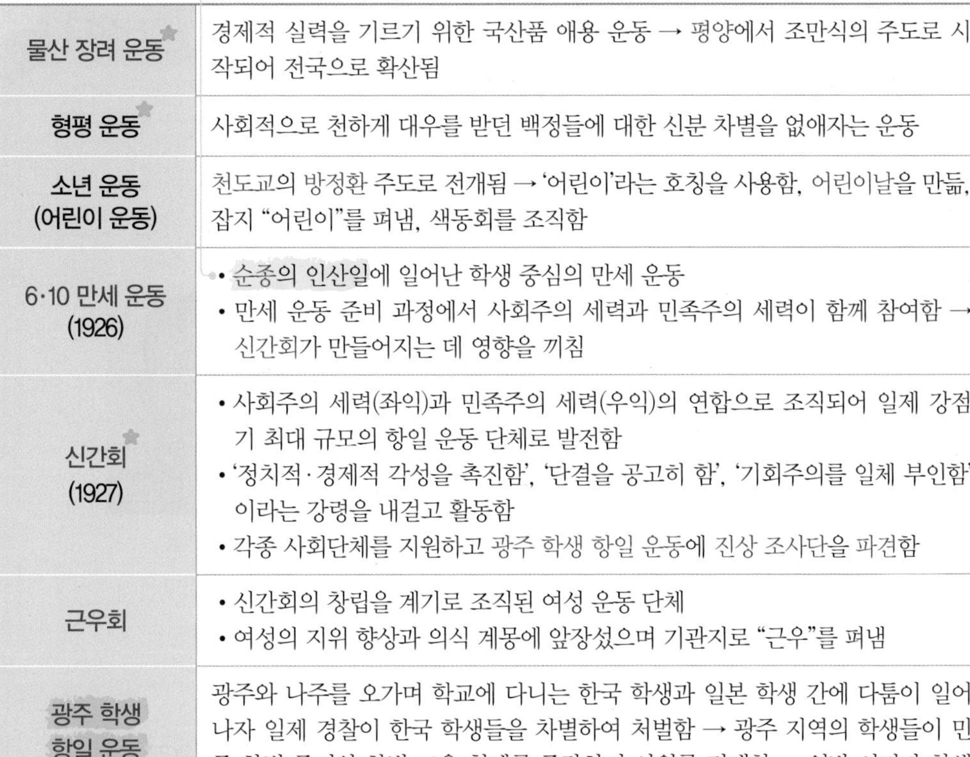

물산 장려 운동★	경제적 실력을 기르기 위한 국산품 애용 운동 → 평양에서 조만식의 주도로 시작되어 전국으로 확산됨
형평 운동★	사회적으로 천하게 대우를 받던 백정들에 대한 신분 차별을 없애자는 운동
소년 운동 (어린이 운동)	천도교의 방정환 주도로 전개됨 → '어린이'라는 호칭을 사용함, 어린이날을 만듦, 잡지 "어린이"를 펴냄, 색동회를 조직함
6·10 만세 운동 (1926)	• 순종의 인산일에 일어난 학생 중심의 만세 운동 • 만세 운동 준비 과정에서 사회주의 세력과 민족주의 세력이 함께 참여함 → 신간회가 만들어지는 데 영향을 끼침
신간회★ (1927)	• 사회주의 세력(좌익)과 민족주의 세력(우익)의 연합으로 조직되어 일제 강점기 최대 규모의 항일 운동 단체로 발전함 • '정치적·경제적 각성을 촉진함', '단결을 공고히 함', '기회주의를 일체 부인함'이라는 강령을 내걸고 활동함 • 각종 사회단체를 지원하고 광주 학생 항일 운동에 진상 조사단을 파견함
근우회	• 신간회의 창립을 계기로 조직된 여성 운동 단체 • 여성의 지위 향상과 의식 계몽에 앞장섰으며 기관지로 "근우"를 펴냄
광주 학생 항일 운동 (1929)	광주와 나주를 오가며 학교에 다니는 한국 학생과 일본 학생 간에 다툼이 일어나자 일제 경찰이 한국 학생들을 차별하여 처벌함 → 광주 지역의 학생들이 민족 차별 중지와 차별 교육 철폐를 주장하며 시위를 전개함 → 일반 시민과 학생 단체들이 참여함, 신간회가 진상 조사단을 보내 지원함

광주 학생 항일 운동은 3·1 운동 이후 우리나라에서 일어난 가장 큰 항일 운동이었어요.

2. 1920년대 국외 항일 투쟁

봉오동 전투	일본군이 독립군의 근거지를 파괴하기 위해 봉오동 지역을 공격함 → 홍범도가 이끄는 대한 독립군을 비롯한 독립군 연합 부대가 일본군을 공격하여 승리함
청산리 전투	봉오동 전투에서 패배한 일제가 대규모 군대를 보냄 → 김좌진이 이끄는 북로 군정서, 홍범도가 이끄는 대한 독립군 등 독립군 연합 부대가 청산리 일대에서 여러 차례 전투를 벌여 일본군에 큰 승리를 거둠

별툰

더는 못 참아, 나쁜 놈들!!
어디 조선인이 감히!

"일본 남학생이 한국 여학생을 괴롭힌 일로 한국 학생과 일본 학생 간에 싸움이 벌어졌어요. 이 싸움을 처리하는 과정에서 일제 경찰이 일본 학생들 편을 들면서 한국 학생들에게만 벌을 내렸어요. 이에 분노한 광주 지역의 학생들이 시위에 나서 광주 학생 항일 운동이 시작되었어요. 오늘날 광주 학생 항일 운동이 일어난 11월 3일을 '학생 독립 운동 기념일'로 정해 기념하고 있어요."

★ 물산 장려 운동

물산 장려 운동은 조선에서 생산된 물품을 쓰자는 국산품 애용 운동으로, 평양에서 시작되었어요. '조선 사람 조선 것', '내 살림 내 것으로', '우리가 만든 것 우리가 쓰자' 등의 구호를 내세웠어요.

★ 형평 운동

백정은 조선 시대에 고기를 얻기 위해 가축을 잡는 일을 하는 사람이에요. 이들은 고기를 사고팔 때 저울을 사용하였어요. 백정들이 중심이 된 형평 운동은 어느 한쪽으로 기울지 않는 저울처럼 평등한 사회를 만들자는 신분 차별 철폐 운동이에요.

★ 신간회의 조직

3·1 운동 이후 독립운동을 전개한 사람들은 활동 방향을 두고 크게 사회주의 세력과 민족주의 세력으로 나뉘었어요. 이들을 각각 좌익과 우익이라고도 불렀어요. 신간회는 이와 같이 나뉘어 있던 독립운동 세력을 하나로 합쳐 독립운동의 힘을 키우려는 목적에서 조직된 단체였어요.

20강-3 1930년대 이후 항일 운동

강의 들으며 판서 따라 쓰기

한국사를 그리다

김구

❶ 침체되어 있던 대한민국 임시 정부를 다시 일으켜 세우기 위해 의열 투쟁 단체인 한인 애국단을 만들었어요. 단원 이봉창, 윤봉길의 의거로 중국 정부가 대한민국 임시 정부를 적극 지원하게 되었어요.

❷ 일제의 주요 인물을 죽이거나 식민 통치 기관을 파괴하는 등의 무력 투쟁을 벌이는 의열단을 조직했어요. 우리 의열단은 신채호가 쓴 '조선 혁명 선언'을 활동 지침으로 삼았어요.

김원봉

민족 말살 통치

1930~

內

· 조선어 학회(← 조선어 연구회)
  - 우리말 큰사전 편찬 X
· 저항 시인 : 윤동주, 이육사
· 민족주의 사학자
  - 신채호 : 〈조선상고사〉
  - 박은식 : 〈한국통사〉

外

· 한·중 연합 작전 : 한국 독립군(지청천), 조선 혁명군(양세봉)

· 한인 애국단❶ : 김구
  - 이봉창 : 도쿄
  - 윤봉길 : 상하이

vs

· 의열단❷ : 김원봉 (1920~)
  - 〈조선 혁명 선언〉
    └ 신채호

· 조선 의용대 → 화북 지방
  - 김원봉
  - 중국 관내 최초 한인 무장 부대

· 한국 광복군❸
  - 충칭, 임시 정부 산하 정규군
  - 총사령관 지청천
  - 대일 선전 포고
  - 인도·미얀마 전선
  - OSS(미) → 국내 진공 작전

❸ 대한민국 임시 정부는 충칭에 정착한 후 한국 광복군을 만들고 독립한 뒤에 세울 새 나라에 관한 기본 방향을 발표하는 등의 활동을 했어요.

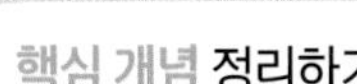

핵심 개념 정리하기

한국사를 읽다

1. 민족 문화 수호 운동

윤동주는 '서시', '별 헤는 밤', 이육사는 '광야', '절정' 등의 시를 남겼어요.

신채호는 "독사신론", "조선상고사" 등을 지어 민족의식을 높이기 위해 노력했어요.

국어 연구	조선어 학회는 표준어를 정하고 한글 맞춤법 통일안을 마련함, 한글 연구와 보급에 앞장섬, "우리말(조선말) 큰사전"을 펴내는 데 힘을 쏟았으나 일제의 탄압으로 중단됨
문학	윤동주, 이육사 등이 식민지 현실을 표현하고 저항 의식을 담은 작품을 발표함
역사 연구	박은식과 신채호 등은 우리 역사의 자주적 발전과 문화의 우수성을 강조하며 민족정신을 높이고자 함

2. 의열 투쟁

의열 투쟁은 정의로운 일을 맹렬히 실행하는 투쟁이라는 뜻으로, 일제의 주요 인물을 죽이거나 식민 통치 기관에 폭탄을 던지는 등의 방식으로 독립 투쟁을 하는 것이에요.

의열단	• 1919년에 김원봉이 중심이 되어 만주에서 조직됨 • 신채호가 쓴 '조선 혁명 선언'을 활동 지침으로 삼음 • 일제의 주요 인물 처단, 식민 통치 기관 파괴 등의 무력 투쟁을 함 • 김익상(조선 총독부에 폭탄을 던짐), 김상옥(종로 경찰서에 폭탄을 던짐), 나석주(동양 척식 주식회사에 폭탄을 던짐) 등이 활약함
한인 애국단	대한민국 임시 정부의 침체를 극복하기 위해 1931년에 김구가 조직함, 이봉창과 윤봉길의 의거로 중국 정부가 대한민국 임시 정부를 적극적으로 지원하게 됨

3. 한·중 연합 작전

일제는 1931년에 만주를 침략하여 이듬해 만주국을 세우고 대륙 침략의 기지로 삼았어요.

배경		일제가 만주 사변을 일으키자 중국 내에 반일 감정이 높아짐 → 만주의 독립군과 중국 항일군이 연합하여 일제에 대항함
전개	한국 독립군	• 총사령관 지청천 • 중국 항일군과 연합하여 쌍성보 전투, 대전자령 전투 등에서 일본군을 격퇴함
	조선 혁명군	• 총사령관 양세봉 • 중국 항일군과 연합하여 영릉가 전투, 흥경성 전투 등에서 일본군을 격퇴함

4. 조선 의용대와 한국 광복군

적의 힘을 약화하기 위하여 적의 뒤쪽을 혼란에 빠지게 하는 작전을 말해요.

조선 의용대	• 창설 : 김원봉이 중국의 지원을 받아 조직함, 중국 관내에서 결성된 최초의 한인 무장 부대 • 활동 – 정보 수집, 후방 교란 등 중국군을 지원함 – 일부 대원은 적극적인 항일 투쟁을 위해 화북 지역으로 이동함, 김원봉과 남은 대원은 한국 광복군에 합류함
한국 광복군	• 창설 : 대한민국 임시 정부가 충칭에 정착한 뒤 정규군으로 한국 광복군을 만들고 총사령관에 지청천을 임명함 • 활동 – 대한민국 임시 정부가 태평양 전쟁 직후 일제에 선전 포고를 함 → 한국 광복군이 연합군의 일원이 되어 전쟁에 참여함 – 영국군의 요청으로 인도·미얀마 전선에 파견됨 – 미국 전략 정보국(OSS)과 협력하여 국내 진공 작전을 준비함 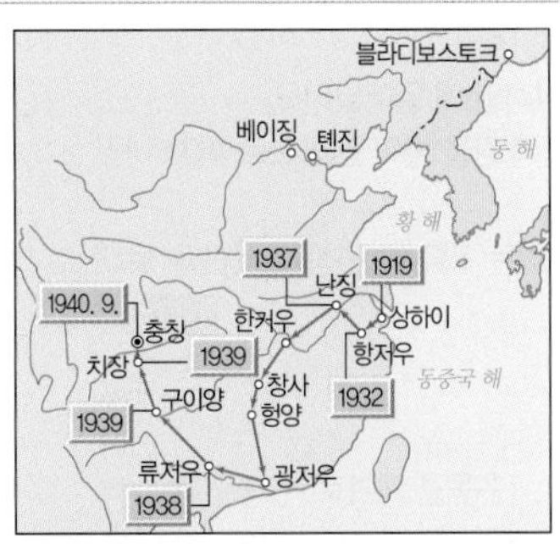 대한민국 임시 정부의 이동 경로

조선어 학회

조선어 학회는 1920년대 활동한 조선어 연구회를 계승한 단체입니다.

윤동주

죽는 날까지 하늘을 우러러
한 점 부끄럼이 없기를
잎새에 이는 바람에도
나는 괴로워했다.
별을 노래하는 마음으로
모든 죽어 가는 것을 사랑해야지
그리고 나한테 주어진 길을
걸어가야겠다.
오늘 밤에도 별이 바람에
스치운다.

– 서시 –

윤동주는 일제에 의해 억압받는 우리 민족의 안타까운 현실을 시로 표현하였어요. 일본 유학 중 항일 운동 혐의로 체포된 그는 후쿠오카 형무소에서 숨을 거두었어요.

한인 애국단

이봉창

윤봉길

한인 애국단의 단원인 이봉창은 일본 도쿄에서 일본 왕이 탄 마차를 향해 폭탄을 던졌어요. 그리고 윤봉길은 중국 상하이 훙커우 공원에서 열린 일본군 전승 기념식장에 폭탄을 던졌어요.

1

• 기본 67회 36번

밑줄 그은 '만세 시위'에 대한 설명으로 옳은 것은? [2점]

한국을 사랑한 외국인들

특집

스코필드, 제암리 학살 사건을 폭로하다

"논둑길을 돌아서자 지금도 잊혀지지 않는 광경이 눈앞에 펼쳐졌다. 마을은 불타버렸고 아직도 여기저기서 연기가 나고 있었다."

프랭크 스코필드
(Frank W. Schofield)

1919년 학생과 시민들의 만세 시위가 전국으로 확산하자 일제는 경찰과 군인을 동원하여 탄압하였다. 화성 제암리에서는 주민을 교회에 몰아넣은 후 총을 쏘고 불을 질렀다. 소식을 듣고 달려간 스코필드는 제암리에서 벌어진 학살을 세계에 폭로하였다.

① 순종의 인산일에 전개되었다.
② 대한매일신보의 후원을 받았다.
③ 대한민국 임시 정부 수립의 계기가 되었다.
④ 신간회에서 진상 조사단을 파견하여 지원하였다.

2

• 기본 69회 37번

(가) 정부의 활동으로 옳은 것은? [2점]

상하이에서 수립된 (가) 이/가 발행한 독립 공채입니다. 공채는 대부분 해외 교민을 대상으로 발매되었으며, 우리나라가 완전히 독립한 후에 이자를 더하여 상환하겠다고 기재되어 있습니다.

① 한성순보를 발행하였다.
② 구미 위원부를 설치하였다.
③ 만민 공동회를 개최하였다.
④ 신흥 무관 학교를 설립하였다.

❶ 3·1 운동

정답 찾기

1919년 학생과 시민들의 만세 시위가 전국으로 확산하자 일제가 경찰과 군인을 동원하여 탄압하였으며 제암리에서 학살 사건이 벌어졌다는 내용을 통해 밑줄 그은 '만세 시위'가 3·1 운동임을 알 수 있어요. 1919년에 일어난 3·1 운동은 일제의 무단 통치에 맞서 전국에서 모든 계층이 참여한 일제 강점기 가장 큰 민족 운동이었어요. 3·1 운동을 무력으로 진압하는 과정에서 일본군이 경기도 화성 제암리에서 마을 주민을 학살하였어요. ③ 3·1 운동을 계기로 조직적으로 독립운동을 이끌 지도부가 필요하다는 의견이 힘을 얻어 대한민국 임시 정부가 수립되었어요.

오답 피하기

① 6·10 만세 운동은 1926년 순종의 인산일(장례일)에 일어났어요.
② 국채 보상 운동은 대한매일신보 등 언론의 후원을 받아 전국으로 퍼져 나갔어요.
④ 광주 학생 항일 운동의 소식을 접한 신간회는 광주에 진상 조사단을 보내 지원하였어요.

정답 ③

키워드 한 문장

정답 ➡ 188쪽

1919년에 일어난 ☆☆·☆☆ 운동을 계기로 대한민국 임시 정부가 수립되었다.

❷ 대한민국 임시 정부의 활동

정답 찾기

상하이에서 수립되었으며 독립 공채를 발행하였다는 내용을 통해 (가) 정부가 대한민국 임시 정부임을 알 수 있어요. 3·1 운동을 계기로 조직적으로 독립운동을 이끌 지도부가 필요하다는 의견이 힘을 얻었어요. 그 결과 중국 상하이에서 여러 임시 정부를 통합한 대한민국 임시 정부가 수립되어 다양한 독립운동을 벌였어요. ② 대한민국 임시 정부는 미국 워싱턴에 구미 위원부를 설치하고 외교 활동을 폈어요.

오답 피하기

① 한성순보는 조선 정부가 세운 박문국에서 10일에 한 번 펴낸 우리나라 최초의 근대적 신문이에요.
③ 독립 협회는 누구나 나랏일에 자신의 생각을 표현할 수 있도록 만민 공동회를 열었어요.
④ 신민회는 남만주(서간도) 지역에 신흥 강습소를 세워 독립군을 길러 냈어요. 신흥 강습소는 이후 신흥 무관 학교로 발전하였어요.

정답 ②

키워드 한 문장

정답 ➡ 188쪽

상하이에서 수립된 ☆☆☆☆ 임시 정부는 독립 공채를 발행하고 연통제와 교통국을 운영하였다.

3

• 기본 66회 40번

다음 상황 이후에 일어난 사실로 옳은 것은? [2점]

호외요! 호외! 대한 제국의 마지막 황제께서 승하하셨소!

① 6·10 만세 운동이 일어났다.
② 헤이그 특사가 파견되었다.
③ 토지 조사 사업이 실시되었다.
④ 제너럴 셔먼호 사건이 발생하였다.

4

• 기본 67회 39번

(가)에 들어갈 인물로 가장 적절한 것은? [1점]

독립운동가 (가) 특별 사진전
한인 애국단에 가입함
훙커우 공원 의거를 일으킴
김구에게 시계를 남김

① 김원봉 ② 나석주
③ 윤봉길 ④ 이동휘

❸ 6·10 만세 운동

정답 찾기
1926년에 대한 제국의 마지막 황제 순종이 승하하였어요. 이후 ① 순종의 인산일(장례일)에 맞추어 학생들을 중심으로 6·10 만세 운동이 일어났어요. 학생들은 종로 등 서울 곳곳에서 만세 시위를 벌였어요.

오답 피하기
② 고종 황제는 국제 사회에 을사늑약의 부당함을 알리기 위해 1907년에 이준, 이상설, 이위종을 만국 평화 회의가 열린 네덜란드 헤이그에 특사로 보냈어요.
③ 일제는 1910년대 한국에서 토지 조사 사업을 실시하였어요. 그 결과 조선 총독부의 수입이 늘어나고 동양 척식 주식회사와 일본인이 소유한 땅이 크게 증가하였어요.
④ 1866년에 미국 상선 제너럴 셔먼호가 평양에서 통상을 요구하며 사람을 해치고 물건을 빼앗자 평양의 관리와 백성이 제너럴 셔먼호를 공격하여 불태웠어요.

정답 ①

정답 ➡ 188쪽

키워드 한 문장

1926년 순종의 장례일에 ☆ · ☆ 만세 운동이 일어났다.

❹ 윤봉길의 활동

정답 찾기
한인 애국단에 가입했으며 훙커우 공원 의거를 일으켰다는 내용을 통해 (가)에 들어갈 인물이 ③ 윤봉길임을 알 수 있어요. 한인 애국단에 들어간 윤봉길은 중국 상하이 훙커우 공원에서 열린 일본군 전승 기념식장에 폭탄을 던져 일본군 장군과 고위 관리를 처단하였어요.

오답 피하기
① 김원봉은 1919년에 만주에서 의열단을 만들었어요.
② 의열단원 나석주는 일제 경제 침탈의 핵심 기구인 동양 척식 주식회사에 폭탄을 던졌어요.
④ 이동휘는 신민회 등에서 활동하였으며, 연해주에서 대한 광복군 정부의 수립을 이끌었어요.

정답 ③

정답 ➡ 188쪽

키워드 한 문장

한인 애국단원 윤 ☆ ☆ 은
훙커우 공원에서 폭탄을 던지는 의거를 일으켰다.

5

• 기본 69회 39번

(가) 민족 운동에 대한 설명으로 옳은 것은? [2점]

이 사진을 보니 여러 학교 학생들이 모여 있는 것 같네요.
그렇습니다. 광주의 비밀 학생 조직인 성진회 결성을 기념하여 찍은 사진입니다. 성진회에 참여했던 장재성, 왕재일 등은 1929년 한·일 학생들 간의 충돌로 촉발된 (가) 에서 핵심 인물로 활동하였습니다.

① 대한매일신보의 지원을 받았다.
② 통감부의 탄압으로 실패하였다.
③ 순종의 인산일을 계기로 일어났다.
④ 신간회에서 진상 조사단을 파견하였다.

6

• 기본 60회 41번

(가)에 해당하는 군사 조직으로 옳은 것은? [1점]

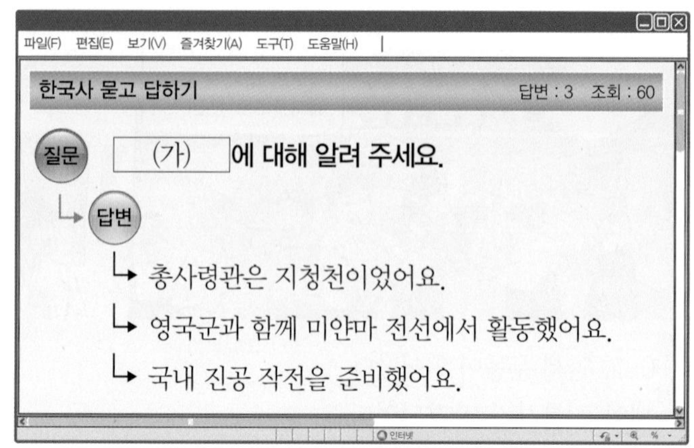

① 북로 군정서 ② 조선 의용대
③ 조선 혁명군 ④ 한국 광복군

❺ 광주 학생 항일 운동

정답 찾기

1929년 한·일 학생들 간의 충돌로 촉발되었다는 내용을 통해 (가) 민족 운동이 광주 학생 항일 운동임을 알 수 있어요. 1929년에 광주를 출발한 통학 열차가 나주역에 도착하였을 때 일본 학생이 한국 여학생을 괴롭힌 일을 계기로 한국 학생과 일본 학생 사이에 다툼이 일어났어요. 이 사건을 처리하는 과정에서 일제 경찰이 일본 학생 편을 들자, 분노한 광주 지역의 학생들이 민족 차별 중지와 차별 교육 폐지를 주장하며 시위를 벌였어요. ④ 광주 학생 항일 운동의 소식을 접한 신간회는 광주에 진상 조사단을 보내 지원하였어요.

오답 피하기

① 국채 보상 운동은 대한매일신보 등 언론의 지원을 받아 전국으로 퍼져 나갔어요.
② 일제는 1910년에 대한 제국의 국권을 빼앗은 후 식민 통치 기관으로 조선 총독부를 설치하고 통감부를 없앴어요. 통감부의 탄압으로 실패한 민족 운동으로 국채 보상 운동 등을 들 수 있어요.
③ 6·10 만세 운동은 1926년 순종의 인산일(장례일)에 맞추어 학생들을 중심으로 일어났어요.

정답 ④

정답 ➡ 188쪽

키워드 한 문장

광주 학생 항일 운동이 일어나자 ☆☆회가 진상 조사단을 파견하여 지원하였다.

❻ 한국 광복군

정답 찾기

총사령관이 지청천이었으며 영국군과 함께 미얀마 전선에서 활동하였고 국내 진공 작전을 준비하였다는 내용을 통해 (가)에 해당하는 군사 조직이 ④ 한국 광복군임을 알 수 있어요. 한국 광복군은 대한민국 임시 정부가 충칭에 정착한 뒤 1940년에 만든 대한민국 임시 정부의 정규군이며, 총사령관은 지청천이었어요. 한국 광복군은 영국군의 요청으로 인도·미얀마 전선에 파견되었으며, 미국 전략 정보국(OSS)과 협력하여 국내 진공 작전을 준비하였어요.

오답 피하기

① 김좌진이 이끄는 북로 군정서가 중심이 된 독립군 연합 부대는 청산리 전투에서 일본군을 상대로 싸워 크게 승리하였어요.
② 김원봉은 중국 국민당 정부의 지원을 받아 조선 의용대를 만들었어요.
③ 1930년대 초반 만주에서 활동하던 독립군 부대인 조선 혁명군은 중국 항일군과 함께 영릉가 전투, 흥경성 전투 등에서 일본군에 맞서 싸웠어요.

정답 ④

정답 ➡ 188쪽

키워드 한 문장

대한민국 임시 정부가 충칭에서 창설한 한국 ☆☆군은 국내 진공 작전을 계획하였다.

키워드 한 문장 정답

1. 3, 1 2. 대한민국 3. 6, 10 4. 봉길 5. 신간 6. 광복

공부한 날 월 일

21강 광복 ~ 6·25 전쟁

이 강에서 배울 시기는?

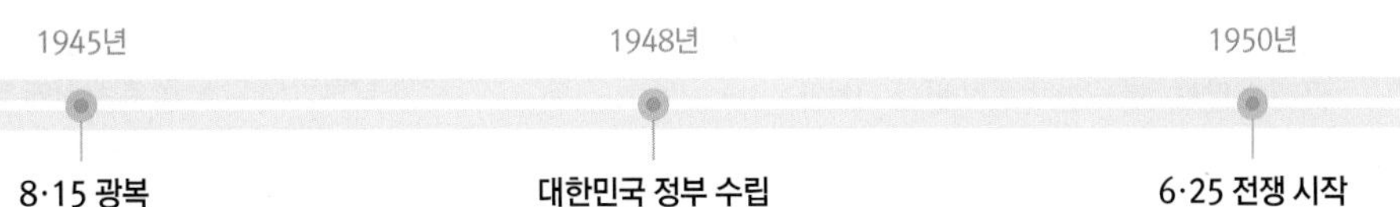

"광복 이후 민족 지도자들은 통일 정부 수립을 위해 노력했지만 결국 우리나라는 남과 북으로 나뉘게 되었어요. 남과 북의 대립이 더욱 심해지는 가운데 같은 민족끼리 서로 총부리를 겨누는 6·25 전쟁을 겪게 되었어요. 광복 이후 어떠한 과정을 거쳐 대한민국 정부가 수립되었으며, 6·25 전쟁은 어떻게 전개되었는지 살펴볼까요?"

이 강의 핵심 키워드는?

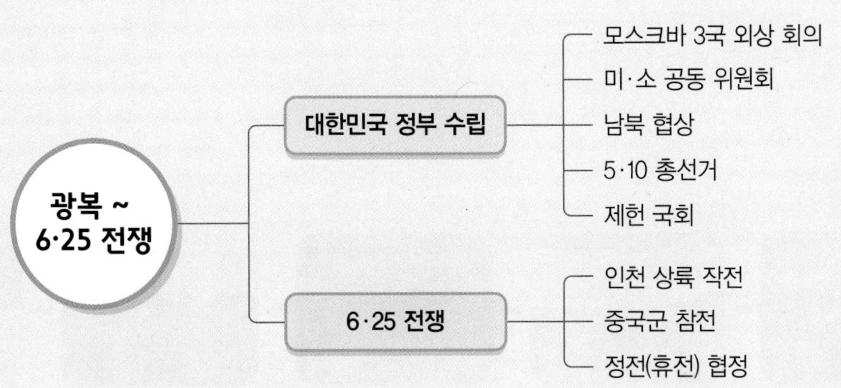

21강-1 대한민국 정부 수립

강의 들으며 판서 따라 쓰기

한국사를 그리다

❶ 모스크바 3국 외상 회의의 신탁 통치 실시 결정 소식이 국내에 알려지면서 신탁 통치 반대 시위가 격렬하게 일어났어요. 신탁 통치를 둘러싸고 입장이 나뉘어 신탁 통치에 반대하는 사람들과 모스크바 3국 외상 회의의 결정에 찬성하는 사람들 간에 갈등이 일어났어요.

❷ 제주도에서 남한만의 단독 정부 수립에 반대하는 무장봉기가 일어나자 이를 진압하는 과정에서 많은 제주도민이 희생되는 제주 4·3 사건이 일어났어요.

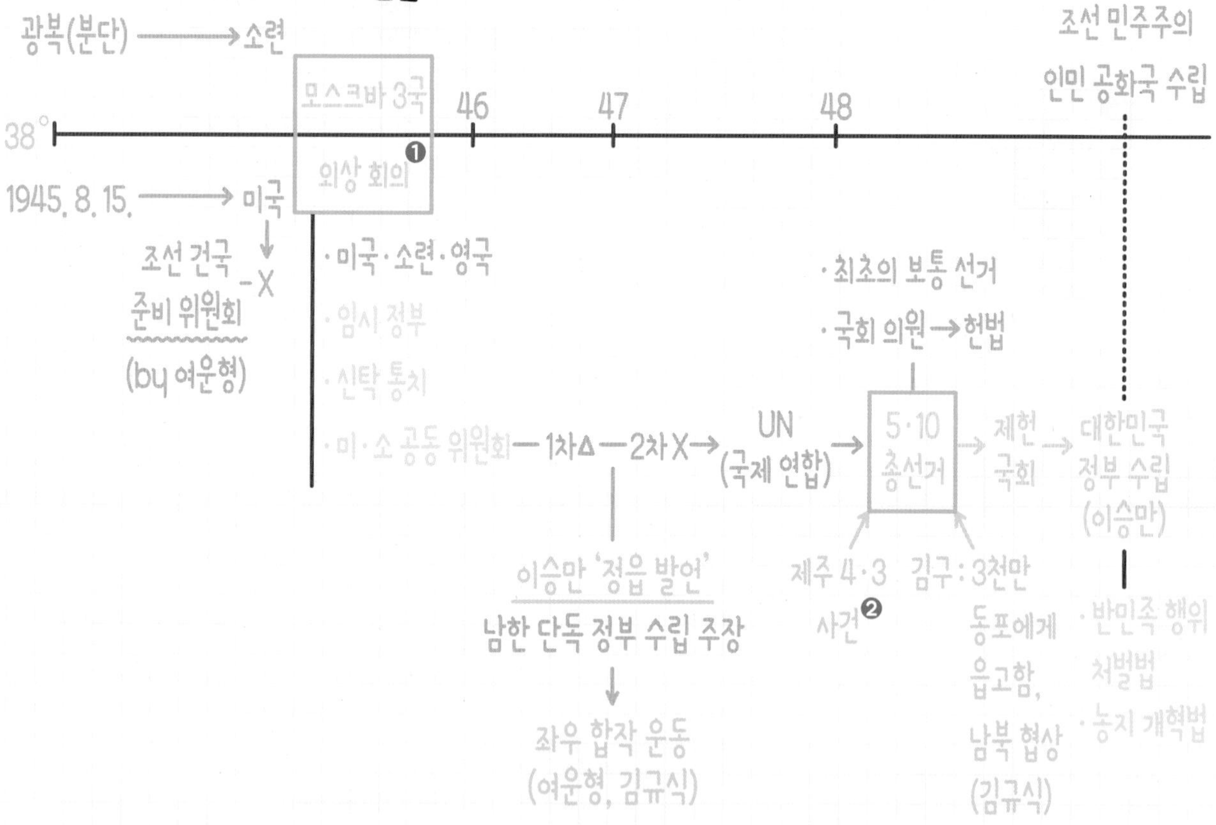

광복(분단) ──→ 소련

38°

1945. 8. 15. ──→ 미국

조선 건국 준비 위원회 (by 여운형) ─ X

모스크바 3국 외상 회의❶ – 46 – 47 – 48 – 조선 민주주의 인민 공화국 수립

- 미국·소련·영국
- 임시 정부
- 신탁 통치
- 미·소 공동 위원회 ─ 1차△ ─ 2차X → UN (국제 연합) → 5·10 총선거 → 제헌 국회 → 대한민국 정부 수립 (이승만)

이승만 '정읍 발언' 남한 단독 정부 수립 주장 → 좌우 합작 운동 (여운형, 김규식)

5·10 총선거:
- 최초의 보통 선거
- 국회 의원 → 헌법

제주 4·3 사건❷

김구: 3천만 동포에게 읍고함, 남북 협상 (김규식)

대한민국 정부 수립:
- 반민족 행위 처벌법
- 농지 개혁법

모스크바 3국 외상 회의  → 신탁 통치 반대 운동  → 미 · 소 공동 위원회  → 남북 협상  → 5 · 10 총선거

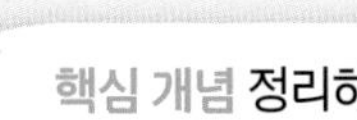

핵심 개념 정리하기

한국사를 읽다

1. 8·15 광복

광복	일본이 연합국에 항복하면서 1945년 8월 15일 광복을 맞이함, 우리 민족이 끊임없이 독립운동을 벌인 결과이기도 함
조선 건국 준비 위원회	광복 직후 여운형이 조선 건국 동맹을 바탕으로 조선 건국 준비 위원회를 만듦 → 치안과 행정을 담당함
38도선 설정	일본군의 무장 해제를 이유로 38도선을 경계로 남쪽에 미군이, 북쪽에 소련군이 들어옴 → 정치적 분할선이 됨

2. 모스크바 3국 외상 회의와 미·소 공동 위원회

모스크바 3국 외상 회의	• 개최 : 미국·소련·영국의 외무 장관이 모스크바에 모여 회의함 • 결정 사항 : 한국에 임시 민주 정부 수립, 미·소 공동 위원회 개최, 최대 5년간의 신탁 통치 실시 결정 → 국내에서 신탁 통치를 반대하는 우익 세력과 모스크바 3국 외상 회의의 결정을 찬성하는 좌익 세력이 대립함
미·소 공동 위원회	• 한국의 임시 민주 정부 수립 문제를 논의하기 위해 두 차례 열렸으나 미국과 소련의 입장 차이로 합의를 이루지 못함 • 이승만의 '정읍 발언' : 임시 민주 정부 수립이 늦어지자 정읍에서 남한만의 단독 정부 수립을 주장함
좌우 합작 운동	여운형, 김규식 등이 통일 정부 수립을 위해 좌우 합작 위원회를 만들고 좌우 합작 7원칙을 발표함 → 미군정이 지지하던 입장을 바꾸고, 여운형이 암살되면서 실패함

3. 대한민국 정부 수립

총선거는 국회 의원을 뽑는 선거예요. 새로운 정부를 세우기 위해서는 헌법이 필요한데 법을 만드는 사람이 국회 의원이기 때문에 국회 의원을 먼저 뽑았어요.

통일 정부 수립 노력	• 유엔 소총회에서 선거가 가능한 남한만의 총선거 실시를 결의함 • 김구, 김규식이 남한만의 단독 선거를 막고 통일 정부 수립을 위해 북한 지역에 남북 협상을 제안함 → 남북 협상이 진행되었으나 성과 없이 끝남 • 제주도에서 단독 정부 수립에 반대해 봉기가 일어남 → 제주 4·3 사건이 발생함
5·10 총선거	1948년 5월 10일 민주적인 총선거로 국회 의원을 뽑음 → 5·10 총선거로 구성된 국회(제헌 국회)에서 제헌 헌법을 만듦
대한민국 정부 수립	• 제헌 국회에서 우리나라 첫 번째 대통령으로 이승만을 뽑음 • 1948년 8월 15일 대한민국 정부 수립을 선포함

제헌 헌법에 따라 대한민국 정부가 세워졌고, 북한 지역에서도 같은 해 9월 조선 민주주의 인민 공화국이 세워졌어요. 즉, 남과 북에 각각 다른 정부가 들어섰지요.

별툰

통일된 조국을 건설하려다가 38도선을 베고 쓰러질지언정 단독 정부를 세우는 데는 협력하지 않겠습니다.

"김구는 남북의 분단을 막고자 남한만의 단독 정부 수립에 반대한다는 내용의 연설을 하였는데 이 연설은 수많은 사람들의 마음을 울렸어요. 그 뒤에 김구는 김규식과 함께 평양으로 가서 남북 협상에 참여했어요."

조선 건국 동맹

광복 이전인 1944년에 여운형이 중심이 되어 일제의 패배와 우리의 독립을 준비하기 위해 비밀리에 만든 단체입니다.

신탁 통치

통치를 믿고 부탁한다는 뜻으로 한 국가가 스스로 나라를 다스릴 능력을 갖출 때까지 다른 나라가 대신 통치하는 것을 말해요.

남한만의 총선거 실시

미·소 공동 위원회가 결렬되자 유엔(국제 연합)은 남북한 총선거로 통일 정부를 세우기로 결정하고 선거를 공정하게 관리하기 위해 유엔 한국 임시 위원단을 조직해 한국에 보냈어요. 그러나 소련은 유엔 한국 임시 위원단이 38도선 북쪽으로 들어오지 못하게 막았어요. 이에 유엔 소총회가 열려 선거가 가능한 남한이라도 총선거를 실시하기로 결정하였어요.

제주 4·3 사건

1948년 4월 3일 제주도에서 남한만의 단독 정부 수립에 반대하는 무장 봉기가 일어났어요. 이를 진압하는 과정에서 무장봉기 세력뿐만 아니라 관련 없는 제주도민이 희생되기도 하였습니다. 2000년에 제주 4·3 사건 진상 규명 및 희생자 명예 회복에 관한 특별법이 제정되었어요.

제헌 헌법

5·10 총선거로 구성된 국회를 '헌법을 제정한 국회'라는 의미로 제헌 국회라 하고, 제헌 국회에서 만든 헌법을 제헌 헌법이라고 해요.

21강-2 6·25 전쟁

강의 들으며 판서 따라 쓰기

한국사를 그리다

조선 민주주의 인민 공화국 — 1950~

남침(6·25 전쟁) ❶

- 낙동강 방어선
- 인천 상륙 작전(서울 O) ❷

인천 상륙 작전

- 중국 개입
- 흥남 철수, 1·4 후퇴(서울 X)
- 정전 협정(1953)

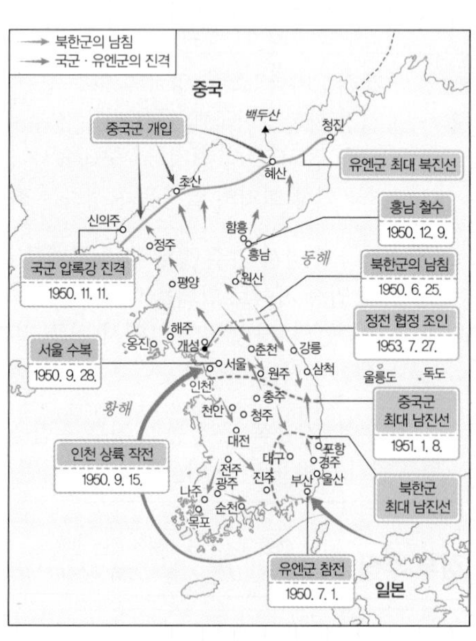

6·25 전쟁의 전개 과정

❶ 북한의 남한 침략으로 시작된 6·25 전쟁은 3년간 계속되어 수많은 인적·물적 피해와 국토 분단이라는 아픔을 남겼어요.

❷ 국군은 북한군의 남한 침략 이후 3일 만에 서울을 빼앗기고 낙동강 방어선까지 밀렸어요. 그 뒤 국군과 유엔군은 인천 상륙 작전을 펼쳤고, 이 작전의 성공으로 서울을 되찾고 북쪽으로 밀고 올라갔어요.

한국사를 읽다

6·25 전쟁

북한군이 서울을 점령하자 정부는 부산을 임시 수도로 정하고 낙동강 일대에 방어선을 만들었어요.

발발	1950년 6월 25일 북한군의 남한 침략으로 전쟁이 시작됨
전개	북한군이 3일 만에 서울을 점령함 → 국군이 낙동강 유역까지 밀려남 → 국군과 유엔군의 인천 상륙 작전이 성공함 → 서울을 되찾음 → 압록강 유역까지 밀고 올라감 → 중국군이 참전함 → 흥남 철수, 1·4 후퇴(서울에서 다시 후퇴함) → 서울을 다시 되찾음 → 38도선 일대에서 전투가 계속됨, 한쪽에서는 정전(휴전) 협상이 진행됨 → 1953년에 정전(휴전) 협정이 체결됨
결과	• 수많은 사람이 다치거나 죽었음 • 국토가 황폐해졌고 각종 건물과 산업 시설이 파괴됨 • 전쟁 중에 가족이 서로 헤어져 만나지 못하는 이산가족과 부모를 잃은 전쟁고아가 많이 생겨남

중국군의 참전으로 밀린 국군과 유엔군, 피란민 수십만 명이 흥남 항구에서 배로 후퇴했어요.

별툰
제 남편을 모르시나요? 전쟁 중에 가족을 잃었어요.
38°
인천
부산
인천 상륙 작전으로 전세가 바뀔 겁니다!

“북한의 남한 침략으로 6·25 전쟁이 시작되어 처음에는 국군이 밀리는 등 남한에게 전쟁 상황이 불리했어요. 그러나 인천 상륙 작전의 성공으로 상황이 바뀌었어요. 6·25 전쟁은 우리 민족끼리 총을 겨누고 싸운 비극적인 사건이에요. 이로 인해 수백만 명이 다치거나 죽었고, 수많은 이산가족과 전쟁고아가 생겨났어요. 집, 학교, 공장, 도로 등이 파괴되고 농지도 황폐해졌지요.”

임시 수도 부산

천막 학교

6·25 전쟁이 일어난 후 북한군에게 서울을 빼앗긴 정부는 부산을 임시 수도로 정하였어요. 많은 피란민이 전쟁을 피해 낙동강 남쪽 지역으로 몰려들었고 이 지역에는 피란민을 위한 천막촌과 천막 학교가 세워졌어요.

유엔군(국제 연합군)

6·25 전쟁이 일어나자 유엔(국제 연합)은 북한에 침략 행위를 중지할 것을 요구하였어요. 북한이 이를 거부하자 유엔은 미국을 중심으로 16개국이 참여한 유엔군을 남한에 보내 지원하였어요.

1

• 기본 67회 41번

(가)에 들어갈 단체로 옳은 것은? [2점]

1946년 7월, 미군정의 지원 아래 여운형, 김규식 등이 중심이 되어 결성한 단체입니다. 정치 세력의 대립을 넘어 민주주의 임시 정부 수립을 위해 노력한 이 단체의 이름은 무엇일까요?
(가)

① 권업회 ② 대한인 국민회
③ 좌우 합작 위원회 ④ 남북 조절 위원회

2

• 기본 60회 42번

다음 성명서가 발표된 이후의 사실로 옳은 것은? [2점]

김구, 삼천만 동포에게 읍고함

나는 통일된 조국을 건설하려다 38선을 베고 쓰러질지언정, 일신의 구차한 안일을 위하여 단독 정부를 세우는 데는 협력하지 않겠다.

① 한인 애국단이 결성되었다.
② 제1차 미·소 공동 위원회가 열렸다.
③ 평양에서 남북 협상이 진행되었다.
④ 모스크바 3국 외상 회의가 개최되었다.

❶ 좌우 합작 위원회

정답 찾기

1946년 7월 미군정의 지원 아래 여운형, 김규식 등이 중심이 되어 결성한 단체라는 내용 등을 통해 (가)에 들어갈 단체가 ③ 좌우 합작 위원회임을 알 수 있어요. 통일 정부 수립을 위해 여운형, 김규식 등은 좌우 합작 위원회를 만들고 좌우 합작 7원칙을 발표하였으나 성과를 거두지 못하였어요.

오답 피하기

① 권업회는 1911년 연해주에서 조직된 독립운동 단체입니다.
② 대한인 국민회는 1910년에 미주 지역의 여러 한인 단체를 통합하여 조직된 단체입니다.
④ 남북 조절 위원회는 남한과 북한이 7·4 남북 공동 성명의 합의 사항을 추진하기 위해 설치한 기구입니다.

정답 ③

정답 ➡ 196쪽

키워드 한 문장

여운형, 김규식 등은 통일 정부 수립을 위해 ☆☆ 합작 운동을 전개하였다.

❷ 남북 협상

정답 찾기

1948년 2월에 김구는 남한만의 단독 정부 수립에 반대하며 자신의 입장을 밝힌 '삼천만 동포에게 읍고함'이라는 성명서를 발표하였어요. ③ 유엔 소총회에서 선거가 가능한 지역, 즉 남한 지역의 총선거 실시를 결의하자 김구는 김규식과 함께 통일 정부 수립을 위한 남북 협상을 북한 지역에 제안하여 1948년 4월에 평양에서 회담이 진행되었으나 성과 없이 끝났어요.

오답 피하기

① 침체되어 있던 대한민국 임시 정부를 다시 일으켜 세우고자 김구는 1931년에 한인 애국단을 조직하였어요.
② '삼천만 동포에게 읍고함' 발표 이전인 1946년에 제1차 미·소 공동 위원회가 개최되었으나 미국과 소련의 입장 차이로 합의를 이루지 못하였어요.
④ '삼천만 동포에게 읍고함' 발표 이전인 1945년 12월에 모스크바 3국 외상 회의가 열려 한반도 문제를 논의하였어요.

정답 ③

정답 ➡ 196쪽

키워드 한 문장

김구와 김규식은 남한만의 단독 선거에 반대하여 남북 ☆☆ 을 추진하였다.

3

• 기본 67회 42번

(가)에 들어갈 사건으로 옳은 것은? [2점]

영상 속 역사

학생들이 제작한 영상의 배경이 된 (가) 은/는 미군정기에 시작되어 이승만 정부 수립 이후까지 지속되었습니다. 당시에 남한만의 단독 정부 수립에 반대하는 무장대와 토벌대 간의 무력 충돌과 그 진압 과정에서 많은 주민이 희생되었습니다.

① 6·3 시위 ② 제주 4·3 사건
③ 2·28 민주 운동 ④ 5·16 군사 정변

4

• 기본 61회 44번

다음 사진전에 전시될 사진으로 적절하지 않은 것은? [2점]

사진으로 보는

대한민국 정부 수립 과정

우리 학교 역사 동아리에서는 광복 이후 정부 수립에 이르기까지 격동의 역사를 주제로 사진전을 기획하였습니다.

관심 있는 학생들의 많은 관람 바랍니다.

■ 기간 : 2022년 ○○월 ○○일~○○월 ○○일
■ 장소 : △△ 역사 동아리실

① 
5·10 총선거 실시

② 
6·10 만세 운동 전개

③ 
좌우 합작 위원회 활동

④ 
제1차 미·소 공동 위원회 개최

❸ 제주 4·3 사건

정답 찾기
남한만의 단독 정부 수립에 반대하는 무장대와 토벌대 간의 무력 충돌과 그 진압 과정에서 많은 주민이 희생되었다는 내용 등을 통해 (가)에 들어갈 사건이 ② 제주 4·3 사건임을 알 수 있어요. 1948년에 제주도에서 남한만의 단독 정부 수립에 반대하는 무장봉기가 일어났어요. 이를 진압하는 과정에서 무장봉기를 일으킨 세력뿐만 아니라 관련 없는 많은 제주도민이 희생되었어요.

오답 피하기
① 박정희 정부가 굴욕적인 한·일 국교 정상화를 추진하자 이에 반대하여 6·3 시위가 일어났어요.
③ 이승만 정부와 자유당이 1960년 3월 15일 정·부통령 선거를 앞두고 2월 28일 대구에서 예정된 야당의 선거 유세장에 학생들이 가지 못하도록 일요일인데도 등교하게 하자 이에 반발하여 2·28 민주 운동이 전개되었어요.
④ 박정희를 중심으로 한 일부 군인들이 1961년 5월 16일에 정변을 일으켜 권력을 잡았어요. 정답 ②

정답 ➡ 196쪽

키워드 한 문장
제주 ☆☆·☆☆ 사건은 남한만의 단독 선거에 반대해 일어난 봉기를 진압하는 과정에서 많은 주민이 희생된 사건이다.

❹ 대한민국 정부 수립 과정

정답 찾기
대한민국 정부 수립 과정에서 있었던 사실이 아닌 것을 찾는 문항입니다. 광복 이후 1945년 12월에 열린 모스크바 3국 외상 회의에서 한국에 임시 민주 정부 수립, 이를 위한 미·소 공동 위원회의 개최, 최대 5년간의 신탁 통치 실시 등이 결정되었어요. 이에 따라 한국의 임시 민주 정부 수립을 논의하기 위해 제1차 미·소 공동 위원회가 열렸으나 미국과 소련의 의견 대립으로 합의를 이루지 못하였어요. 이러한 상황에서 여운형과 김규식 등이 통일 정부 수립을 위해 좌우 합작 위원회를 만들었으나 성과를 거두지 못하였어요. 결국 이 문제는 유엔으로 넘어갔고 유엔 소총회에서 선거가 가능한 지역, 즉 남한 지역에서의 총선거 실시가 결정되었어요. 이에 따라 1948년 5월 10일에 총선거가 실시되었고, 같은 해 8월 15일 대한민국 정부 수립이 선포되었습니다. ② 6·10 만세 운동은 1926년 순종의 인산일(장례일)에 일어났어요. 정답 ②

정답 ➡ 196쪽

키워드 한 문장
1948년에 우리나라 최초의 민주적 선거인 ☆·☆☆ 총선거가 실시되었다.

5

• 기본 60회 44번

밑줄 그은 '이 전쟁' 중에 있었던 사실로 옳은 것은? [2점]

여기는 에티오피아군이 유엔군의 일원으로 이 전쟁에 참전한 것을 기리는 기념관입니다. 당시 에티오피아군의 전투 상황 등을 보여 주는 자료가 전시되어 있습니다.

① 인천 상륙 작전이 전개되었다.
② 조선 건국 준비 위원회가 결성되었다.
③ 이승만이 임시 의정원에서 탄핵되었다.
④ 쌍성보에서 한·중 연합 작전이 펼쳐졌다.

❺ 6·25 전쟁

정답 찾기

에티오피아군이 유엔군의 일원으로 참전하였다는 내용을 통해 밑줄 그은 '이 전쟁'이 6·25 전쟁임을 알 수 있어요. 1950년 6월 25일 새벽, 북한군의 공격으로 6·25 전쟁이 시작되었어요. 유엔(국제 연합)은 남한을 지원하기 위해 16개국으로 구성된 유엔군(국제 연합군)을 파견하였어요. 당시 에티오피아군도 유엔군의 일원으로 참전하였어요. ① 6·25 전쟁이 시작되고 낙동강 유역까지 밀렸던 국군은 유엔군과 함께 인천 상륙 작전을 전개하여 서울을 되찾고 38도선을 넘어 압록강 유역까지 올라갔어요.

오답 피하기

② 광복 직후 여운형 등은 조선 건국 동맹을 바탕으로 조선 건국 준비 위원회를 조직하였어요.
③ 1925년에 대한민국 임시 정부는 국제 연맹에 위임 통치를 청원한 것에 대한 책임을 물어 임시 의정원에서 이승만을 탄핵하였어요.
④ 일제 강점기에 한국 독립군은 한·중 연합 작전을 펼쳐 쌍성보에서 일본군을 물리쳤어요.

정답 ①

정답 ➡ 196쪽

키워드 한 문장

6·25 전쟁 당시 국군과 유엔군은 ☆☆ 상륙 작전을 전개하여 서울을 되찾고 압록강 유역까지 나아갔다.

6

• 기본 67회 43번

(가) 전쟁 중에 있었던 사실로 옳지 않은 것은? [2점]

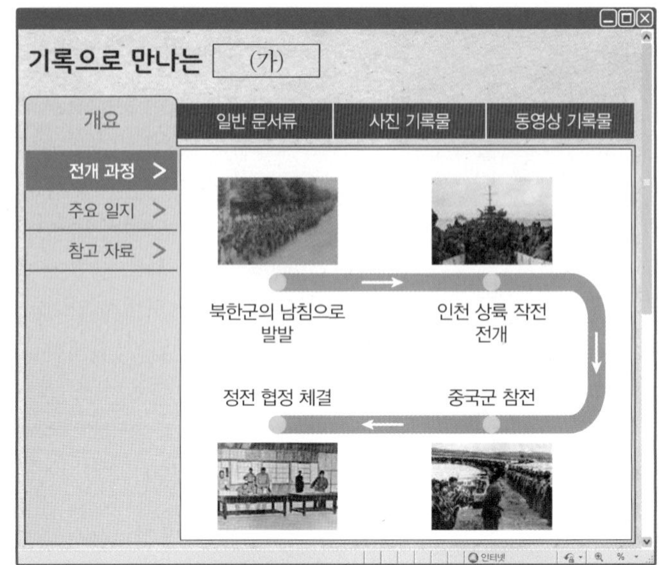

① 유엔군이 참전하였다.
② 흥남 철수 작전이 펼쳐졌다.
③ 거제도에 포로수용소가 설치되었다.
④ 13도 창의군이 서울 진공 작전을 전개하였다.

❻ 6·25 전쟁

정답 찾기

'북한군의 남침으로 발발', '인천 상륙 작전 전개', '중국군 참전', '정전 협정 체결'을 통해 (가) 전쟁이 6·25 전쟁임을 알 수 있어요. 1950년 6월 25일 새벽, 북한군이 38도선을 넘어 남한을 침략하면서 6·25 전쟁이 시작되었어요. 전쟁 초기 낙동강 유역까지 밀린 국군과 유엔군은 인천 상륙 작전에 성공하여 서울을 되찾고 압록강 유역까지 나아갔어요. 하지만 중국군이 북한을 지원하면서 국군과 유엔군은 서울을 다시 빼앗기고 남쪽으로 물러났어요. 이후 국군과 유엔군은 서울을 다시 찾고 38도선 부근에서 북한군 및 중국군과 치열하게 전투를 벌였어요. 이러한 상황 속에서 정전 회담이 시작되었고, 1953년에 정전 협정이 맺어졌어요. ④ 정미의병 시기에 전국의 의병들이 13도 의병 연합 부대, 즉 13도 창의군을 만들고 서울을 향해 나아가는 서울 진공 작전을 벌였어요.

오답 피하기

① 6·25 전쟁이 일어나자 유엔은 미국을 중심으로 16개 나라가 참여한 유엔군을 남한에 보내 지원하였어요.
② 6·25 전쟁 당시 중국군이 북한을 지원하면서 밀려난 국군과 유엔군은 흥남 철수 작전을 펼쳤어요.
③ 6·25 전쟁 당시 거제도에 사로잡은 북한군 및 중국군을 잡아 두기 위한 포로수용소가 설치되었어요.

정답 ④

정답 ➡ 196쪽

키워드 한 문장

6·25 전쟁 당시 ☆☆ 군이 북한을 지원하면서 밀려난 국군과 유엔군은 흥남 철수 작전을 전개하였다.

키워드 한 문장 정답

1. 좌우 2. 협상 3. 4, 3 4. 5, 10 5. 인천 6. 중국

공부한 날 월 일

22강 민주주의와 경제의 발전, 통일을 위한 노력

이 강에서 배울 시기는?

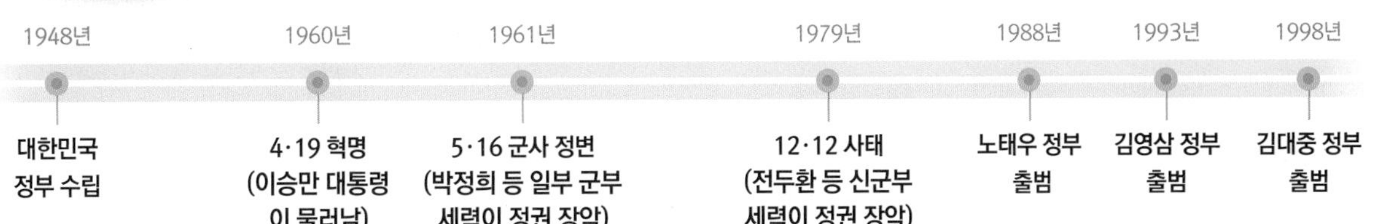

"전쟁과 분단을 극복하고 민주화와 경제 발전을 이루기 위해 많은 사람이 노력했어요. 그 결과 지금의 대한민국을 이룩할 수 있었지요. 하지만 통일이라는 과제가 아직 남아 있어요. 민주화와 경제 발전을 위한 노력에는 어떤 것이 있었고, 통일을 위해 어떠한 노력을 했는지 살펴볼까요?"

이 강의 핵심 키워드는?

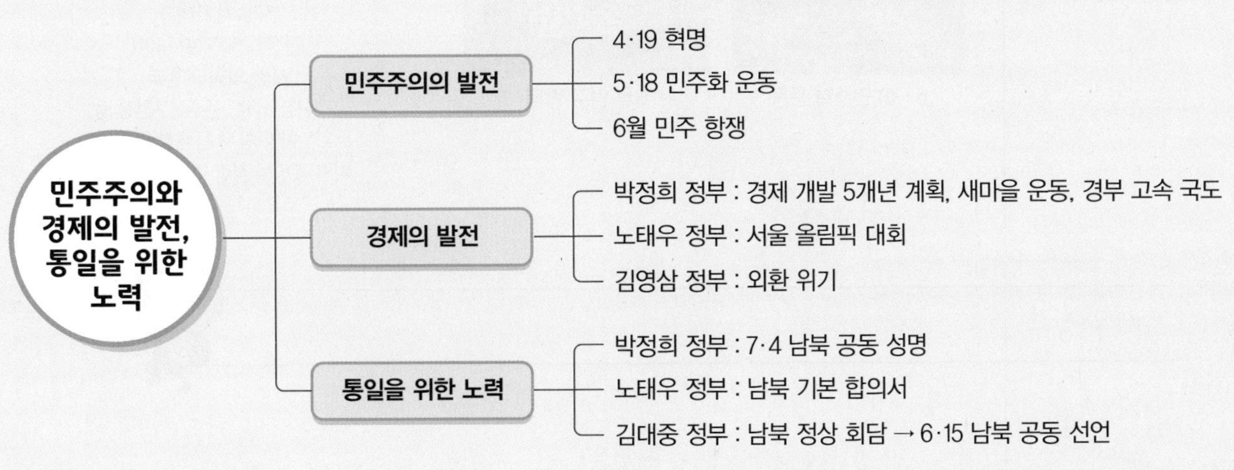

22강-1 민주주의의 발전

강의 들으며 판서 따라 쓰기

한국사를 그리다

정부	정치
이승만 정부	· 초대 대통령, 6·25 전쟁 · 1960. 3·15 부정 선거 → 4·19 혁명❶, 대통령 하야 → 장면 정부(내각 책임제)
박정희 정부	· 1961. 5·16 군사 정변(정치 군인) · 1964. 한·일 협정 추진(→ 6·3 시위) (※ 1965. 조약 체결) · 1972. 유신 헌법 – 통일 주체 국민 회의 ← 긴급 조치권 → 부·마 민주 항쟁(79) · 1979. 10·26 사태(대통령 X)
전두환 정부	· 12·12 사태(79) : 신군부 → 5·18 민주화 운동(80) – 광주❷, 시민군 vs 계엄군 · 4·13 호헌 조치(87) : 7년, 간선제 → 6월 민주 항쟁 : 호헌 X, 직선제  5·18 민주화 운동  6월 민주 항쟁 · 6·29 민주화 선언(87) └ 직선제 O
노태우 정부	
김영삼 정부	· 지방 자치제 전면 실시❸ · 역사 바로 세우기(조선 총독부X)

❶ 이승만 정부의 3·15 부정 선거 등에 저항하여 4·19 혁명이 시작되었어요. 시민과 학생, 심지어 초등학생까지 시위에 참가하는 등 시위가 확산되자 결국 국민의 뜻에 따라 이승만이 대통령 자리에서 물러났어요.

❷ 광주에서 민주화를 요구하는 시위가 일어나자 신군부는 군인들을 동원하여 총을 쏘는 등 무자비하게 진압했어요. 광주 시민들은 시민군을 조직하여 폭력 진압에 맞섰어요.

❸ 김영삼 정부 때 지방 자치제가 전면적으로 실시되어 지방 의회 의원과 도지사, 시장, 군수, 구청장 등 지방 자치 단체장을 지역 주민이 직접 뽑게 되었어요.

핵심 개념 정리하기

한국사를 읽다

1. 4·19 혁명(1960)

민주적인 절차를 무시하고 통치자가 모든 일을 혼자서 판단하여 처리하는 것을 말해요.

이승만 정부와 자유당은 자유당의 대통령 후보 이승만의 당선이 확실시되는 상황에서 부통령 후보인 이기붕까지 당선시키기 위해 각종 부정행위를 저질렀어요.

배경	이승만 정부의 독재와 3·15 부정 선거
전개	3·15 부정 선거에 반대하는 시위가 전개됨 → 시위에 참여하였다가 실종된 김주열이 숨진 채로 발견되자 전국 곳곳에서 대규모 시위가 전개됨(4월 19일) → 경찰의 시위 진압 과정에서 학생과 시민들이 다치거나 죽음 → 대학교수들이 시위에 나서고 초등학생까지 시위에 참여함
결과	이승만이 대통령 자리에서 물러나고 이후 바뀐 헌법에 따라 장면 정부가 들어섬

2. 5·16 군사 정변과 박정희 정부

5·16 군사 정변 이후 치러진 선거에서 박정희가 대통령에 뽑혔어요. 이후 박정희는 계속 대통령을 하려고 헌법을 바꿔 무려 18년 동안 대통령 자리에 있었어요.

5·16 군사 정변	박정희를 중심으로 한 일부 군인들이 군사 정변을 일으켜 정권을 잡음(1961)
박정희 정부 수립	• 헌법을 고치고 치른 선거에서 박정희가 대통령으로 뽑힘 • 한·일 국교 정상화 추진 : 굴욕적인 수교에 반대하여 학생과 시민이 6·3 시위를 벌임 • 베트남 파병 : 미국의 요청으로 베트남 전쟁에 파병함, 미국으로부터 기술 지원과 차관 제공을 약속받음
유신 체제	• 박정희 정부는 장기 집권이 가능하도록 유신 헌법을 통과시켜 대통령에게 막강한 권한을 줌 → 통일 주체 국민 회의에서 대통령을 뽑음(간선제) • 정부는 민주주의를 바라는 시민의 요구와 유신 체제에 반대하는 운동을 탄압함 • 박정희 대통령이 부하가 쏜 총에 맞아 사망하면서 유신 체제가 사실상 끝남

3. 5·18 민주화 운동(1980)

부산과 마산에서 대규모 유신 반대 시위가 일어나는 등 유신 반대 투쟁의 목소리는 날로 커졌어요. 이러한 가운데 박정희 대통령이 총에 맞아 숨지면서 유신 체제가 사실상 끝났어요.

배경	• 전두환 중심의 신군부가 정변을 일으켜 권력을 잡음(12·12 사태, 12·12 군사 반란) • 서울 등에서 신군부가 물러나고 유신 헌법을 고칠 것 등 민주화를 요구하는 대규모 시위가 일어남 → 신군부가 비상계엄을 전국으로 확대함
과정	광주에서 민주주의를 요구하는 시위가 일어남(5월 18일) → 신군부는 공수 부대를 계엄군으로 보내 시위대에 총을 쏘며 폭력으로 시위를 진압함 → 광주 시민들이 시민군을 조직함, 계엄군의 무력 진압으로 수백 명의 희생자가 발생함
의의	5·18 민주화 운동 기록물이 유네스코 세계 기록 유산으로 등재됨

광주 시민들은 더 이상의 피해를 막기 위해 평화적으로 협상하기를 원했으나, 계엄군은 탱크와 헬기를 동원하여 전남도청에 모인 시민들을 무자비하게 진압했어요.

이제 국민이 직접 대통령을 뽑을 수 있게 되었어요. 이렇게 뽑힌 대통령은 임기가 5년이고 한 번만 대통령을 할 수 있어요.

4. 6월 민주 항쟁(1987)

배경	전두환 정부가 강압적인 통치를 함, 대통령 직선제로 헌법을 바꿔야 한다고 요구하는 국민의 목소리가 높아짐
과정	대학생 박종철이 경찰에 끌려가 고문을 받다가 사망하는 사건이 일어남 → 사건의 진실을 밝힐 것과 대통령 직선제를 요구하는 시위가 전개됨 → 전두환 정부가 대통령 직선제로 헌법을 바꾸지 않겠다고 발표함(4·13 호헌 조치) → 민주화와 대통령 직선제를 요구하는 대규모 시위가 전국에서 열림, 시위에 참여한 이한열이 경찰이 쏜 최루탄에 맞아 쓰러짐 → 시위가 더욱 확산됨
결과	대통령 직선제를 포함하여 국민의 민주화 요구를 받아들이겠다는 내용의 6·29 민주화 선언이 발표됨 → 5년 단임의 대통령 직선제로 헌법이 바뀜

군사 정변
군인들이 힘을 앞세워 정권을 잡는 행위를 말해요. 쿠데타라고도 합니다.

유신 헌법(1972)
대통령을 할 수 있는 횟수를 제한하지 않았으며, 대통령을 국민이 직접 뽑는 직선제에서 일정 수의 선거인단을 구성해 이들에게 대통령을 뽑게 하는 간선제로 바꿨어요. 또 대통령에게 헌법을 뛰어넘는 긴급 조치권과 국회 해산권, 법관 인사권, 국회 의원 1/3 추천권 등 막강한 권한을 준 헌법이에요.

비상계엄
전쟁 등 나라의 위기 상황에서 질서 유지를 위해 일정 지역의 행정권과 사법권 등을 군이 맡아 다스리는 일을 말해요.

공수 부대
헬리콥터, 수송기 등을 이용하여 공중에서 작전 지역에 투입되어 임무를 수행하는 특수 부대입니다.

5·18 민주화 운동 기록물
5·18 민주화 운동의 관련 기록물은 그 의미와 가치를 인정받아 2011년에 유네스코 세계 기록 유산으로 등재되었어요. 이 기록물에는 진압군과 중앙 정부 자료, 재판 기록, 시민 성명서, 사진, 필름, 국회 청문회 회의록 등이 포함되어 있어요.

6월 민주 항쟁
전두환 정부는 언론을 통제하고 민주화를 요구하는 국민을 탄압하였어요. 대학생 박종철이 경찰 조사 중 고문으로 숨지는 사건이 일어나자 사건의 진실을 밝히고, 대통령을 국민의 손으로 직접 뽑을 수 있도록 헌법을 바꿀 것(개헌)을 요구하는 국민의 목소리가 높아졌어요. 하지만 전두환 정부는 헌법을 고치지 않겠다는 발표(4·13 호헌 조치)를 하였고, 이에 전국 곳곳에서 대학생을 비롯한 시민들이 대규모 시위를 벌였어요.

22강-2 경제의 발전

강의 들으며 판서 따라 쓰기

한국사를 그리다

❶ 경제 발전을 위해 재료를 들여오고 생산된 제품을 운반하기 쉽게 하고자 서울과 부산을 잇는 경부 고속 국도를 건설했어요. 이로써 전국은 일일생활권이 되었어요.

❷ 당시 노동자들은 열악한 환경에서 오랜 시간 일하며 낮은 임금을 받았어요. 이러한 노동 현실을 고발하기 위해 전태일이 분신하는 사건이 일어났고, 이를 계기로 노동 운동이 활발해졌어요.

정부	경제
이승만 정부	원조
박정희 정부	· 1·2차 경제 개발 5개년 계획(60년대~, 경공업) 경부 고속 국도❶, 새마을 운동, 전태일 분신 사건❷ · 3·4차 경제 개발 5개년 계획(70년대~, 중화학 공업)
전두환 정부	3저 호황 └ 저유가, 저금리, 저달러
노태우 정부	서울 올림픽 대회(88)
김영삼 정부	· 금융 실명제 · 외환 위기❸(IMF 사태)
김대중 정부	· 조기 졸업 · 한·일 월드컵(2002)

❸ 외환 위기를 극복하기 위해 많은 국민이 스스로 금 모으기 운동에 참여하여 자신이 가지고 있는 금을 나라의 빚을 갚는 데 내놓았어요.

핵심 개념 정리하기

한국사를 읽다

경제의 성장과 발전

이승만 정부	미국의 경제 원조를 기반으로 6·25 전쟁으로 파괴된 여러 시설을 복구함, 삼백 산업이 발달함
박정희 정부	• 1962년부터 4차에 걸친 경제 개발 5개년 계획을 실시함 → 1977년에 수출 100억 달러를 달성하는 등 '한강의 기적'이라 불리는 급속한 경제 성장을 이룸 제1, 2차 경제 개발 5개년 계획에서는 풍부한 노동력을 바탕으로 한 경공업이 중심이었고 제3, 4차 경제 개발 5개년 계획에서는 철강, 석유 산업 등 중화학 공업이 중심이었어요. • 경부 고속 국도, 포항 제철소 등 경제 발전을 위한 기반 시설을 마련함 • 새마을 운동을 추진함(농촌의 길을 넓히고 지붕을 고치는 등 생활 환경을 개선함) • 평화 시장에서 재단사로 일하던 전태일이 노동자들의 근무 환경 개선과 근로 기준법 준수를 요구하며 자기 몸을 스스로 불태움
전두환 정부	저유가·저달러·저금리의 3저 호황으로 고도성장을 이룩함 '호황'은 경제 활동이 좋은 상황을 말해요. 1980년대 중반 국제 원유 가격, 달러 가치, 금리 등 세 가지가 낮게 유지되는 3저 현상으로 물가가 안정되고 수출이 크게 늘어났어요.
노태우 정부	서울 올림픽 대회를 개최함(1988)
김영삼 정부	• 지방 자치제를 전면적으로 실시함 • 조선 총독부 건물을 없애는 등 역사 바로 세우기를 추진함 • 금융 실명제를 실시함 • 경제 협력 개발 기구(OECD)에 가입함 • 외환 위기가 일어나 국제 통화 기금(IMF)에 긴급 구제 금융을 요청함
김대중 정부	• 금융 기관과 대기업의 구조 조정, 금 모으기 운동 전개 등 정부와 기업, 국민들의 노력으로 국제 통화 기금(IMF)의 지원 자금을 기한보다 일찍 갚음 • 2002년에 한·일 월드컵 축구 대회를 개최함

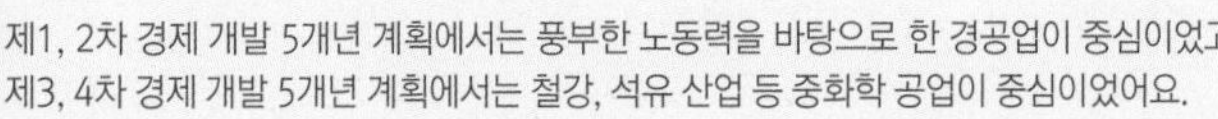

나라 간 거래에서는 주로 달러를 사용합니다. 1997년에 우리나라는 가지고 있는 달러가 부족하여 다른 나라에서 빌려 온 돈을 제때에 갚지 못해 경제 위기를 맞았어요.

원조
물품이나 돈을 주어 도와주는 일을 말해요.

삼백 산업
이승만 정부 시기 미국의 경제 원조를 받아 밀가루, 설탕, 면직물을 만드는 산업이 발달하였는데 제품이 모두 흰색이어서 이를 삼백 산업이라고도 합니다.

새마을 운동
1970년대 박정희 정부는 근면·자조·협동 정신을 강조한 새마을 운동을 전개하였어요. 이 운동은 농촌 환경을 바꾸는 운동에서 시작되어 도시로까지 확산되었어요.

금융 실명제
다른 사람 이름이나 가짜 이름으로 금융 거래를 하여 부정부패가 일어나자 본인의 실제 이름으로만 금융 거래를 하도록 한 제도입니다.

국제 통화 기금(IMF)
세계 무역의 안정을 위해 설립된 국제 금융 기구입니다. 세계 각 나라에 외화가 안정적으로 공급되도록 하고 세계 경제의 발전을 위해 설립되었어요. 우리나라는 1997년 외환 위기를 맞아 국제 통화 기금에 긴급 구제 금융을 요청하였어요.

근로 기준법을 지켜라! 우리는 기계가 아니다!
근로기준법

"1960년대에 정부가 주도적으로 경제 개발을 시작한 이후 급속한 경제 성장이라는 성과를 얻었지만 문제점도 발생했어요. 다른 나라의 상품과 경쟁하기 위해서는 수출 상품의 가격을 낮게 유지해야 했어요. 이를 위해 노동자들은 낮은 임금을 강요당했고 매우 나쁜 작업 환경에서 오랜 시간 노동을 해야 했어요. 전태일은 노동자들의 근무 환경을 좋게 바꾸고 근로 기준법을 지키라고 요구하며 자신의 몸을 불태워 노동 현실을 알렸어요. 전태일의 희생으로 사람들이 노동 문제에 관심을 갖게 되었지요."

22강-3 통일을 위한 노력

강의 들으며 판서 따라 쓰기

한국사를 그리다

정부	통일
이승만 정부	북진 통일
박정희 정부	7·4 남북 공동 성명❶(1972) : 통일 3대 원칙 └ 자주, 평화, 민족 대단결
전두환 정부	최초의 이산가족 상봉
노태우 정부	· 북방 외교 · 남북한 유엔 동시 가입(91) · 남북 기본 합의서❷(91)
김대중 정부	· 햇볕 정책 · 6·15 남북 공동 선언❸(2000) : 최초의 남북 정상 회담 (→ 노무현, 문재인) → 개성 공단, 경의선 개통, 이산가족 상봉, 금강산 육로 관광

❶ 박정희 정부 시기에 7·4 남북 공동 성명이 발표되었어요. 이 성명은 자주, 평화, 민족 대단결이라는 3대 통일 원칙을 담고 있어요.

❷ 노태우 정부 시기에 남북한이 유엔(국제 연합)에 동시 가입했으며, 남북한이 화해와 불가침 및 교류·협력에 관해 공동 합의한 남북 기본 합의서가 채택되었어요.

❸ 김대중 정부 시기에는 최초로 남북 정상 회담이 열렸고 6·15 남북 공동 선언이 발표되었어요. 이후 남북한 경제 협력을 위해 개성에 공업 단지를 만들 것에 합의하였고, 금강산 육로 관광 사업이 추진되었어요.

핵심 개념 정리하기

한국사를 읽다

통일을 위한 노력

박정희 정부	남북한이 7·4 남북 공동 성명을 발표함 → 자주, 평화, 민족 대단결의 3대 통일 원칙에 합의하고, 남북 조절 위원회를 설치함
전두환 정부	• 이산가족 찾기 운동을 추진함 → KBS 특별 생방송 '이산가족을 찾습니다'를 방영함 • 최초로 남북 이산가족 고향 방문이 이루어짐
노태우 정부	• 북방 외교를 추진함 → 소련, 중국과 국교를 맺음 • 남북한이 유엔(UN)에 동시 가입함 • 남북 기본 합의서를 채택함 → 남북한이 화해와 불가침 및 교류·협력에 관해 공동 합의함
김대중 정부	• '햇볕 정책'을 추진함 • 분단 이후 최초로 남북 정상 회담을 개최함 → 6·15 남북 공동 선언을 발표함 • 개성 공단 조성에 합의함, 경의선 철도 연결 공사와 이산가족 방문, 금강산 육로 관광 사업 등을 추진함

김대중 정부에 이어 노무현 정부 때에도 남북 정상 회담이 이루어졌어요. 그리고 문재인 정부 때 다시 남북 정상 회담이 성사되었지요.

KBS 특별 생방송 '이산가족을 찾습니다'

6·25 전쟁 등으로 헤어진 이산가족을 찾아 주기 위해서 한국방송공사(KBS)가 이산가족 찾기 생방송을 진행하였어요. 신청 건수가 총 100,952건에 달하였으며 이 가운데 10,189명이 가족을 찾게 되었어요. 이산가족 찾기 운동 관련 기록물은 2015년에 유네스코 세계 기록 유산으로 등재되었어요.

햇볕 정책

"이솝 우화"에 보면 지나가는 나그네의 옷을 벗기는 것은 거센 바람이 아니라 따뜻한 햇볕이었어요. 이 이야기에서 따와 김대중 정부의 대북 화해 협력 정책을 '햇볕 정책'이라고 해요.

별툰

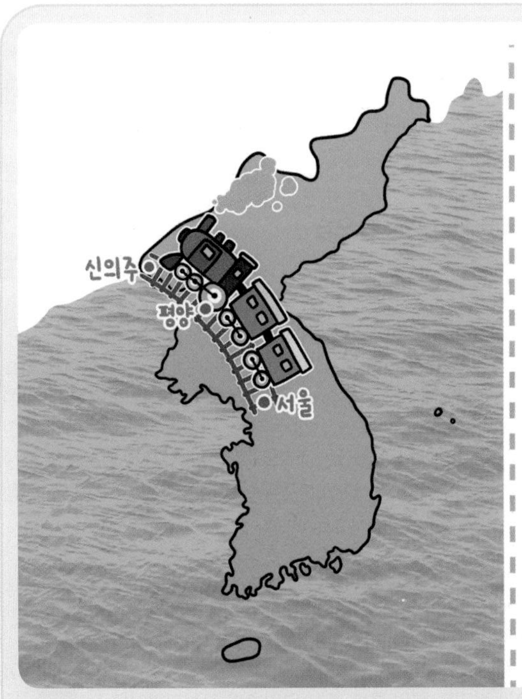

평화 통일을 위한 노력

1970년대
7·4 남북 공동 성명 발표
↓
1980년대
남북 이산가족 고향 방문
↓
1990년대
남북 기본 합의서 채택
↓
2000년대
남북 정상 회담 개최
6·15 남북 공동 선언

"분단 이후 지금까지 남북 관계의 개선과 통일을 위한 다양한 노력이 이루어지고 있어요. 앞으로 남북 관계가 더욱 진전되어 하루빨리 서울역에서 기차를 타고 평양을 지나 신의주를 거쳐 유럽까지 갈 수 있는 날이 오면 좋겠어요."

1

• 기본 67회 44번

다음 가상 일기에 나타난 민주화 운동에 대한 설명으로 옳은 것은? [2점]

> ○○월 ○○일 흐림
>
> 대학교수단이 시국 선언을 한 뒤 가두시위에 나섰다. '학생의 피에 보답하라'라고 적힌 현수막을 들고 행진하였다.
>
> ○○월 ○○일 맑음
>
> 오늘 이승만 대통령이 하야했다. 학생과 시민의 힘으로 역사가 바뀌는 순간이었다.

① 신군부의 무력 진압에 저항하였다.
② 대통령 직선제 개헌을 이끌어 냈다.
③ 유신 체제가 붕괴하는 계기가 되었다.
④ 3·15 부정 선거에 항의하여 일어났다.

2

• 기본 63회 45번

밑줄 그은 '정부' 시기에 볼 수 있는 사회 모습으로 가장 적절한 것은? [2점]

긴급 조치 9호로 피해를 당한 국민과 그 가족에 대해 국가의 배상 책임이 있다는 대법원 판결이 나왔습니다. 긴급 조치 9호에는 정부가 선포한 유신 헌법을 부정하거나 반대 또는 비방하는 행위 등을 금지하고, 위반할 경우 영장 없이 체포·구속해 1년 이상의 징역에 처한다는 내용이 담겨 있습니다.

① 부·마 민주 항쟁에 참여하는 학생
② 서울 올림픽 대회 개막식을 관람하는 시민
③ 금융 실명제 시행 속보를 시청하는 회사원
④ 반민족 행위 특별 조사 위원회에 체포되는 친일 행위자

❶ 4·19 혁명

정답 찾기

대학교수단이 가두시위에 나섰고 이승만 대통령이 하야하였다는 내용을 통해 가상 일기에 나타난 민주화 운동이 4·19 혁명임을 알 수 있어요. ④ 4·19 혁명은 이승만 정부의 독재와 3·15 부정 선거가 원인이 되어 일어났어요. 1960년에 3·15 부정 선거에 반대하는 시위에 나갔다가 실종된 김주열이 숨진 채 마산 앞바다에서 발견되자 시위는 전국으로 퍼져 나갔어요. 시위가 확산되는 가운데 경찰이 시위대를 향해 총을 쏴 많은 사람이 다치거나 죽었어요. 이러한 상황에서도 시위가 계속되고 대학교수들이 대통령이 물러나고 다시 선거할 것을 요구하는 선언을 발표하자, 결국 이승만이 대통령 자리에서 물러났어요.

오답 피하기

① 5·18 민주화 운동은 불법적으로 정권을 잡은 전두환 중심의 신군부가 비상계엄을 전국으로 확대하자 이에 반대하여 일어났어요. 신군부가 무력으로 시위를 진압하자 광주 시민은 시민군을 만들어 이에 저항하였어요.
② 6월 민주 항쟁의 결과 국민이 선거에 참여하여 직접 대통령을 뽑을 수 있도록 헌법이 바뀌었어요.
③ 부·마 민주 항쟁 등으로 흔들리던 유신 체제는 박정희 대통령이 총에 맞아 숨지는 10·26 사태로 사실상 무너졌어요.

정답 ④

정답 ➡ 207쪽

키워드 한 문장

이승만 정부의 독재와 3·15 부정 선거가 원인이 되어 ☆·☆☆ 혁명이 일어났다.

❷ 박정희 정부 시기의 사회 모습

정답 찾기

'긴급 조치 9호', 유신 헌법을 선포한 정부라는 내용 등을 통해 밑줄 그은 '정부'가 박정희 정부임을 알 수 있어요. 유신 헌법은 1972년에 박정희 정부가 10월 유신을 선포하여 국회를 해산하고 비상 국무 회의에서 마련한 헌법으로, 박정희의 장기 집권을 위한 것이었어요. 박정희 정부는 긴급 조치를 이용하여 유신 헌법에 반대하는 세력을 탄압하였어요. ① 박정희 정부 시기인 1979년에 부산과 마산에서 유신 헌법과 독재에 반대하고 민주화를 요구하는 부·마 민주 항쟁이 일어났어요.

오답 피하기

② 노태우 정부 시기에 제24회 서울 올림픽 대회가 개최되었어요.
③ 김영삼 정부 시기에 대통령의 긴급 명령으로 금융 실명제가 실시되었어요.
④ 이승만 정부 시기에 친일파를 처벌하기 위한 반민족 행위 처벌법이 만들어졌고 이에 따라 반민족 행위 특별 조사 위원회가 구성되었어요.

정답 ①

정답 ➡ 207쪽

키워드 한 문장

1979년에 ☆산과 ☆산에서 유신 체제에 저항하는 대규모 시위가 일어났다.

3

• 기본 66회 47번

(가)에 들어갈 내용으로 옳은 것은? [1점]

♥ 좋아요 66회
3일 전
수업 시간에 (가) 당시 시민군의 항쟁 중심지였던 옛 전남도청 모형을 만들었다. 실제 옛 도청 앞 시계탑에서는 매일 같은 시간에 '임을 위한 행진곡'이 나온다고 한다. 많은 분의 희생으로 우리나라의 민주주의가 발전하게 되었음을 깨닫게 되었다.

① 4·19 혁명 ② 부·마 민주 항쟁
③ 6월 민주 항쟁 ④ 5·18 민주화 운동

4

• 기본 69회 44번

(가) 민주화 운동에 대한 설명으로 옳은 것은? [2점]

① 유신 체제가 붕괴하는 계기가 되었다.
② 3·15 부정 선거에 항의하여 일어났다.
③ 5년 단임의 대통령 직선제 개헌을 이끌어 냈다.
④ 전개 과정에서 시민군이 자발적으로 조직되었다.

❸ 5·18 민주화 운동

정답 찾기

'시민군의 항쟁 중심지였던 옛 전남도청' 등을 통해 (가)에 들어갈 내용이 ④ 5·18 민주화 운동임을 알 수 있어요. 12·12 사태(12·12 군사 반란)로 전두환 중심의 신군부가 권력을 잡자 신군부가 물러나고 유신 헌법을 고칠 것을 요구하는 시위가 일어났어요. 신군부는 비상계엄을 전국으로 확대하였고 이에 맞서 전라남도 광주에서 시위가 일어나자, 신군부는 계엄군을 보내 시민과 학생을 향해 총을 쏘며 폭력적으로 시위를 진압하였어요. 광주 시민들은 시민군을 조직하여 맞섰으나 계엄군은 무력으로 진압하였고 이 과정에서 많은 희생자가 발생하였어요.

오답 피하기

① 4·19 혁명은 이승만 정부의 독재와 3·15 부정 선거가 원인이 되어 일어났어요. 그 결과 이승만이 대통령 자리에서 물러났어요.
② 부·마 민주 항쟁은 박정희 정부의 유신 체제에 반발하여 일어난 민주화 운동이에요.
③ 6월 민주 항쟁은 전두환 정부의 강압 정치와 대통령 직선제로 헌법을 고치자는 국민의 요구를 무시한 4·13 호헌 조치에 반발하여 일어났어요.

정답 ④

정답 ➡ 207쪽

키워드 한 문장

신군부의 비상계엄 확대에 반발하여 광주에서 ☆☆·☆☆ 민주화 운동이 전개되었다.

❹ 6월 민주 항쟁

정답 찾기

시위 도중 대학생 이한열이 경찰이 쏜 최루탄에 맞아 쓰러졌으며, 호헌 철폐와 독재 타도 등을 외쳤다는 내용을 통해 (가) 민주화 운동이 6월 민주 항쟁임을 알 수 있어요. 전두환 정부의 강압 통치와 대통령 직선제로 헌법을 고치자는 국민의 요구를 무시한 4·13 호헌 조치에 맞서 6월 민주 항쟁이 전개되었어요. 그 결과 ③ 국민이 선거에 참여하여 직접 대통령을 뽑을 수 있도록 헌법이 바뀌었어요. 이렇게 뽑힌 대통령은 임기가 5년이고 한 번만 할 수 있었어요.

오답 피하기

① 부·마 민주 항쟁 등으로 흔들리던 유신 체제는 박정희 대통령이 총에 맞아 숨지는 10·26 사태로 사실상 무너졌어요.
② 4·19 혁명은 이승만 정부의 독재와 3·15 부정 선거가 원인이 되어 일어났어요.
④ 5·18 민주화 운동이 전개되는 과정에서 시민군이 자발적으로 조직되었어요.

정답 ③

정답 ➡ 207쪽

키워드 한 문장

6월 민주 항쟁으로 5년 단임의 대통령 ☆☆제 개헌이 이루어졌다.

5

• 기본 58회 44번

(가) 정부 시기에 있었던 사실로 옳은 것은? [2점]

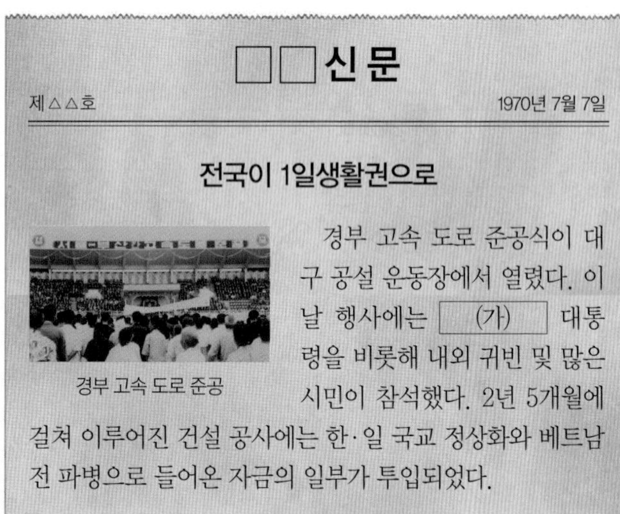

□□신문

제△△호 1970년 7월 7일

전국이 1일생활권으로

경부 고속 도로 준공식이 대구 공설 운동장에서 열렸다. 이 날 행사에는 (가) 대통령을 비롯해 내외 귀빈 및 많은 시민이 참석했다. 2년 5개월에 걸쳐 이루어진 건설 공사에는 한·일 국교 정상화와 베트남전 파병으로 들어온 자금의 일부가 투입되었다.

경부 고속 도로 준공

① 3저 호황으로 수출이 증가하였다.
② 제2차 경제 개발 5개년 계획이 실시되었다.
③ 경제 협력 개발 기구(OECD)에 가입하였다.
④ 미국과 자유 무역 협정(FTA)을 체결하였다.

6

• 기본 67회 47번

(가)에 들어갈 인물로 옳은 것은? [1점]

내가 그린 (가) 은/는 서울 평화 시장에서 재단사로 일하셨어. 바보회를 조직하고 1970년 노동자들의 인권을 위해 자신을 희생하셨어.
근로 기준법을 준수하라!
우리는 기계가 아니다!

① 윤동주 ② 이한열
③ 장준하 ④ 전태일

❺ 박정희 정부 시기의 사실

정답 찾기

경부 고속 도로 준공식이 열렸다는 내용을 통해 (가) 정부 시기가 박정희 정부 시기임을 알 수 있어요. ② 박정희 정부 시기 1967년부터 1971년까지 경제 성장을 위하여 제2차 경제 개발 5개년 계획이 실시되었어요. 이에 따라 1970년에 서울과 부산을 잇는 경부 고속 도로가 개통되었어요.

오답 피하기

① 1980년대 중·후반 전두환 정부 시기에 국제 원유 가격, 달러 가치, 금리 등 세 가지가 낮게 유지되는 3저 현상으로 물가가 안정되고 수출이 크게 늘어났어요.
③ 김영삼 정부 시기에 경제 협력 개발 기구(OECD)에 가입하였어요.
④ 노무현 정부 시기에 미국과 자유 무역 협정(FTA)을 맺었어요. 정답 ②

정답 ➡ 207쪽

키워드 한 문장

박정희 정부 시기에 서울과 부산을 잇는
고속 도로(국도)가 개통되었다.

❻ 전태일의 활동

정답 찾기

'근로 기준법을 준수하라!', '우리는 기계가 아니다!'와 서울 평화 시장에서 재단사로 일하셨고 노동자들의 인권을 위해 자신을 희생하였다는 내용을 통해 (가)에 들어갈 인물이 ④ 전태일임을 알 수 있어요. 평화 시장에서 재단사로 일하던 전태일은 노동자들의 근무 환경 개선과 근로 기준법 준수를 요구하며 스스로 자신의 몸에 불을 질러 숨을 거두었어요.

오답 피하기

① 윤동주는 일제에 의해 억압받는 우리 민족의 안타까운 현실을 표현한 시인으로, '서시', '자화상', '별 헤는 밤' 등의 시를 남겼어요.
② 이한열은 6월 민주 항쟁 당시 경찰이 쏜 최루탄에 맞아 희생되었어요.
③ 장준하는 일본군으로 강제로 끌려갔다가 탈출하여 한국 광복군에 합류하였어요. 또 박정희 정부 때 유신 반대 시위를 이끌었어요. 정답 ④

정답 ➡ 207쪽

키워드 한 문장

박정희 정부 시기인 1970년에 전 이
근로 기준법 준수를 요구하며 분신하였다.

7

• 기본 67회 45번

(가)에 들어갈 내용으로 옳은 것은? [3점]

① 개성 공단 조성
② 남북 기본 합의서 채택
③ 7·4 남북 공동 성명 발표
④ 6·15 남북 공동 선언 합의

8

• 기본 57회 48번

밑줄 그은 '이 회담' 이후에 있었던 사실로 옳은 것은? [2점]

① 개성 공단이 건설되었다.
② 남북 조절 위원회가 설치되었다.
③ 남북한이 유엔에 동시 가입하였다.
④ 남북 이산가족 상봉이 최초로 성사되었다.

❼ 노태우 정부의 통일 노력

정답 찾기

노태우 정부 시기의 사실을 묻는 문항입니다. 노태우 정부 시기에 남북한은 유엔(국제 연합)에 동시 가입하였으며, ② 화해와 불가침 및 교류·협력에 관해 공동 합의한 남북 기본 합의서를 채택하였어요.

오답 피하기

① 김대중 정부 시기에 이루어진 남북 합의를 바탕으로 노무현 정부 시기에 개성 공단이 조성되었어요.
③ 박정희 정부 시기인 1972년에 자주, 평화, 민족 대단결의 통일 원칙에 합의한 7·4 남북 공동 성명이 발표되었어요.
④ 김대중 정부 시기인 2000년에 분단 이후 최초로 남북 정상 회담이 열렸고 6·15 남북 공동 선언에 합의하였어요. 정답 ②

정답 ➡ 207쪽

키워드 한 문장

☆☆☆ 정부 시기에 남북한이 유엔에 동시 가입하였다.

❽ 제1차 남북 정상 회담

정답 찾기

분단 이후 처음으로 남과 북의 정상이 평양에서 만났다는 내용을 통해 밑줄 그은 '이 회담'이 김대중 정부 시기에 열린 제1차 남북 정상 회담임을 알 수 있어요. ① 김대중 정부 시기에 이루어진 남북 합의를 바탕으로 노무현 정부 시기에 개성 공단이 건설되었어요.

오답 피하기

② 박정희 정부 시기에 7·4 남북 공동 성명의 합의 사항을 실행하기 위한 남북 조절 위원회가 설치되었어요.
③ 노태우 정부 시기에 남북한이 유엔에 동시 가입하였어요.
④ 전두환 정부 시기에 남북 이산가족 상봉이 최초로 성사되었어요. 정답 ①

정답 ➡ 207쪽

키워드 한 문장

김대중 정부 시기에 분단 이후 최초로 남북 정상 회담을 개최하고 ☆·☆☆ 남북 공동 선언을 발표하였다.

키워드 한 문장 정답

1. 4, 19 2. 부, 마 3. 5, 18 4. 직선 5. 경부 6. 태일 7. 노태우 8. 6, 15

시대 통합 문제

최근 시험에서는 매 회마다 약 2문제 정도 시대 통합 문제가 출제됩니다.
문제를 보고 어느 시대인지 알 수 있어야 해요.
외교, 사회, 문화 등 다양한 분야의 문제가 나와요.
어렵지 않을까 생각할 수도 있지만
자료를 보고 어느 시대인지 알면 대체로 쉽게 풀 수 있어요.
어떤 문제가 나오는 지 한번 풀어 볼까요?

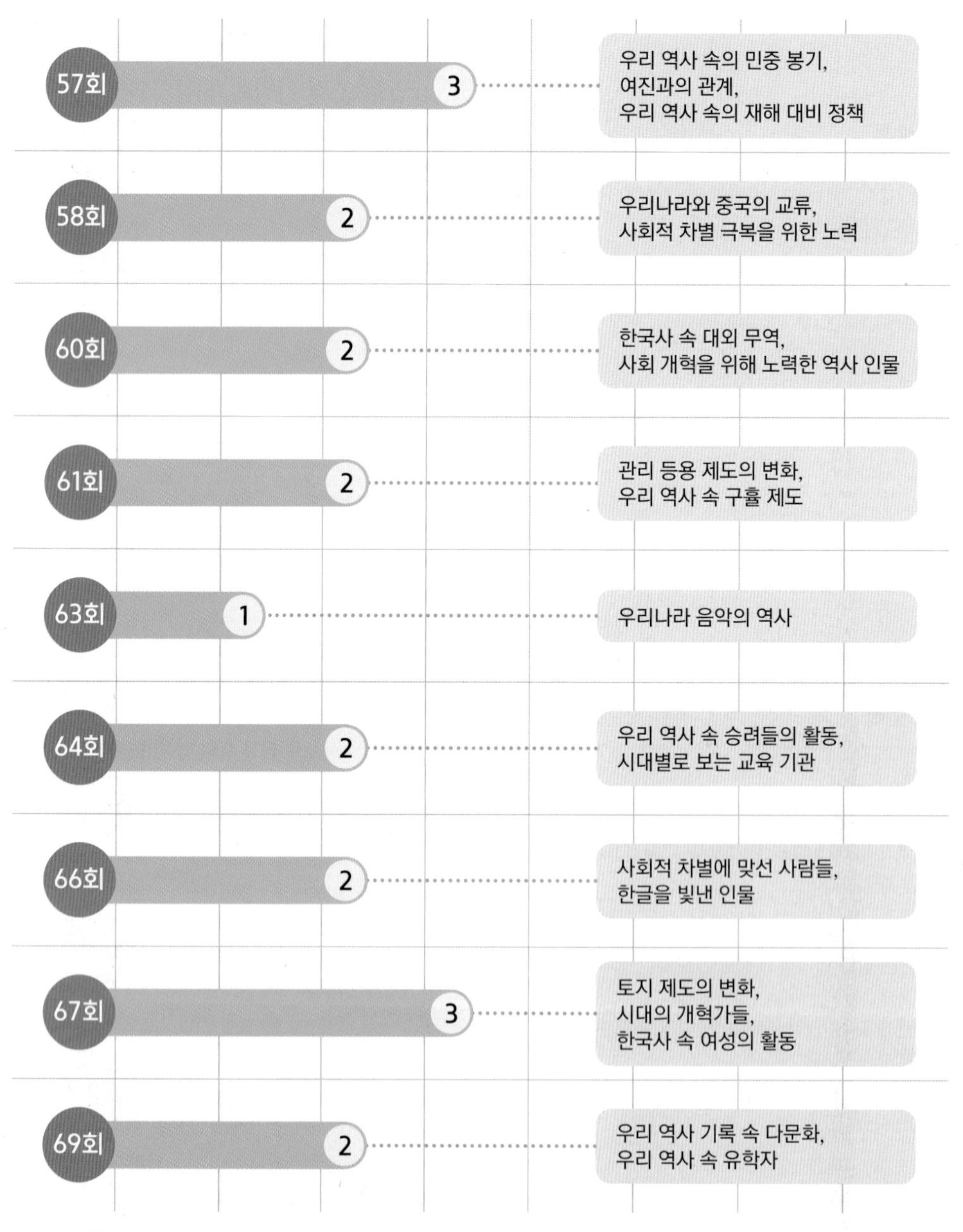

1

• 기본 61회 49번

(가)에 들어갈 내용으로 옳은 것은? [2점]

주제 탐구 활동 계획서

○학년 ○반 모둠

주제 : 역사 속 백성들을 위한 구휼 제도

• **선정 이유**

우리 역사 속에서 자연재해나 경제적 위기 상황에 직면한 백성들을 위해 국가가 실시한 구휼 제도에 대해 시대별로 살펴보고, 그 역사적 의미와 교훈에 관하여 생각해 보고자 한다.

• **시대별 탐구 내용**

구분	삼국 시대	고려 시대	조선 시대
내용	고구려의 진대법 실시	(가)	환곡제 운영

① 의창 설치
② 신문고 운영
③ 제중원 설립
④ 호포제 실시

❶ 우리 역사 속 구휼 제도

정답 찾기

고려 시대에 운영된 구휼 제도를 찾는 문항입니다. ① 고려 태조는 가난한 사람에게 곡식을 빌려주는 흑창을 설치하였어요. 흑창은 성종 때 의창으로 이름이 바뀌어 조선 시대까지 이어졌어요.

오답 피하기

② 신문고는 백성들의 억울한 일을 해결해 줄 목적으로 궁궐 밖에 달았던 북이에요. 조선 태종 때 처음 설치되었어요.
③ 개항 이후인 1885년에 우리나라 최초의 서양식 근대 병원인 광혜원이 설립되었어요. 광혜원은 곧 제중원으로 이름이 바뀌었어요.
④ 조선 고종 때 군정의 잘못된 점을 바로잡기 위해 가구(호) 단위로 군포를 거두는 호포제를 실시하여 양반도 군포를 내게 하였어요. 정답 ①

정답 ➡ 211쪽

키워드 한 문장

고려 성종은 흑창을 ☆ 창으로 고치고 지방에도 설치하도록 하였다.

2

• 기본 69회 48번

(가)~(라)에 들어갈 내용으로 적절한 것은? [2점]

인문학 여행
유학자의 삶과 사상을 따라 떠나는 역사 여행
#○○ 박물관 #온라인 강좌 #한국사 교양 #유학자
1강
최치원, (가)
2강
정몽주, (나)
3강
정약용, (다)
4강
박은식, (라)

① (가) – 시무 10여 조를 건의하다
② (나) – 백운동 서원을 건립하다
③ (다) – 동사강목을 저술하다
④ (라) – 영남 만인소를 주도하다

❷ 우리 역사 속 유학자

정답 찾기

① 최치원은 신라 6두품 출신으로, 당에 건너가 빈공과에 합격한 뒤 글을 잘 지어 이름을 크게 알렸어요. 신라로 돌아와서 진성 여왕에게 개혁안으로 시무 10여 조를 건의하였으나 진골 귀족들의 반발로 개혁이 실행되지는 못하였어요.

오답 피하기

② 백운동 서원은 조선 중종 때 주세붕이 세운 우리나라 최초의 서원이에요.
③ "동사강목"은 조선 후기에 안정복이 고조선부터 고려까지의 역사를 정리한 책이에요.
④ 조선 고종 때 러시아의 침략을 막기 위해 조선이 중국, 일본, 미국과 친하게 지내야 한다는 주장을 담은 "조선책략"이 조선에 들어와 널리 퍼졌어요. 이에 이만손을 비롯한 영남 유생들이 만인소를 올려 정부의 개화 정책 및 미국과의 수교에 반대하였어요. 정답 ①

정답 ➡ 211쪽

키워드 한 문장

최 ☆☆ 은 진성 여왕에게 시무 10여 조를 건의하였으나 귀족들의 반발로 시행되지 못하였다.

3

• 기본 67회 25번

(가)~(다)를 실시한 순서대로 옳게 나열한 것은? [3점]

① (가) – (나) – (다) ② (가) – (다) – (나)
③ (나) – (가) – (다) ④ (다) – (가) – (나)

4

• 기본 67회 31번

(가)~(라)에 들어갈 인물로 옳지 않은 것은? [2점]

시대의 개혁가들

- (가) 시무 10여 조를 건의하다 — 신라 말 폐단 극복 노력
- (나) 시무 28조를 올리다 — 유교 정치 이념 추구
- (다) 현량과 실시를 주장하다 — 훈구 세력 권력 독점 견제
- (라) 갑신정변을 일으키다 — 근대 국가 수립 지향

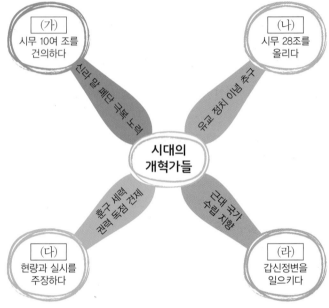

① (가) – 최치원 ② (나) – 최승로
③ (다) – 정도전 ④ (라) – 김옥균

❸ 토지 제도의 변화

정답 찾기

(가) 통일 신라의 신문왕은 귀족 세력을 약화하기 위해 관료전을 지급하고 녹읍을 폐지하였어요.
(나) 조선 세조는 관리에게 지급할 과전이 부족해지자 과전을 없애고 현직 관리에게만 세금을 거둘 수 있는 땅을 지급하는 직전법을 실시하였어요.
(다) 고려 경종 때 전직과 현직 관리에게 등급에 따라 전지와 시지를 차등 있게 지급하는 전시과 제도를 마련하였어요.
따라서 ② (가) 통일 신라 – (다) 고려 – (나) 조선의 순서대로 실시되었어요.

정답 ②

정답 ➡ 211쪽

키워드 한 문장

고려는 관리에게 전지와 시지를 지급하는 ☆☆과 제도를 실시하였다.

❹ 시대의 개혁가들

정답 찾기

③ 정도전은 이성계를 도와 조선 건국을 주도하였으며 건국 초기 체제 정비에 큰 역할을 하였어요. 또한, 조선의 통치 기준과 운영 원칙을 제시한 "조선경국전"을 지어 태조에게 바쳤고, "불씨잡변"을 지어 유학의 입장에서 불교 교리를 비판하였어요. 조선 중종 때 조광조를 중심으로 한 사림이 현량과 실시를 주장하였어요.

오답 피하기

① 최치원은 신라 6두품 출신으로, 당에 건너가 빈공과에 합격한 뒤 글을 잘 지어 이름을 크게 알렸어요. 신라로 돌아와서 진성 여왕에게 개혁안으로 시무 10여 조를 건의하였으나 진골 귀족들의 반발로 개혁이 실행되지는 못하였어요.
② 최승로는 고려 성종에게 시무 28조를 건의하였어요. 시무 28조에는 유교 사상을 바탕으로 나라를 다스릴 것, 지방관을 보낼 것, 국가적인 불교 행사를 줄일 것 등의 내용이 담겨 있어요.
④ 김옥균을 중심으로 한 급진 개화파(개화당)는 우정총국 개국 축하연을 이용하여 갑신정변을 일으켰어요.

정답 ③

정답 ➡ 211쪽

키워드 한 문장

정☆☆은 "조선경국전", "불씨잡변" 등을 저술하였다.

5

• 기본 64회 49번

(가)~(라)에 들어갈 내용으로 옳은 것은? [3점]

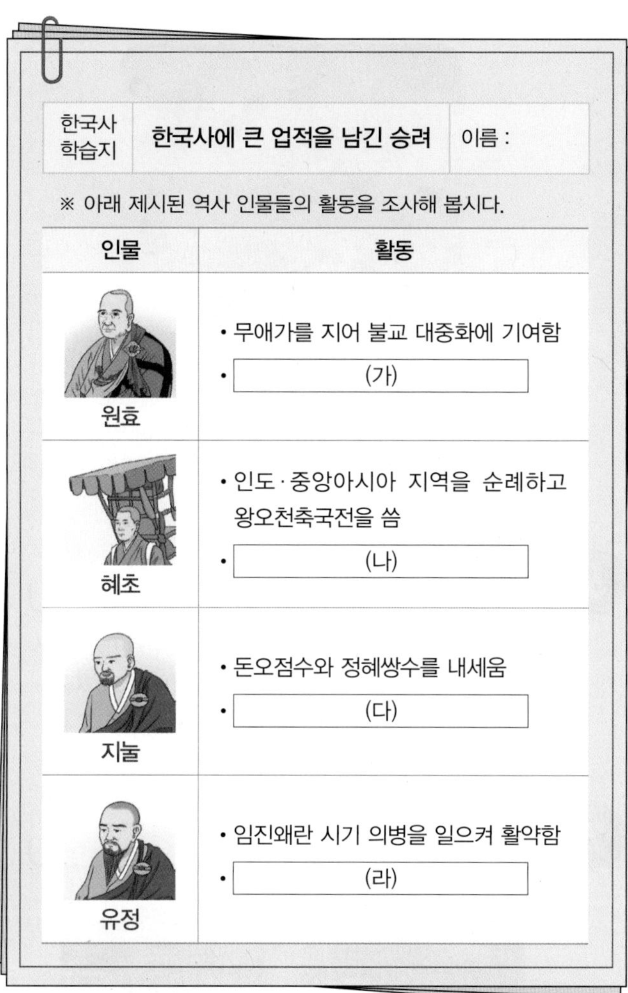

한국사 학습지	한국사에 큰 업적을 남긴 승려	이름 :

※ 아래 제시된 역사 인물들의 활동을 조사해 봅시다.

인물	활동
원효	• 무애가를 지어 불교 대중화에 기여함 • (가)
혜초	• 인도·중앙아시아 지역을 순례하고 왕오천축국전을 씀 • (나)
지눌	• 돈오점수와 정혜쌍수를 내세움 • (다)
유정	• 임진왜란 시기 의병을 일으켜 활약함 • (라)

① (가) – 십문화쟁론을 저술함
② (나) – 해동 천태종을 창시함
③ (다) – 세속 5계를 지음
④ (라) – 수선사 결사를 제창함

❺ 우리 역사 속 승려들의 활동

정답 찾기
① 신라의 승려 원효는 "십문화쟁론" 등을 지어 불교 교리 연구에 힘썼어요.

오답 피하기
② 고려의 승려 의천은 해동 천태종을 창시하였어요.
③ 신라의 승려 원광은 세속 5계를 지었어요.
④ 고려의 승려 지눌은 수선사 결사를 제창하였어요. 정답 ①

정답 ➡ 211쪽

키워드 한 문장

 는 "대승기신론소", "십문화쟁론" 등을 저술하였다.

6

• 기본 60회 46번

(가)~(다)의 모습이 나타난 시대 순서대로 옳게 나열한 것은? [3점]

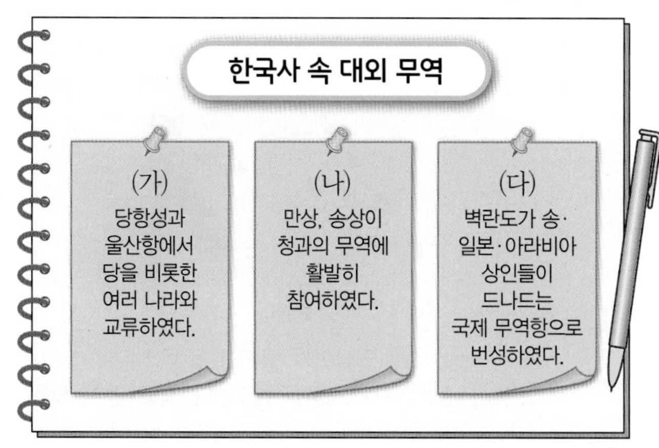

한국사 속 대외 무역
(가)
당항성과 울산항에서 당을 비롯한 여러 나라와 교류하였다.
(나)
만상, 송상이 청과의 무역에 활발히 참여하였다.
(다)
벽란도가 송·일본·아라비아 상인들이 드나드는 국제 무역항으로 번성하였다.

① (가) – (나) – (다)
② (가) – (다) – (나)
③ (나) – (가) – (다)
④ (다) – (가) – (나)

❻ 한국사 속 대외 무역

정답 찾기
(가) 통일 신라 시기에 당항성, 울산항이 국제 무역항으로 번성하였어요. 이곳에서 당을 비롯하여 여러 나라 상인과 교류하였어요.
(나) 조선 후기에 상업이 발달하면서 만상, 송상 등 사상이 활발하게 활동하였어요. 이 가운데 의주를 기반으로 한 만상과 개성을 기반으로 한 송상은 청과의 무역에 활발히 참여하여 부를 쌓았어요.
(다) 고려 시대에 예성강 하구에 있는 벽란도가 국제 무역항으로 번성하였어요. 벽란도에는 송, 일본 등 주변 나라의 상인들은 물론 멀리 아라비아 상인들도 오갔어요.
따라서 ② (가) 통일 신라-(다) 고려-(나) 조선 후기의 순서입니다. 정답 ②

정답 ➡ 211쪽

키워드 한 문장

조선 후기 의주의 ☆ 상,
개성의 ☆ 상 등 사상이 활발하게 활동하였다.

키워드 한 문장 정답

1. 의 2. 치원 3. 전시 4. 도전 5. 원효 6. 만, 송

빈출 특강 세시 풍속과 민속놀이

❶ 세시 풍속

1 설날 | 음력 1월 1일

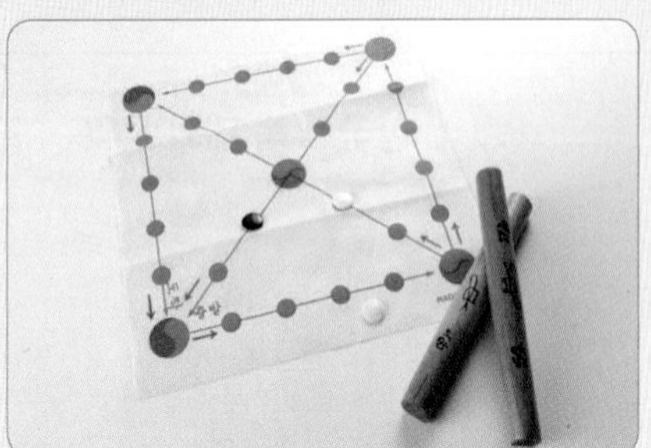

윷놀이

세배, 설빔, 차례, 연날리기, 널뛰기, 윷놀이 등의 풍속이 있었고, 새해 인사와 덕담을 했습니다. 떡국, 만두, 식혜, 수정과 등을 먹었어요.

2 정월 대보름 | 음력 1월 15일

달집태우기

부럼 깨기, 달맞이, 고싸움, 놋다리밟기, 지신밟기, 쥐불놀이, 달집태우기 등을 주로 하였고 오곡밥, 귀밝이술, 묵은 나물, 부럼 등을 먹었어요.

3 한식 | 동지에서 105일째 되는 날

성묘, 제기차기, 그네뛰기, 갈고리 던지기, 개사초(산소 손질) 등의 풍속이 있었고, 이날에는 불을 사용하지 않고 찬 음식을 먹었어요.

4 삼짇날 | 음력 3월 3일

진달래화전

'강남 갔던 제비가 오는 날'이라고도 해요. 주로 활쏘기 대회, 화전놀이, 각시놀음 등을 하며 지냈고, 진달래화채, 진달래화전, 쑥떡 등을 먹었어요.

5 단오 | 음력 5월 5일

단오풍정(신윤복)

수릿날 또는 천중절이라고도 해요. 창포물에 머리 감기, 그네뛰기, 씨름, 봉산 탈춤, 석전 등의 풍속이 있었고 주로 쑥떡, 수리취떡, 약초 떡, 앵두화채 등을 먹었어요.

6 칠석 | 음력 7월 7일

견우와 직녀가 만나는 날로 유명해요. 칠석놀이를 하고 시를 지었으며, 햇볕에 옷과 책을 말리는 풍속이 있었어요. 밀국수, 호박전, 밀전병 등을 주로 먹었어요.

7 추석 | 음력 8월 15일

줄다리기

중추절 또는 한가위라고도 해요. 성묘, 차례, 강강술래, 줄다리기, 씨름, 소싸움, 거북놀이, 가마싸움 등을 하였고 송편, 토란국 등을 먹었어요.

8 동지 | 양력 12월 22일경

팥죽

일 년 중 밤이 가장 길고 낮이 가장 짧은 날이에요. 팥죽과 동치미를 주로 먹었는데, 팥의 붉은 색이 잡귀를 물리친다고 여겨서 집 안 곳곳에 팥죽을 놓아두었다고 해요.

1 강강술래

전라남도 해안 지방에서 유래한 놀이로, 부녀자들이 손을 잡고 원을 그리며 도는 놀이입니다. 노래하면서 '강강술래'를 후렴으로 불렀으며, 주로 추석을 전후한 시기에 행해졌어요.

2 고싸움

고싸움의 '고'는 옷고름의 둥근 부분을 말해요. 볏짚과 나무로 옷고름 모양의 고를 만들어 다른 마을과 승부를 내는 민속놀이로, 상대편의 고를 땅에 닿게 하면 이기는 놀이입니다. 고싸움은 정월 대보름을 전후하여 치러졌어요.

3 차전놀이

동채라는 기구를 만들어 양편이 상대의 동채를 빼앗거나 땅에 닿게 하면 이기는 민속놀이입니다. 고려 왕건과 후백제 견훤의 싸움(고창 전투)에서 비롯되었다고 전하며 정월 대보름에 치러졌어요.

4 씨름

두 사람이 상대방의 샅바나 띠, 바지춤을 잡고 힘과 기술로 상대를 먼저 땅에 넘어뜨리면 이기는 경기입니다. 단오와 추석 때 주로 했어요.

5 제기차기

구멍 뚫린 동전 등을 천이나 한지로 접어 싸고 그 끝을 여러 갈래로 찢어 술을 너풀거리게 만든 뒤, 이를 발로 차며 즐기는 놀이입니다. 놀이 방식에 따라 다양한 형태로 이루어졌어요.

6 그네뛰기

단옷날 부녀자들이 주로 했으며, 그네를 타고 높이 올라가거나 멀리 뛰는 것으로 승부를 겨루기도 했어요.

7 고누

바닥에 말판을 놓고 말을 움직여 상대의 말을 따먹거나 상대방의 집을 차지하면 이기는 민속놀이입니다. 우물고누, 줄고누, 호박고누 등 다양한 고누 놀이가 있었어요.

8 승경도놀이

종이 말판 위에 관직 이름을 써 놓고 주사위 역할을 하는 윤목을 굴려 말을 이동하는 놀이로, 주로 양반집의 아이들이 즐겨 했어요. 누가 가장 빨리 높은 벼슬에 올라가느냐에 따라 승패가 결정되었어요.

9 투호

일정한 거리에 병을 놓고 화살을 던져 승부를 가리는 민속놀이입니다. 두 사람 또는 편을 갈라서 하였으며, 병에 화살을 많이 넣은 쪽이 이기는 놀이였어요.

10 격구

오랫동안 우리 민족이 해 온 운동 경기이며, 공채로 공을 치는 경기입니다. 말을 타고 하기도 하고, 걷거나 뛰면서 하기도 했어요. 공을 멀리 보내거나 구멍에 집어넣는 것으로 승부를 가렸어요. 조선 시대에는 격구를 무과 시험 과목으로 삼기도 했어요.

1

• 기본 69회 50번

(가)에 들어갈 내용으로 옳은 것은? [1점]

메타버스 세시 풍속 체험
음력 1월 15일인 (가) 에 액운을 물리치고 건강과 풍년을 기원하기 위해 하는 세시 풍속이야.
달집태우기의 의미를 알려 줘.

① 동지 ② 추석
③ 삼짇날 ④ 정월 대보름

2

• 기본 61회 41번

밑줄 그은 '이날'에 해당하는 세시 풍속으로 옳은 것은? [1점]

음력 5월 5일인 오늘은 한국의 전통 명절입니다. 여러분이 드시는 수리취떡은 이날에 만들어 먹는 음식입니다. 마당에서도 다양한 체험 행사가 진행 중입니다. 어떤 행사에 참여하실 건가요?

저는 창포물에 머리를 감아 보려 합니다.

저는 친구와 함께 씨름 경기에 참여할 겁니다.

① 단오 ② 동지
③ 추석 ④ 한식

❶ 정월 대보름

정답 찾기

'달집태우기'와 '음력 1월 15일'을 통해 (가)에 들어갈 내용이 ④ 정월 대보름임을 알 수 있어요. 음력 1월 15일인 정월 대보름에는 액운을 물리치고 건강과 풍년을 기원하기 위해 달집태우기를 하였어요.

오답 피하기

① 동지는 일 년 중 밤이 가장 긴 날로 보통 양력 12월 22일 무렵이에요. 이날에는 팥죽과 동치미를 먹었어요.
② 추석은 음력 8월 15일로, 한가위 또는 중추절이라고도 해요. 추석에는 수확에 감사하며 햇과일과 햇곡식으로 차례를 지내고 성묘를 하였어요.
③ 삼짇날은 음력 3월 3일로, '강남 갔던 제비가 오는 날'이라고도 해요. 주로 활쏘기 대회, 화전놀이, 각시놀음 등을 하며 지냈고, 진달래화채, 진달래화전, 쑥떡 등을 먹었어요.

정답 ④

정답 ➡ 216쪽

키워드 한 문장

음력 1월 15일 정월 ☆☆☆ 에는
부럼 깨기, 쥐불놀이, 달집태우기 등을 하였다.

❷ 단오

정답 찾기

음력 5월 5일이며 창포물에 머리를 감아 보려 한다는 내용 등을 통해 밑줄 그은 '이날'이 ① 단오임을 알 수 있어요. 단오는 음력 5월 5일로 수릿날 또는 천중절이라고도 해요. 이날에는 창포물에 머리 감기, 씨름 등의 풍속이 있었으며, 쑥떡이나 수리취떡 등을 만들어 먹었습니다.

오답 피하기

② 동지는 일 년 중에 밤이 가장 길고 낮이 가장 짧은 날이에요. 이날에는 팥죽과 동치미 등을 먹었는데, 팥의 붉은색이 잡귀를 물리친다고 여겨서 집 안 곳곳에 팥죽을 놓아두기도 하였어요.
③ 추석은 음력 8월 15일로, 한가위 또는 중추절이라고도 해요. 추석에는 수확에 감사하며 햇과일과 햇곡식으로 차례를 지내고 성묘를 하였어요.
④ 한식은 동지에서 105일째 되는 날로, 이날에는 성묘를 하였으며 불을 사용하지 않고 찬 음식을 먹는 풍속이 있었어요.

정답 ①

정답 ➡ 216쪽

키워드 한 문장

음력 5월 5일 ☆☆ 에는
창포물에 머리 감기, 씨름 등을 하였다.

3

• 기본 66회 4번

밑줄 그은 '그날'에 해당하는 세시 풍속으로 옳은 것은? [1점]

일 년 중 한 번 직녀님을 만나는 그날이 곧 오네요. 그녀를 만날 생각에 소 치는 일도 전혀 힘들지 않아요.
까치와 까마귀가 많이 모여 오작교를 놓아야 저희가 만날 수 있어요. 여러분이 도와주시겠어요?
오전 10:40
100%
견우성
직녀성
오작교 만들기
시작

① 단오 ② 동지
③ 추석 ④ 칠석

4

• 기본 67회 50번

(가)에 들어갈 내용으로 옳은 것은? [1점]

한국의 세시 풍속
일 년 중 밤이 가장 긴 날
(가)
(가) 은/는 24절기의 하나로 '작은설'이라고도 불렸어요.
이날에는 나쁜 기운을 물리치기 위해 팥죽을 쑤어 먹었어요. 또 대문이나 담장 벽에 팥죽을 뿌렸어요.

① 단오 ② 동지
③ 칠석 ④ 한식

❸ 칠석

정답 찾기

일 년 중 한 번 직녀님을 만나는 그날이라는 내용 등을 통해 밑줄 그은 '그날'이 ④ 칠석임을 알 수 있어요. 칠석은 음력 7월 7일로, 이날 오작교에서 견우와 직녀가 만난다는 이야기가 전해져요.

오답 피하기

① 단오는 음력 5월 5일로, 수릿날 또는 천중절이라고도 불려요. 이날에는 그네뛰기, 씨름, 창포물에 머리 감기 등을 하였어요.
② 동지는 일 년 중 밤이 가장 긴 날로 보통 양력 12월 22일 무렵이에요. 이날에는 팥죽과 동치미를 먹었어요.
③ 추석은 음력 8월 15일로, 한가위 또는 중추절이라고도 해요. 추석에는 수확에 감사하며 햇과일과 햇곡식으로 차례를 지내고 성묘를 하였어요.

정답 ④

정답 ➡ 216쪽

키워드 한 문장

음력 7월 7일 ☆☆ 은 견우와 직녀가 오작교에서 만나는 날로 알려져 있다.

❹ 동지

정답 찾기

일 년 중 밤이 가장 긴 날이며 팥죽을 먹었다는 내용을 통해 (가)에 들어갈 내용이 ② 동지임을 알 수 있어요. 동지는 일 년 중 밤이 가장 긴 날로 보통 양력 12월 22일 무렵이에요. 이날에는 팥죽과 동치미를 먹었으며, 팥의 붉은색이 잡귀를 물리친다고 여겨 집 안 곳곳에 팥죽을 놓아두기도 하였어요.

오답 피하기

① 단오는 음력 5월 5일로, 수릿날 또는 천중절이라고도 불려요. 이날에는 그네뛰기, 씨름, 창포물에 머리 감기 등을 하였어요.
③ 칠석은 음력 7월 7일로, 이날 오작교에서 견우와 직녀가 만난다는 이야기가 전해져요.
④ 한식은 동지에서 105일째 되는 날로, 이날에는 조상의 묘를 찾아 돌보고 제사를 지냈으며 불을 사용하지 않고 찬 음식을 먹는 풍속이 있었어요.

정답 ②

정답 ➡ 216쪽

키워드 한 문장

☆☆ 는 일 년 중 밤이 가장 긴 날로, 이날에는 팥죽과 동치미를 먹었다.

5

• 기본 52회 16번

다음에 해당하는 문화유산으로 옳은 것은? [1점]

세계 유산 | 세계 기록 유산 | 무형 문화유산

기본 정보 | 상세 설명

두 사람이 상대방의 샅바나 바지의 허리춤을 잡고 상대를 바닥에 넘어뜨리는 민속놀이이다. 이 놀이는 남북한이 공동으로 등재를 신청하여 2018년에 유네스코 무형 문화유산이 되었다.

① 씨름　② 택견
③ 강강술래　④ 남사당놀이

6

• 기본 58회 49번

밑줄 그은 '놀이'로 옳은 것은? [1점]

우리나라의 민속놀이 소개

구멍 뚫린 동전을 천이나 한지로 접어 싸고 그 끝을 여러 갈래로 찢어 술을 너풀거리게 만든 뒤, 이를 발로 차며 즐기는 놀이입니다.

① 널뛰기　② 비석치기
③ 제기차기　④ 쥐불놀이

❺ 씨름

정답 찾기
두 사람이 상대방의 샅바나 바지의 허리춤을 잡고 상대를 바닥에 넘어뜨리는 민속놀이는 ① 씨름입니다. 씨름은 2018년에 유네스코 무형 문화유산으로 남북한 공동 등재되었어요.

오답 피하기
② 택견은 유연하고 율동적인 춤과 같은 동작으로 상대를 공격하거나 다리를 걸어 넘어뜨리는 한국의 전통 무술이에요. 2011년에 유네스코 무형 문화유산으로 등재되었어요.
③ 강강술래는 여러 사람이 함께 손을 잡고 원을 그리며 돌면서 춤을 추고 노래를 부르는 민속놀이로, 노래를 하면서 '강강술래'라는 후렴을 불렀어요. 2009년에 유네스코 무형 문화유산으로 등재되었어요.
④ 남사당놀이는 남사당패가 여러 마을을 떠돌아다니며 한 공연으로 풍물, 가면극, 줄타기 등으로 구성되었어요. 2009년에 유네스코 무형 문화유산으로 등재되었어요.

정답 ①

키워드 한 문장
두 사람이 샅바를 잡고 상대를 바닥에 넘어뜨리면 이기는 ☆☆은 단오와 추석 때 주로 행해졌다.

정답 ➡ 216쪽

❻ 제기차기

정답 찾기
③ 제기차기는 동전이나 쇠붙이에 얇은 종이나 천을 접어 싼 다음, 끝을 여러 갈래로 찢어 너풀거리게 만든 제기를 발로 차며 즐기는 놀이입니다.

오답 피하기
① 널뛰기는 설날·단오·추석 등에 긴 널빤지의 한가운데에 짚단이나 가마니로 밑을 괴고 양 끝에 한 사람씩 올라서서 마주보고 번갈아 뛰어 오르며 즐기는 놀이입니다.
② 비석치기는 손바닥만 한 납작한 돌을 세워 놓고, 일정한 거리에서 작은 돌을 발로 차거나 던져서 상대가 세워 놓은 돌(비석)을 쓰러뜨리는 놀이입니다.
④ 해충의 피해를 방지하기 위해 논둑이나 밭둑에 불을 붙이는 쥐불놀이는 주로 정월 대보름에 즐겼어요.

정답 ③

키워드 한 문장
동전 등을 천이나 한지로 접어 싸고 그 끝을 여러 갈래로 찢어 술을 너풀거리게 만든 뒤 이를 발로 차며 즐기는 놀이는 ☆☆차기이다.

정답 ➡ 216쪽

키워드 한 문장 정답
1. 대보름 2. 단오 3. 칠석 4. 동지 5. 씨름 6. 제기

빈출 특강

지역사

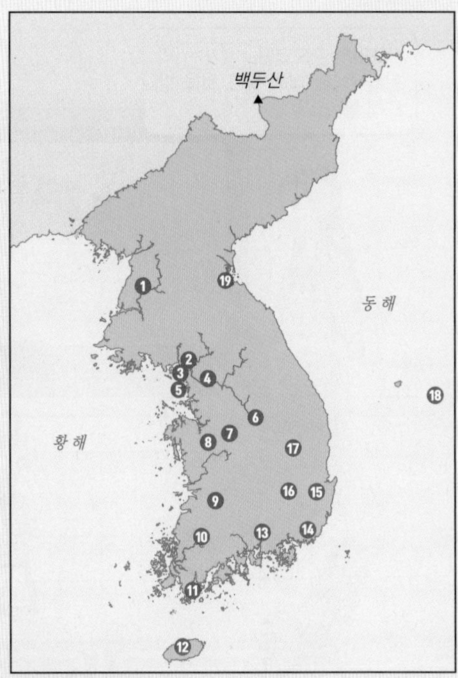

① 평양
- 고구려 : 장수왕 때 국내성에서 도읍을 옮긴 곳
- 고려 : 묘청의 서경 천도 운동
- 일제 강점기 : 물산 장려 운동이 시작됨
- 대한민국 : 최초로 남북 정상 회담이 열린 곳(6·15 남북 공동 선언을 발표함)

② 개성
- 고려 : 고려의 도읍지(만월대), 만적의 난
- 조선 : 송상의 활동 근거지
- 대한민국 : 개성 공단

③ 강화도
- 고려 : 몽골의 침입 때 임시 도읍지
- 조선 : 정묘호란 때 왕실이 피란함, 병인양요·신미양요가 일어남, 강화도 조약이 체결됨(연무당)

④ 서울
- 백제 : 백제의 도읍지(석촌동 돌무지무덤 등)
- 신라 : 진흥왕이 북한산 순수비를 세움
- 조선 : 조선 건국 후 도읍으로 삼음

⑤ 인천
- 조선 : 제물포라는 포구가 있었음, 강화도 조약으로 개항됨
- 대한민국 : 6·25 전쟁 중 인천 상륙 작전이 전개됨, 2014년 제17회 아시아 경기 대회가 열림

⑥ 충주
- 고구려 : 충주 고구려비(고구려의 한강 유역 진출을 알려 주는 비석)를 세움
- 고려 : 몽골의 침입 때 김윤후와 노비들이 중심이 되어 충주성을 지켜 냄
- 조선 : 임진왜란 때 신립의 탄금대 전투

⑦ 청주
- 신라 : 통일 이후 서원경이 설치됨
- 고려 : 흥덕사에서 "직지심체요절"을 금속 활자로 인쇄함

⑧ 공주
- 구석기 시대 : 석장리 유적
- 백제 : 웅진(한성이 함락된 뒤에 옮긴 두 번째 도읍지)
- 조선 : 동학 농민 운동 때 우금치 전투

⑨ 전주
- 후삼국 : 견훤이 세운 후백제의 도읍지
- 조선 : 경기전(태조 이성계의 어진, 즉 초상화를 모신 곳), 사고(실록을 보관함)를 둠, 동학 농민군과 조선 정부가 화약을 맺은 곳

⑩ 광주
- 일제 강점기 : 광주 학생 항일 운동
- 대한민국 : 5·18 민주화 운동

⑪ 완도
통일 신라 : 장보고가 청해진을 설치함

⑫ 제주도
- 고려 : 삼별초 최후의 항전지(항파두성)
- 조선 : 김만덕의 빈민 구제 활동
- 광복 이후 : 제주 4·3 사건

⑬ 진주
- 조선 : 임진왜란 때 진주 대첩(김시민), 진주 농민 봉기(유계춘이 주도함)
- 일제 강점기 : 형평 운동이 시작됨(조선 형평사가 만들어짐)

⑭ 부산
- 조선 : 초량 왜관, 내상의 활동 근거지, 강화도 조약으로 가장 먼저 개항함
- 대한민국 : 6·25 전쟁 당시 임시 수도, 2002년 제14회 아시아 경기 대회가 열림

⑮ 경주
신라 : 신라의 수도, 불국사·황룡사지·석굴암·첨성대 등이 있음

⑯ 대구
- 후삼국 : 후백제와 고려의 공산 전투
- 대한 제국 : 국채 보상 운동이 시작됨

⑰ 안동
- 후삼국 : 후백제와 고려의 고창 전투
- 고려 : 공민왕이 홍건적의 침입 때 피란한 곳
- 조선 : 도산 서원 건립(이황을 기림), 임청각(독립운동가 이상룡의 생가)

⑱ 독도
- 우리나라의 가장 동쪽에 있는 섬
- 신라 : 지증왕 때 이사부가 정복함(우산국)
- 조선 : 숙종 때 안용복이 일본에 건너가 우리 영토임을 확인받고 돌아옴
- 대한 제국 : 칙령 제41호에서 우리 영토임을 분명히 함, 러·일 전쟁 중에 일본이 불법적으로 독도를 시마네현에 편입시킴

⑲ 원산
- 조선 : 강화도 조약으로 개항됨, 원산 학사가 세워짐
- 일제 강점기 : 원산 총파업

1

• 기본 61회 10번

(가) 지역에서 있었던 사실로 옳은 것은? [2점]

고려의 수도였던 (가) 의 문화유산에 대해 찾은 것을 발표해 볼까요?
만월대
성균관
첨성대
공민왕릉
선죽교
만월대는 고려의 궁궐터예요.

① 묘청이 난을 일으켰다.
② 원이 쌍성총관부를 설치하였다.
③ 만적이 신분 해방을 도모하였다.
④ 삼별초가 최후의 항쟁을 전개하였다.

2

• 기본 69회 47번

(가)에 들어갈 지역으로 옳은 것은? [1점]

(가) 여행 홍보를 위한
SNS 인증샷 이벤트

#경기전
#태조 어진

#전라 감영 선화당
#동학 농민군과 정부군의 화약

#전동 성당
#신해박해 순교지

■ 참여 기간 : 2024년 ○○월 ○○~○○월 ○○일
■ 경품 : 비빔밥 2인 식사권
■ 당첨자 발표 : 2024년 ○○월 ○○일
■ 참여 방법 : 여행 사진에 해시태그를 달아 SNS에 올리기

① 경주 ② 순천
③ 전주 ④ 청주

❶ 개성의 역사

정답 찾기

고려의 수도였으며 공민왕릉, 만월대, 선죽교 등이 있다는 내용을 통해 (가) 지역이 개성임을 알 수 있어요. ③ 고려 무신 집권기에 만적은 개경(지금의 개성)에서 신분 해방을 꾀하며 봉기를 계획하였으나 실행하기 전에 들켜 실패하였어요.

오답 피하기

① 고려 인종 때 묘청 등이 지금의 평양인 서경으로 도읍을 옮길 것을 주장하였으나 이루어지지 않자 난을 일으켰어요. 묘청의 난은 김부식이 이끄는 관군에 진압되었어요.
② 원(몽골)은 함경남도 영흥 지역인 화주에 쌍성총관부를 설치하고 철령 이북 지역을 직접 다스렸어요.
④ 삼별초는 고려 정부가 개경으로 돌아가는 것에 반발하여 봉기하였어요. 삼별초는 강화도에서 진도, 진도에서 제주도로 옮겨 가며 고려 정부와 몽골에 끝까지 저항하였어요.

정답 ③

정답 ➡ 219쪽

키워드 한 문장

고려 무신 집권기에 ☆☆ 이
개경(개성)에서 신분 해방을 꾀하며 난을 일으키려고 하였다.

❷ 전주의 역사

정답 찾기

'동학 농민군과 정부군의 화약' 등을 통해 (가)에 들어갈 지역이 ③ 전주임을 알 수 있어요. 전주는 동학 농민 운동 당시 동학 농민군이 조선 정부와 화약을 맺은 곳이에요.

오답 피하기

① 경주는 신라의 도읍이었던 곳으로, 이곳에는 불국사, 석굴암 등 많은 신라의 문화유산이 남아 있어요.
② 고려의 승려 지눌은 지금의 순천에 있는 송광사에서 수선사 결사를 조직하였어요.
④ 고려 말에 청주에 있는 흥덕사에서 "직지심체요절"이 금속 활자로 인쇄되었어요.

정답 ③

정답 ➡ 219쪽

키워드 한 문장

동학 농민 운동 당시 동학 농민군과 조선 정부는
☆☆ 에서 화약을 맺었다.

3

• 기본 67회 49번

(가) 지역에서 있었던 사실로 옳은 것은? [3점]

① 이봉창이 의거를 일으켰다.
② 망이·망소이가 봉기하였다.
③ 장보고가 청해진을 설치하였다.
④ 송상현이 동래성에서 순절하였다.

4

• 기본 66회 44번

(가) 지역에 대한 탐구 활동으로 가장 적절한 것은? [2점]

① 운요호 사건의 과정을 검색한다.
② 삼별초의 최후 항쟁지를 조사한다.
③ 고려 왕릉이 조성된 지역을 찾아본다.
④ 대한 제국 칙령 제41호의 내용을 파악한다.

❸ 부산의 역사

정답 찾기

초량 왜관과 임시 수도 기념관 등을 통해 (가) 지역이 부산임을 알 수 있어요. 조선 시대 부산에는 일본인이 와서 무역할 수 있도록 허가한 왜관이 설치되었어요. 조선 후기에는 부산의 초량에 왜관이 있었어요. 한편, 6·25 전쟁 당시 이승만 정부는 부산을 임시 수도로 정하고 피란하였어요. ④ 송상현은 임진왜란 때 일본군이 부산으로 들어오자 동래성에서 맞서 싸우다 목숨을 잃었어요.

오답 피하기

① 한인 애국단원 이봉창은 일본 도쿄에서 일본 왕이 탄 마차를 향해 폭탄을 던졌어요.
② 고려 무신 집권기에 망이·망소이는 공주 명학소에서 봉기를 일으켰어요.
③ 신라 말에 장보고는 지금의 완도에 군사 기지인 청해진을 설치하여 해적을 몰아내고 해상 무역을 전개하였어요.

정답 ④

정답 ➡ 219쪽

키워드 한 문장

6·25 전쟁 당시 정부는 ☆산을 임시 수도로 삼았다.

❹ 제주의 역사

정답 찾기

'김만덕'과 '4·3 사건' 등을 통해 (가) 지역이 제주임을 알 수 있어요. 조선 후기의 상인 김만덕은 제주에 큰 흉년이 들어 굶어 죽는 사람이 늘어나자 자신의 전 재산을 내어 곡식을 사 와 백성에게 나누어 주었어요. 1948년에는 남한만의 단독 정부 수립에 반대하여 좌익 세력과 일부 주민이 무장봉기한 제주 4·3 사건이 일어났어요. ② 삼별초는 고려 정부가 개경으로 돌아가는 것에 반발하여 봉기하였어요. 삼별초는 강화도에서 진도, 진도에서 제주도로 옮겨 가며 고려 정부와 몽골에 끝까지 저항하였어요.

오답 피하기

① 운요호 사건은 1875년에 강화도 앞바다를 허가 없이 침범한 일본 군함 운요호에 조선군 수비대가 대포를 쏘며 경고하자, 이를 구실로 운요호가 강화도 초지진을 공격하고 일본군이 영종도에 올라와 사람들을 죽인 사건이에요.
③ 고려 왕릉은 당시 도읍인 개경(지금의 개성) 주변에 주로 만들어졌으며, 몽골의 침입을 받아 강화도로 도읍을 옮겼던 시기에 죽은 왕들의 무덤은 강화도에 일부 남아 있어요.
④ 대한 제국 정부는 칙령 제41호를 통해 울릉도를 울도군으로 하고 독도를 관할하도록 하였어요.

정답 ②

정답 ➡ 219쪽

키워드 한 문장

1948년 남한만의 단독 정부 수립에 반대하여
좌익 세력과 일부 주민이 무장봉기한 제주 ☆·☆ 사건이 일어났다.

키워드 한 문장 정답

1. 만적 2. 전주 3. 부 4. 4, 3

역사 속 인물

| 삼국 시대 ~ 남북국 시대

주몽(동명왕) 재위 : 기원전 37~기원전 19 고구려

- 졸본 지역에서 고구려를 세움
- 활을 잘 쏘아 주몽이라고 불림

소수림왕 재위 : 371~384 고구려

- 불교를 수용함
- 교육 기관인 태학을 설립함
- 율령을 반포함

광개토 태왕 재위 : 391~413

- 군대를 보내 신라에 침입한 왜를 물리침 (→ 호우총 청동 그릇)
- 영락이라는 연호를 사용함
- 만주와 요동 지방까지 영토를 넓힘
- 백제를 공격해 한강 이북 지역을 차지함

장수왕 재위 : 413~491

- 평양으로 도읍을 옮김
- 남진 정책을 추진함
- 백제의 한성을 함락함
- 한강 남쪽까지 영토를 넓힘
- 광개토 태왕릉비를 세움

을지문덕

- 고구려를 침략한 수의 장수 우중문에게 시를 보냄
- 살수에서 수의 군대를 크게 물리침(살수 대첩)

연개소문 ?~665 고구려

- 천리장성 축조를 감독함
- 정변을 일으켜 영류왕을 죽이고 보장왕을 왕위에 올림
- 대막리지에 오름

검모잠 ?~670 고구려

- 고연무 등과 고구려 부흥 운동을 전개함
- 안승을 왕으로 세워 당에 맞서 싸움

온조 재위 : 기원전 18~기원후 28 백제

- 고구려 주몽의 아들
- 한강 유역에 정착하여 위례성에서 백제를 세움

근초고왕 재위 : 346~375 백제

- 마한의 여러 세력을 복속시킴
- 고구려의 평양성을 공격함 → 이때 고구려의 고국원왕이 목숨을 잃음
- 중국 남조의 동진 및 왜와 교류함
- 고흥에게 역사서인 "서기"를 펴내게 함

무령왕 재위 : 501~523 백제

- 22담로에 왕족을 보냄
- 중국 남조의 양과 교류함(→ 무령왕릉이 중국 남조의 영향을 받은 벽돌무덤 양식으로 만들어짐)

성왕 재위 : 523~554 백제

- 도읍을 웅진에서 사비로 옮김
- 나라 이름을 남부여로 바꿈
- 신라 진흥왕과 연합하여 한강 하류 지역을 되찾음
- 관산성 전투에서 목숨을 잃음

계백 ?~660 백제

- 5천 명의 백제군을 이끌고 황산벌에서 김유신이 이끄는 신라군에 맞서 싸움(황산벌 전투)

박혁거세 재위 : 기원전 57~기원후 4 신라

- 신라의 첫 번째 왕
- 알에서 태어남 → 알 모양이 박과 같아서 성을 '박'으로 삼았고 세상을 밝힌다는 뜻에서 이름을 '혁거세'라고 함
- 여섯 촌장의 추대로 사로국의 왕이 됨(사로국이 후에 신라로 발전함)

지증왕 재위 : 500~514 신라

- 나라 이름을 신라로 정함
- 임금의 칭호를 마립간에서 왕으로 고침
- 이사부를 보내 우산국을 정벌함
- 동시전(시장 감독 기관)을 설치함

법흥왕 재위 : 514~540 신라

- 이차돈의 순교를 계기로 불교를 공인함
- 건원이라는 연호를 사용함
- 금관가야를 병합하여 영토를 넓힘
- 병부를 설치함
- 율령을 반포함

진흥왕 재위 : 540~576 신라

- 한강 유역을 차지함
- 북한산에 순수비를 세움
- 화랑도를 국가적 조직으로 바꿈
- 대가야를 정복함
- 거칠부에게 "국사"를 펴내게 함
- 황룡사를 세움

김유신 595~673 신라

- 금관가야 마지막 왕의 후손
- 황산벌 전투에서 승리함
- 신라의 삼국 통일에 큰 공을 세움

김춘추 재위 : 654~661 신라

- 고구려에 가서 군사 지원을 요청하였으나 협상이 실패함
- 당과의 군사 동맹을 이루어 냄
- 김유신의 도움을 받아 왕위에 오름 → 태종 무열왕(진골 출신 첫 번째 신라 왕)
- 삼국 통일의 발판을 마련함

김수로왕 재위 : 42~199 가야

- 금빛 상자에 들어 있는 여섯 알 중 가장 먼저 태어났다고 전해짐
- 금관가야를 세움

대조영(고왕) 재위 : 698~719 발해

- 고구려 장수 출신
- 당에 저항하던 고구려 유민과 말갈인을 모아 동모산 부근에서 발해를 세움

역사 속 인물

신문왕 재위 : 681~692 통일신라

- 문무왕의 아들
- 김흠돌의 난을 진압함
- 관리에게 관료전을 지급하고 녹읍을 없앰
- 감은사를 세움, 국학을 설치함
- 중앙군으로 9서당을 설치함
- 지방 행정 조직을 9주 5소경으로 정비함

장보고 ?~846 

- 당으로 건너가 군인으로 활약함
- 신라로 돌아와 청해진을 거점으로 삼아 해적을 몰아냄
- 당, 일본과의 해상 무역을 주도함(→ 해상왕이라고 불림)
- 중국 산둥반도에 법화원을 세움

원효 617~686 통일신라

- '나무아미타불'만 외우면 누구나 극락정토에 갈 수 있다고 주장함
- 모든 진리는 한마음에서 나온다는 일심 사상을 주장함
- '무애가'를 지어 불러 불교 대중화에 힘씀
- "대승기신론소", "십문화쟁론" 등을 지음

의상 625~702 통일신라

- 진골 출신의 신라 승려로, 당에 유학함
- 신라로 돌아온 뒤에 영주 부석사, 양양 낙산사 등 여러 절을 세움
- 관음 신앙을 전파함
- 신라에서 화엄종을 만듦
- '화엄일승법계도'를 남김

설총 통일신라

- 신라의 유학자
- 원효대사의 아들
- 신문왕에게 '화왕계'를 지어 바침
- 한자의 음과 훈을 빌려 우리말을 나타내는 이두를 체계적으로 정리함

최치원 857~? 

- 신라 6두품 출신 유학자
- 당의 빈공과에 합격하여 관직에 오름
- 난을 일으킨 황소에게 항복을 권하는 글을 써서 이름을 날림
- 진성 여왕에게 시무 10여 조를 올림
- "계원필경"을 지음

견훤 재위 : 900~935 후백제

- 상주 가은현에서 태어남
- 완산주에 도읍하여 후백제를 세움
- 공산 전투에서 고려군에 승리함
- 아들 신검에 의해 금산사에 갇힘
- 금산사를 탈출하여 고려에 항복함

궁예 재위 : 901~918 후고구려

- 신라 왕실의 후손으로 알려짐
- 양길의 부하가 되어 세력을 키움
- 송악을 도읍으로 삼아 후고구려를 세움
- 철원으로 도읍을 옮김
- 나라 이름을 태봉으로 바꿈
- 스스로를 미륵불이라 칭함

태조 왕건 재위 : 918~943

- 후삼국을 통일함
- 발해 유민을 받아들임
- 사심관 제도와 기인 제도를 실시함
- 흑창을 설치함
- 훈요 10조를 남김

광종 재위 : 949~975

- 노비안검법을 실시함
- 쌍기의 건의를 받아들여 과거제를 처음으로 실시함
- 광덕, 준풍 등의 연호를 사용함
- 관리의 복색을 정함

성종 재위 : 981~997

- 최승로의 시무 28조를 수용함
- 중앙 정치 조직을 2성 6부로 정비함
- 지방에 12목을 설치하고 지방관을 보냄
- 국자감을 정비함

공민왕 재위 : 1351~1374

- 몽골풍(변발, 호복 등)을 금지함
- 정동행성 이문소를 폐지함
- 기철 등 친원 세력을 제거함
- 쌍성총관부를 공격하여 철령 이북의 땅을 되찾음
- 신돈을 등용하고 전민변정도감을 설치함

최승로 927~989

- 성종에게 시무 28조를 건의함(지방관을 보내고 유교를 나라를 다스리는 기본 사상으로 삼을 것 등을 주장함)

서희 942~998

- 거란의 1차 침입 때 거란 장수 소손녕과 외교 담판을 벌여 강동 6주를 확보함

강감찬 948~1031

- 낙성대에서 태어났다고 전해짐
- 거란의 3차 침입 때 귀주에서 거란군을 물리침(귀주 대첩)
- 개경에 나성을 쌓아 북방 민족의 침입에 대비할 것을 건의함

윤관 ?~1111

- 국왕에게 별무반 설치를 건의함
- 별무반을 이끌고 여진을 정벌한 후 동북 9성을 쌓음

역사 속 인물

김윤후

- 처인성에서 부곡민을 이끌고 몽골군을 물리침, 이때 몽골 장수 살리타가 죽임을 당함
- 충주성에서 공을 세우면 신분에 관계없이 벼슬을 내릴 것이라 하고 노비 문서를 불태워 사기를 높여 몽골군을 물리침

최영 1316~1388

- 홍산에서 왜구를 물리침
- 요동 정벌을 추진함

최무선 1325~1395

- 화통도감 설치를 건의함(→ 화포 등 화약 무기를 만듦)
- 진포 대첩에서 왜구를 물리침

최충 984~1068

- '해동공자'라고도 불림
- 9재 학당(문헌공도)을 세움

김부식 1075~1151

- 묘청의 반란을 진압함
- 왕의 명령을 받아 "삼국사기"를 펴냄

의천 1055~1101

- 대각국사
- 교종을 중심으로 선종을 통합하고자 함
- 교관겸수를 주장함
- 해동 천태종을 만듦
- 화폐를 만들어 사용할 것을 주장함

지눌 1158~1210

- 보조국사
- 정혜쌍수, 돈오점수를 주장함
- 수선사에서 신앙 결사 운동을 전개함

문익점 1329~1398

- 원에서 목화씨를 들여와 목화 재배에 성공함

정몽주 1337~1392 고려

- 호는 포은
- 성균관 대사성을 지냄
- 조선 건국 세력에 맞서 고려 왕조를 지키고자 함
- 선죽교에서 이방원 세력에 의해 죽임을 당하였다고 알려짐

정도전 1342~1398

- 호는 삼봉
- 재상 중심의 정치를 주장함
- 한양 도성을 설계하고 경복궁과 부속 건물의 이름을 지음
- "조선경국전", "불씨잡변" 등을 지음

태조 이성계 재위 : 1392~1398

- 고려 말에 황산에서 왜구를 물리침
- 위화도 회군으로 정권을 잡음
- 조선을 세움
- 한양으로 도읍을 옮김

태종 재위 : 1400~1418

- 왕자의 난을 통해 왕위에 오름
- 6조 직계제를 시행함
- 호패법을 시행함
- 금속 활자인 계미자를 만듦
- 신문고를 처음으로 설치함

세종 재위 : 1418~1450

- 집현전을 설치함, 훈민정음을 만듦
- 4군 6진을 개척함(최윤덕, 김종서)
- 쓰시마섬을 정벌함(이종무)
- "농사직설", "칠정산", "삼강행실도" 등을 펴냄
- 자격루 등의 기구를 만듦(장영실)

세조 재위 : 1455~1468

- 계유정난으로 정권을 잡은 뒤에 왕위에 오름
- 6조 직계제를 실시함, 집현전을 폐지함
- 직전법을 실시함
- 조선의 기본 법전인 "경국대전"을 만들기 시작함

성종 재위 : 1469~1494

- 홍문관을 설치함
- "경국대전"을 완성함
- "국조오례의", "악학궤범", "동국여지승람" 등을 펴냄

조광조 1482~1519

- 현량과의 실시를 건의함
- 소격서의 폐지를 주장함
- 위훈 삭제를 건의함
- 기묘사화로 사약을 받아 목숨을 잃음

이황 1501~1570

- 성균관 대사성을 지냄
- 풍기 군수를 지냄
- 예안 향약을 시행함
- "성학십도" 등을 지음
- 도산 서원에 위패가 모셔져 있음

이이 1536~1584

- 강릉 오죽헌에서 태어남(신사임당의 아들)
- 공납을 쌀로 거두는 수미법을 주장함
- "성학집요", "동호문답", "격몽요결" 등 많은 책을 남김

빈출 특강 역사 속 인물

유성룡 1542~1607

- 일본군의 침입에 대비하여 이순신을 전라 좌수사에 추천함
- 임진왜란 중에 훈련도감의 설치를 건의함
- "징비록" 등을 지음

이순신 1545~1598

- 임진왜란 때 조선 수군을 이끈 장수 → 한산도 대첩에서 학익진 전법을 펼쳐 일본군을 크게 물리침
- 노량 해전에서 죽음을 맞이함
- "난중일기"를 남김

곽재우 1552~1617

- 임진왜란 때 의령에서 의병장으로 활약함
- 홍의 장군이라고 불림

광해군 재위 : 1608~1623

- 명과 후금 사이에서 중립 외교를 펼침
- 대동법을 경기도에서 처음 실시함
- 인조반정으로 왕위에서 쫓겨남

효종 재위 : 1649~1659

- 청을 정벌하자는 북벌을 추진함
- 청의 요청으로 나선 정벌에 조총 부대를 보냄

숙종 재위 : 1674~1720

- 환국을 통해 정치를 운영함
- 백두산정계비를 세움
- 상평통보를 발행함

영조 재위 : 1724~1776

- 탕평책을 실시함
- 탕평비를 세움
- 균역법을 시행함
- "속대전"을 펴냄
- 청계천을 정비함

정조 재위 : 1776~1800

- 탕평책을 추진함
- 장용영을 설치함
- 육의전을 제외한 시전 상인의 금난전권을 없앰(신해통공)
- 초계문신제를 실시함
- 수원 화성을 만듦

송시열 1607~1689

- 호는 우암
- 북벌을 주장함
- 서인이 노론과 서인으로 나뉘자 노론의 우두머리로 노론을 이끎

유형원 1622~1673

- 호는 반계
- 조선 후기 실학자
- 토지 제도 개혁론으로 균전론을 주장함
- "반계수록"을 지음

정약용 1762~1836

- 호는 다산
- 조선 후기 실학자
- 토지 제도 개혁론으로 여전론을 주장함
- "목민심서", "경세유표" 등 많은 책을 남김
- "기기도설"을 참고하여 거중기를 설계함

홍대용 1731~1783

- 호는 담헌
- 조선 후기 실학자이자 과학 사상가
- 지전설과 무한 우주론을 주장함
- 혼천의를 만듦
- "의산문답" 등을 지음

박지원 1737~1805

- 호는 연암
- 조선 후기 실학자
- 연행사를 따라 청에 다녀옴
- 수레와 선박 이용을 강조함
- "열하일기", '양반전', '허생전' 등을 지음

박제가 1750~1805

- 호는 초정
- 조선 후기 실학자
- 청의 문물을 조선에 소개함
- "북학의"를 지음(소비의 중요성을 강조함)

김정희 1786~1856

- 북한산비가 진흥왕 순수비임을 밝힘
- 자신만의 고유한 서체인 추사체를 새롭게 만듦

안용복

- 조선 숙종 때 일본으로 건너가 울릉도와 독도가 조선의 영토임을 확인받고 돌아옴

빈출 특강 역사 속 인물

최익현 1833~1906

- 흥선 대원군이 정치에서 물러나고 고종이 직접 통치할 것을 요구하는 상소를 올림
- 일본과 서양 세력은 같다는 왜양일체론을 주장함
- 을사늑약에 반발하여 태인에서 의병을 일으킴 → 쓰시마섬(대마도)에서 숨을 거둠

강우규 1855~1920

- 대한 국민 노인 동맹단에 참여함
- 지금의 서울역에서 사이토 총독을 향해 폭탄을 던짐

박은식 1859~1925

- 황성신문, 대한매일신보의 책임 편집자
- 신민회에 가입하여 활동함
- "한국통사", "한국독립운동지혈사"를 지음
- 대한민국 임시 정부 제2대 대통령을 맡음

이준 1859~1907

- 신민회에 참여함
- 이상설, 이위종과 함께 헤이그 특사로 파견되었다가 그곳에서 숨을 거둠

윤희순 1860~1935

- 의병 활동을 지원함
- '안사람 의병가' 등 의병가를 만듦
- 일제에 대한 제국의 국권을 빼앗기자 중국으로 건너가 교육 사업을 펼침
- 중국에서 조선 독립단을 조직함

최재형 1860~1920

- 연해주에서 의병 활동을 전개함
- 안중근의 의거를 지원함
- 권업회를 조직하고 권업신문을 펴냄

손병희 1861~1922

- 호는 의암
- 동학의 제3대 교주
- 동학의 이름을 천도교로 바꿈
- 민족 대표 33인 중 한 명으로 3·1 운동에 참여함

헐버트 1863~1949

- 미국인으로 육영 공원 교사가 되어 학생들에게 근대 학문을 가르침
- 세계 지리 교과서인 "사민필지"를 한글로 지음
- 을사늑약 직후 고종의 친서를 미국 정부에 전달함

이승훈 1864~1930

- 신민회 회원으로, 오산 학교와 자기 회사를 세우고 태극 서관을 운영함
- 105인 사건으로 감옥에 갇힘
- 3·1 운동 당시 민족 대표 33인 중 기독교계 대표
- 물산 장려 운동, 민립 대학 설립 운동에 참여함

이회영 1867~1932

- 호는 우당
- 신민회에 가입하여 활동함
- 가족의 전 재산을 정리하여 독립운동을 위해 남만주(서간도) 지역으로 이주함
- 남만주 삼원보에 경학사를 조직하고 신흥 강습소를 설립함

홍범도 1868~1943

- 의병 활동을 전개함
- 대한 독립군을 지휘하여 봉오동 전투를 승리로 이끌고 청산리 전투에서 활약함
- 옛 소련의 강제 이주 정책으로 중앙아시아로 강제 이주됨

이상설 1870~1917

- 을사늑약 반대 상소를 올림
- 북만주(북간도)에서 서전서숙을 세움
- 헤이그 특사로 파견됨
- 연해주에서 권업회를 만듦, 대한 광복군 정부 수립을 이끎 → 정통령을 맡음

양기탁 1871~1938

- 신민회에 참여함
- 영국인 베델과 대한매일신보를 만듦
- 국채 보상 운동을 주도함

남자현 1872~1933

- 독립군의 어머니라고 불림
- 서로 군정서에서 활동함
- 만주에서 여성 운동을 전개함
- 만주에서 일본 대사 암살을 꾀함

이동휘 1873~1935

- 신민회에서 활동함
- 서북 학회를 조직함
- 연해주에서 대한 광복군 정부의 수립을 주도함
- 대한민국 임시 정부 국무총리를 맡음

김구 1876~1949

- 호는 백범
- 한인 애국단을 조직함
- 대한민국 임시 정부의 주석을 맡음
- 광복 이후 신탁 통치 반대 운동을 주도함, 남북 협상에 참여함

주시경 1876~1914

- 호는 한힌샘·한흰메, 별명은 주보따리
- 국문 연구소 위원으로 국문법을 정리함
- 한글을 체계적으로 연구함
- "국어문법", "말의 소리" 등을 지음

신돌석 1878~1908

- 평민 출신 의병장으로 알려짐
- 을사늑약 체결 이후 울진, 평해 일대에서 의병을 일으킴 → 평민 의병장으로 활약함
- 뛰어난 전술을 펼쳐 '태백산 호랑이'라고도 불림

안창호 1878~1938

- 호는 도산
- 신민회의 설립을 주도하고 대성 학교를 세움
- 미국에서 흥사단을 조직함
- 대한민국 임시 정부에 참여함

안중근 1879~1910

- 연해주에서 의병장으로 활약함
- 만주 하얼빈역에서 이토 히로부미를 처단함 → 뤼순 감옥에서 목숨을 잃음
- "동양 평화론"을 지음

역사 속 인물

| 근·현대

한용운 1879~1944

- 호는 만해
- 민족 대표 33인 중 한 명으로 3·1 운동에 참여함
- "조선불교유신론"을 지음
- '님의 침묵', '알 수 없어요' 등의 시와 소설을 남김

신채호 1880~1936

- 호는 단재, 민족주의 역사학자
- "이순신전", "을지문덕전" 등 위인전을 펴냄
- 의열단의 활동 지침이 된 '조선 혁명 선언'을 지음
- '독사신론', "조선사연구초", "조선상고사" 등을 남김

김규식 1881~1950

- 호는 우사
- 신한 청년당 대표로 파리 강화 회의에 감
- 대한민국 임시 정부 부주석을 맡음
- 광복 이후 여운형과 함께 좌우 합작 운동을 주도함, 남북 협상에 참여함

여운형 1886~1947

- 호는 몽양
- 신한 청년당을 조직함
- 대한민국 임시 정부 수립에 참여함
- 조선 건국 동맹을 만들고 광복 직후 이를 바탕으로 조선 건국 준비 위원회를 조직함
- 김규식과 함께 좌우 합작 운동을 주도함

조소앙 1887~1958

- '대동단결 선언'을 발표함
- 한국 독립당을 만듦
- 대한민국 임시 정부 외무부장을 맡음
- 삼균주의를 주장함 → 대한민국 임시 정부 건국 강령의 기초가 됨

이위종 1887~?

- 이상설, 이준과 함께 헤이그 특사로 파견됨
- 헤이그에서 프랑스어로 한국 독립에 대한 협조를 요청하는 연설을 함

정세권 1888~1966

- 부동산 사업가이자 민족 사업가로, 한옥 마을을 만들고, 개량 한옥을 공급함(전통 주거 문화 수호 및 한국인 주거 공간 확보)
- 물산 장려 운동과 신간회 활동에 참여함
- 조선어 학회 회관 기증 등 조선어 학회 활동을 지원함

스코필드 1889~1970

- 세브란스 의학 전문학교의 교수로 한국에 옴
- 3·1 운동 때 제암리 학살 사건의 진실을 외국 언론에 알림
- 외국인으로는 처음으로 국립 서울 현충원에 묻힘

나석주 1892~1926

- 의열단에 가입함
- 조선 식산 은행과 동양 척식 주식회사에 폭탄을 던지는 의거를 일으킴

김원봉 1898~1958

- 의열단을 조직함
- 조선 혁명 간부 학교를 설립함
- 조선 의용대를 만듦
- 조선 의용대의 일부 대원들과 함께 한국 광복군에 합류함 → 이후 부사령관이 됨

방정환 1899~1931

- 천도교 소년회를 만들어 소년 운동을 펼침
- 색동회를 조직함
- '어린이'라는 말을 처음으로 사용함
- '어린이날'을 만들고, 잡지 "어린이"를 펴냄

이봉창 1901~1932

- 한인 애국단에 가입함
- 일본 도쿄에서 일본 왕이 탄 마차를 향해 폭탄을 던지는 의거를 일으킴

강주룡 1901~1931

- 평원 고무 공장의 파업에 참여함
- 평양 을밀대 지붕 위에 올라가 시위를 벌임

이육사 1904~1944

- 본명은 원록
- 대구 형무소에 갇혔던 때의 번호(264번)를 따서 '이육사'라는 호를 지음
- '청포도', '광야' 등의 시를 남긴 저항 시인

전형필 1906~1962

- 일제 강점기에 "훈민정음 해례본" 등 수많은 우리 문화재를 수집하여 보존함
- 우리나라 최초의 사립 박물관인 보화각(지금의 간송 미술관)을 설립함

윤봉길 1908~1932

- 한인 애국단에 가입함
- 중국 상하이 훙커우 공원에서 폭탄을 던지는 의거를 일으켜 일본군 장군과 고위 관리를 처단함

손기정 1912~2002

- 1936년에 베를린 올림픽 마라톤 경기에서 금메달을 땀
- 당시 신문(조선중앙일보, 동아일보)이 손기정의 유니폼에 그려진 일장기를 지운 사진을 실음

윤동주 1917~1945

- '서시', '별 헤는 밤', '쉽게 씌어진 시' 등을 남긴 저항 시인
- 일본 유학 중 독립운동 혐의로 감옥에 갇혀 후쿠오카 형무소에서 숨을 거둠
- 죽은 뒤에 "하늘과 바람과 별과 시"라는 시집이 출판됨

전태일 1948~1970

- 평화 시장 재단사로 일함
- 근로 기준법을 지킬 것을 요구하며 분신 투쟁을 함

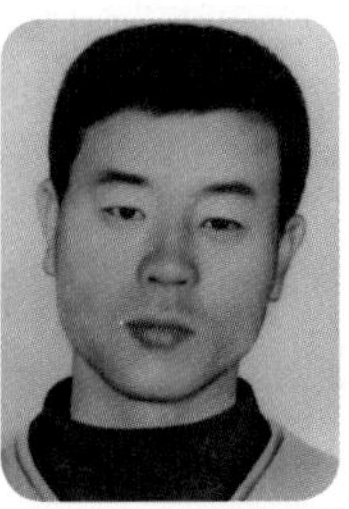

1

• 기본 63회 3번

다음 가상 인터뷰의 주인공으로 옳은 것은? [2점]

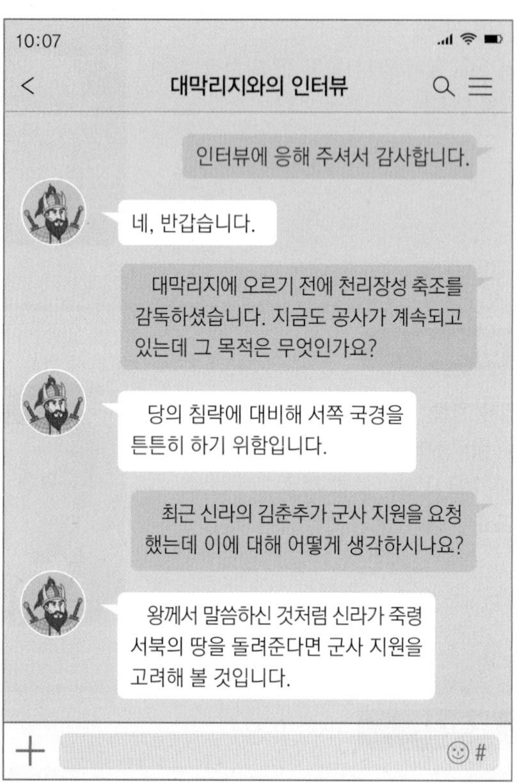

① 김유신 ② 장보고
③ 연개소문 ④ 흑치상지

2

• 기본 67회 15번

밑줄 그은 '나'에 해당하는 인물로 옳은 것은? [2점]

① 안향 ② 김부식
③ 이규보 ④ 정몽주

❶ 연개소문의 활동

정답 찾기

대막리지에 오르기 전에 천리장성 축조를 감독하였다는 내용을 통해 가상 인터뷰의 주인공이 ③ 연개소문임을 알 수 있어요. 고구려는 당의 침입에 대비하기 위해 천리장성을 쌓기로 하고 그 책임자로 연개소문을 세웠어요. 이후 연개소문은 정변을 일으켜 영류왕을 죽이고 보장왕을 새 왕으로 삼았으며, 스스로 대막리지가 되었어요.

오답 피하기

① 김유신은 신라군을 이끌고 황산벌 전투에서 승리하였으며, 김춘추가 왕위에 오르는 것을 도왔어요.
② 신라 말에 장보고는 지금의 완도에 청해진을 설치하여 해적을 몰아낸 뒤 당, 일본과의 해상 무역을 이끌었어요.
④ 흑치상지는 백제가 멸망한 뒤 부흥 운동을 펼쳤어요.

정답 ③

정답 ➡ 235쪽

키워드 한 문장

연☆☆☆은 정변을 일으켜 영류왕을 제거하고 보장왕을 왕위에 올렸다.

❷ 안향의 활동

정답 찾기

고려 후기의 문신으로 성리학 도입과 후학 양성에 힘썼다는 내용을 통해 밑줄 그은 '나'가 ① 안향임을 알 수 있어요. 고려 말에 안향이 원으로부터 성리학을 들여왔다고 알려져 있어요.

오답 피하기

② 김부식은 고려 인종 때 관군을 이끌고 묘청의 난을 진압하였으며, 왕명을 받아 "삼국사기"를 만들었어요.
③ 이규보는 고려 후기에 고구려를 세운 동명왕(주몽)에 관한 이야기를 담은 '동명왕편'을 지었어요.
④ 정몽주는 고려 말의 신진 사대부로, 고려를 유지한 채 개혁할 것을 주장하여 새로운 나라를 세우고자 한 이방원 세력에 목숨을 잃었어요.

정답 ①

정답 ➡ 235쪽

키워드 한 문장

고려 말 안☆은 고려에 성리학을 들여왔다.

3

• 기본 69회 22번

(가)에 들어갈 인물로 옳은 것은? [1점]

이곳은 신사임당과 그의 아들 (가) 이/가 살았던 오죽헌입니다. 신사임당은 시와 그림에 뛰어나 많은 작품을 남겼으며, (가) 은/는 조선의 대표적인 유학자로 동호문답, 성학집요 등을 저술하였습니다.

① 이이 ② 조식
③ 송시열 ④ 홍대용

4

• 기본 63회 27번

밑줄 그은 '이 인물'에 대한 설명으로 옳은 것은? [2점]

조선 후기 북학파 실학자인 이 인물에 대해 알려 주세요.
이 인물은 유학, 서양 과학 등 여러 학문을 융합하여 독창적 사상을 정립하였습니다. 그가 저술한 의산문답에는 무한 우주론에 대한 설명과 함께, 중국 중심 세계관에 대한 비판적 인식이 잘 드러나 있습니다.

① 추사체를 창안하였다.
② 지전설을 주장하였다.
③ 사상 의학을 정립하였다.
④ 대동여지도를 제작하였다.

❸ 이이의 활동

정답 찾기

신사임당의 아들이며 "동호문답", "성학집요" 등을 저술하였다는 내용을 통해 (가)에 들어갈 인물이 ① 이이임을 알 수 있어요. 이이는 성리학 가운데 왕이 알아야 할 것을 정리한 "성학집요"를 지어 조선 선조에게 바쳤어요.

오답 피하기

② 조식은 조선 전기의 유학자예요. 조식의 가르침은 곽재우 등의 제자에게 영향을 주었어요.
③ 병자호란을 겪은 후 청에 대한 복수심이 높아지면서 송시열은 조선 효종과 함께 북벌을 주장하였어요.
④ 홍대용은 조선 후기의 실학자로, 지전설과 무한 우주론을 주장하고 "의산문답"을 지었어요.

정답 ①

정답 ➡ 235쪽

키워드 한 문장

이☆☆는 "성학집요", "동호문답" 등을 저술하였다.

❹ 홍대용의 활동

정답 찾기

무한 우주론에 대한 설명이 담긴 "의산문답"을 저술하였다는 내용 등을 통해 밑줄 그은 '이 인물'이 홍대용임을 알 수 있어요. 홍대용은 조선 후기의 과학 사상가이자 실학자로, "의산문답"을 지었어요. ② 홍대용은 "의산문답"에서 지구가 하루에 한 번씩 돌아 낮과 밤이 나타난다는 지전설과 우주는 무한히 펼쳐져 있다는 무한 우주론을 주장하였어요.

오답 피하기

① 김정희는 자신만의 고유한 서체인 추사체를 만들었어요.
③ 이제마는 같은 병이라도 사람의 체질에 맞게 처방해야 한다는 사상 의학을 주장하였어요.
④ 김정호는 우리나라 전국 지도인 대동여지도를 제작하였어요.

정답 ②

정답 ➡ 235쪽

키워드 한 문장

홍☆☆은 지전설과 무한 우주론을 주장하였다.

5

• 기본 67회 28번

다음 가상 인터뷰에 등장하는 인물로 옳은 것은? [2점]

북한산비가 진흥왕 순수비임을 고증하셨다지요. 또 어떤 활동을 하셨나요?
금석학을 연구하여 독창적인 서체를 만들었고, 제주도에서 유배 생활을 할 때 세한도를 그렸지요.

① 김정희 ② 박지원
③ 송시열 ④ 유득공

❺ 김정희의 활동

정답 찾기

북한산비가 진흥왕 순수비임을 고증하였다는 내용 등을 통해 가상 인터뷰에 등장하는 인물이 ① 김정희임을 알 수 있어요. 김정희는 북한산비가 신라 진흥왕 순수비임을 밝혔으며, 자신만의 고유한 서체인 추사체를 만들었어요.

오답 피하기

② 박지원은 청에 가는 사절단을 따라 청에 다녀와 그곳에서 보고 들은 것을 기록하여 "열하일기"를 지었어요. 또 '양반전', '허생전' 등의 한문 소설을 지어 양반을 비롯한 당시 집권층의 무능함을 비판하였어요.
③ 병자호란을 겪은 후 청에 대한 복수심이 높아지면서 송시열은 조선 효종과 함께 북벌을 주장하였어요.
④ 유득공은 "발해고"를 지었으며, 이 책에서 처음으로 신라와 발해를 가리켜 '남북국'이라는 말을 사용했어요.

정답 ①

정답 ➡ 235쪽

키워드 한 문장

김정희는 북한산비가 신라 진흥왕 ☆☆ 비임을 밝혔다.

6

• 기본 66회 32번

(가)에 해당하는 인물로 옳은 것은? [1점]

□□신문

제△△호 ○○○○년 ○○월 ○○일

(가) , 쓰시마섬에서 순국하다

을사늑약 체결에 저항하여 태인에서 의병을 일으켰던 (가) 이/가 오늘 절명하였다. 그는 관군이 진압하러 오자 같은 동포끼리는 서로 죽일 수 없다며 전투를 중단하고 체포되었다. 서울로 압송된 뒤 쓰시마섬에 끌려가 최후를 맞이하였다.

① 
신돌석

② 
최익현

③ 
안중근

④ 
홍범도

❻ 최익현의 활동

정답 찾기

을사늑약 체결에 저항하여 태인에서 의병을 일으켰다는 내용을 통해 (가)에 해당하는 인물이 ② 최익현임을 알 수 있어요.

오답 피하기

① 평민 출신 의병장으로 알려진 신돌석은 을사늑약 체결 이후 울진, 평해 일대에서 의병을 일으켰어요.
③ 안중근은 1909년 만주 하얼빈에서 을사늑약 체결을 강요한 이토 히로부미를 처단하였어요.
④ 홍범도는 대한 독립군을 이끌고 봉오동 전투에서 일본군에 승리를 거두었어요.

정답 ②

정답 ➡ 235쪽

키워드 한 문장

최익현은 ☆☆ 늑약이 체결되자 태인에서 의병을 일으켰다.

7

• 기본 64회 37번

(가)에 들어갈 내용으로 옳은 것은? [2점]

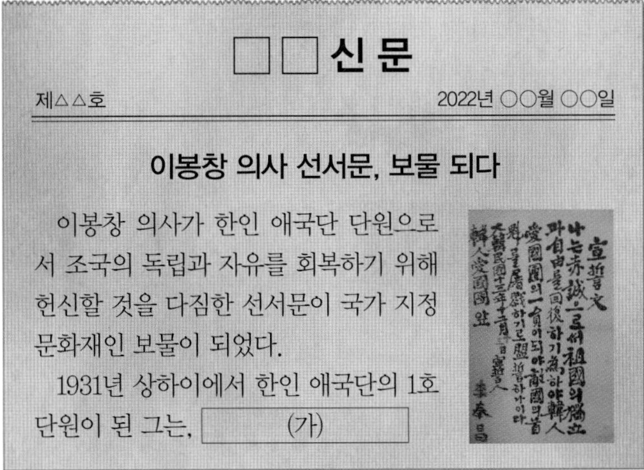

□□신문

제△△호 2022년 ○○월 ○○일

이봉창 의사 선서문, 보물 되다

이봉창 의사가 한인 애국단 단원으로서 조국의 독립과 자유를 회복하기 위해 헌신할 것을 다짐한 선서문이 국가 지정 문화재인 보물이 되었다.

1931년 상하이에서 한인 애국단의 1호 단원이 된 그는, (가)

① 도쿄에서 일왕을 향해 폭탄을 투척하였다.
② 훙커우 공원에서 일본군 장성 등을 살상하였다.
③ 명동 성당 앞에서 이완용을 습격하여 중상을 입혔다.
④ 샌프란시스코에서 친일 인사인 스티븐스를 사살하였다.

❼ 이봉창의 활동

정답 찾기

(가)에는 이봉창의 활동이 들어가야 합니다. ① 한인 애국단원 이봉창은 일본 도쿄에서 일본 왕이 탄 마차를 향해 폭탄을 던졌어요.

오답 피하기

② 한인 애국단에 들어간 윤봉길은 중국 상하이 훙커우 공원에서 열린 일본군 전승 기념식장에 폭탄을 던져 일본군 장성과 고위 관리를 처단하였어요.
③ 이재명은 명동 성당 앞에서 이완용을 공격하여 큰 상처를 입혔어요.
④ 전명운과 장인환은 미국 샌프란시스코에서 대한 제국의 외교 고문이었던 친일 미국인 스티븐스를 처단하였어요.

정답 ①

정답 ➡ 235쪽

키워드 한 문장

한인 애국단원 이 ☆☆ 은
일본 도쿄에서 일본 왕을 향해 폭탄을 던지는 의거를 일으켰다.

8

• 기본 69회 36번

다음 퀴즈의 정답으로 옳은 것은? [2점]

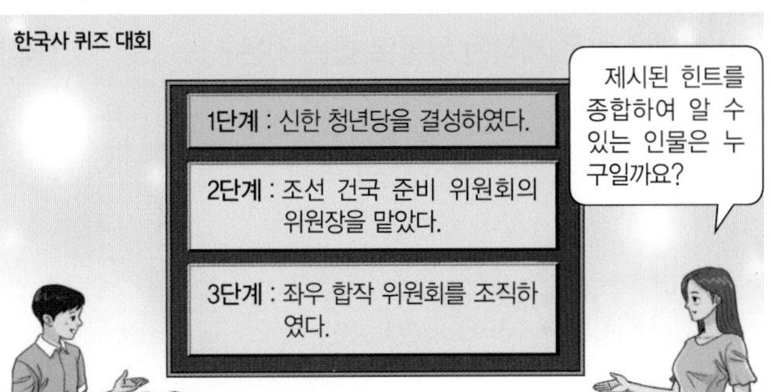

한국사 퀴즈 대회
1단계 : 신한 청년당을 결성하였다.
2단계 : 조선 건국 준비 위원회의 위원장을 맡았다.
3단계 : 좌우 합작 위원회를 조직하였다.
제시된 힌트를 종합하여 알 수 있는 인물은 누구일까요?

① 김규식 ② 여운형
③ 윤봉길 ④ 이승만

❽ 여운형의 활동

정답 찾기

조선 건국 준비 위원회의 위원장을 맡았으며 좌우 합작 위원회를 조직하였다는 내용 등을 통해 퀴즈의 정답이 ② 여운형임을 알 수 있어요. 여운형은 광복 직후 조선 건국 동맹을 바탕으로 조선 건국 준비 위원회를 만들고 위원장을 맡았어요. 또 대한민국 정부 수립 과정에서 단독 정부 수립에 반대하고 통일 정부 수립을 위해 좌우 합작 위원회를 만들었어요.

오답 피하기

① 김규식은 여운형과 함께 좌우 합작 운동을 이끌었으며, 이후 김구와 함께 남한만의 단독 선거에 반대하여 남북 협상을 추진하였어요.
③ 한인 애국단원 윤봉길은 중국 상하이 훙커우 공원에서 열린 일본군 전승 기념식장에 폭탄을 던져 일본군 장성과 고위 관리를 처단하였어요.
④ 대한민국 임시 정부의 첫 번째 대통령이었던 이승만은 대한민국 정부의 첫 번째 대통령으로 뽑혔어요. 헌법을 고쳐 두 번 더 대통령이 된 이승만은 결국 4·19 혁명으로 대통령 자리에서 물러났어요.

정답 ②

정답 ➡ 235쪽

키워드 한 문장

여 ☆☆ 은 조선 건국 동맹을 바탕으로
조선 건국 준비 위원회를 만들었다.

키워드 한 문장 정답

1. 개소문 2. 향 3. 이 4. 대용 5. 순수 6. 을사 7. 봉창 8. 운형

한국사능력검정시험 기본

기출 모의고사

1
• 기본 50회 1번

(가) 시대에 처음 제작된 유물로 옳은 것은? [1점]

① 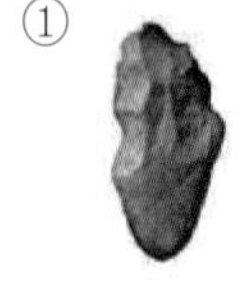 ② 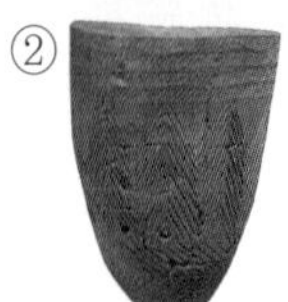 ③ 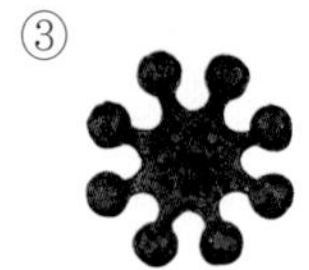 ④ 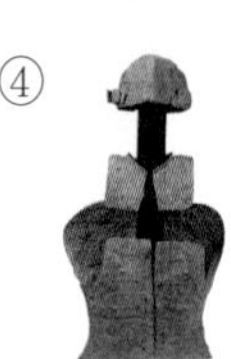

2
• 기본 63회 2번

(가) 나라에 대한 설명으로 옳은 것은? [2점]

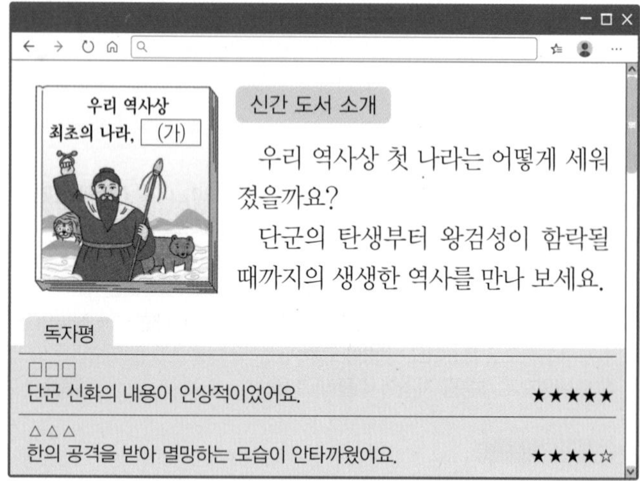

우리 역사상 최초의 나라, (가)
신간 도서 소개
우리 역사상 첫 나라는 어떻게 세워졌을까요?
단군의 탄생부터 왕검성이 함락될 때까지의 생생한 역사를 만나 보세요.
독자평
□□□
단군 신화의 내용이 인상적이었어요. ★★★★★
△△△
한의 공격을 받아 멸망하는 모습이 안타까웠어요. ★★★★☆

① 범금 8조가 있었다.
② 책화라는 풍습이 있었다.
③ 낙랑군과 왜에 철을 수출하였다.
④ 제가 회의에서 나라의 중요한 일을 결정하였다.

3
• 기본 51회 2번

교사의 질문에 대한 학생의 답변으로 옳은 것은? [2점]

이것은 무용총에 그려진 수렵도입니다. 이 문화유산을 남긴 국가에 대해 말해 볼까요?

① 22담로에 왕족을 파견했어요.
② 한의 침략을 받아 멸망했어요.
③ 신지, 읍차 등의 지배자가 있었어요.
④ 빈민 구제를 위해 진대법을 실시했어요.

4
• 기본 47회 4번

다음 가상 인터뷰에 등장하는 왕으로 옳은 것은? [2점]

이차돈의 순교를 계기로 불교를 공인하셨습니다. 이후 어떠한 일들을 하셨나요?
금관가야를 병합하여 영토를 넓혔습니다.

① 성왕 ② 법흥왕
③ 지증왕 ④ 근초고왕

5

• 기본 55회 5번

(가) 국가에 대한 설명으로 옳은 것은? [2점]

① 노비안검법을 실시하였다.
② 지방에 22담로를 설치하였다.
③ 화백 회의에서 국가의 중대사를 결정하였다.
④ 여러 가(加)들이 별도로 사출도를 주관하였다.

6

• 기본 54회 6번

(가) 나라에 대한 탐구 활동으로 가장 적절한 것은? [3점]

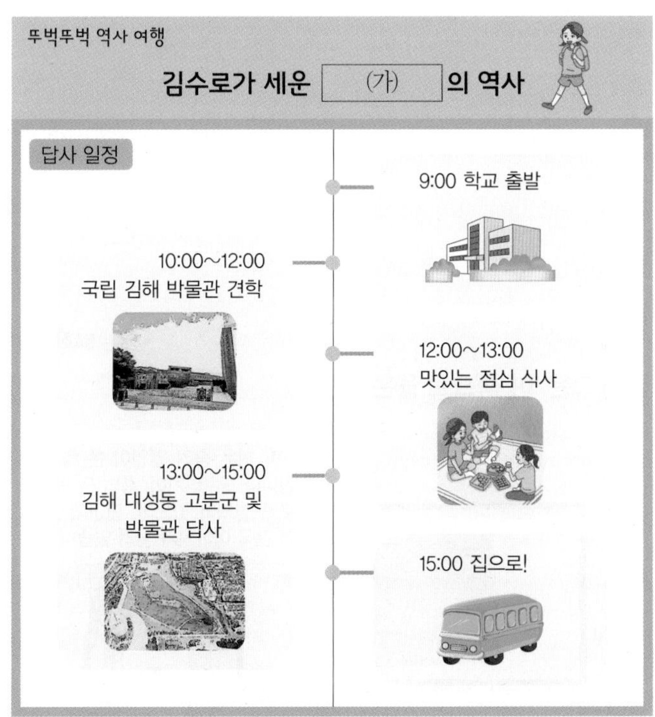

① 사비로 천도한 이유를 파악한다.
② 우산국을 복속한 과정을 살펴본다.
③ 청해진을 설치한 목적을 조사한다.
④ 구지가가 나오는 건국 신화를 분석한다.

7

• 기본 51회 4번

(가)에 들어갈 문화유산으로 옳은 것은? [3점]

문화유산 카드

(가)

• 종목 : 국보 제21호
• 소재지 : 경상북도 경주시
• 소개
2층 기단 위에 3층의 탑신을 세우고, 그 위에 상륜부를 조성한 통일 신라의 전형적인 석탑 양식을 보여 줌. 도굴로 손상된 탑을 보수하던 중 내부에서 무구정광대다라니경이 발견됨

①

화엄사 사사자 삼층 석탑

② 정림사지 오층 석탑

③

감은사지 삼층 석탑

④

불국사 삼층 석탑

8

• 기본 54회 9번

밑줄 그은 '국가'에 대한 설명으로 옳은 것은? [1점]

① 수의 침략을 물리쳤다.
② 기인 제도를 실시하였다.
③ 독서삼품과를 시행하였다.
④ 해동성국이라고도 불렸다.

9

• 기본 54회 8번

다음 책에 포함될 내용으로 가장 적절한 것은? [2점]

저물어 가는 신라

신간 도서 소개

혜공왕 이후 흔들리는 신라의 역사를 생생하게 다루고 있는 책입니다.

○○ 출판사 / 186쪽 / 초등 고학년

① 갑신정변 ② 위화도 회군
③ 김헌창의 난 ④ 연개소문의 집권

10

• 기본 47회 10번

다음 가상 영화에서 볼 수 있는 장면으로 적절하지 않은 것은? [2점]

6월 영화 상영작 안내

후삼국을 통일하라!

①

물리치는 최무선

②

왕위에서 쫓겨나는

③

고려에 항복하는

④

패배하는 신검

11

• 기본 49회 11번

(가), (나)에 들어갈 내용을 옳게 연결한 것은? [3점]

오늘은 왕조의 기틀을 다진 두 분의 왕을 모셨습니다. 즉위 후 어떤 일을 하셨나요?

홀로그램으로 만나는 역사 인물

	(가)	(나)
①	녹읍	과거제
②	정방	전시과
③	소격서	직전법
④	금난전권	호포제

12

• 기본 54회 11번

밑줄 그은 '이 책'으로 옳은 것은? [1점]

이 책은 승려 일연이 쓴 역사서입니다. 왕력, 기이, 흥법 등 9편으로 구성되어 있으며, 단군의 고조선 건국 이야기가 실려 있습니다.

① 발해고 ② 동국통감
③ 동사강목 ④ 삼국유사

13

• 기본 52회 14번

(가) 국가의 경제 상황으로 옳은 것은? [2점]

화면 속의 청동 거울은 (가) 시대에 제작된 것으로, 여기에 새겨진 배를 통해 당시 국제 무역이 활발하게 이루어졌음을 짐작할 수 있습니다. 송을 비롯한 여러 나라 상인들은 예성강 하구의 벽란도를 드나들면서 무역을 하였습니다.
종료

① 고구마, 감자 등이 재배되었다.
② 모내기법이 전국적으로 확산되었다.
③ 만상, 내상 등이 활발하게 활동하였다.
④ 활구라고 불린 은병이 화폐로 사용되었다.

14

• 기본 58회 10번

(가)에 들어갈 문화유산으로 옳은 것은? [3점]

경상북도 영주에 있는 고려 시대 건축물인 이 문화유산에 대해 말해 볼까요?

건물 내부에 아미타불이 모셔져 있어요.

① 금산사 미륵전
② 법주사 팔상전
③ 화엄사 각황전
④ 부석사 무량수전

15

• 기본 50회 11번

밑줄 그은 '왕'의 업적으로 옳은 것은? [2점]

이 그림은 고려 제31대 왕과 왕비의 초상화야.
이 왕은 정동행성 이문소를 폐지하는 등 원의 간섭을 물리치기 위해 많은 노력을 했어.

① 교정도감을 설치하였다.
② 천리장성을 축조하였다.
③ 쓰시마섬을 정벌하였다.
④ 쌍성총관부를 공격하였다.

16

• 기본 50회 16번

(가)에 해당하는 문화유산으로 옳은 것은? [1점]

이달의 뮤지컬
등불처럼 불꽃처럼

조선 왕실의 행사를 기록한 외규장각 의궤의
국내 반환을 위해 애쓴 그녀!
박병선 박사의 꿈과 열정이
춤과 노래로 펼쳐집니다.
■ 일시 : 2020년 ○○월 ○○일 오후 7시
■ 장소 : ◇◇ 문화 센터 대강당

①

신증동국여지승람

②

직지심체요절

③ 왕오천축국전

④ 무구정광대다라니경

17

• 기본 48회 12번

(가)에 들어갈 문화유산으로 옳은 것은? [2점]

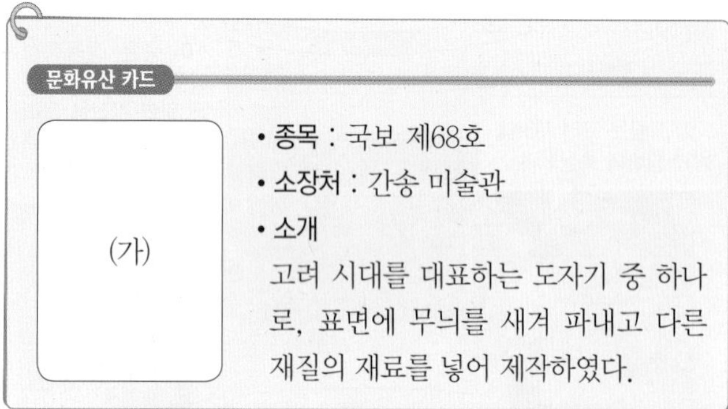

①

분청사기 철화 어문 항아리

②

백자 철화 끈무늬 병

③

청자 상감 운학문 매병

④

청자 참외 모양 병

18

• 기본 61회 18번

(가)에 들어갈 인물로 옳은 것은? [2점]

이곳은 고려 말 홍산에서 왜구의 침입을 격퇴하는 데 큰 공을 세운 (가) 의 무덤이란다. 그는 우왕 때 요동 정벌을 추진했으나, 이성계의 위화도 회군으로 뜻을 이루지 못하였단다.

① 양규 ② 최영
③ 이종무 ④ 정몽주

19

• 기본 58회 19번

밑줄 그은 '왕'의 업적으로 옳은 것은? [2점]

이성계의 아들로 태어나 두 차례의 왕자의 난 이후 왕위에 올랐어.

이곳은 헌릉으로 조선 3대 왕이 왕비와 함께 묻힌 곳이야.

6조 직계제를 실시하는 등 왕권 강화에 힘썼지.

① 탕평비를 건립하였다.
② 현량과를 실시하였다.
③ 호패법을 시행하였다.
④ 훈민정음을 창제하였다.

20

• 기본 60회 19번

(가)에 들어갈 내용으로 옳은 것은? [2점]

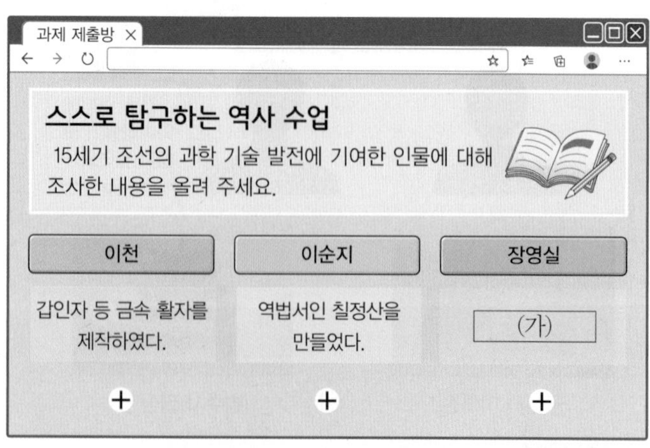

① 거중기를 설계하였다.
② 자격루를 제작하였다.
③ 대동여지도를 만들었다.
④ 동의보감을 완성하였다.

21

• 기본 64회 21번

(가) 전쟁에 대한 설명으로 옳지 않은 것은? [3점]

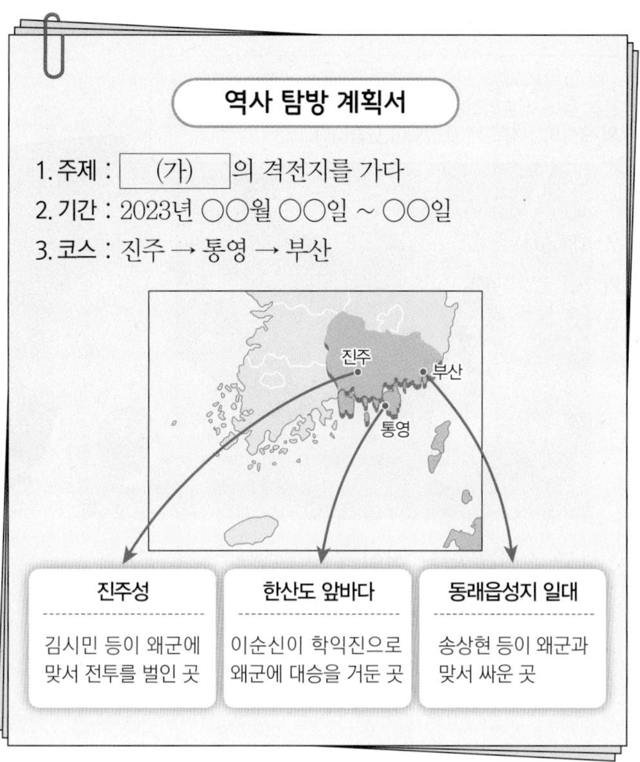

역사 탐방 계획서
1. 주제 : (가) 의 격전지를 가다
2. 기간 : 2023년 ○○월 ○○일 ~ ○○일
3. 코스 : 진주 → 통영 → 부산

김시민 등이 왜군에 맞서 전투를 벌인 곳

이순신이 학익진으로 왜군에 대승을 거둔 곳

송상현 등이 왜군과 맞서 싸운 곳

① 조헌이 금산에서 의병을 이끌었다.
② 임경업이 백마산성에서 항전하였다.
③ 곽재우가 의병을 일으켜 정암진에서 싸웠다.
④ 신립이 탄금대에서 배수의 진을 치고 전투를 벌였다.

22

• 기본 51회 19번

교사의 질문에 대한 학생의 답변으로 옳지 않은 것은? [2점]

조선 시대의 교육 기관에 대해 말해 볼까요?
① 책을 읽고 활쏘기를 익히는 경당이 있었어요.
② 서울의 4부 학당에서는 중등 교육을 담당했어요.
③ 최고 교육 기관으로 성균관이 있었어요.
④ 사림이 세운 서원이 있었어요.

23

• 기본 55회 23번

(가)에 들어갈 세시 풍속으로 옳은 것은? [1점]

우리나라의 큰 명절인 음력 8월 15일 (가) 을/를 맞이하여 특별한 요리를 준비하셨다고요?
네, 이 명절에는 햅쌀로 송편을 빚어 차례를 지내고 성묘하잖아요. 오늘은 송편을 맛있게 만드는 비법을 알려 드릴게요.
오늘의 요리

① 단오　　② 추석
③ 한식　　④ 정월 대보름

24

• 기본 50회 23번

다음 퀴즈의 정답으로 옳은 것은? [2점]

한국사 골든벨
제시된 단계별 힌트를 통해 알 수 있는 제도는 무엇일까요?
1단계 선혜청에서 주관

① 과전법　　② 균역법
③ 대동법　　④ 영정법

25

• 기본 47회 24번

밑줄 그은 '왕'의 정책으로 옳은 것은? [2점]

조선 제22대 왕이 아버지 사도 세자의 묘를 참배하러 가기 위해 만든 만안교입니다. 그 옆에는 다리를 조성한 과정이 기록된 비석이 있습니다.
증강 현실로 만난 역사

① 장용영을 창설하였다.
② 집현전을 설치하였다.
③ 척화비를 건립하였다.
④ 경국대전을 반포하였다.

26

• 기본 55회 26번

(가)에 들어갈 인물로 옳은 것은? [2점]

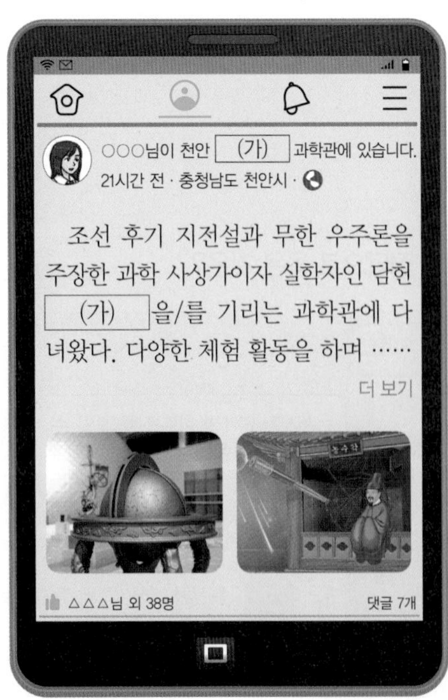

○○○님이 천안 (가) 과학관에 있습니다.
21시간 전 · 충청남도 천안시 ·
조선 후기 지전설과 무한 우주론을 주장한 과학 사상가이자 실학자인 담헌 (가) 을/를 기리는 과학관에 다녀왔다. 다양한 체험 활동을 하며 ……

△△△님 외 38명

① 박제가 ② 이순지
③ 장영실 ④ 홍대용

27

• 기본 54회 24번

밑줄 그은 '이 그림'이 그려진 시기에 볼 수 있는 모습으로 적절하지 않은 것은? [2점]

이 그림은 서당의 모습을 그린 김홍도의 풍속화입니다. 훈장 앞에서 훌쩍이는 학생과 이를 바라보는 다른 학생들의 모습이 생생하게 표현되어 있습니다.

① 한글 소설을 읽는 여인
② 청화 백자를 만드는 도공
③ 판소리 공연을 하는 소리꾼
④ 초조대장경을 제작하는 장인

28

• 기본 49회 24번

밑줄 그은 '봉기' 이후 정부의 대책으로 옳은 것은? [2점]

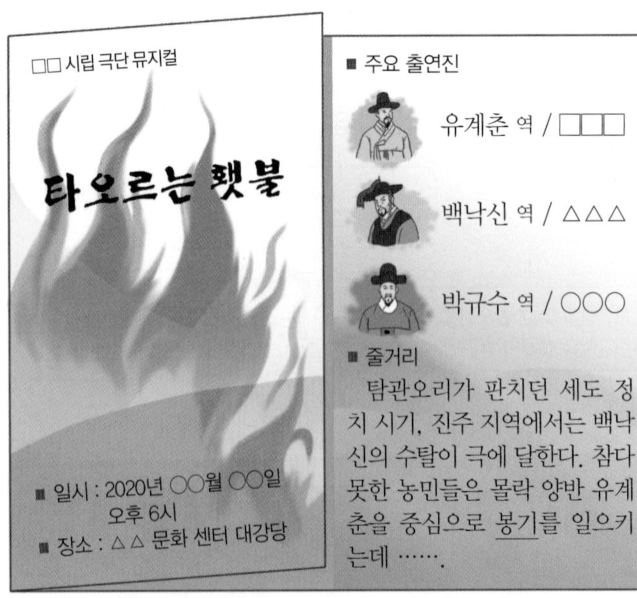

□□ 시립 극단 뮤지컬

■ 일시 : 2020년 ○○월 ○○일 오후 6시
■ 장소 : △△ 문화 센터 대강당
■ 주요 출연진

탐관오리가 판치던 세도 정치 시기, 진주 지역에서는 백낙신의 수탈이 극에 달한다. 참다못한 농민들은 몰락 양반 유계춘을 중심으로 봉기를 일으키는데 …….

① 흑창을 두었다.
② 신해통공을 실시하였다.
③ 삼정이정청을 설치하였다.
④ 전민변정도감을 운영하였다.

29

• 기본 55회 29번

(가) 시기에 있었던 사실로 옳은 것은? [3점]

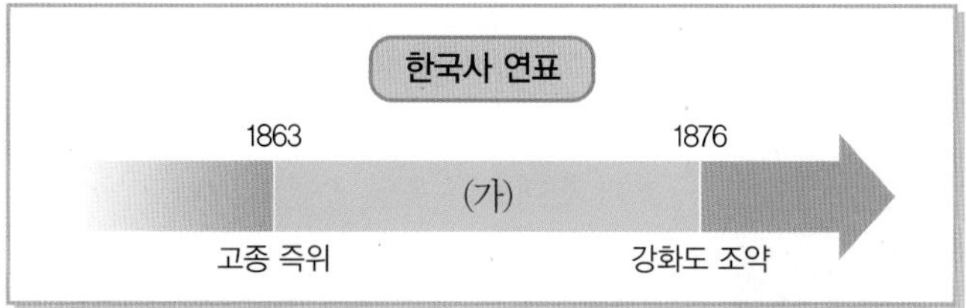

① 
신미양요

② 보빙사 파견

③ 
황룡촌 전투

④ 
만민 공동회 개최

30

• 기본 55회 30번

(가)에 들어갈 사건으로 옳은 것은? [1점]

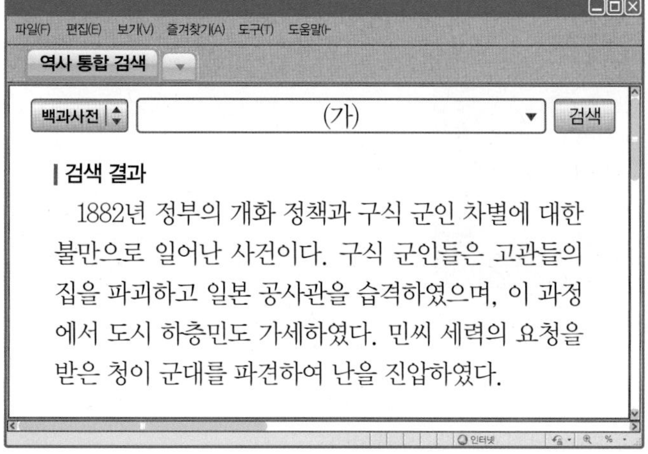

| 검색 결과

1882년 정부의 개화 정책과 구식 군인 차별에 대한 불만으로 일어난 사건이다. 구식 군인들은 고관들의 집을 파괴하고 일본 공사관을 습격하였으며, 이 과정에서 도시 하층민도 가세하였다. 민씨 세력의 요청을 받은 청이 군대를 파견하여 난을 진압하였다.

① 임오군란　② 삼국 간섭
③ 거문도 사건　④ 임술 농민 봉기

31

• 기본 58회 32번

밑줄 그은 '단체'로 옳은 것은? [2점]

학술 발표회

우리 학회에서는 제국주의 열강의 침략으로부터 주권을 수호하고자 서재필의 주도로 창립된 <u>단체</u>의 의의와 한계를 조명하고자 합니다. 많은 관심과 참여를 바랍니다.

◐ 발표 주제 ◑

• 민중 계몽을 위한 강연회와 토론회 개최 이유
• 만민 공동회를 통한 자주 국권 운동 전개 과정
• 관민 공동회 개최와 헌의 6조 결의의 역사적 의미

■ 일시 : 2022년 4월 ○○일 13:00~18:00
■ 장소 : △△ 문화원 소강당

① 보안회　② 신민회
③ 독립 협회　④ 대한 자강회

32

• 기본 50회 32번

(가)에 들어갈 내용으로 옳은 것은? [3점]

① 근우회의 후원으로 확산되었어요.
② 조선 총독부의 방해로 실패했어요.
③ 김홍집 등이 중심이 되어 활동했어요.
④ 대한매일신보 등 언론의 지원을 받았어요.

33

• 기본 63회 32번

(가)에 들어갈 내용으로 옳은 것은? [2점]

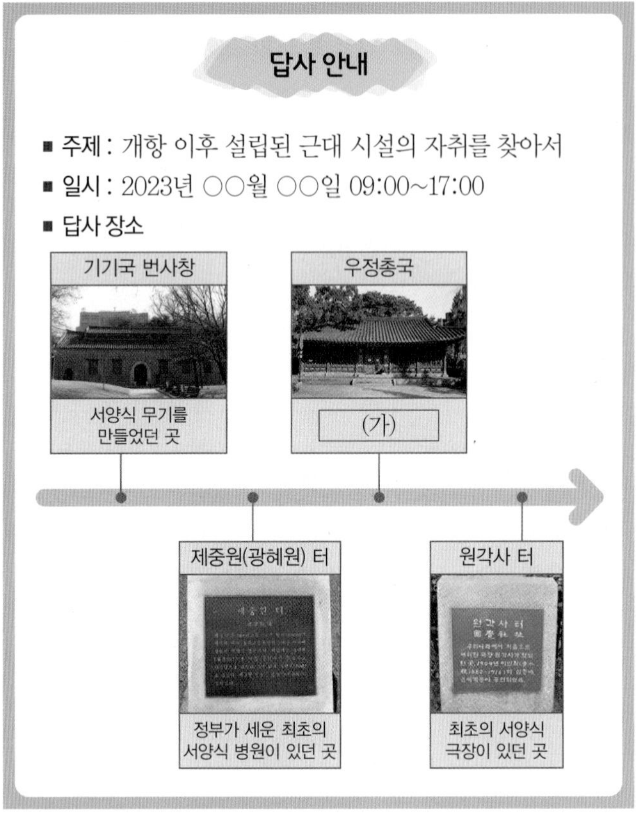

① 나운규의 아리랑이 개봉되었던 곳
② 근대적 우편 업무를 담당하였던 곳
③ 순 한문 신문인 한성순보가 발간되었던 곳
④ 헐버트를 교사로 초빙해 근대 학문을 가르쳤던 곳

34

• 기본 64회 33번

(가)에 들어갈 인물로 옳은 것은? [2점]

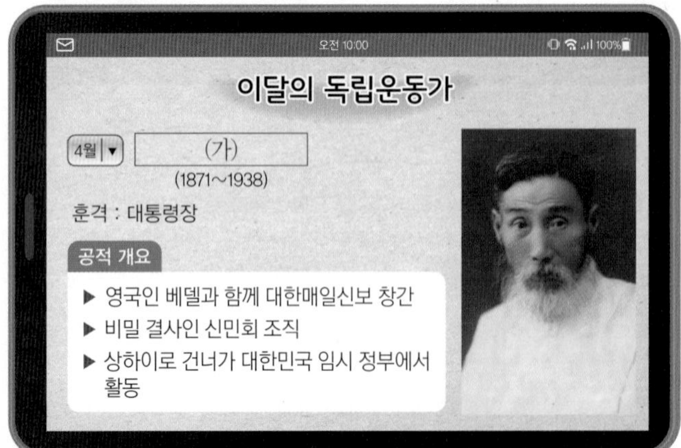

① 김원봉 ② 나석주
③ 신익희 ④ 양기탁

35

• 기본 47회 35번

(가) 조약의 내용으로 옳은 것은? [2점]

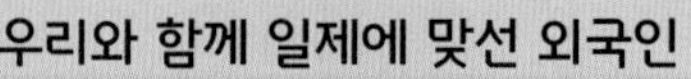

호머 헐버트는 육영 공원의 교사로 초빙되어 우리나라와 처음 인연을 맺었다. 그는 1905년 일제에 의해 (가) 이/가 강제로 체결되자, 그 부당성을 알리기 위해 파견된 헤이그 특사의 활동을 지원하였다.

① 외교권 박탈
② 천주교 포교 허용
③ 화폐 정리 사업 실시
④ 대한 제국 군대 해산

36

• 기본 48회 38번

(가) 인물에 대한 설명으로 옳은 것은? [3점]

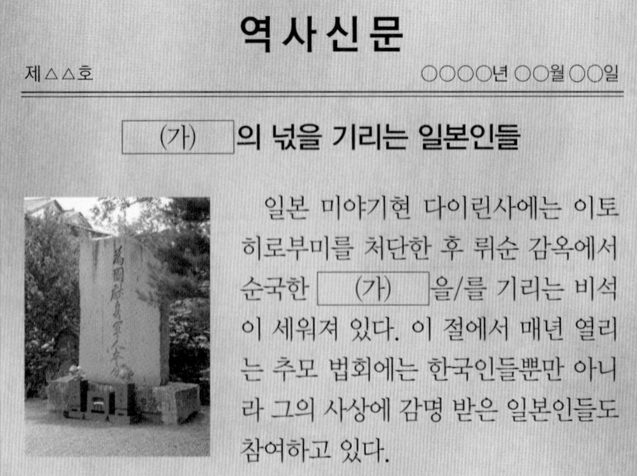

역사신문

제△△호 ○○○○년 ○○월 ○○일

(가) 의 넋을 기리는 일본인들

일본 미야기현 다이린사에는 이토 히로부미를 처단한 후 뤼순 감옥에서 순국한 (가) 을/를 기리는 비석이 세워져 있다. 이 절에서 매년 열리는 추모 법회에는 한국인들뿐만 아니라 그의 사상에 감명 받은 일본인들도 참여하고 있다.

① 대종교를 창시하였다.
② 동양 평화론을 집필하였다.
③ 조선 혁명 선언을 작성하였다.
④ 파리 강화 회의에 파견되었다.

37

• 기본 51회 37번

밑줄 그은 '시기'에 볼 수 있는 모습으로 가장 적절한 것은? [2점]

> □□신문
>
> 제△△호 2020년 ○○월 ○○일
>
> **헌병, 군사 경찰로 명칭 변경**
>
> 군대 내 경찰 직무를 수행해 오던 헌병이 군사 경찰이라는 새 이름을 달았다. 헌병은 일본식 표현으로, 국권 피탈 이후에는 일제가 헌병 경찰 제도를 실시하던 <u>시기</u>가 있었다. 따라서 이번 명칭 변경은 우리 사회에 남아 있던 일제의 잔재를 청산한다는 측면에서 중요한 역사적 의미가 있다.

① 제복을 입고 칼을 찬 교사
② 브나로드 운동에 참여하는 학생
③ 조선책략 유포에 반발하는 유생
④ 치안 유지법 위반으로 구속된 독립운동가

38

• 기본 58회 38번

(가)에 들어갈 단체로 옳은 것은? [1점]

이것은 일제 경찰에서 제작한 감시 대상 인물 카드에 있는 (가) 단원들의 사진입니다. 사진에서는 단장 김원봉과 조선 총독부에 폭탄을 던진 김익상을 비롯한 총 7명의 모습을 확인할 수 있습니다.

① 의열단 ② 중광단
③ 흥사단 ④ 한인 애국단

39

• 기본 55회 40번

(가) 민족 운동에 대한 설명으로 옳은 것은? [2점]

이것은 1919년에 일어난 (가) 의 지역별 시위 현황을 표기한 지도입니다. 이 자료를 통해 우리 민족이 일제의 무단 통치에 맞서 전국적으로 독립운동을 전개하였음을 확인할 수 있습니다.

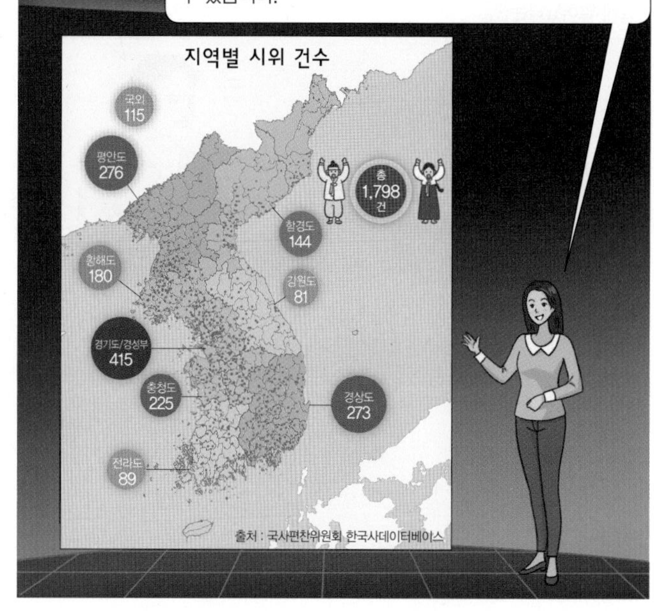

① 개혁 추진을 위해 집강소가 설치되었다.
② 조선 물산 장려회를 중심으로 전개되었다.
③ 대한민국 임시 정부 수립의 계기가 되었다.
④ 신간회의 지원을 받아 민중 대회가 추진되었다.

40

• 기본 57회 35번

밑줄 그은 '이 단체'로 옳은 것은? [1점]

① 근우회 ② 찬양회
③ 조선 여자 교육회 ④ 토산 애용 부인회

41

• 기본 55회 41번

다음 대화가 이루어진 시기를 연표에서 옳게 고른 것은? [3점]

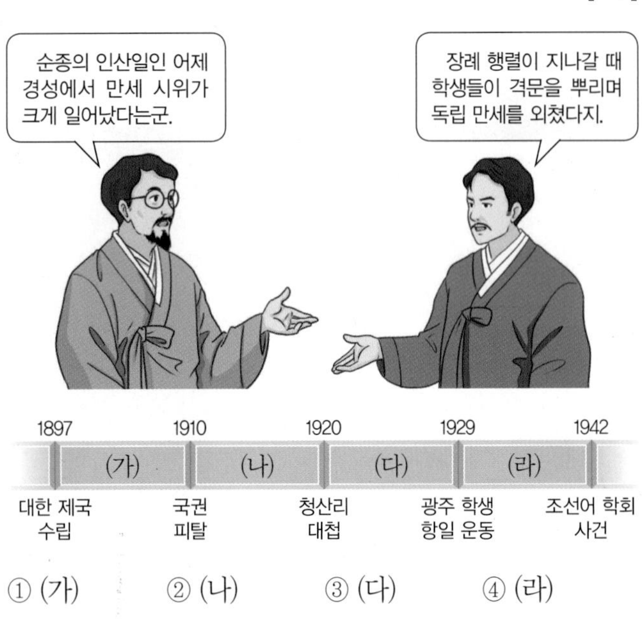

① (가) ② (나) ③ (다) ④ (라)

42

• 기본 55회 39번

(가)에 들어갈 인물로 옳은 것은? [1점]

이 유물은 (가) 이 1936년 베를린 올림픽 마라톤 경기에서 우승하여 받은 투구입니다. 당시 조선중앙일보, 동아일보 등이 그의 우승 소식을 보도하면서 유니폼에 그려진 일장기를 삭제하여 일제의 탄압을 받았습니다.

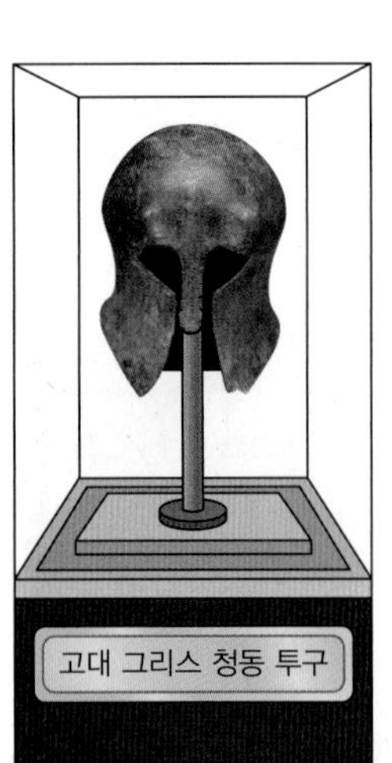

① 남승룡 ② 손기정
③ 안창남 ④ 이중섭

43

• 기본 51회 42번

(가)에 들어갈 전투로 옳은 것은? [2점]

이달의 독립운동가

만주 지역에서 무장 독립 투쟁에 힘쓴

박영희

1896~1930

신흥 무관 학교 교관 및 북로 군정서 사관 연성소 학도 단장으로 활동하였다. 1920년 10월에는 북로 군정서군, 대한 독립군 등으로 구성된 독립군 연합 부대가 일본군과 10여 차례 교전을 벌여 승리하였던 (가) 에 참여하였다.

① 쌍성보 전투 ② 영릉가 전투
③ 청산리 전투 ④ 대전자령 전투

44

• 기본 60회 39번

밑줄 그은 '시기'에 볼 수 있는 모습으로 가장 적절한 것은? [2점]

궁성 요배 표어

중·일 전쟁 이후 침략 전쟁을 확대하던 <u>시기</u>에 아침마다 일왕이 거처하는 곳(궁성)을 향해 절을 하며 경의를 표하도록 강요하기 위해, 친일 단체인 국민 정신 총동원 조선 연맹이 만든 표어

① 태형을 집행하는 헌병 경찰
② 회사령을 공포하는 총독부 관리
③ 황국 신민 서사를 암송하는 학생
④ 암태도 소작 쟁의에 참여하는 농민

45
• 기본 50회 38번

(가)에 들어갈 인물로 옳은 것은? [2점]

카드 뉴스 만들기
주제 : (가) , 조국의 독립을 꿈꾸다
독립운동을 하다가 대구 형무소에 갇힌 내용을 넣어 보자.
그의 이름이 형무소에 있을 때 수인 번호와 관련 있다는데 그 이야기도 다루자.
대표적 작품인 광야에 대해 소개했으면 좋겠어.

① 윤동주 ② 이상화
③ 이육사 ④ 한용운

46
• 기본 51회 46번

다음 발언 이후에 전개된 사실로 옳은 것은? [3점]

미 · 소 공동 위원회가 결렬된 이후 다시 열릴 기미가 보이지 않습니다. 통일 정부가 수립되길 원했으나 뜻대로 되지 않으니, 남방만이라도 임시 정부 혹은 위원회를 조직하고, 38도선 이북에서 소련이 물러가도록 세계에 호소해야 합니다.

이승만

① 한국 광복군이 창설되었다.
② 김구가 남북 협상을 추진하였다.
③ 모스크바 삼국 외상 회의가 개최되었다.
④ 여운형이 조선 건국 준비 위원회를 결성하였다.

47
• 기본 51회 48번

밑줄 그은 '전쟁'에 대한 탐구 활동으로 가장 적절한 것은? [2점]

이것은 전쟁 중이던 1951년에 발행된 중학교 입학시험 문제집입니다. 동족상잔의 비극이 벌어지는 와중에도 수험서가 출판될 정도로 교육열이 높았음을 알 수 있습니다.

① 제물포 조약의 내용을 살펴본다.
② 인천 상륙 작전의 과정을 조사한다.
③ 경의선 철도의 부설 배경을 파악한다.
④ 신흥 무관 학교의 설립 목적을 알아본다.

48
• 기본 54회 48번

(가)에 들어갈 민주화 운동으로 옳은 것은? [1점]

이 노래는 들불 야학 설립자 박기순과 (가) 당시 전남도청에서 계엄군에 의해 희생된 시민군 대변인 윤상원의 영혼결혼식에 헌정되었던 곡입니다. 노래에 담긴 민주주의에 대한 열망이 다른 나라 사람들에게도 공감을 얻고 있는 것으로 보입니다.
다른 나라의 민주화 운동에서도 불리는 이 노래에 대해 설명해 주시겠습니까?
임을 위한 행진곡

① 4 · 19 혁명
② 6월 민주 항쟁
③ 5 · 18 민주화 운동
④ 3선 개헌 반대 운동

49

• 기본 57회 49번

(가) 정부 시기에 있었던 사실로 옳은 것은? [2점]

① 새마을 운동을 시작하였다.
② 금융 실명제를 전면 실시하였다.
③ G20 정상 회의를 서울에서 개최하였다.
④ 미국과 자유 무역 협정(FTA)을 체결하였다.

50

• 기본 64회 45번

밑줄 그은 '정부'의 통일 노력으로 옳은 것은? [2점]

역사 토크
IMF 구제 금융을 조기 상환한 이 정부 시기에 또 어떤 일들이 있었나요?
정주영이 소 떼를 몰고 북한을 방문하였어요.
한 · 일 월드컵 축구 대회가 개최되었지요.

① 남북 기본 합의서를 채택하였다.
② 남북한이 유엔에 동시 가입하였다.
③ 6 · 15 남북 공동 선언을 발표하였다.
④ 최초로 남북 간 이산가족 상봉을 성사시켰다.

한국사능력검정시험 기본

기출 모의고사

본문 236~248쪽

1 ② 2 ① 3 ④ 4 ② 5 ② 6 ④ 7 ④ 8 ④
9 ③ 10 ① 11 ① 12 ④ 13 ④ 14 ④ 15 ④ 16 ②
17 ③ 18 ② 19 ③ 20 ② 21 ② 22 ① 23 ② 24 ③
25 ① 26 ④ 27 ④ 28 ③ 29 ① 30 ① 31 ③ 32 ④
33 ② 34 ④ 35 ① 36 ② 37 ① 38 ① 39 ③ 40 ①
41 ③ 42 ② 43 ③ 44 ③ 45 ③ 46 ② 47 ② 48 ③
49 ① 50 ③

1. 신석기 시대의 유물

정답 ②

농경과 정착 생활이 시작되었으며, 움집을 짓고 살고 갈돌과 갈판, 가락바퀴 등의 도구를 사용한 것으로 보아 (가) 시대가 신석기 시대임을 알 수 있어요. 갈돌과 갈판은 나무 열매나 곡물의 껍질을 벗기거나 가루로 만드는 데 사용된 간석기이고, 가락바퀴는 실을 뽑을 때 사용된 도구입니다. ② 신석기 시대에 만들어진 빗살무늬 토기입니다. 신석기 시대 사람들은 토기를 만들어 식량을 저장하거나 음식을 조리하였어요.

오답 피하기

① 구석기 시대의 뗀석기 중 하나인 주먹도끼입니다. 찍고, 자르고, 동물의 가죽을 벗기는 등 다양한 용도로 사용되었어요.
③ 청동 방울의 하나인 팔주령이에요. 청동기 시대부터 칼, 방울, 거울 등 청동 무기나 도구가 만들어졌어요.
④ 가야의 철제 판갑옷과 투구입니다.

2. 고조선의 사회 모습

정답 ①

우리 역사상 첫 나라이며, 단군 신화가 전해지고 한의 공격을 받아 멸망하였다는 내용을 통해 (가) 나라가 고조선임을 알 수 있어요. 고조선은 우리 역사상 최초의 국가로, "삼국유사"에 실려 있는 단군의 건국 이야기에 따르면 단군왕검이 아사달을 도읍으로 고조선을 세웠다고 합니다. ① 고조선에는 사회 질서를 유지하기 위한 범금 8조(8조법)가 있었어요. 현재 3개 조항이 전해지고 있어 당시의 사회 모습을 짐작할 수 있어요.

오답 피하기

② 동예에는 읍락 간의 경계를 중시하는 책화라는 풍습이 있었어요.
③ 삼한 가운데 변한과 이후 이 지역에서 성장한 가야는 철이 풍부하게 생산되어 낙랑군과 왜에 철을 수출하였어요.
④ 고구려는 귀족들이 모인 제가 회의에서 나라의 중요한 일을 결정하였어요.

3. 고구려

정답 ④

무용총에 그려진 수렵도를 남긴 국가는 고구려입니다. 무용총은 고구려 고분으로, 무덤 안에 말을 타고 활을 쏘는 무사의 모습을 그린 수렵도, 무용수와 악사의 모습을 그린 무용도 등의 벽화가 그려져 있어요. '무용총'이라는 이름도 무용도에서 비롯되었어요. 이러한 고분 벽화를 통해 당시 고구려 사람들의 생활 모습을 짐작할 수 있습니다. ④ 고구려는 고국천왕 때 가난한 백성을 구제하기 위해 곡식이 귀한 봄에 곡식을 빌려주고 수확한 후에 갚도록 하는 진대법을 실시하였어요.

오답 피하기

① 담로는 백제의 지방 행정 구역이에요. 백제 무령왕은 지방 통제를 강화하기 위해 22담로에 왕족을 파견하였어요.
② 고조선은 한 무제의 침입을 받아 기원전 108년에 왕검성이 함락되어 멸망하였어요.
③ 삼한에는 세력의 크기에 따라 신지, 읍차라고 불리는 지배자가 있었어요.

4. 신라 법흥왕

정답 ②

이차돈의 순교를 계기로 불교를 공인하였으며, 금관가야를 병합하였다는 내용을 통해 가상 인터뷰에 등장하는 왕이 ② 신라 법흥왕임을 알 수 있어요. 법흥왕은 이차돈의 순교를 계기로 불교를 공인하였어요. 토속 신앙의 영향력이 강해 이를 믿는 귀족들의 반대로 공인을 받지 못했던 신라의 불교는 법흥왕 때 비로소 공식적으로 인정을 받았어요. 이어 법흥왕은 김해 지역을 중심으로 발전하던 금관가야를 병합하여 낙동강 하류 유역을 확보하였어요.

오답 피하기

① 백제 성왕은 도읍을 사비(지금의 부여)로 옮기고 나라 이름을 '남부여'로 바꾸었어요.
③ 신라 지증왕은 나라 이름을 '신라', 임금의 칭호를 '왕'으로 정하였으며, 이사부를 보내 우산국을 정복하였어요.
④ 백제 근초고왕은 고구려의 평양성을 공격하여 고국원왕을 전사시키고 황해도 지역까지 영토를 크게 넓혔어요.

5. 백제의 지방 행정 제도

정답 ②

부여 능산리 고분군 근처의 절터에서 출토된 백제 금동 대향로는 백제의 뛰어난 금속 공예 기술을 보여 주는 대표적인 문화유산이에요. 따라서 (가) 국가는 백제입니다. ② 백제는 무령왕 때 지방 통제를 강화하기 위해 22담로에 왕족을 파견하였어요.

오답 피하기

① 고려의 광종은 노비안검법을 실시하여 억울하게 노비가 된 사람들의 신분을 원래대로 되돌려 주었어요.
③ 신라는 귀족 회의인 화백 회의에서 나라의 중요한 일을 결정하였어요.
④ 부여에서는 왕이 중앙을 다스리고 마가, 우가, 저가, 구가 등 여러 가들이 별도로 각자의 영역인 사출도를 다스렸어요.

6. 금관가야

정답 ④

김수로가 세웠다는 내용과 '김해 대성동 고분군'을 통해 (가) 나라가 금관가야임을 알 수 있어요. ④ "삼국유사"에 실린 김수로왕의 건국 이야기에 따르면 촌장과 백성이 구지봉에 올라 '거북아 거북아 머리를 내밀어라. 만일 내밀지 않으면 구워 먹으리.'라는 내용의 구지가를 부르자 하늘에서 6개의 황금 알이 내려왔고 그중 한 알에서 김수로가 태어나 금관가야를 세웠다고 합니다.

오답 피하기

① 백제는 성왕 때 넓은 평야가 있고 강을 끼고 있어 수로 교통이 편리한 사비(지금의 부여)로 도읍을 옮겼어요.
② 신라는 지증왕 때 이사부를 보내 우산국을 복속하였어요.
③ 신라 말에 장보고는 완도에 청해진을 설치하고 해적을 몰아낸 뒤 해상 무역을 장악하였어요.

7. 경주 불국사 3층 석탑 정답 ④

경주시에 있는 통일 신라의 석탑이며, 탑을 보수하던 중 내부에서 무구정광대다라니경이 발견되었다는 내용을 통해 (가)에 들어갈 문화유산이 ④ 경주 불국사 3층 석탑임을 알 수 있어요. 경주 불국사 3층 석탑은 경주 불국사의 대웅전 앞에 다보탑과 나란히 서 있습니다.

오답 피하기

① 구례 화엄사 4사자 3층 석탑은 통일 신라 시기에 만들어졌으며, 탑의 네 모퉁이에 앉아 있는 사자상이 탑의 몸체를 떠받치고 있어요.
② 부여 정림사지 5층 석탑은 익산 미륵사지 석탑처럼 목탑 양식이 반영된 백제의 탑이에요.
③ 경주 감은사지 3층 석탑은 신라의 신문왕이 아버지 문무왕을 위해 감은사를 짓고 동쪽과 서쪽에 1기씩 세운 쌍탑이에요.

8. 발해 정답 ④

대조영이 세웠으며, 고구려 계승을 표방하였다는 내용을 통해 밑줄 그은 '국가'가 발해임을 알 수 있어요. 치미는 지붕 맨 위 양 끝에 올려놓는 장식용 기와로, 발해의 치미는 고구려 치미의 영향을 받았어요. ④ 발해는 전성기에 중국으로부터 '바다 동쪽의 융성한 나라'라는 뜻에서 해동성국이라고 불렸어요.

오답 피하기

① 고구려는 6세기 말~7세기에 여러 차례 수의 침략을 물리쳤어요.
② 고려의 태조 왕건은 호족 세력을 견제하기 위해 지방 호족의 자제를 개경에 머물도록 하는 기인 제도를 실시하였어요.
③ 신라의 원성왕은 유교 지식을 갖춘 인재를 선발하기 위해 독서삼품과를 시행하였어요.

9. 신라 말의 상황 정답 ③

신라는 8세기 후반 어린 나이에 즉위한 혜공왕이 진골 귀족들의 반란으로 살해된 이후 150여 년 동안 20명의 왕이 바뀌는 등 혼란이 계속되었어요. 혜공왕 이후부터 신라가 멸망할 때까지, 즉 신라 말에 진골 귀족들의 왕위 다툼이 심해져 정치가 혼란스러웠으며, 귀족들의 수탈에 자연재해까지 더해져 농민의 삶이 더 어려워졌어요. ③ 신라 말에 김헌창은 자신의 아버지 김주원이 왕이 되지 못한 것에 불만을 품고 난을 일으켰어요.

오답 피하기

① 1884년에 김옥균 등 급진 개화파가 우정총국 개국 축하연을 기회로 삼아 갑신정변을 일으켰어요.
② 고려 말에 우왕과 최영의 명령으로 요동 정벌에 나섰던 이성계가 위화도에서 군대를 돌려 개경으로 돌아와 우왕과 최영을 제거하고 권력을 잡았어요.
④ 연개소문은 고구려 영류왕 때 정변을 일으켜 보장왕을 왕으로 세운 다음 스스로 대막리지에 올라 정권을 장악하였어요.

10. 고려의 후삼국 통일 과정 정답 ①

후고구려를 세운 궁예가 스스로를 '미륵불'이라고 부르며 잘못된 정치를 펴자 신하들이 궁예를 몰아내고 왕건을 왕으로 세웠어요. 왕건은 918년에 나라 이름을 '고려'라 정하고, 다음 해에 송악(지금의 개경)으로 도읍을 옮겼어요. 이후 고려는 후백제와 치열하게 경쟁하고 여러 차례 전투를 벌이며 대립하였어요. 고려보다 군사적으로 우위에 있던 후백제는 고창 전투에서 고려군에게 패한 이후 국력이 약화되었고, 왕위를 둘러싼 갈등까지 일어나 견훤이 큰아들 신검에 의해 금산사에 갇혔어요. 견훤은 금산사를 탈출하여 고려에 투항하였고, 신라 경순왕도 더 이상 나라를 유지할 수 없다고 생각하여 고려에 항복하였어요. 이후 고려의 왕건은 신검이 이끄는 후백제군을 격파하여 마침내 후삼국 통일을 완성하였어요(936). ① 고려 말에 최무선은 화포를 이용하여 진포에 침입한 왜구를 격퇴하였어요.

오답 피하기

② 궁예가 왕위에서 쫓겨난 뒤 왕건이 신하들의 지지를 받아 왕위에 올랐어요.
③ 후삼국의 다툼에서 더 이상 나라를 유지하기 어려웠던 신라 경순왕이 고려에 항복하였어요.
④ 왕건은 후백제를 탈출한 견훤과 함께 신검이 이끄는 후백제군을 일리천 전투에서 격파하였어요.

11. 신라 신문왕과 고려 광종의 업적 정답 ①

신라 신문왕은 관리들에게 관료전을 지급하고 이전에 지급하였던 녹읍을 폐지하여 귀족들의 경제적 기반을 약화하였어요. 따라서 (가)에 들어갈 내용은 ① 녹읍입니다. 고려 광종은 당시 중국에서 고려에 들어온 쌍기의 건의를 받아들여 유교적 지식과 학문 등을 시험하고 능력에 따라 관리를 선발하는 과거제를 시행하였어요. 따라서 (나)에 들어갈 내용은 ① 과거제입니다.

오답 피하기

② 정방은 고려 무신 집권기에 최우가 자기 집에 설치한 인사 행정 기구였으며, 고려 공민왕 때 폐지되었어요. 전시과는 고려 경종 때 처음 마련된 토지 제도입니다.
③ 소격서는 조선에서 도교 행사를 담당한 기관이었으며, 중종 때 조광조의 건의로 폐지되었어요. 조선 세조는 직전법을 실시하여 현직 관리에게만 수조권(세금을 거둘 수 있는 권리)을 지급하였어요.
④ 금난전권은 허가 받지 않은 상업 활동을 금지할 수 있는 권리를 말해요. 조선 정조는 나라로부터 상업 허가를 받은 시전 상인이 가졌던 금난전권을 폐지하였어요. 조선 고종 때 흥선 대원군은 신분에 관계없이 집집마다 군포를 내게 하는 호포제를 실시하였어요.

12. 삼국유사 정답 ④

승려 일연이 쓴 역사서이며 단군의 고조선 건국 이야기가 실려 있다는 내용을 통해 밑줄 그은 '이 책'이 ④ "삼국유사"임을 알 수 있어요. 고려가 원의 간섭을 받던 시기에 일연이 불교사를 중심으로 고대의 민간 설화 등을 정리하여 "삼국유사"를 썼어요. 일연은 우리 역사의 시작을 고조선으로 보고 "삼국유사"에 단군의 고조선 건국 이야기를 실었습니다.

오답 피하기

① "발해고"는 조선 후기에 유득공이 쓴 역사책으로, 신라와 발해를 처음으로 '남북국'이라 칭하였어요.
② "동국통감"은 조선 성종 때 서거정 등이 편찬한 역사책으로, 고조선부터 고려까지의 역사를 정리하였어요.
③ "동사강목"은 조선 후기에 안정복이 쓴 역사책으로, 고조선부터 고려까지의 역사를 정리하였어요.

13. 고려의 경제 상황

정답 ④

송을 비롯한 여러 나라 상인들이 예성강 하구의 벽란도를 드나들면서 무역을 하였다는 내용을 통해 (가) 국가가 고려임을 알 수 있어요. 고려 시대에는 수도 개경 부근에 있는 예성강 하구의 벽란도가 국제 무역항으로 번성하였어요. 송을 비롯한 일본, 아라비아 상인 등이 벽란도를 드나들면서 활발히 교류하였습니다. ④ 고려 시대에 호리병 모양의 고액 화폐인 은병이 사용되었어요. 은병은 활구라고도 불렸어요.

오답 피하기

① 조선 후기에 고구마, 감자 등이 전래되어 재배되었어요.
② 조선 후기에 논농사에서 모내기법이 전국적으로 확산되었어요.
③ 조선 후기에 상업이 발달하면서 사상이 성장하여 의주의 만상, 동래의 내상 등 지역에 근거지를 둔 사상이 활발하게 활동하였어요.

14. 영주 부석사 무량수전

정답 ④

경상북도 영주에 있으며 배흘림기둥과 주심포 양식이 특징인 고려 시대의 건축물은 ④ 영주 부석사 무량수전이에요. 영주 부석사 무량수전은 안동 봉정사 극락전과 함께 고려 시대의 대표적인 주심포 양식 건축물이에요.

오답 피하기

① 김제 금산사 미륵전은 조선 후기에 지어진 다포 양식의 3층 건물이에요.
② 보은 법주사 팔상전은 조선 후기에 지어졌으며, 지금까지 남아 있는 우리나라 유일의 목조 5층 탑이에요.
③ 구례 화엄사 각황전은 조선 후기에 지어졌으며, 규모가 큰 다포 양식의 2층 건물이에요.

15. 고려 공민왕의 업적

정답 ④

정동행성 이문소를 폐지하는 등 원의 간섭을 물리치기 위해 많은 노력을 하였다는 내용을 통해 밑줄 그은 '왕'이 고려 공민왕임을 알 수 있어요. 공민왕은 원의 내정 간섭을 물리치고 고려의 자주권을 찾기 위해 노력하였어요. 몽골식 풍습을 금지하고 친원파를 제거하였으며, ④ 원이 설치한 쌍성총관부를 공격하여 철령 이북의 영토를 되찾았어요.

오답 피하기

① 고려 무신 집권기에 최충헌은 이의민을 제거하고 권력을 잡은 후 교정도감을 설치하여 최고 권력 기구로 삼았어요.
② 고구려는 당의 침입을 막기 위해 영류왕 때부터 국경 지역에 천리장성을 쌓기 시작하여 보장왕 때 완성하였어요. 고려 때에도 북방 민족의 침입을 막기 위해 천리장성을 축조하였어요.
③ 고려 말과 조선 초에 쓰시마섬 정벌이 이루어졌는데, 대표적으로 조선 세종 때 있었던 이종무의 쓰시마섬 정벌을 들 수 있어요.

16. 직지심체요절

정답 ②

청주 흥덕사에서 간행된 금속 활자본이며, 박병선 박사가 프랑스 국립 도서관에서 발견하였다는 내용을 통해 (가)에 해당하는 문화유산이 ② "직지심체요절"임을 알 수 있어요. "직지심체요절"은 고려 말에 청주 흥덕사에서 금속 활자로 간행되었는데, 19세기에 프랑스로 반출되어 현재 프랑스 국립 도서관에 보관되어 있어요.

오답 피하기

① "신증동국여지승람"은 "동국여지승람"을 보강하여 편찬한 지리책이에요.
③ "왕오천축국전"은 혜초가 인도와 중앙아시아를 다녀온 뒤 쓴 여행기입니다.
④ 무구정광대다라니경은 현재 남아 있는 세계에서 가장 오래된 목판 인쇄물이에요.

17. 상감 청자

정답 ③

고려 시대를 대표하는 도자기 중 하나로, 표면에 무늬를 새겨 파내고 다른 재질의 재료를 넣어 제작하였다는 내용을 통해 (가)에 들어갈 문화유산이 ③ 청자 상감 운학문 매병임을 알 수 있어요. 청자 상감 운학문 매병은 상감 기법으로 구름과 학 무늬를 새긴 청자입니다. 상감 기법은 그릇 표면에 무늬를 새겨 파내고 그 안을 백토나 흑토 등 다른 재료로 채우는 고려의 독창적인 기법이에요.

오답 피하기

① 분청사기 철화 어문 항아리는 조선의 문화유산입니다. 분청사기는 조선 초기에 주로 제작되었어요.
② 백자 철화 끈무늬 병은 조선의 문화유산입니다. 조선 시대에 깨끗하고 검소한 아름다움을 가진 백자가 유행하였어요. '철화'는 철 성분이 들어간 물감으로 무늬를 그린 것을 말해요.
④ 청자 참외 모양 병은 고려의 문화유산으로, 무늬나 장식이 없는 순청자입니다.

18. 최영의 활동

정답 ②

고려 말 홍산에서 왜구의 침입을 격퇴하였으며, 우왕 때 요동 정벌을 추진하였다는 내용을 통해 (가)에 들어갈 인물이 ② 최영임을 알 수 있어요. 최영은 고려를 침입한 한족 반란군인 홍건적과 일본 해적 집단인 왜구를 격퇴하여 큰 공을 세웠어요.

오답 피하기

① 고려의 장수 양규는 거란의 2차 침입 때 흥화진에서 거란군을 막아 냈어요.
③ 이종무는 조선 세종 때 왜구의 근거지인 쓰시마섬을 토벌하였어요.
④ 정몽주는 온건 개혁파 신진 사대부 중 한 사람이며, 고려 왕조의 유지를 주장하여 이방원, 정도전 등 반대파에 의해 죽임을 당하였어요.

19. 조선 태종의 업적

정답 ③

이성계의 아들로 태어나 두 차례의 왕자의 난 이후 왕위에 올랐으며, 6조 직계제를 실시하였다는 내용을 통해 밑줄 그은 '왕'이 조선 태종임을 알 수 있어요. ③ 태종은 16세 이상 모든 남자에게 호패를 차고 다니게 하는 호패법을 실시하여 인구를 파악하고 세금 징수의 기초 자료를 마련하였어요. 호패는 이름, 출생 연도, 신분 등이 새겨져 있는 일종의 신분증이에요.

오답 피하기

① 영조는 붕당의 폐해를 경계하고 탕평에 대한 의지를 알리기 위해 성균관 입구에 탕평비를 건립하였어요.
② 중종 때 실시된 현량과는 학문과 덕행이 뛰어난 인재를 추천하게 하여 그중에서 시험을 통해 관리를 선발한 제도입니다.
④ 세종은 백성을 교화하고 백성이 스스로 뜻을 표현할 수 있도록 훈민정음을 창제하여 반포하였어요.

20. 15세기 조선의 과학 기술 발전

정답 ②

조선 전기에는 국가의 지원 속에 과학 기술이 발달하였어요. ② 세종 때 장영실이 왕명에 따라 자격루를 만들었어요. 자격루는 물의 흐름을 이용하여 종, 북, 징을 자동으로 쳐서 시간을 알려 주는 기구, 즉 물시계입니다.

오답 피하기

① 조선 후기에 정약용은 중국에서 들여온 “기기도설”을 참고하여 거중기를 만들어 수원 화성의 건설 공사에 이용하였어요.
③ 조선 후기에 김정호는 전국 지도인 대동여지도를 목판으로 제작하였어요.
④ 광해군 때 허준은 전통 한의학을 체계적으로 정리하여 “동의보감”을 완성하였어요.

21. 임진왜란

정답 ②

김시민 등이 진주성에서, 이순신이 한산도 앞바다에서, 송상현 등이 동래읍성지 일대에서 왜군에 맞서 싸웠다는 내용을 통해 (가) 전쟁이 1592년에 일본이 조선을 침략하여 시작된 임진왜란임을 알 수 있어요. ② 임경업은 병자호란 때 백마산성에서 청의 군대에 항전하였어요.

오답 피하기

① 임진왜란 때 조헌이 이끈 700인의 의병은 금산에서 왜군과 전투를 벌이다가 모두 전사하였어요.
③ 임진왜란 때 곽재우가 의령에서 의병을 일으켰어요. 곽재우가 이끄는 의병은 남강 유역의 정암진에서 왜군을 기습 공격하여 큰 피해를 입혔어요.
④ 임진왜란 때 신립은 충주 탄금대에서 배수의 진을 치고 왜군에 맞서 싸웠으나 패배하였어요.

22. 조선 시대의 교육 기관

정답 ①

조선 시대의 교육 기관을 묻는 문항입니다. 조선은 유학 지식과 능력을 갖춘 관리를 양성하기 위해 학교를 세워 유학을 가르쳤어요. 서당에서는 초보적인 유학 지식을 가르쳤고, 한성의 4부 학당과 지방에 설치된 향교에서는 중등 교육을 담당하였으며, 최고 교육 기관인 성균관에서는 수준 높은 유학 교육을 실시하였습니다. 의학, 법학, 외국어 등 기술 교육은 해당 관청에서 실시하였어요. ① 고구려는 경당을 세워 학문과 함께 활쏘기 등 무예를 가르쳤어요.

오답 피하기

② 조선은 수도 한성에 중등 교육 기관으로 중학·동학·남학·서학의 4부 학당을 설치하였어요.
③ 조선은 최고 교육 기관으로 성균관을 두었어요.
④ 서원은 조선 시대에 지방의 사림이 세운 사립 교육 기관으로, 선현의 제사와 성리학 교육을 담당하였어요.

23. 추석

정답 ②

음력 8월 15일이며, 햅쌀로 송편을 빚어 차례를 지내고 성묘를 한다는 내용을 통해 (가)에 들어갈 세시 풍속이 ② 추석임을 알 수 있어요. 추석에는 햅쌀로 송편을 만들어 먹고 풍성한 수확에 감사하며 새로 수확한 곡식과 과일로 차례를 지내고 성묘를 하였어요.

오답 피하기

① 단오는 음력 5월 5일로, 수릿날 또는 천중절이라고도 해요. 단옷날에는 쑥떡이나 수리취떡 등을 만들어 먹고, 창포물에 머리 감기 등을 하였어요.
③ 한식은 동지에서 105일째 되는 날로, 이날에는 조상의 묘를 찾아 돌보고 제사를 지냈으며, 불을 사용하지 않고 찬 음식을 먹었어요.
④ 정월 대보름은 음력 1월 15일로, 이날에는 부럼 깨기, 달맞이, 쥐불놀이 등을 하였어요.

24. 대동법

정답 ③

토지 결수를 기준으로 공납을 부과한 제도로, 특산물 대신 쌀, 베, 동전으로 납부하게 하였다는 힌트를 통해 퀴즈의 정답이 ③ 대동법임을 알 수 있어요. 대동법은 집집마다 부과하던 공납을 특산물 대신 소유한 토지 결수에 따라 쌀, 옷감, 동전 등으로 내게 한 제도입니다. 소유한 토지 결수를 기준으로 부과하였기 때문에 토지가 적은 농민의 부담은 줄었지만, 넓은 토지를 가진 양반 지주들의 부담은 늘었어요.

오답 피하기

① 과전법은 관리에게 일한 대가로 토지에서 세금을 거둘 수 있는 권리를 준 토지 제도입니다.
② 균역법은 조선 영조가 백성들의 군포 부담을 덜어 주기 위해 시행한 제도입니다.
④ 영정법은 매년 농사를 지어 수확량에 따라 다르게 내던 토지세(전세)를 토지 1결당 쌀 4~6두로 고정하여 내게 한 제도입니다.

25. 조선 정조의 정책

정답 ①

아버지 사도 세자의 묘를 참배하러 갔다는 내용을 통해 밑줄 그은 '왕'이 조선 정조임을 알 수 있어요. 정조는 수원에 아버지 사도 세자의 묘인 현륭원을 조성하고, 신도시로 화성을 건설하였어요. 그리고 사도 세자의 묘에 자주 참배하러 갔는데, 만안교는 정조 일행이 편히 건널 수 있도록 만든 다리입니다. ① 정조는 국왕의 친위 부대인 장용영을 창설하여 왕권을 뒷받침하게 하였어요.

오답 피하기

② 세종은 집현전을 설치하여 인재를 육성하고 편찬 사업을 추진하였어요.
③ 고종 때 흥선 대원군은 서양과의 통상 수교 거부 의지를 널리 알리기 위해 전국 각지에 척화비를 건립하였어요.
④ 성종은 세조 때부터 편찬하기 시작한 “경국대전”을 완성하여 반포하였어요.

26. 홍대용의 활동

정답 ④

조선 후기에 지전설과 무한 우주론을 주장하였다는 내용을 통해 (가)에 들어갈 인물이 ④ 홍대용임을 알 수 있어요. 조선 후기에 홍대용은 지구가 하루에 한 번씩 돌아 낮과 밤이 나타난다는 지전설과 우주는 무한히 펼쳐져 있다는 무한 우주론을 주장하였어요.

오답 피하기

① 박제가는 조선 후기의 실학자로, "북학의"를 저술하여 수레와 선박의 이용을 주장하였어요.
② 이순지는 세종 때 천문과 역법 사업의 책임자로 뽑혀 "칠정산"을 만드는 일을 주도하였어요.
③ 장영실은 세종 때 자격루 등의 기구를 만들었어요.

27. 조선 후기의 문화 정답 ④

김홍도의 풍속화가 그려진 시기는 조선 후기입니다. 조선 후기에 일상적인 생활의 모습을 담은 풍속화가 많이 그려졌는데, 대표적인 풍속화가로 김홍도와 신윤복이 있어요. ④ 고려 정부는 부처의 힘으로 거란의 침입을 물리치고자 하는 마음을 담아 초조대장경을 제작하였어요.

오답 피하기

① 조선 후기에 "홍길동전", "춘향전", "심청전" 등 한글 소설이 널리 읽혔어요.
② 조선 후기에 백자 위에 푸른색 안료로 무늬를 그린 청화 백자가 유행하였어요.
③ 조선 후기에 소리꾼이 북장단에 맞추어 긴 이야기를 노래로 들려주는 판소리 공연이 많이 열렸어요.

28. 진주 농민 봉기 정답 ③

세도 정치 시기에 진주 지역에서 몰락 양반 유계춘을 중심으로 일어났다는 내용을 통해 밑줄 그은 '봉기'가 진주 농민 봉기임을 알 수 있어요. ③ 조선 정부는 진주 농민 봉기를 수습하기 위해 안핵사로 박규수를 파견하였어요. 그리고 박규수의 건의에 따라 삼정의 문란을 바로잡고자 삼정이정청을 설치하였어요.

오답 피하기

① 고려 태조 왕건은 가난한 백성을 구제하기 위한 기구로 흑창을 두었어요.
② 조선 정조는 육의전을 제외한 시전 상인의 특권(허가받지 않고 상업 활동을 하는 난전을 단속할 수 있는 권리)을 폐지하는 신해통공을 실시하였어요.
④ 고려 말 공민왕은 권문세족이 불법으로 빼앗은 토지와 노비를 원래 주인에게 돌려주고, 억울하게 노비가 된 사람들의 신분을 되돌려 주는 등의 개혁을 추진하기 위해 신돈을 등용하여 전민변정도감을 운영하였어요.

29. 고종 즉위와 강화도 조약 사이 시기의 사실 정답 ①

1863년에 고종이 어린 나이로 왕이 되자 아버지인 흥선 대원군이 대신하여 나라를 다스렸어요. 흥선 대원군은 다른 나라와 무역 등의 교류를 하지 않겠다는 통상 수교 거부 정책을 펴 병인양요와 신미양요 등을 겪었어요. ① 신미양요는 제너럴 셔먼호 사건을 구실 삼아 1871년에 미군이 강화도를 침략한 사건이에요. 어재연은 군대를 이끌고 광성보에서 미군에 맞서 싸우다 목숨을 잃었어요. 이후 흥선 대원군이 정치에서 물러나고 고종이 직접 나라를 다스리기 시작하면서 조선의 외교 정책에 변화가 나타났어요. 이러한 상황에서 운요호 사건을 일으킨 일본이 조선에 개항을 요구하여 조선은 1876년에 일본과 강화도 조약을 맺었어요.

오답 피하기

② 조선 정부는 1882년에 미국과 조약을 맺었어요. 이후 미국이 조선에 공사를 보내오자 조선도 미국에 외교 사절단인 보빙사를 보냈어요.
③ 황룡촌 전투는 1894년에 일어난 동학 농민 운동 때 농민군이 전라남도 장성의 황룡촌에서 관군과 싸워 이긴 전투입니다.
④ 만민 공동회는 1898년에 독립 협회의 주도로 처음 열렸어요.

30. 임오군란 정답 ①

1882년 정부의 개화 정책과 구식 군인 차별에 대한 불만으로 일어난 사건은 ① 임오군란이에요. 조선 정부는 개항 이후 개화 정책을 추진하면서 별기군이라는 신식 군대를 창설하고 구식 군대의 규모를 줄였어요. 별기군에 비해 차별 대우를 받던 구식 군인들은 봉급도 제때 지급받지 못한 데다 밀린 봉급으로 받은 쌀에 겨와 모래가 섞여 있자 분노가 폭발하여 난을 일으켰어요.

오답 피하기

② 삼국 간섭은 러시아가 프랑스, 독일과 함께 일본을 압박하여 청·일 전쟁 승리의 대가로 얻은 랴오둥반도를 청에 반환하게 한 사건이에요.
③ 거문도 사건은 영국이 세계 곳곳에서 대립하고 있던 러시아의 남하를 막는다는 이유를 내세워 거문도를 불법 점령한 사건이에요.
④ 임술 농민 봉기는 조선 철종 때 삼정의 문란과 지배층의 수탈 등에 항거하여 일어난 농민 봉기입니다.

31. 독립 협회 정답 ③

서재필의 주도로 창립되었다는 내용과 발표 주제의 '만민 공동회', '관민 공동회 개최와 헌의 6조 결의'를 통해 밑줄 그은 '단체'가 ③ 독립 협회임을 알 수 있어요. 독립 협회는 1896년에 서재필을 중심으로 개혁적인 관료와 개화 지식인들이 모여 창립한 단체입니다.

오답 피하기

① 보안회는 일제가 황무지 개간권을 요구하자 반대 운동을 전개하여 일제의 요구를 저지하는 데 성공하였어요.
② 신민회는 안창호, 양기탁 등이 비밀리에 조직한 단체입니다.
④ 대한 자강회는 고종의 강제 퇴위 반대 운동을 주도하였어요.

32. 국채 보상 운동 정답 ④

1907년에 일본의 강요로 진 빚을 국민이 성금을 모아 갚고 나라를 지키자는 국채 보상 운동이 대구에서 시작되었고, 서울에서 국채 보상 기성회가 조직되어 운동을 주도하였어요. ④ 국채 보상 운동은 대한매일신보, 황성신문 등 언론의 지원을 받아 전국으로 확산되었어요.

오답 피하기

① 1927년에 설립된 근우회는 여성의 지위 향상과 계몽을 위해 노력하였어요.
② 조선 총독부는 1910년에 설치되었어요. 국채 보상 운동은 을사늑약 체결 후에 설치된 통감부의 방해와 탄압으로 실패하였어요.
③ 김홍집은 제1차 갑오개혁 당시 군국기무처의 총책임을 맡아 개혁을 주도하였어요.

33. 개항 이후 설립된 근대 시설 정답 ②

개항 이후 서양의 과학 기술을 받아들여 부국강병을 이루어야 한다는 인식이 점차 확산되었어요. 이에 따라 1880년대부터 유학생을 파견하고 외국인 기술자와 교사를 초빙하였어요. 또 여러 근대 시설이 설치되었는데, 근대식 무기 제조 공장인 기기창, ② 근대적 우편 업무를 담당하는 우정총국, 우리나라 최초의 서양식 병원인 광혜원(제중원) 등이 대표적입니다.

오답 피하기
① 나운규 감독의 영화 '아리랑'은 1926년에 서울 종로의 단성사에서 개봉되었어요.
③ 한성순보는 우리나라 최초의 근대 신문으로 박문국에서 발간되었어요.
④ 1886년에 설립된 육영 공원은 헐버트, 길모어 등 미국인을 교사로 초빙해 현직 관리와 양반 자제에게 영어, 수학, 지리학, 정치학 등 근대 학문을 가르쳤어요.

34. 양기탁의 활동 정답 ④

영국인 베델과 함께 대한매일신보를 창간하였다는 내용을 통해 (가)에 들어갈 인물이 ④ 양기탁임을 알 수 있어요. 양기탁은 안창호 등과 함께 1907년에 비밀 결사인 신민회를 조직하였어요.

오답 피하기
① 김원봉은 의열단과 조선 의용대를 창설하였어요. 이후 한국 광복군에 합류하여 부사령관이 되었어요.
② 의열단원 나석주는 동양 척식 주식회사에 폭탄을 투척하였어요.
③ 신익희는 1956년에 당시 대통령이었던 이승만에 맞서 대통령 선거에 출마하였으나 갑작스럽게 사망하였어요.

35. 을사늑약 정답 ①

1905년 일제에 의해 강제로 체결되었으며, 그 부당성을 알리기 위해 헤이그 특사가 파견되었다는 내용을 통해 (가) 조약이 을사늑약임을 알 수 있어요. ① 을사늑약의 강제 체결로 대한 제국의 외교권이 박탈되었어요.

오답 피하기
② 1886년에 조·프 수호 통상 조약이 체결되어 조선 내에서 천주교의 포교가 허용되었어요.
③ 1904년에 체결된 제1차 한·일 협약에 따라 대한 제국의 재정 고문으로 파견된 일본인 메가타가 화폐 정리 사업을 실시하였어요.
④ 1907년에 일제는 헤이그 특사 파견을 구실로 삼아 고종을 강제 퇴위시킨 후 한·일 신협약(정미7조약)을 강제로 체결하였어요. 그리고 이 조약의 부속 각서에 따라 대한 제국의 군대를 해산하였어요.

36. 안중근의 활동 정답 ②

이토 히로부미를 처단한 후 뤼순 감옥에서 순국하였다는 내용을 통해 (가) 인물이 안중근임을 알 수 있어요. 안중근은 1909년 만주 하얼빈에서 을사늑약 체결을 강요한 초대 통감 이토 히로부미를 처단하였어요. ② 의거 직후 체포된 안중근은 뤼순 감옥에 갇혀 있는 동안 "동양 평화론"을 집필하다가 이를 완성하지 못하고 순국하였어요.

오답 피하기
① 나철 등은 단군 숭배 신앙을 바탕으로 대종교를 창시하였어요.
③ 신채호는 의열단의 활동 지침이 된 '조선 혁명 선언'을 작성하였어요.
④ 김규식은 제1차 세계 대전이 끝난 뒤에 열린 파리 강화 회의에 한국 대표로 파견되었어요.

37. 1910년대 일제의 식민 지배 정책 정답 ①

일제가 헌병 경찰 제도를 실시하였다는 내용을 통해 밑줄 그은 '시기'가 1910년대임을 알 수 있어요. 일제는 대한 제국의 국권을 강탈하고 1910년대에 헌병 경찰 제도를 바탕으로 강압적인 무단 통치를 실시하였어요. ① 일제는 1910년대에 일반 관리와 교사도 제복을 입고 칼을 차게 하여 위압적인 분위기를 조성하였어요.

오답 피하기
② 1931년에 동아일보사 주도로 농촌 계몽 운동인 브나로드 운동이 시작되었어요.
③ "조선책략" 유포에 반발하여 1881년에 이만손을 중심으로 한 영남 유생들이 집단으로 상소를 올렸어요.
④ 일제는 1925년에 치안 유지법을 제정하여 사회주의 운동과 독립운동을 탄압하는 데 이용하였어요.

38. 의열단 정답 ①

단장이 김원봉이며, 조선 총독부에 폭탄을 던진 김익상이 단원이라는 내용을 통해 (가)에 들어갈 단체가 ① 의열단임을 알 수 있어요. 의열단은 일제 요인 암살, 식민 통치 기구 파괴 등의 의열 투쟁을 전개하였어요.

오답 피하기
② 중광단은 대종교도를 중심으로 조직된 항일 무장 단체였으며, 3·1 운동 이후 북로 군정서로 발전하였어요.
③ 흥사단은 미국에서 안창호가 결성한 민족 운동 단체입니다.
④ 한인 애국단은 김구가 대한민국 임시 정부의 활동에 활기를 불어넣기 위해 중국 상하이에서 조직한 의열 투쟁 단체입니다. 이봉창, 윤봉길 등이 가입하여 활동하였어요.

39. 3·1 운동 정답 ③

1919년에 일어났으며, 우리 민족이 일제의 무단 통치에 맞서 전국적으로 독립운동을 전개하였다는 내용을 통해 (가) 민족 운동이 3·1 운동임을 알 수 있어요. 1919년에 일어난 3·1 운동은 일제의 무단 통치에 맞서 전국에서 모든 계층이 참여한 일제 강점기 최대 규모의 민족 운동이었어요. ③ 3·1 운동을 계기로 조직적이고 체계적으로 독립운동을 이끌 지도부의 필요성이 제기되어 대한민국 임시 정부가 수립되었어요.

오답 피하기
① 동학 농민 운동의 전개 과정 중에 농민군은 정부와 전주 화약을 맺은 뒤 전라도 각지에 집강소를 설치하여 개혁을 추진하였어요.
② 조선 물산 장려회를 중심으로 전개된 물산 장려 운동은 일본 상품 배격, 토산품 애용 등을 내세웠어요.
④ 신간회의 지원을 받아 광주 학생 항일 운동을 전국적인 항쟁으로 확대하기 위한 민중 대회가 추진되었어요.

40. 근우회

정답 ①

1927년 신간회가 결성된 이후 여성 운동에 변화가 있었으며 민족주의 세력과 사회주의 세력이 협동하여 설립하였다는 내용을 통해 밑줄 그은 '이 단체'가 ① 근우회임을 알 수 있어요. 비타협적 민족주의 세력과 사회주의 세력이 연합하여 1927년에 신간회를 결성하였어요. 신간회 창립은 여성 운동에도 영향을 미쳐 민족주의 세력과 사회주의 세력의 여성 운동 단체가 협동하여 근우회를 설립하였어요. 근우회는 여성의 단결과 지위 향상을 목표로 활동하였으며, 기관지 "근우"를 발간하였어요.

오답 피하기

② 찬양회는 서울에서 조직된 우리나라 최초의 여성 운동 단체입니다.
③ 조선 여자 교육회는 여성 교육 보급과 여성 해방을 위해 노력하였어요.
④ 토산 애용 부인회는 물산 장려 운동에 적극적으로 참여하였어요.

41. 6·10 만세 운동

정답 ③

순종의 인산일에 경성(서울)에서 일어난 만세 시위이며, 학생들이 격문을 뿌리며 독립 만세를 외쳤다는 내용을 통해 6·10 만세 운동에 대한 대화임을 알 수 있어요. 6·10 만세 운동은 1926년 순종의 인산일에 맞추어 학생들을 중심으로 전개되었어요.

따라서 연표에서 6·10 만세 운동이 전개된 시기는 청산리 대첩(1920)과 광주 학생 항일 운동(1929) 사이인 ③ (다)입니다.

42. 손기정의 활동

정답 ②

1936년 베를린 올림픽 마라톤 경기에서 우승하였다는 내용을 통해 (가)에 들어갈 인물이 ② 손기정임을 알 수 있어요. 손기정이 우승한 기념으로 받은 고대 그리스 청동 투구는 현재 국립 중앙 박물관에 소장되어 있어요.

오답 피하기

① 남승룡은 손기정과 함께 베를린 올림픽 마라톤 경기에 출전하여 동메달을 차지하였어요.
③ 안창남은 우리나라 최초로 비행사가 되어 1922년에 동아일보사 초청으로 고국 방문 비행을 하였어요. 그 뒤 독립운동을 위해 중국으로 망명하여 중국 비행 학교의 교관으로 활동하였어요.
④ 이중섭은 한국 근대 서양화가로 시대의 아픔과 어려운 삶을 '소'라는 주제를 통해 표현하였어요.

43. 청산리 전투

정답 ③

1920년 북로 군정서군, 대한 독립군 등으로 구성된 독립군 연합 부대가 일본군과 교전을 벌여 승리하였다는 내용을 통해 (가)에 들어갈 전투가 ③ 청산리 전투임을 알 수 있어요. 1920년 봉오동 전투에서 패배한 일제가 만주 지역에 대규모 군대를 보내 독립군을 공격하였어요. 이에 맞서 김좌진의 북로 군정서, 홍범도의 대한 독립군 등 독립군 연합 부대가 청산리 일대에서 일본군과 여러 차례 싸워 승리를 거두었는데, 이것이 청산리 전투입니다.

오답 피하기

1930년대 초에 일제가 중국의 만주 지역을 침략하면서 일본에 대한 중국인들의 감정이 매우 나빠져, 한국인과 중국인이 함께 일제에 맞서 싸울 수 있는 분위기가 만들어졌어요. 이러한 상황에서 만주의 독립군 부대는 중국 항일군과 함께 ① 쌍성보 전투, ② 영릉가 전투, ④ 대전자령 전투 등에서 일본군을 무찔렀어요.

44. 1930년대 후반 이후 일제의 식민 통치

정답 ③

'궁성 요배'와 중·일 전쟁 이후 침략 전쟁을 확대하던 시기라는 내용을 통해 밑줄 그은 '시기'가 1930년대 후반 이후임을 알 수 있어요. 일제는 1937년에 중·일 전쟁을 일으키고 침략 전쟁을 확대하면서 한국인을 침략 전쟁에 동원하기 위해 민족의식을 말살하는 정책을 강화하였어요. 일제는 일왕이 사는 곳인 궁성을 향해 절을 하는 궁성 요배를 강요하고 전국에 신사를 세워 강제로 참배하게 하였어요. 또 ③ 일왕에게 충성을 맹세하는 황국 신민 서사의 암송과 성과 이름을 일본식으로 바꾸는 창씨 개명을 강요하였습니다.

오답 피하기

① 일제는 1910년대에 헌병 경찰을 앞세워 무단 통치를 펴면서 조선 태형령을 제정하여 한국인에게만 태형을 집행하였어요. 헌병 경찰 제도와 조선 태형령은 3·1 운동(1919) 이후 일제가 이른바 문화 통치를 표방하면서 폐지되었어요.
② 일제는 1910년에 회사를 설립할 때 조선 총독의 허가를 받도록 한 회사령을 공포하였어요. 회사령은 1920년에 폐지되었어요.
④ 1923년에 암태도의 소작 농민들이 소작료 인하 등을 요구하며 소작 쟁의를 벌였어요.

45. 이육사의 활동

정답 ③

이름이 형무소에 있을 때 수인 번호와 관련 있으며 대표적 작품으로 '광야'가 있다는 내용을 통해 (가)에 들어갈 인물이 ③ 이육사임을 알 수 있어요. 이육사의 본명은 이원록이에요. 독립운동을 하다가 일제에 체포되어 형무소에 있을 때 이름 대신 불린 수인 번호 264번을 따서 이름을 이육사로 고쳤다고 합니다. 이육사는 '광야', '청포도', '절정' 등의 작품을 남겼어요.

오답 피하기

① 윤동주는 '서시', '자화상', '별 헤는 밤' 등 일제에 의해 억압받는 민족의 현실을 보여 주는 시를 남겼어요.
② 이상화는 '빼앗긴 들에도 봄은 오는가'와 같이 민족적 울분과 일제에 대한 저항 의식을 드러낸 시를 발표하였어요.
④ 한용운은 3·1 운동 때 민족 대표 33인으로 참여한 불교 승려이자 독립운동가입니다. 시집 "님의 침묵"을 쓴 문인이기도 해요.

46. 정읍 발언 이후의 사실

정답 ②

좌우익의 대립이 거세지고 제1차 미·소 공동 위원회도 무기한 휴회되자, 이승만은 정읍에서 남한만이라도 임시 정부를 수립해야 한다고 공식적으로 발표하였어요('정읍 발언'). ② 이승만의 '정읍 발언' 이후 남한만의 단독 정부가 수립될 상황에 처하자 김구와 김규식 등이 통일 정부 수립을 위해 남북 협상을 추진하여 평양에서 회담이 열렸어요(1948. 4.).

오답 피하기

① 1940년에 중국 충칭에서 대한민국 임시 정부의 정규군으로 한국 광복군이 창설되었어요.
③ 광복 이후인 1945년 12월에 소련의 모스크바에서 모스크바 3국 외상 회의가 개최되었어요.
④ 1945년 광복 직후에 여운형이 조선 건국 동맹을 기반으로 조선 건국 준비 위원회를 결성하였어요.

47. 6·25 전쟁

정답 ②

1951년이 전쟁 중이라는 내용과 '동족상잔의 비극'이라고 한 것으로 보아 밑줄 그은 '전쟁'이 6·25 전쟁임을 알 수 있어요. ② 6·25 전쟁 발발 직후 낙동강 유역까지 밀렸던 국군은 유엔군과 함께 인천 상륙 작전을 전개하여 서울을 되찾고 38도선을 넘어 압록강 유역까지 진격하였어요.

오답 피하기

① 임오군란 이후 조선 정부는 일본과 제물포 조약을 체결하여 일본 공사관 경비를 위한 일본군의 주둔을 허용하였어요.
③ 일제는 러·일 전쟁 중 군사적 목적으로 서울과 신의주를 잇는 경의선을 부설하였어요.
④ 신흥 무관 학교는 국권 피탈 이후 신민회 회원들이 중심이 되어 남만주(서간도) 지역에 설립한 신흥 강습소에서 출발하였어요. 신흥 무관 학교에서는 독립군 양성을 위한 교육이 이루어졌어요.

48. 5·18 민주화 운동

정답 ③

'전남도청에서 계엄군에 의해 희생된 시민군'이라는 내용을 통해 (가)에 들어갈 민주화 운동이 ③ 5·18 민주화 운동임을 알 수 있어요. 1980년 5월에 광주에서 전두환, 노태우 등 신군부의 불법적인 정권 탈취와 비상계엄 확대에 맞서 민주주의를 외친 5·18 민주화 운동이 일어났어요. 시위대를 향해 발포하는 신군부의 무자비한 진압에 수많은 광주 시민이 희생되었어요.

오답 피하기

① 4·19 혁명은 이승만 정부의 독재와 3·15 부정 선거가 원인이 되어 일어났어요. 그 결과 이승만이 대통령직에서 물러났어요.
② 6월 민주 항쟁은 전두환 정부의 강압 통치와 국민의 대통령 직선제 개헌 요구를 무시한 4·13 호헌 조치에 저항하여 일어났어요.
④ 1969년에 박정희 정부가 헌법을 고쳐 대통령을 세 번까지 할 수 있도록 하자, 이에 반발하여 3선 개헌 반대 운동이 전개되었어요.

49. 박정희 정부 시기의 경제 상황

정답 ①

서독에 광부와 간호사가 파견되었고 베트남에 기술자가 파견되었다는 내용을 통해 (가) 정부가 박정희 정부임을 알 수 있어요. ① 박정희 정부 시기인 1970년에 도시와 농촌의 격차를 줄이고 농촌의 생활 환경을 개선하기 위한 새마을 운동이 시작되었어요.

오답 피하기

② 김영삼 정부 시기인 1993년에 투명한 금융 거래를 위해 금융 실명제를 전면 실시하였어요.
③ 이명박 정부 시기인 2010년에 G20 정상 회의가 서울에서 개최되었어요.
④ 노무현 정부 시기인 2007년에 미국과 자유 무역 협정(FTA)이 체결되었어요.

50. 김대중 정부의 통일 노력

정답 ③

IMF 구제 금융을 조기 상환하였으며 한·일 월드컵 축구 대회가 개최되었다는 내용을 통해 밑줄 그은 '정부'가 김대중 정부임을 알 수 있어요. ③ 김대중 정부는 김정일 국방위원장과의 정상 회담 후 6·15 남북 공동 선언을 발표하였어요.

오답 피하기

① 노태우 정부는 북한과 대화에 나서 남북한의 상호 체제 인정과 상호 불가침 등에 합의하여 남북 기본 합의서를 채택하였어요.
② 노태우 정부는 냉전이 끝나가는 국제 정세 속에서 남북 대화에 나서 남북한이 유엔에 동시 가입하는 성과를 거두었어요.
④ 전두환 정부는 최초로 남북 간 이산가족 상봉을 성사시켰어요.

한국사능력검정시험, 접수부터 합격까지

"큰★별쌤의 라이브방송과 함께"

▶ 최태성1TV에서

한능검

D-28
(금, 22시)

한능검 시작합시다!

"한능검 접수와 함께 스타트~"
큰★별쌤의 합격 열차에 탑승하세요.

★

D-21
(금, 22시)

한능검 아직도 구석기니?

"열공 부스터를 달아 봅시다."
큰★별쌤과 함께 쭉쭉 진도를 빼 봅시다.

★

D-14
(금, 22시)

한능검 이제 2주 남았다!

"2주. 이제 총력전이다."
큰★별쌤의 특급 진단과 함께 중간 점검하는 시간을 가져보세요.

★

D-7
(금, 22시)

한능검 7일의 기적!

"포기하지마! 아직 7일이나 남았어."
큰★별쌤이 기적과 같은 일주일을 보내는 방법을 알려드립니다.

★

D-1
(금, 20시)

한능검 전야제

"내일 시험지 보고 깜놀할 준비해."
큰★별쌤의 예언과도 같은 족집게 강의,
실시간 시청자가 3만이 넘었던 전설의 라방! 꼭 챙기세요.

★

D-DAY

시험 당일 가답안 공개

"두구두구~ 과연 나는 합격?"
시험이 끝난 직후, 큰★별쌤과 함께 바로
가답안을 채점해 보세요.

D+14
(금, 22시)

한능검 합격자 발표 및 분석

"시험 결과가 나오는 날, 모두 모여라."
다 같이 모여 큰★별쌤과 함께 의미 있는 마무리를 해요.

큰별쌤 최태성의

별★별 한국사

최신판

큰별쌤과 **재미있게** 공부하는

초등 한국사 능력검정시험

부록

최태성 지음

- 큰별쌤의 아트 판서로 흐름 파악
- 별 채우기 문제로 핵심 개념 체크

시험 전 마무리는
큰별쌤의 아트 판서와 별 채우기 문제로~!

이투스북

큰별쌤 최태성의

별★별 한국사

큰별쌤과 **재미있게** 공부하는

초등 한국사 능력검정시험

부록

최태성 지음

01강 선사 시대

(전) 기원 (후)

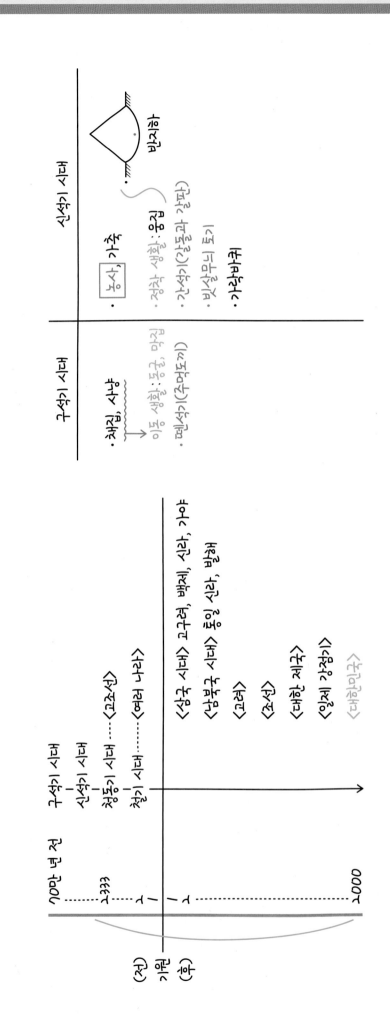

연대	시대	나라
70만 년 전	구석기 시대	
	신석기 시대	
2333	청동기 시대	〈고조선〉
2 / 1	철기 시대	〈여러 나라〉
1 / 2		〈삼국 시대〉 고구려, 백제, 신라, 가야
		〈남북국 시대〉 통일 신라, 발해
		〈고려〉
		〈조선〉
		〈대한 제국〉
		〈일제 강점기〉
2000		〈대한민국〉

구석기 시대	신석기 시대
· 채집, 사냥 → 이동 생활 : 동굴, 막집 · 뗀석기(주먹도끼)	· 농사, 가축 · 정착 생활 : 움집 (반지하) · 간석기(갈돌과 갈판) · 빗살무늬 토기 · 가락바퀴

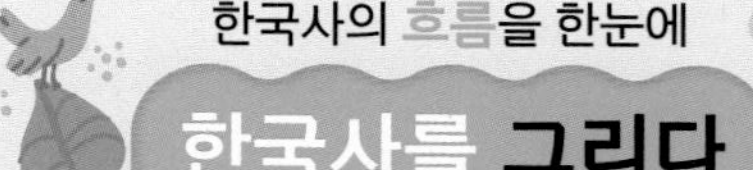

02강 최초의 국가 고조선

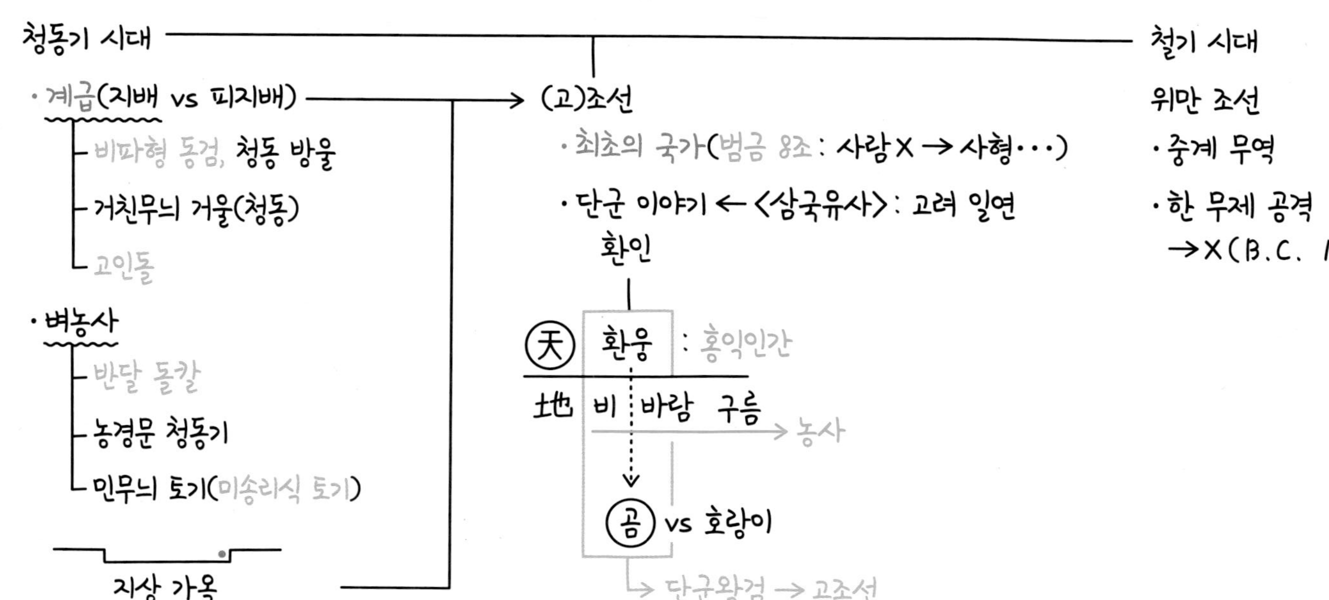

03강 여러 나라의 성장

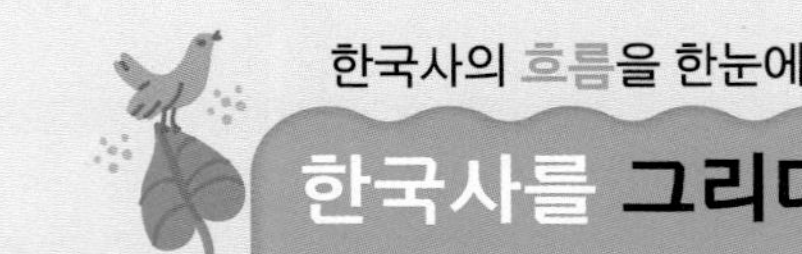

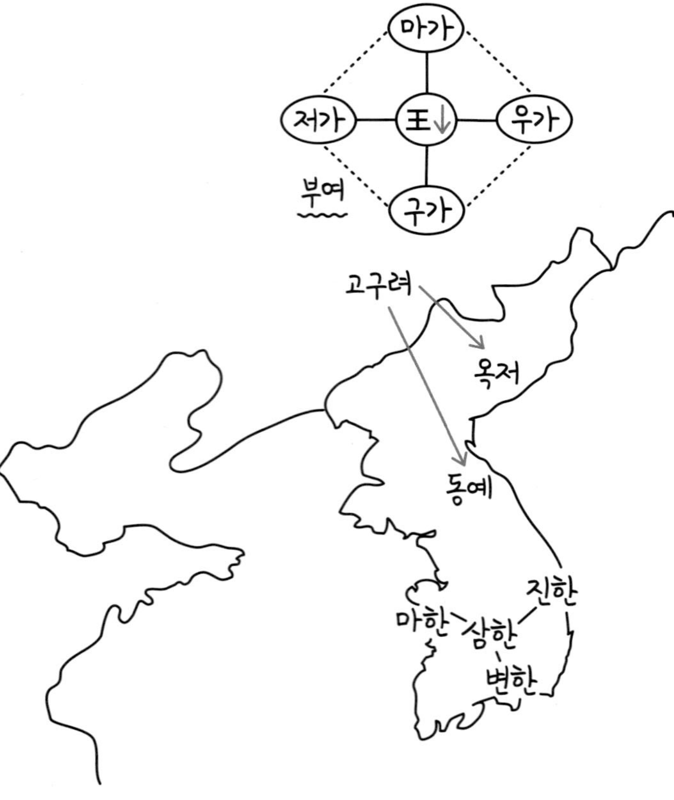

	정치	제천 행사	결혼	기타
부여	사출도	영고		1책 12법
고구려	제가 회의 (· 백제 : 정사암 · 신라 : 화백)	동맹	서옥제	
옥저	군장 (읍군 · 삼로)		민며느리제	가족 공동 무덤
동예		무천		책화, 단궁 · 과하마 · 반어피
삼한	군장(신지 · 읍차) 소도(천군)	계절제 (5월, 10월)		벼농사, 철 수출(변한)

04강 삼국 시대 1

	건국자	~3C	4C(301~400)	5C(401~500)	6C(501~600)	7C(601~700)
고구려	주몽(알)	고국천왕 : 진대법(을파소)	→ · 고국원왕 X · 소수림왕 : 율령, 불교, 태학	· 광개토 태왕 : 비, 호우명 그릇(호우총), 영락 · 장수왕 : 남하(국내성 → 평양), 한성 X └ 충주 고구려비		· 수 → 살수 대첩 O(을지문덕) · 당 → 안시성 전투 O · 고구려 X ← 2 → 부흥 운동 └ 검모잠, 고연무, 안승
백제	비류 - X 온조 - O		근초고왕 → 동진, 규슈 └ 칠지도	개로왕 X (한성 → 웅진) ⇝	· 무령왕 : 22담로 · 성왕 : 웅진 → 사비, 남부여, 한강 일시 수복(진흥왕)	의자왕 항복, 백제 X ← 1 → 부흥 운동(백강 전투) └ 흑치상지, 도침, 복신
				〈나·제 동맹〉		
신라	(박)혁거세(알)	→ (석)탈해 → (김)알지	내물 마립간 ← 왜 ←		· 지증왕 : 왕, 신라, 우경, 우산국(이사부) · 법흥왕 : 율령, 불교(이차돈), 건원, 병부(군사) · 진흥왕 : 순수비, 화랑도 ⇝ 관창 └ 북한산비(한강)	· 나·당 연합 김춘추(나·당 동맹), 김유신 ↓ · 나·당 전쟁 : 매소성·기벌포 전투 ↓ · 삼국 통일(문무왕)
가야	김수로(구지가)	→ 금관가야 연맹	→	대가야 연맹	→ 금관가야 X → 대가야 X	

05강 삼국 시대 2

		고구려	백제	신라	가야
고분		·돌무지무덤 (장군총) → 석촌동 고분 ·굴식 돌방무덤 → 입구 O, 벽화 O, 도굴 O → 무용도, 수렵도, 씨름도	석촌동 고분 = + 벽돌무덤(무령왕릉, 공주) └ 중국 남조(양) 교류	돌무지덧널무덤 입구 X, 벽화 X, 도굴 X (천마총, 경주) └ 천마도, 금관 (벽화 X)	지산동·대성동 고분 → 철↑(철 갑옷), 금동관
도교, 유교		도교(신선) → 사신도	산수무늬 벽돌, 금동 대향로(부여)	유교 : 임신서기석	
불교	불상	금동 연가 7년명 여래 입상	서산 용현리 마애 여래 삼존상	경주 배동 석조 여래 삼존 입상	
	탑		·익산 미륵사지 석탑 ·부여 정림사지 5층 석탑	·경주 분황사 모전 석탑 ·경주 황룡사 9층 목탑(선덕 여왕 → 고려 몽골 X)	
교류	일본	금동 미륵보살 반가 사유상(삼국) → 목조 미륵보살 반가 사유상(일본)			
		·담징 → 호류사 벽화 ·수산리 고분 벽화 → 다카마쓰 고분 벽화	왕인, 아직기, 칠지도		가야 토기 → 스에키
	서역	우즈베키스탄 아프라시아브 궁전 벽화, 각저총(서역인)		보검, 유리잔, 원성왕릉 무인상(통일 신라)	

06강 남북국 시대

<table>
<tr><th colspan="2"></th><th>정치</th><th colspan="2">문화</th></tr>
<tr><td colspan="2" rowspan="2">발해
(북국)</td><td rowspan="2">• 대조영 : 건국(동모산)
• 무왕(인안) : 장문휴 → 산둥반도 공격
• 문왕(대흥) : 친당, 3성 6부, 신라 교류(신라도) → 日 "나 고려 국왕은~"
• 선왕(건흥) : 해동성국, 5경 15부 62주</td><td>→ 고구려 계승</td><td>중국 영향</td></tr>
<tr><td>• 온돌
• 석등, 돌사자상, 이불병좌상
• 정혜 공주 무덤(모줄임천장)</td><td>• 주작대로(상경성)
• 3성(정당성, 중대성, 선조성) 6부
• 정효 공주 무덤(벽돌무덤)
• 영광탑</td></tr>
<tr><td rowspan="2">통일
신라
(남국)</td><td>초기</td><td>• 태종 무열왕(김춘추) : 최초 진골 출신 王, 김유신 → 백제 X(황산벌, 계백)
• 문무왕 : 고구려 X, 삼국 통일, 용 → 대왕암 — (만파식적)
• 신문왕 : 9주 5소경, 9서당 10정, 관료전(← 민정 문서), 녹읍 X, 감은사, 국학</td><td colspan="2" rowspan="2">• 승려 : 원효(아미타 신앙 → 불교 대중화, 무애가), 의상(화엄 사상↑, 부석사), 혜초(왕오천축국전)
• 불교 ┌ 석굴암 본존불상
└ 불국사(다보탑, 3층 석탑 – 석가탑 = 무영탑)
└ 무구정광대다라니경 : 현존 최고(最古) 목판 인쇄물
• 동궁과 월지(안압지) : 주사위… / 첨성대(통일 신라 X, 선덕 여왕)
• 성덕 대왕 신종</td></tr>
<tr><td>말기</td><td>• 중앙 : 진골 귀족 간 왕위 다툼(예 김헌창의 난)
• 지방 ┬ 농민 봉기 : 원종과 애노의 난
└ 호족 성장 : 장보고(청해진) / 견훤(후백제), 궁예(후고구려)(┌ 미륵불) → 왕건
골품제 → └ 6두품 : 최치원(토황소격문, 계원필경)</td></tr>
</table>

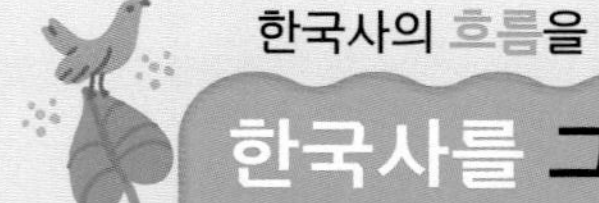
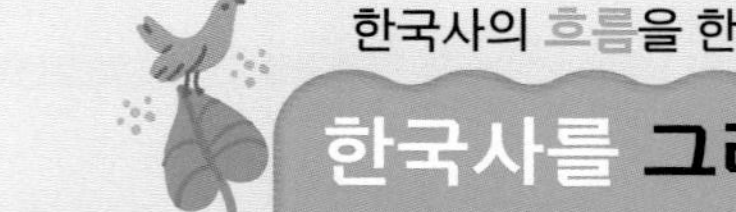

고려의 탄생

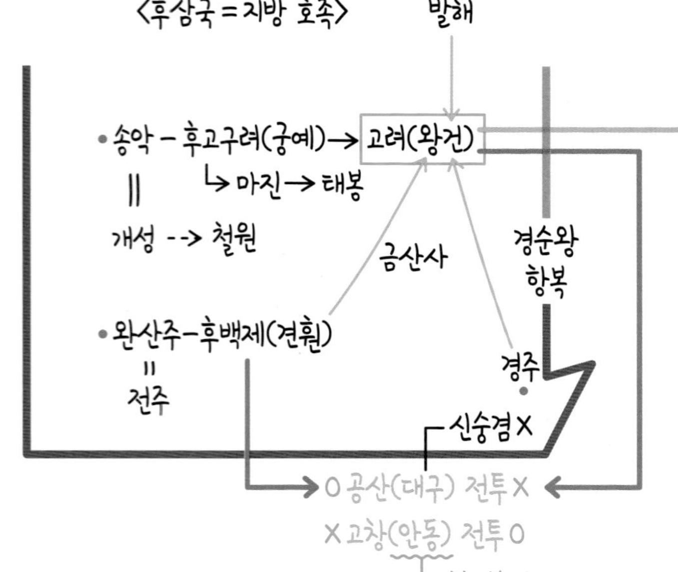

<후삼국 = 지방 호족>
발해
• 송악 – 후고구려(궁예) → 고려(왕건)
||
└→ 마진 → 태봉
개성 --> 철원
금산사
경순왕 항복
• 완산주 – 후백제(견훤)
||
전주
경주
신숭겸 X
O 공산(대구) 전투 X
X 고창(안동) 전투 O
차전놀이

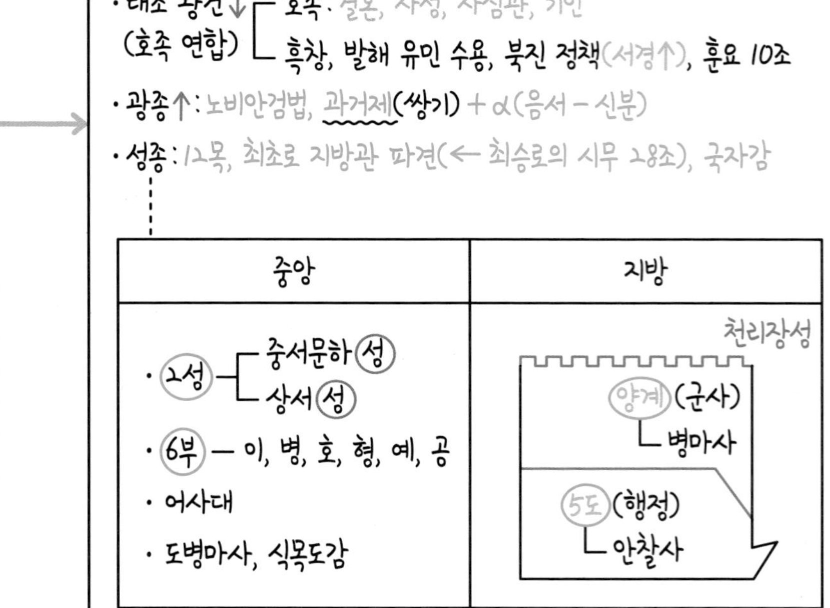

• 태조 왕건↓ (호족 연합)
호족: 결혼, 사성, 사심관, 기인
흑창, 발해 유민 수용, 북진 정책(서경↑), 훈요 10조
• 광종↑: 노비안검법, 과거제(쌍기) + α(음서 – 신분)
• 성종: 12목, 최초로 지방관 파견(← 최승로의 시무 28조), 국자감
중앙
지방
• 2성 – 중서문하성, 상서성
• 6부 — 이, 병, 호, 형, 예, 공
• 어사대
• 도병마사, 식목도감
천리장성
양계(군사)
병마사
5도(행정)
안찰사

08강 고려의 대외 항쟁

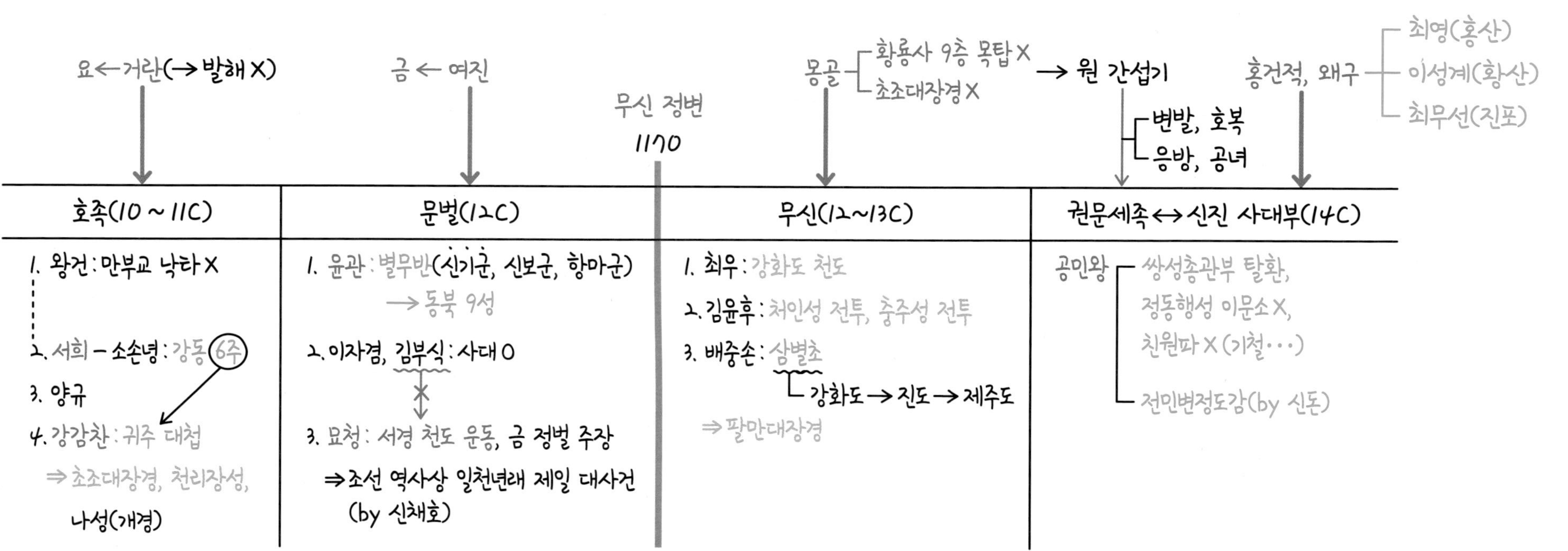

요←거란(→발해X)
금←여진
무신 정변
1170
몽골
황룡사 9층 목탑X
초조대장경X
→ 원 간섭기
변발, 호복
응방, 공녀
홍건적, 왜구
최영(홍산)
이성계(황산)
최무선(진포)
호족(10~11C)
1. 왕건: 만부교 낙타X
2. 서희 – 소손녕: 강동 6주
3. 양규
4. 강감찬: 귀주 대첩
⇒ 초조대장경, 천리장성, 나성(개경)
문벌(12C)
1. 윤관: 별무반(신기군, 신보군, 항마군)
→ 동북 9성
2. 이자겸, 김부식: 사대O
3. 묘청: 서경 천도 운동, 금 정벌 주장
⇒ 조선 역사상 일천년래 제일 대사건 (by 신채호)
무신(12~13C)
1. 최우: 강화도 천도
2. 김윤후: 처인성 전투, 충주성 전투
3. 배중손: 삼별초
강화도 → 진도 → 제주도
⇒ 팔만대장경
권문세족 ↔ 신진 사대부(14C)
공민왕
쌍성총관부 탈환,
정동행성 이문소X,
친원파X(기철···)
전민변정도감(by 신돈)

09강 고려의 경제·사회·문화

시기	경제	사회	문화: 유학	문화: 역사	문화: 승려	문화: 불상	문화: 탑	문화: 사찰	문화: 인쇄	문화: 공예	문화: 과학
	·벽란도 └아라비아 상인 "COREA" ·전시과 ·건원중보, 해동통보, 은병(활구) ·사원 수공업 - 종이, 기와 등	·여성 지위↑ - 균분 상속 - 딸 제사O 백정: 일반 농민 ↑ 향·부곡·소민 : 이사X, 세금↑	·국자감 ·향교 ·최충 (사학 12도)	김부식 : 〈삼국사기〉 우리나라 현존 최고(最古) 역사서	대각국사 의천 → 해동 천태종	·하남 하사창동 철조 석가여래 좌상 ·논산 관촉사 석조 미륵보살 입상 ·파주 용미리 마애 이불 입상 ·안동 이천동 마애 여래 입상 ·영주 부석사 소조 여래 좌상	평창 월정사 8각 9층 석탑	유네스코 세계 유산	초조대장경 → 거란X	·청자 ·나전 칠기	
1170	문익점 → 목화(from 원) └무명	공주 명학소 - 망이·망소이	안향 └성리학 소개 ↓ 신진 사대부	·이규보 - 주몽 : 〈동명왕편〉 ·일연 - 단군 : 〈삼국유사〉	보조국사 지눌 → 수선사 결사	불화: 수월관음도, 아미타래영도	개성 경천사지 10층 석탑 └원 영향	·안동 봉정사 극락전 ·영주 부석사 무량수전 ·예산 수덕사 대웅전	몽골X → 팔만대장경 직지심체요절 └현존 최고(最古) 금속 활자본	상감 청자	최무선(화통도감) → 화약↑ └왜X(진포)

조선의 탄생

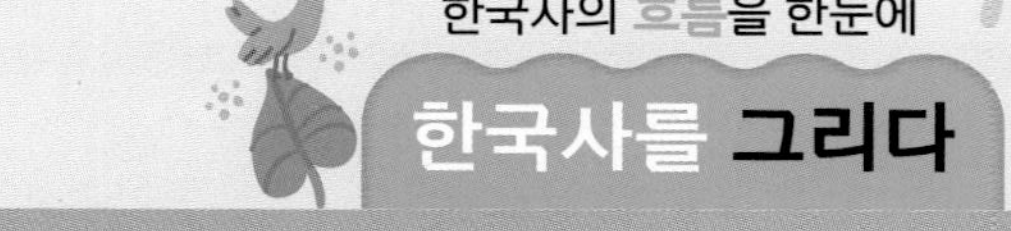

권문세족 vs 이성계(신흥 무인 세력) + 정도전(신진 사대부) └ 성리학
위화도 회군
과전법

조선 건국(1392)

1. 태조 이성계 : 정도전
   왕↓

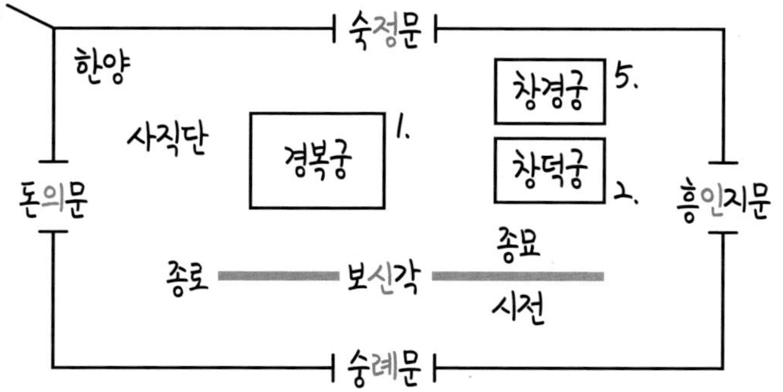

한양
숙정문
사직단
경복궁 1.
창경궁 5.
창덕궁 2.
돈의문
흥인지문
종로 — 보신각 — 종묘 / 시전
숭례문

2. 태종 이방원 ┬ 정몽주 X(단심가 vs 하여가, 선죽교 – 개성), 정도전 X
   왕↑ └ 6조 직계제, 사병 혁파, 호패법
3. 세종 : 집현전(→ 훈민정음), 4군(최윤덕)과 6진(김종서) 설치, 쓰시마섬 정벌(이종무)
4. 세조 : 단종 X, 집현전 X, 6조 직계제, 경국대전 △, 직전법
5. 성종 : ↳ 홍문관 └→ O
6. 연산군 : 무오사화(김종직의 '조의제문'), 갑자사화(폐비 윤씨)
   ↑ 반정
7. 중종 : 조광조(현량과, 위훈 삭제) ← 기묘사화
8. 명종 : 을사사화(대윤 vs 소윤), 임꺽정

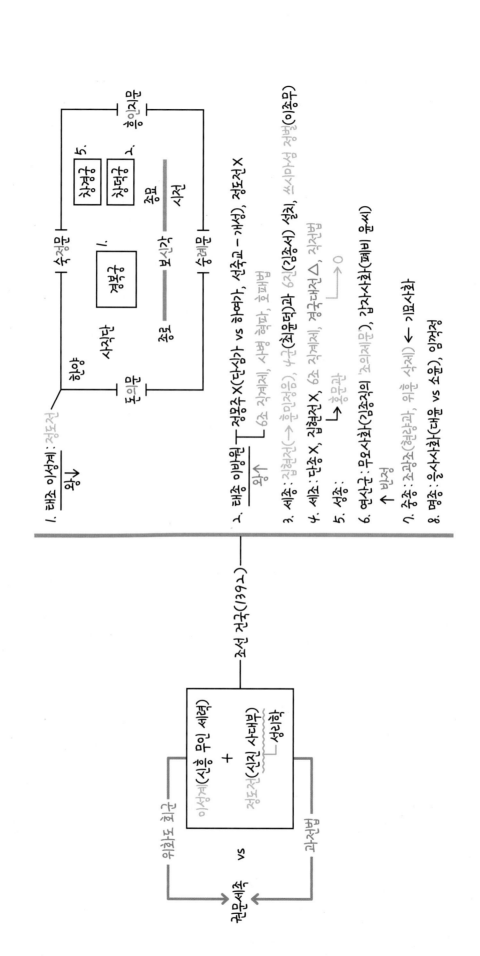

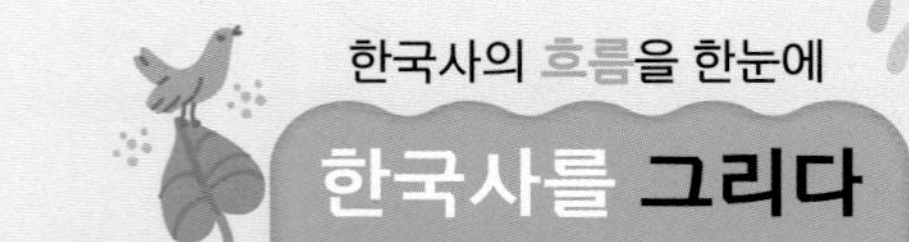

11강 조선 전기의 사회와 문화

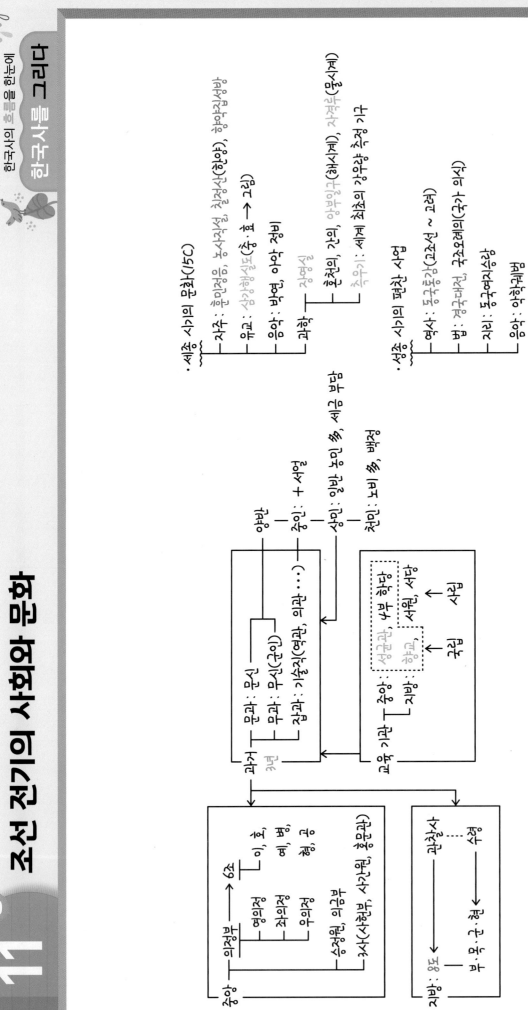

· 중앙
- 의정부 → 6조
  - 영의정, 좌의정, 우의정
  - 6조: 이, 호, 예, 병, 형, 공
- 승정원, 의금부
- 3사(사헌부, 사간원, 홍문관)

· 지방: 8도 ← 관찰사
- 부·목·군·현 ← 수령

과거 (3년)
- 문과: 문신
- 무과: 무신(군인)
- 잡과: 기술직(역관, 의관 ···)

양반
중인: + 서얼
상민: 일반 농민 多, 세금 부담
천민: 노비 多, 백정

교육 기관
- 중앙: 성균관, 4부 학당
- 지방: 향교, 서원, 서당
- 국립: 성균관, 4부 학당, 향교 / 사립: 서원, 서당

· 세종 시기의 문화(15C)
- 자주: 훈민정음, 농사직설, 칠정산(한양), 향약집성방
- 유교: 삼강행실도(충·효 → 그림)
- 음악: 박연, 아악 정비
- 과학
  - 장영실
  - 혼천의, 간의, 앙부일구(해시계), 자격루(물시계)
  - 측우기: 세계 최초의 강우량 측정 기구

· 성종 시기의 편찬 사업
- 역사: 동국통감(고조선 ~ 고려)
- 법: 경국대전, 국조오례의(국가 의식)
- 지리: 동국여지승람
- 음악: 악학궤범

12강 임진왜란과 병자호란

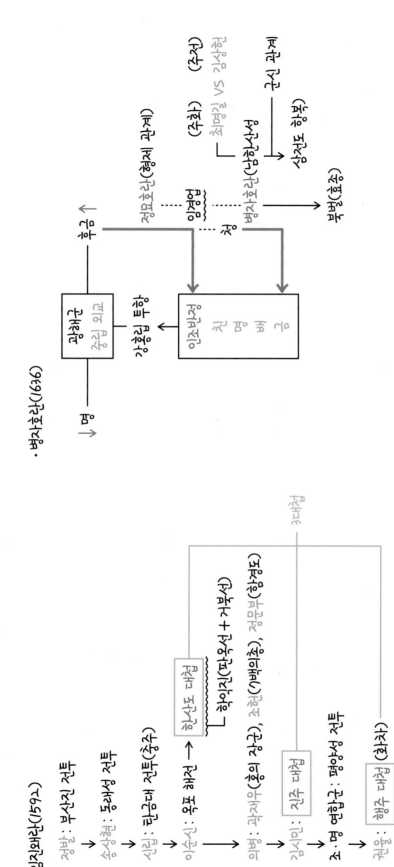

· 임진왜란(1592)

정발 : 부산진 전투
↓
송상현 : 동래성 전투
↓
신립 : 탄금대 전투(충주)
↓
이순신 : 옥포 해전 → 한산도 대첩 (학익진(판옥선 + 거북선))
↓
의병 : 곽재우(홍의 장군), 조헌(7백의총), 정문부(함경도)
↓
김시민 : 진주 대첩
↓
조·명 연합군 : 평양성 전투
↓
권율 : 행주 대첩 (화차)
↓
유성룡(징비록) : 훈련도감

(한산도 대첩, 진주 대첩, 행주 대첩 — 3대첩)

—— 휴전 결렬 ——

이순신 : 명량 해전 → 노량 해전

· 병자호란(1636)

↓ 명 — 광해군 (중립 외교) — 후금 ↑

광해군 → 강홍립 투항

인조반정 (친명배금) → 강홍립 투항

후금 → 정묘호란(형제 관계) → 인조반정

청 → 병자호란(남한산성 → 삼전도 항복) → 인조반정

정묘호란 ⋯ 임경업 ⋯ 병자호란

최명길(주화) VS 김상헌(주전)

군신 관계

병자호란 → 북벌(효종)

13강 전란 이후의 정치

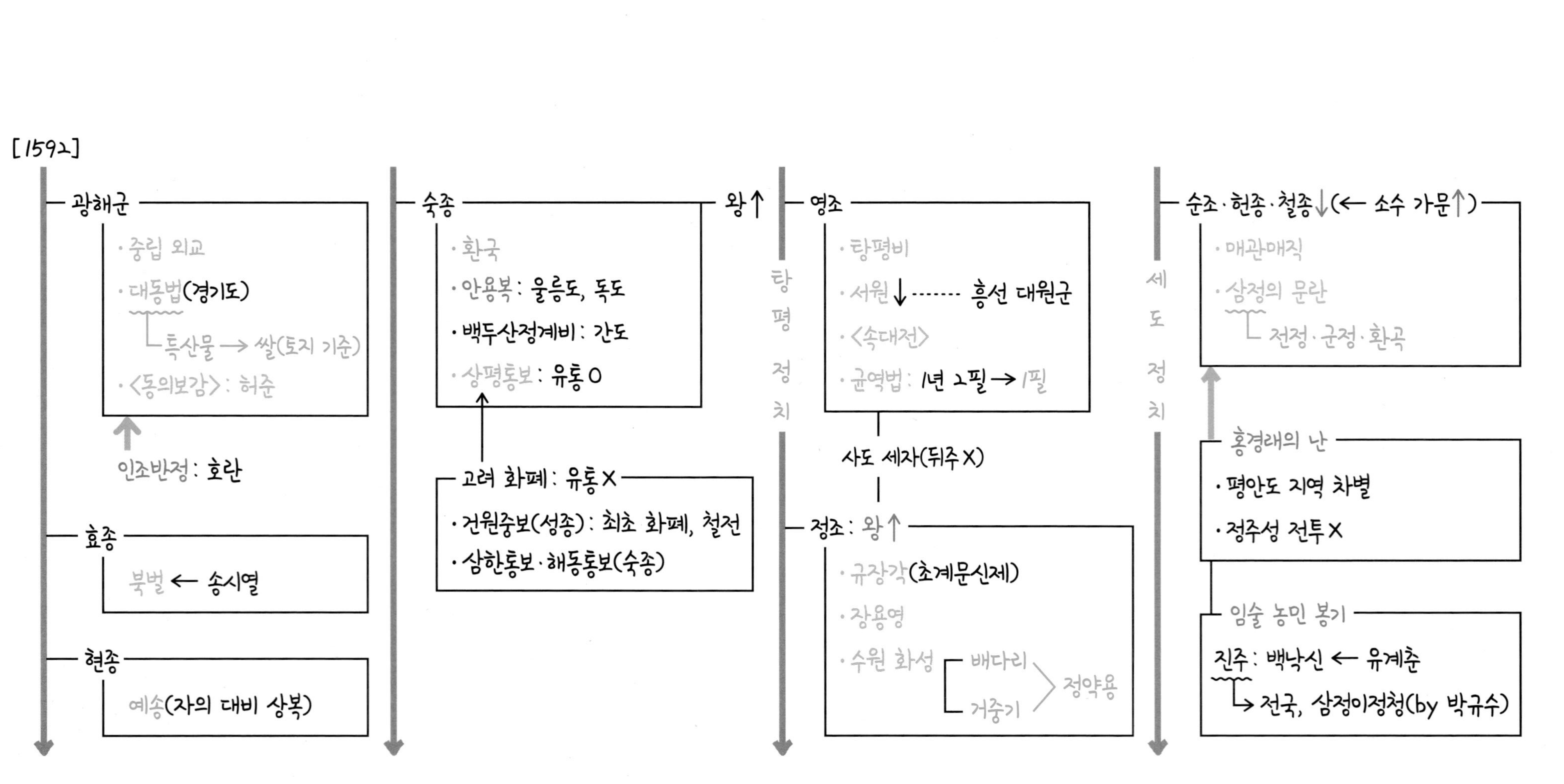
[1592]
광해군
· 중립 외교
· 대동법(경기도)
특산물 → 쌀(토지 기준)
· <동의보감> : 허준
인조반정 : 호란
효종
북벌 ← 송시열
현종
예송(자의 대비 상복)
숙종
왕↑
· 환국
· 안용복 : 울릉도, 독도
· 백두산정계비 : 간도
· 상평통보 : 유통 O
고려 화폐 : 유통 X
· 건원중보(성종) : 최초 화폐, 철전
· 삼한통보·해동통보(숙종)
탕평 정치
영조
· 탕평비
· 서원↓ ······· 흥선 대원군
· <속대전>
· 균역법 : 1년 2필 → 1필
사도 세자(뒤주 X)
정조 : 왕↑
· 규장각(초계문신제)
· 장용영
· 수원 화성 배다리 거중기 정약용
세도 정치
순조·헌종·철종↓(← 소수 가문↑)
· 매관매직
· 삼정의 문란
전정·군정·환곡
홍경래의 난
· 평안도 지역 차별
· 정주성 전투 X
임술 농민 봉기
진주 : 백낙신 ← 유계춘
전국, 삼정이정청(by 박규수)

14강 전란 이후의 경제와 사회

· 경제

- 모내기법 확산 (노동력↓, 생산량↑)
  - 농민층 분화
    - 부농 : 광작
    - 임노동자
  - 잉여물↑ → 교환↑ → 상업↑
    - 사상 : 송상(개성, 인삼), 내상(동래), 만상(의주), 경강상인(한강)
    - 보부상(지방 장시)
    - 상품 작물 재배↑ : 인삼, 담배, 고구마, 감자, 고추
      - 임진왜란 이후

· 사회

1. 신분제 동요 : 양반의 수↑ ← 상인·노비의 수↓
   - 납속책, 공명첩

   ※ 서얼 : 규장각 검서관(정조)

2. 여성 지위↓
   - 신사임당(연산군 ~ 명종) : 아티스트, 율곡 이이 母
   - 허난설헌(선조) : 문학가, 허균 누나
     - 허균 : 〈홍길동전〉
   - 김만덕(정조) : 제주도, 사업가, 자선가
   - 빙허각 이씨 : 여성 실학자, 〈규합총서〉

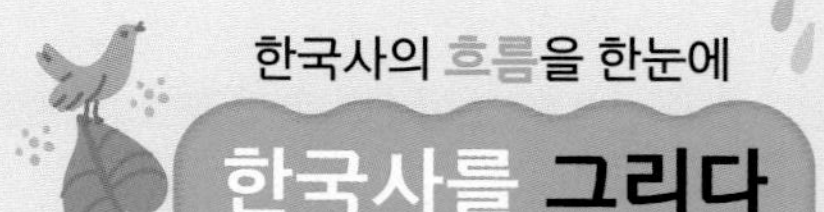

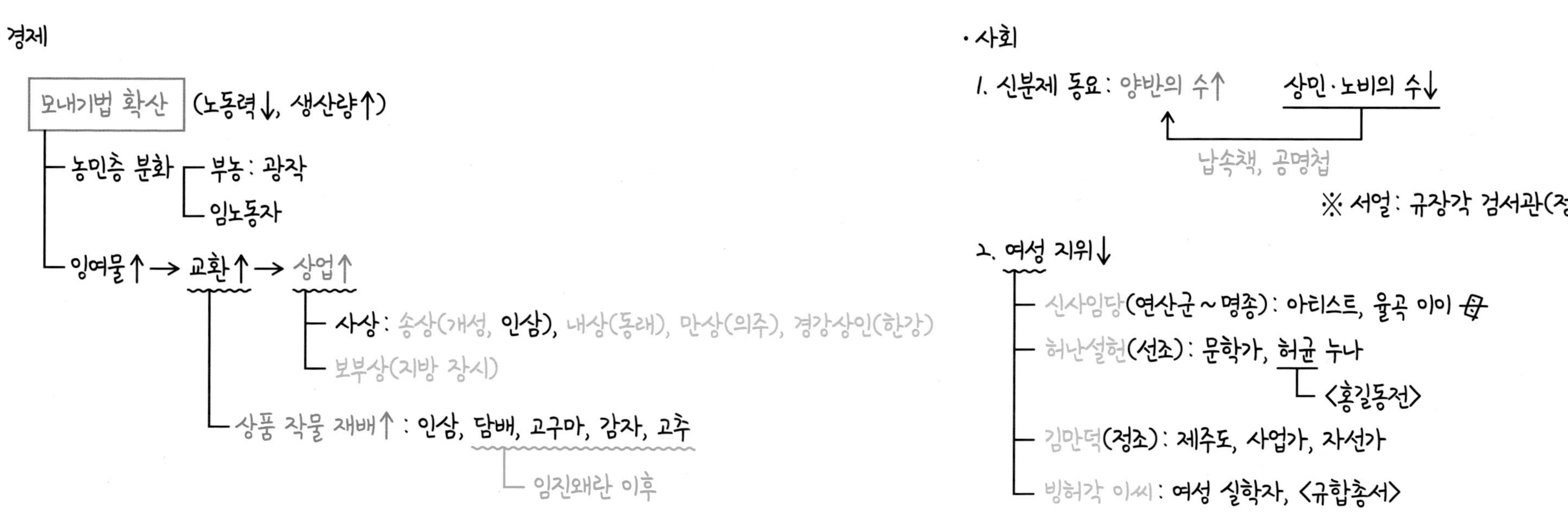

15강 조선 후기 문화의 변화

	유학	역사	지도	건축	기타
전기	성리학↑ - 이황(성학십도) - 이이(성학집요)	실록(춘추관) - 유네스코 세계 기록 유산	세계 지도 혼일강리역대국도지도 - 현존 동양 최고(最古) 세계 지도 - 중국 중심O	· 궁궐 · 서원: 교육 + 제사	· 회화: 고사관수도, 몽유도원도 ─ 양반 · 자기: 분청사기 → 백자 ─ 양반
1592 후기	성리학↓, 실학↑ - 유형원(반계수록): 균전론 - 이익(성호사설): 한전론 - 정약용(경세유(표), 흠흠신(서), 목민심(서)): 여전론, 배다리, 거중기 (배다리, 거중기 → 수원 화성(정조)) - 홍대용(의산문답): 혼천의 → 지전설, 무한 우주론 - 박지원(열하일기, 한문 소설 → 양반전, 허생전…): 수레, 선박, 화폐 - 박제가(북학의): 수레, 선박, 벽돌 ※ 정약전(자산어보): 흑산도	유득공, 〈발해고〉 - '남북국'	곤여만국전도 - 중국 중심X · 김정호, 대동여지도 - 목판	· 수원 화성(정조) ↓ 〈화성성역의궤〉 유네스코 세계 유산 · 법주사 팔상전 - 유일한 목조 5층탑	· 서민 문화 성장 - 풍속화: 김홍도, 신윤복 - 민화: 까치와 호랑이 - 한글 소설: 〈홍길동전〉, 〈춘향전〉, 〈심청전〉 → 전기수 - 탈춤(산대놀이), 판소리 - 종교: 서학(천주교), 동학(by 최제우): 인내천 ─ 평등 · 진경 산수화: 인왕제색도, 금강전도 ⇒ 정선 · 김정희: 추사체, 세한도, 진흥왕 순수비

16강 흥선 대원군의 정책과 개항

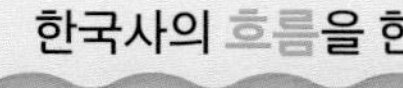
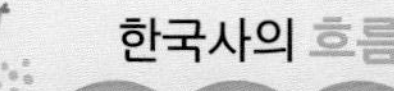

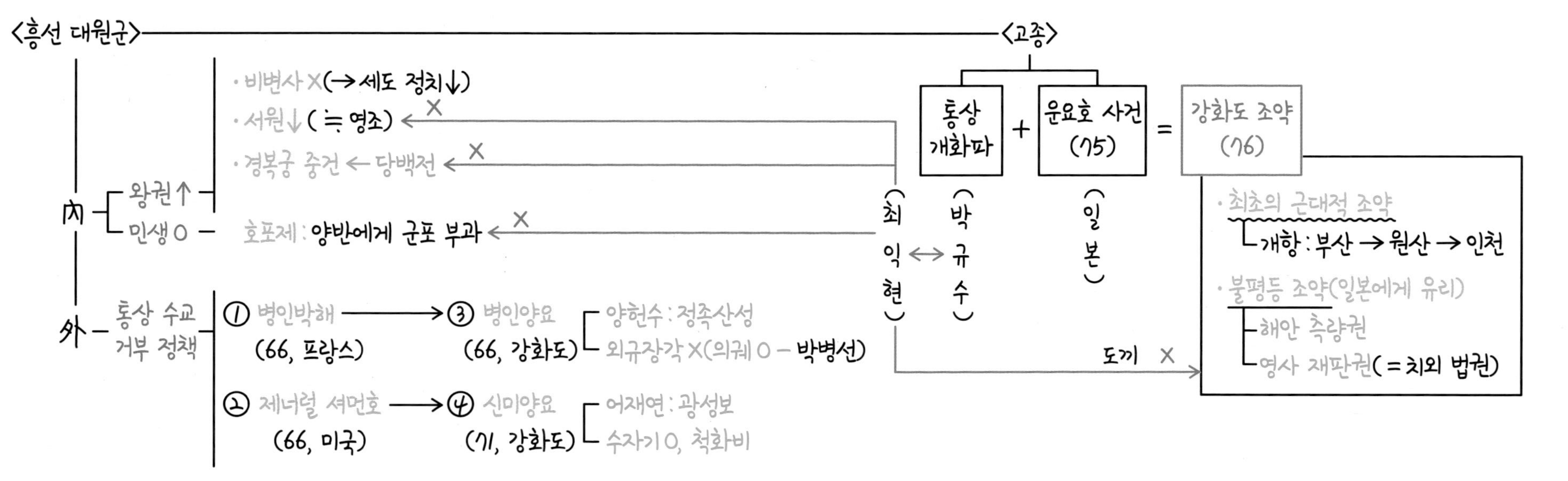

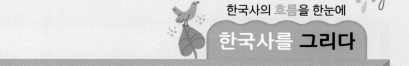

17강 임오군란 ~ 대한 제국

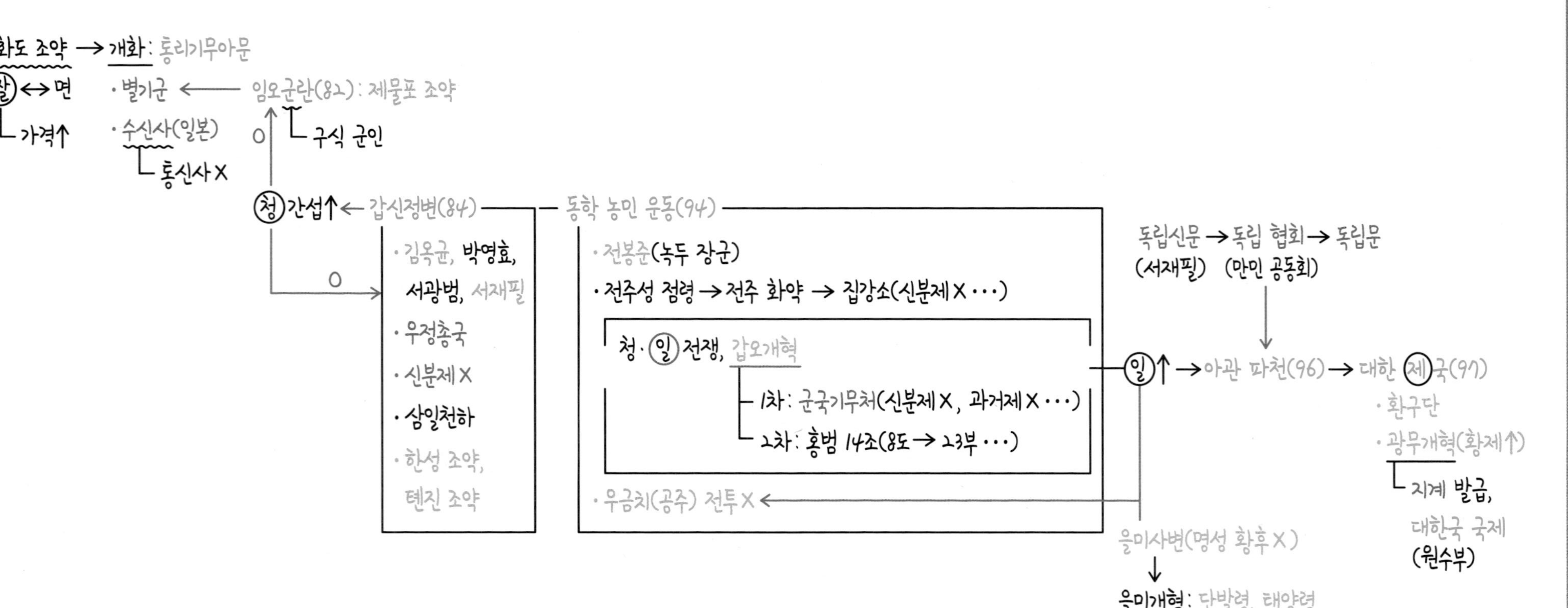

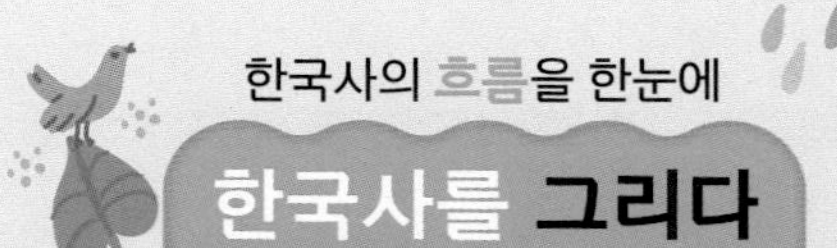

18강

국권 피탈과 국권 수호 운동

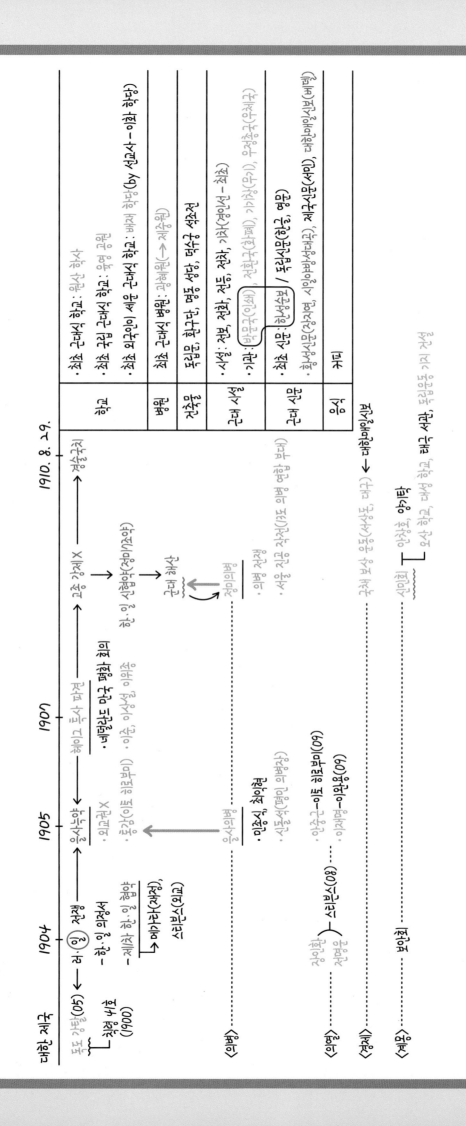

대한 제국 — 1904 — 1905 — 1907 — 1910. 8. 29.

- 독도 강탈(05) ← 러·일 전쟁 → 을사늑약 ← 헤이그 특사 파견 → 고종 강제X → 경술국치
  - 독도: 칙령 41호(1900)
  - 러·일 전쟁
    - 한·일 의정서
    - 제1차 한·일 협약 → 메가타(재정), 스티븐스(외교)
  - 을사늑약
    - 외교권X
    - 통감(이토 히로부미)
  - 헤이그 특사 파견
    - 네덜란드 만국 평화 회의
    - 이준, 이상설, 이위종
  - 고종 강제X → 한·일 신협약(정미7조약) → 군대 해산

〈의병〉 ------ 을사의병 ------ 정미의병
- 을사의병 (→ 통감)
  - 민종식, 최익현
  - 신돌석(평민 의병장)
- 정미의병 (↔ 군대 해산)
  - 의병 전쟁
  - 서울 진공 작전(13도 의병 연합 부대)

〈의열〉 ------ 장인환, 전명운 — 스티븐스(08) ------
- 안중근—이토 히로부미(09)
- 이재명—이완용(09)

〈경제〉 ------ 국채 보상 운동(서상돈, 대구) ← 대한매일신보

〈계몽〉 ------ 보안회 ------ 신민회
- 신민회
  - 안창호, 양기탁
  - 오산 학교, 대성 학교, 태극 서관, 독립운동 기지 건설

학교	·최초 근대식 학교: 원산 학사 ·최초 국립 근대식 학교: 육영 공원 ·최초 외국인이 세운 근대식 학교: 배재 학당(by 선교사 – 이화 학당)
병원	최초 근대식 병원: 광혜원(→ 제중원)
건축물	독립문, 환구단, 명동 성당, 덕수궁 석조전
근대 시설	·시설: 전보, 전화, 전등, 전차, 기차(경인선 – 최초) ·기관: 박문국(인쇄), 전환국(화폐), 기기창(무기), 우정총국(우체국)
근대 신문	·최초 신문: 한성순보 / 독립신문(한글, 영문) ·황성신문(장지연, 시일야방성대곡), 제국신문(서민), 대한매일신보(베델)
음식	커피

일제의 식민 지배 정책

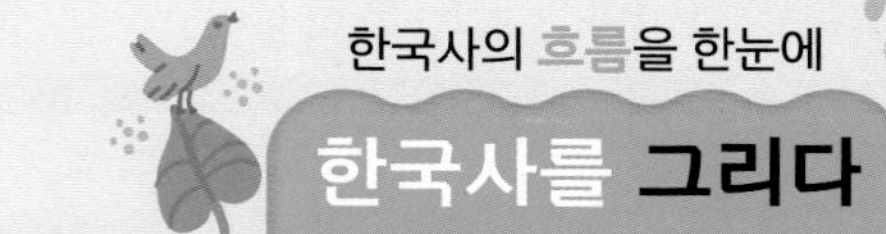

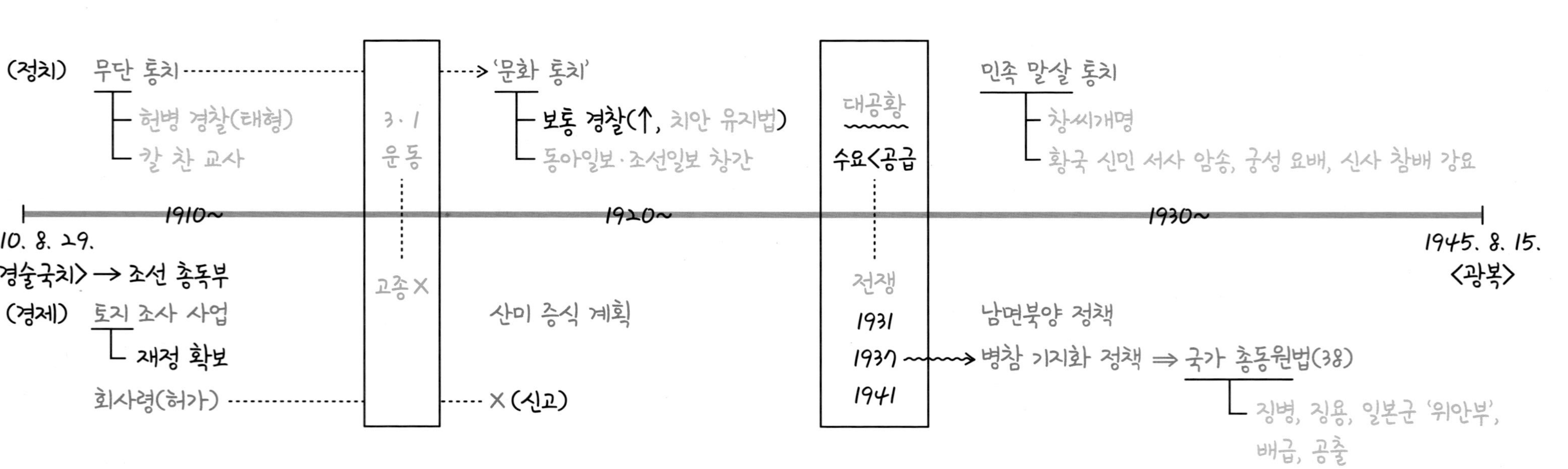
(정치) 무단 통치
헌병 경찰(태형)
칼 찬 교사
3·1 운동
고종 X
'문화 통치'
보통 경찰(↑, 치안 유지법)
동아일보·조선일보 창간
대공황
수요<공급
전쟁
1931
1937
1941
민족 말살 통치
창씨개명
황국 신민 서사 암송, 궁성 요배, 신사 참배 강요
1910~
1920~
1930~
1910. 8. 29.
<경술국치> → 조선 총독부
1945. 8. 15.
<광복>
(경제) 토지 조사 사업
재정 확보
회사령(허가)
X (신고)
산미 증식 계획
남면북양 정책
병참 기지화 정책 ⇒ 국가 총동원법(38)
징병, 징용, 일본군 '위안부', 배급, 공출

20강 일제 강점기 항일 운동

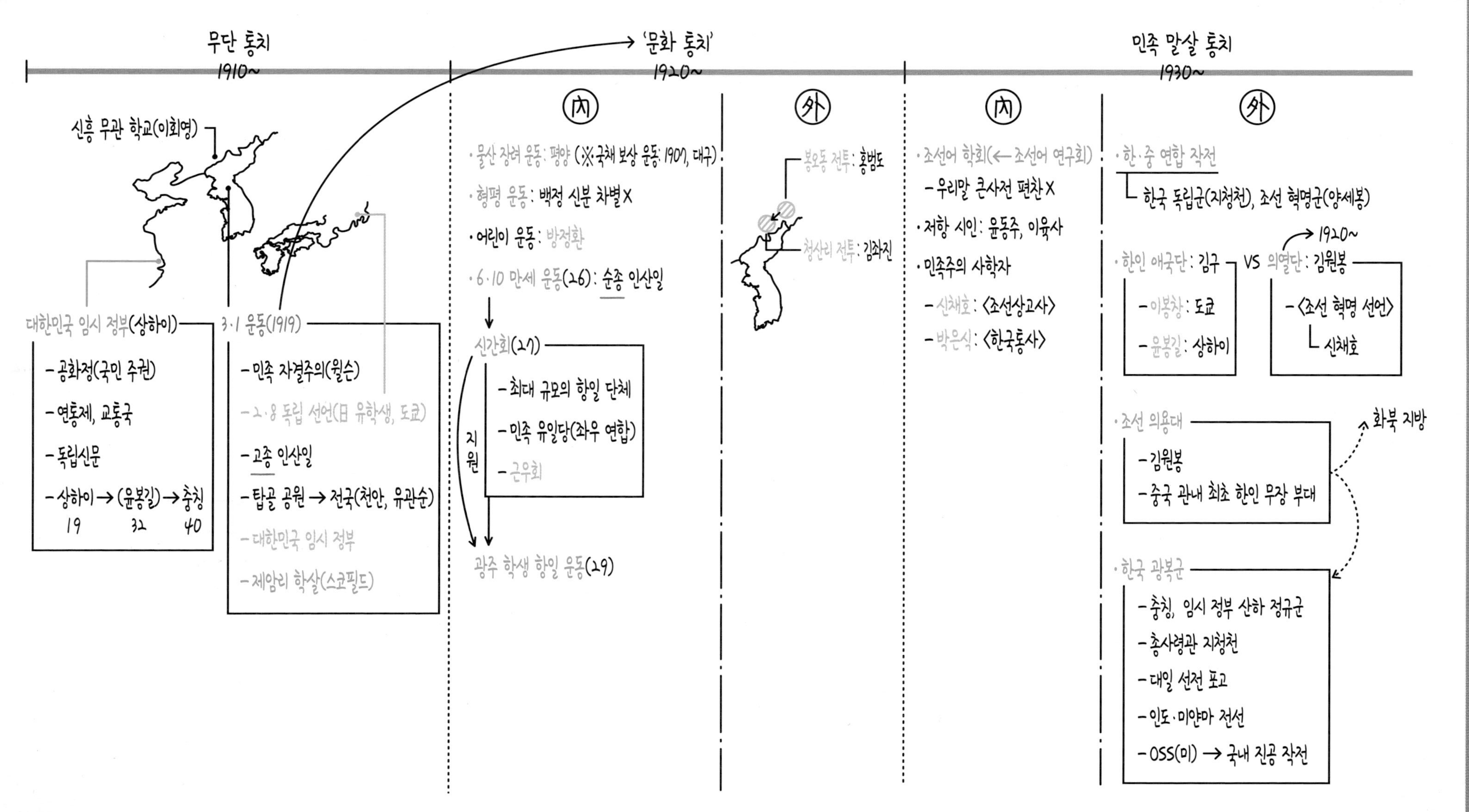

21강 광복 ~ 6·25 전쟁

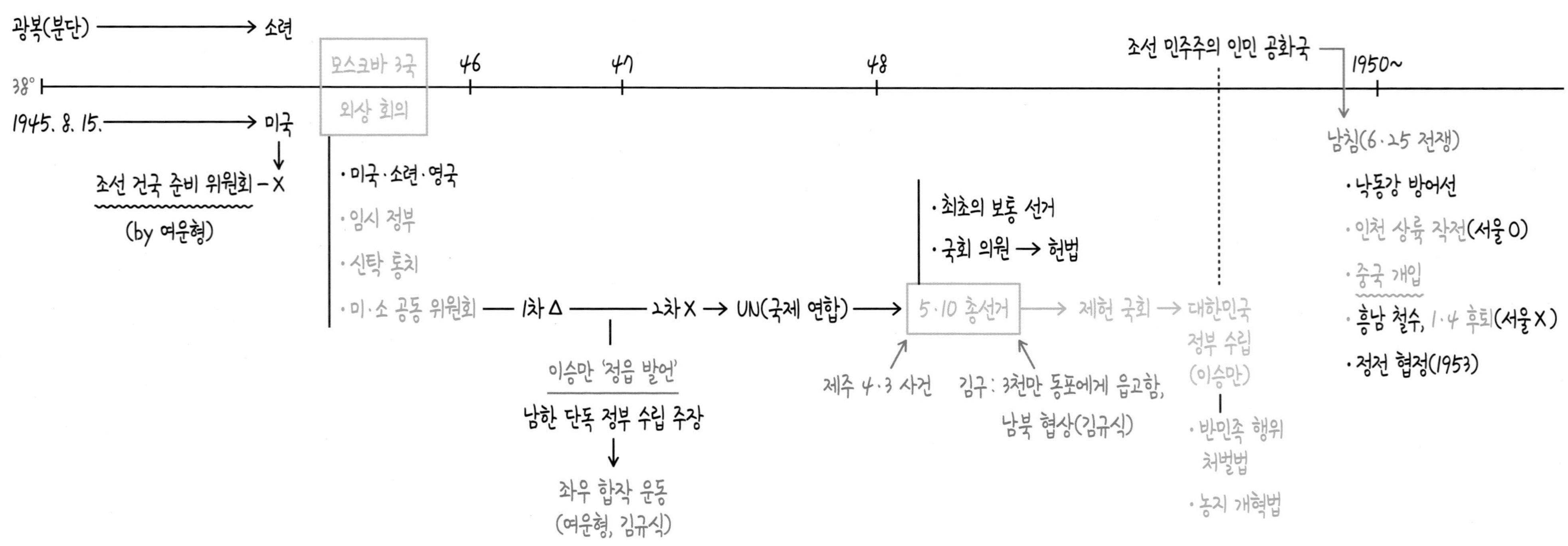

광복(분단) → 소련
38°
1945. 8. 15. → 미국
조선 건국 준비 위원회 – X
(by 여운형)
모스크바 3국 외상 회의
46
47
48
· 미국·소련·영국
· 임시 정부
· 신탁 통치
· 미·소 공동 위원회 — 1차 Δ — 2차 X → UN(국제 연합) → 5·10 총선거 → 제헌 국회 → 대한민국 정부 수립 (이승만)
이승만 '정읍 발언'
남한 단독 정부 수립 주장
좌우 합작 운동
(여운형, 김규식)
· 최초의 보통 선거
· 국회 의원 → 헌법
제주 4·3 사건
김구 : 3천만 동포에게 읍고함,
남북 협상(김규식)
· 반민족 행위 처벌법
· 농지 개혁법
조선 민주주의 인민 공화국
1950~
남침(6·25 전쟁)
· 낙동강 방어선
· 인천 상륙 작전(서울 O)
· 중국 개입
· 흥남 철수, 1·4 후퇴(서울 X)
· 정전 협정(1953)

22강 민주주의와 경제의 발전, 통일을 위한 노력

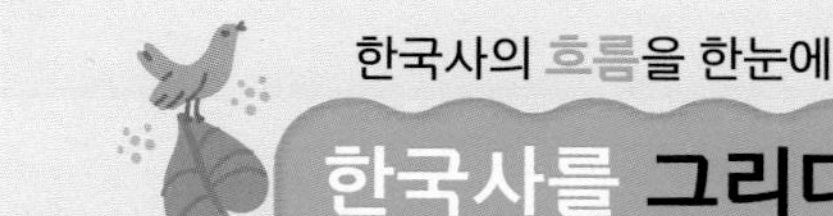

정부	이승만 정부	박정희 정부	전두환 정부	노태우 정부	김영삼 정부	김대중 정부
정치	• 초대 대통령, 6·25 전쟁 • 1960. 3·15 부정 선거 → 4·19 혁명 – 대통령 하야 → 장면 정부(내각 책임제)	• 1961. 5·16 군사 정변(정치 군인) • 1964. 한·일 협정 추진(→ 6·3 시위) (※ 1965. 조약 체결) • 1972. 유신 헌법 └ 통일 주체 국민 회의 ← 긴급 조치권 → 부·마 민주 항쟁(79) • 1979. 10·26 사태(대통령 X)	• 12·12 사태(79): 신군부 → 5·18 민주화 운동(80) – 광주, 시민군 vs 계엄군 • 4·13 호헌 조치(87): 7년, 간선제 → 6월 민주 항쟁: 호헌 X, 직선제 • 6·29 민주화 선언(87) └ 직선제 O → 노태우 정부		• 지방 자치제 전면 실시 • 역사 바로 세우기 (조선 총독부 X)	
경제	원조	• 1·2차 경제 개발 5개년 계획(60년대~, 경공업) 경부 고속 국도, 새마을 운동, 전태일 분신 사건 • 3·4차 경제 개발 5개년 계획(70년대~, 중화학 공업)	3저 호황 └ 저유가, 저금리, 저달러	서울 올림픽(88)	• 외환 위기(IMF 사태) → 조기 졸업 • 금융 실명제	• 한·일 월드컵(2002)
통일	북진 통일	7·4 남북 공동 성명(1972): 통일 3대 원칙 └ 자주, 평화, 민족 대단결	최초의 이산가족 상봉	• 북방 외교 • 남북한 유엔 동시 가입(91) • 남북 기본 합의서(91)		• 햇볕 정책 (→ 노무현, 문재인) • 6·15 남북 공동 선언(2000): 최초의 남북 정상 회담 → 개성 공단, 경의선 개통, 이산가족 상봉, 금강산 육로 관광

별 채우기

키워드를 보고 ★을 채워 보세요.

01강 선사 시대

1. 뗀석기, 이동 생활, 주로 동굴이나 강가의 막집에 거주, 연천 전곡리 유적 → ★석기 시대
2. 구석기 시대, 뗀석기, 사냥을 하거나 동물의 가죽을 벗기는 등 다양한 용도로 사용 → ★★도끼
3. 농경과 정착 생활 시작, 간석기, 서울 암사동 유적 → ★석기 시대
4. 신석기 시대, 식량 저장과 음식 조리에 사용 → ★★무늬 토기
5. 신석기 시대, 실을 뽑을 때 사용 → ★★바퀴

정답 1. 구 2. 주먹 3. 신 4. 빗살 5. 가락

02강 최초의 국가 고조선

1. 청동기 시대, 거푸집으로 제작, 중국 악기 모양 → ★★형 동검
2. 청동기 시대, 지배자의 무덤 → ★★돌
3. 청동기 시대, 농기구, 곡식을 수확하는 데 사용 → ★★돌칼
4. 우리 역사상 최초의 국가, 홍익인간, 범금 8조(8조법), 한의 침입으로 멸망 → 고★★
5. 환웅과 웅녀의 혼인, 아사달에 도읍, 고조선 건국 → ★★왕검

정답 1. 비파 2. 고인 3. 반달 4. 조선 5. 단군

03강 여러 나라의 성장

1. 사출도, 영고, 도둑질한 자는 훔친 것의 12배로 갚게 함(1책 12법) → ★여
2. 마가, 우가, 저가, 구가가 다스린 각자의 영역 → 사★★
3. 주몽이 건국, 제가 회의, 동맹, 서옥제 → 고★★
4. 읍군·삼로, 민며느리제, 가족 공동 무덤 → ★저
5. 읍군·삼로, 무천, 책화, 단궁·과하마·반어피 → ★예
6. 신지·읍차, 소도, 천군, 계절제 → ★한
7. 삼한, 신성 지역, 정치적 지배자의 힘이 미치지 못함 → ★도

정답 1. 부 2. 출도 3. 구려 4. 옥 5. 동 6. 삼 7. 소

04강 삼국 시대 1

1. 고국천왕 시행, 을파소 건의, 빈민 구제책, 봄에 곡식을 빌려주고 겨울에 갚게 함 → ★★법
2. 불교 수용, 태학 설립, 율령 반포 → ★★★왕
3. '영락' 연호 사용, 한강 이북 지역 차지, 신라에 침입한 왜 격퇴, 호우총 청동 그릇 → ★★★태왕

별 채우기 키워드를 보고 ★을 채워 보세요.

④ 평양으로 천도, 남진 정책 추진, 한성 함락, 광개토 태왕릉비 건립 → ★★왕

⑤ 을지문덕, 수의 우중문이 이끄는 30만 별동대 격퇴 → ★★ 대첩

⑥ 천리장성 축조 감독, 정변을 일으킴, 대막리지 → 연★★★

⑦ 당 태종의 고구려 공격, 당 군대가 흙산을 쌓음 → ★★성 전투

⑧ 백제의 전성기, 마한 정벌, 중국·왜와 교류, 평양성 공격, 고구려 고국원왕 전사 → 근★★왕

⑨ 22담로에 왕족 파견, 중국 남조와 교류, 벽돌무덤의 주인공 → ★★왕

⑩ 사비로 천도, 국호를 '남부여'로 변경, 신라와 연합하여 한강 하류 지역 회복, 관산성 전투에서 전사 → ★왕

⑪ 계백이 이끄는 5천 명의 결사대가 김유신의 신라군에 맞서 싸움 → ★★벌 전투

⑫ 국호 '신라' 확정, '왕' 칭호 사용, 이사부를 보내 우산국 정복, 우경 장려 → ★★왕

⑬ 율령 반포, 이차돈의 순교를 계기로 불교 공인, 금관가야 병합, 병부 설치 → ★★왕

⑭ 화랑도를 국가적인 조직으로 개편, 한강 유역 차지, 4개의 순수비 건립, 대가야 정복 → ★★왕

⑮ 나·당 연합, 김유신의 도움, 최초의 진골 출신 왕 → 김★★

⑯ 흑치상지, 복신, 도침, 백강 전투 → ★★ 부흥 운동

⑰ 검모잠, 고연무, 안승 → ★★★ 부흥 운동

⑱ 매소성 전투, 기벌포 전투 → ★·★ 전쟁

⑲ 김수로왕이 건국, 김해, 전기 가야 연맹 주도, 낙랑과 왜에 철 수출, 법흥왕에 멸망 → ★★가야

⑳ 고령, 후기 가야 연맹 주도, 진흥왕에 멸망 → ★가야

정답 1. 진대 2. 소수림 3. 광개토 4. 장수 5. 살수 6. 개소문 7. 안시 8. 초고 9. 무령 10. 성 11. 황산 12. 지증 13. 법흥 14. 진흥 15. 춘추 16. 백제 17. 고구려 18. 나, 당 19. 금관 20. 대

05강 삼국 시대 2

①  고구려, 불상 뒷면에 새겨진 글자를 통해 제작 시기를 짐작할 수 있음 → 금동★★ 7년명 여래 입상

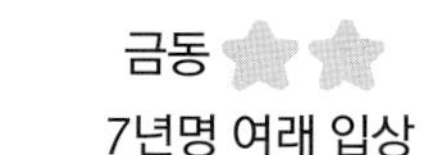

②  부여 능산리 고분군 부근의 절터에서 발견됨, 도교와 불교 사상이 반영됨 → 백제★★ 대향로

③  백제, 신선 사상이 반영됨, 도교의 이상 세계가 표현됨 → ★★무늬 벽돌

별 채우기 키워드를 보고 ★을 채워 보세요.

4		백제, 암벽에 조각된 불상, '백제의 미소'로 알려짐	→	서산 용현리 ★★ 여래 삼존상
5		백제, 목탑 양식이 반영됨, 금제 사리 장엄구와 봉안기가 발견됨	→	익산 ★★ 사지 석탑
6	  	백제, 평제탑이라고도 불렸음	→	부여 ★★ 사지 5층 석탑
7		신라, 돌을 벽돌 모양으로 다듬어서 쌓음	→	경주 ★★ 사 모전 석탑
8	 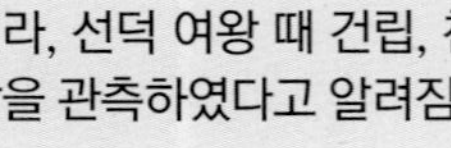	신라, 선덕 여왕 때 건립, 천문 현상을 관측하였다고 알려짐	→	경주 ★★ 대

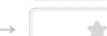

정답 1. 연가 2. 금동 3. 산수 4. 마애 5. 미륵 6. 정림 7. 분황 8. 첨성

06강 남북국 시대

1		대조영이 동모산에서 건국, 고구려 계승, 3성 6부, 5경 15부 62주, 전성기에 '해동성국'이라고 불림	→	 ★★
2		장문휴를 보내 산둥반도 공격, '인안' 연호 사용	→	★ 왕
3		당과 친선 관계 형성, 상경으로 천도, '대흥' 연호 사용, 정혜 공주, 정효 공주	→	★ 왕
4	 	발해의 불상, 고구려의 영향	→	★★ 병좌상
5		벽돌로 쌓은 발해의 탑	→	 ★★ 탑
6		나·당 전쟁에서 승리, 삼국 통일 완성, 대왕암	→	 ★★ 왕
7		문무왕의 아들, 국학 설립, 관료전 지급, 녹읍 폐지, 감은사 완성	→	  ★★ 왕
8		신라의 신분 제도, 혈통에 따라 신분의 등급을 나눔, 골품에 따라 관직 승진에 제한이 있음, 일상생활까지 규제	→	  ★★ 제
9		청해진 설치, 해적 소탕, 당·일본과의 해상 무역 주도	→	  장 ★★
10		신라 말의 지방 세력, 성주·장군, 독자적으로 군대 보유	→	 ★ 족
11		진성 여왕, 중앙 정부와 귀족의 수탈에 저항, 농민 봉기	→	 ★ 종과 ★ 노의 난
12		6두품 출신, 당의 빈공과에 합격, 진성 여왕에게 10여 조의 개혁안을 올림, "계원필경" 저술	→	 최 ★★

별 채우기 키워드를 보고 ★을 채워 보세요.

13 무애가를 지음, "대승기신론소"·"십문화쟁론" 저술, 나무아미타불 암송 → ★효

14 신라 화엄종 개창, 낙산사와 부석사 등 여러 절 창건, '화엄일승법계도' 저술 → ★상

15 경주 토함산에 있는 절, 유네스코 세계 유산, 석가탑, 다보탑 → ★★사

16 경주 토함산에 있는 석굴 사원, 유네스코 세계 유산, 본존불상 → ★★암

17 경주 불국사 3층 석탑에서 발견, 현재 남아 있는 세계에서 가장 오래된 목판 인쇄물 → ★★정광대다라니경

정답 1. 발해 2. 무 3. 문 4. 이불 5. 영광 6. 문무 7. 신문 8. 골품 9. 보고 10. 호 11. 원, 애 12. 치원 13. 원 14. 의 15. 불국 16. 석굴 17. 무구

07강 고려의 탄생

1 완산주에서 후백제 건국, 공산 전투 승리, 금산사에 유폐됨, 고려에 투항 → ★훤

2 송악에서 후고구려 건국, 철원으로 천도, '태봉'으로 국호 변경, 스스로 미륵불이라 칭함 → ★예

3 후백제군이 고려군과 싸워 승리, 지금의 대구 지역, 고려 장수 신숭겸 전사 → ★산 전투

4 고려군이 후백제군과 싸워 승리, 지금의 안동 지역 → ★창 전투

5 후삼국 통일, 사심관 제도와 기인 제도 시행, 북진 정책 추진, 흑창 설치, 훈요 10조 → ★건

6 노비안검법 시행, 쌍기 등용, 과거제 도입, '광덕'·'준풍' 연호 사용 → ★종

7 최승로가 올린 시무 28조 수용, 12목 설치, 지방관 파견, 2성 6부제 마련, 국자감 설치 → ★종

8 고려의 지방 행정 제도, 일반 행정 구역과 군사 행정 구역으로 나눔 → 5★ 양★

정답 1. 견 2. 궁 3. 공 4. 고 5. 왕 6. 광 7. 성 8. 도, 계

08강 고려의 대외 항쟁

1 거란의 1차 침입 당시 소손녕과 외교 담판을 벌임, 강동 6주 획득 → ★희

2 거란의 3차 침입 당시 귀주에서 거란군 격퇴 → 강★★

3 별무반 설치 건의, 여진을 정벌한 후 동북 9성 축조 → 윤★

4 서경 천도 주장, 금 정벌 주장, 서경에서 반란을 일으킴 → ★청

5 처인성 전투에서 몽골 장수 살리타 사살, 충주성 전투에서 주민들과 함께 몽골군 격퇴 → 김★★

별 채우기 키워드를 보고 ★을 채워 보세요.

6 배중손, 고려 정부의 개경 환도 결정에 반발, 강화도-진도-제주도로 근거지 이동 → 삼★★

7 원 간섭기에 형성, 높은 관직 독점, 불법적인 방법으로 대토지 소유 → ★★세족

8 노국 대장 공주와 혼인, 정동행성 이문소 폐지, 기철 등 친원파 숙청, 쌍성총관부 공격, 신돈 등용, 전민변정도감 설치 → ★★왕

정답 1. 서 2. 감찬 3. 관 4. 묘 5. 윤후 6. 별초 7. 권문 8. 공민

09강 고려의 경제·사회·문화

1 고려 경종 때 처음 시행, 관직 복무 등에 대한 대가, 전지와 시지를 지급 → ★★과

2 예성강 하구, 국제 무역항, 아라비아 상인 왕래 → ★★도

3   고려의 화폐, 활구라고도 불림 → 은★

4 원에서 목화씨를 들여와 재배에 성공 → 문★★

5 무신 집권기, 공주 명학소, 차별에 저항 → ★이·★소이의 난

6 노비, 개경에서 봉기 모의, 신분 해방 운동의 성격 → ★★의 난

7 성종 때 처음 설치, 고려의 최고 교육 기관, 유학과 기술 교육 → ★★감

8 김부식, 현재 남아 있는 우리나라에서 가장 오래된 역사서 → 삼국★★

9 일연, 단군의 건국 이야기와 불교 관련 내용 수록 → 삼국★★

10 대각국사, 왕자 출신, 해동 천태종 개창 → ★천

11 보조국사, 수선사 결사, 정혜쌍수 주장 → ★눌

12  몽골의 침입, 합천 해인사에 보관, 목판, 유네스코 세계 기록 유산 → 팔만★★★

13 청주 흥덕사에서 간행, 현재 남아 있는 세계에서 가장 오래된 금속 활자 인쇄본, 박병선 박사, 프랑스 국립 도서관에 소장 → ★★심체요절

14  원의 영향을 받음, 대리석으로 제작, 국립 중앙 박물관에 소장 → 개성★★사지 10층 석탑

15 화약 개발, 화통도감 설치 건의, 진포 대첩 → 최★★

정답 1. 전시 2. 벽란 3. 병 4. 익점 5. 망, 망 6. 만적 7. 국자 8. 사기 9. 유사 10. 의 11. 지 12. 대장경 13. 직지 14. 경천 15. 무선

별 채우기 키워드를 보고 ★을 채워 보세요.

10강 조선의 탄생

1. 4불가론, 요동 정벌에 나섰던 이성계가 군대를 돌려 권력 장악 → ★★도 회군
2. 조선 개국 공신, 한양 도성 설계, "조선경국전"·"불씨잡변" 저술 → 정★★
3. 조선 시대에 가장 먼저 지어진 궁궐, 정도전이 궁궐의 이름을 지음, 광화문·근정전·경회루, 임진왜란으로 불에 탐, 흥선 대원군이 다시 지음 → ★★궁
4. 태종 때 지음, 이궁, 유네스코 세계 유산, 후원에 규장각이 있었음 → ★★궁
5. 조선 시대 왕과 왕비의 신주를 모심, 경복궁 동쪽에 위치, 유네스코 세계 유산 → ★묘
6. 땅의 신과 곡식의 신에게 제사를 지냄, 경복궁 서쪽에 위치 → ★★단
7. 두 차례 왕자의 난을 통해 즉위, 사병 혁파, 6조 직계제 시행, 전국을 8도로 나눔, 호패법 시행 → ★종
8. 집현전 설치, 훈민정음 창제, 이종무를 보내 쓰시마섬 정벌 → ★종
9. 세종 때 개척, 최윤덕·김종서, 여진 정벌 → ★군★진
10. 계유정난으로 정권을 잡음, 6조 직계제 부활, 집현전 폐지, 직전법 실시 → ★조
11. 홍문관 설치, "경국대전" 반포, "국조오례의" 편찬 → ★종

정답 1. 위화 2. 도전 3. 경복 4. 창덕 5. 종 6. 사직 7. 태 8. 세 9. 4, 6 10. 세 11. 성

11강 조선 전기의 사회와 문화

1. 조선의 최고 교육 기관, 대성전, 명륜당 → ★★관
2. 성리학 교육, 사립 교육 기관, 교육과 제사 담당 → ★원
3. 세종 때 창제, 우리 고유의 문자 → ★★정음
4. 세종 때 편찬, 우리 기후와 토지에 맞는 농사법 정리 → 농사★★
5. 세종 때 편찬, 우리 역사 최초로 한양을 기준으로 천체의 운동 계산, 역법서 → ★★산
6. 세종 때 편찬, 유교 윤리 보급, 충신·효자·열녀의 이야기를 글과 그림으로 설명 → 삼강★★도
7. 세종 때 장영실이 제작, 물시계, 자동으로 종·북·징을 울리게 해 시간을 알려 줌 → ★★루
8. 세종 때 제작, 해시계, 그림자로 시간 측정 → ★★일구

정답 1. 성균 2. 서 3. 훈민 4. 직설 5. 칠정 6. 행실 7. 자격 8. 앙부

별 채우기 키워드를 보고 ★을 채워 보세요.

12강 임진왜란과 병자호란

1. 탄금대 전투, 한산도 대첩, 진주 대첩, 행주 대첩 → ★★왜란
2. 임진왜란, 학익진 전법, 한산도 대첩, 명량 해전, 노량 해전 → 이★★
3. "징비록" 저술, 이순신을 천거함, 병산 서원 → 유★★
4. 임진왜란, 의령에서 의병을 일으킴, 홍의 장군이라고 불림 → 곽★★
5. 인조, 친명배금 정책, 후금의 침략, 후금과 형제 관계를 맺음 → ★★호란
6. 인조, 청의 침략, 남한산성에서 항전, 인조가 삼전도에서 굴욕적인 항복 의식을 치름 → ★★호란

정답 1. 임진 2. 순신 3. 성룡 4. 재우 5. 정묘 6. 병자

13강 전란 이후의 정치

1. 명과 후금 사이에서 중립 외교를 펼침, 대동법을 처음 시행, 인조반정으로 폐위됨 → ★★군
2. 광해군 때 처음 시행, 선혜청에서 주관, 공납을 쌀이나 베, 동전 등으로 거둠 → ★★법
3. 광해군 때 허준이 편찬, 전통 의학 집대성, 유네스코 세계 기록 유산 → ★★보감
4. 북벌 추진, 나선 정벌에 조총 부대 파견 → ★종
5. 환국을 여러 차례 단행, 백두산정계비 건립, 상평통보를 공식 화폐로 발행 → ★종
6. 탕평책 실시, 탕평비 건립, "속대전" 편찬, 균역법 실시 → ★조
7. 영조 때 실시, 군포 부담을 2필에서 1필로 줄임 → ★★법
8. 사도 세자의 아들, 탕평책 실시, 장용영 설치, 수원 화성 건립, 초계문신제 시행 → ★조
9. 정조 때 기능 강화, 왕실 도서관, 서얼 출신 유득공과 박제가 등이 검서관에 등용됨 → ★★각
10. 안동 김씨와 풍양 조씨 등이 권력 독점, 삼정의 문란이 심해짐, 매관매직 성행 → ★★정치
11. 홍경래가 봉기 주도, 세도 정치와 평안도 지역(서북 지역) 차별에 저항 → ★★★의 난
12. 철종 때 설치, 삼정의 문란을 바로잡기 위한 기구 → 삼정★★청

정답 1. 광해 2. 대동 3. 동의 4. 효 5. 숙 6. 영 7. 균역 8. 정 9. 규장 10. 세도 11. 홍경래 12. 이정

별 채우기 키워드를 보고 ★을 채워 보세요.

14강 전란 이후의 경제와 사회

1 조선 후기의 경제 상황에 대한 설명으로 옳으면 ○표, 틀리면 ×표를 하시오.

① 동시전이 설치되었다. (　　)
② 모내기법이 확산되었다. (　　)
③ 상평통보가 유통되었다. (　　)
④ 전시과 제도가 실시되었다. (　　)
⑤ 내상이 일본과의 무역을 주도하였다. (　　)
⑥ 벽란도가 국제 무역항으로 번성하였다. (　　)
⑦ 관청에 물품을 조달하는 공인이 활동하였다. (　　)

2 조선 시대에 정부가 곡식이나 돈 등을 받고 신분을 상승시켜 주거나 벼슬을 내림 → ★속책

3  율곡 이이의 어머니, 초충도 등의 그림을 남겼다고 알려짐 → 신★★★

4  조선의 여류 시인, "홍길동전"을 지었다고 알려진 허균의 누나 → 허★★★

5  정조 때 개인 재산으로 굶주리는 제주도 백성을 구제, 정조가 금강산 여행을 보내 줌 → 김★★

정답 1. ① ×(신라) ② ○ ③ ○ ④ ×(고려) ⑤ ○ ⑥ ×(고려) ⑦ ○ 2. 납 3. 사임당 4. 난설헌 5. 만덕

15강 조선 후기 문화의 변화

1 "반계수록" 저술, 균전론 주장 → 유★★

2 "목민심서" 저술, 여전론 주장, 거중기 설계 → 정★★

3 "열하일기"·'양반전'·'허생전' 저술, 수레와 선박의 이용 주장 → 박★★

4 "북학의" 저술, 규장각 검서관, 소비의 중요성 강조 → 박★★

5 "의산문답" 저술, 지전설과 무한 우주론 주장, 혼천의 제작 → 홍★★

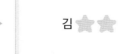

6  태종 때 제작, 현재 전해지는 동양에서 가장 오래된 세계 지도, 중국 중심의 세계관 반영 → ★★★★역대국도지도

7 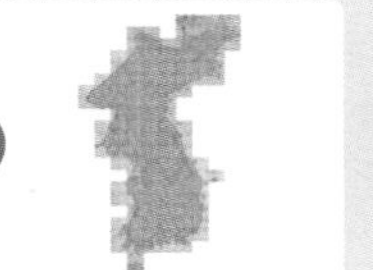  김정호가 제작, 총 22첩의 목판본 지도, 10리마다 눈금 표시 → ★★★지도

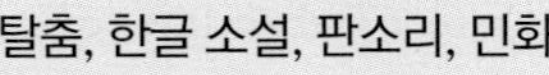

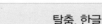

8 탈춤, 한글 소설, 판소리, 민화 → ★★문화

9 서학, 평등 강조, 제사 거부 → ★★교

10 최제우가 창시, "동경대전", 인내천 사상, 평등 강조 → ★학

별 채우기 키워드를 보고 ★을 채워 보세요.

11 조선 후기에 볼 수 있는 모습으로 옳으면 ○표, 틀리면 ×표를 하시오.

① 민화를 그리는 화가 (　　)
② 한글 소설을 읽는 여인 (　　)
③ 국자감에 입학하는 학생 (　　)
④ 판소리 공연을 하는 소리꾼 (　　)
⑤ 팔관회에 참석하는 외국 사신 (　　)
⑥ 상평통보로 감자를 사는 농민 (　　)

정답 1. 형원 2. 약용 3. 지원 4. 제가 5. 대용 6. 혼일강리 7. 대동여 8. 서민 9. 천주 10. 동 11. ① ○ ② ○ ③ ×(고려) ④ ○ ⑤ ×(고려) ⑥ ○

16강 흥선 대원군의 정책과 개항

1. 비변사 폐지, 서원을 47개소만 남기고 철폐, 경복궁 중건, 호포제 실시 → ★★ 대원군
2. 병인박해가 빌미가 됨, 프랑스군이 강화도 침략, 양헌수가 정족산성에서 맞서 싸움, 외규장각 문화재를 약탈당함 → ★★ 양요
3. 제너럴 셔먼호 사건이 빌미가 됨, 미군이 강화도 침략, 어재연이 광성보에서 맞서 싸움 → ★★ 양요
4. 신미양요 이후 흥선 대원군이 전국 각지에 세움 → ★★ 비
5. 운요호 사건이 계기, 조선이 외국과 맺은 최초의 근대적 조약, 부산 외 2개 항구 개항, 일본에 해안 측량권과 영사 재판권 허용 → ★★★ 조약

정답 1. 흥선 2. 병인 3. 신미 4. 척화 5. 강화도

17강 임오군란 ~ 대한 제국

1. 1880년에 설치, 개화 정책 총괄 → ★★ 기무아문
2. 구식 군인들의 봉기, 청군의 개입으로 진압됨, 청의 내정 간섭을 가져옴, 제물포 조약 체결 → ★★ 군란
3. 김옥균 등 급진 개화파가 일으킴, 우정총국 개국 축하연에서 발생, 청군의 개입으로 3일 만에 실패, 한성 조약 체결 → ★★ 정변
4. 전봉준, 보국안민 주장, 황토현 전투, 황룡촌 전투, 우금치 전투 → ★★ 농민 운동
5. 전주성 점령 후 동학 농민군과 조선 정부가 체결 → ★★ 화약
6. 전주 화약 체결 후 설치됨, 폐정 개혁 추진 → ★★ 소
7. 과거제와 신분제 폐지, 도량형 통일, 연좌제 금지, 조혼 금지, 과부의 재가 허용 → ★★ 개혁
8. 단발령 시행, 태양력 채택 → ★★ 개혁
9. 서재필이 설립 주도, 독립문 건립, 만민 공동회 개최 → ★★ 협회
10. 고종이 환구단에서 황제 즉위식 거행, 광무개혁 추진 → ★★ 제국

정답 1. 통리 2. 임오 3. 갑신 4. 동학 5. 전주 6. 집강 7. 갑오 8. 을미 9. 독립 10. 대한

별 채우기 키워드를 보고 ★을 채워 보세요.

18강 국권 피탈과 국권 수호 운동

1. 덕수궁 중명전에서 체결, 외교권 박탈, 통감부 설치 → ★★늑약
2. 이상설·이준·이위종으로 구성, 네덜란드 만국 평화 회의 참석에 노력, 을사늑약 체결의 불법성 폭로 → ★★★특사
3. 을사늑약에 반대, 최익현, 신돌석 → ★★의병
4. 고종 강제 퇴위와 군대 해산에 반대, 13도 의병 연합 부대(13도 창의군) 결성, 서울 진공 작전 추진 → ★★의병
5. 샌프란시스코에서 스티븐스 처단 → 장★★, 전★★
6. 만주 하얼빈역에서 이토 히로부미 저격, “동양 평화론” 집필 → 안★★
7. 김광제, 서상돈, 대구에서 시작, 대한매일신보 등 언론의 지원을 받음 → ★★보상 운동
8. 양기탁, 안창호, 비밀 결사, 오산 학교와 대성 학교 설립, 태극 서관과 자기 회사 운영, 105인 사건으로 해체 → ★★회
9. 근대식 관립 학교, 젊은 현직 관리와 양반 자제 교육, 헐버트 등을 교사로 초빙 → ★★공원
10. 우리나라 최초의 근대 신문, 박문국에서 발행, 열흘에 한 번 발행 → ★★순보
11. 서재필 등이 창간, 우리나라 최초의 민간 신문, 순 한글 신문, 영문판도 발행 → ★★신문
12. 양기탁과 영국인 베델이 창간, 국채 보상 운동 지원 → ★★★★신보

정답 1. 을사 2. 헤이그 3. 을사 4. 정미 5. 인환, 명운 6. 중근 7. 국채 8. 신민 9. 육영 10. 한성 11. 독립 12. 대한매일

19강 일제의 식민 지배 정책

1. 일제 강점기, 일제 식민 통치의 최고 기구 → 조선★★부
2. 1910년대, 무단 통치, 군인이 경찰 업무 담당 → ★★경찰 제도
3. 1910년대, 태형, 한국인에게만 적용 → ★★태형령
4. 1910년대, 회사를 설립할 때 조선 총독의 허가를 받도록 함 → 회사★
5. 1910년대, 정해진 기간 내 소유자가 직접 토지를 신고, 일제의 토지 수탈 → 토지★★사업
6. 일본 내의 식량 부족 문제를 해결하고자 함, 1920년에 시작, 일제의 쌀 수탈 정책 → 산미★★계획

별 채우기 키워드를 보고 ★을 채워 보세요.

7 1930년대 이후에 볼 수 있는 모습으로 옳으면 ○표, 틀리면 ×표를 하시오.

① 태형을 집행하는 헌병 경찰 ( )
② 강제 징용으로 끌려가는 청년 ( )
③ 신사 참배를 강요당하는 청년 ( )
④ 공출로 가마솥을 빼앗기는 농민 ( )
⑤ 원산 총파업에 참여하는 노동자 ( )
⑥ 만민 공동회에서 연설하는 백정 ( )
⑦ 회사령을 공포하는 총독부 관리 ( )
⑧ 황국 신민 서사를 암송하는 학생 ( )

정답 1. 총독 2. 헌병 3. 조선 4. 령 5. 조사 6. 증식 7. ① ×(1910년대) ② ○ ③ ○ ④ ○ ⑤ ×(1929년) ⑥ ×(1898년) ⑦ ×(1910년) ⑧ ○

20강 일제 강점기 항일 운동

1. '우당'이라는 호를 사용함, 전 재산을 팔아 형제들과 만주로 망명, 신흥 강습소 설립 → 이★★
2. 1919년, 탑골 공원, 독립 선언서, 전국적인 만세 시위, 화성 제암리 학살 사건 → ★·★ 운동
3. 3·1 운동이 계기, 상하이에서 수립, 연통제와 교통국 운영, 독립신문 간행, "한·일 관계 사료집" 발간, 독립 공채 발행, 구미 위원부 설치 → ★★★★ 임시 정부
4. 조만식, 평양에서 시작, 국산품 애용 주장, '내 살림 내 것으로', '조선 사람 조선 것' → ★★ 장려 운동
5. 백정에 대한 사회적 차별 철폐 주장 → ★★ 운동
6. 소년 운동 주도, 어린이날 제정, 잡지 "어린이" 발행 → 방★★
7. 1926년, 순종의 인산일, 신간회 창립의 계기 → ★·★★ 만세 운동
8. 비타협적 민족주의 세력과 사회주의 세력 연합, 광주 학생 항일 운동 지원 → ★★회
9. 한·일 학생 간 충돌에서 비롯됨, 신간회가 진상 조사단 파견, 3·1 운동 이후 최대 규모의 항일 민족 운동 → ★★ 학생 항일 운동
10. 홍범도, 대한 독립군 → ★★★ 전투
11. 김좌진이 이끄는 북로 군정서, 홍범도가 이끄는 대한 독립군, 백운평·천수평·어랑촌 → ★★★ 전투
12. 한글 맞춤법 통일안, "우리말 큰사전" 편찬 시도 → ★★★ 학회
13. '서시', '별 헤는 밤' → 윤★★
14. '광야', 형무소 수인 번호 264번 → 이★★
15. 김원봉이 조직, '조선 혁명 선언', 김익상·김상옥·나석주 → ★★단
16. 김구가 조직, 이봉창 의거, 윤봉길 의거 → 한인★★단
17. 대한민국 임시 정부가 충칭에서 창설, 총사령관 지청천, 국내 진공 작전 준비 → 한국★★군

정답 1. 회영 2. 3, 1 3. 대한민국 4. 물산 5. 형평 6. 정환 7. 6, 10 8. 신간 9. 광주 10. 봉오동 11. 청산리 12. 조선어 13. 동주 14. 육사 15. 의열 16. 애국 17. 광복

별 채우기 키워드를 보고 ★을 채워 보세요.

21강 광복 ~ 6·25 전쟁

1. 여운형 중심, 조선 건국 동맹이 바탕, 광복 직후 치안과 행정 담당 → 조선 건국 ★★ 위원회
2. 미국·소련·영국의 대표 참여, 한반도 문제 논의, 미·소 공동 위원회 개최와 신탁 통치 실시 협의 → ★★★★ 3국 외상 회의
3. 덕수궁 석조전에서 개최, 미국과 소련의 대립으로 결렬 → ★·★ 공동 위원회
4. 김구·김규식 참여, 단독 선거에 반대 → 남북 ★★
5. 제주도, 단독 정부 수립에 반대, 진상 규명 및 희생자 명예 회복에 관한 특별법 → 제주 ★·★ 사건
6. 우리나라 최초의 보통 선거, 제헌 국회 구성 → ★·★★ 총선거
7. 16개국으로 구성된 유엔군 참전, 인천 상륙 작전, 흥남 철수 작전, 1·4 후퇴, 정전 협정 체결 → ★·★★ 전쟁

정답 1. 준비 2. 모스크바 3. 미, 소 4. 협상 5. 4, 3 6. 5, 10 7. 6, 25

22강 민주주의와 경제의 발전, 통일을 위한 노력

1. 3·15 부정 선거에 항의, 김주열, 대학교수단이 시국 선언 발표, 이승만이 대통령직에서 물러남 → ★·★★ 혁명
2. 부산과 마산 일대, 박정희 정부의 유신 체제에 저항 → ★·★ 민주 항쟁
3. 광주, 신군부에 저항, 민주주의 회복과 계엄령 철회 요구, 신군부가 계엄군 투입, 시민군 조직, 계엄군의 무력 진압 → ★·★★ 민주화 운동
4. 박종철, 이한열, 4·13 호헌 조치 철폐 요구, '호헌 철폐, 독재 타도'의 구호, 6·29 민주화 선언, 5년 단임의 대통령 직선제 개헌 → ★★ 민주 항쟁

5. 다음 사실이 어느 정부에 해당하는지 〈보기〉에서 골라 쓰시오.

보기	이승만 정부, 박정희 정부, 전두환 정부, 노태우 정부, 김영삼 정부, 김대중 정부

① 농지 개혁법을 제정하였다. (　　)
② 새마을 운동을 시작하였다. (　　)
③ 경부 고속 도로를 준공하였다. (　　)
④ 서울 올림픽 대회가 개최되었다. (　　)
⑤ 금융 실명제를 전면 실시하였다. (　　)
⑥ 경제 협력 개발 기구(OECD)에 가입하였다. (　　)
⑦ 제2차 경제 개발 5개년 계획이 실시되었다. (　　)
⑧ 저금리·저유가·저달러의 3저 호황이 있었다. (　　)
⑨ 국제 통화 기금(IMF)의 구제 금융을 조기 상환하였다. (　　)

별 채우기 키워드를 보고 ★을 채워 보세요.

6 다음 통일 노력이 어느 정부에 해당하는지 〈보기〉에서 골라 쓰시오.

보기: 박정희 정부, 전두환 정부, 노태우 정부, 김대중 정부

① 개성 공단 조성에 합의하였다. (　　)
② 남북 기본 합의서를 채택하였다. (　　)
③ 7·4 남북 공동 성명을 발표하였다. (　　)
④ 남북한이 유엔에 동시 가입하였다. (　　)
⑤ 6·15 남북 공동 선언을 발표하였다. (　　)
⑥ 최초로 남북 간 이산가족 상봉을 성사시켰다. (　　)

정답 **1.** 4, 19 **2.** 부, 마 **3.** 5, 18 **4.** 6월 **5.** ① 이승만 정부, ② 박정희 정부, ③ 박정희 정부, ④ 노태우 정부, ⑤ 김영삼 정부, ⑥ 김영삼 정부, ⑦ 박정희 정부, ⑧ 전두환 정부, ⑨ 김대중 정부 **6.** ① 김대중 정부, ② 노태우 정부, ③ 박정희 정부, ④ 노태우 정부, ⑤ 김대중 정부, ⑥ 전두환 정부

큰별쌤 최태성의

별★별 한국사

큰별쌤과
재미있게
공부하는

초등 한국사 능력검정시험

별★별 한국사 한국사능력검정시험 시리즈 이미 많은 분들이 합격으로 검증해 주셨습니다!

남*은(jjj***iii)

왜 큰별쌤인지 알았어요.

매국노 수준의 한국사 포기자, 한능검 심화 가채점 결과 95점 1급 나왔습니다! 태정태세문단세 까지밖에 모르던 한포자였습니다. 중학생 시절 처음 한국사 흐름을 못 따라가고, 외우질 못해서 포기 했어요. 그리고 고등학생 때는 한국사가 싫어서 이과를 선택하게 된 이유도 있었어요. 한국사의 중요성은 알지만 너무나 어렵고 재미없고 지루한 과목이라고 생각했었는데, 큰별쌤을 만나게 되면서 많은 것을 배웠습니다!

선물 같은 한국사 강의를 선물해 주셔서 감사합니다.

최*혜(cr**27)

책 마지막에 이런 부분이 있었습니다. "내 강의는 돈이 없어서 어쩔 수 없이 듣는 강의가 아니라 돈이 있어도 들을 수 밖에 없는 무료 강의로 만들겠다." 그 부분을 읽었을 때 가슴이 벅차오르더라고요. 시험장에서 너도나도 선생님의 교재를 보고 있는 것을 보았었는데, 뭐랄까 최태성 선생님의 역사의 순간에 들어와 있는 것 같은 느낌을 받았습니다. 정말로 이루어진 것 같으니까요! 지금 이 순간까지 태성쌤이 하셨던 고민과 절망을 제가 감히 헤아릴 수는 없지만 선생님의 꿈을 통해서 저 또한 꿈을 꾸고 희망을 얻어갑니다. 이렇게 큰 선물을 주셔서 정말 감사합니다.

김*영(beau***y10)

역사를 알고 나의 삶의 초석이 될 수 있고 최태성 선생님께 무한 감사드립니다.

저는 50대 중후반의 가정주부이며 직장인입니다. 늦은 나이지만 어느 순간 역사를 알아야 하겠다는 생각으로 지인의 추천으로 최태성 선생님을 만나게 되었고 역사에 깊이 빠지게 되었습니다. 공부를 하며 이 나이가 되도록 제대로 알지 못하고 살았다는 것이 부끄럽기도 하고 한편으로는 지금이라도 알게 되어 대행이라는 생각을 하며 강의와 공부를 하게 되었습니다. 일제 강점기를 공부 하면서는 눈물이 많이 나더군요. 지금도 그분들을 생각하면 눈물이 앞을 가립니다. 고맙고 감사합니다. 지금의 우리가 행복하게 살 수 있는 건 모두 그분들의 덕분입니다. 모든 분들을 다 기억할 수는 없겠지만 기억하려 노력할 것입니다. 좋은 기회를 주신 최태성 선생님과 이투스에 감사합니다.

최태성 선생님 덕분에 고득점으로 한능검 1급 합격했습니다!!

손*훈(sjh**19)

정리해 주신 판서를 따로 패드에 정리한 후 하브루타식으로 스토리텔링하며 며칠간 바짝 외우고 시험쳤는데 고득점으로 1급 합격해서 너무 놀랐습니다. 밤도 안 새고 무리하게 공부하지도 않았는데 이렇게 고득점 받은 건 처음이 었던... 시험치면서 왜 답이 딱 보이지...? 싶었어요ㅋㅋ 인강듣고 정리하고 외우고 시험치는 동안의 걸린 기간은 10일정도?? 하나하나 정리하는데 시간이 많이 걸려서 그렇지 막상 외우는 시간은 4일정도 걸렸던 것 같습니다. 지인들이 한능검 인강 추천해달라고 하면 저는 고민 1도 하지 않고 역사는 최태성~~~ 하고 최태성 선생님 적극 추천하고 있어요ㅎㅎ 늘 재밌게 강의해 주셔서 넘 감사합니다~

정*원(hak***jang)

한능검 공부를 통해 얻게 된 것

한능검 공부를 할 때 제 목표는 두 가지였습니다. 바로 원하는 급수에 합격하는 것과 합격 후 수강후기를 남기는 것이었어요. 공부하면서 힘들 때마다 합격자분들의 수강후기를 읽으며, 나도 나중에 저렇게 후기를 남기겠다는 생각으로 열심히 공부했습니다. …… 그 동안 어렵고 멀게만 느껴졌던 역사가, 이제는 제 삶의 일부분으로 들어온 것 같아 기쁩니다. 이 글을 읽으시는 다른 분들도, 최태성 선생님의 역사 강의를 통해 삶의 영역이 확장되는 경험을 해보시면 좋겠습니다. 감사합니다!